The Oxford Paperback Greek Dictionary

Also available

The Oxford Paperback French Dictionary
The Oxford Paperback German Dictionary
The Oxford Paperback Spanish Dictionary
The Oxford Paperback Italian Dictionary

The Oxford Paperback Greek Dictionary

Niki Watts

OXFORD UNIVERSITY PRESS

1997

Oxford University Press, Great Clarendon Street, Oxford OX2 6DP

Oxford New York
Athens Auckland Bangkok Bogota Bombay
Buenos Aires Calcutta Cape Town Dar es Salaam
Delhi Florence Hong Kong Istanbul Karachi
Kuala Lumpur Madras Madrid Melbourne
Mexico City Nairobi Paris Singapore
Taipei Tokyo Toronto Warsaw
and associated companies in
Berlin Ibadan

Oxford is a trade mark of Oxford University Press

Published in the United States
by Oxford University Press Inc., New York

© Oxford University Press, 1997

First published 1997

British Library Cataloguing in Publication Data
Data available

Library of Congress Cataloging in Publication Data
Data available

ISBN 0-19-864542-2

10 9 8 7 6 5 4 3 2 1

Typeset by Alliance Phototypesetters
Printed in Great Britain by
Mackays plc
Chatham, Kent

Contents

Acknowledgements

When compiling a dictionary, even one as short as the present work, it is invaluable to be able to draw upon the help and expertise of colleagues. In the course of my work I was priviliged to have the help of a number of colleagues who put up with my incessant questions and many pages of queries. Without their help, it would not have been possible for me to have completed this project.

I am very grateful to Tina Lendari for reading the English to Greek section of the dictionary and for her many helpful comments; to Quentin Watts for his invaluable help with the Greek to English section; to Roger Green for agreeing to allow material previously prepared by himself to be made available to me, and to Frances Illingworth for her reading and editing of the final text.

I am greatly indebted to Richard Watts whose computing wizardry has made many of the more dreary and repetitive tasks involved in the compilation of a dictionary more tolerable.

For specific advice on particular areas of knowledge I wish to thank particularly Yannakis Drousiotis, Maria Gavouneli, Aglaia Kasdagli, Tina Lendari, Anastasia Markomihelaki-Mintza and Quentin Watts.

Pronunciation of Greek

Phonetic symbols

Letter	Name of letter	Sound	Examples
Αα	άλφα	a as in	another
Ββ	βήτα	v	various
Γγ	γάμα	g if followed by α, o, ου	gather
		y if followed by ε, ι	yes
Δδ	δέλτα	th	there
Εε	έψιλον	e	Helen
Ζζ	ζήτα	z	zealous
Ηη	ήτα	i, e	these
Θθ	θήτα	TH	thin
Ιι	γιώτα	i, e	these
Κκ	κάπα	c, k	cake
Λλ	λάμδα	l	law
Μμ	μι	m	mummy
Νν	νι	n	notice
Ξξ	ξι	x	xenophobia
Οο	όμικρον	o	opportunity
Ππ	πι	p	pastor
Ρρ	ρο	r	run
Σσς	σίγμα	s	stare
Ττ	ταυ	t	tomorrow
Υυ	ύψιλον	i, e	these
Φφ	φι	f	first
Χχ	χι	h	Bach
Ψψ	ψι	ps	corpse
Ωω	ωμέγα	o	opportunity

There is one stress-accent in Modern Greek which falls on the vowel of the syllable that needs to be accentuated in speech, eg **όχι, εγώ**.

The diaeresis is used over two vowels, **ï, ü** when either of the two follows another vowel with which it ordinarily forms a diphthong to indicate that it is to be treated as a separate vowel.

Diphthongs

When the following vowels appear next to each other, they form a diphthong, ie they are pronounced as one letter unless the stress-accent falls on the first of the two vowels or the second vowel is **ι**, or **υ** and it has a diaeresis, eg **αϊ** or **εϋ** in which case the two vowels are treated as separate sounds.

ει, οι	i,e	as in	these
αι	e		Helen
ου	oo		soon
αυ	av		have
	or af		**af**ternoon
ευ	ev		every
	or ef		**ef**figy

Abbreviations

English	Abbreviation	English	Abbreviation
abbreviation	abbr.	military	mil.
adjective(s)	a. adjs.	music	mus.
adverb(s)	adv(s).	noun(s)	n(s).
administration	admin.	nautical	naut.
aeronautics	aeron.	proprietary term	P.
American	Amer.	pejorative	pej.
anatomy	anat.	philosophy	phil.
archaeology	archaeol.	photography	photo.
architecture	archit.	plural	pl.
astrology	astr.	politics	pol.
definite article	art. def.	possessive	poss.
indefinite article	art. indef.	past participle	p.p.
motor car	auto.	prefix	pref.
auxiliary	aux.	preposition(s)	prep(s).
biology	biol.	present participle	pres.p.
botany	bot.	pronoun	pron.
commerce	comm.	relative pronoun	pron. rel.
conjunction(s)	conj(s).	psychology	psych.
cookery	culin.	past tense	p.t.
Cyprus	Cy.	railway	rail.
electricity	electr.	religion	relig.
et cetera	etc.	singular	s.
feminine	f.	school	schol.
familiar	fam.	slang	sl.
figurative	fig.	someone	s.o.
geography	geog.	something	sthg.
geology	geol.	technical	techn.
grammar	gram.	theatrical	theatr.
humorous	hum.	television	TV
interjection(s)	int(s).	typography	typ.
invariable	invar.	university	univ.
legal, law	jurid.	auxiliary verb	v.aux.
language	lang.	intransitive verb	v.i.
masculine	m.	transitive verb	v.t.
medicine	med.		

Συντομογραφίες

Greek	Abbreviation	Greek	Abbreviation
αεροπορία	αεροπ.	κάτι	κτ
αθλητικά	αθλ.	λαϊκός	λαϊκ.
άκλιτο	άκλ.	λόγιος	λόγ.
αμερικανικός	αμερ.	μαγειρική	μαγ.
ανατομία,		μαθηματικά	μαθημ.
ανατομικός	ανατ.	μεταφορικά,	
αντωνυμία	αντων.	μεταφορικός	μεταφ.
απρόσωπος	απρόσ.	μηχανική	μηχ.
αρκτικόλεξο	αρκτ.	μουσική	μουσ.
αρχαιολογία	αρχαιολ.	ναυτικός	ναυτ.
αρχαίος	αρχ.	νομικά	νομ.
αρχιτεκτονική	αρχιτ.	οικονομία	οικον.
αστρολογία	αστρολ.	πανεπιστήμιο	πανεπ.
αυτοκίνητο	αυτοκ.	πληθυντικός	πληθ.
βλέπε	βλ.	πολιτικά	πολιτ.
βιολογία	βιολ.	πρόθεμα	πρόθεμ.
βοτανική,		πρόθεση	πρόθ.
βοτανικός	βοτ.	ρήμα,	ρ.αμτβ.
γεωλογία	γεωλ.	αμετάβατο	
γεωγραφία	γεωγρ.	ρήμα,	ρ.μτβ.
γραμματική	γραμμ.	μεταβατικό	
δεικτικό μόριο	δεικτ.	ρήμα,	ρ.μτβ./
μόρ.		μεταβατικό	αμτβ.
διοίκηση	διοίκ.	και αμετάβατο	
εκκλησιαστικός	εκκλ.	σιδηρόδρομος	σιδηρ.
εμπόριο,		στρατιωτικός	στρ.
εμπορικός	εμπ.	σύνδεσμος	σύνδ.
επίθετο	επίθ.	συντομογραφία	συντ.
επίρρημα	επίρρ.	σχολείο	σχολ.
επιφώνημα	επιφών.	τεχνικός,	
ηλεκτρισμός	ηλεκτρ.	τεχνολογία	τεχν.
ηλεκτρονικοί		τυπογραφία,	
υπολογιστές	Η/Υ	τυπογραφικός	τυπογρ.
θέατρο	θέατρ.	υβριστικά	υβρ.
θρησκεία	θρησκ.	φυσική	φυσ.
ιατρική	ιατρ.	χημεία	χημ.
καθομιλουμένη	καθομ.	χρηματιστήριο	χρημ.
κάποιος, κάποια	κπ	ψυχολογία	ψυχ.
κυπριακός	κυπρ.		

Αα

αβαείο (το) abbey
άβακας (ο) abacus
άβαθος επίθ shallow
αβαρής επίθ weightless
αβάς (ο) abbot
αβάσιμος επίθ baseless. (αθεμελίωτος)
unfounded. (αστήρικτος) groundless
αβάφτιστος επίθ not christened
άβγαλτος επίθ inexperienced
αβγό (το) egg. ~ά (ψαριών και αμφιβίων)
(τα) spawn. ~ό μελάτο soft-boiled egg.
~ό ποσέ poached egg. ~ό σφιχτό hard-
boiled egg. ~ό τηγανητό fried egg. ~ό
χτυπητό scrambled egg. ~ά μάτια (τα)
fried eggs
αβγοθήκη (η) egg-cup
αβγολέμονο (το) egg and lemon sauce.
σούπα ~ soup made of chicken stock,
rice, egg and lemon sauce
αβγοτάραχο (το) roe
αβέβαιος επίθ uncertain. (αμφίβολος)
doubtful. (ασταθής) unsteady
αβεβαιότητα (η) uncertainty. (αμφιβολία)
suspense. (αοριστία) ambiguity. σε
κατάσταση ~ς in limbo
αβεβαίωτος επίθ unconfirmed
αβίαστ|ος επίθ unhurried, leisurely.
(αυθόρμητος) unaffected. ~α επίρρ
leisurely
αβλαβής επίθ harmless. (αθώος)
innocuous. (σώος) unhurt. σώος και ~
safe and sound
αβοκάντο (το) avocado
αβοήθητος επίθ unaided
άβολος επίθ inconvenient. (άνθρωπος)
difficult to get on with. (δύσκολος στη
χρήση) unwieldy. (χωρίς άνεση)
uncomfortable
άβουλος επίθ undecided. (χωρίς βούληση)
weak-willed
αβυσσαλέος επίθ (απύθμενος) abysmal.
(καταχθόνιος) fiendish
άβυσσος (η) abyss
αγαθά (τα) goods
αγαθοεργία (η) good work
αγαθός επίθ good. (αφελής) simple-minded
αγαλλιάζω ρ αμτβ exult
αγαλλίαση (η) exultation. γεμάτος ~
elated
άγαλμα (το) statue
αγαλματένιος επίθ statuesque
αγαλματίδιο (το) statuette
άγαμ|ος επίθ unmarried. ~η θεία (η)
maiden aunt
αγανάκτηση (η) indignation
αγανακτώ ρ αμτβ be indignant

αγάπη (η) love. (στοργή) fondness. ~ μου
darling. η ~ μου my love
αγαπημένος επίθ darling. (προτιμώμενος)
favourite. ~ (ο) sweetheart
αγαπητός επίθ dear
αγαπ|ώ ρ μτβ love. (ερωτεύομαι) be in love
with. (μ' αρέσει) be fond of (person).
~ιούνται they are in love with each
other. όπως ~άς suit yourself
αγγαρεία (η) drudgery. (άχαρη
απασχόληση) chore. (δυσάρεστη
υποχρέωση) fag
αγγείο (το) pot. (ανατ) vessel
αγγειοπλάστης (ο) potter
αγγειοπλαστική (η) pottery
αγγελί|α (η) announcement. (σε εφημερίδα)
advert. μικρές ~ες small ads
αγγελικός επίθ angelic
αγγελιοφόρος (ο) messenger
άγγελος (ο) angel
αγγελούδι (το) little angel. (παιδάκι)
cherub
άγγιγμα (το) touch
αγγίζω ρ μτβ touch. (ασχολούμαι) touch
upon. (θίγω) hurt
Αγγλία (η) England
Αγγλίδα (η) Englishwoman
αγγλικ|ά (τα) English. ~ή (η) English.
~ός επίθ English
αγγλικαν|ός (ο) Anglican. ~ικός επίθ
Anglican
αγγλο- πρόθεμ Anglo-
αγγλομαθής επίθ (person) with knowledge
of English
Άγγλος (ο) Englishman
Αγγλοσάξονας (ο) Anglo-Saxon
αγγλοσαξονικός επίθ Anglo-Saxon
αγγουράκι (το) gherkin
αγγούρι (το) cucumber
αγγουροντομάτα (η) cucumber and
tomato salad
αγελάδ|α (η) cow. ~ες (οι) cattle
αγελαίος επίθ gregarious
αγέλη (η) (βόδια, ελέφαντες) herd. (σκυλιά,
λύκοι) pack
αγένεια (η) rudeness. (απρέπεια) incivility.
με ~ rudely
αγενής επίθ rude, discourteous. (χωρίς
ευγενικούς τρόπους) bad-mannered
αγέννητος επίθ unborn
αγέραστος επίθ not aged. (πάντα ακμαίος)
ageless
αγέρωχος επίθ gallant. (αλαζόνας)
haughty
άγευστος επίθ tasteless
Αγία Γραφή (η) Scriptures

αγιάζω ρ μτβ bless. (προσδίνω αγιότητα) canonize. • ρ αμτβ become a saint
αγιασμός (ο) holy water
αγιόκλημα (το) honeysuckle
άγιο|ς (ο) saint. • επίθ saintly. (ιερός) holy. **ο Ά~ς Βασίλης** St Basil, Father Christmas. **οι Ά~οι Τόποι** the Holy Land. **το Ά~ο Πνεύμα** the Holy Ghost
αγιότητα (η) holiness
αγκαζέ επίθ taken. • επίρρ arm in arm
αγκάθι (το) thorn. (κάκτου, σκαντζόχοιρου) spine. (μεταφ) a thorn in one's side
αγκαθωτός επίθ prickly, thorny
αγκαλιά (η) arms. (χαρτιά, λουλούδια) armful. **κρατώ στην ~** cuddle. **παίρνω ~** take in one's arms
αγκαλιάζω ρ μτβ embrace. (μεταφ) encompass
αγκάλιασμα (το) embrace
αγκίδα (η) splinter
αγκινάρα (η) globe artichoke
αγκίστρι (το) fish-hook
αγκιστρώνω ρ μτβ hook. (καθηλώνω) pin
αγκομαχητό (το) panting. (δύσκολη αναπνοή) gasping (for breath)
αγκομαχώ ρ αμτβ pant. (αναπνέω με δυσκολία) gasp (for breath)
αγκύλη (η) (γόνατο, αγκώνας) joint. (γραμμ) square bracket
αγκυλωτός επίθ hooked. **~ σταυρός** (ο) swastika
άγκυρα (η) anchor
αγκυροβολία (η) moorings
αγκυροβολώ ρ αμτβ anchor, drop anchor
αγκώνας (ο) elbow
άγλυκο|ς επίθ unsweetened. **~ μπισκότο** (το) (μαγ) cracker.
άγνοια (η) ignorance. **με ~** ignorantly. **σε ~** in the dark. **εν αγνοία μου** unbeknown to me
αγνοούμενος επίθ (στρ) missing.
αγνός επίθ pure. (παρθένος) chaste
αγνότητα (η) purity. (παρθενία) chastity
αγνοώ ρ μτβ ignore. (αδιαφορώ) disregard
αγνωμοσύνη (η) ingratitude
αγνώριστος επίθ unrecognizable
αγνωστικισ|μός (ο) agnosticism. **~τής** (ο) agnostic
αγνωστικός επίθ agnostic
άγνωστο|ς επίθ unknown. **ο ~ς στρατιώτης** the Unknown Soldier. **~ κείμενο** (το) unseen passage
αγονία (η) infertility. (ακαρπία) barrenness
άγονος επίθ infertile. (έδαφος) barren (earth)
αγορά (η) purchase. (τόπος) market. **λαϊκή ~** open air market. **μαύρη ~** black market
αγοράζω ρ μτβ buy, purchase. (δωροδοκώ) buy over
αγορανομ|ία (η) market regulation (price control). **~ικός έλεγχος** (ο) market inspection

αγοραπωλησία (η) transaction
αγορ|αστής (ο), **~άστρια** (η) buyer, purchaser
αγορεύω ρ αμτβ make a public speech
αγόρι (το) boy. **το ~ της** her young man
αγοροκόριτσο (το) tomboy
αγράμματος επίθ illiterate. (χωρίς μόρφωση) uneducated
αγραμματοσύνη (η) illiteracy
άγραφος επίθ unwritten
αγριοκαστανιά (η) horse-chestnut
αγριοκάστανο (το) conker
αγριοκόιταγμα (το) glare
αγριοκοιτάζω ρ μτβ glare at, glower at
αγριολούλουδο (το) wild flower
αγριόμηλο (το) crab-apple
άγρι|ος επίθ wild. (ακαλλιέργητος) uncultivated. (πρωτόγονος) savage. (σκληρός) fierce. **~ος** (ο) savage. **~α ώρα** (η) ungodly hour. **~α ζώα και φυτά** (τα) wildlife. **~α** επίρρ wildly, savagely
αγριότητ|α (η) savagery. (σκληρότητα) fierceness. **~ες** (οι) (ωμότητες) atrocities
αγριόχοιρος (ο) wild boar
αγριόχορτο (το) weed
αγροικία (η) farmhouse
αγροίκος επίθ (άξεστος) boorish. (αγενής) crude
αγρόκτημα (το) farm
αγρό|ς (ο) (λόγ) field. **~ν ηγόρασε** (λόγ) he couldn't care less
αγρότ|ης (ο) countryman. (γεωργός) farmer. **~ες** (οι) country folk. **~ισσα** (η) countrywoman
αγροτικός επίθ rural
αγρύπνια (η) sleeplessness
αγρυπνία (η) (εκκλ) vigil
άγρυπνος επίθ sleepless. (ξύπνιος) wakeful. (που επαγρυπνεί) watchful
αγρυπνώ ρ αμτβ stay awake. (επαγρυπνώ) be watchful
άγχος (το) stress
αγωγή (η) (ανατροφή) upbringing. (νομ) action. (ιατρ) treatment. **κινώ ~** (νομ) sue.
αγωγός (ο) (σωλήνας) pipe. (αέρα) duct. (ανελκυστήρα) shaft. (απορριμμάτων) chute. (ηλεκτρ) conductor. **κεντρικός ~** mains (water, gas)
αγώνας (ο) struggle. (αθλητισμός) event. (διαγωνισμός) contest. (πάλης) bout. (ποδόσφαιρο) match. (πόλεμος) fight. **~ δρόμου** race (on foot). **~ κατά της ανέχειας** war on want. **~ ταχύτητας** racing
αγωνία (η) agony. (αδημονία) anxiety. (έντονη ανησυχία) anguish. (σε βιβλίο κλπ) suspense. **~ του θανάτου** death throes
αγωνίζομαι ρ αμτβ (αγώνες) compete. (μάχομαι) struggle. (προσπαθώ) strive
αγώνισμα (το) athletic event. **αγωνίσματα στίβου** field events

αγωνιστικό|ς επίθ fighting. **~ αυτοκίνητο** (το) racing car

αγωνιώ ρ αμτβ be anxious

αδάμαστος επίθ indomitable

αδασμολόγητος επίθ duty-free

άδεια (η) (συγκατάθεση) permission. (αποχή από εργασία) leave. (παροχή δικαιώματος) licence. (πιστοποιητικό) permit. **~ διαμονής** residence permit. **~ κυκλοφορίας** pass (permit). **~ οδηγήσεως** driving licence. **αφαιρώ την ~** disqualify (from driving). **με ~ on** leave. **ποιητική ~** poetic licence

αδειάζω ρ empty. (βαλίτσα) unpack. (ποτήρι, ρεζερβουάρ) drain

άδειο|ς επίθ empty. (συσσωρευτής) flat. **με ~ στομάχι** on an empty stomach

αδελφή (η) sister. (καλόγρια) nun. (νοσοκόμα) nurse. (θηλυπρεπής άντρας) sissy. **~ ψυχή** kindred spirit

αδέλφια (τα) brothers and sisters

αδελφικός επίθ fraternal. (αδελφού) brotherly. (αδελφής) sisterly

αδελφοκτόνος επίθ fratricidal. **~ (ο)** fratricide

αδελφοσύνη (η) brotherhood

αδελφότητα (η) fraternity. (σωματείο) guild

αδέν|ας (ο) gland. **~ες** (οι) adenoids

αδεντρος επίθ treeless

αδέξι|ος επίθ (ανεπιτήδειος) awkward. (χωρίς επιδεξιότητα) clumsy. **~α** επίρρ awkwardly, clumsily

αδεξιότητα (η) awkwardness, clumsiness

αδερφή (η) βλ **αδελφή**

αδέρφι (το) brother

αδερφός (ο) βλ **αδελφός**

αδέσμευτ|ος επίθ unattached. (απαλλαγμένος από υποχρεώσεις) under no obligation. **~ες χώρες** (οι) non-aligned countries

αδέσποτος επίθ stray (animal)

αδήλωτος επίθ unregistered. (εμπορεύματα, εισόδημα) undeclared

αδημοσίευτος επίθ unpublished

Άδης (ο) Hades

αδηφάγος επίθ voracious

αδιάβαστος επίθ (αμελέτητος) unprepared (student). (αμόρφωτος) unread. (δυσνόητο κείμενο) unreadable. (κακογραμμένο κείμενο) illegible

αδιάβατος επίθ impassable

αδιάβροχο|ς επίθ waterproof. **~ (το)** raincoat, (καθομ) mac.

αδιαθεσία (η) indisposition. (γυναίκες) the time of menstruation

αδιάθετος επίθ (άκεφος) off colour. (ελαφρά άρρωστος) unwell. (εμπορεύματα) undisposed of. (χωρίς διαθήκη) intestate. **είμαι ~** be out of sorts, under the weather

αδιαίρετος επίθ undivided. (δεν μπορεί να διαιρεθεί) indivisible

αδιάκοπος επίθ uninterrupted

αδιακρισία (η) indiscretion

αδιάκριτ|ος επίθ indiscreet. (ανάγωγος) tactless. (χωρίς διάκριση) indiscriminate. **~α** επίρρ indiscriminately, tactlessly

αδιάλειπτος επίθ unremitting

αδιάλλακτος επίθ (που δεν επιδέχεται συμβιβασμό) uncompromising. (ανένδοτος) intransigent. **~ (ο)** die-hard

αδιαλλαξία (η) intransigence

αδιάλυτος επίθ insoluble

αδιαμφισβήτητ|ος επίθ undisputed. **~α** επίρρ indisputably

αδιανόητ|ος επίθ inconceivable, unthinkable. **~α** επίρρ inconceivably

αδιάντροπος επίθ shameless. (θρασύς) impudent

αδιαπαιδαγώγητος επίθ uneducated

αδιαπέραστος επίθ impenetrable. (μεταφ) impervious

αδιάρρηκτος επίθ not broken into. (μεταφ) indissoluble

αδιάσειστος επίθ incontrovertible

αδιατάρακτος επίθ undisturbed

αδιαφανής επίθ opaque. (γυαλί) frosted

αδιάφθορος επίθ incorruptible

αδιαφιλονίκητος επίθ indisputable

αδιαφορία (η) indifference. (αμεριμνησία) unconcern

αδιαφοροποίητος επίθ undifferentiated

αδιάφορ|ος επίθ indifferent. (γεύση) bland. (στάση) casual. **~α** επίρρ indifferently, casually

αδιαφορώ ρ αμτβ be indifferent (για, to)

αδιάψευστος επίθ undeniable

αδιέξοδο (το) blind alley, cul-de-sac. (κατάσταση χωρίς διαφυγή) deadlock, impasse.

αδικαιολόγητος επίθ unwarranted, uncalled-for. (ασυγχώρητος) inexcusable

αδίκημα (το) offence

αδικία (η) wrong. (παράβαση ηθικής) unfairness. (παράβαση νόμου) injustice

άδικ|ος επίθ unjust. (ηθικά) unfair. **~η μεταχείριση** (η) raw deal. **~ο** (το) wrong. **έχω ~ο** be in the wrong. **~α** επίρρ unfairly, wrongly

αδικώ ρ μτβ wrong

αδιοίκητος επίθ without a government

αδιόρθωτος επίθ unrepaired. (γραπτά) unmarked. (δεν επιδέχεται βελτίωση) hopeless. (δεν επιδέχεται διόρθωση) irreparable

αδίστακτ|ος επίθ unhesitating. (χωρίς ηθικούς ενδοιασμούς) unscrupulous. (ανελέητος) ruthless. **~α** unhesitatingly, straight out

αδιύλιστος επίθ unrefined

αδοκίμαστος επίθ untried. (φαγητό) untasted

άδολος επίθ ingenuous

άδοξος επίθ inglorious

αδούλευτος επίθ (υλικό) unprocessed. (γη) uncultivated

αδούλωτος *επίθ* unconquered. (*δεν ανέχεται τη δουλεία*) unconquerable

αδράνεια (*η*) inertia. (*μεταφ*) inactivity

αδραν|ής *επίθ* inert. (*μεταφ*) inactive. **~ές φάρμακο** (*το*) placebo. **~ώ** *ρ αμτβ* be inactive

αδράχτι (*το*) spindle

αδρεναλίνη (*η*) adrenalin

Αδριατική (Θάλασσα) (*η*) Adriatic (Sea)

αδρός *επίθ* (*χαρακτηριστικά*) rough. (*άφθονος*) handsome

αδυναμία (*η*) (*έλλειψη δύναμης*) weakness. (*έλλειψη ικανότητας*) inability. (*χαρακτήρα*) failing. (*των γηρατειών*) infirmity. **έχω ~ σε** have a soft spot for

αδύναμος *επίθ* feeble

αδυνατίζω *ρ αμτβ* (*χάνω βάρος*) slim. (*χάνω δύναμη*) weaken. (*μνήμη*) fail

αδύνατος *επίθ* (*ισχνός*) thin. (*δικαιολογία*) flimsy. (*χωρίς δύναμη*) weak. (*φωνή, θόρυβος*) faint. (*φως*) dim. (*ακατόρθωτος*) impossible. **είναι των αδυνάτων ~ο** it's absolutely impossible. **κάνω τ´ ~α δυνατά** do one's utmost. **~α** *επίρρ* faintly, weakly

αδυνατώ *ρ αμτβ* **~ να** be unable to, cannot

αδυσώπητος *επίθ* inexorable

άδωρο|ς *επίθ* **δώρον ~ν** useless gift

Α.Ε. *συντ* S.A. *βλ* ανώνυμος

ΑΕΙ *αρκτ* (*Ανώτατα Εκπαιδευτικά Ιδρύματα*) Institutes of Higher Education

αειθαλής *επίθ* (*φυτό*) evergreen

αείμνηστος *επίθ* (*για νεκρό*) dear departed

αεραγωγός (*ο*) air duct

αεράκι (*το*) breeze

αεράμυνα (*η*) air defence

αέρας (*ο*) air. (*άνεμος*) wind. (*στη συμπεριφορά*) panache. **~ κοπανιστός** stuff and nonsense. **κάνω ~** fan oneself. **λόγια του ~** hot air. **πήραν τα μυαλά του ~** he has too high an opinion of himself. **της πήρα τον ~** I cut her down to size

αεργία (*η*) inactivity

αερίζω *ρ μτβ* (*δωμάτιο κλπ*) air. (*με βεντάλια*) fan

αερικό (*το*) pixie

αέρι|ο (*το*) gas. **~α** (*τα*) wind (*in stomach*)

αεριούχος *επίθ* fizzy. **μη ~** (*ποτό*) still

αερισμός (*ο*) airing

αεριωθούμενος *επίθ* jet-propelled. **~ κινητήρας** (*ο*) turbo-jet

αεροβασί|α (*η*) daydreaming. **~ες** (*οι*) aerobatics

αεροβατώ *ρ αμβτ* have one's head in the clouds

αεροβόλο (*το*) air gun

αερογέφυρα (*η*) airlift

αερογραμμή (*η*) airline

αεροδιάδρομος (*ο*) air corridor

αεροδρόμιο (*το*) airfield. (*αεροπ*) aerodrome. (*καθομ*) airport

αεροδυναμικός *επίθ* aerodynamic. (*μεταφ*) streamlined

αεροζόλ (*το*) *άκλ* aerosol

αερόθερμο (*το*) fan heater

αερολιμένας (*ο*) airport

αερολογία (*η*) hot air, nonsense

αερομαχία (*η*) air battle

αερόμπικς (*τα*) *άκλ* aerobics

αερομεταφορά (*η*) air transport

αεροπειρατεία (*η*) hijacking of an aircraft. **κάνω ~** *ρ αμτβ* hijack an aeroplane

αεροπειρατ|ής (*ο*), **~ίνα** (*η*) hijacker (of an aircraft), skyjacker

αεροπλάνο (*το*) aeroplane

αεροπλανοφόρο (*το*) aircraft carrier

αερόπλοιο (*το*) airship

αεροπορία (*η*) aviation. **Α~** (*η*) Air Force

αεροπορικ|ός *επίθ* air. **~ή βάση** (*η*) air base. **~ό ταχυδρομείο** (*το*) air mail

αεροπόρος (*ο*) airman, aviator.

αεροσκάφος (*το*) aircraft (*άκλ*)

αερόστατο (*το*) hot-air balloon

αεροστεγής *επίθ* airtight. **~ θαλαμίσκος** (*ο*) airlock (*chamber*)

αεροσυνοδός (*ο*) air steward. **~** (*η*) air hostess

αετίσι|ος *επίθ* aquiline. **~ο βλέμμα** (*το*) keen eyesight. **~α μύτη** (*η*) aquiline nose

αετός (*ο*) eagle

αέτωμα (*το*) gable

αετόπουλο (*το*) eaglet

αζήτητος *επίθ* unclaimed

αζύμωτος *επίθ* (*κρασί*) unfermented. (*ψωμί*) not kneaded

άζωτο (*το*) nitrogen

αηδί|α (*η*) disgust, loathing. (*αποστροφή*) revulsion. **~ες** rubbish. **φέρνω ~α** nauseate

αηδιάζω *ρ μτβ* disgust. • *ρ αμτβ* be disgusted

αηδιασμένος *επίθ* disgusted

αηδιαστικός *επίθ* disgusting. (*αναγουλιαστικός*) nauseating

αηδόνι (*το*) nightingale

αθανασία (*η*) immortality

αθάνατος *επίθ* immortal. (*αιώνιος*) undying

αθέατος *επίθ* unseen

αθεϊσμός (*ο*) atheism

αθεϊστής (*ο*) atheist

αθεΐστρια (*η*) atheist

άθελ|ος *επίθ* unwitting. **~α** *επίρρ* unwittingly

αθέλητος *επίθ* involuntary

αθέμιτ|ος *επίθ* illicit. **~α** *επίρρ* illicitly

άθεος *επίθ* atheistic. **~** (*ο*) atheist

αθεόφοβος *επίθ* ungodly. **~** (*ο*) (*μεταφ*) rascal

αθεράπευτ|ος *επίθ* incurable. **~α** *επίρρ* incurably

αθέτηση (*η*) breach (of contract)

αθετώ *ρ μτβ* (*λόγο*) break. (*συμφωνία*) breach

Αθήνα (*η*) Athens

αθηναϊκός επίθ Athenian
Αθηναίος (ο), **~α** (η) Athenian
άθικτος επίθ untouched. (αβλαβής) unharmed. (ανέπαφος) intact
άθλημα (το) sport
αθλητικός επίθ (για σπορ) sporting. (για αθλητή) athletic
αθλ|ητής (ο), **~ήτρια** (η) athlete
αθλητισμός (ο) athletics
άθλιος επίθ miserable, wretched. **~** (ο) wretch
αθλιότητα (η) misery
άθλος (ο) feat
αθόρυβ|ος επίθ noiseless. **~α** noiselessly
άθραυστος επίθ unbreakable
άθρησκος επίθ irreligious
αθροίζω ρ μτβ add up
άθροισμα (το) sum. (προσθέσεως) total
αθροιστικ|ός επίθ adding. **~ή μηχανή** (η) adding machine
αθώ|ος επίθ innocent. **~ο ψέμα** (το) white lie. **~α** επίρρ innocently
αθωότητα (η) innocence
αθωώνω ρ μτβ acquit
αθώωση (η) acquittal
Αίαντας (ο) Ajax
Αιγαίο (το) Aegean (Sea)
αιγίδα (η) auspices. **υπό την ~** under the aegis (of)
Αίγινα (η) Aegina
αίγλη (η) glamour. **γεμάτος ~** επίθ glamorous
Αιγόκερος (ο) Capricorn
αιγοπρόβατα (τα) (flock of) sheep and goats
Αιγύπτιος (ο) Egyptian
αιγυπτιακός επίθ Egyptian
Αίγυπτος (η) Egypt
αιδεσιμότατος (ο) Reverend
αιθέρας (ο) (αναισθητικό) ether. (ουρανός) sky
αιθέριος επίθ ethereal
αίθουσα (η) room. **~ αναμονής** waiting room. **~ αξιωματικών πλοίου** wardroom. **~ ασθενών** sick-room. **~ συναυλιών/διαλέξεων** auditorium. **~ τελετών** stateroom. **~ φοιτητών/καθηγητών** common-room. **~ χορού** ballroom
αίθριος επίθ (καιρός) fair. (ουρανός) clear.
αιλουροειδής επίθ feline
αίμα (το) blood. **είναι ~ μου** he/she is my own flesh and blood
αιματηρ|ός επίθ bloody. **~ά σπορ** (τα) blood sports
αιματοβαμμένος επίθ bloodstained
αιματοχυσία (η) bloodshed
αιμοβόρος επίθ bloodthirsty
αιμοδιάγραμμα (το) blood count
αιμοδότης (ο) **~ρια** (η) blood donor
αιμομιξία (η) incest
αιμορραγ|ία (η) haemorrhage. **~ία της μύτης** nosebleed. **~ώ** ρ αμτβ bleed

αιμορροΐδες (οι) haemorrhoids, (καθομ) piles
αιμοσφαίριο (το) corpuscle
αίνιγμα (το) riddle. (μεταφ) enigma
αινιγματικός επίθ enigmatic
άιντε (επιφών) βλ **άντε**
αίρεση (η) heresy
αιρετικός (ο) heretic
αισθάνομαι ρ αμτβ feel. **~ ικανός να** feel up to
αισθαντικότητα (η) sensibility
αίσθημα (το) feeling. (έρωτας) love. **αισθήματα** (τα) sensibilities
αισθηματικός επίθ sentimental
αίσθηση (η) sense. (αντίληψη) feeling. (ζωηρή εντύπωση) sensation. **αισθήσεις** (οι) consciousness. **χάνω τις ~ μου** faint
αισθησιακός επίθ sensuous. (των σαρκικών απολαύσεων) sensual
αισθητήριος επίθ sensory
αισθητική (η) aesthetics. **ινστιτούτο ~ς** beauty salon
αισθητικ|ός επίθ aesthetic. **~ός** (ο, η) beautician. **~ή χειρουργική** (η) cosmetic surgery
αισθητ|ός επίθ noticeable. (εντυπωσιακός) remarkable. **~ά** επίρρ noticeably
αισιοδοξία (η) optimism
αισιόδοξ|ος επίθ optimistic. **αισιόδοξος** (ο) optimist. **~α** επίρρ optimistically
αισιοδοξώ ρ αμτβ be optimistic
αίσχος (το) outrage
αισχροκέρδεια (η) profiteering
αισχρολογία (η) obscenity
αισχρολόγος επίθ foul-mouthed
αισχρός επίθ (λόγια) obscene. (αχρείος) disgraceful
αισχρότητα (η) obscenity
αίτημα (το) request
αίτηση (η) (γραπτή) application. (παράκληση) petition. **κάνω ~ για** (δουλειά) apply for. **μετά από ~ on** application. **έντυπο αιτήσεως** (το) application form
αιτία (η) cause, reason
αιτιατική (η) accusative
αιτιολογία (η) rationale
αιτιολογώ ρ μτβ rationalize
αιτούμαι ρ αμτβ request
αιφνιδιάζω ρ μτβ take by surprise
αιφνιδιασμός (ο) surprise
αιχμαλωσία (η) captivity
αιχμαλωτίζω ρ μτβ capture. (μεταφ) captivate
αιχμάλωτος επίθ captive. (μεταφ) slave
αιχμή (η) spearhead. (κυκλοφορίας) rush-hour. (μυτερή άκρη) point. (ψηλότερο σημείο) peak
αιχμηρός επίθ pointed
αιών|ας (ο) century. (μεταφ) age. **στον ~α τον άπαντα** till the cows come home. **στους ~ες των ~ων** for ever and ever

αιώνιος *επίθ* perennial, eternal. *(ανθεκτικός)* long-lasting
αιωνιότητα *(η)* eternity
αιώρα *(η)* hammock
αιωρούμαι *ρ αμτβ* hover. *(κρέμομαι και κινούμαι)* swing
ακαδημαϊκός *επίθ* academic. ~ *(ο, η)* academic
ακαδημία *(η)* academy
ακαθάριστος *επίθ* not cleaned. *(κέρδος, εισόδημα)* gross. *(φρούτα)* not peeled
ακαθαρσί|α *(η)* dirt. *(λέρα)* filth. **~ες** excrement, *(καθομ)* mess
ακάθαρτο|ς *επίθ* unclean, dirty. *(ανάμεικτος με άλλες ουσίες)* impure. ~ **πετρέλαιο** *(το)* crude oil
ακαθόριστ|ος *επίθ* *(ηλικία, αριθμός)* indeterminate. *(σχέδιο, ιδέα)* hazy, vague. *(σχήμα)* indistinct. **~α** *επίρρ* indistinctly, vaguely
άκαιρος *επίθ* inopportune. *(παρατήρηση)* untimely
ακακία *(η)* acacia
άκακος *επίθ* *(χωρίς κακία)* harmless. *(αθώος)* innocent
ακαλλιέργητος *επίθ* *(χωράφι)* uncultivated. *(άνθρωπος)* uncultured
ακάλυπτ|ος *επίθ* uncovered. *(απροστάτευτος)* unprotected. *(επιταγή)* dud. **η επιταγή ήταν ~η** the cheque bounced
ακαμάτης *(ο)* loafer
άκαμπτ|ος *επίθ* stiff. *(αδιάλλακτος)* inflexible. *(αλύγιστος)* rigid. **~α** *επίρρ* stiffly, rigidly
ακαμψία *(η)* *(αλυγισία)* rigidity. *(αδιαλλαξία)* inflexibility. *(λαιμού)* stiffness
ακανόνιστ|ος *επίθ* *(αδιευθέτητος)* unsettled. *(μη συμμετρικός)* uneven. *(σχήμα, διάστημα)* irregular. **~α** *επίρρ* irregularly, unevenly
άκαπνος *επίθ* smokeless
άκαρδος *επίθ* heartless
άκαρι *(το)* mite
ακαριαίος *επίθ* instantaneous
άκαρπος *επίθ* fruitless. *(ανώφελος)* vain
ακατάδεκτος *επίθ* stand-offish *(καθομ)*
ακατάληπτ|ος *επίθ* unintelligible. **~η ομιλία** *(η)* gabble
ακατάλληλος *επίθ* unsuitable. *(τόπος, χρόνος)* inconvenient
ακαταλληλότητα *(η)* unsuitability, inconvenience
ακατάλυτος *επίθ* indestructible.
ακαταμάχητος *επίθ* irresistible. *(απρόσβλητος)* irrefutable
ακατανίκητος *επίθ* unbeatable
ακατανοησία *(η)* incomprehension
ακατανόητος *επίθ* incomprehensible
ακατανόμαστος *επίθ* unmentionable
ακατάπαυστος *επίθ* ceaseless. *(αδιάκοπος)* incessant

ακαταστασία *(η)* mess, untidiness. *(αστάθεια)* instability
ακατάστατ|ος *επίθ* untidy. *(καιρός)* unstable. **~α** *επίρρ* untidily
ακατάσχετος *επίθ* irrepressible
ακατέργαστος *επίθ* unprocessed. *(διαμάντι)* uncut. *(ζάχαρη)* unrefined. *(μεταφ)* uncouth
ακατοίκητ|ος *επίθ* uninhabited. *(μη κατοικήσιμος)* uninhabitable. **οι ~ες περιοχές της Αφρικής/Αυστραλίας** the African/Australian bush
ακατόρθωτος *επίθ* unattainable. *(ανέφικτος)* unfeasible
άκατος *(η)* launch
ακέραιο|ς *επίθ* *(άνθρωπος)* upright. *(αριθμός)* whole. **~ς χαρακτήρας** *(ο)* integrity. **εις το ~ν** in full
ακεραιότητα *(η)* integrity
ακέφαλος *επίθ* headless. *(μεταφ)* leaderless
ακεφιά *(η)* low spirits
άκεφος *επίθ* low-spirited. **είμαι ~** be in low spirits
ακηλίδωτος *επίθ* stainless. *(άμεμπτος)* unblemished
ακιδωτός *επίθ* barbed
ακίνδυνος *επίθ* not dangerous. *(ζώο, άνθρωπος)* harmless
ακινησία *(η)* immobility
ακινητοποίηση *(η)* immobilization. **σε ~** at a standstill
ακινητοποιώ *ρ μτβ* immobilize
ακίνητ|ος *επίθ* immobile. *(δεν επιδέχεται μετακίνηση)* immovable. *(μη κινούμενος)* motionless. *(στάσιμος)* stationary. **~η περιουσία** *(η)* real property. **~ο** *(το)* real estate
ακλάδευτος *επίθ* not pruned. *(θάμνος)* untrimmed
ακλείδωτος *επίθ* unlocked
ακλόνητος *επίθ* unshakeable. *(σταθερός)* steadfast. *(πίστη)* unswerving
ακμάζω *ρ αμτβ* flourish. *(επιχείρηση)* boom
ακμαίος *επίθ* flourishing
ακμή[1] *(η)* *(ξυραφιού)* edge. *(σπυράκια)* acne
ακμή[2] *(η)* prosperity. *(ανθρώπου)* prime. *(ανώτατο σημείο)* peak. *(εμπορίου)* boom
ακοή *(η)* hearing
ακοινώνητος *επίθ* unsociable
ακολασία *(η)* debauchery
ακόλαστος *επίθ* licentious
ακολουθία *(η)* escort. *(βασιλική)* retinue. *(εκκλ)* service *(in church)*
ακόλουθος *επίθ* following. ~ *(ο)* attendant. **εμπορικός ~** commercial attaché. **μορφωτικός ~** cultural attaché
ακολουθώ *ρ μτβ* follow. **~ από κοντά** follow closely. **~ τα ίχνη** track
ακολούθως *επίρρ* subsequently. **ως ~** as follows
ακόμη, ακόμα *επίρρ* yet, still. ~ **καλύτερος** even better. **~ κι αν** even if.

~ κι έτσι even so. **~ λίγο** some more. **~ μια φορά** once more
ακομπανιαμέντο *(το)* *(μουσ)* accompaniment.
άκομψος *επίθ* inelegant
ακονίζω *ρ μτβ* sharpen. *(όρεξη)* whet
ακονιστήρι *(το)* *(μηχ)* sharpener
ακόντιο *(το)* javelin
άκοπος *επίθ* uncut. *(εύκολος)* effortless
ακόρεστος *επίθ* insatiable
ακορντεόν *(το)* accordion
άκοσμος *επίθ* indecorous
ακουμπώ *ρ μτβ* lean. *(αγγίζω)* touch. • *ρ αμτβ* rest. *(στηρίζομαι)* lean against
ακούραστ|ος *επίθ* tireless, indefatigable. **~α** tirelessly
ακούρδιστος *επίθ* *(μουσ)* not tuned. *(ρολόι)* unwound
ακούσιος *επίθ* unintentional
ακουστική *(η)* acoustics
ακουστικ|ό *(το)* headphone. *(τηλεφώνου)* receiver. **~ό βαρηκοΐας** *(το)* hearing-aid. **~ά** *(τα)* *(ραδιοφώνου)* earphones
ακουστικ|ός *επίθ* acoustic
ακουστός *επίθ* audible. *(ξακουσμένος)* renowned
ακού|ω *ρ μτβ/ρ αμτβ* hear. *(υπακούω)* listen. **~ τυχαία** overhear. **~ς εκεί ανοησίες** have you ever heard such nonsense. **άκου!** listen! **άκουσέ με** listen to me
άκρα *(τα)* extremities. *(κατάσταση)* extremes. **περπατώ στα ~ των δαχτύλων** walk on tiptoe. **φτάνω στα ~** go to extremes
ακραίος *επίθ* extreme
ακράτεια *(η)* intemperance. *(ιατρ)* incontinence
ακρατής *επίθ* incontinent
άκρη *(η)* end. *(δρόμου)* roadside. *(μολυβιού, μαχαιριού)* tip. *(τελευταίο σημείο)* end. *(χείλος)* edge. **επί ~ σ' ~** through and through. **βάζω στην ~** put by. **δε βρίσκω ~** I can't find beginning or end
ακρίβεια[1] *(η)* dearness
ακρίβεια[2] *(η)* accuracy. *(τελειότητα)* precision. *(ώρα)* punctuality. **κατ' ~ν** strictly speaking
ακριβής *επίθ* precise. *(σωστός)* accurate. *(στην ώρα)* punctual
ακριβοθώρητος *επίθ* rarely seen
ακριβολογώ *ρ αμτβ* choose one's words precisely
ακριβοπληρώνω *ρ μτβ* overpay. • *ρ αμτβ* pay dearly
ακριβ|ός *επίθ* expensive, costly. *(καθομ)* pricey. *(αγαπητός)* dearest. **~ά** *επίρρ* expensively. *(μεταφ)* dearly
ακριβώς *επίρρ* exactly, precisely. *(στην ώρα)* punctually. **~!** quite (so)! **~ πάνω στην ώρα** in the nick of time. **~ στην ώρα** bang on time. **~ στις εφτά** at seven o'clock sharp
ακρίδα *(η)* grasshopper. *(σε σμήνος)* locust

ακριτομύθια *(η)* indiscretion
άκρ|ο *(το)* *(άκρη)* end. *(του σώματος)* extremity. *(μεταφ)* extreme. **απ' ~ου εις ~ον** from one end to another. **φτάνω στα ~α** go to extremes. **άνθρωπος των ~ων** extremist
ακροαματικότητα *(η)* *(ραδιόφωνο, TV)* ratings
ακρόαση *(η)* listening. *(θέατρο)* audition. **ζητώ ~** seek an audience. **αίθουσα ακροάσεων** *(η)* auditorium
ακροατήριο *(το)* audience
ακρο|ατής *(ο)*, **~άτρια** *(η)* listener
ακροβασία *(η)* acrobatics
ακροβά|της *(ο)*, **~τισσα** *(η)* acrobat
ακροβατικός *επίθ* acrobatic
ακροβολισμός *(ο)* skirmish
ακρογιάλι *(το)* *βλ* **ακρογιαλιά**
ακρογιαλιά *(η)* seashore
ακρογωνιαίος *επίθ* **~ λίθος** corner-stone
ακροδέκτης *(ο)* *(ηλεκτρ)* terminal
ακρόπολη *(η)* citadel. **η Α~** the Acropolis
ακρότητα *(η)* extremity. *(υπερβολή)* excess
ακρωτηριάζω *ρ μτβ* mutilate. *(ιατρ)* amputate
ακρωτηριασμός *(ο)* mutilation. *(ιατρ)* amputation
ακρωτήριο *(το)* cape, promontory
ακτή *(η)* coastline. *(παραλία)* shore, beach
ακτίν|α *(η)* beam. *(δράσεως)* range. *(μαθημ)* radius. *(μεταφ)* ray. *(τροχού)* spoke. **~ες Χ** *(οι)* X-rays
ακτινοβολία *(η)* radiance. *(φυσ)* radiation
ακτινοβόλος *επίθ* radiant
ακτινοβολώ *ρ μτβ/ρ αμτβ* radiate. • *ρ μτβ* irradiate
ακτινογραφ|ία *(η)* X-ray. **~ώ** *ρ μτβ* X-ray
ακτινολογία *(η)* radiography
ακτινολόγος *(ο, η)* radiographer
ακτοπλοΐα *(η)* coastal shipping
ακτοφυλακή *(η)* coastguard
ακυβέρνητος *επίθ* ungovernable. *(πλοίο)* adrift. *(χώρα)* without government
άκυρος *επίθ* invalid. *(γάμος)* null. *(συμφωνία)* void
ακυρότητα *(η)* invalidity. *(γάμου)* nullity
ακυρώνω *ρ μτβ* nullify. *(ανακαλώ)* rescind. *(γάμο)* annul. *(καταργώ)* repeal. *(νομ)* void. *(παραγγελία)* cancel
ακύρωση *(η)* *(γάμου)* annulment. *(κατάργηση)* repeal. *(παραγγελίας)* cancellation
αλάβαστρο *(το)* alabaster
αλαζόνας *επίθ* arrogant
αλαζονεία *(η)* arrogance
αλάθητο|ς *επίθ* unerring. *(αναμάρτητος)* infallible. **~** *(το)* infallibility
αλαλαγμός *(ο)* wild cries
αλαμπουρνέζικα *(τα)* double Dutch
αλάνθαστ|ος *επίθ* unmistakable. *(ιδέα)* foolproof. **~α** *επίρρ* unmistakably
αλάτι *(το)* salt
αλατιέρα *(η)* saltcellar

αλατίζω *ρ μτβ* salt
αλατούχος *επίθ* saline. ~ διάλυμα *(το)* saline solution *(for contact lenses)*
αλαφρόμυαλος *επίθ* scatterbrain
αλβινισμός *(o)* albinism
άλγεβρα *(η)* algebra
Αλγερία *(η)* Algeria
Αλγερινός *(o)* ~ή *(η) επίθ* Algerian
αλγόριθμος *(o)* algorithm
αλέα *(η)* alley
αλέθω *ρ μτβ* grind, mill
αλείφω *ρ μτβ/ρ αμτβ* spread *(jam etc.)*. *(με γάλα ή αυγό)* glaze. *(με λίπος)* baste
αλεξήλιο *(το)* sun visor
αλεξιπτωτιστής *(o)* ~ίστρια *(η)* parachutist. *(στρ)* paratrooper
αλεξίπτωτο *(το)* parachute
αλεξίσφαιρος *επίθ* bullet-proof
αλεπού *(η)* fox
άλεσμα *(το)* grinding
αλεσμένος *επίθ* ground
αλέτρι *(το)* plough
αλεύρι *(το)* flour. *(από βρώμη)* oatmeal.
καλαμποκάλευρο maize flour. σιτάλευρο wheat flour. σογιάλευρο soya bean flour
αλευρόμυλος *(o)* flour mill
αλευρωμένος *επίθ* floury
αλευρώνω *ρ μτβ* flour
αλήθεια *(η)* truth. απόλυτη ~ gospel truth.
αλήθεια *επίρρ* incidentally, by the way
αληθής *επίθ βλ* αληθινός. ~ώς *επίρρ*
~ώς ανέστη He has truly risen *(Easter greeting)*
αληθιν|ός *επίθ* true. *(πραγματικός)* real.
~ά *επίρρ* truthfully. *(πραγματικά)* truly
αλησμόνητ|ος *επίθ* unforgettable.
(αξέχαστος) memorable. ~η μέρα red letter day
αλητεία *(η)* vagrancy
αλήτ|ης *(o)*, ~ισσα *(η)* tramp.
(περιπλανώμενος) vagrant. *(αμερ)* bum
αλιγάτορας *(o)* alligator
αλιεία *(η)* fishing
αλίμονο *επιφών* alas
αλιτήριος *(o)* scamp
αλκαλικός *επίθ* alkaline
αλκάλιο *(το)* alkali
άλκη *(η ευρωπαϊκή) (η)* moose
αλκοόλ *(το) άκλ βλ* αλκοόλη
αλκοόλη *(η)* alcohol. ποτό ελεύθερο ~ς alcohol-free drink
αλκοολι|κός *(o)* alcoholic. ~σμός *(o)* alcoholism
αλκοτέστ *(το) άκλ* breathalyser
αλκυονίδ|α *(η)* kingfisher. ~ες μέρες *(οι)* halcyon days
αλλά *σύνδ* but. *(όμως)* yet
αλλαγή *(η)* change. *(αντικατάσταση)* change-over. *(τροποποίηση)* alteration
αλλάζω *ρ μτβ/ρ αμτβ* change. *(αντικαθιστώ)* switch. *(τροποποιώ)* alter. ~ γνώμη change one's mind. ~ ριζικά revolutionize

αλλαντικά *(τα)* cooked and smoked meats
αλλαντοπωλείο *(το)* delicatessen
αλλαξοπιστώ *ρ αμτβ* change faith
αλλεπάλληλος *επίθ* repeated
αλλεργία *(η)* allergy
αλλεργικός *επίθ* allergic
αλληγορ|ία *(η)* allegory. ~ικός *επίθ* allegorical
αλληθωρίζω *ρ αμτβ* squint
αλληθώρισμα *(το)* squint
αλλήθωρος *επίθ* cross-eyed
αλληλεγγύη *(η)* solidarity
αλληλένδετος *επίθ* interrelated
αλληλεξάρτηση *(η)* interdependence.
~τος *επίθ* interdependent
αλληλεπίδραση *(η)* interaction
αλληλεπιδρώ *ρ αμτβ* interact
αλληλο- *πρόθεμ* inter-
αλληλοβοήθεια *(η)* mutual help
αλληλογραφ|ία *(η)* correspondence. ~ώ *ρ αμτβ* correspond
αλληλοσυνδεόμενος *επίθ* interconnected
αλληλούια *επιφών* hallelujah
αλλήλους *αντων* each other. αγαπάτε ~ love each other
αλλιώς *επίρρ* otherwise. ~τικος *επίθ* different
αλλοδαπ|ή *(η)* abroad. ~ός *επίθ* foreign.
~ός *(o)* alien
άλλοθι *(το)* alibi
αλλοιώνω *ρ μτβ (νοθεύω)* adulterate.
(παραποιώ) falsify. *(πρόσωπο)* distort.
(χαλώ) spoil
αλλοίωση *(η)* change. *(εγγράφων)* falsification. *(τροφίμων)* adulteration
αλλόκοτος *επίθ* weird. *(άνθρωπος)* odd.
(εμφάνιση) grotesque. *(συνθήκες)* bizarre.
(τόπος) eerie
άλλο|ς *επίθ* other. *(διαφορετικός)* different.
(μέρα, μήνας) next. • *αντων* another,
more. δίχως ~ο without fail. κάθε ~ο
not at all. λέει ~α των ~ων he's talking
nonsense. μεταξύ ~ων among other things
άλλοτε *επίρρ* formerly
αλλού *επίρρ* elsewhere. ~ αυτά don't try it
on with me
αλλόφρονας *επίθ* distraught
άλλωστε *επίρρ* besides
άλμα *(το)* leap. ~ εις μήκος long jump. ~
εις ύψος high jump
αλματ|ώδης *επίθ* very rapid. ~ωδώς
επίρρ by leaps and bounds
άλμη *(η)* brine
αλμπατρός *(το)* albatross
άλμπουμ *(το) άκλ* album
αλμύρα *(η)* salinity
αλμυρ|ός *επίθ* salty. *(μπισκότα κλπ)*
savoury. *(τιμή)* high. ~ά *(τα)* savouries
αλογάκι *(το)* young horse. *(είδος)* pony.
ξύλινο ~ hobby-horse
αλογάριαστ|ος *επίθ* not settled.
(αμέτρητος) incalculable. *(ασυλλόγιστος)*

rash. **~α** *επίρρ* rashly. **δίνω ~α** give lavishly

αλογατάκι *(το)* *(έντομο)* daddy-long-legs

αλογίσιος *επίθ* horsy

άλογο *(το)* horse. *(σκάκι)* knight. **~ ιπποδρομιών** racehorse

αλογόμυγα *(η)* horsefly

αλογοουρά *(η)* ponytail

άλογος *επίθ* devoid of reason

αλογότριχα *(η)* horsehair

αλοιφή *(η)* ointment. *(για χείλη)* lip salve. *(ιατρ)* cream

αλουμίνιο *(το)* aluminium

αλουμινόχαρτο *(το)* silver foil

άλπειος *επίθ* Alpine

Άλπεις *(οι)* Alps

αλπικός *επίθ* alpine

άλσος *(το)* grove

αλτ *επιφών* halt, stop

αλτρουϊσμ|ός *(ο)* altruism. **~ικός** *επίθ* altruistic

αλτρουϊιστής *(ο)*, **~ίστρια** *(η)* altruist

αλύγιστος *επίθ* unbending

αλυκή *(η)* salt lake

αλύπητος *επίθ* merciless

αλυσίδ|α *(η)* chain. **~α μαγαζιών** chain of stores. **~ες** *(οι)* shackles

αλυσιδωτ|ός *επίθ* chain. **~ή αντίδραση** chain reaction

αλυσοδένω *ρ μτβ* chain

άλυτος *επίθ* insoluble. *(μεταφ)* unresolved

άλφα *(το)* άκλ alpha

αλφαβητάριο *(το)* primer

αλφαβητικ|ός *επίθ* alphabetical. **~ ευρετήριο** *(το)* thumb-index

αλφάβητο *(το)* alphabet

αλφαβήτα *(η)* ABC

αλφάδι *(το)* spirit-level

αλχημεία *(η)* alchemy

αλχημιστής *(ο)* alchemist

αλώνι *(το)* threshing floor

αλωνίζω *ρ μτβ* thresh

άλωση *(η)* capture, fall

άμα *σύνδ* when. **~ την άκουσε** when he heard her

αμαζόνα *(η)* amazon

αμάθεια *(η)* ignorance

αμαθής *επίθ* ignorant

αμακαδόρος *(ο)* sponger

αμαμηλίς *(η)* witch hazel

αμάν *επιφών* for goodness sake. **~ πια, βαρέθηκα** I've had just about enough

άμαξα *(η)* stage-coach. **ταχυδρομική ~** (horse-drawn) coach

αμάξι *(το)* *(λαϊκ)* car

αμαξοστοιχία *(η)* train

αμάξωμα *(το)* body *(of car)*

αμαρτάνω *ρ αμτβ* sin

αμαρτία *(η)* sin

αμαρτωλός *επίθ* sinful. **~** *(ο)* sinner

άμαχος *επίθ* non-combatant. **ο ~ πληθυσμός** civilians

αμβλύνω *ρ μτβ* *(όργανο)* blunt. *(πόνο)* dull

αμβλύς *επίθ* blunt. *(γωνία)* obtuse. *(πόνος)* dull

άμβωνας *(ο)* pulpit

άμε *επιφών* go

αμέ *επίρρ* sure

αμέθυστος *(ο)* amethyst

αμείβω *ρ μτβ* remunerate

αμείλικτος *επίθ* relentless

αμέλεια *(η)* negligence

αμελ|ής *επίθ* *(στο καθήκον)* negligent. *(άνθρωπος)* slack. **~ητέος** *επίθ* negligible

αμελώ *ρ μτβ* neglect **~ τον εαυτό μου** neglect oneself. • *ρ αμτβ* forget.

άμεμπτος *επίθ* unimpeachable. *(διαγωγή)* irreproachable. *(συμπεριφορά)* impeccable

αμερικάνικος *επίθ* American

αμερικανισμός *(ο)* Americanism

Αμερικαν|ός *(ο)* **~ίδα** *(η)* American

Αμερική *(η)* America

αμέριμνος *επίθ* happy-go-lucky

αμερόληπτος *επίθ* unprejudiced. *(γνώμη)* impartial. *(στάση)* detached

αμεροληψία *(η)* impartiality. *(μεταφ)* detachment

άμεσ|ος *επίθ* direct. *(απευθείας)* immediate. *(από πρώτο χέρι)* first-hand. **το ~ο μέλλον** the near future

αμέσως *επίρρ* immediately. *(ευθύς)* directly. *(χωρίς καθυστέρηση)* at once, straight away. **μου το είπε ~** he/she told me there and then. **πλήρωσε ~** he/she paid on the spot

αμετάβατος *επίθ* intransitive

αμεταβίβαστος *επίθ* not transferable

αμετάβλητος *επίθ* *(δεν έχει μεταβληθεί)* unchanged. *(δεν μπορεί να μεταβληθεί)* unchangeable. *(τιμή)* constant

αμετακίνητος *επίθ* unmoved

αμετάκλητος *επίθ* irreversible

αμετανόητος *επίθ* unrepentant

αμετάπειστος *επίθ* not persuaded. *(αδιάλλακτος)* adamant

αμετάφραστος *επίθ* *(δεν έχει μεταφραστεί)* untranslated. *(δεν μπορεί να μεταφραστεί)* untranslatable

αμέτοχος *επίθ* not taking part

αμέτρητος *επίθ* not counted. *(αλογάριαστος)* immeasurable. *(αναρίθμητος)* innumerable

άμετρος *επίθ* incalculable

αμήν *επιφών* amen. **φτάνω στο ~** be at the end of one's tether

αμηχανία *(η)* embarrassment. *(απορία)* bewilderment. **φέρνω σε ~** embarrass

αμήχαν|ος *επίθ* embarrassed. *(δύσκολος)* awkward. *(μετά από λάθος)* sheepish. **~α** *επίρρ* awkwardly

αμίαντος *(ο)* asbestos

αμιγής *επίθ* unalloyed. *(μεταφ)* pure. **ουδέν κακόν ~ές καλού** every cloud has a silver lining

αμίλητος *επίθ* quiet *(not speaking)*

άμιλλα *(η)* rivalry

αμιλλώμαι *ρ αμτβ* rival. (*αγωνίζομαι για*) vie for

αμίμητος *επίθ* inimitable

αμμοθύελλα (*η*) sandstorm

αμμόλοφος (*ο*) dune

άμμος (*η*) sand

αμμουδιά (*η*) sands

Αμμόχωστος (*η*) Famagusta

αμμοχάλικο (*το*) grit

αμμώδης *επίθ* sandy

αμμωνία (*η*) ammonia

αμνημόνευτος *επίθ* (*δε μνημονεύεται*) immemorial. (*δεν αναφέρεται*) unmentioned

αμνησία (*η*) amnesia

αμνηστία (*η*) amnesty

αμοιβαί|ος *επίθ* mutual. (*ανταποδοτικός*) reciprocal. **~α** *επίρρ* mutually

αμοιβή (*η*) remuneration. (*γιατρού, δικηγόρου*) fee. (*μεταφ*) reward. **επιπλέον ~** bonus

άμοιρος *επίθ* hapless

αμόκ (*το*) *άκλ* amok. **με πιάνει ~** run amok

αμολάω *ρ μτβ* loosen. (*αφήνω*) let go

αμόλυβδ|ος *επίθ* free of lead. **~η βενζίνη** (*η*) unleaded petrol

αμόλυντος *επίθ* unpolluted. (*μεταφ*) untainted

αμόνι (*το*) anvil

αμορτισέρ (*το*) *άκλ* shock absorber

άμορφος *επίθ* shapeless. (*χημ*) amorphous

αμόρφωτος *επίθ* uneducated. (*άξεστος*) uncultured

αμούστακο|ς *επίθ* without a moustache. (*μεταφ*) **~ παιδί** a very young man

αμπαζούρ (*το*) *άκλ* lampshade

αμπάρι (*το*) hold (*of ship*)

αμπέλι (*το*) vine

αμπελουργός (*ο*) vine grower

αμπελώνας (*ο*) vineyard

αμπέρ (*το*) *άκλ* amp(ere)

άμπωτη (*η*) ebb, low tide

άμυαλος *επίθ* brainless. (*μεταφ*) foolish

αμυγδαλή (*η*) tonsil

αμυγδαλιά (*η*) almond (tree)

αμυγδαλίτιδα (*η*) tonsillitis

αμύγδαλο (*το*) almond. **πάστα αμυγδάλου** (*η*) (*μαγ*) marzipan

αμυγδαλόφιχα (*η*) almond paste

αμυγδαλωτ|ός *επίθ* almond shaped. **~ά μάτια** almond eyes. **~ό** (*το*) sweet made of almond paste and sugar

αμυδρ|ός *επίθ* (*φως*) dim. (*χαμόγελο, ελπίδα*) faint. **~ό φως** (*το*) dim light. **~ά** *επίρρ* faintly

αμύητος *επίθ* unversed. (*σε θρησκεία ή οργάνωση*) uninitiated

αμύθητος *επίθ* indescribable. (*πλούτος*) immense

άμυλο (*το*) starch (*in food*)

αμυλώδης *επίθ* starchy

άμυνα (*η*) defense

αμύνομαι *ρ μτβ* fight in defence of. **•** *ρ αμτβ* defend oneself

αμυντικός *επίθ* defensive

άμφια (*τα*) vestments

αμφιβάλλω *ρ μτβ* doubt

αμφίβιο|ς *επίθ* amphibious. **~** (*το*) amphibian

αμφιβληστροειδής *επίθ* **~ χιτώνας** (*ο*) retina

αμφιβολία (*η*) doubt

αμφίβολος *επίθ* doubtful. (*αβέβαιος*) dubious. (*λαϊκ*) dodgy

αμφιδέξιος *επίθ* ambidextrous

αμφίεση (*η*) attire

αμφιθαλής *επίθ* sibling

αμφιθέατρο (*το*) amphitheatre

αμφιλογία (*η*) ambiguity

αμφίλογος *επίθ* ambiguous

αμφίρροπος *επίθ* (*αβέβαιος*) in the balance. (*ταλαντευόμενος*) wavering

αμφισβήτηση (*η*) dispute

αμφισβητήσιμος *επίθ* debatable

αμφισβητώ *ρ μτβ* dispute. (*αμφιβάλλω*) query. (*διατυπώνω αντιρρήσεις*) contest. (*την αλήθεια*) challenge

αμφιταλαντεύομαι *ρ αμτβ* dither. (*διστάζω*) waver

αμφιταλάντευση (*η*) wavering

αμφορέας (*ο*) amphora

αν *σύνδ* if. (*είτε*) whether. **~ και** although. **εκτός ~** unless

ανά *πρόθ* per. **ανα-** *σε*: σύνθεση (*επανάληψη*) re-

αναβαθμίζω *ρ μτβ* upgrade

αναβάθμιση (*η*) upgrade

αναβάλλω *ρ μτβ* postpone. (*απόφαση*) defer. (*συνεδρίαση*) adjourn. (*καθομ*) put off. **~ επ' αόριστον** shelve

ανάβαση (*η*) ascent. (*σε άλογο*) mounting

αναβάτ|ης (*ο*), **~ρια** (*η*) rider. (*άλογο*) stallion

αναβιώνω *ρ μτβ/ρ αμτβ* revive

αναβίωση (*η*) revival

αναβλητικός *επίθ* dilatory

αναβλύζω *ρ μτβ/ρ αμτβ* spurt. (*με βία*) gush (*δάκρυα*) well up.

αναβολέας (*ο*) stirrup

αναβολή (*η*) postponement. (*νομ*) stay

αναβοσβήνω *ρ μτβ/ρ αμτβ* flash (on and off)

αναβράζω *ρ αμτβ* boil. (*μεταφ*) seethe. **~ν** *επίθ* effervescent

αναβρασμός (*ο*) boiling. (*μεταφ*) ferment

ανάβω *ρ μτβ* light. (*σπίρτο*) strike. (*φως, κινητήρα*) switch on. (*φως*) turn on. **•** *ρ αμτβ* kindle. (*γλέντι*) get lively. (*οργίζομαι*) get worked up. (*φως*) be on

αναγγελία (*η*) announcement

αναγγέλλω *ρ μτβ* announce. (*νέα*) break

αναγέννηση (*η*) resurgence. **η Α~** the Renaissance

αναγεννώ *ρ μτβ* regenerate

αναγκάζω *ρ μτβ* compel

αναγκαίος *επίθ* necessary
αναγκαστικ|ός *επίθ* compulsory. **~ά**
επίρρ of necessity
ανάγκη (*η*) necessity. (*έλλειψη*) want.
(*χρεία*) need. **στην ~** at a push. **έχω ~**
be hard up. **κατ' ανάγκην** by necessity.
έκτακτη ~ emergency
ανάγλυφο|ς *επίθ* embossed. **~** (*το*) (*αρχιτ*)
relief.
αναγνωρίζω *ρ μτβ* recognize. (*δέχομαι*)
acknowledge. (*επιβεβαιώνω*) identify.
(*καθομ*) pick out. (*παραδέχομαι*) admit
αναγνώριση (*η*) recognition.
(*επιβεβαίωση*) identification. (*παραδοχή*)
acknowledgement. (*στρ*) reconnaissance
ανάγνωση (*η*) reading
αναγνώστ|ης (*ο*), **~ρια** (*η*) reader
αναγνωστικό (*το*) (*βιβλίο*) reader. **~**
κοινό readership
αναγούλ|α (*η*) nausea. **έχω ~ες** feel
queasy
αναγραμματισμός (*το*) anagram
ανάγωγος *επίθ* ill-mannered
αναδάσωση (*η*) reforestation
αναδείχν|ω *ρ μτβ* make known. **~ομαι** *ρ*
αμτβ gain distinction
αναδιάρθρωση (*η*) restructuring
αναδίνω *ρ μτβ* emit. (*καθομ*) give off
αναδιοργανώνω *ρ μτβ* reorganize
αναδιοργάνωση (*η*) reorganization.
ριζική ~ shake-up
ανάδοχος (*ο*) (*έργου*) contractor.
(*εκδόσεως μετοχών*) underwriter. (*νονός*)
godfather
ανάδραση (*η*) feedback
αναδρομ|ή (*η*) going back.
(*κινηματογράφος*) flashback. **~ικός** *επίθ*
retrospective
αναδύομαι *ρ αμτβ* surface
αναζήτηση (*η*) search. (*της αλήθειας*) quest
αναζητώ *ρ μτβ* look for. (*αποζητώ*) seek
αναζωογονώ *ρ μτβ* invigorate
αναζωπυρώνω *ρ μτβ* rekindle
ανάθεμα (*το*) anathema. **~ά το!** *επιφών*
damn!
αναθεματισμένος *επίθ* accursed
ανάθεση (*η*) allocation. (*έργου*) assignment
αναθέτω *ρ μτβ* allocate. (*έργο*) assign.
(*καθήκοντα*) delegate
αναθεώρηση (*η*) revision
αναθεωρώ *ρ μτβ* revise
αναθυμίαση (*η*) stench. **~ιάσεις** (*οι*)
fumes
αναίδεια (*η*) impertinence. (*θράσος*) cheek
αναιδής *επίθ* impertinent. (*αμερ*) pert.
(*θρασύς*) saucy, cheeky
αναιμ|ία (*η*) anaemia. **~ικός** *επίθ* anaemic
αναισθησία (*η*) anaesthesia. (*για*
αισθήματα) callousness
αναισθησιολόγος (*ο, η*) anaesthetist
αναισθητικό (*το*) anaesthetic
αναίσθητος *επίθ* unconscious. (*αδιάφορος*)
callous. (*ασυγκίνητος*) insensitive

ανακαινίζω *ρ μτβ* renovate
ανακαίνιση (*η*) renovation
ανακαλύπτω *ρ μτβ* discover, find out.
(*χρυσό*) strike (*gold*)
ανακάλυψη (*η*) discovery. **σημαντική ~**
breakthrough
ανακαλώ *ρ μτβ* call back. (*στη μνήμη*)
recall
ανάκατα *επίρρ* higgledy-piggley
ανακατάληψη (*η*) recapture
ανακατανομή (*η*) redistribution
ανακατασκευάζω *ρ μτβ* reconstruct
ανακάτεμα (*το*) (*ανάμιξη*) blending.
(*μπέρδεμα*) muddle. (*στομαχιού*) nausea
ανακατεύ|ω *ρ μτβ* mix. (*μαλλιά*) ruffle.
(*μπερδεύω*) confuse. (*μπλέκω*) tangle.
(*υγρό*) stir. (*χαρτιά*) shuffle. **~ομαι** (*με*) *ρ*
αμτβ mix (with). (*μπερδεύομαι*) meddle
(in). (*με τον κόσμο*) mingle (with).
(*στομάχι*) turn. **~ σε** tamper with
ανάκατ|ος *επίθ* muddled. (*ακατάστατος*)
messy. **~α** *επίρρ* in a muddle
ανακατώνω *ρ μτβ βλ* **ανακατεύω**
ανακατοσούρ|α (*η*) disarray. (*θόρυβος*)
commotion. **~ης** *επίθ* meddlesome. **~ης**
(*ο*) troublemaker
ανακάτωτος *επίθ* unmixed, unblended
ανακατωτ|ός *επίθ* mixed-up. (*κλωστή*)
tangled. **~ά** *επίρρ* in a tangle. **το ξέρω**
απ' έξω κι ~ά I know it backwards
ανακεφαλαιώνω *ρ μτβ/ρ αμτβ* recapitulate
ανακεφαλαίωση (*η*) (*καθομ*) recap
ανακηρύσσω *ρ μτβ* proclaim. **~ άγιο**
canonize
ανακίνηση (*η*) agitating
ανακινώ *ρ μτβ* agitate
ανάκληση (*η*) recall
ανακοινωθέν (*το*) communique
ανακοινώνω *ρ μτβ* announce
ανακοίνωση (*η*) announcement
ανακόλουθος *επίθ* inconsistent
ανακουφ|ίζω *ρ μτβ* relieve. (*πόνο*) alleviate.
(*πραΰνω*) soothe. **~ιστικός** *επίθ* soothing
ανακούφιση (*η*) relief. (*πόνου*) alleviation
ανακρίβεια (*η*) inaccuracy. (*μηχ*)
imprecision
ανακριβ|ής *επίθ* inaccurate. (*μηχ*)
imprecise. **~ώς** *επίρρ* inaccurately
ανακρίνω *ρ μτβ* interrogate. (*νομ*)
examine. **~ εξαντλητικά** grill
ανάκριση (*η*) (*αστυνομίας*) interrogation.
(*νομ*) inquiry
ανακρ|ιτής (*ο*), **~ίτρια** (*η*) interrogator
ανάκτηση (*η*) recovery
ανακτορικός *επίθ* palatial
ανάκτορο (*το*) palace
ανακτώ *ρ μτβ* regain. (*μεταφ*) recapture
ανακυκλώνω *ρ μτβ* recycle
ανακύπτω *ρ μτβ* emerge
ανακωχή (*η*) armistice. (*προσωρινή*) truce
αναλαμβάνω *ρ μτβ* undertake.
(*διαδέχομαι*) take over. (*ευθύνη*) assume.
~ *ρ αμτβ* recover

αναλαμπή (η) glimmer
ανάλατος επίθ unsalted. (μεταφ) insipid
ανάλαφρος επίθ light
αναληθής επίθ untrue
ανάληψη (η) (χρημάτων) withdrawal. (καθηκόντων) assumption. A~ (εκκλ) Ascension
αναλογία (η) proportion. (αριθμός) quota. (μάθημα) ratio. (σχέση) analogy. ~ικός επίθ proportional. ~ική κλίμακα (η) sliding scale. ~ική (η) proportional representation
αναλογίζομαι ρ μτβ reflect (on). (κίνδυνο) weigh
αναλόγιο (το) (εκκλ) lectern. (μουσ) stand
ανάλογ|ος επίθ proportional. (προς την αξία) commensurate. ~α επίρρ accordingly
αναλόγως επίρρ accordingly. ~ της ηλικίας της considering her age
ανάλυση (η) analysis. (αριθμών) breakdown
αναλυτικός επίθ analytical. (λογαριασμός) itemized
αναλ|υτής (ο), ~ύτρια (η) analyst. ~υτής (προγραμμάτων Η/Υ) systems analyst
αναλύω ρ μτβ analyze. (αριθμούς) break down. (λογαριασμό) itemize
αναλφάβητος επίθ illiterate
αναμαλλιασμένος επίθ dishevelled
αναμασώ ρ μτβ (ζώα) chew over. (μεταφ) rehash
αναμ(ε)ιγνύ|ω ρ μτβ mix. (εμπλέκω) implicate. (ποτό) blend. ~ομαι ρ αμτβ blend
ανάμ(ε)ικτος επίθ mixed
ανάμ(ε)ιξη (η) mixing. (εμπλοκή) implication. (μεταφ) meddling
ανάμεσα επίρρ among(st)
αναμεταδίδω ρ μτβ relay
αναμετ|άδοση (η) relay. ~αδότης (ο) transmitter
αναμέτρηση (η) recounting. (άμιλλα) show-down. (στρ) confrontation
αναμμένο|ς επίθ alight. το φως είναι ~ the light is on
ανάμνηση (η) recollection. (ενθύμιο) memento. (θύμηση) memory
αναμνηστικός επίθ commemorative
αναμονή (η) wait(ing). (προσδοκία) expectation. αίθουσα ~ς waiting-room. κατάλογος ~ς (ο) waiting-list
αναμορφωτήριο (το) Borstal
αναμφίβολ|ος επίθ undoubted. ~α επίρρ undoubtedly
αναμφιβόλως επίρρ doubtless
αναμφισβήτητ|ος επίθ indisputable. (νικητής) outright. ~α επίρρ indisputably
ανανάς (ο) pineapple
άνανδρο|ς επίθ unmanly. ~α επίρρ in an unmanly way
ανανεώ|νω ρ μτβ renew. (ανακαινίζω) refurbish. ~σιμος επίθ renewable

ανανέωση (η) renewal
ανανταπόδοτος επίθ unrequited
αναντικατάστατος επίθ irreplaceable
αναξιόπιστος επίθ unreliable. (ανάξιος εμπιστοσύνης) untrustworthy
αναξιοποίητος επίθ (γη) undeveloped
αναξιοπρεπής επίθ undignified
ανάξιος επίθ unworthy
αναπαράγ|ω ρ μτβ reproduce. ~ομαι ρ αμτβ reproduce. (δημιουργώ απογόνους) propagate
αναπαραγωγή (η) reproduction. (ζωντανών οργανισμών) propagation. ~ικός επίθ reproductive
αναπαράσταση (η) reconstruction
αναπαριστάνω ρ μτβ enact
ανάπαυλα (η) respite
ανάπαυση (η) rest. ~! (στρ) at ease
αναπαυτικ|ός επίθ comfortable. ~ή πολυθρόνα (η) easy chair
αναπηδώ ρ αμτβ leap. (άλογο) buck. (από φόβο) start. (μπάλα) bounce. (προς τα πίσω) recoil
αναπηρία (η) handicap
ανάπηρος επίθ handicapped. ~ (ο) invalid
αναπλάθω ρ μτβ reshape. (αναδημιουργώ) recreate
αναπληρωματικ|ός επίθ acting. ~ές εκλογές by-elections
αναπληρώνω ρ αμτβ refill. (αντικαθιστώ) deputize for
αναπληρωτής (ο) deputy. ~ γιατρός locum. ~ καθηγητής (σε σχολείο) supply teacher. ~ υπουργός deputy minister
αναπήδημα (το) bounce
αναπηδώ ρ αμτβ jump up. (από φόβο) start. (καρδιά) leap. (μπάλα) bounce. (προς τα πίσω) recoil
αναπνευστήρας (ο) (ιατρ) respirator (κατάδυσης) snorkel
αναπνευστικ|ός επίθ breathing. ~ή συσκευή (η) inhaler. (καταδύσεως) aqualung
αναπνέω ρ αμτβ breathe
αναπνοή (η) breathing. (ανάσα) breath
ανάποδα επίρρ upside-down. (ρούχα) inside out. τα πράγματα ήρθαν ~ things turned out wrong
ανάποδη (η) (νομίσματος, υφάσματος) reverse. (χτύπημα) backhanded blow. (κολύμπι) backstroke. (βελονιά στο πλέξιμο) purl
αναποδιά (η) mishap. (κακοτυχία) set-back. (δυστροπία) contrariness
αναποδογυρίζω ρ μτβ turn upside-down
αναπόληση (η) reminiscence
αναπολώ ρ αμτβ reminisce
αναπόσπαστος επίθ integral
αναποφασιστικότητα (η) indecision
αναποφάσιστος επίθ (διστακτικός) indecisive. (δεν έχει αποφασίσει ακόμη) undecided

αναπόφευκτ|ος επίθ inevitable, unavoidable. **~α** επίρρ unavoidably, inevitably

αναπροσαρμόζ|ω ρ μτβ readjust. **~ομαι (σε)** ρ αμτβ readjust o.s. (to)

αναπτήρας (ο) lighter

ανάπτυξη (η) development. (αύξηση) growth. (ερμηνεία) exposition

αναπτύσσω ρ μτβ develop. (θέμα) expand. (θεωρία) elaborate. (ταχύτητα) gather. **~ομαι** ρ αμτβ evolve. (παιδί) develop

άναρθρος επίθ inarticulate

αναρίθμητος επίθ innumerable. (αμέτρητος) countless

αναρμόδιος επίθ incompetent

αναρμοδιότητα (η) incompetence

αναρπάζω ρ μτβ snap up

αναρρίχηση (η) climb

αναρριχητικό (το) creeper

αναρριχιέμαι ρ μτβ/ρ αμτβ climb. (φυτά) creep, climb

αναρρόφηση (η) suction

αναρροφώ (με σιφόνι) ρ μτβ siphon out

αναρρώνω ρ αμτβ recuperate. (από αρρώστια) convalesce

ανάρρωση (η) recuperation. (από αρρώστια) convalescence. **σε ~** on the mend

αναρρωτήριο (το) convalescent home

ανάρτηση (η) suspension

αναρχία (η) anarchy

αναρχικός επίθ anarchic. **~** (ο) anarchist

αναρωτιέμαι ρ αμτβ ask oneself. (απορώ) wonder

ανάσα (η) breath. (ανακούφιση) breather

ανασαίνω ρ αμτβ breathe. (ανακουφίζομαι) have a breather

ανασηκωμένος επίθ raised. (μύτη) turned-up

ανασηκώνω ρ μτβ lift. (μανίκια) roll up

ανασκαλεύω ρ μτβ (φωτιά) poke. (μεταφ) poke into

ανασκαφή (η) digging. (αρχαιολ) excavation, (καθομ) dig

ανάσκελα επίρρ on one's back

ανασκευάζω ρ μτβ refute

ανασκολοπίζω ρ μτβ impale. **~ισμός** (ο) impalement

ανασκόπηση (η) review

ανασκοπώ ρ μτβ review. (εξετάζω και πάλι) re-examine

ανασκουμπώνομαι ρ αμτβ roll up one's sleeves. (για δράση) prepare (for action)

ανασταίν|ω ρ μτβ resurrect. (μεταφ) revive. **~ομαι** ρ αμτβ rise (from the dead)

ανάσταση (η) resurrection

ανάστατος επίθ (ακατάστατος) in disorder. (ταραγμένος) distressed

αναστάτωμα (το) great disorder. (αναταραχή) turmoil

αναστατωμένος επίθ distracted. **είμαι ~** be in a state

αναστατών|ω ρ μτβ disconcert. (προκαλώ αναταραχή) disrupt. **~ομαι** ρ αμτβ be distressed

αναστάτωση (η) (δραστηριότητας) flurry. (λαϊκ) flap. (σχεδίων) disruption. (ταραχή) turmoil

αναστέλλω ρ μτβ (ακυρώνω) suspend. (σταματώ) inhibit

αναστεναγμός (ο) sigh

αναστενάζω ρ αμτβ sigh

αναστηλώνω ρ μτβ (κτίριο) restore. (μεταφ) revitalize

αναστήλωση (η) restoration

ανάστημα (το) height. (μεταφ) stature

αναστολή (η) suspension. (νομ) reprieve. (σταμάτημα) inhibition. (στρ) deferment

αναστροφή (η) reversal. (στροφή κατά 180°) U-turn

ανασυγκρότηση (η) (οικονομίας) reconstruction. (στρ) regrouping. **~οτώ** ρ μτβ reorganize. (οικονομία) reconstruct. (στρ) regroup

ανασυντάσσω ρ μτβ re-form. (ανασυγκροτώ) rally

ανασφάλεια (η) insecurity

ανασφαλής επίθ unsafe. (πρόσωπο) insecure

ανασχηματίζω ρ μτβ re-form. (με νέο σχήμα) reshuffle

ανασχηματισμός (ο) reshuffle

αναταραχή (η) disturbance. (αναστάτωση) unrest. (συγκίνηση) agitation

ανάταση (η) (των χεριών) raising. (ηθική) uplift

ανατέλλω ρ αμτβ (ήλιος) rise

ανατέμνω ρ μτβ dissect

ανατίμηση (η) revaluation

ανατίναγμα (το) (σε δρόμο) bumping, jerking

ανατινάζ|ω ρ μτβ blow up, blast. **~ομαι** ρ αμτβ blow up. (με εκρηκτική ύλη) explode. (μεταφ) start up

ανατίναξη (η) blowing up

ανατολή (η) east. (του ήλιου) sunrise. **η Α~** the Orient. **η Άπω Α~** the Far East. **η Μέση Α~** the Middle East. **προς την ~** eastwards

ανατολικ|ός επίθ east. (άνεμος) easterly. (της Ανατολής) Eastern. **~ά** επίρρ east

ανατολίτ|ης (ο), **~ισσα** (η) (άτομο) Oriental. **~ικος** επίθ oriental

ανατομή (η) dissection

ανατομία (η) anatomy

ανατομικός επίθ anatomical

ανατρεπτικός επίθ subversive

ανατρέπ|ω ρ μτβ (αναποδογυρίζω) overturn. (απόφαση) quash. (κυβέρνηση) overthrow. (σχέδια) thwart. (υπολογισμούς) upset. **~ομαι** ρ αμτβ overturn. (κυβέρνηση) be overthrown

ανατρέφω ρ μτβ (παιδιά) bring up

ανατρέχω ρ μτβ retrace. (σε πηγές γνώσης) refer (σε to)

ανατριχι||άζω *ρ αμτβ* shudder. **με κάνει να ~άζω** it gives me the creeps. **~αστικός** *επίθ* hair-raising. (*έγκλημα*) gruesome, lurid

ανατριχίλα (*η*) shudder. (*από κρύο*) gooseflesh, goose-pimples. **μου φέρνει ~** it gives me the creeps

ανατροπή (*η*) overturning. (*αποφάσεως*) quashing. (*κυβερνήσεως*) overthrow. (*σχεδίου*) thwarting

ανατροφή (*η*) upbringing. (*τρόποι*) breeding

ανατυπώνω *ρ μτβ* reprint

ανατύπωση (*η*) reprint

άναυδος *επίθ* speechless

άναυλ|ος *επίθ* not chartered. (*μεταφ*) **έφυγε ~ος** he was sent packing. **~α** *επίρρ* willy-nilly

αναφέρω *ρ μτβ* mention. (*παραδείγματα*) cite. (*παραπέμπω*) refer to. (*δίνω αναφορά*) report

αναφιλητό (*το*) sobbing

αναφλέγω/ομαι *ρ μτβ/ρ αμτβ* ignite

ανάφλεξη (*η*) ignition

ανάφλεξη (*η*) bursting into flames. (*αυτοκίνητο*) ignition

αναφορά (*η*) (*έκθεση*) report. (*μνεία*) mention. (*παραπομπή*) reference. (*στρ*) dispatch

αναφορικ|ός *επίθ* (*γραμμ*) relative. **~ά** *επίρρ* **~ά με** with reference to

αναφυλλητό (*το*) *βλ* **αναφιλητό**

αναφώνηση (*η*) exclamation

αναφωνώ *ρ αμτβ* exclaim

αναχαιτίζω *ρ μτβ* check, curb. (*αεροπλάνο*) intercept

αναχαίτιση (*η*) curbing. (*αεροπλάνου*) interception

αναχρονισ|μός (*ο*) anachronism. **~τικός** *επίθ* anachronistic. (*αντιλήψεις*) old-fashioned

ανάχωμα (*το*) (*μεταξύ ξηράς και θάλασσας*) dike. (*σε σιδηρ γραμμή ή ποτάμι*) embankment

αναχώρηση (*η*) departure

αναχωρώ *ρ αμτβ* depart

αναψυκτήριο (*το*) refreshments. **~ικό** (*το*) soft drink

αναψυχή (*η*) recreation

ανδραγάθημα (*το*) (heroic) deed

άνδρας (*ο*) *βλ* **άντρας**

ανδρεί|α (*η*) valour. **~ος** *επίθ* valiant. **~κελο** (*το*) puppet

ανδριάντας (*ο*) statue (*in honour of a man*)

ανδρικ|ός *επίθ* male. (*για άντρες*) for men. **~ή ηλικία** (*η*) manhood. **~ό κοστούμι** (*το*) man's suit

ανδρισμός (*ο*) manhood

ανδρόγυνο (*το*) husband and wife

ανδροπρεπής *επίθ* manly. (*για γυναίκα*) mannish

ανεβάζω *ρ μτβ* move up. (*ανυψώνω*) raise. (*κινημ έργο*) present. (*στη θεατρική σκηνή*) stage. (*τιμή*) put up

ανεβαίνω *ρ μτβ/αμτβ* climb. (*σε θρόνο*) accede. (*κοινωνικά, τιμές*) rise. (*ποδήλατο, άλογο*) mount. (*σε λεωφορείο*) get on. (*σε πλοίο*) board. **~ απότομα** soar

ανέβασμα (*το*) rise. (*σε θεατρική σκηνή*) staging

ανεβοκατεβαίνω *ρ αμτβ* go up and down. (*βάρκα*) bob up and down

ανεβοκατ|έβασμα (*το*) going up and down. (*διακύμανση*) fluctuation. **~εβάσματα** (*τα*) ups and downs

ανέγγιχτος *επίθ* untouched. (*απείραχτος*) intact

ανεγείρω *ρ μτβ* erect

ανέγερση (*η*) erection (*of building*)

ανειδίκευτος *επίθ* unskilled. **~ εργάτης** (*ο*) unskilled worker

ανειλικρ|ίνεια (*η*) insincerity. **~ινής** *επίθ* insincere. **~ινώς** *επίρρ* insincerely

ανείπωτος *επίθ* untold. (*που δε λέγεται*) unspeakable

ανέκαθεν *επίρρ* all along

ανέκδοτο (*το*) anecdote

ανέκκλητος *επίθ* irrevocable

ανεκμετάλλευτος *επίθ* unexploited

ανεκπλήρωτος *επίθ* unfulfilled. (*μη πραγματοποιήσιμος*) unrealizable

ανεκτικ|ός *επίθ* tolerant. **~ή κοινωνία** permissive society. **~ά** *επίρρ* tolerantly

ανεκτικότητα (*η*) tolerance. (*κοινωνίας*) permissiveness

ανεκτίμητος *επίθ* invaluable. (*θησαυρός*) priceless

ανεκτός *επίθ* tolerable

ανέκφραστο|ς *επίθ* unutterable. (*έκφραση*) blank. (*μάτια*) glassy. **~ πρόσωπο** poker-face

ανελέητ|ος *επίθ* merciless. (*σκληρός*) ruthless. **~α** *επίρρ* without mercy, ruthlessly

ανελκυστήρας (*ο*) lift. (*αμερ*) elevator

ανέλπιστος *επίθ* unexpected

ανέμελος *επίθ* debonair. (*καθομ*) slaphappy

ανέμη (*η*) spinning-wheel

ανεμίζω *ρ μτβ* air. (*κουνώ*) wave. • *ρ αμτβ* flutter

ανεμιστήρας (*ο*) fan

ανεμοβλογιά (*η*) chicken-pox

ανεμοδαρμένος *επίθ* windswept. (*από τον καιρό*) weather-beaten

ανεμοδείκτης (*ο*) weathercock, weather vane

ανεμοζάλη (*η*) (*ανεμοστρόβιλος*) whirlwind. (*μεταφ*) turmoil

ανεμοθύελλα (*η*) windstorm

ανεμόμυλος (*ο*) windmill

ανεμοπορία (*η*) hang-gliding. **~ με αετό** hang-gliding

ανεμόπτερο (*το*) glider. **~ αετός** paraglider

άνεμος (*ο*) wind. **πάω όπου φυσάει ο ~** sail with the wind

ανεμόσκαλα (*η*) rope ladder

ανεμοστρόβιλος (*o*) whirlwind
ανεμώνα (*η*) anemone
ανένδοτος *επίθ* adamant
ανεμπόδιστος *επίθ* unimpeded
ανενόχλητος *επίθ* unhindered
ανέντιμος *επίθ* ignoble
ανεξαιρέτως *επίρρ* without exception
ανεξακρίβωτος *επίθ* unverified
ανεξάντλητος *επίθ* inexhaustible
ανεξαρτησία (*η*) independence
ανεξάρτητ|ος *επίθ* independent. **~α** *επίρρ*
independently. **~α από** irrespective of
ανεξέλεγκτος *επίθ* uncontrolled.
(*λογαριασμός*) unchecked. (*πληθωρισμός*)
runaway. (*πληροφορία*) unconfirmed
ανεξερεύνητος *επίθ* unexplored
ανεξετασθέος *επίθ* (*σπουδαστής*) required
to sit further examinations
ανεξήγητ|ος *επίθ* inexplicable.
(*ακατανόητος*) incomprehensible. **~α**
επίρρ inexplicably
ανεξίκακος *επίθ* forgiving
ανεξίτηλ|ος *επίθ* indelible. (*χρώμα*) fast.
~α *επίρρ* indelibly
ανεξιχνίαστος *επίθ* untraceable.
(*άνθρωπος*) inscrutable. (*έγκλημα*)
unsolved
ανέξοδος *επίθ* inexpensive
ανεξόφλητος *επίθ* unsettled, unpaid
ανεπαίσθητ|ος *επίθ* imperceptible. **~α**
επίρρ imperceptibly
ανεπανάληπτος *επίθ* unprecedented.
(*μοναδικός*) unparalleled
ανεπανόρθωτ|ος *επίθ* irretrievable.
(*αθεράπευτος*) irreparable. **~α** *επίρρ*
irreparably
ανεπάρκεια (*η*) inadequacy.
(*επαγγελματική*) inefficiency. (*ιατρ*)
insufficiency
ανεπαρκ|ής *επίθ* inadequate. (*ελλιπής*)
insufficient. (*στη δουλειά*) inefficient.
(*ρουχισμός*) scanty. **~ώς** *επίρρ*
inadequately, insufficiently, scantily
ανέπαφος *επίθ* untouched. (*άθικτος*)
unscathed. (*άρτιος*) intact
ανεπηρέαστος *επίθ* unaffected
ανεπίδεκτος *επίθ* not admitting. (*μεταφ*)
incapable of. **~ μαθήσεως** incapable of
learning
ανεπιθύμητος *επίθ* undesirable. (*ξένος*)
unwelcome
ανεπίληπτος *επίθ* unimpeachable.
(*διαγωγή*) impeccable
ανεπίσημ|ος *επίθ* unofficial. (*κοινός*)
informal. **~α** *επίρρ* unofficially,
informally. (*παρατηρήσεις*) off the record
ανεπισημότητα (*η*) informality
ανεπίτευκτος *επίθ* unobtainable. (*στόχος*)
unattainable
ανεπιτήδειος *επίθ* inept
ανεπιτήδευτος *επίθ* unassuming.
(*απροσποίητος*) unpretentious. (*φυσικός*)
unstudied

ανεπίτρεπτος *επίθ* inadmissible
ανεπιτυχής *επίθ* unsuccessful
ανεπιφύλακτ|ος *επίθ* unqualified.
(*υποστήριξη*) wholehearted. **~α** *επίρρ*
unconditionally. (*χωρίς δισταγμούς*)
unreservedly
ανεπτυγμέν|ος *επίθ* developed. **οι ~ες**
χώρες the developed countries
ανεργία (*η*) unemployment
άνεργ|ος *επίθ* unemployed, out of work.
οι ~οι the jobless
ανέρχομαι *ρ αμτβ* rise. (*εισόδημα*) total.
(*σε θρόνο*) accede. **~ σε** add up to
ανερχόμεν|ος *επίθ* rising. **~η γενιά** (*η*)
rising generation
άνεση (*η*) comfort. (*ευχέρεια*) ease.
ανέσεις (*οι*) comforts. **έχω οικονομική ~**
be comfortably off. **με την ~ σας** at your
leisure. **έχει όλες τις ανέσεις** it has every
convenience
ανέτοιμος *επίθ* unprepared
άνετ|ος *επίθ* comfortable. (*καθομ*) comfy.
(*βολικός*) easy. **~α** *επίρρ* comfortably. **δε**
νιώθω ~ be ill at ease
ανεύθυν|ος *επίθ* irresponsible. **~α** *επίρρ*
irresponsibly
ανευθυνότητα (*η*) irresponsibility
ανευλάβεια (*η*) impiety, irreverence
ανευλαβής *επίθ* impious, irreverent
ανεφάρμοστος *επίθ* inapplicable. (*δεν*
μπορεί να εφαρμοστεί) impracticable
ανέφικτος *επίθ* unfeasible. (*στόχος*)
unattainable
ανεφοδιάζω *ρ μτβ* resupply. (*αποθήκη*)
restock. **~ομαι** *ρ αμτβ* refuel
ανεφοδιασμός (*o*) resupply. (*αποθήκη*)
restocking. (*καύσιμα*) refuelling
ανέχομαι *ρ μτβ* tolerate, (*καθομ*) put up
with. (*υπομένω*) endure. (*παραβλέπω*)
condone
ανεψιά (*η*) niece
ανεψιός (*o*) nephew
ανήθικος *επίθ* immoral. (*χειρονομία*)
obscene. **~α** *επίρρ* immorally
ανηθικότητα (*η*) immorality
άνηθο (*το*) dill
ανήκουστος *επίθ* unheard of
ανήκω *ρ αμτβ* belong
ανηλεής *επίθ* ruthless. **~ώς** ruthlessly
ανήλεος *επίθ* ruthless. (*ανελέητος*)
inexorable
ανήλικος *επίθ* minor, under age
ανηλικότητα (*η*) minority (*age*)
ανήμπορος *επίθ* helpless
ανήξερος *επίθ* (*άμαθος*) ignorant.
(*απληροφόρητος*) uninformed. (*αθώος*)
innocent
ανησυχητικός *επίθ* disturbing
ανησυχία (*η*) anxiety. (*έλλειψη ησυχίας*)
disquiet. (*ταραχή*) restlessness. (*φόβος*)
apprehension
ανήσυχ|ος *επίθ* anxious. (*ανικανοποίητος*)
restless. (*ταραγμένος*) uneasy.

(φοβισμένος) apprehensive. **~α** επίρρ restlessly, anxiously

ανησυχώ ρ μτβ trouble. (ταράζω) disturb. • ρ αμτβ (φοβούμαι) be anxious. (για κάποιον) be concerned (**για**, for)

ανηφορι|ά (η) upward slope. **~κός** επίθ uphill

ανηφορίζω ρ αμτβ move uphill

ανθεκτικ|ός επίθ tough. (που αντέχει) durable. (στη φωτιά) resistant. (άνθρωπος) resilient. **~ότητα** (η) resilience

ανθεστήρια (τα) flower festival

άνθηση (η) flowering. (μεταφ) flourishing

ανθίζω ρ αμτβ come into flower. (δέντρο) blossom. (μεταφ) flourish

ανθισμένος επίθ blooming. (δέντρο) in blossom

ανθόγαλα (το) cream (of the milk)

ανθοδέσμη (η) bouquet

ανθοδοχείο (το) vase

ανθόκηπος (ο) flower garden

ανθολογία (η) anthology

ανθόνερο (το) scented water made by the distillation of flower petals

ανθοπωλείο (το) florist's

ανθοπώλη|ς (ο) **~ις** (η) florist

ανθός (ο) blossom. (μεταφ) pick

άνθος (το) flower. **στο ~ της ηλικίας** in one's prime

ανθότυρο (το) cream cheese

άνθρακας (ο) (λόγ) coal. (χημεία) carbon. (ιατρ) anthrax

ανθρακοφόρα περιοχή (η) coalfield

ανθρακωρυχείο (το) colliery

ανθρακωρύχος (ο) coal miner

ανθρωπάκι (το) βλ **ανθρωπάκος**

ανθρωπάκος (ο) little man. (μεταφ) insignificant man

ανθρωπιά (η) (human) decency

ανθρώπινο|ς επίθ human. **~ δυναμικό** (το) manpower

ανθρωπισμός (ο) humanism

ανθρωπιστικ|ός επίθ humane. (σχετικός με τον ανθρωπισμό) humanitarian. **~ές σπουδές** (οι) humanities

ανθρωπ|ιστής (ο), **~ίστρια** (η) humanist

ανθρωποθάλασσα (η) huge crowd

ανθρωποθυρίδα (η) manhole

ανθρωποθυσία (η) human sacrifice

ανθρωποκτ|ονία (η) homicide. **~όνος** επίθ homicidal. **~όνος** (ο, η) homicide (person)

ανθρωποκυνηγητό (το) man-hunt

ανθρωπολ|ογία (η) anthropology. **~όγος** (ο, η) anthropologist

άνθρωπος[1] (ο) human

άνθρωπο|ς[2] (ο) man, mankind. (προικισμένος ψυχικά) decent human being. (θνητός) mortal. **~ι** (οι) people. **~ς του βουνού** hill-billy (αμερ). **~ς των γραμμάτων** man of letters. **~ς των σπηλαίων** caveman

ανθρωπότητα (η) mankind. **εγκλήματα κατά της ~ς** crimes against humanity

ανθρωποφ|αγία (η) cannibalism. **~άγος** (ο) cannibal

ανθρωποώρα (η) man-hour

ανθυγιειν|ός επίθ unhealthy. (συνθήκες) insanitary. **~ά** επίρρ unhealthily

ανθυπασπιστής (ο) warrant-officer

ανθυπολοχαγός (ο) second lieutenant

ανθυποπλοίαρχος (ο) second officer

ανία (η) dreariness, tedium

ανιαρ|ός επίθ boring, dreary. (άνθρωπος) tedious. (συζήτηση) dull. **~ά** επίρρ tediously

ανίατος επίθ incurable. **άσυλο ανιάτων** (το) hospice

ανίδεος (ο) ignoramus

ανιδιοτελής επίθ selfless. (αφιλοκερδής) unselfish

ανίκανος επίθ incapable. (χωρίς δύναμη) helpless. (στη δουλειά) incompetent. (σεξουαλική) impotent

ανικανότητα (η) incapacity. (αναπηρία) disability. (στη δουλειά) incompetence. (σεξουαλικά) impotence. **άτομα με ~ες** the disabled

ανίκητος επίθ unbeaten. (αντίπαλος) invincible. (εμπόδιο) insurmountable

ανισόρροπος επίθ unbalanced. (μεταφ) unsound (of mind)

άνισος επίθ unequal

ανισότητα (η) inequality

ανίσχυρος επίθ powerless

ανίχνευση (η) detection

ανιχνευτής (ο) (συσκευή) detector. (στρατιώτης) scout

ανιχνεύω ρ μτβ detect

ανίψι (το) (ανεψιός) nephew. (ανεψιά) niece

ανοδικός επίθ upward

άνοδος (η) (αύξηση) rise. (ανέβασμα) ascent. (στο θρόνο) accession

ανοησί|α (η) foolishness. (ανθρώπινη) folly. **~ες** (οι) nonsense, (καθομ) claptrap. **~ες!** rubbish!

ανόητ|ος επίθ foolish. (κουτός) silly. (παράλογος) senseless. (παρατηρήσεις) inane. **~ος** (ο) fool. **~τα** επίρρ foolishly

ανόθευτος επίθ unadulterated

άνοια (η) senility

άνοιγμα (το) opening. (κενό) gap. (παντελονιού) fly (of trousers). (πόρτας) doorway. (φούστας) slit. (φτερών, αψίδας) span

ανοιγοκλείνω ρ αμτβ open and close. (τα μάτια) blink

ανοίγω ρ μτβ/ρ αμτβ open. (βρύση) turn on. (διακόπτη) switch on. (εμπόδιο) clear. (εφημερίδα, χέρια) spread. (ιατρ) lance. (πηγάδι) sink. (καιρός) brighten. (όρεξη) whet. **~ το δρόμο** blaze a trail. **~ την πόρτα** answer the door. **~ φύλλο** roll pastry

ανοικοδόμηση (η) reconstruction

ανοικοδομώ *ρ μτβ* reconstruct

ανοικτός *επίθ βλ* **ανοιχτός**

άνοιξη *(η)* spring

ανοιξιάτικος *επίθ* spring

ανοιχτήρι *(το)* opener *(for tins, bottles)*

ανοιχτόκαρδος *επίθ* open-hearted

ανοιχτομάτ|ης *(ο)*, **~ισσα** *(η)* shrewd man, shrewd woman

ανοιχτός *επίθ* open. *(πληγή)* raw. *(χρώμα)* pale. **~ά** *επίρρ* openly

Ανοιχτό Πανεπιστήμιο *(το)* Open University

ανοιχτοχέρης *επίθ* generous

ανοιχτόχρωμος *επίθ* light-coloured

ανομβρία *(η)* drought

ανομοιοκατάληκτος *επίθ* unrhymed. **~ στίχος** blank verse

ανομοιόμορφος *επίθ* patchy

ανόμοιος *επίθ* dissimilar

άνομος *επίθ* lawless

ανοξείδωτος *επίθ* stainless. **~ χάλυβας** stainless steel

άνορακ *(το)* *άκλ* anorak

ανόργαν|ος *επίθ* inorganic. **~η χημεία** *(η)* inorganic chemistry

ανοργάνωτος *επίθ* disorganised

ανορεξία *(η)* lack of appetite. *(ιατρ)* anorexia

ανορθόγραφος *επίθ* *(άνθρωπος)* bad at spelling. *(κείμενο)* full of spelling mistakes

ανορθόδοξος *επίθ* unorthodox. *(καθομ)* off-beat

ανορθών|ω *ρ μτβ* raise up. *(μεταφ)* restore. **~ομαι** *ρ αμτβ* straighten up. **~ομαι στα πισινά πόδια** *(άλογο)* rear (up)

ανοσία *(η)* *(ιατρ)* immunity

ανόσιος *επίθ* unholy

ανοσοποίηση *(η)* immunization

ανοσοποιώ *ρ μτβ* immunize

άνοστος *επίθ* insipid. *(άνθρωπος)* ungainly. *(στη γεύση)* unsavoury

ανούσιος *επίθ* tasteless. *(μεταφ)* wishy-washy

ανοχή *(η)* sufferance

ανταγωνίζομαι *ρ μτβ* antagonize

ανταγωνισμός *(ο)* antagonism. *(εμπ)* competition

ανταγωνιστής *(ο)*, **~ίστρια** *(η)* contender. *(σε διαγωνισμό)* competitor

ανταγωνιστικός *επίθ* antagonistic. *(εμπ)* competitive

ανταλλαγή *(η)* exchange. *(εμπ)* barter. *(καθομ)* swap

αντάλλαγμα *(το)* exchange. **σε ~ για** in return for

ανταλλακτήριο *(το)* *(συναλλάγματος)* bureau de change

ανταλλακτικό *(το)* spare (part). *(στυλό)* refill

ανταλλάξιμος *επίθ* interchangeable

ανταλλάσσω *ρ μτβ* interchange, exchange, *(καθομ)* swap. *(εμπ)* barter

ανταμείβω *ρ μτβ* recompense. *(μεταφ)* reward

ανταμοιβή *(η)* recompense. *(μεταφ)* reward

αντανάκλαση *(η)* reflection

αντανακλαστικό|ς *επίθ* reflective. **~** *(το)* reflex

αντανακλώ *ρ μτβ* reflect

αντάξιος *επίθ* worthy. **είμαι ~** be equal to *(task)*

ανταπεργία *(η)* lock-out

ανταποδίδω *ρ μτβ* reciprocate. *(αμοιβή)* repay. *(επίσκεψη)* return. **~ τα ίσα** get even (with s.o.)

ανταπόδοση *(η)* return (restitution). *(αμοιβή)* repayment. **~ κακού** retribution

ανταποκρίνομαι *ρ αμτβ* respond

ανταπόκριση *(η)* response. *(σε εφημερίδα)* report. *(σιδηρόδρομος)* connection

ανταποκρ|ιτής *(ο)*, **~ίτρια** *(η)* reporter. *(σε εφημερίδα)* correspondent

ανταρκτικός *επίθ* Antarctic. **η Ανταρκτική** the Antarctic

ανταρσία *(η)* mutiny

αντάρτ|ης *(ο)*, **~ισσα** partisan, guerrilla. *(μεταφ)* rebel

ανταρτοπόλεμος *(ο)* guerrilla warfare

ανταύγεια *(η)* glow. *(αντανάκλαση)* reflection. **~ες** *(στα μαλλιά)* highlights

άντε *επιφων* **~ πήγαινε** go on then. **~ να πηγαίνουμε** let's go

αντέγκληση *(η)* recrimination

αντεξετάζω *ρ μτβ* cross-examine

αντεπίθεση *(η)* counter-attack

αντεπιτίθεμαι *ρ αμτβ* counter-attack

αντέχ|ω *ρ μτβ* endure. *(δεν υποχωρώ)* withstand. *(υπομένω)* bear. • *ρ αμτβ* *(διατηρούμαι)* last. **~ω ως το τέλος** stay the course. **~ει στο τσαλάκωμα** crease resistant

αντηλιακό *(το)* sun cream

αντήχηση *(η)* resonance, reverberation

αντηχητικός *επίθ* resonant

αντηχώ *ρ αμτβ* echo. *(βουΐζω από φωνές)* reverberate

αντι- *πρόθ* anti-, vice-, counter-

αντί *επίρρ* instead. **~ για** instead of. **~ του/της** in lieu of

αντιαεροπορικός *επίθ* anti-aircraft

αντιαισθητικός *επίθ* unsightly

αντιασφυξιογόνος *επίθ* antiasphyxiating. **~ μάσκα** *(η)* gas mask

αντιβασιλέας *(ο)* regent. **~εία** *(η)* regency

αντιβιοτικό|ς *επίθ* antibiotic. **~** *(το)* antibiotic

αντιγραφή *(η)* transcription, copying. *(απομίμηση)* reproduction. *(σχολ)* cheating

αντίγραφο *(το)* transcript. *(απομίμηση)* replica. *(τυπογ)* copy. **~ με καρμπόν** carbon copy

αντιγράφω *ρ μτβ* transcribe, copy. *(σχολ)* cheat

αντίδι *(το)* endive

αντιδιαβρωτικός *επίθ* rustproof
αντίδικος *(ο)* *(νομ)* party
αντίδοτο *(το)* antidote
αντίδραση *(η)* reaction
αντιδραστήρας *(ο)* reactor
αντιδραστικός *επίθ* reactionary. ~ *(ο)* reactionary
αντιδρώ *ρ αμτβ* react. ~ **έντονα** overreact
αντίδωρο *(το)* holy bread
αντιεπαγγελματικός *επίθ* unprofessional
αντίζηλος *(ο)* rival
αντίθεση *(η)* opposition. *(διαφορά)* contrast. *(σχέσης)* antithesis. **σε** ~ at variance
αντίθετο *(το)* opposite
αντίθετ|ος *επίθ* opposite. *(ανάποδος)* contrasting. *(αντίστροφος)* contrary. ~**ος προς** opposed to. ~**α** *επίρρ* on the contrary. ~**α με** contrary to
αντίκα *(η)* antique
αντικαθιστώ *ρ μτβ* substitute. *(αναπληρώνω)* replace. *(βάρδια)* relieve. *(εκτοπίζω)* supersede
αντικαθρεφτίζω *ρ μτβ* mirror
αντικανονικός *επίθ* irregular
αντικαταβολή *(η)* cash on delivery
αντικατάσταση *(η)* replacement. *(βάρδια)* relief
αντικαταστάτ|ης *(ο)* ~**ρια** *(η)* replacement *(person)*. *(δασκάλου, καθηγητή)* supply teacher. *(ηθοποιού)* understudy
αντικατοπτρισμός *(ο)* mirroring. *(στην έρημο)* mirage
αντικειμενικ|ότητα *(η)* objectivity. ~**ός** *επίθ* objective. ~**ός σκοπός** *(ο)* target. ~**ά** *επίρρ* objectively
αντικείμενο *(το)* object
αντικίνητρο *(το)* disincentive
αντικλείδι *(το)* master key
αντικοινωνικός *επίθ* antisocial
αντικρίζω *ρ μτβ* face
αντικρινός *επίθ* opposite *(facing)*
αντίκρουση *(η)* rebuttal
αντικρούω *ρ μτβ* *(επιχείρημα)* refute. *(κατηγορία)* rebut. *(χτύπημα)* counter
αντίκτυπος *(ο)* repercussion
αντικυκλώνας *(ο)* anticyclone
αντιλαμβάνομαι *ρ μτβ/αμτβ* understand, realize. *(εκτιμώ)* appreciate. *(λαβαίνω γνώση)* realize
αντιλέγω *ρ αμτβ* object
αντιλεξικό *(το)* thesaurus
αντιληπτός *επίθ* perceptible
αντίληψη *(η)* perception. *(άποψη)* view. *(ικανότητα να εννοεί)* quickness of mind. **είναι παλιών αντιλήψεων** he/she is square
αντιλόπη *(η)* antelope
αντιμετωπίζω *ρ μτβ* encounter. *(αντεπεξέρχομαι)* cope with. *(παίρνω θέση)* confront. ~ **δυσκολίες** run up against difficulties. ~ **με τόλμη** put a bold front on

αντιμέτωπος *επίθ* facing. ~ **με** face to face with
αντιμιλώ *ρ αμτβ* answer back
αντίο *(το)* goodbye, bye-bye
αντιπάθεια *(η)* antipathy. *(αποστροφή)* aversion
αντιπαθητικός *επίθ* distasteful
αντιπαθώ *ρ μτβ* dislike
αντίπαλος *επίθ* rival. ~ *(ο)* *(αντίζηλος)* rival. *(αντίμαχος)* opponent. *(σε διαγωνισμό)* contestant
αντιπαραγωγικός *επίθ* counterproductive
αντιπαραθέτω *ρ μτβ* juxtapose
αντιπαροχή *(η)* exchange
αντιπηκτικό *(το)* antifreeze
αντιπληθωρισμός *(ο)* *(εμπ)* deflation.
αντίποιν|ο *(το)* reprisal. ~**α** *(τα)* retaliation, reprisals
αντιπολίτευση *(η)* *(πολιτ)* opposition.
αντιπρόεδρος *(ο, η)* deputy chairman, vice president
αντιπροσώπευση *(η)* representation
αντιπροσωπευτικ|ός *επίθ* representative. ~ **δείγμα** *(το)* cross-section
αντιπροσωπεύω *ρ μτβ* represent. *(μεταφ)* portray
αντιπρόσωπος *(ο, η)* representative
αντιπροσωπ(ε)ία *(η)* deputation. *(εμπ)* agency. *(σύνολο αντιπροσώπων)* delegation
αντίρρηση *(η)* objection
αντιρρησίας *(ο)* objector. ~ **συνειδήσεως** *(ο)* conscientious objector
αντισημιτικός *επίθ* anti-Semitic
αντισηπτικό|ς *επίθ* antiseptic. ~ *(το)* antiseptic
αντισταθμίζω *ρ μτβ* counterbalance. *(αποζημιώνω)* compensate for. *(ισοσταθμίζω)* offset
αντιστάθμιση *(η)* counterbalance
αντίσταση *(η)* resistance
αντιστέκομαι *ρ μτβ/ρ αμτβ* resist
αντιστοιχία *(η)* equivalence
αντίστοιχος *επίθ* equivalent. *(συμμετρικός)* respective
αντιστοίχως *επίρρ* respectively
αντιστρέφω *ρ μτβ* reverse. *(αναποδογυρίζω)* invert
αντιστροφή *(η)* reversal. *(μεταβολή)* inversion
αντίστροφ|ος *επίθ* reverse. *(ανάποδος)* inverse. ~**η μέτρηση** *(η)* countdown. ~**ο** *(το)* converse
αντιστρόφως *επίρρ* vice versa, conversely
αντισυλληπτικό|ς *επίθ* contraceptive. **το** ~ **χάπι** the contraceptive pill
αντισύλληψη *(η)* contraception
αντισυνταγματικός *επίθ* unconstitutional
αντισφαίριση *(η)* tennis. **επιτραπέζια** ~ table-tennis
αντίσωμα *(το)* antibody
αντιτίθεμαι *ρ μτβ* oppose

αντιτορπιλικό *(το)* *(ναυτ)* destroyer
αντίτυπο *(το)* copy. *(έργου τέχνης)* replica, reproduction
αντίφαση *(η)* contradiction
αντιφάσκω *ρ αμτβ* contradict. **φάσκω και ~** I keep contradicting myself
αντιφατικός *επιθ* conflicting. *(ασυμφωνία)* contradictory
αντίχειρας *(ο)* thumb
αντλία *(η)* pump
αντλώ *ρ μτβ* pump. *(εισόδημα)* derive. *(πόρους)* tap
αντοχή *(η)* resistance. *(υπομονή)* endurance. *(δύναμη αντίστασης)* stamina
άντρας *(ο)* man. *(σύζυγος)* husband. **~ με άντρα** man to man
αντρείλα *(η)* *βλ* **ανδρεία.** **~ος** *επιθ βλ* **ανδρείος**
αντρίκειος *επιθ* manly. *(γενναίος)* like a man
άντρο *(το)* lair. *(ληστών)* den
αντρόγυνο *(το)* *βλ* **ανδρόγυνο**
αντσούγια *(η)* anchovy
άντυτος *επιθ* undressed. *(ντυμένος ακατάλληλα)* not dressed up
αντωνυμία *(η)* pronoun
ανυδρία *(η)* aridity. *(λειψυδρία)* drought
άνυδρος *επιθ* dry. *(χωρίς βροχή)* arid
ανυπακοή *(η)* disobedience
ανυπάκουος *επιθ* disobedient
ανύπαντρ|ος *επιθ* unmarried. **~η γυναίκα** single woman. **~η μητέρα** *(η)* unmarried mother
ανύπαρκτος *επιθ* non-existent
ανυπεράσπιστος *επιθ* defenceless
ανυπέρβλητος *επιθ* insuperable
ανυπόληπτος *επιθ* disreputable
ανυποληψία *(η)* disrepute. **φέρνω σε ~** discredit
ανυπολόγιστος *επιθ* incalculable
ανυπομονησία *(η)* impatience. *(ανησυχία)* anxiety. *(βιασύνη)* eagerness
ανυπόμον|ος *επιθ* impatient. *(ανήσυχος)* anxious. *(βιαστικός)* eager. **~α** *επίρρ* impatiently, eagerly, anxiously
ανυπομονώ *ρ αμτβ* be impatient. *(αδημονώ)* be anxious
ανύποπτος *επιθ* unsuspecting
ανυπόστατος *επιθ* unfounded
ανυπότακτος *επιθ* intractable. *(παιδιά)* unruly. **~** *(ο)* *(στρ)* draft dodger
ανυπόφορος *επιθ* unbearable. *(φέρσιμο)* intolerable. **~α** *επίρρ* unbearably
ανυποψίαστος *επιθ* unsuspecting
ανυψώνω *ρ μτβ* raise. *(όχημα)* jack up. *(μεταφ)* elevate
ανύψωση *(η)* *(τιμών)* rise. *(της σημαίας)* raising, hoisting. *(μεταφ)* elevation
ανυψωτήρας *(ο)* *(μηχ)* hoist
ανφάς *επίρρ* full-face. **φωτογραφία ~** full face photograph
άνω *επίρρ* above, over. **~ επιφάνεια** upper surface. **~ κάτω** topsy-turvy. **~ τελεία**

(η) semicolon. **~ των δέκα χιλιάδων** over ten thousand. **ήταν ~ κάτω** *(δωμάτιο)* it was a shambles. *(άνθρωπος)* he was very upset. **προς τα ~** upwards
ανώγι *(το)* top floor *(of house)*
ανώδυν|ος *επιθ* painless. **~α** *επίρρ* painlessly
ανωμαλία *(η)* anomaly. *(εδάφους)* unevenness. *(εκτροπή από τους κανόνες)* irregularity. *(εκτροπή από το φυσιολογικό)* abnormality. *(μηχ)* malfunction
ανώμαλλ|ος *επιθ* anomalous. *(γραμμ)* irregular. *(εδάφους)* rough. *(μη ισόπεδος)* uneven. *(μη φυσιολογικός)* abnormal. **~η προσγείωση** crash landing
ανωνυμία *(η)* anonymity
ανώνυμ|ος *επιθ* anonymous, nameless. **~η εταιρεία** Société Anonyme (appr. equivalent to a plc in the UK). **~α** *επίρρ* anonymously
ανώριμος *επιθ* immature
ανωριμότητα *(η)* immaturity
άνωση *(η)* buoyancy
ανώτατος *επιθ* supreme. *(βαθμός)* top
ανώτερ|ος *επιθ* upper. *(άνθρωπος)* noble. *(βαθμός)* senior. *(καλύτερος)* superior. *(παιδεία)* higher. **~α στελέχη** *(τα)* top brass. **~ες σπουδές** *(οι)* advanced studies. **~η τάξη** *(η)* upper class. **~ο όριο** *(το)* maximum. **~ο στέλεχος** *(το)* *(εταιρίας)* executive. **~ος υπάλληλος** *(ο)* officer *(of organization)*. **~ος υποψίας** above suspicion. **~** *(ο)* superior
ανωτερότητα *(η)* superiority
ανωτέρω *επίρρ* above. **ο ~ αναφερόμενος** the aforesaid. **ο ~** the above-mentioned
ανώφελ|ος *επιθ* useless. *(μάταιος)* vain. **είναι ~** it is no use. **~α** *επίρρ* in vain
ανωφέρεια *(η)* acclivity
αξεδιάλυτος *επιθ* unsolved
αξεδίψαστος *επιθ* unquenchable
αξεκαθάριστος *επιθ* not sorted out. *(που δε ρυθμίστηκε)* unsettled
αξεπέραστος *επιθ* insurmountable
αξερίζωτος *επιθ* ineradicable
αξεπλήρωτος *επιθ* *(χρέος)* unsettled. *(χάρη)* beyond return
αξεσουάρ *(το)* *άκλ* accessory
άξεστος *επιθ* uncouth, coarse
αξέχαστος *επιθ* unforgettable
αξία *(η)* *(σε χρήμα)* value. *(ουσία)* merit. *(χρησιμότητα)* worth. **~ες** *(οι)* *(χρημ)* stock. **επιφανειακή ~** face value. **στην ονομαστική ~** value at par
αξιαγάπητος *επιθ* amiable
αξιέπαινος *επιθ* praiseworthy. *(συμπεριφορά)* commendable
αξίζ|ω *ρ αμτβ* *(έχω χρηματική αξία)* be worth. *(μου πρέπει)* deserve. **~ει να προσπαθήσω** it is worth trying. **~ει τον κόπο** it's worth it
αξίνα *(η)* pickaxe
αξιοζήλευτος *επιθ* enviable

αξιοθαύμαστος *επιθ* admirable
αξιοθέατ|ος *επιθ* worth seeing. **τα ~α** the sights. **βλέπω τα ~α** see the sights
αξιοθρήνητος *επιθ* lamentable
αξιοκατάκριτος *επιθ* reprehensible
αξιοκαταφρόνητος *επιθ* contemptible. (*συμπεριφορά*) despicable
αξιολάτρευτος *επιθ* adorable
αξιόλογος *επιθ* remarkable. (*σημαντικός*) significant
αξιολύπητος *επιθ* wretched, pathetic. (*ελεεινός*) piteous
αξιομνημόνευτος *επιθ* memorable
αξιοπαρατήρητος *επιθ* noteworthy
αξιοπερίεργος *επιθ* curious
αξιοπιστία (*η*) reliability. (*ανθρώπου*) credibility
αξιόπιστος *επιθ* reliable. (*που εμπνέει εμπιστοσύνη*) dependable
αξιόπλοος *επιθ* seaworthy
αξιόποινος *επιθ* punishable
αξιοποιώ *ρ μτβ* (*γη*) develop. (*ευκαιρίες*) utilize
αξιοπρέπεια (*η*) dignity
αξιοπρεπ|ής *επιθ* dignified. **~ώς** *επιρρ* respectably
άξιος *επιθ* (*ικανός*) capable. (*που αξίζει*) worthy. (*που του αρμόζει*) deserving. **δεν είναι ούτε καν ~ περιφρόνησης** he is beneath contempt. **είναι ~ της τύχης του** he deserves what he gets. **είναι ~ για όλα** he will stop at nothing
αξιοσέβαστος *επιθ* respectable
αξιοσημείωτος *επιθ* noteworthy. (*σημαντικός*) notable
αξιότιμ|ος *επιθ* honourable. **Α~ε κύριε/κυρία** Dear Sir/Madam
αξίωμα (*το*) (*αρχή*) axiom. (*θέση*) office
αξιωματικ|ός *επιθ* authoritative. **η ~ή αντιπολίτευση** the official opposition. **~ός** (*ο*) officer. **~ός του ναυτικού** naval officer
αξιωματούχος (*ο*) dignitary
αξιώ|νω *ρ μτβ* claim, demand. **~νομαι** *ρ αμτβ* manage to. **~θηκε να δει το σπίτι του τελειωμένο** he managed to see his house finished. **δε μ΄ αξίωσε ο Θεός με πλούτη** God did not bless me with wealth
αξίωση (*η*) claim, demand
άξονας (*ο*) (*μηχ*) shaft. (*νοητή ευθεία*) axis. (*τροχού*) axle
αξύριστ|ος *επιθ* unshaven. **~α γένια** (*τα*) stubble (*beard*)
άοπλος *επιθ* unarmed
αόρατος *επιθ* invisible
αοριστία (*η*) vagueness. **λέει ~ες** he/she is being vague
αοριστολογία (*η*) generality
αόριστ|ος *επιθ* indefinite. (*ασαφής*) vague. **~ος** (*ο*) (*γραμμ*) past tense. **επ΄ αόριστο** indefinitely. **~α** *επιρρ* indefinitely, vaguely
αορτή (*η*) aorta
άοσμος *επιθ* odourless

απαγγελία (*η*) (*λέξεων*) elocution. (*ποιημάτων*) recitation
απαγγέλλω *ρ μτβ*/*αμτβ* (*ποίημα*) recite. (*κατηγορία*) pronounce. **~ γρήγορα** rattle off
απάγκιο|ς *επιθ* sheltered (*spot, from wind*). **~** (*το*) sheltered spot
απαγκιστρώνω *ρ μτβ* unhook
απαγόρευση (*η*) prohibition. (*νομ*) ban. **~ της κυκλοφορίας** curfew
απαγορευτικός *επιθ* prohibitive
απαγορεύ|ω *ρ μτβ* prohibit. (*νομ*) ban. (*σε κάποιον*) forbid. **~εται η είσοδος στην περιοχή** the area is out of bounds. **~εται η στάθμευση** no parking. **~εται το κάπνισμα** no smoking
απαγχονίζω *ρ μτβ* hang (*criminal*)
απαγχονισμός (*ο*) hanging
απάγω *ρ μτβ* abduct. (*για λύτρα*) kidnap
απαγωγέας (*ο*) abductor. (*για λύτρα*) kidnapper
απαγωγή (*η*) abduction. (*για λύτρα*) kidnapping. (*εκούσια*) elopement
απάγωτος *επιθ* not chilled
απαθανατίζω *ρ μτβ* immortalize
απάθεια (*η*) apathy
απαθής *επιθ* (*αδιάφορος*) apathetic. (*ασυγκίνητος*) impassive. (*ψύχραιμος*) dispassionate
απαιδαγώγητος *επιθ* ill-mannered
απαισιοδοξία (*η*) pessimism
απαισιόδοξος *επιθ* pessimistic. **~** (*ο*) pessimist
απαίσιος *επιθ* atrocious. (*αποκρουστικός*) obnoxious. (*φρικτά κακός*) abominable. **~α** *επιρρ* atrociously
απαίτηση (*η*) demand. (*δικαιώματος*) claim. (*προϋπόθεση*) requirement
απαιτητής (*ο*) claimant
απαιτητικός *επιθ* demanding. (*φασαρίας*) fussy. (*για ρούχα*) particular
απαιτούμεν|ος *επιθ* required. **τα ~α** the necessaries
απαιτώ *ρ μτβ* demand. (*δικαίωμα*) claim. (*υπακοή*) exact. (*χρειάζομαι*) call for
απαλλαγμένος *επιθ* exempt
απαλλαγή (*η*) exemption. (*εκκλ*) dispensation
απαλλάσσ|ω *ρ μτβ* exempt. (*από δυσκολίες*) free. (*από κατηγορία*) clear. (*απο λύω*) discharge. (*λυτρώνω*) absolve. (*από κπ*) rid (of s.o.). **~ομαι** *ρ αμτβ* shake off. **~ομαι από** get rid of
απαλ|ός *επιθ* (*αεράκι*) gentle. (*φωνή*) smooth. (*φως, ήχος*) soft. (*χρώμα*) pastel. **~ά** *επιρρ* gently, softly
απαλότητα (*η*) softness. (*τρόπου*) gentleness
απαλύνω *ρ μτβ*/*ρ αμτβ* soften. (*πόνο*) soothe
απάνεμ|ος *επιθ* sheltered. **~η πλευρά** (*η*) lee
απανθρωπιά (*η*) inhumanity

απάνθρωπ|ος *επίθ* inhuman. *(σκληρός)* inhumane. **~α** *επίρρ* inhumanly, inhumanely

άπαντα *(τα)* collected works *(of an author)*

απάντηση *(η)* answer, reply. *(αποφασιστική)* retort. *(χιουμοριστική)* rejoinder

απαντώ *ρ μτβ/ρ αμτβ* reply, answer. *(γρήγορα και αποφασιστικά)* retort. *(συναντώ)* meet

απαράβατος *επίθ* inviolable

απαραβίαστο|ς *επίθ* inviolate. **~** *(το)* inviolability. *(εκκλ)* sanctity

απαράδεκτος *επίθ* unacceptable. *(μαρτυρία)* inadmissible. *(συμπεριφορά)* objectionable

απαραίτητ|ος *επίθ* essential, indispensable. **~ο προσωπικό** *(το)* skeleton staff. **~α** *(τα)* necessities. **~α** *επίρρ* essentially

απαραιτήτως *επίρρ* necessarily

απαράλλαχτος *επίθ* identical. **είναι ίδιος κι ~ ο πατέρας του** he looks just like his father

απαράμιλλος *επίθ* unparalleled. *(άφθαστος)* unrivalled

απαρατήρητ|ος *επίρρ* unnoticed. *(χωρίς επίπληξη)* unrebuked. **~α** *επίρρ* inconspicuously

απαρέμφατο *(το)* infinitive

απαρηγόρητ|ος *επίθ* disconsolate. **~α** *επίρρ* disconsolately

απαρίθμηση *(η)* enumeration. *(αφήγηση)* recitation

απαριθμώ *ρ μτβ* enumerate. *(αφηγούμαι)* recite

απαρνιέμαι *ρ μτβ* renounce. *(πεποίθηση)* discard. *(παιδιά)* disown

απαρνούμαι *ρ μτβ βλ* **απαρνιέμαι**

απαρουσίαστος *επίθ* unpresentable

απαρτία *(η)* quorum

απαρτίζω *ρ αμτβ/μτβ* constitute. **~ομαι από** consist of

απαρτχάιντ *(το)* άκλ apartheid

απαρχαιωμένος *επίθ* antiquated. *(ξεπερασμένος)* obsolete

απαρχή *(η)* outset

απασφαλίζω *ρ μτβ (μηχ)* release *(lock)*

απασφάλιση *(η)* release *(of lock)*

απασχολημένος *επίθ* busy. **~ με** engaged in

απασχόληση *(η)* employment. *(σε ορισμένο έργο)* occupation. *(φροντίδα)* preoccupation

απασχολ|ώ *ρ μτβ* take up one's time. *(παρέχω εργασία)* employ. **~ούμαι με** *ρ μτβ* busy o.s. with

απατεώνας *(ο)* swindler, crook, cheat

απάτη *(η)* deception, deceit. *(καθομ)* con

απατηλός *επίθ* deceptive. *(λαθεμένο)* false

απάτητος *επίθ* untrodden. *(δεν κυριεύτηκε)* unconquered

απατ|ώ *ρ μτβ* deceive. **αν δε με ~ά η μνήμη μου** if my memory serves me right

απαυδώ *ρ αμτβ* be fed up. **απαύδησε να λέει τα ίδια και τα ίδια** he is tired of repeating the same things over and over again

άπαχος *επίθ* thin. *(κρέας)* lean

απεγνωσμέν|ος *επίθ* desperate. **~ες προσπάθειες** *(οι)* frantic efforts. **~α** *επίρρ* desperately

απειθαρχία *(η)* insubordination

απείθαρχος *επίθ* insubordinate. *(παιδί)* unruly

απεικονίζω *ρ μτβ* depict, portray

απεικόνιση *(η)* portrayal

απειλή *(η)* threat. *(κίνδυνος)* menace

απειλητικ|ός *επίθ* threatening. *(που περιέχει κίνδυνο)* sinister. **~ά** *επίρρ* menacingly, threateningly

απειλώ *ρ μτβ/ρ αμτβ* threaten. *(ενέχω απειλή)* menace

απειράριθμος *επίθ* innumerable

απείραχτος *επίθ* intact. *(που δεν περιπαίχτηκε)* not teased

απειρία¹ *(η)* inexperience

απειρία² *(η)* infinity

απειροελάχιστος *επίθ* infinitesimal

άπειρος¹ *επίθ (χωρίς πείρα)* inexperienced

άπειρ|ος² *επίθ (χωρίς τέλος)* infinite. **~** *(το)* infinity. **~α** *επίρρ* infinitely

απέκκριμα *(το)* discharge, emission

απεκκρίνω *ρ μτβ βλ* **εκκρίνω**

απέλαση *(η)* deportation

απελαύνω *ρ μτβ* deport

απελευθερώνω *ρ μτβ* liberate. *(από βάρος)* release

απελευθέρωση *(η)* release. *(της γυναίκας)* liberation

απελευθερ|ωτής *(ο)*, **~ώτρια** *(η)* liberator

απελευθερωτικός *επίθ* liberating. **~ αγώνας** *(ο)* struggle for freedom

απελπίζομαι *ρ αμτβ* despair

απελπισία *(η)* despair, desperation

απελπισμέν|ος *επίθ* in despair. **~α** *επίρρ* despairingly

απελπιστικ|ός *επίθ* desperate, hopeless. **~ά** *επίρρ* desperately

απέναντι *επίρρ* opposite. *(προς)* towards. **στην ~ πλευρά** on the other side. **θα δώσω κάτι ~** pay on account

απεναντίας *επίρρ* on the contrary

απενταρία *(η)* pennilessness

απένταρος *επίθ* penniless, *(λαϊκ)* broke

απέξω *επίρρ* outside. *(από μνήμης)* by heart. **το ξέρω ~ κι ανακατωτά** I know it backwards

απέραντ|ος *επίθ* immense, vast. *(ατέλειωτος)* infinite. **~α** *επίρρ* immensely, infinitely

απεραντοσύνη *(η)* vastness. *(το άπειρο)* infinity

απέραστος *επίθ (δρόμος)* impassable. *(πρόβλημα)* insurmountable

απεργία *(η)* strike. **~ πείνας** hunger-strike. **ανεπίσημη ~** unofficial strike

απεργός (ο, η) striker
απεργοστάστης (ο) strike breaker, blackleg, (λαϊκ) scab
απεργώ ρ αμτβ strike, be/go on strike
απείγραπτ|ος επίθ indescribable. (σε μέγεθος) untold. **~α** επίρρ indescribably
απεριόριστος επίθ boundless. (χωρίς όρια) unlimited
απεριποίητ|ος επίθ (δωμάτιο) untidy. (χωρίς περιποίηση) neglected. **~η γυναίκα** (η) frump
απερίσκεπτ|ος επίθ inconsiderate, thoughtless. (ασύνετος) imprudent, rash. **~α** επίρρ rashly
απερισκεψία (η) rashness. (έλλειψη σύνεσης) imprudence
απερίσπαστος επίθ undistracted
απεριτίφ (το) άκλ aperitif
απέριττος επίθ unaffected
απερίφραστ|ος επίθ unequivocal. **~α** επίρρ unequivocally
απεσταλμένος (ο) (αγγελιοφόρος) emissary. (αντιπρόσωπος) delegate. (δημοσιογράφος) correspondent. (διπλωματικός) envoy
απευθείας επίρρ directly
απευθύν|ω ρ μτβ direct. (αποτείνω) address. **~ομαι** ρ αμτβ apply to. **~ομαι σε** appeal to
απεχθάνομαι ρ μτβ detest, abhor
απέχθεια (η) abhorrence
απεχθής επίθ repugnant, abhorrent. (μισητός) detestable
απέχω ρ αμτβ be at a distance. (δε μετέχω) abstain. **~ πολύ από** be a far cry from
απήχηση (η) (αντίλαλος) echo. (αντίκτυπος) effect. (εντύπωση) impression
απήχτος επίθ not set. (μεταφ) immature
απηχώ ρ αμτβ echo. (μεταφ) reflect
απίδι (το) pear. Κυπ
απιδιά (η) pear. Κυπ
απίθαν|ος επίθ unlikely. (δικαιολογία) improbable. (εκπληκτικός) fantastic. (εξήγηση) implausible. **~η ιστορία** (η) tall story. **~α** επίρρ improbably, unlikely
απιθανότητα (η) unlikelihood, improbability
απίστευτ|ος επίθ incredible, unbelievable. **~α** επίρρ incredibly
απιστία (η) (ανειλικρίνεια) falseness. (οπαδού) disloyalty. (συζυγική) infidelity. (στο Θεό) unbelief. **κάνω ~ες** (σε σύζυγο) be unfaithful
άπιστ|ος επίθ unfaithful. (δύσπιστος) doubting. (φίλος) disloyal. **~ος** (ο) infidel, non-believer. **~α** επίρρ unfaithfully
απλανής επίθ fixed. (βλέμμα) vacant
άπλετος επίθ abundant
απληροφόρητος επίθ uninformed
απλήρωτος επίθ unpaid
απλησίαστος επίθ unapproachable. (άνθρωπος) standoffish. (τιμές) prohibitive

απληστία (η) greed. (πλεονεξία) avidity
άπληστ|ος επίθ greedy. (ακόρεστος) insatiable. (πλεονέκτης) avaricious. **~α** επίρρ greedily. **πίνω ~α** guzzle
απλοϊκ|ός επίθ unsophisticated. (άνθρωπος) simple. **~ά** επίρρ simply
απλοποίηση (η) simplification
απλοποιώ ρ μτβ simplify
απλ|ός επίθ simple. (απέριττος) plain. (εισιτήριο) one-way. (εύκολος) straightforward. **~ός στρατιώτης** private. **~ά** επίρρ straightforwardly, simply. **~ως** επίρρ only, merely
απλότητα (η) simplicity
απλούστατ|ος επίθ quite simple. **~τα** επίρρ quite simply
απλουστεύω ρ μτβ simplify
απλοχέρης επίθ generous
απλόχωρ|ος επίθ spacious. **~α** επίρρ spaciously
άπλυτ|ος επίθ unwashed. **~α** (τα) undesirable secrets. **βγάζω τα ~α μου στη φόρα** wash one's dirty linen in public
άπλωμα (το) spreading. (ξεδίπλωμα) unfolding. (ρούχων για στέγνωμα) hanging out
απλών|ω ρ μτβ (εκτείνω) reach (out). (χέρι) put out. • ρ αμτβ spread. (χρώμα) run. **~ω χέρι πάνω σε κπ** lay hands on s.o. **~ομαι** ρ αμτβ extend. (εξαπλώνομαι) fan out. (πόλη) sprawl
άπνοια (η) lack of wind
από πρόθ 1. by. **τιμημένος ~ τον κόσμο** honoured by people. **ζει ~ τη δουλειά της** she lives by her work. 2. from. **~ δω και πέρα** from now on. **~ τον Ιανουάριο έως το Απρίλιο** from January to April. **είναι ~ καλή οικογένεια** he comes from a good family. **είναι ~ την Αθήνα** she is from Athens. **χώρισε ~ τη γυναίκα του** he is separated from his wife. 3. of. **αποτελείται ~ δυο κομμάτια** it consists of two pieces. **είναι καμωμένο ~ γυαλί** it's made of glass. **πεθαίνουν ~ την πείνα** they are dying of hunger. **το τραπέζι είναι καμωμένο ~ ξύλο** the table is made of wood. 4. since. **ορφάνεψε ~ μικρός** he's been an orphan since he was a little. **δεν τον έχω δει ~ τότε** I have not seen him since. **κατοικούν στο Πειραιά ~ το 1972** they have been living in Piraeus since 1972. 5. than. **είναι καλύτερη ~ τις άλλες** she is better than the others. 6. with. **τρέμει ~ το φόβο του** he is shaking with fear. **έτρεμε ~ το κρύο** he was shivering with cold. **άναψε ~ το θυμό του** he was flushed with anger. 7. **ήταν ~ το Θεό σταλμένο** it was God's will. **έξω ~ την εκκλησία** outside the church. **βρέθηκε κάτω ~ το κρεββάτι** it was found under the bed. **πάνω ~ όλα μην ξεχνάς** .. above all don't forget. **ο Παύλος θα μιλήσει πριν**

~ το Γιώργο Paul will speak before George. **μετά ~ το θέατρο θα πάνε στο πάρτι** after the theatre they will go to the party

αποβάθρα (η) wharf, pier. (σιδηρ) platform

αποβάλλω ρ μτβ eliminate. (ιατρ) expel. (μαθητή, προσωρινά) suspend. (φοιτητή) send down. • ρ αμτβ (για γυναίκες) miscarry

απόβαση (η) (στρ) landing

αποβιβάζ|ω ρ μτβ land. **~ομαι** ρ αμτβ disembark

αποβίβαση (η) landing

αποβιώνω ρ αμτβ pass away

αποβλακών|ω ρ μτβ stupefy. **~ομαι** ρ αμτβ become stupefied

αποβλέπω ρ αμτβ aim

απόβλητ|ος (ο) (social) outcast. **~α** (τα) waste

αποβολή (η) (από σχολείο) expulsion. (ιατρ) elimination. (πρόωρος τοκετός) miscarriage

αποβουτυρωμένο|ς επίθ skimmed. **~ο γάλα** skimmed milk

αποβουτυρώνω ρ μτβ skim

αποβραδίς επίρρ overnight. (κατά το βράδυ) last night

απόβρασμα (το) scum. **τα αποβράσματα της κοινωνίας** the scum of society

απογειώνομαι ρ αμτβ (αεροπ) take off

απογείωση (η) take-off. (διαστημοπλοίου) lift-off

απόγευμα (το) afternoon

απογευματιν|ός επίθ afternoon. **~ός περίπατος** (ο) afternoon walk. **~ός ύπνος** (ο) siesta. **~ή παράσταση** (η) matinée

απόγνωση (η) exasperation

απογοητευμένος επίθ disappointed

απογοήτευση (η) disappointment

απογοητευτικός επίθ disappointing

απογοητεύ|ω ρ μτβ disappoint. **~ομαι** ρ αμτβ be disillusioned

απόγον|ος (ο) descendant. **~οι** (οι) progeny

απογραφή (η) inventory. (πληθυσμού) census

απογυμνώνω ρ μτβ strip. (μεταφ) unmask

αποδεδειγμέν|ος επίθ proven. **~α** επίρρ undoubtedly

αποδεικνύω ρ μτβ prove. (απαίτηση) establish. **~ κάτι ως ανακριβές** disprove something

απόδειξη (η) proof. (αγοράς) receipt

αποδεκατίζω ρ μτβ decimate

αποδεκτός επίθ acceptable. (μαρτυρία) admissible

αποδελτιώνω ρ μτβ index

αποδεσμεύω ρ μτβ release. (μεταφ) unleash. (τιμές) deregulate

αποδέχομαι ρ μτβ accept. (παράκληση) accede to

αποδημητικός επίθ migratory

αποδημία (η) emigration

απόδημος επίθ emigrant. **ο ~ ελληνισμός** the Greeks abroad

αποδίδω ρ μτβ attribute. (ανταποδίδω) return. (αποφέρω κέρδος) yield. (ιδέα) convey. (μουσ) render. (σημασία) attach

αποδιοπομπαίος επίθ **~ τράγος** (ο) scapegoat

αποδιοργανώνω ρ μτβ disorganize

αποδιώχνω ρ μτβ turn away

αποδοκιμάζω ρ μτβ disapprove of. (αποκηρύσσω) deprecate

αποδοκιμασία (η) disapproval

αποδοκιμαστικ|ός επίθ disapproving. **~ά** επίρρ disapprovingly

απόδοση (η) attribution. (εμπ) return. (κέρδος) yield. (μηχ) performance. (μουσ, ρόλου, λέξεως) rendering. (ποσό παραγωγής) output

αποδοτικ|ός επίθ efficient. (επικερδής) profitable. (μεταφ) fruitful. **~ά** επίρρ efficiently, fruitfully

αποδοτικότητα (η) efficiency

αποδοχή (η) acceptance

απόδραση (η) escape

αποδυτήριο (το) changing room

αποζημιώνω ρ μτβ compensate. (ανταμείβω) reimburse

αποζημίωση (η) compensation. (ανταμοιβή) reimbursement

αποζητώ ρ μτβ yearn for

αποζώ ρ αμτβ subsist

απόηχος (ο) (αντήχηση) echo. (επίπτωση) reverberation

αποθαρρημένος επίθ dispirited, dejected

αποθάρρυνση (η) dejection, despondency

αποθαρρύν|ω ρ μτβ discourage. **~ομαι** ρ αμτβ be discouraged, lose heart

αποθαυμάζω ρ μτβ marvel at

απόθεμα (το) reserve. (γεωλ) deposit. (εμπορευμάτων) stock. **μεγάλα αποθέματα** (τα) stockpile

αποθεματικό|ς επίθ in reserve. **~** (το) reserve

αποθεώνω ρ μτβ acclaim

αποθέωση (η) acclamation

αποθηκάριος (ο) storekeeper

αποθήκευση (η) storage. (H/Y) saving in memory

αποθηκεύω ρ μτβ store. (συγκεντρώνω) stock up. (H/Y) save (in memory)

αποθήκη (η) warehouse. (γενική) depot. (δωμάτιο) storeroom. (πυρομαχικών) magazine (arms store)

αποθηλάζω ρ μτβ wean

αποθηλασμός (ο) weaning

αποθρασύνομαι ρ αμτβ become insolent

αποικία (η) colony

αποικιακός επίθ colonial

αποικίζω ρ μτβ colonize

αποικιοκρατία (η) colonialism

αποικιοκράτης (ο) colonialist

αποικισμός (ο) colonization

αποικιστής (ο) colonizer
άποικος (ο) settler
αποκαθηλώνω ρ μτβ unnail
αποκαθιστώ ρ μτβ restore. (οικονομικά) provide for. (πατρεύω) settle down. (στο θρόνο) reinstate
αποκαλυπτήρια (τα) unveiling ceremony
αποκαλυπτικός επίθ revealing
αποκαλύπτ|ω ρ μτβ reveal. (μνημείο) unveil. (μυστικό) give away. (ξεσκεπάζω) uncover. (πληροφορίες) divulge. (φέρνω στη δημοσιότητα) expose, leak. **~ομαι** ρ αμτβ **~ομαι μπροστά σου** I take my hat off to you
αποκάλυψη (η) revelation. (ανακοίνωση) disclosure. (καθομ) eye-opener. (στη δημοσιότητα) exposure
αποκαλώ ρ μτβ call (describe)
αποκαμωμένος επίθ weary
αποκάνω ρ αμτβ be weary
αποκαρδιώνω ρ μτβ dishearten
αποκαρδιωτικός επίθ disheartening
αποκατάσταση (η) restoration. (οικονομική) reparation. (δικαιωμάτων) restitution. (γάμος) settling down
αποκάτω επίρρ underneath
αποκεντρώνω ρ μτβ decentralize
αποκεφαλίζω ρ μτβ behead, decapitate. **~ισμός** (ο) beheading, decapitation
αποκήρυξη (η) renunciation. (εκκλ) recantation. (παιδιού) disownment
αποκηρύσσω ρ μτβ renounce. (αποδοκιμάζω) repudiate. (θεωρία) recant. (παιδί) disown
αποκλεισμός (ο) blockade. (εμπ) boycott. (εξαίρεση) exclusion. (σε διαγωνισμό) disqualification
αποκλειστικ|ός επίθ exclusive. (μόνος) sole. **~ός αντιπρόσωπος** (ο) sole agent. **~ά** επίρρ exclusively, solely
αποκλειστικότητα (η) exclusivity. **κατ' ~** exclusively
αποκλεί|ω ρ μτβ exclude. (από διαγωνισμό) disqualify. (εμπ) boycott. (περιοχή) cordon off. (πιθανότητα) rule out. (στρ) blockade. **~εται** it's out of the question
απόκληρος (ο) down-and-out
αποκληρώνω ρ μτβ disinherit
αποκλίνω ρ αμτβ diverge
απόκλιση (η) divergence. (μαθημ) deviation
αποκόβω ρ μτβ cut off. (βρέφος από θηλασμό) wean
αποκοιμάμαι βλ **αποκοιμιέμαι**
αποκοιμιέμαι ρ αμτβ fall asleep. (καθομ) nod off
αποκοιμίζω ρ μτβ send to sleep. (ξεγελώ) lull
αποκομίζω ρ μτβ carry off. (παίρνω) obtain. (κερδίζω) profit
απόκομμα (το) clipping. (εφημερίδας) cutting. **αποκόμματα** (από πέτρα) (τα) chippings

αποκορύφωμα (το) culmination. (βραδιάς) highlight. (θράσους) height
αποκορυφώνομαι ρ αμτβ culminate
απόκοσμ|ος επίθ unearthly. (μη γήινος) eerie. **~α** επίρρ eerily
αποκοτιά (η) recklessness
απόκρημνος επίθ precipitous
αποκριά (η) carnival
αποκριάτικ|ος επίθ carnival. **~ο άρμα** (το) float. **~α ρούχα** (τα) fancy dress
απόκριες (οι) the three weeks before Lent. (καρναβάλι) carnival
απόκριση (η) reply
αποκρούση (η) repulse
αποκρουστικός επίθ repulsive, repugnant
αποκρούω ρ μτβ repel. (αναιρώ) refute. (δε δέχομαι) reject
αποκρύβω ρ μτβ conceal. (μεταφ) mask
αποκρυπτογραφώ ρ μτβ decipher. (τηλέφωνο) unscramble
αποκρύπτω βλ **αποκρύβω**
αποκρυσταλλώνω ρ μτβ crystallize
αποκρυφισμός (ο) occult
απόκρυφος επίθ occult. (μυστικός) mysterious. (του σώματος) intimate
απόκρυψη (η) concealment. (μεταφ) whitewash
απόκτημα (το) (κτήμα) acquisition
αποκτηνώνω ρ μτβ brutalize
αποκτήνωση (η) brutalization
αποκτηνωτικός επίθ brutalizing
απόκτηση (η) acquisition
αποκτώ ρ μτβ acquire. (κερδίζω) gain. (προσόντα) qualify. (συνήθεια) pick up
απολαβή (η) gain. **~ές** (οι) earnings
απολαμβάνω ρ μτβ relish. (ποτό, στιγμές) savour. (φαγητό) enjoy
απόλαυση (η) relish. (ευχαρίστηση) enjoyment
απολαυστικός επίθ delicious
απολέπιση (η) scaling
απολίθωμα (το) fossil
απολιθωμένος επίθ fossilized. **~ από το φόβο** petrified with fear
απολιθών|ω ρ μτβ fossilize. **~ομαι** ρ αμτβ be petrified
απολογητικός επίθ apologetic
απολυμαίνω ρ μτβ disinfect. (με κάπνισμα) fumigate
απολυμαντικό (το) disinfectant
απολυταρχία (η) autocracy. **~ικός** επίθ autocratic
απόλυση (η) (από δουλειά) dismissal (καθομ) sacking. (από το στρατό) discharge. (από φυλακή) release. **~ πλεονάζοντος προσωπικού** redundancy
απολυτήρι|ος επίθ **~ες εξετάσεις** final examinations. **~ο** (το) (στρατού) discharge papers. (σχολείου) leaving certificate
απόλυτ|ος επίθ absolute. (μεταφ) unqualified. (απεριόριστος) complete.

~ος κύριος (η) autocrat. **~ος αριθμός** (o) cardinal number. **~α** επίρρ absolutely, implicitly

απολύ|ω ρ μτβ (από δουλειά) dismiss. (προσωρινά) lay off. (στρ) discharge. **~ομαι** ρ αμτβ be made redundant, (καθομ) get the sack.

απολωλ|ώς επίθ lost. **το ~ός πρόβατο** the black sheep

απομάκρυνση (η) removal. (μεταφ) departure (from)

απομακρύν|ω ρ μτβ take away. (μεταφ) alienate. **~ομαι** move away.

απομεινάρι (το) remnant. **~α** (τα) leftovers

απόμερος επίθ out of the way

απομένω ρ αμτβ remain

απομεσήμερο (το) early afternoon

απομίμηση (η) imitation. (κατασκεύασμα για εξαπάτηση) fake

απομιμούμαι ρ μτβ simulate. (παραποιώ) fake

απομνημονεύματα (τα) memoirs

απομνημονεύω ρ μτβ commit to memory

απομονών|ω ρ μτβ isolate. (επικοινωνία) cut off. **~ομαι** ρ αμτβ cut oneself off

απομόνωση (η) isolation. (σε νοσοκομείο) quarantine. (σε φυλακή) solitary confinement

απομονωτήριο (το) (σε νοσκομείο) isolation ward. (σε φυλακή) solitary confinement

απομυζώ ρ μτβ suck

απονεκρώνω ρ μτβ make numb

απονέμω ρ μτβ bestow. (βραβείο) award. (δικαιοσύνη) dispense. (τιμές) confer

απόνερα (τα) wash. (πλοίου) wake

απονήρευτος επίθ artless. (απλός) unsophisticated

απονιά (η) heartlessness

απονομή (η) award. (αξιώματος ή παρασήμου) investiture. (βραβείων) prize-giving

άπονος επίθ heartless

αποξενωμένος επίθ estranged

αποξενώνω ρ μτβ alienate

αποξένωση (η) alienation

αποξεραίνω ρ μτβ dry out. (ξύλο) season

αποξεση (η) scraping. (ιατρ) curettage

αποξεχνιέμαι ρ αμτβ forget o.s.

αποξηραίνω ρ μτβ dry. (έλος) drain

αποπαίρνω ρ μτβ snub

αποπάνω επίρρ above. **το ~ πάτωμα** the floor above. **κι ~ ήθελε και λεφτά** on top of that he wanted money. **στεκόταν ~ της** he was standing over her

απόπατος (o) latrine

αποπατώ ρ αμτβ defecate

απόπειρα (η) attempt. **~ φόνου** attempted murder

αποπειρώμαι ρ αμτβ attempt

αποπέμπω ρ μτβ send away. (απολύω) dismiss

αποπερατώνω ρ μτβ complete

αποπεράτωση (η) completion

αποπλάνηση (η) seduction

αποπλανητικός επίθ seductive

αποπλανώ ρ μτβ seduce

αποπλέω ρ αμτβ sail, set sail

αποπληκτικός επίθ apoplectic

αποπληξία (η) apoplexy

αποπληρώνω ρ μτβ pay off

απόπλους (o) sailing away

αποπνέω ρ μτβ exude (charm etc.)

αποπνικτικός επίθ stuffy. (μεταφ) stifling

αποπομπή (η) sending away. (απόλυση) dismissal

αποπροσανατολ|ίζω ρ μτβ disorientate. **~ισμός** (o) disorientation

απορημένος επίθ puzzled

απόρθητος επίθ impregnable

απορία[1] (η) query. (αμηχανία) bewilderment. (αμφιβολία) puzzlement

απορία[2] (η) penury

άπορος επίθ needy. **~** (o) pauper

απορρέω ρ αμτβ derive. **~ από** arise from

απόρρητο|ς επίθ confidential. **~** (το) confidentiality. **άκρως ~ς** top secret

απόρριγμα (το) reject

απορρίμματα (τα) refuse. **μονάδα διαχείρισης απορριμμάτων** (η) waste-disposal unit

απορριματοφόρο|ς επίθ **~ όχημα** (το) dustcart

απορρίπτω ρ μτβ dismiss. (άχρηστα) discard. (δεν αποδέχομαι) reject. (περιφρονητικά) spurn. (πρόταση) turn down. (υποψήφιο) fail

απόρριψη (η) dismissal. (μη αποδοχή) rejection. (σκουπιδιών) tipping. (υποψηφίου) failing

απόρροια (η) corollary

απορροφημένος επίθ engrossed. **~ σε** (σε σκέψεις) buried in. (στη δουλειά) engrossed in

απορρόφηση (η) absorption. (μεταφ) immersion

απορροφητικός επίθ absorbent

απορροφώ ρ μτβ absorb. (στυπόχαρτο) soak up

απορρυπαντικό|ς επίθ detergent. **~** (το) detergent

απορώ ρ αμτβ wonder

αποσαφηνίζω ρ μτβ clarify

αποσαφήνιση (η) clarification

αποσβολώνω ρ μτβ dumbfound. (φέρνω σε αμηχανία) disconcert

αποσιώπηση (η) suppression

αποσιωπητήρας (o) (αυτοκ) silencer.

αποσιωπητικά (τα) dots

αποσιωπώ ρ μτβ suppress

αποσκελετωμένος επίθ emaciated

αποσκεπάζω ρ μτβ cover up

αποσκευές (οι) luggage, baggage

αποσκίρτηση (η) defection

αποσκληρυντικό (το) water-softener

αποσκοπώ *ρ αμτβ* be aiming at
αποσμητικ|ός *επίθ* deodorant. **~** *(το)* deodorant
αποσοβώ *ρ μτβ* stave off
απόσπαση *(η)* detachment. *(καθηγητού)* secondment
απόσπασμα *(το)* *(βιβλίου)* extract. *(στρ)* detachment. *(τμήμα έργου)* excerpt. **εκτελεστικό ~** *(το)* firing-squad
αποσπασματικός *επίθ* fragmentary
αποσπώ *ρ μτβ* elicit. *(αποκόβω)* extract. *(βίαια)* wrest. *(με δυσκολία)* wring. *(μεταθέτω)* second. *(πληροφορίες)* pump. *(προσοχή)* attract
απόσταγμα *(το)* distillate. *(πεμπτουσία)* quintessence
αποστακτήρας *(ο)* still *(apparatus)*
απόσταξη *(η)* distillation
απόσταση *(η)* distance. **~ σε μίλια** mileage. *(μεταφ)* gulf. **κρατώ ~** *(από)* keep one's distance (from). **σε ~ ακοής** within earshot
αποστάτ|ης *(ο)*, **~ισσα** *(η)* rebel. *(αρνούμενος τις αρχές του)* renegade
αποστατώ *ρ αμτβ* rebel. *(αλλάζω φρόνημα)* defect
αποστειρωμένος *επίθ* sterile
αποστειρώνω *ρ μτβ* sterilize
αποστείρωση *(η)* sterilization
αποστέλλω *ρ μτβ* dispatch. *(στέλλω)* consign
αποστέρηση *(η)* deprivation
αποστερώ *ρ μτβ* deprive
αποστηθίζω *ρ μτβ* memorize
αποστήθιση *(η)* memorization
απόστημα *(το)* abscess
αποστολέας *(ο)* sender. *(εμπ)* shipper
αποστολή *(η)* dispatch. *(αντιπροσωπία)* delegation. *(εκστρατεία)* expedition. *(εμπ)* consignment. *(έργο)* mission. *(σκοπός)* calling
αποστολικός *επίθ* apostolic
απόστολος *(ο)* apostle
αποστομ|ώνω *ρ μτβ* silence *(with a good argument)*. **~ωτικός** *επίθ* **~ωτική απάντηση** a cutting reply
αποστραγγίζω *ρ μτβ* drain
αποστράγγιση *(η)* draining
αποστρακ|ίζομαι *ρ αμτβ* ricochet. **~ισμός** *(ο)* ricochet
αποστρατεύ|ω *ρ μτβ* demobilize. **~ία** *(η)* *(αξιωματικού)* retirement
αποστράτευση *(η)* demobilization. *(αξιωματικού)* retirement
απόστρατος *(ο)* retired officer
αποστρέφ|ω *ρ μτβ* avert. **~ομαι** *ρ αμτβ* detest
αποστροφή *(η)* repulsion, aversion
απόστροφος *(η)* apostrophe
αποσυμφόρηση *(η)* decongestion
αποσυναρμολόγηση *(η)* dismantling *(of engine)*
αποσυναρμολογώ *ρ μτβ* dismantle

αποσυνδεμένος *επίθ* detached
αποσύνδεση *(η)* disengagement
αποσυνδέω *ρ μτβ* disconnect. *(πρίζα)* unplug. *(μεταφ)* dissociate
αποσύνθεση *(η)* decomposition
αποσυνθέτω *ρ μτβ* decompose. *(διαλύω)* disintegrate
αποσυντίθεμαι *ρ αμτβ* decompose
αποσύρ|ω *ρ μτβ* withdraw. *(απόφαση)* revoke. *(δήλωση)* retract. *(χρήματα)* draw. **~ομαι** *ρ αμτβ* withdraw. *(από θέση)* stand down. *(από ενεργό υπηρεσία)* retire
αποσφραγίζω *ρ μτβ* unseal
αποσχίζομαι *ρ αμτβ* secede
απόσχιση *(η)* secession
αποταμίευση *(η)* saving
αποταμι|εύω *ρ μτβ* save *(money)*. **~ευτής** *(ο)* saver
αποτείν|ω *ρ μτβ* address, speak to. **~ομαι** *ρ αμτβ* apply
αποτελειώνω *ρ μτβ* finish. *(δίνω θανάσιμο χτύπημα)* finish off
αποτέλεσμα *(το)* result. *(συνέπεια)* effect
αποτελεσματικ|ός *επίθ* effective. **~ότητα** *(η)* effectiveness. **~ά** *επίρρ* effectively
αποτελματών|ω *ρ μτβ* cause to stagnate. **~ομαι** *ρ αμτβ* stagnate. *(πέφτω σε αδράνεια)* be bogged down
αποτελ|ώ *ρ μτβ* comprise. **~ώ την αιχμή** spearhead. **~ώ τη βάση** underlie. **~ούμαι** *ρ αμτβ* comprise. **~ούμαι από** consist of
αποτεφρ|ώνω *ρ μτβ* incinerate. *(νεκρό)* cremate. **~ωτήρας** *(ο)* incinerator
αποτέφρωση *(η)* incineration. *(των νεκρών)* cremation
αποτίμηση *(η)* appraisal
αποτιμώ *ρ μτβ* appraise
αποτίω *ρ μτβ* **~ φόρο τιμής** pay tribute *(σε το)*
απότιστος *επίθ* not watered
αποτολμώ *ρ μτβ* venture
απότομ|ος *επίθ* *(απάντηση)* sharp. *(απόκρημνος)* steep. *(κίνηση)* jerky. *(ξαφνικός)* abrupt. *(προσβλητικός)* rude. *(στη συμπεριφορά)* offhand. **~η άνοδος** *(η)* jump *(in prices)*. **~η άρνηση** *(η)* rebuff. **~η πτώση** drop, fall. **~ο χτύπημα** *(το)* jab. **~α** *επίρρ* suddenly, steeply, rudely
αποτοποθέτηση *(η)* relocation. **δαπάνες ~ετήσεως** *(οι)* relocation costs
αποτραβηγμένος *επίθ* withdrawn *(person)*
αποτραβιέμαι *ρ αμτβ* withdraw. *(μεταφ)* shy off
αποτρελαίνω *ρ μτβ* drive mad
αποτρεπτικός *επίθ* dissuasive
αποτρέπω *ρ μτβ* deter. *(κίνδυνο)* avert
αποτρίχωση *(η)* depilation
αποτριχωτικ|ός *επίθ* depilatory. **~ή κρέμα** *(η)* hair-removing cream
αποτριχώνω *ρ μτβ* depilate
αποτρόπαιος *επίθ* atrocious

αποτροπιασ|μός (*o*) revulsion. **~τικός** *επίθ* revolting

αποτσίγαρο (*το*) (cigarette) butt. (*πούρου*) stump (*of cigar*)

αποτυγχάνω *ρ αμτβ* fail. • *ρ αμτβ* (*σχέδιο*) fall through

αποτύπωμα (*το*) imprint. **δακτυλικό ~** (*το*) finger print

αποτυπώνω *ρ αμτβ* imprint

αποτυχαίνω *ρ αμτβ βλ* **αποτυγχάνω**

αποτυχημένος *επίθ* failed. **~** (*o*) failure

αποτυχία (*η*) failure. **μεγάλη ~** flop. **παταγώδης ~** wash-out

αποΰλητος *επίθ* unsold

απουσία (*η*) absence. **~ιάζω** *ρ αμτβ* be absent

απουσιασμός (*o*) absenteeism

απουσιολόγιο (*το*) attendance register

αποφάγια (*τα*) scraps (*of food*)

αποφαίνομαι *ρ αμτβ* (*δικαστήριο*) pass judgement. (*γνώμη*) pronounce

απόφανση (*η*) verdict

απόφαση (*η*) decision. (*νομ*) decree

αποφασίζω *ρ μτβ* determine. (*νομ*) decree. • *ρ αμτβ* decide. **~ να κάνω** resolve to do

αποφασισμένος *επίθ* determined, resolute

αποφασιστικ|ός *επίθ* decisive. (*παράγοντας*) instrumental. **~ή νίκη** (*η*) sweeping victory. **~ή στιγμή** (*η*) crunch. **~ά** *επίρρ* decisively

αποφασιστικότητα (*η*) determination. (*σκοπού*) firmness

αποφατικός *επίθ* negative. **~ά** *επίρρ* negatively

αποφέρω *επίθ* (*εμπ*) yield

αποφεύγω *ρ μτβ* avoid. (*δημοσιότητα*) shun. (*ευθύνη ή δουλειά*) skive. (*κάπνισμα*) refrain from. (*ξεφεύγω από*) evade, shirk. (*χτύπημα, θέμα*) dodge

απόφθεγμα (*το*) maxim

αποφοίτηση (*η*) (*από πανεπιστήμιο ή κολέγιο*) graduation

απόφοιτος (*o, η*) (*πανεπιστημίου ή κολεγίου*) graduate. (*σχολείου*) school leaver

αποφοιτώ *ρ αμτβ* (*από πανεπιστήμιο*) graduate. (*από σχολείο*) leave

απόφραξη (*η*) blockage

αποφυγή (*η*) avoidance

αποφυλακίζω *ρ μτβ* release from prison

αποφυλάκιση (*η*) release from prison. (*με όρο καλή συμπεριφορά*) parole

απόφυση (*η*) protuberance. **σκωληκοειδής ~** appendix

αποχαιρετισμ|ός (*o*) farewell. **~στήριος** *επίθ* farewell

αποχαιρετώ *ρ μτβ* say goodbye to, take one's leave of

αποχαλινώ|νω *ρ μτβ* unbridle. (*μεταφ*) let loose. **~ομαι** *ρ αμτβ* run riot

αποχαύνωση (*η*) stupor

αποχέτευση (*η*) drainage

αποχετεύω *ρ μτβ* drain (*land*)

αποχή (*η*) abstinence. (*από εκλογές*) abstention

απόχρωση (*η*) tint. (*έννοιας*) nuance. (*χρώματος*) shade

αποχώρηση (*η*) withdrawal. (*απομάκρυνση*) departure. (*από ενεργό υπηρεσία*) retirement

αποχωρητήρι|ο (*το*) lavatory. **~α** (*τα*) conveniences

αποχωρίζ|ω *ρ μτβ* part. **~ομαι** *ρ αμτβ* part. • *ρ μτβ* part with

αποχωρισμός (*o*) parting

αποχωρώ *ρ αμτβ* depart. (*από ενεργό υπηρεσία*) retire

απόψε *επίρρ* tonight

άποψη (*η*) (*θέα*) view. (*μεταφ*) angle. (*τρόπος αντιμετώπισεως*) standpoint, viewpoint. **από μια ~** from one point of view. **κατά την άποψή μου** in my view

αποψιν|ός *επίθ* of this evening. **η ~ή παράσταση** this evening's performance

απόψυξη (*η*) (*ψύξη*) freezing. (*ξεπάγωμα*) defrosting

αποψύχω *ρ μτβ* freeze. (*ξεπαγώνω*) defrost

απραγματοποίητος *επίθ* unrealized. (*αδύνατο να πραγματοποιηθεί*) unrealizable

άπραγος *επίθ* inexperienced

άπρακτος *επίθ* empty-handed. **γύρισε ~** he returned empty-handed

απρέπεια (*η*) impropriety

απραξία (*η*) inaction

απρεπ|ής *επίθ* improper. (*αγενής*) rude. (*άκοσμος*) indecorous. (*ανάρμοστος*) unseemly. **~ώς** *επίρρ* improperly

Απρίλης (*o*) *βλ* **Απρίλιος**

απριλιάτικ|ος *επίθ* of April

Απρίλιος (*o*) April

απρόβλεπτος *επίθ* unforeseen. (*απροσδόκητος*) unexpected

απρογραμμάτιστος *επίθ* unscheduled

απροειδοποίητ|ος *επίθ* unannounced. **~α** *επίρρ* without warning

απροετοίμαστο|ς *επίθ* unprepared. **με βρήκε ~** he/she caught me on the hop

απροθυμία (*η*) reluctance

απρόθυμ|ος *επίθ* unwilling. (*διστακτικός*) reluctant. **~α** *επίρρ* unwillingly, reluctantly. **δίνω ~α** grudge

απροίκιστος *επίθ* without a dowry. (*χωρίς ταλέντο*) untalented

απροκατάληπτος *επίθ* unbiased

απρομελέτητος *επίθ* unpremeditated

απρονοησία (*η*) improvidence

απρόοπτος *επίθ* unexpected

απροπαρασκεύαστος *επίθ* unprepared

απροσάρμοστος *επίθ* maladjusted. **~** (*o*) misfit

απρόσβλητος *επίθ* (*από αρρώστια*) immune. (*επιχείρημα*) irrefutable. (*κάστρο*) unassailable.

απροσδιόριστος *επίθ* indefinable

απροσδόκητ|ος επίθ unexpected. **~α** επίρρ unawares. **εντελώς ~α** out of the blue

απρόσεκτ|ος επίθ careless. (αφηρημένος) inattentive. (απερίσκεπτος) rash. **~α** επίρρ carelessly

απροσεξία (η) inattention. (αβλεψία) carelessness

απρόσεχτος επίθ βλ **απρόσεκτος**

απρόσιτος επίθ inaccessible

απρόσκλητος επίθ uninvited. **~ επισκέπτης** (ο) intruder

απροσποίητος επίθ unaffected

απροστάτευτος επίθ unprotected

απρόσφορος επίθ unsuitable

απρόσωπ|ος επίθ impersonal. (χωρίς πρόσωπο) faceless

απροφάσιστος επίθ without pretext

άπταιστ|ος επίθ impeccable. **μιλάει ~α ελληνικά** he speaks fluent Greek

απτικός επίθ tactile

απτόητος επίθ undaunted

απτός επίθ palpable. (απόδειξη) tangible

απύθμενος επίθ bottomless

άπω επίρρ far. **η Ἀ~ Ανατολή** the Far East

απωθητικός επίθ repulsive, (καθομ) offputting

απωθώ ρ μτβ push back. (εχθρό) repulse

απώλεια (η) loss. **~ες** (οι) (στρ) casualties

απών επίθ absent. **~** (ο) absentee

απώτερο|ς επίθ farther. (σκοπός) ulterior. **στο ~ μέλλον** in the distant future

άρα σύνδ hence

Άραβας (ο) Arab

αραβικ|ός επίθ Arabian, Arabic. **~οί αριθμοί** (οι) Arabic numerals. **~ή** (γλώσσα) (η) Arabic

αραβόσιτος (ο) maize

άραγε ερωτ μόρ I wonder

αράδα (η) (γραμμή) line. (στίχος) verse. **στην ~** continuously. **της ~ς** common

αραδιάζω ρ μτβ reel off

αράζω ρ αμτβ anchor

αραιοκατοικημένος επίθ thinly populated

αραι|ός επίθ sparse. (νερουλός) thin. (σπάνιος) infrequent. **~ά** επίρρ sparsely, thinly

αραιότητα (η) thinness

αραιωμένος επίθ rarefied

αραιώνω ρ μτβ/ρ αμτβ thin. (μαλλιά) thin out. (τάξη) space out. (υγρό) dilute

αρακάς (ο) fresh peas

αράπ|ης (ο), **~ισσα** (η) Arab. (μεταφ) nigger

αράχνη (η) spider

αραχνιά (η) cobweb

αρβύλα (η) army boot

αργά επίρρ (σιγά) slowly. (ώρα) late. **~ ή γρήγορα** sooner or later. **κάλιο ~ παρά ποτέ** better late than never

αργάζω ρ μτβ (δέρματα) tan

αργαλειός (ο) loom

Αργεντινή (η) Argentina

αργία (η) (γιορτή) holiday. (αποχή από εργασία) idleness. (τιμωρία) suspension

άργιλος (ο) clay

αργκό (η) άκλ slang

αργοκίνητος επίθ slow moving. (νωθρός) sluggish

αργοπορία (η) delay

αργοπορώ ρ αμτβ linger. (καθυστερώ) delay

αργός επίθ slow. (άεργος) idle. **~ πετρέλαιο** (το) crude oil

αργόσχολος επίθ idle

αργότερα επίρρ later on

αργύρι|ο (το) silver coin. **τριάκοντα ~α** (τα) thirty pieces of silver

άργυρος (ο) silver

αργυρ|ός επίθ silver. **~οί γάμοι** (οι) silver wedding

αργυροχόος (ο) silversmith

αργυρώνητος επίθ venal

αργ|ώ ρ αμτβ (χρονικά) be late. (καθυστερώ) be slow. (δε λειτουργώ) be on holiday. (χασομερώ) take a long time. **~εί στη δουλειά της** she's a slow worker. **δε θ' αργήσει να γυρίσει πίσω** it won't be long before he comes back. **τα σχολεία αργούν τα απογεύματα** schools are closed in the afternoon

άρδευση (η) irrigation

αρδεύω ρ μτβ irrigate

Αρειαν|ός (ο) **~ή** (η) Martian

Άρειος Πάγος (ο) the Supreme Court of Justice

αρένα (η) arena. (για ταυρομαχίες) bullring

αρεοπαγίτης (ο) member of the Supreme Court of Justice

αρέσκεια (η) liking. **δεν είναι της αρεσκείας μου** it is not to my liking

αρέσ|ω ρ αμτβ like. **μου ~ει** I like it/him/her. **σ' ~ει δε σ' ~ει** whether you like it or not. **μου ~ει ιδιαίτερα** I really like

αρετή (η) virtue

Άρης (ο) Mars

αρθρίτιδα (η) arthritis

αρθριτικός επίθ arthritic

άρθρο (το) article. **κύριο ~** leader (in newspaper)

αρθρογράφος (ο) columnist

αρθρώνω ρ μτβ/ρ αμτβ articulate

άρθρωση (η) (ανατ) joint. (λέξεων) articulation

άρια (η) (μουσ) aria

αρίδα (η) (μηχ) drill. (μεταφ) leg. **άπλωσε την ~ του** he stretched his legs

αρίθμηση (η) counting. (καταγραφή) numbering

αριθμητική (η) arithmetic

αριθμητικ|ός επίθ numerical. **~ές πράξεις** (οι) mathematical operations

αριθμ|ός (ο) number. (σε κατάλογο) item. (ψηφίο) figures. **αραβικοί ~οί** (οι) Arabic

αριθμώ numerals. **~ός των θυμάτων** death toll. **καθορισμένος ~ός** quota

αριθμώ ρ μτβ number

αριστερά (η) (the) left

αριστερ|ός επίθ left. (πολιτ) left wing. (ναυτ) port. **~ός** (ο) leftist. **~ά** επίρρ left. **προς τα ~ά** to the left, anti-clockwise

αριστερόχειρας επίθ left-handed

αριστεύω ρ αμτβ excel (at school)

αριστοκράτ|ης (ο), **~ισσα** (η) aristocrat

αριστοκρατ|ία (η) aristocracy. **~ικός** επίθ aristocratic

άριστ|ος επίθ excellent. **παν μέτρον ~ον** everything in moderation. **είναι αρίστης ποιότητος** it's of superb quality. **~α** επίρρ excellent (grade at school)

αριστοτεχνικός επίθ masterly

αριστούργημα (το) masterpiece

αρκετ|ός επίθ enough. (ικανοποιητικός) sufficient. **~ά** επίρρ amply, sufficiently. **~ά μεγάλος** sizeable

αρκούδα (η) bear

αρκουδάκι (το) bear cub. (παιχνίδι για παιδιά) teddy bear

Αρκτική (η) (the) Arctic

αρκτικός επίθ Arctic

αρκτικόλεξο (το) acronym

αρκτόμυς (ο) marmot

αρκ|ώ ρ μτβ be enough. **~ούμαι** ρ αμτβ make do. **μου ~εί ό,τι έχω** what I have is enough for me. **~εί να φτάσουμε χωρίς περιπέτειες** so long as we get there without problems. **~ούνται στα λίγα** they are content with very little

αρλούμπ|α (η) nonsense. **μη λες ~ες** don't talk rubbish

άρμα¹ (το) chariot. (γιορταστικό) float. (στρ) tank

άρμα² (το) (οπλισμός) weapon

αρμάδα (η) armada

αρματαγωγό (το) landing craft

αρματολός (ο) armed Greek charged by the Turks to protect remote areas during the Turkish occupation

αρμέγω ρ μτβ milk. (μεταφ) milk, fleece

αρμενίζω ρ αμτβ sail

Αρμενία (η) Armenia

αρμένικος επίθ armenian

Αρμένι|ος (ο) **~σσα** (η) Armenian

άρμη (η) βλ **άλμη**

αρμόδιος επίθ competent. **~** (ο) the official in charge

αρμοδιότητα (η) (ειδικότητα) competence. (καταλληλότητα) suitability. (νομ) jurisdiction

αρμόζω ρ μτβ befit

αρμονία (η) harmony. (μεταφ) unity

αρμονικός επίθ harmonious

αρμύρα (η) βλ **αλμύρα**

αρμυρ|ός επίθ βλ **αλμυρός**

αρνάκι (το) small lamb

άρνηση (η) refusal. (απόρριψη) denial

αρνητικ|ός επίθ negative. **~ό** (το) (φωτογραφίας) negative. **~ά** επίρρ negatively

αρνί (το) lamb

αρνιέμαι ρ μτβ βλ **αρνούμαι**

αρνίσιο|ς επίθ of a lamb. **κρέας ~** (το) lamb

αρνούμαι ρ μτβ refuse. (αποκρούω) reject. (απορρίπτω) deny. (δε δέχομαι) decline

άρον επίρρ **έφυγε ~** he left in a hurry

άροτρο (το) plough

αρουραίος (ο) rat

άρπα (η) harp

αρπαγή (η) snatching. (απαγωγή) abduction. (σφετερισμός) looting

αρπάζ|ω ρ μτβ (αδράχνω) grab. (αρρώστια) catch. (ευκαιρία) seize on. (με τη βία) snatch. **~ομαι** ρ αμτβ (οργίζομαι) lose one's temper. (συμπλέκομαι) come to blows. (πιάνομαι) **~ομαι από** grasp, grab hold of. **~ω με το πρώτο** be quick on the uptake

αρπακτικ|ός επίθ grasping. **~ ζώο** (το) predator

αρπιστής (ο), **αρπίστρια** (η) harpist

αρραβώνα (η) wedding ring. **~ς** (ο) engagement

αρραβωνιάζομαι ρ αμτβ get engaged

αρραβωνιαστικ|ιά (η) fiancée. **~ός** (ο) fiancé

αρρενωπός επίθ virile

αρρενωπότητα (η) virility

αρρωσταίνω ρ αμτβ sicken

αρρωστημένος επίθ diseased

αρρώστια (η) illness, sickness. (ελαφρά) ailment

αρρωστιάρης επίθ sickly

άρρωστο|ς επίθ ill. **κάνω τον ~** malinger. **~ς** (ο) patient

αρρωστώ ρ αμτβ βλ **αρρωσταίνω**

αρσενικό (το) arsenic

αρσενικ|ός επίθ masculine. **~ ελάφι** (το) stag

άρση (η) lifting. (απομάκρυνση) removal. **~ βαρών** weight-lifting

αρτεσιανό|ς επίθ artesian. **~ πηγάδι** (το) artesian well

αρτηρία (η) artery. (δρόμος) (η) thoroughfare. (οδική) trunk-road. (συγκοινωνιακή) arterial road

αρτηριακός επίθ arterial

αρτηριοσκλήρωση (η) arteriosclerosis

αρτίστα|ς (ο) **~** (η) artiste

αρτοποι|είο (το) bakery (where bread is made). **~ός** (ο) baker

αρτοπωλείο (το) bakery (where bread is sold)

άρτος (ο) (εκκλ) host

αρχάγγελος (ο) archangel

αρχαϊκός επίθ archaic

αρχαιοδίφης (ο) antiquarian

αρχαιολογ|ία (η) archaeology. **~ικός** επίθ archaeological

αρχαιολόγος (ο, η) archaeologist
αρχαιοπώλ|ης (ο), **~ις** (η) antiques dealer
αρχαί|ος επίθ antique. (ελληνικής κλασσικής εποχής) ancient. (μεταφ) out-of-date. **οι ~οι** the ancients. **~α** (τα) ancient monuments
αρχαιότητα (η) antiquity. (στην ιεραρχία) seniority
αρχάριος (ο) beginner
αρχέγονος επίθ primeval
αρχείο (το) file. (συλλογή) archive
αρχειοθέτηση (η) filing
αρχειοθετώ ρ μτβ file (papers)
αρχειοθήκη (η) filing cabinet
αρχειοφύλακας (ο) archivist
αρχέτυπο (το) archetype
αρχή¹ (η) beginning. (αρρώστιας) onset. (έναρξη) start. **από την ~** all along. **στην ~** at first. **κατ΄ αρχάς** in the first place
αρχ|ή² (η) (ηθικός κανόνας) principle. (εξουσία) authority. (γνώμη) tenet. **άνθρωπος χωρίς ~ές** unprincipled person. **από θέμα ~ής** on principle. **κατ΄ ~ήν** in principle
αρχηγείο (το) (στρ) headquarters
αρχηγός (ο) leader. (αστυνομίας, ενόπλων δυνάμεων) commander. (κράτους) head of state. (στασιαστών) ringleader. (φυλής) chief
αρχιεπισκοπή (η) archbishopric
αρχιεπίσκοπος (ο) archbishop
αρχιεργάτης (ο) foreman
αρχίζω ρ μτβ/ρ αμτβ begin, start. (επιχείρηση) set up. (καταπιάνομαι) set about. (ξεκινώ) set off. (συζήτηση) embark on. **~ από το τίποτα** start from scratch
αρχικηπουρός (ο) head gardener
αρχικό (το) initial
αρχικ|ός επίθ initial. (πρώτος) original. **~ές δυσκολίες** (οι) teething troubles. **~ά** επίρρ initially, originally
αρχιμηνιά (η) first day of the month
αρχιπέλαγος (το) archipelago
αρχισερβιτόρος (ο) head waiter
αρχισυντάκτ|ης (ο), **~ρια** (η) editor in chief
αρχιτέκτονας (ο) architect
αρχιτεκτονικ|ή (η) architecture. **~ός** επίθ architectural
αρχιυπηρέτης (ο) butler
άρχοντας (ο) (ευγενής) nobleman, lord. (κυβερνήτης) ruler. (πλούσιος) rich man
αρχοντιά (η) nobility
αρχόντισσα (η) noblewoman
αρχοντοχωριάτ|ης (ο), **~ισσα** (η) nouveau riche
αρχοντικ|ός επίθ lordly, distinguished. **~** (το) mansion
αρωγή (η) succour
άρωμα (το) perfume. (τρόφιμα) flavouring. (λουλουδιών) aroma

αρωματίζω ρ μτβ scent. (τρόφιμα) flavour
αρωματικό|ς επίθ aromatic. **~ σακουλάκι** (το) pomander
αρωματοπωλείο (το) perfumery
ας μόριο let. (ευχή) I wish. **~ δοκιμάσει** let her try. **~ πάμε** let's go. **~ είχα αυτοκίνητο** I wish I had a car. **~ μπορούσα** if only I could
ασανσέρ (το) άκλ lift, (αμερ) elevator
ασαφής επίθ unclear. (απροσδιόριστος) vague
ασβέστης (ο) lime
ασβέστιο (το) calcium
ασβεστολιθικός επίθ chalky
ασβεστόλιθος (ο) limestone
ασβέστωμα (το) whitewash
ασβεστώνω ρ μτβ whitewash
ασβός (ο) badger
ασεβής επίθ irreverent
ασελγής επίθ lewd
άσεμνος επίθ immodest. (απρεπής) indecent. (αισχρός) bawdy
ασήμαντο|ς επίθ trivial. **~ πράγμα** (το) trifle
ασημαντότητα (η) triviality
ασημένιος επίθ silver
ασήμι (το) silver. (κράμα με τουλάχιστον 92,5%) sterling silver
ασημικά (τα) silverware
άσημος επίθ (άγνωστος) obscure. (αφανής) unknown
ασημότητα (η) obscurity
ασθένεια (η) (έλλειψη δυνάμεως) weakness. (νόσος) disease
ασθενικός επίθ frail
ασθενής (ο, η) patient. (σε εξωτερικά ιατρεία) out-patient
ασθενοφόρο (το) ambulance
άσθμα (το) asthma
ασθμαίνω ρ αμτβ wheeze
ασθματικός επίθ asthmatic
Ασία (η) Asia
Ασιάτ|ης (ο), **~ισσα** (η) Asian
ασιατικός επίθ Asian
ασκήμια (η) ugliness
άσκηση (η) (γραπτή, προφορική) exercise. (επιβολή) exertion. (θεωρίας) practice. (στρ) drill
ασκητής (ο), **ασκήτρια** (η) hermit
ασκητικ|ός επίθ ascetic. **~σμός** (ο) asceticism
ασκί (το) goatskin (container)
άσκοπ|ος επίθ pointless. **~η προσπάθεια** (η) futile attempt. **~α** επίρρ to no purpose
ασκ|ώ ρ μτβ exercise. (δύναμη) wield. (επάγγελμα) practise. (επιβάλλω) exert. **~ούμαι** ρ αμτβ exercise. (στρ) drill
άσμα (το) (αρχ) song. (εκκλ) chant. **κύκνειο ~** (το) swan song
ασορτί επίθ άκλ matching
άσος (ο) ace. **είναι ~ στο ποδόσφαιρο** he is an ace at football

ασπάλαθος (ο) gorse

ασπάλακας (ο) mole (animal)

ασπασμός (ο) (αρχ) kiss

ασπίδα (η) shield

άσπιλος επίθ spotless

ασπιρίνη (η) aspirin

ασπλαχνία (η) ruthlessness

άσπλαχνος επίθ pitiless

άσπονδος επίθ sworn (enemy)

ασπόνδυλ|ος επίθ invertebrate. (μεταφ) spineless. **~α** (τα) invertebrates

ασπούδαστος επίθ uneducated

ασπράδ|α (η) whiteness. **~ι** (το) egg-white

ασπρίζω ρ μτβ blanch. (ρούχα) bleach. (τοίχους) whitewash. **~** ρ αμτβ turn white. (ξεθωριάζω) fade. (μεταφ) grow old and grey

άσπρισμα (το) whitewash

ασπρομάλλης επίθ with white hair

ασπροπρόσωπο|ς επίθ **βγαίνω ~ς** be a credit to o.s. **έβγαλε ~ το σχολείο του** he proved a credit to his school

ασπρόρουχα (τα) underwear

άσπρ|ος επίθ white. **~ο κρασί** (το) white wine. **~ο χαρτί** (το) blank paper. **~ο** (το) (χρώμα) white. **δεν είδα άσπρη μέρα** I haven't had a happy moment

αστάθεια (η) instability

ασταθής επίθ unstable. (άνθρωπος) erratic. (βήματα) unsteady. (εραστής, γυναίκα) fickle. (καιρός) unsettled

αστακός (ο) lobster

ασταμάτητ|ος επίθ non-stop. (δεν μπορεί να σταματήσει) unstoppable. **~α** επίρρ non-stop

αστάρι (το) primer (paint)

ασταρώνω ρ μτβ (επιφάνεια) prime

άστατος επίθ fickle. (άνθρωπος) volatile

άστεγος επίθ homeless

αστειεύομαι ρ αμτβ joke. (δε μιλώ σοβαρά) jest. (πειράζω) kid

αστειολογώ ρ αμτβ βλ **αστειεύομαι**

αστεί|ος επίθ funny. (ασήμαντος) laughable. (κωμικός) comical. **~ο** (το) joke. **~α** επίρρ funnily. **στ´ ~α** jokingly

αστείρευτος επίθ inexhaustible

αστέρας (ο) star. (θεάτρου, κινημat) film star. (στρ) pip (on uniform)

αστέρι (το) star

αστερίας (ο) starfish

αστερίσκος (ο) asterisk

αστερισμός (ο) constellation

αστεροσκοπείο (το) observatory

αστεφάνωτος επίθ without a wreath. (άγαμος) not married

αστήρικτος επίθ unsupported. (αβάσιμος) unfounded

αστιγματισμός (ο) astigmatism

αστικοποίηση (η) urbanization

αστικ|ός επίθ urban. **~ός κώδικας** Civil Code. **~ή τάξη** (η) middle-class. **~ό συγκρότημα** (το) conurbation

αστοιχείωτος επίθ ignorant. (αγράμματος) illiterate

αστόλιστος επίθ undecorated. (ομιλία) without embellishment

άστοργος επίθ heartless

αστ|ός (ο), **~ή** (η) οι **~οί** townspeople

άστοχος επίθ unsuccessful (in its aim). (μεταφ) rash

αστοχώ ρ αμτβ miss. (λησμονώ) forget. (σφάλλω) be wrong

αστράγαλος (ο) ankle

αστράγγιστος επίθ not strained

αστραπή (η) lightning. **περνώ σαν ~** pass like a flash

αστραπιαί|ος επίθ like lightning. **με ~α ταχύτητα** like wildfire. **~α** επίρρ in a flash

αστραποβολώ ρ αμτβ sparkle

αστραφτερός επίθ sparkling. (θάλασσα) shimmering. (κοσμήματα) glittering

αστρά|φτω ρ μτβ give suddenly. **θα σου ~ψω ένα χαστούκι** I will slap you. • ρ αμτβ (λαμποκοπώ) sparkle. **~φτει και βροντά** there's thunder and lightning

άστρο (το) star

αστρολογία (η) astrology

αστρολόγος (ο, η) astrologer

αστροναύτης (ο), **~ις** (η) astronaut

αστρονομ|ία (η) astronomy. **~ικός** επίθ astronomical

αστρονόμος (ο, η) astronomer

αστροπελέκι (το) thunderbolt

άστρωτος επίθ (κρεββάτι) not made. (δρόμος) unmetalled. (τραπέζι) not laid

αστροφεγγιά (η) starlight

αστυνομεύω ρ μτβ police

αστυνομία (η) police

αστυνομικίνα (η) policewoman

αστυνομικός (ο) policeman, (λαϊκ) copper

αστυνομικ|ός επίθ police. **~ό διήγημα** (το) detective story. **~ό κράτος** police state. **~ό μητρώο** police record. **~ό τμήμα** police station

αστυφύλακας (ο) constable

ασυγκίνητος επίθ unmoved

ασυγκράτητος επίθ unrestrained. (ακράτητος) irrepressible

ασύγκριτος επίθ incomparable. (μοναδικός) unrivalled

ασυγύριστος επίθ untidy

ασυγχώρητος επίθ unforgivable. (ανεπίτρεπτος) inexcusable

ασυδοσία (η) licence (disregard of rules). (σεξ) promiscuity

ασυλία (η) immunity

ασύλληπτος επίθ not arrested. (ιδέα) elusive

ασυλλόγιστ|ος επίθ thoughtless. **~α** επίρρ thoughtlessly

άσυλο (το) asylum. (καταφύγιο) sanctuary. **~ ανιάτων** hospice. **~ αστέγων** shelter (for the homeless)

ασυμβατότητα (η) incompatibility

ασυμβίβαστ|ος επίθ (δε συμβιβάζεται) incompatible. (δεν ταιριάζει) irreconcilable. **~ο** (το) incompatibility

ασυμμετρία (η) asymmetry

ασυμπάθιστος επίθ unlikeable

ασυμπλήρωτος επίθ incomplete. (έντυπο) blank

ασύμφορος επίθ inexpedient. (επιζήμιος) uneconomic

ασυμφωνία (η) disagreement. (διαφορά) discrepancy. (χαρακτήρων) incompatibility

ασυναγώνιστος επίθ unrivalled. (τιμές) competitive

ασυναίσθητος επίθ unwitting. **~α** επίρρ unwittingly

ασυναρμολόγητος επίθ not assembled

ασυναρτησί|α (η) incoherence. **~ες** (οι) gibberish. (αρρώστου) ravings

ασυνάρτητ|ος επίθ rambling. (ομιλία) incoherent. **~α** επίρρ incoherently

ασύνδετος επίθ disjointed. (χωρίς ειρμό) desultory

ασυνειδησία (η) unscrupulousness

ασυνείδητος επίθ unscrupulous. **~α** επίρρ unscrupulously

ασυνέπεια (η) (έλλειψη συνέπειας) unreliability. (ασυμφωνία) inconsistency

ασυνεπής επίθ unreliable. (ανακόλουθος) inconsistent

ασύνετος επίθ imprudent. (απερίσκεπτος) unwise

ασυνήθιστ|ος επίθ unaccustomed. (ασύνηθης) unusual. **~α** επίρρ unusually

ασυννέφιαστος επίθ cloudless

ασυνόδευτος επίθ unaccompanied

ασυντόνιστος επίθ uncoordinated

ασυρματιστ|ής (ο), **~ίστρια** (η) wireless operator

ασύρματος (ο) wireless

ασυσκεύαστος επίθ unpackaged

ασύστολ|ος επίθ impudent. **~α** επίρρ impudently

άσφαιρος επίθ (όπλο) blank

ασφάλεια (η) (έλλειψη κινδύνου) safety. (ηλεκτρ) fuse. (σύμβαση) insurance. (τάξη) security

ασφαλειοθήκη (η) fuse-box

ασφαλ|ής επίθ safe. (βάσιμος) reliable. (χωρίς κίνδυνο) secure. **~ώς** επίρρ surely

ασφαλίζω ρ μτβ (προφυλάγω) secure. (συνάπτω σύμβαση) insure

ασφαλιστή|ριο (το) insurance policy. **~ς** (ο) insurer

ασφάλιστρο (το) insurance premium

άσφαλτος (η) asphalt

ασφαλτόστρωμα (το) tarmac

ασφαλτοστρώνω ρ μτβ asphalt

ασφράγιστος επίθ (δόντι) unfilled. (έγγραφο) unstamped. (επιστολή) unsealed

ασφυκτικ|ός επίθ suffocating. (ατμόσφαιρα) oppressive. (θερμοκρασία) stifling. **~ά** επίρρ suffocatingly,

oppressively. **~ά γεμάτος** filled to capacity, chock-a-block

ασφυκτιώ ρ αμτβ suffocate

ασφυξία (η) asphyxiation. (δυσφορία) suffocation

άσχετ|ος επίθ irrelevant. **~α** επίρρ regardless of

ασχήμια (η) βλ **ασκήμια**. (απρέπεια) indecency. (άσχημη θέα) eyesore

ασχημίζω ρ μτβ make ugly

άσχημ|ος επίθ ugly. (αρρώστια) serious. (λάθος) grave. (μυρωδιά) foul. (ντύσιμο) plain. (συμπεριφορά) unseemly. **~α** επίρρ badly. **αισθάνομαι ~α** feel bad

ασχολία (η) pursuit

ασχολίαστος επίθ uncommented upon

ασχολούμαι ρ αμτβ **~ με** pursue. (επαγγέλλομαι) be engaged in. (καταπιάνομαι) deal with. **~ επιφανειακά με** dabble in. **~ με μικροδουλειές** potter

ασώματος επίθ immaterial. (άυλος) disembodied

άσωτος επίθ (ακόλαστος) dissolute. (σπάταλος) inexhaustible. **ο ~ υιός** the prodigal son

αταίριαστος επίθ incompatible. (ανάρμοστος) inappropriate

ατακτοποίητος επίθ untidy. (λογαριασμός) unsettled. (πρόσωπο) who has not found employment

άτακτ|ος επίθ (απείθαρχος) naughty. (χωρίς τάξη) disorderly. (στρ) irregular. **~η φυγή** (η) stampede. **~α** επίρρ naughtily

αταξία (η) (ακαταστασία) irregularity. (απειθαρχία) naughtiness. (έλλειψη τάξης) disarray

αταραξία (η) equanimity. (ψυχραιμία) composure

ατάραχος επίθ imperturbable. (ψύχραιμος) cool

άτεκνος επίθ childless

ατέλεια (η) imperfection. (από δασμό) exception

ατέλειωτος επίθ endless. (ανεξάντλητος) unending. (ασυμπλήρωτος) unfinished

ατελής επίθ imperfect

ατελιέ (το) (artist's) studio

ατενίζω ρ μτβ gaze. (αποβλέπω) aim at

άτεχνος επίθ artless

ατζαμής (ο) beginner. (αδέξιος) clumsy oaf

ατημέλητ|ος επίθ scruffy. **~α** επίρρ scruffily

ατίθασος επίθ untamed. (άνθρωπος) intractable

ατιμάζω ρ μτβ dishonour. (βιάζω) ravish

ατίμητος επίθ priceless

ατιμία (η) (ντροπή) dishonour. (πράξη) infamy

άτιμ|ος επίθ dishonourable. **~α** επίρρ dishonourably

ατιμωρησία (η) impunity

ατίμωση (η) dishonour. (ντρόπιασμα) ignominy

ατιμωτικός επίθ ignominious

ατλάζι (το) satin

άτλαντας (ο) atlas

Ατλαντίδα (η) Atlantis

ατλαντικός επίθ Atlantic. **ο Α~ Ωκεανός** the Atlantic (Ocean)

ατμάκατος (η) motor launch

ατμοκίνητος επίθ steam-powered

ατμόλουτρο (το) steam bath

ατμομηχανή (η) steam-engine

ατμόπλοιο (το) steamship, steamboat, steamer

ατμός (ο) steam. (από εξαέρωση υγρού) vapour

ατμοσίδερο (το) steam iron

ατμόσφαιρα (η) atmosphere. (περιβάλλον) air

ατμοσφαιρικ|ός επίθ atmospheric. **~ά παράσιτα** (τα) atmospherics

άτοκος επίθ interest-free

ατολμία (η) timidity

άτολμος επίθ timid. (δειλός) faint-hearted

ατομικ|ιστής (ο), **~ίστρια** (η) individualist. **~ισμός** (ο) individualism

ατομικ|ός επίθ individual. (φυσ) atomic. **~ά δικαιώματα** (τα) rights of the individual. **~ά** επίρρ individually

ατομικότητα (η) individuality

άτομο (το) individual. (πρόσωπο) person. (φυσ) atom. **οι ελευθερίες του ατόμου** the freedoms of the individual

ατονία (η) languor

ατόνιστος επίθ unaccented, unstressed

άτονος επίθ unaccented, unstressed. (λέξη) unaccented, unstressed. (χωρίς ένταση) languid, (χωρίς ζωντάνια) flat

ατονώ ρ αμτβ slacken (off)

άτοπος επίθ out of place

ατού (το) άκλ trump. (πλεονέκτημα) asset

ατόφιος επίθ (ολόδιος) spitting image (of). (χρυσάφι) solid

άτρακτος (η) spindle. (αεροπ) fuselage

ατρόμητος επίθ intrepid

ατροφία (η) atrophy. **~ικός** επίθ atrophied

άτρωτος επίθ invulnerable

ατσαλένιος επίθ steel

ατσάλι (το) steel

ατσαλώνω ρ μτβ cover with steel. (μεταφ) steel. **~ την καρδιά μου** steel o.s.

ατσίγγανος (ο) βλ τσιγγάνος

ατσίδα|ς (ο) shrewd. **είναι ~ στην κλεψιά** he is a very successful thief

ατύχημα (το) (δυστύχημα) accident. (πάθημα) mishap

ατυχής επίθ unfortunate. (περίπτωση) regrettable. **~ία** (η) bad luck, misfortune. (ατύχημα) adversity. **~ώς** επίρρ by bad luck

άτυχ|ος επίθ unfortunate, unlucky. (δύστυχος) hapless. (ενέργεια) ill-fated. **~α** επίρρ unfortunately

αυγερινός (ο) morning star

αυγή (η) dawn

αυγό (το) βλ αβγό

αυγουστιάτικος επίθ of August

Αύγουστος (ο) August

αυθάδ|εια (η) impudence. **~ης** επίθ impudent

αυθαδιάζω ρ αμτβ be impudent

αυθαίρετος επίθ arbitrary

αυθεντικ|ός επίθ authentic. **~ότητα** (η) authenticity

αυθημερόν επίρρ on the same day

αυθόρμητ|ος επίθ spontaneous, impulsive. (που προσφέρεται) unsolicited. **~α** επίρρ spontaneously, impulsively

αυθυποβολή (η) autosuggestion

αυλαία (η) (θέατρ) curtain.

αυλάκι (το) (για σπορά) furrow. (ρυάκι) ditch

αυλακωτός επίθ grooved, fluted. **~ κίονας** (ο) fluted pillar. **~ τσίγκος** (ο) corrugated iron

αυλάρχης (ο) chamberlain

αυλή (η) courtyard. (αγροικίας) farmyard. (βασιλική) court. (σπιτιού) yard. (σχολείου) playground. (τετράγωνη) quadrangle

αυλητής (ο), **~ρίδα** (η) piper

αυλικός (ο) courtier

αυλόγυρος (ο) churchyard

αυλός (ο) (μηχ) tube. (μουσ) pipe

άυλος επίθ immaterial. (μεταφ) ethereal

αυνανίζομαι ρ αμτβ masturbate

αυνανισμός (ο) masturbation

αυξάν|ω ρ μτβ increase. (εισόδημα) augment. (έλεγχο) tighten. (μισθό) raise. (σταδιακά) step up. (τιμή) put up. (ταχύτητα) put on, increase. **~ομαι** ρ αμτβ increase. (με γοργό ρυθμό) mushroom. (σε μέγεθος) grow. (τιμές) rise

αύξηση (η) increase. (μισθού) rise, (αμερ) raise. (ανάπτυξη) growth

αυξομείωση (η) rise and fall, fluctuation

αύξων επίθ increasing. **~ αριθμός** (ο) serial number

αϋπνία (η) insomnia

άυπνος επίθ sleepless

αυριανός επίθ tomorrow's

αύριο επίρρ tomorrow. **~** (το) tomorrow. (μέλλον) future

αυστηρ|ός επίθ severe. (άκαμπτος) rigorous. (έλεγχος) tight. (ηθικός) strict. (λιτός) austere. (σκληρός) stern. (σταθερός) firm. **~ά** επίρρ strictly, sternly, severely

αυστηρότητα (η) severity. (ηθική) strictness. (λιτότητα) austerity. (σταθερότητα) firmness

αυστηρώς επίρρ strictly. **~ απόρρητο** strictly confidential

Αυστραλία (η) Australia

αυστραλιανός επίθ Australian. **Α~ός** (ο), **Α~έζα** (η) Australian

Αυστρία (η) Austria
αυστριακός επίθ Austrian
αυταπάρνηση (η) self-denial
αυταπάτη (η) delusion. (πραγματικότητας) illusion
αυταπατώμαι ρ αμτβ delude o.s.
αυταπόδεικτ|ος επίθ self-evident. ~η αλήθεια (η) truism
αυταρέσκεια (η) smugness
αυτάρεσκ|ος επίθ smug, self-satisfied. ~α επίρρ smugly
αυτάρκης επίθ self-sufficient
αυταρχικ|ός επίθ authoritarian. ~τητα (η) authoritarianism
αυτεξούσιος επίθ **είναι ~** he's a free agent, he's his own master
αυτή αντων she βλ **αυτός**
αυτί (το) βλ **αφτί**
αυτιστικός επίθ autistic
αυτό αντων it βλ **αυτός**
αυτο- self-
αυτοάμυνα (η) self-defence
αυτοαπασχολούμενος επίθ self-employed
αυτοβιογραφ|ία (η) autobiography. ~ικός επίθ autobiographical
αυτόγραφ|ος επίθ handwritten. ~ο (το) autograph
αυτοδημιούργητος επίθ self-made
αυτοδιάθεση (η) self-determination
αυτοδιαφήμιση (η) self-promotion
αυτοδιοίκηση (η) home rule
αυτοέλεγχος (ο) self-control
αυτοεξέταση (η) heart-searching
αυτοεξυπηρέτηση (η) self-service
αυτοθυσία (η) self-sacrifice
αυτοί αντων βλ **αυτός**
αυτοκαλούμενος επίθ self-styled
αυτοκέφαλος επίθ (εκκλ) autocephalous
αυτοκίνηση (η) motoring
αυτοκινητάδα (η) drive (in a car)
αυτοκινητιστής (ο) motorist
αυτοκίνητο (το) car, (αμερ) automobile. **ανοιχτό ~** convertible. **πεντάπορτο ~** estate car. **σπορ ~** sport's car
αυτοκινητόδρομος (ο) motorway, (αμερ) freeway
αυτοκινητοπομπή (η) motorcade
αυτοκόλλητο|ς επίθ self-adhesive. ~ (το) sticker
αυτοκράτειρα (η) empress
αυτοκράτορας (ο) emperor
αυτοκρατορ|ία (η) empire. ~ικός επίθ imperial
αυτοκριτική (η) self-criticism
αυτοκτονία (η) suicide
αυτοκτονώ ρ αμτβ commit suicide
αυτοκυβέρνη|ση (η) self-government. ~τος επίθ self-governed
αυτολατρία|χία (η) self-control
αυτολεξεί επίρρ verbatim, word for word
αυτοματοπ|οίηση (η) automation. ~οιώ ρ μτβ automate

αυτόματ|ος επίθ automatic. ~ο (το) automaton. ~α επίρρ automatically
αυτομάτως επίρρ automatically
αυτονόητος επίθ self-evident
αυτονομία (η) autonomy
αυτονομ|ιστής (ο), ~ίστρια (η) separatist
αυτόνομος επίθ autonomous
αυτοπαθής επίθ (γραμμ) reflexive
αυτοπειθαρχία (η) self discipline
αυτοπεποίθηση (η) self-assurance, self-confidence
αυτοπροβολή (η) self promotion
αυτοπροσωπογραφία (η) self-portrait
αυτοπροσώπως επίρρ in person. **ήλθε ~** he came in person
αυτόπτης επίθ **~ μάρτυς** (ο, η) eyewitness
αυτό|ς προσ αντων he. • **δεικτ** αντων this. **~ς και ο φίλος του** he and his friend. **~ς είναι** this is the one. **εγώ του μιλούσα κι ~ς κοίταζε αλλού** I was talking to him but he was looking elsewhere. **μ΄ ~ το αυτοκίνητο θα πάμε** we are going in this car. **~ ήταν!** that's it! **~ που σου λέω** listen to me. **~ θέλω κι όχι άλλο** this is the one I want and no other
αυτοσεβασμός (ο) self-respect
αυτοστιγμεί επίρρ this very moment
αυτοσυγκέντρωση (η) meditation
αυτοσυγκράτηση (η) self-restraint
αυτοσυνείδηση (η) self-consciousness
αυτοσυντήρηση (η) self-preservation
αυτοσχεδι|άζω ρ μτβ/ρ αμτβ improvise. ~ιασμός (ο) improvisation
αυτοσχέδιος επίθ improvised, impromptu
αυτοτελής επίθ self-sufficient. (πλήρης) self-contained
αυτοτραυματισμός (ο) self-inflicted wound
αυτουργός επίθ perpetrator. **ηθικός ~** (ο) instigator
αυτούσιος επίθ intact
αυτόφωρος επίθ **τον έπιασαν επ΄ αυτοφώρω** he was caught in the act
αυτόχειρας (ο) suicide (person)
αυτοχρηματοδότηση (η) self-finance
αυτοψία (η) postmortem (examination)
αυχένας (ο) nape
αυχενικός επίθ cervical
αφάγωτος επίθ untouched (food). (μεταφ) not spent. **είμαι ~** I haven't eaten anything
αφαίμαξη (η) blood letting. (μεταφ) drain
αφαίρεση (η) deduction. (μαθημ) subtraction
αφαιρετέος επίθ removable
αφαιρούμενος επίθ detachable
αφαιρ|ώ ρ μτβ deduct. (αποσπώ) extract. (βγάζω) remove. (μαθημ) subtract. ~ούμαι ρ αμτβ be absent-minded
αφαλάτωση (η) desalination
αφαλός (ο) navel
αφάνεια (η) obscurity
αφανής επίθ obscure

αφανίζ|ω *ρ μτβ* cause to vanish. (εξοντώνω) exterminate. (καταστρέφω) ruin. **~ομαι** *ρ αμτβ* disappear

αφανισμός (*o*) ruin. (εξόντωση) annihilation

αφάνταστος *επίθ* unimaginable. (μεγάλος) tremendous. **~α** *επίρρ* tremendously

άφαντος *επίθ* έγινε **~** he vanished

αφασία (*η*) aphasia

αφέλεια (*η*) naivety. **~ες** (*οι*) (*μαλλιά*) fringe

αφελής *επίθ* naive. (εύπιστος) gullible

αφενός *επίρρ* on the one hand

αφέντ|ης (*o*) lord. (κύριος) master. **~ισσα** (*η*) mistress

αφεντικό (*το*) master. (στη δουλειά) boss

αφερέγγυος *επίθ* insolvent

άφεση (*από το στρατό*) discharge. **~** αμαρτιών absolution

αφετέρου *επίρρ* on the other hand

αφετηρία (*η*) starting-point. (μεταφ) beginning

αφέτης (*o*) starter (*sport*)

αφέψημα (*το*) herbal tea

αφή (*η*) touch

αφήγη|μα (*το*) narrative. **~ση** (*η*) narration

αφηγηματικός *επίθ* narrative

αφηγητής (*o*), **~ήτρια** (*η*) narrator. (ιστοριούλας) story-teller

αφηγούμαι *ρ μτβ* relate. (διηγούμαι) narrate

αφηνιάζω *ρ αμτβ* (άλογο) bolt. (από θυμό) fly into a rage

αφήνω *ρ μτβ* let, leave. (δουλειά) quit. (εγκαταλείπω) abandon. (επιτρέπω) allow. (χαρίζω) leave. **~** να μου ξεφύγει I let slip. **~** κπ να περάσει let s.o. through. **~** κπ στα κρύα του λουτρού leave s.o. in the lurch. δεν **~** τίποτα στην τύχη I leave nothing to chance. **άφησέ** μας να φύγουμε let us go. **άφησέ** τον να κάνει ό, τι θέλει let him do whatever he wants. **άφησέ** με ήσυχη leave me alone. την **άφησε** στον τόπο he killed her

αφηρημάδα (*η*) absent-mindedness

αφηρημέν|ος *επίθ* absent-minded. (τέχνη) abstract. **~α** *επίρρ* absent-mindedly

αφθονία (*η*) abundance. (απροσδόκητη) bonanza. (πληροφοριών) wealth

άφθον|ος *επίθ* abundant. (πολύς) plentiful. **~α** *επίρρ* abundantly

αφιέρω|μα (*το*) offering. (σε περιοδικό) special issue. (τιμή) tribute

αφιερώνω *ρ μτβ* dedicate. (σε προσπάθεια) devote

αφιέρωση (*η*) dedication

αφιλοκερδής *επίθ* disinterested in personal gain

αφιλόξενος *επίθ* inhospitable

αφιλότιμ|ος *επίθ* not diligent. **~ος** (*o*) scoundrel

άφιξη (*η*) arrival. **αφίξεις** (*οι*) (αεροπ) arrivals

αφιππεύω *ρ αμτβ* dismount

αφίσα (*η*) poster

αφισοκόλληση (*η*) posting bills

αφλογιστία (*η*) (όπλου) misfiring

αφοβία (*η*) fearlessness

άφοβ|ος *επίθ* fearless. **~α** *επίρρ* without fear

αφοδράριστος *επίθ* unlined (*clothing*)

αφομοιώνω *ρ μτβ* assimilate

αφομοίωση (*η*) assimilation

αφοπλίζω *ρ μτβ* disarm. (βόμβα) defuse. (μεταφ) disarm

αφοπλισμός (*o*) disarmament

αφορίζω *ρ μτβ* excommunicate

αφορισμός (*o*) aphorism. (εκκλ) excommunication

αφορμή (*η*) excuse

αφορολόγητ|ος *επίθ* tax-free. **~α** (*τα*) duty-free goods

αφορ|ώ *ρ μτβ/ρ αμτβ* concern. όσον **~ά** (σε) concerning. δε με **~ά** it is no concern of mine

αφοσιωμέν|ος *επίθ* devoted. (οπαδός) staunch. (πιστός) loyal. **~ος στο κοινό συμφέρον** public-spirited. **~α** *επίρρ* devotedly

αφοσιώνομαι *ρ μτβ* devote o.s.

αφοσίωση (*η*) devotion. (πίστη) loyalty. (προσήλωση) dedication. (σε έργο) commitment

αφότου *σύνδ* since. πάνε δυο χρόνια **~** γνωριστήκαμε two years have gone by since we first met

αφού *σύνδ* (μετά) after. (επειδή) since. **~** πρώτα έφτιαξε το τζάμι, κάθισε να καπνίσει he first repaired the glass and then sat down to smoke. **~** δεν ακούς τι σου λέω, κάνε του κεφαλιού σου since you won't listen to me, do as you please

αφουγκράζομαι *ρ αμτβ* listen

αφράτος *επίθ* soft and white

αφρίζω *ρ αμτβ* foam. (ποτό) fizz. (στο στόμα) froth

αφρικανικός *επίθ* African

Αφρικαν|ός (*o*), **Α~ή** (*η*) African

άφρισμα (*το*) fizz

αφρόγαλα (*το*) cream (*on the surface of milk*)

αφροδισιακός *επίθ* aphrodisiac

αφροδίσι|ος *επίθ* venereal. **~α νοσήματα** (*τα*) venereal disease

Αφροδίτη (*η*) Aphrodite, Venus

αφρόκρεμα (*η*) cream

αφρολέξ (*το*) άκλ foam rubber

αφρόλουτρο (*το*) bubble bath

αφρόντιστος *επίθ* not cared for

αφρ|ός (*o*) foam. (για τα μαλλιά) (styling) mousse. (θάλασσας) spume. (κυμάτων) surf. (μεταλλου) dross. (στόμα, υγρό) froth. βγάζω **~ούς** από το στόμα foam at the mouth

αφρώδης *επίθ* bubbly. (κρασί) sparkling

αφτί (*το*) ear. απ' το στόμα σου και στου Θεού τ' **~** may the Lord hear you. είμαι

όλος αφτιά I am all ears. **είναι χρεωμένος ως τ᾽ αφτιά** he is heavily in debt. **κάτι πήρε τ᾽ ~ μου** I heard something
αφυδατών|ω ρ μτβ dehydrate. **~ομαι** ρ αμτβ get dehydrated
αφυδάτωση (η) dehydration
αφύλακτος επίθ unguarded. (διάβαση) unattended
αφυπηρετώ ρ αμτβ retire
αφυπνίζω ρ μτβ awaken
αφύπνιση (η) awakening
αφύσικος επίθ unnatural. (τρόπος) affected. (τερατώδης) freakish
αφύτευτος επίθ not yet planted
άφωνος επίθ speechless
αφώτιστος επίθ not illuminated. (μεταφ) unenlightened
αχ επιφών oh. (επιθυμία) if only. **~ και να ᾽ξερα πού είναι** if only I knew where he was. **με το ~ και το βαχ τίποτα δε γίνεται** it's no good just sighing
αχαλίνωτος επίθ unbridled
αχαμνά (τα) groin
αχανής επίθ immense
αχαρακτήριστος επίθ outrageous
αχαριστία (η) ingratitude
αχάριστ|ος επίθ ungrateful. (ανιαρός) thankless. **~α** επίρρ ungratefully
άχαρος επίθ ungainly. (ρούχα) drab
αχθοφορικά (τα) porterage
αχθοφόρος (ο) porter (for luggage)
αχιβάδα (η) clam
αχίλλειος επίθ of Achilles. **~ πτέρνα** (η) Achilles' heel
αχινός (ο) sea-urchin
αχλάδι (το) pear
αχλαδιά (η) pear tree
άχνα (η) (ατμός) vapour. (ήχος) sound. **μη βγάλεις ~** don't make a sound

αχνάρι (το) footprint
άχνη (η) fine powder. **ζάχαρη ~** (η) icing sugar
αχνιστός επίθ steaming
αχόρταγος επίθ insatiable
αχούρι (το) stable. (μεταφ) hole
αχρείος επίθ wretched. **~** (ο) rascal
αχρειότητα (η) wretchedness
αχρησιμοποίητος επίθ unused
αχρηστεύω ρ μτβ render useless
άχρηστος επίθ useless. (άνθρωπος) good-for-nothing
άχρονος επίθ timeless
άχρωμος επίθ colourless
αχτένιστος επίθ dishevelled
άχτι (το) άκλ grudge. **βγάζω το ~ μου** take it out on. **τον έχω ~** I bear him a grudge
αχτίδα (η) (φωτός) shaft (of light). (μεταφ) gleam (of hope)
άχυρο (το) straw
αχυρένιος επίθ (made of) straw
αχυρώνας (ο) hayloft
αχώνευτος επίθ indigestible
αχώριστος επίθ inseparable
αψέντι (το) (ποτό) absinthe
άψε σβήσε επίρρ **στο ~** in the twinkle of an eye
αψηφώ ρ μτβ (κανονισμούς) flout. (πρόσωπο) defy
αψίδα (η) arch
αψιθιά (η) (φυτό) absinthe
αψιμαχία (η) skirmish
άψογος επίθ immaculate. **~α** επίρρ immaculately
αψύς επίθ (στη γεύση) sharp
άψυχος επίθ lifeless. (πράγμα) inanimate
άωτον (το) **το άκρον ~ της ευγένειας** the height of good manners

Bβ

βαβουίνος (ο) baboon
βαβυλωνία (η) bedlam
βάγια[1] (η) (wet) nurse
βάγια[2] (τα) palm branches
βαγκόν-ρεστοράν (το) άκλ (σιδηρ) diner.
βαγόνι (το) (σιδηρ) carriage.
βαδίζω ρ αμτβ step. (με μεγάλες δρασκελιές) stride. (περήφανα) strut. (σε γραμμή) file. (στρ) march
βάδισμα (το) step (walk). (στρ) march
βαζελίνη (η) vaseline
βάζο (το) jar. (ανθοδοχείο) vase

βάζω ρ μτβ put. (ρολόι) set (clock etc.). (ρούχα) put on. **~ κατά μέρος** put aside. **~ κπ εμπρός** reprimand s.o. **~ κπ να κάνει** get s.o. to do. **~ κπ στη θέση του** put s.o. in his place. **~ μια δουλειά εμπρός** get a project under way. **~ όρους** lay down rules. **~ πίσω/εμπρός** (το ρολόι) put back/forward (clock). **~ στην άκρη** put by. **~ στη θέση του** put away. **~ τα δυνατά μου** try my best. **~ τις φωνές σε** shout at. **δεν τα ~ κάτω** I don't give in. **τα ~ με κπ** get at s.o. **το ~ στα πόδια** scamper away

βαθαίνω ρ μτβ/ρ αμτβ deepen
βαθμηδόν επίρρ by stages
βαθμιαί|ος επίθ gradual. **~α** επίρρ gradually
βαθμίδα (η) (σκάλα) step. (σε κλίμακα αξιών) rung
βαθμολογία (η) marking. (βαθμός) marks
βαθμολόγιο (το) register, mark book
βαθμολογώ ρ μτβ (σχολ) mark. (κατατάσσω) grade
βαθμός (ο) mark. (γραμμ) degree. (σε ιεραρχία) grade. (στρ) rank
βάθος (το) depth. (φόντο) background
βαθούλος επίθ deep. (μάτια) deep-set
βαθούλωμα (το) hollow. (σε έλασμα) dent. (στο έδαφος) depression
βαθουλώνω ρ μτβ hollow. (μετά από χτύπημα) dent. • ρ αμτβ sag
βαθουλωτός επίθ hollow. (μάγουλο) sunken
βάθρο (το) pedestal
βαθύς επίθ deep. (βαθυστόχαστος) profound. (ντεκολτέ) plunging. (ύπνος) heavy. **~ιά** επίρρ deeply, profoundly. **κοιμάται ~ιά** she sleeps soundly
βακτηριακ|ός επίθ bacterial. **~ή πλάκα** (η) plaque (on teeth)
βακτηρίδια (τα) bacteria
βακτηριολογία (η) bacteriology. **~ικός** επίθ bacterial
Βάκχος (ο) Bacchus
βαλανίδι (το) acorn
βαλανιδιά (η) oak (tree)
βαλάντιο (το) purse (finances)
βαλβίδα (η) valve. **~ ασφαλείας** safety-valve
βαλές (ο) (χαρτιά) jack
βαλίτσα (η) suitcase
Βαλκάνια (τα) Balkans
βαλκανικός επίθ Balkan
βαλλιστική (η) ballistics
βαλλιστικός επίθ ballistic
βάλλω ρ μτβ (ρίχνω) throw. (εκτοξεύω) hurl. (πυροβολώ) shoot
βαλς (το) άκλ waltz. **χορεύω ~** waltz
βάλσαμο (το) balm. (μεταφ) balsam
βαλσαμώνω ρ μτβ embalm
βάλτος (ο) marsh
βαλτός επίθ plant (to incriminate)
βαλτώδης επίθ marshy
βαμβακερός επίθ cotton
βαμβάκι (το) cotton. (φαρμακείου) cotton wool
βαμβακοπαραγωγός (ο) cotton producer
βαμβακουργία (η) cotton production
βαμβακοφυτεία (η) cotton plantation
βαμμένος επίθ dyed. (τοίχος) painted
βάναυσ|ος επίθ rough (person). **~α** επίρρ roughly
βανδαλισμ|ός (ο) vandalism. **κάνω ~ούς** to commit acts of vandalism
βάνδαλος (ο, η) vandal

βανίλια (η) vanilla
βαπόρι (το) steam boat. **γίνομαι ~** hit the roof
βάραθρο (το) chasm
βαραίνω ρ αμτβ gain weight. (γνώμη) carry weight (ενοχλώ) weigh down. • ρ μτβ (στομάχι) lie heavy on
βαρβαρικός επίθ barbaric
βάρβαρος επίθ barbarous. **~ (ο)** barbarian
βαρβαρότητα (η) barbarity
βαρβάτο|ς επίθ virile. **~ άλογο** (το) stallion
βαρβιτουρικό (το) barbiturate
βάρδια (η) (εργάτες) shift. (περίοδος καθήκοντος) watch. (φρουρά) guard
βαρεία (η) grave accent
βαρελάκι (το) keg. **~α** (τα) leap-frog
βαρέλι (το) barrel. (ανοιχτό) tub. (μπίρας) cask. (πετρελαίου) drum. **σαν το ~** tubby
βαρετός επίθ heavy, boring
βαρηκοΐα (η) bad hearing
βαρήκοος επίθ hard of hearing
βαριά¹ (η) sledge-hammer
βαριά² επίθ βλ **βαρύς**
βαρίδι (το) (ζυγαριάς) weight. (πετονιάς) sinker
βαριέ|μαι ρ μτβ be tired of. • ρ αμτβ be fed up. (πλήττω) be bored. **δε ~σαι** never mind
βαριεστημένος επίθ fed up
βαριετέ (το) άκλ variety show
βάριο (το) barium
βάρκα (η) boat. (κωπηλασίας) rowing-boat. (με πανιά) sailing-boat
βαρκά|δα (η) boat trip. **~ρης** (ο) boatman
βαρκούλα (η) small boat
βαρόμετρο (το) barometer
βαρόνη (η) baroness
βαρόνος (ο) baron
βάρος (το) weight. (μεταφ) burden. (φορτίο) load. **σε ~ μου** at my expense. **η γνώμη του έχει ~** his opinion carries weight
βαρούλκο (το) winch
βαρυεστημένος επίθ weary of
βαρύθυμος επίθ sullen
βαρ|ύς επίθ heavy. (ατμόσφαιρα) close. (ποινή) harsh. (σφάλμα) serious. (φαγητό) stodgy. (χειμώνας) hard. **είναι βαρέων βαρών** he is a heavyweight. **~ιά** επίρρ heavily
βαρυσήμαντος επίθ momentous
βαρυστομαχιά (η) indigestion. **~ζω** ρ αμτβ eat too much
βαρυστόμαχος επίθ heavy (food)
βαρύτητα (η) gravitation
βαρύτονος (ο) baritone
βαρυχειμωνιά (η) harsh winter
βαρώ ρ μτβ (δέρνω) beat. (ηχώ) sound. (πληγώνω) hit
βασανίζ|ω ρ μτβ torture. (εξετάζω) scrutinize. (σκέψη) haunt. (μεταφ)

torment. **~ομαι** ρ αμτβ agonize. **~ το μυαλό μου** rack one's brains
βασανιστήριο (το) torture. **~ικός** επίθ tormenting
βασαν|ιστής (ο), **~ίστρια** (η) torturer
βάσανο (το) torment
βάση (η) (αρχή) basis. (ώρα) plinth. (στήριγμα) base. **~ μακιγιαρίσματος** grease-paint. **~ νιπτήρα** wash-stand. **~ τάρτας** flan
βασίζ|ω ρ μτβ base. **~ομαι** (σε) ρ αμτβ rely (on)
βασικός επίθ basic. (τροφή) staple. **~ά** επίρρ basically
βασιλεία (η) (περίοδος) reign. (πολίτευμα) monarchy
βασίλειο (το) realm. (χώρα) kingdom
βασιλεύω ρ αμτβ (βασιλιάς) reign. (ήλιος) set
βασιλ|έας (ο), **~ιάς** (ο) king
βασιλική (η) (κτίριο) basilica
βασιλικός[1] (ο) basil
βασιλικ|ός[2] επίθ regal. **η ~ή οικογένεια** the royal family. **τα μέλη της ~ής οικογενείας** royalty. **~ά** επίρρ royally
βασίλισσα (η) queen
βασιλομήτωρ (η) queen mother
βασιλόπιτα (η) special cake for 1st January
βασιλόφρων (ο, η) royalist
βάσιμος επίθ (λόγος) sound. (πληροφορίες) reliable. (υποψίες) well-founded
βαστώ ρ μτβ hold. (ανέχομαι) bear. (στηρίζω) support. • ρ αμτβ (αντέχω) bear up. (διαρκώ) last
βατ (το) άκλ watt
βάτα (η) wadding. (στους ώμους) pad
βατήρας (ο) spring-board
βατομουριά (η) blackberry bush
βατόμουρο (το) blackberry
βάτος (ο) bramble
βατραχάνθρωπος (ο) frogman
βατραχοπέδιλο (το) flipper (for swimming)
βάτραχος (ο) frog. (φρύνος) toad
βαφή (η) dye. (για παπούτσια) polish
βαφτίζω ρ μτβ baptize. (δίνω όνομα) christen
βαφτισιμιά (η) βλ **βαφτιστικιά**
βάφτισμα (το) christening. (βύθισμα στο νερό) baptism
βαφτιστικιά (η) goddaughter
βαφτιστικ|ός επίθ christening. **~ όνομα** (το) given name. **~ς** (ο) godson
βαφτιστήρι (το) godchild
βάφω ρ μτβ paint. (μέταλλο) temper
βάψιμο (το) painting (applying paint)
βγάζω ρ μτβ (αναστεναγμό) heave. (δόντι) take out. (λεκέ) remove. (δίνω όνομα) dub. (ρούχα) take off. (το καπέλο) raise. (φρύδια) pluck. (φωνή) give. (φωτογραφία) take. (χέρι, πόδι) dislocate. • ρ αμτβ (δρόμος) lead. **~ από τη μέση** get rid of.

~ δόντια be teething. **~ γλώσσα** be cheeky. **~ λόγο** make a speech. **~ το άχτι μου** take one's revenge. **~ την πίστη κπ** exasperate s.o. **~ την πρίζα** unplug. **~ το ψωμί μου** earn one's living. **~ φωτογραφία** have one's photograph taken. **δεν τα ~ πέρα** I can't cope. **δε ~ άκρη** I can't make head or tail of this. **όπου μας βγάλει η άκρη** let things take their course
βγαίν|ω ρ μτβ go out. (εξέρχομαι) come off. (για λίγο) pop out. (κρυφά) sneak out. (λεκές) come out. (σε εκλογές) be elected. **~ω ασπροπρόσωπος** come out (of an incident) quite well. **~ω από το ρούχα μου** lose one's temper. **~ω λάδι** get off scot free. **~ω με κπ** date s.o. **τίποτα δε ~ει** nothing doing
βδέλλα (η) leech
βδομάδα (η) βλ **εβδομάδα**
βδομαδιάτικ|ος επίθ weekly. **~ο** (το) weekly wages
βέβαι|ος επίθ certain. (βάσιμος) sure. (πεπεισμένος) confident. **~ για τον εαυτό μου** self-assured. **~α** επίρρ of course, certainly. **~αι** sure!
βεβαίως επίρρ certainly
βεβαιότητα (η) certainty
βεβαιών|ω ρ μτβ confirm. (διαβεβαιώ) assure. (εγγράφω) certify. (επιβεβαιώνω) affirm. (τη λήψη επιστολής) acknowledge. **~ομαι** ρ αμτβ make certain
βεβαίωση (η) confirmation. (διαβεβαίωση) assurance. (πιστοποίηση) certification
βεβηλώνω ρ μτβ defile. (εκκλησία, τάφο) desecrate
βεβήλωση (η) desecration
βεβιασμένος επίθ rash. (χαμόγελο) forced
βεδουΐνος (ο) Bedouin
βελάζω ρ αμτβ bleat
βέλασμα (το) bleat
Βέλγιο (το) Belgium
Βέλγιος (ο), **Βελγίδα** (η) Belgian
βελγικός επίθ Belgian
βεληνεκές (το) range (of missile)
βέλο (το) veil
βελόνα (η) needle. (γραμμοφώνου) (η) stylus
βελονάκι (το) (crochet) hook
βελόνι (το) βλ **βελόνα**
βελονιά (η) stitch
βελονισ|μός (ο) acupuncture. **~τής** (ο) acupuncturist
βέλος (το) dart. (σαΐτα) arrow
βελούδινος επίθ velvety
βελούδο (το) velvet. **~ κοτλέ** corduroy
βελτιώνω ρ μτβ improve. **~ομαι** ρ αμτβ get better, improve
βελτίωση (η) improvement
βενζινάδικο (το) (καθομ) petrol station
βενζινάκατος (η) motor boat
βενζίνη (η) petrol (αμερ) gasoline. **σταθμός ~ς** (ο) petrol station

βενζινοκ|ινητήρας (*o*) petrol engine. **~ίνητος** *επίθ* powered by a petrol engine
βεντάλια (*η*) fan (*hand held*)
βεντέτα (*η*) vendetta
βεντιλατέρ (*το*) *άκλ* ventilator
βεντούζα (*η*) cupping glass
βέρα (*η*) wedding-ring
βεράντα (*η*) veranda
βέργα (*η*) rod
βερεσέ|ς (*o*) *sale or purchase on credit.* **~** *επίρρ* on credit, on tick
βερικοκιά (*η*) apricot tree
βερίκοκο (*το*) apricot
Βερμούδες (*οι*) Bermuda
βερμούτ (*το*) *άκλ* vermouth
βερνίκι (*το*) varnish. (*για τα νύχια*) nail polish
βερνικώνω *ρ μτβ* varnish
βέρος *επίθ* true. **είναι ~ αριστερός** he is a true left-winger
βεστιάριο (*το*) cloakroom
βέτο (*το*) veto. **προβάλλω ~** veto
βήμα (*το*) step. (*βάδισμα*) gait. (*βάθρο*) podium. **το άγιο ~** sanctuary (*in church*)
βηματίζω *ρ αμτβ* pace. (*στρ*) march. **~ πάνω κάτω** pace up and down
βηματοδότης (*o*) (*ιατρ*) pace-maker
βήχ|ας (*o*) cough. **~ω** *ρ αμτβ* cough
βία (*η*) force. (*βιαιότητα*) violence. (*βιασύνη*) rush. **δια της ~ς** by force. **μόλις και μετά ~ς** barely
βιάζ|ω *ρ μτβ* (*ασελγώ*) rape. (*εξαναγκάζω*) force. (*επισπεύδω*) rush. **~ομαι** *ρ αμτβ* hurry (up)
βιαιοπραγία (*η*) assault
βίαιος *επίθ* violent. **~α** *επίρρ* violently. (*με βία*) forcibly
βιαιότητα (*η*) violence. (*πράξη*) act of violence
βιασμός (*o*) rape
βιαστής (*o*) rapist
βιαστικ|ός *επίθ* hurried. (*απόφαση*) hasty. (*ματιά*) cursory. **~ά** *επίρρ* hurriedly, hastily
βιασύνη (*η*) haste, rush
βιβλιαράκι (*το*) booklet
βιβλιάριο (*το*) booklet. **~ αποταμιεύσεων** savings book
βιβλικός *επίθ* biblical
βιβλίο (*το*) book
βιβλιογραφία (*η*) bibliography
βιβλιοδεσία (*η*) bookbinding
βιβλιοθηκάριος (*o*) librarian
βιβλιοθήκη (*η*) (*αίθουσα, κτίριο*) library. (*έπιπλο*) bookcase
βιβλιοπωλείο (*το*) bookshop
βιβλιοπώλης (*o*), **~ις** (*η*) bookseller
βιβλιοφάγος (*o*) bookworm.
Βίβλος (*η*) Bible
βίδα (*η*) screw. **του 'στριψε η ~** he has a screw loose
βιδώνω *ρ μτβ* screw
βίζα (*η*) visa

βιζόν (*το*) *άκλ* mink
βικτοριανός *επίθ* Victorian
βίλα (*η*) villa
βινιέτα (*η*) vignette
βίντεο (*το*) (*άκλ*) video (-recorder)
βιντεοκασέτα (*η*) videotape
βιντεοσκόπηση (*η*) video recording
βιντεοταινία (*η*) video film
βινύλιο (*το*) vinyl
βιογραφία (*η*) biography
βιογραφικός *επίθ* biographical. **~ό σημείωμα** (*το*) curriculum vitae
βιογράφος (*o*, *η*) biographer
βιόλα (*η*) (*λουλούδι*) viola. (*μους*) viola
βιολέτα (*η*) violet (*flower*)
βιολετής *επίθ* violet (*colour*)
βιολί (*το*) violin. **αυτός το ~ του** he carries on as before
βιολ|ιστής (*o*), **~ίστρια** (*η*) violinist
βιολιτζής (*o*) (*καθομ*) fiddler
βιολογία (*η*) biology. **~ικός** *επίθ* biological
βιολόγος (*o*, *η*) biologist
βιολοντσελίστας (*o*) cellist
βιολοντσέλο (*το*) cello
βιομηχαν|ία (*η*) industry. **~ικός** *επίθ* industrial
βιομηχανοποί|ηση (*η*) industrialisation. **~ημένος** *επίθ* industrialized
βιομήχανος (*o*) industrialist
βιοπαλα|ιστής (*o*), **~ίστρια** (*η*) person struggling to earn a living
βιοπάλη (*η*) struggle for survival
βίος (*το*) (*καθομ*) fortune
βίος (*o*) (*λόγ*) life
βιόσφαιρα (*η*) biosphere
βιοτεχνία (*η*) handicraft
βιοχημεία (*η*) biochemistry
βιοψία (*η*) biopsy
βιράρω *ρ μτβ* hoist (*anchor*)
Βιρμανία (*η*) Burma
βιρτουόζος (*o*) virtuoso
βιταμίνη (*η*) vitamin
βιτρίνα (*η*) shop-window. (*μεταφ*) showcase
βιτρό (*το*) *άκλ* stained-glass window
βιώσιμος *επίθ* viable
βιωσιμότητα (*η*) viability
βλαβερός *επίθ* harmful
βλάβη (*η*) (*ζημιά*) damage. (*ηλεκτρ*) failure. (*μηχ*) breakdown. (*προσωπική*) injury. **παθαίνω ~** break down
βλάκας (*o*, *η*) idiot
βλακεί|α (*η*) stupidity. **~ες** (*οι*) nonsense
βλακώδης *επίθ* stupid
βλάπτω *ρ μτβ* *βλ* **βλάφτω**
βλασταίνω *ρ αμτβ* *βλ* **βλαστάνω**
βλαστάνω *ρ αμτβ* sprout. (*σπόρος*) germinate
βλαστάρι (*το*) shoot. (*μεταφ*) scion
βλαστήμια (*η*) swear-word. (*κατάρα*) curse
βλάστημος *επίθ* blasphemous
βλαστημώ *ρ μτβ* curse. • *ρ αμτβ* swear. (*τα θεία*) blaspheme

βλάστηση (η) vegetation
βλαστός (ο) shoot. (μεταφ) scion
βλασφημία (η) blasphemy
βλάσφημος επίθ blasphemous
βλάφτω ρ μτβ damage. (αδικώ) harm
βλαχόπουλο (το) young shepherd
βλέμμα (το) look. (επίμονο) stare
βλέννα (η) mucus
βλέπω ρ μτβ/ρ αμτβ see. (κοιτάζω) watch. **~ προς** overlook. • ρ αμτβ (σπίτι) face. **~ με καλό μάτι** be well disposed towards. **~ τον ουρανό σφοντύλι** see stars. **~ κι παθαίνω να** have quite a job to. **δε ~ την ώρα να** be itching to. **δε ~ άσπρη μέρα** I haven't had a happy moment
βλεφαρίδα (η) eyelash
βλέφαρο (το) eyelid
βλέψ|η (η) aspiration. **έχω ~εις σε** have designs on
βλήμα (το) missile, projectile
βλογιοκομμένος επίθ pock-marked
βλοσυρός επίθ fierce
βογκητό (το) moan, groan
βογκώ ρ αμτβ moan, groan
βόδι (το) ox
βοδινό|ς επίθ ox, beef. **~ κρέας** (το) beef. **~ κονσέρβα** (το) corned beef
βοή (η) boom. hum (of bees).
βοήθεια (η) help, assistance. (υλική) aid. **πρώτες ~ες** (οι) first aid
βοήθημα (το) relief. (σύγγραμα) reference book
βοηθητικό|ς επίθ auxiliary. (δευτερεύων) ancillary. **~ς δρόμος** (ο) relief road. **~ κτίσμα** (το) outbuilding
βοηθός (ο, η) assistant. (αμερ) aide
βοηθώ ρ μτβ help. (μνήμη) jog. (συντρέχω) assist. (υποστηρίζω) aid
βόθρος (ο) cesspit, cesspool
βολάν (το) άκλ steering wheel. (γύρω από κρεβάτι) valance. (σε φόρεμα) frill
βολβός (ο) bulb. (του ματιού) eyeball
βολβοειδής επίθ bulbous. **~ ρίζα** (η) tuber
βόλεϊ, ~μπολ (το) άκλ volley-ball
βολετό|ς επίθ practicable. **δεν είναι ~** it's not practicable
βολεύ|ω ρ μτβ manage to fit in. **~ομαι** ρ αμτβ settle down. **με ~ει** it suits me. **τα ~ω** get by, manage
βολή[1] (η) comfort
βολή[2] (η) shot. **είναι εντός ~ς** it's within range
βόλι (το) (καθομ) bullet
Βολιβία (η) Bolivia
Βολιβιανό|ς (ο), **~ή** (η) Bolivian
βολίδα (η) bullet. **σα ~** like a shot
βολιδοσκ|όπηση (η) sounding. **κάνω ~οπήσεις** put out feelers. **~οπώ** ρ μτβ sound out
βολικός επίθ convenient. (άνθρωπος) easy-going
βόλος (ο) (χώμα) lump. (από βούτυρο) pat. (από μέταλλο) nugget. (γυάλινος) marble

βολτ (το) άκλ volt
βόλτ|α (η) stroll. (με αυτοκίνητο) ride. **φέρνω ~ες** walk up and down. **τα φέρνω ~** make ends meet
βόμβα (η) bomb. (μεταφ) bombshell
βομβαρδίζω ρ μτβ shell. (στρ) (από αεροπλάνα) bomb. (μεταφ) bombard
βομβαρδισμός (ο) shelling. (με αεροπλάνα) bombing. (μεταφ) bombardment
βομβαρδιστικό (το) (αεροπλάνο) bomber
βομβητής (ο) buzzer
βόμβος (ο) buzz. (μηχ) whir
βομβώ ρ αμτβ (αυτιά) ring. (έντομο) buzz. (μηχ) whir
βοοειδή (τα) cattle
βορά (η) prey. **~ των κανονιών** cannon fodder
βόρβορο|ς (ο) sludge, muck. **κυλιέμαι στο ~** wallow in the mud
βορειοανατολικός επίθ north-east
βορειοδυτικός επίθ north-west
βόρειος επίθ northern. **~** (ο) Northerner. **Β~ Αμερική** (η) North America. **η Β~ Θάλασσα** the North Sea
βοριάς (ο) north wind
βορινός επίθ northerly
βορρά|ς (ο) north. **προς το ~** northwards
βοσκή (η) pasture
βοσκοπούλα (η) shepherdess
βοσκός (ο) shepherd
βοσκότοπος (ο) pasture
βόσκω ρ μτβ/ρ αμτβ graze
βοτάνι (το) magic potion. (βότανο) herb
βοτανικ|ή (η) botany. **~ός** επίθ botanical
βότανο (το) herb
βοτανολογία (η) botany
βοτανολόγος (ο, η) botanist. (συλλέκτης βοτάνων) herbalist
βότκα (η) vodka
βότσαλο (το) pebble
βουβάλι (το) buffalo
βουβαμάρα (η) muteness, speechlessness
βουβός επίθ mute, dumb. **~ κινηματογράφος** silent cinema. **~** (ο) mute
βουδισμός (ο) Buddhism
βουδ|ιστής (ο), **~ίστρια** (η) Buddhist
βουή (η) boom
βουητό (το) hum
βουίζω ρ αμτβ (έντομο) buzz. (αεροπλάνο) hum. (άνεμος) howl. (αυτιά) ring. **βούιξε ο κόσμος με τα νέα** the news was on everybody's lips
βούισμα (το) (εντόμου) buzz. (αεροπλάνου) hum. (στ᾽ αυτιά) ringing
βούκινο (το) horn. **έγινε ~** it became common knowledge
βούλα (η) (κηλίδα) spot. (στο μάγουλο) dimple. (σφραγίδα) seal
Βουλγαρία (η) Bulgaria
Βούλγαρος (ο), **Βουλγάρα** (η) Bulgarian
βουλευτής (ο, η) Member of Parliament

βουλή (η) will

βουλή (η) Parliament. η ~ των Κοινοτήτων the House of Commons

βούληση (η) volition

βουλιάζω ρ μτβ scuttle. • ρ αμτβ (πλοίο) sink. (οροφή) sag. (μεταφ) founder

βουλιμία (η) greed. (ιατρ) bulimia

βουλοκέρι (το) sealing-wax

βούλωμα (το) block. (καπάκι) stopper

βουλώνω ρ μτβ plug. (διαρροή) stop. • ρ αμτβ block. ~ το στόμα κπ shut s.o. up. βούλωσ' το! shut your trap

βουναλάκι (το) small hill

βουνίσιος επίθ mountain

βουνό (το) mountain

βουνοκορφή (η) mountain top

βουνοπλαγιά (η) mountain side

βουνοσειρά (η) mountain range

βούρδουλας (ο) lash

βούρκος (ο) mire. (μεταφ) gutter

βουρκώνω ρ αμτβ become muddy. (μάτια) fill with tears. (ουρανός) cloud over

βούρλο (το) rush (plant)

βούρτσα (η) brush. (των μαλλιών) hairbrush

βουρτσάκι (το) small brush. ~ της πίπας pipe cleaner

βουρτσίζω ρ μτβ brush

βουστάσιο (το) cowshed

βουτάνιο (το) butane

βούτηγμα (το) (βουτιά) plunge. (μεταφ) snatch

βουτήματα (τα) crispbread etc that can be dipped into a beverage before being eaten

βουτιά (η) (κατάδυση) dive. (κλοπή) snatch. (μεταφ) plunge

βούτυρο (το) butter

βουτυροκομείο (το) butter factory

βουτυρώνω ρ μτβ butter

βουτώ ρ μτβ immerse. (αρπάζω) snatch. (βυθίζω σε υγρό) dip. • ρ αμτβ dive

βραβείο (το) prize

βραβεύω ρ μτβ give a prize. (ανταμείβω) reward

βράγχια (τα) gills

βραδάκι (το) early evening

βραδιά (η) evening

βραδιάζω ρ αμτβ ~ει it is getting dark. ~ομαι ρ αμτβ be overtaken by the evening

βραδιάτικ|ος επίθ evening. ~α επίρρ in the evening

βράδυ (το) evening

βραδυκίνητος επίθ slow-moving

βραδύς επίθ slow. (με αργό ρυθμό) slack

βραδύτητα (η) slowness

Βραζιλία (η) Brazil

βραζιλιάνικος επίθ Brazilian

Βραζιλιάν|ος (ο), ~α (η) Brazilian

βρά|ζω ρ μτβ ρ αμτβ boil. (τσάι) brew. • ρ αμτβ ferment. ~ζω από το κακό μου seethe with anger. ~ζω στο ζουμί μου stew in one's own juice. να τον ~σω to

hell with him. στο ίδιο καζάνι ~ζουμε we are in the same boat

βράκα (η) type of wide trousers reaching down to the knee

βρακάκι (το) panties

βρακί (το) pants

βρασμό|ς (ο) boiling. (ζύμωση) fermentation. σε ~ ψυχικής ορμής in mental turmoil

βραστήρας (ο) kettle

βραστ|ός επίθ boiled. (καυτός) hot. ~ (το) boiled meat

βράχια (τα) rocks

βραχιόλι (το) bracelet. (χωρίς αγκράφα) bangle

βραχίονας (ο) arm. (του πικ απ) stylus holder

βραχνάδα (η) hoarseness

βραχνάς (ο) nightmare

βραχνιάζω ρ αμτβ become hoarse

βραχνός επίθ hoarse

βραχόκηπος (ο) rockery

βραχονήσι (το) rock island

βράχος (ο) rock. είναι ~ ακλόνητος he is a tower of strength

βραχύβιος επίθ short-lived

βραχυγραφία (η) abbreviation

βραχυκύκλωμα (το) short circuit

βραχυπρόθεσμ|ος επίθ short-term. ~α επίρρ in the short term

βραχύς επίθ short

βραχώδης επίθ rocky. (τοπίο) rugged

βρε μόριο you there. τι κάνεις εκεί ~; you there, what are you doing?

βρεγμέν|ος επίθ wet. σαν ~η γάτα with his tail between his legs

βρέξιμο (το) wetting

Βρετανία (η) Britain

βρετανικ|ός επίθ British. ~ή σημαία (η) Union Jack

Βρεταν|ός (ο), ~ίδα (η) Briton. οι ~οί the British

βρεφικός επίθ infantile. ~ σταθμός (ο) nursery

βρεφοκομείο (το) institution for foundlings

βρέφος (το) infant

βρέ|χω ρ μτβ wet, moisten. ~χει ρ αμτβ it's raining. ~χομαι ρ αμτβ get wet. ~χει καταρρακτωδώς it's pouring with rain. ~χει ραγδαία it's pouring with rain. πέρα ~χει he doesn't give a damn. τον έχει μη στάξει και μη ~ξει she pampers him. τις ~χω σε κπ thrash s.o.

βρίζω ρ μτβ insult. • ρ αμτβ swear

βρίθ|ω ρ αμτβ be teeming with. το κείμενο ~ει λαθών the text is full of mistakes

βρικόλακας (ο) vampire

βρισι|ά (η) insult. ~ές (οι) invective

βρίσκ|ω ρ μτβ find. (ανακαλύπτω) discover. (συναντώ) come across. (τυχαία) hit on. ~ομαι ρ αμτβ lie, be. ~ αφορμή για καβγά pick a quarrel. ~ ελαττώματα σε pick holes in. ~ **κουράγιο** pluck up courage. ~ **το μπελά μου** get into trouble. ~ **το μάστορή μου** find one's match. **δε ~ λόγια να εκφράσω** be at a loss for words. **τα ~ σκούρα** find things tough

βρογχίτιδα (η) bronchitis
βρόγχος (ο) bronchus
βρογχοσκόπηση (η) bronchoscopy
βρόμα (η) (ακαθαρσία) grime. (κακοσμία) stench
βρομερός επίθ (ακάθαρτος) filthy. (ανήθικος) obscene
βρομιά (η) (ακαθαρσία) filth. **~ρης**, **~ρικος** επίθ filthy. **~ρης** (ο) scoundrel. **~ρα** (η) slut
βρομίζω ρ μτβ dirty
βρόμικ|ος επίθ grubby. (δωμάτιο) squalid. (επιλήψιμος) obscene. **~η φτωχογειτονιά** (η) slum. **~α** επίρρ squalidly
βρομοδουλειά (η) dirty trick
βρομόκαιρος (ο) rotten weather
βρομοκόριτσο (το) wicked girl!
βρομόλογο (το) dirty word
βρομόπαιδο (το) wicked child
βρομόσκυλο (το) swine, louse
βρομώ ρ αμτβ stink
βροντερός επίθ thunderous
βροντή (η) thunder
βρόντημα (το) clap of thunder. bang (of door)
βρόντος (ο) bang
βροντοφωνάζω ρ μτβ thunder out

βροντώ ρ μτβ slam. • ρ αμτβ thunder
βροχερός επίθ rainy
βροχή (η) rain. (μεταφ) volley (of blows)
βροχόπτωση (η) rainfall
Βρυξέλες (οι) Brussels
βρύο (το) moss
βρύση (η) tap. (φυσική πηγή) spring
βρυσούλα (η) small spring
βρυχηθμός (ο) roar
βρυχιέμαι ρ αμτβ roar
βρώμα (η) βλ **βρόμα**
βρώμη (η) oats
βύδρα (η) otter
βυζαίνω ρ μτβ nurse. (δάχτυλο) suck. (μεταφ) suck dry. • ρ αμτβ suckle
βυζανιάρικο (το) child still suckling
Βυζάντιο (το) Byzantium
βυζαντινός επίθ Byzantine
βυζί (το) λαϊκ breast
βυθίζ|ω ρ μτβ immerse. (βουτώ σε νερό) dip. (μπήγω) plunge. **~ομαι** ρ αμτβ sink
βύθισμα (το) immersion. (πλοίου) draught marks
βυθισμένος επίθ sunk. (μάτια, μάγουλα) sunken. ~ **σε** buried in
βυθοκόρος (ο) dredge
βυθομέτρηση (η) sounding (of depth)
βυθός (ο) bottom (of sea)
βύνη (η) malt
βυσσινάδα (η) (morello) cherry cordial
βυσσιν|ής επίθ crimson. **~ί** (το) crimson
βυτιοφόρο (το) tanker (truck)
βωμός (ο) altar

Γγ

γαβάθα (η) bowl (wooden/clay)
γαβγίζω ρ αμτβ bark
γάβγισμα (το) bark
γάγγραινα (η) gangrene
γάδος (ο) haddock άκλ
γάζα (η) gauze
γαζία (η) acacia
γάζωμα (το) stitching
γαζώνω ρ μτβ stitch. (με σφαίρες) riddle
γάιδαρος (ο) donkey. (μεταφ) ass. **είπε ο ~ τον πετεινό κεφάλα** it's the pot calling the kettle black
γαϊδουράγκαθο (το) thistle
γαϊδ|ούρι (το) donkey. **~ουράκι** (το) small donkey
γαϊδουροκαλόκαιρο (το) Indian summer
γαϊδουρόβηχας (ο) loud and persistent cough

γαιοκτήμον|ας (ο) squire. **~ες** (οι) landed class
γαϊτανάκι (το) maypole
γαϊτάνι (το) silk ribbon
γάλα (το) milk
γαλάζι|ος επίθ sky blue. ~ (το) sky blue.
γαλαζοαίματος επίθ blue-blooded
γαλακτοβιομηχανία (η) dairy production
γαλακτοκομία (η) dairy farming
γαλακτοματοποιητής (ο) emulsifier
γαλακτοπαραγωγή (η) milk production
γαλακτοπωλείο (το) dairy shop
γαλακτώδης επίθ milky
γαλάκτωμα (το) emulsion
γάλανθος (ο) snowdrop
γαλανόλευκ|ος επίθ blue and white. **~η** (η) the Greek flag
γαλανός επίθ light blue
γαλαξίας (ο) galaxy

γαλαρία (η) (ορυχείου, θεάτρου) gallery
γαλατάς (ο) milkman
γαλατομπούρεκο (το) sweet made of fillo pastry and cream
γαλβανίζω ρ μτβ galvanize
γαλέρα (η) galley (ship)
γαληνεύω ρ μτβ/αμτβ calm down
γαλήνη (η) calm. (ψυχική) serenity
γαλήνιος επίθ calm. (ψυχικά) serene. (θάλασσα) smooth
γαλιόνι (το) galleon
γαλίφης επίθ smooth
Γαλλί|α (η) France. **Γ~δα** (η) Frenchwoman
γαλλικά (τα) French
γαλλικ|ός επίθ French. **~ή γλώσσα** (η) French. **~ή σημαία** (τρίχρωμη) (η) tricolour
γαλλομαθής επίθ French-speaking
Γάλλος (ο) Frenchman
γαλλόφιλος επίθ Francophile
γαλόνι (το) (μονάδα μετρήσεως) gallon. (στρ) stripe
γαλοπούλα (η) turkey
γάλος (ο) turkey (cock)
γαλότσα (η) galosh
γαλουχία (η) lactation
γαλούχηση (η) nursing, breast feeding. (ανατροφή) upbringing
γαμήλιος επίθ nuptial, bridal. **~α τελετή** (η) wedding ceremony. **~α τούρτα** (η) wedding cake. **~ο δώρο** (το) wedding present
γάμος (ο) marriage. (μυστήριο) wedding. **έγινε του κουτρούλη ο ~** there was a real hullabaloo
γάμπα (η) leg. (κνήμη) calf
γαμπρός (ο) bridegroom. (σύζυγος της κόρης) son-in-law. (σύζυγος της αδερφής) brother-in-law. **καλός ~** eligible young man
γαμψός επίθ (μύτη) hooked
γαμώ ρ μτβ fuck
γάντζος (ο) hook
γαντζώνω ρ μτβ hook
γάντι (το) glove. (σιδερόπλεχτο) gauntlet. (χωρίς δάχτυλα) mitten. **με το ~** with kid gloves. **πετώ το ~ σε κπ** throw down the gauntlet
γανωματής (ο) tinker
γαργαλίζω ρ μτβ tickle. (μεταφ) titillate
γαργάλισμα (το) tickle
γαργαλιστικός επίθ tickling. (προκλητικός) titillating (λαϊκ) juicy
γαργαλώ ρ μτβ tickle
γαργάρα (η) gargle. **κάνω ~** ρ αμτβ gargle
γαργαρίζω ρ αμτβ gurgle
γαργάρισμα (το) gurgle
γαρδένια (η) gardenia
γαρίδα (η) shrimp, prawn
γαριφαλιά (η) carnation
γαρίφαλο (το) carnation. (μοσχοκάρφι) clove

γαρνίρισμα (το) trimming
γαρνίρω ρ μτβ garnish
γαρνιτούρα (η) garnish. (σε ρούχα) trimmings
γάστρα (η) flower pot
γαστρικός επίθ gastric
γαστρονομία (η) gastronomy
γάτα (η) cat
γατάκι (το) kitten
γάτος (ο) tom-cat
γατούλα (η) kitty (cat)
γαυγίζω ρ αμτβ βλ **γαβγίζω**
γαύγισμα (το) βλ **γάβγισμα**
γδάρσιμο (το) abrasion. (αφαίρεση δέρματος) skinning. (σε έπιπλο) scratch. (στο γόνατο) graze
γδέρνω ρ μτβ (αφαιρώ δέρμα) skin. (γόνατο) graze. (επιφάνεια) scratch. (μεταφ) fleece
γδούπος (ο) thud
γδύν|ω ρ μτβ undress. (μεταφ) strip. **~ομαι** ρ αμτβ undress
γδύσιμο (το) undressing
γεγονός (το) event. (δεδομένο) fact
γεια (η) hallo. **~ σου/σας** bye. (μετά το φτάρνισμα) bless you. **με ~ σου/σας** a wish when s.o. has bought sthg new. **με ~ σου με χαρά σου** it's all the same to me
γείσο (το) (στέγης) eaves. (τζακιού) mantelpiece
γείτονας (ο), **γειτόνισσα** (η) neighbour
γειτονεύω ρ μτβ adjoin
γειτονιά (η) neighbourhood
γειτονικός επίθ neighbouring. (σπίτια) adjoining
γειώνω ρ μτβ (ηλεκτρ) earth
γελάδα (η) βλ **αγελάδα**
γέλασμα (το) laughter. (απάτη) swindle. (περίγελος) laughing stock
γελασμένος επίθ deceived
γελαστός επίθ cheerful
γέλι|ο (το) laughter. (αθόρυβο) chuckle. (κρυφό) snigger. (νευρικό) giggle. **δεν είναι για ~α** it's no laughing matter. **είναι για ~α** it's ridiculous. **ξεσπώ σε ~α** burst out laughing. **σκάω στα ~α** roar with laughter
γελοιογραφία (η) cartoon
γελοιογράφος (ο) cartoonist
γελοιογραφώ ρ μτβ caricature
γελοιοπο|ίηση (η) ridicule. **~ιώ** ρ μτβ ridicule
γελοίος επίθ laughable. (άξιος περιφρονήσεως) ridiculous. (παράλογος) ludicrous
γελ|ώ ρ μτβ (απατώ) deceive. (ξεγελώ) let down. (χλευάζω) laugh at. • ρ αμτβ laugh. (νευρικά) giggle. **~ιέμαι** ρ αμτβ (κάνω λάθος) be mistaken. (απατώμαι) be deceived. **~ούν και τα μουστάκια του** he's over the moon. **~ά καλά όποιος ~ά τελευταίως** he who laughs last laughs longest
γελωτοποιός (ο) jester

γεμάτος επίθ full (of). (εύσαρκος) plump. (όπλο) loaded. (χώρος) crowded (with). ~ ενθουσιασμό full of enthusiasm. ~ κινδύνους fraught with danger. ~ σεβασμό respectful. ~ σημασία meaningful. ~ ψείρες alive with lice

γεμίζω ρ μτβ fill. (με καύσιμα) fill up. (όπλο) load. (φαγητό, μαξιλάρι) stuff. **γεμίζω** ρ αμτβ fill. (αποκτώ πάχος) fill out. (φεγγάρι) wax

γέμιση (η) (πουλερικά) stuffing. (κέικ) filling. (φεγγαριού) waxing

γέμισμα (το) filling

γεμιστήρας (ο) magazine (of gun)

γεν (το) άκλ yen

Γενάρης (ο) bl Ιανουάριος

γενεά (η) βλ γενιά

γενεαλογία (η) genealogy

γενέθλια (τα) birthday

γενειοφόρος επίθ bearded

γένεσ|η (η) origin. **Γ~ις** (εκκλ) Genesis. **εν τη γενέσει** in the bud

γενέτειρα (η) birth place. (πόλη) home town

γενετή (η) **εκ ~ς** by birth

γενετικ|ός επίθ genetic. ~ή (η) genetics

γένι (το) beard

γενιά (η) generation

γενίκευση (η) generalization

γενικεύω ρ μτβ generalize

γενική (η) (πτώση) genitive

γενικ|ός επίθ general. (καθολικός) universal. (χωρίς διάκριση) indiscriminate. ~ός αντιπρόσωπος general agent. ~ός διευθυντής general manager. ~ό ξεπούλημα (το) clearance sale. ~ά, ~ώς επίρρ in general, on the whole

γενικότητα (η) generality

γενίτσαρος (ο) janissary

γέννα (η) (τοκετός) childbirth. (γέννημα ζώων) litter

γενναιοδωρία (η) generosity

γενναιόδωρ|ος επίθ generous. (σε δώρα, φιλοφρονήσεις) lavish. ~α επίρρ generously

γενναί|ος (ο) brave. (πλουσιοπάροχος) liberal. (προς τις γυναίκες) gallant. ~α επίρρ bravely

γενναιότητα (η) bravery. (προς τις γυναίκες) gallantry

γενναιοφροσύνη (η) magnanimity

γενναιοψυχία (η) (γενναιότητα) bravery. (μεγαλοψυχία) magnanimity

γέννημα (το) (παιδί) offspring. (της φαντασίας) creation. **γεννήματα** (τα) crops. **είναι ~θρέμμα του Πειραιά** he/she was born and bred in Piraeus

γέννηση (η) birth. **η ~ του Χριστού** the Nativity

γεννητικ|ός επίθ genital. ~ά όργανα (τα) genitals. ~ότητα (η) birthrate

γεννητούρια (τα) birth of a child and celebrations accompanying it

γεννήτρια (η) (ηλεκτρ) generator

γενν|ώ ρ μτβ give birth to. (αβγά) lay. (για ψάρια) spawn. (μεταφ) generate. ~ιέμαι ρ αμτβ be born

γενοκτονία (η) genocide

γένος (το) (καταγωγή) parentage. (γραμμ) gender. (ζώων) species. (φυλή) race. (φύλο) sex. **ανθρώπινο** ~ (το) humankind. **το ~ Κωνσταντινίδου** née Constantinidou

γεράκι (το) falcon. (μεταφ) hawk

γεράματα (τα) old age

γεράνι (το) geranium

γερανός (ο) (πουλί/μηχ) crane

γερασμένος επίθ aged

γερατειά (τα) βλ γηρατειά

γέρικος (επίθ) old

Γερμανία (η) Germany

γερμανικός επίθ German

Γερμανός (ο) ~ίδα (η) German

γέρνω ρ μτβ (λυγίζω) bend. (κεφάλι) lower. ρ αμτβ lean. (ήλιος) go down, set. (πλοίο) list

γερνώ ρ αμτβ age

γεροδεμένος επίθ of strong build

γεροντάκι (το) little old man

γέροντας (ο) βλ γέρος

γεροντικ|ός επίθ of old age. ~ή άνοια (η) senility

γερόντισσα (η) old woman

γεροντοκόρη (η) old maid, spinster

γεροντολ|ογία (η) gerontology. ~όγος (ο, η) gerontologist

γεροντοπαλλίκαρο (το) bachelor

γεροξεκούτης (ο) old buffer

γεροπαράξενος (ο) old geezer

γέρος (ο) old man

γερ|ός επίθ (υγιής) sound. (ανθεκτικός) tough. (ολόκληρος) whole. (ρωμαλέος) sturdy. ~ό μυαλό (το) good mind. ~ή περιουσία (η) sizeable property. ~ά επίρρ strongly, fast

γερουσί|α (η) senate. ~ιαστής (ο) senator

γεύμα (το) meal. **μεσημεριανό** ~ lunch

γευματίζω ρ αμτβ have lunch, lunch

γεύση (η) (αίσθηση) taste. (υπερώα) palate. (νοστιμάδα) flavour

γευστικός επίθ tasty

γέφυρα (η) bridge. (για πεζούς) foot-bridge

γεφύρι (το) βλ γέφυρα

γεφυρώνω ρ μτβ bridge. ~ **ένα χάσμα** bridge a gap

γεωγραφία (η) geography

γεωγραφικ|ός επίθ geographical. ~ **πλάτος** (το) latitude

γεωγράφος (ο, η) geographer

γεωλογ|ία (η) geology. ~ικός επίθ geological

γεωλόγος (ο, η) geologist

γεωμέτρης (ο) geometer

γεωμετρ|ία (η) geometry. ~ικός επίθ geometrical

γεωπόνος (ο, η) agronomist

γεωργ|ία (η) agriculture. ~ικός επίθ agricultural

γεωργός (*ο, η*) farmer

γεώτρηση (*η*) drilling (*for petrol etc*)

γη (*η*) (*édafoj*) land. (*πλανήτης*) earth

γηγενής *επίθ* indigenous

γήινος *επίθ* (*κάτοικος της γης*) terrestrial. (*της γης*) earthly

γήπεδο (*το*) ground. (*αθλοπαιδιών*) playing-field. (*γκολφ*) course, links. (*ποδοσφαίρου*) pitch. (*τένις*) court

γηρατειά (*τα*) old age

γηριατρική (*η*) geriatrics

γηροκομείο (*το*) old people's home

για *πρόθ* for. **~ δυο λεπτά** for two minutes. **~ καλά** for good. **~ πάντα** for ever. **μια ~ πάντα** once and for all. **περνάει ~ πολιτικός** he passes for a politician. **φεύγω ~ τη Θεσσαλονίκη** I am leaving for Salonica. • *μόριο* **πρόσεξε καλά** watch out. **~ το Θεό** for god's sake. **~ τόλμησε και θα δεις** you dare and I'll show you. **~ τ΄ όνομα του Θεού** in God's name. **~ να** *σύνδ* to. **ήλθαν ~ να τα πούμε** they came to have a chat

γιαγιά (*η*) grandmother

γιακάς (*ο*) collar. **τον έπιασε απ΄ το ~** he grabbed him by the collar

γιαλός (*το*) seashore

γιάνκης (*ο*) Yankee.

γιάντες (*το*) *άκλ* wishbone

γιαούρτι (*το*) yoghurt

γιαρμάς (*ο*) type of peach

γιασεμί (*το*) jasmine

γιασμάκι (*το*) yashmak

γιαταγάνι (*το*) scimitar

γιατί *μόριο* why. **~ ήρθαν τόσο νωρίς;** why did they come so early? **~ δε ζήτησες άδεια**; why didn't you ask permission? *σύνδ*. because. **~ μόλις τώρα το πληροφορήθηκα** because I have only just heard. **μόνο και μόνο ~ την αγαπούσε** just because he was in love with her

γιατρειά (*η*) (*θεραπεία*) remedy

γιατρεύω *ρ μτβ* remedy

γιατρικό (*το*) (*φάρμακο*) remedy

γιατρός (*ο, η*) doctor

γιατροσόφι (*το*) quackery

γιαχνί (*το*) *method of cooking in fat, with a sauce of fried onion and tomatoes*

γίγαντας (*ο*) giant

γιγαντιαίος *επίθ* gigantic

γιγάντιος *επίθ* giant

γιγαντομαχία (*η*) war of giants

γιγαντόσωμος *επίθ* giant (*in size*)

γίγνεσθαι (*το*) **εν τω ~** in the making

γίδα (*η*) goat

γιδοπρόβατα (*τα*) sheep and goats

γιέσμαν (*ο*) *άκλ* yes man

γιλέκο (*το*) waistcoat

γίνομαι *ρ αμτβ* become. (*πραγματοποιούμαι*) happen. (*ωριμάζω*) ripen. (*εξελίσσομαι*) be made into. **τι έγινε ο πατέρας του**; what became of his

father? **~ μέλος** join, become a member of. **έγινε μεγάλος σαματάς** there was a lot of commotion. **έγινε μέγας και πολύς** he became big. **ό,τι έγινε έγινε** what's done is done. **δε γίνεται τίποτα** nothing doing. **δεν ξέρει τι της γίνεται** she doesn't know what she's doing. **τι να γίνει**; it can't be helped. **ω μη γένοιτο** God forbid

γινόμενο (*το*) product (*of multiplication*)

γιόγκα (*το*) *άκλ* yoga

γιόκας (*ο*) darling son

γιορτάζω *ρ μτβ* celebrate. • *ρ αμτβ* have a nameday

γιορταστικός *επίθ* festive

γιορτή (*η*) festivity. (*δημόσια*) holiday. (*θρησκ*) feast. (*ονομαστική*) nameday

γιορτιν|ός *επίθ* festive. **~ά** (*τα*) Sunday best

γιος (*ο*) son

γιοτ (*το*) *άκλ* yacht

γιουβαρλάκια (*τα*) *a dish of minced meat, rice and spices*

γιουβέτσι (*το*) *a dish of pasta and meat cooked in the oven in a shallow dish*

Γιουγκοσλαβία (*η*) Yugoslavia

γιουρούσι (*το*) (*στρ*) sortie.

γιουσουρούμ (*το*) *άκλ* flea market

γιούχα *επιφών* boo

γιουχαΐζω *ρ μτβ/ρ αμτβ* boo

γιουχάρω *ρ μτβ/αμτβ* boo

γιοφύρι (*το*) *βλ* γεφύρι

γιρλάντα (*η*) garland

γιώτα (*το*) iota

γκαζέλα (*η*) gazelle

γκάζι (*το*) gas. (*αυτοκίνητο*) accelerator

γκαζόζα (*η*) fizzy lemonade

γκαζόν (*το*) *άκλ* turf

γκάϊντα (*η*) bagpipes

γκαλά (*το*) *άκλ* gala

γκαλερί (*η*) *άκλ* (art) gallery

γκάμα (*η*) (wide) range

γκάνγκστερ (*ο*) *άκλ* gangster

γκαράζ (*το*) *άκλ* garage

γκαρίζω *ρ αμτβ* bray

γκάρισμα (*το*) bray

γκαρνταρόμπα (*η*) cloakroom. (*ρούχα*) wardrobe

γκαρσόνι (*το*) waiter

γκαρσονιέρα (*η*) bachelor flat

γκαστρώνω *ρ μτβ* make pregnant

γκάφα (*η*) blunder. (*λάθος*) gaffe. (*λαϊκ*) boob. **κάνω ~** put one's foot in it

γκαφατζ|ής (*ο*), **~ού** (*η*) blunderer

γκέμι (*το*) rein

γκέτα (*η*) legging

γκέτο (*το*) ghetto

γκι (*το*) *άκλ* mistletoe

γκιαούρης (*ο*) giaour

γκιλοτίνα (*η*) guillotine

γκίνια (*η*) bad luck

γκλασάρισμα (*το*) icing

γκλασάρω *ρ μτβ* ice (*cake*)

γκλίτσα (η) crook (stick)
γκλομπ (το) άκλ truncheon
γκογκ (το) άκλ gong
γκολφ (το) άκλ golf. **γήπεδο του ~** golf course
γκολ (το) άκλ goal. **βάζω ~** score a goal
γκουβερνάντα (η) governess
γκουρμέ (ο) άκλ gourmet
γκοφρέτα (η) wafer
γκραβούρα (η) print (picture)
γκράφιτι (το) άκλ graffiti
γκρέιπφρουτ (το) άκλ grapefruit
γκρεμίζ|ω ρ μτβ throw down. (κτίριο) knock down. (κυβέρνηση) topple. **~ζομαι** ρ αμτβ crumble, collapse. **~σου** get lost
γκρεμός (ο) precipice. (απότομος βράχος) cliff. (βάραθρο) chasm. **μπρος ~ και πίσω ρέμα** between the devil and the deep blue sea
γκρι (το) άκλ grey
γκρίζο|ς επίθ grey. **~** (το) grey
γκριμάτσα|α (η) grimace. **κάνω ~ες** pull faces
γκρίνια (η) (παιδιού) whining. (μουρμούρα) nagging
γκρινιάζω ρ μτβ nag. **-** αμτβ (κλαψουρίζω) whine. (μουρμουρίζω) grumble, moan
γκρινιάρ|ης επίθ grumpy. **~ης** (ο) fusspot. **~ικος** επίθ whining, nagging
γλαδιόλα (η) gladiolus
γλάρος (ο) seagull
γλαρώνω ρ αμτβ doze
γλαύκωμα (το) glaucoma
γλαυκός επίθ (λαμπρός) bright. (γαλάζιος) azure
γλάστρα (η) flower-pot
γλαφυρό|ς επίθ smooth. (κομψός) elegant. **~τητα** (η) smoothness, elegance
γλειφιτζούρι (το) lollipop
γλείφω ρ μτβ lick. (δάκτυλο) suck. (κολακεύω) suck up to. **~ τα χείλη** lick one's lips
γλείψιμο (το) licking. (κολακεία) sucking up to
γλεντζ|ές (ο), **~ού** (η) person fond of the good life
γλέντι (το) merry-making
γλεντοκόπ|ι (το) revelry. **~οι** (οι) revellers
γλεντώ ρ αμτβ/ρ μτβ enjoy (διασκεδάζω) have fun. (με φαγοπότι) make merry
γλιστερός επίθ slippery
γλίστρημα (το) slip
γλιστρώ ρ αμτβ (παραπατώ) slip. (με ευκολία) glide. (σε λεία επιφάνεια) slide. (σε πάγο) skid. (μεταφ) slip away
γλίτσα (η) scum
γλιτώνω ρ μτβ rescue. **-** ρ αμτβ escape. **φτηνά τη γλίτωσα** I had a narrow escape
γλοιό|ς (ο) slime. **~ώδης** επίθ slimy
γλόμπος (ο) glass globe (of a light)
γλουτός (ο) buttock
γλύκα (η) sweetness
γλυκάδια (τα) sweetbread

γλυκαίνω ρ μτβ sweeten. (πόνο) relieve. **•** ρ αμτβ become sweeter. (καιρός) get milder. (ωριμάζω) mellow
γλυκανάλατος επίθ (φαΐ) insipid. (μεταφ) soppy
γλυκάνισο (το) aniseed
γλυκαντικ|ός επίθ sweetening. **~ή ουσία** (η) sweetener
γλυκερίνη (η) glycerine
γλύκισμα (το) pastry, cake
γλυκ|ό (το) sweet. (φρούτα) fruit in syrup. **μ' αρέσουν τα ~ά** I have a sweet tooth
γλυκόζη (η) glucose
γλυκοκελαηδώ ρ αμτβ (πουλί) sing sweetly
γλυκοκοιμάμαι ρ αμτβ sleep sweetly
γλυκοκοιτάζω ρ μτβ look lovingly
γλυκολεμονιά (η) lime (tree)
γλυκολέμονο (το) lime (fruit)
γλυκόλογα (τα) sweet nothings
γλυκομίλητος επίθ soft spoken
γλυκοπατάτα (η) yam
γλυκόριζα (η) liquorice
γλυκ|ός επίθ sweet. **~ό νερό** fresh water. **~ ό μου** honey, my dear. **~ά** επίρρ sweetly
γλυκύ|ς επίθ βλ **γλυκός**. **~τητα** (η) sweetness. (τρόπων) gentleness
γλύπτης (ο) sculptor
γλυπτική (η) sculpture
γλύπτρια (η) sculptress
γλυσίνα (η) wisteria
γλυφός επίθ (νερό) brackish
γλώσσα[1] (η) sole (fish)
γλώσσα[2] (η) tongue. (λόγος) language. (προεξοχή) tab. **μητρική ~** (η) mother tongue. **είναι στην άκρη της ~ς μου** it's on the tip of my tongue. **του λύθηκε η ~** his tongue was loosened
γλωσσάκι (το) (ψάρι) plaice άκλ
γλωσσάριο (το) glossary
γλωσσικός επίθ linguistic
γλωσσοδέτης (ο) tongue twister
γλωσσολογία (η) linguistics. **~ικός** επίθ linguistic
γλωσσομαθής (ο, η) linguist
γνέθω ρ μτβ spin (wool etc.)
γνέσιμο (το) spinning
γνέφω ρ αμτβ wave. **~ σε** beckon to
γνήσιος επίθ genuine
γνωμάτευση (η) expert opinion
γνώμη (η) opinion. **αλλάζω ~** change one's mind. **κατά τη ~ μου** in my view. **κοινή ~** public opinion
γνωμικό (το) maxim
γνώμονας (ο) set square
γνωρίζ|ω ρ μτβ/αμτβ (ξέρω) know. (αναγνωρίζω) recognize. (γνωστοποιώ) let know. (συστήνω) introduce. **~ομαι με** ρ αμτβ be acquainted with
γνωριμία (η) acquaintance
γνώριμ|ος επίθ familiar. **~σμα** (το) distinguishing feature

γνώσ|η (η) knowledge. **~εις** (οι) learning. **~της** (ο) **είναι ~της του θέματος** he is conversant with the subject

γνωστοποιώ ρ μτβ notify

γνωστ|ός επίθ known. **~ός** (ο) acquaintance. **~ός ως** alias. **γίνομαι ~ός** become known

γόβα (η) pump (shoe)

γογγύζω ρ αμτβ groan. (παραπονιέμαι) grumble

γοερός επίθ heart rending

γόης|ς (ο), **~σσα** (η) charmer

γοητεία (η) fascination. (χάρη) charm

γοητευτικός επίθ charming

γοητεύω ρ μτβ charm. (σαγηνεύω) beguile

γόητρο (το) prestige

γόμα (η) gum. (γομολάστιχα) rubber

γομάρι (το) (φορτίο) load. (άνθρωπος) lout

γομολάστιχα (η) eraser. (γράψιμο) rubber

γονατ|ίζω ρ αμτβ kneel. • ρ μτβ (μεταφ) bring to one's knees. **~ιστός** επίθ kneeling

γόνατ|ο (το) knee. **~α** (τα) lap

γονέας (ο) βλ **γονιός**. **γονείς** (οι) parents

γονίδιο (το) gene

γονικός επίθ parental

γονιμοποίηση (η) insemination. **τεχνητή ~** artificial insemination

γονιμοποιώ ρ μτβ fertilize

γόνιμος επίθ fertile. (δημιουργικός) prolific

γονιμότητα (η) fertility

γονιός (ο) parent

γόνος (ο) offspring άκλ

γοργόνα (η) mermaid

γοργ|ός επίθ swift. **~ά** επίρρ swiftly

γόρδιος επίθ Gordian. **ο ~ δεσμός** the Gordian knot

γορίλας (ο) gorilla

γοτθικός επίθ Gothic

γουδί (το) mortar. **το ~ το γουδοχέρι** the same old tune

γουδοχέρι (το) pestle

γουέστερν (το) άκλ western (film)

γούλα (η) gullet

γουλιά (η) mouthful, sip

γούν|α (η) fur. **~ινος** επίθ furry

γουναράς (ο) furrier. **~ικό** (το) fur

γουργουρητό (το) rumble

γουργουρίζω ρ αμτβ (περιστέρια) coo. (στομάχι) rumble

γούρι (το) luck. **φέρνει ~** it's lucky

γουρλώνω ρ μτβ **~ τα μάτια** stare with eyes wide open

γούρνα (η) trough (for animals)

γουρούνα (η) sow

γουρούνι (το) pig. (για άνθρωπο) swine

γουρσούζικος επίθ unlucky

γουστάρω ρ μτβ feel like, care for

γούστο (το) (good) taste. **για ~** for the hell of it. **έχει ~ ο φίλος σου** your friend is fun. **έχει ~ να μας παρεξηγήσει** I hope she doesn't misunderstand us

γοφός (ο) hip

γραβάτα (η) tie. **φαρδιά ~** cravat

γραικός (ο) (αρχ) Greek

γράμμα (το) (αλφάβητου) letter. (ταχυδρομικό) letter. **κατά ~** to the letter. **~τα** (τα) (νομίσματος) tails. (μόρφωση) education. **άνθρωπος των γραμμάτων** a man of letters. **παίζω κορόνα ~τα** take a gamble

γραμμάριο (το) gram

γραμματέας (ο, η) secretary

γραμματεία (η) secretariat. (πανεπιστημίου) registrar

γραμματική (η) grammar

γραμματικός επίθ grammatical. **~** (ο) clerk

γραμμάτιο (το) IOU

γραμματοθυρίδα (η) pigeon-hole

γραμματοκιβώτιο (το) letter-box

γραμματοσειρά (η) (εκτυπωτή) font

γραμματόσημο (το) (postage) stamp. (τέλος) stamp duty

γραμμή (η) line. **~ σωτηρίας** lifeline. **~ της ζωής** (στο χέρι) lifeline. **~ του κόμματος** party line. **εσωτερική ~** extension (telephone). **σιδηροδρομική ~** railway line. • επίρρ straight. (στη σειρά) in line. **πήγε ~ στη διεύθυνση** she went straight to the management

γραμμικός επίθ linear

γραμμόφωνο (το) gramophone

γρανάζι (το) (μηχ) gear

γρανίτα (η) water-ice

γρανίτης (ο) granite

γραπτ|ός επίθ written. **~ώς** επίρρ in writing

γρασάρω ρ μτβ grease

γρασίδι (το) lawn

γράσο (το) grease

γρατσουνίζω ρ μτβ (με τα νύχια) scratch. (μετά από πέσιμο) graze

γρατσούνισμα (το) scratch. (από πέσιμο) graze

γραφέας (ο) βλ **γραφιάς**

γραφείο (το) (δωμάτιο) office. (έπιπλο) desk

γραφειοκράτ|ης (ο), **~ις** (η) bureaucrat

γραφειοκρατία (η) bureaucracy, (καθομ) red tape

γραφειοκρατικός επίθ bureaucratic

γραφή (η) writing. (H/Y) font. **η Αγία Γ~** the Holy Writ. **στο κάτω κάτω της ~ς** after all

γραφιάς (ο) scribe

γραφικ|ός επίθ (γραφείου) clerical. (θέαμα) picturesque. (περιγραφικός) graphic. **~ός χαρακτήρας** (ο) handwriting. **~ή εργασία** (η) paperwork. **~ή παράσταση** (η) graph. **~ή ύλη** (η) stationery

γραφομηχανή (η) typewriter

γράφ|ω ρ μτβ/ρ αμτβ write. (καταχωρίζω) record. (κληροδοτώ) make over. (με υπαγόρευση) take down. (σε σχολείο) enrol. **~ βιαστικά** scribble

γράψιμο (το) writing. (γραφικός χαρακτήρας) handwriting

γρηγοράδα (η) speed
γρήγορ|ος επίθ quick. ~α επίρρ quickly.
κάνε ~α! be quick!
γρηγορώ ρ αμτβ be vigilant
γριά (η) old woman
γρίλια (η) louvre
γρίπη (η) influenza, (καθομ) flu
γρίφος (ο) puzzle
γροθιά (η) fist. (χτύπημα) punch
γρονθοκόπημα (το) punch-up
γρονθοκοπώ ρ μτβ thump
γρουσούζης (ο) jinx.
γρουσουζιά (η) bad luck
γρυλίζω ρ αμτβ growl. (γουρούνι) grunt.
(απειλητικά) snarl
γρύλισμα (το) growl
γρυλισμός (ο) grunt. (απειλητικός) snarl
γρύλος (ο) (έντομο) cricket. (μηχ) jack
γυάλα (η) glass bowl
γυαλάδα (η) shine
γυαλ|ί (το) glass. ~ιά (τα) glasses. (του
ήλιου) sunglasses
γυαλίζω ρ μτβ polish. • ρ αμτβ shine
γυάλινος επίθ (made of) glass
γυάλισμα (το) polish
γυαλισμένος επίθ polished
γυαλιστ|ερός επίθ shiny. ~ικό (το) polish
γυαλόχαρτο (το) sandpaper
γυις (ο) son
γυλιός (ο) pack (of soldier)
γυμνάζ|ω ρ μτβ exercise. (ζώο) train. (στρ)
drill. ~ομαι ρ αμτβ exercise. (άθλημα)
practise
γυμνασιάρχ|ης (ο) headmaster (of a
junior secondary school). ~ις (η) head-
mistress (of a junior secondary school)
γυμνάσι|ο (το) junior secondary school.
~α (τα) (στρ) exercise
γυμναστήριο (το) gym
γυμν|αστής (ο), ~άστρια (η) (αθλητής)
gymnast. (σχολείο) PE teacher
γυμναστική (η) gymnastics. (στο σχολείο)
PE
γύμνια (η) nudity
γυμνισμός (ο) nudism
γυμν|ιστής (ο), ~ίστρια (η) nudist

γυμν|ός επίθ (άνθρωπος) naked.
(ακάλυπτος) bare. ~ή φλόγα (η) naked
flame. ~ή αλήθεια (η) naked truth. ~ό
(το) nude
γυμνοσάλιαγκας (ο) slug
γυμνόστηθος επίθ topless
γυμνώνω ρ μτβ undress. (μεταφ) strip
γυναίκ|α (η) woman. (σύζυγος) wife. οι
~ες (μιας οικογένειας) womenfolk
γυναικάς (ο) womanizer
γυναικ|είος επίθ feminine. (που ταιριάζει
σε γυναίκα) woman's.
γυναικοκουβέντα (η) women's talk
γυναικολ|ογία (η) gynaecology. ~όγος (ο,
η) gynaecologist
γυναικολόι (το) hen party
γυναικόπαιδα (τα) women and children
γύπας (ο) vulture
γυρεύ|ω ρ μτβ seek. (ζητώ) ask for. πάω
~οντας be looking for trouble
γύρη (η) pollen
γυρίζω ρ μτβ turn. (οφειλόμενα) return.
(περιστρέφω) rotate. (ταινία) shoot ρ αμτβ
(επιστρέφω) return. (αλλάζω στάση) shift.
(περιφέρω) go round. (περιφέρομαι)
wander
γυρίνος (ο) tadpole
γύρισμα (το) turn. (ταινίας) shooting.
γυρίσματα (της τύχης) (τα) vicissitudes
γυρισμός (ο) (επιστροφή) return
γυρνώ ρ μτβ βλ γυρίζω ~ στο μυαλό μου
mull over
γυρολόγος (ο) pedlar
γύρος (ο) circle. (αγώνα) round. (αθλήματος)
lap. (καπέλου) brim. (περίπατος) stroll.
(ταξίδι) tour. (φορέματος) hem
γυροσκόπιο (το) gyroscope
γύρω επίρρ round. (περίπου) around. ~ ~
all around. η ~ περιοχή the surrounding
area
γύφτ|ος (ο), ~ισσα (η) gipsy
γύψος (ο) plaster of Paris
γωνιά (η) βλ γωνία
γωνία (η) corner. (γεωμετρικό σχήμα)
angle. (εργαλείο) T-square
γωνιακός επίθ angular. (θέση) corner

Δδ

δα μόριο όχι ~! not really,
(με έκπληξη) you don't say! είναι
τόσο ~ it's just this small. τώρα ~ just
now
δάγκαμα (το) βλ δάγκωμα
δαγκάνα (η) (κάβουρα) claw. (αστακού)
pincers

δάγκωμα (το) bite
δαγκών|ω ρ μτβ bite. ~ομαι ρ αμτβ bite
one's lip
δάδα (η) torch
δαίμονας (ο) demon. (άνθρωπος) fiend.
ποιος ~ σε κάβάλησε; what possessed
you?

δαιμονίζ|ω *ρ μτβ* infuriate. **~ομαι** *ρ αμτβ* be infuriated

δαιμονικό|ς *επίθ* fiendish. **~** *(το)* evil spirit

δαιμόνιο|ς *επίθ* resourceful. **~** *(το)* demon. *(ευφυΐα)* genius

δάκρυ *(το)* tear

δακρυγόνο|ς *επίθ* lacrimal. **~ αέριο** *(το)* tear-gas

δακρύζω *ρ αμτβ* shed tears

δακρυσμένος *επίθ* tearful

δακτυλίδι *(το)* βλ **δαχτυλίδι**

δακτυλικό|ς *επίθ* finger. **~ αποτύπωμα** *(το)* fingerprint

δακτύλιος *(ο)* ring. *(δρόμος)* ring road. **ο ~ zone** *in Athens where traffic is restricted as an anti-pollution measure*

δακτυλογραφημένο|ς *επίθ* typewritten. **~ κείμενο** *(το)* typescript

δακτυλογραφία *(η)* typing

δακτυλογράφος *(ο, η)* typist

δακτυλογραφώ *ρ μτβ/ρ αμτβ* type

δάκτυλος *(ο)* finger. *(ποίηση)* dactyl

δαλτωνισμός *(ο)* colour blindness

δαμάζω *ρ μτβ* tame. *(μεταφ)* harness

δαμαλίδα *(η)* heifer

δαμασκηνιά *(η)* plum tree

δαμάσκηνο *(το)* plum. **ξερό ~** prune

δαμάσκο *(το)* *(ύφασμα)* damask

δαμ|αστής *(ο)*, **~άστρια** *(η)* tamer

δανδής *(ο)* dandy

δανέζικ|ος *επίθ* Danish. **~α** *(τα)* Danish

δανείζω *ρ μτβ* lend. **~ομαι** *ρ μτβ* borrow

δανεικ|ός *επίθ* borrowed, on loan. **~ά** *(τα)* loan. **~ά κι αγύριστα** money borrowed without the intention of repaying

δάνειο *(το)* loan

δανειστικ|ός *επίθ* lending. **~ή βιβλιοθήκη** *(η)* lending library

δανειστής *(ο)*, **δανείστρια** *(η)* lender

Δανία *(η)* Denmark

Δαν|ός *(ο)*, **~έζα** *(η)* Dane

δαντέλα *(η)* lace

δαντελένιο|ς *επίθ* lace. **~ πετσετάκι** *(το)* doily

δαπάνη *(η)* expenditure

δαπανώ *ρ μτβ* spend. **~ άσκοπα** waste

δάπεδο *(το)* floor

δαρμός *(ο)* beating

δασάρχης *(ο)* forester

δασεία *(η)* rough breathing

δασκάλα *(η)* schoolmistress *(in a primary school)*

δασκαλεύω *ρ μτβ* instruct

δάσκαλος *(ο)* schoolmaster *(in a primary school)*

δασμολόγιο *(το)* tariff

δασμός *(ο)* duty *(tax)*

δασοκομία *(η)* forestry

δάσος *(το)* forest, wood

δασοφύλακας *(ο)* ranger

δασωμέν|ος *επίθ* wooded. **~η περιοχή** *(η)* woodland

δαυλός *(ο)* *(ξύλο)* torch

δάφνη *(η)* laurel. *(βότανο)* bay

δαχτυλήθρα *(η)* thimble

δαχτυλιά *(η)* finger-mark

δαχτυλίδι *(το)* ring *(on finger)*. *(με σφραγίδα)* signet-ring

δάχτυλο *(το)* finger. *(του ποδιού)* toe

δε(ν) *μόριο* not

δε *σύνδ* but. **εμείς μεν φύγαμε νωρίς εσείς ~ αργότερα** we left early but you left later on. **επειδή ~ ήταν αργά** since it was late

δεδομένα *(τα)* facts. *(στοιχεία)* data

δέηση *(η)* supplication

δείγμα *(το)* sample. *(ιατρ)* specimen. *(φιλίας, κλπ)* token

δειγματοληψία *(ο)* sampling. **έλεγχος με ~** spot check

δείκτης *(ο)* index. *(δάχτυλο)* index finger. *(ρολογιού)* hand. **~ ευφυΐας IQ. ~ κατευθύνσεως** *(αυτοκ)* indicator

δειλία *(η)* cowardice

δειλιάζω *ρ μτβ* lose one's nerve. *(και αλλάζω γνώμη)* balk **(μπροστά, at)**

δειλινό *(το)* afternoon

δειλ|ός *επίθ* cowardly. *(στη συμπεριφορά)* timid. **~ός** *(ο)* coward. **~ά** *επίρρ* timidly

δεινόσαυρος *(ο)* dinosaur

δείπνο *(το)* supper. **επίσημο ~** dinner party

δειπνώ *ρ αμτβ* have supper, dine

δεισιδαιμονία *(η)* superstition

δεισιδαίμων *επίθ* superstitious

δείχνω *ρ μτβ* *(δηλώνω)* indicate. *(με το δάχτυλο)* point. *(σημαίνω)* denote. *(φανερώνω)* show. • *ρ αμτβ* appear. **~ τα δόντια μου** bare one's teeth. **~ το δρόμο** direct, show the way

δείχτης *(ο)* *(δάχτυλο)* forefinger

δέκα *επίθ άκλ* ten

δεκάδα *(η)* ten

δεκαδικός *επίθ* decimal

δεκαεννέα *επίθ άκλ* nineteen

δεκαεννιά *επίθ άκλ* βλ **δεκαννέα**

δεκαέξι *επίθ άκλ* sixteen

δεκαεπτά *επίθ άκλ* seventeen

δεκαετηρίδα *(η)* tenth anniversary

δεκαετής *επίθ* ten-year

δεκαετία *(η)* decade

δεκαήμερο *(το)* ten-day period

δεκάλιρο *(το)* tenner. *(καθομ)*

δεκανέας *(ο)* corporal

δεκανίκι *(το)* crutch

δεκαοκτώ *επίθ άκλ* eighteen

δεκαπενθήμερ|ος *επίθ* fortnightly. **~** *(το)* fortnight

δεκαπενταριά *(η)* about fifteen

δεκαπεντασύλλαβος *(ο)* fifteen syllable line, political verse

δεκαπενταύγουστος *(ο)* the first fifteen days of August. *(εκκλ)* the Assumption of the Virgin on 15th of August

δεκαπέντε *επίθ άκλ* fifteen

δεκαπλάσι|ος επίθ tenfold. ~α επίρρ tenfold

δεκάρα (η) coin worth ten lepta. δε δίνω ~ I couldn't care less

δεκάρικο (το) coin worth ten drachmas

δεκατέσσερα (το) άκλ fourteen

δεκατέσσερις επίθ tenth

δέκατο (το) tenth

δέκατο έκτο (το) (μουσ) semiquaver

δεκατρείς επίθ thirteen

δεκατρία (το) thirteen

δεκάχρονος επίθ ten-year. (άνθρωπος) ten-year-old

Δεκέμβρης (ο) βλ Δεκέμβριος

Δεκέμβριος (ο) December

δέκτης (ο) receiver (for TV)

δεκτός επίθ received. (αποδεκτός) accepted

δελεάζω ρ μτβ entice, lure

δέλεαρ (το) lure

δελεαστικός επίθ tempting

δέλτα (το) delta

δελτάριο (το) card (postcard)

δελτίο (το) voucher. (δώρου) coupon. (ειδήσεων) bulletin. (μέλους) card. (πληροφοριακό) newsletter. ~ αποστολής despatch docket. ~ τύπου press release

δελφίνι (το) dolphin. ιπτάμενο ~ (το) hydrofoil

δέμα (το) parcel. (διαφόρων πραγμάτων) bundle

δεμάτι (το) sheaf

δένδρο (το) βλ δέντρο

δενδροκομία (η) arboriculture

δενδρύλλιο (το) sapling

δέντρο (το) tree

δεντρομολόχα (η) hollyhock

δεντροστοιχία (η) avenue (of trees)

δέν|ω ρ μτβ tie. (βιβλίων) bind. (ζώο με σκοινί) tether. (στερεά) fasten. • ρ αμτβ (πήζω) set. (ωριμάζω) form. ~ τα μάτια blindfold. λύνει και ~ει he/she pulls all the strings. το ~ω στο ψιλό μαντίλι swallow it hook, line and sinker

δεξαμενή (η) reservoir. (σε ναυπηγείο) dock

δεξαμενόπλοιο (το) tanker

δεξι|ός επίθ right (opposite of left). (πολιτ) right wing. ~ά πλευρά (πλοίου) starboard. είναι το δεξί μου χέρι he's my right-hand man. ~ά επίρρ right. (ευνοϊκά) favourably. ~ά κι αριστερά right and left. ρώτησε ~ά κι αριστερά he asked here and there. ο Θεός να τα φέρει ~ά I'll keep my fingers crossed

δεξιοτεχνία (η) skill

δεξιόχειρας (ο, η) right-handed person

δεξίωση (η) reception (party)

δέον (το) what is necessary. υπέρ το ~ more than necessary. εν καιρώ τω δέοντι in due course

δεοντολογία (η) ethics. επαγγελματική ~ professional ethics

δεόντως επίρρ duly

δέος (το) awe. που προκαλεί ~ awesome

δέρας (το) fleece. το χρυσόμαλλο ~ the Golden Fleece

δέρμα (το) skin. (πετσί) leather. (της κεφαλής) scalp. (τομάρι) hide

δερμάτινος επίθ leather. (ανθρώπου) skin

δερματολόγος (ο, η) dermatologist

δέρνω ρ μτβ beat. (με βέργα) cane. (με την παλάμη του χεριού) spank. (βασανίζω) torment. τον δέρνει μαύρη απελπισία he is in the depths of despair

δέσιμο (το) tying. (βιβλίων) binding. (κοσμήματος) setting. (σύνδεση) fastening. είναι τρελός για ~ he's stark raving mad

δέσμευση (η) engagement (meeting). (υποχρέωση) obligation

δεσμευτικός επίθ binding

δεσμεύ|ω ρ μτβ bind. (εμπ) tie up. ~ομαι ρ αμτβ be bound

δέσμη (η) bundle. (ακτίνων) beam

δεσμίδα (η) bundle. (χαρτιού) ream

δεσμ|ός (ο) tie. (ηθικός) bond. ερωτικός ~ος love affair. ~ά (τα) fetters. ισόβια ~ά life imprisonment

δεσμοφύλακας (ο) gaoler

δεσπόζω ρ αμτβ tower above. (μεταφ) dominate

δέσποινα (η) (κυρά) mistress. η Δ~ the Virgin Mary

δεσποινίς (η) Miss. ~ επί των τιμών maid of honour

δεσπότης (ο) despot. (εκκλ) bishop

δεσποτικός επίθ despotic

δέστρα (η) bollard

Δευτέρα (η) Monday. ~ του Πάσχα Easter Monday. Καθαρά ~ Ash Monday. Μεγάλη ~ Monday before Easter

δευτερεύων επίθ secondary

δευτεροετής επίθ (φοιτητής) second year. (μαθητής) είναι ~ he's repeating a year

δευτερόλεπτο (το) second

δεύτερ|ος επίθ second. (κατώτερος) second-best. ~ης κατηγορίας second-rate. Δευτέρα Παρουσία (η) doomsday. από ~ο χέρι second-hand. έρχομαι ~ος I am too late

δέχομαι ρ μτβ accept. (ανέχομαι) stand for. (όρους) settle for. (παραδέχομαι) consent to. (υποδέχομαι) receive

δήθεν επίρρ ostensibly. ~ φίλος so-called friend

δηκτικό|ς επίθ biting. (μεταφ) scathing. ~τητα (η) pungency

δηλ. συντ i.e. βλ δηλαδή

δηλαδή επίρρ namely

δηλητηριάζω ρ μτβ poison

δηλητήριο (το) poison

δηλητηριώδης επίθ poisonous

δηλώνω ρ μτβ state. (ανακοινώνω) declare. (γέννηση, θάνατο) register

δήλωση (η) statement. ~ εισοδήματος income tax return. ένορκος ~ affidavit

δημαγωγός (ο) demagogue
δημαρχείο (το) town hall
δήμαρχος (ο) mayor
δημηγορία (η) harangue
δημηγορώ ρ μτβ harangue
δημητριακά (τα) cereals
δήμιος (ο) executioner
δημιούργημα (το) brain-child
δημιουργία (η) creation
δημιουργικός επίθ creative. (νους) inventive
δημιουργός (ο, η) creator. ο Δ~ the Maker
δημιουργώ ρ μτβ create. (προξενώ) give rise to
δημοδιδάσκαλος (ο) primary school teacher
δημοκράτης (ο) democrat
δημοκρατία (η) (πολίτευμα) democracy. (χώρα) republic. Ελληνική Δ~ Hellenic Republic
δημοκρατικός επίθ democratic
δημοπρασία (η) auction
δημοπρατώ ρ μτβ auction
δήμος (ο) (λαός) public. (περιφέρεια) municipality
δημοσί|α επίρρ in public. ~ως επίρρ publicly
δημοσίευση (η) publication (in newspaper, magazine). ~μα (το) (ό, τι δημοσιεύτηκε) publication
δημοσιεύω ρ μτβ publish (in newspaper, magazine)
δημοσιογραφία (η) journalism
δημοσιογραφικός επίθ journalistic. ~ στιλ (το) journalese
δημοσιογράφος (ο, η) journalist
δημοσιονομία (η) public finance
δημοσιοποιώ ρ μτβ publicize
δημόσι|ος επίθ public. ~ος κατήγορος (ο) public prosecutor. ~ος κίνδυνος public menace. ~ος υπάλληλος (ο) civil servant. ~α βιβλιοθήκη (η) public library. ~α γνώμη (η) public opinion. ~ο σχολείο (το) state school. ~ες υπηρεσίες (οι) civil service. ~ο (το) the state. ~α επίρρ publicly
δημοσιότητα (η) publicity
δημοσκόπηση (η) opinion poll
δημότης (ο) citizen (of a municipality)
δημοτική (η) demotic Greek
δημοτικ|ός επίθ municipal. ~ός χορός (ο) folk dance. ~ό συμβούλιο (το) town council. ~ό τραγούδι folk song. ~ό (το) (σχολείο) primary school
δημοτικότητα (η) popularity
δημοφιλής επίθ popular
δημοψήφισμα (το) referendum
διά¹ πρόθ by. (διάρκεια) for ~ ξηράς by land. ~ βίου for life
διά² αριθμ (στη διαίρεση) divided by
διάβα (το) (πέρασμα) passage
διαβάζω ρ μτβ/ρ αμτβ read. (δυνατά) read out. (ιερέας) bless. (μελετώ) study. (στα

πεταχτά) skim through. ~ από μέσα μου read silently
διαβάθμιση (η) grading
διαβαίνω ρ αμτβ pass
διάβαση (η) passage. ~ πεζών pedestrian crossing. ~ πεζών (με σηματοδότη) pelican crossing. ~ πεζών (με μαυρόασπρες γραμμές) zebra crossing. υπόγεια ~ subway
διάβασμα (το) reading
διαβασμένος επίθ well-read
διαβάτ|ης (ο), ~ισσα (η) passer-by
διαβατήριο (το) passport
διαβατός επίθ passable (of road)
διαβεβαίωση (η) assurance
διάβημα (το) step, measure
διαβήτης¹ (ο) diabetes
διαβήτης² (ο) compass
διαβητικός επίθ diabetic
διαβιβάζω ρ μτβ convey. (επιστολή) forward
διαβόητος επίθ notorious
διαβολάκι (το) imp
διαβολεμένος επίθ infernal. (έξυπνος) cunning
διαβολικός επίθ diabolical
διάβολ|ος (ο) devil. ~ε! hell! στο ~ο go to hell. τι ~ο what the dickens. είναι διαβόλου κάλτσα he/she is as sharp as a razor. βρίσκω το ~ό μου I am in deep trouble. πάω κατά διαβόλου go to pot
διαβρέχω ρ μτβ soak
διαβρώνω ρ μτβ erode. (μέταλλο) corrode
διάβρω|ση (η) (εδάφους) erosion. (μετάλλου) corrosion
διαβρωτικός επίθ corrosive
διάγγελμα (το) proclamation
διάγνωση (η) diagnosis
διάγραμμα (το) diagram
διαγραφή (η) deletion
διαγράφ|ω ρ μτβ outline. (ακυρώνω) strike out. (σβήνω) delete. (περιγράφω) delineate. ~ομαι ρ αμτβ look
διαγωγή (η) conduct
διαγωνίζομαι ρ αμτβ compete
διαγώνιος επίθ diagonal. ~ (η) diagonal
διαγώνισμα (το) written test
διαγωνισμός (ο) competition
διαγωνίως επίρρ diagonally
διαδεδομένος επίθ widespread
διαδέχομαι ρ μτβ succeed
διαδηλώνω ρ αμτβ demonstrate
διαδήλωση (η) demonstration
διαδηλ|ωτής (ο) ~ώτρια (η) demonstrator
διάδημα (το) diadem
διαδίδ|ω ρ μτβ spread (distribute). ~εται it is rumoured
διαδικασία (η) process. (τρόπος διεξαγωγής) procedure
διάδικος (ο) litigant
διάδοση (η) (μετάδοση) dissemination. (φήμη) rumour

διαδοσίας (*o*) alarmist. (*ανησυχητικών ειδήσεων*) scaremonger

διαδοχή (*η*) succession

διαδοχικ|ός *επίθ* successive. **~ά** *επίρρ* successively

διάδοχος (*o, η*) successor. (*του θρόνου*) (*o*) Crown prince

διαδρομή (*η*) course. (*απόσταση*) journey. (*με αυτοκίνητο*) drive. (*πορεία*) route

διάδρομος (*o*) corridor. (*σε εκκλησία*) aisle. (*σε θέατρο*) gangway. (*πέρασμα*) passage. (*προσγειώσεως*) runway

διαζευγμέν|ος *επίθ* divorced. **~ος** (*o*), **~η** (*η*) divorcee

διαζύγιο (*το*) divorce

διάζωμα (*το*) frieze

διάθεση (*η*) mood. (*κατανομή*) distribution. (*περιουσίας, σκουπιδιών*) disposal. (*ψυχική*) frame of mind. **έχω ~ για** feel like. **είμαι στη ~ κάποιου** be at s.o.'s disposal

διαθέσιμος *επίθ* available

διαθεσιμότητα (*η*) availability. **θέτω σε ~** suspend (*employee*)

διαθέτω *ρ μτβ* make available. (*ξοδεύω*) spend (*time etc.*). (*παραχωρώ*) spare. (*χρήματα*) afford

διαθήκη (*η*) testament. (*έγγραφο*) will. **Παλαιά/Καινή Δ~** Old/New Testament

διάθλαση (*η*) refraction

διαίρεση (*η*) division

διαιρώ *ρ μτβ* divide

διαισθάνομαι *ρ μτβ* sense

διαίσθηση (*η*) intuition

διαισθητικός *επίθ* intuitive

δίαιτα (*η*) diet. **κάνω ~** be on a diet

διαιτησία (*η*) arbitration

διαιτητεύω *ρ αμτβ* arbitrate. (*αγώνα*) referee

διαιτητικός *επίθ* dietary

διαιτητής (*o*) arbiter. (*σε αγώνα*) referee. (*σε διαφορά*) arbitrator. (*σε παιχνίδι τένις, κρίκετ*) umpire

διαιτολόγ|ιο (*το*) (*πρόγραμμα*) diet. **~ος** (*o, η*) dietitian

διαιωνίζω *ρ μτβ* perpetuate

διαιώνιση (*η*) perpetuation

διακανονισμός (*o*) settlement

διακεκομμέν|ος *επίθ* intermittent. (*ύπνος*) fitful. **~η γραμμή** (*η*) dotted line

διακεκριμένος *επίθ* eminent. (*έξοχος*) prominent. (*ξεχωριστός*) distinguished

διάκενο (*το*) clearance

διακηρύσσω *ρ μτβ* proclaim

διακήρυξη (*η*) proclamation

διακινδυνεύω *ρ μτβ* risk. (*μια παρατήρηση*) hazard. (*επιτυχία*) jeopardize

διακίνηση (*η*) traffic (*trading*). (*εμπορευμάτων*) transportation

διακλαδίζομαι *ρ αμτβ* branch off. (*δρόμος*) fork

διακλάδωση (*η*) (*πλάγια γραμμή*) branch. (*δρόμου*) fork

διακοινοτικός *επίθ* intercommunity

διακομματικός *επίθ* interparty

διακονεύω *ρ αμτβ* cadge

διακονιάρης (*o*) cadger

διάκονος (*o*) *βλ* **διάκος**

διακοπές (*οι*) (*για αναψυχή*) holidays. (*σχολικές*) vacation. **κάνω ~** be on holiday

διακοπή (*η*) interruption. (*δικαστηρίου, Βουλής*) recess. (*εργασίας*) stoppage. (*ταξιδιού*) stopover

διακόπτης (*o*) (*ηλεκτρ*) switch.

διακόπτω *ρ μτβ* interrupt. (*συνομιλία*) butt in. (*ταξίδι*) break. (*διπλωματικές σχέσεις*) break off

διάκος (*o*) deacon

διακοσαριά (*η*) about two hundred

διακόσ|ιοι (*οι*), **~οι** (*οι*) *επίθ* two hundred

διακόσμηση (*η*) decoration. (*βιτρίνας*) window-dressing

διακοσμ|ητής (*o*), **~ήτρια** (*η*) interior decorator

διακοσμητικός *επίθ* ornamental, decorative. **~ ηγέτης** (*o*) figurehead

διάκοσμος (*o*) decor

διακοσμώ *ρ μτβ* decorate

διακρατικός *επίθ* interstate

διακρίν|ω *ρ μτβ* perceive. (*ξεχωρίζω*) spot. (*κάνω διακρίσεις*) discriminate. **~ομαι** *ρ αμτβ* excel

διάκριση (*η*) (*διακριτικότητα*) discretion. (*τιμητική αναγνώριση*) distinction. (*χωρισμός*) discrimination

διακριτικ|ός *επίθ* discreet. (*που διακρίνει*) discriminating. (*χαρακτηριστικός*) distinctive. **~ά** *επίρρ* discreetly

διακριτικότητα (*η*) discretion

διακυβεύω *ρ μτβ* risk

διακύμανση (*η*) fluctuation. (*θερμοκρασίας*) range. (*της φωνής*) inflection

διακωμώδηση (*η*) travesty

διαλαλώ *ρ μτβ* proclaim loudly

διαλέγω *ρ μτβ/ρ αμτβ* choose. (*επιλέγω*) select. (*λόγια*) pick. (*μαζεύω*) pick

διάλειμμα (*το*) interval. (*προσωρινή παύση*) interlude. (*σε παράσταση*) intermission. (*σε σχολείο*) break. (*για τσάι*) tea-break. **κατά διαλείμματα** intermittently

διάλεκτος (*η*) dialect

διάλεξη (*η*) lecture

διαλευκαίνω *ρ μτβ* unravel

διαλεχτός *επίθ* select

διαλλακτικός *επίθ* conciliatory

διαλογίζομαι *ρ μτβ/αμτβ* ponder

διάλογος (*o*) dialogue

διάλυμα (*το*) solution (*liquid*)

διάλυση (*η*) dissolution. (*εκκαθάριση*) closing down

διαλυτικά (*τα*) diaeresis

διαλυτικό (*το*) solvent. (*μπογιάς*) stripper

διαλυτός *επίθ* soluble

διαλύ|ω *ρ μτβ* dissolve. (*καταργώ*) disband. (*φιλία*) break up. (*υγρό*) dilute. **~ομαι** *ρ αμτβ* dissolve. (*ομίχλη*) lift. (*πλήθος*) disperse. (*χωρίζομαι*) disintegrate

διαμάντι (*το*) diamond

διαμαντικά (*τα*) jewellery

διαμαρτυρία (*η*) protest

διαμαρτύρομαι *ρ αμτβ/ρ μτβ* protest, remonstrate

διαμαρτυρόμενος (*ο*) protester. (*εκκλ*) protestant

διαμάχη (*η*) strife. (*ανταγωνισμός*) conflict. (*συζήτηση*) controversy. **εσωτερική ~** infighting

διαμελισμός (*ο*) partition

διαμένω *ρ αμτβ* reside

διαμερίζω *ρ μτβ* partition

διαμέρισμα (*το*) flat, apartment

διάμεσος *επίθ* intermediate. **~** (*το*) gap

διαμέσου *επίρρ* through

διαμετακόμιση (*η*) transit

διαμέτρημα (*το*) calibre (*of gun*)

διάμετρος (*η*) diameter

διαμήκης *επίθ* longitudinal

διαμιάς *επίρρ* all at once

διαμοιράζω *ρ μτβ* share out

διαμονή (*η*) residence. **~ και πρόγευμα** bed and breakfast

διαμορφώνω *ρ μτβ* mould. (*γνώμη*) form

διαμόρφωση (*η*) shaping. (*εδάφους*) lie

διαμορφωτικός *επίθ* formative

διαμφισβητώ *ρ μτβ* contest

διάνα (*η*) bulls-eye. **έκανε ~** he/she got a bull's eye

διανέμω *ρ μτβ* distribute. (*επιστολές*) deliver

διανοητικό|ς *επίθ* mental. **~τητα** (*η*) intelligence

διανοητός *επίθ* conceivable

διάνοια (*η*) intellect

διανομέας (*ο*) distributor

διανομή (*η*) distribution. (*ταχυδρομείου*) delivery

διανοούμαι *ρ αμτβ* contemplate

διανοουμενισμός (*ο*) intellectualism

διανοούμενο|ς *επίθ* intellectual. **~ι** (*οι*) intelligentsia

διανυκτερεύω *ρ αμτβ* stay all night. (*μαγαζιά*) stay open all night

διανύω *ρ μτβ* cover

διαξιφισμός (*ο*) skirmish. (*μεταφ*) sharp exchange

διαπαιδαγώγηση (*η*) education

διαπασών (*η, το*) *άκλ* tuning-fork. (*μουσ κλίμακα*) octave. (*θόρυβος*) full blast. **φώναζαν στη ~** they were shouting at the top of their voices

διαπεραστικός *επίθ* penetrating. (*θόρυβος*) sharp. (*κρύο*) bitter. (*μάτια*) searching. (*μυρωδιά*) acrid. (*φωνή*) piercing

διαπερατός *επίθ* permeable

διαπερνώ *ρ μτβ* penetrate. (*διεισδύω*) permeate. (*τρυπώ*) pierce

διαπιστευμένος *επίθ* accredited

διαπιστευτήρια (*τα*) credentials

διαπίστωση (*η*) discovery

διαπιστώνω *ρ αμτβ* ascertain

διάπλαση (*η*) formation. **σωματική ~** physique

διάπλατ|ος *επίθ* wide open. **~α** *επίρρ* wide open

διαπλέω *ρ μτβ* sail through *or* along

διαπληκτισμός (*ο*) bickering

διάπλους (*ο*) crossing (*of sea*)

διαποτίζω *ρ μτβ* impregnate (**με**, with). (*μεταφ*) pervade

διαπότιση (*η*) saturation

διαποτισμένος *επίθ* saturated

διαπραγματεύ|ομαι *ρ μτβ/ρ αμτβ* negotiate. **~σιμος** *επίθ* negotiable

διαπραγμάτευση (*η*) negotiation

διαπραγματευτής (*ο*) negotiator

διαπράττω *ρ μτβ* perpetrate. (*έγκλημα*) commit

διαπρεπ|ής *επίθ* eminent. **~ώς** *επίρρ* eminently

διαπρέπω *ρ αμτβ* excel

διάρκεια (*η*) duration. **κατά τη ~** during

διαρκ|ής *επίθ* enduring. (*μόνιμος*) lasting. **~ώς** *επίρρ* continuously

διαρκώ *ρ αμτβ* last

διαρπαγή (*η*) plunder

διαρπάζω *ρ μτβ* plunder

διαρρέω *ρ αμτβ* escape (*gas*). (*διαφεύγω*) leak. (*χρόνος*) pass

διαρρηγνύω *ρ μτβ* rupture. (*σκίζω*) tear. (*κλέβω*) burgle

διαρρήκτης (*ο*) burglar

διάρρηξη (*η*) burglary. **κάνω ~** break in

διαρροή (*η*) leak. (*διασκορπισμός*) drain

διάρροια (*η*) diarrhoea

διαρρύθμιση (*η*) arrangement

διασάλευση (*η*) disturbance. **~ της δημόσιας τάξης** disturbance of the peace

διασαφηνίζω *ρ μτβ* clarify

διάσειση (*η*) concussion

διάσημα (*τα*) insignia

διάσημος *επίθ* renowned, celebrated

διασημότητα (*η*) renown. (*πρόσωπο*) celebrity

διασκεδάζω *ρ μτβ* amuse. • *ρ αμτβ* have fun, enjoy o.s.

διασκέδαση (*η*) amusement. (*γλέντι*) fun, enjoyment. **καλή ~!** I have a good time!

διασκεδαστικός *επίθ* amusing

διασκευ|άζω *ρ μτβ* (*κείμενο*) adapt. (*μουσική*) arrange. **~ή** (*η*) adaptation. (*μουσ*) arrangement

διάσκεψη (*η*) conference. **~ κορυφής** summit conference

διασκορπίζω *ρ μτβ* disperse. (*αμφιβολίες*) dispel. (*κατασπαταλώ*) squander

διασκόρπιση (*η*) dispersal

διασκορπισμένος *επίθ* scattered

διάσπαρτος *επίθ* (*με*) dotted (with)
διάσπαση (*η*) split. (*του ατόμου*) fission
διασπαστικ|ός *επίθ* disruptive. **~ή ομάδα** (*η*) splinter group
διασπορά (*η*) dissemination. (*διάδοση*) spreading. **η Ελληνική Δ~** the Greek Diaspora
διασπώ *ρ μτβ* disrupt. (*διαλύω*) split
διάσταση (*η*) dimension. (*διχόνοια*) dissent. (*έγγαμης ζωής*) estrangement
διασταυρώνω *ρ μτβ* cross
διασταύρωση (*η*) crossing. (*ζώων*) cross. (*σε δρόμο*) junction. **ισόπεδη ~** level crossing
διαστέλλ|ω *ρ μτβ* (*μέταλλο*) expand. (*διανοίγω*) dilate. **~ομαι** *ρ αμτβ* expand
διάστημα (*το*) gap. (*κενό*) gap. (*κοσμικό*) space. (*χρόνου*) interval
διαστημικ|ός *επίθ* spatial. (*κοσμικός*) space. **~ λεωφορείο** (*το*) space shuttle
διαστημόπλοιο (*το*) spacecraft, spaceship
διάστικτος *επίθ* spotted
διαστολή (*η*) dilation
διαστρεβλώνω *ρ μτβ* distort. (*γεγονότα, απόψεις*) misrepresent. (*λόγια*) twist
διαστρέβλωση (*η*) distortion. (*λόγων*) misrepresentation
διαστρέφω *ρ μτβ* (*αλλοιώνω*) warp. (*διαφθείρω*) pervert
διαστροφή (*η*) (*διαφθορά*) perversion. (*παραμόρφωση*) twist
διασυρμός (*ο*) vilification
διασύρω *ρ μτβ* vilify
διασφαλίζω *ρ μτβ* safeguard
διασχίζω *ρ μτβ* pass through. (*δρόμο*) walk across. (*νερό ή ποτάμι*) wade across
διασώζω *ρ μτβ* salvage. (*διατηρώ*) preserve
διάσωση (*η*) salvage. (*διατήρηση*) preservation
διαταγή (*η*) order. (*προσταγή*) command
διάταγμα (*το*) decree
διατάζω *ρ μτβ* order. (*προστάζω*) command. (*τακτοποιώ*) arrange
διάταξη (*η*) layout. (*νόμου*) provision. **ημερησία ~** agenda
διατάραξη (*η*) disturbance
διαταράσσω *ρ μτβ* disturb
διαταραχή (*η*) disturbance. (*ιατρ*) disorder. **στομαχική ~** stomach upset
διατεθειμένος *επίθ* inclined. **είμαι ευνοϊκά ~** be well disposed
διατηρ|ώ *ρ μτβ* retain. (*συντηρώ*) preserve. (*διασώζω*) conserve. **~ώ καλές σχέσεις με** keep on with good terms with. **~ούμαι** *ρ αμτβ* (*άνθρωπος*) be preserved. (*τροφές*) keep
διατήρηση (*η*) preservation
διατίμηση (*η*) price control
διατομή (*η*) cross-section
διατρέχω *ρ μτβ* (*περνώ*) run through/across. **~ κίνδυνο** be at risk
διάτρηση (*η*) perforation. (*άνοιγμα οπής*) drilling

διατριβή (*η*) thesis
διατροφή (*η*) diet. (*σε διαζύγιο*) alimony. **πλήρης ~** full board
διατρυπώ *ρ μτβ* perforate
διατυμπανίζω *ρ μτβ* trumpet
διατυπώνω *ρ μτβ* formulate. (*γνώμη*) couch. (*εκφράζω*) express
διατύπωση (*η*) wording
διαύγεια (*η*) clarity. (*σκέψης*) lucidity
διαυγής *επίθ* lucid
διαφάνεια¹ (*η*) openness (*in government affairs*)
διαφάνεια² (*η*) slide, transparency
διαφανής *επίθ* transparent. (*ύφασμα*) sheer. (*φόρεμα*) see-through. (*χαρτί για ξεσήκωμα*) tracing (*paper*)
διάφανος *επίθ* clear
διαφέρω *ρ αμτβ* differ
διαφεύγ|ω *ρ μτβ* elude. **μου ~ει** it slips my mind
διαφημίζω *ρ μτβ* advertise
διαφημ|ιστής (*ο*), **~ίστρια** (*η*) advertiser
διαφήμιση (*η*) advertisement. (*καθομ*) ad.
διαφθείρω *ρ μτβ* corrupt. (*διακορεύω*) seduce. (*ηθικά*) debauch
διαφθορά (*η*) corruption. (*ανηθικότητα*) depravity
διαφθορέας (*ο*) seducer
διαφορά (*η*) difference. (*διαφωνία*) dispute. (*ποσά*) disparity. **έχω ~ με κπ** be in dispute with s.o.
διάφορα (*τα*) sundries. **~ μικροπράγματα** odds and ends
διαφορετικ|ός *επίθ* different. **~ά** *επίρρ* differently. **~ά σ⁄ω⁄δ** otherwise
διαφορικ|ός *επίθ* differential. **~** (*το*) differential
διαφοροποιώ *ρ μτβ* diversify
διάφορος *επίθ* sundry. (*ποικίλος*) various. (*μερικοί*) several
διάφραγμα (*το*) diaphragm. (*φωτογρ μηχανή*) shutter. (*ιατρ*) midriff
διαφυγή (*η*) evasion. (*αερίου*) leak. **ελιγμός ~ς** (*ο*) evasive action
διαφύλαξη (*η*) safekeeping
διαφωνία (*η*) disagreement. (*διάσταση γνώμης*) dissent
διαφωνώ *ρ αμτβ* disagree
διαφωτίζω *ρ μτβ* enlighten. (*διευκρινίζω*) shed light on
διαφώτιση (*η*) enlightenment
Διαφωτισμός (*ο*) the Enlightenment
διαφωτιστικ|ός *επίθ* informative. **~ υλικό** (*το*) literature (*for information*)
διαχειρίζομαι *ρ μτβ* administer. (*υποθέσεις*) manage
διαχείριση (*η*) management
διαχειρ|ιστής (*ο*) **~ίστρια** (*η*) administrator
διάχυση (*η*) diffusion
διαχυτικ|ός *επίθ* effusive. **~ά** *επίρρ* effusively. **~ότητα** (*η*) effusiveness
διάχυτος *επίθ* widespread. (*φως*) diffuse

διαχωρίζω *ρ μτβ* segregate
διαχωρισμός (*ο*) segregation. (*χωρισμός στη μέση*) demarcation
διαχωριστικ|ός *επίθ* dividing. **~ή γραμμή** (*η*) borderline
διαψεύδω *ρ μτβ* deny (*rumour*)
διάψευση (*η*) denial (*statement*)
διγαμία (*η*) bigamy
δίγαμος *επίθ* bigamous
δίγλωσσος *επίθ* bilingual
δίγραμμ|ος *επίθ* with double lines. **~η επιταγή** (*η*) crossed cheque
διδακτέ|ος *επίθ* to be taught. **~α ύλη** (*η*) syllabus
διδακτικ|ός *επίθ* instructive. **~ προσωπικό** (*το*) (*σχολείου*) staff
διδάκτορας (*ο*) Doctor of Philosophy
διδακτορία (*η*) doctorate
δίδακτρα (*τα*) tuition fees. (*σχολείου*) school fees
διδασκαλία (*η*) teaching. (*εκτός σχολείου*) tuition. **αίθουσα ~ς** (*η*) classroom
διδάσκω *ρ μτβ/ρ αμτβ* teach
δίδραχμο (*το*) two drachma coin
δίδυμ|ος *επίθ* twin. **Δ~οι** (*οι*) (*αστρ*) Gemini.
διεγείρω *ρ μτβ* stimulate. (*εξάπτω*) arouse
διέγερση (*η*) stimulation
διεγερτικ|ός *επίθ* stimulating. **~** (*το*) stimulant
διεθνής *επίθ* international
διεθνοποιώ *ρ μτβ* internationalize
διείσδυση (*η*) penetration. (*μεταφ*) infiltration
διεισδυτικός *επίθ* penetrating. (*μεταφ*) pervasive
διεισδύω *ρ μτβ* penetrate. (*μεταφ*) infiltrate
διεκδικώ *ρ μτβ* (*αγωνίζομαι για*) contest. (*αξιώνω δικαίωμα*) assert
διεκπεραιώνω *ρ μτβ* carry out. (*φέρνω σε πέρας*) bring to completion
διελκυστίνδα (*η*) tug-of-war
διέλευση (*η*) passing through
διένεξη (*η*) dispute
διεξάγω *ρ μτβ* conduct. (*έρευνα*) carry out
διεξαγωγή (*η*) conduct (*carrying out*)
διέξοδος (*η*) way out. (*για αισθήματα*) outlet
διέπω *ρ μτβ* govern (*rule*)
διερευνώ *ρ μτβ* enquire into. (*μεταφ*) explore
διερμην|έας (*ο, η*) interpreter. **~εία** (*η*) interpretation
διερμηνεύω *ρ αμτβ* interpret
διέρχομαι *ρ αμτβ* pass through
δίεση (*η*) (*μουσ*) sharp.
διεστραμμένος *επίθ* perverse. **~** (*ο*) pervert
διετ|ής *επίθ* biennial. **~ία** (*η*) two year period
διευθέτηση (*η*) arrangement
διευθετώ *ρ μτβ* arrange. (*πρόβλημα*) sort out

διεύθυνση (*η*) address. (*επιχείρησης*) management
διευθυντής (*ο*) (*αστυνομίας*) commissioner (of police). (*επιχείρησης*) manager, director. (*ορχήστρας*) conductor. (*σκηνής*) stage-manager. (*σχολείου*) headmaster. (*σχολής*) principal. (*ταχυδρομείου*) postmaster
διευθύντρια (*η*) manageress. (*σχολής*) principal. (*σχολείου*) headmistress. (*ταχυδρομείου*) postmistress
διευθυντικός *επίθ* managerial
διευθύνω *ρ μτβ* manage. (*ελέγχω*) run. (*ορχήστρα*) conduct. **~ν σύμβουλος** (*ο*) managing director
διευκολύνω *ρ μτβ* facilitate
διευκρινίζω *ρ μτβ* clarify
διευκρίνιση (*η*) clarification
διευρύνω *ρ μτβ* broaden
διεφθαρμένος *επίθ* corrupt
διήγη|μα (*το*) short story. **~ση** (*η*) narration
διηγηματογράφος (*ο, η*) short story writer
διηγούμαι *ρ μτβ* tell (*story*). (*αφηγούμαι*) relate
διήθηση (*η*) filtration
διημερεύω *ρ μτβ* spend all day. (*για νοσοκομεία, φαρμακεία*) be open all day
διήμερος *επίθ* two-day
διθέσιος *επίθ* two-seater
διιστάμενος *επίθ* divergent
δικάζ|ω *ρ μτβ/ρ αμτβ* try. (*νομ*) (*σε στρατοδικείο*) court-martial. **~ομαι** *ρ αμτβ* be on trial
δίκαιο (*το*) right (*not wrong*). (*νόμος*) law. **αστικό/ποινικό ~** civil/criminal law
δικαιοδοσία (*η*) jurisdiction
δικαιολογημέν|ος *επίθ* justifiable. **~α** *επίρρ* justifiably
δικαιολογήσιμος *επίθ* justifiable
δικαιολογητικ|ός *επίθ* justifying. **~ά** (*τα*) supporting documentation
δικαιολογία (*η*) justification. (*πρόφαση*) excuse
δικαιολογώ *ρ μτβ* justify. (*βρίσκω πρόφαση*) excuse
δίκαι|ος *επίθ* just. (*σύμφωνος με το σωστό*) right, fair. (*αμερόληπτος*) fair, just. **~α** *επίρρ* justly, rightfully
δικαιοσύνη (*η*) justice
δικαιούμαι *ρ αμτβ* be entitled to
δικαιούχος *επίθ* beneficiary
δικαίωμα (*το*) (*αξίωση*) claim, right. (*νομ*) right. (*τέλος*) charge. **~ ευρεσιτεχνίας** patent. **~ ψήφου** franchise. **πνευματικά δικαιώματα** (*τα*) copyright
δικαιώνω *ρ μτβ* vindicate
δικαίωση (*η*) vindication
δικαστήρι|ο (*το*) court of justice. **~α** (*τα*) Law Courts
δικαστής (*ο*) judge

δικαστικ|ός *επίθ* judicial. **~ός κλητήρας** (*o*) bailiff. **~ό σώμα** (*το*) judiciary. **~ή ενέργεια** (*η*) proceedings (*legal*)

δικέφαλος *επίθ* with two heads. **ο ~ αετός** the two-headed eagle (*emblem of Byzantium*). **~ μυς** (*o*) biceps

δίκη (*η*) (*νομ*) trial. (*τιμωρία*) punishment. **Θεία ~** God's punishment

δικηγορικ|ός *επίθ* lawyer's. **~ό γραφείο** (*το*) law office

δικηγόρος (*o*) lawyer, (*αμερ*) attorney

δίκιο (*το*) right. **~ έχεις** you're right. **έχω ~** be in the right. **με το ~ μου** have good reason

δίκλινο|ς *επίθ* two-bedded. **~ δωμάτιο** (*το*) twin-bedded room

δικογραφία (*η*) (*νομ*) brief.

δικόγραφο (*το*) writ

δικονομία (*η*) procedure

δίκοπο|ς *επίθ* double-edged. **~ο μαχαίρι** (*το*) double-edged sword

δικ|ός *αντων* own. **δικός μου** mine. **δικός σου** yours. **δικός του/της/του** his/hers/its. **δικός μας** ours. **δικός σας** yours. **δικός τους** theirs. **το βιβλίο είναι δικό της** the book is hers. **αν είχα δικό μου σπίτι** if I had my own house. **έχει δικό της αυτοκίνητο** she has her own car. **~οί** (*οι*) close relatives. **οι ~οί μου** my family

δικράνι (*το*) pitchfork

δικτάτορας (*o*) dictator

δικτατορία (*η*) dictatorship. **~ικός** *επίθ* dictatorial

δίκτυο (*το*) net. (*οργάνωση*) network

δικτυωτό|ς *επίθ* like a net. **~** (*το*) wire netting

δίκυκλο|ς *επίθ* two-wheel. **~** (*το*) two-wheel vehicle

δίλημμα (*το*) dilemma. **σε ~** in a quandary

διμηνιαίο|ς *επίθ* bimonthly. **~ περιοδικό** (*το*) bimonthly magazine

διμοιρία (*η*) platoon

δίνη (*η*) (*νερού*) eddy. (*πολέμου*) maelstrom

δίν|ω *ρ μτβ* give. (*αποφέρω*) yield. (*εξετάσεις*) sit. (*πληρώνω*) pay. (*προσοχή*) pay. **~ω ένα χέρι** lend a hand. **~ω το λόγο μου** give one's word. **οι φήμες ~ουν και παίρνουν** rumour continues to spread unchecked. **του 'δωσε τα παπούτσια στο χέρι** she threw him out. **~ε του!** push off!

διόγκωση (*η*) swelling

διόδια (*τα*) toll

δίοδος (*η*) pass

διοίκηση (*η*) administration

διοικητής¹ (*στρ*) (*o*) commander

διοικ|ητής² (*o*), **~ήτρια** (*η*) administrator

διοικητικός *επίθ* administrative. **~ή επιτροπή** (*η*) steering committee

διοικώ *ρ μτβ* administrate

διόλου *επίρρ* not at all

διοξείδιο (*το*) dioxide

διορατικό|ς *επίθ* far-sighted. **~τητα** (*η*) insight

διοργανώνω *ρ μτβ* organize

διοργάνωση (*η*) organization (*setting up*)

διοργαν|ωτής (*o*), **~ώτρια** (*η*) organizer

διορθών|ω *ρ μτβ* correct. **~ομαι** *ρ αμτβ* reform

διόρθωση (*η*) correction. (*τυπογρ*) proof. (*δοκιμίου*) proof-reading

διορία (*η*) deadline

διορίζω *ρ μτβ* appoint. (*προτείνω*) nominate. (*ορίζω*) designate

διορισμός (*o*) appointment (*job*)

διόρυξη (*η*) tunnelling

διότι *σύνδ* because

διοχετεύω *ρ μτβ* channel

δίπλα¹ (*η*) (*ζαρωματιά*) wrinkle. (*πτυχή*) fold

δίπλα² *επίρρ* beside. (*ναυτ*) alongside. **~ ~** side by side

διπλανό|ς *επίθ* next. (*σπίτι*) neighbouring. **~οί** (*οι*) next door neighbours

διπλαρώνω *ρ μτβ* sidle up to. (*πλευρίζω*) come alongside

διπλασιάζω *ρ μτβ* double

διπλάσιος *επίθ* double

διπλοκατοικία (*η*) two semi-detached houses

διπλοπροσωπία (*η*) duplicity

διπλ|ός *επίθ* dual. (*διπλάσιος*) double. **~ό κρεββάτι** (*το*) double bed. **δρόμος ~ής κατευθύνσεως** dual carriageway. **~ά** *επίρρ* doubly

διπλότυπο|ς *επίθ* duplicate. **διπλότυπο** (*το*) duplicate receipt

δίπλωμα (*το*) diploma

διπλωμάτης (*o*) diplomat

διπλωματ|ία (*η*) diplomacy. **~ικός** *επίθ* diplomatic

διπλωματούχος *επίθ* qualified

διπλώνω *ρ μτβ* fold. (*περιτυλίγω*) wrap up

δίποδο|ς *επίθ* two-legged. **~** (*το*) biped

διπολικός *επίθ* bipolar. (*πρίζα*) twin pin

διπρόσωπος *επίθ* double-faced

δισάκι (*το*) saddle bag

δισέγγονο|ς (*o*) great grandson. **~η** (*η*) great granddaughter

δισεκατομμ|ύριο (*το*) (*αμερ*) billion. **~υριούχος** (*o*) multimillionaire

δίσεκτος χρόνος (*o*) leap year

δισκάκια (*τα*) tiddly-winks

δισκέτα (*η*) disk (*computer*)

δισκοβολία (*η*) discus throwing

δισκοθήκη (*η*) (*θήκη*) record sleeve. (*συλλογή*) record collection. (*για χορό*) discothèque

δισκοπάθεια (*η*) slipped disc

δισκοπότηρο (*το*) chalice

δίσκος (*o*) (*αγώνες*) discus. (*ασημένιος*) salver. (*για έρανο*) plate. (*για σερβίρισμα*) tray. (*ζυγαριάς*) pan. (*κυκλικού σχήματος*) disc. (*μουσ*) record

δισταγμός (*o*) hesitation

διστάζω *ρ αμτβ* hesitate
διστακτικό|ς *επίθ* hesitant. *(τρόπος)* diffident. *(φωνή)* halting. **~τητα** *(η)* hesitation
δίτροχος *επίθ* two-wheel
διυλίζω *ρ μτβ* refine
διύλιση *(η)* refinement
διυλιστήριο *(το)* refinery
διφθερίτιδα *(η)* diphtheria
δίφθογγος *(η)* diphthong
διφορούμεν|ος *επίθ* equivocal, ambivalent. **~η έννοια** *(η)* ambivalence
διχάζω *ρ μτβ (πολιτ)* split
διχασμός *(ο)* disunity
διχαλωτός *επίθ* forked
διχόνοια *(η)* discord
διχοτόμηση *(ο) (πολιτ)* partition
διχοτομώ *ρ μτβ* partition
δίχρονο|ς *επίθ* two-year. **~ παιδί** *(το)* a two-year old (child)
δίχρωμος *επίθ* two-colour
δίχτυ *(το)* net
δίχως *πρόθ* without
δίψα *(η)* thirst. *(μεταφ)* longing
διψασμέν|ος *επίθ* thirsty. **~α** *επίρρ* thirstily
διψήφιος *επίθ* two-digit
διψώ *ρ αμτβ* be thirsty. **~ για** hanker after, long for
διωγμός *(ο)* persecution
διώκτ|ης *(η)* **~ρια** *(ο)* pursuer
διώκω *ρ μτβ* persecute. *(νομ)* prosecute
δίωξη *(η)* prosecution
διώροφο|ς *επίθ* two-storey. **~ κτίριο** *(το)* two-storey building. **~ λεωφορείο** *(το)* double-decker bus
διώρυγα *(η)* canal
διώχνω *ρ μτβ* send away. *(απολύω)* sack. *(σκέψη)* dismiss
δόγμα *(το)* doctrine. *(εκκλ)* dogma
δογματικός *επίθ* dogmatic
δοκάρι *(το)* girder. *(οροφής)* rafter. *(του τέρματος)* goal-post
δοκιμάζ|ω *ρ μτβ* try. *(εξετάζω)* test. *(εμπειρία)* experience. *(επιχειρώ)* try out. *(ρούχα)* try on. *(φαγητό)* taste. **~ομαι** *ρ αμτβ* be tried
δοκιμασία *(η)* ordeal. *(εξέταση)* test. **επί ~** on approval
δοκιμαστικ|ός *επίθ* experimental. **~ός σωλήνας** *(ο)* test tube. **~ά** *επίρρ* tentatively
δοκιμή *(η)* try. *(έλεγχος)* test. *(θέατρο)* rehearsal. *(ρούχων)* fitting
δοκίμιο *(το)* essay
δόκιμος *(ο)* cadet
δοκός *(η)* beam. *(στη γυμναστική)* trapeze
δόκτορας *(ο)* doctor
δολάριο *(το)* dollar
δολερός *επίθ* wily. *(μάτια)* shifty
δόλιος¹ *επίθ* crafty
δόλιος² *επίθ* poor, wretched
δολιότητα *(η)* deceit

δολιοφθορά *(η)* sabotage
δολοπλοκ|ία *(η)* intrigue. **~ώ** *ρ αμτβ* scheme
δόλος *(ο)* deceit
δολοφονία *(η)* murder. **~ικός** *επίθ* murderous
δολοφόνος *(ο, η)* assassin, murderer
δολοφονώ *ρ μτβ* murder, assassinate
δόλωμα *(το)* bait. *(μεταφ)* decoy
δολώνω *ρ μτβ* bait
δομ|ή *(η)* structure. **~ικός** *επίθ* structural
δόνηση *(η)* vibration. *(εδάφους)* tremor
δονζουάν *(ο) άκλ* womanizer
δονκιχωτικός *επίθ* quixotic
δόντι *(το)* tooth. *(διχάλας)* prong. *(τροχού)* cog. *(φιδιού)* fang. **βγάζω ~α** teethe. **γλυτώνω από του χάρου τα ~α** escape by the skin of one's teeth. **μιλώ έξω από τα ~α** give a piece of one's mind. **με την ψυχή στα ~α** at the end of one's tether. **οπλισμένος ως τα ~α** armed to the teeth. **τρίζω τα ~α** show one's teeth
δονώ *ρ μτβ* vibrate
δόξα *(η)* glory
δοξάζω *ρ μτβ* glorify. *(λατρεύω)* worship
δοξάρι *(το)* bow
δοξολογία *(η)* thanksgiving service
δόρυ *(το)* spear
δορυφορικός *επίθ* satellite
δορυφόρος *(ο)* satellite
δόσ|η *(η) (ίχνος)* streak. *(ιατρ)* dose. *(χρημάτων)* instalment. **με ~εις** on hire-purchase
δοσοληψ|ία *(η)* transaction. **~ες** *(οι)* dealings
δοσολογία *(η)* dosage
δοτική *(η)* dative
δούκ|ας *(ο)* duke. **~ισσα** *(η)* duchess
δούλα *(η)* (woman) servant
δουλεία *(η)* slavery
δουλειά *(η)* work. *(επάγγελμα)* job. *(επιχείρηση)* business. *(σκοπός)* task. **~ές με φούντες** a great deal of work. **~ές του σπιτιού** *(οι)* housework. **~ές του ποδαριού** odd jobs. **άνθρωπος για όλες τις ~ές** *(ο)* handyman. **κοίτα τη ~ά σου** mind your own business. **ρούχα της ~άς** work clothes
δούλεμα *(το)* *(επεξεργασία)* elaboration. *(πείραγμα)* teasing
δουλεμπόριο *(το)* slave trade
δουλεύω *ρ μτβ/αμτβ* work. *(κατεργάζομαι)* elaborate. *(λειτουργώ)* operate. *(μοχθώ)* labour. *(πειράζω)* tease. **~ σαν σκλάβος** slave away
δουλικό|ς *επίθ* servile. **~** *(το)* skivvy. **~τητα** *(η)* servility
δουλοπρέπεια *(η)* subservience
δουλοπρεπ|ής *επίθ* subservient. **~ώς** *επίρρ* subserviently
δούλος *(ο)* servant
δούρειος *επίθ* wooden. **ο ~ ίππος** the Trojan horse

δοχείο (το) receptacle
Δρ συντ (δόκτορας) Dr
δράκοντας (ο) dragon
δρακόντει|ος επίθ draconian. **~α μέτρα** (τα) draconian measures
δρακόντιο (το) tarragon
δράκος (ο) ogre. (ζώο) dragon
δράμα (το) drama. (γεγονός) tragedy
δραματικός επίθ dramatic
δραματοποιώ ρ μτβ dramatize
δραματουργός (ο, η) dramatist
δράμι (το) dram. **δεν έχει ~ μυαλό** he/she doesn't have a grain of sense
δραπέτευση (η) escape (of prisoner)
δραπετεύω ρ αμτβ escape
δραπέτης (ο), **~ις** (η) runaway. (από φυλακή) escaped prisoner
δράση (η) action
δρασκελιά (η) stride
δρασκελώ ρ μτβ stride over
δραστήριος επίθ active and energetic
δραστηριότητα (η) activity. (ενεργητικότητα) push, drive
δράστης (ο) perpetrator
δραστικ|ός επίθ drastic. (φάρμακο) potent. **~ά μέτρα** (τα) strong measures. **~ότητα** (η) (φαρμάκου) potency. (αποτελεσματικότητα) efficacy
δραχμή (η) drachma
δρεπάνι (το) scythe
δρέπω ρ μτβ reap
δριμύς επίθ pungent. (παρατηρήσεις) sharp. (χειμώνας) severe
δριμύτητα (η) pungency. (σφοδρότητα) harshness
δρομάδα (η) dromedary
δρομάκι (το) alley. (στην εξοχή) lane
δρομέας (ο) runner
δρομολόγιο (το) itinerary. (πορεία) route
δρόμο|ς (ο) road, street. (απόσταση) way. (μεταφ) path. **~ διπλής κυκλοφορίας** dual carriageway. **ανοίγω ~** make way. **στο ~** on the road. **είναι στο ~ μου** it's on my way. **μένω στο ~** be left on the street
δροσερό|ς επίθ cool
δροσιά (η) dew. (κρύο) coolness
δροσίζω ρ μτβ refresh. (ψύχω) freshen. • ρ αμτβ cool
δροσιστικός επίθ refreshing
δρύινος επίθ (of) oak
δρυοκολάπτης (ο) (πουλί) woodpecker
δυαδικός επίθ (αριθμός) binary
δύναμ|η (η) (ικανότητα) power. (ισχύς) force. (σθένος) strength. **κάνω το κατά ~ν** do everything I can. **δυνάμει του νόμου** by force of the law
δυναμική (η) dynamics
δυναμικός επίθ dynamic
δυναμικό (το) potential. **εργατικό ~** manpower
δυναμισμός (ο) dynamism
δυναμίτης (ο) dynamite

δυναμό (το) dynamo
δυνάμωμα (το) strengthening
δυναμώνω ρ μτβ strengthen. (ενισχύω) reinforce. (μυς) tone up. (τονώνω) intensify. (ραδιόφωνο, γκάζι) turn up. • ρ αμτβ get stronger
δυναμωτικό|ς επίθ strengthening. **~** (το) tonic
δυναστεία (η) dynasty
δυνάστης (ο) despot
δυνατ|ός επίθ (άνεμος) strong, high. (βροχή) heavy. (ήχος) loud. (ισχυρός) strong. (ποτό) stiff. (που μπορεί να υπάρξει) possible. (φως) harsh. (χτύπημα) hard. **~ά** επίρρ strongly, loudly. **είναι ~όν να** it's possible to. **βάζω τα ~ά μου** try my best. **κάνω τ´ αδύνατα ~ά** try one's utmost
δυνατότητα (η) ability. (πιθανότητα) possibility. **~ πρόσβασης** accessibility
δυνητικ|ός επίθ potential. **~ά** επίρρ potentially. **~ότητα** (η) potential
δύο, δυο επίθ άκλ two. **~** (το) άκλ two. **~ δύο δύο** two at a time. **δυο φορές** twice. **ανά ~** in twos. **και οι ~** both. **κάνα δυο** one or two
δυόσμος (ο) spearmint. (βότανο) mint
δυσανάγνωστ|ος επίθ illegible. **~α** επίρρ illegibly
δυσαναλογία (η) imbalance
δυσανάλογ|ος επίθ disproportionate. **~α** επίρρ disproportionally
δυσανασχετώ ρ αμτβ (στενοχωριέμαι) fret. (αγανακτώ) resent
δυσαρέσκεια (η) discontent. (μομφή) displeasure
δυσαρεστημένος επίθ disgruntled. (μη ικανοποιημένος) discontented
δυσάρεστ|ος επίθ unpleasant. (άνθρωπος) disagreeable. (επεισόδειο) regrettable. (μυρωδιά) offensive. (στη γεύση) unpalatable. **~α** επίρρ unpleasantly
δυσαρεστώ ρ μτβ displease
δυσαρμονία (η) discord. (ήχων) dissonance. (χρωμάτων) clash
δυσβάστακτος επίθ hard to bear
δύσβατος επίθ impassable
δυσδιάκριτος επίθ indistinct
δυσεντερία (η) dysentery
δυσεξήγητος επίθ difficult to explain
δυσεξιχνίαστος επίθ difficult to solve. (αισθήματα) difficult to fathom
δυσεπίλυτος επίθ difficult to solve
δυσεύρετος επίθ hard to come by
δύση (η) west. (του ήλιου) setting
δύσθυμος επίθ dejected
δύσκαμπτος επίθ stiff
δυσκίνητος επίθ sluggish
δυσκοίλιος επίθ constipated
δυσκοιλιότητα (η) constipation
δυσκολεύ|ω ρ μτβ make difficult. (εμποδίζω) impede. **~ομαι** ρ αμτβ have difficulty

δυσκολία (η) difficulty. (προσωρινή) snag
δυσκολονόητος επίθ difficult to understand
δύσκολ|ος επίθ difficult. (επίπονος) laboured. (ιδιότροπος) fussy. (πρόβλημα) hard. (στη συμπεριφορά) obstreperous. (ταξίδι) arduous. ~η απαίτηση (η) tall order. σε ~η θέση in a tight corner. ~α επίρρ with difficulty
δυσκολοχώνευτος επίθ difficult to digest
δυσλειτουργία (η) dysfunction
δυσλεξία (η) dyslexia
δύσλυτος επίθ puzzling
δυσμένεια (η) disgrace (disfavour)
δυσμενής επίθ unfavourable. (ανεπιθύμητος) adverse
δυσμορφία (η) malformation
δύσμορφος επίθ malformed
δυσνόητος επίθ abstruse
δυσοίωνος επίθ inauspicious
δυσοσμία (η) bad smell. ~ του στόματος bad breath
δύσοσμος επίθ foul smelling
δυσπεψία (η) indigestion
δυσπιστία (η) mistrust
δύσπιστος επίθ incredulous
δυσπιστώ ρ μτβ mistrust, distrust
δύσπνοια (η) difficulty in breathing
δυσπρόσιτος επίθ difficult to access
δύστροπος επίθ fractious
δυστύχημα (το) accident
δυστυχ|ία (η) unhappiness. ~ισμένος επίθ unhappy
δύστυχος επίθ (κακότυχος) poor
δυστυχώς επίρρ unfortunately, regrettably
δυσφημώ ρ μτβ denigrate

δυσφήμηση (η) defamation
δυσφορία (η) malaise
δυσχεραίνω ρ μτβ make difficult. (εμποδίζω) impede
δυσχέρεια (η) difficulty. (στην ομιλία) impediment
δυσωδία (η) stink. είναι βρόμα και ~ it stinks
δύτης (ο) diver (underwater)
δυτικ|ός επίθ west. (άνεμος) westerly. (αντιλήψεις) western. ~ές χώρες (οι) the West. ~ά επίρρ westward(s)
δύω ρ αμτβ set
δώδεκα επίθ άκλ twelve
δωδεκάδα (η) dozen
δωδεκαδάκτυλος (ο) duodenum
Δωδεκάνησα (τα) Dodecanese
δωδεκαριά (η) about twelve
δωδέκατος επίθ twelfth
δωδεκάχρονος επίθ twelve-year-old
δώθε επίρρ this way. πέρα ~ to and fro
δώμα (το) roof
δωμάτιο (το) room. ~ των παιδιών nursery. νοικιασμένο ~ rented room. μουσική δωματίου (η) chamber music
δωρεά (η) donation
δωρεάν επίρρ free, gratis
δωρητής (ο) donor
δωρίζω ρ μτβ donate
δώρο (το) present. (φιλανθρωπία) donation. (χάρισμα) gift. ~ Θεού God's gift. είναι ~ν άδωρον it's more trouble than it's worth
δωροδόκημα (το) bribe
δωροδοκ|ία (η) bribery. ~ώ ρ μτβ bribe
δωροληψία (η) taking of bribes

Εε

ε! επιφών hey!
εάν σύνδ if
εαρινός επίθ spring
εαυτ|ός (ο) αντων self. ο ~ός μου myself. ο ~ός σου yourself. ο ~ός της herself. ο ~ός του himself. εκτός ~ού beside o.s. έχει μεγάλη ιδέα για τον ~ό του/της he/she has a great opinion of himself/herself
εβαπορέ επίθ άκλ γάλα ~ evaporated milk
έβγα (το) άκλ point of exit. στο ~ του χειμώνα at the end of winter. στο ~ του χωριού at the edge of the village
εβδομάδα (η) week
εβδομαδιαίος επίθ weekly. ~α έκδοση (η) weekly edition

εβδομαδιάτικος επίθ βλ εβδομαδιαίος
εβδομηκοστός επίθ seventieth
εβδομήντα επίθ άκλ seventy
εβδομηντάρ|ης (ο), ~α (η) seventy-year-old
έβδομος επίθ seventh
έβενος (ο) ebony
Εβραία (η) Jewess
εβραϊκά (τα) Hebrew
εβραϊκός επίθ Jewish, Hebrew
Εβραίος (ο) Jew
έγγαμος επίθ married. ~ βίος (ο) matrimony
εγγαστρίμυθος (ο) ventriloquist
εγγίζω ρ μτβ touch. ~ τα όρια verge on
εγγλέζικος επίθ βλ αγγλικός
εγγονή (η) granddaughter

εγγόνι (*το*) grandchild

εγγονός (*ο*) grandson

εγγράμματος *επιθ* literate

εγγραφή (*η*) registration. (*σε πανεπιστήμιο*) matriculation. (*σε σχολείο*) enrolment

έγγραφο (*το*) document

έγγραφος *επιθ* written. (*προς υποστήριξη*) documentary

εγγράφ|ω *ρ μτβ* register. (*σε σχολείο*) enrol. **~ομαι** *ρ αμτβ* enrol. (*συνδρομητής*) subscribe

εγγράφως *επίρρ* in writing

εγγύηση (*η*) warranty, guarantee. (*για δάνειο*) security. (*για προστασία*) safeguard. (*δικαστική*) bail

εγγυ|ητής (*ο*), **~ήτρια** (*η*) guarantor

εγγύς *επιθ* close. **Ε~ Ανατολή** (*η*) Near East

εγγύτητα (*η*) closeness. (*γειτνίαση*) proximity

εγγυ|ώμαι (**~ούμαι**) *ρ μτβ*/*αμτβ* vouch for, guarantee. (*νομ*) stand bail

εγείρω *ρ μτβ* raise (*question*). (*νομ*) institute (*legal action*)

έγερση (*η*) awakening. (*σήκωμα*) raising

εγκάθειρκτος *επιθ* incarcerated

εγκαθίδρυση (*η*) establishment

εγκαθιδρύω *ρ μτβ* establish

εγκαθίσταμαι *ρ αμτβ* settle (*live*). • *ρ μτβ* take up (*occupy*)

εγκαθιστώ *ρ μτβ* establish. (*τοποθετώ*) install

εγκαίνια (*τα*) inauguration

εγκαινιάζω *ρ μτβ* inaugurate

εγκαινίαση (*η*) formatting (*a disc*)

έγκαιρ|ος *επιθ* timely. **~α** *επίρρ* in time

εγκαίρως *επίρρ* in time

εγκάρδι|ος *επιθ* (*άνθρωπος*) warm. (*σχέσεις*) cordial. **~α** *επίρρ* heartily

εγκαρδιότητα (*η*) warmth (*in behaviour*). (*συμπεριφορά*) cordiality

εγκαρδιωτικός *επιθ* heartening (*encouraging*)

εγκάρσιος *επιθ* transverse

εγκαρτέρηση (*η*) resignation

έγκατα (*τα*) depths. **τα ~ της γης** the bowels of the earth

εγκαταλειμμέν|ος *επιθ* deserted. (*παρατημένος*) abandoned. **~ος από το Θεό** God-forsaken. **~ο παιδί** (*το*) waif

εγκαταλείπω *ρ μτβ* desert. (*αφήνω*) leave. (*έλεγχο*) relinquish. (*παρατούμαι*) abandon. (*σύζυγο*) walk out on. **~ τις σπουδές μου** drop out

εγκατάλειψη (*η*) abandonment

εγκατάσταση (*η*) installation. (*μηχ*) fitting. (*μόνιμη κατοικία*) residence

εγκαύμα (*το*) burn

έγκειται *ρ αμτβ απρόσ* lies, rests. **το πρόβλημα ~ στο ότι** the problem lies in. **πού ~ το λάθος μου;** where does my fault lie?

εγκεφαλικό|ς *επιθ* cerebral. **~ επεισόδιο** (*το*) stroke

εγκέφαλος (*ο*) brain. (*μεταφ*) mastermind. **κάνω πλύση εγκεφάλου** brainwash

εγκλείω *ρ μτβ* encase. (*σε φυλακή*) incarcerate

έγκλημα (*το*) crime

εγκληματίας (*ο, η*) criminal

εγκληματικ|ός *επιθ* criminal. **~ή ενέργεια** foul play. **~ότητα** (*η*) criminality

εγκληματολ|ογία (*η*) criminology. **~όγος** (*ο, η*) criminologist

εγκλιματίζ|ω *ρ μτβ* acclimatize. **~ομαι** *ρ αμτβ* become acclimatized

εγκλιματισμός (*ο*) acclimatization

εγκλωβίζω *ρ μτβ* cage. (*στρ*) encircle

εγκοπή (*η*) groove. (*για νόμισμα*) slot. (*σε σχήμα V*) notch

εγκόσμιος *επιθ* worldly

εγκράτεια (*η*) temperance. (*συγκράτηση*) self-restraint

εγκρατής *επιθ* temperate. (*που απέχει από απολαύσεις*) abstemious

εγκρίνω *ρ μτβ*/*ρ αμτβ* approve. (*επίσημα*) sanction. (*τυπικά*) rubber-stamp

έγκριση (*η*) approval. (*επικύρωση*) endorsement. (*επίσημη*) sanction

εγκύκλιος (*η*) circular

εγκυκλοπαίδεια (*η*) encyclopedia

εγκυκλοπαιδικός *επιθ* encyclopedic

εγκυμοσύνη (*η*) pregnancy

έγκυος *επιθ* pregnant

έγκυρος *επιθ* authoritative. (*με νομική ισχύ*) valid

εγκυρότητα (*η*) validity

εγκωμιάζω *ρ μτβ* speak highly of

εγκώμιο (*το*) eulogy

έννοια (*η*) preoccupation. (*σκοτούρα*) concern

εγρήγορση (*η*) vigilance

εγχείρημα (*το*) venture. (*απόπειρα*) attempt

εγχείρηση (*η*) (*ιατρ*) operation

εγχειρίδιο (*το*) manual

εγχειρίζω *ρ μτβ* operate on

εγχέω *ρ μτβ* infuse

έγχορδ|ος *επιθ* stringed. (*μουσ*) **~α** (*τα*) string instruments

έγχρωμ|ος *επιθ* coloured. **~η τηλεόραση** (*η*) colour TV

έγχυση (*η*) infusion. (*ιατρ*) drip

εγχώριος *επιθ* (*αγορά*) home. (*ιθαγενής*) native. (*προϊόντα*) domestic

εγώ¹ *αντων* I. **~ είμαι** it is me. **~ ο ίδιος** myself

εγώ² (*το*) ego

εγωισμός (*ο*) ego(t)ism, selfishness. (*περηφάνια*) vanity. (*φιλοτιμία*) self respect

εγω|ιστής (*ο*), **~ίστρια** (*η*) ego(t)ist

εγωιστικός *επιθ* selfish

εγωκεντρικός *επιθ* self-centred. (*εγωπαθής*) egocentric

εδαφικός *επίθ* territorial

εδάφιο *(το)* verse *(of Bible)*. *(νομ)* section, clause

έδαφος *(το)* *(γεωγρ)* terrain. *(γη)* ground. *(χώμα)* soil. *(χώρας)* territory. **κερδίζω ~** gain ground

έδρα *(η)* *(επιχείρησης)* headquarters. *(ιατρ)* anus. *(κάθισμα)* seat. *(σε πανεπιστήμιο)* chair. **αγώνας εκτός ~ς** away match

εδραιώνω *ρ μρβ* consolidate

εδραίωση *(η)* consolidation

εδρεύω *ρ αμτβ* have headquarters

εδώ *επίρρ* here. **~ κι εκεί** here and there. **~ κοντά** close by. **από δω και πέρα** from now on. **ως ~ και μη παρέκει** no further

εδώδιμος *επίθ* edible. **~α** *(τα)* victuals

εδώλιο *(το)* *(νομ)* dock.

εθελοντικ|ός *επίθ* voluntary. **~ά** *επίρρ* voluntarily

εθελ|οντής *(ο)*, **~όντρια** *(η)* volunteer

εθιμικός *επίθ* customary. **~ δίκαιο** *(το)* common law

έθιμο *(το)* custom

εθιμοτυπία *(η)* etiquette

εθιμοτυπικός *επίθ* ceremonial

εθισμένος σε *επίθ* addicted to

εθισμός *(ο)* *(ιατρ)* addiction.

εθνάρχης *(το)* ethnarch

εθνεγερσία *(η)* national uprising

εθνικισμός *(ο)* nationalism

εθνικ|ιστής *(ο)*, **~ίστρια** *(η)* nationalist

εθνικοπ|οίηση *(η)* nationalization. **~οιώ** *ρ μτβ* nationalize

εθνικ|ός *επίθ* national. *(φυλετικός)* ethnic. **~ός ύμνος** *(ο)* national anthem. **Ε~ό Σύστημα Υγείας** *(το)* National Health Service. **~ή οδός** *(η)* national highway. **~ά** *επίρρ* nationally

εθνικότητα *(η)* nationality

εθνικόφρων *επίθ* nationalist

έθνος *(το)* nation

εθνοσυνέλευση *(η)* national assembly

εθνοφρουρά *(η)* national guard

είδα *βλ* **βλέπω**

ειδάλλως *επίρρ* otherwise

ειδεμή *σύνδ* or else, otherwise. **πες μου τι θέλεις ~, καλύτερα να σωπαίνεις** tell me what you want or else keep quiet

ειδήμων *(ο)* connoisseur

είδηση *(η)* news. **ειδήσεις** *(οι)* news. **παίρνω ~** get wind of, notice

ειδικευμένος *επίθ* skilled

ειδικεύομαι *(σε)* *ρ μτβ* specialize (in)

ειδίκευση *(η)* specialization

ειδικ|ός *επίθ* special. *(έμπειρος)* expert. *(για περίσταση)* purpose-built. **~ός** *(ο, η)* specialist. **~ά** *επίρρ* specially

ειδικότητα *(η)* speciality

ειδοποίηση *(η)* notification. *(προειδοποίηση)* warning

ειδοποιώ *ρ μτβ* notify. *(πληροφορώ)* advise

είδ|ος *(το)* sort. *(αντικείμενο)* item. *(ζώα και φυτά)* species. *(ποιότητα)* manner, kind. **εις ~ος** in kind. **αυτού του ~ους** of that ilk. **~η κατώτερης ποιότητας** *(τα)* seconds. **~η μπακαλικής** *(τα)* groceries. **~η υποδήσεως** footwear

ειδυλλιακός *επίθ* idyllic

ειδύλλιο *(το)* romance, love affair

είδωλο *(το)* idol

ειδωλολάτρ|ης *(ο)*, **~ισσα** *(η)* idolater

ειδωλολατρ|ία *(η)* idolatry. **~ικός** *επίθ* pagan

είθε *μόριο* may, wish. **~ να επιτύχεις** I wish you success

εικάζω *ρ μτβ/ρ αμτβ* surmise, conjecture

εικασία *(η)* conjecture. *(υπόθεση)* speculation

εικόνα *(η)* picture. *(εκκλ)* icon. *(στον καθρέφτη)* reflection. *(μεταφ)* image

εικονικ|ός *επίθ* pictorial. *(πλαστός)* fictitious. *(εταιρία)* bogus. **~ φάρμακο** *(το)* placebo

εικόνισμα *(το)* icon

εικονογραφημένος *επίθ* illustrated

εικονογράφηση *(η)* illustration

εικονογραφώ *ρ μτβ* illustrate *(book)*

εικονοκλάστης *(ο)* iconoclast

εικονολάτρης *(ο)* iconolater

εικονολήπτης *(ο)* (TV) camera

εικονοστάσι *(το)* *(εκκλ)* screen of icons

εικοσαετ|ής *επίθ* twenty-year-old. **~ία** *(η)* twenty-year period

εικοσαριά *(η)* about twenty

είκοσι *επίθ άκλ* twenty

εικοσιτετράωρο|ς *επίθ* twenty-four-hour. **~** *(το)* twenty-four hours

εικοστός *επίθ* twentieth

ειλικρίνεια *(η)* sincerity. *(ευθύτητα)* frankness, candour

ειλικριν|ής *επίθ* sincere. *(ευθύς)* frank, candid. *(τίμιος)* honest. **~ά** *επίρρ* frankly, sincerely

είλωτας *(ο)* drudge

είμαι *ρ αμτβ* be. **~ απένταρος** be penniless. **~ ικανός** be able. **~ χωρίς** be out of. **~ από την Κρήτη** I come from Crete

ειμαρμένη *(η)* destiny

είναι *βλ* **είμαι**. *(το)* being

είπα *βλ* **λέω**

ειρηνεύω *ρ μτβ* pacify

ειρήνη *(η)* peace

ειρηνικός *επίθ* peaceful. **ο Ε~** *(Ωκεανός)* the Pacific (Ocean)

ειρηνιστής *(ο)* pacifist

ειρηνοδικείο *(το)* magistrate's court

ειρηνοδίκης *(ο, η)* Justice of the Peace, magistrate

ειρηνοποιός *(ο)* peacemaker

ειρωνεύομαι *ρ μτβ* mock

ειρωνία *(η)* irony

ειρωνικ|ός *επίθ* ironic(al). *(κοροϊδευτικός)* derisive. **~ά** *επίρρ* ironically

εις *πρόθ* *βλ* **σε**. **~ μάτην** in vain

εισαγγελέας (ο) public prosecutor
εισαγγελία (η) prosecution service
εισάγω ρ μτβ (εμπορεύματα) import. (καθιερώνω) introduce. (καινοτομώ) pioneer. (τοποθετώ) insert. (σταδιακά) phase in. **~ομαι** ρ αμτβ (εμπορεύματα) be imported. (σε σχολή, νοσοκομείο) be admitted
εισαγωγέας (ο, η) importer
εισαγωγή (η) (βιβλίου) introduction. (εμπορευμάτων) import. (μηχ) intake. (μουσικού έργου) overture. (προσθήκη) insertion
εισαγωγικά (τα) quotation marks. **ανοίγω/κλείνω τα ~** quote/unquote
εισαγωγικ|ός επίθ introductory. **~ό εμπόριο** (το) imports. **~ό σημείωμα** (το) introductory note. **~ές εξετάσεις** (οι) entrance examinations
είσαι βλ είμαι. **πώς ~;** how are you?
εισακούω ρ μτβ (παράκληση) grant. (προσευχή) answer
εισβάλλω ρ μτβ invade. (μπαίνω ορμητικά) burst into. (ποτάμι) flow into
εισβολέας (ο) invader
εισβολή (η) invasion. (ξαφνική εμφάνιση) inrush
εισδοχή (η) entry, admittance
είσδυση (η) penetration
εισέρχομαι ρ αμτβ enter. (γίνομαι δεκτός) be admitted
εισήγηση (η) suggestion
εισηγούμαι ρ μτβ suggest
εισιτήριο (το) ticket. (ναύλος) fare. **~ απλής διαδρομής** single ticket. **~ διαρκείας** season-ticket. **~ με επιστροφή** return ticket
εισιτήρι|ος επίθ entrance. **~ες εξετάσεις** (οι) entrance examinations
εισόδημα (το) income. (έσοδο) revenue. **φόρος εισοδήματος** (ο) income tax
είσοδος (η) (εισδοχή) entry. (κτιρίου) entrance. (σε θέατρο) admittance. (μηχ) inlet. (πόρτα) way in. **δικαίωμα εισόδου** (το) admission
εισορμώ ρ αμτβ rush in
εισπνέω ρ μτβ inhale
εισπνοή (η) inhalation
εισπράκτορας (ο) (εισιτηρίων) ticket-collector. (λεωφορείου) conductor. (φόρων) collector
είσπραξη (η) collection (of money). **εισπράξεις** (οι) proceeds, takings
εισπράττω ρ μτβ collect. (φόρους) levy
εισροή (η) inflow. (μεταφ) influx
εισφορά (η) contribution
εισχώρηση (η) penetrate
εισχωρώ ρ αμτβ penetrate. (μπαίνω βίαια) infiltrate
είτε σύν **~ . . . ~** either . . . or. **~ το ένα ~ το άλλο** either one or the other
έκαστος αντων βλ **κάθε. καθ΄ εκάστην** every day

εκάστοτε επίρρ each time
εκατό επίθ άκλ hundred. **τοις ~** per cent
εκατομμύριο (το) million
εκατομμυριούχος (ο, η) millionaire
εκατοντάδ|α (η) hundred. **~ες άνθρωποι** hundreds of people
εκατονταετηρίδα (η) century. (επέτειος) centenary
εκατονταετής επίθ century-old
εκατονταπλάσιος επίθ hundredfold
εκατοστάρι (το) hundred drachma note
εκατοστόλιτρο (το) centilitre
εκατοστό|ς επίθ hundredth. **~ (του μέτρου)** (το) centimetre
έκβαση (η) outcome
εκβιάζω ρ μτβ blackmail
εκβιασμός (ο) blackmail
εκβιαστής (ο), **~άστρια** (η) blackmailer
εκβιομηχ|άνιση (η), **~ανισμός** (ο) industrialization
εκβολή (η) estuary
εκβράζω ρ μτβ wash up
έκδηλος επίθ manifest
εκδηλών|ω ρ μτβ manifest. (αισθήματα) express. **~ομαι** ρ αμτβ reveal one's feelings
εκδήλωση (η) (αισθημάτων) display. (εορταστική) gala. (νόσου) outbreak
εκδηλωτικός επίθ demonstrative
εκδίδω ρ μτβ (βιβλίο) publish. (επιταγή) write. (οδηγίες) issue. (τιμολόγιο) invoice. (φυγόδικο) extradite
εκδικάζω ρ μτβ hear (a case)
εκδίκηση (η) revenge, vengeance
εκδικητικ|ός επίθ revengeful. (άνθρωπος) vindictive. **~ότητα** (η) vindictiveness
εκδικούμαι ρ μτβ avenge
εκδιώκω ρ μτβ drive away. (απωθώ) expel. (κυβέρνηση) oust
εκδίωξη (η) expulsion
έκδοση (η) (βιβλίου) publication. (διατύπωση) edition. (εγκληματία) extradition. (περιοδικού) issue. **~ εισιτηρίων** booking office
εκδότ|ης (η), **~ρια** (ο) publisher
εκδοτήριο εισιτηρίων (το) ticket dispenser
εκδοτικός επίθ editorial. **~ οίκος** (ο) publishing house
εκδοχή (η) version
εκδρομέας (ο, η) tripper
εκδρομή (η) outing. (ταξίδι) excursion
εκεί επίρρ there. **~ πέρα** over there. **~ που** as, while. **~ που έγραφα** as I was writing. **ακούς ~!** did you hear that? **εδώ κι ~** here and there. **είδες ~ θράσος!** what cheek!
εκείν|ος αντων that. **~ος ο άνθρωπος** that man. **~ες τις ημέρες** in those days
εκεχειρία (η) truce. (στρ) armistice
εκζήτηση (η) affectation
έκθαμβος επίθ dazzled
εκθειάζω ρ μτβ exalt
έκθεμα (το) exhibit

έκθεση (η) (αίθουσα) showroom. (αφήγηση) composition. (γραπτή) report. (εμπορευμάτων) display. (εμπορική) fair. (ιδεών) essay. (στον ήλιο) exposure. (τέχνης) exhibition
εκθέτ|ης (ο), **~ρια** (η) exhibitor
έκθετο (το) foundling
εκθέτω ρ μτβ (απόψεις) air. (εμπορεύματα) display. (έργα τέχνης) exhibit. (παρουσιάζω) show. (στο ύπαιθρο) expose
εκθρονίζω ρ μτβ depose
εκιού (το) άκλ ECU
εκκαθαρίζω ρ μτβ (επιχείρηση) liquidate. (πολιτ) purge
εκκαθάριση (η) (επιχείρησης) liquidation. (πολιτ) purge
εκκεντρικό|ς επίθ eccentric. **~τητα** (η) eccentricity
εκκενώνω ρ μτβ (αδειάζω) vacate. (στρ) evacuate
εκκένωση (η) evacuation
εκκίνηση (η) setting off
έκκληση (η) appeal. (νομ) plea
εκκλησία (η) church
εκκλησιαστικό|ς επίθ ecclesiastical. **~όργανο** (το) church organ
εκκολαπτικ|ός επίθ incubating. **~ή μηχανή** (η) incubator
εκκολάπτ|ω ρ μτβ incubate. **~ομαι** ρ αμτβ hatch
εκκόλαψη (η) incubation, hatching
εκκρεμές (το) pendulum. (ρολόι) grandfather clock
εκκρεμής επίθ pending. (που δεν επιλύθηκε) outstanding
εκκρεμότητα (η) **σε ~** in abeyance
εκκρίνω ρ μτβ secrete
έκκριση (η) secretion
εκκωφαντικός επίθ deafening
εκλαϊκεύω ρ μτβ popularize
εκλέγω ρ μτβ elect
έκλειψη (η) eclipse
εκλεκτικός επίθ eclectic, (καθομ) choosey. (ανθρωπος) discriminating
εκλεκτός επίθ (διαλεχτός) prime, choice. (ξεχωριστός) select
εκλεπτ|ύνω ρ μτβ refine. **~υσμένος** επίθ refined
εκλιπαρώ ρ μτβ implore
εκλιπών επίθ deceased
εκλογέας (ο) elector
εκλογ|ή (η) (ανάδειξη) election. (επιλογή) choice. **~ές** (οι) general election
εκλογικ|ός επίθ electoral. **~ή περιφέρεια** (η) constituency. **~ό παραβάν** (το) polling-booth. **~ό σώμα** (το) electorate
έκλυση (η) promiscuity
έκλυτος επίθ promiscuous. (ήθος) loose
εκμάθηση (η) learning
εκμεταλλεύομαι ρ μτβ (αξιοποιώ) operate. (άνθρωπο) take advantage of. (αντλώ κέρδη) exploit. (επωφελούμαι από αισθήματα) play on

εκμετάλλευση (η) exploitation. (ανθρώπου) taking advantage of
εκμηδενίζω ρ μτβ annihilate
εκμηδένιση (η) annihilation
εκμισθώνω ρ μτβ (αυτοκίνητο) hire out. (σπίτι) let, rent out
εκμισθωτής (ο), **~ώτρια** (η) lessor
εκμυστηρεύομαι ρ μτβ confide
εκμυστήρευση (η) confidence (secret)
εκνευρίζ|ω ρ μτβ irritate. (ερεθίζω) get on one's nerves. (ταράζω την ηρεμία) vex, annoy. **~ομαι** ρ αμτβ get irritated
εκνευρισμένος επίθ irritated, on edge. **~α** επίρρ with irritation
εκνευρισμός (ο) irritation, vexation
εκνευριστικός επίρρ irritating. (πόνος) niggling
εκούσι|ος επίθ voluntary. **~α** επίρρ voluntarily
εκουσίως επίρρ voluntarily
εκπαιδευόμενος (ο) trainee
εκπαίδευση (η) (παιδεία) education. (στο σχολείο) schooling. (τεχν) training
εκπαιδευτικός επίθ educational. **~** (ο, η) educator, teacher
εκπαιδ|ευτής (ο), **~εύτρια** (η) instructor. (ζώων) trainer
εκπαιδεύω ρ μτβ educate. (στρ) drill. (τεχν) train
εκπατρίζομαι ρ αμτβ emigrate
εκπατρισμένος επίθ expatriate
εκπέμπω ρ μτβ emit
εκπεσμός (ο) (υποτίμηση) decline. (ξεπεσμός) degradation
εκπίπτω ρ αμτβ fall. (ξεπέφτω) decline
εκπληκτικός επίθ surprising
έκπληξη (η) surprise
εκπληρώνω ρ μτβ fulfil
εκπλήρωση (η) discharge (of duty)
εκπλήττω ρ μτβ surprise
εκπνέω ρ μτβ/βρ αμτβ exhale. • ρ αμτβ (λήγω) expire. (πεθαίνω) pass away
εκπνοή (η) exhalation. (λήξη) expiry
εκποιώ ρ μτβ sell up
εκπολιτίζω ρ μτβ civilize
εκπομπή (η) emission. (ραδιοφωνική) broadcasting
εκπρόσωπ|ος (ο, η) representative. (κυβερνητικός) spokesperson
εκπροσωπώ ρ μτβ represent. (αντιλήψεις) epitomize
έκπτωση (η) (εμπ) discount. (νομ) forfeiture. **εκπτώσεις** (οι) sales. **~ λόγω μη ζημιών** no claims bonus
εκπυρσοκρότηση (η) detonation. (όπλου) report
εκπυρσοκροτώ ρ αμτβ go off, fire. (αυτοκίνητο) backfire
εκρηκτικό|ς επίθ explosive. **~ή ύλη** (η) explosive

έκρηξη (η) explosion. (ηφαιστείου) eruption. (οργής) tantrum. (πολέμου) outbreak. (στρ) blast. (μεταφ) burst

εκρήγνυμαι ρ αμτβ explode. (μεταφ) burst out

εκσκαφέας (ο) digger

εκσκαφ|ή (η) digging. **~ές** (οι) excavations

εκσπερμάτωση (η) ejaculation

έκσταση (η) ecstasy, rapture. (απορρόφηση σε ιδέα) trance

εκστατικ|ός επίθ ecstatic, rapturous. **~ά** επίρρ ecstatically

εκστομίζω ρ μτβ utter

εκστρατεία (η) campaign

εκστρατευτικός επίθ (στρ) expeditionary.

εκστρατεύω ρ αμτβ campaign

εκσυγχρονίζω ρ μτβ update. (μεθόδους, μηχανήματα) modernize

εκσφενδονίζ|ω ρ μτβ hurl, fling. **~ομαι** ρ αμτβ be hurtled. (υγρά) gush

έκτακτο|ς επίθ extraordinary. (εργασία) casual. **~ς ανάγκη** (η) emergency. **~ δελτίο ειδήσεων** (το) news flash

έκταση (η) (γης) tract. (γνώσεων) range. (δρόμου) stretch. (ευρύτητα) extent. (περιοχή) expanse. **ανοιχτή ~ ποταμού** reach of a river. **εν εκτάσει** exhaustively

εκταφή (η) exhumation

εκτεθειμένος επίθ exposed

εκτείν|ω ρ μτβ (επεκτείνω) extend. (απλώνω) spread. **~ομαι** ρ αμτβ range, extend

εκτέλεση (η) (απόδοση) performance. (θανάτωση) execution. (πραγματοποίηση) carrying out, execution

εκτελεστικός επίθ executive

εκτελ|εστής (ο), **~έστρια** (η) performer. (θανατικής ποινής) executioner. (νομ) executor

εκτελώ ρ μτβ perform. (αποδίδω) perform. (εφαρμόζω) carry out. (θανατώνω) execute. (με ηλεκτρισμό) electrocute. **~ χρέη** officiate (as)

εκτελωνίζω ρ μτβ clear (through customs)

εκτελωνισμός (ο) clearance (through customs)

εκτενώς επίρρ at length

εκτεταμέν|ος επίθ (μεγάλης διάρκειας) lengthy. (μεγάλης έκτασης) extensive. **~α** επίρρ extensively

εκτίθεμαι ρ αμτβ be on show. (μένω ακάλυπτος) be exposed

εκτίμηση (η) assessment. (αναγνώριση) appreciation. (αξίας) valuation. (αξιολόγηση) estimation. (υπόληψη) regard. **Με ~** Yours sincerely

εκτιμητικός επίθ appreciative

εκτιμ|ητής (ο), **~ήτρια** (η) valuer

εκτιμώ ρ μτβ (αγαπώ) value, cherish. (αναγνωρίζω αξία) appreciate. (αξιολογώ) assess. (μια κατάσταση) take stock of. (υπολήπτομαι) esteem, look up to

εκτιμώμενος επίθ valued

εκτινάσσ|ω ρ μτβ eject. **~ομαι** ρ αμτβ be catapulted

εκτίω ρ αμτβ serve (sentence)

εκτονώνω ρ μτβ (κατάσταση) defuse

εκτόξευση (η) (βλήματος) blast-off. (πυραύλου) launch. (υγρού) squirt

εκτοξεύω ρ μτβ (πύραυλο) launch. (υγρό) squirt

εκτοπίζω ρ μτβ (απομακρύνω) dislodge. (από τον τόπο διαμονής) displace. (αντικαθιστώ) supplant

έκτος επίθ sixth

εκτός επίρρ (με εξαίρεση) except. (έξω) outside. (επιπλέον) apart from. **~ αν** unless. **~ από μένα ήταν κι η Μαρία** besides myself Maria was also there. **~ από τα παιδιά έχω και τη δουλειά μου** apart from the children I also have my work. **είμαι ~ γραφείου** I am out of the office

έκτοτε επίρρ since then

έκτροπο (το) outrage

εκτρέπ|ω ρ μτβ deflect. **~ομαι** ρ αμτβ deviate

εκτροφή (η) breeding

εκτροχιάζω ρ μτβ derail

εκτροχιασμός (ο) derailment

έκτρωμα (το) (άνθρωπος) freak. (έμβρυο) abortion

έκτρωση (η) abortion

εκτυλίσσ|ω ρ μτβ unwrap. **~ομαι** ρ αμτβ unfold

έκτυπος επίθ embossed

εκτυπωμέν|ος επίθ printed. **~ο κείμενο** (το) print-out

εκτυπώνω ρ μτβ print. (νόμισμα) strike. (χαρτί) emboss

εκτύπωση (η) printing

εκτυπωτής (ο) printer, printing machine

εκτυφλωτικός επίθ blinding, brilliant

εκφοβίζω ρ μτβ intimidate

εκφοβισμός (ο) intimidation

εκφόρτιση (η) discharge (electricity)

εκφορτώνω ρ μτβ unload

εκφράζω ρ μτβ express. (διατυπώνω) phrase. (επιφυλάξεις) voice. **~ εκτίμηση** compliment

έκφραση (η) expression. (με λέξεις) utterance

εκφραστικός επίθ expressive

εκφυλίζομαι ρ αμτβ degenerate

εκφυλισμένος επίθ degenerate

έκφυλος (ο) degenerate

εκφώνηση (η) delivery (of speech)

εκφων|ητής (ο), **~ήτρια** (η) announcer (on radio, TV)

εκχερσώνω ρ μτβ reclaim (land)

εκχιονιστήρας (ο) snow-plough

εκχυδαΐζω ρ μτβ vulgarize

εκχύλισμα (το) extract

εκχύνω ρ μτβ exude

εκχώρηση (η) transfer (of right). (νομ) cession

εκχωρώ ρ μτβ cede
εκών επίθ ~ **άκων** willy-nilly
έλα βλ **έρχομαι**. come. ~ **'δω** come here.
~ **δα!** you don't say. **θέλει ν' αγοράσει σπίτι, μα ~ που είναι φτωχός** he would like to buy a house but he can't since he is poor
ελαιογραφία (η) oil-painting
ελαιόδεντρο (το) olive tree
ελαιόλαδο (το) olive oil
ελαιοπαραγωγή (η) olive production
ελαιώνας (ο) olive grove
έλασμα (το) plate
ελαστικό (το) tyre
ελαστικό|ς επίθ elastic. (κρεβάτι) springy. (πάτωμα) sprung. (μεταφ) lax. ~ **ωράριο** (το) flexitime
ελαστικότητα (η) elasticity. (ευκαμψία) flexibility. (μεταφ) laxity
ελατήριο (το) spring (device)
έλατο (το) fir
ελάττωμα (το) defect. (κακή συνήθεια) failing. (μηχ) fault. (χαρακτήρα) blemish
ελαττωματικός επίθ defective. (που δε λειτουργεί) faulty
ελαττώνω ρ μτβ reduce. (περιορίζω) alleviate. (το κάπνισμα) cut down on
ελάττωση (η) reduction
ελαφάκι (το) fawn
ελάφι (το) deer άκλ
ελαφρόμυαλος επίθ scatter-brained
ελαφροντυμένος επίθ thinly clothed
ελαφρόπετρα (η) pumice
ελαφρ|ός επίθ light. (αρρώστια) mild. (επιπόλαιος) frivolous. (ήπιος) gentle. (ήχος) soft. (θόρυβος) slight. (ποτό) weak. ~**ά** επίρρ lightly, slightly
ελαφρότητα (η) lightness. (αρρώστιας) mildness
ελαφρυντικ|ός επίθ alleviating. ~**ά** (τα) mitigating circumstances
ελαφρώνω ρ μτβ lighten. (ανακουφίζω) alleviate. • ρ αμτβ be relieved
ελάχιστο (το) least. (μικρότερο δυνατό) minimum
ελαχιστοποιώ ρ μτβ minimize
ελάχιστ|ος επίθ minimal, minimum. (λιγότερο) least. (πιθανότητα) slightest
Ελβετία (η) Switzerland
ελβετικός επίθ Swiss
Ελβετ|ός (ο) ~**ίδα** (η) Swiss
ελεγκτής (ο) auditor
έλεγχος (ο) control. (ιατρικός) screening. (λειτουργίας) check. (σχολικός) report. ~ **αποσκευών** check-in. ~ **διαβατηρίων** passport control
ελέγχω ρ μτβ control. (λειτουργία) check. (λογιστικός) audit. ~ **τις αποσκευές** check in, one's luggage
ελεεινός επίθ (άθλιος) miserable. (αξιολύπητος) sorry, wretched. (διάθεση) vile. (δωμάτιο) crummy. (καιρός) lousy. (συμπεριφορά) deplorable

ελεημοσύνη (η) alms. (φιλανθρωπία) charity
ελεήμων επίθ merciful
έλεος (το) mercy
ελευθερία (η) freedom, liberty. ~ **λόγου** freedom of speech
ελεύθερο (το) all-clear
ελεύθερ|ος επίθ free. (ανύπαντρος) single. (δωμάτιο) vacant. (χωρίς εμπόδια) clear. ~**ος επαγγελματίας** (ο, η) freelance. ~**ος χρόνος** (ο) spare time. **κοτόπουλα** ~**ης βοσκής** free-range chickens. ~**α** επίρρ freely
ελευθερών|ω ρ μτβ free. (από δέσμευση ή βάρος) set free, release. (έναντι λύτρων) ransom. (χώρα) liberate. ~**ομαι** ρ αμτβ free oneself. (για γυναίκες) give birth
ελευθέρωση (η) liberation
ελευθερ|ωτής (ο), ~**ώτρια** (η) liberator
έλευση (η) advent
ελέφαντας (ο) elephant
ελεφαντόδοντο (το) ivory
ελεώ ρ μτβ have mercy on. (δίνω ελεημοσύνη) give charity to. **Κύριε ελέησον** Lord have mercy on us
ελιά (η) (καρπός και δέντρο) olive. (στο δέρμα) mole. (στο πρόσωπο) beauty spot
ελιγμός (ο) (στροφή) bend. (πλάγια ενέργεια) manoeuvre
έλικας (ο) propeller
ελικοδρόμιο (το) heliport
ελικοειδής επίθ spiral. (δρόμος) winding. ~ **σκάλα** (η) spiral staircase
ελικόπτερο (το) helicopter
ελιξίριο (το) elixir
ελίσσομαι ρ αμτβ (δρόμος) wind. (ενεργώ με πλάγιο τρόπο) manoeuvre
ελίτ (η) άκλ élite
ελιτισμός (ο) elitism
έλκηθρο (το) sledge, sleigh
έλκος (το) ulcer
ελκτικός επίθ (μαγνήτης) attractive
ελκυστικό|ς επίθ appealing. (θελκτικός) attractive. ~**τητα** (η) attractiveness
ελκύω ρ μτβ draw. (θέλγω) attract
έλκ|ω ρ μτβ draw, pull. ~**ομαι** ρ αμτβ gravitate
ελκώδης επίθ ulcerous
Ελλάδα (η) Greece
έλλειμμα (το) deficit
ελλειπτικός επίθ elliptical
έλλειψη (η) deficiency. (ανεπάρκεια ποσότητας) scarcity, dearth. (εμπορευμάτων) shortage. (σχήμα) ellipse. ~ **βάρους** weightlessness
Έλληνας (ο), **Ελληνίδα** (η) Greek
ελληνικ|ός επίθ Greek. ~**ά** (τα) Greek
ελληνισμός (ο) the Greek people, Hellenism
ελλην|ιστής (ο), ~**ίστρια** (η) Greek scholar, Hellenist
ελληνοπούλα (η) Greek girl
ελληνόπουλο (το) Greek child

ελληνορωμαϊκός *επίθ* Graeco-Roman
ελλιπής *επίθ* deficient. (*ανεπαρκής*) insufficient
έλξη (*η*) (*γοητεία, μαγνητική*) attraction. (*της γης*) gravity. (*τράβηγμα*) traction
ελονοσία (*η*) malaria
έλος (*το*) swamp, bog
ελπίδα (*η*) hope
ελπιδοφόρος *επίθ* hopeful
ελπίζω *ρ αμτβ* hope. • *ρ μτβ* hope for. ~ **σε** *ρ μτβ* trust in
ελώδης *επίθ* swampy
εμάς *αντων* us. ~ **πώς μας βλέπεις; how** do you see us?
εμβαδόν (*το*) area
εμβάζω *ρ μτβ* remit (*money*)
εμβαθύνω *ρ μτβ* go deep into
έμβασμα (*το*) remittance
εμβατήριο (*το*) military march (*music*)
εμβέλεια (*η*) range (*of missile*)
έμβλημα (*το*) emblem
εμβολή (*η*) (*ιατρ*) embolism. (*πλοίου*) ramming
εμβολιάζω *ρ μτβ* inoculate, vaccinate. (*φυτά*) graft
εμβολιασμός (*o*) inoculation, vaccination
εμβόλιο (*το*) vaccine
έμβολο (*το*) plunger. (*μηχ*) piston. (*πλοίου*) ram
εμβρόντητος *επίθ* aghast
εμβρυϊκός *επίθ* embryonic
έμβρυο (*το*) embryo, foetus
εμβρυουλκός (*o*) forceps *άκλ*
εμείς *αντων* we. ~ **ήρθαμε** we have come. ~ **τι νομίζεις ότι είμαστε;** what do you think we are?
εμένα *αντων* me. **σ΄** ~ **τι θα δώσεις;** what are you going to give me?. ~ **μου λες!** you're telling me!
εμετικός *επίθ* emetic. (*αηδιαστικός*) nauseating
εμετός (*o*) vomit. **κάνω** ~ be sick, vomit. **μου έρχεται** ~**ς** I feel sick
εμίρης (*o*) emir
εμμένω *ρ αμτβ* adhere (**σε**, to). • *ρ αμτβ* persevere
έμμεσος *επίθ* indirect. ~**α** *επίρρ* indirectly
εμμηνόπαυση (*η*) menopause
εμμηνόρροια (*η*) menstruation
εμμηνορροώ *ρ αμτβ* menstruate
έμμισθος *επίθ* salaried
εμμονή (*η*) perserverance
έμμονος *επίθ* persistent. (*παθολογική*) obsessive. ~**η ιδέα** (*η*) fixation, obsession
έμπα (*το*) *άκλ* entrance. (*αρχή*) beginning. **στο** ~ **της σπηλιάς** at the entrance to the cave. **στο** ~ **του χειμώνα** at the beginning of winter. **τα** ~ **έβγα** comings and goings
εμπάθεια (*η*) empathy
εμπαιγμός (*o*) mockery. (*απάτη*) deception
εμπάργκο (*το*) *άκλ* embargo
εμπεδώνω *ρ μτβ* consolidate

εμπέδωση (*η*) consolidation
εμπειρία (*η*) experience
εμπειρικός *επίθ* empirical
εμπειρογνώμονας (*o, η*) expert
εμπειρογνωμοσύνη (*η*) expertise
έμπειρος *επίθ* experienced
εμπιστεύομαι *ρ μτβ* trust. (*εκμυστηρεύομαι*) confide. (*αναθέτω*) entrust
εμπιστευτικός *επίθ* confidential
έμπιστος *επίθ* trusted. ~ (*o*) confidant
εμπιστοσύνη (*η*) trust, confidence. **άξιος** ~**ς** trustworthy. **εμπνέω** ~ inspire confidence. **ψήφος** ~**ς** (*η*) vote of confidence
εμπλέκω *ρ μτβ* implicate. (*μηχ*) engage
εμπλοκή (*η*) (*μηχ*) jamming. (*μπλέξιμο*) involvement
εμπλουτίζω *ρ μτβ* enrich. ~**ισμός** (*o*) enrichment
έμπνευση (*η*) inspiration
εμπνέω *ρ μτβ* inspire
εμποδίζω *ρ μτβ* obstruct. (*παρεμποδίζω*) prevent. (*προσπάθειες*) hamper. (*σταματώ*) hinder. (*την ανάπτυξη*) stunt. • *ρ αμτβ* be in the way
εμπόδιο (*το*) obstacle, hindrance. (*για να ξεπεραστεί*) hurdle. **δρόμος μετ΄ εμποδίων** hurdles
εμπόλεμος *επίθ* belligerent. ~**η κατάσταση** (*η*) state of war
εμπόρευμα (*το*) merchandise, commodity
εμπορεύματα (*τα*) goods, merchandise
εμπορευματοκιβώτιο (*το*) container (*cargo*)
εμπορεύομαι *ρ μτβ/ρ αμτβ* trade, deal in. (*εκμεταλλεύομαι*) commercialize
εμπορικ|ός *επίθ* commercial. ~**ή διαφήμιση** (*η*) commercial. ~**ή περιοχή** (*η*) trading estate. ~**ό κέντρο** (*το*) shopping centre
εμπόριο (*το*) commerce. (*σε εμπορεύματα*) trade
έμπορ|ος (*o*) trader, merchant. ~**ος ανδρικών ειδών** (*o*) mens outfitter. ~**οι** (*οι*) tradespeople
εμποτίζω *ρ μτβ* saturate. (*μεταφ*) imbue
έμπρακτος *επίθ* in practice
εμπρεσιονισμός (*o*) impressionism
εμπρεσιονιστής (*o*) impressionist
εμπρησμός (*o*) arson
εμπρ|ηστής (*o*), ~**ήστρια** (*η*) arsonist
εμπρηστικ|ός *επίθ* incendiary. (*μεταφ*) inflammatory. ~**ή ύλη** (*η*) incendiary device
εμπριμέ *επίθ* *άκλ* printed (*fabric*)
εμπρόθεσμος *επίθ* within the prescribed time
εμπρός *επίρρ* forward. ~**!** (*προχώρει*) come on! (*σε χτύπημα στην πόρτα*) come in! (*στο τηλέφωνο*) hallo. ~ **μαρς!** forward march! ~ **στα μάτια μου** in front of my eyes. ~ **στο φίλο του είναι**

άσχημος he is ugly compared to his friend. **βάζω** ~ get started. **βάζω** ~ τη μηχανή start the engine. **βάζω** ~ μια επιχείρηση set up a business
εμπρόσθιος επίθ front
εμπροσθοφυλακή (η) vanguard
εμφανής επίθ conspicuous. (φανερός) apparent
εμφανίζω ρ μτβ present. (φωτογραφίες) develop. **εμφανίζομαι** ρ αμτβ appear. (ξαφνικά) pop up. (πρόβλημα) arise
εμφάνιση (η) emergence. (παρουσιαστικό) appearance
έμφαση (η) emphasis
εμφατικός επίθ emphatic
εμφιαλώνω ρ μτβ bottle
έμφραγμα (το) plug, stopper. (ιατρ) infarction
εμφύλιος επίθ civil. ~ **πόλεμος** (ο) civil war
εμφύσημα (το) emphysema
εμφύτευμα (το) implant
εμφυτεύω ρ μτβ implant
έμφυτος επίθ inherent, innate
εμψυχώνω ρ μτβ encourage. ~ τους στρατιώτες boost troop morale
εν πρόθ in. ~ **μέρει** partly. ~ **πάση περιπτώση** in any case. ~ **πρώτοις** in the first place. ~ **συντομία** in a nutshell. **είναι** ~ **γνώσει μου** I am aware of it. **το** ~ **λόγω όχημα** the vehicle in question
ένα (το) one επίθ **βλ ένας.** ~ **σου κι** ~ **μου** tit for tat. ~ **σωρό** heaps of
εναγόμενος (ο) (νομ) defendant
ενάγ|ω ρ μτβ sue. ~**ων** (ο), ~**ουσα** (η) plaintiff
εναγωνίως επίρρ anxiously, impatiently
εναέριος επίθ aerial. (καλώδιο, σιδηρόδρομος) overhead
εναιώρημα (το) suspension (liquid)
εναλλαγή (η) alternation. (καλλιέργειας) rotation. (προσωπικού) turnover
εναλλακτικ|ός επίθ alternative. ~**ή λύση** (η) alternative. ~**ά** επίρρ alternatively
εναλλάξ επίρρ alternately.
εναλλασσόμενος επίθ alternate (by turns)
εναλλάσσ|ω ρ μτβ alternate. (καλλιέργεια) rotate. ~**σσομαι** ρ αμτβ alternate
έναντι επίρρ opposite. (πληρωμή) against
εναντίον επίρρ against
ενάντιος επίθ (αντίθετος) contrary. (δυσμενής) adverse. **εν εναντία περιπτώση** otherwise
εναντιώνομαι ρ μτβ oppose. ~ **σε** (έχω αντίρρηση) object to
εναποθέτω ρ μτβ place
ενάρετος επίθ virtuous
εναρκτήριο|ς επίθ inaugural. ~ **λάκτισμα** (το) kick-off
εναρμονίζω ρ μτβ harmonize
έναρξη (η) commencement. (συναδρίου) opening

ένας επίθ one. (μοναδικός) single. ~ ~ one at a time. **είναι** ~ **κι** ~ they are hand-picked. **ο** ~ **τον άλλο** each other. **να μην ακούς τι λέει ο** ~ **κι ο άλλος** don't listen to what people say
έναστρος επίθ starry (sky)
ενατένιση (η) (βλέμματος) stare. (πνευματική) absorption
ένατος επίθ ninth
ενδεικτικό|ς επίθ indicative. ~ (το) school report
ένδειξη (η) indication. (απόδειξη) evidence. (σε έγκλημα) clue. (σε μετρητή) reading. (σημάδι) sign
ενδέκατος επίθ eleventh
ενδεχόμενο|ς επίθ probable. ~ (το) eventuality. **για κάθε** ~ just in case
ενδεχομένως επίρρ in all probability
ενδημικός επίθ endemic. (φυτό) native
ενδιάμεσο|ς επίθ intermediate. ~**ς** (ο) intermediary. ~ (το) (διάστημα) interim
ενδιαφερόμενος επίθ interested
ενδιαφέρον (το) interest. (φροντίδα) concern
ενδιαφέρ|ω ρ μτβ interest. ~**ομαι** (για) ρ αμτβ be interested (in). (μεριμνώ) be concerned (about)
ενδιαφέρ|ων επίθ interesting. **είναι σε** ~**ουσα** she is pregnant
ενδίδω ρ αμτβ give in, relent
ένδικος επίθ judicial
ενδοιασμός (ο) scruple. (αμφιβολία) hesitation
ένδοξ|ος επίθ (πράξη ή κατάσταση) glorious. (φημισμένος) celebrated. ~**α** επίρρ gloriously
ενδοσκοπικός επίθ (ιατρ) endoscopic. (μεταφ) introspective
ενδοσκόπιο (το) endoscope
ενδότερος επίθ innermost
ενδοτικός επίθ yielding, complying
ενδοφλέβιος επίθ intravenous
ενδοχώρα (η) hinterland
ένδυμα (το) garment, costume
ενδυμασία (η) costume, apparel
ενδυναμ|ώνω ρ μτβ strengthen. (μεταφ) boost. ~**ωτικός** επίθ strengthening
ενέδρα (η) ambush. **στήνω** ~ ambush
ενενηκοστός επίθ ninetieth
ενενήντα επίθ άκλ ninety
ενενηντ|άρης επίθ nonagenarian. ~**αριά** (η) about ninety
ενέργεια (η) action. (δικαστική) proceedings. (επενέργεια) effect. (ηλεκτρική, μηχανική) energy. (πράξη) act. (προσπάθεια) move
ενεργητικό (το) asset
ενεργητικ|ός επίθ active. ~**τητα** (η) energy. (μεταφ) activity
ενεργοποιώ ρ μτβ activate
ενεργός επίθ active
ενεργ|ώ ρ μτβ carry out. • ρ αμτβ act, take action. (φάρμακο) work, take effect. ~

από κοινού act jointly. **~ εναντίον** act against. **~ούμαι** ρ αμτβ have a bowel movement

ένεση (η) injection. **κάνω ~** inject

ενεστώτας (ο) present tense

ενέχομαι ρ αμτβ be implicated

ενέχυρο (το) pawn. **βάζω ~** pawn

ενεχυροδανειστήριο (το) pawnshop

ενεχυροδανειστής (ο) pawnbroker

ένζυμο (το) enzyme

ενηλικ|ιώνομαι ρ αμτβ come of age. **~ίωση** (η) coming of age

ενήλικος επίθ adult

ενηλικότητα (η) adulthood

ενήμερο|ς επίθ aware. **κρατώ ~** keep informed

ενημερωμένος επίθ informed, up to date

ενημερώνω ρ μτβ inform. (κατατοπίζω) brief

ενημερωτικό|ς επίθ informative. **~ δελτίο** (το) prospectus

ενθάρρυνση (η) encouragement

ενθαρρυντικός επίθ encouraging. **~ά λόγια** (τα) pep talk

ενθαρρύνω ρ μτβ encourage. (εμψυχώνω) hearten

ένθετ|ος επίθ inserted. (κόσμημα) inlaid. **~η διακόσμηση** (η) inlay. **~ο** (το) insert (in magazine)

ενθουσιάζω ρ μτβ fill with enthusiasm. **~ομαι** ρ αμτβ be enthusiastic

ενθουσιασμέν|ος επίθ enthusiastic. **~α** επίρρ enthusiastically

ενθουσιασμός (ο) enthusiasm

ενθουσιώδης επίθ enthusiastic

ενθύμηση (η) remembrance

ενθύμιο (το) memento. (από ταξίδι) souvenir

ενιαίος επίθ united. (τιμή) flat

ενιακόσ(ι)οι επίθ nine hundred

ενικός (ο) (αριθμός) singular

ενίσχυση (η) encouragement. (ηθική) boost. (ηλεκτρ) amplification. (υποστήριξη) support. (στρ) reinforcement

ενισχυτής (ο) amplifier

ενισχυτικ|ός επίθ reinforcing. **~ή ταινία** (η) webbing

ενισχύω ρ μτβ reinforce. (ηθική) boost. (ηλεκτρικ) amplify. (οικονομικά) assist. (υποστηρίζω) support

εννέα επίθ άκλ nine

εννεαετής επίθ nine-year-old

εννεαμελής επίθ nine-member

εννιά επίθ άκλ βλ **εννέα**

εννιάχρονος επίθ βλ **εννεαετής**

έννοια[1] (η) concept. (σημασία) sense

έννοια[2] (η) worry. **~ σου** don't worry, never mind

εννοιολογικός επίθ conceptual

έννομ|ος επίθ legitimate. **~η τάξη** (η) law and order

εννο|ώ ρ μτβ mean, intend. (καταλαβαίνω) understand. **~είται** it goes without saying

ενοικιάζω ρ μτβ rent. (κτίριο) let. (όχημα) hire

ενοικίαση (η) hire

ενοίκι|αστήριο (το) lease. **~αστής** (ο), **~άστρια** (η) lodger

ενοίκιο (το) rent

ένοικος (ο, η) tenant

ένοπλ|ος επίθ armed. **~η ληστεία** (η) armed robbery. **~ες δυνάμεις** (οι) armed forces

ενοποίηση (η) unification, (εταιριών) merger

ενοποιώ ρ μτβ unify

ενόργανος επίθ instrumental (music)

ενορί|α (η) parish. **~της** (ο), **~τισσα** (η) parishioner

ενοριακός επίθ parish

ένορκ|ος (ο, η) juror. **~οι** (οι) jury

ενορχηστρώνω ρ μτβ orchestrate

ενότητα (η) unity. (διδακτέα ύλης) unit. (συμφωνία) cohesion

ενοχή (η) guilt

ενοχλημένος επίθ annoyed

ενόχληση (η) inconvenience. (διατάραξη της ηρεμίας) disturbance. (δυσαρέστηση) annoyance

ενοχλητικός επίθ tiresome. (δυσάρεστος) annoying

ενοχλώ ρ μτβ disturb. (δυσαρεστώ) annoy. (συστηματικά) pester

ενοχοποίηση (η) incrimination

ενοχοποι|ώ ρ μτβ incriminate. **~ητικός** επίθ incriminating

ένοχος επίθ guilty. **~** (ο) culprit

ενσαρκωμένος επίθ incarnate

ενσαρκώνω ρ μτβ embody

ενσάρκωση (η) embodiment. (ενανθρώπιση) incarnation

ένσημο (το) stamp (for collection of duty)

ενσταλάζω ρ μτβ instil

ενσταντανέ (το) άκλ snapshot

ένστικτο (το) instinct

ενστικτώδης επίθ instinctive

ενσωματώνω ρ μτβ incorporate, integrate

ενσωμάτωση (η) incorporation, integration

ένταλμα (το) warrant (for arrest)

εντάξει επίρρ all right, OK

ένταξη (η) entry (into an organisation)

ένταση (η) intensity. (οξύνση) strain. (ραδιόφωνο) volume. (συγκινήσεως) tension

εντατικοποίηση (η) intensification

εντατικ|ός επίθ intensive. (προσπάθεια) strenuous. **~ή σειρά μαθημάτων** (η) intensive course. **~ά** επίρρ strenuously. (σκέφτομαι) hard. **~ότητα** (η) intensiveness

ενταύθα επίρρ here. (σε αλληλογραφία) in the same town or village

ενταφιάζω ρ μτβ entomb. (μεταφ) bury

εντείνω ρ μτβ intensify

έντεκα επίθ άκλ eleven

εντέλεια (η) perfection. **στην ~ to** perfection

εντελώς επίρρ quite, completely, altogether

εντερικός επίθ intestinal

έντερο (το) intestine

εντεταλμένος επίθ authorized. (αρμόδιος) competent

έντιμος επίθ honourable. (τίμιος) above-board

εντιμότητα (η) worship (title)

εντοιχίζω ρ μτβ build a wall round. **~ισμένα έπιπλα** built-in furniture

έντοκος επίθ interest-bearing

εντολή (η) order, command. (εκκλ) commandment. (Η/Υ) command. (πολιτ) mandate

έντομο (το) insect

εντομοκτόνο (το) insecticide

εντομολογία (η) entomology

έντονος επίθ (ενδιαφέρον) keen. (άνθρωπος) intense. (αντίθεση) sharp. (διαμαρτυρία) strong. (πόνος) acute. (χρώμα) vivid. **~α** επίρρ intensely, keenly

εντοπίζω ρ μτβ locate. (καθορίζω) identify. (με ακρίβεια) pin-point. (περιορίζω) localize

εντός επίρρ inside, within. **~ τριών ημερών** within three days. **~ των ορίων της λογικής** within reason

εντόσθια (τα) entrails. (μαγ) offal

εντούτοις επίρρ nevertheless

εντράδα (η) stew containing meat and vegetables

εντριβή (η) massage (rubbing)

έντρομος επίθ terrified. **~α** επίρρ in a terrified manner.

έντυπος επίθ printed. **~ (το)** form (document). **~ κλειστό** printed matter

εντυπώνω ρ μτβ imprint (on the mind)

εντύπωση (η) impression

εντυπωσιάζω ρ μτβ impress

εντυπωσιακός επίθ impressive. (προκαλεί ζωηρή αίσθηση) sensational

ενυδατώνω ρ μτβ moisturize

ενυδρείο (το) aquarium

ενυδρίς (η) otter

ένυδρος επίθ aquatic

ενώ σύνδ while, whilst. (αν και) although. **μας βρήκε η βροχή ~ περπατούσαμε στο δρόμο** it started to rain while we were walking in the street. **~ τίποτα δεν τους χρωστούσε, τους έδωσε τα λεφτά που ζήτησαν** although he didn't owe them anything he gave them the money they asked for

ενώνω ρ μτβ join together. (συναρμόζω) combine. **~ω δυνάμεις** pool resources. **~ομαι** ρ αμτβ unite. (δρόμοι) join

ενώπιον επίρρ before. **~ του δικαστηρίου** before the court

ένωση (η) union. (σωματείο) union, society. (χημ) compound

εξαγγελία (η) announcement

εξαγνίζω ρ μτβ cleanse (guilt). **~ισμός (ο)** cleansing (of guilt)

εξαγορά (η) pay off. (δωροδοκία) buying off. (εταιρία) take-over, buy-out. (με λύτρα) ransom

εξαγοράζω ρ μτβ pay off. (δωροδοκώ) buy off. (εταιρία) take over. (με λύτρα) ransom

εξαγριωμένος επίθ berserk

εξαγριών|ω ρ μτβ make wild. **~ομαι** ρ αμτβ be enraged

εξάγω ρ μτβ export. (συμπεραίνω) deduce

εξαγωγέας (ο) exporter

εξαγωγή (η) export. (μηχ) outlet

εξαγωνικός επίθ hexagonal

εξάγωνο|ς επίθ hexagonal. **~ (το)** hexagon

εξαδέλφη (η) cousin

εξάδελφος (ο) cousin. **πρώτος/δεύτερος ~** first/second cousin

εξαερίζω ρ μτβ ventilate

εξαερισ|μός (ο) ventilation. **~τήρας (ο)** ventilator

εξαετία (η) six year period

εξαθλίωση (η) degradation

εξαίρεση (η) exception. (απαλλαγή) exemption

εξαιρετικ|ός επίθ excellent. (που αποτελεί εξαίρεση) exceptional. **~ά** επίθ exceptionally

εξαίρετος επίθ excellent

εξαίρω ρ μτβ extol

εξαιρώ ρ μτβ except. (από υποχρέωση) exempt

εξαίσιος επίθ out of this world

εξαιτίας επίρρ because of, owing to

εξακολουθώ ρ μτβ/ρ αμτβ continue

εξακόσ(ι)οι επίθ six hundred

εξακριβώνω ρ μτβ ascertain

εξαλείφω ρ μτβ eliminate. (σβήνω) wipe out. (καταργώ) eradicate. (διαγράφω) obliterate

εξάλειψη (η) elimination. (διαγραφή) obliteration

εξαλλ|ος επίθ frantic. (μεταφ) wild. **~α** επίρρ wildly

εξάλλου επίρρ besides

εξαμελής επίθ six-member

εξαμηνία (η) six monthly period

εξαμηνίτικος επίθ born after six months in the womb

εξάμηνο|ς επίθ six-monthly. **~ (το)** six months, (αμερ) semester.

εξαναγκάζω ρ μτβ coerce

εξαναγκασμός (ο) coercion

εξανεμίζ|ω ρ μτβ (λεφτά) squander. **~ομαι** ρ αμτβ evaporate. (μεταφ)

εξάνθημα (το) rash

εξαντλημένος επίθ worn-out, exhausted. (βιβλίο) out of print. (προϊόν) out of stock

εξάντληση (η) exhaustion

εξαντλητικός επίθ gruelling. (δυνατότητες) exhaustive

εξαντλ|ώ *ρ μτβ* wear out, tire. *(πόρους)* deplete. *(χρησιμοποιώ)* exhaust. **~ούμαι** *ρ αμτβ* be exhausted. *(προϊόν)* be sold out

εξαπατώ *ρ μτβ* deceive. *(από χρήματα)* defraud, *(λαϊκ)* con. *(παραπλανώ)* double-cross

εξαπλάσιος *επίθ* sixfold

εξαπλωμένος *επίθ* rampant

εξάπλωση *(η)* spreading

εξαποδώ *(ο)* the devil

εξαπολύω *ρ μτβ* unleash. *(επίθεση)* launch

εξάπτω *ρ μτβ* excite, inflame

εξαργυρώνω *ρ μτβ* cash

εξαρθρώνω *ρ μτβ* dislocate

εξάρθρωση *(η)* dislocation

έξαρση *(η)* exaltation

εξάρτημα *(το)* fixture, fitting. *(εργαλείου)* attachment. *(μηχανήματος)* part. *(συστατικό)* component

εξάρτηση *(η)* dependence

εξαρτ|ώ *ρ μτβ* suspend. *(στηρίζω)* make dependent on. **~ώμαι** *ρ αμτβ* depend. **~ώμαι από** be dependent on. **~άται** it depends. **δεν ~άται από μένα** it's not up to me

εξαρτώμενο|ς *επίθ* dependent. **~οι** *(οι)* dependants

εξαρχής *επίρρ* from the beginning

εξασθένηση *(η)* debility. *(ακοής κλπ)* impairment. *(αδυνάτισμα)* weakening

εξασθενητικός *επίθ* enervating

εξασθενίζω *ρ μτβ* debilitate. *ρ αμτβ (ήχος)* fade

εξασθένιση *(η)* βλ **εξασθένηση**

εξασθενώ *ρ αμτβ* decline *(health)*. *(αδυνατίζω)* weaken

εξασκημένος *επίθ* practised

εξάσκηση *(η)* *(εκγύμναση)* work-out, exercise. *(εφαρμογή θεωρητικών γνώσεων)* practice

εξασκ|ώ *ρ μτβ* *(επάγγελμα)* practise. *(δικαιώματα)* exercise. **~ώ επιρροή** exert influence. **~ώ πίεση** apply pressure. **~ούμαι** *ρ αμτβ* exercise

εξασφαλίζω *ρ μτβ* secure, obtain. *(σιγουράρω)* ensure. *(εγγυούμαι)* guarantee

εξασφάλιση *(η)* indemnity

εξατμίζ|ω *ρ μτβ* cause to evaporate. **~ομαι** *ρ αμτβ* evaporate

εξάτμιση *(η)* evaporation. *(οχήματος)* exhaust

εξατομικεύω *ρ μτβ* individualize

εξαϋλώνομαι *ρ αμτβ* dematerialize. *(μεταφ)* be idealized

εξαφανίζ|ω *ρ μτβ* cause to disappear. *(καταστρέφω)* wipe out. **~ω μυστηριωδώς** spirit away. **~ομαι** *ρ αμτβ* vanish, disappear

εξαφάνιση *(η)* disappearance. *(ζώων, φυτών)* extinction

έξαφνα *επίρρ* βλ **ξαφνικά**

εξαχρείωση *(η)* depravity

εξάψαλμο|ς *(ο)* tirade. **ακούω τον εξάψαλμο** be lectured to

έξαψη *(η)* excitement. *(αίσθημα θερμότητας)* hot flush

εξεγείρ|ω *ρ μτβ* excite. *(κινώ σε επανάσταση)* incite. *(παρακινώ)* rouse. **~ομαι** *ρ αμτβ* revolt

εξέγερση *(η)* uprising

εξέδρα *(η)* platform. *(σε γήπεδο)* stand. **~ εκτοξεύσεως** launching pad. **~ επισήμων** grandstand. **~ ορχήστρας** bandstand

εξεζητημένος *επίθ* affected. *(ντύσιμο)* fussy. *(φέρσιμο)* studious

εξειδικεύομαι *ρ αμτβ* specialize

εξελιγμένος *επίθ* developed. *(προηγμένος)* advanced

εξέλιξη *(η)* development. *(πρόοδος)* progress. *(των ειδών)* evolution. **σε ~** in progress

εξελίσσ|ω *ρ μτβ* develop. **~ομαι** *ρ αμτβ* develop. *(βαθμιαία)* evolve. *(προοδεύω)* progress. *(σχέδιο)* unfold

εξερεθίζω *ρ μτβ* provoke

εξερεύνηση *(η)* exploration

εξερευνητικ|ός *επίθ* exploratory. **~ή ομάδα** *(η)* search-party

εξερευνη|τής *(ο)*, **~τρια** *(η)* explorer

εξερευνώ *ρ μτβ* explore

εξετάζω *ρ μτβ* examine. *(ανακρίνω)* question. *(βλέπω με προσοχή)* look into. *(για καταλληλότητα)* screen. *(ελέγχω)* check

εξέταση *(η)* examination. *(γενική)* check-up. *(ιατρική)* medical. *(λεπτομερής, μηχ)* overhaul. **η Ιερά Ε~** the Inquisition. **εξετάσεις** *(οι)* exams

εξετ|αστής *(ο)*, **~άστρια** *(η)* examiner

εξέταστρα *(τα)* examination fee

εξευγενίζω *ρ μτβ* ennoble. *(βελτιώνω)* refine

εξευμενίζω *ρ μτβ* placate

εξευρωπαΐζω *ρ μτβ* Europeanize

εξευτελίζω *ρ μτβ* *(κατεβάζω την αξία)* degrade. *(ταπεινώνω)* humiliate

εξευτελισμός *(ο)* degradation. *(ταπείνωση)* humiliation

εξευτελιστικ|ός *επίθ* humiliating. **~ή αμοιβή** *(η)* pittance

εξέχω *ρ αμτβ* protrude. *(ξεχωρίζω)* stand out

εξήγηση *(η)* explanation

εξηγ|ώ *ρ μτβ* explain. *(ερμηνεύω)* interpret. **~ούμαι** *ρ αμτβ* make oneself clear

εξηκοστός *επίθ* sixtieth

εξημερώνω *ρ μτβ* tame. *(εκπολιτίζω)* civilize. *(καταπραΰνω)* mollify

εξημμέν|ος *επίθ* hot-headed. **~α πάθη** *(τα)* heated emotions

εξήντα *επίθ άκλ* sixty

εξηνταβελόνης *(ο)* skinflint

εξηντάρης *(ο)*, **~α** *(η)* sixty-year-old

εξής *επίθ άκλ* following. **τα ~ χαρακτηριστικά** the following features. **στο ~** henceforth. **από τώρα και στο ~**

from now on. • επίρρ **ως ~** as follows.
και ούτω καθ~ and so on and so forth
έξι επίθ άκλ six
εξιδανικεύω ρ μτβ idealize
εξίδρωση (η) perspiration
εξιλασμός (ο) atonement
εξιλεών|ω ρ μτβ appease. **~ομαι** ρ αμτβ
atone for
εξιλέωση (η) atonement
εξισορρόπηση (η) counter balance
εξίσου επίρρ equally
εξιστορώ ρ μτβ recount
εξισώνω ρ μτβ make equal. (μαθημ)
equate
εξίσωση (η) equalization. (μαθημ)
equation
εξιχνιάζω ρ μτβ track down. (διαλευκάνω)
solve
εξόγκωμα (το) protuberance. (πρήξιμο)
bump, lump
εξογκώνω ρ μτβ swell. (τιμές) inflate.
(μεγαλοποιώ) exaggerate
έξοδ|ο (το) expense. **~α** (τα) costs. **γενικά
~α** (τα) overheads
έξοδος (η) exit. (αεροδρόμιο) gate. (από
νοσοκομείο) discharge. (εξόρμηση)
exodus. (στρ) sally. (μεταφ) way out. **~
κινδύνου** (η) emergency exit
εξοικειών|ω ρ μτβ familiarize. **~ομαι** ρ
μτβ/αμτβ familiarize oneself (with)
εξοικονομώ ρ μτβ save (money, time)
εξοκέλλω ρ αμτβ (πλοίο) run aground.
(μεταφ) go astray
εξολοθρεύω ρ μτβ wipe out
εξομάλυνση (η) levelling. (μεταφ)
smoothing out
εξομαλύνω ρ μτβ level. (μεταφ) smooth
out
εξομοίωση (η) placing in the same
category with
εξομοιωτής (ο) simulator
εξομολόγηση (η) confession
εξομολογητήριο (το) confessional
εξομολογητής (ο) confessor
εξοντώνω ρ μτβ exterminate
εξόντωση (η) extermination
εξοντωτικός επίθ destructive.
(συναγωνισμός) cut-throat
εξονυχιστικ|ός επίθ thorough. **~ή
εξέταση** (η) scrutiny. **~ά** επίρρ
thoroughly. **εξετάζω ~ά** ρ μτβ scrutinize
εξοπλίζω ρ μτβ arm. (μεταφ) equip
εξοπλισμός (ο) armament. (μεταφ)
equipment
εξοργίζω ρ μτβ infuriate, enrage. **~ομαι** ρ
αμτβ get furious
εξοργισμέν|ος επίθ furious. **~α** επίρρ
furiously
εξοργιστικός επίθ infuriating. (προκαλεί
αγανάκτηση) outrageous
εξορίζω ρ μτβ exile, banish
εξόριστος (ο) exile (person)
εξορκίζω ρ μτβ exorcise

εξορκισμός (ο) exorcism
εξόρμηση (η) sally
εξορμώ ρ αμτβ sally out
εξόρυξη (η) mining
εξορύσσω ρ μτβ mine
εξοστρακ|ίζω ρ μτβ ostracize. **~ισμός** (ο)
ostracism
εξουδετερώνω ρ μτβ neutralize. (μεταφ)
counteract
εξουθενώνω ρ μτβ defeat utterly
εξουθενωτικ|ός επίθ overwhelming. **~ή
ζέστη** (η) debilitating heat
εξουσία (η) power (of office). (κρατική)
authority
εξουσιάζω ρ μτβ/αμτβ dominate. (άλλους)
rule
εξουσιοδότηση (η) authorization
εξουσιοδοτώ ρ μτβ authorize, empower
εξόφληση (η) repayment. (χρέους)
settlement
εξοφλώ ρ αμτβ pay off. (υποχρέωση)
discharge. (χρέος) settle
εξοχή (η) countryside
εξοχικ|ός επίθ (of the) country. **~ς
περίπατος** (ο) walk in the country. **~
** (το) holiday home
έξοχ|ος επίθ superb. (υπέροχος) exquisite.
~α επίρρ superbly, exquisitely
εξοχότατ|ος επίθ Excellency. **Ε~τατε**
Your Excellency
εξπρές επίρρ express. **~** (το) άκλ express
train
έξτρα επίθ άκλ extra
εξτρεμ|ιστής (ο), **~ίστρια** (η) extremist
εξυβρ|ίζω ρ μτβ insult. **~ιστικός** επίθ
insulting
εξυμνώ ρ μτβ exalt, praise
εξυγίανση (η) cleansing
εξυμνώ ρ μτβ extol
εξυπακούεται ρ αμτβ απρόσ it's
understood
εξυπηρέτηση (η) service. **εστιατόριο
γρήγορης ~ς** (το) fast-food restaurant
εξυπηρετικός επίθ accommodating.
(πρόσωπο) helpful
εξυπηρετ|ώ ρ μτβ serve. **~εί το σκοπό
του** it serves its purpose
εξυπνάδα (η) cleverness. (καπατσοσύνη)
smartness. (αστείσμός) witticism
έξυπν|ος επίθ clever. (κάπατσος) smart.
~α επίρρ cleverly, smartly
εξυψώνω ρ μτβ raise. (προσδίνω αίγλη)
edify
έξω επίρρ out. (στο εξωτερικό) abroad.
(στο ύπαιθρο) outdoors. • πρόθ except. **~
από** outside. **μια κι ~** all at once. **απ' ~**
by rote, by heart. **πέφτω ~** be mistaken.
προς τα ~ outward(s). **το ρίχνω ~** go
on a spree. **έγινε ~ φρενών** he/she was
beside himself/herself. **ήταν όλοι, ~ από
σένα** they we were all there except you
εξωγήινος επίθ extra-terrestrial
εξώδικος επίθ out of court

εξωθώ *ρ μτβ* push out. (*παρακινώ*) drive

εξωλέμβιος *επίθ* outboard boat

έξωμος *επίθ* sleeveless and low-necked (*dress*)

εξώπορτα (*η*) front door

έξωση (*η*) eviction. **κάνω ~** *ρ μτβ* evict

εξώστης (*ο*) gallery (*at theatre*). **πρώτος ~** dress circle

εξωστρεφής *επίθ* extrovert

εξωσυζυγικός *επίθ* extramarital

εξωσχολικός *επίθ* out-of-school

εξωτερικεύω *ρ μτβ* reveal (*thoughts*)

εξωτερικό (*το*) (*εξωτερική όψη*) exterior. (*ξένες χώρες*) abroad. **~ά** (*τα*) scenes shot on location

εξωτερικός *επίθ* outside. (*μαθητής, εξεταστής*) external. (*σχετικά με ξένες χώρες*) foreign. (*μεταφ*) superficial. **~ά ιατρεία** (*τα*) out-patients' department. **~ά** *επίρρ* outwardly, externally

εξωτικός *επίθ* exotic

εξωφρενικός *επίθ* wild (*idea*). (*τιμές*) exorbitant

εξώφυλλο (*το*) cover (*of book*)

ΕΟΚ (*η*) *αρκτ* (*Ευρωπαϊκή Οικονομική Κοινότητα*) EEC (European Economic Community)

εορτασ|μός (*ο*) celebration. **~τικός** *επίθ* celebratory

ΕΟΤ (*ο*) *αρκτ* **Ελληνικός Οργανισμός Τουρισμού** National Tourist Board

επάγγελμα (*το*) occupation. (*γιατρού, δικηγόρου κλπ*) profession

επαγγελματίας (*ο, η*) (*που ασκεί επάγγελμα*) practitioner. (*που ασκεί επάγγελμα με συνέπεια*) professional. **~ πυγμάχος** prize-fighter. **ελεύθερος ~** freelance

επαγγελματικό|ς *επίθ* professional. (*σχετικός με ένα ιδιαίτερο επάγγελμα*) vocational. (*σχετικός με το επάγγελμα γενικά*) occupational. **~τητα** (*η*) professionalism

επαγρύπνηση (*η*) vigilance

επαγρυπνώ *ρ αμτβ* be vigilant

επαγωγή (*η*) induction

έπαθλο (*το*) trophy

έπαινος (*ο*) praise. (*σε διαγωνισμό*) commendation

επαινώ *ρ μτβ* praise. (*λέω καλά λόγια*) commend

επαίσχυντ|ος *επίθ* shameful. **~α** *επίρρ* shamefully

επακόλουθο|ς *επίθ* consequent. **~** (*το*) aftermath. **τυχαίο ~** spin-off

επακολουθώ *ρ αμτβ* ensue

έπακρο (*το*) extreme. **στο ~** in the extreme

επαληθεύω *ρ μτβ* verify. **~ομαι** *ρ αμτβ* come true

επαλήθευση (*η*) verification

έπαλξη (*η*) rampart. **επάλξεις** (*οι*) battlements

επανακτώ *ρ μτβ* recover

επαναλαμβάν|ω *ρ μτβ* repeat. (*ξαναλέω*) reiterate. **~ομαι** *ρ αμτβ* be repeated. (*επανεμφανίζομαι*) recur

επαναληπτικ|ός *επίθ* repetitive. **~ός αγώνας** (*ο*) replay (*sport*). **~ή εκλογή** (*η*) by-election

επανάληψη (*η*) repetition, repeat. (*ξαναδιάβασμα*) revision

επαναπατρίζω *ρ μτβ* repatriate

επαναπατρισμός (*ο*) repatriation

επανάσταση (*η*) revolution. (*εξέγερση*) insurrection

επαναστάτ|ης (*ο*), **~ρια** (*η*) revolutionary. (*μεταφ*) rebel

επαναστατικ|ός *επίθ* revolutionary. (*της εξεγέρσεως*) insurgent. **~ή ανακάλυψη** (*η*) breakthrough

επαναστατώ *ρ αμτβ* revolt. (*μεταφ*) rebel

επαναφέρω *ρ μτβ* bring back. (*στην κοινωνία*) rehabilitate. (*στη μνήμη*) conjure up

επαναφορτίζω *ρ μτβ* recharge

επανδρώνω *ρ μτβ* man

επανειλημμέν|ος *επίθ* repeated. **~α** *επίρρ* repeatedly

επανεκπαιδεύομαι *ρ μτβ* retrain

επανεμφανίζομαι *ρ αμτβ* reappear. (*συμβαίνω*) recur

επανεμφάνιση (*η*) reappearance. (*στην πράξη*) recurrence

επανέναρξη (*η*) reopening

επανεξέταση (*η*) reappraisal

επανεξοπλίζω *ρ μτβ* rearm

επανέρχομαι *ρ αμτβ* return. **~ σε** revert to

επάνοδος (*η*) return

επανορθώνω *ρ μτβ* restore. (*δίνω ικανοποίηση*) make amends. (*διορθώνω*) rectify

επανόρθωση (*η*) restoration. (*διόρθωση*) rectification

επάνω *επίρρ* on. (*ακριβώς*) exactly. (*θέση*) over. (*περισσότερο*) more. **~ κάτω** round about. **από πάνω έως κάτω** from top to bottom

επάργυρος *επίθ* silver-plated

επάρκεια (*η*) adequacy

επαρκής *επίθ* adequate

επαρκώ *ρ αμτβ* suffice

επαρκώς *επίρρ* adequately

έπαρση (*η*) hoisting. (*μεταφ*) conceit

επαρχία (*η*) province

επαρχιακός *επίθ* provincial

έπαυλη (*η*) villa

επαφή (*η*) (*άγγιγμα*) touch. (*συνάντηση*) contact. **εξ ~ς** point-blank. **έρχομαι σε ~ με** get in touch with

επαχθής *επίθ* burdensome. (*δυσάρεστος*) onerous

ΕΠΕ *αρκτ* (*εταιρία περιορισμένης ευθύνης*) Ltd (Limited Liability Company)

επείγων *επίθ* urgent. **~ουσα ανάγκη** (*η*) urgency. **επειγόντως** *επίρρ* urgently

επειδή *σύνδ* because

επεισόδιο *(το)* incident. *(δυσάρεστο)* episode. *(σε σήριαλ)* instalment

έπειτα *επίρρ* then, afterwards. *(επιπλέον)* besides. **~, τι μπορείς και συ να κάνεις;** besides, what can you do? **θα το διαβάσω ~ από σένα** I will read it after you. **κι ~;** and so?

επέκταση *(η)* extension. *(σε έκταση)* expansion

επεκτατικός *επίθ* expansive

επεκτείν|ω *ρ μτβ* extend. *(αναπτύσσω)* expand. *(δραστηριότητες)* branch out. *(θέμα)* enlarge upon

επεμβαίνω *ρ αμτβ* intervene. *(σε ξένες υποθέσεις)* interfere. *(εμπράκτως)* step in

επέμβαση *(η)* intervention. *(σε ξένες υποθέσεις)* interference. *(χειρουργική)* operation

επένδυση *(η)* *(κεφαλαίων)* investment. *(τοίχου)* panelling

επενδ|υτής *(ο)*, **~ύτρια** *(η)* investor

επενδύω *ρ μτβ* *(κεφάλαια)* invest. *(ρούχα)* line. *(τεχν)* coat

επενέργεια *(η)* effect

επεξεργάζομαι *ρ μτβ* process

επεξεργασία *(η)* elaboration. *(σχεδίου)* working out. **~ δεδομένων** data processing

επεξηγηματικός *επίθ* explanatory

επεξήγηση *(η)* clarification

επεξηγώ *ρ μτβ* clarify

επέρχομαι *ρ αμτβ* occur. *(εφορμώ)* charge

επερχόμενος *επίθ* oncoming

επερώτηση *(η)* question *(in Parliament from an MP)*

επέτειος *(η)* anniversary

επετηρίδα *(η)* anniversary. *(βιβλίο)* year-book

επευφημί|α *(η)* cheering. **~ώ** *ρ μτβ* cheer *(applaud)*

επηρεάζω *ρ μτβ* influence. *(αποφασιστικά)* sway. *(δυσμενώς)* affect

επί *πρόθ* on, during. **~ τη ευκαιρία** on the occasion of. **~ του σημείου αυτού** on this point. **~ του παρόντος** for the moment. **~ του πιεστηρίου** stop press. **~ πλέον** in addition. **~ τουρκοκρατίας** during the Turkish occupation. **~ τρεις μήνες** for three months. **επ´ άπειρον** ad infinitum. **ως ~ το πλείστον** for the most part

επιβαίνω *ρ αμτβ* board

επιβάλλ|ω *ρ μτβ* impose. *(απρόθυμα)* thrust (up)on. *(αδραιώνω με τη βία)* enforce. *(φόρο ή πρόστιμο)* levy. **~ομαι** *ρ αμτβ* assert oneself. *(αποκτώ κύρος)* command respect. **~ομαι στον εαυτό μου** pull oneself together. **~εται** it is imperative

επιβάρυνση *(η)* charge. *(επιπρόσθετη)* surcharge

επιβαρύνω *ρ μτβ* burden. *(επιδεινώνω)* aggravate

επιβ|άτης *(ο)*, **επιβ|άτισσα** *(η)* passenger

επιβεβαιωμένος *επίθ* confirmed

επιβεβαιώνω *ρ μτβ* confirm. *(μαρτυρία)* corroborate

επιβεβαίωση *(η)* confirmation

επιβεβλημένος *επίθ* imperative. *(που έχει επιβληθεί με βία)* enforced

επιβιβάζ|ω *ρ μτβ* put aboard. **~ομαι** *ρ αμτβ* board, embark

επιβίβαση *(η)* embarkation

επιβιώ|νω *ρ αμτβ* survive. **~σας** *(ο)* survivor

επιβίωση *(η)* survival

επιβλαβής *επίθ* harmful. *(ουσία)* noxious. *(υγεία, κύρος)* detrimental

επιβλέπω *ρ μτβ* oversee

επίβλεψη *(η)* supervision

επιβλητικό|ς *επίθ* commanding. *(εντυπωσιακός)* imposing. **~τητα** *(η)* commanding presence

επιβολή *(η)* imposition. *(διά της βίας)* enforcement. *(άσκηση επιρροής)* dominance

επιβράβευση *(η)* award. *(αναγνώριση)* acknowledgement

επιβραδύνω *ρ μτβ* slow (down). *(καθυστερώ)* delay

επιγαμία *(η)* intermarriage

επίγειος *επίθ* earthly

επίγνωση *(η)* awareness

επιγονατίδα *(η)* kneecap

επίγραμμα *(το)* epigram

επιγραφή *(η)* sign, notice. *(σε πλάκα)* inscription

επιγράφω *ρ μτβ* inscribe

επιδεικνύω *ρ μτβ* demonstrate. *(εκθέτω)* display. *(προβάλλω)* show off

επιδεικτικός *επίθ* ostentatious, *(καθομ)* showy

επιδεινώνω *ρ μτβ* exacerbate. *(αρρώστια)* aggravate

επιδείνωση *(η)* aggravation

επίδειξη *(η)* demonstration. *(έκθεση)* display. *(μόδας)* show. *(προβολή)* showing off. *(στρ)* tattoo

επιδειξ|ίας *(ο)* show-off. *(ιατρ)* exhibitionist. **~ιομανής** *(ο)* exhibitionist

επιδεκτικό|ς *επίθ* receptive. *(εισηγήσεων)* amenable (to). **~τητα** *(η)* susceptibility

επιδένω *ρ μτβ* bandage

επιδέξι|ος *επίθ* skilful. *(ειδικός)* adept. *(επιτήδειος)* dexterous. **~ος χειρισμός** *(ο)* manipulation. **~α** *επίρρ* skilfully, dexterously

επιδεξιότητα *(η)* skill. *(σε χειρισμούς)* dexterity

επιδερμίδα *(η)* skin

επίδεσ|η *(η)* bandaging. **~μος** *(ο)* bandage

επιδημί|α *(η)* epidemic. **~ικός** *επίθ* epidemic

επιδικάζω *ρ μτβ* adjudicate

επιδιορθώνω *ρ μτβ* repair. *(παπούτσια, ρούχα)* mend

επιδιόρθωση (η) repair
επιδιώκω ρ μτβ pursue. ~ **την εύνοια κάποτου** curry favour with s.o.
επιδοκιμάζω ρ μτβ approve of. (προσυπογράφω) endorse
επιδοκιμασία (η) approval. (αποδοχή) endorsement. (ευνοϊκή) acclaim
επιδοκιμαστικ|ός επίθ approving. **~ά** επίρρ approvingly
επίδομα (το) allowance. (επιπρόσθετο) bonus. ~ **ανεργίας** dole
επίδοξος επίθ prospective
επιδόρπιο (το) dessert
επίδοση (η) delivery. (διαπιστευτηρίων) presentation. (μαθητού, αθλητή) record. (μηχ) performance. (νομ) service
επιδότηση (η) subsidy. (για σπουδές) grant
επίδραση (η) impact
επιδρομέας (ο) raider. (εισβολέας) invader
επιδρομή (η) raid
επιείκεια (η) lenience. (σε έγκλημα) clemency. (σε παράπτωμα) indulgence. **δείχνω ~ για** make allowances for
επιεικ|ής επίθ lenient. (γονείς) indulgent. **~ώς** επίρρ leniently
επίζηλος επίθ enviable
επιζήμιος επίθ damaging
επιζήσας (ο) survivor
επιζητώ ρ μτβ seek
επιζώ ρ μτβ outlive
επιθανάτιος επίθ of death. ~ **αγωνία** (η) death throes
επίθεμα (το) compress
επίθεση (η) application (placing). (βίαιη) onslaught. (εχθρική) attack. (στρ) offensive
επιθετικ|ός επίθ aggressive. **~τητα** (η) aggressiveness
επίθετο (το) epithet. (γραμμ) adjective. (επώνυμο) surname
επιθέτω ρ μτβ put on. (σφραγίδα) affix
επιθεώρηση (η) inspection. (θέατρο) revue. (στρ) review
επιθεωρ|ητής (ο), **επιθεωρ|ήτρια** (ο) inspector. (αστυνομίας) superintendent
επιθεωρώ ρ μτβ inspect
επίθημα (το) suffix
επιθυμητ|ός επίθ desirable. ~ (το) desirability
επιθυμία (η) desire. (ευχή) wish. (παροδική) fancy
επιθυμώ ρ μτβ desire. (εύχομαι) wish
επίκαιρ|ος επίθ opportune. (τοπικά κατάλληλος) topical. **~α** (τα) newsreel
επικαιρότητα (η) current events
επικαλούμαι ρ μτβ invoke
επικαλύπτω ρ μτβ coat. ~ **μερικώς** overlap
επικείμενο|ς επίθ impending. (στο πολύ εγγύς μέλλον) imminent
επίκεντρο (το) epicentre. (μεταφ) focal point

επικερδής επίθ profitable
επικεφαλής (ο, η) head, chief
επικεφαλίδα (η) heading. (σε εφημερίδα) headline
επικήδειος επίθ funeral. ~ (ο) funeral speech
επικίνδυνος επίθ dangerous. (όχι σίγουρος) risky. (που εκθέτει σε κίνδυνο) perilous. (που ενέχει κινδύνους) hazardous
επίκληση (η) invocation
επικοινωνία (η) communication. **σύστημα εσωτερικής ~ς** (το) intercom
επικοινων|ώ ρ μτβ/ρ αμτβ communicate. **δωμάτια που ~ούν** interconnected rooms
επικόλληση (η) pasting on
επικός επίθ epic
επικουρικός επίθ supplementary. (εφεδρικός) ancillary
επικράτεια (η) state
επικρατέστερος επίθ predominant
επικράτηση (η) prevalence
επικρατώ ρ αμτβ prevail. (είμαι επικρατέστερος) predominate
επικρίνω ρ μτβ censure. (ψέγω) reprehend
επίκριση (η) censure. (έντονη) stricture
επικριτικός επίθ censorious
επικροτώ ρ μτβ applaud, approve of
επικρουστήρας (ο) firing pin, hammer (gun)
επικυρώνω ρ μτβ validate. (επιβεβαιώνω) ratify. (επισημοποιώ) sanction. (την αλήθεια) attest
επικύρωση (η) (αλήθειας) attestation. (επιβεβαίωση) ratification. (επίσημη) sanction
επιλαχ|ών (ο), **~ούσα** (η) runner-up
επιλέγω ρ μτβ select. (ανάμεσα σε πολλά) opt for
επιλεκτικός επίθ selective
επίλεκτος επίθ select, exclusive. (στρ) crack
επιληπτικ|ός επίθ epileptic. **~ή κρίση** (η) epileptic fit
επιληψία (η) epilepsy
επιλήψιμος επίθ reprehensible
επιλήσμων επίθ oblivious
επιλογή (η) choice. (εκλογή) selection. (δυνατότητα επιλογής) option
επίλογος (ο) epilogue. (επακολούθημα) conclusion
επίμαχο|ς επίθ controversial. ~ **θέμα** (το) vexed question
επιμέλεια (η) diligence. (μαθητή) studiousness. (νομ) custody
επιμελής επίθ diligent. (μαθητής) studious
επιμελητεία (η) logistics department
επιμελητήριο (το) Chamber. **Εμπορικό και Βιομηχανικό Επιμελητήριο** Chamber of Commerce and Industry
επιμελητής (ο), **~ήτρια** (η) (σχολ) prefect. ~ **εκδόσεως** (ο, η) editor (of text)
επιμελούμαι ρ μτβ look after. (έκδοση) edit

επίμεμπτος *επίθ* reprehensible
επιμένω *ρ αμτβ* insist. **~ σε** insist on.
(*δείχνω επιμονή σε κάτι*) persist in
επιμεταλλώνω *ρ μτβ* plate
επιμήκης *επίθ* oblong, elongated
επιμηκύνω *ρ μτβ* elongate
επιμονή *(η)* insistence. (*σε προσπάθεια*)
persistence. (*πείσμα*) tenacity
επίμον|ος *επίθ* insistent. (*που δείχνει
επιμονή*) persistent. (*πεισματάρης*)
tenacious. **~α** *επίρρ* insistently,
persistently
επιμόρφωση *(η)* in-service training
επίμοχθος *επίθ* painful, laborious
επινόηση *(η)* contrivance. (*συσκευή*)
invention. (*της φαντασίας*) fabrication
επινοητικ|ός *επίθ* imaginative. **~τητα** *(η)*
resourcefulness
επινο|ητής *(ο)*, **~ήτρια** *(η)* originator
επινοώ *ρ μτβ* contrive. (*ιδέα*) come up
with. (*ιστορία*) make up. (*λέξη*) coin.
(*μηχανεύομαι*) devise. (*μεταφ*) concoct
επίπεδο *(το)* level. (*ποιότητας*) standard.
βιωτικό ~ standard of living. **~
επιβίωσης** subsistence level
επίπεδο|ς *επίθ* flat. (*επιφάνεια*) level.
(*ομαλός*) smooth
επιπλέον *επίρρ* furthermore, moreover
επιπλέω *ρ μτβ/ρ αμτβ* float
επίπληξη *(η)* reprimand, rebuke
επιπλήττω *ρ μτβ* reprimand, rebuke
έπιπλ|ο *(το)* a piece of furniture. **~α** *(τα)*
furniture
επιπλοποι|είο *(το)* furniture workshop.
~ός *(ο)* cabinet-maker
επιπλωμένο|ς *επίθ* furnished. **~
διαμέρισμα** *(με υπηρεσία)* *(το)* service flat
επιπλώνω *ρ μτβ* furnish
επίπλωση *(η)* furnishings
επιπόλαιος *επίθ* flippant. (*ελαφρόμυαλος*)
frivolous. (*επιφανειακός*) superficial
επιπολαιότητα *(η)* frivolity
επίπονος *επίθ* laborious
επιπρόσθετ|ος *επίθ* additional. **~η
αμοιβή** *(η)* premium. **~α** *επίρρ* in
addition
επίπτωση *(η)* repercussion
επιρρέπεια *(η)* susceptibility
επιρρεπής *επίθ* susceptible (to)
επίρρημα *(το)* adverb
επιρροή *(η)* influence
επισημαίνω *ρ μτβ* mark (*stamp*).
(*υποδείχνω*) point out. **~ τον κίνδυνο**
point out the danger
επισήμανση *(η)* marking. (*με ετικέτα*)
labelling
επισημοποιώ *ρ μτβ* make official
επίσημ|ος *επίθ* official
επίσημ|ος *επίθ* official. (*των αρχών*) state.
(*τυπικός*) formal. **~α ρούχα** *(τα)* formal
dress. **~ος** *(ο)* VIP. **~α** *επίρρ* officially,
formally
επισημότητα *(η)* formality

επίσης *επίρρ* too, also. (*επιπλέον*) as well.
θα πάμε στην Κρήτη, κι ~ στη Ρόδο We
are going to Crete and to Rhodes as well.
Καλά Χριστούγεννα. Ευχαριστώ, ~
Merry Christmas. Merry Christmas to
you too.
επισκέπτ|ης *(ο)*, **~ρια** *(η)* visitor, guest
επισκέπτομαι *ρ μτβ* visit. (*για σύντομο
διάστημα*) call on
επισκευ|άζω *ρ μτβ* repair. **~ή** *(η)* repair
επίσκεψη *(η)* visit. (*σύντομη*) call
επισκιάζω *ρ μτβ* overshadow. (*άλλους με
την υπεροχή μου*) eclipse
επισκοπή *(η)* bishopric. (*κτίριο*) bishop's
palace. (*περιφέρεια*) *(η)* diocese
επισκόπηση *(η)* survey (*report*)
επίσκοπος *(ο)* bishop
επισκοπώ *ρ μτβ* survey
επισπεύδω *ρ μτβ* precipitate. (*πρόοδο*)
expedite
επίσπευση *(η)* precipitation
επιστάτ|ης *(ο)* **~ρια** *(η)* caretaker. (*σε
κτήματα*) warden. (*επιτηρητής*) overseer.
(*εργατών*) foreman, forewoman
επιστατώ *ρ μτβ* oversee
επιστεγάζω *ρ μτβ* put a roof over. (*μεταφ*)
crown
επιστήθιος *επίθ* close. **~ φίλος** *(ο)* bosom
friend
επιστήμ|η *(η)* science. **~ονας** *(ο, η)*
scientist
επιστημονικ|ός *επίθ* scientific. **~ή
φαντασία** *(η)* science fiction
επιστολ|ή *(η)* letter. (*εκκλ*) epistle.
~ογραφία *(η)* correspondence
επιστόμιο *(το)* (*μουσ*) mouthpiece
επιστράτευση *(η)* mobilisation
επιστρατεύω *ρ μτβ* call up. (*στρ*)
(*κινητοποιώ*) mobilize. (*μεταφ*) summon
up
επιστρέφω *ρ μτβ* return, give back.
(*χρήματα*) refund. **~** *ρ αμτβ* return, go
back
επιστροφή *(η)* return. (*χρημάτων*) refund
επίστρωση *(η)* coating
επισυνάπτω *ρ μτβ* attach
επισφαλής *επίθ* precarious. **~ώς** *επίρρ*
precariously
επισφραγίζω *ρ μτβ* seal. (*μεταφ*) crown
επιτηδευματίας *(ο)* trader
επιταγή *(η)* (*διαταγή*) command.
(*τραπέζης*) cheque
επιτακτικός *επίθ* imperative. (*τρόπος*)
peremptory
επίταξη *(η)* requisition
επιτάσσω *ρ μτβ* requisition
επιτάφιος *επίθ* funeral. **~ λόγος** *(ο)*
epitaph. **~** *(ο)* church service on Good
Friday. shrine of Christ decorated with
flowers in the church on Good Friday
επιτάχυνση *(η)* acceleration
επιταχύνω *ρ μτβ* accelerate
επιτείνω *ρ μτβ* intensify

επιτελείο *(το)* *(στρ)* staff.

επιτέλους *επίρρ* at last. **~!** about time!

επιτελώ *ρ μτβ* accomplish

επιτετραμμένος *επίθ* permitted. **~** *(ο)* chargé d' affaires

επίτευγμα *(το)* *βλ* **επίτευξη**

επίτευξη *(η)* achievement. **επιτεύξεις** *(οι)* attainments

επιτήδειος *επίθ* *(κατάλληλος)* appropriate. *(καπάτσος)* slick, cunning

επίτηδες *επίρρ* on purpose

επιτυδευματίας *(ο)* trader

επιτηδευμένος *επίθ* affected

επιτήρηση *(η)* *(αστυνομική)* surveillance. *(νομ)* probation. *(σχολική)* invigilation

επιτηρ|ητής *(ο)*, **~ήτρια** *(η)* invigilator

επιτηρώ *ρ αμτβ* invigilate

επιτίθεμαι *ρ μτβ* attack. *(βίαια)* assault. *(στρ)* charge

επιτιμητικός *επίθ* reproachful. **~ά** *επίρρ* reproachfully

επίτιμος *επίθ* honorary

επιτόκιο *(το)* rate of interest

επιτομή *(η)* epitome. *(σύγγραμμα)* compendium. **~ έκδοσης** abridged edition

επιτόπι|ος *επίθ* on the spot. **~α εργασία** *(η)* fieldwork

επιτραπέζι|ος *επίθ* table. **~ς οίνος** *(ο)* table wine. **~ νερό** *(το)* mineral water

επιτρεπτ|ικός *επίθ* permissive. **~ός** *επίθ* permissible

επιτρέπ|ω *ρ μτβ* allow. *(δίνω άδεια)* permit. **δεν ~εται** it is not permitted

επιτροπή *(η)* committee. *(των ΕΚ)* Commission. **κεντρική διοικητική ~** caucus

επίτροπος *(ο)* delegate. *(ΕΚ)* commissioner. *(εκκλ)* church warden. *(κληρονομίας)* trustee. *(κυβερνητικός)* ombudsman

επιτυγχάνω *ρ μτβ* achieve. *(φέρω εις πέρας)* accomplish. • *ρ αμτβ* succeed

επιτύμβιο *(το)* epitaph *(on tomb)*

επιτυχαίνω *βλ* **επιτυγχάνω**

επιτυχ|ημένος, **~ής** *επίθ* successful

επιτυχία *(η)* success. **εμπορική ~** moneyspinner

επιφάνεια *(η)* surface. *(έκταση)* area. **βγαίνω στην ~** surface

επιφανειακ|ός *επίθ* superficial. *(φαινομενικός)* skin-deep. **~ά** *επίρρ* superficially

επιφανής *επίθ* illustrious

Επιφάνια *(τα)* Epiphany

επιφέρω *ρ μτβ* bring about

επίφοβος *επίθ* *(εχθρός)* formidable. *(κτίριο)* unsafe

επιφυλακή *(η)* alert. *(ετοιμότητα για δράση)* standby. **θέτω σε ~** put on alert

επιφυλακτικ|ός *επίθ* cautious. *(δήλωση)* circumspect. *(προσεκτικός)* reticent. *(στον τρόπο)* reserved. **~ά** *επίρρ* warily, cautiously

επιφυλακτικότητα *(η)* caution. *(στάση)* reticence

επιφύλαξη *(η)* caution. *(αμφιβολία)* reservation. *(προϋπόθεση)* qualification. *(στη συμπεριφορά)* reserve

επιφυλάσσ|ω *ρ μτβ* have in store. **~ομαι** *ρ αμτβ* reserve. **~ομαι του δικαιώματος** reserve the right

επιφυλλίδα *(η)* newspaper supplement

επιφώνημα *(το)* exclamation

επιχείρημα *(το)* *(προσπάθεια)* attempt. *(για υποστήριξη)* argument

επιχειρηματίας *(ο)* businessman, entrepreneur

επιχειρηματικ|ός *επίθ* enterprising. **~ μυαλό** *(το)* enterprising mind

επιχειρηματολογικός *επίθ* argumentative

επιχείρηση *(η)* enterprise. *(εμπ)* business. *(στρ)* operation. **~ κοινής ωφελείας** public utility

επιχειρησιακός *επίθ* business. *(στρ)* operational

επιχειρώ *ρ μτβ* undertake. *(προσπαθώ)* try

επιχορήγηση *(η)* subsidy. *(από εταιρία)* sponsorship. *(φοιτητή)* grant

επιχορηγώ *ρ μτβ* subsidize. *(εταιρία)* sponsor

επίχρισμα *(το)* veneer. *(ιατρ)* smear

επίχρυσος *επίθ* gold-plated

επιχρυσώνω *ρ μτβ* gild

επιχρύσωση *(η)* gilding

επιχρωμίωση *(η)* chromium plating

εποικισμός *(ο)* settlement

εποικοδομητικός *επίθ* constructive

επόμεν|ος *επίθ* constructive

επόμεν|ος *επίθ* following, next. **η ~η βδομάδα** next week. **επομένη** *(η)* next day. **ήταν ~ο** it was expected

επομένως *επίρρ* therefore, consequently

εποπτεία *(η)* supervision

εποπτεύω *ρ μτβ* supervise

επόπτ|ης *(ο)*, **~ρια** *(η)* supervisor

έπος *(το)* epic

επουλών|ω *ρ μτβ* heal. **~ομαι** *ρ αμτβ* heal. *(αφήνοντας σημάδι)* scar

επουράνι|ος *επίθ* heavenly. **τα ~α** the heavens

εποφθαλμιώ *ρ μτβ* covet

εποχή *(η)* season. *(στην ιστορία)* era. *(στην προϊστορία)* age. **της ~ς** seasonable. **στην ~ μου** in my time. **μια επίτευξη που άφησε ~** an epoch-making achievement

εποχιακός *επίθ* seasonal

έπρεπε *βλ* **πρέπει**. **~ να τον είχα δει** I should have seen him. **δεν ~ να το είχε κάνει** he shouldn't have done it

επτά *επίθ* *άκλ* seven

επταετής *επίθ* seven-year-old

επταήμερος *επίθ* seven-day

επταμελής *επίθ* consisting of seven members. **~ αντιπροσωπία** *(η)* delegation of seven people

Επτάνησ|α *(τα)*, **Ε~ος** *(η)* Ionian islands

επταπλάσιος *επίθ* sevenfold
επτάωρος *επίθ* seven-hour
επώαση (*η*) incubation
επωδή (*η*) incantation
επωμίδα (*η*) epaulette
επωμίζομαι *ρ μτβ* shoulder
επώνυμ|ος *επίθ* eponymous. ~ (*το*) surname
επωφελής *επίθ* advantageous
επωφελούμαι *ρ αμτβ* ~ από take advantage of. (*για καλύτερα αποτελέσματα*) capitalize on. (*εμπορ*) cash in on. ~ από avail oneself of. ~ όσο το δυνατόν περισσότερο από make the most of
εραλδική (*η*) heraldry
έρανος (*ο*) collection (*of money*), (*καθομ*) whip-round
ερασιτέχν|ης (*ο*), ~ιδα (*η*) amateur
ερασιτεχνικός *επίθ* amateurish
εραστής (*ο*) lover (man)
εργάζομαι *ρ αμτβ* work. (*μηχ*) function. (*σκληρά*) labour
εργαλείο (*το*) tool. (*γεωργικό*) implement. (*χειρουργικό*) instrument
εργασί|α (*η*) labour, work. ~ες (*οι*) proceedings. άδεια ~ας work permit. γραφείο ευρέσεως ~ας job centre
εργασιακ|ός *επίθ* labour. ~ές σχέσεις (*οι*) labour relations
εργάσιμ|ος *επίθ* working. ~η μέρα (*η*) working day
εργασιοθεραπεία (*η*) occupational therapy
εργασιομανής (*ο*) workaholic
εργαστήριο (*το*) workshop. (*επιστημονικό*) laboratory, (*καθομ*) lab.
εργάτ|ης (*ο*), ~ρια (*η*) labourer
εργατιά (*η*) workers. ~κά (*τα*) labour costs
εργατικ|ός *επίθ* hard-working. (*που αγαπά την εργασία*) industrious. ~ή τάξη (*η*) working class. Ε~ό Κόμμα (*το*) Labour Party. ~ά χέρια (*τα*) labour, workers
εργατικότητα (*η*) industry (*zeal*)
εργατώρα (*η*) man hour
εργένης (*ο*) bachelor
έργ|ο (*το*) project. (*δημιούργημα*) work. (*καθήκον*) task. (*κινηματογράφος*) film. (*πράξη*) deed. ~ο τέχνης work of art. ~ο των θεών work of the Gods. ~α (*τα*) writings. καταναγκαστικά ~α hard labour
εργοδότ|ης (*ο*), ~ρια (*η*) employer
εργολαβία (*η*) contract work
εργολάβος[1] (*ο*) contractor. ~ κηδειών undertaker
εργολάβος[2] (*ο*) (*γλύκισμα*) macaroon
εργολήπτης (*ο*) *βλ* εργολάβος
εργονομία (*η*) ergonomics. ~ικός *επίθ* ergonomic
εργοστασιάρχης (*ο*) factory owner
εργοστάσιο (*το*) factory. (*μηχανήματα*) plant

εργοτάξιο (*το*) building site
εργόχειρο (*το*) needlework
ερεθίζω *ρ μτβ* (*δέρμα*) inflame. (*διεγείρω*) stimulate. (*οργίζω*) irritate
ερέθισμα (*το*) stimulus
ερεθισμός (*ο*) inflammation
ερείπι|ο (*το*) (*άνθρωπος*) wreck. (*κτίσμα*) ruin. ~α (*τα*) wreckage
ερειπωμένος *επίθ* derelict
ερειπώνω *ρ μτβ* ruin
ερείπωση (*η*) dilapidation
έρεισμα (*το*) (*βάση για άποψη*) grounds. (*υποστήριγμα*) support
έρευνα (*η*) (*αστυνομική*) investigation. (*γενική*) survey. (*εξέταση*) search. (*εξονυχιστική*) probe. (*επιστημονική*) research. (*μελέτη*) study. (*σε θέμα*) inquiry
ερευν|ητής (*ο*), ~ήτρια (*η*) researcher. ~ητικός *επίθ* searching
ερευνώ *ρ μτβ* investigate. (*γενικά*) inquire into. (*εξετάζω*) research. (*εξονυχιστικά*) probe (*βυθό ποταμού*) drag. • *ρ αμτβ* search. (*για πολύτιμα μέταλλα*) prospect
ερήμην *επίρρ* in absentia
ερημιά (*η*) wilderness, wastes, (*καθομ*) back of beyond. (*μοναξιά*) seclusion
ερημικός *επίθ* deserted. (*ασύχναστος*) secluded
ερημίτης (*ο*) hermit. (*εκκλ*) recluse
έρημος *επίθ* (*εδάφους*) waste. (*άθλιος*) wretched. (*ακατοίκητος*) desolate. ~ (*η*) desert
ερημώνω *ρ μτβ* lay waste to, devastate. • *ρ αμτβ* be deserted
ερήμωση (*η*) desolation
έριδ|α (*η*) (*καβγάς*) squabble. (*διχόνοια*) discord. το μήλος της ~ος the apple of discord
εριστικός *επίθ* quarrelsome
έρμα (*το*) ballast
έρμαιο (*το*) prey
ερμηνεία (*η*) interpretation. (*απόδοση*) rendering. (*μετάφραση*) interpreting
ερμηνεύω *ρ μτβ* (*αποδίδω*) render. (*εξηγώ*) construe. (*μεταφράζω*) interpret
ερμητικ|ός *επίθ* hermetic. ~ά *επίρρ* tightly
ερμίνα (*η*) ermine
ερπετό (*το*) reptile
έρπης (*ο*) herpes. ~ ζωστήρ (*ο*) shingles
έρριν|ος *επίθ* nasal. ~η ομιλία (*η*) twang
ερύθημα (*το*) erythema
ερυθρά (*η*) German measles
Ερυθρόδερμ|ος (*ο*), ~η (*η*) Red Indian
ερυθρός *επίθ* red. ο Ερυθρός Σταυρός the Red Cross
έρχ|ομαι *ρ αμτβ* come. (*αρμόζω*) suit. (*φτάνω*) arrive. ~μαι σ' επαφή contact. ~ομαι σε λόγια have words, have an argument. ~ομαι στα χέρια come to blows. ~ομαι στον εαυτό μου come to one's senses. ~ομαι τρίτος come third. δε μου ~εται να της πω την αλήθεια I

don't have the heart to tell her the truth.
μου ~εται να φύγω I feel like leaving. **το σακκάκι μου ~εται καλά** the jacket really suits me
ερχόμεν|ος *επίθ* expected. (*προσεχής*) next. **την ~η εβδομάδα** next week
ερχομός (*ο*) coming
ερωδιός (*ο*) heron
ερωμένος (*ο*) lover
ερωμένη (*η*) mistress (*lover*)
Έρως (*ο*) Cupid
έρωτα|ς (*ο*) love (*sexual*). **κάνω ~** make love
ερωτευμένος *επίθ* enamoured. **είμαι ~ (με)** be in love (with)
ερωτεύομαι *ρ μτβ|αμτβ* fall in love (with)
ερώτημα (*το*) question, query
ερωτηματικ|ός *επίθ* interrogative. **~ό** (*το*) question mark. **~ά** *επίρρ* questioningly
ερωτηματολόγιο (*το*) questionnaire
ερώτηση (*η*) question. (*δύσκολη*) poser. (*με κρυμμένη σημασία*) loaded question
ερωτικ|ός *επίθ* amorous. (*χαρακτηρίζει τον έρωτα*) erotic. **~ς δεσμός** (*ο*) love affair. **~ ποίημα** (*το*) love poem
ερωτισμός (*ο*) eroticism
ερωτοδουλειά (*η*) love affair
ερωτοτροπία (*η*) flirtation
ερωτοχτυπημένος *επίθ* love stricken
ερωτύλος (*ο*) philanderer
ερωτώ *ρ μτβ* ask. (*ζητώ πληροφορίες*) enquire
εσείς *αντων βλ* **εσύ.** you (*formal, pl.*). **εσείς οι δυο πηγαίνετε στην Αθήνα;** are you two going to Athens? **Τι κάνετε; Καλά ευχαριστώ, εσείς;** How are you? Quite well, thank you and you?
Εσκιμώ|ος (*ο*), **~α** (*η*) Eskimo
εσκεμμέν|ος *επίθ* deliberate. **~α** *επίρρ* deliberately
εσοδεία (*η*) *βλ* **σοδειά**
έσοδο (*το*) revenue
εσοχή (*η*) alcove. (*κοιλότητα*) recess
εσπέρα (*η*) evening
εσπερίδα (*η*) soiree
εσπεριδοειδή (*τα*) citrus trees and fruit
εσπερινός *επίθ* evening. **~** (*ο*) vespers, evensong
εσπευσμέν|ος *επίθ* precipitate. **~α** *επίρρ* hastily
εσταυρωμένος *επίθ* crucified. **~** (*ο*) crucifix
εστία (*η*) focus. (*κρίκετ*) wicket. (*μεταφ*) hotbed
εστιακός *επίθ* focal
εστιατόριο (*το*) restaurant
εστραγκόν (*το*) *άκλ* tarragon
έστω (*προστ ρήμ ειμί*) so be it. **~ κι αν** even if. **~ κι έτσι** even so
εσύ *αντων* you. **~ είσαι;** is that you? **~ θα πας;** will you be going?
εσφαλμέν|ος *επίθ* mistaken. **~η αντίληψη** (*η*) misconception

έσχατος *επίθ* ultimate. **η εσχάτη των ποινών** the ultimate punishment. **μέχρις εσχάτων** to the end
εσώκλειστος *επίθ* enclosed
εσωκλείστως *επίρρ* herewith
εσωκλείω *ρ μτβ* enclose (*with letter*)
εσώρουχ|ο (*το*) undergarment. **~α** (*τα*) underwear.
εσωστρεφής *επίθ* introvert
εσωτερικό (*το*) inside, interior. (*ενδοχώρα*) inland
εσωτερικ|ός *επίθ* internal. (*άνθρωπος*) inner. (*γιατρός*) resident. (*διοίκηση*) home. (*κτιρίου*) indoor. (*πτήσεις*) domestic. (*χώρου*) interior. **~ός ασθενής** in-patient **~ή γραμμή** (*τηλεφώνου*) (*η*) extension. **Υπουργείο Ε~ών** (*Βρετανίας*) (*το*) Home Office. **Υπουργός Ε~ών** (*ο*) Home Secretary. **φυτά ~ού χώρου** (*τα*) indoor plants. **~ά** *επίρρ* internally
εταζέρα (*η*) shelves, whatnot
εταίρα (*η*) courtesan
εταιρ(ε)ία (*η*) company. **~ περιορισμένης ευθύνης** limited liability company
εταιρικός *επίθ* corporate
εταίρος (*ο*) partner
ετερογενής *επίθ* heterogeneous
ετεροθαλής *επίθ* **~ αδελφή** (*η*) stepsister. **~ αδελφός** (*ο*) stepbrother
ετεροφυλόφιλος *επίθ* heterosexual
ετήσιος *επίθ* annual
ετησίως *επίρρ* yearly, annually
ετικέτα (*η*) label. (*κρεμαστή*) tag. (*εθιμοτυπία*) etiquette
ετοιμάζ|ω *ρ μτβ* prepare. **~ομαι** *ρ αμτβ* get ready. **κάτι ~αι** there's something afoot
ετοιμασί|α (*η*) preparation. **~ες** (*οι*) arrangements (*plans*)
ετοιμόγεννος *επίθ* on the point of giving birth
ετοιμοθάνατος *επίθ* about to die
ετοιμολογία (*η*) presence of mind
ετοιμόρροπος *επίθ* ramshackle. (*έπιπλο*) rickety. (*κτίριο*) crumbling
έτοιμος *επίθ* ready. (*πρόθυμος*) willing. (*ρούχα*) off the peg. (*τελειωμένος*) ready-made. **είμαι ~ να** be about to
ετοιμότητα (*η*) readiness. **~ πνεύματος** presence of mind
έτος (*το*) year
έτσι *επίρρ* thus. (*απλά*) simply. (*δωρεάν*) free. **· σύθ ~ και** so much as. **~ like this. ~ κι ~** so-so. **~ κι αλλιώς** either way. **~ ή αλλιώς** somehow or other. **~ και σε δουν, θα γίνουν καπνός** if they so much as see you they will vanish. **~ νομίζω** I think so. **~ το είπα, για αστείο** I just said it for a joke. **~ ώστε** so that
ετυμηγορία (*η*) verdict
ετυμολογία (*η*) etymology
ευαγγελικός *επίθ* evangelical
ευαγγέλιο (*το*) gospel. **είναι ~** it's gospel truth

ευαγγελισ|μός (*o*) **Ε~ της Θεοτόκου** Annunciation. **~τής** (*o*) evangelist

ευάερος *επίθ* airy

ευαισθησία (*η*) sensitivity

ευαισθητοποίηση (*η*) sensitization

ευαίσθητος *επίθ* sensitive. (*με λεπτά αισθήματα*) soft-hearted

ευανάγνωστ|ος *επίθ* legible. **~** *επίρρ* legibly

ευαρέσκεια (*η*) gratification

ευαρεστούμαι *ρ αμτβ* have the pleasure

εύγε *επιφών* well done

ευγένεια (*η*) politeness. (*επίσημα*) civility. (*καλοί τρόποι*) courtesy. (*καταγωγή*) nobility

ευγενικός *επίθ* polite. (*με καλούς τρόπους*) courteous. (*καταγωγή*) noble. **~** (*o*) nobleman. **ευγενείς** (*οι*) the nobility

ευγενικ|ός *επίθ* polite. (*με καλούς τρόπους*) courteous. (*με καλή ψυχή*) kind. (*στην ομιλία*) well-spoken. **~ά** *επίρρ* politely

εύγευστος *επίθ* tasty

ευγλωττία (*η*) eloquence

εύγλωττ|ος *επίθ* eloquent. (*πειστικός*) persuasive. **~α** *επίρρ* eloquently

ευγνώμονας *επίθ* βλ **ευγνώμων**

ευγνωμονώ *ρ μτβ* be grateful

ευγνωμοσύνη (*η*) gratitude. **με ~** gratefully

ευγνώμων *επίθ* grateful

ευδαιμονία (*η*) bliss. (*υλική*) prosperity

ευδιάθετος *επίθ* good-humoured. (*πρόθυμος*) willing

ευδιάκριτος *επίθ* distinct. (*στο σκοτάδι*) discernible

ευδοκιμώ *ρ αμτβ* (*ευημερώ*) prosper. (*αναπτύσσομαι*) thrive

ευέλικτος *επίθ* flexible

ευελιξία (*η*) flexibility

εύελπις *επίθ* hopeful. **~** (*o*) officer cadet

ευέξαπτος *επίθ* quick-tempered, short-tempered

ευεργεσία (*η*) benefaction

ευεργέτης (*η*) benefactor

ευεργετικός *επίθ* beneficial

ευεργέτις (*η*) benefactress

ευερέθιστος *επίθ* irritable

εύζωνας (*o*) evzone (*soldier in the Greek infantry*)

εύήλιος *επίθ* sunny

ευημερία (*η*) prosperity

ευημερώ *ρ αμτβ* prosper

ευθανασία (*η*) euthanasia

ευθεία (*η*) straight line. **σε ~ γραμμή** as the crow flies

εύθετο|ς *επίθ* opportune. **σε ~ χρόνο** in due course

εύθικτος *επίθ* touchy

ευθιξία (*η*) touchiness

εύθραυστος *επίθ* fragile. (*κόκκαλο*) brittle. (*υγεία*) frail

ευθυγραμμίζω *ρ μτβ* align

ευθυγράμμιση (*η*) alignment

ευθυκρισία (*η*) sound judgement

ευθυμία (*η*) jollity. (*κέφι*) gaiety. (*σε μέθη*) merriment

ευθυμογράφημα (*το*) humorous story

εύθυμ|ος *επίθ* jolly. (*αστείος*) funny. (*κεφάτος*) gay. (*μεθυσμένος ελαφρά*) merry. **~α** *επίρρ* merrily, gaily

ευθυμώ *ρ αμτβ* cheer up

ευθύνη (*η*) responsibility. (*λογοδοσία*) accountability. (*νομ*) liability

ευθύνομαι (*για*) *ρ αμτβ* be responsible (for)

ευθύς *επίθ* (*ίσιος*) straight. (*ειλικρινής*) direct. (*χωρίς περιπλοκές*) straight-forward. **~έως** *επίρρ* straight, directly

ευθύτητα (*η*) straightness. (*ειλικρίνεια*) directness, frankness

ευκαιρία (*η*) opportunity, chance. (*αγορά*) bargain, good buy. **με πρώτη ~** at the first opportunity. **όταν παρουσιαστεί η ~** when the occasion presents itself. **χρυσή ~** golden opportunity

ευκαιρώ *ρ αμτβ* have the time

ευκάλυπτος (*o*) eucalyptus

εύκαμπτος *επίθ* flexible

ευκατάστατος *επίθ* well-to-do

ευκαταφρόνητος *επίθ* negligible

ευκινησία (*η*) agility

ευκίνητος *επίθ* agile

ευκοιλιότητα (*η*) diarrhoea

ευκολία (*η*) ease. (*διευκόλυνση*) convenience. (*εξυπηρέτηση*) facility. **~ες** (*οι*) amenities. (*υπηρεσίες*) facilities. **~ες πληρωμής** credit facilities

ευκολονόητος *επίθ* easy to understand

ευκολόπιστος *επίθ* gullible

εύκολ|ος *επίθ* easy. (*που δεν απαιτεί κόπο*) effortless. (*γυναίκα*) loose. **~α** *επίρρ* easily

ευκολοσυγκίνητος *επίθ* emotional

ευκολοχώνευτος *επίθ* digestible

ευκολύνω *ρ μτβ* facilitate. (*οικονομικά*) help financially

εύκρατος *επίθ* temperate

ευκρινής *επίθ* clear. (*ομιλία*) articulate

ευλάβεια (*η*) reverence

ευλογημένος *επίθ* blessed

ευλογία (*η*) blessing. (*ευεργεσία*) boon

ευλογιά (*η*) smallpox

εύλογος *επίθ* plausible

ευλογώ *ρ μτβ* bless

ευλυγισία (*η*) suppleness

ευλύγιστος *επίθ* supple

ευμενής *επίθ* propitious

ευμετάβλητος *επίθ* changeable. (*άνεμος*) variable. (*καιρός*) unsettled

ευμετάπειστος *επίθ* easy to dissuade

ευνόητ|ος *επίθ* easy to understand. **για ~ους λόγους** for obvious reasons

εύνοια (*η*) favour

ευνοϊκ|ός *επίθ* favourable. **~ά** *επίρρ* favourably

ευνοιοκρατία (*η*) favouritism

ευνοούμενος *επίθ* favourite. (*που έχει την εύνοια*) favoured

ευνουχίζω ρ μτβ neuter. (γάτο) doctor. (ζώο) castrate
ευνουχισμός (ο) castration
ευνούχος (ο) eunuch
ευνοώ ρ μτβ favour
ευοίωνος επίθ auspicious
ευπαρουσίαστος επίθ presentable
ευπατρίδης (ο) patrician
ευπειθής επίθ obedient
εύπιστος επίθ credulous. (απλοϊκός) naive
εύπλαστος επίθ malleable. (χαρακτήρας) pliable
ευπορία (η) affluence
εύπορος επίθ well-off
ευπρέπεια (η) propriety. (στη συμπεριφορά) decorum
ευπρεπ|ής επίθ proper. (συμπεριφορά) decorous. **~ώς** επίρρ decently
ευπρόσδεκτος επίθ welcome
ευπροσήγορος επίθ affable
ευπρόσιτος επίθ approachable
ευρεσιτεχνία (η) patent. **δίπλωμα ~ς** (το) patent
ευρετήριο (το) card-index. (σε βιβλίο) index
εύρημα (το) find
εύρος (το) breadth
ευρύνω ρ μτβ broaden
ευρ|ύς επίθ broad. **άνθρωπος με ~είες αντιλήψεις** broad-minded person. **~έως** επίρρ broadly
ευρύτητα (η) breadth
ευρύχωρος επίθ spacious
ευρωβουλευτής (ο, η) ΜΕΡ
ευρωβουλή (η) European Parliament
ευρωδολάριο (το) Eurodollar
ευρωκοινοβούλιο (το) βλ **ευρωβουλή**
ευρωπαϊκός επίθ European
Ευρωπαί|ος (ο), **~α** (η) European
Ευρώπη (η) Europe
εύρωστος επίθ brawny
ευσέβεια (η) piety
ευσεβής επίθ devout, pious. (ελπίδα) fond. **~ πόθος** (ο) wishful thinking
ευσπλαχνία (η) compassion
εύσπλαχνος επίθ compassionate
ευσταθώ ρ αμτβ be valid. **τα επιχειρήματά του δεν ευσταθούν** his arguments do not stand up
εύστοχος επίθ well-aimed. (παρατήρηση) apposite
ευσυνείδητος επίθ conscientious
εύσωμος επίθ burly
ευτελής επίθ mean. (φτηνός) measly
ευτραφής επίθ stout (portly). (γυναίκα) matronly
ευτύχημα (το) lucky thing
ευτυχ|ής επίθ βλ **ευτυχισμένος** (καλότυχος) lucky. (ευχαριστημένος) delighted. **~ώς** επίρρ fortunately, luckily
ευτυχία (η) happiness
ευτυχισμέν|ος επίθ happy. **~α** επίρρ happily
ευυπόληπτος επίθ reputable
ευφημισμός (ο) euphemism

εύφλεκτος επίθ inflammable, flammable
ευφορία (η) euphoria
ευφράδεια (η) fluency. **μιλώ ελληνικά με ~** I speak fluent Greek
ευφραδής επίθ fluent
ευφυής επίθ intelligent
ευφυΐα (η) intelligence
ευφυολόγημα (το) witticism, (καθομ) wisecrack
ευφυολογώ ρ αμτβ make witty remarks
ευχαριστημένος επίθ pleased. (ικανοποιημένος) satisfied
ευχαριστήρι|ος επίθ thank-you. **~α επιστολή** (η) thank you letter
ευχαρίστηση (η) pleasure. (ικανοποίηση) satisfaction
ευχαριστί|α (η) (εκκλ) eucharist. **~ες** (οι) thanks
ευχάριστ|ος επίθ pleasant. (άνθρωπος) agreeable. (ικανοποιητικός) agreeable. (που ευχαριστεί) pleasing. (χαρακτήρας, γούστα) congenial. **~η απασχόληση** (η) pastime. **~α** επίρρ pleasantly
ευχαριστώ ρ μτβ (ικανοποιώ) please. (εκφράζω ευχαριστία) thank. **~** thank you, thanks
ευχαρίστως επίρρ with pleasure
ευχέρεια (η) facility
ευχετήριος επίθ βλ **ευχητήριος**
ευχ|ή (η) wish. (ευλογία) blessing. **με τις καλύτερες μου ~ές** with best wishes. **τα πράγματα πήγαν κατ' ~ήν** things went well
ευχητήριο|ς επίθ of greeting. **~ τηλεγράφημα** (το) greetings telegram
εύχομαι ρ μτβ wish. (δέομαι) pray
εύχρηστος επίθ easy to use. (που χρησιμοποιείται από πολλούς) in current use
ευωδιά (η) fragrance. **~ζω** αμτβ give off a sweet smell
ευωδιαστός επίθ fragrant
εφαλτήριο (το) vaulting horse
εφάμιλλος επίθ equal to
εφάπαξ επίρρ once and for all. (δόση) single. (χρηματικό ποσό) lump sum
εφάπτομαι ρ αμτβ adjoin
εφαπτομένη (η) tangent
εφαρμογή (η) application. (ρούχα) fit. (σχεδίου) implementation
εφαρμόζω ρ μτβ apply. (υλοποιώ) implement. (χρησιμοποιώ) practise, carry out. **~** ρ αμτβ fit
εφαρμόσιμος επίθ applicable. (έργο) workable
εφαρμοσμ|ένος επίθ applied. **~τός** επίθ snug, tight
εφεδρεία (η) reserve. **έχω κτ σε ~** have sth up one's sleeve
εφεδρικός επίθ reserve. (άνθρωπος) stand-by. **~ τροχός** (ο) spare wheel
έφεδρος (ο) reservist
εφεξής επίρρ henceforth
έφεση (η) appeal

εφετείο (*το*) court of appeal
εφέτης (*o, η*) judge of the court of appeal
εφεύρεση (*η*) invention
εφευρέτ|ης (*o*), **~ρια** (*η*) inventor
εφευρετικό|ς *επίθ* inventive. (*επινοητικός*)
ingenious. **~τητα** (*η*) inventiveness
εφευρίσκω *ρ μτβ* invent
εφηβεία (*η*) adolescence, puberty
εφηβικ|ός *επίθ* adolescent, teenage. **~ή**
ηλικία (*η*) teens
έφηβος (*o, η*) adolescent, teenager
εφημερεύω *ρ αμτβ* be on duty (*during the
day*)
εφημερίδα (*η*) newspaper. **Επίσημη Ε~
της Κυβερνήσεως** government gazette
εφημεριδοπώλης (*o*) newsagent
εφημέριος (*o*) parson. (*στρ*) chaplain. (*της
αγγλικανικής εκκλησίας*) vicar
εφήμερος *επίθ* ephemeral. (*παροδικός*)
transient
εφιάλτης (*o*) nightmare
εφιαλτικός *επίθ* nightmarish
εφίδρωση (*η*) perspiration
εφικτό|ς *επίθ* feasible. (*κατορθωτός*) viable.
~ (*το*) what is feasible
έφιππ|ος *επίθ* on horseback. **~η πομπή**
(*η*) cavalcade
εφοδιάζω *ρ μτβ* supply. (*αποθηκεύω*) stock
εφοδιασμός (*o*) (*τεχν*) supply.
εφόδι|ο (*το*) equipment. **~α** (*τα*) (*μέσα*)
means
έφοδος (*η*) assault. (*σε μάχη*) charge. **κάνω
έφοδο** storm
Εφορία (*η*) Inland Revenue
εφόρμηση (*η*) assault. (*αστυνομίας*)
swoop. **κάθετη** **~** (*αεροπλάνου*) nosedive

εφορμώ *ρ αμτβ* swoop. (*στρ*) rush
έφορος (*o*) (*επόπτης*) supervisor. (*εφορίας*)
tax inspector. (*μουσείου*) (*o*) curator
εφόσον *σύνδ* so long as, provided.
**μπορείς να πας ~ υποσχεθείς να μην
αργήσεις** you may go so long as you
promise not to be late
εφτά *επίθ άκλ βλ* **εππά**
εφτάψυχος *επίθ* **είναι ~** he has nine lives
έχει, **~ς** *βλ* **έχω**
εχεμύθεια (*η*) discretion
εχέμυθος *επίθ* discreet
έχθρα (*η*) enmity
εχθρικ|ός *επίθ* hostile. **~ές δυνάμεις** (*οι*)
enemy forces
εχθρ|ός (*o*) enemy. (*ζώου ή φυτού*) pest.
μεγαλύτερος ~ arch-enemy. **~οί και
φίλοι** friends and foes
εχθρότητα (*η*) animosity. (*εχθρική
διάθεση*) hostility
έχιδνα (*η*) viper
έχ|ω *ρ μτβ* have. (*ιδέες, ελπίδες*) entertain.
(*κρατώ*) hold. (*είμαι ιδιοκτήτης*) own. **~
πυρετό** run a temperature. **~ω το νου
μου για** look out for. **~ω σχέση με** have
to do with. **~ει ο Θεός** God will provide.
τα ~ουν μαζί μου they have it in for me.
τι ~εις; what's wrong with you; **την είχα
για φίλη μου** I thought she was my
friend. **το ~ουν σαν τα μάτια τους το
παιδί αυτό** this child is the apple of their
eye
(ε)ψές *επίρρ* last night
έως *επίρρ* until, up to. **θα περιμένω ~
αύριο** I will wait until tomorrow. **θα πάω
~ τα μαγαζιά** I am going to the shops

Zζ

ζαβολιά (*η*) (*σε παιχνίδι*) cheating. **~ές** (*οι*)
(*παιδιά*) mischief. **κάνω ~ές** lark about
ζαβολιάρης *επίθ* mischievous. **είναι ~** he's
a mischief-maker
ζαβός *επίθ* crooked. (*ανάποδος*) contrary
ζακέτα (*η*) jacket. (*πλεκτή*) cardigan
ζαλάδα (*η*) *βλ* **ζάλη**
ζάλη (*η*) daze. (*ίλιγγος*) dizziness
ζαλίζ|ω *ρ μτβ* daze. (*σκοτίζω*) pester.
(*χτύπημα*) stun. **~ομαι** *ρ αμτβ* feel giddy.
(*σε ταξίδι*) get sick. **μη με ~εις** stop
bothering me. **το ούζο με ~ει** ouzo goes
to my head
ζαλισμένος *επίθ* giddy, dizzy. (*ελαφρά*)
light-headed. (*από το ποτό*) tipsy. **είμαι ~**
be *or* feel dizzy

ζαμπόν (*το*) *άκλ* ham
ζάντα (*η*) rim (*of wheel*)
ζάπλουτος *επίθ* loaded, very rich
ζάρα (*η*) wrinkle. (*σε ύφασμα*) crease
ζάρι (*το*) dice *άκλ*
ζαρκάδι (*το*) roe (deer)
ζαρντινιέρα (*η*) window-box
ζαρτιέρα (*η*) suspender belt
ζάρωμα (*το*) shrinkage
ζαρωματιά (*η*) crinkle
ζαρωμένος *επίθ* wizened
ζαρών|ω *ρ μτβ* crease, crinkle. • *ρ αμτβ*
wrinkle. (*ελαττώνομαι*) shrivel. (*από
φόβο*) cower. (*από κρύο*) huddle up **~ τα
μάτια** screw up one's eyes. **~ τα φρύδια**
knit one's brow

ζαφείρι *(το)* sapphire
ζαφορά *(η)* saffron
ζάχαρη *(η)* sugar. ~ άχνη icing sugar.
κοινή ~ granulated sugar. μαύρη ~
demerara sugar. ψιλή ~ castor sugar
ζαχαριέρα *(η)* sugar-bowl
ζαχαρίνη *(η)* saccharin
ζαχαροκάλαμο *(το)* sugar cane
ζαχαροπλαστ|είο *(το)* patisserie. ~ική *(η)*
pastry cooking
ζαχαροπλάστης *(ο)*, ~ρια *(η)* pastry cook
ζαχαρώνω *ρ μτβ* sugar, sprinkle sugar on
ζαχαρωτ|ός *επίθ* sugary. ~ό *(το)* sweet.
~ά *(τα)* confectionery
ζέβρα *(η)* zebra
ζεϊμπέκικος *(ο)* type of folk song
ζελατίνη *(η)* gelatine. *(από ψάρια ή κρέας)*
aspic
ζελενίτης *(ο)* gelignite
ζελέ *(το)* άκλ jelly. *(καλλυντικό)* gel
ζεματ|ίζω *ρ μτβ* scald. ~ιστός *επίθ* piping
hot
ζεμάτισμα *(το)* scald
ζεμπίλι *(το)* soft wicker basket
ζενίθ *(το)* άκλ zenith
ζέρσεϊ *(το)* άκλ jersey
ζέση *(η)* ardour *(enthusiasm)*
ζεσταίν|ω *ρ μτβ (θερμαίνω)* heat up.
(μεταδίδω θερμότητα) warm up. • *ρ αμτβ*
warm (up). ~ομαι *ρ αμτβ* be or feel hot
ζέσταμα *(το)* warming up
ζεστασιά *(η)* warmth
ζεστός *επίθ* warm
ζευγαράκι *(το)* pair of lovers
ζευγάρι *(το)* pair. *(άντρας και γυναίκα)*
couple. *(ζώα)* team
ζευγαρώνω *ρ μτβ* pair. • *ρ αμτβ* mate
ζεύγος *(το)* pair, couple
ζεύω *ρ μτβ (βόδια)* yoke. *(άλογα)* harness
ζέφυρος *(ο)* west wind
ζηλεύω *ρ μτβ* envy *ρ αμτβ* be jealous
ζήλια *(η)* jealousy. *(φθόνος)* envy
ζηλιάρης *επίθ* jealous
ζήλος *(ο)* zeal
ζηλοτυπία *(η)* possessiveness
ζηλότυπος *επίθ* possessive
ζηλ|ωτής *(ο)*, ~ώτρια *(η)* zealot
ζημιά, ζημία *(η)* damage. *(απώλεια)* loss.
κάνω ~ damage
ζημιώνω *ρ μτβ* damage. • *ρ αμτβ* suffer a
loss
ζην *(το)* κερδίζω τα προς το ~ earn one's
livelihood, make a living
ζήτημα *(το)* matter. είναι ~ αρχής it's a
matter of principle. δεν είναι ~ υγείας it
is not a matter of health. δημιουργεί
ζητήματα he/she causes trouble
ζήτησ|η *(η)* quest. *(αγοραστική διάθεση)*
demand. εις ~ιν on demand
ζητιανεύω *ρ μτβ/ρ αμτβ* beg
ζητιάν|ος *(ο)*, ~α *(η)* beggar
ζήτω *επιφών* hurrah, hurray. ~ η Ελλάς!
long live Greece!

ζητώ *ρ μτβ* ask, request. *(αναζητώ)* look
for. *(απαιτώ)* claim. *(ζητιανεύω)* beg.
(πληροφορίες) ask for. ~ βοήθεια ask for
help. ~ το χέρι κάποιας/κάποιου ask for
s.o.'s hand in marriage
ζητωκραυγάζω *ρ μτβ/αμτβ* cheer.
(επευφημώ) applaud
ζιβάγκο *(το)* άκλ polo-neck
ζιβανία *(η)* strong cypriot spirit made from
grapes
ζιγκ-ζαγκ *επίρρ* προχωρώ με κίνηση ~
zigzag. ~ *(το)* άκλ zigzag
ζιζάνιο *(το)* weed
ζιζανιοκτόνο *(το)* weed-killer
ζιρκόνιο *(το)* zircon
ζόμπι *(το)* άκλ zombie
ζόρι *(το)* force. *(δυσκολία)* difficulty. με το
~ by force
ζορίζω *ρ μτβ* force. *(πιέζω)* press. ~ζομαι
ρ αμτβ find it heavy going. *(οικονομικά)*
be hard up. αν ~σουν πολύ τα
πράγματα if the worst comes to the
worst
ζόρι|κος *επίθ* dodgy, awkward. ~σμα *(το)*
pushing, pressure
ζούγκλα *(η)* jungle
ζουζουνίζω *ρ αμτβ* hum
Ζουλού *(ο, η)* άκλ Zulu
ζουλώ *ρ μτβ* squeeze
ζουμάρω *ρ αμτβ* zoom *(photo)*
ζουμερός *επίθ* juicy. *(επικερδής)* lucrative.
(που έχει ουσία) meaningful. *(φρούτο)*
succulent
ζουμί *(το)* juice. *(κρέατος)* broth. *(ουσία)*
gist. *(υλικό όφελος)* dough
ζουρλομανδύας *(ο)* strait-jacket
ζουρλός *επίθ* loony
ζοφερός *επίθ* dark. *(μεταφ)* gloomy
ζοχαδιακός *επίθ* shirty *(λαϊκ)*
ζυγαριά *(η)* scales, balance
ζυγίζω *ρ μτβ/ρ αμτβ* weigh. *(εκτιμώ)* weigh
up. *(υπολογίζω εκ των προτέρων)* gauge
ζυγός[1] *επίθ* even *(number)*
ζυγός[2] *(ο)* yoke. *(ζυγαριά)* balance
Ζυγός[3] *(ο)* *(αστρολ)* Libra.
ζυγώνω *ρ αμτβ* come near, approach
ζυθεστιατόριο *(το)* restaurant *(that serves
beer)*
ζυθοποιία *(η)* brewery
ζυθοποιός *(ο)* brewer
ζύθος *(ο)* *(λόγ)* beer
ζυμάρι *(το)* dough
ζυμαρικά *(τα)* pasta
ζύμη *(η)* pastry. *(για ψωμί)* dough. ~
σφολιάτα flaky pastry
ζύμωμα *(το)* kneading
ζυμών|ω *ρ μτβ* knead. *(πηλό)* work.
~ομαι *ρ αμτβ* ferment
ζύμωση *(η)* fermentation. *(ψωμιού)*
kneading. πολιτικές ζυμώσεις *(οι)*
behind the scenes activity
ζω *ρ αμτβ* live. *(επιζητώ)* live through.
(συντηρούμαι) live on. να ζήσεις, να

ζήσετε (*γενέθλια*) many happy returns. (*γάμο*) best wishes (*may you live long*)

ζωάκι (*το*) small animal

ζωγραφιά (*η*) picture

ζωγραφίζω *ρ μτβ/ρ αμτβ* paint (*in art*)

ζωγραφικ|ός *επίθ* painting. **~ός πίνακας** (*ο*) painting. **~ή** (*η*) painting (*art*)

ζωγράφος (*ο, η*) painter, artist

ζωδιακός *επίθ* **~ κύκλος** (*ο*) zodiac

ζωή (*η*) life. (*τρόπος διαβίωσης*) lifestyle. **γεμάτος ~** bursting with energy. **καθημερινή ~** everyday life. **μεταξύ ~ς και θανάτου** between life and death. **περνώ ~ και κότα** live like a king

ζωηράδα (*η*) liveliness

ζωηρεύω *ρ μτβ* jazz up. • *ρ αμτβ* perk up

ζωηρός *επίθ* lively. (*άνθρωπος*) vivacious. (*εντυπώσεις*) vivid. (*παιδί*) naughty. (*περπάτημα*) brisk. (*συζήτηση*) heated. (*τρόπος*) sprightly. (*χρώμα*) bright. **~ά** *επίρρ* brightly, vividly, briskly

ζωηρότητα (*η*) liveliness. (*εντυπώσεως*) vividness. (*συμπεριφοράς*) vivacity. (*τρόπου*) animation

ζωικ|ός *επίθ* animal. **το ~ βασίλειο** the animal kingdom

ζωμός (*ο*) broth. (*κρέατος*) stock

ζωνάρι (*το*) sash, belt. **σφίγγω το ~ μου** tighten one's belt. **έχω κρεμάσει ~ για καβγά** be spoiling for a fight

ζώνη (*η*) belt. (*ελαστική*) girdle. (*περιοχή*) zone. (*φούστας ή πανταλονιού*) waistband. **~ ασφαλείας** seat-belt. **~ συχνοτήτων** waveband

ζωντανεύω *ρ μτβ* pep up. (*απεικονίζω*) animate. (*ζωογονώ*) liven up *ρ αμτβ* revive

ζωντάνια (*η*) vivacity

ζωνταν|ό (*το*) animal. **~ά** (*τα*) livestock

ζωνταν|ός *επίθ* alive. (*καλώδιο*) live. (*παραστατικός*) animated. (*ραδιόφωνο, TV*) live. **σαν ~ός** lifelike. (*οι*) **~οί** (the) living

ζωντόβολο (*το*) beast. (*μεταφ*) blockhead

ζωντοχήρ|ος (*ο*). **~α** (*η*) divorcee

ζώνω *ρ μτβ* gird. (*μεταφ*) hem in

ζώο (*το*) animal. (*του σπιτιού*) pet

ζωογονώ *ρ μτβ* give life to

ζωολογία (*η*) zoology

ζωολογικός *επίθ* zoological. **~ κήπος** (*ο*) zoo

ζωολόγος (*ο, η*) zoologist

ζωοτροφή (*η*) fodder

ζωοτομία (*η*) vivisection

ζωόφιλος *επίθ* animal loving. **~** (*ο*) animal lover

ζωστήρας (*ο*) sash

ζωτικ|ός *επίθ* vital, essential. **~ά όργανα** (*τα*) vitals. **~ά** *επίρρ* vitally

ζωτικότητα (*η*) vitality

ζωύφια (*τα*) vermin

Ηη

η *άρθρο θηλυκού γένους* the. **~ γυναίκα** the woman

ή *σύνδ* or. **το θέλεις, ναι ~ όχι;** do you want it, yes or no?

ΗΒ (*το*) *αρκτ* (*Ηνωμένο Βασίλειο*) UK (United Kingdom)

ήβη (*η*) puberty

ηβικός *επίθ* pubic

ηγεμόνας (*ο*) sovereign

ηγεσία (*η*) leadership

ηγέτης (*ο*) leader

ηγετικός *επίθ* leading

ηγούμαι *ρ μτβ/ρ αμτβ* lead. (*είμαι απικεφαλής*) head

ηγουμένη (*η*) abbess

ηγούμενος (*η*) prior

ήδη *επίρρ* already. **έχουν ~ φύγει** they have already left

ηδον|ή (*η*) (intense) pleasure. **~ικός** *επίθ* voluptuous. **~ισμός** (*ο*) hedonism

ηδονοβλεψίας (*ο*) voyeur

ηθική (*η*) morality. (*επιστήμη*) ethics. (*χρηστότητα*) morals

ηθικό (*το*) morale. **σπάω το ~** demoralize

ηθικολόγος (*ο, η*) moralist

ηθικολογώ *ρ αμτβ* moralize

ηθικ|ός *επίθ* moral. (*σύμφωνος με τους κανόνες*) ethical. **~ός αυτουργός** instigator (*of a crime*). **~ό συμπέρασμα** (*το*) moral. **χωρίς ~ές αντιλήψεις** amoral. **~ά** *επίρρ* morally

ηθογραφία (*η*) *description of the customs of a people*

ηθοποιία (*η*) (*θέατρ*) acting

ηθοποι|ός (*ο*) actor. **~οί** (*οι*) cast.

ηθοποιός (*η*) actress

ήθος (*το*) ethos. **~η** (*τα*) habits. **~η και έθιμα** habits and customs

ηλεκτρίζω *ρ μτβ* electrify

ηλεκτρικ|ός *επίθ* electric. **~ή κουβέρτα** (*η*) electric blanket. **~ή σκούπα** (*η*) vacuum cleaner. **~ό δίκτυο** (*το*) (*ηλεκτρ*) grid.

ηλεκτρισμός (*ο*) electricity

ηλεκτρογεννήτρια (*η*) electrical generator

ηλεκτρόδιο (*το*) electrode

ηλεκτροκαρδιογράφημα (*το*) electrocardiogram

ηλεκτρολ|ογικός *επίθ* electrical. **~όγος** (*ο*) electrician

ηλεκτροσυγκόλληση (*η*) spot welding

ηλεκτρόλυση (*η*) electrolysis

ηλεκτρονική (*η*) electronics

ηλεκτρονικ|ός *επίθ* electronic. **~ός υπολογιστής** (*ο*) computer. **~ό χρήμα** (*το*) (*Κύπρ*) cash point

ηλεκτρόνιο (*το*) electron

ηλεκτροπληξία (*η*) electric shock

ηλεκτροσόκ (*το*) *άκλ* electric shock (treatment)

ηλεκτροφόρος *επίθ* live (*wire*)

ηλεκτροφωτίζω *ρ μτβ* light with electricity. **~ισμός** (*ο*) electric lighting

ηλιακ|ός *επίθ* solar. **~ή κηλίδα** (*η*) sunspot. **~ό έγκαυμα** (*το*) sunburn. **~ό ρολόι** (*το*) sundial. **~ό φως** (*το*) sunlight

ηλιανθέλαιο (*το*) sunflower oil

ηλίανθος ο κονδυλόρριζος (*ο*) Jerusalem artichoke

ηλίαση (*η*) sunstroke

ηλιαχτίδα (*η*) sunbeam

ηλίθι|ος *επίθ* stupid. (*βλακώδης*) imbecile. (*πράξη*) idiotic. **~ος** (*ο*) cretin. **~α** *επίρρ* stupidly

ηλιθιότητα (*η*) stupidity. (*πράξη ή λόγος*) idiocy

ηλικία (*η*) age. **παιδί ~ς δύο χρόνων** two-year-old child

ηλικιωμένος *επίθ* elderly. **~** (*ο*) old man

ήλιο (*το*) helium

ηλιοβασίλεμα (*το*) sunset, sundown

ηλιοθεραπεία (*η*) sunbathing. **κάνω ~** sunbathe

ηλιοκαμένος *επίθ* sunburnt

ηλιόλουστος *επίθ* sun-drenched. (*μέρα*) sunny

ηλιοροφή (*η*) (*αυτοκ*) sunroof.

ήλι|ος (*ο*) sun. **δεν έχω στον ~ μοίρα** have no place under the sun. **υπό τον ~** under the sun

ηλιοστάσιο (*το*) solstice

ηλιοτρόπιο (*το*) sunflower

ηλιοφάνεια (*η*) sunlight

ηλιόφως (*το*) sunlight

ηλιοψημένος *επίθ* suntanned

ημέρα (*η*) day. (*από την ανατολή έως τη δύση*) daytime. **εργάσιμη ~** working day

ημερεύω *ρ μτβ* tame. (*καθησυχάζω*) calm down

ημερήσιος *επίθ* daily

ημερολογιακός *επίθ* calendar. **~ μήνας** (*ο*) calendar month

ημερολόγιο (*το*) calendar. (*βιβλίο*) diary. (*με βάση ουράνια φαινόμενα*) almanac. (*ναυτ*) log-book

ημερομηνία (*η*) date

ημερομίσθιο (*το*) daily wage

ημερονύχτιο (*το*) a night and a day

ήμερος *επίθ* tame

ημερώνω *ρ μτβ* tame

ημέτερος *επίθ* our, ours

ημιαργία (*η*) half holiday

ημιαυτόματος *επίθ* semi-automatic

ημίγυμνος *επίθ* half-naked

ημιδιαφ|άνεια (*η*) translucence. **~ανής** *επίθ* translucent

ημιεπίσημος *επίθ* semi-official

ημικρανία (*η*) migraine

ημικυκλικός *επίθ* semicircular. **~ δρόμος** (*ο*) crescent (*street*)

ημικύκλιο (*το*) semicircle

ημιπολύτιμος *επίθ* semiprecious

ημισέληνος (*η*) half moon. (*σημαία*) the Turkish flag

ημισφαίριο (*το*) hemisphere

ημιτελής *επίθ* incomplete

ημιτελικός (*ο*) semifinal

ημιχρόνιο (*το*) half-time

ημίψηλο (*το*) top hat

ημιώροφος (*ο*) mezzanine

ηνί|ο (*το*) rein. **τα ~α της εξουσίας** the reins of government

ηνωμέν|ος *επίθ* united. **Η~α Έθνη** (*τα*) United Nations (Organization). **Η~ες Πολιτείες** (*Αμερικής*) (*οι*) United States (of America). **Η~ο Βασίλειο** (*το*) United Kingdom

ΗΠΑ (*οι*) *αρκτ* (*Ηνωμένες Πολιτείες Αμερικής*) USA (United States of America)

ήπαρ (*το*) (*αρχ*) liver

ηπατικός *επίθ* hepatic

ήπειρος (*η*) continent

ηπειρωτικ|ός *επίθ* continental. **~ή χώρα** (*η*) mainland. **η Η~ή Ευρώπη** the Continent, continental Europe

ηπιότητα (*η*) mildness

ηράκλει|ος *επίθ* herculean. **οι ~οι άθλοι** the labours of Hercules

ηρεμία (*η*) calmness. (*ακινησία*) tranquillity. (*ψυχραιμία*) composure

ηρεμίζω *ρ αμτβ* calm down

ηρεμιστικός *επίθ* calming. **~** (*το*) tranquillizer

ηρεμώ *ρ αμτβ* compose o.s.

ήρωας (*ο*) hero

ηρωίδα (*η*) heroine

ηρωικός *επίθ* heroic

ηρωίνη (*η*) heroin

ηρωισμός (*ο*) heroism

ησυχάζω *ρ μτβ* quieten. (*καταπραΰνω*) soothe. **•** *ρ αμτβ* calm down. (*αναπαύομαι*) rest. (*ηρεμώ*) settle down

ησυχία (*η*) quiet

ήσυχ|ος *επίθ* quiet. (*πράος*) placid. **άφησέ με ~ο** leave me alone. **έχω ~η τη συνείδησή μου** have a clear conscience. **έχω το κεφάλι μου ~ο** have peace of mind

ήττα (*η*) defeat

ηττημένος *επίθ* defeated. (*σε αγώνα*) **~** (*ο*) underdog

ηττοπ|άθεια (*η*) defeatism. **~αθής** (*ο, η*) defeatist

ηφαίστειο (*το*) volcano

ηφαιστειογενής *επίθ* volcanic

ηχείο (*το*) speaker (*stereo*)

ηχηρός *επίθ* loud

ηχητικός *επίθ* sonic

ηχογράφηση (*η*) (sound) recording

ηχογραφώ *ρ μτβ* record (*sound*)

ηχομονωτικός *επίθ* sound-proof

ήχος (*ο*) sound

ηχώ (*η*) echo

ηχώ *ρ αμτβ* sound

....

Θθ

....

θα *μόριο* (*μελλοντικό*) will, shall. (*δυνητικό*) would, should. **~ δούμε** we shall see. **~ επιστρέψεις σύντομα, έτσι δεν είναι;** you will be back soon, won't you? **~ ερχόταν αν μπορούσε** he/she would come if he/she could. **~ πιεις λίγο κρασί**; will you have some wine? **~ πήγαινες**; would you go?

θάβω *ρ μτβ* bury. (*καλύπτω με χώμα*) inter

θαλαμηγός (*η*) yacht

θαλαμηπόλος (*ο, η*) steward

θαλαμίσκος (*ο*) cubicle

θάλαμος (*ο*) chamber. (*νοσοκομείου*) ward. (*πλοίου*) cabin. (*στρ*) barracks. (*τηλεφωνικός*) booth. **~ αερίων** gas chamber. **~ οδηγήσεως** cab (*of lorry, train*). **σκοτεινός ~** dark-room

θάλασσα (*η*) sea. **πέφτω/πηδώ στη ~** fall/jump overboard. **βγαίνω στη ~** go to sea. **έχει ~** the sea is rough. **έφαγε τη ~ με το κουτάλι** he is a very experienced seaman. **μ' έχει πιάσει η ~** be seasick. **τα κάνω ~** make a hash of things

θαλασσαιμία (*η*) thalassaemia

θαλασσής *επίθ* (sea) blue

θαλασσινός *επίθ* of the sea. **~** (*ο*) sailor. **~ά** (*τα*) seafood

θαλάσσι|ος *επίθ* sea. **~ες συγκοινωνίες** (*οι*) sea travel. **~ος ίππος** (*ο*) walrus

θαλασσογραφία (*η*) seascape

θαλασσόλυκος (*ο*) old salt (*sailor*)

θαλασσόνερο (*το*) sea water

θαλασσοπόρος (*ο*) seafarer

θαλασσοπούλι (*το*) sea bird

θαλασσοταραχή (*η*) heavy seas

θαλασσώνω *ρ μτβ* make a mess of

θαλπερός *επίθ* warm

θάμνος (*ο*) bush. (*χαμηλό δέντρο*) shrub

θαμνότοπος (*ο*) heath

θαμνώδης *επίθ* bushy

θαμπός *επίθ* dim. (*δε διακρίνεται καθαρά*) blurred. (*παράθυρο*) misty. (*φωτογραφία*) fuzzy. (*μεταφ*) shadowy

θάμπωμα (*το*) (*της όρασης*) blurring. (*θολούρα*) misting

θαμπώνω *ρ μτβ* dazzle. **•** *ρ αμτβ* mist over

θαμώνας (*ο*) patron (*of cafe*)

θανάσιμ|ος *επίθ* deadly. (*βαρύς*) deathly. **~η παγίδα** (*η*) death-trap. **~α** *επίρρ* fatally

θανατηφόρ|ος *επίθ* fatal, lethal. **~α όπλα** (*τα*) lethal weapons. **~α δόση** (*η*) fatal dose

θανατικ|ό *επί* of death. **~ή ποινή** (*η*) capital punishment. **~ό** (*το*) deadly epidemic

θανατοποινίτ|ης (*ο*), **~ισσα** (*η*) condemned man/woman

θάνατος (*ο*) death. (*σε ατύχημα*) fatality

θανατώνω *ρ μτβ* put to death. (*μεταφ*) finish off

θαρραλέ|ος *επίθ* courageous. **~α** *επίρρ* courageously

θαρρεύω *ρ αμτβ* take courage. (*τολμώ*) take liberties. (*υποθέτω*) presume

θάρρος (*το*) courage. **παίρνω ~** take courage. **παίρνω το ~ κάποιου** take liberties with s.o.

θαύμα (*το*) miracle. (*άξιο θαυμασμού*) marvel. **~ αρχιτεκτονικής** a miracle of architecture. **~ θαυμάτων** a miracle of miracles. **~ φαγητό** superb food. **παιδί ~** child prodigy. **χώρα των θαυμάτων** (*η*) wonderland. **ως εκ ~τος** miraculously

θαυμάζω *ρ μτβ* admire. (*αισθάνομαι έκπληξη*) marvel at. (*απορώ*) wonder, reflect

θαυμάσι|ος *επίθ* wonderful, marvellous. (*γυναίκα*) gorgeous. **~α** *επίρρ* wonderfully

θαυμασμός (*ο*) admiration. (*κατάπληξη*) wonder

θαυμαστής (*ο*), **θαυμάστρια** (*η*) admirer. (*οπαδός*) fan

θαυμαστικ|ό *επίθ* admiring. **~ό** (*το*) exclamation mark

θαυμαστός *επίθ* admirable

θαυματουργός *επίθ* miraculous

θάψιμο (*το*) burial. (*μεταφ*) burying

θεά (η) goddess

θέα (η) view. **σε κοινή ~** on view

θέαμα (το) sight (spectacle). (γελοίο) spectacle. (παράσταση) show

θεαματικό|ς επίθ spectacular. **~τητα** (η) (TV) ratings

θεατής (ο) spectator. (περιστατικού) bystander, onlooker. (TV) viewer

θεατός επίθ visible

θεατρικό|ς επίθ theatrical. **~ς συγγραφέας** (ο, η) playwright. **~ έργο** (το) play.

θεατρινισμοί (οι) histrionics

θεατρίν|ος (ο), **~α** (η) actor. (μεταφ) showman/showwoman

θέατρο (το) theatre

θεία (η) aunt

θειάφι (το) βλ θείο

θειικό|ς επίθ sulphuric. **~ οξύ** (το) sulphuric acid

θεϊκός επίθ divine. (μεταφ) heavenly

θείο (το) sulphur

θείος¹ (ο) uncle

θεί|ος² επίθ divine. **~α Κοινωνία** (η) Holy Communion. **~α λειτουργία** (η) mass. (θρησκ) **~ο δώρο** (το) godsend

θέλγητρο (το) attraction

θέλγω ρ μτβ attract

θέλημα (το) (επιθυμία) will. (μικροδουλειά) errand

θεληματικό|ς επίθ wilful. **~ά** επίρρ wilfully

θέληση (η) will. (εμμονή) will-power. (επιθυμία) volition. **καλή ~** goodwill. **με τη ~ή μου** of one's own volition

θελκτικός επίθ charming, engaging

θέλ|ω ρ μτβ want. (απαιτώ) require. (επιζητώ) seek. (επιθυμώ) wish. **~ει ένα γερό ξύλο** he/she deserves a good thrashing. **~ει σκέψη αυτή η δουλειά** this kind of work requires thought. **~οντας και μη** willy-nilly. **~ω το καλό κάποιου** wish s.o. well. **ήθελές τα κι έπαθές τα** you asked for it. **θεού ~οντος** God willing. **κάνε ό, τι ~εις** do as you please. **λίγο ήθελε να πέσει κάτω** he/she nearly fell down. **τι ~εις να πεις;** what do you mean? **χωρίς να το ~ω** inadvertently

θέμα (το) topic. (γραμμ) stem. (έκθεσης) subject. (εξετάσεις) question. (ζήτημα) issue. (ημερήσιας διάταξης) item. (μουσ) motif. **~τα** (εξετάσεως) (τα) paper

θεμέλιο (το) foundation, basis

θεμελιώδης επίθ fundamental. **~ λίθος** (ο) keystone

θεμιτός επίθ legitimate

θεόγυμνος επίθ stark naked

θεόκουφος επίθ stone-deaf

θεολογ|ία (η) divinity, theology. **~ικός** επίθ theological

θεολόγος (ο, η) theologian

θεομηνία (η) calamity

θεονήστικος επίθ famished

θεόπεμπτος επίθ godsend

θεοποιώ ρ μτβ deify

θεόρατος επίθ enormous

θε|ός (ο) god. **Θ~ός** God. **Θ~έ μου** Good god. **Θ~ός φυλάξοι!** heaven forbid! **ο Θ~ός μαζί σου** God be with you. **ο Θ~ός να σε φυλάει** God preserve you. **για το Θ~ο, προς ~ού** for God's sake. **δόξα τω Θ~ώ** thank God. **μα το Θ~ό** by God

θεοσεβής επίθ godly

θεοσκότεινος επίθ pitch-dark

θεόστραβος επίθ stone-blind

θεότητα (η) deity

Θεοτόκος (η) the Virgin Mary

θεότρελλος επίθ raving mad

θεότυφλος επίθ stone-blind

θεοφοβούμενο|ς επίθ god-fearing. **κάνω το ~** be a goody-goody

θεραπεία (η) therapy. (αποκατάσταση υγείας) cure. (μεταφ) remedy. (μέθοδος νοσηλείας) treatment

θεραπεύσιμος επίθ curable

θεραπ|ευτής (ο), **~εύτρια** (η) therapist

θεραπευτικό|ς επίθ therapeutic. (διορθωτικός) remedial. **~ή αγωγή** (η) medication, treatment

θεραπεύω ρ μτβ cure. (επανορθώνω) remedy. (νοσηλεύω) treat

θέρετρο (το) resort

θεριζοαλωνιστική μηχανή (η) combine harvester

θερίζω ρ μτβ harvest. (δρέπω) reap. (εξολοθρεύω) decimate

θερινός επίθ summer. **~ή ώρα** (η) summer time

θεριό (το) wild beast

θερισμός (ο) harvest

θερ|ιστής (ο), **~ίστρια** (η) harvester

θεριστικ|ός επίθ harvesting. **~ή μηχανή** (η) mower, harvester

θερμαίν|ω ρ μτβ warm up. **~ομαι** ρ αμτβ be feverish

θέρμανση (η) heating

θερμαστής (ο) stoker

θερμάστρα (η) heater

θέρμη (η) fever. (ζήλος) fervour

θερμίδα (η) calorie

θερμικός επίθ thermal

θερμόαιμος επίθ warm-blooded

θερμοδυναμική (η) thermodynamics

θερμοκέφαλος (ο) hothead

θερμοκήπιο (το) greenhouse. (σέρα) conservatory. **φαινόμενο θερμοκηπίου** (το) greenhouse effect

θερμοκοιτίδα (η) incubator

θερμοκρασία (η) temperature

θερμόλουτρο (το) hot bath

θερμόμετρο (το) thermometer

θερμομετρώ ρ μτβ take s.o.'s temperature

θερμομόνωση (η) heat insulation

θερμομονωτικό|ς επιθ heat-insulating. **~περίβλημα** (το) lagging

θερμοπαρακαλώ ρ μτβ implore

θερμοπίδακας (ο) (γεωλ) geyser

θερμοπληξία (η) heat stroke

θερμοπυρηνικός επιθ thermonuclear

θερμ|ός¹ επιθ warm. (εγκάρδιος) fervent. (έντονος) ardent. **με ~ούς χαιρετισμούς** with kind regards. **~ά** επιρρ warmly, ardently

θερμός² (το) άκλ vacuum flask, Thermos (P)

θερμοσίφωνας (ο) immersion heater

θερμοστάτης (ο) thermostat

θερμότητα (η) heat

θερμοφόρα (η) hot-water bottle

θέρος¹ (το) harvest time

Θέρος² (το) summer

θέση (η) (βαθμός) rank. (άποψη) position. (δουλειά) post. (εργασία) job. (κάθισμα) seat. (κοινωνική) station. (τόπος) place. **δύσκολη ~** predicament. **φέρνω σε δύσκολη ~** embarrass

θεσμός (ο) institution (custom)

θεσπίζω ρ μτβ (νομ) enact

Θεσσαλία (η) Thessaly

Θεσσαλονίκη (η) Salonica

θετικ|ός επιθ positive. **~ές επιστήμες** (οι) exact sciences. **~ά** επιρρ positively

θετ|ός επιθ adoptive. **~ή μητέρα** (η) foster-mother. **~ό παιδί** (το) foster child

θέτω ρ μτβ lay. (ερώτημα) pose. **~ εκτός μάχης** put out of the contest. **~ επί τάπητος** put on the carpet. **~ όριο** set a limit. **~ όρους** set conditions

θεωρείο (το) (θέατρ) box

θεώρημα (το) theorem

θεώρηση (διαβατηρίου) (η) visa

θεωρητικ|ός επιθ theoretical. (υποθετικός) academic. **~ά** επιρρ academically

θεωρία (η) theory

θεωρ|ώ ρ μτβ consider. (βλέπω) deem. (εκτιμώ) rate. (ελέγχω) certify. (νομίζω) regard

θήκη (η) case. (δίσκου) sleeve. (ξίφους) sheath. (πιστολιού) holster

θηλάζω ρ μτβ nurse (baby). **•** ρ αμτβ suckle

θηλασμός (ο) breast-feeding

θηλαστικό (το) mammal

θηλή (του μαστού) (η) nipple

θηλιά (η) noose, loop. (για κουμπί) tab. (μεταφ) millstone. (τρύπα του δικτύου) mesh

θηλυκ|ός επιθ female. (γραμμ) feminine. **~ό** (το) female. **~ότητα** (η) femininity

θηλυπρεπής επιθ effeminate

θημωνιά (η) haystack

θήραμα (το) quarry

θηρίο (το) wild beast. (άνθρωπος) strong man. (μεγάλου μεγέθους) giant. **γίνομαι ~ ανήμερο** see red

θηριοδαμ|αστής (ο), **~άστρια** (η) (animal) tamer

θηριοτροφείο (το) menagerie

θηριώδης επιθ ferocious

θηριωδία (η) ferocity

θηροφύλακας (ο) gamekeeper

θησαυρ|ίζω ρ αμτβ make a fortune. **~ός** (ο) treasure. (λεφτά) hoard (of money)

θησαυροφυλάκιο (το) strong-room. (σε τράπεζα) vault

θητεία (η) military service

θιασάρχ|ης (ο), **~ις** (η) manager of a theatre company

θίασος (ο) theatre company

θίγω ρ μτβ (αγγίζω) touch. (ανακινώ θέμα) broach. (προσβάλλω) offend

θλιβερός επιθ sad. (αξιολύπητος) piteous

θλίβω ρ μτβ (συμπιέζω) crush. (προκαλώ θλίψη) sadden

θλιμμένος επιθ sorrowful

θλίψη (η) (συμπίεση) crushing. (βαθιά λύπη) grief, sorrow

θνησιγενής επιθ stillborn

θνησιμότητα (η) mortality

θνητό|ς επιθ mortal. **~τητα** (η) mortality

θολερός επιθ dim

θόλος (ο) canopy. (οροφή) vault. **ημισφαιρική οροφή** dome

θολός επιθ turbid. (υγρό) cloudy

θόλωμα (το) blur

θολών|ω ρ μτβ blur. (νερό) make muddy ρ αμτβ (γυαλιά) steam up. **~ει το μυαλό μου** I can't think straight

θολωτ|ός επιθ domed. **~ή είσοδος** (η) archway

θορυβοποιός (ο) rowdy person

θόρυβο|ς (ο) noise. (φασαρία) clamour. **κάνω ~** (μεταφ) cause a stir

θορυβώ ρ αμτβ make a noise ρ μτβ (προκαλώ ανησυχία) alarm

θορυβώδης επιθ noisy. (άνθρωπος) boisterous. (διασκέδαση) rowdy. (καιρός) tumultuous. (παιγνίδι) romp. (πλήθος) uproarious

θράκα (η) embers

Θράκη (η) Thrace

θρανίο (το) (school) desk

θράσος (το) nerve. (θρασύτητα) gall, impudence. (τόλμη) audacity

θρασύ|ς επιθ insolent. (αναιδής) impudent. (τολμηρός) audacious. **~τητα** (η) impudence, insolence

θραύση (η) rupture. (καταστροφή) havoc. **κάνω ~** sweep the board

θραύσμα (το) fragment. **~τα από βλήμα** (τα) shrapnel

θρέμμα (το) nursling. **είναι γέννημα ~ του Πειραιά** he/she was born and bred in Piraeus

θρεπτικ|ός επιθ nutritious. **~ή αξία** (η) sustenance, nourishment. **~ή ουσία** (η) nutrient

θρέψη (η) nutrition. (επούλωση) healing

θρήνος (ο) lament

θρηνώ *ρ μτβ* mourn for. • *ρ αμτβ* (*κλαίω*) grieve
θρησκεία (*η*) religion
θρήσκευμα (*το*) (*θρησκ*) denomination.
θρησκευτικός *επίθ* religious
θρησκόληπτος *επίθ* fanatically religious
θρήσκος *επίθ* devoutly religious
θριαμβευτικός *επίθ* triumphant
θριαμβεύω *ρ αμτβ* triumph
θριαμβικός *επίθ* triumphal
θρίαμβος (*ο*) triumph. (*νίκη*) landslide
θρίλερ (*το*) *άκλ* thriller
θροΐζω *ρ αμτβ* rustle
θρόμβος (*ο*) clot
θρόμβωση (*η*) thrombosis
θρονιάζομαι *ρ αμτβ* park oneself (in a chair). (*σαν να μου ανήκει κάτι*) install oneself
θρόνος (*ο*) throne
θρυλικός *επίθ* legendary
θρύλος (*ο*) legend
θρυμματίζω *ρ μτβ* shatter
θρυμματισμός (*το*) shattering
θρύψαλ|**ο** (*το*) fragment. **~α** (*τα*) smithereens. **τα κάνω ~α** smash something to smithereens
θυγατ|**έρα** (*η*) daughter. **~ρική** (*εταιρία*) (*η*) subsidiary
θύελλα (*η*) storm, gale. (*με βροντές και κεραυνούς*) thunderstorm
θυελλώδης *επίθ* stormy. (*με βροντές*) thundery. (*με δυνατό αέρα*) blustery

θύλακας (*ο*) enclave. (*αντίστασης*) pocket
θύμα (*το*) victim. (*ατυχήματος*) casualty
θυμάμαι *ρ μτβ*/*ρ αμτβ* remember. • *ρ μτβ* recall, recollect
θυμάρι (*το*) thyme
θυμίαμα (*το*) incense
θυμιατίζω *ρ μτβ* burn incense
θυμίζ|**ω** *ρ μτβ* remind. **που ~ει** reminiscent of
θυμός (*ο*) anger
θυμούμαι *ρ αμτβ βλ* **θυμάμαι**
θυμωμέν|**ος** *επίθ* angry. **~α** *επίρρ* angrily
θυμώνω *ρ μτβ* anger. • *ρ αμτβ* get angry
θυρεοειδής (*αδένας*) (*ο*) thyroid
θυρίδα (*η*) locker. (*εκδόσεως εισιτηρίων*) ticket-office. (*σε τράπεζα*) safe deposit
θυροτηλέφωνο (*το*) entry phone
θυρωρός (*ο*) porter (*αμερ*) janitor (*κτιρίου*) caretaker. (*ξενοδοχείου*) doorman
θυσία (*η*) sacrifice. **με κάθε ~** at all costs. **γίνομαι ~ για κπ** give s.o. everything
θυσιάζω *ρ μτβ* sacrifice
θωπεία (*η*) caress. **~ύω** *ρ μτβ* caress
θώρακας (*ο*) chest
θωρακισμένος *επίθ* bullet-proof
θωρακίζω *ρ μτβ* cover with armour-plating. (*οπλίζω*) arm
θωρηκτό (*το*) battleship
θωρώ *ρ μτβ* see

....

Ιι

....

Ιαμαϊκή (*η*) Jamaica
ιαματικ|**ός** *επίθ* curative. **~ή πηγή** (*η*) spa
ιαμβικός *επίθ* iambic
Ιανουάριος (*ο*) January
Ιάπωνας (*ο*), **Ιαπωνίδα** (*η*) Japanese
Ιαπωνία (*η*) Japan
ιαπωνικός *επίθ* Japanese
ίαση (*η*) cure
ιατρείο (*το*) surgery, consulting room
ιατρική (*η*) medicine
ιατρικ|**ός** *επίθ* medical
ιατροδικαστής (*ο*) coroner
ιατροδικαστική (*η*) forensic medicine
ιατροδικαστικ|**ός** *επίθ* forensic. **~ή εξέταση** (*η*) inquest
ιατρός (*ο, η*) doctor
ιατροσυμβούλιο (*το*) case conference (*of doctors*)
ιαχή (*η*) cry, shout
ιβίσκος (*ο*) hibiscus
ιγκλού (*το*) *άκλ* igloo

ιδανικό|**ς** *επίθ* ideal. **~** (*το*) ideal
ιδέα (*η*) idea. (*εκτίμηση*) opinion. (*υποψία*) suspicion. **αμυδρή ~** inkling. **έμμονη ~** fixed idea. **λαμπρή ~** brain wave. **δεν έχω ~** I have no idea. **έχει μεγάλη ~ για τον εαυτό του** he is full of his own importance. **μια ~** just a touch (of)
ιδεαλισμός (*ο*) idealism
ιδεαλιστικός *επίθ* idealistic
ιδεαλ|**ιστής** (*ο*), **~ίστρια** (*η*) idealist
ιδεολογία (*η*) ideology
ιδεολογικός *επίθ* ideological
ιδεολόγος (*ο, η*) ideologist
ιδεώδες (*το*) ideal
ιδεώδης *επίθ* ideal
ιδιαίτερ|**ος** *επίθ* particular. (*ξεχωριστός*) peculiar. **~ο χαρακτηριστικό** (*το*) peculiarity. **~α** (*τα*) private affairs. **~α** (*τα*) (*μαθήματα*) private lessons. **ιδιαιτέρα** (*η*) private secretary. **~α** *επίρρ* notably, particularly

ιδιαιτέρως *επίρρ* privately, in private
ιδιοκατοίκηση (*η*) owner-occupation
ιδιοκτησία (*η*) ownership. (*περιουσία*) property. **πνευματική ~** copyright
ιδιοκτήτ|ης (*η*), **~ρια** (*ο*) owner. (*ακινήτου*) proprietor
ιδιόκτητος *επίθ* privately-owned
ιδιομορφία (*η*) mannerism
ιδιοποιούμαι *ρ αμτβ* usurp
ιδιορρυθμία (*η*) peculiarity
ιδιόρρυθμος *επίθ* odd, peculiar. (*στο ντύσιμο και τους τρόπους*) eccentric
ίδι|ος *επίθ* same, alike. **ο ~ος** myself. **~ιοι πόροι** (*οι*) one's own resources. **δεν έχω ιδίαν αντίληψιν του πράγματος** I have no personal understanding of it. **είναι ~ος ο πατέρας του** he looks just like his father. **'εξ ιδίων τα αλλότρια'** judge others by one's own standards. **θα πάω εγώ ο ~ος** I will go myself. **το ~ο κάνει** it makes no difference
ιδιοσκεύασμα (*το*) proprietary drug
ιδιοσυγκρασία (*η*) idiosyncrasy, temperament
ιδιοτέλεια (*η*) self-interest
ιδιοτελής *επίθ* self-seeking
ιδιότητα (*η*) capacity (*function*). (*χαρακτηριστικό*) attribute. (*χημ*) property
ιδιοτροπία (*η*) whim. (*δυστροπία*) bloody-mindedness
ιδιότροπος *επίθ* capricious. (*δύστροπος*) temperamental
ιδιοφυΐα (*η*) genius
ιδιόχειρος *επίθ* by one's own hand
ιδίωμα (*το*) (*γλώσσας*) idiom. (*ιδιοτροπία*) foible. (*χαρακτηριστικό*) property
ιδιωματικός *επίθ* idiomatic
ιδιώτ|ης (*ο*), **~ις** (*η*) private individual
ιδιωτικοποίηση (*η*) privatization
ιδιωτικ|ός *επίθ* private. **~ός ντετέκτιβ** (*ο*) private detective, private eye. **~ή προβολή** (*πριν τη δημόσια*) (*η*) preview. **~ό σχολείο** (*το*) private school. (*μέσης εκπαιδεύσεως*) public school
ιδιωτισμός (*ο*) idiom
ιδού *δεικτ μόρ* here is. **~ το αποτέλεσμα!** here's the result!
ιδροκοπώ *ρ αμτβ* sweat profusely. (*μοχθώ*) slave away
ίδρυμα (*το*) institution, establishment. (*επιστημονικό*) institute, foundation
ίδρυση (*η*) establishment, creation
ιδρυτής (*ο*), **ιδρύτρια** (*η*) founder
ιδρύω *ρ μτβ* found. (*επιχείρηση*) establish
ιδρών|ω *ρ αμτβ* sweat. **δεν ~ει τ' αυτί του** he couldn't care less
ιδρώτας (*ο*) sweat
ιεραπόστολος (*ο*) missionary
ιεράρχης (*ο*) prelate
ιεραρχία (*η*) hierarchy
ιερατικός *επίθ* priestly. **~ή σχολή** (*η*) seminary

ιερέα|ς (*ο*) (*θρησκ*) priest, minister. (*στρ*) chaplain. **βοηθός ~** (*ο*) curate
ιέρεια (*η*) priestess
ιερογλυφικ|ός *επίθ* hieroglyphic. **~ά** (*τα*) hieroglyphs
ιεροεξεταστής (*ο*) inquisitor
ιεροκήρυκας (*ο*) preacher
ιερ|ός *επίθ* sacred. **~ός και απαραβίαστος** sacrosanct. **~ό** (*το*) sanctuary. **η Ι~ά Εξέταση** The Inquisition. **η Ι~ά Σύνοδος** the Holy Synod. **~ός τόπος** (*ο*) shrine
ιεροσυλία (*η*) sacrilege
ιερόσυλος *επίθ* sacrilegious
ιεροσύνη (*η*) priesthood
ιεροτελεστία (*η*) (church) ritual
ιερουργώ *ρ αμτβ* officiate
ιεροφυλάκιο (*το*) vestry
ιερωμένος (*ο*) clergyman
ίζημα (*το*) precipitate. (*κατακάθι*) sediment
Ιησούς (*ο*) Jesus
ιθαγένεια (*η*) citizenship
ιθαγεν|ής *επίθ* indigenous, native. **~είς** (*οι*) natives. (*της Αυστραλίας*) aborigines
ιθύν|ων *επίθ* **~ ων νους** (*ο*) master-mind. **η ~ουσα τάξη** the governing class. **οι ~οντες** those in power
ικανοποιημένος *επίθ* satisfied, contented
ικανοποίηση (*η*) satisfaction. (*ευχαρίστηση*) contentment. (*πλήρης*) fulfilment
ικανοποιητικ|ός *επίθ* satisfactory. (*που ευχαριστεί*) gratifying. (*που ικανοποιεί*) satisfying. **~ά** *επίρρ* satisfactorily
ικανοποιώ *ρ μτβ* satisfy. (*όρους*) fulfil. (*προσφέρω ευχαρίστηση*) gratify
ικανός *επίθ* able. (*άξιος*) competent. (*αρκετός*) sufficient. (*επιτήδειος*) capable
ικανότητα (*η*) ability. (*αξιοσύνη*) competence. (*επιτηδειότητα*) capability. (*ιδιότητα*) capacity
ικεσία (*η*) entreaty
ικετεύω *ρ μτβ* beseech
ικέτ|ης (*ο*), **~ις** (*η*) suppliant
ικρίωμα (*το*) scaffold
ικτερικός *επίθ* jaundiced
ίκτερος (*ο*) jaundice
ιλαρά (*η*) measles
ιλαρότητα (*η*) mirth
ιλαροτραγικός *επίθ* tragicomic
ίλιγγο|ς (*ο*) vertigo. **έχω ~** feel giddy
ιλύς (*η*) silt
ιμάντας (*ο*) belt. **~ ανεμιστήρα** fan belt. **~ μεταφοράς** (*μηχ*) carrier
ιματιοθήκη (*η*) wardrobe
ιμπεριαλισμός (*ο*) imperialism
ιμπεριαλ|ιστής (*ο*), **~ίστρια** (*η*) imperialist
ιμπρεσάριος (*ο*) impresario
ίνα (*η*) fibre
ίνδαλμα (*το*) idol
Ινδία (*η*) India

ινδικό|ς επίθ Indian. **~ χοιρίδιο** (το) guinea-pig

Ινδονησία (η) Indonesia

ινδονησιακός επίθ Indonesian

Ινδονήσι|ος (ο), **Ι~α** (η) Indonesian

Ινδ|ός (ο), **Ι~ή** (η) Indian

ινδουισμός (ο) Hinduism

ινδουιστικός επίθ Hindu

ινδου|ιστής (ο), **~ίστρια** (η) Hindu

ινκόγκνιτο επίρρ incognito

ινσουλίνη (η) insulin

ινστιτούτο (το) institute. (σχολ) (καλλονής) (beauty) salon

ιντελιγκέντσια (η) intelligentsia

ιντερλούδιο (το) (θέατρ) interlude

ίντσα (η) inch (= 2.54 cm)

ινώδης επίθ stringy

ιξώδης επίθ viscous

ιόνι|ος επίθ Ionian. **το Ι~ο πέλαγος** (το) Ionian Sea. **τα Ι~α νησιά** the Ionian islands

Ιορδανία (η) Jordan

ιός (ο) virus

ιουδαϊσμός (ο) Judaism

Ιούλης (ο) βλ **Ιούλιος**

Ιούλιος (ο) July

Ιούνης (ο) βλ **Ιούνιος**

Ιούνιος (ο) June

ιππασία (η) riding

ιππέας (ο), **ιππεύτρια** (η) horse rider

ιππεύω ρ αμτβ mount (a horse). (κάνω ιππασία) ride (a horse)

ιππικ|ός επίθ equestrian. **~οί αγώνες** (οι) show-jumping. **~ό** (το) cavalry

ιππόγλωσσα (η) halibut άκλ

ιπποδρομί|α (η) (horse) race. **~ες** (οι) horse-racing

ιππόδρομος (ο) racecourse

ιπποδύναμη (η) horsepower

ιππόκαμπος (ο) sea-horse

ιπποκόμος (ο) groom (in stables)

ιπποπόταμος (ο) hippopotamus

ίππος (ο) (λόγ) horse. **ο δούρειος ~** the Trojan horse

ιπποσύνη (η) knighthood

ιππότης (ο) knight

ιπποτικός επίθ gallant. (χαρακτηριστικός του ιππότη) chivalrous. **~σμός** (ο) chivalry

ιπτάμεν|ος επίθ flying. **~ος δίσκος** (ο) flying saucer. **~ο δελφίνι** (το) hydro-foil

Ιράκ (το) άκλ Iraq

ιρακιν|ός επίθ Iraqi. **Ι~ός** (ο), **Ι~ή** (η) Iraqi

ιρανικός επίθ Iranian

Ιράν (το) άκλ Iran

Ιραν|ός (ο), **Ι~ή** (η) Iranian

ίριδα (η) iris

ιριδίζω ρ αμτβ be iridescent

Ιρλανδία (η) Ireland

ιρλανδικός επίθ Irish

Ιρλανδ|ός (ο), **Ι~ή** (η) Irishman/woman

ίσα επίρρ equally. (κατευθείαν) straight. **της ήρθε ~ ~ το παλτό** the coat fitted her just right. **~ ~, δεν έπρεπε να το κάνεις** on the contrary, you shouldn't have done it

ίσαλος επίθ **~ γραμμή** (η) water-line

ισάξιος επίθ equal (to). **~ με** on a par with

ισάριθμος επίθ equal in number

ισημερία (η) equinox

ισημερινός επίθ equatorial. **~** (ο) equator

ισθμός (ο) isthmus

ίσι|ος επίθ (ευθύς) straight. (άνθρωπος) straight, direct. (ομαλός) level. **μπαίνω στον ~ο δρόμο** go straight. **~α** επίρρ straight, squarely

ισιώνω ρ μτβ/ρ αμτβ straighten. (ισοπεδώνω) flatten

ίσκιος (ο) shadow

Ισλάμ (το) άκλ Islam

ισλαμικός επίθ Islamic

Ισλανδία (η) Iceland

ισλανδικ|ός επίθ Icelandic. **~ά** (τα) Icelandic

Ισλανδ|ός (ο), **Ι~ή** (η) Icelander

ισόβι|ος επίθ for life. **~α δεσμά** (τα) life imprisonment. **~α** επίρρ for life

ισόγειο|ς επίθ level with the ground. **~** (το) ground floor

ισοδύναμος επίθ equal in strength. **~ με** tantamount to

ισοδυναμώ ρ αμτβ be equivalent

ισοζύγιο (το) balance. (εμπ) **~ πληρωμών** balance of payments

ισολογισμός (ο) balance sheet

ισοπαλία (η) draw, tie. **έρχομαι ~** draw

ισόπεδ|ος επίθ level. **~η σιδηροδρομική διάβαση** (η) level crossing

ισοπεδώνω ρ μτβ level. (γκρεμίζω) raze (to the ground). (ισιώνω) flatten

ισοπεδωτικός επίθ egalitarian

ισόπλευρος επίθ equilateral

ισορροπημένος επίθ balanced. (διανοητικά) level-headed

ισορροπία (η) equilibrium, balance. (διανοητική) level-headedness. (τρόπου) poise. **χάνω την ~ μου** lose one's balance

ισορροπώ ρ μτβ/ρ αμτβ balance

ίσ|ος επίθ equal. **~α δικαιώματα** (τα) equal rights. **~ον** επίρρ equals. **πέντε και δύο ~ον επτά** five plus two equals seven

ισοσκελής επίθ (τρίγωνο) isosceles

ισοσταθμίζω ρ μτβ counterbalance

ισότητα (η) equality. (βαθμού, αποδοχών) parity

ισοτιμία (η) parity. **η ~ της δραχμής** the parity of the drachma

ισοφαρίζω ρ μτβ (αντισταθμίζω) counterbalance. • ρ αμτβ equalize (σπορτ)

ισοφάρισμα (το) equalizer (sport)

Ισπανία (η) Spain

Ισπανίδα (η) Spanish woman

ισπανικ|ός επίθ Spanish. **~ά** (τα) Spanish
Ισπανός (ο) Spaniard
ισραηλινός επίθ Israeli
Ισραηλίτ|ης (ο), **Ι~ισσα** (η) Israeli
Ισραήλ (το) άκλ Israel
ιστιοπλοΐα (η) sailing. **κάνω ~** sail
ιστιοφόρο (το) sailing-ship
ιστολογικός επίθ histological
ιστόρημα (το) narrative
ιστόρηση (η) narration
ιστορί|α (η) history. (αφήγηση) story.
(γεγονός) business. (ερωτική) affair.
δημιουργώ ~ες create a fuss. **η ~α
επαναλαμβάνεται** history repeats itself
ιστορικό (το) background
ιστορικό|ς επίθ historic(al). **~ς** (ο, η)
historian
ιστοριογράφος (ο, η) historian (author)
ιστορώ ρ μτβ narrate. (εικονίζω) illustrate
ιστός (ο) (αράχνης) web. (δέρματος) tissue.
(πλοίου, σημαίας) mast
ισχιαλγία (η) sciatica
ισχνός επίθ thin (person, animal).
(λιπόσαρκος) lean. (πενιχρός) meagre
ισχνότητα (η) thinness, leanness.
(πενιχρότητα) meagreness
ισχυρίζομαι ρ αμτβ assert, allege
ισχυρισμός (ο) assertion
ισχυρογνωμοσύνη (η) obstinacy
ισχυρογν|ώμων επίθ headstrong.
(πεισματάρης) obstinate. **~ωμόνως** επίρρ
obstinately
ισχυροποιώ ρ μτβ strengthen

ισχυρός επίθ strong. (επιχείρημα) forceful.
(με επιρροή) influential. (μεταφ) powerful
ισχύς (η) might. (δύναμη) force.
(εγκυρότητα) validity. (κινητήρα) power
ισχύω ρ αμτβ apply, be in force. (έχω
νομικό κύρος) be in force
ίσως επίρρ perhaps. **~ κάνω λάθος** I may
be mistaken. **~ να είναι αλήθεια** it may
be true
Ιταλία (η) Italy
ιταλικ|ός επίθ Italian. **~ά** (τα) (γλώσσα)
Italian
Ιταλ|ός (ο), **~ίδα** (η) Italian
ιταμότητα (η) effrontery
ιτιά (η) willow
ΙΧ συντ (ιδιωτικής χρήσης) (το) private
vehicle
ιχθυαγορά (η) fish market
Ιχθύες (οι) (αστρ) Pisces.
ιχθυοπ|ωλείο (το) fishmonger's. **~ώλης**
(ο) fish-monger
ιχθυοτροφείο (το) fish farm
ιχθύς (ο) (λόγ) fish
ιχνογραφί|α (η) sketching. **~ώ** ρ αμτβ
sketch
ίχν|ος (το) mark. (απόδειξης) shred.
(απομεινάρι) remnant. (ελάχιστη
ποσότητα) trace. (ποδιού) footprint. **~η**
(τα) scent, trail. (στο χιόνι) tracks
ιωβηλαίο (το) jubilee
ιώδιο (το) iodine
ιωνικ|ός επίθ Ionic. **~ή διάλεκτος** (η)
Ionic dialect

Κκ

κ. συντ (κύριος, κυρία) Mr, Mrs, Ms. **κ.κ.**
συντ (κύριοι) Messrs
Κα συντ (κυρία) Mrs, Ms
κ.ά. συντ (και άλλα) and others.
κάβα (η) wine cellar. (χαρτιά) bank
καβάλα επίρρ astride. (στην πλάτη) piggy-
back. **πάω ~** go on horseback
καβαλάρ|ης (ο), **~ισσα** (η) rider
καβαλέτο (το) easel
καβαλιέρος (ο) escort. (σε χορό) dancing
partner
καβαλικεύω ρ μτβ mount (horse or
bicycle). (μεταφ) dominate
κάβαλος (ο) crotch (of trousers)
καβαλώ ρ μτβ βλ **καβαλικεύω** (για ζώα)
mount
καβγαδάκι (το) tiff
καβγαδίζω ρ αμτβ quarrel. (συνεχώς)
bicker

καβγά|ς (ο) quarrel. (μεταξύ πολλών)
brawl. (φιλονικία) row. **πάω για ~** be on
the war-path
καβγατζ|ής (ο), **~ού** (η) quarrelsome
person
κάβος (ο) cape. (σκοινί) cable
καβούκι (το) shell (of tortoise). **κλείστηκε
στο ~ του** he withdrew into his shell
κάβουρα|ς (ο) crab. (εργαλείο) spanner.
πάει σαν τον ~ he/she is making little
progress
καβούρι (το) small crab
καβουρντ|ίζω ρ μτβ (καφέ) roast.
(τηγανίζω) brown. **~ισμένο καλαμπόκι**
(το) popcorn
καγκελάριος (ο) chancellor
κάγκελ|ο (το) bar (on window). **~α** (τα)
(περίφραγμα) rails. (σκάλας) banisters
καγκελόπορτα (η) (metal) gate

καγκουρό (το) άκλ kangaroo
καγχάζω ρ αμτβ guffaw
καγχασμός (ο) guffaw
κάδος (ο) (wooden) bucket. (μεγάλος) vat
κάδρο (το) (εικόνα) framed picture. (κορνίζα) frame
καζάκα (η) pinafore dress
καζανάκι (το) cistern (of toilet)
καζάνι (το) cauldron
καζίνο (το) casino
καζούρα (η) teasing. **κάνω ~** tease
καημένο|ς επίθ poor (miserable). **ο ~ς** the poor man. **το ~!** the poor thing!
καημό|ς (ο) heartache. (μεταφ) yearning. **το είχε ~ να γίνει καθηγητής** he yearned to become a teacher
καθαγιάζω ρ μτβ consecrate, sanctify
καθαγίαση (η) consecration
καθαίρεση (η) (αξιώματος) cashiering. (κληρικού) dethronement
καθαρεύουσα (η) katharevousa, purist Greek
καθαρευουσιάνος (ο) purist, supporter of purist Greek
καθαρίζω ρ μτβ clean. (αφαιρώ ξένες ουσίες) purify. (αφαιρώ τη φλοίδα) peel. (διευκρινίζω) clear up, clarify. (πιάτο φαγητό) polish off. (πουλί τα φτερά του) preen. (σκοτώνω) do in. (τακτοποιώ λογαριασμό) settle up with, settle the score with. (φασολάκι) string. • ρ αμτβ clean. (καιρός) clear up
καθαριότητα (η) cleanliness
καθάρισμα (το) cleaning. **κρέμα καθαρισμού** (η) cleansing cream
καθαριστήρ|ας (ο) (του παρμπρίζ) windscreen wiper. **~ιο** (το) dry cleaner's
καθαριστή|ς (ο), **~ίστρια** (η) cleaner
καθαριστικό (το) cleaning agent. **~ διάλυμα** cleaning solution (for contact lenses). **~ λεκέδων** (το) stain remover
κάθαρμα (το) scum
καθαρμός (ο) purification
καθαρόαιμος επίθ full-blooded. (άλογο) thoroughbred. (ζώο) pedigree
καθαρογράφω ρ μτβ write up. (αντιγράφω) copy
καθαρολόγος (ο, η) purist
καθαρ|ός επίθ clean. (αγνός) pure. (αίθριος) clear. (γράψιμο) neat. (εικόνα) sharp. (εισόδημα) net. (κέρδος) clear. **Κ~ά Δευτέρα** (πρώτη μέρα της Σαρακοστής) (η) (the equivalent of) Ash Wednesday. **~ή ανοησία** (η) sheer nonsense. **~ή ληστεία** (η) daylight robbery. **~ό αντίγραφο** (το) fair copy. **~ά** επίρρ cleanly, clearly, distinctly. **του το είπα ~ά και ξάστερα** I told him quite plainly
κάθαρση (η) purge
κάθαρσιο (το) laxative
καθαρτήριο (το) purgatory
καθαρτικό|ς επίθ cleansing. **~** (το) laxative

καθαυτό επίθ in the full meaning of the word. **είναι άνθρωπος ~ καλός** he is a good man in the full meaning of the word
κάθε αντων άκλ every. **~ άλλο** far from it. **~ άλλο παρά** anything but. **~ λίγο και λιγάκι** every so often. **~ τόσο** every now and again. **~ φορά** every time. **το ~ τι** everything
καθεδρικός επίθ of a cathedral. **~ ναός** (ο) cathedral
κάθειρξη (η) incarceration
καθέκαστα (τα) details (of an event)
καθέλκυση (η) launch
καθελκύω ρ μτβ launch (ship)
καθεμιά βλ **καθένας**
καθένας αντων each. (από δύο) either. (κοινός) anybody. (οποιοσδήποτε) anyone. **αυτό μπορεί να το κάνει ο ~** anyone can do this. **ο ~ από τους φίλους μου** each of my friends
καθεξής επίρρ **και ούτω ~** and so on and so forth
καθεστώς (το) regime
καθετήρας (ο) catheter
καθετί αντων everything
κάθετος επίθ perpendicular, vertical. **~** (η) perpendicular
καθέτως επίρρ vertically
καθηγητής (ο) teacher, schoolmaster (secondary). (ιδιαίτερου μαθήματος) tutor. (πανεπιστημίου) professor
καθηγήτρια (η) teacher, schoolmistress (secondary)
καθήκον (το) duty. **ασκώ ~τα διευθυντού** be acting head (of a school). **είναι ~ μου** it's my duty
καθηλώνω ρ μτβ rivet
καθημερινή (η) weekday
καθημεριν|ός επίθ daily, everyday. **~ά** (τα) everyday clothes. **~ά** επίρρ daily
καθησυχάζω ρ μτβ reassure. (ανησυχίες) allay
καθησύχαση (η) reassurance
καθησυχαστικός επίθ soothing
καθιερώνω ρ μτβ institute. (κύρος) establish
καθιέρωση (η) institution. (εκκλ) consecration. (κύρους) establishment
καθίζηση (η) subsidence
καθί|ζω ρ μτβ/αμτβ sit. **~στε, παρακαλώ** please, take a seat
καθίκι (το) chamber-pot
καθισι|ά (η) sitting. **~ό** (το) idleness
κάθισμα (το) seat
καθιστικό|ς επίθ sedentary. **~** (το) living-room
καθιστώ ρ μτβ render. (διορίζω) appoint
καθοδήγηση (η) guidance
καθοδηγώ ρ μτβ guide
κάθοδος (η) descent
καθολικισμός (ο) Catholicism
καθολικό (το) (λογιστικό βιβλίο) ledger

καθολικός *επιθ* catholic. **~** (*ο*) Catholic
καθόλου *επιρρ* (*γενικά*) on the whole. (*διόλου*) not at all. **δε με νοιάζει ~** I don't mind in the slightest. **έχετε ~ κρασί;** have you any wine?
κάθομαι *ρ αμτβ* be seated. (*είμαι άνεργος*) be out of work. (*κατακαθίζω*) settle. (*κατοικώ*) live. (*προσαράζω*) run aground. **~ σ' αναμμένα κάρβουνα** be on tenterhooks. **~ στ' αβγά μου** stay put, keep quiet, not interfere. **~ φρόνιμα** behave (o.s.)
καθομιλουμένη (*γλώσσα*) (*η*) vernacular
καθορίζω *ρ μτβ* determine. (*επηρεάζω αποφασιστικά*) set
καθορισμένος *επιθ* set, fixed
καθοριστικός *επιθ* decisive
καθόσον *επιρρ* (*σύμφωνα με ό, τι*) in so far as. (*επειδή*) as
καθότι *επιρρ* because
καθρέφτης (*ο*) mirror
καθρεφτίζω *ρ μτβ* mirror
καθυποτάσσω *ρ μτβ* subjugate
καθυστερημένος *επιθ* (*αργοπορημένος*) late. (*ευχές*) belated. (*νοητικά*) retarded. (*πληρωμή*) overdue. (*πολιτισμός*) backward. **~η εργασία** (*η*) backlog (of work). **~α** *επιρρ* late
καθυστέρηση (*η*) delay. (*διανοητική*) retardation. (*πολιτιστική*) backwardness
καθυστερούμενα (*τα*) arrears
καθυστερώ *ρ μτβ* delay, hold up. (*με χρέος*) fall behind (with). • *ρ αμτβ* be late. (*μεταφ*) lag behind
καθώς *επιρρ* (*όπως*) as. (*όταν*) when
καθωσπρέπει *επιρρ* (*ευπρεπής*) decent. (*άψογος*) seemly
και *σύνδ* and. (*ακόμη*) even. (*επίσης*) as well, too. **~ οι δυο** both. **~ οι τρεις** all three. **~ τι μ' αυτό;** and so what? **ακόμη ~ τώρα** even now. **θα το πληρώσω ~ αυτό** I will pay for this too. **κάνει κρύο ακόμη ~ το καλοκαίρι** it's cold even in summer
καΐκι (*το*) caique
καϊμάκι (*το*) froth (*on coffee*)
καιν|ός *επιθ* new. **η Κ~ή Διαθήκη** the New Testament
καινοτομ|ία (*η*) innovation. **~ώ** *ρ αμτβ* innovate
καινοτόμος (*ο, η*) innovator
καινούριος *επιθ* new. (*πρόσφατος*) fresh
καιρικ|ός *επιθ* weather. **~ές συνθήκες** (*οι*) weather conditions
καίριος *επιθ* timely. (*θανατηφόρος*) fatal
καιρ|ός (*ο*) weather. (*κατάλληλη περίσταση*) time. (*χρονικό διάστημα*) ages. **~ούς και ζαμάνια έχω να πάω θέατρο** I haven't been to the theatre for ages. **από ~ού εις ~ό** from time to time, **εν ~ώ** in due course. **με τον ~ό** in time, **μια φορά κι έναν ~ό** once upon a time. **τον**

κακό σου τον ~ό get lost. **χάνω τον ~ό μου** waste one's time
καιροσκόπος (*ο*) opportunist
καιροφυλακτώ *ρ μτβ* bide one's time
καισαρικ|ός *επιθ* Caesarean. **~ή τομή** (*η*) Caesarean section
καϊσί (*το*) (*Κύπρ*) apricot
καίτοι *σύνδ* although
καίω *ρ μτβ/ρ αμτβ* burn. (*από τσουκνίδα*) sting. (*ηλεκτρική ασφάλεια*) blow. (*καταστρέφω με φωτιά*) burn down. (*μάτια*) smart. (*φαγητό*) be hot. (*φώτα*) fuse
κακά *επιρρ* badly. **~ έκανες** it was not a good idea. **~** (*τα*) bad points
κακάδι (*το*) scab (*on wound*)
κακάο (*το*) cocoa
κακαρίζω *ρ αμτβ* cluck. (*μεταφ*) cackle
κακάρισμα (*το*) cackle
κακαρώνω *ρ αμτβ* (*λαϊκ*) kick the bucket. **τα κακάρωσε** he/she kicked the bucket
κακεντρέχεια (*η*) malice
κακεντρεχής *επιθ* malicious
κακία (*η*) wickedness. (*μοχθηρία*) spite. (*σκληρότητα*) nastiness. **κρατώ ~ σε κπ** bear a grudge against s.o. **με ~** spitefully
κακιώνω *ρ αμτβ* get angry. (*ψυχραίνομαι*) fall out (*με*, with)
κακ|ό (*το*) evil. (*αναταραχή*) uproar. (*βλάβη*) harm, wrong. (*πράξη*) ill. **από το ~ό στο χειρότερο** from bad to worse. **θα μου βγει σε ~ό** I will live to regret it. **θα σκάσει από το ~ό της** she will burst with frustration. **καλού ~ού, για καλό και για ~ό** to be on the safe side
κακοαναθρεμμένος *επιθ* ill-bred
κακοβουλία (*η*) malevolence
κακόβουλος *επιθ* malevolent
κακόγουστος *επιθ* of bad taste
κακογραμμένος *επιθ* badly written
κακοδιάθετος *επιθ* (*στη διάθεση*) in a bad mood. (*στην υγεία*) out of sorts
κακοδικία (*η*) miscarriage of justice
κακοδιοίκηση (*η*) mismanagement. (*γενική*) maladministration
κακοδιοικώ *ρ μτβ* mismanage
κακοήθ|εια (*η*) iniquity. (*ιατρ*) malignancy. **~ης** *επιθ* iniquitous. (*ιατρ*) malignant
κακοκαιρία (*η*) bad weather
κακοκαρδίζω *ρ μτβ* disappoint. • *αμτβ* feel sad
κακοκεφαλιά (*η*) pigheadedness
κακόκεφος *επιθ* moody
κακολογία (*η*) backbiting
κακολογώ *ρ μτβ* speak ill of
κακομαθαίνω *ρ μτβ* spoil (*indulge*)
κακομελετώ *ρ μτβ/μ[αμτβ]* (*λέω κακό*) speak ill of. (*προμαντεύω*) foretell ills
κακομεταχειρίζομαι *ρ μτβ* maltreat. (*δέρνω*) batter. (*φέρομαι βάναυσα*) ill-treat. (*χρησιμοποιώ όχι σωστά*) abuse
κακομεταχείριση (*η*) maltreatment. (*κακοποίηση*) battering

κακομοίρ|ης επίθ wretched. **έγινε της ~ας** there was mayhem

κακόμοιρος επίθ βλ **κακομοίρης**

κακοντυμένος επίθ dowdy

κακοπληρωμένος επίθ underpaid

κακόπιστος επίθ of bad faith

κακοποίηση (η) maltreatment. (της αλήθειας) distortion

κακοποι|ός (ο) thug. (κακούργος) malefactor. **~ώ** ρ μτβ maul. (βιάζω) molest

κακορίζικος επίθ (κακότυχος) luckless. (ανάποδος) difficult

κακ|ός επίθ wicked, bad. (ελαττωματικός) poor (not good). (μοχθηρός) spiteful. (πολύ κακός) evil. **~ός** (ο) bad guy, baddie, villain. **~ός μπελάς** (ο) pain in the neck. **~ός οιωνός** bad omen. **είμαι στις ~ές μου** be in the doldrums. **το ~ό μάτι** the evil eye. **τον ~ σου τον καιρό** go to hell. **~ά**, **~ώς** επίρρ badly

κακοσμία (η) bad smell

κακόσχημος επίθ misshapen

κακότεχνος επίθ badly-made

κακοτοπιά (η) rough ground. (μεταφ) pitfall

κακότροπος επίθ bad-mannered

κακοτυχ|ία (η) bad luck. **~ώ** ρ αμτβ have bad luck

κακότυχος επίθ ill-starred

κακούργημα (το) felony

κακουργιοδ|ικείο (το) criminal court. **~ίκης** (ο, η) judge of the criminal court

κακούργος επίθ criminal

κακουργώ ρ αμτβ commit a crime

κακουχία (η) hardship

κακοφαίνεται ρ αμτβ απρόσ **μου ~** be cut up about

κακοφημία (η) infamy

κακόφημ|ος επίθ infamous. **~ο σπίτι** (το) house of ill repute

κακοφορμίζω ρ αμτβ fester

κακοφτιαγμένος επίθ badly-made

κακοφωνία (η) cacophony

κακόφωνος επίθ cacophonous

κακοψημένος επίθ not cooked properly

κάκτος (ο) cactus

καλά επίρρ nicely. (δυνατά, στερεά) well. (εξονυχιστικά) thoroughly. (κοιμούμαι) soundly. (σωστά) right. **~ του κάνει** it serves him right. **γίνομαι ~** get better, recover. **δεν πρόλαβε ~ ~ να τελειώσει το λόγο του** he hardly had time to finish what he was saying. **είμαι ~** be well. **Θύμωσε για ~** he became really angry. **στα ~ καθούμενα** out of the blue. **τα έχω ~ με το διευθυντή μου** I am on good terms with my superior. **~ (τα)** the good points. **το κάθε τι έχει και τα ~ και τα κακά του** everything has its good and bad points

καλαθάκι (το) punnet

καλάθι (το) basket. (μοτοσικλέτας) sidecar. (των αχρήστων) bin

καλαθοποιία (η) wickerwork

καλαθόσφαιρα (η) basketball

καλαίσθητος επίθ in good taste

καλαμάκι (το) straw (for drinking)

καλαμαράς (ο) pen-pusher

καλαμάρι (το) squid

καλαματιανός (ο) kind of folk dance

καλάμι (το) reed. (για καλάθια) cane. (της κνήμης) shin. (ψαρέματος) rod

καλαμιά (η) reed. **~ιές** (οι) stubble (crops). **σαν ~ιά στον κάμπο** forsaken. **~ιώνας** (ο) reed bed

καλαμπόκάλευρο (το) maize flour

καλαμπόκι (το) maize. (φαγώσιμος καρπός) sweet corn

καλαμπούρι (το) gag, joke

κάλαντα (τα) carols

καλαπόδι (το) shoe-tree

καλειδοσκόπιο (το) kaleidoscope

καλεσμένος επίθ invited. **~** (ο) guest

καλ|ή (η) (αγαπημένη) sweetheart. (υφάσματος) right side. **η ~ μου** my young lady. **μια και ~ή** once and for all. **πιάνω την ~ή** hit the jackpot. **είμαι στις ~ές μου** I am in a good mood

καλημέρα επιφών good morning. **του 'κοψαν την ~** they sent him to Coventry

καληνύχτα επιφών good night

καλησπέρα επιφών good evening

καλιακούδα (η) jackdaw

καλικάντζαρος (ο) goblin

κάλιο (το) potassium

καλλιγραφία (η) calligraphy

καλλιέργεια (η) cultivation. (ιατρ, μόρφωση) culture

καλλιεργημένος επίθ cultured

καλλιεργήσιμ|ος επίθ fit for cultivation. **~η γη** (η) arable land

καλλιεργητής (ο), **~ήτρια** (η) grower

καλλιεργώ ρ μτβ cultivate. (μεταφ) foster, promote

κάλλιο επίρρ better. **~ αργά παρά ποτέ** better late than never

καλλιστεία (τα) beauty contest

κάλλιστ|ος επίθ best βλ **καλός**. **~α** επίρρ very well. **~α έπραξες** you acted very well

καλλιτέχνης (ο), **~ιδα** (η) artist

καλλιτεχν|ία (η) artistry. **~ικός** επίθ artistic

καλλίφωνος επίθ with a good voice

καλλονή (η) beauty. **ινστιτούτο ~ς** (το) beauty parlour

κάλλος (ο) good looks

καλλυντικό (το) cosmetic

καλλωπιστικός επίθ ornamental

καλμάρω ρ μτβ quieten down. • ρ αμτβ calm down. (θύελλα) abate

καλ|ό (το) good. **το ~ό και το κακό** good and evil. **~ού κακού** just in case. **ας το καλό!** bother it! **θα μου βγει σε ~ό** it will turn out for the best

καλοαναθρεμμένος επίθ well-bred

καλόγερος¹ (ο) (πουλί) tit
καλόγερος² (ο) (εξάνθημα) boil
καλόγερος³ (ο) monk. (της καθολ εκκλησίας) friar
καλόγουστος επίθ in good taste
καλογραμμένος επίθ well written. (ευανάγνωστος) legible
καλόγρια (η) nun
καλοζωία (η) good life
καλοθελ|ητής (ο), **~ήτρα** (η) well-wisher
καλοθρεμμένος επίθ well-fed
καλοκάγαθος επίθ kindly
καλοκαίρι (το) summer
καλοκαιρ|ιάτικος επίθ summer. **~ινός** επίθ summery
καλόκαρδος επίθ warm-hearted
καλοήθης επίθ (ιατρ) benign
καλοντυμένος επίθ well-dressed
καλοπέραση (η) comfortable life
καλοπιάνω ρ μτβ humour. (κολακεύω) flatter
καλόπιστος επίθ straight
καλοπληρωμένος επίθ well-paid
καλοπροαίρετος επίθ well meaning, well meant
καλορίζικος επίθ lucky. **~α** επίρρ good luck (with something)
καλοριφέρ (το) άκλ central heating. (σώμα) radiator. (στο αυτοκίνητο) heater
κάλος (ο) corn (hard skin)
καλός (ο) the good guy. (αγαπημένος) sweetheart. **ο ~ της** her young man
καλ|ός επίθ good. (αγαθός) kind. (ευχάριστος) nice. (τίμιος) decent. **~ά χριστούγεννα** Happy Christmas. **~ές γιορτές** season's greetings. **~ές τέχνες** (οι) fine arts. **~ή όρεξη** bon appetit. **~ή σας μέρα** good day. **~ή τύχη** good luck. **~ή χρονιά** Happy New Year. **~ό βράδυ** good evening. **~ό Σαββατοκύριακο** have a nice weekend. **~ό ταξίδι** bon voyage
καλοσυνάτος επίθ kindly
καλοσύνη (η) goodness. (ευεργεσία) kindness. **έχετε την ~ να ..** would you be kind enough to ..
καλότροπος επίθ good-mannered
καλοτρώγω ρ αμτβ eat well
καλότυχος επίθ fortunate
καλούπι (το) mould
καλούτσικος επίθ passable
καλοφαγάς (ο), **~ού** (η) epicure
καλοφτιαγμένος επίθ well-made. (σχέδιο) neat. (σωματική διάπλαση) shapely
καλοψήνω ρ μτβ cook well
καλόψυχος επίθ good-hearted
καλπάζω ρ αμτβ gallop. (ελαφρά) canter
καλπασμός (ο) gallop. (ελαφρός) canter
κάλπη (η) ballot box
κάλπ|ης (ο) phoney. **~ικος** επίθ counterfeit. (χαρτονομίσματα) forged
καλσόν (τα) άκλ tights
κάλτσα (η) (ανδρική) sock. (γυναικεία) stocking. (κοντή) ankle sock

καλτσοδέτα (η) garter
καλύβα (η) hut
καλύβι (το) (πρόχειρο) shack
κάλυμμα (το) covering, cover. (βιβλίου) jacket. (καπάκι) top. (κεφαλής) head-dress, headgear. (που προστατεύει από τη σκόνη) dust jacket. (τσαγιέρας) cosy. (τσέπης) flap
καλύπτω ρ μτβ cover. (ανάγκη) supply. (αποκρύβω) cover up. (μηχ) house
καλυτέρευση (η) improvement
καλυτερεύω ρ μτβ better ρ αμτβ improve
καλύτερ|ος επίθ better. **ο ~ος** the best. **~α** επίρρ better, best. **~η θέση** (η) plum job. **όσο το γρηγορότερο τόσο το ~ο** the sooner the better. **στην ~η περίπτωση** at best. **τόσο το ~ο** all the better. **~οι** (οι) (one's) betters
κάλυψη (η) coverage
καλώ ρ μτβ (δίνω όνομα) call. (διατάζω) summon. (προσκαλώ) ask, invite. **~ να μπει μέσα** ask s.o. in. **~ σε συγκέντρωση** call together
καλώδιο (το) cable. (ηλεκτρ) lead
καλώς επίρρ well. **~ όρισες, ~ ήρθες** welcome
καλωσορίζω ρ μτβ welcome
καλωσόρισμα (το) welcome
καμάκι (το) harpoon
κάμαρα (η) room
καμάρα (η) arch. (του ποδιού) instep
καμαριέρα (η) chambermaid
καμαριέρης (ο) valet
καμαρίνι (το) (θέατρ) dressing room
καμαρότος (ο) steward (on ship)
καμαρώνω ρ μτβ take pride in. ρ αμτβ look proud
καμβάς (ο) canvas
καμέα (η) cameo
καμέλια (η) camellia
καμήλα (η) camel
καμηλοπάρδαλη (η) giraffe
καμιά βλ **κανένας**
καμινάδα (η) chimney
καμινέτο (το) spirit stove. (για συγκολλήσεις) blowlamp
καμουτσ|ίκι (το) whip. **~ικιά** (η) lash
καμουφλά|ζ (το) άκλ camouflage. **~ρω** ρ μτβ camouflage
καμπάνα (η) bell
καμπαναριό (το) belfry
καμπανούλα (η) bluebell
καμπαρέ (το) cabaret
καμπαρντίνα (η) gabardine
καμπή (η) (δρόμου) turn. (ποταμού) bend. (μεταφ) turning point
κάμπια (η) caterpillar
καμπίνα (η) cabin. (πιλότου) cockpit
Καμπότζη (η) Cambodia
κάμπος (ο) plain (flat region)
κάμποσος επίθ considerable. **κάνει τον καμπόσο** he thinks he is somebody
κάμποτο (το) calico

καμπούρα (η) hump
καμπούρης (ο) hunchback
καμπουριάζω ρ αμτβ hunch one's back. (γάτος) to arch its back. **~ασμένος** επίθ hunched up
κάμπτω ρ μτβ bend
καμπύλη (η) curve
καμπυλώνω ρ μτβ/ρ αμτβ curve
κάμψη (η) bending. (βραχίονα) crook (of arm). (μεταφ) decline
καμώματα (τα) antics
καν σύνδ even. **ούτε ~ το θυμάται** he doesn't even remember it
καναβάτσο (το) hessian
Καναδάς (ο) Canada
καναδικός επίθ Canadian
Καναδός (η) **~έζα** (ο) Canadian
κανακάρης (ο) (μοναχοπαίδι) only son. (χαϊδεμένος) spoilt child
κανάλι (το) (TV) channel
καναπές (ο) sofa
καναρίνι (το) canary
κανάτα (η) jug
κανάτι (το) pitcher
κανείς βλ **κανένας**
κανέλα (η) cinnamon
κανένας αντων nobody, no one. (σε ερώτηση) anybody, anyone. **~ άλλος** nobody else. **~ απ' αυτούς** none of them
κανιβαλισμός (ο) cannibalism
κανίβαλος (ο) cannibal
κανίς (το) άκλ poodle
κάνναβις (η) (η ινδική) cannabis
κάννη (η) (gun) barrel
κανό (το) canoe
κανόνας (ο) square (for drawing). (γενική αρχή) rule. (συμπεριφοράς) precept
κανόνι (το) cannon
κανονίζω ρ μτβ arrange. (λογαριασμό) settle. (ρυθμίζω) adjust
κανονικός επίθ regular. (συνηθισμένος) normal. **~σμός** (ο) regulation, rule
κάνουλα (η) (μηχ) cock.
καντάδα ρ μτβ serenade
κανταΐφι (το) sweet made with shredded pastry and ground almonds
καντήλα (η) oil lamp in church. **~ι** (το) oil lamp (in front of icons)
καντίνα (η) canteen. (σχολείου) tuck-shop
καντράν (το) dial
κάνω ρ μτβ (εκτελώ) do. (επίσκεψη) pay. (κατασκευάζω) make. (μπάνιο) take. (παράγω) produce. (πόλεμο) wage. (προξενώ) cause. (φιλοφρονήσεις) pay. • ρ αμτβ (μένω, διατελώ) be. (προσποιούμαι) pretend. (συμπεριφέρομαι) behave. (χρησιμεύω) do. **~ω αίτηση για** put in for. **~ω αναπαράσταση** reconstruct (events). **~ω ανασκαφές** excavate. **~ω άνω κάτω** ransack. **~ω γκριμάτσες** grimace. **~ω ιππασία** ride. **~ω τον κοιμισμένο** pretend to be asleep. **~ω κομμάτια** tear apart. **~ω μορφασμούς**

pull faces. **~ω όπισθεν** reverse. **~ω ρουά** put in check. **~ω χωρίς** go without. **δεν έχω τι να ~ω** be at a loose end. **έχω να ~ω με** be up against. • απρόσ **~ει κρύο/ζέστη** it is cold/hot. **δεν ~ει να καπνίζεις** you shouldn't be smoking. **πόσο ~ει;** how much is it? **το ίδιο μου ~ει** it's all the same to me
καουμπόι (ο) cowboy
καούρα (η) heartburn
κάπα (η) cape, cloak. (μεξικάνικη) poncho
καπάκι (το) (bottle) top. (κάλυμμα) lid
καπαμάς (ο) a meat dish with tomatoes and spices
κάπατσος επίθ smart, shrewd
καπατσοσύνη (η) shrewdness. **ζω με την ~ μου** live by one's wits
καπελάδικο (το) millinery
καπέλο (το) hat. (αθέμιτη αύξηση) illegal surcharge. (καπνοδόχου) hood (of chimney)
καπελού (η) milliner
καπετάνιος (ο) skipper
καπιταλισμός (ο) capitalism. **~ιστής** (ο), **~ίστρια** (η) capitalist. **~στικός** επίθ capitalist
καπλαμάς (ο) veneer
καπνιά (η) soot
καπνίζω ρ μτβ/ρ αμτβ smoke
κάπνισμα (το) smoking
καπνιστής (ο), **~ίστρια** (η) smoker
καπνιστός επίθ smoked. **~ή ρέγκα** (η) kipper
καπνοδοχοκαθαριστής (ο) chimney-sweep
καπνοδόχος (η) chimney
καπνοπαραγωγός (ο) tobacco producer
καπνοπωλείο (το) tobacconist's (shop)
καπνοπώλης (ο) tobacconist
καπνός (ο) (από φωτιά) smoke. (φυτό) tobacco. **γίνομαι ~** vanish into thin air
καπό (το) bonnet (of car)
κάποιοις αντων somebody, someone. (διακεκριμένος) someone. (λιγοστός) some. **στη θέση ~υ** in s.o.'s stead. **νομίζει πως ~α είναι** she thinks she is someone
κάποτε επίρρ once. (μερικές φορές) at times. (μια μέρα) some time. **~ ~** occasionally
κάπου επίρρ somewhere. (περίπου) about, somewhere in. **~ ~** from time to time
καπούλια (τα) rump
κάπαρη (η) (μαγ) caper.
καπρίτσιο (το) whim
καπριτσιόζος επίθ capricious
κάπως επίρρ (λιγάκι) somewhat. (κατά κάποιο τρόπο) somehow. **~ καλύτερα** a shade better
καραβάνι (το) caravan (of camels)
καράβι (το) ship
καραγκιόζης (ο) Punch (in Punch and Judy). (θέατρο) shadow play. (άνθρωπος) buffoon

καραγκιοζιλίκι (το) caper, antic
Καραϊβικ|ός Caribbean. **~ή Θάλασσα** (η) Caribbean Sea
καραδοκώ ρ αμτβ lie in wait
καρακάξα (η) magpie. (γυναίκα) cow (υβριστ)
καραμέλα (η) sweet, (αμερ) candy
καραμπόλα (η) pile-up
καραντίνα (η) quarantine
καράτε (το) άκλ karate
καράτι (το) carat
καρατομώ ρ μτβ decapitate
καράφα (η) carafe
καρβέλι (το) loaf of bread
κάρβουν|ο (το) coal. **κάθομαι σε αναμμένα ~a** be on tenterhooks
κάρδαμο (το) cress
καρδάρα (η) (milk) churn
καρδιά (η) heart. (μεταφ) core. **~ μου** dear heart. **ανοίγω την ~ μου σε κπ.** to have a heart-to-heart with s.o.. **από ~ς** with all my heart. **δεν έχει ~** he/she is heartless. **δεν μου κάνει ~** I don't have the heart. **κάνω ~** be patient. **στην ~ του καλοκαιριού** at the height of summer. **στην ~ της νύχτας** in the dead of night
καρδιακ|ός επίθ cardiac. (φίλος) sworn. **~ή προσβολή** (η) heart attack
καρδινάλιος (ο) cardinal
καρδιογράφημα (το) cardiogram
καρδιολόγος (ο, η) heart specialist
καρδιοπάθεια (η) heart condition
καρδιοχτ|ύπι (το) heartbeat. (μεταφ) heartache. **~υπώ** ρ αμτβ be anxious
καρέκλα (η) chair
καριέρα (η) career
καρικατούρα (η) caricature
καρίνα (η) keel
Καρκίνος¹ (ο) (αστρολ) Cancer
καρκίνος (ο) (ιατρ) cancer
καρκινώδης επίθ cancerous
καρκίνωμα (το) carcinoma
καρμπιρατέρ (το) carburettor
καρμπόν (το) άκλ carbon (paper)
καρναβάλι (το) carnival
καρό (το) άκλ (ύφασμα) check. (χαρτιά) diamonds
κάρο (το) cart
καρότο (το) carrot
καρστάκι (το) (κήπου) wheelbarrow. (για αποσκευές) trolley. (για μωρά) pram. (για παιδάκια) buggy. **αναπηρικό ~** wheelchair
καρούλι (το) reel
καρούμπαλο (το) lump (on the head)
καρπαζιά (η) slap (on the neck)
καρπ|ός (ο) (φυτού) fruit. (χεριού) wrist. **ξηροί ~οί** (οι) nuts
καρπούζι (το) water melon
καρποφόρος επίθ fruitful
κάρτα (η) (invitation, greeting) card. **~ του Αγίου Βαλεντίνου** valentine (card). **χριστουγεννιάτικη ~** Christmas card

καρτέλ (το) άκλ cartel
κάρτερ (το) άκλ (αυτοκ) oil sump.
καρτερ|ία (η) fortitude. **~ικός** επίθ patient
καρτ ποστάλ (η) άκλ postcard
καρύδα (η) coconut
καρυδέλαιο (το) walnut oil
καρύδι (το) walnut. (στο λαιμό) Adam's apple
καρυδιά (η) walnut (tree)
καρυδότσουφλο (το) nutshell
καρύκευμα (το) (άρτυμα) seasoning. (σαλάτας) dressing
καρυκεύω ρ μτβ season, flavour. (σαλάτα) (μαγ) dress.
καρυοθραύστης (ο) nutcracker
καρφ|ί (το) nail. (πλατυκέφαλο) stud. (που προεξέχει) spike. (μεταφ καταδότης) grass, informer. **δε μου καίγεται ~ί** I couldn't care less. **κάθομαι στα ~ιά** be on tenterhooks. **τα κάνω γυαλιά ~ιά** smash to smithereens
καρφίτσα (η) pin. (κόσμημα) brooch
καρφιτσώνω ρ μτβ pin
καρφώνω ρ μτβ nail. (καταδίνω) squeal on. (κρατώ) pin, hold down. (με τα μάτια) transfix
καρχαρίας (ο) shark
κασέρι (το) type of hard cheese
κασέτα (η) cassette
κασετίνα (η) casket
κασκαντέρ (ο, η) άκλ stunt man
κασκόλ (το) άκλ knitted scarf
κασμίρι (το) cashmere
κασόνι (το) wooden box. (για πολύτιμα αντικείμενα) coffer
κασσίτερος (ο) tin
κάστα (η) caste
καστάνια (η) wrench
καστανιά (η) chestnut-tree
καστανιέτες (οι) castanets
κάστανο (το) chestnut
καστανοκίτρινος επίθ fawn
καστανοκόκκινος επίθ russet
καστανομάλλα (η) brunette
καστανόξανθος επίθ tawny
καστανός επίθ brown (hair, eyes)
κάστορας (ο) beaver
καστόρι (το) suede
κάστρο (το) castle
κατά πρόθ (διάρκεια) during. (εναντίον) against. (νομ) versus. (προς) towards. (σύμφωνα) according to. (χρόνος) about. **καθ᾽ οδόν** on the way. **κατ᾽ ανάγκη** by necessity. **~ της εταιρίας** against the company. **~ τις δέκα** at about ten o'clock. **~ το ατύχημα** during the accident. **~ τους ειδικούς** according to the experts. **προχώρησε ~ τον κήπο** he moved towards the garden. **τα υπέρ και τα ~** the pros and cons
καταβάλλ|ω ρ μτβ overwhelm. (εξασθενίζω) weaken. (πληρώνω) pay. **~ προσπάθειες** exert o.s.

καταβεβλημένος *επίθ* haggard

καταβολάδα (η) layer (*of plant*)

καταβολή (η) payment. **ετήσια ~** annuity. **από ~ς κόσμου** from the dawn of time

καταβροχθίζω *ρ μτβ* devour. (*κύματα*) engulf. (*κατασπαταλώ*) squander. (*φαγητό*) guzzle

καταγάλανος *επίθ* clear blue (*sky*)

καταγγελία (η) accusation. (*διακήρυξη*) denunciation

καταγγέλλω *ρ μτβ* report. (*συνθήκη*) denounce

καταγής *επίρρ* on the ground

κάταγμα (το) fracture

καταγοητεύω *ρ μτβ* enrapture

κατάγομαι *ρ αμτβ* come from

καταγραφή (η) recording

καταγράφω *ρ μτβ* record. (*σε κατάλογο*) catalogue

καταγωγή (η) ancestry. (*εθνικότητα*) extraction, lineage. (*ζώου*) pedigree

καταδέχομαι *ρ αμτβ* condescend

καταδικάζω *ρ μτβ* condemn. (*εγλημάτία*) convict. (*προβλέπω κακή έκβαση*) doom. **~ σε** sentence to. **~ασμένος** doomed (to)

καταδίκη (η) condemnation. (*εγκληματία*) conviction. (*ποινή*) sentence

κατάδικος (ο) convict

καταδίνω *ρ μτβ* inform against

καταδιώκω *ρ μτβ* pursue. (*κάνω διωγμό*) persecute

καταδίωξη (η) pursuit. (*διωγμός*) persecution

καταδότ|ης (ο), **~ρια** (η) informer

καταδρομ|έας (ο) commando. **~ή** (η) (*δίωξη*) persecution. (*στρ*) raid

καταδρομικό (το) (*ναυτ*) cruiser

καταδύομαι *ρ αμτβ* dive

κατάδυση (η) dive. (*υποβρύχιο*) submersion. **εξέδρα ~ς** diving-board. **στολή ~ς** diving-suit

καταζητούμενος *επίθ* wanted (*of criminal*)

κατάθεση (η) (*μαρτυρίας*) statement. (*όπλων*) laying down. (*χρημάτων*) deposit

καταθέτ|ης (ο), **~ρια** (η) depositor

καταθέτω *ρ μτβ* (*δίνω μαρτυρία*) testify. (*νομοσχέδιο*) introduce. (*τα όπλα*) lay down. (*χρήματα*) deposit, pay in

καταθλιπτικός *επίθ* gloomy

κατάθλιψη (η) gloom. (*ψυχική κατάσταση*) depression

καταιγίδα (η) storm

καταιγισμός (ο) (*βλημάτων*) spray

κατακάθι (το) sediment. **~α** (τα) (*καφέ*) grounds. (*της κοινωνίας*) dregs

κατακαλόκαιρο (το) the height of summer

κατάκαρδα *επίρρ* to heart. **μην το παίρνεις ~** don't take it to heart

κατακλέβω *ρ μτβ* rip off

κατακλύζω *ρ μτβ* flood. (*μεταφ*) inundate

κατακλυσμός (ο) flood. (*βροχή*) deluge

κατάκοιτος *επίθ* bedridden

κατακόκκινος *επίθ* bright red. (*μάτια*) bloodshot. **έγινε ~ απ' το θυμό του** he turned blue with anger

κατακόμβη (η) catacomb

κατακόρυφ|ος *επίθ* vertical. (*γκρεμός*) sheer. **~η πτώση** (η) nosedive. **το ~ο** the height (of), the zenith

κατακουρασμένος *επίθ* dead tired

κατακρατώ *ρ μτβ* withhold

κατακραυγή (η) outcry

κατακρεουργώ *ρ μτβ* hack to pieces. (*μεταφ*) murder

κατακρίνω *ρ μτβ* condemn

κατάκτηση (η) conquest

κατακτ|ητής (ο), **~ήτρια** (η) conqueror

κατακτώ *ρ μτβ* conquer. (*μεταφ*) captivate

καταλαβαίν|ω *ρ μτβ|ρ αμτβ* understand. (*τη σημασία*) get. (*καθομ*) **~ω τις προθέσεις κπ** see through s.o. **μαζί μιλάμε και χώρια ~ουμε** we are at cross purposes

καταλαμβάνω *ρ μτβ* seize. (*χώρο*) take up

καταλασπωμένος *επίθ* covered in mud

καταλήγω *ρ μτβ* end up. (*φτάνω σε αποτέλεσμα*) lead up to

κατάληξη (η) (*έκβαση*) outcome. (*γραμμ*) ending

κατάληψη (η) (*εξουσίας*) takeover. (*πόλης*) taking. (*χώρου εργασίας*) sit-in

κατάλληλ|ος *επίθ* suitable. (*βολικός*) convenient. (*γαμπρός*) eligible. (*για μια κατάσταση*) appropriate. (*στιγμή*) opportune. **~ο για οδήγηση** (*όχημα*) roadworthy. **είμαι ~ος για** be suited for. **~α** *επίρρ* suitably, appropriately

καταλληλότητα (η) suitability. (*παρατήρησης*) aptness

κατάλληλως *επίρρ* appropriately, aptly

καταλογίζω *ρ μτβ* impute. (*χρεώνω*) charge

καταλογισμός (ο) imputation

κατάλογος (ο) list. (*βιβλίο*) catalogue. (*βιβλιοθήκης*) index. (*εμπορευμάτων*) inventory. (*εστιατορίου*) menu. (*σχολικός*) register. (*τηλεφωνικός*) directory. **~ κρασιών** wine list. **εκλογικός ~** electoral roll

κατάλοιπο (το) residue

κατάλυμα (το) accommodation. (*στρ*) quarters

καταλύτης (ο) catalyst

καταλυτικός *επίθ* catalytic. **~ μετατροπέας** (ο) catalytic converter

καταμαράν (το) *άκλ* catamaran

κατάματα *επίρρ* right in the eyes

κατάμαυρος *επίθ* jet black. (*μαλλιά*) raven. **είμαι ~** (*από χτυπήματα*) be black and blue

καταμερισμός (ο) (*διανομή*) distribution. (*κατανομή ευθύνης*) apportionment

καταμεσήμερο (το) the middle of the day, noon

καταμεσής επίρρ in the middle
καταμέτρηση (η) (ειδών) stock-taking. (ψήφων) count
καταμόναχος επίθ all alone
κατάμουτρα επίρρ to the face. **μου το είπε ~** he told me so to my face
καταναγκαστικ|ός επίθ compulsory. **~ά έργα** hard labour. **~ή σίτιση** (η) force-feeding
καταναλώνω ρ μτβ consume
κατανάλωση (η) consumption
καταναλωτι|κός επίθ consumer. **~σμός** (ο) consumerism
καταναλ|ωτής (ο), **~ώτρια** (η) consumer
κατανέμω ρ μτβ allocate, share out
κατανικώ ρ μτβ overpower
κατανόηση (η) understanding. (αντίληψη) comprehension
κατανοητός επίθ intelligible
κατανομή (η) allocation
κατανοώ ρ αμτβ comprehend. (δείχνω επιείκια) understand
κατάντημα (το) plight
καταντώ ρ αμτβ be reduced to
κατάνυξη (η) devoutness
κατάξερος επίθ bone-dry
καταπακτή (η) trap door
καταπάτηση (η) encroachment
καταπατώ ρ μτβ trample on. (δικαιώματα) impinge on. (κτήματα) encroach on. (παραβιάζω) infringe on
κατάπαυση (η) cessation. **~ πυρός** cease-fire
καταπέλτης (ο) catapult
καταπιάνομαι με ρ μτβ tackle. **~ αποφασιστικά με κτ** buckle down to sthg
καταπιέζω ρ μτβ oppress
καταπίεση (η) oppression
καταπιεσμένος επίθ downtrodden
καταπιεστικός επίθ oppressive
καταπι|εστής (ο), **~έστρια** (η) oppressor
καταπίνω ρ μτβ/ρ αμτβ swallow. (δάκρυα) gulp. **~ τη γλώσσα μου** eat one's words
κατάπλασμα (το) poultice
καταπληκτικ|ός επίθ astonishing, amazing. (απίστευτος) staggering. (επίτευγμα) stupendous. (θέα) breathtaking. (ομορφιά) stunning. (χαρακτήρας) terrific. **~ά** επίρρ amazingly, terrifically
κατάπληκτος επίθ amazed
κατάπληξη (η) astonishment, amazement. (ταραχή και φόβος) consternation
καταπλήσσω ρ μτβ astonish, amaze, astound. (αίσθημα θάμπους) stun
καταπνίγω ρ μτβ strangle. (κίνημα) quell. (σκάνδαλο) quash. (συγκινήσεις) repress, hold back. (χασμουρητό, γέλιο) suppress
καταπολεμώ ρ μτβ fight (against). (για να περιορίσω) combat
καταπραϋντικό|ς επίθ sedative. **~** (το) sedative

καταπραΰνω ρ μτβ mollify. (νεύρα) settle. (πόνο) relieve
κατάπτωση (η) (σωματική) exhaustion. (ηθική) degradation. (νευρική) breakdown
κατάρα (η) curse
κατάργηση (η) abolition
καταργώ ρ μτβ abolish. **~ σταδιακά** phase out
καταριέμαι ρ μτβ curse
καταρράκτης (ο) waterfall. (ιατρ) cataract. (μεταφ) torrent
καταρρακτώδης επίθ torrential
κατάρρευση (η) collapse. (εκλογική) débâcle. (εμπ) crash
καταρρέω ρ αμτβ cave in. (νευρικά) break down. (σωματικά) collapse
κατάρρους (ο) catarrh. (σε σκύλους) distemper
κατάρτι (το) (ναυτ) mast.
καταρτίζω ρ μτβ (οργανώνω) form. (εκπαιδεύω) prepare, train. (συντάσσω) draw up
κατασκευάζω ρ μτβ make, manufacture. (ανεγείρω) construct. (παράγω) produce
κατασκευ|αστής (ο), **~άστρια** (η) manufacturer
κατασκευή (η) manufacture. (ανέγερση) construction
κατασκην|ώνω ρ αμτβ camp. **~ωτής** (ο), **~ώτρια** (η) camper
κατασκήνωση (η) camping. (χώρος) camp
κατασκοπεύω ρ μτβ/ρ αμτβ spy. **~ κπ** spy on s.o.
κατασκοπία (η) spying. (δραστηριότητα) espionage
κατάσκοπος (ο, η) spy
κατασκότεινος επίθ pitch dark
κατασπαταλώ ρ μτβ squander. (σιγά σιγά) fritter away
κάτασπρος επίθ snow white
κατασταλάζω ρ μτβ settle. (μεταφ) end up
κατασταλτικός επίθ repressive
κατάσταση (η) state. (αρρώστου) condition. (οικογενειακή) status. (οικονομική, πολιτική) situation. (στρ) service. **~ εκτάκτου ανάγκης** state of emergency. **~ λογαριασμού** bank statement. **είναι σε ενδιαφέρουσα ~** she is pregnant. **σε καλή/κακή ~** in good repair/disrepair. **ψυχική ~** frame of mind
καταστατικό|ς επίθ constitutional. **~ χάρτης** (ο) charter. **~** (το) (εταιρίας) Articles of Association
καταστέλλω ρ μτβ suppress. (συγκρατώ) curb
κατάστημα (το) shop. (τράπεζας) branch. **~ παιχνιδιών** (το) toy shop
καταστηματάρχ|ης (ο), **~ις** (η) shopkeeper
καταστολέας (ο) suppressor
καταστολή (η) suppression

καταστρεπτικός *επίθ* destructive. (*ολέθριος*) devastating

καταστρέφω *ρ μτβ* destroy. (*ελπίδες*) dash. (*κορίτσι*) deflower. (*οικονομικά, ηθικά*) ruin. (*ολέθρια*) devastate. **~ εντελώς** wreck

καταστροφή (*η*) destruction. (*ολέθρια*) catastrophe. (*συμφορά*) disaster. (*μεταφ*) ruin

κατάστρωμα (*το*) deck

καταστρώνω *ρ μτβ* lay (*plans*)

κατάσχεση (*η*) confiscation. (*εμπορευμάτων*) seizure

κατάσχω *ρ μτβ* confiscate. (*νομ*) impound. (*απλήρωτη περιουσία*) repossess. (*εμπορεύματα*) seize

κατάταξη (*η*) rating. (*στρ*) enlistment

κατατάσσ|ω *ρ μτβ* rank. (*σε διαγωνισμό*) place. **~ομαι** (*στο στρατό*) *ρ αμτβ* enlist

κατατοπίζω *ρ μτβ* put in the picture

κατατρεγμός (*ο*) victimization. (*δίωξη*) persecution

κατατρέχω *ρ μτβ* (*διώκω*) persecute. (*προσπαθώ να βλάψω κπ*) victimize

κατατρομάζω *ρ αμτβ* be scared stiff

κατατροπώνω *ρ μτβ* thrash, defeat

καταυλισμός (*ο*) encampment. **προσφυγικός ~** refugee camp

καταφανής *επίθ* very obvious, evident

καταφανώς *επίρρ* patently, obviously

κατάφαση (*η*) affirmation

καταφατικός *επίθ* affirmative

καταφέρνω *ρ μτβ* achieve. (*πείθω*) persuade. (*μεταφ*) pull off. **~ με καλοπιάσματα** wheedle. **~ με κολακείες** coax. **~ με κόλπο** wangle. **δεν ~ τίποτα** get nowhere

καταφέρ|ω *ρ αμτβ* deal. **~ομαι** *ρ αμτβ* (*εναντίον*) attack (*verbally*)

καταφεύγω *ρ αμτβ* take refuge. **~ σε** (*προσφεύγω*) fall back on. (*μεταφ*) resort to

καταφθάνω *ρ αμτβ* roll up, arrive

κατάφορτος *επίθ* weighed down (*με* with)

καταφύγιο (*το*) refuge. (*από καιρικές συνθήκες*) shelter. (*για πλοία*) haven. (*για προστασία*) sanctuary. (*στρ*) bunker

κατάφωρος *επίθ* flagrant

καταχαρούμενος *επίθ* overjoyed

κατάχλομος *επίθ* ghastly, deathly pale

καταχνιά (*η*) haze, mist

καταχρεωμένος *επίθ* **είμαι ~** be heavily in debt

κατάχρηση (*η*) misuse. (*εμπιστοσύνης*) breach. (*σε επάγγελμα*) malpractice. (*χρημάτων*) embezzlement

καταχρώμαι *ρ μτβ* misuse. (*χρήματα*) embezzle

καταχώρηση (*η*) entry (*on list*)

καταχωρίζω *ρ μτβ* enter (*in a book*)

καταψύ|κτης (*ο*) freezer. **~χω** *ρ μτβ* freeze

κατάψυξη (*η*) deep-freeze

κατεβάζ|ω *ρ μτβ* lower. (*αεροπλάνο*) down. (*από ψηλά*) pull down. (*κεφάλι*) hang. (*λεφτά*) cough up. (*λαϊκ*). (*ποτό*) swill. (*τιμές*) knock down. (*φόρεμα*) let down. **~ω μονορούφι** down in one. **~ω μούτρα** pull a long face. **ο νους του ~ει** he is resourceful

κατεβαίνω *ρ αμτβ* come down. (*από αυτοκίνητο*) get out. (*από βουνό*) descend. (*από ζώο*) dismount. (*σκάλα*) climb down. **μου κατέβηκε να φύγω** I took it into my head to leave

κατεδαφίζω *ρ μτβ* demolish

κατεδάφιση (*η*) demolition

κατεξοχήν *επίρρ* principally

κατεπείγ|ων *επίθ* urgent. **~ον** express (*post*)

κατεργάζομαι *ρ μτβ* process

κατεργάρης *επίθ* crafty

κάτεργ|ο (*το*) galley. **~α** (*τα*) hard labour

κατευθείαν *επίρρ* direct, straight

κατεύθυνση (*η*) direction

κατευθυντήρι|ος *επίθ* guiding. **~ες γραμμές** (*οι*) guidelines

κατευθύν|ω *ρ μτβ* direct. (*οδηγώ*) guide. **~ομαι προς** *ρ μτβ* head for

κατευνάζω *ρ μτβ* appease. (*καταπραΰνω*) calm down

κατευχαριστημένος *επίθ* delighted

κατέχω *ρ μτβ* possess. (*εξουσιάζω*) dominate. (*έχω ιδιοκτησία*) own. (*θέμα*) know well. (*θέση*) occupy

κατηγορηματικ|ός *επίθ* categorical. (*άρνηση*) flat. (*απερίφραστο*) unequivocal. (*βέβαιος*) positive. (*τρόπος*) emphatic. **~ά** *επίρρ* flatly

κατηγορητήριο (*το*) indictment

κατηγορία¹ (*η*) accusation. (*νομ*) charge. (*στο δικαστήριο*) indictment

κατηγορία² (*η*) category. (*τάξη*) class

κατήγορος (*ο*) prosecutor

κατηγορούμενο (*το*) predicate

κατηγορ|ούμενος (*ο*), **~ουμένη** (*η*) (the) accused

κατηγορώ *ρ μτβ* accuse. (*ασκώ δικαστική δίωξη*) indict. (*νομ*) charge

κατήφεια (*η*) gloom

κατηφορίζω *ρ αμτβ* walk downhill. (*έδαφος*) slope

κατηφορικός *επίθ* sloping downward

κατήφορ|ος (*ο*) (downhill) slope. (*μεταφ*) downhill. **παίρνω τον ~** go downhill

κατήχηση (*η*) indoctrination. (*εκκλ*) catechism

κατηχητικό (*το*) Sunday school

κατηχώ *ρ μτβ* indoctrinate

κάτι *αντων* something. (*μερικοί*) some. **~ είδε** he saw something. **~ της είπε** he said something to her. **ήρθαν ~ ξένοι** some guests arrived

κάτισχνος *επίθ* emaciated

κατιφές (*ο*) marigold

κατοίκηση (*η*) habitation

κατοικήσιμος *επίθ* habitable

κατοικία (η) dwelling. (*οικία*) residence

κατοικίδιος *επίθ* domestic (*animal*)

κάτοικος (ο, η) inhabitant. (*κτιρίου*) resident. (*πόλεως*) citizen. (*σπηλαίου*) dweller

κατοικώ *ρ μτβ/αμτβ* inhabit. (*διαμένω*) reside

κατολίσθηση (η) landslide

κατόπι *επίρρ* (*πίσω*) after. (*έπειτα*) following. **~ν εορτής** after the event. **τον πήρε στο ~** he/she followed him closely, he/she was close on his heels

κατόρθωμα (το) achievement, feat. (*ανδραγάθημα*) exploit

κατορθώνω *ρ μτβ* achieve. (*επιτυγχάνω*) succeed (**να κάνω**, in doing)

κατουρώ *ρ αμτβ* have a pee

κατοχή (η) possession. (*από ξένες δυνάμεις*) occupation. (*θέματος*) command, mastery

κάτοχος (ο, η) occupier. (*θέσης*) holder. (*κύριος*) owner. **~ μεταλλίου** medallist

κατοχυρώνω *ρ μτβ* safeguard

κατρακυλώ *ρ αμτβ* tumble down

κατσαβίδι (το) screwdriver

κατσάδα (η) dressing down

κατσαδιάζω *ρ μτβ* tell off

κατσαρίδα (η) cockroach

κατσαρόλα (η) saucepan. (*πήλινη*) casserole

κατσαρός *επίθ* wavy (*hair*)

κατσίκα (η) goat

κατσικάκι (το) kid

κατσούφης *επίθ* surly. **~ιασμα** (το) scowl

κατσουφιά (η) surliness. **~ζω** *ρ αμτβ* scowl

κάτω *επίρρ* down, below. (*λιγότερο*) under. **προς τα ~** downwards. **~ ο πόλεμος** down with war. **από πάνω ως ~** from head to toe. **έλα ~** come down. **είναι ~ των δέκα χρονών** he/she is under ten years old. **η θερμοκρασία είναι ~ από το μηδέν** the temperature is below zero. **κάθισε ~** sit down. **την έβαλε κάτω** he/she defeated her. **στο κάτω κάτω** (*της γραφής*) after all *επίθ* lower. **~ κόσμος** (ο) underworld. **~ χείλος** (το) lower lip. **οι ~ Χώρες** the Netherlands

κατώτατος *επίθ βλ* **κάτω** lowest

κατώτερος *επίθ βλ* **κάτω** lower. (*σε βαθμό*) junior. (*σε ποιότητα*) inferior. **~** (ο) inferior

κατωτερότητα (η) inferiority

κατώτερω *επίρρ* below

κατωφέρεια (η) downward slope

κατώφλι (το) doorstep. (*μεταφ*) threshold

καυγάς (ο) *βλ* **καβγάς**

καυσαέρια (τα) exhaust gases

καυσέλαιο (το) fuel oil

καύσ|η (η) burning. (*μηχ*) combustion. **~ιμα** (τα) fuel

καυσόξυλα (τα) firewood

καυστήρας (ο) (gas) burner

καυστικός *επίθ* caustic. (*μεταφ*) scathing

καύσωνας (ο) heat wave

καυτερός *επίθ* scorching. (*υγρό*) boiling hot. (*φαγητό, στη γεύση*) hot

καυτηρι|άζω *ρ μτβ* cauterize. (*μεταφ*) castigate. **~ασμός** (ο) cauterization

καύχηση (η) boast

καυχησιάρης *επίθ* boastful

καυχιέμαι *ρ αμτβ* boast

καφάσι (το) lattice

καφασωτό (το) (*για αναρριχητικά φυτά*) trellis

καφέ *επίθ άκλ* brown. **~** (το) *άκλ* brown

καφεΐνη (η) caffeine

καφενείο (το) coffee shop

καφενές (ο) *βλ* **καφενείο**

καφές (ο) coffee. **~ με γάλα** white coffee. **~ σκέτος** black coffee

καφετερία (η) café. (*με αυτοεξυπηρέτηση*) cafeteria

καφετζ|ής (ο), **~ού** (η) coffee shop owner

καφετιέρα (η) coffee-pot. (*με φίλτρο*) percolator

καχεκτικός *επίθ* sickly

καχύποπτος *επίθ* distrustful

καχυποψία (η) distrust

καψαλίζω *ρ μτβ* singe. (*ο ήλιος*) scorch

κάψιμο (το) burn

κάψουλα (η) capsule

καψούλι (το) cap (*of cartridge*)

κέδρο (το) cedar

κέδρος (ο) *βλ* **κέδρο**

κέικ (το) *άκλ* cake

κείμενο (το) text

κειμήλιο (το) relic. (*οικογενειακό*) heirloom

κεκτημένο|ς *επίθ* vested. **~ δικαίωμα** (το) vested interest

κελάηδημα (το) song (*of a bird*)

κελαηδώ *ρ αμτβ* sing. (*φλυαρώ*) prattle on

κελάρι (το) cellar. (*μικρό*) larder

κελαρύζω *ρ αμτβ* babble (*of stream*)

κελάρυσμα (το) babble (*of water*)

κελεπούρι (το) windfall

κελί (το) cell (prisoner's, monk's)

Κελσίου *άκλ* centigrade

Κέλτης (ο) Celt

κελτικ|ός *επίθ* Celtic. **~ή γλώσσα** (η) Gaelic

κενό (το) void. (*διάστημα*) gap. (*μηχ*) vacuum. (*μεταφ*) emptiness. **~ αέρος** air pocket

κενοδοξία (η) conceit

κεν|ός *επίθ* empty. (*λόγια*) idle. (*σπίτι, κάθισμα*) vacant. **~ή θέση** (η) vacancy

κενοτάφιο (το) cenotaph

κέντημα (το) embroidery

κεντητός *επίθ* embroidered

κεντρί (το) sting

κεντρίζω *ρ μτβ* sting. (*μεταφ*) goad

κεντρικ|ός *επίθ* central. **~ός δρόμος** (ο) main street. **~ά γραφεία** head office. **~ά** *επίρρ* centrally

κέντρισμα (το) sting. (μεταφ) spur
κέντρο (το) centre. (μεταφ) hub.
(προσοχής) focus. **νυχτερινό ~** night-
club. **τηλεφωνικό ~** telephone
exchange
κεντώ ρ μτβ embroider. (τσιμπώ) prick
Κένυα (η) Kenya
κεραία (η) antenna. (πεταλούδας) feeler.
(ραδιοφώνου) aerial
κεραμίδι (το) (roof) tile
κεραμικ|ά (τα) ceramics. **~ή** (η) ceramics.
~ός επίθ ceramic
κέρας (το) horn (music). **~ της Αμαλθείας**
(το) cornucopia
κεράσι (το) cherry
κερασιά (η) cherry-tree
κέρασμα (το) treat
κερατάς (ο) cuckold
κέρατο (το) horn. (ελαφιού, με
διακλαδώσεις) antler
κερατοειδής επίθ horny
κεραυνοβόλος επίθ lightning. **~ έρωτας**
(ο) love at first sight
κεραυνοβολώ ρ μτβ strike with lightning.
(μεταφ) stun
κεραυνόπληκτος επίθ thunderstruck.
(μεταφ) stunned
κεραυνός (ο) thunderbolt. **~ εν αιθρία** a
bolt from the blue
κερδίζω ρ μτβ win. (αντίπαλο) beat.
(βραβείο) carry off. (εμπιστοσύνη, χρόνο)
gain. (επωφελούμαι) profit from. (λεφτά)
earn. (πόντους) score ρ αμτβ look better
κέρδ|ος (το) profit. (όφελος) benefit.
(μεταφ) gain. **~η** (τα) (από τυχερά
παιχνίδια) winnings. (από δουλειά)
earnings. (εμπορ) returns
κερδοσκοπ|ία (η) profiteering. (με
επενδύσεις) speculation. **~ικός** επίθ
speculative
κερδοσκόπος (ο, η) profiteer. (με
επενδύσεις) speculator
κερδοσκοπώ ρ αμτβ speculate
κερήθρα (η) honeycomb
κερί (το) candle. (ουσία) wax
κέρινος επίθ waxen, waxy
κερκίδα (η) tier (in stadium)
Κέρκυρα (η) Corfu
κέρμα (το) token (for game machines).
(νόμισμα) coin
κερματοδέκτης (ο) coin-operated
machine. (τηλέφωνο) payphone
κερνώ ρ μτβ **να σου κεράσω ένα ποτό;**
can I buy you a drink?
κερώνω ρ μτβ wax. • ρ αμτβ (μεταφ) go
white as a sheet
κεσές (ο) yoghurt tub
κεφάλαι|ο (το) (σε βιβλίο) chapter.
(χρήματα) capital. **~ο κινδύνου** venture
capital. **~α** (τα) funds
κεφαλαιοκρατία (η) capitalism. **~άτης**
(ο) capitalist
κεφαλαιοποιώ ρ μτβ capitalize

κεφαλαίο|ς επίθ capital. **~ (το) capital
letter
κεφαλαιώδ|ης επίθ capital. **~ους
σημασίας** of utmost importance
κεφαλή (η) head. (βλήματος) warhead
κεφάλι (το) head. **είναι αγύριστο ~** he's
pigheaded. **κάνω του κεφαλιού μου** go
one's own sweet way
κεφαλιά (η) header
κεφαλόπονος (ο) headache
κεφαλόσκαλο (το) landing (top of stairs)
κεφαλοτύρι (το) type of hard cheese
κεφάτος επίθ cheerful
κέφι (το) high spirits. **κάνω το ~ μου** do
as one pleases
κεφτές (ο) meatball
κεχρί (το) millet
κεχριμπάρι (το) amber
κηδεία (η) funeral
κηδεμόνας (ο, η) guardian
κηδεμονία (η) guardianship. **υπό ~**
(παιδί) ward (of court)
κήλη (η) hernia
κηλίδα (η) stain. (στίγμα) blot. (στο δέρμα)
blemish
κηλιδώνω ρ μτβ stain. (όνομα) smear.
(μεταφ) tarnish
κήπος (ο) garden
κηπουρική (η) gardening
κηπουρός (ο, η) gardener
κηροζίνη (η) kerosene
κηροπήγιο (το) candlestick
κήρυγμα (το) sermon
κήρυκας (ο) crier. (εκκλ) preacher
κήρυξη (η) declaration. **~ πολέμου**
declaration of war
κηρύσσω ρ μτβ proclaim. (εκκλ) preach.
~ εκλογές go to the country
κηφήνας (ο) drone. (μεταφ) layabout
κιάλια (τα) binoculars. (της όπερας) opera
glasses
κίβδηλος (επίθ) forged. (μεταφ) fake
κιβώτιο (το) crate. (μπαούλο) chest.
(μπίρας) case. **~ ταχύτητων** gearbox
κιβωτός (ο) (θρησκ) ark
κιγκλίδωμα (το) railing. (σκάλας)
balustrade
κιθάρα (η) guitar
κιθαρ|ιστής (ο), **~ίστρια** (η) guitarist
κιλό (το) kilo
κιλοβ|άτ (το) άκλ kilowatt. **~ατώρα** (η)
kilowatt/hour
κιλότα (η) (γυναικεία) briefs, panties.
(ιππασίας) breeches
κιμάς (ο) mince (meat). (μεταφ) pulp
κιμονό (το) kimono
κιμωλία (η) chalk
Κίνα (η) China
κινδυνεύω ρ μτβ risk. (διακινδυνεύω)
endanger. • ρ αμτβ be in danger
κίνδυνος (ο) danger, risk. (δυσάρεστη
έκβαση) peril. (εμπόδιο) hazard
κινέζικος επίθ Chinese

Κινέζ|ος (ο), **~α** (η) Chinese
κίνημα (το) movement. **~ για την απελευθέρωση της γυναίκας** women's lib
κινηματογραφικ|ός επίθ of the cinema. **~ ή βιομηχανία** (η) film industry. **~ή μηχανή** cine camera
κινηματογράφος (ο) cinema
κινηματογραφώ ρ μτβ film
κίνηση (η) move. (απότομη) jerk. (δραστηριότητα) (hustle and) bustle. (ενέργεια του κινώ) movement. (κυκλοφορία) traffic. (με τα χέρια) gesture. (μηχ) drive. (πλοίου) motion. **κυκλική ~** sweep (movement). **υπάρχει ~ στα καταστήματα** the shops are busy
κινητήρας (ο) engine
κινητήρι|ος επίθ driving. **~ος μοχλός** (ο) kingpin. **~α δύναμη** (η) driving force
κινητική (η) kinetics
κινητικ|ός επίθ kinetic. **~τητα** (η) mobility
κινητοποίηση (η) mobilization
κινητοποιώ ρ μτβ mobilize
κινητ|ός επίθ movable. (που μετακινείται) mobile. **~ή περιουσία** (η) movable property. **~ή τηλεφωνία** (η) mobile telecommunications
κίνητρο (το) incentive. (αιτία) motive. (ό, τι κινεί σε δράση) motivation
κινίνη (η) quinine
κινίνο (το) βλ **κινίνη**
κινούμεν|ος επίθ moving. **~η άμμος** (η) quicksand. **~α σχέδια** (τα) animated cartoons
κιν|ώ ρ μτβ move. (διεγείρω) stir, stimulate. (θέτω σε λειτουργία) drive. (μετακινώ) transport. **·** ρ αμτβ set off. (μεταφ) set out. **~ απότομα** jerk. **~ γη και ουρανό** move heaven and earth. **~ την περιέργεια κάποτου** arouse s.o.'s curiosity. **~ούμαι** ρ αμτβ move
κιόλα(ς) επίρρ already. (επιπλέον) on top of that. **δε φτάνει που φταίει με απειλεί ~** on top of being at fault himself he is also threatening me. **έφυγαν ~** they have already left
κιόσκι (το) kiosk. (σε κήπο) gazebo
κιρσ|ός (ο) varicose vein. **~ώδης** επίθ varicose
κίσσα (η) jay
κισσός (ο) ivy
κιτριά (η) citron (tree)
κιτρινιάρης επίθ sallow
κιτρινίζω ρ αμτβ turn pale. (ξεθωριάζω) discolour
κίτρινο|ς επίθ yellow. (χλομός) pale. **~** (το) yellow
κιτρινωπός επίθ yellowish
κίτρο (το) citron
κιχ άκλ **δεν έβγαλε ~** he/she didn't make a sound
κίχλη (η) thrush (bird)
κλαβεσίνο (το) harpsichord

κλαγγή (η) clang
κλαδάκι (το) sprig, twig
κλάδεμα (το) pruning
κλαδευτήρι (το) secateurs
κλαδεύω ρ μτβ prune
κλαδί (το) branch
κλάδος (ο) (δέντρου) bough. (τμήμα συνόλου) branch. **~ ελαίας** olive branch
κλαί|ω ρ αμτβ cry. (από λύπη) weep. **~ με λυγμούς** sob. **~ομαι** ρ αμτβ whine
κλακέτες (οι) tap-dance
κλάμα (το) cry, weep
κλαμπ (το) άκλ club
κλάνω ρ αμτβ break wind
κλάξον (το) (car) horn
κλαρί (το) branch (of tree). **δεν τον άφησε σε χλωρό ~** he/she didn't give him any peace
κλαρίνο (το) clarinet
κλάση (η) class, category. (ηλικίας) age group
κλασικ|ιστής (ο), **~ίστρια** (η) classicist
κλασικ|ός επίθ classic. (της αρχαιότητας) classical. **~ές σπουδές** (οι) classics. **~ή μουσική** classical music
κλάσμα (το) fraction. **σε ~ δευτερολέπτου** in a fraction of a second
κλάψα (η) whimpering
κλαψιάρης επίθ whining. **~** (ο) cry baby, whiner
κλαψουρ|ίζω ρ αμτβ whine. **~ παραπονεμένα** whimper. **~ιστός** επίθ snivelling
κλαψούρισμα (το) whine
κλέβ|ω ρ μτβ steal. (ζώα) rustle. (ληστεύω) rob. (σε μικρές ποσότητες) pilfer. (μεταφ) cheat. **~ομαι** ρ αμτβ elope
κλείδα (η) collar bone
κλειδαράς (ο) locksmith
κλειδαριά (η) lock
κλειδαρότρυπα (η) keyhole
κλειδί (το) key. (γαλλικό) spanner. (μουσ) clef. (σιδηρ) switch. **έχει θέση ~** he/she has a key position
κλείδωμα (το) locking. (μεταφ) locking in
κλειδώνω ρ μτβ lock **~ έξω** lock out ρ αμτβ lock up.
κλείδωση (η) joint. (δάχτυλα) knuckle
κλείθρο (το) latch
κλείνω ρ μτβ close, shut. (βρύση) turn off. (διακόπτω τη λειτουργία) shut down. (επιχείρηση) wind up. (ηλεκτρ) switch off. (θέση) book, reserve. (συμφωνία) clinch. (τηλέφωνο) hang up. (φράζω) block ρ αμτβ close. (παύω λειτουργία) fold. (πληγή) heal. **~ κπ μέσα** lock s.o. up. **~ με φερμουάρ** zip (up). **~ τα μάτια σε** connive at. **~ το μάτι** wink
κλείσιμο (το) closure. (διακοπή λειτουργίας) shut-down. **~ του ματιού** wink
κλεισούρα (η) confinement. (μυρωδιά) musty smell

κλειστ|ός επίθ closed. (καιρός) close. (περιφραγμένος) walled-in. (χαρακτήρας) uncommunicative. **~ή πισίνα** (η) indoor swimming pool. **~ή στροφή** (η) sharp bend. **~ό επάγγελμα** (το) closed shop
κλειστοφοβία (η) claustrophobia
κλεπτσποδόχος (ο, η) receiver (of stolen goods)
κλεπτομαν|ής (ο, η) kleptomaniac. **~ία** (η) kleptomania
κλέφτης¹ (ο) kleft (armed Greek resurgent in the Turkish occupation of Greece)
κλέφτ|ης² (ο), **~ρα** (η) thief. (ειδών καταστημάτων) shop-lifter
κλέφτικ|ος επίθ of the klefts. **~α τραγούδια** (τα) folk songs about the life and struggles of the klefts
κλεφτόπουλο (το) young kleft
κλεφτ|ός επίθ furtive. **~ά** επίρρ furtively
κλεψιά (η) thieving. (από μαγαζιά) shop-lifting
κλέψιμο (το) stealing. (γυναίκας, χωρίς τη θέλησή της) kidnapping. (με τη θέλησή της) elopement
κλήμα (το) vine
κληματαριά (η) pergola (for a vine)
κληματόφυλλο (το) vine leaf
κληρικός επίθ clerical. **~** (ο) clergyman
κληροδότημα (το) bequest
κληροδοτώ ρ μτβ bequeath
κληρονομ|ιά (η) inheritance, legacy. (πνευματική) heritage. **φόρος ~ιας** (ο) death duty
κληρονομικό|ς επίθ hereditary. **~τητα** (η) heredity
κληρονόμος (ο) heir. **~** (η) heiress
κληρονομώ ρ μτβ inherit
κλήρος¹ (ο) clergy
κλήρ|ος² (ο) lot. (μέρος γής) share. **ρίχνω ~** draw lots. **~ωση** (η) (lottery) draw
κληρών|ω ρ μτβ draw (in lottery). **~ομαι** ρ αμτβ be drawn
κλήρωση (η) drawing (of lots)
κληρωτός (ο) conscript
κλήση (η) call. (μαρτύρων) subpoena. (νομ) summons. (τηλεφωνική) phone call. (τροχαίας) ticket (fine). **υπεραστική ~** long distance call
κλήτευση (η) summons
κλητεύω ρ μτβ (μάρτυρες) subpoena
κλητήρας (ο) usher
κλητική (η) (γραμμ) vocative (case)
κλίβανος (ο) furnace. (για αποτέφρωση) incinerator. (για πήλινα) kiln
κλικ (το) άκλ click
κλίκα (η) clique
κλίμα (το) climate
κλίμακα (η) ladder. (ιδεών) spectrum. (μουσ, για χάρτες) scale. (σειρά) range
κλιμάκιο (το) (ομάδα) party. (στρ) echelon
κλιμακοστάσιο (το) stairwell
κλιμακτήριος (η) change of life (menopause)

κλιμακώνω ρ μτβ scale. (αναπτύσσω σε φάσεις) stagger. (σε ένταση) escalate
κλιμάκωση (η) escalation
κλιματισμός (ο) air conditioning
κλιματολογικός επίθ climatic
κλίνη (η) bed
κλινήρης επίθ confined to bed
κλινική (η) clinic. **ιδιωτική ~** private clinic
κλινικός επίθ clinical
κλινοσκέπασμα (το) bedspread
κλινοσκεπάσματα (τα) bedclothes
κλίνω ρ μτβ (κεφάλι) bow. (γραμμ) decline. (ρήμα) conjugate. **ρ** αμτβ slope. (αεροπλάνο) bank. (αλλάζω θέση) lean. (πλοίο) list. (τείνω) be inclined
κλισέ (το) άκλ cliché
κλίση (η) incline. (γραμμ) declension. (εδάφους) slope. (επιφανείας) gradient. (πλοίου) tilt. (προδιάθεση) inclination. (ρήματος) conjugation. (ταλέντο) flair, aptitude
κλισιοσκόπιο (το) (gun) sight
κλοιός (ο) (σε χέρια) shackle. (γύρω από λαιμό) collar. (μεταφ) cordon
κλομπ (το) άκλ truncheon, club
κλονίζ|ω ρ αμτβ shake. **~ομαι** ρ μτβ (θάρρος) waver. (υγεία) fail
κλονισμός (ο) shaking. (ιατρ) shock. **νευρικός ~** nervous breakdown
κλοπή (η) theft
κλοπιμαίος επίθ stolen
κλοτσιά (η) kick
κλοτσοσκούφι (το) dogsbody
κλοτσώ ρ μτβ kick
κλούβα (η) large cage. (μεταφ) jail
κλουβί (το) cage. Κύπρ (μωρού) play-pen
κλούβιος επίθ (αβγό) rotten. (μεταφ) empty-headed
κλπ. συντ (και λοιπά) etc
κλυδωνισμός (ο) pitching
κλύσμα (το) enema
κλώθω ρ μτβ spin
κλωνάρι (το) stick (of celery etc.)
κλώνος (ο) (κλωστή) ply
κλώσα (η) broody hen
κλωσόπουλο (το) chick
κλωστή (η) thread. **περνώ σε ~** string
κλωτσιά (η) βλ **κλοτσιά**
κλωτσώ ρ μτβ βλ **κλοτσώ**
κνήμη (η) calf
κνησμός (ο) itching
κοάζω ρ αμτβ croak
κόασμα (το) croak
κόβω ρ μτβ cut. (δέντρα) fell. (διακόπτω) interrupt. (κινημ ταινία) edit. (κρέας σε φέτες) carve. (λουλούδια) pick. (ξύλα) chop. (σε εξετάσεις) fail. (σταφύλια) gather. (τηλέφωνο, ηλεκτρ) cut off. (τσιγάρο, ποτό) give up. **~ομαι** ρ αμτβ cut o.s. (παρακουράζομαι) feel exhausted. **~ω δρόμο** take a short cut. **~ω ελαφρά** trim. **~ω κλαδιά** (δέντρου) lop branches off. **~ πίσω** lag behind. **~ω σε**

κομμάτια cut up. **~ω σε μικρά κομμάτια** shred. (μαy). **~ω σε φιλέτα** fillet. **~ω τα μαλλιά μου** have one's hair cut. **~ω τη δύναμη** cushion (a blow). **~ω φέτες** slice. **~ει το μυαλό του** he is resourceful. **μου κόπηκαν τα γόνατα** I was scared stiff. **έκοψαν την καλημέρα** they are no longer on speaking terms

κογκρέσο (το) Congress

κόγχη (η) (eye) socket

Κοζάκος (ο) Cossack

κοιλάδα (η) valley. (γεωγρ) basin

κοιλεπίδεσμος (ο) (ιατρ) truss.

κοιλιά (η) belly. (ιατρ) abdomen. (καθομ) tummy. (καθομ) (μεγάλο στομάχι) paunch, potbelly

κοιλιακός επίθ abdominal

κοιλόπονος (ο) tummy ache

κοιλοπονώ ρ αμτβ be in labour

κοίλο|ς επίθ concave. (κούφιος) hollow. **~** (το) trough (of wave)

κοιλότητα (η) cavity. **~ του στομαχιού** pit of the stomach

κοίλωμα (το) recess

κοιμάμαι ρ αμτβ βλ **κοιμούμαι**

η Κοίμηση της Θεοτόκου the Assumption

κοιμητήριο (το) graveyard

κοιμίζω ρ μτβ put to bed

κοιμισμένος επίθ asleep. **~** (ο) slowcoach

κοιμούμαι ρ αμτβ sleep. (αργώ να αντιδράσω) be sluggish. **~ σαν αρνάκι** sleep like a baby. **~ σαν τούβλο** sleep like a log

κοινή (η) the form of Greek which prevailed in antiquity

κοινό (το) public

κοινόβιο (το) commune

κοινοβουλευτικός επίθ parliamentary

κοινοβούλιο (το) parliament

κοινοποίηση (η) public announcement, (επιστολή, έκθεση) circulation

κοινοπολιτεία (η) commonwealth

κοινοπραξία (η) consortium

κοιν|ός επίθ common. (αμοιβαίος) mutual. (ευτελής) mundane. (λογαριασμός, ανακοινωθέν) joint. (προσπάθεια) concerted. (που συναντάται συνήθως) commonplace. (συνηθισμένος) ordinary. **~ός άνθρωπος** (ο) man in the street. **~ός θνητός** (ο) ordinary mortal. **Κ~ή Αγορά** (η) Common Market. **~ή λογική** (η) common sense. **~ό μυστικό** (το) open secret. **~ό ταμείο** (το) pool (common fund). **από ~ού** in common with, jointly. **~ώς** επίρρ commonly

κοινοτάρχης (ο) head of a community

κοινότητα (η) community

κοινοτικός επίθ community. **~ κέντρο** (το) community centre

κοινοτοπία (η) banality, platitude

κοινότοπος επίθ banal

κοινόχρηστα (τα) service charges

κοινόχρηστος επίθ communal. **~ χώρος** (ο) common (public land)

κοινωνία (η) society. **θεία ~** holy communion

κοινωνικοποιώ ρ μτβ socialize. (εθνικοποιώ) nationalize

κοινωνικ|ός επίθ social. (άνθρωπος) sociable. (αρεσκόμενος σε συναναστροφές) gregarious. **~ός λειτουργός** (ο, η) social worker. **~ή ασφάλιση** (η) social security. **~ή θέση** (η) social status. **~ά** επίρρ socially

κοινωνιολογία (η) sociology

κοινωνιολογικός επίθ sociological

κοινωνιολόγος (ο, η) sociologist

κοιτάζω ρ μτβ look (at). (εξετάζω) look at, look through. (εξετάζω άρρωστο) examine. (με ησυχία, σε μαγαζί) browse. (παρατηρώ) eye. (φροντίζω) look after. **~ επίμονα** stare, gaze (at). **~ κρυφά** peep. **~ με περιέργεια** peer (at). **~ μ' ανοιχτό στόμα** gawp

κοίτασμα (το) deposit

κοίτη (η) (river) bed

κοιτίδα (η) cradle. **η ~ της δημοκρατίας** the cradle of democracy

κοιτώνας (ο) dormitory

κοκ (το) άκλ coke (solid fuel). (γλύκισμα) a sweet with cream sandwiched between two layers of pastry

κ.ο.κ. συντ (και ούτω καθεξής) and so on

κοκαΐνη (η) cocaine

κόκα κόλα (η) Coke

κοκαλιάζω ρ αμτβ get dry and hard. (κρυώνω) go numb (with cold). **~ρης** επίθ bony

κόκαλο (το) bone. (για παπούτσια) shoehorn. **βρεγμένος ως το ~** soaked to the skin. **μένω ~** be dumbfounded. **μένω πετσί και ~** become all skin and bone

κοκαλώνω ρ αμτβ stiffen. (μεταφ) be struck dumb

κοκέτα (η) coquette

κοκέτης (ο) coquet

κοκίτης (ο) whooping cough

κοκκινέλι (το) wine of reddish colour

κοκκινίζω ρ μτβ redden, dye red. • ρ αμτβ blush

κοκκίνισμα (το) redness. (από ντροπή) blush

κοκκινογούλι (το) beetroot

κοκκινολαίμης (ο) (πουλί) robin

κοκκινομάλλης επίθ with red hair

κοκκινοπρόσωπος επίθ ruddy-faced

κόκκιν|ος επίθ red. **~ (το)** red. **~ πανί** (το) red rag. **~ φως** (το) red light

κοκκινόχωμα (το) red clay soil

κοκκινωπός επίθ reddish

κόκκος (ο) grain. (καφέ) bean. (μικρός) granule. **~ πιπεριού** peppercorn

κοκοράκι (το) cockerel

κόκορας (ο) cock. (όπλου) cock

κοκορέτσι (το) dish of stuffed lamb intestines cooked on charcoal
κοκορόμυαλος επίθ feather-brained
κοκότα (η) tart
κοκτέιλ (το) άκλ cocktail
κολάζ (το) άκλ collage
κολάζω ρ μτβ punish. (κάνω να αμαρτήσει) scandalize
κόλακας (ο) flatterer
κολακεία (η) flattery
κολακευτικός επίθ flattering. (τιμητικός) complimentary
κολακεύω ρ μτβ flatter
κολάρο (το) collar. (εκκλ) dog collar
κόλαση (η) hell. (μεταφ) inferno
κολατσίζω ρ αμτβ eat a snack
κολατσιό (το) quickly prepared breakfast
κολέγιο (το) college
κολιέ (το) άκλ string (of pearls). (περιδέραιο) necklace
κολιός (ο) Κύπρ jackdaw
κόλλα (η) sheet of paper. (για επικόλληση) glue. (για σκλήρυνση) starch
κολλάρω ρ μτβ starch
κολλητήρι (το) soldering iron
κολλητικός επίθ adhesive. (μεταδοτικός) catching. **~ή ταινία** (η) adhesive tape
κολλιτσίδα (η) hanger-on
κόλλυβα (τα) boiled corn, currants, sugar etc eaten at a funeral
κολλώ ρ μτβ stick, glue. (με κολλητική ταινία) tape. (αρρώστια) catch, infect. (μεταφ) cling to ρ αμτβ stick. (μηχ) jam. (σε ένα ορισμένο σημείο) lodge
κολλώδης επίθ sticky. (μεταφ) starchy
κολοκύθια (η) pumpkin. **~ι** (το) marrow (vegetable). **~ια** (ανοησίες) (τα) bunkum
κολοκυθάκι (το) courgette
κόλον (το) (ιατρ) colon
κολόνα (η) pillar, column. **~ κρεβατιού** (η) bedpost
κολόνια (η) eau-de-Cologne
κολοσσιαίος επίθ colossal
κολοσσός (ο) colossus
κολοφώνας (ο) pinnacle
κολπίσκος (ο) creek
κόλπ|ο (το) trick. (απάτη) ploy. (πονηριά) ruse. **ξέρω τα ~α** I know the ropes
κόλπος (ο) bay. (μεγάλος) gulf. (αγκαλιά) bosom. (ιατρ) sinus. (της γυναίκας) vagina
κολύμβηση (η) swimming
κολυμβητήριο (το) swimming pool (for practising)
κολυμβ|ητής (ο), **~ήτρια** (η) swimmer
κολυμπήθρα (η) font
κολύμπι (το) swim
κολυμπώ ρ αμτβ swim. **~ στα λεφτά** be rolling in money
κόμβος (ο) (ναυτ) knot.
κόμης (ο) count
κόμικς (τα) άκλ comic
κόμισσα (η) countess
κομ|ιστής (ο), **~ίστρια** (η) bearer

κόμμα (το) (πολ) party. (γραμμ) comma. (μαθημ) decimal point
κομμάρα (η) weariness
κομματάκι (το) scrap. (νόστιμο) morsel. **κόβω ~α** cut into small pieces
κομμάτι (το) piece. (μεγάλο) hunk. (μεγάλο, παγωτού) dollop. (σιντρίμμι) fragment. (κιμωλίας) stick. (κοπέλα) smasher. **εργασία με το ~** (η) piece-work. **το ~** apiece, each. **τα κάνω ~α** smash up everything
κομματιάζω ρ μτβ break to pieces
κομματιαστ|ός επίθ piecemeal. **~ά** επίρρ piecemeal
κομματικ|ός επίθ party. **~ή γραμμή** (η) party line
κομμέν|ος επίθ weary. (γάλα) sour. (ξεθωριασμένος) faded. (σε εξετάσεις) failed. **με ~η την ανάσα** with bated breath
κόμμωση (η) hairdo
κομμ|ωτής (ο), **~ώτρια** (η) hairdresser, hair stylist
κομήτης (ο) comet
κομό (το) άκλ chest of drawers
κομοδίνο (το) bedside table
κομουνισμός (ο) communism
κομουν|ιστής (η), **~ίστρια** (ο) communist
κομπάζω ρ αμτβ brag
κομπάρσος (ο) (κτνημ) extra
κομπασμ|ός (ο) bragging. **~τικός** επίθ bombastic
κομπέρ (ο) άκλ compère
κομπιάζω ρ αμτβ (διστάζω) hesitate. (δυσκολεύομαι) falter
κομπίνα (η) racket, swindle
κομπιναδόρος (ο) racketeer
κομπιούτερ (ο, το) άκλ computer
κομπλιμέντο (το) compliment
κομπογιαννίτης (ο) quack
κομπόδεμα (το) nest-egg
κομπολόι (το) string of beads
κόμπος (ο) knot. (στο λαιμό) lump
κομπόστα (η) stewed fruit
κομπρέσα (η) (ιατρ) compress.
κομφετί (το) άκλ confetti
κομφορμιστής (ο) conformist
κομψεύομαι ρ αμτβ smarten up
κομψ|ός επίθ elegant, smart. **~ά** επίρρ elegantly, smartly
κομψότητα (η) elegance, smartness
κονδύλιο (το) sum allocated for a purpose
κόνδυλος (ο) nodule
κονιάκ (το) άκλ brandy
κονίαμα (το) mortar
κονιοποιώ ρ μτβ pulverize. (χάπι) powder
κονκάρδα (η) badge
κονσέρβα (η) tin. **της ~ς** tinned
κονσερβοποιώ ρ μτβ can
κονσόλα (η) console
κοντά επίρρ near, close. (περίπου) about. (σε σύγκριση) compared to. **~ το μεσημέρι** at about midday. **εδώ ~** near

by. **είναι τόσο ~ κι όμως δεν το βλέπω** it's so close, yet I cannot see it. **με πήραν από ~** they followed close behind me. **τα λεφτά δεν είναι τίποτα ~ στην ευτυχία** money is nothing compared to happiness

κονταίνω *ρ μτβ* take up, shorten, *ρ αμτβ* shrink

κοντάρι *(το)* pole. *(όπλο)* spear. *(σημαίας)* flag pole

κοντεύ|ω *ρ αμτβ* draw near. **~ει να λιποθυμήσει** he/she is about to faint. **~ουμε να φτάσουμε** we are nearly there

κοντινός *επίθ* close, nearby

κοντίσιονερ *(το) άκλ* conditioner

κοντός *επίθ* short

κοντοστέκομαι *ρ αμτβ* stop short. *(διστάζω να προχωρήσω)* hesitate to move on

κοντόχοντρος *επίθ* podgy, stocky

κοντραμπάσο *(το)* double-bass

κοντραπλακέ *(το) άκλ* plywood

κόντρα φιλέτο *(το)* rump steak

κοντσέρτο *(το)* concerto

κοπάδι *(το)* flock. *(ανθρώπων)* herd. *(λιονταριών)* pride. *(λύκων)* pack. *(ψαριών)* shoal

κοπάζω *ρ αμτβ* abate. *(άνεμος)* die down. *(θύελλα)* subside

κοπανίζω *ρ μτβ* pound. *(δέρνω)* thrash. *(τρίβω)* grind

κοπανώ *ρ μτβ* **τα ~** get sloshed

κοπέλα *(η)* young lady

κοπιά|ζω *ρ αμτβ* work hard. **~στε!** come in!

κόπο|ς *(ο)* trouble. **βάζω κπ. σε ~** put s.o. to trouble. **~οι** *(οι)* pains

κόπρανα *(τα)* stools. *(ζώων)* dung

κοπριά *(η)* manure

κοπρόσκυλο *(το) (μεταφ)* scum

κοπρόχωμα *(το)* compost

κοπτικός *επίθ* Coptic

κόπωση *(η)* fatigue

κόρα *(η)* crust

κόρακας *(ο)* raven

κοράκι *(το)* crow

κοράλλι *(το)* coral

κοράνι *(το)* Koran

κορδέλα *(η)* ribbon. *(καπέλου)* band

κορδόνι *(το)* cord. *(παπουτσιού)* shoelace. **όλα πήγαν ~** everything went off without a hitch

κορδώνομαι *ρ αμτβ* swagger

Κορέα *(η)* Korea

κορεσμ|ός *(ο)* saturation

κόρη *(η)* daughter. *(κοπέλα)* maiden *(old use)*. *(του ματιού)* pupil

κοριός *(ο)* bedbug. *(για υποκλοπή συνομιλιών)* bug *(telephone)*

κοριτσάκι *(το)* young girl

κορίτσι *(το)* girl

κοριτσίστικ|ος *επίθ* girlish. **~η ηλικία** *(η)* girlhood

κορμί *(το)* body

κορμός *(ο) (ανθρώπου)* torso. *(δέντρου)* trunk

κορμοστασιά *(η)* build

κορνάρισμα *(το)* honk, toot

κορνάρω *ρ αμτβ* hoot

κορνέτα *(η) (μουσ)* cornet

κορνίζα *(η) (αρχιτ)* cornice. *(πίνακας)* frame

κορνιζάρω *ρ μτβ* frame. *(φωτογραφία)* mount

κορνφλάουρ *(το) άκλ* cornflour

κορνφλέικς *(τα) άκλ* cornflakes. *(γενικά)* cereal

κοροϊδεύω *ρ μτβ* make fun of. *(εξαπατώ)* take s.o. for a ride. • *ρ αμτβ* kid

κοροϊδία *(η)* jeer, mockery

κορόιδο *(το)* dupe. *(εύκολο θύμα)* sucker

κορόνα *(η)* crown. *(νόμισμα)* Krone, Krona. **~ ή γράμματα**; heads or tails? **τα έπαιξε ~ γράμματα** he/she risked everything

κορσές *(ο)* corset

κορσικανικός *επίθ* Corsican

Κορσικαν|ός *(ο)*, **~ή** *(η)* Corsican

Κορσική *(η)* Corsica

κορτάρω *ρ μτβ* court, flirt with

κόρτε *(το) άκλ* courtship

κορυδαλλός *(ο)* lark

κορυφαίος *επίθ* topmost, top

κορυφή *(η)* top. *(βουνού)* peak. *(κεφαλής)* crown. *(κύματος)* crest. *(λόφου)* brow. *(μεταφ)* summit. **από την ~ ως τα νύχια** from top to bottom

Κος *συντ (κύριος)* Mr. **Κο(ν)** Esq., Mr.

κοσκινίζω *ρ μτβ* sieve. *(μεταφ)* sift

κόσκινο *(το)* sieve. **κάνω ~** riddle with

κοσμάκης *(ο)* common people

κόσμημα *(το)* jewel. **κοσμήματα** *(τα)* jewellery

κοσμηματοπ|ωλείο *(το)* jeweller's shop. **~ώλης** *(ο)* jeweller

κοσμητικός *επίθ* cosmetic. *(για στολισμό)* decorative

κοσμικός *επίθ* profane. *(εκκλ)* secular. *(κοινωνικός)* social. *(του σύμπαντος)* cosmic

κόσμιος *επίθ* seemly

κοσμήτ|ορας *(ο)*, **κοσμήτρια** *(η)* dean

κοσμοναύτης *(ο)* cosmonaut

κοσμοπολίτ|ης *(ο)*, **~ισσα** *(η)* cosmopolitan

κοσμοπολιτικός *επίθ* cosmopolitan

κόσμος *(ο)* world. *(σύμπαν)* cosmos. **ο κάτω ~** Hades. **ο πάνω ~** the earth

κοσμοχαλασιά *(η)* mayhem

κοσμοσυρροή *(η)* throng of people

κοστίζω *ρ αμτβ* cost

κοστολογώ *ρ μτβ* cost

κόστος *(το)* cost

κοστούμι *(το)* suit

κότα *(η)* hen. **περνώ ζωή και ~** live like a king

κοτέτσι *(το)* coop

κοτλέ (το) άκλ cord, corduroy
κοτολέτα (η) cutlet
κοτόπουλο (το) chicken
κοτόσουπα (η) chicken soup
κοτσίδα (η) pigtail
κοτσονάτος επιθ hale, robust
κότσος (ο) bun (hair)
κοτσύφι (το) blackbird
κουαρτέτο (το) quartet
Κούβα (η) Cuba
κουβαλώ ρ μτβ cart. (μετακομίζω) move
house. (παρά τη θέληση) drag
κουβανέζικος επιθ Cuban
Κουβανέζ|ος (ο), ~α (η) Cuban
κουβάρι (το) ball (of yarn)
κουβαρίστρα (η) skein
κουβάς (ο) bucket
κουβέντα (η) chat
κουβεντιάζω ρ αμτβ chat. (για
επαγγελματικά θέματα) talk shop
κουβεντ|ολόι (το) chitchat. ~ούλα (η)
small talk
κουβέρ (το) άκλ cover charge
κουβέρτα (η) blanket
κουβερτούλα (η) (plaid) rug
κουδούνι (το) (door) bell
κουδουνίζω ρ αμτβ ring. (κλειδιά,
κουδούνια) jingle. (νομίσματα) chink.
(ποτήρια) tinkle. (τρέμω) rattle
κουδούνισμα (το) ring. (κλειδιών) jingle.
(νομισμάτων) chink. (ποτηριών) tinkle
κουδουνίστρα (η) rattle
κουζίνα (η) kitchen. (μαγειρική) cooking.
(πλοίου) galley. (συσκευή) stove, cooker
κουζινέτο (το) (μηχ) bearing
κουζινίτσα (η) kitchenette
κουίζ (το) άκλ quiz (game)
κουιντέτο (το) quintet
κουκέτα (η) berth. (για παιδιά) bunk bed.
(σε τρένο) sleeper
κουκ|ί (το) broad bean. ~ιά (η) broad
bean (plant)
κουκκίδα (η) speck. (στίγμα) dot
κούκλα (η) doll. (στη ραπτική) dummy
κουκλίτσα (η) poppet (χαϊδ)
κουκλοθέατρο (το) puppet theatre
κούκος (ο) cuckoo
κουκουβάγια (η) owl
κουκούλα (η) cowl. (σε παλτό) hood
κουκούλι (το) cocoon
κουκουλώνω ρ μτβ wrap up well. (μεταφ)
cover up
κουκουνάρι (το) pine cone
κουκούτσι (το) pip. (μεγάλο, σε φρούτο)
stone. δεν έχει ~ μυαλό he doesn't have
a grain of sense
κουλούρα (η) bread in the shape of a large
ring. (σύρματος, φιδιού) coil. (σε
εξετάσεις) zero. βάζω την ~α get
married. ~ι (το) bread roll in the shape of
a ring
κουλουρά|κι (το) bread roll in the shape of
small ring. ~ς (ο) seller of such bread

κουλουριάζομαι ρ αμτβ curl (o.s.) up
κουλτούρα (η) culture
κουμπάρα (η) bridesmaid
κουμπαράς (ο) piggy bank
κουμπάρος (ο) best man
κουμπί (το) button. διπλό ~ stud (for
collar). (επιλογής σταθμών) tuner (radio,
TV). πρέπει να ξέρεις το κουμπί του
you need to know what makes him tick
κουμπότρυπα (η) buttonhole
κουμπώνω ρ μτβ button, do up
κουνάβι (το) ferret
κουνελάκι (το) bunny
κουνέλι (το) rabbit
κούνημα (το) shake. (πλοίου) roll. (χεριού)
wave
κούνια (η) swing (see-saw). (μωρού) cradle
κουνιάδα (η) sister-in-law
κουνιάδος (ο) brother-in-law
κουνιέμαι ρ αμτβ sway
κουνιστ|ός επιθ rocking. ~ή πολυθρόνα
(η) rocking-chair. ~ό αλογάκι (το)
rocking-horse
κουνούπι (το) mosquito
κουνουπίδι (το) cauliflower
κουνουπιέρα (η) mosquito net
κουν|ώ ρ μτβ rock. (δάκτυλο, κεφάλι)
shake. (μετατοπίζω) budge. (σκύλος την
ουρά) wag. (το χέρι) wave. δεν το ~ώ I
am not budging. ~ήσου! get cracking!
κούπα (η) beaker. (για τσάι) mug
κουπαστή (η) gunwale
κουπέ (το) άκλ coupé. (σε σιδηρόδρομο)
compartment
κουπ|ί (το) oar. (κοντό, πλατύ στην άκρη)
paddle. ~ιά (η) stroke (oarsman)
κουπόνι (το) (εμπ) coupon.
κουράγιο (το) courage, pluck, mettle.
κάνω ~ bear up
κουράζ|ω ρ μτβ tire. (προκαλώ πλήξη)
bore. ~ομαι ρ αμτβ become tired. (χάνω
την υπομονή) grow weary
κουραμπιές (ο) sweet pastry dusted with
icing sugar. (μεταφ) desk soldier
κούραση (η) fatigue. (αδυναμία) weariness
κουρασμέν|ος επιθ tired. (αδύναμος)
weary. ~α επιρρ wearily
κουραστικός επιθ tiring
κουρδίζω ρ μτβ wind. (μους) tune up.
(μεταφ) key up
κουρδιστήρι (το) winder
κουρδιστής (ο) tuner
κουρ|έας (ο) barber. ~είο (το) barber's
shop
κουρελ|ής (ο), ~ού (η) ragamuffin
κουρέλι (το) rag. ~α (τα) rags. (σχισμένα
ρούχα) tatters
κουρελιάζω ρ μτβ tear to shreds
κουρελιασμένος επιθ tattered
κούρεμα (το) haircut. (προβάτου) shearing.
μηχανή για ~ clippers
κουρεύω ρ μτβ cut (hair). (πρόβατα) shear
κούρνια (η) roost. (ξύλο σε κλουβί) perch

κουρνιάζω *ρ αμτβ* roost. (*σε κλαδί*) perch
κουροφέξαλα (*τα*) rigmarole
κούρσα (*η*) limousine. (*αγώνας*) race. (*διαδρομή με αυτοκίνητο*) ride. **~ μετ' εμποδίων** (*ιπποδρομία*) steeplechase
κουρτίνα (*η*) curtain
κούτα (*η*) carton (*of cigarettes*)
κουτάβι (*το*) pup, puppy
κουτάλα (*η*) ladle
κουταλάκι (*το*) small spoon
κουτάλι (*το*) spoon. **~ σερβιρίσματος** tablespoon. **~ της κομπόστας** dessert-spoon
κουταλιά (*η*) spoonful. **~ σερβιρίσματος** tablespoonful. **~ του τσαγιού** teaspoonful
κουταμάρ|α (*η*) stupidity. **~ες** (*οι*) twaddle
κουτί (*το*) box. (*μεταλλικό*) can. (*μικρό, για τσάι*) caddy. (*τσιγάρα, μπισκότα*) packet. (*χάρτινο*) carton
κουτοπόνηρος *επίθ* wily
κουτορνίθι (*το*) simpleton
κουτός *επίθ* thick, stupid. (*απονήρευτος*) dumb, dim
κουτρουβάλα (*η*) tumble
κουτρουβαλώ *ρ αμτβ* tumble
κουτσαίνω *ρ αμτβ* limp
κούτσαμα (*το*) limp
κουτσό (*το*) hopscotch
κουτσομπολεύω *ρ αμτβ* gossip. (*κάνω μικροκουβέντες*) natter
κουτσομπόλ|ης (*ο*), **~α** (*η*) gossip (*person*)
κουτσομπολιό (*το*) gossip. (*μικροκουβέντες*) natter
κουτσοπίνω *ρ αμτβ* tipple
κουτσός *επίθ* lame
κουτσουλιές (*οι*) droppings
κούτσουρο (*το*) log. (*ποδιού*) stump. (*μεταφ*) blockhead
κουφαίνω *ρ μτβ* deafen
κουφάλα (*η*) hollow (*in a tree*)
κουφαμάρα (*η*) deafness
κουφάρι (*το*) carcass. (*πλοίου*) hulk
κουφέτο (*το*) sugared almond
κούφιος *επίθ* hollow. (*άνθρωπος*) shallow. (*υπόσχεση*) empty
κουφοξυλιά (*η*) elder
κουφός *επίθ* deaf
κούφωμα (*το*) cavity. (*πόρτα, παράθυρο*) woodwork
κοφτερός *επίθ* sharp. (*μυαλό*) incisive
κοφτ|ός *επίθ* cut. (*κουταλιά*) level. (*τρόπος*) sharp. (*χτύπημα*) clean. **~ά** *επίρρ* bluntly. **ορθά ~ά** straight out
κοχλάζω *ρ αμτβ* bubble. (*μεταφ*) seethe
κοχύλι (*το*) cockle
κόψη (*η*) edge (*of knife*)
κόψιμο (*το*) cutting. (*ελαφρό, μαλλιών*) trim. (*ρούχων*) cut. (*σε εξετάσεις*) failing. (*των καρπών*) slash. (*των μαλλιών*) haircut

κραγιόνι (*το*) crayon
κραγιόν (*το*) *άκλ* lipstick
κραδαίνω *ρ μτβ* brandish
κραδασμός (*ο*) vibration
κράζω *ρ αμτβ* crow
κράκερ (*το*) *άκλ* cracker (*biscuit*)
κράμα (*το*) alloy
κράμπα (*η*) cramp
κρανίο (*το*) skull
κράνος (*το*) helmet. (*μοτοσικλετιστή*) crash helmet
κράση (*η*) constitution, physique
κρασί (*το*) wine. (*χαμηλής ποιότητας*) plonk
κράσπεδο (*το*) kerb. (*του δρόμου*) wayside
κράταιγος (*ο*) hawthorn
κράτημα (*το*) hold
κρατημένος *επίθ* reserved
κρατήρας (*ο*) crater
κράτηση (*η*) withholding. (*δωματίου*) reservation. (*ποσό*) deduction. (*φυλάκιση*) detention
κρατητήριο (*το*) detention cells
κρατιέμαι *ρ αμτβ* restrain o.s.. **~ καλά** be going strong
κρατικοποίηση (*η*) nationalization
κρατικ|ός *επίθ* state. **~ή περιουσία** government property. **Κ~ή Υπηρεσία Πληροφοριών** Intelligence Service
κράτος (*το*) state (*country*)
κρατούμεν|ος (*ο*), **~η** (*η*) detainee. (*για πολιτικούς λόγους*) internee. **~ο** (*το*) **έξι το ~ο** (*μαθημ*) six to be carried over
κρατώ *ρ μτβ* hold. (*αναπνοή, δουλειά*) hold. (*θέση*) reserve. (*κατακρατώ*) retain. (*κρατούμενο*) detain. (*προσοχή*) engage. (*υπόσχεση*) keep. • *ρ αμτβ* last. (*καιρός*) hold. **~ από** (*κατάγομαι*) come from. **~ σε απόσταση** keep at bay. **~ σφιχτά** clutch
κραυγάζω *ρ αμτβ* cry out
κραυγή (*η*) shout, cry
κρέας (*το*) meat. (*του ελαφιού*) venison
κρεατοελιά (*η*) wart
κρεατομηχανή (*η*) mincer
κρεατόμυγα (*η*) bluebottle
κρεατόπιτα (*η*) pasty
κρεβατάκι (*το*) (*μωρού*) cot
κρεβάτι (*το*) bed. **~ εκστρατείας** camp bed. **~ με ουρανό** (*το*) four-poster bed
κρεβατοκάμαρα (*η*) bedroom
κρέμα (*η*) cream. **~ γάλακτος** fresh cream. **~ σαντιγί** whipped cream
κρεμάλα (*η*) gallows
κρέμασμα (*το*) (*ανάρτηση*) hanging up. (*απαγχονισμός*) hanging. (*φορέματος*) sagging
κρεμαστ|ός *επίθ* hanging. **~ή γέφυρα** (*η*) suspension bridge. **~οί κήποι** (*οι*) hanging gardens
κρεμάστρα (*η*) hanger. (*για καπέλα, ομπρέλες*) stand
κρεματόριο (*το*) crematorium

κρεμμυδάκι *(το)* spring onion

κρεμμύδι *(το)* onion. *(μικρό, για τουρσί)* shallot

κρέμομαι *ρ αμτβ* hang. **~ πάνω από** overhang. **~ από τα χείλη κάποιου** hang on s.o.'s every word

κρεμώ *ρ μτβ* hang. *(αιωρώ)* suspend. • *ρ αμτβ* sag

κρεμ *(το)* άκλ cream *(colour)*

Κρεολός *(ο)*, **~ή** *(η)* Creole

κρεοπωλείο *(το)* butcher's shop

κρεοπώλης *(ο)*, **~ις** *(η)* butcher

κρεσέντο *(το)* άκλ crescendo

κρηπίδωμα *(το)* *(σταθμού)* platform. *(προκυμαίας)* breakwater

κρησφύγετο *(το)* hide out

Κρήτη *(η)* Crete

κρητικός *επίθ* Cretan. **Κ~|ός** *(ο)*, **~ιά** *(η)* Cretan

κριάρι *(το)* ram

κριθαράκι *(το)* *(ζυμαρικό)* pasta the size of barley. *(στο μάτι)* sty.

κιθαρένιος *επίθ* made of barley

κριθάρι *(το)* barley

κρίκετ *(το)* άκλ cricket

κρίκος *(ο)* link *(chain)*

κρίμα *(το)* pity. *(αμάρτημα)* sin. **τι ~!** what a shame!

κρινάκι *(το)* lily of the valley

κρινολίνο *(το)* crinoline

κρίνος *(ο)* lily

κρίνω *ρ μτβ* judge. *(φρονώ)* consider. **~ εσφαλμένα** misjudge

κριός *(ο)* ram. **Κ~** *(αστρολ)* Aries

κρίση *(η)* judgement. *(απότομη μεταβολή)* crisis. *(γνώμη)* estimation. *(παροξυσμός)* fit

κρίσιμ|ος *επίθ* critical. *(αποφασιστικός)* crucial. **~ο στιγμή** *(η)* juncture. **~ο σημείο** *(το)* turning-point. **είναι σε ~η κατάσταση** he is critically ill. **~α** *επίρρ* critically

κριτήριο *(το)* criterion

κριτής *(ο)* judge

κριτικάρω *ρ μτβ* criticize

κριτική *(η)* criticism. *(βιβλίου)* review. **βίαιη ~** diatribe

κριτικός *επίθ* critical. **~** *(ο, η)* critic. *(βιβλίου)* reviewer

κροκέτα *(η)* croquette

κροκοδείλι|ος *επίθ* crocodile. **~α δάκρυα** *(τα)* crocodile tears

κροκόδειλος *(ο)* crocodile

κρόκος *(ο)* *(αυγού)* yolk. *(φυτό)* crocus

κρόουλ *(το)* άκλ crawl *(swimming)*

κροσέ *(το)* άκλ crochet

κροταλί|ας *(ο)* rattlesnake. **~ζω** *ρ αμτβ* rattle

κροτάλισμα *(το)* crackle

κρόταφος *(ο)* *(ανατ)* temple.

κροτίδα *(η)* firecracker

κρότος *(ο)* roar *(of lorry, thunder)*. *(μεταφ)* stir

κρουαζιέρα *(η)* cruise

κρούση *(η)* percussion

κρούσμα *(το)* case *(of illness)*

κρύβ|ω *ρ μτβ* hide. *(αποσιωπώ)* conceal. **~ομαι** hide. *(για χρονικό διάστημα)* go into hiding

κρύ|ο *(το)* cold. **κάνει ~** it is cold. **αφήνω στα ~α του λουτρού** leave in the lurch

κρυολόγημα *(το)* chill. *(ιατρ)* cold

κρυολογώ *ρ αμτβ* catch a cold

κρυοπάγημα *(το)* frost-bite

κρύ|ος *επίθ* cold. *(μεταφ)* insipid. **με κόβει ~ς ιδρώτας** break out in a cold sweat

κρύπτη *(η)* hiding place. *(εκκλ)* crypt. *(όπλων)* cache

κρυπτογράφημα *(το)* cipher, coded message

κρυπτογραφία *(η)* cipher, code

κρύσταλλο *(το)* crystal

κρυστάλλινος *επίθ* made of crystal

κρυφακούω *ρ αμτβ* eavesdrop

κρυφογελώ *ρ αμτβ* snigger

κρυφοκοιτάζω *ρ αμτβ* peep

κρυφ|ός *επίθ* secret. *(κίνηση, ματιά)* furtive. *(που δεν εκδηλώνεται)* secretive. *(υποψία)* sneaking. *(ύπουλος)* sneaky. **~ά** *επίρρ* secretly. **στα ~** on the quiet

κρυφτό *(το)* hide-and-seek

κρυψίνους *επίθ* secretive

κρυψώνας *(ο)* hide-out

κρυώνω *ρ αμτβ* be cold. *(κρυολογώ)* catch a chill

κρωγμός *(ο)* squawk

κρώζω *ρ αμτβ* squawk

κτενίζω *ρ μτβ βλ* χτενίζω

κτήμα *(το)* possession. *(αγροτική έκταση)* estate

κτηματομεσίτης *(ο)* estate agent

κτημα|τίας *(ο)* landowner. **~ικός** *επίθ* landed

κτηματολόγιο *(το)* land registry

κτηνιατρικός *επίθ* veterinary

κτηνίατρος *(ο, η)* veterinary surgeon, vet

κτηνοτροφία *(η)* stock breeding

κτηνοτρόφος *(ο)* stockbreeder

κτήνος *(το)* beast. *(μεταφ)* brute

κτηνώδης *επίθ* brutal

κτηνωδία *(η)* brutality

κτήριο *(το)* βλ **κτίριο**

κτήση *(η)* acquisition. *(χώρα)* dominion

κτητικός *επίθ* possessive. *(γραμμ)*

κτίζω *ρ μτβ* build. *(πόλη)* found

κτίριο *(το)* building

κτίστης *(ο)* builder. *(με τούβλα)* bricklayer

κτλ *συντ* *(και τα λοιπά)* etc

κυανίδιο *(το)* cyanide

κυαν|ός *επίθ* azure. **Κ~ή Ακτή** *(η)* the (French) Riviera

κυβέρνηση *(η)* government

κυβερνήτης *(ο)* governor. *(αεροπλάνου)* pilot

κυβερνητική *(η)* cybernetics

κυβερνητικός *επίθ* of the government. **~ εκπρόσωπος** *(ο)* government spokesman

κυβερνώ ρ μτβ govern. (αεροπλάνο, πλοίο) command. (διοικώ) rule (over)
κυβικός επίθ cubic
κυβισμός (ο) cubism
κυβιστής (ο) cubist. **~ικός** επίθ cubist
κύβο|ς (ο) cube. (ζάχαρης) lump. **κόβω σε μικρούς ~υς** (μαγ) dice.
κυδώνι (το) quince
κυδωνιά (η) quince tree
κύηση (η) gestation, pregnancy
Κυκλάδες (οι) Cyclades
κυκλάμινο (το) cyclamen
κυκλικός επίθ cyclic(al). (με σχήμα κύκλου) circular. **~ κόμβος** (ο) roundabout
κύκλος (ο) circle. (κοινωνικός) set. (σειρά φαινομένων) cycle. **~ ζωής** life cycle
κυκλοφορία (η) circulation. (βιβλίου) publication. (γραμματοσήμων) issue. (τροχοφόρων) traffic
κυκλοφορώ ρ μτβ circulate. (κινημ ταινία) release ρ αμτβ be in print. (λεωφορεία) run. (φήμες) go around
κύκλωμα (το) circuit
κυκλώνας (ο) cyclone
κυκλώνω ρ μτβ encircle
κύκνος (ο) swan
κυλιέμαι ρ αμτβ wallow
κυλικείο (το) buffet restaurant
κυλινδρικός επίθ cylindrical
κύλινδρος (ο) cylinder. (μηχάνημα) roller
κυλιόμεν|ος επίθ rolling. **~ες σκάλες** (οι) escalator
κυλώ ρ μτβ roll. • ρ αμτβ run. (ποτάμι) flow. (χρόνος) pass
κύμα (το) wave. (μεγάλο) breaker. (ανθρώπων) stream. (θυμού, ενθουσιασμού) upsurge. (μεταφ) surge. **~ καύσωνος** (το) heat wave
κυμαίνομαι ρ αμτβ range, vary. (αμφιταλαντεύομαι) fluctuate
κυματίζω ρ αμτβ wave. (σημαία) fly
κυματισ|μός (ο) undulation. (ελαφρός) ripple. (θάλασσας) ground swell. **~τός** επίθ wavy
κυματοθραύστης (ο) sea wall
κύμβαλο (το) cymbal
κυναίλουρος (ο) cheetah
κυνηγετικ|ός επίθ hunting. (με όπλο) shooting. **~ός σκύλος** (ο) pointer, retriever. **~ή εκδρομή** (η) shoot. **~ό όπλο** (το) shot-gun
κυνηγητό (το) chase
κυνήγι (το) hunting, shooting. (θήραμα) game (animal)
κυνηγός (ο) hunter. (ποδόσφαιρο) forward
κυνηγώ ρ μτβ shoot, hunt. (μεταφ) chase. **~ τις γυναίκες** womanize
κυνικ|ός επίθ cynical. **~ός** (ο) cynic. **~ότητα** (ο) cynicism
κυνοτροφείο (το) kennels
κυοφορία (η) gestation
κυπαρίσσι (το) cypress

κύπελλο (το) beaker. (έπαθλο) cup. (είδος κούπας) goblet. (μπίρας) tankard. **ο τελικός κυπέλλου** the Cup Final
Κυπρία (η) Cypriot
κυπριακός επίθ Cypriot
κυπρίνος (ο) carp
Κύπριος (ο) Cypriot
Κύπρος (η) Cyprus
κυρ (ο) άκλ **ο κυρ Λευτέρης** master Lefteris
κυρά (η) **η κυρά Μαρία** mistress Maria
κυρία (η) Mrs, madam. (γυναίκα ευγενική) gentlewoman. (οικοδέσποινα) mistress. **~ των τιμών** lady-in-waiting. **η ~ Γεωργίου** Mrs Georgiou. **τι θέλει η ~;** what would madam like? **είναι ~ στο σπίτι της** she is the mistress in her house. **συμπεριφορά ~ς** ladylike behaviour
Κυριακή (η) Sunday. **~ των Βαΐων** Palm Sunday
κυριαρχία (η) domination. (έλεγχος) control. (πολιτείας) sovereignty. (τέχνης) mastery
κυρίαρχος επίθ master. (που έχει αυτοδιάθεση) sovereign
κυριαρχώ ρ μτβ dominate. (επικρατώ) rule
κυριεύω ρ μτβ capture. (μεταφ) seize
κυριολεκτικός επίθ literal. **~ά** επίρρ literally
κυριολεξία (η) full sense. **με την ~ της λέξεως** in the full sense of the word
κύριο|ς επίθ main. (εξουσιαστής) master. (ιδιοκτήτης) owner. (πρωτεύων) primary, chief. (σπουδαιότερος) principal. **~ άρθρο** (το) feature (in newspaper). **~ς δρόμος** (ο) main road
κύρι|ος (ο) Mr. (άντρας ευγενικός) gentleman. **ο Κ~ος** the Lord. (αφεντικό) master. **σαν ~** in a gentlemanly manner. **~ε!** sir! **~οι** (οι) gentlemen. **Θεέ και Κύριε!** good Lord!
κυρίως επίρρ mainly, chiefly. (πρώτιστα) principally. (προπαντός) primarily
κύρος (το) weight. (νομ) validity
κυρτό|ς επίθ convex. **~τητα** (η) curvature. (δρόμου, καταστρώματος) camber
κύρωση (η) ratification. (τιμωρία) sanction (penalty)
κύστη (η) bladder. (όγκος) cyst
κύτος (το) (ship's) hold
κυτταρικός επίθ cellular
κυτταρίνη (η) cellulose
κύτταρο (το) (βιολ) cell
κυψέλη (η) beehive
κώδικας (ο) code. **~ οδικής κυκλοφορίας** highway code
κωδικοποιώ ρ μτβ codify
κωδωνοκρουσία (η) peal. (πένθιμη) knell
κωδωνοστάσιο (το) bell tower
κωθώνι (το) clot (λαϊκ)
κωλικόπονος (ο) colic
κώλος (ο) bum. (παντελονιού) bottom. **είναι ~ και βρακί** they are cheek by jowl
κώλυμα (το) impediment

κωλυσιεργία (η) go-slow
κωλώνω ρ αμτβ baulk. (άλογο) shy
κώμα (το) coma
κωμικός επίθ comic. ~ (ο, η) comedian
κωμικοτραγικός επίθ tragicomic
κωμόπολη (η) small town
κωμωδία (η) comedy
κωνικός επίθ conical
κώνος (ο) cone

κωνοφόρο|ς επίθ coniferous. ~ (δέντρο) (το) conifer
κωπηλασία (η) rowing
κωπηλάτης (ο) oarsman
κωπηλατώ ρ αμτβ row
κωφάλαλος (ο) deaf-mute
Κως (η) Cos
κωφός επίθ βλ **κουφός**
κώφωση (η) deafness

Λλ

λα (το) άκλ (μουσ) lah
λάβα (η) lava
λάβαρο (το) standard, flag
λαβή (η) grip. (μαχαιριού) handle. (ξίφους) hilt. (στο πάλαιμα) arm lock. (μεταφ) cause
λαβράκι (το) sea bass. (μεταφ) scoop (news)
λαβύρινθος (ο) labyrinth. (πολύπλοκο οικοδόμημα) maze
λαβωματιά (η) (καθομ) wound
λαβώνω ρ μτβ (καθομ) wound
λ.χ. συντ (λόγου χάρη) for instance
λαγκάδι (το) glen
λαγκαδιά (η) βλ **λαγκάδι**
λαγνεία (η) lust
λάγν|ος επίθ lustful, lascivious. ~α ματιά (η) leer
λαγοκοιμάμαι ρ αμτβ doze
λαγόνες (οι) loins
λαγ|ός (ο) hare. ~ουδάκι (το) little hare
λαγωνικό (το) greyhound. (μεταφ) sleuth
λαδερός επίθ oily
λαδής επίθ olive (colour)
λάδι (το) oil. (ελαιόλαδο) olive oil
λαδολέμονο (το) oil and lemon sauce
λαδόξιδο (το) vinaigrette sauce
λαδομπογιά (η) oil paint
λαδόχαρτο (το) grease-proof paper
λάδωμα (το) oiling
λαδώνω ρ μτβ oil. (μεταφ) grease (s.o.'s palm)
λάθος (το) mistake. (απροσεξία) error. (σφάλμα) fault. **κατά** ~ mistakenly. **κάνω** ~ be wrong
λαθραί|ος επίθ clandestine (illicit). (εμπορεύματα) smuggled. (μεταφ) surreptitious. ~α επίρρ clandestinely
λαθρεμπόριο (το) smuggling
λαθρέμπορος (ο) smuggler
λαθρεπιβάτης (ο), ~ις (η) stowaway
λαθροθηρ|ώ ρ μτβ poach. ~ία (η) poaching

λαθροθήρας (ο) poacher
λαϊκ|ός επίθ popular. (κοινός) common. (μη κληρικός) lay. ~ά τραγούδια (τα) popular songs. ~ή έκφραση (η) colloquialism. ~οί (οι) laity
λαίλαπα (η) hurricane
λαιμαργία (η) greed. (για φαΐ) gluttony
λαίμαργος επίθ greedy. (που τρώει υπερβολικά) gluttonous. ~ (ο) glutton
λαιμητόμος (η) guillotine
λαιμός (ο) throat. (μπουκαλιού) neck. **μ' έχει πάρει στο λαιμό της** she's made a fool of me
λάκα (η) setting-lotion (for hair)
λακές (ο) page (in hotel). (δουλοπρεπής) lackey
λακκάκι (το) (στο μάγουλο) dimple
λάκκος (ο) pit. (βόθρος) cesspit, cesspool
λακκούβα (η) pot-hole. ~ **με νερό** puddle
λακωνικ|ός επίθ terse. (απάντηση) laconic. ~ά επίρρ tersely, laconically. ~ότητα (η) terseness
λαλιά (η) (λαϊκ) voice. (ομιλία) speech
λάμα (η) blade. (ζώο) llama
λαμαρίνα (η) sheet metal
λαμβάνω ρ μτβ receive. ~ **μέρος σε** take part in. ~ **την τιμή** have the honour. ~ **υπόψη** take heed of. ~ **χώρα** take place
λάμπα (η) lamp. ~ **οινοπνεύματος** spirit-lamp
λαμπάδα (η) large candle
λαμπερός επίθ bright. (μάτια) shining
λαμποκοπώ ρ αμτβ glisten
λαμπρ|ός επίθ brilliant. (εμφάνιση) resplendent. (έξοχος) splendid. **Λ~ή** (η) Easter. ~ά επίρρ brilliantly, splendidly
λαμπρότητα (η) brilliance
λαμπτήρας (ο) (ηλεκτρ) bulb
λαμπυρίζω ρ αμτβ shimmer
λαμπύρισμα (το) shimmer
λάμπω ρ αμτβ glow. (ήλιος) shine. (στο σκοτάδι) glow. (χρυσάφι) glitter. (μεταφ) excel, shine. (από χαρά) beam

λάμψη *(η)* glow. *(στα μάτια)* glint. *(του ήλιου)* glare. *(μεταφ)* brilliance
λανθάνων *επίθ* latent
λανθασμένος *επίθ* mistaken. *(εσφαλμένος)* erroneous. *(όχι σωστός)* wrong
λανσάρω *ρ μτβ* launch *(new product)*
λαξεύω *ρ μτβ* carve
λαογραφία *(η)* folklore. **~ικός** *επίθ* folkloric
λαός *(ο)* people *(citizens)*
λαούτο *(το)* lute
λαρδί *(το)* lard
λάρυγγας *(ο)* larynx
λαρύγγι *(το)* *βλ* λάρυγγας
λαρυγγικός *επίθ* guttural
λαρυγγίτιδα *(η)* laryngitis
λασκάρω *ρ μτβ* slacken *(bolt)*
λάσο *(το)* lasso
λασπερός *επίθ* slushy
λάσπη *(η)* mud
λασπολογία *(η)* mud slinging
λασπονέρι *(το)* slush
λασπωμένος *επίθ* muddy. *(φαΐ)* soggy
λαστιχάκι *(το)* rubber band
λαστιχένιος *επίθ* rubber. *(σώμα)* supple
λάστιχο *(το)* rubber. *(αυτοκινήτου)* tyre. *(σφεντόνα)* sling
λατέρνα *(η)* barrel organ
λατινικ|ός *επίθ* Latin. **~ά** *(τα)* Latin
λατομείο *(το)* quarry
λατρεία *(η)* worship. *(σε πρόσωπο)* adoration
λατρεύω *ρ μτβ* worship. *(πρόσωπο)* adore. **~ σαν θεό** idolize
λάτρ|ης *(ο)*, **~ις** *(η)* devotee. *(αυτός που υπεραγαπά)* enthusiast
λάφυρ|ο *(το)* booty. **~α** *(τα)* spoils
λαχανάκι *(το)* **~α Βρυξελών** *(τα)* Brussel sprouts
λαχανιάζω *ρ αμτβ* pant. *(κοντανασαίνω)* be out of breath
λαχανιασμένος *επίθ* out of breath
λαχανίδα *(η)* greens
λαχανικά *(τα)* vegetables
λάχαν|ο *(το)* type of cabbage. **δεν τρώω ~α** I was not born yesterday
λαχανόκηπος *(ο)* kitchen garden
λαχείο *(το)* lottery. *(όπου κληρώνονται δώρα)* raffle. *(μεταφ)* windfall
λαχτάρα *(η)* longing. *(για λιχουδιές)* craving. *(πόθος)* yearning. *(συγκίνηση)* strong emotion. *(φόβος)* fright
λαχταριστός *επίθ* quivering. *(ελκυστικός)* tempting
λαχταρώ *ρ μτβ* long for. *(λιχουδεύομαι)* crave for. *(ποθώ)* yearn for. *(σπαράζω)* quiver
λέαινα *(η)* lioness
λεβάντα *(η)* lavender
λεβέντης *(ο)* fine-looking young man
λεβεντιά *(η)* *(παλικαριά)* gallantry. *(παράστημα)* fine looks. *(συμπεριφορά)* generosity
λέβητας *(ο)* boiler

λεγεώνα *(η)* legion
λέγ|ω *ρ μτβ βλ* λέω. **~ομαι** *ρ αμτβ* be called. **~εται** it is said. **αυτό να ~εται** it goes without saying
λεζάντα *(η)* caption
λεηλασία *(η)* looting. *(λαφυραγωγία)* pillage
λεηλάτης *(ο)* marauder
λεηλατώ *ρ μτβ* loot. *(κατακλέβω)* plunder. *(λαφυραγωγώ)* pillage, ransack
λεία *(η)* loot. *(βορά)* prey
λειαίνω *ρ μτβ* smooth
λειαντικό|ς *επίθ* abrasive
λείος *επίθ* smooth
λείπ|ω *ρ αμτβ* be away. *(απουσιάζω)* be absent. *(ελλείπω)* be missing. *(παραλείπω)* fail. **~ει στο εξωτερικό** he is away abroad. **μου ~ει το θάρρος** I lack the courage. **μου έλειψες πολύ** I missed you a lot
λειτούργημα *(το)* office *(function)*
λειτουργία *(η)* function. *(εκκλ)* liturgy. *(μηχ)* operation. **εκτός ~ς** out of order
λειτουργικός *επίθ* operational. *(που εκτελεί τη λειτουργία του)* functional
λειτουργώ *ρ αμτβ* work. *(δουλεύω)* function. *(εκκλ)* officiate. *(μηχ)* operate
λειχήνα *(η)* lichen
λείψανο *(το)* remains *(dead body)*. *(εκκλ)* relic
λειψυδρία *(η)* drought
λεκάνη *(η)* *(ανατ)* pelvis. *(αποχωρητηρίου)* bowl. *(γεωγρ)* basin. *(για νίψιμο)* wash basin
λακενοπέδιο *(το)* *(γεωγρ)* basin
λεκές *(ο)* stain
λεκιάζω *ρ μτβ*|*αμτβ* stain
λεκτικό|ς *επίθ* relating to speech. **~** *(το)* diction
λέκτορας *(ο)* lecturer
λεμβοδρομία *(η)* *(boat)* race
λέμβος *(η)* *(λόγ)* boat
λεμονάδα *(η)* lemonade
λεμόνι *(το)* lemon
λεμονιά *(η)* lemon tree
λεμονίτα *(η)* lemon drink
λεμονόκουπα *(η)* half lemon after the juice has been squeezed out
λεμονοστύφτης *(ο)* lemon squeezer
λεμονόφλουδα *(η)* lemon rind
λέξη *(η)* word. **~ προς ~** word for word. **κατά ~** verbatim. **η τελευταία ~ της μόδας** the last word in fashion
λεξικό *(το)* dictionary
λεξικογραφία *(η)* lexicography
λεξιλόγιο *(το)* vocabulary
λέοντ|ας *(ο)* *βλ* λιοντάρι. **η μερίδα του ~ος** the lion's share
λεοπάρδαλη *(η)* leopard
λέπι *(το)* scale *(of fish)*
λεπίδα *(η)* blade
λέπρα *(η)* leprosy
λεπρός *(ο)* leper

λεπταίνω *ρ μτβ* thin. • *ρ αμτβ* taper
λεπτεπίλεπτος *επίθ* delicate
λεπτό *(το)* minute
λεπτοδείκτης *(ο)* minute hand
λεπτοκαμωμένος *επίθ* dainty
λεπτολόγος *επίθ* meticulous
λεπτολογώ *ρ αμτβ* quibble
λεπτομέρεια *(η)* detail
λεπτομερής *επίθ* detailed
λεπτός *επίθ* thin. *(ειρωνεία)* subtle.
  (κομψός) slender. *(σωματικά)* slim.
  (τρόποι) polished. *(μεταφ)* fine
λεπτότητ|α *(η)* slimness. *(ειρωνείας)*
  subtlety. *(συμπεριφοράς)* delicacy.
  (τρόπων) refinement. **~ες** *(οι)* niceties
λέρα *(η)* grime
λερός *επίθ* filthy
λερώνω *ρ μτβ* dirty. *(μεταφ)* blacken
λεσβία *(η)* lesbian
λεσβιακός *επίθ* lesbian
Λέσβος *(η)* Lesbos
λέσχη *(η)* club
λεύκα *(η)* poplar
λευκαίνω *ρ μτβ* bleach
λευκαντικό *(το)* bleach
λευκοπλάστης *(ο)* sticking-plaster
λευκοπυρωμένος *επίθ* white-hot
λευκ|ός *επίθ* white. *(χαρτί)* blank. **ο Λ~ός**
  Οίκος the White House. **~ές οικιακές**
  συσκευές *(οι)* white goods. **~ά είδη** *(τα)*
  linen *(articles)*. **~ός** *(ο)* white (person)
Λευκωσία *(η)* Nicosia
λευκότητα *(η)* whiteness
λευκόχρυσος *(ο)* platinum
λεύκωμα *(το)* scrap-book. *(συλλογή)* album
λευτεριά *(η)* *βλ* **ελευθερία**
λευχαιμία *(η)* leukaemia
λεφτά *(τα)* money
λέ|ω *ρ μτβ/ρ αμτβ* say. *(πληροφορώ)* tell.
  (μιλώ) utter. **~ς και είναι μυστικό** as if
  it's a secret. **που ~ει ο λόγος** so to
  speak. **πώς σε ~νε;** what is your name?
  το ~ει η καρδιά του he means business.
  τι ~ς! I say!
λεχώνα *(η)* woman still confined to bed
  after childbirth
λέων *(ο)* *(λόγ)* lion. *(αστρολ)* Leo
λεωφορείο *(το)* bus. **μικρό ~** minibus
λεωφόρος *(η)* avenue
λήγουσα *(η)* *(γραμμ)* last syllable
λήγω *ρ αμτβ* end. *(ισχύς)* expire.
  (οικονομικά) fall due
ληθαργικός *επίθ* lethargic
λήθαργος *(ο)* lethargy
λήθη *(η)* oblivion
λημέρι *(το)* *(ζώου)* den. *(μεταφ)* haunt
λήμμα *(το)* *(λεξικού)* headword
λήξ|η *(η)* expiry. **ημερομηνία ~εως** expiry
  date
ληξιαρχείο *(το)* registry office
ληξιαρχικ|ός *επίθ* register. **~ή πράξη**
  γάμου marriage certificate. **~ό**
  κατάστημα registry office

ληξίαρχος *(ο)* registrar
ληξιπρόθεσμος *επίθ* mature, which has
  expired
λησμονιά *(η)* oblivion
λησμονώ *ρ μτβ/αμτβ* forget. **μη με**
  λησμόνει *(το)* forget-me-not
ληστεία *(η)* robbery
ληστεύω *ρ μτβ* rob
ληστής *(ο)* robber. *(μέλος συμμορίας)*
  bandit
λήψη *(η)* *(παραλαβή)* receipt. *(ραδιοφώνου)*
  reception. *(τροφής)* intake. *(φωτογραφίας)*
  taking
λιάζομαι *ρ αμτβ* sun o.s., bask
λιακάδα *(η)* sunshine
λιανικ|ός *επίθ* retail. **~ή πώληση** *(η)*
  retail sale. **~ά** *επίρρ* retail
λιανοπωλητής *(ο)* retailer
λιβάδι *(το)* pasture
λιβανέζικος *επίθ* Lebanese
Λιβανέζ|ος *(ο)*, **~α** *(η)* Lebanese
λιβάνι *(το)* incense
Λίβανος *(ο)* Lebanon
λιβελλούλη *(η)* dragon-fly
λιβελογραφώ *ρ μτβ* libel
λίβελος *(ο)* libel
λιβρέα *(η)* livery
λιβυκός *επίθ* Libyan
Λιβύη *(η)* Libya
Λίβυ|ος *(ο)*, **~α** *(η)* Libyan
λίγδα *(η)* lard. *(ακαθαρσία)* grime
λιγνός *επίθ* thin. **ο χοντρός και ο ~**
  Laurel and Hardy
λίγ|ο *επίρρ* a little. **πολύ ~** a dash (of). **σε**
  ~ shortly. **~** *(το)* bit. **~α ~α** in dribs
  and drabs. **~ο ~ο** a little at a time. **~ο**
  πολύ more or less. **παρά ~ο** nearly
λιγοθυμώ *ρ αμτβ* *βλ* **λιποθυμώ**
λιγομίλητος *επίθ* taciturn
λίγ|ος *επίθ* *(αριθμός)* few. *(σε ποσότητα)*
  little. *(χρόνος)* short. **με ~α λόγια** in
  short
λιγοστεύω *ρ μτβ* cut down *ρ αμτβ* dwindle
λιγοστός *επίθ* scant. *(ελπίδες)* slender.
  (προσπάθειες) meagre
λιγότερ|ος *επίθ* *(σε αριθμό)* fewer. *(σε*
  ποσότητα) less. **~ο** *επίρρ* less. **όλο και**
  ~ο less and less. **όχι ~οι από** no fewer
  than. **το ~ο που μπορώ να κάνω** the
  least I can do
λιγουλάκι *επίρρ* a little
λιγούρα *(η)* faintness *(from hunger)*
λιγόψυχος *επίθ* faint-hearted
λιγοψυχώ *ρ αμτβ* lose one's nerve
λίζινγκ *(το)* *άκλ* leasing
λιθάρι *(το)* stone
λιθοβολώ *ρ μτβ* stone
λιθογραφία *(η)* lithograph
λιθοδομή *(η)* stonework
λιθοξόος *(το)* stonework
λιθοξόος *(ο)* stonemason
λίθος *(ο)* stone. **πολύτιμος ~** precious
  stone

λιθόστρωτος *επίθ* cobbled
λικέρ *(το)* *άκλ* liqueur
λικνίζ|ω *ρ μτβ* rock. **~ομαι** *ρ αμτβ* sway
λίκνισμα *(το)* rocking. *(στο περπάτημα)* sway
λιλά *επίθ* *άκλ* lilac
λίμα *(η)* file *(tool)*
λιμανάκι *(το)* cove
λιμάνι *(το)* port, harbour. *(στη θάλασσα)* seaport
λιμάρω *ρ μτβ* file
λιμασμένος *επίθ* ravenous
λιμενάρχης *(ο)* harbour master
λιμενεργάτης *(ο)* docker
λιμένας *(ο)* *βλ* λιμάνι
λιμνάζ|ω *ρ αμτβ* stagnate. **~οντα νερά** *(τα)* backwater
λίμνασμα *(το)* stagnation
λίμνη *(η)* lake
λιμνοθάλασσα *(η)* lagoon
λιμνούλα *(η)* pool. *(μετά από βροχή)* puddle. *(σε κήπο)* pond
λιμοκτονία *(η)* starvation
λιμοκτονώ *ρ αμτβ* starve
λιμός *(ο)* famine
λιμουζίνα *(η)* limousine
λιμπίζομαι *ρ μτβ* fancy
λίμπιντο *(το)* *άκλ* libido
λινάρι *(το)* flax
λινός *επίθ* flaxen. **~** *(το)* linen
λιντσάρ|ισμα *(το)* lynching. **~ω** *ρ μτβ* lynch
λιοντάρι *(το)* lion
λιοπύρι *(το)* sweltering heat
λιπαίνω *ρ μτβ* lubricate
λίπανση *(η)* lubrication
λιπαντικό|ς *επίθ* lubricating. **~** *(το)* lubricant
λιπαρός *επίθ* greasy. *(κρέας, γάλα)* fatty. *(ψάρι)* oily
λίπασμα *(το)* fertilizer
λιποθυμία *(η)* faint. *(ιατρ)* loss of consciousness. **μου έρχεται ~** feel faint. **~ώ** *ρ αμτβ* faint, pass out
λίπος *(το)* fat. *(γύρω στα νεφρά ζώων)* suet. *(κήτους)* blubber
λιπόσαρκος *επίθ* scrawny
λιποτάκτης *(ο)* deserter
λιποτακτώ *ρ μτβ/αμτβ* desert
λιποταξία *(η)* defection
λιποψυχία *(η)* faint-heartedness
λιποψυχώ *ρ αμτβ* *βλ* **λιγοψυχώ**
λίρα *(η)* pound *(money)*
λιρέτα *(η)* lira
λίστα *(η)* list
λιτανεία *(η)* litany
λιτ|ός *επίθ* frugal. *(απλός)* simple. *(οικον)* austere. *(ολιγαρκής)* spartan. **~ά** *επίρρ* frugally
λιτότητα *(η)* frugality. *(απλότητα)* simplicity. *(οικον)* austerity
λίτρο *(το)* litre
λίφτινγκ *(το)* *άκλ* face-lift

λιχουδιά *(η)* delicacy,. *(καθομ)* titbit
λιώμα *(το)* crushing. **κάνω κπ λιώμα** make mincemeat of s.o.. **κάνω ~ στο ξύλο** beat senseless
λιώνω *ρ μτβ* melt. *(διαλύω)* dissolve. *(λίπος)* render. *(μέταλλο)* smelt. *(με τριβή)* crush. *(υγροποιώ)* thaw. *(φθείρω)* wear out *ρ αμτβ* melt. *(από αρρώστια)* waste away. *(από τη ζέστη)* swelter. *(παγωτό)* run, melt. *(στη φυλακή)* languish. *(μεταφ)* pine away
λιώσιμο *(το)* thaw
λοβός *(ο)* lobe. *(βοτ)* pod
λογαριάζ|ω *ρ μτβ* count. *(θεωρώ)* consider. *(σκοπεύω)* intend. *(υπολογίζω)* calculate. **~ομαι** *ρ αμτβ* settle. **~ζομαι με** square up to
λογαριασμός *(ο)* bill, *(αμερ)* check. *(τραπέζης)* account. **~ός ταμιευτηρίου** savings account. **τρεχούμενος ~ός** current account. **κανονίζω παλιούς ~ούς** settle old scores
λογαριθμικός *επίθ* logarithmic. **~ κανόνας** *(ο)* slide-rule
λογάριθμος *(ο)* logarithm
λογής *(γεν)* **~ ~** all sorts. **τι ~ άνθρωπος είναι;** what sort of a man is he?
λόγια *(τα)* words. **~ του αέρα** hot air. **~ του κόσμου** idle gossip. **είναι όλο ~** he/she is all talk. **μ' άλλα ~** in other words. **μασώ τα ~ μου** hum and haw. **με λίγα ~** in a word. **παίρνω από ~** listen to reason
λογική *(η)* logic
λογικ|ό *(το)* reason. *(μεταφ)* sanity. **~ά** *(τα)* senses. **έλα στα ~ σου** come to your senses. **χάνω τα ~ μου** take leave of one's senses
λογικ|ός *επίθ* logical. *(όχι υπερβολικός)* reasonable. *(με σωστή σκέψη)* rational. *(με ορθή αντίληψη)* sensible. **μέσα σε ~ά όρια** within reason. **~ά** *επίρρ* logically, reasonably, sensibly
λόγιος *επίθ* scholarly. **~** *(ο)* scholar
λογιότητα *(η)* scholarship
λογισμικό *(το)* software
λογισμός *(ο)* thought. *(μαθημ)* calculus
λογιστής *(ο)* accountant. **ορκωτός ~** chartered accountant
λογιστική *(η)* accountancy. *(τήρηση βιβλίων)* book-keeping
λογιστικό|ς *επίθ* accounting. **~ς έλεγχος** *(ο)* audit. **~ βιβλίο** *(το)* account book
λογοδιάρροια *(η)* garrulity, verbal diarrhoea
λογοκλοπή *(η)* plagiarism
λογοδοτώ *ρ αμτβ* answer for
λογοκρισία *(η)* censorship
λογοκριτής *(ο)* censor
λογομαχία *(η)* wrangle
λογομαχώ *ρ αμτβ* wrangle. **~ με** have words with
λογοπαίγνιο *(το)* pun, play on words

λόγ|ος (*o*) (*αιτία*) reason. (*αφορμή*) ground. (*γραμμ*) speech. (*μαθημ*) ratio. (*ομιλία*) speech. (*υπόσχεση*) word. **~ου χάρη** for example. **~ω** owing to. **για ~ους υγείας** for health reasons. **δίνω το ~ο μου** give one's word. **επ´ ουδενί ~ω** no way. **έχω ~ο** have a say. **ούτε ~ος να γίνει!** not likely! **η εν ~ω εφημερίδα** the newspaper in question. **σχήματα ~ου** (*τα*) imagery. **χωρίς ~ο** needlessly

λογοτέχνης (*o*) literary man

λογοτεχνία (*η*) literature

λογοτεχνικό|ς *επίθ* literary. **~ είδος** (*το*) genre

λογότυπο (*το*) logo

λογοφέρνω *ρ αμτβ* have words, argue

λόγχη (*η*) lance

λοιδορία (*η*) taunt

λοιδορώ *ρ μτβ* berate

λοιμογόνος *επίθ* virulent

λοιμός (*o*) plague

λοιπόν *σύνδ* so. • *επιφ* well

λοιπ|ός *επίθ* remaining. **και τα ~ά** et cetera

λόμπι (*το*) *άκλ* lobby (*in politics*)

Λονδίνο (*το*) London

Λονδρέζ|ος (*o*), **~α** (*o*) Londoner

λόξα (*η*) quirk. (*τρέλα*) craze

λόξιγκας (*o*) hiccup

λοξοδρομώ *ρ αμτβ* change course. (*μεταφ*) go astray

λοξοκοιτάζω *ρ μτβ* look askance at

λοξ|ός *επίθ* oblique. **~ή λωρίδα** (*η*) bias (*in sewing*). **~ά** *επίρρ* askance, obliquely

λόρδ|ος (*o*) lord. **αξίωμα του ~ου** (*το*) peerage. **η Βουλή των Λ~ων** the House of Lords

λοσιόν (*η*) *άκλ* lotion. **~ ξυρίσματος** (*η*) aftershave

λοστός (*o*) crowbar

λοστρόμος (*o*) boatswain

λόττο (*το*) lotto

λούζω *ρ μτβ* bathe. (*μαλλιά*) shampoo. (*μεταφ*) shower

λουκάνικο (*το*) sausage

λουκέτο (*το*) padlock

λουλακί|ς *επίθ* indigo. **~** (*το*) (*χρώμα*) indigo

λουκουμάς (*o*) *type of sweet fritter*

λουκούμι (*το*) Turkish delight. (*μεταφ*) delicious

λουλουδάτος *επίθ* flowered

λουλουδένιος *επίθ* flowery. (*σχέδιο*) floral

λουλούδι (*το*) flower

λούνα-παρκ (*το*) *άκλ* funfair

Λουξεμβούργο (*το*) Luxembourg

λουόμενος (*o*) bather

λουρί (*το*) strap. (*σκύλου*) leash, lead

λουρίδα (*η*) strip

λούσιμο (*το*) bathing. (*μεταφ*) dressing-down

λούσο (*το*) finery

λουστράρω *ρ μτβ* polish

λουστρίνι (*το*) patent leather

λούστρο (*το*) polish. (*μεταφ*) veneer

λούστρος (*o*) shoeblack

λουτρ|ό (*το*) bath. **~ά** (*τα*) baths. **έμεινε στα κρύα του ~ού** he/she was left in the lurch

λούζω *ρ μτβ βλ* λούζω

λοφίο (*το*) plume

λοφοπλαγιά (*η*) hill side

λόφος (*o*) hill

λοφώδης *επίθ* hilly

λοχαγός (*o*) (*στρ*) captain

λοχεία (*η*) (*ιατρ*) confinement

λοχίας (*o*) sergeant

λόχμη (*η*) thicket

λόχος (*o*) company

λυγερός *επίθ* svelte

λυγίζω *ρ μτβ* bend. (*μεταφ*) wear down. • *ρ αμτβ* buckle. (*μεταφ*) yield

λυγμός (*o*) sob

λυγξ (*o*) lynx

λυδία λίθος (*η*) touchstone

Λύκειο (*το*) senior secondary school

λυκίσκος (*o*) hop

λύκ|ος (*o*), **~αινα** (*η*) wolf

λυκόσκυλο (*το*) Alsatian

λυκόφως (*το*) twilight

λύματα (*τα*) sewage

λύνω *ρ μτβ* unfasten. (*απορία*) resolve. (*αποσυναρμολογώ*) take to pieces. (*κόμπο*) undo. (*ξεδένω*) untie. (*πρόβλημα*) solve. (*χειρόφρενο*) release

λυόμενο (*το*) (*κτίριο*) prefab

λυπάμαι *ρ μτβ βλ* λυπούμαι

λύπη (*η*) sadness. (*τύψη*) regret

λυπημέν|ος *επίθ* sad. **~α** *επίρρ* sadly

λυπηρ|ός *επίθ* sad. **~ά** *επίρρ* regrettably

λύπηση (*η*) compassion

λυπούμαι *ρ μτβ* be sorry for. (*μετανιώνω*) regret. (*συμπονώ*) pity. (*τσιγκουνεύομαι*) be stingy with. • *ρ αμτβ* feel sad, be sorry

λυπώ *ρ μτβ* sadden

λύρα (*η*) lyre

λυρικός *επίθ* lyric. (*ποιητικός*) lyrical

λυρισμός (*o*) lyricism

λύση (*η*) solution. (*αινίγματος*) answer. (*αποσύνδεση*) release. (*διευθέτηση*) settlement. **σαν τελευταία ~** in the last resort

λύσσα (*η*) rabies

λυσσάζω *ρ αμτβ* get rabies. (*μεταφ*) be furious

λυσσασμένος *επίθ* rabid. (*μεταφ*) livid

λύτρα (*τα*) ransom

λυτρώνω *ρ μτβ* redeem

λύτρωση (*η*) redemption

λυτρωτής (*o*) saviour, redeemer

λυχνάρι (*το*) oil lamp

λυχνία (*η*) lamp

λωποδύτ|ης (*o*), **~ρια** (*η*) thief

λωρίδα (*η*) strip. (*από δέρμα*) strap. (*εξόδου ή εισόδου σε αυτοκινητόδρομο*) slip road. (*σε δρόμο*) lane. (*υπηρεσίας σε αυτοκινητόδρομο*) hard shoulder

λωτός (*o*) lotus

μα *σύνδ* but. **πήγα μέχρι το μουσείο, ~ δεν μπήκα** I went as far as the museum but I did not go in. • *μόριο* by. **~ το Θεό** by God
μαγαζί (*το*) shop
μαγγάνιο (*το*) manganese
μαγεία (*η*) magic. (*γοητεία*) enchantment. (*μάγεμα*) spell. **ως διά ~ς** as if by magic
μάγειρας (*ο*), **μαγείρισσα** (*η*) cook
μαγειρείο (*το*) cookhouse. (*σε πλοίο*) galley
μαγείρεμα (*το*) cooking
μαγειρεύω *ρ μτβ* cook. (*στον ατμό*) steam. (*στο φούρνο*) roast. (*μεταφ*) fiddle, cook
μαγειρικ|ός *επίθ* culinary. **~ή** (*η*) cookery
μαγειρίτσα (*η*) *special soup dish served at Easter*
μάγεμα (*το*) magic
μαγεμένος *επίθ* spellbound
μαγευτικός *επίθ* enchanting
μαγεύω *ρ μτβ* bewitch. (*γοητεύω*) enchant
μαγιά (*η*) yeast
μάγια (*τα*) witchcraft. (*μάγεμα*) spell
μαγιάτικος *επίθ* (of) May
μαγικ|ός *επίθ* magic. **~ή δύναμη** (*η*) wizardry
μαγιό (*το*) *άκλ* swimming costume. (*ανδρικό*) trunks
μαγιονέζα (*η*) mayonnaise
μάγισσα (*η*) witch
μαγκάλι (*το*) brazier
μάγκανο (*το*) mangle
μαγκανοπήγαδο (*το*) well (*with windlass and bucket*). (*μεταφ*) treadmill
μάγκας (*ο*) tough and streetwise youth
μάγκο (*το*) *άκλ* mango
μαγκούρα (*η*) heavy stick
μαγκούφης (*ο*) *person living alone, without a family*
μαγνησία (*η*) magnesia
μαγνήσιο (*το*) magnesium
μαγνήτης (*ο*) magnet
μαγνητίζω *ρ μτβ* magnetize
μαγνητι|κός *επίθ* magnetic. **~σμός** (*ο*) magnetism
μαγνητοφώνηση (*η*) tape recording
μαγνητόφωνο (*το*) tape recorder
μαγνητοφωνώ *ρ μτβ* record (*on tape*)
Μάγοι (*οι*) Magi
μάγος (*ο*) wizard, sorcerer. (*θεραπεύει με μάγια*) witch-doctor. (*ταχυδακτυλουργός*) magician
μαγουλάδες (*οι*) mumps
μάγουλο (*το*) cheek
Μάγχη (*η*) English Channel. **τα Νησιά της ~ς** the Channel Islands

μάδημα (*το*) plucking. (*μεταφ*) fleecing
μαδώ *ρ μτβ* (*πουλί*) pluck. (*μεταφ*) fleece. • *ρ αμτβ* moult
μαεστρία (*η*) mastery
μαέστρος (*ο*) (*μουσ*) conductor. (*μεταφ*) (*past*) master
μάζα (*η*) mass
μάζεμα (*το*) gathering. (*από την αστυνομία*) roundup. (*συλλογή*) picking. (*συρρίκνωση*) shrinking
μαζεύ|ω *ρ μτβ* gather. (*αστυνομία*) round up. (*κάνω συλλογή*) collect. (*λουλούδια*) pick. (*πληροφορίες*) pick up. (*σκόνη*) collect. (*χρήματα*) amass. • *ρ αμτβ* shrink. **~ομαι** *ρ αμτβ* (*από φόβο*) cringe. (*ζαρώνω*) crouch. (*συγκεντρώνομαι*) pile up. **~ω τα μυαλά μου** collect one's wits. **~ω τη γλώσσα μου** hold one's tongue
μαζί *επίρρ* together. **ας πάμε ~** let's go together. **έλα ~ μου** come with me
μαζικ|ός *επίθ* mass. **~ή παραγωγή** (*η*) mass production
μαζούτ (*το*) *άκλ* fuel oil
μαζοχισμός (*ο*) masochism
μαζοχ|ιστής (*ο*), **~ίστρια** (*η*) masochist
Μάης (*ο*) *βλ* **Μάιος**
μαθαίνω *ρ μτβ* learn. (*διδάσκω*) teach. (*ευκαιριακά*) pick up. (*πληροφορούμαι*) hear. (*συνηθίζω*) get used to
μαθεύομαι *ρ αμτβ* become known
μάθημα (*το*) lesson. **νυχτερινό ~** evening class
μαθηματικά (*τα*) mathematics
μαθηματικός *επίθ* mathematical. **~** (*ο, η*) mathematician
μάθηση (*η*) learning
μαθητεία (*η*) apprenticeship
μαθητευόμενος (*ο*) learner. (*αρχάριος*) novice. (*σε τέχνη*) apprentice
μαθητεύω *ρ αμτβ* apprentice
μαθητής (*ο*) pupil. (*διδασκόμενος*) learner. (*οπαδός*) disciple. (*σε σχολείο*) schoolboy
μαθήτρια (*η*) pupil. (*διδασκόμενη*) learner. (*σε σχολείο*) schoolgirl
μαία (*η*) (*λόγ*) midwife
μαιευτική (*η*) obstetrics
μαιευτήριο (*το*) maternity hospital
μαϊμού (*η*) monkey
μαίνομαι *ρ αμτβ* (*είμαι έξω φρενών*) rave. (*θύελλα*) rage
μαϊντανός (*ο*) parsley
Μάιος (*ο*) May
μακάβριος *επίθ* macabre. (*φρικιαστικός*) grisly
μακάρι *επίρρ* if only, I wish. (*έστω και*) even if. **~ να το ήξερα** I wish I knew. **δε**

θα το δεχόμουνα, ~ και να με παρακαλούσε I wouldn't accept even if he/she begged me to
μακαρίζω ρ μτβ think of as fortunate
μακάριος επιθ blissful. (εκκλ) blessed
μακαριότατος (ο) **ο Μ~** His Beatitude
μακαριότητα (η) bliss
μακαρίτ|ης (ο), **~ισσα** (η) late, deceased
μακαρόνια (τα) macaroni
μακαρίως επιρρ blissfully
μακαρονάδα (η) dish of macaroni
μακαρόνι (το) macaroni
Μακεδον|ία (η) Macedonia. **μ~ικός** επιθ Macedonian
μακελειό (το) carnage
μακέτα (η) artwork
μακιαβελικός επιθ machiavellian
μακιγιάζ (το) άκλ make-up
μακιγιάρ|ω ρ μτβ make up. **~ομαι** ρ αμτβ put on make-up
μακραίνω ρ μτβ lengthen. (παρατείνω) protract. • ρ αμτβ grow longer. (απομακρύνομαι) move away. (μεταφ) drag on
μακριά επιρρ far. **από ~** from a distance. **είναι ~ ο Πειραιάς;** is it far to Piraeus? **έφυγε ~** he went a long way away. **την έβλεπα ~** I watched her in the distance
μακρινός επιθ distant. (περίπατος) long. (χώρα) faraway. (χωριό) remote
μακροβιοτικός επιθ macrobiotic
μακροζωία (η) longevity
μακροπρόθεσμος επιθ long-term. (πρόβλεψη) long-range
μακροπρόθεσμως επιρρ in the long run
μάκρος (το) length (of cloth)
μακρόστενος επιθ long and narrow
μακροχρόνιος επιθ of long duration
μακρύς επιθ long. **~ και λεπτός** spindly
Μαλαισία (η) Malaysia
μαλαισιανός επιθ Malay
Μαλαισιαν|ός (ο), **~ή** (ο) Malay
μαλάκιο (το) mollusc
μαλακ|ός επιθ soft. **με το ~ό** take it easy. **~ά** επιρρ softly
μαλακότητα (η) softness
μαλακτικ|ός επιθ emollient. **~** (το) emollient. (ρούχων) softener
μαλάκωμα (το) softening
μαλακώνω ρ μτβ soften. (καταπραΰνω) placate. • ρ αμτβ mellow (person)
μάλαμα (το) gold. **έχει καρδιά ~** he/she has a heart of gold
μαλθακός επιθ soft. (κορμί) flabby
μάλιστα επιρρ yes, certainly
μαλλί (το) wool. (προβάτου) fleece. **~ της γριάς** candyfloss. **βγάζει η γλώσσα μου ~** talk oneself hoarse
μαλλιά (τα) hair (on head). **ο πνιγμένος από τα ~ του πιάνεται** clutch at straws. **τραβώ τα ~ της κεφαλής μου** tear one's hair out. **χρωστάει στα ~ της κεφαλής της** she is up to her neck in debt

μαλλιαρός επιθ hairy. (ζώο) shaggy
μάλλιν|ος επιθ woollen. **~α** (τα) woollens
μαλλιοκέφαλα (τα) **χρωστώ τα ~ μου** be up to one's ears in debt. **πληρώνω τα ~ μου** pay through the nose
μάλλον επίρρ rather
Μάλτα (η) Malta
μαλτέζικος επιθ Maltese
Μαλτέζ|ος (ο), **Μ~α** (η) Maltese
μάλωμα (το) scolding
μαλώνω ρ μτβ scold, tell off. • ρ αμτβ quarrel
μαμά (η) mummy, mum
μαμή (η) midwife
μαμούθ (το) άκλ mammoth
μάνα (η) mother
μανάβ|ης (ο) greengrocer. **~ικο** (το) greengrocer's shop
μάνατζερ (ο) άκλ manager
μανδαρίνος (ο) mandarin
μανδύας (ο) cloak
μανεκέν (το) άκλ fashion model
μανία (η) mania. (οργή) rage. (περαστική) fad, craze
μανιακός (ο) maniac
μανιβέλα (η) crank
μάνικα (η) (garden) hose
μανικέτι (το) cuff
μανικετόκουμπο (το) cuff link
μανίκι (το) sleeve. **χωρίς ~α** sleeveless
μανικιούρ (το) άκλ manicure
μανικιουρίστα (η) manicurist
μανιτάρι (το) mushroom. (συνήθως δηλητηριώδες) toadstool
μανιφέστο (το) manifesto
μανιώδης επιθ very keen. (τρελός) frantic
μάννα (το) άκλ manna
μανόλια (η) magnolia
μανούβρα (η) manœuvre
μανουβράρω ρ μτβ/αμτβ manœuvre
μανούλα (η) mother (term of endearment)
μανταλάκι (το) clothes peg
μάνταλο (το) catch (on door, window). (σε πόρτα κήπου) latch
μανταρ|ίνι (το) mandarin. **~ινιά** (η) mandarin (tree)
μαντάρω ρ μτβ darn
μαντείο (το) oracle (place)
μαντεύω ρ μτβ divine. (εικάζω) guess
μαντζουράνα (η) marjoram
μάντ|ης (ο), **~ισσα** (η) seer. (που προβλέπει το μέλλον) fortune-teller
μαντίλα (η) shawl
μαντίλι (το) handkerchief. (του λαιμού) scarf
μαντινάδα (η) Cretan folk song
μαντολίνο (το) mandolin
μάντρα (η) enclosure. (για ζώα) pen, fold
μαντρόσκυλο (το) sheepdog
μαξιλαράκι (το) cushion. (για καρφίτσες) pincushion
μαξιλάρι (το) pillow
μαξιλαροθήκη (η) pillowcase
μαόνι (το) mahogany

μαραγκός (*o*) carpenter
μαραζώνω *ρ μτβ* pine for
μάραθο (*το*) fennel
μαραθώνιος (*o*) marathon
μαραίνομαι *ρ αμτβ* wilt. (*μεταφ*) wither, fade
μαργαρίνη (*η*) margarine
μαργαρίτα (*η*) marguerite, daisy
μαργαριταρένιος *επίθ* pearly
μαργαριτάρι (*το*) pearl
μαρέγκα (*η*) meringue
μαριδάκι (*το*) whitebait
μαρίνα (*η*) marina
μαρινά|ρω *ρ μτβ* marinade. **~τα** (*η*) marinade
μαριονέτα (*η*) puppet
μαριχουάνα (*η*) marijuana
μάρκα (*η*) (*κέρμα*) counter (token). (*σήμα*) brand, make. (*χαρτοπαίγνιο*) chip. (*μεταφ*) slippery customer
μαρκαδόρος (*o*) felt-tipped pen
μαρκάρω *ρ μτβ* mark
μαρκετερί (*η*) marquetry
μάρκετινγκ (*το*) *άκλ* marketing
μαρκησία (*η*) marchioness
μαρκήσιος (*o*) marquis
μάρκο (*το*) (German) mark
μάρμαρο (*το*) marble
μαρμελάδα (*η*) jam. (*πορτοκαλιού*) marmalade
μαρξισμός (*o*) Marxism
μαρξ|ιστής (*o*), **~ίστρια** (*η*) Marxist
μαρξιστικός *επίθ* Marxist
μαροκινός *επίθ* Moroccan
Μαροκιν|ός (*η*), **~ή** (*o*) Moroccan
Μαρόκο (*το*) Morocco
μαρόν (*το*) *άκλ* maroon
μαρούλι (*το*) lettuce
Μάρτης (*o*) *βλ* **Μάρτιος**
Μάρτιος (*o*) March
μάρτυρας (*o*, *η*) witness. (*εκκλ*) martyr
μαρτυρία (*η*) evidence. (*νομ*) (*κατάθεση*) testimony
μαρτυριάρης (*o*) (*σχολ*) sneak
μαρτυρικός *επίθ* excruciating
μαρτύριο (*το*) torment. (*εκκλ*) martyrdom. (*ταλαιπωρία*) misery
μαρτυρώ *ρ μτβ* (*καταθέτω*) testify. (*προδίνω*) inform against. (*φανερώνω*) reveal. • *ρ αμτβ* suffer martyrdom
μας *αντων* our, us. **είναι δικά ~** they are ours. **κοίταξέ ~** look at us. **το βιβλίο ~** our book
μάσα (*η*) grub (*λαϊκ*)
μασάζ (*το*) *άκλ* massage. (*του προσώπου*) facial
μασέζ (*η*) *άκλ* masseuse
μασέρ (*o*) *άκλ* masseur
μάσημα (*το*) chewing
μάσκα (*η*) mask
μάσκαρα (*το*) mascara
μασκαράς (*o*) person in fancy dress. (*παλιάνθρωπος*) rascal

μασκάρεμα (*το*) masquerade
μασκαρεύομαι *ρ αμτβ* masquerade
μασκότ (*η*) *άκλ* mascot
μασονία (*η*) Freemasonry
μασόνος (*o*) (Free)mason
μασουλίζω *ρ μτβ/ρ αμτβ* munch
μασουράκι (*το*) bobbin
μασούρι (*το*) spool
μαστάρι (*το*) udder
μάστιγα (*η*) scourge
μαστίγ|ιο (*το*) whip. **~ωμα** (*το*) whipping
μαστιγώνω *ρ μτβ* whip. (*δέρνω*) flog
μαστίζω *ρ μτβ* plague
μαστίχα (*η*) mastic
μαστός (*o*) breast
μασχάλη (*η*) armpit
μασώ *ρ μτβ* chew. **~ τα λόγια μου** mince one's words
ματ (*το*) *άκλ* checkmate. • *επίθ άκλ* mat
ματαιοδοξία (*η*) vanity
ματαιόδοξος *επίθ* vain
μάται|ος *επίθ* futile. (*ανώφελος*) vain. **~α** *επίρρ* in vain
ματαιότητα (*η*) futility
ματαιώνω *ρ μτβ* (*ακυρώνω*) call off. (*εμποδίζω*) frustrate. (*προσπάθειες*) thwart
ματαίωση (*η*) thwarting
μάτι (*το*) eye. (*γκαζιού*) gas ring. (*κουζίνας*) hot plate. **~α της γάτας** (*τα*) cat's eyes. **~α μου!** my precious! **βάζω στο ~ κπ** be out to get s.o. **βλέπω με μισό ~** have misgivings. **δε βλέπω με καλό ~** frown upon. **δεν κλείνω ~** not sleep a wink. **μου κάνει τα γλυκά ~α** he's making eyes at me. **κλείνω το ~ σε κπ** wink at s.o. **παίρνει το ~ μου** catch sight of
ματιά (*η*) glance. (*γρήγορη*) glimpse. **με μια ~** at a glance. **ρίχνω μια ~** take a look
ματιάζω *ρ μτβ* cast an evil eye
ματόκλαδο (*το*) eyelash
ματς (*το*) *άκλ* (football) match
μάτσο (*το*) wad
ματώνω *ρ μτβ* cause to bleed. • *ρ αμτβ* bleed
μαύρη (*η*) cannabis, hashish
μαυρίζω *ρ μτβ* blacken. (*σε ψηφοφορία*) blackball. (*μεταφ*) tarnish *ρ αμτβ* blacken (*στον ήλιο*) go brown, tan
Μαυρίκιος (*o*) Mauritius
μαυρίλα (*η*) blackness. (*σκοτεινιά*) darkness. (*μεταφ*) gloom
μαύρισμα (*το*) blackening. (*σε εκλογές*) blackballing. (*στον ήλιο*) suntan
μαυρισμένος *επίθ* suntanned
μαυρομάτης *επίθ* person with black eyes
μαυροπίνακας (*o*) blackboard
μαύρο|ς (*o*) black person. **~** (*το*) black
μαύρο|ς *επίθ* black. (*μεταφ*) miserable. **~ος πίσσα** pitch-black. **~η αγορά** (*η*) black market. **~η λίστα** blacklist. **~ο κρασί** (dark) red wine. **~α γράμματα** (*τα*) bold letters. **είμαι στις ~ες μου** have

the blues. **χύνω ~α δάκρυα** shed bitter tears

μαυροφορεμένος *επίθ* dressed in black

μαυροφορώ *ρ αμτβ* be in mourning

μαυσωλείο (*το*) mausoleum

μαφία (*η*) mafia. (*ομάδα*) gang

μαχαίρι (*το*) knife. **δίκοπο ~** double-edged sword. **στα ~** at loggerheads

μαχαιριά (*η*) stab

μαχαιροπίρουνα (*τα*) cutlery

μαχαιρώνω *ρ μτβ* stab, knife

μάχη (*η*) battle, combat. (*μεταφ*) struggle. **εκτός ~ς** out of action

μαχ|ητής (*ο*), **~ήτρια** (*η*) combatant

μαχητικός|ς *επίθ* fighting. (*αγωνιστικός*) militant. **~** (*το*) (*αεροσκάφος*) fighter (plane)

μαχητικότητα (*η*) fighting spirit. (*αγωνιστικότητα*) militancy

μάχιμος *επίθ* combatant

μάχομαι *ρ αμτβ* fight. (*μεταφ*) struggle, battle

ΜΒ *συντ* (*Μεγάλη Βρετανία*) GB (Great Britain)

με *πρόθ* (*μαζί*) with. (*μέσο*) by. (*υλικό*) of. (*χρόνος*) in. **~ τον καιρό** in time. **~ τη σειρά** in turn. **~ το καλό** God willing. **είναι φτιαγμένο ~ γυαλί** it's made of glass. **ήρθε ~ τον πατέρα της** she came with her father. **θα πάμε ~ τα πόδια** I am going on foot. **πήγα ~ το τρένο** I went by train

μέγαιρα (*η*) hag

μεγαλεί|ο (*το*) splendour. **~α** (*τα*) snobbishness. **~!** splendid!

μεγαλειότ|ατος (*ο*) His Majesty. **~ητα** (*η*) majesty

μεγαλει|ώδης *επίθ* majestic. **~ωδώς** *επίρρ* majestically

μεγαλέμπορος (*ο*) wholesaler

μεγαλεπήβολος *επίθ* grandiose

μεγαλοδύναμος (*ο*) almighty. **ο Μ~** the Almighty

μεγαλομαν|ής *επίθ* megalomaniac. **~ία** (*η*) megalomania

μεγαλοποιώ *ρ μτβ* exaggerate, magnify

μεγαλοπρέπεια (*η*) magnificence, grandeur

μεγαλοπρεπής *επίθ* magnificent, majestic

μεγάλοι (*οι*) grown-ups

μεγάλος *επίθ* large, big. (*βεληνεκές*) long. (*δυνατός*) mighty. (*ένδοξος*) great. (*ενήλικος*) grown-up. (*έντονος*) strong. (*ιδέες*) grand. (*κυκλοφορία*) heavy. (*σε ηλικία*) old. **Μ~η Βρετανία** (*η*) Great Britain. **Μ~η Εβδομάδα** (*η*) Holy Week. **Μ~η Παρασκευή** (*η*) Good Friday

μεγαλόσωμος *επίθ* big, of large build

μεγαλοφυ|ής *επίθ* of genius. **~ία** (*η*) genius

μεγαλοψυχία (*η*) magnanimity

μεγαλόψυχος *επίθ* magnanimous

μεγαλύτερος *επίθ* elder. (*σε βαθμό*) senior **ο ~** the eldest.

μεγαλώνω *ρ μτβ* enlarge. (*ανατρέφω*) bring up. (*ζώα*) rear. (*μεταφ*) magnify. • *ρ αμτβ* grow. (*ενηλικιώνομαι*) grow up. (*μέρες*) draw out

μέγαρο (*το*) large imposing building. (*σπίτι*) mansion

μέγας *επίθ* great. **ο Μ~ Αλέξανδρος** Alexander the Great

μεγάφωνο (*το*) loudspeaker

μέγεθος (*το*) size. (*κακού*) enormity. (*μεταφ*) magnitude

μεγέθυνση (*η*) enlargement. (*με φακό*) magnification. (*φωτογραφίας*) blow-up

μεγεθυντικός *επίθ* magnifying. **~ φακός** (*ο*) magnifying glass

μεγεθύνω *ρ μτβ* magnify

μεγιστάνας (*ο*) tycoon. (*αξιωματούχος*) magnate. (*ισχυρός*) mogul

μεγιστοποιώ *ρ μτβ* maximize

μέγιστος *επίθ* maximum

μέγκενη (*η*) vice, clamp

μεζέ|ς (*ο*) meze (*selection of side dishes and dips served as starter*). **παίρνω κπ στο ~** take the mickey out of s.o.

μεζονέτα (*η*) maisonette

μεζούρα (*η*) tape measure

μεθαύριο *επίρρ* the day after tomorrow

μέθη (*η*) intoxication

μεθοδικό|ς *επίθ* methodical. **~τητα** (*η*) method

μεθοδ|ιστής (*ο*), **~ίστρια** (*η*) Methodist

μέθοδος (*η*) method

μεθοκόπημα (*το*) drinking spree

μεθοκοπώ *ρ αμτβ* booze

μεθόριος (*η*) frontier

μεθύσι (*το*) drunkenness. (*μεταφ*) exhilaration

μεθυσμένος *επίθ* drunk. **πολύ ~** plastered

μέθυσος (*ο, η*) habitual drunk

μεθύστακας (*ο*) drunkard

μεθυστικός *επίθ* intoxicating. (*μεταφ*) heady

μεθώ *ρ μτβ* make drunk. • *ρ αμτβ* get drunk

μείγμα (*το*) mix, mixture. (*χαρμάνι*) blend

μειδίαμα (*το*) smile

μεικτός *επίθ* mixed. (*κέρδος*) gross. (*σχολείο*) co-educational

μειλίχιος *επίθ* mellow

μειοδότης (*ο*) lowest bidder

μείον *επίρρ* less

μειονέκτημα (*το*) disadvantage. (*ελάττωμα*) flaw. (*εμπόδιο*) drawback

μειονεκτικ|ός *επίθ* disadvantageous. **σε ~ή θέση** at a disadvantage

μειονεκτώ *ρ αμτβ* be at a disadvantage

μειονότητα (*η*) minority

μειοψηφία (*η*) minority

μειώνω *ρ μτβ* reduce. (*σε κλίμακα*) scale down. (*ταπεινώνω*) belittle. **~ομαι** *ρ αμτβ* decline. (*μεταφ*) diminish

μείωση (*η*) reduction. (*ποινής*) remission. (*μεταφ*) belittlement

μελαγχολία (η) melancholy. (κατάθλιψη) depression

μελαγχολικ|ός επίθ melancholy. (που προκαλεί μελαγχολία) gloomy. **~ά** επίρρ gloomily

μελαγχολώ ρ μτβ depress. • ρ αμτβ feel depressed

μελάνι (το) ink

μελανιά|ζω ρ μτβ/αμτβ bruise. (από το κρύο) turn blue. **θα τον ~σει στο ξύλο** he will beat him black and blue

μελάνιασμα (το) bruise

μελανοδοχείο (το) ink-pot

μελανώνω ρ μτβ ink

μελάσα (η) treacle

μελάτος επίθ like honey. (αυγό) soft-boiled

μελαχρινός επίθ of dark complexion

μελαψός επίθ swarthy

μελέτη (η) study. (έρευνα) research

μελετηρός επίθ studious

μελετώ ρ μτβ/ρ αμτβ study. (σκέφτομαι) consider

μέλι (το) honey

μελία (η) ash (tree)

μέλισσα (η) bee

μελίσσι (το) beehive. (μεταφ) swarm

μελισσοκ|ομία (η) apiculture. **~όμος** (ο) apiarist, beekeeper

μελιστάλαχτος επίθ honeyed, sweet sounding

μελιτζάνα (η) egg plant, aubergine

μελλοθάνατος επίθ about to die. **~** (ο) condemned man

μέλλον (το) future. **στο ~** in future. **~τας** (ο) (γραμμ) future

μελλοντικός επίθ future. (πιθανός) prospective

μελλόνυμφ|ος (ο), **~η** (η) person about to be married

μέλλ|ω ρ αμτβ απρόσ be. **δε με ~ει** I don't care. **κανείς δεν ξέρει τι του ~εται** nobody knows what is in store for him

μέλλ|ων επίθ to-be. (πολιτ) elect. **~ουσες γενεές** (οι) future generations

μελόδραμα (το) melodrama

μελοδραματικός επίθ melodramatic

μελομακάρουνο (το) small honey pasty

μελοποίηση (η) setting to music

μέλ|ος (το) member. (του σώματος) limb. **απλά ~η** (τα) grass roots. (κόμματος) the rank and file

μελωδία (η) melody. (ταινίας) theme song

μελωδικός επίθ melodic. (αρμονικός) melodious

μεμβράνη (η) membrane. (πολυγράφου) stencil. **διαφανής ~** cling film

μεμιάς επίρρ all at once

μεμονωμένος επίθ isolated

μεμψιμοιρία (η) grumble, complaining

μεν σύνδ on the one hand. **ο ~ ... ο δε** the former . . . the latter. **οι ~ και οι δε** others

μενεξές (ο) pansy (plant)

μενού (το) άκλ menu

μέντα (η) peppermint

μενταγιόν (το) άκλ medallion. (γυναικείο) locket

μεντεσές (ο) hinge

μέντιουμ (το) άκλ medium (person)

μέντορας (ο) mentor

μέν|ω ρ αμτβ remain. (διαμένω) stay. (περισσεύω) be left over. (απρόσ) remain. **~ω ακίνητος** stay still. **~ω αμέτοχος** stand by. **~ω από** run out of. **~ω πίσω** lag behind. **~ω στην ίδια θέση** stay put. **~ω στο κρεβάτι** lie in. **~ει να δούμε τι θα γίνει** it remains to be seen what will happen

μεξικάνικος επίθ Mexican

Μεξικαν|ός (ο), **~ή** (η) Mexican

Μεξικό (το) Mexico

μέρα (η) βλ ημέρα. **~ παρά ~** every other day

μεραρχία (η) (στρ) division

μεριά (η) side. **από τη μια ~** for one thing

μερίδα (η) portion, helping. (με δελτίο) ration

μερίδιο (το) share. (μερίδα) portion

μερικ|ός επίθ partial. **~ή απασχόληση** part-time work. **~οί** some. **~ώς** επίρρ partially, in part

μέριμνα (η) care. **κοινωνική ~** social welfare

μεριμνώ ρ αμτβ take care of. (φροντίζω) see to

μέρισμα (το) dividend

μεροκάματο (το) day's wages

μεροληψία (η) partiality

μερόνυχτο (το) a day and a night

μέρ|ος (το) part. (αποχωρητήριο) toilet loo. (σε σύμβαση) party. (σημείο) spot, place. (τόπος) place. (μεταφ) side. **εκ ~ους** on behalf of. **εν ~ει** partly. **κατά ~ος** aside. **παίρνω το ~ος** stick up for. **από ~ους κάποιου** on s.o.'s behalf

μες επίρρ βλ **μέσα**

μέσα επίρρ in, inside. (κίνηση) through. (χρονική διάρκεια) within. **έλα ~** come in. **είμαι ~** I am inside. **είπα ~ μου** I said to myself. **τον έβαλαν ~** he was put inside (in prison)

μεσαί|ος επίθ middle. **η ~α τάξη** the middle class

Μεσαίωνας (ο) Middle Ages

μεσαιωνικός επίθ medieval

μεσάνυχτα (τα) midnight

μέση (η) middle. (σώματος) waist. (φορέματος) waistline. **αφήνω στη ~** leave in the middle. **βγάζω από τη ~** eliminate. **κόβω στη ~** cut in half. **μπαίνω στη ~** cut in. (μεταφ) poke one's nose in

μεσήλικας επίθ middle-aged

μεσημβρινός επίθ midday. **~** (ο) meridian

μεσημέρι (το) noon, midday. **μέρα ~** in broad daylight

μεσημεριαν|ός επίθ midday. **~ός ύπνος** (ο) siesta. **~ό φαγητό** lunch

μεσιτεύω ρ αμτβ mediate

μεσίτης (ο) middleman. (οικον) broker

μέσ|ο (το) middle. (όργανο) medium. **~α** (τα) means. (μεταφ) pull. **με κάθε ~ο** by hook or by crook. **~α μαζικής ενημέρωσης** (τα) mass media

μεσογειακός επίθ Mediterranean

μεσόγειος επίθ inland. **η Μ~** the Mediterranean

μεσοκαλόκαιρο (το) midsummer

μεσόκοπος επίθ middle-aged

μεσολάβηση (η) mediation

μεσολαβ|ητής (ο), **~ήτρια** (η) go-between. (για συμβιβασμό) mediator

μεσολαβώ ρ αμτβ intercede. (για συμβιβασμό) mediate. (συμβαίνω) intervene

μεσοπολεμικός επίθ interwar

μεσόπορτα (η) internal door

μέσ|ος επίθ middle. (συνηθισμένος) average. **~ος όρος** (ο) mean. **~ος χρόνος** (ο) Greenwich mean time. **κατά ~ο όρο** on average. **Μ~η Ανατολή** (η) Middle East

μεσούρανα επίρρ in mid air

μεσοφόρι (το) petticoat

μεσοχείμωνο (το) midwinter

Μεσσίας (ο) Messiah

μεστώνω ρ αμτβ ripen. (μεταφ) mature

μέσω επίρρ through, via

μετά επίρρ then, afterwards. **~ θάνατον** posthumously. **αμέσως ~** immediately after

μεταβάλλω ρ μτβ alter

μετάβαση (η) transition

μεταβατικός επίθ transitive

μεταβιβάζω ρ μτβ convey. (εξουσία) hand over. (περιουσία) transfer

μεταβίβαση (η) conveyance. (περιουσίας) transfer

μεταβιβάσιμος επίθ transferable

μεταβλητός επίθ variable

μεταβολή (η) change. (στρ) about-turn

μεταβολισμός (ο) metabolism

μετάγγιση (η) transfusion

μεταγενέστερ|ος επίθ subsequent. **~η σκέψη** (η) afterthought

μεταγεννητικός επίθ postnatal

μεταγραφή (η) transcription

μεταγράφω ρ μτβ transcribe

μεταδίδω ρ μτβ transmit. (ασθένεια) spread. (ενθουσιασμό) impart. (ραδιόφωνο, TV) broadcast

μετάδοση (η) transmission. (νόσου) spread. (ραδιοτηλεοπτική) broadcast

μεταδοτικός επίθ infectious, contagious

μεταθανάτιος επίθ posthumous

μετάθεση (η) transfer

μεταθέσιμος επίθ transferable

μεταθέτω ρ μτβ shift. (θέση) transfer

μετακίνηση (η) move. (μετατόπιση) removal

μετακινώ ρ μτβ move

μετακομίζω ρ μτβ move (house)

μετακόμιση (η) removal (from house)

μεταλαβαίνω ρ μτβ/αμτβ give/receive holy communion

μετάληψη (η) Holy Communion

μετάλλαξη (η) mutation

μεταλλείο (το) mine (for metals)

μετάλλευμα (το) ore

μεταλλικ|ός επίθ metal. (βαφή) metallic. **~ φύλλο** (το) foil

μετάλλιο (το) medal

μέταλλο (το) metal

μεταλλουργία (η) metallurgy

μεταμέλεια (η) regret

μεταμελημένος επίθ contrite

μεταμελούμαι ρ αμτβ regret

μεταμορφώνω ρ μτβ transform

μεταμόρφωση (η) transformation. (πλήρης αλλοίωση) metamorphosis

μεταμόσχευση (η) transplant

μεταμοσχεύω ρ μτβ (ιατρ) transplant

μεταμφιέζ|ω ρ μτβ disguise. **~ομαι** ρ αμτβ dress up, put on fancy dress

μεταμφίεση (η) disguise. (μασκάρεμα) fancy dress

μετανάστευση (η) migration. (από μια χώρα) emigration. (προς μια χώρα) immigration

μεταναστευτικός επίθ migratory

μεταναστεύω ρ αμτβ migrate. (από μια χώρα) emigrate. (προς χώρα σαν μετανάστης) immigrate

μετανάστ|ης (ο), **~ρια** (η) (από μια χώρα) emigrant. (προς μια χώρα) immigrant

μετανιωμένος (ο) repentant

μετανιώνω ρ αμτβ repent. (αλλάζω γνώμη) change my mind

μετανοημένος (ο) penitent

μετάνοια (η) repentance. (εκκλ) penance

μετανοώ ρ αμτβ repent

μεταξένιος επίθ silken, silky

μετάξι (το) silk

μεταξοσκώληκας (ο) silkworm

μεταξύ επίρρ between. **~ μας** between us. **εν τω ~** meanwhile. **στο ~** επίθ in the mean time

μεταξωτός επίθ (made of) silk

μεταπείθω ρ μτβ dissuade

μεταπολεμικός επίθ postwar

μεταπώληση (η) resale

μεταπτυχιακ|ός επίθ postgraduate. **~ές σπουδές** postgraduate studies

μεταρρυθμίζω ρ μτβ reform

μεταρρύθμιση (η) reform

μεταρρυθμ|ιστής (ο), **~ίστρια** (η) reformer

μετασχηματιστής (ο) transformer

μετατοπίζω ρ μτβ shift

μετατόπιση (η) shifting

μετατρέπω ρ μτβ convert. (νομ) commute

μετατροπή (η) conversion

μεταφέρω ρ μτβ carry. (αεροπορικώς) fly. (εμπορεύματα) ship. (με λεωφορείο) bus.

(με σωλήνες) pipe. (μεταδίδω) convey. (μετακινώ) transport. (σε άλλη περιοχή) relocate

μεταφορά (η) haulage, carriage. (γραμμ) metaphor. (μετακίνηση) transportation

μεταφορέας (ο) (εμπ) carrier

μεταφορικά (τα) carriage (charges)

μεταφορικό|ς επιθ metaphorical. (γραμμ) figurative. **~ μέσο** (το) transport

μεταφράζω ρ μτβ translate. (προφορικά) interpret

μετάφραση (η) translation

μεταφρ|αστής (ο), **~άστρια** (η) translator

μεταφυσικ|ή (η) metaphysics. **~ός** επιθ metaphysical

μεταφυτεύω ρ μτβ transplant (plant)

μεταχειρίζομαι ρ μτβ treat. (χρησιμοποιώ) use

μεταχείριση (η) treatment

μεταχειρισμένος επιθ second-hand

μεταχρονολογώ ρ μτβ post date

μετεκπαίδευση (η) further education

μετενσάρκωση (η) reincarnation

μετεξεταστέος επιθ referred for re-examination

μετέχω ρ μτβ participate

μετεωρίτης (ο) meteor

μετέωρ|ο (το) meteor. **Μ~α** (τα) Meteora

μετεωρολογ|ία (η) meteorology. **~ικός** επιθ meteorological

μετοχή (η) participation. (γραμμ) participle. (εμπ) share

μέτοχος (ο) shareholder

μέτρημα (το) count

μετρημέν|ος επιθ measured. (συνετός) judicious. **~οι** numbered. **~α** επίρρ judiciously

μέτρηση (η) measurement

μετρητ|ά (τα) cash. (για μικροέξοδα) petty cash. (στο ταμείο) float. **τοις ~οίς** in cash

μετρητής (ο) gauge, meter

μετριάζω ρ μτβ moderate. (σε ένταση) tone down. (μεταφ) water

μετρικός επιθ metric

μετριοπάθεια (η) moderation

μετριοπαθής επιθ moderate

μέτρι|ος επιθ medium. (κατώτερης ποιότητος) mediocre. (όχι καλός) so-so. **~α** επίρρ moderately

μετριότητα (η) mediocrity

μετριοφροσύνη (η) modesty

μετριόφρων επιθ modest

μέτρ|ο (το) measure. (μονάδα) metre. (μουσ) bar. (συγκράτηση) restraint. (σύγκριση) yardstick. (μεταφ) step. **παίρνω ~α** take measures. (για ρούχα) measure

μετρό (το) underground (train)

μετρώ ρ μτβ measure. (αριθμό) count. (μεταφ) weigh (one's words)

μετωπιαίος επιθ frontal

μετωπικός επιθ head-on

μέτωπο (το) forehead. (κτιρίου) facade. (στρ) front

μεφίτις (η) skunk

μέχρι πρόθ up to, until. (απόσταση) as far as. (σχεδόν) nearly. **~ ενός σημείου** up to a point. **~ τώρα** so far. **από το μεσημέρι ~ το βράδυ** from noon to night. **ήταν ~ διακόσιοι** they were nearly two hundred. **θα πάω ~ το καφενείο** I am going as far as the coffee shop

μη(ν) μόρ (απαγορευτικό) don't. (άρνηση) not. (ενδοιασμό) lest. (πρόθ) non, in, un. **~ αποτελεσματικός** ineffective. **~ δημοφιλής** unpopular. **~ επαρκής** insufficient. **~ καπνίζοντες** non-smokers. **~ τυχόν νομίσει** lest he/she should think. **~ν το αγγίξεις** don't touch it. **μου ζήτησε να ~ πάω** he asked me not to go

μηδαμινός επιθ worthless. **~τητα** (η) nonentity

μηδέν (το) zero. (μαθημ) naught. (τένις) love. (το τίποτα) nil. (χωρίς αξία) nothing

μηδενίζω ρ μτβ (εξετάσεις) give no marks. (όργανα) set to zero (αφανίζω) annihilate

μηδενικό (το) zero. (μεταφ) nobody

μήκος (το) length. **~ κύματος** wavelength. **~ ταινίας** footage. **άλμα εις ~** long jump. **γεωγραφικό ~** longitude. **κατά ~** lengthways. **κατά ~ του δρόμου** along the road

μήλη (η) (ιατρ) probe

μηλιά (η) apple tree

μηλίτης (ο) cider

μήλο (το) apple. (ανατομ) cheek bone

μηλόπιτα (η) apple pie

μήνας (ο) month. **~ του μέλιτος** honeymoon

μηνιαί|ος επιθ monthly. **~ο περιοδικό** (το) monthly periodical. **~α** επίρρ monthly

μηνιάτικο (το) monthly salary

μηνίγγι (το) (ανατομ) temple

μηνιγγίτιδα (η) meningitis

μήνυμα (το) (είδηση) word. (παράγγελμα) message

μήνυση (η) charge, indictment

μην|υτής (ο), **~ύτρια** (η) complainant. **~ύω** ρ μτβ bring a charge against

μηνώ ρ μτβ/αμτβ send a message

μήπως σύνδ lest. **~ ξέρεις ποιος είναι** do you happen to know who it is? **ανησυχεί ~ αργήσεις** he/she is worrying lest you are late

μηρός (ο) thigh

μήτε σύνδ not even. (ούτε) **~ . . ~** neither . . nor. **~ τη μητέρα του δεν ξέρει** he doesn't even know his own mother. **~ το ένα ~ το άλλο** neither the one nor the other

μητέρα (η) mother

μήτρα (η) womb. (ιατρ) uterus

μητριά (η) stepmother
μητρικ|ός επίθ motherly, maternal. **~ή γλώσσα** (η) mother tongue. **~ή εταιρία** (η) parent company
μητρόπολη (η) metropolis
μητροπολίτης (η) (εκκλ) Metropolitan
μητροπολιτικός επίθ metropolitan
μητρότητα (η) motherhood
μητρώο (το) record. (βιβλίο) register
μηχανάκι (το) moped
μηχανεύομαι ρ αμτβ engineer. (σκέφτομαι) think up
μηχανή (η) machine. (κινητήρας) engine. **~ τρένου** locomotive
μηχάνημα (το) piece of machinery. **μηχανήματα** (τα) machinery
μηχανική (η) mechanics. (επιστήμη) engineering
μηχανικός επίθ mechanical. **~** (ο) engineer. (πρακτικός) mechanic
μηχανισμός (ο) mechanism. (τρόπος λειτουργίας) mechanics
μηχανογράφηση (η) computerisation
μηχανοδηγός (ο) engine driver
μηχανοκίνητος επίθ motorized
μηχανολόγος (ο, η) mechanical engineer
μηχανοποιώ ρ μτβ mechanize
μηχανορραφ|ία (η) machination. (δολοπλοκία) intrigue. **~ώ** ρ αμτβ scheme, plot
μηχανορράφος (ο, η) schemer
μηχανοστάσιο (το) engine room
μηχανουργ|είο (το) engineering works. **~ός** (ο) machinist
μι (το) άκλ (μους) me
μία επίθ βλ **ένας ~ σου και ~ μου** an eye for an eye
μια επίθ βλ **ένας ~ και** since. **~ μέρα** some day. **~ συμβουλή** a piece of advice. **~ φορά** once. **~ φορά κι έναν καιρό** once upon a time
μίασμα (το) miasma
μιγάδας (ο) half-caste. (σκύλος) mongrel
μίγμα (το) βλ **μείγμα**
μίζα (η) (αυτοκ) starter. (μεταφ) kickback
μιζέρια (η) misery
μίζερος επίθ miserable. (τσιγκούνης) miserly
Μικρά Ασία (η) Asia Minor
μικραίνω ρ μτβ shorten. • ρ αμτβ get smaller. (μέρες) draw in
μικρο- (πρόθεμ) micro-. (ασήμαντο) trivial. **~δουλειές** (οι) little jobs
μικρό (το) mite (child). (ζώου) young (animal)
μικροαστοί (οι) suburbia
μικροατύχημα (το) minor accident
μικρόβιο (το) bug, germ. (ιατρ) microbe
μικροβιοκτόνο (το) germicide
μικροβιολογία (η) microbiology
μικρογραφία (η) miniature
μικροέξοδα (τα) incidental expenses
μικροεπεξεργαστής (ο) microprocessor

μικροκαμωμέν|ος επίθ diminutive. **~η γυναίκα** (η) petite woman
μικροκαβγάς (ο) squabble
μικροκλέφτ|ης (ο), **~ρα** (η) petty thief
μικροκλοπή (η) pilferage
μικρόκοσμος (ο) microcosm
μικροκ|ύματα (τα) microwaves. **φούρνος ~υμάτων** (ο) microwave oven
μικρομπελάς (ο) bother, minor trouble
μικρόμυαλος επίθ narrow-minded
μικροπράγματα (τα) trifles
μικροπρέπεια (η) pettiness. (συμπεριφοράς) meanness
μικροπρεπής επίθ petty, mean. (στη συμπεριφορά) mean
μικρ|ός επίθ small. (αναξιοπρεπής) petty. (ασήμαντος) minor. (νεαρός) little. (σε διάρκεια) short. **~ές αγγελίες** (οι) small ads. **~ό κτήμα** (το) smallholding. **~ός** (ο) young lad
μικροσκοπικός επίθ microscopic. (μέγεθος) tiny. (ποσότητα) minute
μικροσκόπιο (το) microscope
μικροσυσκευή (η) gadget
μικρότερος επίθ lesser. (μέγεθος) smaller. **ο ~** the smallest
μικροτσίπ (το) άκλ microchip
μικρούλης επίθ wee (καθομ). **~** (ο) tot
μικροφίλμ (το) άκλ microfilm
μικρόφωνο (το) microphone
μικρόψυχος επίθ faint-hearted
μίλι (το) mile
μιλιά (η) speech
μιλκσέικ (το) άκλ milk shake
μιλώ ρ μτβ/ρ αμτβ talk, speak. **~ απερίσκεπτα** blurt out. **της ~ απότομα** snap at her. **~ ασυνάρτητα** ramble. **~ για λογαριασμό κάποιου** speak for s.o. **~ περιφρονητικά** sneer. **~ πιο δυνατά** speak up. **~ χωρίς προετοιμασία** speak off the cuff
μιμ|ητής (ο), **~ήτρια** (η) imitator
μιμητι|κός επίθ imitative. **~σμός** (ο) mimicry
μιμική (η) mime
μιμόζα (η) mimosa
μίμος (ο) mimic. (ανθρώπων) impersonator
μιμούμαι ρ μτβ imitate. (άνθρωπο) impersonate. (σε εμφάνιση) mimic. (παίρνω παράδειγμα) emulate
μιναρές (ο) minaret
μίνι (το) miniskirt
μινιατούρα (η) miniature
μινουέτο (το) minuet
μίξερ (το) άκλ (μαγ) mixer
μιούζικαλ (το) άκλ musical
μισαλλοδοξία (η) intolerance
μισαλλόδοξος επίθ intolerant
μισάνθρωπος (ο) misanthrope
μισάνοιχτος επίθ half-open. (πόρτα) ajar
μισητός επίθ hateful
μίσθιον (το) leasehold
μισθολόγιο (το) payroll

μισθός (ο) salary
μισθοφόρος (ο) mercenary
μίσθωμα (το) rent
μισθώνω ρ μτβ lease (from owner)
μίσθωση (η) lease
μισθωτής (ο) tenant
μισθωτός επίθ salaried
μισό (το) half
μισόγυμνος επίθ half-naked
μισογύνης (ο) misogynist
μισόκλειστος επίθ half-closed
μισοπεθαμένος επίθ half-dead
μίσος (το) hate, hatred
μισ|ός επίθ half. **~ή δωδεκάδα** (η) half a dozen. **~ή ώρα** (η) half an hour. **κάνω ~ές δουλειές** skimp on things. **με ~ή καρδιά** in a half-hearted way. **~ά** επίρρ half
μισότρελος επίθ half-mad
μισοφέγγαρο (το) crescent moon
μισοψημένος επίθ underdone
μίσχος (ο) stem, stalk
μισώ ρ μτβ hate
μίτρα (η) mitre
μ.μ. συντ (μετά το μεσημέρι) p.m. (post meridian)
μνεία (η) mention
μνήμα (το) tomb
μνημείο (το) monument. (τάφος) memorial
μνημειώδης επίθ monumental
μνήμη (η) memory. (H/Y) store. **εις ~ν** in memory of
μνημονεύω ρ μτβ cite. (εκκλ) remember
μνημονικό (το) memory
μνημόνιο (το) memo
μνημόσυνο (το) (εκκλ) remembrance
μνησικακία (η) vindictiveness
μνησίκακος επίθ vindictive
μνηστεία (η) betrothal
μνηστή (η) betrothed
μνηστήρας (ο) suitor. (αρραβωνιαστικός) betrothed
μοβ επίθ mauve. **~** (το) άκλ mauve
μογγολικός επίθ (ιατρ) mongol.
μόδα (η) fashion. (νεωτερισμός) vogue. **της ~ς** fashionable
μόδι (το) bushel
μοδίστρα (η) dressmaker
μοιάζω ρ μτβ/αμτβ resemble, look like. (σε συνήθειες) take after
μοίρα (η) fate. (αεροπ) squadron. (μαθημ) degree. (μερίδιο) lot. (πεπρωμένο) destiny
μοιράζω ρ μτβ divide, share. (διανέμω) give out. (δίνω μερίδια) apportion. (τιμωρία) mete out. (σε φτωχούς) hand out. (χαρτιά) deal. **~ω στα δύο** halve **~ομαι** ρ αμτβ share.
μοιραί|ος επίθ fateful. (θανάσιμος) fatal. **~ο** (το) fate, death. **~α γυναίκα** (η) femme fatale
μοιρασιά (η) share-out. (χαρτιά) deal
μοιρογνωμόνιο (το) protractor
μοιρολάτρ|ης (ο), **~ις** (η) fatalist

μοιρολατρ|ία (η) fatalism. **~ικός** επίθ fatalistic
μοιρολογώ ρ μτβ/ρ αμτβ lament
μοιρολόι (το) dirge. (θρήνος) lament
μοιχαλίδα (η) adulteress
μοιχεία (η) adultery
μοιχικός επίθ adulterous
μοιχός (ο) adulterer
μοκασίνι (το) moccasin
μοκέτα (η) fitted carpet
μολαταύτα επίρρ nevertheless
μόλις επίρρ (με μεγάλη δυσκολία) barely, scarcely. (πριν από λίγο) just. (ευθύς) as soon as. **~ κατάφερε να φύγει** he/she only just managed to escape. **~ και μετά βίας** only just. **~ φτάσαμε** he have just arrived. **ήρθα ~ το άκουσα** I came as soon as I heard
μολονότι σύνδ although
μόλυβδος (ο) lead
μολυβένιος επίθ leaden
μολύβι (το) pencil
μόλυνση (η) infection. (ρύπανση) contamination. (μεταφ) taint
μολύνω ρ μτβ infect. (ρυπαίνω) contaminate. (μεταφ) taint
μολυσμένος επίθ contaminated
μομιοποιώ ρ μτβ mummify
μομπίλιο (το) mobile (child's)
μομφή (η) censure
μονάδα (η) unit
μοναδικ|ός επίθ unique. (απαράμιλλος) singular. **~ά** επίρρ uniquely, singularly
μοναξιά (η) solitude
μονάκριβος επίθ one and only
μονάρχης (ο) monarch
μοναρχ|ία (η) monarchy. **~ικός** επίθ monarchist
μοναστήρι (το) monastery, cloister. (καλογραιών) convent, nunnery
μοναστικός επίθ monastic
μονάχα επίρρ only
μοναχή (η) nun
μοναχικός επίθ solitary. **~ τύπος** (ο) loner
μοναχογιός (ο) only son
μοναχοκόρη (η) only daughter
μοναχοπαίδι (το) only child
μοναχός (ο) monk
μοναχός, μονάχος επίθ alone. (ο ίδιος) by oneself
μονεταρισμός (ο) monetarism
μονεταριστ|ής (ο) monetarist. **~ικός** επίθ monetary
μόνιμ|ος επίθ permanent. (επιτροπή) standing. (στρ) regular. **~α** επίρρ permanently
μονιμότητα (η) permanence
μόνο επίρρ only σύνδ but. **~ δέκα λεπτά** only ten minutes. **θα ερχόμουν κι εγώ, ~ που είμαι κουρασμένος** I would have joined you but I am tired
μονογαμία (η) monogamy

μονόγραμμα (το) monogram

μονογραφώ ρ μτβ initial

μονόδρομος επίθ one-way

μονοετής επίθ one-year old. (διαρκείας) of one year

μονοήμερος επίθ of one day

μονοθεϊσμός (ο) monotheism

μονοκατοικία (η) detached house

μονόκερως (ο) unicorn

μονόκλ (το) άκλ monocle

μονόκλινος επίθ single (room)

μονόλογος (ο) monologue. (θέατρο) soliloquy

μονομαχία (η) duel

μονομάχος (ο) gladiator

μονομελής επίθ one-membered

μονομερής επίθ unilateral

μονομιάς επίρρ all at once

μονοξείδιο (το) monoxide

μονοπάτι (το) path. (για ιππασία) bridle-path. (για πεζούς) footpath. (σε δάσος) trail

μονόπετος επίθ single-breasted

μονόπλευρος επίθ one-sided

μονοπώλιο (το) monopoly

μονοπωλώ ρ μτβ monopolize

μονός επίθ single (not double). (αριθμός) odd

μόνος επίθ alone. (μοναδικός) only. ~ μου by oneself. είμαι ~ be on one's own

μονοσύλλαβ|ος επίθ monosyllabic. ~η λέξη (η) monosyllable

μονοτονία (η) monotony

μονοτονικός επίθ monotonic

μονότονος επίθ monotonous. (ανιαρός) dreary. ~η ομιλία (η) monotone

μονόφθαλμος επίθ one-eyed

μονοφωνικός επίθ mono (not stereo)

μονόχρωμος επίθ monochrome

μονοψήφιος επίθ single-digit

μοντάζ (το) άκλ montage

μοντυκόμερι (το) άκλ duffle-coat

μοντέλο (το) model

μοντέρνος επίθ modern

μονωδία (η) (μουσ) solo

μονώνω ρ μτβ insulate

μονώροφος επίθ one-storey

μόνωση (η) insulation

μονωτικ|ός επίθ insulating. ~ή ταινία (η) insulating tape

μόριο (το) speck. (γραμμ) particle. (χημ) molecule

μορς άκλ κώδικας ~ (ο) Morse code

μορφάζω ρ αμτβ grimace

μορφασμός (ο) grimace. ~ πόνου wince

μορφή (η) form. (εμφάνιση) look

μορφίνη (η) morphine

μορφινομανής επίθ morphine addict

μορφωμένος επίθ educated

μορφώνω ρ μτβ educate

μόρφωση (η) education

μοσχάρι (το) calf

μοσχαρίσιο|ς επίθ veal. ~ κρέας (το) veal

μόσχευμα (το) cutting (of plant). (ιατρ) graft

μοσχοβολώ ρ αμτβ be fragrant

μοσχοκάρυδο (το) nutmeg. ~ (φλούδα) mace (spice)

μοσχομπίζελο (το) sweet pea

μόσχος (ο) musk

μοτέλ (το) άκλ motel

μοτέρ (το) άκλ motor

μοτίβο (το) motif

μότο (το) άκλ motto

μοτοσικλέτα (η) motor cycle

μοτοσικλετ|ιστής (ο), ~ίστρια (η) motor-cyclist. (για ταχυμεταφορές) dispatch-rider

μου αντων my. ένας φίλος ~ a friend of mine

μουγκανίζω ρ αμτβ moo

μουγκός επίθ dumb

μουγκρητό (το) roar. (πόνου) groan

μουγκρίζω ρ αμτβ roar. (μεταφ) groan

μουδιάζω ρ αμτβ go numb

μούδιασμα (το) pins and needles. (μεταφ) numbness

μουδιασμένος επίθ numb

μουλάρι (το) mule

μουλιάζω ρ αμτβ soak

μούμια (η) mummy (body)

μουντζαλιά (η) smudge

μουντζαλώνω ρ μτβ/ρ αμτβ smudge

μουντζούρα (η) smut

μουντζουρωμένος επίθ smutty

μουντός επίθ dull. (πληκτικός) drab

μούρη (η) mug, face

μούρλια (η) είναι ~ it's smashing

μουρλός επίθ crazy

μουρμούρα (η) grumbling

μουρμούρης (ο), ~α (η) nag

μουρμουρητό (το) murmuring. (γκρίνια) muttering

μουρμουρίζω ρ μτβ/ρ αμτβ murmur. (γκρινιάζω) mutter. ~ μονότονα drone (on)

μουρμούρισμα (το) murmur

μούρο (το) berry

μουρούνα (η) cod

μουρουνόλαδο (το) cod-liver oil

μούσα (η) muse

μουσακάς (ο) moussaka

μουσαμάς (ο) tarpaulin. (σε κατασκήνωση) groundsheet

μουσείο (το) museum

μουσελίνα (η) muslin

μούσι (το) goatee

μουσική (η) music

μουσικοδιδάσκαλος (ο), ~ασκάλισσα (η) music teacher

μουσικοσυνθέτης (ο) composer

μουσικός επίθ musical. ~ (ο, η) musician

μούσκεμα (το) soaking. έγινα ~ I got drenched. τα κάνω ~ make a mess of things

μουσκεμένος επίθ soaking. (έδαφος) soggy

μουσκεύω ρ μτβ soak ρ αμτβ get soaked
μουσούδα (η) snout
μουσουλμανικός επίθ Muslim
μουσουλμάν|ος (ο), **~α** (η) Muslim
μουστάκι (το) moustache. (γάτας) whiskers
μουστάρδα (η) mustard
μούστος (ο) must (juice)
μουσώνας (ο) monsoon
μούτρ|ο (το) face. (μεταφ) rogue. **κάνω ~α** sulk. **κατεβάζω ~α** have a long face.
πέφτω με τα ~α στη δουλειά immerse o.s. in work
μουτρωμένος επίθ sulky
μούχλα (η) mould
μουχλιάζω ρ αμτβ grow mouldy
μουχλιασμένος επίθ mouldy
μοχαίρ (το) άκλ mohair
μοχθηρία (η) wickedness. **~ός** επίθ wicked
μόχθος (ο) toil
μοχθώ ρ αμτβ toil (καθομ) slog
μόχλευση (η) leverage
μοχλός (ο) lever
μτα επιφών why! really!
μπαγαπόντης (ο) vagabond
μπαγιάτικος επίθ stale
μπαγκέτα (η) (μους) baton
μπάζα (η) packet, profit. **δεν πιάνω ~ μπροστά σε** I am not a match for. **κάνω την ~ μου** feather one's nest
μπάζα (τα) rubble
μπαίνω ρ αμτβ go in, enter. (απρόσκλητος) barge in. (απρόσκλητος σε πάρτι) gate-crash. (ρούχα) shrink. (στο νόημα) click. **~ γρήγορα** pop in. **~ κρυφά** sneak in.
~ στον κόπο take trouble
μπακάλ|ης (ο), **~ισσα** (η) grocer
μπακαλιάρος (ο) hake άκλ
μπακάλικο (το) grocery
μπακλαβάς (ο) sweet made of layers of fillo pastry and ground almonds
μπάλα¹ (η) (foot) ball
μπάλα² (η) (εμπορευμάτων) bale
μπαλάκι (το) small ball. **~ με φτερά** (το) shuttlecock
μπαλάντα (η) ballad
μπαλαντέρ (ο) άκλ joker
μπαλαρίνα (η) ballerina
μπαλέτο (το) ballet
μπαλίτσα (η) pellet
μπαλκόνι (το) balcony
μπαλκονόπορτα (η) French window
μπαλόνι (το) balloon
μπαλτάς (ο) hatchet
μπάλωμα (το) patch
μπαλωματής (ο) cobbler (παλιά χρήση)
μπαλώνω ρ μτβ patch. (μεταφ) patch up
μπαμ! επιφών bang!
μπάμια (η) okra
μπαμπάς (ο) daddy, dad
μπαμπούλας (ο) bogy
μπαμπού (το) άκλ bamboo
μπανάνα (η) banana

μπανανιά (η) banana tree
μπανανόφλουδα (η) banana skin
μπανγκαλόου (το) άκλ bungalow
μπανιέρα (η) bath tub
μπανιερό (το) swimsuit
μπάνιο (το) bath. (δωμάτιο) bathroom. (στη θάλασσα) bathe
μπάντα (η) (στρ) band
μπάντζο (το) άκλ banjo
μπαούλο (το) trunk (box)
μπαρ (το) άκλ bar
μπαράζ (το) άκλ barrage
μπάρμαν (ο) άκλ barman
μπάρμπας (ο) λαϊκ uncle
μπαρμπούνι (το) red mullet
μπαρόκ επίθ άκλ baroque
μπαρούτι (το) gunpowder
μπάσιμο (το) shrinkage
μπάσκετ (το) άκλ basketball
μπασμένος επίθ versed. **~ σε** versed in
μπαστούνι (το) walking stick. **~α** (τα) spades (cards)
μπατάλικος επίθ hulking
μπαταρία (η) battery
μπατζάκι (το) trouser leg
μπάτης (ο) sea breeze
μπάτσος (ο) cuff, blow
μπαχαρικό (το) spice
μπεζ επίθ άκλ beige
μπέικιν πάουντερ (το) άκλ baking-powder
μπέικον (το) άκλ bacon
μπέιμπισίτερ (ο, η) άκλ baby-sitter
μπεκρ|ής (ο), **~ού** (η) boozer, heavy drinker
μπεκρουλιάζω ρ αμτβ hit the bottle
μπελά|ς (ο) nuisance. (πρόσωπο) pest. **έχω ~δες** be in trouble
μπέρδεμα (το) tangle. (ανακάτωμα) muddle. (αντίληψη) confusion. (σε δυσάρεστη υπόθεση) entanglement
μπερδεύω ρ μτβ tangle. (ανακατώνω) muddle. (μεταφ) entangle
μπερές (ο) beret
μπετόν (το) concrete
μπετονιέρα (η) cement mixer
μπήγω ρ μτβ drive in. (με δύναμη) thrust in. **~ τα γέλια** burst out laughing. **~ τα κλάματα** burst into tears
μπιζάρισμα (το) encore
μπιζέλι (το) pea
μπιζού (το) άκλ jewellery
μπικ (το) άκλ Biro (P.)
μπικίνι (το) άκλ bikini
μπικουτί (το) άκλ curler
μπίλια (η) billiard ball
μπιλιάρδο (το) billiards
μπιμπελό (το) curio
μπιμπερό (το) (baby's) bottle
μπίρα (η) beer, ale. (από το βαρέλι) draught beer. (λάκερ) lager
μπιραρία (η) pub
μπτις επιφών encore

μπισκότο (το) biscuit, (αμερ) cookie
μπιφτέκι (το) beefsteak. (από κιμά) hamburger
μπιχλιμπίδι (το) trinket, knick-knack
μπλαζέ επίθ άκλ blasé
μπλε επίθ άκλ dark blue
μπλέκω ρ μτβ entangle. (σε δυσάρεστη κατάσταση) embroil. • ρ αμτβ get entangled. (ερωτικές σχέσεις) get involved with. ~ άσχημα to be in a pickle
μπλέντερ (το) άκλ liquidizer
μπλέξιμο (το) tangle. (ερωτική σχέση) involvement. (μεταφ) entanglement
μπλε μαρέν (το) άκλ navy (blue)
μπλοκάρω ρ μτβ block. • ρ αμτβ jam
μπλοκ (το) (writing) pad. ~ επιταγών cheque book
μπλούζα (η) blouse. (δουλειάς) overall. (καλλιτέχνη) smock
μπλουζάκι (το) T-shirt
μπλουζόν (το) άκλ blouson, windjammer
μπλου τζιν (το) άκλ jeans
μπλόφα (η) bluff
μπλοφάρω ρ αμτβ bluff
μπογιά (η) paint
μπογιατζής (ο) painter (decorator)
μπογιατίζω ρ μτβ paint
μπογιάτισμα (το) painting (of walls)
μπόγος (ο) bundle
μπόι (το) height (ανθρώπου)
μποϊκοτά|ζ (το) άκλ boycott. ~ρω ρ μτβ boycott
μπολ (το) άκλ bowl. ~ σαλάτας salad bowl
μπόλι (το) graft
μπολιάζω ρ μτβ graft
μπομπονιέρα (η) sugared almonds wrapped in tulle given to guests at a wedding
μπόνους (το) άκλ bonus
μποξέρ (ο) άκλ boxer
μπορ (το) άκλ brim
μπόρα (η) shower
μπορντούρα (η) edging. (σε ύφασμα) binding
μπορ|ώ ρ αμτβ can, be able (to). (άδεια) may. ~εί απρόσ maybe, perhaps. ~ώ να μπω; may I come in? ~ώ να πάω I can go. ~ώ να πω I dare say
μπότα (η) boot. (αδιάβροχη, ψηλή) gumboot. (έως το γόνατο, λαστιχένια) wellington
μποτιλιάρισμα (το) traffic jam
μπουγάδα (η) washing (clothes)
μπουζί (το) sparking plug
μπουζούκι (το) bouzouki (musical instrument). ~α (τα) nightclub where the bouzouki is played
μπούκα (η) muzzle (of firearm)
μπουκάλ|α (η) large bottle. ~ι (το) bottle
μπουκαλάκι (το) small bottle. ~α για λάδι και ξύδι (τα) cruet

μπουκετάκι (το) posy
μπουκέτο (το) bunch of flowers
μπουκιά (η) mouthful
μπούκλα (η) curl, lock
μπουκώνω ρ μτβ stuff (with food). (μεταφ) bribe
μπουλντόγκ (το) άκλ bulldog
μπουλντόζα (η) bulldozer
μπουλόνι (το) bolt (for nut)
μπουλούκι (το) flock, crowd (of people)
μπουμπούκι (το) bud
μπουμπουκιάζω ρ αμτβ bud
μπουμπουν|ητό (το) rumble. ~ίζω ρ αμτβ rumble
μπούμπουρας (ο) bumble-bee
μπουνταλάς (ο) oaf
μπουντρούμι (το) dungeon
μπούρδ|α (η) humbug. ~ες (οι) nonsense
μπουρέκι (το) sweet of flaky pastry with a cheese filling
μπουρί (το) flue
μπουρίνι (το) squall. (μεταφ) fit of anger. είναι στα ~α της she is in a vile temper
μπούστος (ο) bodice
μπούτι (το) leg (of meat). (κοτόπουλου) drumstick
μπουτίκ (η) άκλ boutique
μπουφάν (το) άκλ bomber jacket
μπουφές (ο) sideboard. (γεύμα) buffet. χωριάτικος ~ dresser (furniture)
μπούφος επίθ goofy (λαϊκ)
μπουχτίζω ρ μτβ|αμτβ have one's fill. (μεταφ) have a bellyful of
μπόχα (η) stench
μπράβο επιφών well done
μπράβος (ο) henchman. (σε μπαρ) bouncer
μπρατσάκια (τα) water wings
μπράτσο (το) arm. (καθίσματος) armrest
μπρελόκ (το) άκλ (για βραχιόλι) charm. (για κλειδιά) key ring
μπριζόλα (η) (μαγ) chop.
μπρίκι (το) Greek coffee pot
μπριτζ (το) άκλ bridge (cards)
μπροκάρ (το) άκλ brocade
μπρόκολο (το) broccoli άκλ
μπρος επίρρ βλ εμπρός
μπροσούρα (η) brochure
μπροστά επίρρ before, ahead. ~ από in front of. ~ στα μάτια μου before my very eyes. αυτός θα πάει ~ he will go a long way. πάει ~ (ρολόι) it's fast
μπροστιν|ός επίθ front. ~ή (η) front (of clothes)
μπρούντζινος επίθ brass, bronze. ~ος (ο) bronze, brass
μπύρα (η) βλ μπίρα
μυαλό (το) brain, mind. βάζω ~ό σε κπ knock some sense into s.o. δεν το βγάζω από το ~ό μου I can't get it out of mind. πήραν τα ~ά της αέρα her head has been turned
μύγα (η) fly. κατηγορία της ~ς flyweight

μυγάκι (το) midge

μυγιάγγιχτος επίθ testy

μύδι (το) mussel

μελός (ο) marrow. **νωτιαίος ~** spinal cord

μύηση (η) initiation

μυθικός επίθ mythical

μυθιστόρημα (το) novel

μυθιστορ|ία (η) fiction. **~ιογράφος** (ο, η) novelist

μυθολογ|ία (η) mythology. **~ικός** επίθ mythological

μύθος (ο) myth. (παραμύθι) fable

μυικ|ός επίθ muscular. **~ή δύναμη** (η) brawn

μυκηναϊκός επίθ Mycenean

Μυκήνες (οι) Mycenae

μύκητας (ο) fungus

Μύκονος (η) Myconos

μυλόπετρα (η) millstone

μύλος (ο) mill. (του καφέ) coffee mill. **~ με αλογάκια** merry-go-round

μυλωνάς (ο) miller

μύξα (η) snot

μυριάδα (η) myriad

μυρίζ|ω ρ μτβ/αμτβ smell. (μεταφ) smack of. **~ομαι** ρ μτβ sniff. (μεταφ) get wind of

μυρμήγκι (το) ant

μυρμηγκιάζω ρ αμτβ tingle

μυρμήγκιασμα (το) prickle (sensation)

μυρμηγκοφωλιά (η) anthill

μύρο (το) myrrh. (ευωδιά) scent. (εκκλ) chrism

μύρτιλλο (το) bilberry

μυρωδάτος επίθ fragrant

μυρωδιά (η) smell. (άρωμα) scent. (ελαφριά) whiff. **παίρνω ~** get wind of

μυρωμένος επίθ balmy (of air)

μυς (ο) muscle

μυστήριο (το) mystery. (εκκλ) sacrament. **~ς** επίθ mysterious

μυστηριώδης επίθ mysterious. **~ γοητεία** (η) mystique

μυστικισ|μός (ο) mysticism. **~τικός** επίθ mystical

μυστικ|ιστής (ο), **~ίστρια** (η) mystic

μυστικό (το) secret

μυστικ|ός επίθ secret. (κρυφός) clandestine. (πράκτορας) undercover. **~ές πληροφορίες** (οι) intelligence. (στρ) **~ά** επίρρ secretly

μυστικότητα (η) secrecy

μυστρί (το) trowel

μυτερ|ός επίθ pointed. (μαχαίρι) sharp. **με ~ές προεξοχές** (οι) jagged. **~ό καπέλο** (το) peaked cap

μύτ|η (η) nose. (παπουτσιού) toe. (πένας) nib. **έχω ~η για** have a nose for. **στις ~ες των ποδιών** on tiptoe. **τραβώ από τη ~η** lead by the nose. **χώνω τη ~η μου** (σε) poke one's nose (into)

μυώ ρ μτβ initiate

μυώδης επίθ muscular

μυωξός (ο) dormouse

μύωπας (ο) short-sighted person

μυωπία (η) short sightedness. (ιατρ) myopia

μυωπικός επίθ short-sighted

μ.Χ. συντ (μετά Χριστόν) AD (Anno Domini)

μωαμεθαν|ός (ο), **~ή** (η) Muslim

μώλωπας (ο) bruise

μωλωπίζω ρ μτβ bruise

μωρό (το) baby. (μεταφ) **~ μου** baby (sweetheart, child).

μωρός (ο) moron

μωρουδιακά (τα) layette

μωρουδίστικος επίθ babyish

μωσαϊκό (το) mosaic

Nν

να επιφών there. • σύνδ to, in order to. (υποθετικός) if, even if. **μόριο** here's. **~ το αποτέλεσμα** this is the result. **~ το 'ξερα, δε θα πήγαινα** had I known I wouldn't have gone. **~ τος** here he is. **~ το σπίτι μας** here's our house. **ήλθα ~ τη δω** I have come to see her. **και ~ τον δω δε θα τον αναγνωρίσω** even if I see him I won't recognize him

νάζι (το) affectation. **κάνω ~α** affect reluctance

ναζ|ιστής (ο), **~ίστρια** (η) Nazi

ναι επίρρ yes. **λέω το ~** consent

νάιλον (το) άκλ nylon

νάνι (το) άκλ (καθομ) sleep (for children)

νάνος (ο) dwarf, (λαϊκ) midget

νανούρισμα (το) lullaby

ναός (ο) temple. (εκκλ) church. **καθεδρικός ~** cathedral

ναργιλές (ο) hookah

νάρθηκας (ο) splint

ναρκαλιευτικό (το) minesweeper

νάρκη¹ (η) torpor. **χειμερία ~** hibernation

νάρκη² (η) (στρ) mine

νάρκισσος (ο) narcissus. **κίτρινος ~** daffodil

ναρκοθέτηση (η) mining
ναρκοθετώ ρ μτβ (στρ) mine
ναρκομανής (ο, η) drug addict. ~ία (η) drug addiction
ναρκοπαγίδα (η) (στρ) booby trap
ναρκοπέδιο (το) minefield
ναρκωμένος επίθ drowsy, (καθομ) dopey
ναρκώνω ρ μτβ make lethargic
ναρκωτικό (το) narcotic, drug, (λαϊκ) dope
ναρκωτικός επίθ narcotic
νάτριο (το) sodium
ναυαγημένος επίθ shipwrecked
ναυάγιο (το) shipwreck
ναυαγός (ο, η) castaway
ναυαγοσώστης (ο) life-guard
ναυαγοσωστική λέμβος (η) lifeboat
ναυαγώ ρ αμτβ be shipwrecked. (μεταφ) fall through
ναυαρχίδα (η) flagship
ναύαρχος (ο) admiral
ναύκληρος (ο) bosun
ναυλοσύμφωνο (το) charter party
ναύλος (ο) (εμπορευμάτων) freight. (ανθρώπων) fare
ναυλωμένος επίθ chartered. ~η πτήση (η) charter flight
ναυλώνω ρ μτβ charter
ναυλωτής (ο) charter company
ναυμαχία (η) sea battle
ναυπηγείο (το) shipyard, dockyard
ναυπήγηση (η) shipbuilding
ναυσιπλοΐα (η) navigation
ναύσταθμος (ο) naval yard
ναύτης (ο) sailor
ναυτία (η) nausea
ναυτικά (τα) sailor's suit
ναυτικό (το) navy
ναυτικός επίθ naval. (θαλάσσιος) maritime. ~ (ο) seaman
ναυτιλία (η) shipping. εμπορική ~ merchant navy
ναυτίλος (ο) navigator
ναυτολόγηση (η) recruitment (of ship's crew)
ναφθαλίνη (η) moth ball
νέα (τα) tidings. (ειδήσεις) news
Νέα Ζηλανδία (η) New Zealand
νεανικός επίθ youthful
νεαρός (ο) youngster
νεγκλιζέ (το) άκλ néglige
νέγρα (η) Negress
νέγρικος επίθ Negro
νέγρος (ο) Negro
νειάτα (τα) βλ νιάτα
νέκρα (η) (εμπόριο) standstill. (ησυχία) deadly silence
νεκρικός επίθ deathly. ~ή σιγή deadly silence
νεκροθάφτης (ο) grave-digger
νεκροκεφαλή (η) death's head, skull
νεκρολογία (η) obituary
νεκρός επίθ dead. ~ός (ο) dead body. ~ή φύση (η) still life. ~ό (το) (αυτοκ) neutral

νεκροταφείο (το) cemetery, graveyard. (εκκλησίας) churchyard
νεκροτομείο (το) mortuary, morgue
νεκροτομή (η) autopsy
νεκροφόρα (η) hearse
νεκροψία (η) postmortem
νεκρώνω ρ μτβ deaden. • ρ αμτβ go deathly pale. (μεταφ) come to a stop
νεκρώσιμ|ος επίθ funerary. ~η ακολουθία (η) funeral service
νέκταρ (το) nectar
νεκταρίνι (το) nectarine
νεογέννητο|ς επίθ newly born. ~ (το) newborn
νεοελληνικ|ός επίθ modern Greek. ~ά (τα) modern Greek
νεολαία (η) youth, young people
νεολιθικός επίθ neolithic
νεολογισμός (ο) neologism
νέον (το) neon
νεόνυμφος επίθ newlywed
νεόπλουτος επίθ nouveau riche
νέ|ος επίθ new. (ασυνήθιστος) novel. (σε ηλικία) young. ~ος χρόνος (ο) new year. ~ος (ο) young man. ~οι (οι) the young
νεοσύλλεκτος (ο) (στρ) new recruit
νεότερ|ος επίθ more recent. (σε βαθμό) junior. (σε ηλικία) younger. ~α (τα) news
νεότητα (η) youth
νεοφερμένος (ο) newcomer
νεποτισμός (ο) nepotism
νεραγκούλα (η) buttercup
νεράιδα (η) fairy
νερ|ό (το) water. (της βροχής) rain-water. ~ά (τα) (ναυτ) wake. (ξύλου) grain. (μάρμαρου) mottled appearance. βάζω ~ό στο κρασί μου calm down a little. είναι σαν το κρύο ~ό she is fresh and pretty. κάνω μια τρύπα στο ~ό labour in vain. φέρνω τα ~ά μου bring s.o. round to one's point of view. χάνω τα ~ά μου be like a fish out of water
νερόβραστος επίθ namby-pamby
νεροκάρδαμο (το) watercress
νεροκολόκυθο (το) gourd
νερομπογιά (η) watercolour
νερόμυλος (ο) water mill
νερόπλυμα (το) slops
νεροποντή (η) downpour
νερουλός επίθ watery
νεροχελώνα (η) turtle
νεροχύτης (ο) sink
νερώνω ρ μτβ water down
νεσεσέρ (το) άκλ vanity bag
νετρόνιο (το) neutron
νεύμα (το) beck. (με το κεφάλι) nod. (με το χέρι) motion, gesture
νευραλγία (η) neuralgia
νευριάζω ρ μτβ get on s.o.'s nerves. • ρ αμτβ lose one's temper
νευρικ|ός επίθ nervous. (μεταφ) jumpy. ~ός κλονισμός (ο) nervous breakdown. ~ό γέλιο (το) giggle

νευρικότητα (η) nervousness

νεύρ|ο (το) nerve. (δύναμη) sinews. **~α** (τα) temper. **έχω ~α** to be in a temper. **σπάζουν τα ~α μου** have a nervous breakdown

νευρολογία (η) neurology. **~ικός** επίθ neurological

νευρολόγος (ο, η) neurologist

νευρόσπαστο (το) marionette. (μεταφ) puppet

νευροχειρουργός (ο, η) neurosurgeon

νεύρωση (η) neurosis

νευρωτικός επίθ neurotic

νεύω ρ αμτβ nod. (με το χέρι) beckon

νεφελώδης επίθ cloudy. (μεταφ) nebulous

νέφος (το) cloud. (ρύπανση) smog

νεφρικός επίθ renal. **~ή ανεπάρκεια** (η) renal insufficiency

νεφρίτης (ο) jade

νεφρό (το) kidney

νεφρόλιθος (ο) kidney stone

νέφτι (το) turpentine

νέφωση (η) cloudiness

νεωκόρος (ο) verger

νεωτερισμός (ο) novelty

νεωτεριστικός επίθ innovative

νήμα (το) yarn. (μεταλλικό) filament. (σκέψεως) train. (σχοινιού) strand. (μεταφ) thread

νηματουργία (η) spinning

νηογνώμονας (ο) (ναυτ) classification society.

νηολόγιο (το) shipping register

νηοπομπή (η) convoy

νηπιαγωγείο (το) nursery school. **~ός** (ο, η) nursery school teacher

νηπιακ|ός επίθ infant. **~ή ηλικία** (η) infancy

νήπιο (το) infant

νησί (το) island

νησίδα (η) traffic island

νησιώτ|ης (ο), **~ισσα** (η) islander

νήσος (η) isle

νηστεία (η) fast

νηστεύω ρ αμτβ fast

νηστικός επίθ **είμαι ~** I haven't eaten anything

νηστίσιμος επίθ that can be eaten during Lent

νηφάλιος επίθ sober. (ήρεμος) calm

νι (το) άκλ **με το ~ και με το σίγμα** in every detail

νιαουρίζω ρ αμτβ mew

νιαούρισμα (το) mew

νιάτα (τα) youth. (οι νέοι) young people

νίβω ρ μτβ wash one's face (or hands)

Νιγηρία (η) Nigeria

νιγηριανός επίθ Nigerian. **Ν~|ός** (ο), **Ν~ή** (η) Nigerian

Νικαράγουα (η) Nicaragua

νικέλιο (το) nickel

νίκη (η) victory

νικητήριος επίθ victorious

νικ|ητής (ο), **~ήτρια** (η) winner. (σε μάχη) victor

νικοτίνη (η) nicotine

νικώ ρ μτβ defeat. (υπερνικώ) overcome. (μεταφ) conquer. • ρ αμτβ win

νιόνυφη (η) bride, newly married woman

νιόπαντροι (οι) newlyweds

νιότη (η) youth

νιπτήρας (ο) washbasin

νίπτω ρ μτβ βλ **νίβω**. **~ τας χείρας μου** wash one's hands

νιτσεράδα (η) oilskins

νιφάδα (η) flake. (χιονιού) snowflake

νιώθω ρ μτβ feel. (συναισθάνομαι) sense

νοβοπάν (το) άκλ hardboard

Νοέμβρ|ης (ο), **~ιος** (ο) November

νόημα¹ (το) beck. **κάνω ~** beckon

νόημα² (το) sense. (σκοπός) point. **βγάζω ~** (από) make sense (of). **χωρίς ~** nonsensical

νοημοσύνη (η) intelligence. **δείκτης ~ς** (ο) intelligence quotient, IQ

νοητός επίθ conceivable. (προσιτός στη διάνοια) comprehensible. (στη φαντασία) imaginary

νόθευση (η) adulteration

νοθεύω ρ μτβ adulterate

νόθος (επίθ) illegitimate (child)

νοιάζει ρ μτβ αμπ care. **δε με ~** I don't care

νοιάζομαι ρ μτβ care about. (φροντίζω) care for. • ρ αμτβ worry

νοικάρ|ης (ο), **~ισσα** (η) tenant

νοίκι (το) rent

νοικιάζω ρ μτβ (αυτοκίνητο κλπ) hire. (σπίτι) rent

νοίκιασμα (το) let

νοικοκυρά (η) housewife. (ιδιοκτήτρια) householder. (σπιτονοικοκυρά) landlady

νοικοκυρεμένος επίθ homely

νοικοκύρης (ο) householder. (σπιτονοικοκύρης) landlord **είναι ~** (αγαπά το σπίτι του) he is house-proud. (ευκατάστατος) he is well-to-do

νοικοκυριό (το) household. (φροντίδα σπιτιού) housekeeping

νοιώθω ρ μτβ βλ **νιώθω**

νοκ άουτ (το) άκλ knock-out

νομαδικός επίθ nomadic

νομάρχης (ο) prefect (official)

νομαρχία (η) prefecture

νομάς (ο) nomad

νομή (η) pasture. (κατοχή) possession

νομίζω ρ μτβ/ρ αμτβ think, reckon, suppose. (υποθέτω) guess. **έτσι ~** I think so

νομικ|ός επίθ legal. **~ός** (ο, η) lawyer. **~ά** (τα) law

νομιμοποιώ ρ μτβ legalize

νόμιμ|ος επίθ lawful. (δίκαιος) rightful. (παιδί) legitimate. **~α** επιρρ lawfully

νομιμότητα (η) legality. (παιδιού) legitimacy

νόμισμα (το) coin. (ενός κράτους) currency. **νόμιμο ~** legal tender
νομισματικός επίθ monetary
νομισματοδέκτης (ο) coin-operated public telephone
νομισματοκοπείο (το) mint
νομοθεσία (η) legislation
νομοθέτημα (το) statute
νομοθέτης (ο) legislator
νομοθετικό|ς επίθ legislative. (σχετικός με νομοθεσία) statutory. **~ σώμα** (το) legislature
νομοθετώ ρ αμτβ legislate
νομολογία (η) jurisprudence
νόμος (ο) act, decree. (το σύνολο νομοθετημάτων) law
νομός (ο) prefecture
νομοσχέδιο (το) (πολιτ) bill
νομοταγής επίθ law-abiding
νονά (η) godmother
νονός (ο) godfather
νοοτροπία (η) mentality
Νορβηγία (η) Norway
νορβηγικός επίθ Norwegian
Νορβηγ|ός (ο), **~ίδα** (η) Norwegian
νόρμα (η) norm
νοσηλεία (η) treatment
νοσηλευτήριο (το) infirmary
νοσηλεύ|ω ρ μτβ treat (patient). **~ομαι** ρ αμτβ be treated
νόσημα (το) disease
νοσηρός επίθ unhealthy. (φαντασία) morbid. (χιούμορ) sick
νοσοκόμα (η) nurse
νοσοκομείο (το) hospital
νοσοκόμος (ο) (ιατρ) orderly
νόσος (η) disease
νοσταλγ|ία (η) nostalgia. **~ικός** επίθ nostalgic
νοσταλγώ ρ μτβ be homesick for
νοστιμάδα (η) flavour
νόστιμος επίθ tasty. (γυναίκα) comely
νοστιμότατος επίθ delicious
νότα (η) note (music)
νοτιάς (ο) south wind
νοτιοαμερικάνικος επίθ South American
Νοτιοαμερικαν|ός (ο), **~ίδα** (η) South American
νοτιοανατολικός επίθ south-east
νοτιοδυτικός επίθ south-west
νότι|ος επίθ south. (κατεύθυνση) southerly. (περιοχή) southern. **~ος** (ο) Southerner. **Ν~ος Αμερική** (η) South America. **Ν~ος Αφρική** (η) South Africa
νότο|ς (ο) south. **προς το ~** southwards
νουβέλα (η) novel
νουθεσία (η) admonition
νουθετώ ρ μτβ admonish
νούμερο (το) size. (θέατρ) floor show. (πρόσωπο) funny character
νους (ο) mind
νούφαρο (το) water lily
νταλία (η) dahlia

νταλίκα (η) juggernaut
ντάμα (η) draughts (game). (σε χορό) partner
νταντά (η) nanny
νταντεύω ρ μτβ care for (child)
ντεκολτέ (το) ακλ low-cut neck
ντελικάτος επίθ delicate
ντεμοντέ επίθ ακλ dated
ντεμπούτο (το) ακλ debut
ντεμπραγιάζ (το) ακλ clutch
ντεπόζιτο (το) (water) tank
ντεσιμπέλ (το) ακλ decibel
ντετέκτιβ (ο, η) ακλ detective
ντέφι (το) tambourine
ντιβάνι (το) studio couch. **ιατρικό ~** couch. (σε σπίτι) divan
ντίζελ (το) ακλ diesel
ντίσκο, ντισκοτέκ (η) ακλ discothèque
ντισκ τζόκεϊ (ο) ακλ disc jockey
ντο (το) ακλ (μουσ) doh.
ντοκιμαντέρ (το) ακλ documentary
ντολμάς (ο) stuffed vine leaf
ντομάτα (η) tomato
ντοματιά (η) tomato plant
ντόμινο (το) ακλ domino
ντόμπρα επίρρ bluntly
ντόμπρος επίθ forthright. (άνθρωπος) blunt
ντόπιος επίθ native. (περιοχής) local
ντοσιέ (το) ακλ folder
ντουέτο (το) duet
ντουζίνα (η) dozen
ντουί (το) ακλ (light) socket
ντουλάπα (η) wardrobe
ντουλαπάκι (το) cubby-hole. (αυτοκινήτου) glove compartment. (σε σχολείο) locker
ντουλάπι (το) cabinet. (αμερ) closet. (κουζίνας) cupboard
ντουμπλάρω ρ μτβ dub (film)
ντους (το) ακλ shower. **κάνω ~** shower
ντουσιέρα (η) shower (room)
ντρέπομαι ρ μτβ be ashamed of. • ρ αμτβ be shy
ντροπαλός επίθ shy. (γυναίκα) coy. (συνεσταλμένος) bashful
ντροπαλότητα (η) shyness
ντροπή (η) shame. (προσβολή) disgrace. (συστολή) shyness
ντροπιάζω ρ μτβ shame. (ατιμάζω) disgrace. (προσβάλλω) mortify
ντροπιασμένος επίθ ashamed. (προσβεβλημένος) shamefaced
ντύν|ω ρ μτβ clothe. (βιβλίο) cover. **~ομαι** ρ αμτβ dress. **~ομαι στην τρίχα** dress up to the nines
ντύσιμο (το) dressing (clothes). (περιβολή) clothing
νύξη (η) hint
νύμφη (η) nymph. (εντόμου) pupa
νυσταγμέν|ος επίθ sleepy. **~α** επίρρ sleepily

νυστάζω *ρ αμτβ* be sleepy
νυστέρι *(το)* scalpel
νύφη *(η)* bride. *(για του γονείς του γαμπρού)* daughter-in-law
νυφικό|ς *επίθ* bridal. **~** *(το)* wedding dress
νυφίτσα *(η)* weasel
νύχι *(το)* finger-nail. *(αρπακτικού πουλιού)* talon. *(ζώου)* claw
νυχοκόπτης *(ο)* (nail) clippers
νύχτα *(η)* night
νυχτέρι *(το)* night work
νυχτερίδα *(η)* bat *(mammal)*
νυχτεριν|ός *επίθ* night. **~ή ζωή** *(η)* nightlife. **~ή σχολή** *(η)* evening school

νυχτικό *(το)* nightdress, nightgown
νυχτόβιος *επίθ* nocturnal
νυχτοπεταλούδα *(η)* moth
νυχτοφύλακας *(ο)* night watchman
νυχτών|ει *ρ απρόσ* it's getting dark.
   ~νομαι *ρ αμτβ* be overtaken by night
νωθρό|ς *επίθ* indolent. **~τητα** *(η)* indolence
νωπογραφία *(η)* fresco
νωπός *επίθ* fresh. *(υγρός)* damp
νωρίς *επίρρ* early. **φτάνω ~** arrive early
νωτιαίος μυελός *(ο)* spinal cord
νωχέλεια *(η)* nonchalance
νωχελικός *επίθ* nonchalant

Ξξ

ξαγκιστρώνω *ρ μτβ* unhook
ξαγρυπνώ *ρ μτβ* stay awake
ξακουσμένος *επίθ* renowned
ξακουστός *επίθ* famous
ξαλαφρώνω *ρ μτβ* unburden. • *ρ αμτβ* unburden o.s.
ξανά *επίρρ* again. *(εκ νέου)* anew. **~ και ~** over and over
ξαναβάζω *ρ μτβ* replace
ξαναβάφω *ρ μτβ* repaint. *(σπίτι)* redecorate
ξαναβγάζω *ρ μτβ* take out again. *(βιβλίο)* reissue. *(ρούχα)* take off again
ξαναβρίσκω *ρ μτβ* recover
ξαναγεμίζω *ρ μτβ* replenish
ξαναγεννιέμαι *ρ αμτβ* be reborn
ξαναγράφω *ρ μτβ* rewrite
ξαναγυρίζω *ρ αμτβ* return, go home. **~ πίσω** retrace one's steps
ξαναζωντανεύω *ρ μτβ* revive. • *ρ αμτβ* come to life again
ξανακάνω *ρ μτβ* redo
ξανακτίζω *ρ μτβ* rebuild
ξαναλέ|(γ)ω *ρ μτβ* repeat, say again. **τα ~με** we'll talk again
ξαναμμένος *επίθ* flushed
ξαναμετρώ *ρ μτβ* re-count
ξανανιώνω *ρ αμτβ* have a new lease of life
ξανανοίγω *ρ μτβ* reopen
ξαναπαντρεύομαι *ρ αμτβ* remarry
ξαναπέφτω *ρ αμτβ* fall again. *(άρρωστος)* relapse
ξαναρχίζω *ρ μτβ* restart
ξαναρωτώ *ρ μτβ* ask again
ξανασκέφτομαι *ρ μτβ* rethink, think over. *(αναθεωρώ)* think better of
ξανασμίγω *ρ μτβ* reunite. • *ρ αμτβ* be reunited
ξανασυλλαμβάνω *ρ μτβ* recapture

ξανασυνδέω *ρ μτβ* rejoin
ξανατακτοποιώ *ρ μτβ* rearrange
ξαναφέρνω *ρ μτβ* bring back. **~ στη ζωή** resuscitate
ξαναφορτώνω *ρ μτβ* reload
ξαναφυτεύω *ρ μτβ* replant
ξανεμίζω *ρ μτβ βλ* **εξανεμίζω**
ξανθιά *(η)* blonde
ξανθοκόκκινος *επίθ* ginger
ξανθός *επίθ* fair *(skin etc.)*. **~** *(ο)* blond
ξάνοιγμα *(το)* widening. *(καιρού)* clearing up. *(σε δάσος)* clearing. *(τρόπου ζωής)* launching out
ξανοίγ|ω *ρ μτβ* widen. • *ρ αμτβ* *(καιρός)* brighten up. **~ομαι** *ρ αμτβ* open up. *(καράβι)* put out (to sea). *(σε έξοδα)* overspend
ξαντό *(το)* lint
ξάπλα *(η)* lying down. *(τεμπέλιασμα)* lounging about
ξάπλωμα *(το)* lying down. *(μεταφ)* sprawling
ξαπλωμένος *επίθ* recumbent. **~ μπρούμυτα** *επίθ* prostrate
ξαπλών|ω *ρ μτβ* spread out. *(με χτύπημα)* send s.o. sprawling. • *ρ αμτβ* lie down. **~ομαι** *ρ αμτβ* expand
ξαποστέλνω *ρ μτβ* send packing
ξάρτια *(τα)* rigging
ξάστερος *επίθ* clear *(sky at night)*
ξαφνιάζ|ω *ρ μτβ* startle. *(προκαλώ έκπληξη)* surprise. **~ομαι** be taken aback
ξαφνικ|ός *επίθ* sudden, abrupt. **~ό** *(το)* abruptness. **~ά** *επίρρ* suddenly
ξαφρίζω *ρ μτβ* skim. *(μεταφ)* **~ κπ** pick s.o.'s pocket
ξέβαθος *επίθ* shallow
ξεβάφω *ρ αμτβ* discolour. *(ύφασμα)* fade. *(μαλλιά)* bleach

ξεβγάζω ρ μτβ rinse

ξεβιδώνω ρ μτβ unscrew

ξεβουλώνω ρ μτβ unblock. (μπουκάλι) uncork. (τρύπα) unplug

ξεγελώ ρ μτβ trick, fool, (καθομ) string along. (με εξυπνάδα) outwit

ξεγεννώ ρ μτβ deliver (woman of baby)

ξεγράφω ρ μτβ write off

ξεδιαλύνω ρ μτβ clear up. (μυστήριο) unravel. • ρ αμτβ come true

ξεδιάντροπος επίθ brazen

ξεδιπλώνω ρ μτβ unfold

ξεδιψώ ρ μτβ/αμτβ quench s.o.'s/one's thirst

ξεδοντιάρης επίθ toothless

ξεζουμίζω ρ μτβ/ρ αμτβ squeeze. (μεταφ) bleed dry (extort)

ξεθάβω ρ μτβ unearth

ξεθαρρεύω ρ αμτβ take courage. (αποθρασύνομαι) become bold

ξεθέωμα (το) fatigue

ξεθεωμένος επίθ fagged out, worn out

ξεθυμαίνω ρ αμτβ (μεταφ) let off steam.

ξεθωριάζω ρ αμτβ discolour. (χρώμα) fade

ξεθώριασμα (το) discoloration

ξεκαθαρίζω ρ μτβ clear up. • ρ αμτβ clear

ξεκάθαρ|ος επίθ clear. (απάντηση) unequivocal. **~α** επίρρ plainly, unequivocally

ξεκάνω ρ μτβ do in, kill

ξεκαρδίζομαι ρ μτβ **~ στα γέλια** roar with laughter

ξεκαρδιστικός επίθ hilarious

ξεκάρφωτος επίθ unnailed. (μεταφ) disconnected

ξεκίνημα (το) start

ξεκινώ ρ μτβ start. • ρ αμτβ set out, set off

ξεκλειδώνω ρ μτβ unlock

ξεκόβω ρ μτβ/αμτβ break away. (μεταφ) make absolutely clear

ξεκοκαλίζω ρ μτβ bone. (τρώω) pick to the bone. (μεταφ) squander

ξεκολλώ ρ μτβ unstick. (μεταφ) winkle out. • ρ αμτβ tear o.s. away

ξεκουκουτσιάζω ρ μτβ stone

ξεκουμπίζομαι ρ αμτβ clear off

ξεκουμπώνω ρ μτβ unbutton

ξεκουράζ|ω ρ μτβ let rest. **~ομαι** ρ μτβ rest

ξεκούρα|ση (η) rest. **~στος** επίθ rested

ξεκουρδίζομαι ρ αμτβ run down (clock). (μουσ) go out of tune

ξεκούρδιστος επίθ unwound. (μουσ) out of tune

ξεκούτης επίθ dotard

ξεκουφαίνω ρ μτβ deafen

ξεκρεμώ ρ μτβ take down

ξελαρυγγίζομαι ρ αμτβ shout o.s. hoarse

ξελασπώνω ρ μτβ clean of mud. • ρ αμτβ get off the hook

ξελιγών|ω ρ μτβ make hungry. **~ομαι** ρ αμτβ be famished

ξελογιάζω ρ μτβ seduce

ξεμακραίνω ρ αμτβ drift apart

ξεμαλλιάζω ρ μτβ pull s.o.'s hair out. (αέρας) dishevel

ξεμεθώ ρ αμτβ sober up

ξεμοναχιάζω ρ μτβ take s.o. aside

ξεμουδιάζω ρ αμτβ stretch one's legs

ξεμπλέκω ρ μτβ disentangle. • ρ αμτβ extricate o.s.

ξεμυαλίζω ρ μτβ turn s.o.'s head

ξεμυτίζω ρ αμτβ venture out

ξεμωραμένος επίθ doddering

ξένα (τα) foreign countries

ξενάγηση (η) conducted tour

ξεναγός (ο, η) guide

ξενικός επίθ foreign. (παράξενος) alien

ξενιτεύομαι ρ αμτβ leave for a foreign country

ξενιτιά (η) foreign lands

ξενοδοχείο (το) hotel

ξενοδόχος (ο, η) hotelier

ξένοιαστος επίθ carefree

ξένος επίθ strange (not known). (από άλλη χώρα) foreign. **~** (ο) outsider. (άγνωστος) stranger. (από άλλη χώρα) foreigner. (επισκέπτης) guest

ξενοφοβία (η) xenophobia

ξενύχτι (το) staying up late

ξενύχτισμα (το) (νεκρού) wake

ξενυχτώ ρ αμτβ stay up late

ξενώνας (ο) hostel. **~ νεότητας** youth hostel

ξεπαγιάζω ρ μτβ/ρ αμτβ (μεταφ) freeze.

ξεπαγώνω ρ μτβ/ρ αμτβ thaw. (κρέας) defrost

ξεπερασμένος επίθ outmoded, outdated

ξεπερνώ ρ μτβ surpass. (αναδείχνομαι ανώτερος) outstrip. (αριθμητικά) outnumber. (όρια) overrun. (σε βάρος) outweigh. (σε έργα) outdo. (στόχο) overshoot. (υπερνικώ) overcome

ξεπεσμός (ο) comedown. (ηθικός) degradation

ξεπεταρούδι (το) fledgling

ξεπετ|ώ ρ μτβ flush out. **~ιέμαι** ρ αμτβ shoot up. (αναπηδώ) spring up

ξεπέφτω ρ αμτβ (θέση) come down. (μεταφ) stoop

ξεπίτηδες επίρρ on purpose

ξεπλένω ρ μτβ rinse. (χρήματα) launder

ξεπληρώνω ρ μτβ repay, pay back

ξέπλυμα (το) rinse

ξεπλυμένος επίθ washed out, pale

ξεποδαριασμένος επίθ footsore

ξεπούλημα (το) sale (at reduced prices)

ξεπουλώ ρ μτβ sell off

ξεπροβοδίζω ρ αμτβ see off

ξεπροβόδισμα (το) sendoff

ξέρα (η) ledge (in the sea)

ξεραίν|ω ρ μτβ dry. (ήλιος) parch. (ξύλα) weather. **~ομαι** ρ αμτβ (δέντρα) die. (λουλούδια) wither. **~ομαι στα γέλια** die laughing

ξερακιανός επίθ spare, lanky

ξεριζώνω ρ μτβ root out. (μεταφ) uproot
ξερνώ ρ μτβ/ρ αμτβ vomit. (μεταφ) squeal
ξερογλείφομαι ρ αμτβ lick one's lips
ξεροκέφαλος επίθ pig-headed
ξεροκόμματο (το) crust of bread. (μεταφ) pittance
ξερονήσι (το) desert island
ξερός επίθ dry. (γη) parched. (δέντρα) dead. (λουλούδια) withered. (ύφος) curt. (χωρίς βλάστηση) barren. **είναι ~ο κεφάλι** he/she's pig-headed. **μένω ~ός** be rooted to the ground. **~ά** επίρρ drily
ξεροψημένος επίθ crusty
ξεροψήνω ρ μτβ (μαγ) brown. **~ομαι** ρ αμτβ be baked dry. (στον ήλιο) roast
ξέρω ρ μτβ know, be familiar with
ξεσήκωμα (το) upheaval. (εξέγερση) uprising. (πιστή αντιγραφή) tracing
ξεσηκώνω ρ μτβ stir up. (προκαλώ εξέγερση) incite. (πιστή αντιγραφή) trace
ξεσκεπάζω ρ μτβ uncover. (μεταφ) unmask
ξεσκίζω ρ μτβ rip off. (γρατσουνίζω) lacerate
ξεσκονίζω ρ μτβ dust
ξεσκονόπανο (το) duster
ξεσκούφωτος επίθ bareheaded
ξέσπασμα (το) burst. (γέλιου) peal. (ενθουσιασμού) fit. (θυμού) outburst. (πολέμου) outbreak
ξεσπώ ρ αμτβ burst. (πόλεμος) break out. **~ σε δάκρυα** burst into tears. **~ σε γέλια** burst out laughing. **ξέσπασε πάνω της** he took it out on her
ξεστομίζω ρ μτβ utter
ξεσυνηθίζω ρ αμτβ get out of practice
ξεσφίγγω ρ μτβ loosen
ξετρελαίνω ρ μτβ drive mad. **~ομαι (με)** be mad (about). (από αγάπη) be infatuated (with)
ξετρυπώνω ρ μτβ unearth. • ρ αμτβ **~ από** spring up from
ξετυλίγω ρ μτβ unfold. (περιτύλιγμα) unwrap
ξεφάντωμα (το) revelry
ξεφεύγω ρ μτβ give the slip to. (αλλάζω θέμα) digress from
ξεφλουδίζ|ω ρ μτβ peel. (αμύγδαλα) blanch. (δέντρο) strip the bark off. (φασόλια) shell. (φρούτα) skin. **~ομαι** ρ μτβ flake. (δέρμα) peel
ξεφλουδισμένος επίθ flaky. (δέρμα) peeling
ξεφορτών|ω ρ μτβ unload. (απορρίπτω) dump. **~ομαι** ρ μτβ off-load. (μεταφ) get rid of
ξεφουρνίζω ρ μτβ take out of the oven. (μεταφ) blurt out
ξεφούσκωμα (το) deflation
ξεφουσκώνω ρ μτβ deflate
ξεφτέρι (το) (μεταφ) past master
ξεφτίζω ρ μτβ/ρ αμτβ fray
ξεφυλλίζω ρ μτβ leaf through (book)

ξεφυσώ ρ αμτβ puff. (μηχανή) chug
ξεφυτρώνω ρ αμτβ sprout. (μεταφ) spring up
ξεφωνητό (το) cry, shout
ξεφωνίζω ρ αμτβ yell, cry out
ξέφωτο (το) glade, clearing
ξεχαρβαλωμένος επίθ wonky
ξεχασιάρης επίθ forgetful
ξεχειλίζω ρ μτβ fill to the brim. • ρ αμτβ overflow. (όταν βράζει) boil over
ξεχείλισμα (το) overflow
ξέχειλος επίθ full to the brim
ξεχειλώνω ρ αμτβ become misshapen
ξεχειμωνιάζω ρ αμτβ winter
ξεχν|ώ ρ μτβ/ρ αμτβ forget. **~ιέμαι** forget o.s.
ξεχορταριάζω ρ μτβ weed
ξεχρεώνω ρ μτβ pay off
ξεχτένιστ|ος επίθ dishevelled
ξεχύνομαι ρ αμτβ pour out. (ιδρώτας) stream down. (πλήθος) surge
ξεχωρίζω ρ μτβ (βάζω χωριστά) put aside. (διακρίνω) make out. (διαλέγω) mark out, single out. (επιλέγω) weed out. (προτιμώ) differentiate. **~ μεταξύ** discriminate between. • ρ αμτβ stand out
ξεχωριστός επίθ distinct, marked. (διακεκριμένος) distinguished
ξεψυχώ ρ αμτβ expire
ξηλώνω ρ μτβ dismantle. (ρούχα) unpick
ξημέρωμα (το) daybreak
ξημερών|ω ρ αμτβ dawn. **~ομαι** stay awake all night
ξηρ|ά (η) land. **~ασία** (η) dryness. (ανομβρία) drought
ξηρός επίθ βλ **ξερός**. (γη) arid. (τροφές) dried. **~ς ήχος** pop. **~τητα** (η) dryness
ξιδάτος επίθ pickled in vinegar
ξίδι (το) vinegar
ξινίζω ρ μτβ/ρ αμτβ sour. **~ τα μούτρα** make a sour face
ξινισμένος επίθ sour (not fresh)
ξιν|ός επίθ sour (in taste). **μου βγήκε ~** it has turned sour
ξιπασμένος επίθ uppish
ξιφασκία (η) fencing
ξιφίας (ο) swordfish
ξιφολόγχη (η) bayonet
ξιφομαχία (η) fencing
ξιφομάχος (ο) fencer
ξιφομαχώ ρ αμτβ fence
ξίφος (το) sword
ξοδεύω ρ μτβ spend
ξόρκι (το) incantation
ξυλάνθρακας (ο) charcoal
ξυλαράκι (το) twig. **κινέζικο ~** chopstick
ξυλεία (η) timber
ξυλιάζω ρ αμτβ become stiff, numb (φρομ ξολδ)
ξύλινος επίθ wooden
ξύλο (το) wood. (τιμωρία) hiding. **~ απελέκητο** thick as two short planks. **μένω επί ~υ κρεμάμενος** be left out on

a limb. **κάνω μαύρο στο ~** beat black and blue. **χτύπα ~** touch wood
ξυλογλυπτική (*η*) wood carving
ξυλοκάρβουνο (*το*) *βλ* **ευλοάνθρακας**
ξυλοκόπημα (*το*) beating
ξυλοκόπος (*ο*) woodcutter, lumberjack
ξυλοκοπώ *ρ μτβ* thrash
ξυλοπόδαρα (*τα*) stilts
ξυλουργείο (*το*) carpenter's workshop
ξυλουργική (*η*) carpentry
ξυλουργός (*ο*) joiner
ξυλόφωνο (*το*) xylophone
ξυλοφόρτωμα (*το*) thrashing
ξύν|ω *ρ μτβ* scrape. (*με τα νύχια*) scratch. (*μολύβι*) sharpen. **~ομαι** *ρ αμτβ* scratch
ξύπνημα (*το*) awakening

ξυπνητήρι (*το*) alarm clock
ξύπνιος *επίθ* awake
ξυπνώ *ρ μτβ* wake up, rouse. • *ρ αμτβ* wake up
ξυπόλητος *επίθ* barefoot
ξυράφι (*το*) razor
ξυρίζ|ω *ρ μτβ* shave. **~ομαι** *ρ αμτβ* shave
ξύρισμα (*το*) shave
ξυρισμένος *επίθ* shaven
ξυριστικ|ός *επίθ* shaving. **~ή μηχανή** (*η*) shaver
ξύσιμο (*το*) scratching
ξύστης (*ο*) scraper. **~ρα** (*η*) pencil-sharpener
ξωκλήσι (*το*) small country church
ξωτικό (*το*) sprite

Οο

ο, η, το, *οριστικό άρθρο* the
όαση (*η*) oasis
οβάλ *επίθ άκλ* oval
οβελίσκος (*ο*) obelisk. (*εκκλησίας*) steeple. (*πάνω σε κτίριο*) spire
οβίδα (*η*) shell (*explosive*)
οβολός (*ο*) small contribution, mite
ογδοηκοστό|ς *επίθ* eightieth. **~** (*το*) eightieth
ογδόντα *επίθ άκλ* eighty
ογδοντάρης (*ο*). **~α** (*η*) eighty-year-old
ογδονταριά (*η*) about eighty
όγδοο|ς *επίθ* eighth. **~** (*το*) eighth. (*μουσ*) quaver
ογκόλιθος (*ο*) boulder
όγκος (*ο*) volume. (*ιατρ*) tumour, growth. (*μεγαλύτερο μέρος*) bulk
ογκώδης *επίθ* voluminous. (*σε μέγεθος*) bulky
οδήγη|μα (*το*), **~ση** (*η*) driving. **άδεια ~σης** (*η*) driving licence
οδηγί|α (*η*) instruction. **~ες** (*οι*) (*οδού*) directions
οδηγός (*ο, η*) driver. (*βιβλιαράκι*) (*το*) guidebook. (*ξεναγός*) guide. (*προσκοπίνα*) girl guide. (*προπορευόμενος*) pace-maker
οδηγώ *ρ μτβ* lead. (*αυτοκίνητο*) drive. (*ενεργώ ως οδηγός*) guide. (*ομαδικά*) shepherd
οδικ|ός *επίθ* road. **~ός χάρτης** (*ο*) road map. **~ή κυκλοφορία** (*η*) traffic. **~ά έργα** (*τα*) road-works
οδογέφυρα (*η*) viaduct
οδοιπορία (*η*) walk, march
οδοιπορικ|ός *επίθ* travelling. **~ά** (*τα*) travelling expenses

οδοιπόρος (*ο*) wayfarer
οδοκαθαριστής (*ο*) road sweeper
οδόμετρο (*το*) odometer
οδοντιατρείο (*το*) dentist's surgery
οδοντιατρική (*η*) dentistry
οδοντίατρος (*ο, η*) dentist
οδοντικός *επίθ* dental
οδοντόβουρτσα (*η*) toothbrush
οδοντογιατρός (*ο, η*) dentist
οδοντογλυφίδα (*η*) toothpick
οδοντόπαστα (*η*) toothpaste
οδοντοστοιχία (*η*) (*τεχνητή*) denture
οδοντότσιχλα (*η*) dental health gum
οδόντωση (*η*) indentation
οδοντωτός *επίθ* serrated
οδοποιία (*η*) road construction
οδό|ς (*η*) road, street (*in address*). (*μεταφ*) channel. **καθ' ~ν** en route
οδόστρωμα (*το*) road surface
οδοστρωτήρας (*ο*) steamroller
οδόφραγμα (*το*) barricade
οδύνη (*η*) grief
οδυνηρός *επίθ* painful. (*είδηση*) distressing. (*εμπειρία*) harrowing
οδύρομαι *ρ αμτβ* lament
οδύσσεια (*η*) odyssey
όζον (*το*) ozone. **που δε βλάπτει το ~** ozone-friendly
ΟΗΕ (*ο*) *αρκτ* (*Οργανισμός Ηνωμένων Εθνών*) UN (United Nations)
οθόνη (*η*) (cinema, TV) screen. (*Η/Υ*) monitor
οθωμανικός *επίθ* Ottoman
οίδημα (*το*) (*ιατρ*) oedema
οικειοθελώς *επίρρ* of one's own free will
οικειοποιούμαι *ρ μτβ* appropriate

οικείο|ς επίθ familiar. **~ι** (οι) family
οικειότητα (η) familiarity
οίκημα (το) dwelling
οικία (η) (λόγ) residence
οικιακ|ός επίθ domestic. **~ές συσκευές** household appliances. **~ά** (τα) housework
οικίζω ρ μτβ populate
οικισμός (ο) housing estate
οικογένεια (η) family
οικογενειακ|ός επίθ family. **~ή ζωή** (η) family life. **~ά** (τα) family affairs
οικογενειάρχης (ο) family man
οικοδέσποινα (η) hostess
οικοδεσπότης (ο) host
οικοδόμημα (το) edifice
οικοδομημέν|ος επίθ built. **~η περιοχή** (η) built-up area
οικοδομώ ρ μτβ build
οικοκυρική (η) housekeeping
οικολογ|ία (η) ecology. **~ικός** επίθ ecological
οικολόγος (ο, η) conservationist
οικονομ|ία (η) economy. (φειδώ στα έξοδα) saving. **με ~α** sparingly. **~ες** (οι) savings. **κάνω ~ες** economize
οικονομικ|ά (τα) finance. **Υπουργείο ~ών** the Treasury
οικονομικ|ός επίθ fiscal. (διαχείριση χρημάτων) financial. (σχετικός με την οικονομία) economic. (φτηνός) economical. **~ή κρίση** (η) slump. **~ά** επίρρ financially
οικονομολογία (η) economics
οικονομολόγος (ο, η) economist
οικονόμος επίθ thrifty. **~** (ο, η) housekeeper. (ιδρύματος) bursar
οικονομ|ώ ρ μτβ put aside. **τα ~άω** be well off
οικόπεδο (το) plot (of land)
οίκο|ς (ο) (λόγ) house. (ίδρυμα) home, institution. **~ς ανοχής** brothel. **~ς μόδας** fashion house. **εκδοτικός ~ς** publishing house. **κατ᾽ ~ν εργασία** (η) homework
οικόσημο (το) coat of arms
οικοσύστημα (το) ecosystem
οικοτροφείο (το) boarding school
οικότροφος (ο, η) (σχολ) boarder
οικουμένη (η) universe
οικουμενικός επίθ ecumenical
οίκτος (ο) pity
οικτρός επίθ pitiful
οινομαγειρείο (το) small tavern
οινοπαραγωγή (η) wine production
οινόπνευμα (το) alcohol
οινοπνευματώδ|ης επίθ alcoholic. **~η ποτά** (τα) spirits. **κατάστημα ~ών ποτών** (το) off-licence
οινοποιία (η) wine making
οινοπωλείο (το) wine shop
οίνος (ο) (αρχ) wine. **αφρώδης ~** sparkling wine. **ερυθρός ~** red wine. **λευκός ~** white wine

οιοσδήποτε αντων βλ **οποιοσδήποτε**
οιωνός (ο) portent. (σημάδι) omen
οκνηρ|ία (η) (αρχ) laziness. **~ός** επίθ lazy
οκτάβα (η) octave
οκταγωνικός επίθ octagonal
οκτάγωνο (το) octagon
οκταετ|ής επίθ eight-year-old. **~ία** (η) eight-year period
οκταήμερο|ς επίθ eight-day. **~** (το) eight-day period
οκτακόσι|α (το) eight hundred. **~οι** επίθ eight hundred
οκτάνιο (το) octane
οκταπλάσιος επίθ eightfold
οκτάωρο|ς επίθ eight-hour. **~** (το) eight-hour day
οκτώ επίθ eight. **~** (το) eight
Οκτώβρ|ης, ~ιος (ο) October
ολέθριος επίθ disastrous
όλεθρος (ο) disaster
ολημέρα επίρρ all day long
ολιγάριθμος επίθ few in number
ολιγαρκής επίθ content with little
ολιγαρχ|ία (η) oligarchy. **~ικός** επίθ oligarchic
ολικός επίθ total
ολισθηρός επίθ slippery
ολίσθηση (η) skid
Ολλανδία (η) Holland
ολλανδικός επίθ Dutch
Ολλανδ|ός (ο), **~ή** (η) Dutch
όλμος (ο) mortar. (στρ)
όλο επίρρ always. **~ και γκρινιάζει** he/she is always nagging. **ανεβαίνει ~ και ψηλότερα** it's climbing ever higher
ολόγραμμα (το) hologram
ολογράφως επίρρ (written) in full
ολόγυμνος επίθ stark naked
ολόγυρα επίρρ all round
ολοένα επίρρ continuously
ολοζώντανος επίθ full of life
ολοήμερος επίθ all-day
ολοίδιος επίθ exactly the same
ολοίσι|ος επίθ absolutely straight. **~α** επίρρ straight
ολοκάθαρος επίθ spotless. (μεταφ) crystal clear
ολοκαίνουριος επίθ brand-new
ολοκαύτωμα (το) holocaust
ολόκληρ|ος επίθ whole, entire. (εισιτήριο) full. **~η ζωή** (η) lifetime. **εξ ολοκλήρου** entirely. **όνειρο ~ης ζωής** lifelong dream
ολόκληρο (το) (μουσικό) semibreve
ολοκληρώνω ρ μτβ complete. (αποτελειώνω) round off. (ενσωματώνω) integrate
ολοκλήρωση (η) completion. (ενσωμάτωση) integration
ολοκληρωτικ|ός επίθ total. (καθεστώς) totalitarian. **~ά** επίρρ entirely
ολοκληρωτισμός (ο) totalitarianism
ολομέλεια (η) quorum
ολομόναχος επίθ all alone

όλον (το) whole
ολονύχτιος επίθ night-long
ολόρθος επίθ bolt upright
όλ|ος επίθ all. ~ος ο κόσμος all and sundry. ~ο και περισσότερο increasingly. ~οι κι ~οι in all. είμαι ~ος αυτιά I am all ears. είναι κύριος με τα ~α του he's a real gentleman. μ´ ~ο που την αγαπούσε, την άφησε despite the fact that he loved her, he left her. πάνω απ´ ~α above all
ολοστρόγγυλος επίθ rotund
ολοταχώς επίθ at full speed
ολότελα επίρρ entirely
ολότητα (η) entirely
ολοφάνερος επίθ manifest. (λάθος) glaring. (ψέμα) blatant
ολόψυχος επίθ whole-hearted
ολυμπιάδα (η) olympiad
ολυμπιακ|ός επίθ Olympic. Ο~οί Αγώνες (οι) Olympic Games
ολυμπιονίκης (ο, η) olympic medallist
ολύμπιος επίθ of Olympus
ομάδα (η) group. (αθλ) team. (ανθρώπων) bunch. ~ εργασίας (η) working party. ~ πίεσης (η) pressure group
ομαδικ|ός επίθ joint. ~ή εργασία (η) team-work. ~ή έξοδος (η) mass exodus. ~ή προσπάθεια (η) joint effort. ~ό πνεύμα (το) team spirit
ομαλός επίθ normal. (επιφάνεια) even. (στην αφή) smooth. ~ά επίρρ normally, evenly, smoothly
ομαλότητα (η) normality
ομελέτα (η) omelette
όμηρος (ο, η) hostage
Όμηρος (ο) Homer
ομηρικός επίθ homeric
ομιλ|ητής (ο), ~ήτρια (η) speaker
ομιλητικός επίθ talkative. (στιλ) chatty
ομιλία (η) speech. (κουβέντα) talk
όμιλος (ο) group. ~ εταιριών group of companies. ναυτικός ~ sailing club
ομίχλη (η) fog
ομιχλώδης επίθ foggy
ομοβροντία (η) volley, salvo
ομογεν|ής επίθ of the same descent. οι ~είς της Αμερικής the American Greeks
ομοιογενής επίθ homogeneous
ομοιοκαταληξία (η) rhyme
ομοιομορφία (η) uniformity
ομοιόμορφος επίθ uniform. ~α επίρρ uniformly
ομοιοπαθής επίθ fellow sufferer
ομοιοπαθητική (η) homeopathy. ~ός επίθ homoeopathic
όμοιος επίθ like, similar
ομοιότητα (η) similarity. (μοιάσιμο) resemblance
ομοίωμα (το) effigy. κέρινο ~ waxwork
ομολογία (η) confession. (εμπ) bond
ομόλογο (το) bond
ομόλογος (ο) opposite number

ομολογουμένως επίρρ admittedly
ομολογώ ρ μτβ confess. (αναγνωρίζω) admit. (εκκλ) profess. (ενοχή) admit
ομόνοια (η) concord
ομορφαίνω ρ μτβ make beautiful. • ρ αμτβ become beautiful
ομορφιά (η) beauty
όμορφ|ος επίθ beautiful. (γυναίκα) pretty. ~α επίρρ beautifully
ομοσπονδ|ία (η) federation. ~ιακός επίθ federal
ομοφυλόφιλος επίθ homosexual, (καθομ) gay
ομόφων|ος επίθ unanimous. ~α επίρρ unanimously
όμποε (το) άκλ oboe
ομπρέλα (η) umbrella. (του ήλιου, μικρή) parasol. (στην πλαζ) sunshade
ομπρελάδικο (το) shop selling umbrellas
ομπρελοθήκη (η) umbrella stand
ομφάλιος επίθ umbilical. ~ λώρος (ο) umbilical cord
ομφαλός (ο) navel
ομώνυμ|ος επίθ of the same name. ~ος ρόλος (ο) title role. ~α κλάσματα (τα) fractions with a common denominator
όμως σύνδ still, but. (ωστόσο) however
ον (το) being
ονειρεύομαι ρ μτβ/ρ αμτβ dream
ονειρευτός επίθ dreamlike. (περιπόθητος) dreamed of
όνειρο (το) dream
ονειροπαρμένος επίθ starry-eyed. ~ (ο) dreamer
ονειροπόλημα (το) daydream
ονειροπόληση (η) daydreaming
ονειροπόλος επίθ dreamy
ονειροπολώ ρ αμτβ daydream
όνομα (το) name. (μικρό) first name. (διασημότητα) reputation. ~ και μη χωρίό mention no names. βγάζω ~ get a bad reputation. εν ονόματι in the name of
ονομάζω ρ μτβ name
ονομασία (η) name. (η πράξη) naming
ονομαστική (η) (γραμμ) nominative
ονομαστικ|ός επίθ nominal. ~ή γιορτή (η) name day
ονομαστός επίθ well-known
ονοματεπώνυμο (το) name in full
οντισιόν (η) άκλ audition
οντότητα (η) entity
όνυχας (ο) onyx
οξεία (η) stress-accent
οξείδιο (το) oxide
οξιά (η) beech
οξικ|ός επίθ acetic. ~ άλας (το) acetate
όξινος επίθ acid. (γεύση) bitter
οξύ (το) acid
οξυγόνο (το) oxygen
οξυδερκής επίθ with keen eyesight. (μεταφ) discerning
οξυζενέ (το) άκλ peroxide

οξυθυμία (η) petulance
οξύθυμος επιθ petulant
οξύνοια (η) acumen
οξύνους επιθ sharp (person)
οξύς επιθ acute. (πόνος) severe
οξύτητα (η) acuteness. (χημεία) acidity
οπαδ|ός (ο, η) follower (αθλ) fan. (πολιτ) supporter. **~οί** (οι) following
οπάλιο (το) opal
όπερα (η) opera
οπερατέρ (ο) άκλ cameraman
οπερατικός επιθ operatic
οπερέτα (η) operetta
οπή (η) aperture
όπιο (το) opium
οπιομανής επιθ opium addict
όπισθεν επίρρ behind. **~** (η) (αυτοκ) reverse. **κάνω ~** reserve
οπίσθιος (ο) posterior
οπισθογράφηση (η) (νομ) endorsement.
οπισθογραφώ ρ μτβ (νομ) endorse.
οπισθοδρομικός επιθ retrograde
οπισθοφυλακή (η) rearguard
οπισθόφυλλο (το) back cover
οπισθοχωρώ ρ αμτβ retreat. (από ντροπή) shy away. (από φόβο) recoil. (διστάζω) flinch
οπλή (η) hoof
οπλίζω ρ μτβ arm. (όπλο) cock
οπλισμός (ο) armament. (σύνολο όπλων) arms
όπλο (το) arm, weapon, gun. (μεταφ) deterrent
οπλοστάσιο (το) arsenal
οπλοφορία (η) carrying weapons
οπλοφόρος (ο, η) gunman
οποίο αντων which βλ **οποίος**
οποίος αντων whoever. **~ ~** anybody
οποί|ος αντων who. **του ~ ου**, **της ~ας**, **των ~ων** whose. **τον ~ον**, **την ~α**, **τους ~ους** whom
οποι|οσδήποτε αντων whoever. **~οδήποτε** whichever. **~οσδήποτε τολμήσει, θα το μετανιώσει** whoever dares will regret it. **~αδήποτε μέρα** any day
όποτε επίρρ at any time
οπότε επίρρ whereupon
οποτεδήποτε επίρρ whenever
όπου επίρρ where. (οπουδήποτε) wherever. **~ να 'ναι** in a short while
οπουδήποτε επίρρ anywhere
οπτασία (η) apparition
οπτικοακουστικός επιθ audio-visual
οπτικός επιθ optical. (της οράσεως) visual. **~** (ο, η) optician. **~ά** επίρρ visually
οπωροπωλείο (το) fruit shop
οπωροπώλ|ης (ο), **~ις** (η) fruiterer
όπως επίρρ like, as. **~ ~** anyhow. **~ και** as well as. **~ πρέπει** properly
οπωσδήποτε επίρρ without fail. (όπως κι αν έχει) anyhow
όραμα (το) vision

οραματ|ιστής (ο) **~ίστρια** (η) visionary
όραση (η) eyesight, vision
ορατόριο (το) oratorio
ορατ|ός επιθ visible. **~τητα** (η) visibility
οργανικός επιθ organic
οργανισμός (ο) system (body). (έμβιο ον) organism. (υπηρεσία) organization
όργαν|ο (το) instrument. (οργανισμού) organ. (μεταφ) tool. **~α ελέγχου** (τα) (αυτοκ) controls
οργανωμέν|ος επιθ organised. **~η εκδρομή** (η) package tour
οργανώνω ρ μτβ organize. (συγκροτώ) set up. (διαμαρτυρία) stage
οργάνωση (η) organization. (σύνολο) organization, society
οργαν|ωτής (ο), **~ώτρια** (η) organiser
οργασμός (ο) orgasm
οργή (η) fury, wrath, rage. **να πάρει η ~!** damnation!
οργιά (η) fathom
οργιάζω ρ αμτβ have orgies. (μεταφ) be rife
όργιο (το) orgy. (μεταφ) riot (of colours)
οργισμένος επιθ irate
οργώνω ρ μτβ plough. (μεταφ) ply
ορδή (η) horde
ορέγομαι ρ μτβ hunger for
ορειβασία (η) mountaineering
ορειβάτ|ης (ο), **~ις** (η) mountain climber
ορεινός επιθ mountainous
ορεκτικ|ός επιθ appetizing. **~ό** (το) appetizer. **~ά** (τα) hors-d'œuvre
όρεξη (η) appetite. **καλή ~** bon appétit
ορθάνοιχτος επιθ wide open
όρθιος επιθ upright. (όχι σκυφτός) erect. (που στέκει) standing
ορθογραφία (η) spelling
ορθογραφικ|ός επιθ spelling. **~ λάθος** (το) spelling mistake
ορθογώνι|ο|ς επιθ rectangular. **~** (το) rectangle
ορθοδοξία (η) orthodoxy
ορθόδοξος επιθ orthodox
ορθολογικός επιθ rational
ορθοπεδικός επιθ orthopaedic
ορθ|ός επιθ correct. **~η γωνία** (η) right angle. **~ά** επίρρ correctly
ορθοστασία (η) standing
ορθών|ω ρ μτβ raise. **~ομαι** ρ αμτβ rise
ορίζοντας (ο) horizon
οριζόντιος επιθ horizontal
οριζοντίως επίρρ horizontally
ορίζω ρ μτβ set (limit etc.). (ημερομηνία) settle. (νομ) rule. (προσδιορίζω) designate. (ρητά) stipulate. **~στε** here you are. **~στε;** pardon? **καλώς ορίσες** welcome
όρι|ο (το) boundary. (άκρο σημείο) limit. **~α** (τα) confines
ορισμός (ο) definition. (διαταγή) disposal. (σε σταυρόλεξο) clue
οριστική (η) (γραμμ) indicative
οριστικοποιώ ρ μτβ finalize

οριστικ|ός επίθ definite. (καθοριστικός) definitive. **~ό και τελεσίδικο** final and conclusive. **~ά** επίρρ definitely

οριστικότητα (η) finality

ορκίζ|ω ρ μτβ place under oath. (σε καθήκοντα) swear in. **~ομαι** ρ αμτβ vow. **~ σε** swear by

όρκος (ο) oath. (υπόσχεση) vow

ορκωμοσία (η) swearing in

ορκωτός επίθ sworn. **~ λογιστής** chartered accountant

ορμαθός (ο) string (of lies)

ορμή (η) momentum

ορμητικό|ς επίθ impetuous. **~τητα** (η) impetuosity

ορμόνη (η) hormone

όρμος (ο) cove

ορμώ ρ αμτβ rush. (κινούμαι βιαστικά) dash, dart

όρνιθα (η) hen

ορνιθολογία (η) ornithology

ορνιθοπώλης (ο) poulterer (seller)

ορνιθοσκαλίσματα (τα) squiggle, scrawl

ορνιθοτρόφος (ο) poulterer (grower)

όρνιο (το) bird of prey

ορντινάντσα (η) (στρ) batman, orderly

οροθε|σία (η) demarcation. **~τώ** ρ μτβ demarcate

ορολογία (η) terminology. **επαγγελματική ~** jargon

οροπέδιο (το) plateau

όρος[1] (το) mount

όρ|ος[2] (ο) proviso. (ονομασία) term, word. (περιοριστικός) condition. **~οι** (οι) (εμπ) terms. **άνευ ~ων** unconditionally. **μέσος ~ος** average. **υπό τον ~ο** subject to

ορός (το) serum

οροσειρά (η) (mountain) range

ορόσημο (το) milestone. (μεταφ) landmark

οροφή (η) roof

όροφος (ο) storey. (κέικ) tier

ορτανσία (η) hydrangea

ορτύκι (το) quail

ορυζώνας (ο) paddy field

ορυκτό|ς επίθ mineral. **~** (το) mineral

ορυχείο (το) mine

ορφανεύω ρ μτβ orphan. • ρ αμτβ become an orphan

ορφάνια (η) orphanage

ορφανός επίθ orphan

ορφανοτροφείο (το) orphanage

ορχήστρα (η) orchestra. (μπάντα) band

ορχιδέα (η) orchid

όρχις (ο) testicle

οσμή (η) odour, smell

οσμίζομαι ρ μτβ smell

όσο επίρρ as much as. **~ για** as for. **~ κι αν** however. **~ να ρθει** until he/she comes. **μείνε ~ θες** stay as long as you like

όσ|ος αντων as much as, as many as. (όλα) all. **~α ~α** at any price

όσπρια (τα) pulses

οστεοπόρωση (η) osteoporosis

όστια (η) (εκκλ) wafer.

οστό (το) (αρχ) bone

οστρακιά (η) scarlet fever

όστρακο (το) shell

οστρακοειδή (τα) shellfish ακλ

όσφρηση (η) (sense of) smell

οσφυαλγία (η) lumbago

οσφυικός επίθ lumbar

όταν σύνδ when

ΟΤΕ συντ (Οργανισμός Τηλεπικοινωνιών Ελλάδος) Greek Telecommunications Authority

ότι σύνδ that

ό, τι αντων what, whatever

οτιδήποτε αντων anything

οτοστόπ (το) ακλ hitch-hiking

ότου αντων **μέχρις ~** until

Ουαλία (η) Wales

ουαλικός επίθ Welsh

Ουαλ|ός (ο), **~ή** (η) Welsh

Ουγγαρία (η) Hungary

ουγγρικός επίθ Hungarian

Ούγγρος (ο), **Ουγγαρέζα** (η) Hungarian

ουγκιά (η) ounce

ουδέποτε επίρρ never

ουδέτερος επίθ neutral. **ουδέτερο** (το) neuter

ουδετερότητα (η) neutrality

ουδόλως επίρρ in no way

ούζο (το) ouzo

ουίσκι (το) ακλ whisky

ουλή (η) scar

ούλο (το) (ανατ) gum

ουμανισμός (ο) humanism

ουρά (η) tail. (σειρά) queue. (φορέματος) train

ούρα (τα) urine

ουρανής επίθ sky-blue. **~ί** (το) sky-blue

ουράνιο (το) uranium

ουράνι|ος επίθ celestial. **~ο τόξο** (το) rainbow. **~α** (τα) heavens

ουρανίσκος (ο) palate

ουρανοξύστης (ο) skyscraper

ουρανός (ο) sky

ούρηση (η) urination

ουρητήριο (το) urinal

ουρλιάζω ρ αμτβ howl. (σκύλος) yelp

ουρλιαχτό (το) howl. (σκύλου) yelp

ουρώ ρ αμτβ urinate

ουσία (η) essence. (έννοια) crux. (σημασία) gist. (φαγητού) flavour. (φυσικό σώμα) substance

ουσιαστικό (το) noun

ουσιαστικ|ός επίθ essential. (εσωτερικός) intrinsic. (ουσιώδης) substantial. (πραγματικός) virtual. **~ά** επίρρ substantially, virtually

ουσιώδης επίθ essential. (κεφαλαιώδης) vital

ούτε σύνδ neither, nor. **~ καν** not even. **~ την είδα ~ την άκουσα** I neither saw nor heard her. **~ καν τους ενδιαφέρει** they are not even slightly interested

ουτοπία (η) utopia

ούτω|ς, (πριν από σύμφωνο) **ούτω** επίρρ so. **~ς ή άλλως** in any case. **~ς ώστε** so as to. **και ~ καθεξής** and so on and so forth

ουφ! επιφών phew!

οφειλέτης (ο) debtor

οφείλω ρ μτβ owe

όφελος (το) benefit. **χωρίς ~** to no avail

οφθαλμολόγος (ο) oculist

οφθαλμαπάτη (η) optical illusion

οφθαλμίατρος (ο, η) opthalmologist

οφθαλμολόγος (ο, η) βλ **οφθαλμίατρος**

οφθαλμός (ο) eye. **~όν αντί ~ού** eye for an eye. **εν ριπή ~ού** in the twinkling of an eye

όφις (ο) serpent

οφσάιντ επίθ άκλ offside

οχ! επιφών whoops!

οχετός (ο) drain. **~ διαρροής** sluice (*channel*)

όχημα (το) vehicle. (*γραφομηχανής*) carriage

όχθη (η) (river) bank

όχι επίρρ no, not. **~** (το) nay. **~ ακόμη** not yet

οχιά (η) adder. (*μεταφ*) viper

οχλαγωγία (η) uproar

οχληρός επίθ annoying

οχλοκρατία (η) mob rule

όχλος (ο) mob, rabble

οχτακόσιοι επίθ βλ **οκτακόσιοι**

οχτώ επίθ βλ **οκτώ**

οχυρό (το) fort

οχύρωμα (το) fortification

οχυρών|ω ρ μτβ fortify. **~ομαι** ρ αμτβ barricade o.s.

όψη (η) complexion, appearance, aspect

όψιμος επίθ late. (*καθυστερημένος*) belated

Ππ

παγάκι (το) ice cube **με ~α** (*ποτό*) on the rocks

παγανιστικός επίθ pagan

παγερός επίθ frosty. **~τητα** (η) frostiness

παγετός (ο) frost

παγετώνας (ο) glacier

παγίδα (η) trap. (*θηλειά*) snare. (*μεταφ*) pitfall

παγιδεύω ρ μτβ trap

πάγιος επίθ fixed

παγιώνω ρ μτβ consolidate. (*μεταφ*) cement

παγκάκι (το) bench (garden)

πάγκος (ο) counter (*in shop etc.*). (*για εμπορεύματα*) stand. (*για ξυλουργική*) bench

παγκόσμιος επίθ worldwide, universal, global

πάγκρεας (ο) pancreas

παγόβουνο (το) iceberg

παγόδα (η) pagoda

παγοδρομία (η) ice skating

παγοδρόμιο (το) ice rink

παγοδρόμος (ο, η) skater

παγοδρομώ ρ αμτβ iceskate

παγοκρύσταλλος (ο) icicle

παγόνι (το) peacock

παγοπέδιλο (το) (ice) skate

πάγος (ο) ice

παγούρι (το) flask

παγωμέν|ος επίθ icy. (*ποτό*) ice cold. **~α** επίρρ icily

παγωνιά (η) frost. (*κρύο*) freezing

παγώνω ρ μτβ/ρ αμτβ freeze. (*αίμα*) curdle. (*καταψύχω*) chill

παγωτό (το) ice-cream. **~ ξυλάκι** ice lolly

παζάρεμα (το) bargain

παζαρεύω ρ αμτβ bargain, haggle

παζάρι (το) bazaar. (*παζάρεμα*) bargain

παθαίνω ρ μτβ/ρ αμτβ suffer (*loss etc.*). (*αρρώστια*) develop. **~ κακό** come to grief. **καλά να πάθεις** it serves you right. **την πάθαμε!** we're in a fix

πάθημα (το) setback. **Το ~ να σου γίνει μάθημα** let it be a lesson to you

πάθηση (η) complaint, illness

παθητικ|ός επίθ passive. **~ά** επίρρ passively. **~ότητα** (η) passiveness

παθιασμένος επίθ impassioned

παθολογί|α (η) pathology. **~ικός** επίθ compulsive

παθολόγος (ο, η) (*γιατρός*) general practitioner

πάθος (το) pathos. (*έντομη επιθυμία*) passion

παίγνιο (το) plaything

παιδαγωγικ|ός επίθ pedagogic. **Π~ή Ακαδημία** (η) Teacher's Training College

παιδάκι (το) small child

παϊδάκι (το) rib

παιδαρέλι (το) chit, small child

παιδαριώδης επίθ puerile

παιδεία (η) education

παιδεύ|ω ρ μτβ instruct. (βασανίζω) torment. **~ομαι** (με) ρ αμτβ struggle (with)

παιδί (το) child. **~ θαύμα** child prodigy

παιδιάστικος επίθ childish

παιδίατρος (ο, η) paediatrician

παιδικ|ός επίθ infantile. (σαν παιδιού) childlike. **~ός σταθμός** (ο) (day) nursery. **~ή ηλικία** (η) childhood. **~ή χαρά** (η) playschool. **~ό καροτσάκι** (το) push-chair. **~ό τραγουδάκι** (το) nursery rhyme. **~ά ρούχα** (τα) children's clothes

παιδούλα (η) small girl

παίζω ρ μτβ play. (με αισθήματα) toy with. (μουσική) perform. (κοροϊδεύω) fool. • ρ αμτβ (ταλαντεύομαι) sway. (στο θέατρο) act, perform. (χαρτιά) gamble **~ζω τα δάκτυλά μου** twiddle one's thumbs. **δεν είναι ~ξε γέλασε** it's no laughing matter. **τον ~ζει στα δάκτυλα** she can twist him round her little finger

παίκτ|ης (ο), **~ρια** (η) player. (του γκολφ) golfer

παίρνω ρ μτβ/ρ αμτβ take. (απόφαση) make. (επιβάτη) pick up. (επιστολή) receive. (παντρεύομαι) marry. (τρένο κλπ) catch. **~ κπ στα σοβαρά** take s.o. seriously. **~ μέρος** take part. **~ με τη βία** snatch. **~ με το αυτοκίνητο** give a lift to. **~ με το μέρος μου** win over. **~ μόνος/η μου** help o.s. to. **~ νέα** hear from. **~ πάνω μου** be on the mend. **~ πίσω** take back. **~ πόζα** posture. **~ στροφή** round a corner. **~ συνέντευξη** interview. **~ την κάτω βόλτα** go downhill. **~ το μέρος** side with. **τον ~ doze off**

παιχνιδάκι (το) plaything

παιχνίδι (το) toy

παιχνιδιάρης επίθ skittish

παιχνιδιάρικ|ος επίθ playful. **~α** επίρρ playfully

παιωνία (η) peony

πακέτο (το) parcel. (σύνολο) package

πακιστανικός επίθ Pakistani

Πακισταν|ός (ο), **~ή** (η) Pakistani

Πακιστάν (το) άκλ Pakistan

παλαβός επίθ mad, crazy. **κάνω σαν ~ για κτ** be mad about sthg.

παλαβώνω ρ μτβ make mad. • ρ αμτβ go mad

παλαίμαχος (ο) veteran

παλαιολιθικ|ός επίθ palaeolithic. **~ή εποχή** palaeolithic age

παλαιοπώλης (ο) second hand dealer (αρχαιοτήτων) antique dealer

παλαι|ιστής (ο), **~ίστρια** (η) wrestler

Παλαιστίνη (η) Palestine

παλαιστινιακός επίθ Palestinian

Παλαιστίνι|ος (ο), **~ια** (η) Palestinian

παλαίστρα (η) (wrestling) ring

παλάμη (η) palm (of hand)

παλάτι (το) palace

παλέτα (η) palette

παλεύω ρ αμτβ wrestle. **~ με** grapple with

πάλη (η) wrestling. (μεταφ) contest (fight)

πάλι επίρρ again

παλιανθρωπιά (η) villainy

παλιάνθρωπος (ο) villain, scoundrel

παλιατζίδικο (το) junk-shop

παλιάτσος (ο) clown

παλικαράς (ο) tough guy

παλικάρι (το) daring young man

παλικαρισμός (ο) bravado

παλινδρόμηση (η) regression

παλιοθήλυκο (το) bitch (υβρ)

παλιόπαιδο (το) (υβρ) brat

παλιοπράγματα (τα) junk

παλιόπραμα (το) rubbish, junk

παλι|ός επίθ old (not modern). (αντιλήψεις) old-fashioned. (από πολλού καιρού) long-standing. (κρασί) aged. (περασμένης εποχής) old world. (προηγούμενος) former. **οι ~οί** the older people. **του ~ού καιρού** of old times. **~ά** επίρρ in the old days

παλιοσιδερικά (τα) scrap-iron

παλιόφιλος (ο) old crony

παλίρροια (η) tide

παλιρροιακός επίθ tidal

παλλαϊκός επίθ universal (of all people)

πάλλομαι ρ αμτβ pulsate. (καρδιά) throb

παλμός (ο) throb. (δόνηση) vibration. (καρδιάς) beat

παλούκι (το) stake

παλτό (το) overcoat, coat

παμπ (το) άκλ pub

παμπάλαιος επίθ ancient (very old)

πάμπλουτος επίθ very wealthy

παμπόνηρος επίθ sly

πάμφτωχος επίθ desperately poor

πάνα (η) nappy, (αμερ) diaper

Παναγία (η) madonna

πανάθλιος επίθ wretched

πανάκεια (η) panacea

πανδαιμόνιο (το) pandemonium

πανδοχέας (ο) innkeeper

πανδοχείο (το) inn

πανεθνικός επίθ nationwide

πάνελ (το) άκλ panel (group of people)

πανεπιστήμιο (το) university

πανεπιστημιούπολη (η) campus

πανευτυχής επίθ blissful

πανηγύρι (το) (village) fair. **~υρίζω** ρ αμτβ rejoice

πάνθηρας (ο) panther

πανί (το) cloth. (καραβιού) sail

πανίδα (η) fauna

πανικοβάλλ|ω ρ μτβ cause to panic. **~ομαι** ρ αμτβ panic

πανικόβλητος επίθ panic-stricken

πανικός (ο) panic

πανίσχυρος επίθ all powerful

πανό (το) άκλ placard

πανομοιότυπος επίθ identical

πανοπλία (η) armour, mail

πανόραμα *(το)* panorama
πανοραμικός *επίθ* panoramic
πανούκλα *(η)* plague
πανούργος *επίθ* wily
πανσέληνος *(η)* full moon
πανσές *(ο)* pansy
πανσιόν *(η)* guesthouse
πάντα¹ *(το) (αρκούδα)* panda
πάντα² *επίρρ* always. **για ~** for good, for ever. **μια για ~** once and for all
παντατίφ *(το) άκλ* pendant
παντελόνι *(το)* trousers. *(σπορ)* slacks
παντεσπάνι *(το)* sponge-cake
παντζάρι *(το)* beetroot *άκλ*
παντζούρι *(το)* shutter
παντοδύναμος *επίθ* omnipotent. **ο Π~** the Almighty
παντομίμα *(η)* pantomime
πάντοτε *επίρρ* always
παντοτινός *επίθ* everlasting
παντού *επίρρ* everywhere, all over
παντόφλα *(η)* slipper
παντρειά *(η)* marriage. **της ~ς** marriageable
παντρεμένος *επίθ* married
παντρεύω *ρ μτβ* wed. **~ομαι** *ρ μτβ/αμτβ* marry
πάντως *επίρρ* anyway
πάνω *επίρρ* above. **~ απ´ όλα** above all. **~ κάτω** thereabouts. **~ όροφος** *(ο)* upstairs. **~ σε** *(πλοίο ή αεροπλάνο)* aboard. **~ στην ώρα** at the right time. **από ~** overhead. **από ~ έως κάτω** from top to bottom. **εκεί ~** up there. **έχω το ~ χέρι** have the upper hand. **προς τα ~** upward. **το παίρνω ~ μου** put on airs
πανωλεθρία *(η)* rout
πανωφόρι *(το)* overcoat *κυπρ*
παξιμάδι *(το)* rusk. *(μηχ)* nut. **~αδάκι** *(το)* crisp roll
παπαγαλάκι *(το)* budgerigar
παπαγαλίζω *ρ μτβ* learn parrot fashion
παπαγάλος *(ο)* parrot
παπάγια *(η)* pawpaw
παπαδιά *(η)* priest's wife
παπάκι *(το)* duckling
παπαρούνα *(η)* poppy
πάπας *(ο)* pope
παπάς *(ο)* priest
παπί *(το)* duckling. **γίνομαι ~** get soaked
πάπια *(η)* duck. *(ουροδοχείο)* bedpan
παπιγιόν *(το)* bow tie
παπικός *επίθ* papal. **~σμός** *(ο)* papacy
πάπλωμα *(το)* quilt, duvet
παπούτσι *(το)* shoe. **~ χωρίς φτέρνα** mule. **πάνινα ~α** *(τα)* plimsolls. **μου δίνουν τα ~α στο χέρι** get the push
παπουτσίδικο *(το)* shoe shop. *(εργαστήριο)* shoemaker's
παπουτσώνω *ρ μτβ* shoe
παππούς *(ο)* grandfather
πάπρικα *(η)* paprika
πάπυρος *(ο)* papyrus

πάρα *μόρ* very. *(περισσότερο απ´ ότι πρέπει)* too. **ευχαριστώ ~ πολύ** thank you very much. **είναι ~ πολύ ακριβό** it's too expensive
παρά *πρόθ* notwithstanding, in spite of, despite. *(ώρα)* to. **~ λίγο** nearly. **~ τα πλούτη της είναι δυστυχισμένη** she is unhappy despite her wealth. **~ τη θέληση τους** against their will. **~ τις διαμαρτυρίες τους** their protestations notwithstanding. **~ τρίχα** by a hair's breadth. **είναι δύο ~ είκοσι** it's twenty to two. **έρχεται μέρα ~ μέρα** he/she comes every other day. • *σύνδ (αλλά)* but. *(μόνο)* only. **κάλλιο αργά ~ ποτέ** better late than never. **δε φτάνει που έχει άδικο ~ παραπονιέται κιόλας** it's not enough that he/she is in the wrong but he/she is complaining too
παραβαίνω *ρ μτβ* contravene. *(νομ)* transgress. *(υπόσχεση)* break
παραβάν *(το) άκλ* screen
παράβαση *(η)* contravention
παραβάτης *(ο),* **~ις** *(η)* offender
παραβγαίνω *ρ αμτβ* go out too much. *(μεταφ)* compete
παραβιάζω *ρ μτβ* violate. *(για διάρρηξη)* force. *(δικαιώματα)* infringe. *(κλειδαριά)* pick. *(υπόσχεση)* break
παραβίαση *(η)* violation. *(δικαιωμάτων)* infringement. *(υπόσχεσης)* breach
παραβλέπω *ρ μτβ* overlook. *(ανέχομαι)* condone
παραβολή *(η)* parable
παράβολο *(το)* fee *(to the state)*
παραγγελία *(η) (εμπ)* order
παραγγέλλω, ~νω *ρ μτβ (μήνυμα)* send. *(εμπ)* order. *(καλλιτέχνη)* commission
παραγεμίζω *ρ μτβ* cram. *(κρεβάτι)* pad. *(μαγ)* stuff
παραγέμισμα *(το)* cramming. *(κρεβατιού)* padding. *(μαγ)* stuffing
παραγεμισ|μένος *επίθ* cram-full. **~τός** *επίθ (μαγ)* stuffed
παράγκα *(η)* shanty
παράγοντας *(ο)* factor
παράγραφος *(η)* paragraph
παράγω *ρ μτβ* produce. *(γραμμ)* derive. *(ηλεκτρισμό)* generate
παραγωγικό|ς *επίθ* productive. **~τητα** *(η)* productivity
παραγωγή *(η)* production. *(γραμμ)* derivation
παράγωγο|ς *επίθ* derivative. **~** *(το)* derivative
παραγωγός *(ο)* producer
παραγώνι *(το)* fireside
παραδάκι *(το)* dough *(λαϊκ)*
παράδειγμα *(το)* example. *(περίπτωση)* instance. **παραδείγματος χάρη** *(συντ π.χ.)* for example (e.g.). **για ~** for instance
παραδειγματίζ|ω *ρ μτβ* make an example of. **~ομαι** *ρ αμτβ* learn from s.o.'s example

παραδειγματικός *επίθ* exemplary
παραδεισιένιος *επίθ* heavenly
παράδεισος (*ο*) heaven. (*κήπος των πρωτόπλαστων*) paradise
παραδέχομαι *ρ μτβ* concede. (*δυσκολίες*) face up to. (*ενοχή*) admit to
παραδί|δω, **~νω** *ρ μτβ* hand over. (*εμπ*) deliver. (*παραχωρώ*) surrender. **~δομαι** *ρ αμτβ* give o.s. up. **~δω στις φλόγες** commit to the flames. **~νω το πνεύμα** give up the ghost
παραδοξολογία (*η*) paradox
παράδοξ|ος *επίθ* paradoxical. (*παράξενος*) fanciful. **~α** *επίρρ* paradoxically
παραδόξως *επίρρ* paradoxically. **όλως ~** oddly enough
παράδοση (*η*) surrender. (*εμπ*) delivery. (*συνήθεια*) tradition. (*σχολ*) teaching
παραδοσιακ|ός *επίθ* traditional. **~ά** *επίρρ* traditionally
παραδουλεύτρα (*η*) charwoman, daily
παραδουλεύω *ρ αμτβ* overwork. (*ως παραδουλεύτρα*) char
παραδοχή (*η*) admission
παραδρομή (*η*) oversight. **~ της γλώσσας** slip of the tongue. **εκ ~ς** inadvertently
παραζάλη (*η*) confusion
παραθαλάσσιο|ς *επίθ* by the sea. **~ θέρετρο** (*το*) seaside resort
παραθερίζω *ρ αμτβ* spend the summer. **~ισμός** (*ο*) spending of the summer
παραθερ|ιστής (*ο*), **~ίστρια** (*η*) holiday maker
παραθέτω *ρ μτβ* juxtapose. (*αναφέρω*) cite. (*μνημονεύω*) quote. (*συγκρίνω*) collate
παραθυράκι (*το*) small window. (*για φαγητό*) hatch. (*μεταφ*) loophole
παράθυρο (*το*) window
παραθυρόφυλλο (*το*) shutter
παραίσθηση (*η*) hallucination
παραισθησιογόνος *επίθ* psychedelic
παραίτηση (*η*) resignation. (*από αγώνα*) withdrawal. (*από θρόνο*) abdication. (*δικαιώματος*) relinquishment
παραιτούμαι *ρ αμτβ* resign. (*από το θρόνο*) abdicate. (*παύω να ενδιαφέρομαι*) give up. **~ από** waive (*δικαιώματος*) relinquish. (*εγκαταλείπω*) forgo
παρακαλώ *ρ μτβ* beg, ask. **~ κπ** plead with s.o. **~ το Θεό** pray to God. **ναι, ~** yes, please. **Ευχαριστώ. Π~** Thank you. Don't mention it. **~**; Yes, please.
παρακαμπτήριος (*η*) bypass
παρακάμπτω *ρ μτβ* bypass. (*κανονισμό*) get round. (*πλοίο*) sail round
παράκαμψη (*η*) detour
παρακάνω *ρ μτβ* overdo
παρακαταθήκη (*η*) (*εμπ*) stock. (*κληρονομιά*) heritage
παρακάτω *επίρρ* below
παρακείμενος *επίθ* adjacent
παρακινδυνευμένος *επίθ* chancy

παρακίνηση (*η*) inducement
παρακινώ *ρ μτβ* prompt. (*παροτρύνω*) motivate. (*σε πράξη*) spur (on)
παρακλάδι (*το*) offshoot
παράκληση (*η*) request. (*εκκλ*) prayer
παρακμάζω *ρ αμτβ* decay
παρακμή (*η*) decline. (*μαρασμός*) decadence
παρακοιμάμαι *ρ αμτβ* oversleep
παρακολούθηση (*η*) watch. (*κατασκόπευση*) surveillance
παρακολουθώ *ρ μτβ* watch. (*ακολουθώ κπ*) tail. (*ακούω*) be with, understand. (*ελέγχω*) monitor. (*κατασκοπεύω*) have under surveillance. (*μαθήματα*) attend. (*συμβαδίζω*) keep track of
παρακούω *ρ μτβ* mishear. (*απειθώ*) disobey
παρακρατώ *ρ μτβ* deduct
παράκτιος *επίθ* coastal
παρακώλυση (*η*) encumbrance
παρακωλύω *ρ μτβ* encumber
παραλαβή (*η*) receipt (*of goods*)
παραλαμβάνω *ρ μτβ* collect, pick up. (*εμπ*) take delivery of
παραλείπω *ρ μτβ* omit. (*αποσιωπώ*) leave out
παράλειψη (*η*) omission
παραλέω *ρ μτβ* exaggerate. **τα ~** pile it on
παραλήγουσα (*η*) penultimate syllable
παραλήπτ|ης (*ο*), **~ρια** (*η*) recipient. (*αλληλογραφίας*) addressee. **ο ~ πληρώνει το τέλος** freepost
παραλήρημα (*το*) delirium. (*τρελού*) raving
παραληρώ *ρ αμτβ* be delirious. (*τρελός*) rave
παραλής *επίθ* well-heeled
παράληψη (*η*) oversight
παράλια (*τα*) coastline
παραλία (*η*) beach, seaside
παραλιακ|ός *επίθ* coastal. **~ή πόλη** (*η*) seaside town
παραλίγο *επίρρ* nearly
παραλλαγή (*η*) variant, variation
παραλληλ|ίζω *ρ μτβ* parallel. **~ισμός** (*ο*) parallel
παράλληλος *επίθ* parallel. **~** (*η*) parallel (line)
παράλογ|ος *επίθ* illogical, irrational. (*ιδέα*) absurd. (*τρελός*) insane. (*εξωφρενικός*) unreasonable. **~ο** (*το*) absurdity. **~α** *επίρρ* irrationally, absurdly
παραλυμένος *επίθ* wanton. **~** (*ο*) rake (*man*)
παράλυση (*η*) paralysis
παραλυτικός *επίθ* paralytic
παράλυτος *επίθ* paralysed. **~** (*ο*) cripple
παραλύω *ρ μτβ* paralyse *ρ αμτβ* be paralysed
παραμάνα (*η*) safety pin. (*γκουβερνάντα*) nurse, nanny
παραμεθόριος *επίθ* on the frontier

παραμελημένος *επίθ* neglected
παραμέληση *(η)* neglect
παραμελώ *ρ μτβ* neglect
παραμένω *ρ αμτβ* remain. (μεταφ) linger
παραμερίζω *ρ μτβ* push aside. (αντιρρήσεις) lay aside. (υποσκελίζω) pass over. **~ κπ** brush aside *ρ αμτβ* step aside
παράμερος *επίθ* secluded
παράμετρος *(η)* parameter
παραμικρ|ός *επίθ* merest. (ελάχιστος) least. **η ~ή ιδέα** the faintest idea
παραμιλώ *ρ αμτβ* be delirious
παραμονεύω *ρ μτβ* lay in wait for. • *ρ αμτβ* lurk
παραμονή *(η)* stay. (προηγούμενη μέρα) eve. **~ της πρωτοχρονιάς** New Year's Eve
παραμορφωμένος *επίθ* deformed
παραμορφώνω *ρ μτβ* deform. (έργο τέχνης) deface. (πρόσωπο) disfigure
παραμόρφωση *(η)* deformity. (προσώπου) disfigurement
παραμυθάς *(ο)*, **~ού** *(η)* fibber
παραμυθένιος *επίθ* make believe
παραμ|ύθι *(το)* fairy story, fairy tale. (ψέμα) fib. **~α** *(τα)* (μεταφ) cock-and-bull story. **χώρα των ~υθιών** *(η)* fairyland
παράνοια *(η)* paranoia
παρανομία *(η)* illegitimacy. (πράξη) offence
παράνομος *επίθ* unlawful, illegal. (απαγορευμένος) illicit. (μυστικός) underground. **~α** *επίρρ* illegally
παράνυφος *(η)* bridesmaid
παρανυχίδα *(η)* hangnail
παραξενεύ|ω *ρ μτβ* cause to wonder. • *ρ αμτβ* become odd. **~ομαι** *ρ αμτβ* be taken aback, be surprised
παραξενιά *(η)* oddity, strangeness. (ιδιοτροπία) whim
παράξεν|ος *επίθ* strange. (αλλόκοτος) odd, weird. (ιδιότροπος) peculiar. (κατάσταση) curious. **~α** *(τα)* antics. **~α** *επίρρ* strangely
παραοικονομία *(η)* black economy
παραπάνω *επίρρ* above. (παραπέρα) further up. (πιο πολύ) over. **και με το ~** with a vengeance
παραπάτημα *(το)* stumble. (στραβοπάτημα) tripping
παραπατώ *ρ αμτβ* stumble. (στραβοπατώ) trip
παραπείθω *ρ μτβ* mislead
παραπέμπω *ρ μτβ* remand. (μεταβιβάζω) relegate. (σε δίκη) commit. (σε κείμενο) refer
παραπέτο *(το)* parapet
παραπέτασμα *(το)* curtain (*screen*). **το σιδηρούν ~** the iron curtain
παραπετώ *ρ μτβ* mislay
παράπηγμα *(το)* shed
παραπλανητικ|ός *επίθ* misleading. **~ή ενέργεια** *(η)* diversion, distraction

παραπλανώ *ρ μτβ* mislead. (διαφθείρω) lead astray
παράπλευρος *επίθ* adjoining
παραπλεύρως *επίρρ* alongside
παραπληγικός *(ο)* paraplegic
παραπληροφόρηση *(η)* disinformation
παραπληροφορώ *ρ μτβ* misinform
παραποιώ *ρ μτβ* falsify. (διαστρεβλώνω) distort. (κείμενο ή ομιλία) misquote
παραπομπή *(η)* reference. (σε δίκη) commitment
παραπονιάρ|ης *επίθ* whiner. **~ικος** *επίθ* whining
παραπονιέμαι *ρ αμτβ* grumble, whine
παράπονο *(το)* complaint. (αίσθημα θλίψης) grievance
παραπονούμαι *ρ αμτβ βλ* **παραπονιέμαι**
παραπόταμος *(ο)* tributary
παραποΐόν *(το)* byproduct
παράπτωμα *(το)* misdemeanour
παράρτημα *(το)* (βιβλίου) appendix. (καταστήματος) branch. (κτιρίου) annex
παρά|ς *(ο)* brass. **έχει ~ με ουρά** he/she's stinking rich
παρασέρνω *ρ μτβ* carry away. (αυτοκίνητο) run over. (μεταφ) lead astray
παράσιτο *(το)* parasite
παρασκευάζω *ρ μτβ* make up, prepare. (φάρμακο) manufacture
παρασκεύασμα *(το)* preparation
Παρασκευή *(η)* Friday. **Μεγάλη ~** Good Friday
παρασκηνιακός *επίθ* offstage
παρασκήνι|ο *(το)* backstage. **~α** *(τα)* (θεατρ) wings. (μεταφ) background. **στα ~α** behind the scenes
παράσπιτο *(το)* outhouse
παραστάσεις *(οι)* representations. **γραφικές ~** graphics
παράσταση *(η)* (θέατρ) performance. (απογευματινή) matinée. (παρουσία) appearance (απεικόνιση) depiction
παραστέκομαι *ρ μτβ* stand by, support
παράστημα *(το)* bearing, poise
παραστολισμένος *επίθ* florid
παραστρατιωτικός *επίθ* paramilitary
παραστρατώ *ρ αμτβ* go astray
παρασύρ|ω *ρ μτβ* sweep away. (μεταφ) lead astray. **~ομαι** *ρ αμτβ* drift
παράταιρος *επίθ* odd (in a set)
παράταξη *(η)* line-up. (κόμμα) side, party
παράταση *(η)* (εμπ) extension
παρατάσσ|ω *ρ μτβ* line up. (στρ) marshal. **~ομαι** *ρ αμτβ* line up
παρατείνω *ρ μτβ* prolong. (παρατραβώ) protract. (επίσκεψη) extend
παρατήρηση *(η)* observation. (γραπτή) note. (διατύπωση) remark. (επίκριση) rebuke
παρατηρ|ητής *(ο)*, **~ήτρια** *(η)* observer
παρατηρητήριο *(το)* watch tower. (θέση) observation post
παρατηρητικός *επίθ* observant, perceptive

παρατηρώ *ρ μτβ* observe. (*λέω*) remark
παράτολμ|ος *επίθ* reckless.
(*απερίσκεπτος*) foolhardy. **~ος** (*o*)
daredevil. **~α** *επίρρ* recklessly
παρατραβηγμένος *επίθ* far-fetched
παρατραβ|ώ *ρ μτβ* pull too much.
(*παρακάνω*) overdo
παρατσούκλι (*το*) nickname
παρατώ *ρ μτβ* desert. (*αρραβωνιαστικό*)
jilt. **παράτα με** get off my back. **τα ~**
pack it in
πάραυτα *επίρρ* forthwith
παραφέρομαι *ρ αμτβ* be carried away
παραφίνη (*η*) paraffin
παράφορ|ος *επίθ* passionate. **~α** *επίρρ*
passionately
παραφορτωμένος *επίθ* overloaded
παραφορτώνω *ρ μτβ* overload. (*μεταφ*)
overtax
παραφράζω *ρ μτβ* paraphrase
παράφραση (*η*) paraphrase
παραφροσύνη (*η*) insanity
παράφρ|ων, ~ονας *επίθ* insane,
demented
παραφυάδα (*η*) sucker (*on plant*)
παραφυλάω *ρ μτβ* waylay
παραφωνία (*η*) dissonance. (*μεταφ*)
discord
παράφων|ος *επίθ* (*μουσ*) flat.
(*τραγουδιστής*) out of tune. (*μεταφ*)
discordant. **~α** *επίρρ* flat.
παραχαϊδεύω *ρ μτβ* pamper, mollycoddle.
(*παιδί*) spoil
παραχαράκτης (*o*) forger
παραχώρηση (*η*) (*εμπ*) surrender. (*γης*)
allotment. (*εκχώρηση*) concession
παραχωρώ *ρ μτβ* cede. (*γη*) allot.
(*εκχωρώ*) concede
παραψήνω *ρ μτβ* (*μαγ*) overdo
παρέα (*η*) company, guests. (*σύντροφος*)
friend. (*φίλοι*) group of friends
παρειά (*η*) wall (*of mountain*)
παρείσακτος (*o*) interloper
παρέκβαση (*η*) digression
παρεκκλήσι (*το*) chapel
παρεκκλίνω *ρ αμτβ* deviate
παρέκκλιση (*η*) deviation
παρεκτροπή (*η*) aberration
παρέλαση (*η*) parade
παρελαύνω *ρ αμτβ* parade
παρέλευση (*η*) passage (*of time*)
παρελθόν (*το*) past
παρεμβάλλω *ρ μτβ* interpolate
παρέμβαση (*η*) intervention. (*ραδιόφωνο*)
interference
παρεμποδίζω *ρ μτβ* impede
παρενέργεια (*η*) side effect
παρένθεση (*η*) parenthesis. (*γραμμ*)
bracket. (*μεταφ*) interlude
παρενόχληση (*η*) harassment.
σεξουαλική ~ sexual harassment
παρενοχλώ *ρ αμτβ* harass
παρεξήγηση (*η*) misunderstanding

παρεπόμενο (*το*) consequence
παρεξηγώ *ρ μτβ* misunderstand
παρερμηνεία (*η*) misrepresentation.
~ύω *ρ μτβ* misinterpret
παρευρίσκομαι *ρ αμτβ* be present
παρέχω *ρ μτβ* afford, provide.
(*προμηθεύω*) supply
παρηγορ|ιά (*η*) consolation. (*ανακούφιση*)
solace. **~ώ** *ρ μτβ* console, comfort
παρθένα (*η*) virgin
παρθεναγωγείο (*το*) girls' school
παρθενία (*η*) virginity
παρθενιά (*η*) maidenhood
παρθενικός *επίθ* virginal. (*ταξίδι, ομιλία*)
maiden
παρθένος *επίθ* virgin. **~** (*η*) (*αστρολ*)
Virgo
Παρθενώνας (*o*) Parthenon
παριζιάνικος *επίθ* Parisian
Παριζιάν|ος (*o*), **~α** (*η*) Parisian
Παρίσι (*το*) Paris
παρίσταμαι *ρ αμτβ* be present
παριστάνω *ρ μτβ* pose as
παρκάρισμα (*το*) parking
παρκάρω *ρ μτβ/ρ αμτβ* park
παρκέ (*το*) άκλ parquet floor
πάρκο (*το*) park
παρκόμετρο (*το*) parking-meter
πάρκο (*το*) (*μωρού*) play-pen
παρμπρίζ (*το*) άκλ windscreen
παροδικό|ς *επίθ* transitory. **~τητα** (*η*)
transience
πάροδος (*η*) sidestreet. (*πέρασμα*) passage
(*of time*)
παροικία (*η*) (*ομοεθνών σε ξένη χώρα*)
community
παροιμία (*η*) proverb
παροιμιώδης *επίθ* proverbial
παρόλ|ο *επίρρ* for all. **~η του τη φτώχια**
for all his poverty. **~α αυτά** all the same
παρομοιάζω *ρ μτβ* liken
παρόμοι|ος *επίθ* similar. **~α** *επίρρ*
similarly
παρομοίως *επίρρ* likewise
παρομοίωση (*η*) simile
παρόν (*το*) present. **προς το ~** for the
present
παρονομάζω *ρ μτβ* nickname
παρονομαστής (*η*) denominator
παροξυσμός (*o*) paroxysm. (*βήχα*) fit
παροπλίζω *ρ μτβ* (*πλοίο*) put out of
commission
παρόραμα (*το*) misprint
παρόρμηση (*η*) impulse
παρορμητικός *επίθ* impulsive
παροτρύνω *ρ μτβ* urge
παρουσία (*η*) attendance. (*εμφάνιση*)
presence
παρουσιάζ|ω *ρ μτβ* present. (*εκθέτω*)
show. (*κιν ταινία*) feature. (*προϊόν*)
launch. (*σαν παράδειγμα*) hold. (*συστήνω*)
introduce. **~ομαι** *ρ αμτβ* turn up.
(*φτάνω*) appear

παρουσίασ|η (η) presentation. (εμφάνιση) appearance. (νέου προϊόντος) launch. **~ιμος** επίθ presentable

παρουσιαστικό (το) appearance (aspect)

παροχή (η) provision. **~ ρεύματος** mains supply

παρτέρι (το) border, flowerbed

πάρτι (το) party

παρτίδα (η) batch (of goods)

παρτιζάνος (o) partisan

παρτιτούρα (η) (μουσ) score

παρωδία (η) parody. (μεταφ) mockery. **~ώ** ρ μτβ parody

παρών επίθ present

παρωπίδα (η) blinker

πάσα (η) pass (sport)

πασαλείβω ρ μτβ βλ **πασαλείφω**

πασάλειμμα (το) smearing. (μεταφ) smattering

πασαλείφω ρ μτβ smear. (μπογιά) daub

πασαρέλα (η) catwalk

πασάρω ρ μτβ (σπορ) pass. (μεταφ) palm off

πασάς (o) pasha

πασίγνωστος επίθ well-known

πασιφιστής (o) pacifist

πασπαλίζω ρ μτβ dust, sprinkle

πασπατεύω ρ μτβ paw

πάσσαλος (o) post (pole). (κατασκήνωση) pale. (για φυτά) stake

πάστα (η) paste. (για άλειμμα σε ψωμί) spread

παστέλ (το) άκλ pastel

παστέλι (το) honey and sesame seed bar

παστεριώνω ρ μτβ pasteurize

παστίλια (η) pastille. (για τον πονόλαιμο) lozenge

παστίς (το) άκλ pastiche

παστίτσιο (το) dish made with macaroni, mince meat and béchamel sauce

παστός επίθ cured with salt. **~ά** (τα) (κυπρ) pork meat cured with salt.

παστουρμάς (o) cured beef

παστώνω ρ μτβ cure (meat)

Πάσχα (το) Easter

πασχαλιά (η) lilac

πασχαλινός επίθ Easter. **~ αβγό** (το) Easter egg

πασχαλίτσα (η) ladybird

πάσχω ρ αμτβ suffer. (άρρωστος) ail

πατ άκλ (σκάκι) stalemate

πάταγος (o) crash (noise)

πατάρι (το) loft

πατάτα (η) potato

πατατάκια (τα) crisp

πατατούκα (η) reefer

πατέ (το) άκλ pâté

πατέντα (η) patent

πατεντάρω ρ μτβ patent

πάτερ (o) father (addressing a priest)

πατέρας (o) father

πάτερο (το) joist

πάτημα (το) footing. (ήχος) footstep. (στήριγμα) foothold

πατημασιά (η) footprint

πατινάζ (το) άκλ skating

πατινάρω ρ αμτβ skate

πατίνι (το) roller skate. (ποδήλατο) scooter (for child)

πάτος (o) bottom. (καρέκλας, πανταλονιού) seat

πατριαρχείο (το) patriarchate

πατριάρχης (o) patriarch

πατρίδα (η) motherland

πατρίκιος (o) patrician

πατρι|ός επίθ paternal, fatherly. **~ή γη** (η) homeland. **~ό όνομα** (το) maiden name

πατριός (o) stepfather

πατριώτ|ης (o), **~ισσα** (η) patriot

πατριωτι|κός επίθ patriotic. **~σμός** (o) patriotism

πατρογονικός επίθ ancestral

πατρόν (το) άκλ (dress) pattern

πατροπαράδοτος επίθ traditional

πατρότητα (η) fatherhood

πατσαβούρα (η) rug. (για τα πιάτα) dishcloth. (γυναίκα) slut (υβρ)

πατσάς (o) tripe

πάτσι επίρρ quits. **είμαστε ~** we're quits, we're even

πατ|ώ ρ μτβ/ρ αμτβ tread. (βαδίζω πάνω) tread on. (πιέζω κουμπί) push. (πεντάλ) depress. (τροχοφόρο) run over. **~ώ το λόγο μου** break one's word. **~ώ πόδι** put one's foot down. **δεν ~ώ πόδι στο σπίτι τους** I won't set foot in their house. **είναι ~είς με ~ώ σε** it's a scrum. **την ~ώ** come unstuck

πάτωμα (το) floor

παύλα (η) dash (stroke). **τελεία και ~** period!

παύση (η) pause. (μουσ) rest

παυσίπονο (το) painkiller

παύω ρ μτβ stop. (απολύω) dismiss. (διακόπτω) cease. • ρ αμτβ pause

παφλάζω ρ αμτβ plop

παφλασμός (o) (κυμάτων) ripple

παχαίνω ρ μτβ fatten. • ρ αμτβ put on weight

πάχνη (η) frost

παχνί (το) manger

πάχος (το) thickness. (ανθρώπου) fatness

παχουλός επίθ plump

παχύδερμο|ς επίθ (μεταφ) thick-skinned. **~** (το) pachyderm

παχυντικός επίθ fattening

παχ|ύς επίθ thick. (άνθρωπος) fat. (λιπαρός) rich. **~ιά** επίρρ thickly

παχυσαρκία (η) obesity

παχύσαρκος επίθ overweight, obese

πάω ρ αμτβ βλ **πηγαίνω**. **~ για** try for. **~ γυρεύοντας** be asking for trouble. **~ καλά** work out. **~ μπροστά** (ρολόι) gain. (μεταφ) go a long way

πέδηση (η) (μηχ) braking

πεδιάδα (η) plain

πέδιλο (το) sandal

πεδιν|ός επίθ of a plain, flat. **~ές περιοχές** (οι) lowlands

πεδίο (το) range (open area). (μεταφ) field. **~ βολής** shooting-range. **~ της μάχης** battlefield

πεζεύω ρ αμτβ dismount

πεζικό (το) infantry

πεζογράφος (ο, η) prose writer

πεζοδρόμιο (το) pavement, (αμερ) sidewalk

πεζόδρομος (ο) pedestrian precinct

πεζοναύτης (ο) marine

πεζοπορία (η) walking

πεζοπόρος (ο, η) walker

πεζός (ο) pedestrian. (φαντάρος) infantryman

πεζός επίθ prosaic. (γράμμα) lower case. **~ λόγος** prose

πεθαίνω ρ αμτβ die pass away. **~ από την πείνα** die of hunger, starve of death. **~ για** gasp for. **~ να** be dying to

πεθαμέν|ος επίθ dead. **οι ~οι** the dead

πεθερά (η) mother-in-law

πεθερικά (τα) in-laws

πεθερός (ο) father-in-law

πειθαρχία (η) discipline. (τάξη) order

πειθαρχικός επίθ disciplinary. (άνθρωπος) obedient

πειθαρχώ ρ αμτβ be obedient

πειθήνιος επίθ docile

πειθώ (η) persuasion

πείθω ρ μτβ persuade. (επιτακτικά) convince

πείνα (η) hunger. **πεθαίνω της ~ς** be famished

πεινασμέν|ος επίθ hungry. **~α** επίρρ hungrily

πεινώ ρ αμτβ be hungry. **~ για** hunger for

πείρα (η) experience

πείραγμα (το) quip. (αστεϊσμός) teasing

πειράζω ρ μτβ quip. (αστειολογώ) tease. (βλάπτω) disagree (with). (θυμώνω) ruffle. **~ει απρόσ** it's harmful. **δεν ~ει** ρ μτβ never mind. **~ομαι** ρ αμτβ take offence

πείραμα (το) experiment

πειραματίζομαι ρ αμτβ experiment

πειραματικός επίθ experimental

πειραματόζωο (το) guinea pig (μεταφ)

πειρασμός (ο) temptation. **βάζω σε ~** tempt

πειρατεία (η) piracy

πειρατής (ο) pirate

πειραχτήρι (το) tease

πειρατικ|ός επίθ pirate. (λογισμικό) pirated

πείσμα (το) spite. (ισχυρογνωμοσύνη) stubbornness

πεισματάρ|ης επίθ stubborn. **~ικος** επίθ stubborn

πεισματώδης επίθ determined

πεισματώνω ρ μτβ spite. • ρ αμτβ become stubborn

πειστικ|ός επίθ persuasive. (επιχείρημα) convincing. (χαρακτήρας) forceful. **~ά** επίρρ persuasively

πειστικότητα (η) persuasiveness. (με κολακείες) cajolery

πέλαγος (το) open sea

πελαγώνω ρ αμτβ feel lost/confused

πελαργός (ο) stork

πελατεία (η) clientele. (γιατρού) practice. (εμπ) custom

πελάτ|ης (ο), **~ισσα** (η) client. (εμπ) customer. (ξενοδοχείου) guest

πελεκάνος (ο) pelican

πελέκι (το) axe

πελεκώ ρ μτβ hew. (κόβω) chop. (μεταφ) thrash

πελιδνός επίθ livid

πέλμα (το) sole (of foot). (ελαστικού) tread

Πελοπόννησος (η) Peloponnese

πέλος (το) nap (of cloth)

πελώριος επίθ huge

Πέμπτη (η) Thursday

πέμπτο|ς επίθ fifth. **πέμπτο** (το) fifth

πεμπτουσία (η) quintessence

πέμπω ρ μτβ send

πένα (η) pen. (μουσικού οργάνου) plectrum. (νόμισμα) penny

πέναλτι (το) άκλ penalty kick

πενήντα επίθ άκλ fifty. **~** (το) fifty

πενηνταράκι (το) a fifty lepta coin

πενηντάρης επίθ fifty-year-old

πενηντάρ|ι, **~ικο** (το) fifty-drachma coin

πενθήμερο|ς επίθ five-day. **~** (το) five-day period

πένθιμος επίθ mournful

πένθος (το) mourning

πενθώ ρ αμτβ mourn. (έχω πένθος) be in mourning

πενία (η) penury. **η ~ τέχνας κατεργάζεται** necessity is the mother of invention

πενιά (η) (pen) stroke. (μουσ) plucking of the strings

πενικιλίνη (η) penicillin

πενιχρός επίθ meagre

πένσα (η) pliers

πεντάγραμμο (το) (μουσ) stave

πεντάγωνο (το) pentagon. (στις ΗΠΑ) Pentagon

πεντάδυμο (το) quintuplet

πενταετ|ής επίθ five-year. (ηλικία) five-year-old. **~ία** (η) five-year period

πεντακάθαρος επίθ spick and span

πεντακόσι|οι επίθ five hundred. **~α** (το) five hundred

πεντάλ (το) άκλ pedal

πεντάλεπτος επίθ five-minute

πενταμελής επίθ five-member

πεντάμορφος επίθ very beautiful

πενταπλασιάζω ρ μτβ quintuple

πεντάπορτο|ς *επίθ* five-door. ~ αυτοκίνητο *(το)* estate car

πεντάρα *(η)* five-lepta coin. **δε με νοιάζει ~** I couldn't care less

πενταροδεκάρες *(οι)* peanuts

πεντάχρονος *επίθ* five-year-old

πεντάωρος *επίθ* five-hour

πέντε *επίθ* five. **~** *(το) άκλ* five

Πεντηκοστή *(η)* Whitsun

πεντηκοστό|ς *επίθ* fiftieth. **~** *(το)* fiftieth

πεντηκονταετ|ής *επίθ* fifty-year-old. **~ία** *(η)* fifty-year period

πεντηκοστός *επίθ* fiftieth

πεντικιούρ *(το) άκλ* pedicure

πεντόλιρο *(το)* fiver *(καθομ)*

πέος *(το)* penis

πεπειραμένος *επίθ* experienced

πεπερασμένος *επίθ* finite

πέπλο *(το)* veil

πέπλος *(ο)* veil. *(μεταφ)* shroud ·

πεποίθηση *(η)* conviction *(belief)*

πεπόνι *(το)* melon

πεπρωμένο *(το)* destiny

πεπτικός *επίθ* digestive

πέρα(ν) *επίρρ* beyond. **~ βρέχει** I/he etc. couldn't care less. **~ δώθε** to and fro. **~ για ~** through and through. **~ν πάσης αμφιβολίας** beyond any shadow of doubt. **~ ως ~** out-and-out. **τα βγάζω ~** I am coping

περαιτέρω *επίρρ* further

πέρα|ς *(το)* end, edge. **στα ~τα του κόσμου** to/at the end of the world. **φέρω εις ~ς** accomplish

πέρασμα *(το)* passage, pass. *(χρόνου)* lapse

περασμέν|ος *επίθ* past. **~η βδομάδα** *(η)* last week. **~ης μόδας** old-fashioned. **~ης ηλικίας** elderly. **~α ξεχασμένα** let bygones be bygones

περαστικ|ός *επίθ* passing. *(στιγμή)* fleeting. **~ός** *(ο)* passer-by. **~ά!** get well soon!

περβάζι *(το)* windowsill

περγαμηνή *(η)* parchment

πέρδικα *(η)* partridge

περδίκι *(το)* young partridge. **είμαι ~** be as fit as a fiddle

περηφανεύομαι *ρ μτβ* take pride (*για,* in). *(αποκτώ υπεροψία)* grow arrogant. *(καυχιέμαι)* boast

περηφάνια *(η)* pride. *(υπεροψία)* arrogance

περήφανος *επίθ* proud. *(υπερόπτης)* arrogant. **~α** *επίρρ* proudly

περί *πρόθ* about, for. *(περίπου)* about. **~ τίνος πρόκειται;** what is it about? **~ τα τριάντα άτομα** about thirty people

περιβάλλον *(το)* environment. *(φυσικό)* habitat. *(χώρος)* surroundings

περιβαλλοντικός *επίθ* environmental

περιβάλλω *ρ μτβ* surround. *(ντύνω)* dress. *(περιτυλίγω)* envelop

περίβλεπτος *επίθ* prominent, conspicuous

περίβλημα *(το)* cover

περιβόητος *επίθ* notorious

περιβολή *(η)* attire

περιβόλι *(το)* orchard

περίβολος *(ο)* surrounding wall. *(για ζώα)* enclosure. *(εκτάσεις)* grounds. *(οχύρωμα)* compound

περιγέλασμα *(το)* gibe

περίγελος *(ο)* laughing-stock

περιγελώ *ρ αμτβ* gibe at

περίγραμμα *(το)* outline

περιγραφή *(η)* description. *(αφήγηση)* account. *(χαρακτήρα)* portrayal

περιγραφικός *επίθ* descriptive

περιγράφω *ρ μτβ* describe. *(αφηγούμαι)* depict. *(χαρακτήρα)* portray

περιδέραιο *(το)* necklace

περιέκτης *(ο)* container

περιεκτικό|ς *επίθ* comprehensive. **~τητα** *(η)* content. **~τητα ποτού σε οινόπνευμα** proof *(of alcohol)*

περιεργάζομαι *ρ μτβ* peer at

περιέργεια *(η)* curiosity

περίεργο|ς *επίθ* curious. *(αδιάκριτος)* nosy. *(παράδοξος)* odd. *(κατεχόμενος από περίεργεια)* inquisitive. *(που παραξενεύει)* intriguing. **~α** *επίρρ* oddly, curiously, funnily

περιεχόμενο *(το)* content

περιέχω *ρ μτβ* contain

περιζήτητος *επίθ* sought-after

περιζώνω *ρ μτβ* encircle

περιήγηση *(η)* touring

περιηγητής *(ο)*, **~ήτρια** *(η)* tourist

περίθαλψη *(η)* nursing. *(σε νοσοκομείο)* hospitalization

περιθωριακός *επίθ* marginal

περιθώριο *(το)* margin. *(κινήσεως)* leeway. *(κοινωνίας)* fringe. *(παραγράφου)* indentation. *(μεταφ)* scope

περιθωριοποιώ *ρ μτβ* marginalize

περικεφαλαία *(η)* helmet. **βλάκας με ~** absolute nincompoop

περικλείνω *ρ μτβ* enclose. *(περιέχω)* encompass

περικόβω *ρ μτβ* cut down. *(έξοδα)* curtail. *(τιμές)* slash

περικοπή *(η)* cutback. *(κειμένου)* excerpt. *(τιμών)* slashing

περικυκλώνω *ρ μτβ* encircle

περιλαίμιο *(το)* dog collar

περιλαμβάνω *ρ μτβ* comprise

περιληπτικ|ός *επίθ* succinct. **~ά** *επίρρ* summarily

περίληψη *(η)* inclusion. *(απόδοση)* summary. *(γεγονότων)* résumé. *(επιστημονικού κειμένου)* abstract

περίλυπος *επίθ* sad

περιμένω *ρ μτβ/ρ αμτβ* wait, await. *(ελπίζω για κτ)* wait for. *(προσδοκώ)* expect

περίμετρος *(η)* perimeter

περιοδεία *(η)* tour

περιοδεύω *ρ μτβ* tour
περιοδεύων *επίθ* itinerant
περιοδικό *(το)* magazine, periodical
περιοδικ|ός *επίθ* periodic. **~ά** *επίρρ* periodically
περίοδος *(η)* period. *(έντονης δραστηριότητας)* bout. *(σύντομη)* spell. *(χρόνου)* term. **~ πολέμου** wartime. **κατά περιόδους** from time to time
περιορίζω *ρ μτβ* restrict. *(ελαττώνω)* limit. *(δραστηριότητες)* check, curb. *(μέσα σε όρια)* cut back/down. *(ποσότητα)* ration. *(σε χώρο)* confine
περιορισμένος *επίθ* limited. *(αντιλήψεως)* narrow. *(ορατότητα)* restricted
περιορισμός *(ο)* restriction. *(δραστηριοτήτων)* check, curb. *(ελάττωση)* limitation. *(πιστωτικών ευκολιών)* squeeze. *(σε χώρο)* confinement
περιοριστικός *επίθ* restrictive
περιουσία *(η)* wealth. *(αγαθά)* property. *(ακίνητη)* real estate. *(πλούτη)* fortune
περιουσιακ|ός *επίθ* property. **~ στοιχείο** *(το)* asset
περιοχή *(η)* region. *(έκταση)* area. *(πόλεως)* district. *(σχολείου)* catchment area. *(χώρος γύρω από σημείο)* vicinity
περίπατος *(ο)* walk. *(μικρός)* stroll *(κοντά στη θάλασσα)* promenade. *(μακρινός)* ramble. *(με αυτοκίνητο)* short drive. *(με ποδήλατο)* short ride.
περιπέτεια *(η)* adventure. *(ερωτική)* affair. *(κωμική)* escapade
περιπετειώδης *επίθ* adventurous
περιπίπτω *ρ μτβ* lapse
περιπλάνη|ση *(η)* wander. **~τικός** *επίθ* misleading
περιπλανιέμαι *ρ αμτβ* roam, wander. *(χάνω το δρόμο μου)* lose one's way
περιπλανώμενος *(ο)* wanderer
περιπλέκω *ρ μτβ* complicate
περιπλοκή *(η)* complication
περίπλοκος *επίθ* complex. *(γεμάτος εμπόδια)* complicated. *(επιχείρηση)* involved. *(μηχανισμός)* intricate. *(πλοκή)* elaborate
περιποίηση *(η)* attentiveness. *(αρρώστου)* nursing. *(εξυπηρέτηση)* service. *(τραύματος)* dressing
περιποιημέν|ος *επίθ* neat *(appearance)*. *(στο ντύσιμο)* spruce. **~α** *επίρρ* neatly
περιποιητικός *(επίθ)* attentive, considerate
περιποιούμαι *ρ μτβ* look after. *(άλογο)* groom. *(άρρωστο)* nurse. *(είμαι εξυπηρετικός)* be attentive to. *(πελάτη)* attend to. *(τραύμα)* dress
περιπολία *(η)* patrol. *(αστυνομικού)* beat
περιπολικό *(το)* *(αστυνομικό αυτοκίνητο)* panda car
περίπολος *(η)* patrol
περιπολώ *ρ μτβ/ρ αμτβ* patrol

περίπου *επίρρ* about, around. *(πάνω κάτω)* roughly. **~ δυο ώρες** some two hours. **~ το ίδιο** much the same. **είναι ~ οκτώ η ώρα** it's approximately 8 o'clock
περίπτερο *(το)* kiosk. *(βιβλιοπώλη)* bookstall. *(εταιρίας, σε έκθεση)* stand. *(οικοδόμημα σε έκθεση)* pavilion. *(σε πεζοδρόμιο)* stall
περίπτωση *(η)* case. *(συμβάν)* event. **εν πάση περιπτώσει** at any rate. **σε καμιά ~** on no account. **σε ~ ατυχήματος** in the event of an accident
περισκόπιο *(το)* periscope
περισπασμός *(ο)* distraction
περισπώ *ρ μτβ* divert. *(την προσοχή)* distract
περισπωμένη *(η)* circumflex
περίσσευμα *(το)* excess. *(εμπ)* surplus. *(υπόλειμμα)* leftovers
περισσεύω *ρ αμτβ* be in excess. *(πλεονάζω)* be left over. **δε μου ~ουν λεφτά** I can't spare any money
περισσότερο|ς *επίθ* more, most. **~** *επίρρ* more, most. **~ απ' ό, τι πρέπει** too much. **όλο και ~** more and more
περιστάσεις *(οι)* circumstances
περίσταση *(η)* occasion. *(ευκαιρία)* opportunity
περιστέρι *(το)* pigeon. *(της ειρήνης)* dove
περιστερώνας *(ο)* pigeon loft
περιστοιχίζω *ρ μτβ* surround. *(έγνοιες)* beset
περιστρεφόμεν|ος *επίθ* revolving. **~η γέφυρα** *(η)* swing bridge
περιστρέφ|ω *ρ μτβ* rotate. **~ομαι** *ρ αμτβ* revolve
περιστροφή *(η)* rotation
περιστροφικ|ός *επίθ* rotary. **~ή είσοδος** *(η)* turnstile
περίστροφο *(το)* revolver
περισυλλογή *(η)* collection. *(απορρυμμάτων)* salvage. *(συνετή διαχείριση)* careful management
περισφίγγω *ρ μτβ* close in
περισώζω *ρ μτβ* salvage
περιτειχίζω *ρ μτβ* build a wall round
περιτομή *(η)* circumcision
περιτριγυρίζω *ρ μτβ* surround
περίτρομος *επίθ* terrified
περιτροπή *(η)* rotation. **εκ ~ς** in turn
περιττεύω *ρ αμτβ* be superfluous
περιττολ|ογία *(η)* verbiage. **~όγος** *επίθ* verbose
περιττός *επίθ* superfluous. *(αριθμός)* odd. *(ανώφελος)* needless. *(που πλεονάζει)* redundant
περίττωμα *(το)* excrement
περιτύλιγμα *(το)* wrapping. *(μέσο)* wrapper
περιτυλίγω *ρ μτβ* wrap up. *(γύρω από κάτι άλλο)* wind round
περιφέρεια *(η)* periphery. *(γλουτοί)* hips. *(κύκλου)* circumference. *(όγκου)* girth.

(περιοχή) region. **εκλογική ~**
constituency

περιφερειακ|ός επίθ peripheral.
(περιοχής) regional. **~ά** επίρρ on the
periphery, regionally

περιφέρ|ω ρ μτβ take around. **~ομαι** ρ
αμτβ rove. (άσκοπα) hang about. (ύποπτα)
prowl

περίφημ|ος επίθ (εξαίρετος) smashing.
(ξακουστός) renowned. **~α** επίρρ
swimmingly

περιφορά (η) rotation. (εκκλ) procession

περιφραγμένο|ς επίθ fenced in. **~ς
χώρος** (ο) enclosure. **~ λιβάδι** (το) (για
άλογα) paddock

περιφράζω ρ μτβ fence in

περιφραστικός επίθ roundabout

περιφρόνηση (η) contempt. (αδιαφορία)
disregard. (αψηφισιά) defiance.
(προσβλητική) disdain

περιφρονητικ|ός επίθ contemptuous.
(που αψηφά) defiant. (προσβλητικός)
disdainful, scornful. **~ός μορφασμός** (ο)
sneer. **~ά** επίρρ defiantly, scornfully

περιφρονώ ρ μτβ look down on. (αψηφώ)
defy. (θεωρώ ανάξιο) scorn. (καταφρονώ)
despise

περιφρούρηση (η) safeguard. **~
απεργίας** picket line

περιχύνω ρ μτβ pour over

περίχωρα (τα) outskirts

περμανάντ (η) άκλ perm. **κάνω ~** have a
perm

περνώ ρ μτβ pass. (διανέμω) pass round.
(διατρυπώ) pass through. (κλωστή)
thread. **·** ρ αμτβ wear off. (επισκέπτομαι)
come round. (καιρός) go by, elapse.
(καταφέρνω) get by. **~ αθόρυβα** glide. **~
απέναντι** ferry. **~ από το μυαλό κπ**
cross s.o.'s mind. **~ από το σπίτι κπ**
drop in on s.o. **~ αργά** filter through. **~
θαυμάσια** have a whale of a time. **~ με
δυσκολία** scrape by. **~ ξυστά από** brush
against. **~ ξυστά πάνω από επιφάνεια**
skim over. **~ σαν αστραπή** whiz past. **~
τον καιρό μου** while away one's time. **~
μόλις ~** scrape through

περόνη (η) (μηχ) pin.

περονόσπορος (ο) mildew

περονοφόρο (το) fork-lift truck

Περού (το) άκλ Peru

περουβιαν|ός επίθ Peruvian. **Π~|ός** (ο),
Π~ή (η) Peruvian

περούκα (η) wig. (που σκεπάζει μέρος της
κεφαλής) toupee

περπάτημα (το) walking. (περπατησιά)
gait

περπατησιά (η) gait

περπατώ ρ μτβ walk. (βαδίζω) tread. **~
αργά** amble. **~ βαριά** clump. **~
θυμωμένα** stalk. **~ κουνιστά** waddle. **~
με κόπο** trudge. **~ με τα χέρια** do a
handstand

πέρσι επίρρ last year

Πέρσης (ο), **Περσίδα** (η) Persian

περσικ|ός επίθ Persian. **Π~ός Κόλπος** (ο)
the Persian Gulf. **~ά** (τα) Persian

περσινός επίθ last year's

πέρυσι επίρρ βλ **πέρσι**

πέσιμο (το) fall. (αυλαίας) drop

πέστροφα (η) trout

πέτα(γ)μα (το) discarding, throwing away.
(πουλιού) flight. (ρίψη) throwing

πετάλι (το) treadle

πεταλίδα (η) limpet

πέταλο (το) horseshoe. (λουλουδιού) petal

πεταλούδα (η) butterfly. (ρυθμιστική
βαλβίδα) throttle

πεταλουδίζω ρ αμτβ flutter

πεταλώνω ρ μτβ shoe

πεταμέν|ος επίθ discarded. (λεφτά)
wasted. **~α** (τα) cast-offs

πεταχτός επίθ nimble. (γρήγορος) fleeting.
(μάτια) bulging. (περπατησιά) jaunty. (που
εξέχει) prominent

πετειν|ός (ο) cockerel. (όπλου) cock.
κατηγορία ~ού (η) bantamweight

πέτο (το) lapel

πετονιά (η) (fishing) line

πέτρα (η) stone. (σε νερό για πέρασμα)
stepping-stone. **πολύτιμη ~** gem

πετραδάκι (το) pebble

πετράδι (το) gem

πετραχήλι (το) stole. **τάζω λαγούς με ~α**
promise the earth

πετρέλαιο (το) petroleum. (για θέρμανση)
oil. (για αυτοκίνητα) diesel

πετρελαιοκινητήρας (ο) diesel engine

πετρελαιοκηλίδα (η) oil slick

πετρελαιοπαραγωγός επίθ oil-producing

πετρελαιοφόρ|ος επίθ oil-bearing. **~α
περιοχή** (η) oilfield. **~ο** (το) oil tanker

πέτρινος επίθ stone

πετροβόλημα (το) stone throwing

πετροπόλεμος (ο) exchange of stone
throwing (children)

πετροχελίδονο (το) swift (bird)

πετρώδης επίθ stoney

πέτρωμα (το) rock

πετρώνω ρ μτβ/αμτβ turn to stone.
(μεταφ) petrify

πέτσα (η) skin. (χοιρινού κρέατος,
ξεροψημένη) crackling

πετσάκι (το) (νυχιού) cuticle

πετσέτα (η) napkin. (κουζίνας) tea towel.
(μπάνιου) towel. (φαγητού) serviette

πετσετάκι (το) doily

πετσετούλα (η) (προσώπου) face flannel

πετσί (το) skin. **~ και κόκκαλο** skin and
bones. **~ σαμουά** chamois leather

πέτσινος επίθ leather

πετσοκόβω ρ μτβ slash. (σφάζω) hack to
pieces

πετυχαίνω ρ μτβ/ρ αμτβ land. (ευστοχώ)
hit. (συναντώ) run into. **·** ρ αμτβ make
good

πετ|ώ *ρ μτβ* throw away. *(απορρίπτω)* dump. *(δίνω περιφρονητικά)* throw. *(με δύναμη)* hurl **~ώ κουβέντα** drop a hint. • *ρ αμτβ* fly. *(από χαρά)* jump. **~ έξω** throw out. **~ιέμαι** *ρ αμτβ* dash. *(ανατινάζομαι)* start, jump. *(επεμβαίνω)* chip in. *(πηγαίνω κάπου γρήγορα)* nip. **~ιέμαι έξω** pop out

πεύκο *(το)* pine

πέφτω *ρ αμτβ* fall. *(θερμοκρασία)* drop. *(πλαγιάζω)* lie down. *(ρούχα)* hang. *(τιμές)* come down. **~ από** fall off. **~ απότομα** slump. **~ έξω** *(πλοίο)* run aground. *(μεταφ)* miscalculate. **~ κατακόρυφα** plummet. **~ με αλεξίπτωτο** parachute. **~ με τα μούτρα στη δουλειά** set to work. **~ πάνω σε κτ/κπ** stumble across sthg./s.o. **~ πάνω σε** *(απάντηση)* hit upon. **~ πάνω σε** *(επιθετικά)* go for. **~ στην παγίδα** fall for a trick. **~ στο φαΐ** tuck into one's food

πέψη *(η)* digestion

πήγα *βλ* **πηγαίνω**

πηγάδι *(το)* well

πηγάζω *ρ αμτβ* spring, issue

πηγαινέλα *(το) άκλ* coming and going

πηγαινοέρχομαι *ρ αμτβ* go backwards and forwards. *(περπατώ)* walk to and fro

πηγαίνω *ρ μτβ* take. • *ρ αμτβ* go. *(δρόμος)* lead. *(μετακομίζω)* move into. *(ταιριάζω)* suit. *(σχολείο)* attend. *(φεύγω)* leave. **~ καλά** go well. **~ με τα πόδια** walk. **~ αυτοκίνητο** drive. **~ υπηρέτρια** go into service

πηγεμός *(ο)* outward journey

πηγή *(η)* source. *(νερού)* spring

πηγούνι *(το)* chin

πηδάλιο *(το)* helm, rudder

πηδαλιούχος *(ο)* coxswain

πήδημα *(το)* leap. *(επιθετικά)* pounce. *(στο πλάι)* dodge

πηδώ *ρ μτβ* climb over. *(πάνω από)* jump over. *(παραλείπω)* skip. *(τοίχο)* scale. • *ρ αμτβ* jump, leap. *(σε ένα πόδι)* hop. **~ από τη χαρά μου** jump for joy. **~ πάνω σε** pounce on. **~ την ουρά** jump the queue

πήζω *ρ μτβ/αμτβ* *(αίμα)* congeal. *(γάλα)* curdle. *(ζελές)* set. *(κρέμα)* clot. *(σούπα)* thicken

πηλήκιο *(το)* cap

πηλίκο *(το)* quotient

πήλινος *επίθ* clay

πηλός *(ο)* clay

πηνίο *(το)* coil

πήρα *βλ* **παίρνω**

πι *(το) άκλ* pi. **στο ~ και φι** in a jiffy

πια *επίρρ* any longer. **ποτέ ~** never again

πιανίστ|ας *(ο)*, **~ρια** *(η)* pianist

πιάνο *(το)* piano. **~ με ουρά** grand piano. **όρθιο ~** upright piano

πιάν|ω *ρ μτβ* take. *(αδράχνω)* grasp. *(αρπάζω)* get hold of. *(αρχίζω)* start.

(θέση) reserve. *(πλοίο)* put into. *(προφταίνω)* catch up with. *(ράβω πρόχειρα)* tack. *(συλλαμβάνω)* catch. • *ρ αμτβ* catch on. *(φαγητό)* stick. *(φυτά)* take. **~ω γνωριμία** strike up an acquaintance. **~ω κουβέντα** enter into conversation. **~ω με το καλό** use gentle persuasion. **~ω σταθμό** tune in. **~ω κπ στα πράσα** catch s.o. red-handed. **~ω κπ στον ύπνο** catch s.o. napping. **~ω τόπο** take up space. *(μεταφ)* make one's mark. **~ω φιλίες** strike up a friendship. **~ω φωτιά** catch. **με ~ει λάστιχο** have a puncture. **~ομαι** *ρ αμτβ* catch, get stuck. *(μουδιάζω)* feel stiff. *(τσακώνομαι)* come to blows

πιάσιμο *(το)* grasp. *(καβγάς)* row

πιάστρα *(η)* oven cloth

πιαστράκι *(το) (των μαλλιών)* (hair-)slide

πιατάκι *(το)* saucer

πιατέλα *(η)* platter

πιατικά *(τα)* crockery

πιάτο *(το)* plate, dish. *(με φαγητό)* plateful. *(σειρά)* course

πιατοθήκη *(η)* (plate-)rack

πιάτσα *(η)* square. *(για ταξί)* taxi rank

πιγκουΐνος *(ο)* penguin

πιγούνι *(το)* *βλ* **πηγούνι**

πίδακας *(ο)* jet, spout. *(νερού)* fountain

πιέζ|ω *ρ μτβ* press. *(εξασκώ πίεση)* pressurize. *(κουμπί)* push. **~ομαι** *ρ αμτβ* be pressed. *(για χρόνο)* be pushed

πίεση *(η)* pressure. *(ενόχληση)* duress. *(ιατρ)* blood pressure

πιεστ|ήριο *(το)* press. **επί του ~ηρίου** stop press

πιεστικός *επίθ* pressing

πιέτα *(η)* pleat

πιθανολογ|ώ *ρ αμτβ* speculate. **~είται** it is rumoured

πιθανόν *επίρρ* possibly, likely. *(ίσως)* perhaps

πιθαν|ός *επίθ* probable, likely. **~ώς** *επίρρ* probably

πιθανότητ|α *(η)* probability, likelihood. *(ενδεχόμενο)* eventuality. *(ευκαιρία)* chance. **~ες** *(οι)* odds

πιθηκίζω *ρ μτβ* ape

πίθηκος *(ο)* ape. *(μαϊμού)* monkey

πίκα *(η)* pique

πικάντικος *επίθ* piquant

πικ απ *(το) άκλ* record player

πικές *(ο)* piqué

πικετοφορία *(η)* picket

πικνίκ *(το) άκλ* picnic

πίκρα *(η)* acrimony. *(πικρία)* bitterness

πικραίν|ω *ρ μτβ* embitter. **~ομαι** *ρ αμτβ* feel embittered

πικραμένος *επίθ* embittered

πικρία *(η)* bitterness

πικρίζω *ρ αμτβ* taste bitter

πικρ|ός *επίθ* bitter. **~ά** *επίρρ* bitterly

πικρόχολος *επίθ* bilious. *(φαρμακερός)* cantankerous

πιλάφι (το) pilau
πίλος (ο) (academic) cap
πιλοτάρω ρ μτβ pilot
πιλότος (ο) pilot (of aeroplane). **μελέτη ~** pilot study
πίνακας (ο) chart (table). (έργο ζωγραφικής) painting. (κατάλογος) table. (μαυροπίνακας) blackboard. **~ ανακοινώσεων** notice board
πινακίδα (η) signpost. (οδικής κυκλοφορίας) road sign. **~ κυκλοφορίας** number plate
πινακοθήκη (η) art gallery
πινγκ πονγκ (το) άκλ table tennis
πινέζα (η) drawing pin
πινελιά (η) brush stroke. **~ μπογιάς** dab of paint
πινέλο (το) paintbrush. **~ του ξυρίσματος** shaving brush
πίνω ρ μτβ/ρ αμτβ drink. **~ αργά** sip. **~ γουλιά γουλιά** sup. **~ στην υγεία** toast
πιο επίρρ more. **~ μακριά** furthest. **~ μακρινός** (ο) furthermost
πιόνι (το) piece (in game). (σκάκι, μεταφ) pawn
πιοτό (το) βλ **ποτό**
πίπα (η) pipe (for smoking). (για τσιγάρο) cigarette holder
πιπεράτος επίθ peppery
πιπέρι (το) pepper
πιπεριά (η) capsicum. (φυτό) pepper plant
πιπεριέρα (η) pepper pot
πιπερόριζα (η) ginger
πιπερώνω ρ μτβ pepper
πιπίλα (η) dummy (of baby)
πιπιλίζω ρ μτβ suck
πιρουέτα (η) pirouette
πιρούνι (το) fork
πιρουνιάζω ρ μτβ pierce with a fork. (μεταφ) penetrate
πιρτσίνι (το) rivet
πισίνα (η) swimming-pool
πισινός επίθ rear. (ζώου) hind **~** (ο) backside. (παντελονιού) seat
πίσσα (η) tar. (κυπρ) chewing-gum. (μεταφ) pitch. **σκοτάδι ~** pitch dark
πισσώνω ρ μτβ tar
πισσωτός επίθ tarry
πίστα (η) (αυτοκινητοδρομίων) racetrack. (παγοδρομίων) rink. (σκι) run. (τσίρκο) ring. (χορού) dance floor
πιστευτός επίθ credible
πιστεύω ρ μτβ/ρ αμτβ believe. (νομίζω) hold. **~** (το) creed
πίστη (η) belief. (αφοσίωση) allegiance. (εκκλ) faith. (εμπ) credit. (πεποίθηση) credence. (συζυγική) fidelity
πιστόλι (το) pistol. **~ ψεκασμού** spray gun
πιστολάκι (το) small hand gun. (στην κομμωτική) blow dryer
πιστοποιητικό (το) certificate
πιστοποιώ ρ μτβ certify

πιστό|ς (ο) believer. (ακριβής) true. (αφοσιωμένος) faithful. (σταθερός) loyal. **~ς υποστηρικτής** (ο) stalwart. **οι ~ί** the faithful. **~ά** επίρρ faithfully, loyally
πιστότητα (η) faithfulness. (μηχ) fidelity
πιστώνω ρ μτβ credit
πίστωση (η) credit. **επί πιστώσει** on trust
πιστ|ωτής (ο), **~ώτρια** (η) creditor
πιστωτικ|ός επίθ credit. **~ός λογαριασμός** (ο) credit account. **~ή κάρτα** (η) credit card
πίσω επίρρ behind. (προς το αρχικό σημείο) back. (κατόπι) following. **~ μέρος** (το) rear. (αυτοκινήτου, σπιτιού) back. **~ όψη της σελίδας** overleaf. **κάνω ~** move back. **μένω ~** be left behind. (στα μαθήματα) fall behind. (μεταφ) be behind the times. **πάω ~** (ρολόι) be slow. **παίρνω από ~** follow. **προς τα backwards**
πισώπλατα επίρρ behind one's back
πίτα (η) pie. (κυπρ) pitta bread. **έγινε ~** it was flattened
πιτζάμα (η) pyjamas
πίτουρο (το) bran
πίτσα (η) pizza
πιτσαρία (η) pizzeria
πιτσιλίζω ρ μτβ splash
πιτσίλισμα (το) splash
πιτσιλωτός επίθ speckled
πιτσιρίκος (ο) nipper
πιτυρίδα (η) dandruff
πλαγιά (η) side. (βουνού) mountainside. (λόφου) hillside
πλαγιάζω ρ αμτβ lie down
πλάγι|ος επίθ sideways, sidelong. (διπλανός) adjacent. (έμμεσος) circuitous. (μη νόμιμος) devious. **~ος λόγος** (ο) indirect speech. **~α γράμματα** (τα) italics. **~α** επίρρ sideways, edgeways
πλαδαρός επίθ flabby. (μεταφ) feeble. **~τητα** (η) flabbiness, feebleness
πλαζ (η) beach
πλάθω ρ μτβ mould. (όνειρα) make. (ιστορία) make up
πλάι (το) side. • επίρρ by, next to. **~ ~** side by side
πλαϊνός επίθ side. **~** (ο) next door neighbour
πλαίσιο (το) surround. (σκελετός) framework. (ζωγραφικού πίνακα) frame
πλάκα (η) slab. (ακτινογραφίας) X-ray. (πλακόστρωτου) paving stone. (ρολογιού) face. (σαπουνιού) tablet. (σοκολάτας) bar. (στέγης) slate. (μεταφ) lark
πλακάκι (το) tile
πλακάτ (το) άκλ placard
πλακέτα (η) plaque
πλακομύτης επίθ pug-nosed
πλακοστρώνω ρ μτβ pave. (στέγη) slate. (τοίχο) tile
πλακόστρωτο (το) patio
πλακούντας (ο) afterbirth

πλακώνω ρ μτβ crash. (μεταφ) come on suddenly

πλανεύω ρ μτβ seduce

πλάνη¹ (η) plane (tool)

πλάνη² (η) fallacy

πλανήτης (ο) planet

πλανητικός επίθ planetary

πλανίζω ρ μτβ plane

πλάνο (το) plan

πλανόδιος επίθ itinerant

πλάνος επίθ seductive

πλαντάζω ρ αμτβ (από θυμό) choke

πλάση (η) creation

πλασιέ (ο) άκλ travelling salesman

πλάσμα (το) creature. (δημιούργημα) figment. (ιατρ) plasma

πλαστελίνη (η) Plasticine (P.)

πλάστης¹ (ο) rolling-pin

Πλάστης² (ο) Creator

πλάστιγγα (η) scales (balance)

πλαστικό (το) plastic. (δαπέδου) linoleum

πλαστικ|ός επίθ **~ή εγχείρηση** (η) plastic surgery. **~ή σακούλα** (η) polythene bag

πλαστισίνη (η) (Κύπ) Plasticine (P.)

πλαστογράφηση (η) counterfeit

πλαστογραφία (η) forgery

πλαστογράφος (ο, η) forger

πλαστογραφώ ρ μτβ counterfeit. (έγγραφο, υπογραφή) forge

πλαστός επίθ counterfeit. (έγγραφο) forged. (νόμισμα) dud

πλαταγίζω ρ μτβ (νερό) lap. (χείλη) smack

πλαταίνω ρ μτβ widen

πλατάνι (το) plane (tree)

πλατεία (η) square (area)

πλάτη (η) back

πλατίνα (η) platinum

πλατό (το) plateau. (πικ απ) turntable

πλάτος (το) width. (γεωγ) latitude. (γνώμης) breadth. (ναυτ) beam

πλατσουρίζω ρ αμτβ squelch

πλατυποδία (η) flat-footedness

πλατ|ύς επίθ wide. (εκτεταμένος) extensive. (ευρύς) broad. **~ιά χειρονομία** (η) sweeping gesture. **~ύ χαμόγελο** (το) grin. **~ά** επίρρ wide

πλατύσκαλο (το) landing

πλατφόρμα (η) platform. **~ αντλήσεως πετρελαίου** (η) oil-rig

πλατωνικός επίθ platonic

πλαφονιέρα (η) door light (in car)

πλέγμα (το) mesh. (μεταφ) web

πλειοδότης (ο) highest bidder

πλειοδοτώ ρ μτβ outbid

πλειονότητα (η) majority

πλειοψηφία (η) majority

πλειστηριασμός (ο) auction sale

πλειστηριαστής (ο) auctioneer

πλείστος επίθ most. **οι ~ι** most people. **ως επί το ~ν** for the most part. **κατά το ~ν** by and large

πλεκτάνη (η) frame-up

πλέκω ρ μτβ knit. (καρέκλα) cane. (λουλούδια) weave. (μαλλιά) plait. (μεταφ) weave

πλέν|ω ρ μτβ wash. (με μάνικα) hose down. (πιάτα) wash up. **~ω και σιδερώνω** launder. **που ~εται** washable

πλεξίδα (η) pigtail. (κρεμμυδιών) string

πλέξιμο (το) knitting

πλέον επίρρ more. (μαθημ) plus. **επί ~** in addition

πλεονάζων επίθ surplus. (προσωπικό) redundant

πλεόνασμα (το) surplus. (περίσσευμα) excess

πλεονασμός (ο) redundancy

πλεονέκτημα (το) advantage

πλεονέκτ|ης (ο), **~ρια** (η) greedy person

πλεονεκτικ|ός επίθ advantageous. **~ή θέση** (η) vantage-point

πλεονεξία (η) greed

πλευρ|ά (η) side. (ζώου) flank. (μεταφ) facet. **απ' όλες τις ~ές** from all quarters

πλευρίζω ρ αμτβ (ναυτ) come alongside

πλευρίτιδα (η) pleurisy

πλευρό (το) side (of person). (ανατ) rib

πλεύση (η) sailing

πλευστότητα (η) buoyancy

πλεχτ|ός επίθ knitted. **~ά** (τα) knitwear

πλέω ρ αμτβ float. (ναυτ) navigate. (μεταφ) swim

πληγή (η) wound. (ανοιχτή) sore. (μεταφ) plague

πλήγμα (το) hurt

πληγώνω ρ μτβ injure, wound. (μεταφ) hurt

πλήθος (το) crowd. (λαός) throng

πληθυντικός (ο) plural

πληθυσμιακ|ός επίθ (of the) population. **~ή έκρηξη** population explosion

πληθυσμός (ο) population

πληθώρα (η) surfeit

πληθωρισμ|ός (ο) inflation. **~τικός** επίθ inflationary

πληκτικ|ός επίθ boring. **~ς άνθρωπος** (ο) bore

πλήκτρο (το) key (piano, typewriter)

πληκτρολόγιο (το) keyboard

πλημμελειοδικείο (το) magistrate's court

πλημμύρα (η) flood

πλημμυρίδα (η) incoming tide

πλημμυρίζω ρ μτβ/ρ αμτβ flood. (μεταφ) swamp

πλήμνη (η) hub

πλην πρόθ except. (σύνδ) but. (μαθημ) minus. **~** (το) minus. **ήρθαν όλοι ~ ενός** everybody came except one. **είναι όμορφη ~ μάλλον απερίσκεπτη** she is pretty but rather thoughtless. **τα συν και τα ~** the pros and cons

πλήξη (η) boredom

πληρεξούσι|ος (ο) proxy. **~ς δικηγόρος** attorney. **~ν** (το) power of attorney (document)

πληρεξουσιότητα (η) power of attorney
πλήρ|ης επιθ complete. (άρτιος) thorough. (γεμάτος) full. **~ης απασχόληση** (η) full-time work. **~ως** επίρρ completely, fully, in full
πληρότητα (η) fullness
πληροφόρηση (η) information (briefing)
πληροφορία (η) information. (κρυφή) tip-off
πληροφορική (η) information technology
πληροφοριοδότ|ης (ο), **~ρια** (η) informant
πληροφορ|ώ ρ μτβ inform. **~ούμαι** ρ αμτβ be informed. (μαθαίνω) hear
πληρώ ρ μτβ fulfil
πλήρωμα (το) crew
πληρωμένος επιθ paid
πληρωμή (η) payment, pay
πληρώνω ρ μτβ pay. (εξοφλώ) settle. (λαϊκ) fork out. **~ σε μετρητά** pay cash. **~ το λογαριασμό** check out (of hotel)
πλήρωση (η) (γέμισμα) filling. (όρων) fulfilment
πληρωτ|έος επιθ payable. **~ής** (ο) payer
πλησιάζω ρ μτβ approach. (έρχομαι κοντά) go/get near. **~** ρ αμτβ border on. **~ αθέατος** stalk. **~ δειλά** sidle up to
πλησιέστερο|ς επιθ nearest. **~ι συγγενείς** (οι) next of kin
πλησίον επίρρ near. **~** (ο) fellow man
πλήττω ρ μτβ smite. **·** ρ αμτβ be bored
πλιάτσικο (το) loot. (πράξη) looting
πλιγούρι (το) crushed wheat
πλίθος (ο) mud brick
πλινθόκτιστος επιθ built with mud bricks
πλισάρω ρ μτβ pleat
πλισές (ο) pleat
πλοήγηση (η) (ναυτ) piloting.
πλοηγ|ός (ο) pilot (in shipping). **~ώ** ρ μτβ (ναυτ) pilot
πλοίαρχος (ο) captain. (εμπορικού ναυτ) master
πλόιμος επιθ navigable (of craft)
πλοί|ο (το) ship. (της γραμμής) liner. **με ~** by sea. **~α** (τα) shipping
πλοιοκτήτης (ο) ship owner
πλοκάμι (το) tentacle
πλοκή (η) plot
πλουμιστός επιθ adorned
πλους (ο) voyage
πλουσιοπάροχος επιθ lavish
πλούσιο|ς επιθ rich. (βλάστηση) lush. (γεύμα) hearty. (με περιουσία) wealthy. (πολυτελής) opulent. (συγκομιδή) bumper. **οι ~ι και οι φτωχοί** the haves and have-nots. **~α** επίρρ richly, lavishly
πλούτη (τα) riches
πλουτίζω ρ μτβ enrich. **·** ρ αμτβ get rich
πλουτοκράτ|ης (ο), **~ισσα** (η) plutocrat
πλουτοκρατία (η) plutocracy
πλούτος (ο) wealth
πλουτώνιο (το) plutonium

πλυντήριο (το) washing-machine. (κτίριο) laundry. **~ πιάτων** dishwasher. **~ χρημάτων** money laundering
πλύση (η) wash. (πληγής) cleansing
πλύσιμο (το) washing. **~ των πιάτων** washing-up
πλυσταριό (το) laundry room
πλύστρα (η) laundress
πλώρη (η) (ναυτ) prow, bow
πλωτ|ός επιθ navigable (of river). **~ή γέφυρα** (η) pontoon bridge. **~ή δίοδος** (η) waterway. **~ό μέσο** (το) pontoon. **~ό σπίτι** (το) houseboat
π.μ. συντ (πριν το μεσημέρι) am (anti meridiem)
πνεύμα (το) spirit
πνευματικ|ός επιθ spiritual. **~ή κρίση** (η) brainstorm. **~ή ιδιοκτησία** (η) intellectual property. **~ή συγκέντρωση** (η) seance. **~ά δικαιώματα** (τα) intellectual rights. **~ός** (ο) confessor. **~ά** επίρρ spiritually
πνευματισμός (ο) spiritualism
πνευματ|ιστής (ο), **~ίστρια** (η) spiritualist
πνευματώδης επιθ witty. **~ απάντηση** (η) repartee
πνεύμονας (ο) lung
πνευμονία (η) pneumonia
πνευστό|ς επιθ wind. **~ όργανο** (το) wind instrument
πνέω ρ μτβ blow
πνιγερός επιθ stifling. (ατμόσφαιρα) sultry. (καιρός) muggy
πνιγηρός επιθ βλ **πνιγερός**
πνιγμός (ο) drowning
πνίγ|ω ρ μτβ drown. (ήχο) muffle. (προκαλώ ασφυξία) suffocate. (στερώντας αέρα) smother. (μεταφ) stifle. **~ομαι** ρ αμτβ drown. (από ασφυξία) suffocate. (από φαγητό) choke. **~ομαι στη δουλειά** be snowed under with work
πνιχτός επιθ muted
πνοή (η) breath
ποδαράκι (το) small foot. (ποτηριού) stem
ποδαρικό (το) luck (brought by first visitor of the day)
ποδηλασία (η) cycling
ποδηλά|της (ο), **~τις** (η) cyclist
ποδήλατο (το) bicycle
ποδηλατώ ρ αμτβ pedal
πόδι (το) foot. (πάνω από τον αστράγαλο) leg. (επίπλων) leg. (ζώου) paw. (μέτρο) foot (= 30.48 cm.). **είμαι στο ~** be up and about. **με τα ~α** on foot. **πατώ ~** put one's foot down. **πέφτω στα ~α κπ** fall at s.o.'s feet. **σηκώνω στο ~** cause a stir. **το βάζω στα ~α** take to one's heels. **τρώω κτ στο ~** snatch sthg. to eat
ποδιά (η) apron. (φόρεμα) pinafore. (το μπροστινό μέρος φορέματος) lap
ποδίατρος (ο) chiropodist
ποδοβολητό (το) thud (of feet)

ποδόγυρος (ο) hem (of dress)
ποδόλουτρο (το) foot bath
ποδοπατώ ρ μτβ trample
ποδοσφαιριστής (ο) footballer
ποδόσφαιρο (το) football, soccer
πόζα (η) pose
ποζάρω ρ αμτβ pose. (για πίνακα) sit
πόθεν επίρρ from where
ποθητός επίθ desirable
πόθος (ο) lust
ποθώ ρ μτβ long, for. (ερωτικά) lust after
ποίημα (το) poem
ποίηση (η) poetry
ποιητάρης (ο) composer of folk songs
ποιητικός επίθ poetic, poetical
ποιητής (ο) poet
ποιήτρια (η) poetess
ποικιλία (η) assortment. (αλλαγή) variety. (ανομοιότητα) diversity
ποικίλλω ρ μτβ/ρ αμτβ vary
ποικιλομορφία (η) diversity of form
ποικίλος επίθ assorted. (με πολλά χρώματα) motley. (που διαφέρει) varying. (πολύμορφος) varied. (ανόμοιος) diverse
ποικιλό|τροπος επίθ varied. **~οτρόπως** επίρρ variously
ποικιλόχρωμος επίθ motley
ποιμένας (ο) shepherd. (εκκλ) pastor
ποιμενικός επίθ pastoral
ποίμνιο (το) flock
ποινή (η) penalty (fine). (νομ) sentence
ποινικ|ός επίθ penal. **~ός κώδικας** (ο) criminal code. **~ή ρήτρα** (η) penalty clause. **~ό μητρώο** (το) criminal record
ποιόν (το) quality. (ανθρώπου) character
ποιος αντων who. **~ από τους δυο σας;** which one of you? **για ποιο λόγο;** what for?
ποιότητα (η) quality
ποιοτικ|ός επίθ qualitative. **~ά** επίρρ qualitatively
ποιου βλ **ποιος**
πόκα (η) poker (card game)
πολεμικ|ός επίθ warlike. (μαχητικός) polemic. **~ό πλοίο** (το) warship. **~ό σκάφος** (ο) man-of-war. **~ές επιχειρήσεις** (οι) warfare. **~ή** (η) polemic
πολέμιος επίθ hostile. **~** (ο) opponent
πολεμιστής (ο) warrior
πολεμίστρα (η) embrasure
πολεμοκάπηλος (ο) warmonger
πόλεμος (ο) war
πολεμοφόδια (τα) munitions. (πυρομαχικά) ammunition
πολεμοχαρής επίθ belligerent
πολεμώ ρ μτβ/ρ αμτβ fight. (προσπαθώ) strive
πολεοδομία (η) town planning
πόλη (η) town. (μεγάλη) city
πολικ|ός επίθ polar. **~ός αστέρας** (ο) pole star. **~ή άρκτος** (η) polar bear
πολιομυελίτιδα (η) polio(myelitis)

πολιορκ|ητής (ο) besieger. **~ία** (η) siege
πολιορκώ ρ μτβ besiege. (πλήθος) mob. (μεταφ) beset
πολιτεία (η) state
πολίτευμα (το) system of government
πολίτ|ης (ο), **~ις** (η) citizen. (μη στρατιωτικός) civilian. **αγωγή του ~ου** (η) civics
πολιτικά (τα) politics
πολιτική (η) policy
πολιτικ|ός επίθ civilian. (μη στρατιωτικός/εκκλ) civil. (σχετικός με την πόλη) civic. (σχετικός με την πολιτική) political. **~ός άνδρας** (ο) statesman. **~ός μηχανικός** (ο) civil engineer. **~ά ρούχα** (τα) civilian clothes. (αστυνομικού) plain clothes. **~** (ο, η) politician
πολιτισμένος επίθ civilized
πολιτισμός (ο) civilization. (κουλτούρα) culture
πολιτιστικός επίθ cultural
πολιτογράφηση (η) naturalization
πολιτογραφώ ρ μτβ naturalize
πολιτοφυλακή (η) militia
πόλκα (η) polka
πολλαπλασιάζ|ω ρ μτβ multiply. (προσπάθειες) intensify. **~ομαι** ρ αμτβ proliferate. (ζώα) breed
πολλαπλασιασμός (ο) proliferation. (μαθημ) multiplication
πολλαπλάσιο (το) multiple
πολλαπλός επίθ multiple. (μηχ) manifold
πολλοστός επίθ umpteenth
πόλο (το) άκλ polo
Πόλος (ο) (γεωγρ) pole
πολτοποιώ ρ μτβ (μαγ) mash. (φρούτο) liquidize. (μεταφ) reduce to pulp
πολτός (ο) pulp. (ντομάτας) paste
πολύ επίρρ very (αμερ) real. (απόσταση) far. (ποσότητα) much, greatly. (χρόνος) long. **~ αργά** dead slow. **~ καλά** very well. **~ καλύτερα** considerably better. **θέλω ~** want badly. **κατά ~** by far. **λίγο ~** more or less. **πάρα ~** very much, a great deal. **πίνω ~** drink heavily. **το ~** at most. **τόσο ~** so much
πολυαγάπητος επίθ dearest
πολυαιθυλένιο (το) polythene
πολυάριθμος επίθ numerous
πολυάσχολος επίθ busy
πολυβόλο (το) machine-gun
πολυβολώ ρ μτβ machine-gun
πολυγαμία (η) polygamy
πολύγαμος επίθ polygamous. **~** (ο) polygamist
πολύγλωσσος επίθ polyglot
πολύγραφος (ο) duplicator
πολυγραφώ ρ μτβ stencil. (σε μηχάνημα) duplicate
πολύγωνο (το) polygon
πολυεθνικός επίθ multinational. **~ή εταιρία** (η) multinational (company)
πολυέλαιος (ο) chandelier

πολυέξοδος *επίθ* costly
πολυεστέρας (*o*) polyester
πολυετής *επίθ* of many years. **~ές φυτό** (*το*) perennial
πολυζήλευτος *επίθ* enviable
πολυήμερος *επίθ* of many days
πολυθρόνα (*η*) armchair
πολυθρύλητος *επίθ* legendary
πολυκατάστημα (*το*) department store
πολυκατοικία (*η*) block (of flats)
πολυκλινική (*η*) polyclinic
πολυκοσμία (*η*) crowds of people
πολύκροτος *επίθ* sensational
πολυλογία (*η*) waffle (*καθομ*)
πολυλογώ *ρ αμτβ* waffle (*καθομ*)
πολυμάθεια (*η*) erudition
πολυμαθής *επίθ* erudite
πολυμέρεια (*η*) versatility
πολυμερής *επίθ* versatile
πολυμήχανος *επίθ* resourceful
πολυόροφος *επίθ* multistorey
πολύπειρος *επίθ* very experienced
πολύπλευρος *επίθ* many-sided
πολύπλοκος *επίθ* complicated. (*μπερδεμένος*) complex. (*περίπλοκος*) elaborate
πολύποδας (*o*) polyp
πολυποίκιλος *επίθ* multifarious
πολ|ύς *επίθ* (*αριθμός*) many. (*ποσότητα*) much. (*χρόνος*) long. (*σπουδαίος*) important. **~λή ώρα** a long time. **~λές φορές** many a time. **~λά και διάφορα** variety of things. **έγινε μέγας και ~ς** he's gone up in the world
πολυσήμαντος *επίθ* comprehensive. (*σημαντικός*) momentous
πολυστυρόλιο (*το*) polystyrene
πολυτάραχος *επίθ* eventful. **~η σταδιοδρομία** (*η*) chequered career
πολύτεκνος *επίθ* with many children
πολυτέλεια (*η*) luxury
πολυτελέστατος *επίθ* sumptuous
πολυτελ|ής *επίθ* luxurious. (*σε εμφάνιση*) plush, sumptuous. **~ώς** *επίρρ* sumptuously
πολυτεχνείο (*το*) polytechnic
πολυτεχνίτης (*o*) jack of all trades
πολύτιμος *επίθ* valuable. (*σε αξία*) precious
πολύχρωμος *επίθ* multi-coloured
πολύωρος *επίθ* of many hours
Πολωνία (*η*) Poland
πολωνικ|ός *επίθ* Polish. **~ά** (*τα*) Polish (*language*)
Πολων|ός (*o*), **~έζα** (*η*) Pole
πόλωση (*η*) polarization
πόμολο (*το*) door knob
πομπή (*η*) procession. (*νεκρική*) cortège
πομποδέκτης (*o*) (*φορητός*) walkie-talkie
πομπόν (*το*) *άκλ* pompon. (*για πούδρα*) puff
πομπός (*o*) transmitter
πομπώδης *επίθ* pompous. (*γλώσσα*) turgid

πόνεϊ (*το*) *άκλ* pony
πονεμένος *επίθ* pained. (*από πληγή*) sore. (*έκφραση*) hurt
πονετικός *επίθ* compassionate
πονηρεύ|ω *ρ μτβ* rouse suspicion. **~ομαι** *ρ αμτβ* become cunning. (*υποπτεύομαι*) become suspicious
πονηρία (*η*) cunning. (*κόλπο*) ploy. (*κρυψίνοια*) guile
πονηρ|ός *επίθ* cunning. (*δόλιος*) crafty. (*επιτήδιος*) artful. (*πανούργος*) sly. **~ό** (*το*) evil. **~ά** *επίρρ* slyly, cunningly
πονόδοντος (*o*) toothache
πονοκεφαλιάζω *ρ μτβ* give a headache. • *ρ αμτβ* get a headache
πονοκέφαλος (*o*) headache. (*μετά από μεθύσι*) hangover
πονόλαιμος (*o*) sore throat
πόνος (*o*) pain. (*θλίψη*) grief. (*συνεχής*) ache. (*οίκτος*) feeling. **~ στη μέση** backache. **~ του αφτιού** earache. **~ τοκετού** labour pains
πονόψυχος *επίθ* compassionate
ποντάδορος (*o*) punter
ποντάρω *ρ μτβ* stake, wager. (*σε τυχερά παιγνίδια*) gamble on. (*μεταφ*) bank on
ποντίζω *ρ μτβ* cast. • *ρ αμτβ* sink
ποντίκι (*το*) mouse. (*μυς*) biceps
ποντικοπαγίδα (*η*) mousetrap
ποντικός (*o*) mouse. (*μεγάλος*) rat
ποντικοφάρμακο (*το*) rat poison
ποντίφικας (*o*) pontiff
ποντιφικός *επίθ* pontifical
πόντος (*o*) (*βαθμός*) point. (*θάλασσα*) sea. (*μέτρου*) centimetre. (*πλεχτού*) stitch. (*υπαινιγμός*) hint. **φευγάτος ~** ladder (*in tights*)
πόντς (*το*) punch (*drink*)
πονώ *ρ μτβ/ρ αμτβ* hurt. • *ρ αμτβ* ache, be in pain. (*συμπονώ*) sympathise with
ποπλίνα (*η*) poplin
ποπ (*η*) *άκλ* pop. **τέχνη ~** pop art
ποπό *επιφών* dear me!
πορδ|ή (*η*) fart. **~ίζω** *ρ αμτβ* fart
πορεία (*η*) walk. (*κατεύθυνση*) course. (*στρ*) march. (*μεταφ*) tack
πορεύομαι *ρ αμτβ* march. (*βολεύω*) make do
πορθμός (*o*) sound. (*ενώνει δυο θάλασσες*) strait
πόρισμα (*το*) findings
πορνεί|α (*η*) prostitution. **~ο** (*το*) brothel
πόρνη (*η*) prostitute, (*λαϊκ*) whore
πορνό *επίθ άκλ* porno
πορνογραφ|ία (*η*) pornography. **~ικός** *επίθ* pornographic
πόρος (*o*) (*εισόδημα*) resource. (*σε ποτάμι*) ford. (*στο δέρμα*) pore
πόρπη (*η*) clasp. (*σε ζώνη*) buckle
πορσελάνη (*η*) porcelain. (*σκεύος*) china
πόρτα (*η*) door
πορτιέρης (*o*) doorman
πορτμπαγκάζ (*το*) *άκλ* boot (*of car*)

πορτμπεμπέ (το) άκλ carrycot
πορτμπονέρ (το) άκλ lucky charm
πορτό (το) port (wine)
Πορτογαλία (η) Portugal
πορτογαλικός επίθ Portuguese
Πορτογ|άλος (ο), **~αλίδα** (η) Portuguese
πορτοκαλάδα (η) orangeade. (συμπυκνωμένη) orange squash
πορτοκαλεώνας (ο) orange grove
πορτοκάλι (το) orange
πορτοκαλ|ής επίθ orange (colour). **~ί** (το) orange (colour)
πορτοκαλιά (η) orange (tree)
πορτοφολάς (ο) pickpocket
πορτοφόλι (το) wallet
πορτρέτο (το) portrait
πορφυρ|ός επίθ purple. **~** (το) purple
πορώδης επίθ porous
πόσιμ|ος επίθ drinkable. **~ νερό** (το) drinking water
ποσό (το) amount, sum of money. **~ εφάπαξ** lump sum
πόσο|ς αντων (αριθμός) how many. (ποσότητα) how much. (ώρα) how long. **~** επίρρ how (much). **~ κάνει;** how much is it? **~ μακρύ είναι;** how long is it? **~ συχνά;** how often?
ποσοστό (το) percentage. **~ υπηρεσίας** service charge
ποσότητα (η) quantity, amount
ποσοτικός επίθ quantitative
πόστο (το) post
ποστρεστάντ επίρρ poste restante
ποταμάκι (το) rivulet
ποτάμι (το) river. (μικρό) stream
ποταμιά (η) river basin
ποταμόπλοιο (το) river boat
ποταμός (ο) river
ποταπός επίθ base, ignoble
ποτέ επίρρ never. (κάποτε) ever. **~ ξανά** never again. **σχεδόν ~** hardly ever
πότε επίρρ when. **~ ~** now and then, sometimes
ποτηράκι (το) small glass. (οινοπνευματώδους) tot
πότης (ο) drinker
ποτίζω ρ μτβ water (plants). (με οινοπνευματώδη) ply with drink
ποτιστήρι (το) watering can
ποτίστρα (η) watering place
ποτήρι (το) glass (for drinking). (του κρασιού) wineglass. (ψηλό) tumbler
ποτό (το) drink. (οινοπνευματώδες) booze (καθομ)
ποτοποιία (η) distillery. **~ός** (ο) distiller
που αντων that. (αντικείμενα) which. (πρόσωπα) who. • σύνδ that, because. **ο άνθρωπος ~ με σταμάτησε είναι ο αδερφός μου** the man that stopped me is my brother. **το βιβλίο ~ κρατάς είναι δικό μου** the book you're holding is mine. • επίρρ where. **εκεί ~ γεννήθηκα** where I was born. **λυπούμαι ~ δεν**

μπορώ να ρθω I am sorry I can't come. **~ και ~** from time to time
πού επίρρ where. **~ πας;** where are you going? **~ κοντά;** whereabouts?
πουγκί (το) (λαϊκ) purse. **σφίγγω το ~ μου** tighten the purse-strings
πούδρα (η) powder (cosmetic)
πουδράρω ρ μτβ powder (face)
πουδριέρα (η) compact
πουθενά επίρρ nowhere. (μετά από άρνηση) anywhere
πουκάμισο (το) shirt. **με το ~** in shirt-sleeves
πουλάκι (το) small bird. (κοτόπουλο) chick
πουλάρι (το) foal
πουλερικά (τα) poultry
πούλημα (το) sale
πουλί (το) bird
πούλια (η) sequin. (αστρολ) Pleiades
πούλμαν (το) άκλ coach (bus)
πουλόβερ (το) άκλ pullover, jumper
πουλώ ρ μτβ sell, (λαϊκ) flog. (λιανικά) retail. (στο δρόμο) hawk. (στους δρόμους εμπορεύματα) peddle
πουντιάζω ρ αμτβ freeze, catch a cold
πούπουλα (τα) down
πουρές (ο) (λαχανικά) purée. (πατάτες) mash. **πατάτες ~** mashed potatoes
πουρί (το) fur (in kettle). (σε σωλήνες) scale. (στα δόντια) tartar
πουριτανικός επίθ puritanical
πουριτανός (ο), **~ή** (η) puritan
πουρμπουάρ (το) άκλ tip (to waiter etc.)
πουρνάρι (το) holly
πούρο (το) cigar
πούστης (ο) poof (υβρ)
πουτάνα (η) tart (υβρ)
πουτίγκα (η) pudding
πουφ επίφων phew
πουφ (το) άκλ pouffe
ποώδης επίθ herbaceous
πράγμα (το) thing. (εμπόρευμα) goods. **~τα** (τα) things, belongings. (κατάσταση) matters. **το ~ μιλάει μόνο του** it speaks for itself. **δε λέει πολλά ~τα** it's not up to much. **είναι στα ~τα** he/she is in the know
πραγματεία (η) dissertation
πράγματι επίρρ really. (αλήθεια) sure enough
πραγματικ|ός επίθ real. (αναφερόμενος στα πράγματα) actual. (γνήσιος) true. **~ά** επίρρ really, actually
πραγματικότητα (η) reality. (στην πράξη) actuality. **στην ~** in effect
πραγματισμ|ός (ο) pragmatism. **~τής** (ο) pragmatist
πραγματιστικός επίθ matter-of-fact. (του πραγματισμού) pragmatic
πραγματογνώμονας (ο) expert
πραγματοποίηση (η) realization. (επίτευξη) accomplishment. (σκοπού)

attainment. (σχεδίου) implementation. (μεταφ) fruition

πραγματοποιήσιμος επίθ feasible

πραγματοποιώ ρ μτβ realize. (ελπίδες) fulfil. (επιτυγχάνω) accomplish. (όνειρα) realize. (σκοπό) attain

πρακτικά (τα) minutes

πρακτική (η) practice

πρακτικ|ός επίθ practical. (άνθρωπος) hard-headed. (γιατρός) clinical. **~ό** (το) report. **~ά** επίρρ practically

πράκτορας (ο) agent

πρακτορείο (το) agency

πράμα (το) stuff. βλ **πράγμα**

πραμάτεια (η) (εμπ) wares.

πραματευτής (ο) pedlar

πράξ|η (η) act. (έγγραφο) certificate. (εξυπηρέτηση) turn. (καλή) deed. (καταχώριση) registration. (μαθημ) operation. **~εις** (οι) doings (καθομ)

πραξικόπημα (το) coup

πράος επίθ meek. (μαλακός) placid

πραότητα (η) meekness

πρασινάδα (η) greenery

πρασιά (η) flower bed. (με γρασίδι) lawn

πράσιν|ος επίθ green. **~η ζώνη** (η) green belt. **~ο δαμάσκηνο** (το) greengage. **~ο φως** green light. **~ο** (το) greenery

πρασινίζω ρ μτβ paint green. • ρ αμτβ turn green

πρασινωπός επίθ greenish

πράσο (το) leek. **πιάνω κπ στα πράσα** catch s.o. red-handed

πρασουλίδα (η) chive

πρατήριο (το) store (for only one product). **~** petrol station. (βενζίνης και υπηρεσιών) service station

πρέζα (η) pinch (small amount)

πρεζάκιας (ο) βλ **πρεζόνι**

πρεζόνι (το) junkie (λαϊκ)

πρελούντιο (το) (μουσ) prelude

πρεμιέρα (η) première

πρέπει ρ απρόσ must, ought. **~ να γίνει** it must be done. **~ να πηγαίνω** I ought to be going. **~ να ΄ρθεις** you must come. **~ να φύγεις**; must you go? **είναι ό, τι ~** it's exactly what is needed. **καθώς ~** correctly

πρέσα (η) (μηχάνημα) press

πρεσβεία (η) embassy

πρέσβειρα (η) ambassadress

πρεσβευτής (ο) ambassador

πρεσβεύω ρ μτβ believe in

πρέσβης (ο) βλ **πρεσβευτής**

πρεσβυτεριανός επίθ Presbyterian

πρεσβυτέριο (το) vicarage, rectory

πρεσβύτερος επίθ elder

πρεσβυωπικός επίθ long-sighted

πρες παπιέ (το) ακλ paperweight

πρήζ|ω ρ μτβ cause to swell. (μεταφ) pester. **~ομαι** ρ αμτβ swell. (στο φαΐ) gorge o.s.

πρηνής επίθ prone

πρήξιμο (το) swelling. (από χτύπημα) bump

πρησμένος επίθ swollen

πρίγκιπας (ο) prince

πριγκιπάτο (το) principality

πριγκιπικός επίθ princely

πριγκίπισσα (η) princess

πρίζα (η) (ηλεκτρ) plug. (στον τοίχο) power point. **βάζω στην ~** plug in

πρίμ|ος επίθ fair (wind). **~α** επίρρ with fair wind. **πάμε ~α** all is going well

πρίμουλα (η) primrose

πριν επίρρ, σύνδ before, ago. **~ από** prior to. **~ (από) πολύ καιρό** a long time ago. **~ σε δω** before I see you. **από ~** beforehand

πριόνι (το) saw

πριονίδια (τα) sawdust

πριονίζω ρ μτβ saw

πρίσμα (το) prism

προ πρόθ (για τόπο) before, in front of. (για χρόνο) before, ago. **~ δέκα ημερών** ten days ago. **~ πάντων** in particular

προαγγέλλω ρ μτβ herald

προάγγελος (ο) forerunner

προάγω ρ μτβ further. (πρόσωπο) promote

προαγωγή (η) promotion

προαιρετικός επίθ optional

προαισθάνομαι ρ μτβ have a hunch about. (για κακό) have a presentiment of, sense

προαίσθημα (το) hunch. (για κακό) foreboding

προαίσθηση (η) premonition

προάλλες (οι) τις **~** a few days ago

προανάκριση (η) (νομ) preliminary investigation

προαποβιώνω ρ μτβ predecease

προάσπιση (η) defence

προάστιο (το) suburb

προαστιακός επίθ suburban

προαύλιο (το) forecourt

πρόβα (η) rehearsal. (ρούχων) fitting

προβαδίζω ρ μτβ precede

προβάλλ|ω ρ μτβ show up. (αντιρρήσεις) raise. (εισηγήσεις) put forward. (κιν ταινία) screen. **~ομαι** ρ αμτβ put oneself forward

προβάρω ρ μτβ have a fitting

προβατάκι (το) young sheep. **~α** (κύματα) (τα) white horses

προβατίνα (η) ewe

πρόβατο (το) sheep ακλ

πρόβειο|ς επίθ sheep. **~ κρέας** (το) mutton

προβιά (η) sheepskin

προβιβάζω ρ μτβ (στη δουλειά) promote. (στο σχολείο) move up (to higher form)

προβλεπτικό|ς επίθ provident. **~τητα** (η) foresight

προβλέπω ρ μτβ foresee. (δυσκολίες) envisage. (καιρό) forecast. (προμαντεύω) predict. (προνοώ) anticipate

πρόβλεψη (η) prediction. (καιρού) forecast

πρόβλημα (το) problem

προβληματίζ|ω ρ μτβ puzzle. **~ομαι** ρ αμτβ think hard

προβληματικός επίθ problematic. (που παρουσιάζει προβλήματα) problem

προβλήτα (η) jetty. (για αγκυροβόλησιν) berth

προβοκάτορας (ο) provocateur

προβολέας (ο) projector. (αυτοκ) headlight. (αστυνομίας) searchlight. (για γενικό φωτισμό) floodlight. (θέατρ) spotlight

προβολή (η) projection. (διαφήμισιν) promotion. (κιν ταινίας) screening

προβοσκίδα (η) trunk (of elephant)

προγαμιαίος επίθ premarital

προγεννητικός επίθ antenatal

πρόγευμα (το) breakfast

προγευματίζω ρ αμτβ have breakfast

προγιαγιά (η) great-grandmother

πρόγνωση (η) forecast. (ιατρ) prognosis

προγονικός επίθ ancestral

προγονή (η) stepdaughter

πρόγονοις (ο) ancestor. **~ι** (οι) forefathers

προγονός (ο) stepson

προγούλι (το) double chin

πρόγραμμα (το) programme. (Η/Υ) program. (θέατρ) bill. (σχολ) timetable. (πολιτ) platform. (σχέδιο) schedule

προγραμματίζω ρ μτβ schedule. (Η/Υ) program. (θέατρ) bill

προγραμματισμός (ο) planning. **οικογενειακός ~** family planning

προγραμματ|ιστής (ο), **~ίστρια** (η) programmer

προγράφω ρ μτβ proscribe

προγυμνάζω ρ μτβ coach. **~ εντατικά** (για εξετάσεις) cram

προδιαγραφή (η) specification

προδιαγράφω ρ μτβ specify

προδιάθεση (η) bias

προδιάθεση (η) predisposition. (προκατάληψη) prejudice

προδιαθέτω ρ μτβ predispose. (όχι ευνοϊκά) prejudice

προδίδω ρ μτβ βλ **προδίνω**

προδικάζω ρ μτβ prejudge

προδίνω ρ μτβ betray

προδοσία (η) treachery. (αποκάλυψη μυστικού) treason. (εγκατάλειψη) betrayal

προδότης (ο), **~ρια** (η) traitor

προδοτικός επίθ treacherous

πρόδρομος (ο) precursor

προεδρεύω ρ αμτβ preside. (συνάντηση) chair

προεδρία (η) presidency. **~ικός** επίθ presidential

πρόεδρος (ο) chairman. **~** (η) chairwoman. **~** (ο, η) (χώρας) president

προειδοποίηση (η) warning. (έγγραφο) notice

προειδοποιώ ρ μτβ warn. (νομ) caution

προεικάζω ρ μτβ foreshadow

προεκλογικός επίθ pre-election

προέκταση (η) extension

προέλευση (η) origin. (έργου τέχνης) provenance

προεξέχω ρ αμτβ protrude, (καθομ) stick out

προεξοφλώ ρ μτβ pay in advance. (μεταφ) take for granted

προέρχομαι ρ αμτβ come (from). (κατάγομαι) originate (from)

προετοιμάζ|ω ρ μτβ prepare. (για σταδιοδρομία) groom. **~ το έδαφος για** pave the way for

προετοιμασία (η) preparation

προέχω ρ αμτβ project. (είμαι ανώτερος) excel. (έχω μεγαλύτερη σημασία) prevail

προζύμι (το) leaven

προηγμένος επίθ advanced. (χώρες) developed

προηγούμαι ρ μτβ/αμτβ precede. (είμαι μπροστά) lead the way. (μεταφ) be ahead of

προηγούμεν|ος επίθ previous. **~η** (η) the previous day. **~ο** (το) precedent. **χωρίς ~** unprecedented

προηγουμένως επίρρ previously

προημιτελικός (ο) quarterfinal

προθάλαμος (ο) lobby

πρόθεμα (το) prefix

πρόθεση (η) intention. (γραμμ) preposition. **έχω καλές προθέσεις** mean well

προθεσμία (η) deadline. (απόλυσης από εργασία) notice

προθυμία (η) readiness. (καλή διάθεση) willingness, keenness

πρόθυμ|ος επίθ willing. (ενθουσιώδης) eager. (έτοιμος) ready. **~α** επίρρ readily, willingly

προίκα (η) dowry

προικιά (τα) trousseau

προικίζω ρ μτβ endow

προικισμένος επίθ gifted

προικοθήρας (ο) fortune hunter (in marriage)

προϊόν (το) product. (σύνολο) produce

προΐσταμαι ρ μτβ preside over

προϊστ|άμενος (ο), **~αμένη** (η) head, boss

προϊστορ|ία (η) prehistory. **~ικός** επίθ prehistoric

πρόκα (η) hobnail

προκαθορίζω ρ μτβ predetermine

προκαλώ ρ μτβ cause. (ασθένεια) induce. (ερεθίζω) excite. (προξενώ) provoke. (προκαλώ) dare. (στρ) challenge. **~ αμηχανία** throw, baffle. **~ ανικανότητα** disable. **~ δέος** overawe. **~ με χλευασμούς** taunt. **~ σύγχυση** confound

προκαταβολή (η) advance (payment). (σε επαγγελματία) retainer. (πρώτη δόση) deposit

προκατάληψη *(η)* prejudice. *(κακή διάθεση)* bias

προκαταρκτικ|ός *επίθ* preliminary. **~ή εργασία** *(η)* groundwork. **~ά** *(τα)* preliminaries

προκατασκευασμένος *επίθ* prefabricated

προκατειλημμένος *επίθ* prejudiced, biased

προκάτοχος *(ο)* predecessor

πρόκειται *ρ απρόσ* going to. **~ να πάμε στην εκκλησία** we are going to the church. **δεν ~ να τη δεις** you are not going to see her

προκήρυξη *(η)* proclamation

πρόκληση *(η)* challenge. *(αφορμή)* provocation

προκλητικ|ός *επίθ* challenging. *(στάση)* provocative. **~ά** *επίρρ* provocatively

προκριματικός *επίθ* preliminary. **~ αγώνας** *(ο)* heat *(contest)*

πρόκριτος *(ο)* notable

προκυμαία *(η)* quay

προκύπτ|ω *ρ αμτβ* accrue. **~ει** *απρόσ* come to light

προλαβαίνω *ρ μτβ* have time. *(εμποδίζω)* avert. *(παρεμβαίνω)* forestall. *(τρένο)* catch

προλέγω *ρ μτβ* foretell

προλεταρι|ακός *επίθ* proletarian. **~άτο** *(το)* proletariat

προλετάρι|ος *(ο)*, **~σσα** *(η)* proletarian

προληπτικός *επίθ* precautionary. *(δεισιδαίμων)* superstitious. *(ιατρ)* preventive

πρόληψη *(η)* prevention

πρόλογος *(ο)* foreword. *(βιβλίου)* preface. *(θέατρ)* prologue

προμαχώνας *(ο)* bastion

προμελέτη *(η)* premeditation. **φόνος εκ ~ς** premeditated murder

προμήθεια *(η)* *(εμπορευμάτων)* supply. *(πληρωμή)* commission. **~ες** *(οι)* provisions

προμηθ|ευτής *(ο)*, **~ εύτρια** *(η)* supplier

προμηθεύ|ω *ρ μτβ* provide. *(εμπ)* supply with. **~ομαι** *ρ αμτβ* procure

προμηνύω *ρ μτβ* portend

προνοητικ|ός *επίθ* provident, farsighted. **~τητα** *(η)* foresight

πρόνοια *(η)* providence. *(κοινωνική)* welfare. **κράτος προνοίας** *(το)* Welfare State

προνομιακός *επίθ* preferential

προνόμιο *(το)* privilege. *(αποκλειστικό)* prerogative

προνομιούχος *επίθ* privileged

προνοώ *ρ αμτβ* foresee. *(μεριμνώ)* provide for

προξεν|είο *(το)* consulate. **~ικός** *επίθ* consular

προξενεύω *ρ μτβ* act as intermediary in a marriage proposal

προξεν|ητής *(ο)*, **~ήτρα** *(η)* matchmaker *(in marriage)*. **~νιά** *(η)*, **~νιό** *(το)* matchmaking

πρόξενος *(ο)* consul

προξενώ *ρ μτβ* occasion. **~ κατάπληξη** astonish. **~ λύπη** sadden

προοδευτικ|ός *επίθ* go-ahead. *(που αυξάνει βαθμιαία)* progressive. **~ά** *επίρρ* progressively

προοδεύω *ρ αμτβ* progress

πρόοδος *(η)* progress. *(εξέλιξη)* advancement

προοίμιο *(το)* preamble. *(προάγγελμα)* prelude

προοιωνίζομαι *ρ αμτβ* augur

προοπτική *(η)* prospect. *(ιδέα του βάθους)* perspective. *(μελλοντική)* outlook

προορίζ|ω *ρ μτβ* destine. **~ για** earmark for. **~ομαι για** be meant for

προορισμός *(ο)* destination

προπαγάνδα *(η)* propaganda

προπάντων *επίρρ* above all

προπάππος *(ο)* great-grandfather

προπαρασκευάζω *ρ μτβ* prepare

προπαρασκευαστικός *επίθ* preparatory

προπαρασκευή *(η)* preparation

προπατορικ|ός *επίθ* ancestral. **~ αμάρτημα** *(το)* original sin

προπέλα *(η)* propeller

πρόπερσι *επίρρ* the year before last

προπέτασμα *(το)* screen. **~ καπνού** smoke screen

προπληρώνω *ρ μτβ* prepay

προπληρωτέος *επίθ* payable in advance

προπό *(το)* (football) pools

πρόποδες *(οι)* foot *(of mountain)*

προπολεμικός *επίθ* prewar

προπόνηση *(η)* training

προπον|ητής *(ο)*, **~ήτρια** *(η)* coach, trainer

προπον|ώ *ρ μτβ* coach, train. **~ούμαι** *ρ αμτβ* train

προπορεύομαι *ρ αμτβ* to be in the lead

πρόποση *(η)* toast *(drink)*

προπύλαια *(τα)* propylaea

προπύργιο *(το)* stronghold

προς *πρόθ* toward(s), to. **~ Θεού** for God's sake. **~ όφελός σου** to your benefit. **~ τα εμπρός** forwards. **~ τα μέσα** inwards. **~ τη δύση** westward. **~ τη θάλασσα** towards the sea. **~ το βράδυ** towards evening. **~ τον πρόεδρο** to the President. **βήμα ~ βήμα** step by step

προσαγορεύω *ρ μτβ* address *(s.o.)*

προσάγω *ρ μτβ* bring. *(οδηγώ)* produce

προσανατολίζ|ω *ρ μτβ* orientate. **~ομαι** *ρ αμτβ* get one's bearings

προσανατολισμός *(ο)* orientation. *(σπιτιού)* aspect. *(μεταφ)* bearings

προσαράζω *ρ αμτβ* run aground

προσαρμογέας *(ο)* *(ηλεκτρ)* adaptor

προσαρμογή *(η)* adaptation

προσαρμόζ|ω *ρ μτβ* adapt, adjust. **~ομαι** *ρ αμτβ* adapt

προσαρμοστικ|ός *επίθ* adaptable. **~τητα** *(η)* adaptability

προσάρτημα (το) appendage
προσάρτηση (η) annexation
προσαρτώ ρ μτβ append. (άδαφος) annex
προσαύξηση (η) increment. (επιβάρυνση) surcharge
προσβάλλ|ω ρ μτβ insult. (ιατρ) infest. (θίγω) offend. (νομ) challenge. **~ομαι** ρ αμτβ take offence
πρόσβαση (η) access
προσβλέπω ρ μτβ (σε) look forward (to)
προσβλητικός επίθ offensive
προσβολή (η) offence. (εφόρμηση) infestation. (ιατρ) seizure. (υβριστική συμπεριφορά) insult
προσγειωμένος επίθ down-to-earth
προσγειών|ω ρ μτβ (αεροπ) land. **~ομαι** ρ αμτβ touch down. (αναγκαστικά) crash-land
προσγείωση (η) (αεροπ) landing.
προσδιορίζω ρ μτβ determine. (καθορίζω) define. (φόρο) assess
προσδιορισμός (ο) assessment
προσδοκία (η) expectation. (επιθυμία) anticipation
προσδοκώ ρ μτβ expect. (για κάτι ευχάριστο) anticipate
προσεγγίζω ρ μτβ approach. (πλησιάζω) approximate. (πλοίο) call at
προσέγγιση (η) approach. (προσέγγιση) approximation. **κατά ~** approximate
προσεκτικ|ός επίθ careful. (δύσπιστος) wary. (επιμελής) attentive. (επιφυλακτικός) cautious. **~ά** επίρρ carefully, cautiously
προσελκύω ρ μτβ attract. (προσοχή) capture
προσέρχομαι ρ αμτβ come, arrive
προσεταιρίζομαι ρ μτβ win over
προσευχή (η) prayer
προσεύχομαι ρ αμτβ pray
προσεχής επίθ forthcoming
προσεχτικός επίθ βλ **προσεκτικός**
προσέχω ρ μτβ beware. (αποφεύγω) mind. (επιτηρώ) keep an eye on. (παρατηρώ) notice. (φροντίζω) take care of. • ρ αμτβ pay attention. (προειδοποιώ) watch out, look out
προσηλυτίζω ρ μτβ proselytize
προσήλυτος (ο) convert
προσηλωμένος επίθ absorbed. **~ στην παράδοση** (ο) traditionalist
προσηλών|ω ρ μτβ fix. **~ομαι** concentrate
προσθαλασσώνομαι ρ αμτβ splash down
πρόσθεση (η) (μαθημ) addition
προσθετικός επίθ adding. **~ή ουσία** (η) additive
πρόσθετ|ος επίθ additional. (περαιτέρω) further. **~ες παροχές** (οι) fringe benefits
προσθέτω ρ μτβ add. (αλκοόλ σε ποτό) lace. (στήλη με αριθμούς) tot up
προσθήκη (η) addition. (κτιρίου) extension

πρόσθιο|ς επίθ front. **~** (το) breaststroke
προσιτός επίθ accessible. (που μπορεί να αποκτηθεί) within reach
πρόσκαιρος επίθ temporary
προσκαλώ ρ μτβ invite
προσκέφαλο (το) pillow. **στο ~ό του** at his bedside
προσκήνιο (το) proscenium. (μεταφ) limelight
πρόσκληση (η) invitation. (στρ) call up
προσκλητήριο (το) invitation (card). (ονομάτων) roll call. (στρ, πρωινό) reveille
προσκόλληση (η) adhesion. (μεταφ) dedication
προσκολλώ ρ μτβ attach. **~μαι** ρ αμτβ cling
προσκομίζω ρ μτβ produce, bring forward
πρόσκομμα (το) stumbling block
προσκοπίνα (η) Girl Scout
πρόσκοπος (ο) Scout
πρόσκρουση (η) collision. **δύναμη ~ς** impact
προσκρούω ρ αμτβ collide
προσκύνημα (το) pilgrimage
προσκυν|ητής (ο), **~ήτρια** (η) pilgrim
προσκυνώ ρ αμτβ worship
προσλαμβάνω ρ μτβ take on, hire
πρόσληψη (η) engagement (of staff)
προσμένω ρ μτβ expect
προσμονή (η) expectation
προσοδοφόρος επίθ profitable
προσόν (το) qualification. (πλεονέκτημα) asset
προσοχή (η) attention. (ακούω) heed. (φροντίδα) care. **Π~!** attention! **δίνω ~ σε κπ** listen to s.o.
πρόσοψη (η) façade
προσπάθεια (η) effort. (απόπειρα) attempt. (δοκιμή) try. (έντονη) endeavour
προσπαθώ ρ αμτβ attempt. (δοκιμάζω) try. (έντονα) endeavour
προσπέκτους (το) άκλ prospectus
προσπέρασμα (το) overtaking
προσπερνώ ρ μτβ overtake
προσποίηση (η) pretence. (συμπεριφορά) affectation
προσποιητός επίθ affected
προσποιούμαι ρ μτβ/ρ αμτβ pretend. (αρρώστια) feign
προσταγή (η) command
προστάζω ρ μτβ command
προστακτικ|ός επίθ commanding. **~ή** (η) imperative
προστασία (η) protection. (περιβάλλοντος) conservation. (υποστήριξη) patronage. **υπό την ~ μου** under one's wing
προστατευόμενη (η) protégé. **~ περιοχή** nature reserve
προστατευόμενος (ο) protégé
προστατευτικ|ός επίθ protective. **~ά γυαλιά** (τα) goggles

προστατεύω ρ μτβ protect. (προφυλάγω) shield. (μεταφ) cushion

προστάτ|ης (ο), **~ρια** (η) protector. (τεχνών) patron

προστίθεμαι ρ αμτβ be added

προστιθέμενος επίθ added. **φόρος προστιθέμενης αξίας** (ο) value added tax

πρόστιμο (το) fine

προστριβή (η) friction

πρόστυχ|ος επίθ vulgar. (χυδαίος) smutty. **~η** (η) prostitute

προσύμβαση (η) preliminary contract

προσυνεννόηση (η) prearrangement

προσυπογράφω ρ μτβ countersign

πρόσφατ|ος επίθ recent. **~α** επίρρ recently

προσφάτως επίρρ newly, recently

προσφέρ|ω ρ μτβ offer. (εμπ) bid. **~ομαι** ρ αμτβ volunteer. (είμαι κατάλληλος) be suitable

προσφεύγω ρ αμτβ resort. (σε, το) (νομ) have recourse (**σε,** to)

προσφιλής επίθ beloved

προσφορά (η) offer. (εμπ) tender. (εμπορευμάτων) supply. **~ και ζήτηση** supply and demand. **~ές** (οι) bidding

πρόσφορος επίθ appropriate. (χρόνος) opportune

πρόσφυγας (ο) refugee

προσφυγή (η) resort. (σε οργανισμό) appeal

πρόσφυση (η) grip (of wheels)

προσφωνώ ρ μτβ address

προσχέδιο (το) draft. (τεχνικό σχέδιο) blueprint

πρόσχημα (το) pretext

προσχώρηση (η) affiliation

προσχωρώ ρ αμτβ go over to, join

προσωπάρχης (ο) personnel manager

προσωπείο (το) mask. (μεταφ) façade

προσωπικό (το) personnel

προσωπικ|ός επίθ personal. **~ά αντικείμενα** (τα) personal belongings. **~ά** επίρρ personally

προσωπικότητα (η) personality

πρόσωπο (το) face. (άτομο) person

προσωποπο|ίηση (η) personification. **~ιώ** ρ μτβ personify

προσωριν|ός επίθ temporary. (πρόχειρος) provisional. **~ή λύση** (η) stopgap. **~ή υπάλληλος** (η) temp. **~ά** επίρρ provisionally, temporarily

πρόταση (η) suggestion. (ανήθικη) proposition. (γάμου) proposal. (γραμμ) sentence

προτείνω ρ μτβ suggest. (γάμο) propose. (για συζήτηση) moot. (εισήγηση) put forward. (σε εκλογές) nominate. (υποδείχνω) move

προτελευταίος επίθ penultimate, last but one

προτεραιότητα (η) priority. (αυτοκ) right of way. (σε σειρά) precedence

προτέρημα (το) good point. (χάρισμα) merit

πρότερος επίθ previous. **εκ των προτέρων** beforehand, in advance

προτεστάντης (η), **~ισσα** (ο) Protestant

προτεσταντικός επίθ Protestant

προτίθεμαι ρ μτβ intend

προτίμηση (η) preference. **~ιμήσεις** (οι) likes

προτιμητέος επίθ preferable

προτιμολόγιο (το) proforma invoice

προτιμότερος επίθ preferable

προτιμώ ρ μτβ prefer. (θέλω καλύτερα) favour. **~ να** I would rather

προτομή (η) bust

πρότονος (ο) (ναυτ) mainstay

προτού επίρρ before

προτρέπω ρ μτβ exhort

προτροπή (η) exhortation

πρότυπο (το) prototype. (μήτρα) pattern. (μοντέλο) model. (που χρησιμεύει ως παράδειγμα) standard

πρότυπος επίθ model

προϋπαντώ ρ μτβ meet, welcome

προϋπηρεσία (η) previous employment

προϋπόθεση (η) assumption

προϋποθέτω ρ μτβ presuppose

προϋπολογισμός (ο) budget. (εκ των προτέρων) estimate

προύχοντας (ο) notable

προφαν|ής επίθ evident. **~ώς** επίρρ evidently

πρόφαση (η) pretext

προφασίζομαι ρ αμτβ find a pretext

προφέρω ρ μτβ pronounce. (καθαρά) enunciate

προφητεία (η) prophecy

προφητεύω ρ μτβ prophesy

προφήτης (ο) prophet

προφητικός επίθ prophetic

προφίλ (το) άκλ profile

προφορά (η) accent. (τρόπος) pronunciation

προφορικ|ός επίθ oral, verbal. **~ή εξέταση** (η) oral. **~ά** επίρρ verbally

προφταίνω ρ μτβ/αμτβ be in time. (καταφθάνω) catch up with. (προλαβαίνω) forestall

προφυλαγμένος επίθ sheltered

προφυλάγ|ω ρ μτβ shield. **~ομαι** ρ αμτβ take precautions

προφυλάκιση (η) remand in custody

προφυλακή (η) outpost

προφυλακτήρας (ο) (αυτοκ) bumper

προφύλαξη (η) precaution

πρόχειρο (το) rough book

πρόχειρ|ος επίθ rough-and-ready. (έτοιμος για χρήση) at hand, to hand. (προσωρινός) makeshift. (χωρίς προπαρασκευή) slapdash. **~** αντίγραφο (το) rough copy. **εκ του προχείρου** impromptu. **~α** επίρρ roughly

προχρονολογώ ρ μτβ backdate

προχτές *επίρρ* the day before yesterday
προχωρημένος *επίθ* advanced. *(θέση)* forward
προχωρ|ώ *ρ αμτβ* move on. *(με βία)* press on. *(προοδεύω)* advance. *(συνεχίζω)* proceed. **~ κατευθείαν για** make a beeline for. **~ με δυσκολία** wade through. **~είτε, παρακαλώ** move on please
προώθηση *(η)* propulsion. *(προϊόντος)* promotion
προωθώ *ρ μτβ* propel. *(προϊόν)* promote. *(βοηθώ)* forward. *(κλήση)* divert
πρόωρος *επίθ* premature. *(άκαιρος)* untimely
πρύμνη *(η)* stern. **στην ~** astern
πρύτανης *(ο)* rector *(of college)*
πρώην *επίρρ* former, ex. **~ μέλος των ενόπλων δυνάμεων** ex-serviceman. **~ σύζυγος** *(ο, η)* ex husband/wife
πρωθυπουργός *(ο, η)* Prime Minister
πρωί *(το)* morning. **~α** *(η)* morning. **~ ~** at the crack of dawn
πρώιμος *επίθ* early, premature
πρωινό|ς *επίθ* early morning. **~** *(το)* early morning
πρωταγων|ιστής *(ο)*, **~ίστρια** *(η)* protagonist. *(θέατρ)* lead
πρωταγωνιστώ *ρ αμτβ* star
πρωτάθλημα *(το)* championship
πρωταθλη|τής *(ο)*, **~ήτρια** *(η)* champion
πρωτάκουστος *επίθ* unheard-of
πρωταπριλιά *(η)* first of April
πρωταπριλιάτικο|ς *επίθ* (of) first of April. **~ ψέμα** *(το)* April fool
πρωτάρ|ης *(ο)*, **~α** *(η)* novice
πρωταρχικός *επίθ* primary
πρωτεΐνη *(η)* protein
πρωτεύουσα *(η)* capital (city)
πρώτιστ|ος *επίθ* foremost. **~α** *επίρρ* foremost
πρωτοβάθμι|ος *επίθ* *(ο)* first degree. **~α εκπαίδευση** *(η)* primary education
πρωτοβουλία *(η)* initiative
πρωτοβρόχι *(το)* first rain *(in Autumn)*
πρωτόγονος *επίθ* primitive. *(σε άγρια κατάσταση)* savage
πρωτοδικείο *(το)* court of first instance
πρωτοετής *(ο)* *(φοιτητής)* freshman
πρωτόκολλο *(το)* protocol
πρωτομαγιά *(η)* May Day
πρωτοπορία *(η)* lead
πρωτοπόρος *(ο)* pioneer
πρώτ|ος *επίθ* first. *(από δύο)* former. *(σε βαθμό)* premier. **~η θέση** *(η)* first class. **~ης τάξεως** first-rate. **~ες βοήθειες** *(οι)* first aid. **~ες ύλες** *(οι)* raw materials. **από ~ο χέρι** first-hand. **με το ~ο** on first attempt. **ο ~ος τυχόν** just anybody. **~α** *επίρρ* firstly. **~α ~α** first of all
πρωτότοκος *επίθ* first-born
πρωτοτυπία *(η)* originality
πρωτότυπος *επίθ* original

πρωτοφανής *επίθ* unprecedented
πρωτοχρονιά *(η)* New Year's Day. **~τικος** *επίθ* (of) New Year's Day
πταίσμα *(το)* error. *(νομ)* misdemeanour
πτέρυγα *(η)* *(στρ, κτιρίου)* wing
πτερύγιο *(το)* flipper. *(ναυτ, αεροπ)* vane
πτηνό *(το)* fowl
πτηνοτροφ|είο *(το)* aviary. **~ία** *(η)* aviculture
πτήση *(η)* flight. *(σύντομη)* hop
πτητικό|ς *επίθ* volatile. **~τητα** *(η)* volatility
πτυσσόμενος *επίθ* collapsible. *(καρέκλα, τραπέζι)* folding
πτυχή *(η)* tuck. *(δίπλα)* fold
πτυχιακές εξετάσεις *(οι)* *(πανεπ)* finals
πτυχίο *(το)* *(πανεπ)* degree
πτώμα *(το)* corpse
πτώση *(η)* fall. *(γραμμ)* case. *(μεταφ)* downfall
πτώχευση *(η)* bankruptcy
πτωχεύω *ρ αμτβ* go bankrupt
πτωχοκομείο *(το)* poorhouse, workhouse
πυγμαίος *(ο)* pygmy
πυγμαχία *(η)* boxing
πυγμάχος *(ο)* boxer
πυγμαχώ *ρ αμτβ* box
πυγμή *(η)* fist. *(μεταφ)* punch
πυγολαμπίδα *(η)* firefly
πυθμένας *(ο)* (sea) bed
πύθωνας *(ο)* python
πυκνοκατοικημένος *επίθ* densely populated
πυκν|ός *επίθ* thick. *(αδιαπέραστος)* dense. *(βλάστηση)* rank. *(φρύδια)* bushy. **~ά** *επίρρ* densely, thickly
πυκνότητα *(η)* density
πυκνώνω *ρ μτβ/ρ αμτβ* thicken
πύλη *(η)* gateway. *(πόλης)* gate
πυλώνας *(ο)* pylon
πυξίδα *(η)* compass
πύο *(το)* pus
πυρ *(το)* fire. **~!** fire! **~ και μανία** furious
πυρακτωμένος *επίθ* glowing. *(μέταλλο)* red-hot
πυράκτωση *(η)* incandescence
πυραμίδα *(η)* pyramid
πυρασφάλεια *(η)* fire insurance
πύραυλος *(ο)* rocket. *(βλήμα)* missile
πυρανίχνευση *(η)* fire detection
πυργίσκος *(ο)* turret
πύργος *(ο)* tower. *(κάστρο)* castle. *(σκάκι)* rook
πυρετικός *επίθ* feverish
πυρετό|ς *(ο)* fever. **έχω ~** have a temperature
πυρετώδης *επίθ* feverish
πυρήνας *(ο)* nucleus. *(καρυδιού)* kernel. *(μήλου)* core
πυρηνικός *επίθ* nuclear
πυρίμαχος *επίθ* fire resistant
πυρίτιδα *(η)* gunpowder
πυρίτιο *(το)* silicon
πυρκαγιά *(η)* blaze

πυροβασία *(η)* fire walking
πυροβολητής *(ο)* gunner
πυροβολικό *(το)* artillery
πυροβολισμ|ός *(ο)* gunshot. **~οί** *(οι)* gunfire
πυροβόλο όπλο *(το)* firearm
πυροβολώ *ρ μτβ* shoot. *(από κρυφό σημείο)* snipe
πυροδοτώ *ρ μτβ* set off, explode
πυροκρότηση *(η)* detonation
πυροκροτητής *(ο)* detonator
πυροκροτώ *ρ μτβ* detonate
πυρομανής *επίθ* pyromaniac. **~ία** *(η)* pyromania
πυρομαχικά *(τα)* ammunition
πυροσβεστήρας *(ο)* fire extinguisher
πυροσβέστης *(ο)* fireman
πυροσβεστικ|ός *επίθ* fire. **~ή αντλία** *(η)* fire engine. **~ή υπηρεσία** *(η)* fire brigade
πυροτέχνημα *(το)* firework
πυρπολώ *ρ μτβ* set on fire

πυρρόξανθος *επίθ* auburn
πυρσός *(ο)* (flaming) torch
π.χ. *συντ (παραδείγματος χάρη)* e.g. (for example)
π.Χ. *συντ (προ Χριστού)* BC (before Christ)
πώληση *(η)* sale
πωλητής *(ο)* seller. *(ακίνητης περιουσίας)* vendor. *(εμπορ)* salesman. *(πλασιέ)* rep. *(σε μαγαζί)* sales assistant. **αυτόματος ~** vending machine. *(γραμματοσήμων)* stamp dispenser
πωλήτρια *(η)* saleswoman. *(σε μαγαζί)* sales assistant
πωλ|ώ *ρ μτβ* sell, *βλ* πουλώ. **~ούμαι** *ρ αμτβ* to be on the market. **~είται** for sale
πώμα *(το)* stopper. *(μηχ)* cap. *(μπουκαλιού)* cork
πως *σύνδ* that. **νομίζω ~ κάνεις λάθος** I think that you are mistaken
πώς *επίρρ* how. **~ να της το πω;** how am I going to tell her?

Ρρ

ραβασάκι *(το)* love letter
ραβδί *(το)* stick, cane. **~ζω** *ρ μτβ* beat with a stick
ράβδος *(η)* stick. *(μαγική)* wand. *(σιδηρ)* rail. *(στρ)* baton. *(τεχν)* rod. *(χρυσού)* ingot, bar
ράβδωση *(η)* stripe
ραβδωτός *επίθ* fluted. *(ύφασμα)* striped
ραβίνος *(ο)* rabbi
ραβιόλια *(τα)* ravioli
ράβω *ρ μτβ* stitch. *(φόρεμα)* sew. *(σε ραπτομηχανή)* machine (sew)
ράγα *(η)* *(σιδηρ)* rail.
ραγδαί|ος *επίθ* rapid. **~α βροχή** *(η)* pouring rain. **~ες εξελίξεις** *(οι)* rapid developments
ραγιάς *(ο)* slave
ραγίζω *ρ μτβ|αμτβ* crack
ράγκμπι *(το)* *άκλ* rugby
ραγού *(το)* *άκλ* stew
ραδιενέργεια *(η)* radioactivity
ραδιενεργός *επίθ* radioactive
ραδίκι *(το)* dandelion
ράδιο *(το)* radio. *(χημ)* radium
ραδιογραφία *(η)* radiography
ραδιοπομπός *(ο)* radio transmitter
ραδιουργία *(η)* intrigue
ραδιοσταθμός *(ο)* radio station
ραδιοτηλεσκόπιο *(το)* radio telescope
ραδιοφων|ία *(η)* broadcasting. **Ελληνική Ρ~ία Τηλεόραση (ΕΡΤ)** Greek Radio TV. **~ικός** *επίθ* broadcasting

ραδιόφωνο *(το)* radio
ραθυμία *(η)* indolence
ραίνω *ρ μτβ* *(λουλούδια)* throw. *(νερό)* sprinkle
ρακέτα *(η)* racket. *(επιτραπέζιο τένις)* bat
ρακ|ή *(η)*, **~ί** *(το)* raki (aniseed-flavoured spirit)
ράκος *(το)* rag. *(μεταφ)* wreck
ράλι *(το)* *(αυτοκ)* rally.
ραμί *(το)* rummy
ράμμα *(το)* stitch *(in wound)*
ράμπα *(η)* footlights. *(αυτοκ)* ramp
ράμφος *(το)* beak, bill
ρανίδα *(η)* drop *(of blood)*
ραντάρ *(το)* *άκλ* radar
ραντεβού *(το)* appointment. *(ερωτικο)* date. *(μυστικό)* tryst. *(σε ορισμένο χώρο)* rendezvous
ραντίζω *ρ μτβ* sprinkle
ράντισμα *(το)* sprinkle
ραντιστήρι *(το)* rose *(nozzle)*. *(ποτιστήρι)* watering can
ράντσο *(το)* ranch
ραπάνι *(το)* radish
ραπτομηχανή *(η)* sewing machine
ράσο *(το)* cassock
ράτσα *(η)* breed. *(ζώων)* pedigree
ρατσισμός *(ο)* racism
ρατσ|ιστής *(ο)*, **~ίστρια** *(η)* racist
ρατσιστικός *επίθ* racist
ραφείο *(το)* tailor's shop
ραφή *(η)* seam

ράφι (*το*) shelf. (*αποσκευών*) rack. **~α** (*τα*) shelving

ραφινάτος *επίθ* urbane

ραφτάδικο (*το*) *βλ* **ραφείο**

ράφτης (*ο*) tailor

ράφτρα (*η*) seamstress

ραχάτι (*το*) loafing

ράχη (*η*) back. (*βιβλίου*) spine. (*μύτης*) bridge. (*οροσειράς*) ridge. (*χεριού*) back

ραχοκοκαλιά (*η*) backbone

ράψιμο (*το*) sewing

ραψωδία (*η*) rhapsody

ραψωδός (*ο*) minstrel

ρεαλισμός (*ο*) realism

ρεαλιστής (*ο*), **~ίστρια** (*η*) realist

ρεαλιστικ|ός *επίθ* realistic. **~ά** *επίρρ* realistically

ρεβεγιόν (*το*) *άκλ* Christmas/New Year's Eve party

ρεβέρ (*το*) *άκλ* (*πανταλονιού*) turn-up. (*τένις*) backhander

ρεβίθι (*το*) chick pea

ρέγγα (*η*) herring

ρεζέρβα (*η*) spare wheel

ρεζερβουάρ (*το*) (petrol) tank

ρεζιλεύω *ρ μτβ* ridicule. (*ντροπιάζω*) humiliate

ρεζίλι (*το*) ridicule. (*ντρόπιασμα*) humiliation. **γίνομαι ~** become a laughing stock

ρείκι (*το*) heather

ρεικότοπος (*ο*) moor

ρεκλάμα (*η*) puff (*in advertising*)

ρεκλαμάρω *ρ μτβ* plug, advertise

ρεκόρ (*το*) *άκλ* (*σπορ*) record

ρελαντί (*το*) (*μηχ*) idle.

ρέμα (*το*) stream

ρεμάλι (*το*) twerp (*λαϊκ*)

ρεματιά (*η*) gully

ρεμβασμός (*ο*) reverie

ρεπάνι (*το*) *βλ* **ραπάνι**

ρεπερτόριο (*το*) repertory

ρεπορτάζ (*το*) *άκλ* reportage

ρεπούμπλικα (*η*) trilby

ρέπω *ρ αμτβ* be inclined (to)

ρεσεψιόν (*η*) *άκλ* reception

ρεσιτάλ (*το*) *άκλ* recital

ρέστα (*τα*) change (*money*)

ρετάλι (*το*) remnant (*of cloth*)

ρετιρέ (*το*) *άκλ* penthouse

ρετουσάρω *ρ μτβ* (*φωτογραφία*) touch up.

ρετσίνα (*η*) retsina (*resinated Greek wine*)

ρετσινόλαδο (*το*) castor oil

ρεύμα (*το*) (*αέρα*) draught. (*θάλασσας*) current. (*ποταμού*) stream. (*υποβρύχιο*) undercurrent. (*μεταφ*) tide

ρευματι|κός *επίθ* rheumatic. **~σμός** (*ο*) rheumatism

ρευματοδότης (*ο*) power point

ρεύομαι *ρ αμτβ* belch

ρευστοπο|ίηση (*η*) liquidation. **~ιώ** *ρ μτβ* liquidate

ρευστό|ς *επίθ* fluid. **~τητα** (*η*) flux

ρεφενέ|ς (*ο*) share (*in costs*). **κάνω ~** club together

ρεφρέν (*το*) *άκλ* refrain

ρέψιμο (*το*) belch

ρέω *ρ αμτβ* flow

ρε (*το*) *άκλ* (*μουσ*) ray

ρήγμα (*το*) breach, gap. (*γεωλ*) fault

ρήμα (*το*) verb

ρημάζω *ρ αμτβ* go to rack and ruin

ρήξη (*η*) rupture. (*καβγάς*) split. (*μεταφ*) rift

ρήο (*το*) rhubarb

ρητίνη (*η*) resin

ρήτορας (*ο*) orator

ρητορεία (*η*) oratory, rhetoric

ρητό (*το*) saying

ρητορικός *επίθ* rhetorical

ρητ|ός *επίθ* express. (*σαφής*) explicit. **~όρος** (*ο*) stipulation. **~ώς** *επίρρ* expressly

ρήτρα (*η*) clause

ρηχός *επίθ* shallow

ρίγα *επίθ* ruler. (*γραμμή*) pin

ριγέ *επίθ* *άκλ* striped

ρίγος (*το*) thrill

ριγώ *ρ αμτβ* shudder

ριγώνω *ρ μτβ* line

ρίζα (*η*) root. (*λέξης*) stem

ριζικός *επίθ* root. (*βασικός*) radical

ριζοσπάστης (*ο*) radical

ρίζωμα (*το*) taking root

ριζωμένος *επίθ* inveterate. (*βαθιά*) ingrained

ριζώνω *ρ μτβ/αμτβ* root

ρίμα (*η*) rhyme

ρινγκ (*το*) *άκλ* (boxing) ring

ρινίζω *ρ μτβ* file

ρινικός *επίθ* nasal

ρινίσματα (*τα*) filings

ρινόκερος (*ο*) rhinoceros

ρίξιμο (*το*) throw. (*αντιπάλου*) tackle

ριπαίοι άνεμοι (*οι*) (*ναυτ*) squall

ριπή (*η*) (*ανέμου*) gust. (*στρ*) volley. **εν ~ οφθαλμού** in the twinkling of an eye

ρίχν|ω *ρ μτβ* throw. (*αεροπλάνο*) shoot down. (*άνεμος*) blow down. (*δίκτυα*) cast. (*πετώ*) toss. (*πυροβολώ*) shoot. (*φύλλα, δέρμα*) shed. **~ κάτω** knock over. **~ μια ματιά** scan. **~ το παιδί** miscarry. **~ ρίζες** put down roots. **~ το βλέμμα** glance. **~ χαλάζι** hail. **το ~ έξω** have fun

ρίχνομαι *ρ αμτβ* throw o.s. (*επιθετικά*) lunge. (*σε γυναίκα*) make a pass. **~ με τα μούτρα** immerse o.s. **~ σε** launch into. **~ στο φαΐ** tuck into

ριψοκινδυνεύω *ρ μτβ* risk. • *ρ αμτβ* venture

ρόδα (*η*) wheel

ροδάκι (*το*) castor

ροδακινιά (*η*) peach tree

ροδάκινο (*το*) peach

ροδέλα (*η*) washer

ρόδι (*το*) pomegranate

ροδιά (*η*) pomegranate tree

ρόδινος *επίθ* rosy
ρόδο (*το*) rose
ροδοδάφνη (*η*) oleander
ροδοκόκκινος *επίθ* ruddy
ροδόνερο (*το*) rose water
ροδοπέταλο (*το*) rose petal
ροδόσταγμα (*το*) *βλ* ροδόνερο
Ρόδος (*η*) Rhodes
ροζ *επίθ άκλ* pink. ~ (*το*) pink
ροζάριο (*το*) (*εκκλ*) rosary
ροζέ (*το*) rosé (wine)
ροζέτα (*η*) rosette
ροζιάρικος *επίθ* gnarled
ρόζος (*ο*) (*ξύλου*) knob. (*χεριού*) callus
ροή (*η*) flow
ροκανίζω *ρ μτβ* gnaw
ροκ (*η*) *άκλ* (*μουσ*) rock
ροκανί|δι (*το*) (wood) filing. ~ζω *ρ μτβ*
    gnaw. (*ξύλο*) plane
ρολό (*το*) roll. (*παραθύρου*) roller blind
ρολογάς (*ο*) watchmaker
ρολόι (*το*) clock. (*του χεριού*) watch. σαν
    ~ like clockwork
ρόλος (*ο*) role. ~ περγαμηνής scroll
ρομάντζο (*το*) romance
ρομαντι|κός *επίθ* romantic. ~σμός (*ο*)
    romanticism
ρόμβος¹ (*ο*) diamond (shape)
ρόμβος² (*ο*) turbot
ρόμπα (*η*) dressing gown. (*του μπάνιου*)
    bathrobe
ρομπότ (*το*) *άκλ* robot
ροντέο (*το*) *άκλ* rodeo
ρόπαλο (*το*) club (weapon). (*κοντό*)
    cudgel. (*κρίκετ*) bat
ροπή (*η*) propensity, tendency
ρόπτρο (*το*) knocker
ρόστο (*το*) browned meat
ρουά! *άκλ* check! (*in chess*)
ρουζ (*το*) *άκλ* rouge
ρουθούνι (*το*) nostril
ρουθουνίζω *ρ αμτβ* snort
ρουλεμάν (*το*) ball bearing
ρουλέτα (*η*) roulette
Ρουμαν|ία (*η*) Romania. ~ικός *επίθ*
    Romanian
Ρουμάν|ος (*ο*), ~α (*η*) Romanian
ρούμι (*το*) rum
ρουμπίνι (*το*) ruby
ρουσφέτι (*το*) political favour
ρουτίνα (*η*) routine
ρουφηξιά (*η*) swig. (*καπνού*) puff. (*μεγάλη*)
    gulp. (*μικρή*) sip. (*μύτης*) sniff
ρουφιάνος (*ο*) pimp

ρουφήχτρα (*η*) whirlpool
ρουφώ *ρ μτβ* suck. (*καπνό*) inhale. (*με τη*
    μύτη) sniff
ρουχισμός (*ο*) clothing
ρούχ|ο (*το*) cloth. (*ένδυμα*) garment. ~α
    (*τα*) clothes. ~α εγκυμοσύνης maternity
    clothes. ~α *σπορ* casual clothes
ρόφημα (*το*) beverage
ροχαλητό (*το*) snoring
ροχαλίζω *ρ αμτβ* snore
ρυάκι (*το*) brook
ρύγχος (*το*) muzzle (*of animal*)
ρυζάλευρο (*το*) rice flour
ρύζι (*το*) rice. (*μη αποφλοιωμένο*) paddy
ρυζόγαλο (*το*) rice pudding
ρυθμιζόμενος *επίθ* adjustable
ρυθμίζω *ρ μτβ* adjust. (*κανονίζω*) regulate.
    (*μηχ*) tune. (*ορίζω*) set. (*ραδιόφωνο*) tune
ρυθμικός *επίθ* rhythmic(al)
ρύθμιση (*η*) regulation. (*τεχν*) adjustment
ρυθμιστικός *επίθ* regulatory
ρυθμός (*ο*) rhythm. (*μουσ*) swing
ρυμοτομία (*η*) town planning
ρυμούλκηση (*η*) tow
ρυμουλκό (*το*) (*ναυτ*) tug. (*όχημα*) towing
    vehicle. ~ με ρυμουλκούμενο articulated
    lorry
ρυμουλκώ *ρ μτβ* tow
ρυπαίνω *ρ μτβ* pollute
ρύπανση (*η*) pollution
ρύπος (*ο*) pollutant
ρυτίδα (*η*) wrinkle
ρυτιδώνω *ρ μτβ* wrinkle
ρώγα (*η*) teat. (*μαστού*) nipple. (*σταφυλιού*)
    grape
ρωγμή (*η*) crack. (*βαθιά*) crevasse. (*τοίχου*)
    crevice
ρωμαϊκός *επίθ* Roman
ρωμαιοκαθολικός *επίθ* Roman Catholic
ρωμαίικ|ος *επίθ* modern Greek. ~ο (*το*)
    modern Greece. ~α (*τα*) vernacular
    Greek
Ρωμαί|ος (*η*), ~α (*ο*) Roman
ρωμαλέος *επίθ* robust. (*ανθεκτικός*) stout
Ρωμι|ός (*ο*) modern Greek. ~οσύνη (*η*)
    modern Greek nation
Ρώμη¹ (*η*) Rome
ρώμη² (*η*) robustness
Ρωσσία (*η*) Russia
ρωσσικ|ός *επίθ* Russian. ~ά (*τα*) Russian
Ρώσσος (*ο*), Ρωσσίδα (*η*) Russian
ρώτημα (*το*) *βλ* ερώτημα. θέλει και
    ρώτημα; it goes without saying
ρωτώ *ρ μτβ* ask. (*ανακρίνω*) question

Σσ

σαβάνα (η) savanna
σάβανο (το) shroud
σαβανώνω ρ μτβ shroud (*dead body*)
σαββατικός επίθ sabbatical
Σάββατο (το) Saturday
σαββατόβραδο (το) Saturday evening
σαββατοκύριακο (το) weekend
σαβούρα (η) junk. (*ναυτ*) ballast
σαγηνευτικός επίθ alluring
σαγηνεύω ρ μτβ allure
σαγήνη (η) allure
σαγόνι (το) jaw
σαδισμός (ο) sadism
σαδ|ιστής (ο), ~ίστρια (η) sadist.
   ~ιστικός επίθ sadistic
σαΐνι (το) hawk (*bird*). (*μεταφ*) sharp
σαΐτα (η) shuttle
σάκα (η) satchel
σακάκι (το) jacket (*man's*)
σακατεύω ρ μτβ maim
σακάτ|ης (ο), ~ισσα (η) cripple
σακί (το) sack
σακίδιο (το) rucksack, haversack. (*για
   ποδήλατο ή άλογο*) saddlebag
σάκος (ο) sack. ταχυδρομικός ~ mailbag
σακούλα (η) bag. ~ απορριμμάτων waste
   bag. χαρτο~ paper bag. ~ες (*οι*) bags
   (*under eyes*)
σακουλάκι (το) sachet
σακούλι (το) βλ σακούλα
σακουλιάζω ρ μτβ bag. • ρ αμτβ sag
σακουλιασμένος επίθ baggy
σάκχαρο (το) sugar (*in diabetes*)
σάλα (η) parlour
σαλαμάντρα (η) salamander
σαλάμι (το) salami
σαλάτα (η) salad
σαλατιέρα (η) salad bowl
σαλατικό (το) salad vegetable
σαλάχι (το) skate άκλ
σαλέ (το) άκλ chalet
σαλεύω ρ μτβ stir. • ρ αμτβ move. σάλεψε
   το μυαλό του he became unhinged
σάλι (το) shawl
σαλιάρα (η) bib
σαλιαρί|ζω ρ αμτβ gibber. (*ερωτοτροπώ*)
   drool. ~στρα (η) bib
σαλιγκάρι (το) snail
σάλι|ο (το) saliva. βγάζω ~α dribble. πετώ
   ~α (*ενώ μιλώ*) splutter. κάνει να τρέχουν
   τα ~α μου make s.o.'s mouth water
σαλόνι (το) lounge, parlour. (*έπιπλο*) suite.
   (*επίσημο*) drawing room. (*ξενοδοχείου*)
   lounge. (*πλοίου*) saloon
σάλος (ο) turmoil. (*διαμαρτυρίας*) outcry.
   (*θάλασσας*) swell

σαλπάρω ρ αμτβ put to sea
σάλπιγγα (η) trumpet. (*ανατ*) tube. (*στρ*)
   bugle
σαλπιγκτής (ο) trumpeter
σαλτάρω ρ αμτβ leap
σάλτο (το) leap
σάλτσα (η) sauce
σαμάρι (το) packsaddle
σαματάς (ο) racket, din
σαμουά (το) άκλ chamois
σαμπάνια (η) champagne
σαμποτ|άζ (το) άκλ sabotage. ~άρω ρ
   μτβ sabotage. ~έρ (ο, η) άκλ saboteur
σαμπουάν (το) άκλ shampoo
σαμπρέλα (η) inner tube
σάμπως επίρρ as if. (*πιθανώς*) possibly. ~
   να το ήξερε it was as if he knew. ~ την
   είδα; I didn't see her
σαν σύνδ when. • μόρ like, as. ~ να as
   though. ~ να έχεις δίκιο you may be
   right. ~ το μάθαμε when we learnt about
   it. ~ τρελός like mad. τα φροντίζει ~
   μητέρα she looks after them like a
   mother
σανατόριο (το) sanatorium
σανίδα (η) plank
σανιδένιος επίθ made of planks
σανίδι (το) board, plank
σανιδόσκαλα (η) gangway
σανός (ο) hay
σαντιγί (η) άκλ whipped cream
σάντουιτς (το) άκλ sandwich
σαξόφωνο (το) saxophone
Σαουδική Αραβία (η) Saudi Arabia
σάουνα (το) άκλ sauna
σάουντρακ (το) άκλ sound track
σαπίζω ρ μτβ/ρ αμτβ rot. (*δόντι*) decay.
   (*πτώμα*) putrefy. ~ στο ξύλο beat
   senseless
σάπιος επίθ rotten
σάπισμα (το) rot. (*δοντιού*) decay
σαπουνάδα (η) soapy water. (*αφρός*)
   lather
σαπούνι (το) soap. τριμμένο ~ soap
   flakes
σαπουνίζω ρ μτβ soap
σαπουνόπερα (η) soap opera
σαπουνόφουσκα (η) soap bubble
σάπφειρος (ο) sapphire
σαπωνοποιία (η) soap manufacture
σάρα (η) η ~ και η μάρα riff-raff
σαραβαλιασμένος επίθ dilapidated
σαράβαλο (το) wreck. (*αυτοκ*) jalopy
σαράκι (το) woodworm. (*μεταφ*) grief
Σαρακοστή (η) Lent
σαράντα επίθ forty. ~ (τα) forty

σαραντάμερο *(το)* Advent
σαρανταποδαρούσα *(η)* centipede
σαραντάρης *(ο)*, **~α** *(η)* forty-year-old
σαρανταριά *(η)* about forty *(in number)*
σαρδέλα *(η)* sardine
σαρδόνιος *επίθ* sardonic
σαριό *(το)* carriage *(of typewriter)*
σάρι *(το)* άκλ sari
σάρκα *(η)* flesh. **με ~ και οστά** in the flesh
σαρκασ|μός *(ο)* sarcasm. **~τικός** *επίθ* sarcastic
σαρκικός *επίθ* carnal
σαρκοβόρος *επίθ* carnivorous
σαρκοφάγος *(ο)* sarcophagus
σαρκώδης *επίθ* fleshy
σάρπα *(η)* stole, shawl
σαρώνω *ρ μτβ* sweep. *(ραντάρ, Η. Υ)* scan. *(μεταφ)* sweep the board
σαρωτής *(ο)* scanner
σαρωτικός *επίθ* sweeping, wideranging
σας *αντων* you, yours. **~ είδα στον κήπο** I saw you in the garden. **δικό ~ είναι το αυτοκίνητο**; is the car yours?
σασί *(το)* άκλ chassis
σαστίζω *ρ μτβ* perplex. • *ρ αμτβ* be taken aback
σάστισμα *(το)* perplexity. *(σύγχυση)* bewilderment
σαστισμένος *επίθ* perplexed. *(συγχυσμένος)* bewildered
σατανάς *(ο)* Satan
σατανικός *επίθ* satanic
σατέν *(το)* άκλ satin
σάτιρα *(η)* satire
σατιρίζω *ρ μτβ* satirize
σατιρικός *επίθ* satirical. **~ είδα** *(το)* satirist
σατράπ|ης *(ο)*, **~ισσα** *(η)* tyrant
σάτυρος *(ο)* Satyr. *(ασελγής)* lecher
σαύρα *(η)* lizard
σαφάρι *(το)* safari
σαφράνι *(το)* saffron
σαφήνεια *(η)* plainness
σαφής *επίθ* plain. *(ευκρινής)* clear. **~ώς** *επίρρ* plainly, clearly
σαχλαμάρ|α *(η)* idiocy. **~ας** *(ο)* loudmouth. **~ες** *(οι)* poppycock
σαχλός *επίθ* soppy
σβάρνα *(η)* harrow. **παίρνω ~** take one after the other
σβελτάδα *(η)* nimbleness
σβέλτ|ος *επίθ* nimble. *(γρήγορος)* nippy. **~α** *επίρρ* nimbly
σβέρκος *(ο)* neck. **τον έπιασε από τον ~** he/she grabbed him by the scruff of the neck
σβήνω *ρ μτβ* put out. *(ανάμνηση)* blot out. *(γράψιμο)* erase, rub out. *(δίψα)* quench. *(κερί)* snuff. *(τσιγάρο)* stub out. *(φως, TV)* switch off, turn off. *(φωτιά)* extinguish. • *ρ αμτβ* go out. *(ενθουσιασμός)* fizzle out. *(εξαφανίζομαι)* die out. *(κερί)* blow out. *(κινητήρας)* stall. *(φωνή)* tail off. *(φως, ήχος)* fade

σβηστός *επίθ* switched off. *(φωνή)* feeble
σβολιάζω *ρ αμτβ* become lumpy. **~ασμένος** *επίθ* lumpy
σβόλος *(ο)* clod. *(σε υγρό)* lump
σβούρα *(η)* spinning top
σγουρομάλλης *επίθ* with curly hair
σγουρός *επίθ* curly. **~ και κατσαρός** *(μαλλιά)* fuzzy
σε¹ *πρόθ* *(κίνηση)* to. *(στάση)* in, at. *(τρόπος, σχέση, χρόνος)* in. **~ εξέλιξη** under way. **~ κατάψυξη** in cold storage. **~ κίνηση** on the move. **~ λίγο** in a while. **βρίσκομαι ~ δύσκολη θέση** I am in a spot. **θα τελειώσει ~ τρεις μέρες** it will finish in three days. **μπαίνω ~ μπελάδες** get into trouble. **πηγαίνω ~ στάση** go to a bus stop
σε² *αντων* you. **~ είδα το πρωί** I saw you in the morning
σέβας *(το)* respect
σεβάσμιος *επίθ* venerable
σεβασμιότ|ατος *επίθ* reverent. **~ητα** *(η)* Reverence
σεβασμός *(ο)* respect. *(επιθυμίας άλλου)* deference. **έλλειψη ~ού** *(η)* disrespect
σεβαστός *επίθ* august. *(ποσό χρημάτων)* tidy
σέβομαι *ρ μτβ* respect. *(πολύ)* revere
σεζλόνγκ *(η)* άκλ deck chair
σεζόν *(η)* άκλ season *(fashion, hunting)*
σειρά *(η)* series. *(ακολουθία)* sequence. *(γραμμή)* row. *(επισκέψεων)* round. *(θέση)* turn. *(κρίκετ)* innings άκλ. *(μαθημάτων)* course. *(προϊόντων)* range. **με τη ~** in turn
σειρήνα *(η)* siren. *(εργοστασίου)* hooter
σεισμογράφος *(ο)* seismograph
σεισμόπληκτος *επίθ* stricken by an earthquake
σεισμός *(ο)* earthquake
σεΐχης *(ο)* sheikh
σείω *ρ μτβ* shake. *(ουρά)* waggle
σέκτα *(η)* sect
σεκταριστικός *επίθ* sectarian
σέλα *(η)* saddle
σελέμης *(ο)* bum, hanger-on
σελήνη *(η)* moon
σεληνια|κός *επίθ* lunar. **~σμός** *(ο)* epilepsy
σεληνόφωτο|ς *επίθ* moonlit. **~ ~** *(το)* moonlight
σελίδα *(η)* page
σελιδοδείχτης *(ο)* bookmark
σελιδοποίηση *(η)* pagination
σελίνι *(το)* shilling
σέλινο *(το)* celery
σελουλόιντ *(το)* άκλ celluloid
σελοφάν *(το)* άκλ Cellophane (P)
σελώνω *ρ μτβ* saddle
σεμινάριο *(το)* seminar
σεμνός *επίθ* demure. *(κοπέλα)* maidenly. *(μετριόφρονας)* modest. **~ότητα** *(η)* modesty

σεμνότυφος *επίθ* prudish. **~** (*ο*) prude
σένα *αντων* you. **σε ~ το είπαν**; did they tell you?
σενάριο (*το*) scenario. (*κιν ταινίας*) script
σεναριογράφος (*ο, η*) scriptwriter
σεντ (*το*) *άκλ* cent
σεντέφι (*το*) mother of pearl
σεντίγ (*το*) *άκλ* cedilla
σεντόνι (*το*) sheet
σεντούκι (*το*) chest, trunk
σεξ (*το*) *άκλ* sex. **~ι** *επίθ άκλ* sexy
σεξαπίλ (*το*) *άκλ* sex appeal
σεξιστ|ής (*ο*) sexist. **~ικός** *επίθ* sexist
σεξουαλικός *επίθ* sexual. **~τητα** (*η*) sexuality
σεξτέτο (*το*) sextet
σέπαλο (*το*) (*βοτ*) sepal.
Σεπτέμβρης (*ο*) *βλ* **Σεπτέμβριος**
Σεπτέμβριος (*ο*) September
σερ (*ο*) *άκλ* Sir (*title*)
σερβίρισμα (*το*) sitting (*in restaurant*)
σερβίρω *ρ μτβ* serve. (*ποτά*) pour. (*σε καντίνα*) dish up. (*σε τραπέζι*) wait
σέρβις (*το*) *άκλ* service. **~ ρουτίνας** routine service. **κάνω ~** service (*car etc.*)
σερβιτόρα (*η*) waitress. (*σε μπαρ*) barmaid
σερβιτόρος (*ο*) waiter. (*σε μπαρ*) barman
σερβίτσιο (*το*) (dinner) service. **~ του τσαγιού** tea set
σεργιάνι (*το*) stroll
σερενάτα (*η*) serenade
σέρι (*το*) sherry
σερίφης (*ο*) sheriff
σερμπέτι (*το*) sherbet
σέρν|ω *ρ μτβ* drag. (*κτ βαρύ*) lug. (*στο έδαφος*) trail. (*τα πόδια*) shuffle. **~ από τη μύτη** lead by the nose. **~ το χορό** lead the dance. **~ομαι** *ρ αμτβ* crawl. (*έρπω*) creep. (*ταπεινώνομαι*) grovel
σερπαντίνα (*η*) streamer (paper)
σέρφινγκ (*το*) *άκλ* surfing
σεσουάρ (*το*) *άκλ* hair dryer
σέσουλα (*η*) scoop. **δίνω με τη ~** dish out (*in large quantities*)
σετ (*το*) *άκλ* set
σεφ (*ο*) *άκλ* chef
σηκών|ω *ρ μτβ* raise. (*άγκυρα*) weigh. (*ανέχομαι*) stand for. (*αννψώνω*) lift. (*το τραπέζι*) clear. (*τους ώμους*) shrug. (*φορτίο*) carry. (*ψηλά*) hoist. **~ με βαρούλκο** winch. **~ομαι** *ρ αμτβ* rise. (*από πέσιμο*) pick o.s. up. (*από κρεβάτι*) get up. (*όρθιος*) stand up. (*τρίχες*) bristle. **~ομαι με δυσκολία** struggle to one's feet
σήμα (*το*) signal. (*αναγνωριστικό*) sign. (*ηχητικό*) bleep. **~ κατατεθέν** registered trademark. **~ κινδύνου** distress signal. **εμπορικό ~** trademark
σημάδεμα (*το*) marking
σημαδεμένος *επίθ* marked. (*σακάτης*) crippled
σημαδεύω *ρ μτβ* mark. (*με όπλο*) aim. (*σακατεύω*) cripple

σημάδι (*το*) sign. (*αναγνωριστικό*) mark. (*ίχνος*) track. (*κόκκινο, από χτύπημα*) weal. (*οιωνός*) omen. (*στόχος*) target. (*σωματικό*) scar
σημαδούρα (*η*) buoy
σημαία (*η*) flag. (*στρ*) ensign. (*συλλόγου*) banner. (*της Μεγάλης Βρετανίας*) Union Jack
σημαίνω *ρ αμτβ* signify, matter. (*έχω έννοια*) mean. (*ηχώ*) sound
σημαιοστολίζω *ρ μτβ* decorate with flags
σημαιοφόρος (*ο*) flag bearer
σημαντικ|ός *επίθ* significant, important. (*αξιόλογος*) substantial, considerable. **~ά** *επίρρ* significantly
σημασία (*η*) significance, importance. (*έννοια*) meaning. **δίνω ~** take notice of. **με ~** knowingly
σημασιολογί|α (*η*) semantics. **~ικός** *επίθ* semantic
σηματογράφος (*ο*) semaphore
σηματοδότης (*ο*) signal box. (*οδικής κυκλοφορίας*) traffic lights
σηματωρός (*ο*) (*ναυτ*) signalman
σημείο (*το*) mark. (*θέση*) point. (*μαθημ, νεύμα*) sign. (*οιωνός*) omen. **έως ένα ~** up to a point
σημειογραφία (*η*) notation
σημείωμα (*το*) note
σημειωματάριο (*το*) jotter, notebook
σημειώνω *ρ μτβ* mark. (*γράφω*) write down. (*λαμβάνω υπόψη*) note. **~ επιτυχία** score. **~ πρόοδο** make progress
σημείωση (*η*) note
σημειωτό (*το*) march on the spot
σήμερα *επίρρ* today. **~** (*το*) today. **~ αύριο** one of these days
σημερινός *επίθ* today's
Σημίτης (*ο*) Semite
σημιτικός *επίθ* Semitic
σημύδα (*η*) birch (tree)
σηπτικός *επίθ* septic. **~ βόθρος** (*ο*) septic tank
σήραγγα (*η*) tunnel
σησάμι (*το*) sesame
σηψαιμία (*η*) septicaemia
σήψη (*η*) putrefaction. (*ιατρ*) sepsis
σθεναρ|ός *επίθ* vigorous. **~ά** *επίρρ* vigorously
σθένος (*το*) vigour. **ψυχικό ~** fortitude
σι (*το*) *άκλ* (*μουσ*) te
σία *συντ* (*συντροφία*) Co (Company). **και ~** and Co
σιαγόνα (*η*) jaw
σιάζ|ω *ρ μτβ* tidy up. **~ομαι** *ρ αμτβ* tidy o.s. up
σιαμαίος *επίθ* Siamese
σιγά *επίρρ* quietly. (*αργά*) slowly. **~!** easy! **~ ~** slowly. (*σταδιακά*) a little at a time
σιγαλιά (*η*) quiet
σιγανοπαπαδιά (*η*) goody-goody
σιγανός *επίθ* quiet. (*αργός*) slow

σιγαστήρας (o) silencer
σιγή (η) silence
σιγοβράζω ρ μτβ/ρ αμτβ simmer
σιγοβρέχει ρ απρόσ drizzle
σιγογελώ ρ αμτβ chuckle
σιγοκαίω ρ αμτβ smoulder
σιγοτραγουδώ ρ αμτβ croon
σιγουριά (η) certainty. (ασφάλεια) security
σίγουρ|ος επίθ certain. (σταθερός) sure.
(στο πάτημα) sure-footed. **~α** επίρρ
surely
σιγοψήνω ρ μτβ (στην κατσαρόλα) braise
σιδεράκια (τα) brace (dental)
σιδεράς (o) smith
σιδερένιος επίθ iron
σίδερ|ο (το) iron. **~α** (τα) chains. (φυλακή)
bars
σιδέρωμα (το) ironing
σιδερώνω ρ μτβ iron, press
σιδερώστρα (η) ironing board
σιδηροβιομηχανία (η) iron industry
σιδηροδέσμιος επίθ in chains
σιδηροδρομικ|ός επίθ railway. **~ός**
σταθμός (o) railway station. **~ός**
υπάλληλος (o) railwayman. **~ώς** by rail
σιδηρόδρομος (o) railway
σιδηροπώλης (o) ironmonger
σίδηρος (o) iron (metal)
σιδηροτροχιά (η) (railway) track
σιδηρουργ|είο (το) ironworks. **~ός** (o)
blacksmith
σιδηρ|ούς επίθ (made of) iron. **Σ~ούν**
Παραπέτασμα (το) Iron Curtain
σιεφταλιά (η) (κυπρ) meatballs seasoned
with herbs
σικ (το) άκλ chic
σίκαλη (η) rye
Σικελία (η) Sicily
σικορέ (το) άκλ chicory
σιλανσιέ (το) άκλ silencer
σιλικόνη (η) silicone
σιλό (το) άκλ silo
σιλουέτα (η) silhouette. (γυναίκας) figure
σιμιγδάλι (το) semolina
σινεμά (το) άκλ cinema
σινικ|ός επίθ Chinese. **~ή μελάνη** (η)
Indian ink
σιντριβάνι (το) fountain
σίριαλ (το) άκλ (TV) serial
σιρόκος (o) sirocco
σιρόπι (το) syrup
σιροπιασμένος επίθ syrupy
σιταποθήκη (η) barn
σιτάλευρο (το) wheat flour
σιτασρένιος επίθ wholemeal, wheaten
σιτάρι (το) wheat
σιταρόψειρα (η) weevil
σιτεμένος επίθ high (of meat)
σιτευτός επίθ fattened
σιτηρά (τα) cereals
σιτηρέσιο (το) (day's) ration
σίτηση (η) feeding
σιτοβολώνας (o) granary

σιτοπαραγωγ|ή (η) cereal crop. **~ός** επίθ
cereal producing. **~ός** (o) cereal farmer
Σίτυ (το) άκλ (του Λονδίνου) **το ~** the City
σιφόνι (το) siphon
σιφονιέρα (η) chest of drawers
σίφουνας (o) whirlwind
σιχαίνομαι ρ μτβ loathe. (αηδιάζω) be
disgusted
σιχαμ|ένος επίθ loathsome. **~ός** (o)
abomination
σιχασιάρης (o) squeamish
σιωνισμός (o) Zionism
σιωνιστής (o), **~ίστρια** (η) Zionist
σιωπή (η) silence. **~!** quiet!
σιωπηλ|ός επίθ silent, quiet. **~ά** επίρρ
silently
σιωπηρός επίρρ tacit
σιωπώ ρ αμτβ remain silent
σκάβω ρ μτβ dig. (κάτω από τη γη) ρ αμτβ
burrow
σκάγι (το) pellet (for gun)
σκά|ζω ρ μτβ/ρ αμτβ burst. (δέρμα) chap.
(στενοχωρώ) exasperate. **~ζω από**
ζήλεια be green with envy. **~ζω απ΄ το**
φαΐ eat until one bursts. **~ζω στα γέλια**
burst out laughing. **~σε!** shut up! **το**
~ζω run off
σκαθάρι (το) beetle
σκάκι (το) chess
σκακιέρα (η) chess-board
σκάλα (η) stairs. (ανάμεσα σε δύο ορόφους)
flight of stairs. (κινητή) ladder.
(κυλιόμενη) escalator. (σε κτίριο)
staircase. (φορητή, μικρή) stepladder
σκαλί (το) stair. (κινητής σκάλας) rung
σκαλίζω ρ μτβ scratch. (γύρω από φυτά)
hoe. (μάρμαρο) sculpt. (μηχανήματα)
tinker with. (ξύλο) carve. (φωτιά) poke.
(χώμα) rake up. (ψάχνω) poke
σκαλιστήρι (το) hoe
σκαλοπάτι (το) step
σκαλωσιά (η) scaffolding
σκαμνάκι (το) footstool
σκαμνί (το) stool
σκαμπαν|έβασμα (το) pitching (of ship).
~εβάσματα (τα) (μεταφ) ups and
downs
σκανδάλη (η) trigger
σκανδαλίζω ρ μτβ scandalize
σκάνδαλο (το) scandal
σκανδαλώδης επίθ scandalous
Σκανδιναβία (η) Scandinavia
σκανδιναβ|ικός επίθ Scandinavian. **Σ~ός**
(o), **Σ~ή** (η) Scandinavian
σκανταλιά (η) romp. **~ρης** επίθ
mischievous
σκαντζόχοιρος (o) hedgehog
σκαπάνη (η) pick
σκαραβαίος (o) scarab
σκαρί (το) stock (for ships). (μεταφ) build
σκαρφαλώνω ρ μτβ clamber up. (με χέρια
και πόδια) scramble up. (τοίχο) scale
σκαρφίζομαι ρ αμτβ dream up

σκαρώνω ρ μτβ trump up. (γρήγορα) whip up

σκασιαρχείο (το) truancy

σκασιάρχης (ο) truant

σκάσιμο (το) bursting. (δέρματος) chap. (ελαστικού) blowout

σκασμένος επίθ burst. (ελαστικό) flat. **~ στα γέλια** in stitches

σκασμός (ο) **~!** shut up!

σκατό (το) shit

σκάφη (η) (μπουγάδας) washtub. (πότισμα ζώων) trough

σκάφος (το) craft άκλ. (κύτος πλοίου) hull. (πλοίο) vessel, ship

σκαφτιάς (ο) navvy

σκάψιμο (το) digging

σκεβρώνω ρ μτβ/ρ αμτβ warp. (καμπουριάζω) bend

σκέλεθρο (το) skeleton

σκελετός (ο) skeleton. (γυαλιών) frame. (κτιρίου) shell. (τεχνικού έργου) framework

σκελετώδης επίθ skeletal

σκελίδα (η) clove of garlic

σκέλος (το) leg

σκεπάζω ρ μτβ cover. (με καπάκι) cap. (παιδί) tuck in (bed). (συγκαλύπτω) cover up. (χιόνι) blanket

σκεπή (η) roof

σκεπτικισ|μός (ο) scepticism. **~τικός** επίθ sceptical

σκεπτικ|ιστής (ο), **~ίστρια** (η) sceptic

σκεπτικό|ς επίθ thoughtful. **~** (το) grounds (for decision)

σκέπτομαι ρ αμτβ βλ **σκέφτομαι**

σκέρτσο (το) flirtation

σκέτ|ος επίθ unmixed. (καφές) black. (οινοπνευματώδες) neat. (ποτό) straight. **~α** επίρρ straight. **νέτα ~α** a point blank

σκετς (το) άκλ (θέατρ) sketch.

σκεύασμα (το) (pharmaceutical) preparation

σκεύος (το) utensil

σκευοφόρος (η) luggage van

σκευωρία (η) machination

σκεφτικός επίθ thoughtful

σκέφτομαι ρ μτβ/ρ αμτβ think (about, of). (επινοώ) think up. (έχω στο νου) have in mind. (λαμβάνω υπόψη) consider. (προσεκτικά) think over. (συλλογίζομαι) reflect. (στοχάζομαι) contemplate

σκέψη (η) thought. (διαλογισμός) deliberation. (συλλογισμός) reflection. (φροντίδα) consideration

σκην|ή (η) tent. (θέατρ) stage. (ιερή, των Εβραίων) tabernacle. (καθγάς) scene. (κινηματ) take. **~ές** (οι) (ταινίας) trailer

σκηνικ|ός επίθ scenic. **~ό** (το) (θέατρ) set. **~ά** (τα) (θέατρ) scenery

σκηνογράφος (ο, η) (θέατρ) designer.

σκηνοθεσία (η) (θέατρ) direction.

σκηνοθέτ|ης (ο), **~ρια** (η) (θέατρ) director.

σκήπτρο (το) sceptre

σκ|ι (το) άκλ ski. (θαλάσσιο) water-ski. **~ίερ** (ο, η) άκλ skier

σκιά (η) shadow. (δέντρου) shade. (ματιών) eye shadow

σκιαγράφηση (η) vignette

σκιαγραφώ ρ μτβ outline. (σκιτσάρω) sketch out

σκιάζω ρ μτβ shade

σκιάχτρο (το) scarecrow

σκιερός επίθ shady, shadowy

σκίζω ρ μτβ tear. (βίαια) rip. (χωρίζω σε δύο) split **ρ αμτβ** (μεταφ) sweep the board

σκίουρος (ο) squirrel

σκίσιμο (το) tear. (μεγάλο) rip. (χωρισμός σε δύο) split

σκιτσάρω ρ μτβ sketch

σκίτσο (το) sketch

σκλαβιά (η) slavery

σκλάβ|ος (ο), **~α** (η) slave

σκλαβώνω ρ μτβ enslave. (γοητεύω) enrapture

σκληραγωγημένος επίθ hardy (person)

σκληραγωγώ ρ μτβ toughen (person)

σκληραίνω ρ μτβ/ρ αμτβ harden. (μεταφ) stiffen

σκληρ|ός επίθ unkind. (κρέας) tough. (όχι μαλακός) hard. (που δεν κάμπτεται) stiff. (στη συμπεριφορά) cruel. (συνθήκες) harsh. **~ό νερό** (το) hard water. **~ή δουλειά** (η) slog. **~ά** επίρρ rough, harshly, hard

σκληρότητα (η) unkindness. (απονιά) cruelty. (έλλειψη ελαστικότητας) hardness. (κρέατος) toughness. (συμπεριφοράς) harshness

σκλήρωση (η) sclerosis

σκνίπα (η) gnat. **~ στο μεθύσι** drunk as a lord

σκοινί (το) rope. (για δέσιμο) tether. (για ρούχα) clothes line. (ρυμούλκησης) towline

σκόνη (η) powder. (κονιορτός) dust. (πλυσίματος) washing powder

σκονισμένος επίθ dusty

σκοντάφτω ρ αμτβ trip up

σκοπευτήριο (το) rifle range

σκοπευτής (ο) marksman. **ελεύθερος ~** sniper

σκοπευτικ|ός επίθ aiming. **~ή ικανότητα** (η) marksmanship

σκοπεύτρια (η) markswoman

σκοπεύω ρ μτβ aim. (έχω στο νου) intend, have in mind

σκοπιά (η) lookout post. (μεταφ) point of view

σκόπιμος επίθ expedient. (προμελετημένος) deliberate. **~α** επίρρ deliberately

σκοπιμότητα (η) expediency

σκοπός (ο) aim. (επιδίωξη) purpose. (μουσικός) tune. (πρόθεση) goal. (στρ) sentry. (φρουρός) lookout

σκορ (το) άκλ score
σκορβούτο (το) scurvy
σκορδαλιά (η) garlic sauce
σκόρδο (το) garlic
σκόρερ (ο) άκλ scorer
σκόρος (ο) (clothes) moth
σκοροφαγωμένος επίθ moth-eaten
σκορπίζω ρ μτβ scatter. (απλώνω) strew. (πλήθος) disperse. (μεταφ) throw around ρ αμτβ (διαλύομαι) disintegrate
σκορπιός (ο) scorpion. **Σ~** (ο) (αστρ) Scorpio
σκόρπιος επίθ loose
σκορπισμένος επίθ littered
σκορπώ ρ μτβ βλ **σκορπίζω**
σκοτάδι (το) darkness, dark
σκοτεινιάζ|ω ρ μτβ/ρ αμτβ darken. (ουρανός) become overcast. **~ει** it's getting dark
σκοτειν|ός επίθ dark. (ζοφερός) murky. (μελαγχολικός) gloomy. (σκυθρωπός) sullen. (ύπουλος) sinister. **~ά** (τα) dark. **~ά** επίρρ darkly
Σκοτία (η) Scotland
σκοτίζω ρ μτβ bother. (αμερ) bug. **~ζομαι** ρ αμτβ bother. **~στηκα!** I could't care less
σκοτούρα (η) worry
Σκοτσέζα (η) Scotswoman
σκοτσέζικος επίθ Scottish
Σκοτσέζος (ο) Scotsman, Scot
σκότωμα (το) killing
σκοτωμός (ο) killing. (εξαντλητική δουλειά) fag. (συνωστισμός) scramble
σκοτών|ω ρ μτβ kill. **~ στη δουλειά** work to death. **~ την ώρα** kill time. **~ομαι** ρ αμτβ kill o.s. (δείχνω ζήλο) bend over backwards
σκούζω ρ αμτβ hoot
σκουλαρίκι (το) earring
σκουλήκι (το) worm. (εντόμων) larva. (σε νεκρή ύλη) maggot
σκουληκιασμένος επίθ maggoty
σκουληκοφαγωμένος επίθ worm-eaten
σκουμπρί (το) mackerel άκλ
σκούνα (η) schooner
σκούντημα (το) prod. (παρακίνηση) nudge
σκουντώ ρ μτβ prod. (με τον αγκώνα) nudge
σκούξιμο (το) hoot
σκουντουφλώ ρ αμτβ trip over. (παραπατώ) stumble
σκούπα (η) broom, brush. (ηλεκτρική) vacuum, hoover. **~ χαλιών** carpet sweeper
σκουπίδι (το) rubbish. **~α** (τα) garbage, litter. **κάνω κπ ~** rub s.o.'s nose in the mud
σκουπιδιάρης (ο) dustman
σκουπιδοτενεκές (ο) dustbin
σκουπίζω ρ μτβ sweep. (με ηλεκτρική σκούπα) vacuum clean. (με πετσέτα) wipe. (σφουγγίζω) mop up

σκούπισμα (το) sweep. (με πετσέτα) wiping
σκουπόξυλο (το) broomstick
σκουριά (η) rust
σκουριάζω ρ μτβ/ρ αμτβ rust
σκουριασμένος επίθ rusty
σκούρ|ος επίθ dark. (ρούχα) sombre. **~ κόκκινος** maroon. **τα βρίσκω ~α** find things tough
σκούφια (η) bonnet
σκούφος (ο) cap. (στο πάνω μέρος του κεφαλιού) skullcap
σκύβαλο (το) sifting. (σκουπίδια) refuse
σκύβω ρ μτβ/ρ αμτβ stoop, bend. (προς τα εμπρός) lean forward or over. **~ γρήγορα** duck. **~ το κεφάλι** bow one's head. (από ντροπή) hang one's head
σκυθρωπ|ός επίθ sullen, glum. **~ά** επίρρ sullenly
σκύλα (η) bitch
σκυλί (το) dog. **~σιος** επίθ canine
σκυλιάζω ρ αμτβ see red
σκυλόδοντο (το) canine tooth
σκυλοδρομία (η) dog racing
σκυλοκαβγάς (ο) dogfight
σκύλος (ο) dog
σκυλόψαρο (το) dogfish
σκύμνος (ο) cub
σκυρόδεμα (το) concrete
σκυτάλη (η) (αθλ) baton
σκυταλοδρομία (η) relay (race)
σκύψιμο (το) stoop
σκωληκοειδής επίθ wormlike. **~ής απόφυση** (η) appendix. **~ίτιδα** (η) appendicitis
σκωρίαση (η) blight
σλαβικ|ός επίθ Slavonic. **~ά** (τα) Slavonic
Σλάβ|ος (ο), **~α** (η) Slav
σλόγκαν (το) άκλ slogan
σμάλτο (το) enamel. (σε κεραμικά) glaze
σμαλτώνω ρ μτβ enamel. (κεραμικά) glaze
σμαράγδι (το) emerald
σμέουρο (το) raspberry
σμηναγός (ο) flight lieutenant
σμήναρχος (ο) group captain
σμήνος (το) swarm
σμίγω ρ αμτβ mingle. (συναντιέμαι) meet
σμίκρυνση (η) reduction in size
σμιλεύω ρ μτβ chisel
σμίλη (η) chisel
σμόκιν (το) άκλ dinner jacket, (αμερ) tuxedo
σμύρη (η) emery
σμυριδόχαρτο (το) emery board
σμύρνα (η) myrrh
σνακ (το) άκλ snack
σνομπ επίθ άκλ snobbish. **~** (ο) snob. **~ισμός** (ο) snobbery
σοβαρ|ός επίθ serious. (αξιοπρεπής) solemn. (αρρώστια) severe. (ατύχημα) bad. (εμπνέει φόβους) grave. **~ά** επίρρ seriously, gravely, solemnly. **στα ~ά** in earnest

σοβαρότητα (η) seriousness. (αξιοπρέπεια) solemnity. (βαρύτητα) severity
σοβάς (ο) plaster (for walls)
σοβατεπί (το) skirting board
σοβατίζω ρ μτβ plaster
σοβιετικός επίθ Soviet. Σ~ή Ένωση (η) the Soviet Union
σοβινισ|μός (ο) chauvinism. ~τικός επίθ chauvinistic
σόγια (η) soya bean
σόδα (η) soda water
σοδειά (η) crop
σόι (το) folks, family. (είδος) kind
σοκ (το) άκλ shock
σοκάκι (το) alley
σόκιν επίθ άκλ risqué
σοκολάτα (η) chocolate
σοκολατίνα (η) chocolate cake
σολ (το) άκλ (μουσ) soh
σόλα (η) sole (of shoe)
σολίστ (ο, η) άκλ soloist
σόλο (το) άκλ (μουσ) solo
σολομός (ο) salmon άκλ
σολφέζ (το) άκλ tonic sol-fa
σόμπα (η) stove
σονάτα (η) sonata
σονέτο (το) sonnet
σοπράνο (η) άκλ soprano
σορός (ο) coffin
σορτσάκια (τα) shorts
σοσιαλισμός (ο) socialism
σοσιαλιστής (ο), ~ίστρια (η) socialist
σοσιαλιστικός επίθ socialist
σοτάρω ρ μτβ brown (meat etc.)
σοτέ επίθ sauté
σου αντων you, your, yours. ~ τα έδωσαν they gave them to you. εδώ είναι το βιβλίο ~ here is your book. μια εφημερίδα ~ a newspaper of yours
σουβενίρ (το) άκλ souvenir
σουβέρ (το) άκλ coaster (for glasses)
σούβλα (η) spit. (μαγ) large pieces of meat cooked on a skewer over charcoal
σουβλάκι (το) kebab
σουβλερός επίθ sharp (pain)
σουβλί (το) (small) skewer
σουβλιά (η) stab (sensation). (πόνου) twinge
σουγιάς (ο) penknife. (με ελατήριο) flick-knife
Σουηδία (η) Sweden
σουηδικός επίθ Swedish
Σουηδός (ο), ~έζα (η) Swede
σουιπστέικ (το) άκλ sweepstake
σουίτα (η) (σε ξενοδοχείο) suite (of rooms)
σουλατσάρω ρ αμτβ stroll, saunter
σουλάτσο (το) stroll
σουλτανίνα (η) (σταφίδα) sultana
σουλτάνος (ο) sultan
σουμάδα (η) almond cordial
σουξέ (το) άκλ hit (song)
σούπα (η) soup
σούπερ μάρκετ (το) άκλ supermarket
σουπιά (η) cuttlefish

σουπιέρα (η) tureen
σουπλά (το) άκλ place mat
σουρεαλισμός (ο) surrealism
σουρεαλιστής (ο), ~ίστρια (η) surrealist
σούρουπο (το) dusk
σουρώνω ρ μτβ strain, sieve. (ύφασμα) gather. • ρ αμτβ shrink
σουρωτήρι (το) strainer. (για λαχανικά) colander
σουσάμι (το) sesame
σούστα (η) (διπλό κουμπί) press-stud. (ελατήριο) spring. (λαϊκός χορός) type of folk dance
σουτιέν (το) άκλ bra
σουφλέ (το) άκλ soufflé
σουφρώνω ρ μτβ shrink. (χείλη) purse. (μεταφ) lift, steal. ~ τα φρύδια frown
σοφέρ (ο) chauffeur
σοφία (η) wisdom
σοφίζομαι ρ αμτβ think up
σοφιστικέ επίθ άκλ sophisticated
σοφίτα (η) attic
σοφ|ός επίθ wise, scholarly. ~ός (ο) sage. ~ά επίρρ wisely
σπαγέτο (το) spaghetti
σπαγκοραμμένος επίθ skinflint
σπάγκος (ο) string
σπαζοκεφαλιά (η) teaser
σπάζω ρ μτβ/ρ αμτβ break. (καρύδι) crack. (πόδι, χέρι) fracture. (σε κομμάτια) snap. (συντρίβω) smash. ~ στο διάβασμα swot. ~ στο ξύλο beat up. ~ τα μούτρα μου fall flat on one's face. ~ το κεφάλι μου rack one's brains
σπαθί (το) sword. (χαρτιά) club
σπάλα (η) (μαγ) shoulder
σπανάκι (το) spinach
σπανακόπιτα (η) spinach pie
σπάνι|ος επίθ rare. (εκλεκτός) exceptional. (λιγοστός) scarce. ~α επίρρ rarely, seldom
σπανιότητα (η) rarity
σπαράγγι (το) asparagus
σπαραγμός (ο) heartbreak
σπαράζω ρ μτβ tear up, rend. • ρ αμτβ writhe
σπαραχτικός επίθ heart-rending
σπάργανο (το) swaddling cloth
σπαρταρώ ρ αμτβ wriggle
σπαρτό (το) crop
σπασίκλας (ο) swot
σπάσιμο (το) breakage. (κάταγμα) fracture. (κήλη) rupture. (στο διάβασμα) swot
σπασμέν|ος επίθ broken. (με κάταγμα) fractured. ~α αγγλικά broken English. πληρώνω τα ~α foot the bill
σπασμός (ο) convulsion, spasm. (παροξυσμός) fit
σπασμωδικός επίθ spasmodic
σπαστικός επίθ spastic
σπατάλη (η) waste. (χρημάτων) extravagance
σπάταλος επίθ wasteful. (σε δαπάνη) extravagant. ~ (ο) spendthrift

σπαταλώ *ρ μτβ* waste. *(μεταφ)* dissipate. ~ τον καιρό μου idle one's time away

σπάτουλα *(η)* spatula, *(cake)* slice

σπείρα *(η)* coil. *(κακοποιών)* gang

σπείρωμα *(το)* coil. *(βίδας)* thread

σπέρμα *(το)* sperm. *(ανθρώπινο)* semen. *(των φυτών)* seed

σπερματέγχυση *(η)* insemination

σπέρνω *ρ μτβ* sow

σπηλαιολογία *(η)* caving

σπηλαιολόγος *(ο, η)* potholer

σπηλιά *(η)* cave. *(μεγάλη)* cavern. *(μικρή)* grotto

σπίθα *(η)* spark

σπιθαμή *(η)* span

σπινθήρας *(ο)* spark

σπινθηροβόλ|ημα *(το)* sparkle. ~ος *επίθ* sparkling

σπινθηροβολώ *ρ αμτβ* sparkle. *(κοσμήματα)* glitter

σπίνος *(ο)* finch

σπιρούνι *(το)* spur

σπίρτο *(το)* (safety) match

σπιρτοκούτι *(το)* matchbox. *(αλκοόλη)* spirit

σπιρτόζος *επίθ* witty

σπιτάκι *(το)* small house. *(σκύλου)* kennel

σπίτι *(το)* home. είμαι από ~ be from a good family. κάνω ~ set up home

σπιτικό *(το)* household

σπιτίσιος *επίθ* home *(cooking)*

σπιτονοικοκυρά *(η)* landlady

σπιτονοικοκύρης *(ο)* landlord

σπλάχνα *(τα)* bowels

σπλαχνικός *επίθ* compassionate

σπλήνα *(η)* spleen

σπογγώδης *επίθ* spongy

σπονδυλικ|ός *επίθ* spinal. ~ή στήλη *(η)* spine. *(μεταφ)* backbone

σπόνδυλος *(ο)* vertebra

σπόνσορας *(ο)* sponsor

σπόντα *(η)* dig, remark

σπορ *(το)* άκλ sport. αυτοκίνητο ~ sports car

σπορά *(η)* sowing. *(μεταφ)* offspring

Σποράδες *(οι)* Sporades *(islands in the Aegean)*

σποραδικός *επίθ* sporadic

σποριάζω *ρ αμτβ* go to seed

σπόρος *(ο)* seed

σπουδάζω *ρ μτβ/ρ αμτβ* study *(at university)*

σπουδαί|ος *επίθ* important. ~ο πρόσωπο *(το)* biwgig *(καθομ)* κάνω τον ~ put on airs. ~α *επίρρ* importantly

σπουδαιότητα *(η)* importance

σπουδασμένος *επίθ* educated

σπουδαστήριο *(το)* reading room

σπουδ|αστής *(η)*, ~άστρια *(η)* student

σπουδή *(η)* *(βιασύνη)* haste. *(μελέτη)* study

σπουργίτι *(το)* sparrow

σπρίντερ *(ο, η)* άκλ sprinter

σπρωξιά *(η)* push

σπρώξιμο *(το)* push. *(με βία)* shove

σπρώχνω *ρ μτβ* push. *(απότομα)* thrust. *(με βία)* shove. *(παρακινώ)* drive. *(πλήθη)* jostle

σπυράκι *(το)* pimple

σπυρί *(το)* spot *(pimple)*. *(σπόρος)* seed

σπυριάρικος *επίθ* spotty

σταβλάρχης *(ο)* equerry

σταβλίζω *ρ μτβ* stable

στάβλος *(ο)* stable

σταγόνα *(η)* drop. *(βροχής)* spot. τελευταία ~ the last straw

σταγονόμετρο *(το)* dropper

σταδιακ|ός *επίθ* gradual. ~ά *επίρρ* gradually

στάδιο *(το)* stage. *(για αθλητικούς αγώνες)* stadium. κατά ~ by stages

σταδιοδρομία *(η)* career

στάζω *ρ μτβ/ρ αμτβ* drop. *(ιδρώτας)* drip. *(τρέχω)* trickle

σταθεροποιητ|ής *(ο)* stabilizer. ~ικός *επίθ* stabilising

σταθεροποιώ *ρ μτβ* stabilize

σταθερ|ός *επίθ* steady. *(αμετάβλητος)* consistent. *(απόψεις)* firm. *(θερμοκρασία)* stable. *(πιστός)* constant. ~ός δουλευτής *(ο)* plodder. ~ά *επίρρ* steadily, firmly

σταθερότητα *(η)* stability. *(χαρακτήρα)* firmness

σταθμά *(τα)* weights. έχουν δύο μέτρα και ~ have double standards

σταθμάρχης *(ο)* stationmaster

στάθμευση *(η)* parking

σταθμεύω *ρ αμτβ* park

στάθμη *(η)* spirit level

σταθμός *(ο)* station. *(αμερ)* depot. *(μεταφ)* landmark. ~ παραγωγής ηλεκτρισμού power station

στάλα *(η)* drop

σταλαγμίτης *(ο)* stalagmite

σταλακτίτης *(ο)* stalactite

σταλιά *(η)* drop. *(ποσότητα)* a little

σταμάτημα *(το)* stop. *(διακοπή)* halt

σταματ|ώ *ρ μτβ/ρ αμτβ* stop. *(διακόπτω)* halt. *(παύω να λειτουργώ)* come to a standstill. *(στιγμιαία)* pause. ~ώ απότομα stop dead. ~ώ όχημα flag down. ~άει το μυαλό the mind boggles

στάμνα *(η)* large jug

στάνη *(η)* sheepfold

στανιό *(το)* force. με το ~ by force

στάνταρ *(το)* άκλ standard

στάξιμο *(το)* dripping

σταράτ|ος *επίθ* wheat-coloured. *(ξεκάθαρος)* blunt. ~α *επίρρ* bluntly

στάση *(η)* *(διακοπή λειτουργίας)* stoppage. *(εξέγερση)* riot. *(εργασίας)* walk-out. *(θέση σώματος)* posture. *(λεωφορείου)* stop. *(συμπεριφορά)* attitude. *(φέρσιμο)* manner

στασιάζω *ρ αμτβ* mutiny

στασιαστικός *επίθ* mutinous

στασιαστής (o) mutineer
στασίδι (το) pew
στάσιμος επίθ stationary. (νερό) stagnant. (υπάλληλος) unfit for promotion
στασιμότητα (η) stagnation
στατικ|ή (η) statics. ~ός επίθ static
στατιστικ|ή (η) statistics. ~ός επίθ statistical
στάτους κβο (το) άκλ status quo
σταυροδρόμι (το) crossroads
σταυροκοπιέμαι ρ αμτβ (εκκλ) cross oneself
σταυρόλεξο (το) crossword
σταυρός (o) cross. ~ της θάλασσας starfish. Ερυθρός Σ~ Red Cross. κάνω το ~ μου cross oneself
σταυροφορία (η) crusade
σταυροφόρος (o) crusader
σταυρώνω ρ μτβ cross. (θανατώνω) crucify. (τα πόδια) cross. (τα χέρια) fold
σταύρωση (η) crucifixion
σταυρωτός επίθ crisscross. (σακάκι) double-breasted. ~ά επίρρ across
σταφίδα (η) raisin. κορινθιακή ~ currant
σταφιδιάζω ρ αμτβ dry up. (μεταφ) wrinkle up
σταφύλι (το) grape
στάχτη (η) ash. ρίχνω ~ στα μάτια κπ pull the wool over s.o.'s eyes
σταχτής επίθ ashen
σταχτοδοχείο (το) ashtray
στάχυ (το) ear (of corn)
στεγάζω ρ μτβ cover with a roof. (προσφέρω στέγη) house
στεγανός επίθ sealed. (από νερό) watertight
στέγαση (η) housing
στεγαστικ|ός επίθ housing. ~ δάνειο (το) mortgage
στέγη (η) roof. (κατάλυμα) shelter. ~ από άχυρο thatch
στεγνοκαθαρίζω ρ μτβ dry-clean
στεγνοκαθαριστήριο (το) dry-cleaner's
στεγνός επίθ dry
στεγνώνω ρ μτβ/ρ αμτβ dry. (από δίψα) parched. ~ με πιστολάκι blow-dry. ~ τα πιάτα dry up
στεγνωτήρας (o) drier
στεγνωτήριο (το) spin-drier
στείρος επίθ barren, infertile
στειρότητα (η) infertility
στείρωση (η) sterilization
στέκα (η) (billiards) cue
στέκι (το) haunt, joint
στέκομαι ρ αμτβ stand. (συμπαραστέκομαι) stand by, support. ~ άτυχος prove unlucky. ~ καλά look young for one's age. ~ στα πόδια μου stand on one's own two feet. ~ στην ουρά queue
στέκω ρ αμτβ βλ στέκομαι
στέλεχος (το) stem. (απόδειξης) counterfoil. (βιολ) strain. (διπλότυπου βιβλίου) stub. (επιχείρησης) executive

στέλνω ρ μτβ send. (εμπορεύματα) ship. ~ να πάρω send for (thing). ~ να φωνάξω send for (person)
στέμμα (το) crown
στεναγμός (o) sigh
στενεύω ρ μτβ narrow. (ρούχα) take in. • ρ αμτβ be tight. (παπούτσια) pinch
στενό (το) (mountain) pass. (σε θάλασσες) strait
στενογραφία (η) shorthand
στενογράφος (o, η) shorthand typist
στενοκέφαλος επίθ narrow-minded
στενόμυαλος επίθ insular, narrow-minded
στενός επίθ narrow. (ρούχα) tight. (σχέση) intimate. (φίλος) close. ~ά επίρρ narrowly, intimately, closely
στενοχωρεμένος επίθ worried. (οικονομικά) hard up
στενοχώρια (η) worry. (δυσχέρεια) bother. (θλίψη) distress. (οικονομική) difficulty
στενόχωρος επίθ confined. (που δυσφορεί) impatient. (προκαλεί δυσφορία) uneasy
στενοχωρ|ώ ρ μτβ distress. (προκαλώ θλίψη) grieve. ~ιέμαι ρ αμτβ worry. (λυπούμαι) fret
στένσιλ (το) άκλ stencil
στένωμα (το) narrowing. ~ της πλάτης small of the back
στένωση (η) stricture (constriction)
στερεοποιώ ρ μτβ solidify
στερε|ός επίθ solid. ~ό (το) solid. ~ά επίρρ solidly
στερεότητα (η) solidity
στερεοτυπία (η) stereotype
στερεότυπ|ος επίθ stereotyped. ~η φράση (η) stock phrase
στερεοφωνικ|ός επίθ stereophonic. ~ή συσκευή (η) stereo. ~ό σύστημα (το) music-centre
στερεωμένος επίθ secure (fixed)
στερεώνω ρ μτβ fix. (παράθυρο, σύρτη) fasten. (κάνω σταθερό) secure. (μεταφ) cement. ~ με καρφίτσες pin. ~ με παλούκια peg. ~ με σφήνα wedge. ~ πρόχειρα tack
στερεωτικ|ός επίθ fixing. ~ (το) fixative
στερημένος επίθ (από) bereft (of)
στέρηση (η) deprivation. (ταλαιπωρία) hardship
στεριά (η) land
στερλίνα (η) sterling
στερνός επίθ last
στερ|ώ ρ μτβ deprive. ~ούμαι ρ αμτβ lack
στεφάνη (η) hoop
στεφάνι (το) wreath
στεφανιαί|ος επίθ coronary. ~α αρτηρία (η) coronary artery
στέφανα (τα) wedding crowns
στέφω ρ μτβ crown. (σε γάμο) marry
στέψη (η) coronation
στηθόδεσμος (o) brassiere
στήθος (το) chest. (γυναίκας) bust. (μαστός) breast. ~ με ~ neck and neck

στηθοσκόπιο (*το*) stethoscope
στήλη (*η*) column. (*αρχιτ*) pillar
στηλογνώμονας (*ο*) (*γραφομηχανής*) tabulator
στημέν|ος *επίθ* made-up. **~η δουλειά** (*η*) put-up job
στήνω *ρ μτβ* stand. (*καβγά*) pick. (*παγίδα*) lay. (*σκηνή*) pitch. **~ πρόχειρα** rig up. **τη ~ σε κπ** frame s.o.
στήριγμα (*το*) support. (*ποδιού*) foothold. (*στύλωμα*) brace. (*τοίχου*) buttress. (*μεταφ*) mainstay
στηρίζω *ρ μτβ* prop. (*ελπίδες*) pin. (*θεμελιώνω*) base. (*στυλώνω*) brace. (*υποβαστάζω*) support. **~ομαι** *ρ αμτβ* lean (up)on. **~ομαι σε** rely on, depend on
στήριξη (*η*) support. (*ελπίδων*) pinning. (*θεμελίωση*) reliance
στιβάδα (*η*) stack. (*χιονιού*) drift
στίβο|ς (*ο*) track (sport). **αγώνες ~υ** (*οι*) field events
στίγμα (*το*) stigma. (*ηθικό*) slur, stigma. (*σημάδι*) fleck
στιγματίζω *ρ μτβ* stigmatize. (*υπόληψη*) brand
στιγμή (*η*) instant. (*μονάδα χρόνου*) moment. (*τελεία*) dot. **για μια ~** momentarily. **στη ~** in an instant
στιγμιαίος *επίθ* momentary. (*ρόφημα*) instant
στιγμιότυπο (*το*) snapshot
στιλ (*το*) *άκλ* style
στιλβωτής (*ο*) polisher
στιλβώνω *ρ μτβ* polish. (*παπούτσια*) shine
στιλβωτικ|ός *επίθ* polishing. **~ή συσκευή** (*η*) polisher
στιλέτο (*το*) stiletto. **τακούνια ~** stiletto heels
στιλιζαρισμένος *επίθ* stylized
στιλίστας (*ο*) stylist
στιλπνός *επίθ* sleek
στίξη (*η*) punctuation
στιφάδο (*το*) meat and onion stew
στίχο|ς (*ο*) verse (*line*). **~ι** (*τραγουδιού*) lyrics
στίψιμο (*το*) squeeze
στοά (*η*) portico. (*καταστημάτων*) arcade. (*τεκτονική*) (masonic) lodge
στοίβα (*η*) pile, stack
στοιβάζω *ρ μτβ* pile. (*στριμώχνω*) pack
στοιχείο (*το*) element. (*αρχή*) rudiment. (*δεδομένο*) data. (*ηλεκτρ*) cell. (*λεπτομέρεια*) detail. (*τυπογραφικό*) type
στοιχειό (*το*) spirit
στοιχειοθεσία (*η*) typesetting. **~τώ** *ρ μτβ* (*τυπογρ*) set
στοιχειώδης *επίθ* elementary. (*θεμελιώδης*) rudimentary. **~ εκπαίδευση** elementary education
στοιχειωμένος *επίθ* haunted
στοιχειώνω *ρ μτβ* haunt *ρ αμτβ* become haunted

στοίχημα (*το*) bet. (*με λεφτά*) wager
στοιχηματίζω *ρ μτβ/ρ αμτβ* bet, wager
στοιχίζω *ρ αμτβ* cost
στοίχος (*ο*) file, row
στόκος (*ο*) putty
στολή (*η*) uniform. **~ αστροναύτη** spacesuit. **~ καταδύσεως** wet suit
στολίδι (*το*) ornament. **~α** (*τα*) finery
στολίζω *ρ μτβ* decorate. (*εξοραΐζω*) embellish. (*καλλωπίζω*) adorn. (*μεταφ*) tick off
στόλισμα (*το*) embellishment
στολισμός (*ο*) adornment
στόλος (*ο*) fleet
στόμα (*το*) mouth
στομάχι (*το*) stomach
στομαχόπονος (*ο*) stomachache
στόμιο (*το*) opening. (*αερισμού*) vent. (*αντλίας*) spout. (*σωλήνα*) nozzle. (*υδρολήψίας*) hydrant
στόμφος (*ο*) pomposity
στοργή (*η*) affection. **~ικός** *επίθ* affectionate
στορ (*το*) *άκλ* roller blind
στόρι (*το*) venetian blind
στούντιο (*το*) *άκλ* studio
στουπί (*το*) oakum. **~ στο μεθύσι** blind drunk
στοχάζομαι *ρ αμτβ* reflect
στοχασ|μός (*ο*) reflection. **~τής** (*ο*) thinker
στόχαστρο (*το*) viewfinder
στόχος (*ο*) target. (*σκοπός*) aim
στραβισμός (*ο*) squinting
στραβοκοιτάζω *ρ μτβ* glower
στραβολαιμιάζω *ρ αμτβ* get a stiff neck
στραβομάρα (*η*) blindness
στραβομουτσουνιάζω *ρ αμτβ* scowl
στραβόξυλο (*το*) peevish person
στραβοπατώ *ρ αμτβ* miss one's footing. (*μεταφ*) take a false step
στραβοπόδης *επίθ* bandy-legged
στραβ|ός *επιρρ* (*λοξός*) askew. (*όχι ίσιος*) crooked. (*τυφλός*) blind. (*μεταφ*) wrong. **~ά** *επιρρ* askew. (*όχι σωστά*) amiss. **κάνω τα ~ά μάτια** turn a blind eye. **κουτσά ~ά** somehow. **το παίρνω ~ά** take it amiss
στραβώνω *ρ μτβ* twist. (*θαμπώνω*) dazzle. (*το πρόσωπο*) screw up. (*τυφλώνω*) blind
στραγγαλίζω *ρ μτβ* strangle. **~ισμός** (*ο*) strangulation. **~ιστής** (*ο*), **~ίστρια** (*η*) strangler
στραγγίζω *ρ μτβ* drain
στραγγιστήρι (*το*) strainer. (*για λαχανικά*) colander. (*για πιάτα*) draining board
στραμπούλισμα (*το*) sprain
στραμπουλίζω *ρ μτβ* sprain
στρατάρχης (*ο*) field marshal
στράτευμα (*το*) army. **στρατεύματα** (*τα*) troops
στρατεύομαι *ρ αμτβ* enlist
στράτευση (*η*) enlistment

στρατήγημα (το) stratagem
στρατηγική (η) strategy. **~ός** επίθ strategic. **~ά** επίρρ strategically
στρατηγός (ο) general
στρατιώτης (ο) soldier. (του ιππικού) trooper. **απλοί ~ες** (οι) ranks
στρατιωτικός επίθ military. **~** (το) military service
στρατοδικείο (το) court martial
στρατολογία (η) recruitment. (για θητεία) conscription
στρατολογώ ρ μτβ recruit. (αμερ) draft. (για θητεία) conscript. (στο στρατό) enlist
στρατόπεδο (το) camp. (στρ) **~ συγκεντρώσεως** concentration camp
στρατός (ο) army
στρατώνας (ο) barracks
στρατωνίζω ρ μτβ billet
στρεβλώνω ρ μτβ contort
στρέβλωση (η) contortion
στρείδι (το) oyster
στρέμμα (το) area equal to 1000² metres
στρέφω ρ μτβ direct (attention). **~ω εναντίον** turn against. **~ομαι** ρ μτβ (για βοήθεια) turn to. **~ομαι εναντίον** turn on (attack). • ρ αμτβ turn round
στρίβ|ω ρ μτβ wring. (νήμα) twine. (περιστρέφω) twist. • ρ αμτβ turn. (φεύγω γρήγορα) shove off. **~ω απότομα** swerve. **~ω νόμισμα** toss up. **~ει!** beat it! **μου ~ει** go round the bend
στρίγκλα (η) shrew (woman)
στριγκλιά (η) shriek
στριγκλίζω ρ αμτβ shriek
στρίγκλισμα (το) squeal
στριγκός επίθ shrill
στριμμένο|ς επίθ twisted. **~ νήμα** (το) twine
στριμωγμένος επίθ packed. (μεταφ) in a spot. **~ μεταξύ** sandwiched between
στριμώχνω ρ μτβ pack cram, jam. (μεταξύ δύο επιφανειών) sandwich. (μεταφ) corner. **~ομαι** ρ αμτβ crowd
στρίπποδο (το) trestle
στριπτίζ (το) άκλ striptease
στριπτιζέζ (η) άκλ stripper
στριφογυρίζω ρ μτβ turn round. • ρ αμτβ wriggle. (στο κρρεβάτι) toss and turn
στριφογύρισμα (το) wriggle
στρίφωμα (το) hem
στριφώνω ρ μτβ hem
στροβιλίζ|ω ρ μτβ spin. **~ομαι** ρ αμτβ whirl
στροβίλισμα (το) spin
στρόβιλος (ο) swirl. (σε νερό) eddy
στρογγυλεύω ρ μτβ make round. (τιμή) round off. • ρ αμτβ fill out
στρογγυλοκάθομαι ρ αμτβ install o.s.
στρογγυλός επίθ round
στρουθοκάμηλος (ο) ostrich
στρουμπουλός επίθ chubby. (γυναίκα) buxom

στρόφαλος (ο) crank
στροφαλοφόρος (ο) crankshaft
στροφείο (το) swivel
στροφή (η) turn. (αυτοκ) rev. (δρόμου) bend. (ποίηση) verse, stanza
στρόφιγγα (η) stopcock
στροφόμετρο (το) rev counter
στρυφνός επίθ sour
στρυχνίνη (η) strychnine
στρώμα (το) layer. (ατμόσφαιρας) stratum. (επίστρωση) coating. (κρεβατιού) mattress. (μπογιάς) coat. (πάγου) sheet. (σκόνης) film
στρών|ω ρ μτβ spread. (κρεβάτι) make. (όχημα) run in. (στην επιφάνεια) surface. (τραπέζι) lay. • ρ αμτβ settle down. **~ομαι στη δουλειά** get down to work
στρωσίδι (το) bedcover. **~α** (τα) bedclothes
στρωτός επίθ smooth. (χωρίς ανωμαλίες) even
στύβω ρ μτβ squeeze (lemon etc)
στυγερός επίθ heinous
στυλό (το) fountain pen. **~ διαρκείας** ballpoint pen
στυλοβάτης (ο) prop. (μεταφ) mainstay
στυπόχαρτο (το) blotting paper
στυπτικός επίθ astringent
στύση (η) erection
στυφός επίθ sour. (γεύση) acrid
στωικισμός (ο) stoicism
στωικ|ός επίθ stoical. **~ά** επίρρ stoically
στωικότητα (η) stoicism
συ αντων you, βλ **εσύ. πήγες και ~;** did you go too?
συγγένεια (η) relationship, blood tie. (σχέση) affinity
συγγενεύω ρ αμτβ be related
συγγενής επίθ akin. (εκ γενετής) congenital. **~ής** (ο) relative. **πλησιέστερος ~ής** next of kin
συγγενικός επίθ related
συγ(γ)νώμη (η) apology. **συγνώμη!** sorry! **ζητώ ~** apologize
σύγκληση (η) calling (of meeting)
συγγραφέας (ο, η) writer, author
συγγραφή (η) authorship
συγγραφικός επίθ author's. **~ά δικαιώματα** (τα) royalties
συγκαλύπτω ρ μτβ gloss over. (αποκρύβω) hush up
συγκάλυψη (η) cover up
συγκαλώ ρ μτβ convene
σύγκαμα (το) chaffing
συγκατάβαση (η) condescension
συγκαταβατικό|ς επίθ condescending. **~τητα** (η) condescension
συγκατάθεση (η) consent
συγκατάνευση (η) acquiescence
συγκατανεύω ρ αμτβ acquiesce
συγκαταλέγω ρ μτβ number, include
συγκατατίθεμαι ρ αμτβ consent
συγκατοικώ ρ μτβ share house with

συγκεκριμέν|ος επίθ particular. (πρόταση) concrete. (ιδιαίτερος) specific. **~α** επίρρ specifically, particularly

συγκεντρών|ω ρ μτβ gather. (θάρρος) summon up. (προσοχή) focus. (συναθροίζω άτομα) assemble. (ψήφους) poll. **~ομαι** ρ μτβ concentrate. (σε ομάδα) cluster

συγκέντρωση (η) gathering. (διανοητική) concentration. (κυνηγών) meet. (παλιών φίλων) reunion

συγκεχυμένος επίθ vague. (ιδέες) woolly. (μπερδεμένος) confused

συγκινημένος επίθ moved

συγκίνηση (η) emotion. (διέγερση) excitement

συγκινητικός επίθ moving, emotional. (σκηνή) touching

συγκινώ ρ μτβ move (provoke emotion). (διεγείρω) excite

σύγκλητος (η) (πανεπ) senate

συγκλίνω ρ αμτβ converge

σύγκλιση (η) convergence

συγκλονίζω ρ μτβ shake, shock

συγκλονιστικός επίθ shattering

συγκοινωνία (η) communication. (μέσα μεταφοράς) transport

συγκόλληση (η) weld

συγκολλητικ|ός επίθ adhesive. **~ή ουσία** (η) adhesive. **~ό** (το) solder

συγκολλητής (ο) welder

συγκολλώ ρ μτβ weld. (με λιωμένο μέταλλο) solder

συγκομιδή (η) harvest (the crop)

συγκοπή (η) syncopation

συγκρατημένος επίθ restrained

συγκράτηση (η) restraint

συγκρατητικός επίθ retentive

συγκρατ|ώ ρ μτβ hold. (δεν αφήνω να εκδηλωθεί) restrain. (ενισχύω) bear. (κρατώ) keep back. **~ιέμαι** ρ αμτβ contain o.s.

συγκρίνω ρ μτβ compare

σύγκριση (η) comparison

συγκρίσιμος επίθ comparable

συγκριτικός επίθ comparative

συγκρότημα (το) complex. (ανθρώπων) group

συγκρότηση (η) formation

συγκροτώ ρ μτβ form

συγκρούομαι ρ αμτβ clash. (βρίσκομαι σε αντίθεση) conflict. (πέφτω με δύναμη) collide

σύγκρουση (η) clash. (αυτοκ) crash, collision

συγυρίζω ρ μτβ tidy (up)

συγυρισμέν|ος επίθ tidy, neat. **~α** επίρρ tidily

συγχαίρω ρ μτβ congratulate

συγχαρητήρια (τα) congratulations

συγχρον|ίζω ρ μτβ synchronize. **~ισμός** (ο) synchronization

σύγχρον|ος επίθ up-to-date. (ίδιας περιόδου) contemporary. (ταυτόχρονος) simultaneous. **~η εποχή** (η) modern times. **~η περιγραφή γεγονότος** (η) running commentary

συγχύζω ρ μτβ confuse. (φέρνω σε αμηχανία) bewilder. (ψυχική ταραχή) disturb

σύγχυση (η) confusion. (αμηχανία) bewilderment. (μπέρδεμα) muddle. (ταραχή) disturbance

συγχώνευση (η) merger

συγχωνεύω ρ μτβ amalgamate. (εμπορ) merge

συγχώρεση (η) forgiveness

συγχωρ|ώ ρ μτβ pardon, forgive. **με ~είτε!** I beg your pardon!

συζήτηση (η) discussion. (αντιλογία) argument. (δημόσια) debate

συζητήσιμος επίθ debatable

συζητώ ρ μτβ discuss. (ανταλλάσσω σκέψεις) talk over. (δημόσια) debate. (λογομαχώ) argue

συζυγία (η) conjugation

συζυγικός επίθ conjugal, matrimonial. **~ ζωή** (η) married life

σύζυγος (ο, η) spouse. **~** (η) wife. **~** (ο) husband

συζώ ρ αμτβ cohabit

συκιά (η) fig tree

σύκο (το) fig

συκομουριά (η) sycamore

συκοφάντ|ης (ο), **~ρια** (η) slanderer

συκοφαντ|ία (η) slander. **~ικός** επίθ slanderous. **~ώ** ρ μτβ slander

συκόφυλλο (το) fig leaf

συκωτάκια (τα) (πουλιού) giblets

συκώτι (το) liver

συλβία (η) (πουλί) warbler

συλλαβή (η) syllable

συλλαβίζω ρ μτβ spell out. (διαβάζω) read with difficulty. (διαχωρίζω) separate into syllables

συλλαβισμός (ο) hyphenation

συλλαβόγριφος (ο) charades

συλλαμβάνω ρ μτβ capture. (εγκληματία) arrest. • ρ αμτβ (γυναίκα) conceive. (σκέψη) grasp

συλλέκτης (ο) collector

σύλληψη (η) capture, arrest. (για γυναίκα) conception

συλλογή (η) collection. (σκέψη) contemplation

συλλογίζομαι ρ μτβ/ρ αμτβ ponder. (λογαριάζω) consider. (σκέφτομαι) contemplate

συλλογικός επίθ collective

συλλογισμένος επίθ thoughtful. (απασχολημένος) preoccupied. **~α** επίρρ thoughtfully

συλλογισμός (ο) reasoning

σύλλογος (ο) association, body

συλλυπητήρια (τα) condolences

συλφίδα (η) sylph

συμβαδίζω ρ αμτβ (με) be in step (with)

συμβαίν|ω *ρ αμτβ* occur, happen. *απρόσ* happen. **τι ~ει**; what is the matter?

συμβάν (*το*) occurrence

σύμβαση (*η*) contract

συμβατικό|ς *επίθ* conventional. **~τητα** (*η*) convention

συμβατό|ς *επίθ* compatible. **~τητα** (*η*) compatibility

συμβία (*η*) wife

συμβιβάζ|ω *ρ μτβ* reconcile. **~ομαι** *ρ αμτβ* reconcile o.s.

συμβιβασμός (*ο*) reconciliation. (*μετριασμός*) compromise

συμβιβαστικός *επίθ* conciliatory

συμβίωση (*η*) co-existence

συμβόλαιο (*το*) covenant

συμβολαιογράφος (*ο*) notary

συμβολή (*η*) contribution

συμβολίζω *ρ μτβ* symbolize. (*ιδέας*) stand for

συμβολι|κός *επίθ* symbolic(al). (*εικονικός*) token. **~σμός** (*ο*) symbolism

σύμβολ|ο (*το*) symbol. **~α αξιώματος** (*τα*) trappings

συμβουλευτικός *επίθ* advisory

συμβουλεύ|ω *ρ μτβ* advise. **~ομαι** *ρ μτβ* consult

συμβουλή (*η*) advice

συμβούλιο (*το*) council. (*διοικ*) board. **διοικητικό ~** board of directors. **Υπουργικό ~** cabinet meeting

σύμβουλος (*ο, η*) adviser, consultant

συμμαζεύω *ρ μτβ* gather

συμμαθ|ητής (*ο*), **~ήτρια** (*η*) classmate

συμμαχ|ία (*η*) alliance. **~ικός** *επίθ* allied

σύμμαχος (*ο*) ally

συμμερίζομαι *ρ μτβ* be in sympathy with

συμμετέχω *ρ αμτβ* (*σε*) participate (in)

συμμετοχή (*η*) participation. (*σε αγώνα*) entry

συμμέτοχος (*ο*) participant

συμμετρ|ία (*η*) symmetry. **~ικός** *επίθ* symmetrical

συμμορία (*η*) gang

συμμορφών|ω *ρ μτβ* force to conform. **~ομαι** *ρ μτβ* conform. (*προσαρμόζομαι*) **~ομαι με** comply with

συμμόρφωση (*η*) compliance (*agreement*)

συμπαγής *επίθ* compact

συμπάθεια (*η*) sympathy. (*για πρόσωπο*) liking

συμπαθητικός *επίθ* sympathetic. (*αξιαγάπητος*) likeable

συμπάθιο (*το*) pardon. **με το ~** with all due respect

συμπαθώ *ρ μτβ* sympathize. (*αισθάνομαι συμπάθεια*) like

συμπαίκτ|ης (*ο*), **~ρια** (*η*) (*σπορ*) partner

σύμπαν (*το*) universe

συμπαράσταση (*η*) support

συμπαραστέκομαι *ρ μτβ* support

συμπατριώτ|ης (*ο*), **~ισσα** (*η*) compatriot

συμπεθεριό (*το*) relationship by marriage

συμπ|έθερος (*ο*), **~εθέρα** (*η*) the father/mother of the groom in relation to the bride's parents

συμπεραίνω *ρ μτβ/αμτβ* infer, conclude

συμπέρασμα (*το*) inference, conclusion

συμπεριλαμβ|άνω *ρ μτβ* include. **~ανομένου** including

συμπερίληψη (*η*) inclusion

συμπεριφέρομαι *ρ αμτβ* behave. **~ άσχημα** misbehave. **~ συγκαταβατικά** patronize

συμπεριφορά (*η*) behaviour. (*διαγωγή*) conduct. **άσχημη ~** misbehaviour

συμπιέζω *ρ μτβ* compress

συμπίεση (*η*) compression

συμπιεστής (*ο*) compressor

συμπίπτω *ρ αμτβ* coincide. (*αριθμοί*) agree

σύμπλεγμα (*το*) complex

συμπλέκ|ω *ρ μτβ* interlace. **~ομαι με** *ρ αμτβ* come to blows with

συμπλέκτης (*ο*) (*αυτοκ*) clutch

συμπλήρωμα (*το*) complement. (*βιβλίου*) supplement

συμπληρωματικ|ός *επίθ* complementary. (*επιπρόσθετος*) supplementary. **~ή εργασία** (*η*) follow-up. **~ό εισιτήριο** (*το*) excess fare

συμπληρώνω *ρ μτβ* complement. (*γεμίζω τα κενά*) replenish. (*έντυπο*) fill in. (*προσθέτω*) supplement

συμπλήρωση (*η*) completion

συμπλοκή (*η*) scuffle. (*ανάμεσα σε στρατούς*) encounter

σύμπνοια (*η*) concord

συμπολεμιστής (*ο*) comrade in arms

συμπολίτ|ης (*ο*), **~ισσα** (*η*) fellow citizen

συμπονετικός *επίθ* compassionate

συμπόνια (*η*) compassion

συμπονώ *ρ μτβ* have compassion for

συμπόσιο (*το*) banquet. (*επιστημονικό*) symposium

σύμπραξη (*η*) joint action

συμπρωταγωνι|στής (*ο*), **~ίστρια** (*η*) co-star

συμπρωτεύουσα (*η*) country's second largest town

σύμπτωμα (*το*) symptom

συμπτωματικός *επίθ* symptomatic. (*τυχαίος*) coincidental

σύμπτωση (*η*) coincidence

συμπυκνώνω *ρ μτβ* condense. **~ωτής** (*ο*) condenser

συμφέρον (*το*) interest (*advantage*). (*εμπορ*) stake

συμφεροντολόγος *επίθ* calculating

συμφέρ|ω *ρ αμτβ* be to one's advantage. **δε μου ~ει** it is not in my interest

συμφιλιών|ω *ρ μτβ* reconcile (*people*). **~ομαι** *ρ αμτβ* make it up

συμφιλίωση (*η*) reconciliation. (*συνδιαλλαγή*) conciliation

συμφοιτ|ητής (*ο*), **~ήτρια** (*η*) fellow student

συμφυλιωτικός επίθ conciliatory

συμφορά (η) calamity

συμφόρηση (η) congestion. **κυκλοφοριακή ~** traffic congestion

συμφραζόμενα (τα) context

σύμφωνα επίρρ according. **~ με** in accordance with

συμφωνημένος επίθ agreed

συμφωνητικό (το) (written) agreement

συμφωνία (η) agreement. (αμοιβαία υπόσχεση) deal. (μουσ) symphony. (όρος) understanding. (ταύτιση απόψεων) accord

συμφωνικός επίθ symphonic

σύμφωνο (το) pact. (γραμμ) consonant

σύμφων|ος επίθ agreeable. **~ με** consistent with. **~οι!** agreed!

συμφωνώ ρ μτβ/ρ αμτβ agree. (ταιριάζω) be consistent (with). (σύγκριση) tally (with)

συμψηφ|ίζω ρ μτβ offset. **~ισμός** (ο) clearance (of cheque)

συν πρόθ with. (μαθημ) plus

συναγερμός (ο) alarm. (συγκέντρωση) rally

συναγρίδα (η) sea bream

συναγωγή (η) synagogue

συναγωνίζομαι ρ αμτβ fight together. (ανταγωνίζομαι) compete. (αμιλλώμαι) vie

συναγωνισμός (ο) competition

συναγων|ιστής (ο), **~ίστρια** (η) comrade

συναγωνιστικ|ός επίθ competitive. **~ές τιμές** competitive prices. **~ότητα** (η) competitiveness

συναδελφικότητα (η) fellowship (group)

συνάδελφος (ο, η) colleague

συναθροίζ|ω ρ μτβ assemble. **~ομαι** ρ αμτβ congregate

συνάθροιση (η) congregation

συναίνεση (η) consensus

συναισθάνομαι ρ αμτβ feel (be conscious of)

συναίσθημα (το) sentiment

συναισθηματικό|ς επίθ sentimental. **~τητα** (η) sentimentality

συναίσθηση (η) sense (awareness)

συναλλαγή (η) transaction

συνάλλαγμα (το) foreign exchange

συναλλαγματική (η) bill of exchange

συναλλάσσομαι ρ μτβ transact

συναναστρέφομαι ρ αμτβ mix (με, with), keep company (με, with)

συνάντηση (η) meeting. (αθλητική) fixture. (απροσδόκητη) encounter

συναντώ ρ αμτβ meet. (απροσδόκητα) encounter. (κατά τύχη) run into, bump into

συνάντημα (το) chance encounter

συνάπτω ρ μβτ (γάμο) contract. (συναρμόζω) attach. (χρέη) incur

συναρμολόγηση (η) assembly

συναρμολογώ ρ μτβ (μηχ) assemble

συναρπάζω ρ μτβ fascinate. (καταγοητεύω) enthral. (προσοχή) grip

συναρπαστικός επίθ thrilling, exciting

συνασπισμός (ο) alliance. (κυβερνητικός) coalition. (πολιτ) bloc

συναυλία (η) concert

συναφής επίθ pertinent

συνάχι (το) cold. (αλλεργικό, την άνοιξη) hay fever

συνδεδεμέν|ος επίθ connected. **είναι πολύ ~οι** they are very close

σύνδεση (η) linkage. (τηλεφωνική) connection

σύνδεσμος (ο) link. (γραμμ) conjunction. (ένωση) association. (στρ) liaison

συνδετήρας (ο) fastener. (χαρτιού) paperclip

συνδέ|ω ρ μτβ link. (τηλέφωνο) put through. (τραίνα) connect. (χαρτιά) clip. **~ομαι** ρ αμτβ have a relationship. (ερωτικά) have an affair

συνδιάλεξη (η) conversation

συνδιάσκεψη (η) conference

συνδικαλιστής (ο) unionist

συνδικαλιστικ|ός επίθ unionist. **~ή οργάνωση** (η) trade union

συνδικάτο (το) trade union

συνδρομή (η) assistance. (χρηματική καταβολή) subscription

συνδρομ|ητής (ο), **~ήτρια** (η) subscriber

σύνδρομο (το) syndrome

συνδυάζω ρ μτβ combine

συνδυασμός (ο) combination

συνεδριάζω ρ αμτβ (βουλή) sit. (επιτροπή) meet

συνεδρίαση (η) sitting. (δικαστηρίου) session

συνέδριο (το) convention

σύνεδρος (ο, η) member of a convention

συνείδηση (η) conscience. (αντίληψη) consciousness

συνειδητοποιώ ρ μτβ become conscious of

συνειδητ|ός επίθ conscious. **~ά** επίρρ consciously

συνεισφέρω ρ μτβ contribute

συνεισφορά (η) contribution

συνέλευση (η) assembly. **γενική ~** general meeting

συνεννόηση (η) understanding (agreement). (ανταλλαγή σκέψεων) consultation. (μυστική συμφωνία) collusion

συνεννοούμαι ρ αμτβ arrive at an understanding. (ανταλλάσσω απόψεις) exchange views. (κάνω μυστική συμφωνία) collude

συνενοχή (η) complicity

συνένοχος (ο, η) accomplice

συνέντευξη (η) interview

συνενών|ω ρ μτβ join together. (εμπ) merge. **~ομαι** ρ αμτβ gang up

συνεπάγομαι ρ μτβ entail

συνεπακόλουθος επίθ attendant

συνέπεια (η) consequence. (συμφωνία) consistency. **κατά ~** consequently. **με ~** consistently

συνεπ|ής επίθ consistent. **~ώς** επίρρ consequently

συνεπιβάτης (ο), **~ις** (η) fellow passenger

σύνεργα (τα) kit, gear

συνεργάζομαι ρ αμτβ collaborate. (με εφημερίδα) contribute (to)

συνεργασία (η) co-operation. (από συνεργάτη) collaboration

συνεργάτ|ης (ο), **~ις** (η) collaborator. (επιχείρησης) associate. (εφημερίδας) contributor

συνεργατικ|ός επίθ co-operative. **~ή** (η) co-operative. **~ό** (το) (κυπρ) co-op

συνεργείο (το) crew (gang). (εργαστήριο) workshop. (εργάτες) gang

συνέρχομαι ρ αμτβ convene. (από αρρώστια) recover. (από πλήγμα) get over. (βρίσκω τις αισθήσεις) come to

σύνεση (η) prudence

συνεσταλμένος επίθ timid

συνεταιρισμός (ο) partnership. (ένωση) co-operative

σ"ινέταιρος (ο) (business) partner

συνετ|ός επίθ prudent. **~ά** επίρρ prudently

συνεφέρνω ρ μτβ/ρ αμτβ revive (person)

συνέχεια (η) continuation. (ό, τι ακολουθεί) sequel. **εν συνεχεία** then. **στη ~** subsequently

συνεχ|ής επίθ continuous. (χωρίς διακοπή) constant. (διαδοχικός) consecutive. **~ώς** επίρρ continuously, constantly

συνεχίζω ρ μτβ/ρ αμτβ continue. (μετά από διακοπή) resume

συνέχιση (η) continuation. (μετά από διακοπή) resumption

συνήγορος (ο, η) counsel, (αμερ) advocate

συνήθεια (η) habit. (έθιμο) custom

συνήθ|ης επίθ usual. (κατά κανόνα) customary. (όχι έκτακτος) ordinary. **~ως** επίρρ usually. **ως ~ως** as usual

συνηθίζω ρ μτβ/αμτβ be used to. (εξοικειώνομαι) get accustomed (to). (κάνω από συνήθεια) be in the habit (of)

συνηθισμένος επίθ usual. (από συνήθεια) habitual. (εξοικειωμένος) accustomed, used. (μη εξαιρετικός) ordinary. (που συνηθίζεται) customary

συνημμένος επίθ attached

σύνθεση (η) synthesis. (μουσ) composition. (χημ) compound

συνθέτης (ο) composer

συνθετικός επίθ synthetic

σύνθετος επίθ compound

συνθέτω ρ μτβ synthesize. (μουσ) compose

συνθήκη (η) treaty. (περίσταση) circumstance

συνθηκολόγηση (η) capitulation. (συνθήκης) conclusion of a treaty

συνθηκολογώ ρ αμτβ capitulate. (συνθήκη) conclude a treaty

σύνθημα (το) sign. (λέξη) catchword. (στρ) password. (φράση) slogan

συνθηματικ|ός επίθ signal. (κώδικα) coded. **~ή φράση** (η) catch phrase

συνθλίβω ρ μτβ crush. (ζουλώ) squash

σύνθλιψη (η) crushing. (ζούλημα) squash

συνιδιοκτησία (η) joint ownership

συνίσταμαι ρ αμτβ consist of

συνιστώ ρ μτβ constitute. (συσταίνω) recommend

συννεφιά (η) cloudiness

συννεφιάζω ρ αμτβ cloud over

συννεφιασμένος επίθ cloudy. (καιρός) overcast

σύννεφο (το) cloud

συννεφώδης επίθ cloudy

συνοδεία (η) escort. (μουσ) accompaniment. (πολλοί μαζί) convoy

συνοδεύω ρ μτβ accompany. (για φρούρηση) escort. (κοπέλα) chaperon

συνοδοιπόρος (ο, η) fellow traveller. (πολιτ) sympathizer

σύνοδος (η) synod

συνοδός (ο, η) attendant. (αεροπ) steward, stewardess. (καβαλιέρος) escort. (νέας κοπέλας) chaperon

συνοικέσιο (το) arranged marriage

συνοικ|ία (η) quarter, district. **~ισμός** (ο) settlement (place)

συνολικ|ός επίθ total. **~ά** επίρρ altogether, on the whole

σύνολο (το) whole. (άθροισμα) total. (δημοπρασία) lot. **σαν ~** as a whole

συνομήλικος επίθ contemporary (of the same age)

συνομιλητής (ο), **~ήτρια** (η) interlocutor

συνομιλί|α (η) conversation. **~ες** (οι) talks

συνομιλώ ρ αμτβ converse

συνομολογώ ρ μτβ agree (with another party)

συνομοσπονδία (η) confederation

συνονόματος (ο) namesake

συνοπτικ|ός επίθ concise. **~ότητα** (η) brevity. **~ά** επίρρ concisely

συνορεύω ρ αμτβ have a common border

σύνορο (το) boundary. (μεταξύ χωρών) border, frontier

συνουσία (η) copulation, fornication. **~ιάζομαι** ρ αμτβ copulate, fornicate

συνοφρύωμα (το) frown

συνοφρυώνομαι ρ αμτβ frown

συνοχή (η) continuity

σύνοψη (η) synopsis. (περίληψη) précis

συνοψίζω ρ μτβ summarize

συνταγή (η) (ιατρ) prescription. (μαγειρική) (η) recipe

σύνταγμα (το) constitution. (στρ) regiment

συνταγματάρχης (ο) colonel

συνταγματικός επίθ constitutional

συνταγολόγιο (το) formulary

συντάκτ|ης (ο), **~ρια** (η) compiler. (δημοσιογράφος) editor

σύνταξη (η) pension. (γραμμ) syntax

συνταξιδιώτ|ης (ο), **~ισσα** (η) fellow traveller

συντάξιμος επίθ pensionable

συνταξιοδότηση (η) superannuation

συνταξιοδοτώ ρ μτβ pension off

συνταξιούχος επίθ retired. ~ (ο, η) pensioner

συνταράζω ρ μτβ shake, shock

συνταρακτικός επίθ dramatic

συντάσσω ρ μτβ compile. (έγγραφο) draw up. (εφημερίδα) edit

συντελεστής (ο) factor. (μαθημ) co-efficient. ~ ΦΠΑ VAT rate

συντελ|ώ ρ αμτβ be conducive (to). ~ούμαι ρ αμτβ take place

συντέμνω ρ μτβ abbreviate

συντεχνία (η) guild

σύντηξη (η) fusion

συντήρηση (η) preservation. (διατροφή) sustenance. (μηχ) maintenance

συντηρητικό (το) preservative

συντηρητικός επίθ conservative. **Σ~** (ο) Conservative. (Αγγλία) Tory

συντηρώ ρ μτβ preserve. (διατηρώ) sustain. (διατρέφω) support, keep. (μηχ) maintain. (οικογένεια) keep

σύντμηση (η) abbreviation

συντόμευση (η) abridgement

συντομεύω ρ μτβ shorten. (γραπτό λόγο) abridge

συντομία (η) brevity. **εν** ~ briefly

συντομογραφία (η) abbreviation

σύντομ|ος επίθ brief. (μικρής διάρκειας) short. ~η περίληψη (η) run down. ~α επίρρ briefly. (σε μικρό χρόνο) soon

συντον|ίζω ρ μτβ co-ordinate. ~ισμός (ο) co-ordination. ~ιστής (ο), ~ίστρια (η) co-ordinator

συντρέχω ρ μτβ succour

συντριβάνι (το) fountain

συντριβή (η) smash. (θλίψη) contrition

συντρίβω ρ μτβ smash. (αεροπλάνο) crash. (μεταφ) shatter

συντρίμματα (τα) debris

συντριμμένος επίθ shattered

συντρίμμι (το) wreckage, fragment

συντριπτικός επίθ overwhelming

συντροφιά (η) companionship. (παρέα) company

συντροφικότητα (η) comradeship

συντρόφισσα (η) comrade

σύντροφος (ο, η) mate. (μεταξύ κομουνιστών) comrade. (σύζυγος) companion

συνύπαρξη (η) coexistence

συνυπάρχω ρ αμτβ coexist

συνωμοσία (η) plot. (εχθρική ενέργεια) conspiracy

συνωμότ|ης (ο), ~ισσα (η) conspirator

συνωμοτώ ρ αμτβ plot. (πολιτ) conspire

συνωνυμία (η) synonymity

συνώνυμ|ος επίθ synonymous. ~ (το) synonym

συνωστισμός (ο) crush (mass of people)

σύξυλος|ς επίθ dumbfounded. **αφήνω κπ** ~ leave s.o. high and dry

Συρία (η) Syria

συριακός επίθ Syrian

σύριγγα (η) syringe

Σύρι|ος (η), ~α (ο) Syrian

σύρμα (το) wire. (για τις κατσαρόλες) scourer. (καθαρίσματος) steel wool

συρματολογία (η) wiring

συρματόπλεγμα (το) barbed wire

συρμός (ο) train. (μόδα) vogue

συρόμενος επίθ sliding

σύρραξη (η) scuffle

συρραπτικό (το) (εργαλείο) stapler

συρρέω ρ αμτβ flock

συρρίκνωση (η) shrinkage

συρροή (η) throng

σύρσιμο (το) dragging. (ποδιών) shuffle

συρτάκι (το) Greek folk dance

συρτάρι (το) drawer. (ταμειακής μηχανής) till

σύρτης (ο) bolt

συρτ|ός επίθ sliding. ~ή φωνή (η) drawl. ~ός (ο) circular Greek folk dance

συρφετός (ο) rabble

συσκέπτομαι ρ αμτβ confer

συσκευ|άζω ρ μτβ package. ~ασία (η) packaging

συσκευή (η) apparatus. (οικιακή) appliance. (ραδιόφωνο, TV) set

σύσκεψη (η) conference. (ανταλλαγή γνωμών) consultation

συσκοτίζω ρ μτβ black out. (κάνω ασαφές) obscure

συσκότιση (η) black-out

σύσπαση (η) contortion

συσπειρών|ω ρ μτβ coil. ~ομαι ρ αμτβ rally

συσπείρωση (η) coiling

συσσίτιο (το) (στρ) mess

σύσσωμος επίθ as one body

συσσώρευση (η) accumulation

συσσωρευτικός επίθ cumulative. ~ής (ο) (car) battery. (ηλεκτρ) accumulator

συσσωρεύω ρ μτβ accumulate. (φυλάω) hoard

συστάδα (η) clump (of trees)

σύσταση (η) (γραπτή μαρτυρία) reference. (επιστολής) registration. (εταιρίας) incorporation. (παρουσίαση) introduction. (συμβουλή) recommendation. (σύνθεση) composition

συστατικ|ός επίθ component. ~ή επιστολή (η) testimonial. ~ό (το) ingredient

συστέλλω ρ μτβ contract

σύστημα (το) system

συστηματικ|ός επίθ systematic. ~ά επίρρ systematically

συστήνω ρ μτβ recommend. (επιστολή) register. (πρόσωπα) introduce

συστολή (η) contraction

συστρέφομαι ρ αμτβ squirm

συσφίγγω ρ μτβ tighten. (περισφίγγω) constrict

σύσφιξη (η) constriction
συσχετίζω ρ μτβ associate. (καθορίζω σχέση) correlate
συσχέτιση (η) correlation
σύφιλη (η) syphilis
συχνάζω ρ αμτβ frequent
συχν|ός επίθ frequent. **~ά** επίρρ often, frequently
συχνότητα (η) frequency. (επαναλήψεων) incidence
συγχωροχάρτι (το) indulgence. (μεταφ) absolution
σφαγείο (το) abattoir. (καθομ) slaughterhouse. (μακελειό) massacre
σφαγή (η) slaughter. (ομαδική) massacre
σφάγιο (το) slaughtered animal
σφαδάζω ρ αμτβ writhe
σφάζω ρ μτβ slaughter. (κρεοπώλης) butcher
σφαίρα (η) ball. (βόλι) bullet. (γη) globe. (μεταφ) sphere
σφαιρίδιο (το) globule
σφαιρικός επίθ spherical
σφαλιάρα (η) whack
σφάλλω ρ αμτβ err (sin)
σφάλμα (το) error
σφεντάμι (το) maple
σφεντόνα (η) sling
σφετερίζομαι ρ μτβ usurp
σφετεριστής (ο), **~ίστρια** (η) usurper
σφήκα (η) hornet
σφηκοφωλιά (η) hornet's nest
σφήνα (η) wedge
σφηνώνω ρ μτβ wedge. (παρεμβάλλω) embed
σφίγγα (η) sphinx
σφίγγ|ω ρ μτβ clasp. (δόντια) clench. (πιέζω ολόγυρα) grip. (στην αγκαλιά) hug. (τραβώ δυνατά) tighten. (χέρι) squeeze. • ρ αμτβ set. (παπούτσια) pinch. **~ομαι** ρ αμτβ make a great effort (to). (πάνω σε κάποιον) snuggle (against)
σφίξιμο (το) squeeze
σφιχταγκάλιασμα (το) hug
σφιχτ|ός επίθ tight, firm. **~ό** αυγό (το) hard-boiled egg. **~ά** επίρρ tightly, tight
σφιχτοχέρης επίθ tightfisted
σφοδρ|ός επίθ vehement. (άνεμος) strong. (επίθεση) violent. **~ά** επίρρ violently
σφοδρότητα (η) vehemence
σφολιάτα (η) flaky pastry
σφουγγαράς (ο) sponge diver
σφουγγάρι (το) sponge
σφουγγαρίζω ρ μτβ mop
σφουγγαρίστρα (η) swab. (με λαβή) mop
σφουγγάτο (το) scrambled egg
σφουγγίζω ρ μτβ wipe, dry. (με σφουγγάρι) sponge
σφούγγισμα (το) wipe
σφραγίδα (η) (αντικείμενο) rubber stamp. (επίσημη) seal. (σε χρυσά) hallmark. (σήμα) stamp

σφραγίζω ρ μτβ stamp. (δόντι) fill. (κλείνω) seal
σφράγισμα (το) stamping. (δοντιού) filling
σφρίγος (το) verve
σφυγμομετρώ ρ μτβ **~ κπ** feel s.o.'s pulse. (μεταφ) put out feelers
σφυγμός (ο) pulse
σφυρηλατώ ρ μτβ forge
σφυρί (το) hammer. (ξύλινο) mallet
σφύριγμα (το) whistle. (αναπνοής) wheeze. (αποδοκιμασίας) hiss. (μαστιγίου) swish. (προς γυναίκα) wolf whistle. (σειρήνας) blast
σφυρίζω ρ μτβ whistle. (σφαίρα) hiss
σφυρίχτρα (η) whistle (instrument)
σφυρήλατος wrought. **~ σίδηρος** (ο) wrought iron
σφυροκοπώ ρ μτβ hammer
σχάρα (η) rack. (κουζίνας) grill. (μεταλλικό) grate. (οροφής, αυτοκ) roof rack
σχάση (η) fission
σχεδία (η) raft
σχεδιάγραμμα (το) figure (picture)
σχεδιάζω ρ μτβ design. (ετοιμάζω) map out. (ιχνογραφώ) draw. (σκοπεύω) plan
σχεδία|ση (η) tracing. **~σμα** (το) delineation
σχεδιαστής (ο) draughtsman
σχεδιάστρια (η) draughtswoman
σχέδι|ο (το) drawing. (εμπ) design. (επιδίωξη) scheme. (προκαταρκτικό) draft. (σκοπός) plan. **κινούμενα ~α** (τα) cartoons
σχεδιογράφος (ο) plotter
σχεδόν επίρρ nearly. (περίπου) almost. **~ ποτέ** hardly ever. **~ τίποτα** next to nothing
σχέση (η) relationship. (αναλογία) relevance. (αναφορά) bearing. **~εις** (οι) relationship
σχετίζω ρ μτβ relate. **~ομαι με** ρ αμτβ relate to. (φιλικά) be acquainted with
σχετιζόμενος επίθ related (ideas etc.)
σχετικ|ός επίθ relevant. (όχι απόλυτος) relative. **~ά** επίρρ relatively. **~ά με** with respect to
σχετικότητα (η) relativity
σχήμα (το) shape, form. (διάσταση σελίδων) format. (σχεδιάγραμμα) figure. **~ λόγου** figure of speech
σχηματίζω ρ μτβ form. (δίνω σχήμα) shape. **~ αριθμό** dial
σχηματισμός (ο) formation
σχίζα (η) sliver
σχιζοφρενής (ο, η) schizophrenic
σχιζοφρ|ένεια (η) schizophrenia. **~ενικός** επίθ schizophrenic
σχίζω ρ μτβ slit. (ρούχο, χαρτί) tear
σχίσμα (το) schism
σχισμή (η) rift. (σακακιού) vent. (σε τοίχο) crack. (σε φόρεμα) slit
σχιστόλιθος (ο) flagstone

σχοινάκι (το) skipping rope

σχοινί (το) rope. (αλεξίπτωτου) ripcord

σχοινοβάτης (ο) ropewalker

σχολάζω ρ αμτβ knock off, finish work

σχολαστικ|ός επίθ scrupulous. (ασχολούμενος με τους τύπους) pedantic. (ιδιότροπος) fussy. ~ά επίρρ scrupulously

σχολείο (το) school. ~ μέσης εκπαιδεύσεως secondary school. δημοτικό ~ primary school

σχολή (η) faculty. ~ οδηγών driving school

σχολιάζω ρ μτβ comment on. (κείμενο) annotate

σχολιαστής (ο) (radio, TV) commentator. (βιβλίου) annotator

σχολικός επίθ scholastic. (σχολείου) school

σχόλιο (το) comment. (βιβλίου) annotation. (ραδιόφωνο) commentary

σωβινισμός (ο) chauvinism. ~τής (ο) chauvinist

σώβρακο (το) underpants. (μακρύ) long johns

σώζω ρ μτβ save

σωθικά (τα) insides, entrails

σωληνάριο (το) tube (toothpaste, cream)

σωλήνας (ο) pipe, tube. (ανατ) tract

σωληνοειδής επίθ tubular

σωλήνωση (η) tubing

σώμα (το) body. (στρ) corps

σωματείο (το) association. (συντεχνία) guild

σωματεμπόριο (το) slave trade

σωματέμπορος (ο) slave trader

σωματικ|ός επίθ bodily. (τιμωρία) corporal. ~ή διάπλαση (η) physique. ~ή έρευνα (η) body search

σωματοφύλακας (ο) bodyguard

σωματώδης επίθ portly

σών|ω ρ μτβ save. (τελειώνω) run out of. ~ει και καλά at all costs

σώος επίθ safe. ~ και αβλαβής safe and sound

σωπαίνω ρ μτβ silence. • ρ αμτβ hold one's tongue

σωριάζ|ω ρ μτβ pile up. ~ομαι ρ αμτβ flop, drop

σωρός (ο) heap. (το ένα πάνω στ' άλλο) mound. ένα ~ loads of

σωσίας (ο) double

σωσίβι|ος επίθ life-saving. ~α ζώνη (η) life belt. ~α σχεδία (η) life raft. ~ο (το) life jacket

σωστός επίθ right, correct. (δίκαιος) proper. (ορθός) correct. ~ά επίρρ rightly, correctly

σωτήρας (ο) saviour

σωτηρία (η) salvation. (γλιτωμός) saving

σωφρονίζω ρ μτβ bring to one's senses. (τιμωρώ) punish

σωφρονιστήριο (το) approved school

Τ τ

τα άρθρο πληθ the. ~ παιδιά the children. ~ σπίτια the houses

ταβάνι (το) ceiling

ταβέρνα (η) tavern

ταβερνιάρης (ο) publican

τάβλι (το) backgammon

ταγάρι (το) handwoven shoulder bag

ταγέρ (το) άκλ (woman's) suit

ταγκό (το) άκλ tango

ταγκός επίθ rancid

τάγμα (το) battalion

ταγματάρχης (ο) major

τάδε αντων άκλ such and such. (για άνθρωπο) so-and-so

τάζω ρ μτβ promise. (εκκλ) make a vow

ταΐζω ρ μτβ feed. ~ με το κουτάλι spoon-feed

ταϊλανδέζικος επίθ Thai

Ταϊλάνδη (η) Thailand

ταινία (η) tape. (κινηματογραφική) film, (αμερ) movie

ταίρι (το) match. (σύντροφος) mate

ταιριάζω ρ μτβ match. • ρ αμτβ become. (συμβιβάζομαι) hit it off. (συνδυάζομαι) go together

ταιριαστός επίθ well-matched

τάκος (ο) chock

τακούνι (το) heel (of shoe)

τακτ (το) άκλ tact. με ~ tactfully

τακτική (η) tactics

τακτικ|ός επίθ tactical. (επαναλαμβανόμενος) regular. (σταθερός) steady. ~ός πελάτης (ο) patron. ~ός στρατιώτης (ο) regular. ~ά επίρρ regularly

τακτικότητα (η) regularity

τακτοποίηση (η) arrangement

τακτοποιώ ρ μτβ settle. (ρυθμίζω) arrange

ταλαιπωρία (η) hardship

ταλαίπωρος επίθ poor, wretched

ταλαιπωρώ ρ μτβ try, put through hardship

ταλαντεύ|ω ρ μτβ sway. (αιωρώ) dangle. ~ομαι ρ αμτβ oscillate. (μεταφ) waver

ταλαντούχος επίθ talented

ταλέντο (το) talent. (ικανότητα) aptitude

τάλιρο (το) five drachma coin

ταλκ (το) άκλ talcum powder

τάμα (το) offering (to God or a saint)

ταμείο (το) pay desk. (για εισιτήρια) booking office. (θέατρ) box office. (ίδρυμα) fund. (οργανισμού) treasury. (τραπέζης) cashier. **δημόσιο ~** exchequer. **κοινό ~** kitty

Τάμεσης (ο) Thames

ταμίας (ο) cashier. (οργανισμού) treasurer. (σε τράπεζα) teller

ταμιευτήριο (το) savings bank

ταμπάκος (ο) snuff

ταμπλό (το) (πίνακας) painting, picture (αυτοκινήτου) dashboard

ταμπόν (το) άκλ tampon. (ιατρ) swab

ταμπού (το) άκλ taboo

ταμπούρλο (το) drum

τανάλια (η) pincers

τανκ (το) άκλ (στρ) tank

τάξη (η) (αίθουσα) classroom. (κοινωνική) class. (μαθητές) form, grade. (σειρά) order. (στρ) array. (τακτοποίηση) neatness

ταξί (το) άκλ taxi

ταξιαρχία (η) brigade

ταξίαρχος (ο) brigadier

ταξιδεύω ρ αμτβ travel. **~ καθημερινά** (στη δουλειά) commute

ταξίδι (το) journey. (θαλασσινό) voyage. (μακρινό και δύσκολο) trek. (σε ποτάμι) crossing. (σύντομο, με επιστροφή) trip. **~α** (τα) travel. **καλό ~** bon voyage

ταξιδιώτ|ης (ο), **~ισσα** (η) traveller

ταξιδιωτικ|ός επίθ travel. **~ή επιταγή** (η) traveller's cheque

ταξιθέτ|ης (ο) usher. **~ρια** (η) usherette

ταξίμετρο (το) taxi meter

ταξινόμηση (η) classification

ταξινομώ ρ αμτβ classify. (ανάλογα με μέγεθος) size. (σε ζεύγη) pair off

ταξιτζής (ο) taxi driver

τάξος (η) yew

τάπα (η) plug (stopper)

ταπεινός επίθ humble. (από καταγωγή) low. (πρόστυχος) mean. **~ά** επίρρ humbly

ταπεινοφροσύνη (η) humility

ταπεινώνω ρ αμτβ humiliate. (προσβάλλω) snub

ταπείνωση (η) humiliation

ταπετσαρία (η) upholstery. (τοίχου) wallpaper

ταπετσάρω ρ αμτβ upholster

ταπετσιέρης (ο) upholsterer

τάππητ|ας (ο) (αρχ) carpet **είμαι επί ~ος** be on the carpet (μεταφ)

ταπιόκα (η) tapioca

ταπισερί (το) tapestry

ταραγμένος επίθ agitated. (καιρός) turbulent

ταράζω ρ μτβ disturb. (καταστρέφω τη γαλήνη κπ) unsettle. (προκαλώ σύγχυση) upset

ταραμοσαλάτα (η) taramosalata (fish roe)

τάρανδος (ο) reindeer

ταράσσω ρ μτβ βλ **ταράζω**

ταράτσα (η) terrace

ταραχή (η) turbulence. (ανακάτωμα) stir. (συγκίνηση) upset. (φασαρία) tumult. (ψυχική ανησυχία) trepidation

ταραχοποιός (ο) troublemaker

ταρίχευση (η) taxidermy. (νεκρών) embalmment

ταριχεύω ρ μτβ stuff. (νεκρούς) embalm

τάρτα (η) tart

τάρταρα (τα) Hades

ταρταρούγα (η) tortoiseshell

τασάκι (το) ashtray

τάση (η) tendency. (ηλεκτρ) voltage. (μηχ) tension. (τέντωμα) stretching

τατουάζ (το) άκλ tattoo

ταυρομαχία (η) bullfight

ταυρομάχος (ο) bullfighter

ταύρος (ο) bull

ταυτίζ|ω equate. **~ομαι με** ρ αμτβ be equated with

ταύτιση (η) equation

ταυτολογία (η) tautology

ταυτόσημος επίθ synonymous. (όμοιος) identical

ταυτότητα (η) identity. (δελτίο) identity card

ταυτόχρον|ος επίθ simultaneous. **~α** επίρρ simultaneously

ταυτοχρόν|ως επίρρ simultaneously

ταφή (η) burial

ταφόπετρα (η) gravestone

τάφος (ο) grave. (μεγάλος) vault. (μνημείο) tomb

τάφρος (η) moat

τάχα επίρρ as if

ταχεία (η) express (train)

ταχίνι (το) sesame seed dip, tahini

ταχυδακτυλουργία (η) conjuring trick. **~ός** (ο) conjuror. (θαυματοποιός) magician

ταχυδρομείο (το) (κατάστημα) post office. (υπηρεσία) post. **~ επιφανείας** surface mail. **αεροπορικό ~** air mail

ταχυδρομικ|ός επίθ postal. **~ός κώδικας** (Τ.Κ.) (ο) post code. (αμερ) zip code. **~ός τομέας (Τ.Τ.)** (ο) (κυπρ) post code. **~ή επιταγή** (η) postal order. **~ή θυρίδα (Τ.Θ.)** (η) P.O. box. **~ή λίστα** (η) mailing list. **~ή παραγγελία** (η) mail order. **~ή σφραγίδα** (η) postmark. **~ό κιβώτιο (Τ.Κ.)** (το) P.O. box. (κυπρ) **~ό κουτί** (το) post-box. **~ό τέλος** (το) postage

ταχυδρόμος (ο) postman

ταχυδρομώ ρ μτβ post

ταχυμεταφορ|ά (η) fast delivery. **υπηρεσία ~ών** (οι) courier service

ταχύμετρο (το) speedometer

ταχύρυθμο|ς *επιθ* fast moving. **~ πρόγραμμα** (*το*) crash course

ταχύς *επιθ* rapid. (*γίνεται σύντομα*) prompt

ταχύτητα (*η*) speed. (*αυτοκ*) gear. (*ενέργειας*) promptness. (*κίνησης*) velocity

ταψί (*το*) baking tin. **τον χορεύει στο ~** lead s.o. a pretty dance

τέζα *επιθ* *άκλ* stretched (out). **έμεινε ~** he kicked the bucket

τεθωρακισμέν|ος *επιθ* armoured. **~ο** (*το*) armoured vehicle

τείνω *ρ μτβ* stretch out. • *ρ αμτβ* tend. **~ να** be apt to

τείον (*το*) *αρχ* tea

τείχος (*το*) (city) wall

τεκμήριο (*το*) proof. (*νομ*) exhibit

τεκμηρίωση (*η*) documentation

τέκνο (*το*) *αρχ* child

τεκνοποίηση (*η*) procreation

τέκτονας (*ο*) mason. (*μασόνος*) freemason

τεκτονικός *επιθ* Masonic

τελεί|α (*η*) full stop, (*αμερ*) period. **άνω ~α** (*η*) semicolon. **δύο ~ες** (*οι*) colon

τελειοποιώ *ρ μτβ* perfect

τέλειος *επιθ* perfect. **~α** *επίρρ* perfectly

τελείως *επίρρ* perfectly. (*εντελώς*) completely. **~ ξύπνιος** wide awake

τελειότητα (*η*) perfection

τελειόφοιτος *επιθ* (*σχολ*) senior

τελειώνω *ρ μτβ/αμτβ* finish. (*περατώνω*) end *ρ αμτβ* (*εξαντλούμαι*) run out. (*πεθαίνω*) be finished. (*περατώνομαι*) be over

τελειωτικ|ός *επιθ* final. **~ά** *επίρρ* finally

τέλεξ (*το*) *άκλ* telex

τελεσίγραφο (*το*) ultimatum

τελετάρχης (*ο*) marshal

τελετή (*η*) function. (*εκκλ*) ceremony

τελετουργία (*η*) ritual

τελετουργικ|ός *επιθ* ritual. **~ά εμβλήματα** (*τα*) regalia

τελευταί|ος *επιθ* final. (*πρόσφατος*) latest. (*σε σειρά*) latter. (*στο τέλος*) last. **~ος όροφος** (*ο*) top floor. **~α** *επίρρ* lately. **τώρα ~α** of late. **~ως** *επίρρ* latterly

τελεφερίκ (*το*) *άκλ* cable railway. (*για σκι*) ski lift

τέλη (*τα*) dues. **~ τηλεοράσεως** television licence

τελικ|ός *επιθ* final. (*ενδεχόμενος*) eventual. **ο ~ός κυπέλλου** the Cup Final. **~ές εξετάσεις** (*οι*) finals. **~ές εξετάσεις** (*οι*) finals. **~ά** *επίρρ* finally, eventually

τέλμα (*το*) quagmire

τέλος[1] (*το*) duty (*tax*)

τέλο|ς[2] (*το*) end. (*πέρας*) ending. (*χρονικής περιόδου*) close. **~ς πάντων** anyway. **μέχρι ~υς** to the bitter end

τελώ *ρ μτβ* perform. (*εκκλ*) celebrate

τελωνειακός *επιθ* (of) customs. **~ υπάλληλος** (*ο*) customs officer

τελωνείο (*το*) customs

τελώνιο (*το*) genie

τέμνω *ρ μτβ* intersect

τεμπέλης *επιθ* lazy, idle. **~** (*ο*) idler

τεμπελιά (*η*) idleness, laziness. (*νωθρότητα*) indolence

τεμπελιάζω *ρ αμτβ* laze. (*αργόσχολος*) idle

τεμπελχανάς (*ο*) lazybones

τέμπερα (*η*) distemper (*paint*)

τέμπο (*το*) *άκλ* tempo

τενεκεδένιος *επιθ* tinny

τενεκεδούπολη (*η*) shanty town

τενεκές (*ο*) tin plate. (*δοχείο*) tin pot. (*μεταφ*) ignoramus

τενεκετζής (*ο*) tinsmith

τένις (*το*) *άκλ* tennis

τένοντας (*ο*) tendon

τενόρος (*ο*) tenor

τέντα (*η*) tent. (*ήλιου*) sunshade. (*μαγαζιού*) awning

τέντωμα (*το*) stretching. (*σκοινιού*) tension

τεντωμέν|ος *επιθ* taut. (*χέρι*) outstretched. **~ σχοινί** (*το*) tightrope

τεντώνω *ρ μτβ* stretch. **~ τ' αυτιά** prick one's ears up

τέρας (*το*) monster. (*έκτρωμα*) freak

τεράστιος *επιθ* enormous, huge. (*διαστάσεις*) stupendous. (*δύναμη*) prodigious. (*σε βαθμό*) tremendous

τερατόμορφος *επιθ* hideous

τερατούργημα (*το*) monstrosity

τερατώδης *επιθ* monstrous. (*αποτροπιαστικός*) preposterous

τερετίζω *ρ αμτβ* twitter

τερέτισμα (*το*) twitter

τερηδόνα (*η*) caries

τέρμα (*το*) end. (*αγώνες*) winning post. (*εστία ομάδας*) goalpost. (*λεωφορείου*) terminal. (*ποδόσφαιρο*) goal

τερματίζω *ρ μτβ* terminate *ρ αμτβ* finish

τερματικό (*το*) (computer) terminal

τερματισμός (*ο*) termination

τερματοφύλακας (*ο*) goalkeeper

τερπν|ός *επιθ* pleasant. **το ~ν μετά του ωφελίμου** business with pleasure

τέρψη (*η*) enjoyment. (*διασκέδαση*) amusement

τεσσαροκοστό|ς *επιθ* fortieth. **~** (*το*) fortieth

τεσσαρακοστός *επιθ* fortieth

τέσσερα (*το*) *άκλ* four

τέσσερις *επιθ* *άκλ* four

τεσσεράμισι *επιθ* *άκλ* four and a half

τεστ (*το*) *άκλ* test

τετ α τετ *επίρρ* face to face

τεταμένος *επιθ* tense. (*σχέσεις*) strained

τέτανος (*ο*) tetanus

Τετάρτη (*η*) Wednesday

τέταρτο|ς *επιθ* fourth. **~** (*το*) quarter

τετελεσμένο|ς *επιθ* finished. **~ γεγονός** (*το*) fait accompli

τέτοι|ος *αντων* such. **~α πράγματα** this sort of thing

τετραγωνίζω *ρ μτβ* square

τετραγωνικ|ός επίθ square. **~ή ρίζα** (η) square root. **~ό μέτρο** (το) square metre

τετραγωνισμός (ο) grid (on map)

τετράγωνο|ς επίθ square. **~** (το) square. **~ι ώμοι** (οι) square shoulders

τετράδα (η) foursome

τετράδιο (το) exercise book

τετράδιπλος επίθ quadruple

τετράδυμα (τα) quadruplets

τετραετ|ής επίθ four-year old. **~ία** (η) four-year period

τετρακοσαριά (η) about four hundred

τετρακόσι|οι επίθ four hundred. **~α** (το) άκλ four hundred. **τα ΄χω ~α** have one's head screwed on right

τετραμελής επίθ four-membered

τετραπέρατος επίθ sharp as a needle

τετραπλασιάζω ρ μτβ quadruple

τετραπλάσι|ος επίθ quadruple, fourfold. **~ο** (το) quadruple. **~α** επίρρ fourfold

τετράπλευρο|ς επίθ quadrilateral. **~** (το) quadrangle

τετράποδο|ς επίθ four-legged. **~** (το) quadruped

τετράωρος επίθ four-hour

τετριμμένος επίθ hackneyed

τεύτλο (το) beet

τεύχος (το) issue (magazine)

τέφρα (η) ashes (of dead)

τέχνασμα (το) trick. (γυναικεία) wile. (κόλπο) ploy

τέχν|η (η) art. (επαγγελματική ικανότητα) craft. (επιδεξιότητα) craftsmanship. (εργάτη) workmanship. **καλές ~ες** (οι) fine arts

τεχνητός επίθ artificial. (κατασκεύασμα) man-made

τεχνική (η) technique

τεχνικός (ο) technician

τεχνικ|ός επίθ technical. **~ός έλεγχος** (ο) (οχημάτων) MOT test. **~ή λεπτομέρεια** (η) technicality. **~ά** επίρρ technically

τεχνίτης (ο) artisan. (μάστορας) craftsman

τεχνογνωσία (η) know-how

τεχνοκράτης (ο) technocrat

τεχνολογί|α (η) technology. **~κός** επίθ technological

τεχνολόγος (ο, η) technologist

τεχνοτροπία (η) technique

τέως επίθ late (former)

τζάγκουαρ (το) άκλ jaguar

τζαζ (η) άκλ jazz

τζάκι (το) fireplace. (μεταφ) well-known family

τζακ ποτ (το) άκλ jackpot

τζαμαρία (η) sun room

τζάμι (το) glass

τζαμί (το) mosque

τζαμόπορτα (η) glass door

τζάμπα επίρρ for nothing (free)

τζαμώνω ρ μτβ glaze

τζατζίκι (το) tzatziki, yogurt and cucumber dip

τζετ (το) άκλ jet (plane)

τζιν (το) άκλ gin

τζιπ (το) άκλ jeep

τζίρος (ο) turnover

τζίτζικας (ο) cicada

τζιτζιμπίρα (η) ginger ale, ginger beer

τζογαδόρος (ο) gambler

τζόγος (ο) gambling. (μηχ) play

τζόκεϊ (ο) άκλ jockey

τζόκιν (το) άκλ jogging

τζούντο (το) άκλ judo

τήβεννος (η) gown (of judge, teacher)

τηγανητ|ός επίθ fried. **~ή πατάτα** (η) chip

τηγάνι (το) frying pan

τηγανίζω ρ μτβ fry

τηγάνισμα (το) frying

τηγανίτα (η) pancake

τηλεβόας (ο) loud hailer

τηλεγραφείο (το) telegraph office

τηλεγράφημα (το) telegram

τηλεγραφικός επίθ telegraphic

τηλέγραφος (ο) telegraph

τηλεγραφώ ρ μτβ telegraph

τηλειδοποίηση (η) bleeper

τηλεθεατής (ο) viewer

τηλεκάρτα (η) telephone card

τηλεκατευθυνόμενος επίθ guided

τηλεκινησία (η) telekinesis

τηλεοπτικ|ός επίθ (of) television. **~ή κάμερα** (η) camera. **~ό πρόγραμμα** (το) TV programme

τηλεόραση (η) television

τηλεπάθεια (η) telepathy

τηλεπαθητικός επίθ telepathic

τηλεπικοινωνία (η) telecommunication

τηλεσκοπικός επίθ telescopic

τηλεσκόπιο (το) telescope

τηλέτυπος (ο) teleprinter

τηλεφακός (ο) telephoto

τηλεφώνημα (το) phone call

τηλεφων|ητής (ο), **~ήτρια** (η) telephone operator. **αυτόματος ~ητής** answering machine

τηλεφωνικό|ς επίθ (ο) telephone. **~ς θάλαμος** (ο) phone box, telephone kiosk. **~ς κατάλογος** (ο) telephone directory. **~ κέντρο** (το) switchboard

τηλέφωνο (το) telephone. **~ με πλήκτρα** push-button telephone. **ασύρματο ~** cordless telephone. **κινητό ~** mobile telephone

τηλεφωνώ ρ μτβ/αμτβ call, telephone

τηλεφωτογραφικός επίθ telephoto

τηλεχειριστήριο (το) remote control

την αντων her. **~ είδα** I saw her

τήξη (η) melting. **σημείο ~εως** (το) melting point

τήρηση (η) observance

τηρώ ρ μτβ abide by. (διαφυλάγω) uphold. (τάξη) keep

της αντων her, hers. **μια φίλη ~** a friend of hers. **είναι το βιβλίο ~** it's her book

τι *αντων* what. (*γιατί*) why. **~ γίνεται**; what's going on? **~ γνώμη έχεις**; what do you think? **~ είναι**; what is it? **~ κι αν** what if. **~ λες για . .**; how about . .? **~ μου λες!** well I never! **~ φωνάζεις**; why are you shouting?

τιάρα (*η*) tiara

τίγρη (*η*) tiger

τιθασεύω *ρ μτβ* tame

τικ (*το*) *άκλ* tic. **~ τακ** (*το*) *άκλ* (*ρολογιού*) tick

τιμαλφής *επιθ* valuable. **~** (*τα*) valuables

τιμαριθμικ|ός *επιθ* (of) the cost of living. **~ή προσαρμογή** (*η*) index-linked

τιμάριθμος (*ο*) cost of living

τιμή[1] (*η*) price

τιμή[2] (*η*) (*υπόληψη*) honour. **λόγος ~ς** (*ο*) word of honour. **Με ~** Yours faithfully. **προς ~** in honour (of)

τίμημα (*το*) price

τιμητικ|ός *επιθ* honorary. **~ή θέση** (*η*) pride of place

τίμι|ος *επιθ* honest. (*εκκλ*) holy. **~α** *επίρρ* honestly

τιμιότητα (*η*) honesty

τιμοκατάλογος (*ο*) price list

τιμολόγιο (*το*) invoice

τιμόνι (*το*) steering wheel. (*ποδηλάτου*) handlebar

τιμώ *ρ μτβ* honour. (*εκδηλώνω*) commemorate. (*με την παρουσία*) grace. **~ώμαι** *ρ αμτβ* be honoured. (*κοστίζω*) be priced

τιμωρία (*η*) punishment. (*κύρωση*) penalty

τιμωρώ *ρ μτβ* punish. (*επιβάλλω κύρωση*) penalize. (*με σωματική ποινή*) chastise

τίναγμα (*το*) twitch

τινάζ|ω *ρ μτβ* toss. **~ομαι** *ρ μτβ* twitch. (*αναπηδώ*) start

τίνος *αντων* whose

τίποτα *αντων* nothing. (*αρνητ φράση*) anything. **~ άλλο** nothing else. **~ το σπουδαίο** nothing much. **δεν αξίζει ~** it isn't any good

τιποτένιος *επιθ* petty

τιράντ|α (*η*) strap (*of garment*). (*φορέματος*) shoulder strap. **~ες** (*οι*) braces

τιρμπουσόν (*το*) *άκλ* corkscrew

τιτάνας (*ο*) titan

τιτανικός *επιθ* titanic

τιτιβίζω *ρ αμτβ* chirp, tweet

τιτίβισμα (*το*) chirp, tweet

τίτλος (*ο*) title. (*επικεφαλίδα*) caption. **~ ιδιοκτησίας** title deed

τμήμα (*το*) section. (*αστυνομικό*) station. (*κλάδος*) department. (*κομμάτι*) segment. (*ταξιδιού*) leg. (*τάξης*) stream

τμηματάρχης (*ο*) head of department

το *άρθρο ουδ* the. **·** *αντων* it. **~ άρθρο** the article. **να ~** here it is

τοιούτος *αντων* such. **~** (*ο*) queer

τοιχογραφία (*η*) mural

τοιχοκολλώ *ρ μτβ* post (*notices*)

τοίχος (*ο*) wall (*of house*)

τοκετός (*ο*) childbirth. (*ιατρ*) delivery

τοκίζω *ρ μτβ* lend money at interest

τοκογλ|υφία (*η*) usury. **~ύφος** (*ο*) usurer

τόκος (*ο*) interest (on loan)

τόλμη (*η*) boldness. (*θράσος*) presumption. (*μεταφ*) enterprise

τολμηρ|ός *επιθ* bold. (*θρασύς*) presumptuous. (*ριψοκίνδυνος*) daring. (*σόκιν*) risqué. (*μεταφ*) enterprising. **~ό φόρεμα** (*το*) revealing dress. **~ά** *επίρρ* boldly, daringly

τολμηρότητα (*η*) boldness

τολμώ *ρ αμτβ* dare. (*επιχειρώ*) venture. **~ να** take the liberty to

τολύπη (*η*) wisp (*of smoke*)

τομάρι (*το*) pelt. (*μεταφ*) scoundrel

τομάτα (*η*) *βλ* ντομάτα

τομέας (*ο*) sector

τομή (*η*) section. (*ιατρ*) incision

τόμος (*ο*) volume

τόμπολα (*η*) bingo

τον *αντων* him. **~ είδα** I saw him

τονίζω *ρ μτβ* stress. (*γραμμ*) accentuate. (*ξεχωρίζω*) highlight. (*υποδεικνύω*) emphasize

τόνικ (*το*) *άκλ* tonic water

τόνος[1] (*ο*) tone. (*γραμμ*) stress. (*φωνής*) pitch. (*μεταφ*) overtone

τόνος[2] (*ο*) ton (= 1,016 kg.). (*μετρικός*) tonne (= 1,000 kg.)

τόνος[3] (*ο*) (*ψάρι*) tuna

τονώνω *ρ μτβ* invigorate

τονωτικ|ός *επιθ* tonic. (*δυναμωτικός*) invigorating. **~** (*το*) tonic

τοξικολογία (*η*) toxicology

τοξικομανής (*ο, η*) addict

τοξικός *επιθ* toxic

τοξίνη (*η*) toxin

τόξο (*το*) bow. (*αρχιτ*) arch. (*κύκλου*) arc. **ουράνιο ~** rainbow

τοξοβολία (*η*) archery

τοξότης (*ο*) archer

τοπικ|ός *επιθ* local. **~ά** *επίρρ* locally

τοπίο (*το*) landscape

τοπογραφία (*η*) topography

τοποθεσία (*η*) situation

τοποθέτηση (*η*) placement

τοποθετώ *ρ μτβ* position. (*εγκαθιστώ*) fit. (*επενδύω*) place. (*σε εγκοπή*) slot. (*σε θέση*) post

τόπο|ς (*ο*) place. (*χώρα*) native country. **αφήνω στον ~** kill instantly. **επί ~υ** on the spot. **πιάνω ~** prove useful

τόρνος (*ο*) lathe

τορπίλη (*η*) torpedo

τορπιλίζω *ρ μτβ* torpedo

τόσο *επίρρ* so. **~ πολύ** so much. **~ το καλύτερο** all the better. **κάθε ~** every so often

τόσος *αντων* so, such. **~ κόσμος** so many people. **είναι ~ δα** he is so small

τοοτ (*το*) *άκλ* toasted sandwich

τοστιέρα (*η*) toaster

τότε *επίρρ* then. **από ~** since then. **έως ~** by then

του *αντων* his. **είναι το αυτοκίνητό ~** it's his car

τουαλέτα¹ (*η*) cloakroom, (*αμερ*) washroom. **είδη ~ς** toiletries

τουαλέτα² (*η*) (*έπιπλο*) dressing table

τουαλέτα³ (*η*) (*φόρεμα*) evening gown

τούβλο (*το*) brick. (*χοντροκέφαλος*) dunce

τουίντ (*το*) *άκλ* tweed

τουλάχιστον *επίρρ* at least

τουλίπα (*η*) tulip

τούμπα (*η*) somersault

τούνελ (*το*) *άκλ* tunnel

τουρισμός (*ο*) tourism

τουρίστ|ας (*ο*), **~ρια** (*η*) tourist

τουριστικ|ός *επίθ* tourist. **~ή πολυιδιοκτησία** (*η*) time sharing. **~ό γραφείο** (*το*) tourist office

Τουρκάλα (*η*) Turkish woman

Τουρκία (*η*) Turkey

τουρκικ|ός *επίθ* Turkish. **~ή ημισέληνος** (*η*) the Turkish Crescent. **~ά** (*τα*) Turkish

τουρκοκρατία (*η*) Turkish occupation

Τούρκος (*ο*) Turk

τουρκουάζ (*το*) *άκλ* turquoise

τουρμπάνι (*το*) turban

τουρμπίνα (*η*) turbine

τούρνα (*η*) (*ψάρι*) pike *άκλ*

τουρνέ (*η*) *άκλ* tour

τουρνουά (*το*) *άκλ* tournament

τουρσί (*το*) pickle

τούρτα (*η*) gâteau

τουρτουρίζω *ρ αμτβ* shiver

τουρτούρισμα (*το*) shiver

τους *άρθρο βλ* ο. *αντων* their. **τα σπίτια ~** their houses

τούφα (*η*) tuft. (*χορταριού*) tussock

τουφέκι (*το*) rifle. (*με φελλό*) popgun

τουφεκιά (*η*) rifle shot

τουφεκίζω *ρ μτβ* shoot

τραβέρσα (*η*) crossbar. (*σιδηρ*) sleeper

τραβεστί (*ο*) *άκλ* transvestite

τράβηγμα (*το*) pull. (*σύραμμο*) haul. (*ταινίας*) shooting. **τραβήγματα** (*τα*) trouble

τραβηγμένος *επίθ* pulled. (*χαρακτηριστικά*) drawn

τραβ|ώ *ρ μτβ* pull. (*αποσύρω*) withdraw. (*ελκύω*) draw. (*καρέκλα*) draw up. (*σέρνω*) haul. (*υποφέρω*) go through. **~ώ απότομα** yank. **~ώ βίαια** wrench. **~ώ για** make for. **~ώ ρουφηξιά** puff at (pipe, cigarette). **~ώ το καζανάκι** flush the toilet. **~ώ από τη μύτη** (*άντρα*) henpeck. **~ώ** *ρ αμτβ* (*παρατείνομαι*) drag on. **~ώ για** head for. **~ιέμαι** *ρ αμτβ* pull back. (*από πόνο*) wince. (*αποσύρομαι*) pull out

τραγανίζω *ρ μτβ* crunch

τραγανός *επίθ* crisp. **~** (*το*) (*στα κόκκαλα*) gristle

τραγικ|ός *επίθ* tragic. **~ά** *επίρρ* tragically

τράγος (*ο*) billy goat

τραγούδι (*το*) song

τραγουδ|ιστής (*ο*), **~ίστρια** (*η*) singer. (*σε μουσική τζαζ ή ποπ*) vocalist. (*του δρόμου*) busker

τραγουδιστός *επίθ* singsong

τραγουδώ *ρ μτβ/αμτβ* sing

τραγωδία (*η*) tragedy

τρίανο (*το*) *βλ* **τρένο**

τρακ (*το*) *άκλ* nerves. (*θέατρ*) stage fright. **έχω ~** be nervous

τρακαδόρος (*ο*) scrounger

τρακόσοι *επίθ βλ* **τριακόσιοι**

τρακτέρ (*το*) *άκλ* tractor

τραμ (*το*) *άκλ* tram, (*αμερ*) streetcar

τραμπάλα (*η*) see-saw

τραμπολίνο (*το*) trampoline

τρανζίστορ (*το*) *άκλ* transistor

τρανός *επίθ* great

τράνταγμα (*το*) jolt

τραντάζω *ρ μτβ* jolt

τράπεζα (*η*) bank. (*τραπέζι*) table. **αγία ~** (*η*) altar

τραπεζαρία (*η*) dining room. (*σε κολέγιο ή μοναστήρι*) refectory

τραπέζι (*το*) table. **κάνω ~** have to dinner. **στρώνω ~** lay the table

τραπεζικ|ός *επίθ* bank. **~ός υπάλληλος** (*ο*) bank employee. **~ές εργασίες** (*οι*) banking

τραπεζίτης¹ (*ο*) banker

τραπεζίτης² (*το*) (*δόντι*) molar

τραπεζομάντιλο (*το*) tablecloth

τράπουλα (*η*) pack of cards

τραπουλόχαρτο (*το*) playing card

τραστ (*το*) *άκλ* trust (*association*)

τράτα (*η*) trawler

τρατάρω *ρ μτβ* offer refreshment to

τραυλίζω *ρ αμτβ* stammer

τραύλισμα (*το*) stammer

τραύμα (*το*) trauma. (*του σώματος*) wound

τραυματίζω *ρ μτβ* wound. (*ψυχικά*) traumatize

τραυματι|κός *επίθ* traumatic. **~σμός** (*ο*) wounding. (*ψυχικός*) trauma

τραχεία (*η*) windpipe

τράχηλος (*ο*) neck

τραχύς *επίθ* rough. (*στην υφή*) rough. (*συμπεριφορά*) harsh. (*τοπείο*) rugged. (*τρόπος*) coarse

τραχύτητα (*η*) roughness. (*ομιλίας*) bluntness. (*συμπεριφοράς*) harshness. (*υλικού*) coarseness

τρέιλερ (*το*) *άκλ* trailer

τρεις *επίθ* three

τρεκλίζω *ρ αμτβ* stagger

τρέλ|α (*η*) madness. (*ανόητη πράξη*) folly. (*ιατρ*) insanity. (*μανία*) craze. **~ες** (*οι*) frolics

τρελάδικο (*το*) loony bin

τρελαίν|ω *ρ μτβ* drive s.o. mad. **~ομαι** *ρ αμτβ* go mad. **~ομαι για** be mad about

τρελοκομείο (το) lunatic asylum, (καθομ) madhouse

τρελ|ός επίθ mad. (ανόητος) daft. (από χαρά) wild. (παράφρων) crazy. **~ός** (ο) madman. **~ός για** crazy about. **~ός για δέσιμο** raving mad. **~ά** επίρρ madly, wildly

τρελούτσικος επίθ batty

τρεμάμενος επίθ shaky. (χέρι) unsteady

τρεμόσβησμα (το) flicker. (άστρου) twinkle

τρεμοσβήνω ρ αμτβ flicker. (άστρο) twinkle

τρεμούλιασμα (το) tremor, trembling. (φρικίαση) shudder. (φωνής) quiver

τρέμω ρ αμτβ tremble. (από τρόμο) quake. (φωνή) quiver. (χέρι) shake

τρενάκι (το) (σε λούνα παρκ) roller coaster

τρένο (το) train. **με ~** by rail

τρέξιμο (το) running. (ροή) flow

τρέπ|ω ρ μτβ turn. **~ σε φυγή** scare off. **~ομαι σε φυγή** flee

τρέφ|ω ρ μτβ feed. (ζώα) breed. (ελπίδες) cherish. **~ομαι** ρ αμτβ feed

τρεχάματα (τα) running about

τρεχούμενος επίθ running. (λογαριασμός) current

τρέχ|ω ρ αμτβ run. (βρύση) drip. (μάτια) water. (μύτη) run. (σάλια) dribble. (σε αγώνα) race. (υγρό) leak. **τι ~ει;** what's going on?

τρέχων επίθ current

τρία επίθ βλ **τρεις**. **~** (το) three

τριάδα (η) trinity. **η Αγία Τ~** the Holy Trinity

τρίαινα (η) trident

τριακοστό|ς επίθ thirtieth. **~** (το) thirtieth

τριακόσιοι επίθ three hundred

τριακοσιοστός επίθ three hundredth

τριακοστός επίθ thirtieth

τριάμισι (το) άκλ three and a half

τριάντα επίθ thirty. **~** (το) thirty

τριαντάρης επίθ thirty-year-old

τριανταριά (η) about thirty

τριανταφυλλιά (η) rose bush

τριαντάφυλλο (το) rose. (ποτό) rose cordial

τριβή (η) friction. (φθορά) abrasion

τρίβω ρ μτβ rub. (γυαλίζω) rub up. (ερεθίζω) chafe. (καθαρίζω) scrub. (κάνω σκόνη) crumble. (με γυαλόχαρτο) sand. (ξύνω) grate. **~ τα χέρια** rub one's hands. **~ τη μύτη** (πάνω σε κπ, για ζώα) nuzzle

τριγυρίζω ρ μτβ surround. ρ αμτβ roam

τριγυρνώ ρ αμτβ wander around

τριγύρω επίρρ around

τριγωνικός επίθ triangular

τρίγωνο (το) triangle

τριγωνομετρία (η) trigonometry

τρίδυμα (τα) triplets

τριετής επίθ three-year-old

τριετία (η) three-year period

τρίζω ρ αμτβ creak. (σκουριασμένη πόρτα) squeak. **~ τα δόντια μου** gnash one's teeth

τρικλίζω ρ αμτβ reel. (μεθυσμένος) stagger. (από γεράματα) totter

τρίκλινος επίθ with three beds

τρίκλισμα (το) stagger

τρικλοποδιά (η) tripping. **βάζω ~** trip

τρικό (το) (κυπρ) jumper, pullover

τρικούβερτος επίθ **~ καβγάς** almighty row

τρίκρανο (το) (garden) fork

τρίκυκλο (το) tricycle

τρικυμία (η) rough sea

τρικυμισμένος επίθ choppy

τριλογία (η) trilogy

τριμελής επίθ three-membered

τριμηνία (η) quarter, three months

τρίμηνο (το) (σχολ) term

τριμηνιαίος επίθ quarterly

τρίμμα (το) crumb. (μπογιάς) flake

τριμμένος επίθ grated. (γυαλισμένος) polished. (ρούχο) threadbare

τρίξιμο (το) creak. (δοντιών) grind. (πόρτας) squeak

τρίο (το) άκλ trio

τριπλασιάζω ρ μτβ triple, treble

τριπλάσι|ος επίθ treble. **~α** επίρρ threefold

τριπλό|ς επίθ triple. **~τυπος** επίθ triplicate

τρίποδο (το) tripod

τρίπτυχο (το) triptych

τρισάθλιος επίθ wretched

τρισευτυχισμένος επίθ over the moon

τρισεκατομμύριο (το) billion

Τρίτη (η) Tuesday

τριτοβάθμιος επίθ third degree. **~ εκπαίδευση** (η) higher education

τρίτ|ος επίθ third. **~ος κόσμος** (ο) Third World. **~ης κατηγορίας** επίθ third rate. **~ν** (το) thirdly

τρίτων (ο) newt

τρίφτης (ο) grater

τριφύλλι (το) clover

τρίχ|α (η) hair. (σκληρή) bristle. **~ες** (ανοησίες) baloney. **ντυμένος στην ~** dressed to kill. **παρά ~** within a hair's breadth

τρίχας (ο) windbag

τριχολογία (η) trichology. **~όγος** (ο, η) trichologist

τρίχωμα (το) hair. (γούνα) fur. (ζώου) coat

τριχωτός επίθ hairy. (σκύλος) shaggy

τριψήφιος επίθ three-digit

τρίψιμο (το) rub. (για καθάρισμα) scrub

Τροία (η) Troy

τρόλεϊ (το) άκλ trolley bus

τρομαγμένος επίθ scared

τρομάζω ρ μτβ scare. • ρ αμτβ be scared

τρομάρα (η) fright

τρομαχτικός επίθ terrifying

τρομερ|ός επίθ terrible, horrible. (ισχυρός) formidable. **~ό παιδί** (το) whiz kid. **~ά** επίρρ terribly, frightfully

τρομοκράτ|ης (ο), **~ισσα** (η) terrorist

τρομοκρατ|ία (η) terrorism. **~ώ** ρ μτβ terrorize. (φοβίζω) terrify
τρόμος (ο) terror, horror. (ιατρ) tremor
τρομπόνι (το) trombone
τρόπαιο (το) trophy
τροπικ|ός επίθ tropical. **~** (ο) tropic. **~ές χώρες** (οι) tropics
τροπή (η) turn (of illness)
τροποποίηση (η) modification. (νόμου) amendment
τροποποιώ ρ μτβ modify. (νόμο) amend
τρόπο|ς (ο) way. (διαγωγή) manner. (λειτουργίας) mode. **~ι** (οι) manners. **κατά κάποιο ~** in a way. **με κάθε ~** in every way. **με κανένα ~** by no means
τρούλος (ο) dome
τρούφα (η) truffle
τροφή (η) food. (για ζώα) feed. (ξερή, για ζώα) fodder
τρόφιμα (τα) foodstuffs
τρόφιμος (ο, η) inmate
τροφοδοσία (η) catering
τροφοδότης (ο) caterer
τροφοδοτώ ρ μτβ cater for. (για συντήρηση) supply. (φωτιά) stoke
τροχαίο|ς επίθ traffic. **~ ατύχημα** (το) traffic accident
τροχαλία (η) pulley
τροχασμός (ο) trot
τροχιά (η) orbit. (πορεία) path
τροχοδρομώ ρ αμτβ taxi (aircraft)
τροχονόμος (ο, η) traffic warden
τροχοπέδη (η) brake. **~ση** (η) braking
τροχός (ο) wheel. **~ βηματισμού** treadmill
τροχόσπιτο (το) caravan
τροχοφόρο (το) vehicle
τρύπα (η) hole
τρυπάνι (το) drill. (εργαλείου) bit
τρύπημα (το) piercing. (ελαστικού) puncture
τρυπητήρι (το) (για χαρτί) punch
τρύπιος επίθ full of holes. (δοχείο) leaky
τρυποκάρυδο (το) (πουλί) wren
τρυπώ ρ μτβ make a hole. (λάστιχο) puncture. (χαρτί) punch. **~ με τα κέρατα** gore
τρύπωμα (το) tack (stitch)
τρυπώνω ρ μτβ tack (stitch)
τρυφερ|ός επίθ tender. (στοργικός) fond. **~ά** επίρρ tenderly
τρυφερότητα (η) tenderness
τρυφηλός επίθ self-indulgent
τρώγλη (η) hovel
τρώ|(γ)ω ρ μτβ eat. (ενοχλώ) pester. (φθείρω) eat away. (ώρα) impinge. **~ω τα λόγια μου** mumble. **~ω τα νύχια μου** bite one's nails. **~ απρόσ με ~ει** it itches
τρωικός επίθ Trojan
τρωκτικό (το) rodent
τρωτός επίθ vulnerable
τσαγιέρα (η) teapot
τσαγκάρης (ο) cobbler

τσάι (το) tea
τσακάλι (το) jackal
τσακί|ζω ρ μτβ crack. (σελίδα) fold. (σπάζω) break up ρ αμτβ break down. **~ομαι να** ρ αμτβ bend over backwards
τσάκιση (η) crease
τσακμακόπετρα (η) flint
τσακωμός (ο) squabble
τσακών|ω ρ μτβ catch. (s.o. doing sthg.). **~ομαι** ρ αμτβ squabble. (δυσαρεστούμαι) fall out
τσαλαβουτώ ρ αμτβ splash about
τσαλάκωμα (το) creasing
τσαλακώνω ρ μτβ crease
τσαλαπατώ ρ μτβ trample
τσάμικος (ο) Greek folk dance
τσαμπί (το) bunch (of grapes)
τσάντα (η) handbag, (αμερ) purse. (για ψώνια) shopping bag. (με εργαλεία) tool bag
τσαντάκι (το) purse
τσαπατσούλ|ης επίθ sloppy (person). **~ικος** επίθ sloppy (work)
τσαρλατάνος (ο) charlatan
τσάρος (ο) czar
τσαρούχι (το) type of moccasin with a pompon
τσατσάρα (η) comb
τσαχπίνα (η) minx
τσεκ (το) ἀκλ cheque
τσεκούρι (το) axe
τσέπη (η) pocket
τσεπώνω ρ μτβ pocket
τσεχικός επίθ Czech
Τσέχ|ος (ο), **~α** (η) Czech
Τσεχοσλαβακία (η) Czechoslovakia
τσεχοσλαβακικός επίθ Czechoslovak
τσιγαριλίκι (το) joint (cannabis)
τσιγάρο (το) cigarette, (λαϊκ) fag
τσιγαροθήκη (η) cigarette box
τσιγγάν|ος (ο), **~α** (η) gypsy
τσιγκουνεύομαι ρ αμτβ skimp
τσιγκούνης επίθ stingy. **~** (ο) miser
τσιγκουνιά (η) stinginess
τσιγκέλι (το) (meat) hook
τσίκνα (η) smell of burning food
τσίλι (το) ἀκλ chilli
τσιμεντάρω ρ μτβ cement
τσιμέντο (το) cement
τσιμεντοστρώνω ρ μτβ concrete
τσιμουδιά (η) **~!** keep mum!
τσίμπημα (το) pinch. (από αγκάθι) prick. (εντόμου) sting. (πείνας) pang. (πουλιού) peck. (φαγητό) nibble
τσιμπιά (η) pinch
τσιμπίδα (η) tongs
τσιμπιδάκι (το) tweezers. (για τα μαλλιά) hairpin
τσιμπημένος επίθ είμαι **~ με** have a crush on
τσιμπούρι (το) tick (insect). **μου 'γινε ~** he is a pain in the neck
τσιμπούσι (το) spread

τσιμπ|ώ ρ μτβ pinch. (έντομα) sting. (κεντώ) prick. (κλέβω) nick. (πουλιά) peck. (τρώω) nibble. (ψάρια) bite. **~ιέμαι μαζί** ρ αμτβ have a crush on

τσιπς (τα) άκλ crisps

τσιπ (το) άκλ chip. **~ πυριτίου** silicon chip

τσίπα (η) (υγρά) skin. (μεταφ) shame

τσίπουρο (το) raki (strong aniseed-flavoured spirit)

τσίριγμα (το) screech

τσιρίζω ρ αμτβ screech

τσίρκο (το) circus

τσιρότο (το) sticking plaster

τσιτσιρίζω ρ αμτβ sizzle

τσίχλα¹ (η) chewing gum

τσίχλα² (η) (πουλί) thrush

τσόκαρο (το) clog

τσοκ (το) άκλ (αυτοκ) choke

τσολιάς (ο) evzone (soldier in the Greek infantry)

τσοπάνης (ο) shepherd

τσοπανόσκυλο (το) sheep dog

τσουγκράνα (η) rake

τσουγκρίζω ρ μτβ chink

τσούζω ρ αμτβ sting, smart

τσουκνίδα (η) nettle

τσούλα (η) slut

τσουλήθρα (η) slide (in playground)

τσούνι (το) skittle

τσουρέκι (το) type of brioche

τσούρμο (το) swarm (of children)

τσουρουφλίζω ρ μτβ singe

τσουχτερός επίθ (αέρας) crisp. (κρύο) biting

τσούχτρα (η) jellyfish

τσόφλι (το) (egg) shell

τσόχα (η) felt

τύλιγμα (το) kink. (περιτύλιγμα) wrapping

τυλίγω ρ μτβ wind. (κουλουριάζω) coil. (μπλέκω) entangle. (περιτυλίγω) wrap

τυμπαν|ιστής (ο), **~ίστρια** (η) drummer

τύμπανο (το) drum. **~ του αφτιού** ear drum

τυμπανοκρουσία (η) roll of drums

τυμπανόξυλο (το) drumstick

Τυνησία (η) Tunisia

Τυνήσι|ος (ο), **~α** (η) Tunisian

τυπικ|ός (επίθ) formal. **~ά** επίρρ formally

τυπικότητα (η) formality

τυπογραφείο (το) printing press. **~ία** (η) typography

τυπογραφικό|ς επίθ typographical. **~ δοκίμιο** (το) galley proof. **~ λάθος** (το) misprint

τυπογράφος (ο) printer

τυποποιώ ρ μτβ standardize

τύπο|ς (ο) type. (εφημερίδες) press. (ιδιότυπος) character. (μαθημ) formula. (μορφή) form. (προσχήματα) convention. **χωρίς ~υς** unceremoniously. **για τους ~υς** perfunctorily

τυπώνω ρ μτβ print

τυρανν|ία (η) tyranny. **~ικός** επίθ tyrannical

τύραννος (ο) tyrant

τυραννώ ρ μτβ tyrannize

τυρί (το) cheese

τυρόπηγμα (το) curds

τυροκομείο (το) (cheese) dairy

τυροκομία (η) cheese making

τυρόπιτα (η) cheese pie

τύρφη (η) peat

τύφλα (η) blindness. **~ στο μεθύσι** blind drunk

τυφλόμυγα (η) blind man's buff

τυφλοπόντικας (ο) mole

τυφλ|ός επίθ blind. **~ά** επίρρ blindly

τυφλότητα (η) blindness

τυφλώνω ρ μτβ blind

τύφλωση (η) blindness

τυφοειδής επίθ typhoid. **~ πυρετός** typhoid fever

τύφος (ο) typhus

τυφώνας (ο) typhoon

τυχαίνω ρ μτβ chance upon ρ αμτβ happen. **έτυχε να τον δει** he/she happened to see him

τυχαί|ος επίθ accidental. (άνθρωπος) ordinary. (απρόβλεπτος) chance. (δείγμα) random. **~ γεγονός** (το) accident, chance. **~α** επίρρ accidentally, by chance

τυχερός επίθ lucky, fortunate. **~ παχνίδι** (το) gamble. **~** (το) luck. (δουλειάς) perk

τύχη (η) luck. (μοίρα) fortune. (σύμπτωση) chance. **κατά ~** by chance. **στην ~** at random

τυχοδιώκτ|ης (ο), **~ρια** (η) adventurer

τυχόν επίρρ by chance

τύψη (η) remorse

τώρα επίρρ now. **~ δα** just now. **από ~ και στο εξής** from now on. **ως ~** up until now

τωρινός επίθ present-day

Yu

ύαινα (η) hyena
υάκινθος (ο) hyacinth
υαλοβάμβακας (ο) fibreglass
υαλοπίνακας (ο) pane (of glass)
υαλοπωλείο (το) glassware shop
υαλουργία (η) glass industry
υάρδα (η) yard (= 0.9144 metre)
υβριδικός επίθ hybrid
υβρίδιο (το) hybrid
υβρίζω ρ μτβ insult. • ρ αμτβ swear
υβριστικός επίθ abusive
υγεία (η) health. εις ~ν! cheers! στην υγειά σου/σας! your health!
υγειονομικ|ός επίθ sanitary. ~ός έλεγχος (ο) health control. ~ές αρχές (οι) health authorities
υγιεινή (η) hygiene. (κλάδος) sanitation. είδη ~ς (τα) bathrooms and toilets
υγιεινολόγος (ο, η) hygienist
υγιεινός επίθ hygienic. (ωφέλιμος) healthy. ~ές τροφές (οι) health foods
υγιής επίθ healthy. (γερός) fit. (σωστός) sound. ~ στο νου sane
υγραέριο (το) natural gas
υγραίνω ρ μτβ moisten
υγραντικός επίθ moistening. ~ή συσκευή (η) humidifier
υγρασία (η) condensation. (στην ατμόσφαιρα) humidity. (στους τοίχους) damp
υγροποιώ ρ μτβ liquefy
υγρός επίθ damp. (ατμόσφαιρα) humid. (βρεγμένος) moist. (καιρός) clammy. ~ (το) liquid. (ρευστό) fluid
υδατάνθρακας (ο) carbohydrate
υδατικ|ός επίθ moisturizing. ~ή κρέμα (η) moisturizer
υδατογραφία (η) watercolour
υδατοστεγής επίθ watertight
υδατοσφαίριση (η) water polo
υδατοφράκτης (ο) dam. (σε κανάλι) lock
υδραγωγείο (το) aqueduct
υδραγωγός (ο) water pipe. κύριος ~ water main
υδραντλία (η) water pump
υδράργυρος (ο) mercury
υδραυλικ|ός επίθ hydraulic. ~ή εγκατάσταση (η) plumbing. ~ή ενέργεια (η) water power. ~ές εγκαταστάσεις (οι) waterworks. ~ός (ο) plumber
ύδρευση (η) water supply
υδρία (η) urn
υδρόβιος επίθ aquatic
υδρόγειος (η) globe
υδρογόνο (το) hydrogen

υδρογονοβόμβα (η) hydrogen bomb
υδροηλεκτρι|κός επίθ hydroelectric. ~σμός (ο) hydroelectricity
υδροπλάνο (το) seaplane
υδρορρόη (η) gutter (of house)
υδροτροχός (ο) waterwheel
υδροφοβία (η) hydrophobia
Υδροχόος (ο) Aquarius
ύδωρ (το) (αρχ) water
υιοθεσία (η) adoption
υιοθετώ ρ μτβ adopt
υιός (ο) (αρχ) son
ύλη (η) matter. γραφική ~η (η) stationery. πρώτες ~ες (οι) raw materials
υλικ|ός επίθ material. ~ (το) material. (Η/Υ) hardware
υλιστικός επίθ materialistic
υλοποίηση (η) materialization
υλοποι|ώ ρ μτβ materialize. ~ούμαι ρ αμτβ materialize
υλοτομία (η) lumbering
υμένας (ο) membrane
υμέτερος αντων (αρχ) your, yours
ύμνος (ο) hymn. (χώρας) anthem. εθνικός ~ national anthem
υπαγόρευση (η) dictation
υπαγορεύω ρ μτβ dictate
υπαίθρι|ος επίθ outdoor. (σε ανοιχτό χώρο) open air. ~ς κινηματογράφος (ο) open air cinema. ~ κατάστημα (το) (market) stall
ύπαιθρο (το) outdoors, open air
ύπαιθρος (η) countryside, country
υπαινιγμός (ο) hint. (κρυφός) insinuation
υπαινίσσομαι ρ αμτβ hint. (έμμεσα) imply, insinuate
υπαίτιος επίθ responsible, liable
υπαιτιότητα (η) culpability
υπακοή (η) obedience
υπάκου|ος επίθ obedient. ~α επίρρ obediently
υπακούω ρ μτβ/αμτβ obey
υπάλληλος (ο, η) (εργαζόμενος) employee. (σε μαγαζί) shop assistant. (σε γραφείο) official. ~ της εφορίας tax collector. ~ υποδοχής receptionist
υπανάπτυ|κτος επίθ underdeveloped. ~ξη (η) underdevelopment
υπαναχωρώ ρ αμτβ back out
υπανθρώπ|ινος επίθ subhuman. ~ος (ο) subhuman
υπαξιωματικός (ο) petty officer
ύπαρξη (η) existence
υπαρξισμός (ο) existentialism
υπαρχηγός (ο) deputy leader
υπάρχοντα (τα) possessions

υπάρχ|ω *ρ αμτβ* exist. **~ει** there is. **~ουν** there are

υπασπιστής *(ο)* adjutant

Ύπατος Αρμοστής *(ο)* High Commissioner

υπέδαφος *(το)* subsoil

υπεκφεύγω *ρ αμτβ* prevaricate

υπεκφυγή *(η)* prevarication. *(απάντηση)* evasive answer

υπενθυμίζω *ρ μτβ* remind

υπενθύμιση *(η)* reminder

υπενοικιάζω *ρ μτβ* sublet

υπέρ *πρόθ* above. *(για)* for, in favour of. **~ το δέον** excessively. **~ πίστεως και πατρίδος** for faith and country. **τα ~ και τα κατά** the pros and cons

υπεραγορά *(η)* supermarket

υπεραγαπώ *ρ μτβ* dote on

υπεραισθητός *επίθ* extra-sensory

υπεράκτι|ος *επίθ* offshore. **~ες εταιρίες** *(οι)* offshore companies

υπεράνθρωπος *επίθ* superhuman

υπεράνω *επίρρ* above

υπερασπίζω *ρ μτβ* defend. **~ομαι** *ρ μτβ* stand up for

υπεράσπιση *(η)* defence

υπεραστικ|ός *επίθ* long-distance. **~ό λεωφορείο** *(το)* intercity coach. **~ή κλήση** *(η)* trunk call

υπερατλαντικός *επίθ* transatlantic

υπεραφθονία *(η)* glut

υπερβαίνω *ρ μτβ* exceed. *(σημείο)* overstep. *(όριο, προσδοκίες)* transcend

υπερβάλλω *ρ μτβ* surpass. • *ρ αμτβ* exaggerate

υπέρβαρ|ος *επίθ* overweight. **~ες αποσκευές** *(οι)* excess luggage

υπερβατικός *επίθ* transcendental

υπερβολή *(η)* excess. *(μεγαλοποίηση)* exaggeration. *(πολυτέλειας)* extravagance

υπερβολικ|ός *επίθ* excessive. *(μεγαλοποιημένος)* exaggerated. *(πολυτέλεια)* extravagant. *(τιμή)* steep. *(χρόνος)* inordinate. **~ά** *επίρρ* excessively, grossly

υπέργει|ος *επίθ* **~α διάβαση** *(η)* overpass, flyover

υπέργηρος *επίθ* decrepit

υπεργολαβία *(η)* subcontract. **~άβος** *(ο)* subcontractor

υπερδιέγερση *(η)* overexcitation

υπερδύναμη *(η)* superpower

υπερεκτιμώ *ρ μτβ* overestimate

υπερένταση *(η)* tenseness. **είμαι σε ~** be uptight

υπερευαισθησία *(η)* oversensitivity

υπερέχω *ρ μτβ* surpass

υπερήλικος *επίθ* very old

υπερημερία *(η)* overdue payment

υπερηφάνεια *(η)* *βλ* περηφάνια

υπερηχητικός *επίθ* ultrasonic. *(αεροπλάνο)* supersonic

υπερθετικός *(ο)* *(βαθμός)* superlative

υπερθέτω *ρ μτβ* superimpose

υπερισχύω *ρ αμτβ* prevail

υπεριώδης *επίθ* ultraviolet

υπερκατασκευή *(η)* superstructure

υπερκόπωση *(η)* overwork

υπερμεγέθης *επίθ* king size

υπέρμετρ|ος *επίθ* inordinate. *(ξεπερνά το μέτρο)* excessive. **~α** *επίρρ* immoderately, unduly

υπερνικώ *ρ μτβ* overcome

υπέρογκος *επίθ* huge. *(τιμή)* extortionate

υπεροξείδιο *(το)* peroxide

υπερόπτης *(ο)* arrogant

υπεροπτικός *επίθ* supercilious

υπεροχή *(η)* superiority, supremacy

υπέροχ|ος *επίθ* magnificent. **~α** *επίρρ* magnificently

υπεροψία *(η)* arrogance

υπερπαραγωγή *(η)* overproduction

υπερπηδώ *ρ μτβ* surmount

υπερπληθυσμός *(ο)* overpopulation

υπερπλήρης *επίθ* overflowing

υπερσύγχρονος *επίθ* latest, most up-to-date. *(τεχν)* state of the art

υπέρταση *(η)* hypertension

υπέρτατος *επίθ* superlative. *(ύψιστος)* supreme

υπερτερώ *ρ μτβ* outweigh

υπερτιμώ *ρ μτβ* overrate

υπέρυθρος *επίθ* infrared

υπερφορτίζω *ρ μτβ* overcharge. *(ηλεκτρ)* overload

υπερφυσικός *επίθ* supernatural

υπερωκεάνιο *(το)* ocean liner

υπερώο *(το)* attic. *(θέατρ)* gallery

υπερωρία *(η)* overtime. **κάνω ~ες** work overtime

υπερώριμος *επίθ* overripe

υπεύθυν|ος *επίθ* responsible. *(επικεφαλής)* in charge. *(υπόλογος)* accountable. **~α** *επίρρ* responsibly

υπευθυνότητα *(η)* responsibility

υπήκοος *(ο, η)* national

υπηκοότητα *(η)* nationality

υπηρεσία *(η)* service. *(υπαλλήλου)* duty. *(υπηρετικό προσωπικό)* servant/maid. **έχω ~** be on duty. **στην ~ κπ** in the pay of s.o.

υπηρεσιακός *επίθ* official

υπηρέτ|ης *(ο)* servant. *(κυρίου)* valet. **~ρια** *(η)* housemaid

υπηρετώ *ρ μτβ/αμτβ* serve

υπνάκος *(ο)* nap, snooze

υπνηλία *(η)* drowsiness

υπνοβάτ|ης *(ο)*, **~ισσα** *(η)* sleep walker

υπνοδωμάτιο *(το)* bedroom

υπνοθεραπεία *(η)* hypnotherapy

ύπνος *(ο)* sleep

υπνόσακος *(ο)* sleeping bag

ύπνωση *(η)* hypnosis

υπνωτήριο *(το)* dormitory

υπνωτίζω *ρ μτβ* hypnotize. *(καταγοητεύω)* mesmerize

υπνωτικό|ς *επίθ* hypnotic. **~ χάπι** (*το*) sleeping pill

υπνωτ|ισμός (*ο*) hypnotism. **~ιστής** (*ο*), **~ίστρια** (*η*) hypnotist

υπό *πρόθ* below, under. **~ δοκιμή** on trial. **~ κράτηση** under arrest. **~ το μηδέν** below zero. **~ τον όρο** on condition

υποανάπτυκτος *επίθ* underdeveloped

υποβαθμίζω *ρ μτβ* downgrade

υποβάλλω *ρ μτβ* submit. (*εξαναγκάζω*) subject. (*θέατρ*) prompt. (*παράπονο*) lodge. (*πείθω*) suggest. (*προτείνω*) put. **~ σε θεραπεία** treat

υποβιβάζω *ρ μτβ* demote. (*ταπεινώνω*) belittle

υποβλητικός *επίθ* evocative

υποβοηθώ *ρ μτβ* assist

υποβολέας (*ο*) (*θέατρ*) prompter

υποβολή (*η*) submission. (*μεταφ*) suggestion

υποβολιμαί|ος *επίθ* spurious. **~α** *επίρρ* spuriously

υποβρύχιο (*το*) submarine

υποβρύχι|ος *επίθ* underwater. **~ο κολύμπι** (*το*) skin diving. **~α** *επίρρ* underwater

υπόγει|ος *επίθ* underground. (*κάτω από την επιφάνεια*) subterranean. **~ος** (*ο*) (*σιδηρόδρομος*) underground, tube. **~α διάβαση** (*η*) subway, underground crossing. **~ο** (*το*) basement

υπογραμμίζω *ρ μτβ* underline. (*τονίζω*) highlight

υπογραφή (*η*) signature

υπογράφω *ρ μτβ* sign. **~v** (*ο*) signatory

υποδαυλίζω *ρ μτβ* poke (*fire*). (*εχθρότητα*) foment

υπόδειγμα (*το*) paragon

υποδειγματικός *επίθ* exemplary

υποδεικνύω *ρ μτβ* point out. (*προτείνω*) suggest

υπόδειξη (*η*) hint. (*υποψηφίου*) nomination

υποδείχνω *ρ μτβ βλ* **υποδεινύω**

υποδεκανέας (*ο*) lance corporal

υποδερμικός *επίθ* hypodermic

υποδέχομαι *ρ μρβ* greet. (*προϋπαντώ*) welcome

υποδηλώνω *ρ μτβ* connote

υποδήλωση (*η*) connotation

υπόδημα (*το*) (*αρχ*) shoe

υποδηματοπ|οιός (*ο*) shoemaker. **~ωλείο** (*το*) shoe shop

υποδιαιρώ *ρ μτβ* subdivide

υποδιαστολή (*η*) decimal point

υποδιευθ|υντής (*ο*), **~ύντρια** (*η*) deputy head

υπόδικος *επίθ* accused (*awaiting trial*)

υποδομή (*η*) infrastructure

υποδόρι|ος *επίθ* hypodermic. **~α σύριγγα** (*η*) hypodermic (syringe)

υποδουλώνω *ρ μτβ* enslave. (*υποτάσσω*) subjugate

υποδοχή (*η*) reception. (*ηλεκτρ*) socket (wall plug)

υποδύομαι *ρ μτβ* impersonate

υποηχητικός *επίθ* subsonic

υποθάλπω *ρ μτβ* abet. (*υποκινώ*) pander to

υποθερμία (*η*) hypothermia

υπόθεση (*η*) hypothesis. (*εικασία*) assumption. (*ζήτημα*) matter. (*μυθιστορήματος*) plot. (*νομ*) case. (*πιθανή αρχή*) supposition

υποθετικός *επίθ* hypothetical. (*γραμμ*) conditional

υπόθετο (*το*) suppository

υποθέτω *ρ μτβ/αμτβ* suppose, assume. (*μαντεύω*) guess

υποθήκη (*η*) mortgage

υποκαθιστώ *ρ μτβ* substitute

υποκατάσταση (*η*) substitution

υποκατάστατο (*το*) substitute

υποκατάστημα (*το*) (*εμπ*) branch

υποκειμενικ|ός *επίθ* subjective. **~ά** *επίρρ* subjectively

υποκειμενικότητα (*η*) subjectivity

υποκείμενο (*το*) subject. (*μεταφ*) blighter

υποκείμενος *επίθ* underlying. **~ σε** subject to

υποκίνηση (*η*) instigation. (*παρότρυνση*) incitement

υποκιν|ητής (*ο*), **~ήτρια** (*η*) instigator

υποκινώ *ρ μτβ* instigate. (*παροτρύνω*) incite

υποκλέπτω *ρ μτβ* tap (*phone*)

υποκλίνομαι *ρ αμτβ* bow. (*γυναίκα*) curtsy

υπόκλιση (*η*) bow. (*για γυναίκα*) curtsy

υποκλοπή (*η*) telephone bugging

υποκόμης (*ο*) viscount

υποκόμισσα (*η*) viscountess

υποκόπανος (*ο*) butt

υποκοριστικό (*το*) diminutive

υπόκοσμος (*ο*) underworld

υποκρίνομαι *ρ μτβ/αμτβ* act. (*προσποιούμαι*) pretend

υποκρισία (*η*) hypocrisy

υποκρ|ιτής (*ο*), **~ίτρια** (*η*) hypocrite

υποκριτικός *επίθ* hypocritical

υποκύπτω *ρ αμτβ* succumb

υπόκωφος *επίθ* dull (*sound*). **~ κρότος** (*ο*) thump, thud

υπόλειμμα (*το*) remnant. **υπολείμματα** (*τα*) remains

υπολείπομαι *ρ αμτβ* fall short, be inferior. (*μένω*) be left

υπόλευκος *επίθ* off-white

υπόληψη (*η*) esteem. (*φήμη*) standing

υπολογίζω *ρ μτβ* estimate. (*λογαριάζω*) calculate. (*βασίζομαι*) count on. **~ την αξία** value

υπολογισμός (*ο*) estimate. (*λογαριασμός*) calculation

υπολογιστής (*ο*) calculator

υπόλογος *επίθ* accountable

υπόλοιπο (*το*) remainder. (*λογαριασμού*) balance. **οι ~ι** the rest

υπολοχαγός (ο) lieutenant
υπομένω ρ μτβ/αμτβ endure
υπόμνημα (το) memorandum
υπομονετικ|ός επίθ patient. **~ά** επίρρ patiently
υπομονή (η) patience
υποναύαρχος (ο) rear admiral
υπόνοια (η) inkling
υπονομεύω ρ μτβ undermine
υπόνομος (η) sewer. (οχετός) drain
υπονοούμεν|ος επίθ implicit. **~ο** (το) innuendo
υπονοώ ρ μτβ imply
υποπλοίαρχος (ο) chief officer
υποπροϊόν (το) by-product
υποπτεύομαι ρ μτβ suspect
ύποπτος επίθ suspicious. (δεν εμπνέει εμπιστοσύνη) suspect. (δουλειά) shady. **~** (ο) suspect
υποσημείωση (η) footnote
υποσιτισμ|ένος επίθ underfed. **~ός** (ο) malnutrition
υποσκάπτω ρ μτβ undermine
υπόσταση (η) foundation. (ύπαρξη) existence
υπόστεγο (το) shelter. **~ αεροσκαφών** hangar
υποστήριγμα (το) support
υποστηρίζω ρ μτβ support. (ενισχύω) bolster. (ισχυρίζομαι) argue. (με επιπρόσθετη βοήθεια) back up. (προτιμώ) favour
υποστηρ|ικτικός επίθ supportive. **~ικτής** (ο), **~ίκτρια** (η) backer. (θεωρίας) exponent. **~ίξιμος** επίθ tenable
υποστήριγμα (το) bracket. (γέφυρας) truss
υποστήριξη (η) support. (ενίσχυση) backing. (καταστήματος) patronage
υπόστρωμα (το) substratum. (βαφής) undercoat. (κάτω από μοκέτα) underlay
υποσυνείδητ|ος επίθ subconscious. **~ο** (το) subconscious. **~α** επίρρ subconsciously
υπόσχεση (η) promise. (τάξιμο) pledge
υπόσχομαι ρ μτβ/αμτβ promise
υποταγή (η) submission. (στο πεπρωμένο) resignation. (υπακοή) obedience. (υποδούλωση) subordination
υποτακτικ|ός επίθ submissive. **~ή** (η) (γραμμ) subjunctive
υποτάσσ|ω ρ μτβ subdue. (υποδουλώνω) subordinate. **~ομμαι** ρ αμτβ submit
υποτίμηση (η) depreciation. (νομίσματος) devaluation
υποτιμητικ|ός επίθ pejorative. (λόγια) derogatory. (δυσφημιστικός) disparaging. **~ά** επίρρ disparagingly
υποτιμώ ρ μτβ underestimate. (μεταφ) belittle. (νόμισμα) devalue
υπότιτλος (ο) subtitle
υποτροπιάζων επίθ recurrent
υποτροπή (η) recurrence. (ιατρ) relapse
υποτροφία (η) scholarship

ύπουλ|ος επίθ devious. (αρρώστια) insidious. (τρόπος) underhand. **~α** επίρρ in an underhand way, slyly
υπουλότητα (η) deviousness
υπουργείο (το) ministry
υπουργικός επίθ ministerial. **~ συμβούλιο** (το) Cabinet
υπουργός (ο, η) minister. **Υ~ Εξωτερικών** Foreign Secretary. **Υ~ Εσωτερικών** Home Secretary
υποφαινόμενος επίθ undersigned
υποφερτ|ός επίθ tolerable. (καλούτσικος) passable. (πόνος) bearable. **~ά** επίρρ tolerably
υποφέρω ρ μτβ bear. (ανέχομαι) endure. (δοκιμάζω) suffer
υποχείριος επίθ under the thumb
υποχονδριακός επίθ hypochondriac
υπόχρεος επίθ obliged
υποχρεωμένος επίθ obliged. **~ σε** indebted to. **είμαι ~ να** be under an obligation to
υποχρεώνω ρ μτβ oblige. (προκαλώ ευγνωμοσύνη) obligate
υποχρέωση (η) obligation. (καθήκον) duty. (οικονομική) liability
υποχρεωτικ|ός επίθ compulsory. (αναγκαστικός) obligatory. (εξυπηρετικός) obliging. **~ά** επίρρ compulsorily
υποχώρηση (η) (στρ) retreat
υποχωρώ ρ αμτβ retreat. (έδαφος) give way. (νερά) recede. (σε απόψεις) back down
υπόψη επίρρ **έχω ~** bear in mind. **λαμβάνω ~** take into account. **λαμβάνοντας ~** in view of
υποψ|ήφιος (ο), **~ηφία** (η) candidate. (αιτών) applicant. (που έχει προταθεί) nominee. (σε διαγωνισμό) entrant
υποψηφιότητα (η) candidacy. (μετά από πρόταση) nomination. **βάζω ~** run (in election)
υποψία (η) suspicion
υποψιάζομαι ρ μτβ suspect
ύπτιο|ς επίθ supine. **~** (το) backstroke
ύστατος επίθ ultimate
ύστερα επίρρ afterwards, then. **κι ~;** and so?
υστερία (η) hysteria
υστερικ|ός επίθ hysterical. **~ή κρίση** (η) hysterics
υστεροβουλία (η) ulterior motive
υστερόγραφο (το) postscript
ύστερος επίθ last. **εκ των υστέρων** in retrospect
υστερώ ρ αμτβ be inferior. (μένω πίσω) be behind
ύστριγξ (η) porcupine
υφαίνω ρ μτβ weave
ύφαλα (τα) ship's bottom
ύφαλος (ο) reef
ύφανση (η) weave. (διαδικασία) weaving
υφαντής (ο) **υφάντρια** (η) weaver

υφαντουργ|ία (η) textile industry. **~ικός** επίθ textile

ύφασμα (το) fabric, material

ύφεση (η) (ατμοσφαιρική) trough. (εμπ) recession. (μουσ) flat. (πολ) deténte

υφή (η) texture. (σε δέρμα) grain

υφήλιος (η) globe, world

υφίσταμαι ρ αμτβ be. (υποβάλλομαι) undergo

υφιστάμενος επίθ subordinate

ύφος (το) expression. (εξωτερική εμφάνιση) look. (στο γραπτό λόγο) style

υφυπουργός (ο, η) junior minister

υψηλ|ός επίθ high. (άνθρωπος) tall. (ιδεώδη) noble. (τιμή) stiff. (ύφος) lofty.

(φωνή) high pitched. **βλέπω αφ´ ~ού** put on airs

υψηλότατος (ο), **~ τητα** (η) Highness

υψικάμινος (η) blast furnace

ύψιστος επίθ paramount

υψίφωνος (ο) tenor. **~** (η) soprano

υψόμετρο (το) altitude. (όργανο) altimeter

ύψος (το) height. (υψόμετρο) altitude. (φωνής) pitch

ύψωμα (το) rise (land)

υψών|ω ρ μτβ heighten. (εξυψώνω) enhance. (ποτήρι, φωνή) raise. (σημαία) hoist. **~ω στο τετράγωνο** square. **~ομαι** ρ αμτβ rise. (απότομα) surge

Φφ

φα (το) άκλ (μουσ) fah.

φαβορί (το) άκλ favourite

φαβορίτα (η) sideboard, sideburn

φαβοριτισμός (ο) favouritism

φαγάς (ο) big eater

φαγητό (το) food. (γεύμα) meal

φαγκρί (το) sea bream

φαγοπότι (το) feasting

φαγούρα (η) itch

φάγωμα (το) wear. (γκρίνια) nagging

φαεινός επίθ brilliant. **ηλίου ~τερον** crystal clear

φαιδρ|ός επίθ cheerful. **~τητα** (η) cheerfulness

φαγώσιμος επίθ edible

φαΐ (το) food

φαίνομαι ρ μτβ be visible. (εμφανίζομαι) appear. (θεωρούμαι) seem. **~ σαν** look like. **μου φαίνεται** it seems to me

φαινομενικ|ός επίθ apparent. (δήθεν) ostensible. **~ά** επίρρ seemingly

φαινόμενο (το) phenomenon. **~ του θερμοκηπίου** greenhouse effect

φάκα (η) mousetrap

φακελάκι (το) sachet. **~ τσαγιού** tea bag

φάκελος (ο) envelope. (έγγραφα) file. (σε εφημερίδα) feature

φακή (η) lentil

φακίδα (η) freckle

φακίρης (ο) fakir

φακός (ο) lens. (λυχνία) torch. (μεγεθυντικός) magnifying glass. **~ επαφής** contact lens. **~ ζουμ** zoom lens

φάλαγγα (η) column (formation). (στρ) phalanx

φάλαινα (η) whale

φαλάκρα (η) baldness

φαλακρ|ός επίθ bald. **~τητα** (η) baldness

φαλλικός επίθ phallic

φανάρι (το) lantern. **~ του δρόμου** street lamp

φανατίζω ρ μτβ fanaticize

φανατικός επίθ fanatical. **~** (ο) fanatic

φανατισμός (ο) fanaticism

φανέλα (η) flannel. (εσωτερική) vest. (χωρίς μανίκια) singlet

φανερ|ός επίθ evident. (εμφανής) apparent, obvious. (πρόδηλος) overt. **~ά** επίρρ obviously, evidently

φανερών|ω ρ μτβ reveal. **~ομαι** ρ αμτβ appear

φανός (ο) (street) lamp

φανοστάτης (ο) lamppost

φαντάζομαι ρ μτβ imagine. (σχηματίζω εικόνα) visualize. (οραματίζομαι) envisage

φαντάζω ρ αμτβ look glamorous. (ξεχωρίζω) stand out

φαντασία (η) imagination. (ματαιοδοξία) conceit

φαντασιοκοπώ ρ αμτβ fantasize

φαντασιοπληξία (η) fancy

φαντασίωση (η) fantasy

φάντασμα (το) phantom. (νεκρού) ghost, apparition

φαντασμαγορ|ία (η) panorama. **~ικ|ός** επίθ panoramic. **~ικό θέαμα** (το) pageantry

φαντασμένος επίθ conceited

φανταστικός επίθ imaginary. (απίθανος) fantastic. (μόνο στη φαντασία) fictitious. (χαρακτήρας) fictional

φανταχτερός επίθ flamboyant. (χτυπητός) gaudy. **~ (και κακόγουστος)** garish

φάντης (ο) jack (in cards)

φανφάρα (η) fanfare

φαξ (το) άκλ fax

φάουλ (το) άκλ (σπορ) foul
φάπα (η) slap (on the head)
φαράγγι (το) gorge. (ποταμιού) canyon
φαράσι (το) dustpan
φαρδαίνω ρ μτβ widen. (ρούχα) let out. • ρ αμτβ become wider
φάρδος (το) width. (φούστας) flare
φαρδύς επίθ broad. (ρούχα) loose. (φούστα) flared
φαρίνα (η) fine white flour
φαρισαϊκός (επίθ) self-righteous
φαρισαίος (ο) Pharisee. (μεταφ) hypocrite
φάρμα (η) farm
φαρμακείο (το) dispensary. (αμερ) drugstore. (κατάστημα) pharmacy
φαρμακερό|ς επίθ venomous. **~ δόντι** (το) fang
φαρμακευτικός επίθ pharmaceutical. (με ιδιότητες φαρμάκου) medicinal
φαρμάκι (το) venom. (δηλητήριο) poison. (μεταφ) bitterness. **είναι ~** it tastes bitter
φάρμακο (το) drug, medicine. (αγωγή) medication
φαρμακολογία (η) pharmacology
φαρμακοποιός (ο, η) pharmacist. (παρασκευαστής φαρμάκων) dispenser
φαρμακώνω ρ μτβ poison. (μεταφ) embitter
φάρος (ο) lighthouse. (φως) beacon
φάρσα (η) prank. (κωμωδία) farce
φαρσέρ (ο, η) prankster
φαρσί επίρρ fluently
φάρυγγας (ο) pharynx
φαρυγγίτιδα (η) pharyngitis
φάσα (η) facing (on clothes)
φασαμέν (τα) άκλ lorgnette
φασαρία (η) to-do. (αναστάτωση) commotion. (ενόχληση) hassle. (θόρυβος) uproar. (κίνηση) bustle. (μπελάς) palaver. (πλήθους) hubbub. (ταραχή) disturbance. (φορτική ασχολία) fuss
φάση (η) phase
φασιανός (ο) pheasant
φασισμός (ο) fascism
φασίστ|ας (ο), **~ρια** (η) fascist
φασιστικός επίθ fascist
φασκόμηλο (το) sage (herb)
φάσκω ρ αμτβ **~ και αντιφάσκω** keep contradicting o.s.
φάσμα (το) spectrum. (μεταφ) spectre
φασολάδα (η) a dish of boiled haricot beans
φασολάκι (το) runner bean
φασόλι (το) haricot bean
φασουλής (ο) Punch. (θέατρ) Punch and Judy show
φαστφουντάδικο (το) fast food restaurant
φάτνη (η) manger. (εκκλ) crib
φατρία (η) faction
φάτσα (η) mug, person's face
φαύλος επίθ base. **~ κύκλος** (ο) vicious circle

φαφλατάς (ο) windbag
φαφούτης (ο) toothless man
Φεβρουάριος (ο) February
φεγγάρι (το) moon
φεγγαρόλουστος επίθ moonlit
φεγγαρόφωτο (το) moonlight
φεγγίτης (ο) skylight
φεγγοβολώ ρ αμτβ glow
φέγγω ρ μτβ illuminate. • ρ αμτβ shine. **~ αμυδρά** glimmer
φείδομαι ρ μτβ spare
φειδώ (η) thrift
φειδωλεύομαι ρ αμτβ stint
φειδωλός επίθ thrifty. (μεταφ) sparing
φελλός (ο) cork. (ψαρέματος) float
φεμινισμός (ο) feminism
φεμιν|ιστής (ο), **~ίστρια** (η) feminist
φέξη (η) daybreak
φέξιμο (το) lighting
φεουδαρχία (η) feudalism. **~ικός** επίθ feudal. **~ισμός** (ο) feudalism
φερέγγυος επίθ solvent
φερεγγυότητα (η) solvency
φερετζές (ο) yashmak
φέρετρο (το) coffin
φερέφωνο (το) mouthpiece
φέριμποτ (το) άκλ car ferry
φερμουάρ (το) άκλ zip
φέρν|ω ρ μτβ bring. (αντιρρήσεις) raise. (πηγαίνω) fetch. **~ω γύρω** skirt. **~ω στο νου** evoke (memories)
φέρσιμο (το) conduct
φέρ|ω ρ μτβ βλ **φέρνω.** (βαστάζω) bear. **~ω βαρέως** resent. **~ ' ειπείν** so to speak. **~ομαι** ρ αμτβ behave. **~ομαι καλά** acquit o.s. well. **~ομαι ψυχρά σε κπ** cold shoulder s.o., give s.o. the cold shoulder
φεστιβάλ (το) άκλ festival
φεστόνι (το) scallop (on dress)
φέτα¹ (η) slice. (μπέικον) rasher. (πορτοκαλιού) segment. (τριγωνική) wedge
φέτα² (η) soft white cheese, feta cheese
φετινός επίθ this year's
φετίχ (το) άκλ fetish
φέτος επίρρ this year
φευγάλα (η) flight (escape)
φεύγω ρ αμτβ go away, leave. (αναχωρώ) depart. (αποχωρώ) quit. (δραπετεύω) get away. **~ απαπαρήτητος** slip away. **~ από το θέμα** stray from the subject. **~ βιαστικά** dash out. **~ κρυφά** abscond
φήμη (η) fame. (κακή) notoriety
φημίζομαι ρ μτβ be renowned
φημισμένος επίθ famous
φημολογούμαι ρ αμτβ be rumoured
φθάνω ρ αμτβ arrive. βλ **φτάνω**
φθαρμένος επίθ tatty
φθαρτός επίθ perishable
φθείρ|ω ρ μτβ wear (down/out). (λίγο λίγο) whittle away. (μεταφ) corrupt. **~ομαι** ρ αμτβ perish (fruit)

φθινοπωρινός *επίθ* autumnal
φθινόπωρο (*το*) autumn, (*αμερ*) fall
φθίνω *ρ αμτβ* diminish. (*λιώνω*) waste away
φθίση (*η*) consumption
φθόγγος (*ο*) sound (*of voice*). (*μουσ*) note
φθονερ|ός *επίθ* envious. **~ά** *επίρρ* enviously
φθόνος (*ο*) envy
φθονώ *ρ μτβ* envy
φθορά (*η*) wear. (*μαρασμός*) decay. **~ χρήσεως** wear and tear
φθορίζω *ρ αμτβ* fluoresce. **~ν** *επίθ* fluorescent
φθοριούχος *επίθ* (containing) fluoride
φθοροποιός *επίθ* pernicious. (*επίδραση*) malign
φιαλίδιο (*το*) phial
φιάσκο (*το*) *άκλ* fiasco
φιγούρα (*η*) figure. (*μεταφ*) swank
φιγουράρω *ρ αμτβ* figure
φίδι (*το*) snake
φίλαθλος *επίθ* sports fan
φιλαλήθης *επίθ* truthful
Φιλανδία (*η*) Finland
φιλανδικ|ός *επίθ* Finnish. **~ά** (*τα*) Finnish
Φιλανδ|ός (*ο*), **~έζα** (*η*) Finn
φιλανθρωπ|ία (*η*) charity. **~ικός** *επίθ* charitable. **~ικός οργανισμός** (*ο*) charity, charitable organisation
φιλάνθρωπος *επίθ* charitable. **~** (*ο*) philanthropist
φιλαράκος (*ο*) pal
φιλαργυρία (*η*) avarice
φιλάργυρος *επίθ* avaricious
φιλαρέσκεια (*η*) coquetry
φιλάρεσκος *επίθ* coquettish
φιλαρμονικ|ός *επίθ* philharmonic. **~ή** (*η*) philharmonic (orchestra)
φιλάσθενος *επίθ* weakly
φιλειρηνικός *επίθ* peace loving
φιλελεύθερος *επίθ* liberal. **οι Φ~οι** the Liberals
φιλέλληνας (*ο*) philhellene
φιλενάδα (*η*) (woman) friend. (*αγαπητικιά*) mistress. (*αγοριού*) girlfriend
φίλερις *επίθ* belligerent
φιλές (*ο*) hair net
φιλέτο (*το*) fillet
φιλεύω *ρ μτβ* treat to
φίλη (*η*) girlfriend
φιληδονία (*η*) sensuality
φιλήδονος *επίθ* sensual
φίλημα (*το*) kiss
φιλήσυχος *επίθ* peaceful. (*πολίτης*) law-abiding
φιλί (*το*) kiss
φιλία (*η*) friendship
φιλικός *επίθ* friendly. (*τρόπος*) amicable. **~ά** *επίρρ* amicably
φιλικότητα (*η*) friendliness
Φιλιππίνες (*οι*) Philippines
φιλιστρίνι (*το*) porthole

φιλμ (*το*) *άκλ* film
φιλντισένιος *επίθ* ivory
φίλντισι (*το*) mother-of-pearl. (*ελαφαντόδοντο*) ivory
φιλοβασιλικός *επίθ* royalist
φιλοδοξία (*η*) ambition. (*βλέψη*) aspiration
φιλόδοξος *επίθ* ambitious
φιλοδοξώ *ρ αμτβ* aspire
φιλοδώρημα (*το*) gratuity. (*μπουρμπουάρ*) tip
φιλολογία (*η*) philology. (*συγγράμματα*) literature
φιλόλογος (*ο*) philologist
φιλόμουσος *επίθ* music lover
φιλόνικος (*ο*) pugnacious
φιλοξενία (*η*) hospitality
φιλόξεν|ος (*ο*) hospitable. **~α** *επίρρ* hospitably
φιλοξενώ *ρ μτβ* be a host to. (*ξένο*) put up
φιλόπονος *επίθ* diligent
φίλος (*ο*) friend. (*εραστής*) lover. (*κορίτσιού*) boyfriend
φιλοσοφ|ία (*η*) philosophy. **~ικός** *επίθ* philosophical
φιλόσοφος (*ο, η*) philosopher
φιλοτελ|ισμός (*ο*) philately. **~ιστής** (*ο*) **~ίστρια** (*η*) philatelist
φιλοτιμία (*η*) sense of honour
φιλότιμο|ς *επίθ* with a sense of honour. (*ευσυνείδητος*) conscientious. **~** (*το*) self-esteem
φιλοφρόνηση (*η*) compliment
φιλοφρονητικός *επίθ* complimentary
φιλτράρω *ρ μτβ* filter
φίλτρο (*το*) filter. (*ποτό*) potion. (*τσιγάρου*) filter-tip
φιλύποπτος *επίθ* mistrustful
φιλ|ώ *ρ μτβ* kiss. (*βιαστικά*) peck. **~ιέμαι** *ρ αμτβ* kiss
φιμώνω *ρ μτβ* gag. (*ζώο*) muzzle
φίμωτρο (*το*) gag. (*ζώου*) muzzle
φινάλε (*το*) *άκλ* finale
φινέτσα (*η*) finesse
φινίρισμα (*το*) finish
φινιστρίνι (*το*) *βλ* **φιλιστρίνι**
φιντάνι (*το*) seedling
φιόγκος (*ο*) bow (*knot*)
φιόρδ (*το*) *άκλ* fiord
φιοριτούρα (*η*) flourish (*scroll*)
φίσκα *επίθ άκλ* jam-packed
φιστίκι (*το*) groundnut. (*Αιγίνης*) pistachio. (*αράπικο*) peanut
φιτίλι (*το*) wick. (*βόμβας*) fuse
φλαμανδικ|ός *επίθ* Flemish. **~ά** (*τα*) Flemish
Φλαμανδοί (*οι*) Flemings
φλαμίγκο (*το*) *άκλ* flamingo
φλάντζα (*η*) gasket
φλαουτίστ|ας (*ο*), **~ρια** (*η*) flautist
φλάουτο (*το*) flute
φλας (*το*) *άκλ* flash. (*αυτοκ*) indicator
φλασκί (*το*) flask

φλέβα (η) vein. (ορυχείου) seam
Φλεβάρης (ο) βλ **Φεβρουάριος**
φλέγμα (το) phlegm
φλεγματικ|ός επίθ phlegmatic. (απαθής) stolid. **~ά** επίρρ stolidly
φλεγμονή (η) inflammation
φλέγομαι ρ αμτβ be ablaze
φλεγόμενος επίθ alight, ablaze
φλερτ (το) άκλ flirt
φλερτάρισμα (το) flirtation
φλερτάρω ρ αμτβ flirt
φλιτζάνι (το) cup. (του τσαγιού) teacup
φλόγα (η) flame
φλογέρα (η) reed. (μουσ)
φλογερός επίθ fiery. (επιθυμία) ardent
φλοιός (ο) bark (of tree)
φλοκάτη (η) flokati (shaggy woollen rug)
φλούδα (η) skin (outer layer). (πατάτας) jacket. (πορτοκαλιού) peel. (τυριού, μπέικον) rind. (σπειριού) husk
φλυαρία (η) chatter, prattle
φλύαρος επίθ garrulous. **~** (ο) chatterbox
φλυαρώ ρ αμτβ chatter, prattle
φοβάμαι ρ μτβ/αμτβ βλ **φοβούμαι**
φοβερίζω ρ μτβ threaten
φοβερός επίθ terrifying. (καταπληκτικός) terrific. (τρομερός) terrible. (φρικιαστικός) horrid. **~ά** επίρρ terribly, terrifyingly
φοβητσιάρης επίθ timid
φοβία (η) phobia
φοβίζω ρ μτβ frighten
φοβισμένος επίθ fearful. (ανήσυχος) apprehensive
φόβος (ο) fear. (ανησυχία) misgiving
φοβούμαι ρ μτβ fear. • ρ αμτβ be afraid
φόδρα (η) lining
φοδράρω ρ μτβ line (garment)
φοινίκι (το) date (fruit)
φοινικιά (η) palm tree
φοίτηση (η) attendance (at a course)
φοιτ|ητής (ο), **~ήτρια** (η) student. (πανεπιστημίου) undergraduate
φοιτητικός επίθ student. **~ή εστία** (η) hall of residence
φοιτώ ρ μτβ attend (study at)
φονεύω ρ μτβ murder
φονιάς (ο), **φόνισσα** (η) murderer
φονικός επίθ deadly (harmful)
φόνος (ο) murder
φορά (η) time. **άλλη ~** another time. **μια ~** once. **καμιά ~** on occasion. **μια ~ κι έναν καιρό** once upon a time
φοράδα (η) mare
φοραδίτσα (η) filly
φορβή (η) fodder
φορέας (ο) (ιατρ) carrier. (όργανο) body
φορείο (το) stretcher
φόρεμα (το) dress
φορεσιά (η) suit
φορητός επίθ portable
φόρμα (η) form. (γυμναστικής) track suit. (διάθεση) shape. (εργάτη) boiler suit.

(εργασίας) overalls. (παιδική) rompers.
δεν είμαι σε ~ be below par
φορμάκι (το) leotard
φορμάρω ρ μτβ give shape
φοροδιαφυγή (η) tax evasion
φορολογία (η) taxation
φορολογήσιμος επίθ taxable
φορολογούμενος (ο) taxpayer
φορολογ|ώ ρ μτβ tax. **~ούμαι** ρ αμτβ pay tax
φόρος (ο) tax. **Φ~ Εισοδήματος** (ο) Inland Revenue. (κυπρ) **~ εισοδήματος** (ο) income tax. **~ τιμής** tribute
φόρουμ (το) άκλ forum
φοροφυγάδας (ο) tax evader
φόρτε (το) άκλ strong point. (μουσ) forte
φορτηγάκι (το) van. (ανοιχτό πίσω) pick-up truck
φορτηγίδα (η) barge
φορτηγό (το) (αυτοκίνητο) lorry. (πλοίο) freighter. (σιδηρ) truck
φορτίζω ρ μτβ (ηλεκτρ) charge
φορτικός επίθ obtrusive
φορτίο (το) load. (εμπ) freight. (σε μεταφορικό μέσο) cargo
φόρτιση (η) (ηλεκτρ) charge
φορτωμένος επίθ laden (with). **~ λεφτά** loaded
φορτών|ω ρ μτβ load. (μεταφ) burden. **~ σε** foist on. **~ομαι** be saddled with. (μεταφ)
φόρτωση (η) shipment
φορτωτική (η) waybill
φορώ ρ μτβ put on. (είμαι ντυμένος) wear. **~ γρήγορα** slip into. **~ επιδεικτικά** sport
φουαγιέ (το) άκλ foyer
φουγάρο (το) funnel. (μεταφ) chain smoker
φούγκα (η) fugue
φουκαράς (ο) wretch
φουλάρω ρ μτβ (αυτοκ) rev (up)
φούντα (η) tassel
φουντάρω ρ μτβ sink. • ρ αμτβ cast anchor
φουντούκι (το) hazelnut
φουντώνω ρ αμτβ flare up
φούξια (η) fuchsia. (χρώμα) • (το) magenta
φουρκέτα (η) hairpin bend
φουρκίζω ρ μτβ infuriate
φούρναρης (ο) baker
φουρνιά (η) batch (of bread)
φούρνος (ο) oven. (αρτοποιείο) bakery. **~ μικροκυμάτων** microwave oven
φουρτούνα (η) rough sea. (μεταφ) tribulation
φουρτουνιασμένος επίθ rough
φούσκα (η) bubble. (σε καζανάκι) ball-cock
φουσκάλα (η) blister
φουσκαλιάζω ρ αμτβ blister
φουσκοθαλασσιά (η) swell (of sea)
φουσκονεριά (η) incoming tide

φούσκωμα (το) bulge. (στομαχιού) flatulence

φουσκωμένος επίθ swollen. (μάγουλα) puffy. (πορτοφόλι) bulging. (με φαΐ) bloated

φουσκώνω ρ μτβ inflate. (λάστιχο) pump up. (εξοργίζω) vex. (υπερβάλλω) blow up. (μεταφ) ρ αμτβ fill out, put on weight. (κορδώνομαι) puff up. (λαχανιάζω) be out of breath. (πρήζομαι) swell. (ψωμί) rise

φούστα (η) skirt

φουστανέλα (η) white knee-length pleated skirt worn by Greek men. **σκοτσέζικη** ~ kilt

φουστάνι (το) dress

φουτουριστικός επίθ futuristic

ΦΠΑ (ο) συντ (Φόρος Προστιθεμένης Αξίας) VAT (Value Added Tax)

φράγκο (το) French franc. **δε δίνω** ~ I don't care one iota. **δεν έχω** ~ I am penniless

φραγκοστάφυλο (το) redcurrant

φράγμα (το) barrier. (υδατοφράχτης) dam. (ποταμού) weir. ~ **του ήχου** sound barrier

φραγμός (ο) barrier

φράζω ρ μτβ block. (περικλείω) fence. • ρ αμτβ block

φρακάρ|ισμα (το) (μηχ) jam. ~**ω** ρ αμτβ jam

φράκο (το) tails, tailcoat

φραμπαλάς (ο) flounce

φράντζα (η) fringe

φραντζόλα (η) round loaf of fluffy white bread

φραντσάιζ (το) ἀκλ (εμπ) franchise.

φράξιμο (το) fencing

φράουλα (η) strawberry

φρασεολογία (η) phraseology

φράση (η) phrase

φράχτης (ο) fence. (από θάμνους) hedge

φρέαρ (το) (mine) shaft

φρεγάτα (η) frigate

φρέζια (η) freesia

φρένα (τα) reason (mind). **είμαι έξω φρενών** be furious

φρενάρω ρ αμτβ brake

φρενιάζω ρ αμτβ become furious

φρενίτιδα (η) frenzy

φρένο (το) brake

φρενοβλαβής επίθ mentally deranged

φρενοκομείο (το) lunatic asylum

φρεσκάδα (η) freshness

φρεσκάρω ρ μτβ freshen. (ανανεώνω) brush up

φρέσκο¹ (το) fresco

φρέσκο² (το) (καιρός) cool weather. (φυλακή) cooler

φρεσκοκομμένος επίθ freshly cut

φρέσκος επίθ fresh. (μπογιά) wet

φριγκίλη (η) chaffinch

φρικαλέος επίθ hideous. ~**εότητα** (η) hideousness

φρίκη (η) horror

φρικιαστικός επίθ blood-curdling

φριχτός επίθ horrific, ghastly

φρόνημα (το) moral. (γνώμη) view

φρόνηση (η) prudence

φρονιμάδα (η) good behaviour. (σύνεση) good sense

φρονιμίτης (ο) wisdom tooth

φρόνιμος επίθ sensible. (παιδί) well behaved. (συμβουλή) sound

φροντίδ|α (η) care. (ανησυχία) concern. ~**ι** care of

φροντίζω ρ μτβ care for. (ανάγκες) cater for. (ζήτημα) attend to. (κήπο) tend. (περιποιούμαι) look after. (προνοώ) provide

φροντιστήριο (το) tutorial. (σχολή) tutorial college

φροντιστής (ο) minder. (φροντιστηρίου) tutor

φρονώ ρ αμτβ be of the opinion

φρουρά (η) garrison

φρούρηση (η) guarding

φρούριο (το) fortress

φρουρός (ο) guard

φρουρώ ρ μτβ guard (watch)

φρουτιέρα (η) fruit bowl

φρούτο (το) fruit

φρουτοσαλάτα (η) fruit salad

φρυγανιά (η) toast. (τραγανιστή) crispbread

φρυγανιέρα (η) toaster

φρύγανο (το) dry stick

φρύδι (το) eyebrow

φρύνος (ο) toad

φταίξιμο (το) fault (blame)

φταίω ρ αμτβ be to blame

φτάνω ρ μτβ reach. (γίνομαι ισάξιος) equal. (πραγματοποιώ) attain. (προφταίνω) catch up. • ρ αμτβ βλ **φθάνω**. (εκτείνομαι έως) be up to. (επαρκώ) be sufficient. (πλησιάζω) draw near. ~**ω σε απόφαση** come to a decision. ~**ει!** enough! **λέω ό, τι φτάσω** speak without thinking

φταρνίζομαι ρ αμτβ sneeze

φτάρνισμα (το) sneeze

φτελιά (η) elm

φτέρη (η) fern

φτέρνα (η) heel

φτερ|ό (το) feather. (αυτοκ) wing. (για γράψιμο) quill. **κατηγορία ~ού** (η) featherweight

φτερούγα (η) wing

φτερουγίζω ρ αμτβ flap (wings)

φτερούγισμα (το) flapping (of wings)

φτέρωμα (το) plumage

φτερωτός επίθ winged

φτηναίνω ρ μτβ cheapen

φτήνια (η) cheapness

φτηνός επίθ cheap. ~**ός και φανταχτερός** tawdry. ~**ά** επίρρ cheap(ly). ~**ά τη γλιτώνω** have a narrow escape

φτιάξιμο (το) making

φτιάχν|ω ρ μτβ make. (βαλίτσα) pack. (δωμάτιο) tidy up. (σπίτι) do up. (φαΐ) prepare. • ρ αμτβ change (for the better). **~ω βιαστικά** knock up (meal etc.). **τα ~ω με κπ** make up with s.o. **~ομαι** ρ αμτβ put on one's make-up

φτου επιφών **~ κι απ´ την αρχή** back to square one. **~ σου!** shame on you

φτυαράκι (το) (child's) spade

φτυάρι (το) spade, shovel

φτυαρίζω ρ μτβ shovel

φτύμα (το) spit. **~τα** (τα) splutter

φτύνω ρ μτβ/αμτβ spit

φτυστός επίθ just like. **είναι ~ ο** be the spitting image of

φτωχαίνω ρ μτβ impoverish. • ρ αμτβ become impoverished

φτώχεια (η) poverty

φτωχικ|ός επίθ poor. (ποσότητα) meagre. **~** (το) humble home

φτωχοκομείο (το) poorhouse

φτωχός επίθ poor

φυγάδας (ο) fugitive

φυγαδεύω ρ μτβ help to escape

φυγή (η) flight. (ληστή) get-away. **σε ~** on the run. **τάση ~ς** escapism. **τρέπομαι σε ~** flee

φυγόδικος (ο) outlaw

φυγόκεντρος επίθ centrifugal

φυγόπονος (ο) shirker

φύκι (το) seaweed

φυλά|(γ)ω ρ μτβ guard. (διατηρώ) keep. (ενεδρεύω) lie in wait for. (επιτηρώ) watch. (προστατεύω) protect. **~γομαι** ρ αμτβ **~γομαι από** guard against

φύλακας (ο) watchman. (δημόσιου κήπου) warden. (ζωολογικού κήπου) keeper. (μουσείου) attendant. (φρουρός) guard. (μεταφ) watchdog

φυλακή (η) prison, gaol. (αμερ) penitentiary

φυλακίζω ρ μτβ imprison

φυλάκιση (η) imprisonment

φυλακισμένος επίθ imprisoned. **~** (ο) prisoner

φύλαξη (η) guarding. (προστασία) safekeeping. **~ αποσκευών** left luggage (office)

φυλαχτό (το) talisman

φυλετικ|ός επίθ racial. (της φυλής) tribal. **~ή διάκριση** (η) colour bar. **~ές ταραχές** (οι) race riots

φυλετισμός (ο) racialism

φυλή (η) race. (ομάδα ανθρώπων) tribe

φυλλάδα (η) rag υβριστ, newspaper

φυλλάδιο (το) leaflet. (ενός φύλλου) pamphlet

φύλλο (το) leaf. (ζύμης) filo pastry. (πόρτας) pane. (στρώμα) ply. (τραπεζιού) flap. (τσαγιού) tea leaf. (χαρτιού) sheet. (χόρτου) blade

φυλλοβόλος επίθ deciduous

φυλλομετρώ ρ μτβ flick through, leaf through

φύλλωμα (το) foliage

φύλο (το) sex, gender

φυματικός επίθ consumptive

φυματίωση (η) tuberculosis

φύρδην επίρρ **~ μίγδην** higgledy-piggledy

φυσαλίδα (η) blister

φυσαρμόνικα (η) harmonica

φυσερό (το) bellows

φύση (η) nature

φύσημα (το) blow. (αέρα) puff. (δυνατό) gust

φύσιγγα (η) (ιατρ) ampoule

φυσίγγι (το) cartridge

φυσική (η) physics

φυσικομαθηματικός (ο, η) scientist who has studied physics and mathematics

φυσικ|ός επίθ (της ύλης) physical. (της φύσης) natural. **~ό μέγεθος** (το) life-size(d). **~ός** (ο, η) physicist. **~ά** επίρρ naturally

φυσιογνωμία (η) facial features. (προσωπικότητα) person of distinction

φυσιογνώστ|ης (ο), **~τρια** (η) natural scientist

φυσιοδίφης (ο) naturalist

φυσιοθεραπεία (η) physiotherapy

φυσιοθεραπ|ευτής (ο), **~εύτρια** (η) physiotherapist

φυσιολογία (η) physiology

φυσ|ώ ρ μτβ/αμτβ blow. (αναπνέω) blow out. **~άει** it's windy

φυτεία (η) plantation

φύτεμα (το) planting

φυτεύω ρ μτβ plant

φυτικ|ός επίθ vegetable. **~ές ίνες** (οι) roughage

φυτό (το) plant

φυτοζωώ ρ αμτβ vegetate. (στερούμαι) scrape a living

φυτοκομ|ία (η) horticulture. **~ικός** επίθ horticultural

φυτολ|ογία (η) botany. **~όγος** (ο, η) botanist

φυτοφάρμακο (το) pesticide

φυτρώνω ρ αμτβ sprout

φυτώριο (το) nursery (for plants)

φώκαινα (η) porpoise

φώκια (η) seal (animal)

φωλιά (η) nest. (ζώων) lair

φωλιάζω ρ αμτβ nest. (τρυπώνω) nestle

φωνάζω ρ μτβ call. (ταξί) hail. • ρ αμτβ call out. (απαιτητικά) clamour. (μιλώ δυνατά) shout

φωνασκώ ρ αμτβ vociferate

φων|ή (η) voice. **~ές** (οι) clamour

φωνήεν (το) vowel

φωνητική (η) phonetics

φωνητικός επίθ vocal. (των φθόγγων) phonetic

φως (το) light. (όραση) sight. (της ημέρας) daylight. **~ ομίχλης** fog-light. **~ πορείας** sidelight. **~ της φωτιάς**

firelight. **είναι ~ φανάρι** it's too obvious. **έρχομαι στο ~** come to light
φωστήρας (ο) luminary
φωσφορίζω ρ αμτβ phosphoresce
φωσφόρος (ο) phosphorous
φώτα (τα) learning. **Φ~** Epiphany
φωταέριο (το) (lighting) gas
φωταγωγώ ρ μτβ floodlight
φωτεινός επίθ light. (εκπέμπει φως) luminous. (λαμπρός) bright. (ξεκάθαρος) lucid
φωτιά (η) fire. (στο ύπαιθρο) bonfire
φωτίζω ρ μτβ illuminate. (διαφωτίζω) enlighten. **~ει** απρόσ it's getting light
φώτιση (η) enlightenment
φωτισμός (ο) lighting
φωτιστικ|ός επίθ lighting. **~ δαπέδου** (το) standard lamp

φωτοαντίγραφο (το) photocopy. **βγάζω ~** photocopy
φωτοβολίδα (η) flare
φωτογενής επίθ photogenic
φωτογραφείο (το) photographic studio
φωτογραφία (η) (εικόνα) photograph, photo. (τέχνη) photography
φωτογραφίζω ρ μτβ photograph
φωτογραφικ|ός επίθ photographic. **~ή μηχανή** (η) camera
φωτογράφος (ο, η) photographer
φωτόμετρο (το) photometer. (για φωτογραφίες) exposure meter
φωτομοντέλο (το) photographic model
φωτοστέφανος (ο) halo
φωτοσύνθεση (η) photosynthesis
φωτοτυπία (η) photocopy

Χχ

χαβάς (ο) tune. (μουσ) **αυτός το ~ του** he doesn't take any notice
χαβιάρι (το) caviare
χάδι (το) caress
χαδιάρικος επίθ cuddly
χαζεύω ρ αμτβ gape. (γίνομαι χαζός) go soft in the head
χάζι (το) amusement. **τον κάνω ~** find s.o. amusing
χαζομάρα (η) stupidity
χαζός επίθ stupid. **~** (ο) twit
χαζούλιακας (ο) silly-billy (καθομ)
χαϊδεμένος επίθ spoilt
χαϊδευτικ|ός επίθ affectionate. **~ό όνομα** (το) pet name
χαϊδεύω ρ μτβ caress, stroke
χαίνω ρ αμτβ gape. **~ν** επίθ gaping
χαιρεκακία (η) malice
χαιρέκακος επίθ malicious
χαιρετίζω ρ μτβ greet. (στρ) salute
χαιρ|έτισμα (το) greeting. **~ετίσματα** (τα) greetings
χαιρετισμ|ός (ο) (στρ) salute. **~ός της σημαίας** trooping the colour. **~οί** (οι) regards, compliments
χαιρετώ ρ μτβ hail. **χαίρετε!** so long!
χαίρ|ω, ~ομαι ρ αμτβ rejoice, be delighted. **~ για** (με κακεντρέχεια) gloat over. **~ω πολύ** how do you do
χαίτη (η) mane
χακί (το) khaki
χαλάζι (το) hail
χαλαζίας (ο) quartz
χαλαζοθύελλα (η) hailstorm
χαλαζόκοκκος (ο) hailstone
χαλάκι (το) rug. (της πόρτας) doormat

χαλάλι επίρρ **χαλάλι της τα λεφτά Ι** don't begrudge her the money
χαλαρ|ός (ο) loose. (μεταφ) lax. **~ά** επίρρ loosely
χαλαρότητα (η) slackness. (μεταφ) laxity
χαλαρώνω ρ μτβ loosen. (πειθαρχία) slacken. • ρ αμτβ relax
χαλασμένος επίθ bad, off. (δε λειτουργεί) out of order
χαλβάς (ο) halva, (cake made of semolina)
χαλεπιανό (το) (κυπρ) pistachio nut.
χάλι (το) plight. **έχει τα ~α της** she is in a bad shape. **σε κακά ~α** up the spout
χαλί (το) carpet. (για διάδρομο) runner
χαλίκι (το) pebble. **~α** (τα) gravel. (παραλίας) shingle
χαλιναγωγώ ρ μτβ bridle. (μεταφ) restrain
χαλινάρι (το) bridle. (μεταφ) restrain
χαλινάρι (το) bridle. (μεταλλικό εξάρτημα) bit. (μεταφ) curb
χαλκάς (ο) (metal) ring
χάλκινος επίθ copper
χαλκογραφία (η) engraving, copperplate
χαλκομανία (η) transfer
χαλκός (ο) copper
χαλκωρυχείο (το) copper mine
χαλούμι (το) (κυπρ) hard white cheese
χάλυβας (ο) steel
χαλύβδινος επίθ steely
χαλυβοβιομηχανία (η) steel industry
χαλυβουργ|είο (το) steelworks. **~ία** (η) βλ **χαλυβοβιομηχανία**
χαλ|ώ ρ μτβ spoil. (δόντια, όραση) ruin. (κατεδαφίζω) pull down. (παραχαϊδεύω) spoil. (προκαλώ ζημιά) damage. (σχέδια) upset. (χρήματα) change. • ρ αμτβ go

wrong. (*μαραίνομαι*) loose one's good looks. (*φαγητό*) go bad. (*φίλοι*) fall out. **~άει κόσμο** it's a huge success. **~άει ο κόσμος** there's a mighty din. **~άει τον κόσμο** he/she's moving heaven and earth. **δε χάλασε ο κόσμος** it's not the end of the world

χαμαιλέοντας (*ο*) chameleon

χαμάλης (*ο*) porter

χαμέν|ος *επίθ* lost. (*σε παιχνίδι*) loser. (*συγχυσμένος*) bemused. **στα ~α** in vain. **τα 'χει ~α** he/she's not with it. **τα έχω ~α** be at a loss. **~α** *επίρρ* bemusedly

χαμερπής *επίθ* base, vile

χαμηλ|ός *επίθ* low. (*σε τιμή*) cheap. **~ά** *επίρρ* low

χαμηλόφων|ος *επίθ* low-voiced. **~α** *επίρρ* in low voice

χαμηλώνω *ρ μτβ* lower. (*φώτα*) dip. (*ένταση*) turn down *ρ αμτβ* become lower

χαμίνι (*το*) urchin

χαμόγελο (*το*) smile. (*αυταρέσκειας*) smirk

χαμογελώ *ρ αμτβ* smile. (*πλατιά*) grin

χαμόδεντρο (*το*) bush

χαμόκλαδα (*τα*) undergrowth

χαμομήλι (*το*) camomile

χαμός (*ο*) loss. (*αναστάτωση*) hullabaloo

χάμου *επίρρ βλ* **χάμω**

χάμουρα (*τα*) harness *άκλ*

χαμπάρι (*το*) news. **παίρνω ~** catch on. **τι ~α; how are you doing?**

χαμπαρίζω *ρ μτβ* take notice. **~ από** understand

χάμω *επίρρ* on the ground/floor

χάνι (*το*) inn

χαντάκι (*το*) ditch. (*στο δρόμο*) gutter

χάντρα (*η*) bead

χά|νω *ρ μτβ* lose. (*καιρό*) waste. (*ξεχνώ*) mislay. (*τρένο, λεωφορείο*) miss. **• ρ αμτβ** lose. **~νομαι** *ρ αμτβ* get lost. (*εξαφανίζομαι*) disappear. (*πεθαίνω*) perish. **~νω τα νερά μου** be out of one's depth. **~νω την ισορροπία μου** overbalance. **~νω το θάρρος** get cold feet. **~σου από τα μάτια μου** get out of my sight. **να ~θείς!** get lost. **τα ~νω** be confused. (*τρελαίνομαι*) lose one's senses

χάος (*το*) chaos

χάπι (*το*) tablet. **το ~** the pill

χαρά (*η*) joy. (*μεγάλη*) jubilation. **ξεχείλισμα ~ς** exuberance. **~ Θεού** heavenly. **είναι μια ~** he/she/it is fine

χαράδρα (*η*) ravine

χαράζ|ω *ρ μτβ* engrave. (*πορεία σε χάρτη*) plot (*mark out*). **~ει** *απρόσ* the day is breaking

χάρακας (*ο*) ruler (*measure*)

χαρακτήρας (*ο*) character. **γραφικός ~** handwriting

χαρακτηρ|ίζω *ρ μτβ* characterize. (*μεταφ*) label. **~ισμός** (*ο*) characterization

χαρακτηριστικ|ός *επίθ* characteristic, typical. **~ό** (*το*) feature. **~ά** *επίρρ* characteristically, typically

χαρακτική (*η*) etching

χαράκωμα (*το*) (*στρ*) trench

χαραμάδα (*η*) crack

χαράματα (*τα*) daybreak

χαράμι *επίρρ* in vain

χαραμίζω *ρ μτβ* throw away, waste

χάραξη (*η*) incision

χαραυγή (*η*) dawn

χαρέμι (*το*) harem

χάρη (*η*) grace. (*από εύνοια*) favour. (*νομ*) reprieve, pardon. (*προτέρημα*) gift. **~ σε** thanks to. **για ~ for** the sake of. **λόγου ~** for example

χαρίζω *ρ μτβ* give away. (*από ποινή*) pardon. (*ζωή*) spare

χαριεντίζομαι *ρ αμτβ* flirt

χάρισμ|α (*το*) gift. (*εκκλ*) charisma. **• επίρρ** free (of charge). **~ά σου** yours to keep

χαρισματικός *επίθ* charismatic

χαριτολογώ *ρ αμτβ* be witty

χαριτωμένος *επίθ* cute

χάρμα (*το*) joy. **είναι ~ οφθαλμών** it's a delight to see

χαρμάνι (*το*) (*tobacco*) blend

χαρμόσυνος *επίθ* joyful

χαροπαλεύω *ρ αμτβ* be on one's death bed

χαροποιώ *ρ μτβ* gladden

χάρος (*ο*) Charon

χαρούμεν|ος *επίθ* joyful, glad. **~α** *επίρρ* gladly

χαρούπι (*το*) carob

χαρουπιά (*η*) carob tree

χαρταετός (*ο*) kite

χαρτζιλίκι (*το*) pocket money

χάρτης (*ο*) chart. (*γεωγρ*) map

χαρτ|ί (*το*) paper. (*έγγραφο*) document. (*τραπουλόχαρτο*) card. **~ιά** (*τα*) papers. (*χαρτοπαιξία*) gambling. **~ί για σημειώσεις** notepaper. **~ί γραψίματος** writing-paper. **~ί υγείας** toilet-paper. **τα λέω ~ί και καλαμάρι** give chapter and verse

χαρτικά (*τα*) stationery

χάρτινος *επίθ* paper

χαρτογρ|αφία (*η*) cartography. **~άφος** (*ο, η*) cartographer. **~αφώ** *ρ αμτβ* chart. (*γεωγρ*) map

χαρτόδετο|ς *επίθ* paperback. **~ο βιβλίο** (*το*) paperback (*book*)

χαρτοκόπτης (*ο*) paper knife

χαρτοκοπτική μηχανή (*η*) guillotine (*for paper*)

χαρτόκουτα (*η*) carton

χαρτομαντεία (*η*) cartomancy

χαρτομάντιλο (*το*) tissue, paper handkerchief

χαρτόνι (*το*) cardboard

χαρτονόμισμα (*το*) banknote, (*αμερ*) bill

χαρτοπαιξία (*η*) gambling, card-playing

χαρτοπαίχτ|ης (*o*), **~ρα** (*η*) gambler, card-player

χαρτοπόλεμος (*o*) confetti

χαρτοπώλης (*o*) stationer

χαρτοσακούλα (*η*) paper bag

χαρτοσημαίνω *ρ μτβ* affix duty stamps to

χαρτόσημο (*το*) stamp duty

χαρτοφύλακας (*o*) briefcase. (*υπουργικός*) dispatch box

χαρτοφυλάκιο (*το*) portfolio

χαρτωσιά (*η*) trick (*at cards*). (*σύνολο χαρτιών*) hand

χαρωπός *επίθ* blithe

χασάπ|ης (*o*) butcher. **~ικο** (*το*) butcher's shop

χασάπικος (*o*) Greek folk dance

χάση (*η*) wane. **στη ~ και στη φέξη** once in a blue moon

χάσιμο (*το*) loss. (*χρόνου*) waste

χασίς (*το*) *άκλ* hashish

χασκογελώ *ρ αμτβ* guffaw

χάσκω *ρ αμτβ* gape, be wide open

χάσμα (*το*) chasm. (*μεταφ*) gulf. **~ των γενεών** generation gap

χασμουρητό (*το*) yawn. **~ιέμαι** *ρ αμτβ* yawn

χασομέρ|ης (*o*), **~ισσα** (*η*) dawdler

χασομερώ *ρ μτβ* hold up. • *ρ αμτβ* dally. (*στο δρόμο*) loiter

χαστούκι (*το*) slap

χαστουκίζω *ρ μτβ* slap

χατζής (*o*) hadji (*one that has visited the Holy Land*)

χατίρι (*το*) favour. **για ~ μου** for my sake. **δε χαλώ ~** I always indulge him/her. **κάνω το ~ κπ** humour s.o.

χατιρικά *επίρρ* as a favour

χαυλιόδοντας (*o*) tusk

χαύνωση (*η*) stupor

χαφιές (*o*) stool pigeon

χάφτω *ρ μτβ* gobble. (*μεταφ*) lap up

χαχανίζω *ρ αμτβ* cackle

χάχανο (*το*) cackle

χάχας (*o*) nitwit

χαώδης *επίθ* chaotic

χέζ|ω *ρ μτβ* revile. • *ρ αμτβ* shit. **~ομαι** *ρ αμτβ* shit o.s. (*από φόβο*) be scared shitless

χείλος (*το*) lip. (*γκρεμού*) edge. (*ποτηριού*) brim. (*φλιτζανιού*) rim. (*μεταφ*) brink

χείμαρρος (*o*) torrent

χειμερινός *επίθ* winter

χειμώνας (*o*) winter

χειμωνιάτικος *επίθ* wintry

χειράμαξα (*η*) wheel barrow

χειραφέτηση (*η*) emancipation

χειραφετώ *ρ μτβ* emancipate

χειραψία (*η*) handshake. **κάνω ~ με** shake hands with

χειρίζομαι *ρ μτβ* handle. (*διαχειρίζομαι*) manage. (*ελέγχω*) operate. (*με επιδεξιότητα*) manipulate. (*χρησιμοποιώ*) wield

χειρ|ιστής (*o*), **~ίστρια** (*η*) operator

χείριστος *επίθ* worst

χειροβομβίδα (*η*) grenade

χειρόγραφο|ς *επίθ* handwritten. **~** (*το*) manuscript

χειροκίνητος *επίθ* manual, manually operated

χειροκρότημα (*το*) applause

χειροκροτώ *ρ μτβ/αμτβ* applaud, clap

χειρολαβή (*η*) handgrip. (*σκάλας*) handrail

χειρομάντ|ης (*o*), **~ισσα** (*η*) palmist

χειρονομία (*η*) gesture. **εντυπωσιακή ~** flourish

χειρονομώ *ρ αμτβ* gesticulate

χειροπέδη (*η*) handcuff

χειροπιαστ|ός *επίθ* tangible. **~ά** *επίρρ* tangibly

χειροπόδαρα *επίρρ* hand and foot

χειροποίητος *επίθ* handmade

χειροπρακτική (*η*) osteopathy

χειροτέρευση (*η*) deterioration

χειροτερεύω *ρ μτβ/αμτβ* worsen, deteriorate

χειρότερ|ος *επίθ* worse. **o ~ος** the worst. **~o** (*το*) worst. **~α** *επίρρ* worse. **από το κακό στο ~o** from bad to worse. **τόσο το ~o** so much the worse

χειροτέχνημα (*το*) handiwork

χειροτεχνία (*η*) handicraft

χειροτον|ία (*η*) (*εκκλ*) ordination. **~ώ** *ρ μτβ* ordain

χειρουργείο (*το*) operating theatre

χειρουργικ|ός *επίθ* surgical. **~ή** (*η*) surgery

χειρούργος (*o, η*) surgeon. **~ οδοντίατρος** dental surgeon

χειρουργώ *ρ μτβ* operate on

χειρόφρενο (*το*) handbrake

χειρωνακτικός *επίθ* manual

χέλι (*το*) eel

χελιδόνι (*το*) swallow

χελιδονοφωλιά (*η*) swallow's nest

χελώνα (*η*) tortoise. (*θαλασσινή*) turtle

χεράκι (*το*) small hand. **δίνω ένα ~** give a hand. **τα λέμε ένα ~** have a chat

χέρι (*το*) hand. (*φλιτζανιού*) handle

χερουβίμ (*o*) *άκλ* cherub

χερούκλα (*η*) large hand

χερούλι (*το*) (*door*) handle

χερσαί|ος (*επίθ*) land. **~ες μεταφορές** (*οι*) land transport

χερσόνησος (*η*) peninsula

χέρσος *επίθ* fallow

χερσότοπος (*o*) wasteland

χημεία (*η*) chemistry

χημείο (*το*) chemistry lab

χημειοθεραπεία (*η*) chemotherapy

χημικ|ός *επίθ* chemical. **~ή ουσία** (*η*) chemical. **~ός** (*o*) chemist

χήν|α (*η*) goose. **~ος** (*o*) gander

χήρα (*η*) widow

χηρεία (*η*) widowhood

χηρεύω *ρ αμτβ* be widowed

χήρος (ο) widower
χθες επίρρ βλ **χτες**
χθεσινός επίθ βλ **χτεσινός**
χίλια (το) άκλ thousand
χιλιάδα (η) thousand
χιλιάρικο (το) thousand drachma note
χιλιετηρίδα (η) millennium
χιλιόγραμμο (το) kilogram
χίλιοι επίθ thousand
χιλιόμετρο (το) kilometre
χιλιοστό (το) thousandth
χιλιοστόγραμμο (το) milligram
χιλιοστόμετρο (το) millimetre
χιλιοστός επίθ thousandth
Χιλή (η) Chile
χίμαιρα (η) pipe dream
χιμπαντζής (ο) chimpanzee
χιμώ ρ αμτβ rush, dash. **~ πάνω** rush at
χιονάνθρωπος (ο) snowman
χιόνι (το) snow
χιονίζω ρ αμτβ snow
χιονισμένος επίθ snowy
χιονίστρα (η) chilblain
χιονοθύελλα (η) snowstorm
χιονόλασπη (η) slush
χιονονιφάδα (η) snowflake
χιονοπέδιλο (το) snowshoe
χιονόνερο (το) sleet
χιονοπόλεμος (ο) snowball fight
χιονόπτωση (η) snowfall
χιονοστιβάδα (η) snowdrift. (κατολίσθηση) avalanche
χιονόσφαιρα (η) snowball
Χίος (η) Chios
χιουμορίστας (ο) humorist
χιούμορ (το) άκλ humour
χιουμοριστικ|ός επίθ humorous. **~ά** επίρρ humorous. **~ά** επίρρ humorously
χίπης (ο) άκλ hippie
χιτώνας (ο) tunic
χλαίνη (η) greatcoat
χλευάζω ρ μτβ jeer
χλευασμός (ο) taunt, jeer
χλιαρός επίθ tepid, lukewarm
χλιδή (η) opulence
χλιμιντρίζω ρ αμτβ neigh
χλιμίντρισμα (το) neigh
χλοερός επίθ verdant
χλόη (η) grass, lawn
χλομάδα (η) paleness
χλομιάζω ρ αμτβ turn pale. (από φόβο) go white
χλομός επίθ pale. (πρόσωπο) ashen
χλωρίδα (η) flora
χλώριο (το) chlorine
χλωριούχος επίθ chloride
χλωρό|ς επίθ tender and green. (τυρί) freshly made. **δεν αφήνω σε ~ κλαρί** persecute persistently
χλωροφόρμιο (το) chloroform
χλωροφύλλη (η) chlorophyll
χνούδι (το) fluff. (πουλιού, γένια) down. (υφάσματος) nap. (χαλιού) pile

χνουδωτός επίθ fluffy
χοάνη (η) crucible. (χωνί) funnel
χοιρινός επίθ βλ **χοιρινός** επίθ βλ pork. **~ κρέας** (το) pork. **~ ποδαράκι** (το) trotter
χοιρόδερμα (το) pigskin
χοιρομέρι (το) smoked leg of pork
χοίρος (ο) pig
χοιροστάσιο (το) pigsty
χοιροτρόφος (ο) pig farmer
χόκεϊ (το) άκλ hockey. **~ επί πάγου** ice hockey
χολ (το) άκλ (entrance) hall
χολέρα (η) cholera
χολερικός επίθ (ιατρ) bilious.
χολή (η) gall. (ιατρ) bile. (μεταφ) spleen
χοληδόχος κύστη (η) gall bladder
χοληστερίνη (η) cholesterol
χοληστερόλη (η) βλ **χοληστερίνη**
χόμπι (το) άκλ hobby
χονδρεμπόριο (το) wholesale (trade)
χονδρέμπορος (ο) wholesaler
χονδρικ|ός επίθ wholesale. **~ά** επίρρ in bulk. **~ώς** επίρρ wholesale
χονδροειδής επίθ gross. (συμπεριφορά) coarse **~ γκάφα** howler
χόνδρος (ο) cartilage
χονδρός επίθ βλ **χοντρός**
χοντραίνω ρ μτβ make look fatter. • ρ αμτβ put on weight
χοντράνθρωπος (ο) lout
χοντροδουλειά (η) rough work
χοντροκαμωμένος επίθ made roughly. (άνθρωπος) thickset
χοντροκέφαλος επίθ dense, stupid. **~** (ο) blockhead
χοντροκομμέν|ος επίθ thick-cut. (αστείο) crude. **~η κωμωδία** (η) slapstick
χοντρόπετσος επίθ thick-skinned
χοντρός επίθ fat. (αλάτι) coarse. (άξεστος) crude. (απρεπής) indelicate. (εργασία) rough. (κομμάτι) chunky. (παχύς) thick. (φωνή) husky
χορδή (η) chord. (μουσ) string
χορ|ευτής (ο), **~εύτρια** (η) dancer
χορεύω ρ μτβ/αμτβ dance
χορήγημα (το) grant
χορήγηση (η) supply. (ιατρ) administration
χορηγία (η) provision. (ποσό) grant
χορηγός (ο) sponsor. **~ώ** ρ μτβ provide. (ιατρ) administer
χορογραφ|ία (η) choreography. **~ικός** επίθ choreographic
χορογράφος (ο, η) choreographer
χοροδιδασκαλείο (το) dancing school
χοροεσπερίδα (η) ball
χοροπήδημα (το) skip. (σε νερό) bob
χοροπηδώ ρ αμτβ prance, hop. (πλοίο) toss. (σε νερό) bob
χορός (ο) dance. (θεατρ) chorus
χοροστατώ ρ αμτβ (εκκλ) officiate
χορταίνω ρ μτβ satisfy. • ρ αμτβ have enough

χορτάρι (*το*) grass
χορταριασμένος *επίθ* mossy
χορταρικό (*το*) vegetable
χορταστικός *επίθ* substantial (*meal*)
χορτάτος *επίθ* full (*with food*)
χόρτ|ο (*το*) grass. (*άγριο*) weed. **~α** (*τα*) greens
χορτοκοπτικ|ός *επίθ* grass-cutting. **~ή μηχανή** (*η*) lawn mower
χορτόσουπα (*η*) vegetable soup
χορτοφάγος *επίθ* vegetarian. **~** (*ο, η*) vegetarian
χορωδ|ία (*η*) choir. **~ιακός** *επίθ* choral
χορωδός (*ο*) chorister
χουζουρεύω *ρ αμτβ* lie in
χούι (*το*) peculiarity (*of habit*)
χούλιγκαν (*ο*) *ἀκλ* hooligan
χουλιγκανισμός (*ο*) hooliganism
χούμος (*ο*) compost
χούντα (*η*) junta
χουντικός *επίθ* supporter of the junta
χουρμάς (*η*) date (*fruit*)
χούφτα (*η*) palm (*of hand*). (*φουχτιά*) handful
χούφταλο (*το*) geriatric
χουφτιάζω *ρ μτβ βλ* **χουφτώνω**
χουφτώνω *ρ μτβ* grasp in one's hand
χρειάζομαι *ρ μτβ* need, require. • *ρ αμτβ* be needed. **τα ~** find o.s. in a tight spot
χρειώδη|ς *επίθ* necessary. **~** (*τα*) necessities
χρεόγραφα (*τα*) securities. (*κυβερνητικά*) gilt-edged stocks
χρεοκοπημένος *επίθ* bankrupt
χρεοκοπία (*η*) bankruptcy. **οδηγώ σε ~** bankrupt
χρεοκοπώ *ρ αμτβ* go bankrupt
χρέος (*το*) debt
χρεωμένος *επίθ* in debt
χρεών|ω *ρ μτβ* charge. (*λογαριασμό*) debit. **~ομαι** *ρ αμτβ* get into debt
χρέωση (*η*) debit
χρεώστης (*ο*) debtor
χρήμα (*το*) money
χρηματαγορά (*η*) money market
χρηματίζω *ρ αμτβ* serve as
χρηματικός *επίθ* money
χρηματιστή|ριο (*το*) Stock Exchange. **~ς** (*ο*) stockbroker
χρηματοδέκτης (*ο*) slot-machine
χρηματοδότ|ης (*ο*), **~τρια** (*η*) (*εμπ*) backer
χρηματοδ|ότηση (*η*) financing. **~οτώ** *ρ μτβ* fund, finance
χρηματοκιβώτιο (*το*) safe
χρηματοθυρίδα (*η*) night safe
χρηματοοικονομικός *επίθ* monetary
χρήση (*η*) use. **μιας ~ς** disposable
χρησιμεύω *ρ μτβ* be of use
χρησιμοπο|ίηση (*η*) use. (*μεταχείριση*) utilization. **~ιώ** *ρ μτβ* use
χρήσιμος *επίθ* useful. **~α** *επίρρ* usefully
χρησιμότητα (*η*) usefulness

χρησμός (*ο*) oracle
χρήστης (*ο*) user
χρηστός *επίθ* virtuous, upright
χρίζω *ρ μτβ* smear. (*εκκλ*) anoint. (*ιππότη*) knight
χριστιανικός *επίθ* Christian
χριστιαν|ός (*ο*), **~ή** (*η*) Christian. **~οσύνη** (*η*) Christianity
Χριστός (*ο*) Christ
Χριστούγεννα (*τα*) Christmas. **η επομένη των Χριστουγέννων** Boxing Day. **η παραμονή των Χριστουγέννων** Christmas Eve
χριστουγεννιάτικος *επίθ* Christmas
χροιά (*η*) hue. (*προσώπου*) complexion
χρονιά (*η*) year. **καλή ~!** Happy New Year! **καλής ~ς** (*κρασί*) vintage. **τρώω της ~ς μου** get a good thrashing
χρόνια (*τα*) *ἀκλ* years. **~ πολλά!** many happy returns!
χρονιάρ|ης *επίθ* one-year-old. **~α μέρα** (*η*) festive day. **~ικο ζώο** (*το*) yearling
χρονικ|ό (*το*) chronicle. **~ά** (*τα*) annals
χρονικ|ός *επίθ* time. **~ διάστημα** (*το*) time. (*μεταξύ δύο γεγονότων*) time lag
χρόνιος *επίθ* chronic
χρονισμός (*ο*) timing
χρονοβόρος *επίθ* time-consuming
χρονογράφ|ημα (*το*) current affairs column (*in newspaper*). **~φος** (*ο, η*) columnist (*of current affairs*). (*συγγραφέας*) chronicler
χρονογραφώ *ρ μτβ* chronicle
χρονοδιάγραμμα (*το*) timetable
χρονοδιακόπτης (*ο*) (*μηχ*) timer
χρονολογ|ία (*η*) chronology. **~ικός** *επίθ* chronological
χρονολογ|ώ *ρ μτβ* date. **~ούμαι** *ρ αμτβ* (*από*) date back (to)
χρονομέτρηση (*η*) timing (*sport*)
χρονομεριστική μίσθωση (*η*) time sharing
χρονόμετρο (*το*) stopwatch
χρονομετρώ *ρ μτβ* time (*race*)
χρόν|ος (*ο*) time. (*γραμμ*) tense. (*έτος*) year. (*μουσ*) beat. **~ο με το ~ο** year by year. **κακό να το 'χει** may he/she rot in hell. **του ~ου** next year
χρονοτριβή (*η*) delay
χρυσαλλίδα (*η*) chrysalis
χρυσάνθεμο (*το*) chrysanthemum
χρυσαφένιος *επίθ* golden
χρυσάφι (*το*) gold
χρυσαφικό (*το*) gold jewellery
χρυσοθήρας (*ο*) prospector (*for gold*). (*μεταφ*) gold digger
χρυσ|ός *επίθ* gold. **~ές δουλειές** (*οι*) roaring trade. **~οί γάμοι** (*οι*) golden wedding. **~ός** (*ο*) gold. (*σε ράβδους*) bullion
χρυσοχοείο (*το*) jewellery shop
χρυσοχόος (*ο*) goldsmith
χρυσόψαρο (*το*) goldfish

χρυσωρυχείο (το) gold mine
χρώμα (το) colour. (προσώπου) complexion. (τόνος) hue. (χαρτιά) suit. **~τα** (τα) paints
χρωματίζω ρ μτβ colours
χρωματισμός (ο) pigmentation
χρωματιστός επίθ coloured
χρωματόσωμα (το) chromosome
χρώμιο (το) chromium
χρωστικ|ός επίθ colouring. **~ή ουσία** (η) pigment
χρωστώ ρ μτβ owe. • ρ αμτβ be in debt
χταπόδι (το) octopus
χτένα (η) comb
χτένι (το) tooth comb. (ψάρι) scallop
χτενίζω ρ μτβ comb
χτένισμα (το) hair style
χτες επίρρ yesterday. **~ το βράδυ** last night
χτεσινός επίθ yesterday's
χτίζω ρ μτβ build
χτίστης (ο) mason
χτύπημα (το) blow. (δυνατό) bang. (ελαφρό) pat. (μαγ) beating. (ρολογιού) stroke. (στην πόρτα) knock. (τηλεφώνου) ring. (των ποδιών) stamp. (χέρι) hit
χτυπημένος επίθ stricken
χτυπητήρι (το) (μαγ) whisk. (πόρτας) knocker
χτυπητός επίθ (ντύσιμο) flashy. (που εντυπωσιάζει) striking. (χρώμα) vivid
χτύπος (ο) thud. (ελαφρός) patter. (καρδιάς) beat
χτυπ|ώ ρ μτβ strike, hit. (αβγά) whisk. (βούτυρο) cream. (δυνατά) whack. (κρέμα) whip. (μαγ) beat. (μαστίγιο) crack. (με ελαφρά χτυπήματα) rap. (με δύναμη) slap. (με ρόπαλο) club. (πληγώνω) injure. (πόρτα) knock. (στον ώμο) pat. (τα πόδια) stamp. (φτερούγες) flap. (χέρια) clap. (χορδές κιθάρας) strum ρ αμτβ strike. (δόντια) chatter. (καμπάνα, πένθιμα) toll. (ρυθμικά) tick. (τηλέφωνο) ring. (την ώρα) chime. **~ώ ξύλο** touch wood. **~ώ στο κεφάλι** (ποτό) go to one's head. **μου ~άει στα νεύρα** it gets on my nerves
χυδαιολογία (η) vulgarity
χυδαίος επίθ vulgar. (επίθεση) scurrilous. (λεπτομέρειες) sordid
χυδαιότητα (η) vulgarity
χυλοπίτες (οι) noodles
χυλός (ο) mush. (από αλεύρι) batter
χυλώδης επίθ mushy
χύμα επίθ άκλ in bulk
χυμός (ο) juice. (φυτών) sap
χύν|ω ρ μτβ pour. (δάκρυα) shed. (κατά λάθος) spill. (μέταλλλο) cast. **~ομαι** ρ αμτβ pour out. (βιαστικά) rush out. (ξεχειλίζω) spill over. (ποτάμι) flow out
χυτήριο (το) foundry

χυτοσίδηρος (ο) cast iron
χύτρα (η) (cooking) pot. (ατμού) steamer. (ταχύτητας) pressure cooker
χωλός επίθ lame
χώμα (το) soil
χωματένιος επίθ earthen
χωματερή (η) rubbish tip
χωματόδρομος (ο) dirt track
χωνάκι (το) (ice-cream) cone
χωνευτήριο (το) melting pot
χωνευτικός επίθ that helps the digestion
χωνεύω ρ μτβ digest. (μεταφ) stomach. • ρ αμτβ sink in
χώνεψη (η) digestion
χωνί (το) funnel
χών|ω ρ μτβ drive in. (θάβω) bury. (κρύβω) shove. (με δύναμη) ram. **~ω στο κεφάλι κπ** drum into s.o. **~ω τη μύτη μου** pry into. **~ομαι** ρ αμτβ work in. (στην αγκαλιά) nestle. **~ομαι κρυφά** work one's way
χώρα (η) country. (τμήμα γης) land. **λαμβάνω ~v** take place
χωρατατζής (ο) joker
χωράφι (το) field
χωρητικότητα (η) capacity
χωριανός επίθ fellow villager
χωριάτ|ης (ο), **~ισσα** (η) villager. (χωρικός) peasant
χωριάτικος επίθ village. (της υπαίθρου) rustic
χωρίζω ρ μτβ separate. • ρ αμτβ split up. (σύζυγοι) divorce. **~ με παύλα** hyphenate. **~ στα τέσσερα** quarter
χωριό (το) village
χωριουδάκι (το) hamlet
χωρίς επίρρ without, but for. **~ άλλο** without fail
χώρισμα (το) partition. (στήθους γυναίκας) cleavage. (χώρος) compartment
χωρισμός (ο) parting. (συζύγων) separation
χωριστ|ός επίθ separate. **~ά** επίρρ separately
χωρίστρα (η) parting (in hair)
χωρομέτρης (ο) surveyor
χωρομετρία (η) survey (of land)
χώρος (ο) space. (ελεύθερος) room. (περιοχή) site. (για την ορχήστρα) pit. **~ κατασκηνώσεως** campsite. **~ σταθμεύσεως** car park. (στο πλάι δρόμου) lay-by. **~ συναντήσεως** venue
χωροταξία (η) town planning
χωροφύλακας (ο) gendarme
χωροφυλακή (η) gendarmerie
χωρ|ώ ρ μτβ hold, contain. (θεατρ) seat ρ αμτβ fit in. **δεν το ~άει ο νους** it's beyond comprehension. **δεν τον ~άει ο τόπος** he is beyond himself (with rage). **δε ~άει αμφιβολία** there is no doubt at all

ψάθα (η) matting. **μένω στην ~** be left destitute
ψαθάκι (το) straw hat
ψάθινος επίθ wicker
ψαλίδα (η) shears. (έντομο) earwig. (ιατρ) split ends
ψαλιδάκι (το) nail scissors
ψαλίδι (το) scissors
ψαλιδίζω ρ μτβ snip
ψαλίδισμα (το) snip
ψάλλω ρ μτβ/αμτβ chant. **του τα 'ψαλα** I gave him a piece of my mind
ψαλμός (ο) psalm
ψαλμωδία (η) chant
ψάλτης (ο) chanter
ψαραγορά (η) fish market
ψαράδικο|ς επίθ fishing. **~** (το) fishing boat. (μαγαζί) fishmonger's (shop)
ψαράς (ο) fisherman. (χρησιμοποιεί καλάμι) angler
ψάρεμα (το) fishing
ψαρεύω ρ μτβ/αμτβ fish. (με καλάμι) angle. (μεταφ) fish for
ψάρι (το) fish
ψαριά (η) catch (of fish)
ψαρόβαρκα (η) fishing boat
ψαροκόκκαλο (το) fish bone
ψαρόνι (το) (πουλί) starling
ψαροπώλης (ο) fishmonger
ψαρός επίθ grizzly
ψαρόσουπα (η) fish soup
ψαροταβέρνα (η) fish tavern
ψαχνό (το) lean meat
ψάχνω ρ μτβ search. (ανακατεύω) rummage. (για προμήθειες) forage. (για κλοπή) rifle. (περιοχή) scour. (σε βιβλίο) look up. **~ για** look for. (κτ που έχει χαθεί) hunt for
ψαχουλεύω ρ αμτβ fumble. (στο σκοτάδι) grope
ψεγάδι (το) flaw. (στο πρόσωπο) blemish
ψείρα (η) louse
ψειριά|ζω ρ αμτβ become infested with lice. **~ρης** επίθ full of lice
ψειρίζω ρ μτβ rid of lice
ψεκάζω ρ μτβ spray
ψεκασμός (ο) spraying
ψεκαστήρ|ας (ο) atomizer. (τεχνητής βροχής) sprinkler. **~ι** (το) spray (device)
ψελλίζω ρ μτβ/αμτβ stammer. (από ταραχή) mumble
ψέλνω ρ μτβ/αμτβ βλ **ψάλλω**
ψέμα (το) lie. **~ με ουρά** a huge lie. **λέω ~τα** lie. **σώθηκαν τα ~τα** there's no more room for lies

ψε|ς επίρρ last night. **~σινός** επίθ last evening's
ψευδάργυρος (ο) zinc
ψευδαίσθηση (η) illusion
ψευδής επίθ false. (ανειλικρινής) deceptive
ψευδίζω ρ αμτβ lisp
ψεύδισμα (το) lisp
ψευδολογώ ρ αμτβ tell lies
ψεύδομαι ρ αμτβ lie
ψευδομαρτυρώ ρ αμτβ give false testimony
ψευδορκία (η) perjury
ψευδορκώ ρ αμτβ perjure o.s.
ψευδώνυμο (το) pseudonym. (συγγραφέα) pen name
ψεύτης (ο) **~ρα** (η) liar
ψευτιά (η) falsehood
ψεύτικ|ος επίθ false. (κίβδηλος) bogus. (όχι αληθινός) phoney. (τεχνητός) fake. **~α κοσμήματα** (τα) paste jewellery
ψευτοάρρωστος επίθ malingering
ψευτοδουλειά (η) odd jobs
ψευτοευλαβής επίθ sanctimonious
ψευτοζώ ρ αμτβ eke out a living
ψηλάφηση (η) feeling, groping
ψηλαφώ ρ μτβ/αμτβ feel, grope
ψηλόλιγνος επίθ lanky
ψηλομύτης επίθ snooty
ψηλ|ός επίθ high. (άνθρωπος) tall. (κτίριο) high-rise. **~ά** επίρρ high
ψήλωμα (το) high ground
ψηλώνω ρ μτβ raise ρ αμτβ grow taller
ψημένος επίθ cooked. (μεταφ) seasoned. **~ ελαφρά** (μαγ) rare
ψή|νω ρ μτβ cook. (σε κατσαρόλα) stew. (στα κάρβουνα) barbecue. (στη σχάρα) grill. (στο φούρνο) bake, roast. **~ομαι** ρ αμτβ cook. (αποκτώ πείρα) become experienced. (ωριμάζω, φρούτα) ripen. (ωριμάζω, μεταφ) mature. **~νω το ψάρι στα χείλη** κπ make s.o.'s life a misery. **τα ~σανε** they have hit if off
ψήσιμο (το) baking
ψησταριά (η) charcoal grill. (μαγαζί) rotisserie
ψητ|ός επίθ roasted. **~ βοδινό** (το) roast beef. **~** (το) roast. (στα κάρβουνα) barbecue
ψηφιακός επίθ digital
ψηφιδωτό (το) mosaic
ψηφίζω ρ μτβ/αμτβ vote. (νόμο) pass
ψηφίο (το) digit
ψήφισμα (το) voting. (συνέλευσης) resolution
ψηφοδέλτιο (το) ballot paper

ψηφοθηρία (η) canvassing
ψηφοθηρώ ρ αμτβ canvass
ψήφος (ο) vote
ψηφοφορία (η) vote, ballot. (διαδικασία) voting
ψηφοφόρος (ο, η) voter
ψίδι (το) upper (of shoe)
ψιθυρίζω ρ μτβ/αμτβ whisper
ψιθύρισμα (το) whispering
ψιθυριστ|ός επίθ whispering. **~ά** επίρρ under one's breath
ψίθυρος (ο) whisper
ψιλά (τα) small change
ψιλή (η) (γραμμ) smooth breathing
ψιλικά (τα) haberdashery
ψιλικατζίδικο (το) haberdasher's
ψιλοδουλειά (η) finicky work
ψιλοκόβω ρ μτβ chop finely
ψιλοκομμένος επίθ finely cut
ψιλοκουβέντα (η) chit-chat
ψιλόλιγνος επίθ weedy
ψιλολογώ ρ μτβ split hairs
ψιλ|ός επίθ fine. (φωνή) shrill. **~ή βροχή** drizzle
ψιτ επιφών hey
ψίχα (η) (λεμονιού) pith. (ψωμιού) bread-crumbs
ψιχάλα (η) drizzle
ψιχαλίζει ρ αμτβ απρόσ it's drizzling
ψίχουλο (το) breadcrumb
ψιψίνα (η) puss, cat
ψοφίμι (το) carcass
ψόφιος επίθ dead (animal). **~ στην κούραση** dead beat
ψοφώ ρ αμτβ (ζώο) die. (άνθρωπος) kick the bucket. **~ για** (επιθυμώ) be dying for. **~ στην κούραση** be dead tired
ψυγείο (το) refrigerator. (αυτοκ) radiator. **σε ~** in cold storage
ψυγειοκαταψύκτης (ο) fridge-freezer
ψυλλιάζ|ω ρ αμτβ get covered with fleas. **~ομαι** ρ αμτβ get wind of (the fact) (ότι that)
ψύλλος (ο) flea
ψύξη (η) freezing
ψυχαγωγία (η) recreation. **~ικός** επίθ recreational
ψυχαγωγώ ρ μτβ entertain
ψυχανάλυση (η) psychoanalysis
ψυχαναλυτής (ο, η) psychoanalyst
ψυχαναλύω ρ μτβ psychoanalyze
ψυχή (η) psyche. (άυλη ουσία) soul
ψυχιατρείο (το) psychiatric clinic
ψυχιατρική (η) psychiatry. **~ός** επίθ psychiatric
ψυχίατρος (ο, η) psychiatrist
ψυχικ|ός επίθ psychic. (ασθένεια) mental. **~ή επαφή** (η) rapport. **~ό** (το) act of charity. **~ά** επίρρ mentally

ψυχογιός (ο) adopted son. (υπηρέτης) young servant
ψυχοθεραπεία (η) psychotherapy
ψυχοκόρη (η) adopted daughter. (υπηρετριούλα) servant girl
ψυχολογημένος επίθ with psychological insight
ψυχολογ|ία (η) psychology. **~ικός** επίθ psychological
ψυχολόγος (ο, η) psychologist
ψυχολογώ ρ μτβ understand s.o.'s way of thinking
ψυχομαχώ ρ αμτβ be dying, be breathing one's last
ψυχοπαθής (ο, η) psychopath
ψυχορράγημα (το) death throes
ψύχος (το) cold
ψυχοσάββατο (το) All Souls' Day
ψυχοσύνθεση (η) psychological make-up
ψυχοσωματικός επίθ psychosomatic
ψύχρα (η) chill
ψυχραιμία (η) coolness, nerve. **χάνω την ~ μου** lose one's cool
ψύχραιμος επίθ cool, collected. **~α** επίρρ coolly
ψυχραίν|ω ρ μτβ chill. (μεταφ) alienate. **~ομαι** ρ αμτβ fall out
ψυχρόαιμος επίθ cold-blooded
ψυχρολουσία (η) cold shower. (μεταφ) cold shoulder
ψυχρ|ός επίθ chilly. (απαθής) cool. (καιρός) bitter. (τρόπος) stiff. (γυναίκα) frigid. **~ά** επίρρ coldly. **φέρνομαι ~ά** cold-shoulder
ψυχρότητα (η) coldness. (γυναίκας) frigidity. (τρόπου) stiffness
ψύχω ρ μτβ chill
ψυχώνω ρ μτβ cheer up. **~ κπ** boost s.o.'s morale
ψύχωση (η) psychosis
ψωμάδικο (το) baker's
ψωμάκι (το) (bread) roll. **γλυκό ~** bun
ψωμάς (ο) baker
ψωμί (το) bread. **άσπρο ~** white bread. **μαύρο ~** wholemeal bread. **βγάζω το ~ μου** earn one's keep. **για ένα κομμάτι ~** for a song
ψωμοζητώ ρ αμτβ beg, be a beggar
ψωμοζώ ρ αμτβ eke out a living
ψωμοτύρι (το) bread and cheese
ψώνια (τα) shopping. **πάω για ~** go shopping
ψωνίζω ρ αμτβ shop. (γυναίκα) solicit. **την ~** go round the bend
ψώρα (η) scabies. (ζώων) mange
ψωριάρης επίθ mangy
ψωρίαση (η) psoriasis
ψωροπερηφάνεια (η) snobbishness not in keeping with one's poverty

Ωω

ω *επιφώ* oh
ωάριο *(το)* ovum
ωδείο *(το)* academy of music
ωδή *(η)* ode
ωδικ|ός *επίθ* singing. **~ά πουλιά** *(τα)* songbirds. **~ή** *(η)* singing lesson
ωδίνες *(οι)* labour *(childbirth)*
ώθηση *(η)* thrust. *(μεταφ)* impetus
ωθώ *ρ μτβ* thrust. *(προωθώ)* impel
ωκεανός *(ο)* ocean
ωμοπλάτη *(η)* shoulder blade
ώμος *(ο)* shoulder
ωμ|ός *επίθ* raw *(uncooked)*. *(άγριος)* brutal. **~ή βία** *(η)* brute force
ωμότητα *(η)* brutality. **~ες** *(οι)* atrocities
ωοειδής *επίθ* egg-shaped
ωοθήκη *(η)* ovary
ωορρηξία *(η)* ovulation
ώρ|α *(η)* time. *(60 λεπτά)* hour. **για την ~** for the time being. **δε βλέπω την ~ να** I can't wait to. **η ~α η καλή!** good luck! *(at the beginning of a project)*. **στην ~α** on time. **στην ~α του** on schedule. **~ες εργασίας** *(οι)* opening hours. **~ες ιατρείου** *(οι)* consulting hours
ωραί|ος *επίθ* beautiful. *(άντρας)* handsome. *(γυναίκα)* pretty. *(μέρα)* fine, nice. **~α** *επίρρ* nicely, beautifully, fine
ωραιότητα *(η)* beauty
ωραιότατος *επίθ* lovely
ωράριο *(το)* working hours
ωριαί|ος *επίθ* hourly. **~α άτρακτος** *(η)* time zone
ωριμάζω *ρ αμτβ* ripen. *(μεταφ)* mature
ωρίμανση *(η)* ripening

ώριμ|ος *επίθ* ripe. *(μεταφ)* mature. **μετά από ~η σκέψη** on second thoughts
ωριμότητα *(η)* ripeness. *(μεταφ)* maturity
ωροδείκτης *(ο)* hour hand
ωρολογιακ|ός *επίθ* clockwork. **~ή βόμβα** *(η)* time bomb
ωρολογοποιός *(ο)* watchmaker
ωρομίσθιο *(το)* hourly pay
ωροσκόπιο *(το)* horoscope
ωρύομαι *ρ αμτβ* howl
ως *πρόθ* up to, until. **από το πρωί ~ το βράδυ** from morning to night
ως *σύνδ* as. **~ συνήθως** as usual. **~ τώρα** as yet
ωσαννά *επιφών* hosanna
ώστε *σύνδ* so. **~ έτσι σου είπε;** so, that's what he/she said to you? **ούτως ~** so that
ωστόσο *σύνδ* nevertheless
ωτακουστής *(ο)* eavesdropper
ωτορινολαρυγγολόγος *(ο, η)* ear, nose and throat specialist
ωτοστόπ *(το) άκλ βλ* **οτοστόπ**
ωφέλεια *(η)* utility. *(όφελος)* benefit. *(κέρδος)* gain
ωφέλημα *(το)* benefit
ωφελιμισ|μός *(ο)* utilitarianism. **~τικός** *επίθ* utilitarian
ωφέλιμος *επίθ* beneficial. *(τροφή)* wholesome
ωφελ|ώ *ρ μτβ* benefit. **~ούμαι** *ρ μτβ* profit
ωχ *επιφών* ouch
ωχριώ *ρ αμτβ* go white. *(μεταφ)* pale
ωχρ|ός *επίθ* pallid. **~τητα** *(η)* pallor

a /ə, stressed eɪ/ indef art (before vowel **an**) ένας, μία, ένα. **once ~ year** μια φορά το χρόνο **ten drachma ~ kilo** δέκα δραχμές το κιλό

aback /ə'bæk/ adv **be taken ~** ξαφνιάζομαι

abandon /ə'bændən/ vt εγκαταλείπω. **~ed** a εγκαταλειμμένος. (behaviour) ασυγκράτητος. **~ment** n (η) εγκατάλειψη

abase /ə'beɪs/ vt ταπεινώνω. **~ment** n (η) ταπείνωση

abashed /ə'bæʃt/ a ντροπιασμένος

abate /ə'beɪt/ vt ελαττώνω. • vi κοπάζω. **~ment** n (η) ελάττωση

abattoir /'æbətwɑ: (r)/ n (το) σφαγείο

abbey /'æbɪ/ n (το) αβαείο

abb|ot /'æbət/ n (ο) αβάς. **~ess** /'æbɪs/ (η) ηγουμένη

abbreviat|e /ə'bri:vɪeɪt/ vt συντέμνω. **~ion** /-'eɪʃn/ n (η) σύντμηση

abdicat|e /'æbdɪkeɪt/ vt/i παραιτούμαι. **~ion** /-'eɪʃn/ n (η) παραίτηση

abdom|en /'æbdəmən/ n (η) κοιλιά. **~inal** /-'dɒmɪnl/ a κοιλιακός

abduct /æb'dʌkt/ vt απάγω. **~ion** /-ʃn/ n (η) απαγωγή. **~or** n (ο) απαγωγέας

aberration /æbə'reɪʃn/ n (η) παρεκτροπή

abet /ə'bet/ vt (pt abetted) (jur) υποκινώ

abeyance /ə'beɪəns/ n **in ~** σε εκκρεμότητα

abhor /əb'hɔ:(r)/ vt (pt abhorred) απεχθάνομαι. **~rence** /-'hɒrəns/ n (η) απέχθεια. **~rent** /-'hɒrənt/ a απεχθής

abide /ə'baɪd/ vt ανέχομαι. • vi **~ by** τηρώ

abiding /ə'baɪdɪŋ/ a (steady) σταθερός

ability /ə'bɪlətɪ/ n (η) δυνατότητα. (cleverness) (η) ικανότητα

abject /'æbdʒekt/ a (miserable) θλιμμένος. (despicable) άθλιος

ablaze /ə'bleɪz/ a φλεγόμενος. (fig) λαμπερός

abl|e /'eɪbl/ a (-er, -est) ικανός (**to**, να). **be ~e** μπορώ. (know how to) είμαι ικανός. **~y** adv επιδέξια

abnormal /æb'nɔ:ml/ a ανώμαλος. **~ity** /-'mælətɪ/ n (η) ανωμαλία

aboard /ə'bɔ:d/ adv & prep πάνω σε (πλοίο ή αεροπλάνο)

abode /ə'bəʊd/ n (old use) (η) διαμονή. **of no fixed ~** χωρίς μόνιμη διαμονή

aboli|sh /ə'bɒlɪʃ/ vt καταργώ. **~tion** /æbə'lɪʃn/ n (η) κατάργηση

abominable /ə'bɒmɪnəbl/ a απαίσιος

abominat|e /ə'bɒmɪneɪt/ vt σιχαίνομαι. **~ion** /-'neɪʃn/ n (ο) σιχαμός

aborigin|al /æbə'rɪdʒənl/ a ιθαγενής. • n (ο, η) ιθαγενής. **~es** /-i:z/ n pl (οι) ιθαγενείς (της Αυστραλίας)

abort /ə'bɔ:t/ vt/i αποβάλλω. **~ion** /-ʃn/ n (η) έκτρωση. **have an ~** κάνω έκτρωση. **~ionist** n (το) πρόσωπο που αναλαμβάνει εκτρώσεις. **~ive** a αποτυχημένος

abound /ə'baʊnd/ vi βρίθω (**in**, από)

about /ə'baʊt/ adv (approximately) περίπου. (here and there) εδώ κι εκεί. (all round) γύρω. (nearby) εδώ κοντά. (in existence) τριγύρω. • prep για. (round) γύρω από. (somewhere in) κάπου. **~-face, ~-turn** ns (η) μεταβολή. **be ~ to** είμαι έτοιμος να. **be up and ~** είμαι στο πόδι. **how ~ a drink?** τι θα έλεγες για ένα ποτό; **it's ~ time!** επιτέλους! **what's it ~?** περί τίνος πρόκειται;

above /ə'bʌv/ adv πάνω. • prep πάνω από. **~ all** πάνω απ' όλα. **~-board** a έντιμος. **~-mentioned** a ανωτέρω invar

abras|ion /ə'breɪʒn/ n (η) τριβή. (injury) (το) γδάρσιμο. **~ive** /ə'breɪsɪv/ a λειαντικός. • n (το) λειαντικό

abreast /ə'brest/ adv πλάι πλάι, δίπλα δίπλα. **keep ~ of** συμβαδίζω

abridge /ə'brɪdʒ/ vt συντομεύω. **~ment** n (η) συντόμευση. **~d edition** n (η) επιτομή (έκδοσης)

abroad /ə'brɔ:d/ adv στο εξωτερικό. (far and wide) παντού

abrupt /ə'brʌpt/ a (sudden) ξαφνικός. (curt) απότομος. (steep) απότομος. **~ly** adv (suddenly) ξαφνικά. (curtly) απότομα. (steeply) απότομα. **~ness** n (το) ξαφνικό, (το) απότομο. (curtness) (το) ξαφνικό, (το) απότομο. (steepness) (το) απότομο

abscess /'æbsɪs/ n (το) απόστημα

abscond /əb'skɒnd/ vi φεύγω κρυφά

absence /'æbsəns/ (η) απουσία. (lack) (η) έλλειψη

absent¹ /'æbsənt/ a απών. **~ly** adv αφηρημένα. **~-minded** a αφηρημένος. **~-mindedness** n (η) αφηρημάδα

absent² /æb'sent/ vt **~ o.s.** απουσιάζω

absentee /æbsən'ti:/ n (ο) απών. **~ism** n (ο) απουσιασμός

absolute /'æbsəlu:t/ a απόλυτος. **~ly** adv απόλυτα

absolution /æbsə'lu:ʃn/ n (η) άφεση αμαρτιών

absolve /əb'zɒlv/ vt απαλλάσσω **~ sb from sin** δίνω σε κπ άφεση αμαρτιών.

absor|b /əb'zɔ:b/ *vt* απορροφώ. **~bent** *a* απορροφητικός. **~ption** *n* (η) απορρόφηση

abst|ain /əb'steɪn/ *vi* απέχω. (from, από) **~ention** /-'stenʃn/ *n* (η) αποχή

abstemious /əb'sti:mɪəs/ *a* εγκρατής

abstinen|ce /'æbstɪnəns/ *n* (η) αποχή. **~t** *a* εγκρατής

abstract¹ /'æbstrækt/ *a* αφηρημένος. • *n* (*quality*) (το) αφηρημένο. (*summary*) (η) περίληψη

abstract² /əb'strækt/ *vt* (*take away*) αφαιρώ. **~ion** /-ʃn/ *n* (η) αφαίρεση

abstruse /əb'stru:s/ *a* δυσνόητος

absurd /əb'sɜ:d/ *a* παράλογος. **~ity** *n* (το) παράλογο. **~ly** *adv* παράλογα

abundance /ə'bʌndəns/ *n* (η) αφθονία

abundant /ə'bʌndənt/ *a* άφθονος. **~ly** *adv* άφθονα, πλούσια

abuse¹ /ə'bju:z/ *vt* (*misuse*) καταχρώμαι. (*ill-treat*) κακομεταχειρίζομαι. (*insult*) βρίζω

abus|e² /ə'bju:s/ *n* (*misuse*) (η) κατάχρηση. (*ill-treatment*) (η) κακομεταχείριση. (*insults*) (η) βρισιά. **~ive** *a* υβριστικός

abysmal /ə'bɪzməl/ *a* (*bad: fam*) αβυσσαλέος

abyss /ə'bɪs/ *n* (η) άβυσσος

academic /ækə'demɪk/ *a* (*scholarly*) ακαδημαϊκός. (*theoretical*) θεωρητικός. • *n* (ο) ακαδημαϊκός. **~ally** *adv* θεωρητικά

academ|y /ə'kædəmɪ/ *n* (η) ακαδημία. **~y of music** (το) ωδείο. **~ician** /-'mɪʃn/ *n* (ο, η) ακαδημαϊκός

accede /ək'si:d/ *vi* **~ to** (*request*) αποδέχομαι. (*office*) αναλαμβάνω. **~ to the throne** ανέρχομαι σρο Θρόνο

accelerat|e /ək'seləreɪt/ *vt* επιταχύνω. • *vi* **~ion** /-'reɪʃn/ *n* (η) επιτάχυνση

accelerator /ək'seləreɪtə(r)/ *n* (το) γκάζι

accent¹ /'æksənt/ *n* (η) προφορά

accent² /æk'sent/ *vt* (*emphasize*) τονίζω

accentuate /ək'sentʃʊeɪt/ *vt* τονίζω

accept /ək'sept/ *vt* αποδέχομαι. **~able** *a* αποδεκτός. **~ance** *n* (η) αποδοχή. (*approval*) (η) επιδοκιμασία

access /'ækses/ *n* (η) πρόσβαση (to, σε). **~ible** /ək'sesəbl/ *a* προσιτός. **~ibility** /-'bɪlətɪ/ *n* (η) δυνατότητα πρόσβασης

accession /æk'seʃn/ *n* (η) άνοδος. (*thing added*) (η) προσθήκη

accessory /ək'sesərɪ/ *a* συμπληρωματικός. • *n* (το) αξεσουάρ. (*jur*) (ο) συνεργός

accident /'æksɪdənt/ *n* (το) δυστύχημα, ατύχημα. (*chance*) (το) τυχαίο γεγονός. **by ~** τυχαία. **~al** /-'dentl/ *a* τυχαίος. **~ally** /-'dentəlɪ/ *adv* τυχαία

acclaim /ə'kleɪm/ *vt* ανακηρύσσω. • *n* (η) επιδοκιμασία

acclimatiz|e /ə'klaɪmətaɪz/ (*Amer* **acclim|ate** /'æklɪmeɪt/ *vt* εγκλιματίζω. • *vi* εγκλιματίζομαι. **~ation** /-'zeɪʃn/ (*Amer* /-'meɪʃn/) *n* (ο) εγκλιματισμός

accolade /'ækəleɪd/ (*praise*) (ο) έπαινος

accommodat|e /ə'kɒmədeɪt/ *vt* (*have room for*) φιλοξενώ. (*supply*) χορηγώ. (*oblige*) διευκολύνω. (*adapt*) προσαρμόζω. **~ing** *a* εξυπηρετικός. **~ion** /-'deɪʃn/ *n* (η) στέγαση. (*rooms*) (τα) δωμάτια

accompan|y /ə'kʌmpənɪ/ *vt* συνοδεύω. **~iment** *n* (η) συνοδεία. (*mus*) (το) ακομπανιαμέντο.

accomplice /ə'kʌmplɪs/ *n* (ο, η) συνένοχος

accomplish /ə'kʌmplɪʃ/ *vt* πραγματοποιώ. (*achieve*) επιτυγχάνω. **~ed** *a* (*person*) (άτομο) με πολλές ικανότητες. **~ment** *n* (η) πραγματοποίηση. (*ability*) (η) ικανότητα

accord /ə'kɔ:d/ *vi* συμφωνώ. • *vt* παρέχω. • *n* (η) συμφωνία. **of one's own ~** από μόνος μου. **~ance** *n* (η) συμφωνία. **in ~ance with** σύμφωνα με

according /ə'kɔ:dɪŋ/ *adv* **~ to** σύμφωνα με.. **~ly** *adv* ανάλογα

accordion /ə'kɔ:dɪən/ *n* (το) ακορντεόν

accost /ə'kɒst/ *vt* πλησιάζω

account /ə'kaʊnt/ *n* (*comm*) (ο) λογαριασμός. (*description*) (η) περιγραφή. (*importance*) (η) σημασία. **~s** (οι) λογαριασμοί. • *vt* θεωρώ. **~ for** εξηγώ. **on ~ of** λόγω. **on no ~** σε καμιά περίπτωση. **take into ~** λαμβάνω υπόψη. **current ~** (ο) τρεχούμενος λογαριασμός. **savings ~** (ο) λογαριασμός ταμιευτηρίου. **~able** *a* υπόλογος (to, σε for, για). **~ability** /-ə'bɪlətɪ/ *n* (η) ευθύνη

accountan|t /ə'kaʊntənt/ *n* (ο) λογιστής. **~cy** *n* (η) λογιστική. **chartered ~** (ο) ορκωτός λογιστής

accoutrements /ə'ku:trəmənts/ *npl* (ο) εξοπλισμός

accredited /ə'kredɪtɪd/ *a* διαπιστευμένος

accrue /ə'kru:/ *vi* προκύπτω

accumulat|e /ə'kju:mjʊleɪt/ *vt*/*i* συσσωρεύω. **~ion** /-'leɪʃn/ *n* (η) συσσώρευση

accumulator /ə'kju:mjʊleɪtə(r)/ *n* (*electr*) (ο) συσσωρευτής

accura|te /'ækjərət/ *a* ακριβής. **~cy** *n* (η) ακρίβεια. **~tely** *adv* με ακρίβεια

accus|e /ə'kju:z/ *vt* κατηγορώ. **the ~d** (ο) κατηγορούμενος. **~ation** /-'zeɪʃn/ *n* (η) κατηγορία

accustom /ə'kʌstəm/ *vt* συνηθίζω. **~ed** *a* συνηθισμένος. **become ~ed to sb/sth** συνηθίζω κάποιον/κάτι

ace /eɪs/ *n* (ο) άσος

ache /eɪk/ *n* (ο) πόνος. • *vi* πονώ. **~ all over** πονώ σ΄όλο μου το κορμί. **~ for** λαχταρώ

achieve /ə'tʃiːv/ *vt* κατορθώνω. **~ success** επιτυγχάνω. **~ment** *n* (η) επίτευξη. (*feat*) (το) κατόρθωμα

acid /'æsɪd/ *a* όξινος. • *n* (το) οξύ. **~ity** /ə'sɪdətɪ/ *n* (η) οξύτητα. **~ rain** *n* (η) όξινη βροχή

acknowledge /ək'nɒlɪdʒ/ *vt* αναγνωρίζω. **~ receipt of a letter** βεβαιώνω τη λήψη επιστολής. **~ment** *n* (η) αναγνώριση. (*of receipt*) (η) βεβαίωση

acme /'ækmɪ/ *n* (η) ακμή

acne /'æknɪ/ *n* (η) ακμή (στο πρόσωπο)

acorn /'eɪkɔːn/ *n* (το) βαλανίδι

acoustic /ə'kuːstɪk/ *a* ακουστικός. **~s** *npl* (η) ακουστική

acquaint /ə'kweɪnt/ *vt* **~ s.o. with** γνωστοποιώ σε κάποιον. **be ~ed with** (*person*) γνωρίζομαι με. (*fact*) γνωρίζω. **~ance** *n* (*knowledge*) (η) γνωριμία. (*person*) (ο) γνωστός

acquiesce /ækwɪ'es/ *vi* συγκατατίθεμαι. **~nce** *n* (η) συγκατάθεση

acqui|re /ə'kwaɪə(r)/ *vt* αποκτώ. **~sition** /ækwɪ'zɪʃn/ *n* (η) απόκτηση. (*object*) (το) απόκτημα. **~sitive** /-'kwɪzətɪv/ *a* άπληστος

acquit /ə'kwɪt/ *vt* (*pt* **acquitted**) αθωώνω. **~ o.s. well** φέρομαι καλά. **~tal** *n* (η) αθώωση

acre /'eɪkə(r)/ *n* μέτρο επιφανείας περίπου ίσο με τέσσερα στρέμματα

acrid /'ækrɪd/ *a* (*smell*) διαπεραστικός. (*taste*) στυφός

acrimon|ious /ækrɪ'məʊnɪəs/ *a* δηκτικός. **~y** /'ækrɪmənɪ/ *n* (η) πίκρα

acrobat /'ækrəbæt/ *n* (ο) ακροβάτης, (η) ακροβάτισσα. **~ic** /-'bætɪk/ *a* ακροβατικός. **~ics** /-'bætɪks/ *npl* (η) ακροβασία

acronym /'ækrənɪm/ *n* (το) αρκτικόλεξο

across /ə'krɒs/ *adv & prep* (*side to side*) από τη μια πλευρά στην άλλη. (*on other side*) στην απέναντι πλευρά. (*crosswise*) σταυρωτά. **go** *or* **walk ~** διασχίζω

act /ækt/ *n* (*action*) (η) πράξη. (*pretence*) (το) θέατρο. (*part of show*) (το) νούμερο. (*part of play*) (η) πράξη. (*decree*) (ο) νόμος. • *vi* ενεργώ. • *vt/i* παίζω. (*pretend*) υποκρίνομαι. **~ as** παίρνω το ρόλο. **~ for** αντιπροσωπεύω. **~ing** *a* αναπληρωματικός. • *n* (*theatr*) (η) ηθοποιία

action /'ækʃn/ *n* (η) δράση. (*mil*) (η) μάχη. (*jur*) (η) αγωγή. **out of ~** εκτός μάχης. **take ~** ενεργώ

activate /'æktɪveɪt/ *vt* ενεργοποιώ

activ|e /'æktɪv/ *a* ενεργητικός. (*energetic*) δραστήριος. **~ity** /-'tɪvətɪ/ *n* (η) δραστηριότητα

ac|tor /'æktə(r)/ *n* (ο) ηθοποιός. **~tress** *n* (η) ηθοποιός

actual /'æktʃʊəl/ *a* πραγματικός. **~ity** /-'æætɪ/ *n* (η) πραγματικότητα. **~ly** *adv* πραγματικά

actuary /'æktʃʊərɪ/ *n* (ο) αναλογιστής

acumen /ə'kjuːmen/ *n* (η) οξύνοια

acupunctur|e /'ækjʊprʌŋktʃə(r)/ *n* (ο) βελονισμός. **~ist** *n* (ο) βελονιστής

acute /ə'kjuːt/ *a* οξύς. (*severe*) οξύς. **~ly** *adv* έντονα. **~ness** *n* (η) οξύτητα

ad /æd/ *n* (*fam*) (η) διαφήμιση. (*newspaper*) (η) αγγελία

AD /eɪ'diː/ *labbrl* μX

adamant /'ædəmənt/ *a* ανένδοτος

Adam's apple /'ædəmz'æpl/ *n* (το) καρύδι του λαιμού

adapt /ə'dæpt/ *vt* προσαρμόζω. • *vi* προσαρμόζομαι. **~ation** /ædæp'teɪʃn/ *n* (η) προσαρμογή. **~or** *n* (ο) προσαρμοστής. (*electr*) (ο) προσαρμογέας

adaptab|le /ə'dæptəbl/ *a* προσαρμοστικός. **~ility** /-'bɪlətɪ/ *n* (η) προσαρμοστικότητα

add /æd/ *vt/i* προσθέτω. **~ up** αθροίζω. **~ up to** ανέρχομαι σε. **~ing machine** (η) αθροιστική μηχανή

adder /'ædə(r)/ *n* (η) οχιά

addict /'ædɪkt/ *n* (ο, η) τοξικομανής. (*fig*) (ο) φανατικός οπαδός

addict|ed /ə'dɪktɪd/ *a* **~ed to** εθισμένος σε. (*fig*) συνηθισμένος σε. **~ion** /-ʃn/ *n* (*med*) (ο) εθισμός. **~ive** *a* προκαλεί εθισμό

addition /ə'dɪʃn/ *n* (η) προσθήκη. (*math*) (η) πρόσθεση. **in ~** επιπρόσθετα. **~al** /-ʃənl/ *a* πρόσθετος

additive /'ædɪtɪv/ *n* (η) προσθετική ουσία

address /ə'dres/ *n* (η) διεύθυνση. (*speech*) (η) ομιλία. • *vt* απευθύνω. (*speak to*) μιλώ σε. **~ee** /ædre'siː/ *n* (ο) παραλήπτης

adenoids /'ædɪnɔɪdz/ *npl* (οι) αδένες

adept /'ædept/ *a* επιδέξιος (**at**, σε). • *n* (ο, η) ειδικός

adequa|te /'ædɪkwət/ *a* επαρκής. **~cy** *n* (η) επάρκεια. **~tely** *adv* επαρκώς

adhere /əd'hɪə(r)/ *vi* κολλώ. (*fig*) εμμένω (**to**, σε). **~nce** /-rəns/ *n* (η) εμμονή

adhesion /əd'hiːʒn/ *n* (η) προσκόλληση

adhesive /əd'hiːsɪv/ *a* συγκολλητικός *n* (η) συγκολλητική ουσία

ad infinitum /ædmfɪ'naɪtəm/ *adv* επ' άπειρον

adjacent /ə'dʒeɪsnt/ *a* παρακείμενος

adjective /'ædʒɪktɪv/ *n* (το) επίθετο

adjoin /ə'dʒɔɪn/ *vt* γειτονεύω. **~ing** *a* γειτονικός

adjourn /ə'dʒɜːn/ *vt/i* αναβάλλω/ομαι. **~ to** αναβάλλω για

adjudicate /ə'dʒuːdɪkeɪt/ *vt/i* επιδικάζω/ομαι

adjust /ə'dʒʌst/ *vt* ρυθμίζω. • *vi* προσαρμόζομαι (**to**, σε). **~able** *a* ρυθμιζόμενος. **~ment** *n* (η) προσαρμογή. (*techn*) (η) ρύθμιση

ad lib /æd'lɪb/ a αυτοσχέδιος. • vi (pt **ad libbed**) αυτοσχεδιάζω

administer /əd'mɪnɪstə(r)/ vt (manage) διαχειρίζομαι. (give) χορηγώ

administrat|e /əd'mɪnɪstreɪt/ vt/i διοικώ/ούμαι. ~ion /-'streɪʃn/ n (η) διοίκηση. ~ive /-ətɪv/ a διοικητικός ~or /ə(r)/ (ο) διοικητής, (η) διοικήτρια

admirable /'ædmərəbl/ a αξιοθαύμαστος

admiral /'ædmərəl/ n (ο) ναύαρχος

admir|e /əd'maɪə(r)/ vt θαυμάζω. ~ation /ædmə'reɪʃn/ n (ο) θαυμασμός. ~er n (ο) θαυμαστής, (η) θαυμάστρια

admissible /əd'mɪsəbl/ a αποδεκτός

admission /əd'mɪʃn/ n (η) παραδοχή. (entry) (η) είσοδος

admit /əd'mɪt/ vt (pt **admitted**) (let in) επιτρέπω την είσοδο. (acknowledge) αναγνωρίζω. ~ **to** παραδέχομαι. ~tance n (η) είσοδος. ~tedly adv ομολογουμένως

admoni|sh /əd'mɒnɪʃ/ vt νουθετώ. ~tion /ædmə'nɪʃn n (η) νουθεσία

ado /ə'du:/ n (η) φασαρία. **without more** ~ χωρίς περισσότερη φασαρία

adolescen|t /ædə'lesnt/ a εφηβικός. • n (ο, η) έφηβος. ~ce n (η) εφηβεία

adopt /ə'dɒpt/ vt υιοθετώ. ~ed a (child) θετός. ~ion /-ʃn/ n (η) υιοθεσία. ~ive a (parent) θετός

ador|e /ə'dɔː(r)/ vt λατρεύω. ~able a αξιολάτρευτος. ~ation /ædə'reɪʃn/ n (η) λατρεία

adorn /ə'dɔːn/ vt στολίζω. ~ment n (ο) στολισμός

adrenalin /ə'drenəlɪn/ n (η) αδρεναλίνη

Adriatic /eɪdrɪ'ætɪk/ n ~ **(sea)** (η) Αδριατική (θάλασσα)

adrift /ə'drɪft/ a ακυβέρνητος

adroit /ə'drɔɪt/ a επιδέξιος

adulation /ædju'leɪʃn/ n (η) κολακεία

adult /'ædʌlt/ a & n ενήλικος. ~hood n (η) ενηλικότητα

adulterat|e /ə'dʌltəreɪt/ vt νοθεύω. ~ion /-'reɪʃn/ n (η) νόθευση

adulter|y /ə'dʌltərɪ/ n (η) μοιχεία. ~er n (ο) μοιχός. ~ess n (η) μοιχαλίδα. ~ous a μοιχικός

advance /əd'vɑːns/ vt/i προχωρώ. (money) προκαταβάλλω n (progress) (η) πρόοδος. (payment) (η) προκαταβολή. **in** ~ εκ των προτέρων. ~d a (studies) ανώτερος. ~ment n (η) πρόοδος

advantage /əd'vɑːntɪdʒ/ n (το) πλεονέκτημα. **take** ~ **of** επωφελούμαι. (person) εκμεταλλεύομαι. ~ous /ædvən'teɪdʒəs/ a επωφελής

advent /'ædvənt/ n (η) έλευση. **A**~ n (το) σαρανταήμερο

adventur|e /əd'ventʃə(r)/ n (η) περιπέτεια. ~er n (ο) τυχοδιώκτης. ~ous a περιπετειώδης

adverb /'ædvɜːb/ n (το) επίρρημα

adversary /'ædvəsərɪ/ n (ο) αντίπαλος

advers|e /'ædvɜːs/ a δυσμενής. ~ity /əd'vɜːsətɪ/ n (η) ατυχία

advert /'ædvɜːt/ n (fam) (η) αγγελία

advertis|e /'ædvətaɪz/ vt/i (sell) διαφημίζω/ομαι. ~ **for** ζητώ. ~ement /əd'vɜːtɪsmənt/ n (η) διαφήμιση. (in paper etc.) (η) αγγελία. ~er /-ə(r)/ n (ο) διαφημιστής, (η) διαφημίστρια. ~ing n ο διαφημιστικός τομέας

advice /əd'vaɪs/ n (η) συμβουλή. (comm) (η) ειδοποίηση

advis|e /əd'vaɪz/ vt συμβουλεύω. (inform) ειδοποιώ. ~e **against** δε συμβουλεύω. ~able a σκόπιμος. ~er n (ο, η) σύμβουλος. ~ory a συμβουλευτικός

advocate[1] /'ædvəkət/ n (ο) υποστηρικτής, (η) υποστηρίκτρια. (jur) (ο, η) συνήγορος

advocate[2] /'ædvəkeɪt/ vt υποστηρίζω

aegis /'iːdʒɪs/ n (η) αιγίδα. **under the** ~ **of** υπό την αιγίδα του/της

aerial /'eərɪəl/ a εναέριος. • n (η) κεραία

aerobatics /eərə'bætɪks/ npl (οι) αεροβασίες

aerobics /eə'rəʊbɪks/ npl (τα) αερόμπικς invar

aerodrome /'eərədrəʊm/ n (το) αεροδρόμιο

aerodynamic /eərəʊdaɪ'næmɪk/ a αεροδυναμικός

aeroplane /'eərəpleɪn/ n (το) αεροπλάνο

aerosol /'eərəsɒl/ n (το) αερσζόλ

aesthetic /iːs'θetɪk/ a αισθητικός

afar /ə'fɑː(r)/ adv μακριά. **from** ~ από μακριά

affable /'æfəbl/ a ευπροσήγορος

affair /ə'feə(r)/ n (η) υπόθεση. **(love)** ~ (ο) ερωτικός δεσμός

affect /ə'fekt/ vt επηρεάζω. (concern) θίγω. (pretend) προσποιούμαι. ~ation /æfek'teɪʃn/ n (η) προσποίηση. ~ed a επιτηδευμένος

affection /ə'fekʃn/ n (η) στοργή. ~ate /-ʃənət/ a στοργικός

affidavit /æfɪ'deɪvɪt/ n (η) ένορκος δήλωση

affiliat|e /ə'fɪlɪeɪt/ vt δέχομαι σαν μέλος. ~ion /-'eɪʃn/ n (η) προσχώρηση

affinity /ə'fɪnətɪ/ n (η) συγγένεια

affirm /ə'fɜːm/ vt βεβαιώνω. ~ation /æfə'meɪʃn/ n (η) βεβαίωση

affirmative /ə'fɜːmətɪv/ a καταφατικός. • n (η) κατάφαση. **in the** ~ καταφατικά

affix /ə'fɪks/ vt επισυνάπτω. (signature) επιθέτω

afflict /ə'flɪkt/ vt στενοχωρώ. ~ion /-ʃn/ n (η) στενοχώρια

affluen|t /'æfluənt/ a εύπορος. ~ce n (η) ευπορία

afford /ə'fɔːd/ vt διαθέτω. (provide) παρέχω. **I can't** ~ **to lose** δεν μπορώ να χάσω. **can you ~ the time?** έχεις το χρόνο;

affray /ə'freɪ/ n (ο) καβγάς

affront /ə'frʌnt/ n (η) προσβολή. • vt προσβάλλω

afield /ə'fiːld/ adv far ~ μακριά

afloat /ə'fləʊt/ adv στην επιφάνεια

afoot /ə'fʊt/ adv **there's something ~** κάτι ετοιμάζεται

aforesaid /ə'fɔːsed/ a (jur) προαναφερόμενος

afraid /ə'freɪd/ a φοβισμένος. **be ~** (frightened) φοβούμαι (sorry) λυπούμαι. **be ~ that** φοβούμαι ότι. **be ~ to** φοβούμαι να. **I'm ~ I don't know** δυστυχώς δεν ξέρω. **I'm ~ so** δυστυχώς

afresh /ə'freʃ/ adv από την αρχή

Africa /'æfrɪkə/ n (η) Αφρική. **~n** a αφρικανικός. • n (ο) Αφρικανός (η) Αφρικανή

after /'ɑːftə(r)/ adv & prep μετά. • conj όταν, αφού. • a επόμενος. **~ all** στο κάτω κάτω. **~-effect** n (ο) αντίκτυπος. **be ~** (seek) επιδιώκω

afterbirth /'ɑːftəbɜːθ/ n (ο) πλακούντας

aftermath /'ɑːftəmæθ/ n (το) επακόλουθο

afternoon /ɑːftə'nuːn/ n (το) απόγευμα. **in the ~** το απόγευμα. **this ~** το απόγευμα

aftershave /'ɑːftəʃeɪn/ n (η) λοσιόν ξυρίσματος, (το) αφτερσέιβ

afterthought /'ɑːftəθɔːt/ n μεταγενέστερη σκέψη

afterwards /'ɑːftəwədz/ adv μετά

again /ə'gen/ adv ξανά, πάλι. (besides) άλλωστε. **never ~** ποτέ πια. **now and ~** κάπου κάπου

against /ə'genst/ prep εναντίον

age /eɪdʒ/ n (η) ηλικία. • vt/i (pres p **ageing**) γερνώ. **~s** (fam) πολύς καιρός. **for ~s** (fam) για πολύ καιρό. **of ~** ενήλικος. **ten years of ~** δέκα χρονών. **under ~** ανήλικος. **~less** a αγέραστος

aged[1] /'eɪdʒd/ a **~ two** δύο χρονών

aged[2] /'eɪdʒɪd/ a ηλικιωμένος

agen|cy /'eɪdʒənsɪ/ n (το) πρακτορείο. (means) (η) μεσολάβηση. **~t** n (ο) πράκτορας

agenda /ə'dʒendə/ npl (η) ημερησία διάταξη

agglomeration /əglɒmə'reɪʃn/ n (η) συσσώρευση

aggravat|e /'ægrəveɪt/ vt επιδεινώνω. (irritate: fam) εκνευρίζω. **~ion** /-'veɪʃn/ n (η) επιδείνωση. (trouble: fam) (η) επιβάρυνση

aggregate /'ægrɪgət/ a συνολικός. • n (το) σύνολο

aggress|ive /ə'gresɪv/ a επιθετικός. **~ion** /-ʃn/ n (η) επίθεση. **~ively** adv επιθετικά **~iveness** n (η) επιθετικότητα. **~or** n (ο) επιδρομέας

aggrieved /ə'griːvd/ a πικραμένος

aggro /'ægrəʊ/ n (fam) (η) φασαρία

aghast /ə'gɑːst/ a εμβρόντητος

agil|e /'ædʒaɪl/ a ευκίνητος. **~ity** /ə'dʒɪlətɪ/ n (η) ευκινησία

agitat|e /'ædʒɪteɪt/ vt προκαλώ αναταραχή. **~ion** /-'teɪʃn/ n (η) αναταραχή. **~or** n (ο) ταραχοποιός

agnostic /æg'nɒstɪk/ a αγνωστικός. • n (ο) αγνωστικιστής. **~ism** /-sɪzəm/ n (ο) αγνωστικισμός

ago /ə'gəʊ/ adv πριν. **a month ~** πριν ένα μήνα. **long ~** πριν πολύ καιρό

agog /ə'gɒg/ a ανυπόμονος

agon|y /'ægənɪ/ n (η) αγωνία. **~ize** vi βασανίζομαι (over, για) **~ized** a βασανισμένος **~izing** a βασανιστικός

agree /ə'griː/ vt/i συμφωνώ. (match) συμπίπτω. **to** δέχομαι. **~ with** συμφωνώ με. **milk doesn't ~ with me** είμαι αλλεργικός στο γάλα. **~d** a (time, place) συμφωνημένος. **we are ~d** συμφωνούμε

agreeable /ə'griːəbl/ a (pleasant) ευχάριστος. (in favour) σύμφωνος (to, να)

agreement /ə'griːmənt/ n (η) συμφωνία. **be in ~** συμφωνώ

agricultur|e /'ægrɪkʌltʃə(r)/ n (η) γεωργία. **~al** /-'kʌltʃərəl/ a γεωργικός

aground /ə'graʊnd/ adv στην ξηρά. **run ~** εξοκέλλω

ahead /ə'hed/ adv μπροστά. **be ~ of** προηγούμαι. **go ~!** (fam) προχώρα!

aid /eɪd/ vt βοηθώ. • n (η) βοήθεια. **in ~ of** σε βοήθεια

aide /eɪd/ n (ο, η) βοηθός

AIDS /eɪdz/ n (το) AIDS

ailing /'eɪlɪŋ/ a πάσχων. **~ment** n (η) αρρώστια

aim /eɪm/ vt σκοπεύω. • vi αποβλέπω. • n (ο) στόχος. (fig) (ο) σκοπός. **~ at** σημαδεύω. **~ to** σκοπεύω να. **take ~** σημαδεύω. **~less** a άσκοπος. **~lessly** adv άσκοπα

air /eə(r)/ n (ο) αέρας. (manner) (το) ύφος. • vt (laundry) αερίζω. (room) αερίζω. (views) εκθέτω. **~-bed** n (το) θαλάσσιο στρώμα **~-conditioned** a με κλιματισμό. **~-conditioning** n (ο) κλιματισμός. **A~ Force** n (η) Αεροπορία. **~ hostess** n (η) αεροσυνοδός. **~ mail** n (το) αεροπορικό ταχυδρομείο. **by ~ mail** αεροπορικώς. **~ pocket** n (το) κενό αέρος. **be on the ~** είμαι στον αέρα. **by ~** αεροπορικώς. **put on ~s** κάνω τον σπουδαίο

airbase /'eəbeɪs/ n (η) αεροπορική βάση

airborne /'eəbɔːn/ a μεταφερόμενος στον αέρα

aircraft /'eəkrɑːft/ n invar (το) αεροσκάφος

airfield /'eəfiːld/ n (το) αεροδρόμιο

airgun /'eəgʌn/ n (το) αεροβόλο

airlift /'ɛəlɪft/ n (η) αερογέφυρα

airline /'ɛəlaɪn/ n (η) αερογραμμή

airlock /'ɛəlɒk/ n (το) φράγμα αέρος. (*chamber*) (ο) αεροστεγής θαλαμίσκος

airman /'ɛəmən/ (*pl* -men) n (ο) αεροπόρος

airplane /'ɛəpleɪn/ n (*Amer*) (το) αεροπλάνο

airport /'ɛɔːt/ n (το) αεροδρόμιο, (ο) αερολιμένας

airsick /'ɛəsɪk/ a to be ~ έχω ναυτία. ~ness n (η) ναυτία

airtight /'ɛətaɪt/ a αεροστεγής

airy /'ɛərɪ/ a (-ier, -iest) ευάερος. (*manner*) ελαφρός

aisle /aɪl/ n (ο) διάδρομος

ajar /ə'dʒɑː(r)/ a μισάνοιχτος

akin /ə'kɪn/ a συγγενής. ~ to παρόμοιος με

alabaster /'æləbɑːstə(r)/ n (το) αλάβαστρο

à la carte /aːlaː'kaːt/ adv & a από τον κατάλογο

alacrity /ə'lækrətɪ/ n (η) ζωηρότητα

alarm /ə'lɑːm/ n (ο) συναγερμός. • vt ανησυχώ. ~ (clock) n (το) ξυπνητήρι. ~ist n (ο) διαδοσίας

alas /ə'læs/ int αλίμονο

albatross /'ælbətrɒs/ n (το) αλμπατρός

albino /æl'biːnəʊ/ n (το) άτομο που πάσχει από αλβινισμό

album /'ælbəm/ n (το) λεύκωμα

alcohol /'ælkəhɒl/ n (το) αλκοόλ *invar*, (το) οινόπνευμα. ~-free a (ποτό) ελεύθερο αλκοόλης. ~ic /-'hɒlɪk/ a (*drink*) οινοπνευματώδης. • n (*person*) (ο) αλκοολικός. ~ism n (ο) αλκοολισμός

alcove /'ælkəʊv/ n (η) εσοχή

ale /eɪl/ n (η) μπίρα

alert /ə'lɜːt/ a δραστήριος. (*watchful*) προσεκτικός. • n (η) επιφυλακή. • vt θέτω σε επιφυλακή. on the ~ σε επιφυλακή. ~ness n (η) επαγρύπνηση

algebra /'ældʒɪbrə/ n (η) άλγεβρα

Algeria /æl'dʒɪərɪə/ n (η) Αλγερία. ~n a αλγερινός. • n (ο) Αλγερινός, (η) Αλγερινή

alias /'eɪlɪəs/ n (*pl* -ases) (το) ψευδώνυμο. • adv γνωστός σαν

alibi /'ælɪbaɪ/ n (*pl* -is) (το) άλλοθι

alien /'eɪlɪən/ n (ο) αλλοδαπός. • a αλλοδαπός

alienate /'iːlɪəneɪt/ vt αποξενώνω. ~ion /-'neɪʃn/ n (η) αποξένωση

alight¹ /ə'laɪt/ vi κατεβαίνω. (*bird*) κάθομαι

alight² /ə'laɪt/ a φλεγόμενος

align /ə'laɪn/ vt ευθυγραμμίζω. ~ment n (η) ευθυγράμμιση

alike /ə'laɪk/ a ίδιος. • adv ίδια. look or be ~ είμαστε ίδιοι

alimony /'ælɪmənɪ/ n (η) διατροφή

alive /ə'laɪv/ a ζωντανός. be ~ to αντιλαμβάνομαι. be ~ with είμαι γεμάτος (*with acc.*). βρίθω από

alkali /'ælkəlaɪ/ n (*pl* -is) (το) αλκάλιο. ~ne a αλκαλικός

all /ɔːl/ a όλος. • pron όλος. • adv όλο. ~ children όλα τα παιδιά. ~ the books όλα τα βιβλία. ~ the money όλα τα λεφτά ~ but one όλοι εκτός από έναν. ~-clear n (το) ελεύθερο. ~ in a (*exhausted: fam*) κατακουρασμένος. ~-in a (*inclusive*) συνολικός. ~ of it όλο. ~-out a (*everywhere*) παντού. it's all over τέλειωσε. ~ right (*satisfactory*) εντάξει. ~ right! εντάξει! ~-round a γενικός. he's not ~ there a (*alert: fam*) δεν τα έχει τελείως σωστά. ~ the same ωστόσο. be ~ for είμαι υπέρ. in ~ συνολικά. not at ~ καθόλου

allay /ə'leɪ/ vt καθησυχάζω

allegation /ælɪ'geɪʃn/ n (ο) ισχυρισμός

allege /ə'ledʒ/ vt ισχυρίζομαι. ~d a φερόμενος ~dly /-ɪdlɪ/ adv λέγεται

allegiance /ə'liːdʒəns/ n (η) πίστη

allegory /'ælɪgərɪ/ n (η) αλληγορία. ~ical /-'gɒrɪkl/ a αλληγορικός

allergy /'ælədʒɪ/ n (η) αλλεργία. ~ic /ə'lɜːdʒɪk/ a αλλεργικός (to, σε)

alleviate /ə'liːvɪeɪt/ vt ανακουφίζω. ~ion /-'eɪʃn/ n (η) ανακούφιση

alley /'ælɪ/ (*pl* -eys) n (το) δρομάκι. (*for bowling etc.*) (ο) διάδρομος

alliance /ə'laɪəns/ n (η) συμμαχία

allied /'ælaɪd/ a συμμαχικός

alligator /'ælɪgeɪtə(r)/ n (ο) αλιγάτορας

allocate /'æləkeɪt/ vt (*assign*) αναθέτω. (*share out*) κατανέμω. ~ion /-'keɪʃn/ n (η) ανάθεση. (η) κατανομή

allot /ə'lɒt/ vt (*pt* allotted) παραχωρώ. ~ment n (η) παραχώρηση. (*share*) (το) μερίδιο. (*land*) κομμάτι γης που νοικιάζεται για καλλιέργεια

allow /ə'laʊ/ vt επιτρέπω. (*grant*) χορηγώ. (*reckon on*) υπολογίζω. (*agree*) αναγνωρίζω. ~ for προβλέπω. ~ s.o. to επιτρέπω σε κπ να

allowance /ə'laʊəns/ n (το) επίδομα. (*money*) (*comm*) (η) έκπτωση. make ~s for δείχνω επιείκια για. (*take into account*) υπολογίζω

alloy /'ælɔɪ/ n (το) κράμα

allude /ə'luːd/ vi υπαινίσσομαι (to sth, κτ)

allure /ə'lʊə(r)/ vt σαγηνεύω. • n (η) σαγήνη

allusion /ə'luːʒn/ n (ο) υπαινιγμός

ally¹ /'ælaɪ/ n (ο) σύμμαχος

ally² /ə'laɪ/ vt συνδέω

almanac /'ɔːlmənæk/ n (το) ημερολόγιο

almighty /ɔːl'maɪtɪ/ a παντοδύναμος. ~ row (*fam*) τρικούβερτος καβγάς. • n the A~ ο Παντοδύναμος

almond /'ɑ:mənd/ n (το) αμύγδαλο. (tree) (η) αμυγδαλιά

almost /'ɔ:lməʊst/ adv σχεδόν

alms /ɑ:mz/ n (η) ελεημοσύνη

almshouse /'ɑ:mzhaʊs/ n (το) πτωχοκομείο

alone /ə'ləʊn/ a μόνος. • adv μόνο

along /ə'lɒŋ/ prep κατά μήκος. • adv εμπρός. **all** ~ από την αρχή. ~ **with** μαζί με. **come** ~ έλα, πάμε

alongside /əlɒŋ'saɪd/ adv (naut) δίπλα. **come** ~ πλευρίζω prep παραπλεύρως

aloof /ə'lu:f/ adv σε απόσταση. • a επιφυλακτικός. ~**ness** n (η) επιφυλακτικότητα

aloud /ə'laʊd/ adv δυνατά

alphabet /'ælfəbet/ n (το) αλφάβητο. ~**ical** /-'betɪk/ a αλφαβητικός. ~**ically** adv αλφαβητικά

alpine /'ælpaɪn/ a αλπικός

Alpine /'ælpaɪn/ a άλπειος, αλπικός

Alps /ælps/ npl the ~ (οι) Άλπεις

already /ɔ:l'redɪ/ adv ήδη

Alsatian /æl'seɪʃn/ n (dog) (το) λυκόσκυλο

also /'ɔ:lsəʊ/ adv επίσης

altar /'ɔ:ltə(r)/ n (ο) βωμός

alter /'ɔ:ltə(r)/ vt/i αλλάζω. ~**ation** /-'reɪʃn/ n (η) αλλαγή

alternate¹ /ɔ:l'tɜ:nət/ a εναλλασσόμενος. **on** ~ **days** μέρα παρά μέρα ~**ly** adv εναλλάξ

alternate² /'ɔ:ltəneɪt/ vi εναλλάσσομαι. • vt εναλλάσσω

alternative /ɔ:l'tɜ:nətɪv/ a εναλλακτικός. (not conventional) μη συμβατικός. • n (η) εναλλακτική λύση. ~**ly** adv εναλλακτικά

although /ɔ:l'ðəʊ/ conj αν και

altitude /'æltɪtju:d/ n (το) ύψος

altogether /ɔ:ltə'geðə(r)/ adv (completely) εντελώς. (on the whole) γενικά. (in total) συνολικά

altruism /'æltru:ɪzəm/ n (ο) αλτρουισμός

altruist /'æltru:ɪst/ n (ο) αλτρουιστής, (η) αλτρουίστρια. ~**ic** /-'ɪstɪk/ a αλτρουιστικός

aluminium /æljʊ'mɪnɪəm/, (Amer) **aluminum** /ə'lu:mɪnəm/ n (το) αλουμίνιο

always /'ɔ:lweɪz/ adv πάντα, πάντοτε

am /æm/ see BE

a.m. /'eɪem/ adv πμ

amalgamate /ə'mælgəmeɪt/ vt/i συγχωνεύω/ομαι

amass /ə'mæs/ vt συσσωρεύω

amateur /'æmətə(r)/ n (ο) ερασιτέχνης, (η) ερασιτέχνις. • a ερασιτέχνης. ~**ish** a (pej) ερασιτεχνικός

amaze /ə'meɪz/ vt καταπλήσσω. ~**ed** a κατάπληκτος. ~**ement** n (η) κατάπληξη. ~**ingly** adv καταπληκτικά

ambassador /æm'bæsədə(r)/ n (ο) πρεσβευτής, (ο) πρέσβης

amber /'æmbə(r)/ n (το) κεχριμπάρι. (auto) (το) κίτρινο φως. • a (colour) κίτρινο κεχριμπαριού. (auto) κίτρινο

ambidextrous /æmbɪ'dekstrəs/ a αμφιδέξιος

ambience /'æmbɪəns/ n (η) ατμόσφαιρα

ambiguous /æm'bɪgjʊəs/ a αμφίλογος. ~**ity** /-'gju:ətɪ/ n (η) αμφιλογία

ambition /æm'bɪʃn/ n (η) φιλοδοξία. ~**ous** a φιλόδοξος

ambivalent /æm'bɪvələnt/ a διφορούμενος. ~**ce** n (η) διφορούμενη έννοια

amble /'æmbl/ vi περπατώ αργά

ambulance /'æmbjʊləns/ n (το) ασθενοφόρο

ambush /'æmbʊʃ/ n (η) ενέδρα. • vt στήνω ενέδρα

amen /ɑ:'men/ int αμήν

amenable /ə'mi:nəbl/ a (responsive) επιδεκτικός

amend /ə'mend/ vt τροποποιώ. **make** ~**s for** επανορθώνω. ~**ment** n (η) τροποποίηση

amenities /ə'mi:nətɪz/ npl (οι) ευκολίες

America /ə'merɪkə/ n (η) Αμερική. ~**n** a αμερικάνικος. • n (ο) Αμερικανός, (η) Αμερικανίδα. ~**nism** n (ο) αμερικανισμός. ~**nize** vt αμερικανίζω

amiable /'eɪmɪəbl/ a αξιαγάπητος

amicable /'æmɪkəbl/ a φιλικός. ~**y** adv φιλικά

amid(st) /ə'mɪd(st)/ prep ανάμεσα

amiss /ə'mɪs/ a & adv στραβά. **sth is** ~ κτ δεν πάει καλά. **take sth** ~ το παίρνω στραβά

ammonia /ə'məʊnɪə/ n (η) αμμωνία

ammunition /æmjʊ'nɪʃn/ n (τα) πολεμοφόδια

amnesia /æm'ni:zɪə/ n (η) αμνησία

amnesty /'æmnəstɪ/ n (η) αμνηστία

amok /ə'mɒk/ adv run ~ με πιάνει αμόκ

among(st) /ə'mʌŋ(st)/ prep ανάμεσα. (in the middle of) μεταξύ. (part of group) ανάμεσα. ~ **other things** μεταξύ άλλων. ~ **ourselves/yourselves/themselves** μεταξύ μας/σας/τους

amoral /eɪ'mɒrəl/ a χωρίς ηθικές αντιλήψεις

amorous /'æmərəs/ a ερωτικός

amorphous /ə'mɔ:fəs/ a άμορφος

amount /ə'maʊnt/ n (η) ποσότητα. (total) (το) σύνολο. (sum of money) (το) ποσό. • vi ~ **to** ανέρχομαι σε. (fig) ισοδυναμώ με

amp(ere) /'æmp(eə(r))/ n (το) αμπέρ invar

amphibian /æm'fɪbɪən/ n (το) αμφίβιο. ~**ous** a αμφίβιος

amphitheatre /'æmfɪθɪətə(r)/ n (το) αμφιθέατρο

ample /'æmpl/ a (-er, -est) άφθονος. (enough) αρκετός. ~**y** adv αρκετά

amplify /'æmplɪfaɪ/ vt επεκτείνω. ~**ier** n (ο) ενισχυτής

amputat|e /'æmpjʊteɪt/ *vt* ακρωτηριάζω.
~ion /-'teɪʃn/ *n* (ο) ακρωτηριασμός

amus|e /ə'mjuːz/ *vt* διασκεδάζω. **~e o.s.**
διασκεδάζω. **~ement** *n* (η) διασκέδαση.
~ement arcade *n* κατάστημα όπου
παίζονται ηλεκτρονικά παιχνίδια. **~ing** *a*
διασκεδαστικός

an /ən, ən/ *see* A

anachronism /ə'nækrənɪzəm/ *n* (ο)
αναχρονισμός

anaem|ia /ə'niːmɪə/ *n* (η) αναιμία. **~ic** *a*
αναιμικός

anaesthesia /ænɪs'θiːzɪə/ *n* (η)
αναισθησία

anaesthet|ic /ænɪs'θetɪk/ *n* (το) αναισθη-
τικό. **general ~** (η) γενική αναισθητο-
ποίηση. **give an ~ to sb** αναισθητοποιώ
κπ. **local ~** (η) τοπική αναισθησία.
~ist /ə'niːsθɪtɪst/ *n* (ο) αναισθησιολόγος

anagram /'ænəgræm/ *n* (ο)
αναγραμματισμός

analogy /ə'nælədʒɪ/ *n* (η) αναλογία

analys|e /'ænəlaɪz/ *vt* αναλύω. **~t** /-ɪst/ *n*
(ο) αναλυτής, (η) αναλύτρια

analysis /ə'næləsɪs/ (*pl* **-yses** /-əsiːz/) *n* (η)
ανάλυση

analytic(al) /ænə'lɪtɪk(əl)/ *a* αναλυτικός

anarch|y /'ænəkɪ/ *n* (η) αναρχία. **~ist** *n*
(ο) αναρχικός

anathema /ə'næθəmə/ *n* (το) ανάθεμα. **it's
~ to me** μου είναι ανάθεμα

anatom|y /ə'nætəmɪ/ *n* (η) ανατομία.
~ical /ænə'tomɪkl/ *a* ανατομικός

ancest|or /'ænsestə(r)/ *n* (ο) πρόγονος.
~ral /-'sestrəl/ *a* προγονικός

ancestry /'ænsestrɪ/ *n* (η) καταγωγή

anchor /'æŋkə(r)/ *n* (η) άγκυρα. • *vi*
αγκυροβολώ

anchovy /'æntʃəvɪ/ *n* (η) αντσούγια

ancient /'eɪnʃənt/ *a* αρχαίος

ancillary /æn'sɪlərɪ/ *a* βοηθητικός

and /ənd, ænd/ *conj* και. **for days ~ days**
για πολλές μέρες. **more ~ more** όλο
και περισσότερα. **try ~ come**
προσπάθησε να 'ρθεις

anecdote /'ænɪkdəʊt/ *n* (το) ανέκδοτο

anew /ə'njuː/ *adv* ξανά

angel /'eɪndʒl/ *n* (ο) άγγελος. **~ic**
/æn'dʒelɪk/ *a* αγγελικός

anger /'æŋgə(r)/ *n* (ο) θυμός. • *vt* θυμώνω

angle¹ /'æŋgl/ *n* (η) γωνία. (*fig*) (η)
άποψη. **at an ~** διαγωνίως

angle² /'æŋgl/ *vi* ψαρεύω με καλάμι. **~
for** (*fig*) ψαρεύω. **~r** /-ə(r)/ *n* (ο) ψαράς
(χρησιμοποιεί καλάμι)

Anglican /'æŋglɪkən/ *a* αγγλικανικός. • *n*
(ο) αγγλικανός, (η) αγγλικανή

Anglo- /'æŋgləʊ/ *pref* αγγλο-

Anglo-Saxon /'æŋgləʊ'sæksn/ *a*
αγγλοσαξονικός. • *n* (ο) Αγγλοσάξονας
angr|y /'æŋgrɪ/ *a* (**-ier, -iest**) θυμωμένος.
get ~y θυμώνω (**with**, με). **~ily** *adv*
θυμωμένα

anguish /'æŋgwɪʃ/ *n* (η) αγωνία

angular /'æŋgjʊlə(r)/ *a* γωνιακός

animal /'ænɪməl/ *n* (το) ζώο. • *a* ζωικός

animate¹ /'ænɪmət/ *a* ζωντανός

animat|e² /'ænɪmeɪt/ *vt* ζωντανεύω. **~d** *a*
ζωηρός. **~ion** /-'meɪʃn/ *n* (η) ζωηρότητα

animosity /ænɪ'mɒsətɪ/ *n* (η) εχθρότητα

aniseed /'ænɪsiːd/ *n* (το) γλυκάνισο

ankle /'æŋkl/ *n* (ο) αστράγαλος. **~ sock**
(η) κοντή κάλτσα

annals /'ænlz/ *npl* (τα) χρονικά

annex /ə'neks/ *vt* προσαρτώ. **~ation**
/ænek'seɪʃn/ *n* (η) προσάρτηση

annexe /'æneks/ *n* (το) παράρτημα

annihilat|e /ə'naɪəleɪt/ *vt* εκμηδενίζω.
~ion /-'leɪʃn/ *n* (η) εκμηδένιση

anniversary /ænɪ'vɜːsərɪ/ *n* (η) επέτειος

annotat|e /'ænəteɪt/ *vt* σχολιάζω. **~ation**
/-'teɪʃn/ *n* (το) σχόλιο

announce /ə'naʊns/ *vt* ανακοινώνω.
~ment *n* (η) ανακοίνωση. **~r** /-ə(r)/ *n*
(*radio, TV*) (ο) εκφωνητής, (η)
εκφωνήτρια

annoy /ə'nɔɪ/ *vt* ενοχλώ. **~ance** *n* (η)
ενόχληση. **~ed** *a* ενοχλημένος (**with**,
με). **~ing** *a* ενοχλητικός

annual /'ænjʊəl/ *a* ετήσιος. • *n* (η)
επετηρίδα. **~ly** *adv* ετησίως

annuity /ə'njuːɪtɪ/ *n* (η) ετήσια πρόσοδος.
life ~ (η) ισόβιος πρόσοδος

annul /ə'nʌl/ *vt* (*pt* **annulled**) ακυρώνω.
~ment *n* (η) ακύρωση

anoint /ə'nɔɪnt/ *vt* χρίζω

anomal|y /ə'nɒməlɪ/ *n* (η) ανωμαλία.
~ous *a* ανώμαλος

anonymous /ə'nɒnɪməs/ *a* ανώνυμος

anorak /'ænəræk/ *n* (το) άνορακ. (*invar*)

another /ə'nʌðə(r)/ *a & pron* άλλος. **one
~** ο ένας τον άλλο

answer /'ɑːnsə(r)/ *n* (η) απάντηση.
(*solution*) (η) λύση. • *vt/vi* απαντώ.
(*prayer*) εισακούω. **~ back** αντιμιλώ.
~ for είμαι υπεύθυνος για. **~ the door**
ανοίγω την πόρτα. **~ the telephone**
απαντώ στο τηλέφωνο. **~able** *a*
υπόλογος (**for**, για, **to** σε). **~ing
machine** *n* (ο) αυτόματος τηλεφωνητής

ant /ænt/ *n* (το) μυρμήγκι

antagonis|m /æn'tægənɪzm/ *n* (ο)
ανταγωνισμός. **~tic** /-'nɪstɪk/ *a*
ανταγωνιστικός

antagonize /æn'tægənaɪz/ *vt*
ανταγωνίζομαι

Antarctic /æn'tɑːktɪk/ *a* ανταρκτικός. • *n*
(η) Ανταρκτική

ante- /'æntɪ/ *pref* προ-

antelope /'æntɪləʊp/ *n* (η) αντιλόπη

antenatal /æntɪ'neɪtl/ *a* προγεννητικός

antenna /æn'tenə/ *n* (*pl* **-ae** /iː/) (*of insect*)
(η) κεραία. (*pl* **-as**) (*aerial*) (η) κεραία,
(η) αντένα

anthem /'ænθəm/ *n* (ο) ύμνος. **national ~**
(ο) εθνικός ύμνος

anthill /'ænthɪl/ n (η) μυρμηγκοφωλιά

anthology /æn'θɒlədʒɪ/ n (η) ανθολογία

anthropolog|y /ænθrə'pɒlədʒɪ/ n (η) ανθρωπολογία. ~ist n (ο, η) ανθρωπολόγος

anti- /'æntɪ/ pref αντι-. ~-aircraft a αντιαεροπορικός

antibiotic /æntɪbaɪ'ɒtɪk/ n (το) αντιβιοτικό. • a αντιβιοτικός

antibody /'æntɪbɒdɪ/ n (το) αντίσωμα

antic /'æntɪk/ n (το) παράξενο. ~s (τα) καμώματα

anticipat|e /æn'tɪsɪpeɪt/ vt προσδοκώ. (foresee) προβλέπω. (forestall) προλαβαίνω. ~ion /-'peɪʃn/ n (η) προσδοκία. in ~ εκ των προτέρων

anticlimax /æntɪ'klaɪmæks/ n (η) πτώση

anticlockwise /æntɪ'klɒkwaɪz/ adv & a προς τα αριστερά

anticyclone /æntɪ'saɪkləʊn/ n (ο) αντικυκλώνας

antidote /'æntɪdəʊt/ n (το) αντίδοτο

antifreeze /'æntɪfriːz/ n (το) αντιπηκτικό

antipathy /æn'tɪpəθɪ/ n (η) αντιπάθεια

antiquarian /æntɪ'kweərɪən/ a αρχαιολογικός. • n (ο) αρχαιοδίφης

antiquated /'æntɪkweɪtɪd/ a απαρχαιωμένος

antique /æn'tiːk/ a αρχαίος. • n (η) αντίκα. ~ dealer (ο) καταστηματάρχης που πουλά αντίκες. ~ shop n (το) κατάστημα που πουλά αντίκες. ~ trade (το) εμπόριο σε αντίκες

antiquity /æn'tɪkwətɪ/ n (η) αρχαιότητα

anti-Semiti|c /æntɪsɪ'mɪtɪk/ a αντισημιτικός. ~sm /-'semɪtɪzəm/ n (ο) αντισημιτισμός

antiseptic /æntɪ'septɪk/ a αντισηπτικός. • n (το) αντισηπτικό

antisocial /æntɪ'səʊʃl/ a αντικοινωνικός

antithesis /æn'tɪθəsɪs/ n (pl -eses /-siːz/) (η) αντίθεση

antler /'æntlər/ n (το) κέρατο (ελαφιού, με διακλαδώσεις)

anus /'eɪnəs/ n (η) έδρα

anvil /'ænvɪl/ n (το) αμόνι

anxiety /æŋ'zaɪətɪ/ n (η) ανησυχία. (eagerness) (η) ανυπομονησία

anxious /'æŋkʃəs/ a ανήσυχος. (eager) ανυπόμονος (to, να). ~ly adv ανήσυχα

any /'enɪ/ a (some) μερικοί. (every) όλοι (no matter which) οποιοσδήποτε. not ~ καθόλου. come ~ day you like έλα όποια μέρα θέλεις. have you ~ wine? έχετε καθόλου κρασί. • pron (anybody) καθένας. ~ of the books οποιοδήποτε βιβλίο I don't want ~ δε θέλω. have we ~? έχουμε καθόλου; • adv (a little) καθόλου, is it ~ better? είναι καθόλου καλύτερα. it isn't ~ good δεν αξίζει τίποτα

anybody /'enɪbɒdɪ/ pron καθένας. (after negative) κανένας. ~ can do that ο

καθένας μπορεί να το κάνει. did you see ~? είδες κανένα;

anyhow /'enɪhaʊ/ adv οπωσδήποτε. (badly) όπως όπως

anyone /'enɪwʌn/ pron = anybody

anything /'enɪθɪŋ/ pron οτιδήποτε. (after negative) τίποτα. ~ but κάθε άλλο παρά. did he say ~? είπε τίποτα;

anyway /'enɪweɪ/ adv πάντως

anywhere /'enɪweə(r)/ adv οπουδήποτε. (after negative) πουθενά. ~ else (in a sentence) οπουδήποτε αλλού (in a question) πουθενά αλλού

apart /ə'pɑːt/ adv (on one side) παράμερα, κατά μέρος. (separated) χωριστά. ~ from εκτός από. come ~ αποσπώμαι take ~ αποσυναρμολογώ. ten metres ~ δέκα μέτρα μακριά (ο ένας από τον άλλο)

apartheid /ə'pɑːtheɪt/ n (το) απαρτχάιντ. (invar)

apartment /ə'pɑːtmənt/ n (Amer) (το) διαμέρισμα

apath|y /'æpəθɪ/ n (η) απάθεια. ~etic /-'θetɪk/ a απαθής

ape /eɪp/ n (ο) πίθηκος. • vt πιθηκίζω

aperitif /ə'perətɪf/ n (το) απεριτίφ invar

aperture /'æpəʃʊə(r)/ n (η) οπή

apex /'eɪpeks/ n (η) κορυφή

aphrodisiac /æfrə'dɪzɪæk/ a αφροδισιακός. • n (το) αφροδισιακό

apiece /ə'piːs/ adv το κομμάτι

aplomb /ə'plɒm/ n (η) αυτοκυριαρχία

apologetic /əpɒlə'dʒetɪk/ a απολογητικός. be ~ ζητώ συγγνώμη. ~ally /-lɪ/ adv απολογητικά

apologize /ə'pɒlədʒaɪz/ vi ζητώ συγνώμη (for, για. to από)

apology /ə'pɒlədʒɪ/ n (η) συγνώμη. (poor specimen) δήθεν

aople|xy /'æpəpleksɪ/ n (η) αποπληξία. ~ctic /-'plektɪk/ a αποπληκτικός

apostle /ə'pɒsl/ n (ο) απόστολος

apostrophe /ə'pɒstrəfɪ/ n (η) απόστροφος

appal /ə'pɔːl/ vt (pt appalled) τρομάζω. ~ling a τρομακτικός

apparatus /æpə'reɪtəs/ n (η) συσκευή

apparent /ə'pærənt/ a φανερός. ~ly adv προφανώς

apparition /æpə'rɪʃn/ n (η) οπτασία

appeal /ə'piːl/ vi κάνω έκκληση. (attract) συγκινώ. • n (η) έκκληση. (attractiveness) (η) έλξη. ~ to s.o. (beg) προσφεύγω σε κπ. (please) αρέσω. ~ing a ελκυστικός

appear /ə'pɪə(r)/ vi (arrive) παρουσιάζομαι. (seem) φαίνομαι. (publication) εκδίδομαι. (theatr) εμφανίζομαι. ~ance n (η) εμφάνιση. (aspect) (το) παρουσιαστικό

appease /ə'piːz/ vt κατευνάζω

append /ə'pend/ vt προσαρτώ

appendage /ə'pendɪdʒ/ n (το) προσάρτημα

appendicitis /əpendɪ'saɪtɪs/ n (η) σκωληκοειδίτιδα

appendix /ə'pendɪks/ n (pl -ices /-siːz/) (of book) (το) παράρτημα. (pl -ixes) (anat) (η) σκωληκοειδής απόφυση

appertain /æpə'teɪn/ vi ανήκω (to, σε)

appetite /'æpɪtaɪt/ n (η) όρεξη

appetiz|er /'æpɪtaɪzə(r)/ n (το) ορεκτικό. ~ing a ορεκτικός

applau|d /ə'plɔːd/ vt/i χειροκροτώ. ~se n (το) χειροκρότημα

apple /'æpl/ n (το) μήλο. ~-tree n (η) μηλιά

appliance /ə'plaɪəns/ n (η) συσκευή

applicable /'æplɪkəbl/ a εφαρμόσιμος

applicant /'æplɪkənt/ n (ο) υποψήφιος

application /æplɪ'keɪʃn/ n (η) εφαρμογή. (request) (η) αίτηση. ~ form n (το) έντυπο αιτήσεως. on ~ μετά από αίτηση

appl|y /ə'plaɪ/ vt εφαρμόζω. • vi (refer) απευθύνομαι (to, σε) (be in force) ισχύω. (ask) ζητώ. ~y for (job etc.) κάνω αίτηση για. ~ o.s. to συγκεντρώνομαι σε. ~ied a εφαρμοσμένος

appoint /ə'pɔɪnt/ vt διορίζω. (fix) καθορίζω. well-~ed a καλά εξοπλισμένος. ~ment n (το) ραντεβού. (job) (ο) διορισμός. make an ~ κλείνω ραντεβού (with, με)

apportion /ə'pɔːʃn/ vt μοιράζω

apprais|e /ə'preɪz/ vt αποτιμώ. ~al n (η) αποτίμηση

appreciable /ə'priːʃəbl/ a αξιόλογος

appreciat|e /ə'priːʃɪeɪt/ vt εκτιμώ. (like) μου αρέσει. (understand) αντιλαμβάνομαι. • vi (increase in value) ανατιμούμαι. ~ion /-'eɪʃn/ n (η) εκτίμηση. (increase in value) (η) ανατίμηση. ~ive /ə'priːʃɪətɪv/ a εκτιμητικός

apprehen|d /æprɪ'hend/ vt συλλαμβάνω. (understand) αντιλαμβάνομαι. ~sion /-ʃn/ n (η) σύλληψη. (fear) (η) ανησυχία

apprehensive /æprɪ'hensɪv/ a ανήσυχος

apprentice /ə'prentɪs/ n (ο) μαθητευόμενος. • vt μαθητεύω. ~ship n (η) μαθητεία

approach /ə'prəʊtʃ/ vt/i πλησιάζω. • n (η) προσέγγιση. make ~es to s.o. προσεγγίζω κάποιον. ~able a ευπρόσιτος

appropriate[1] /ə'prəʊprɪət/ a κατάλληλος. ~ly adv καταλλήλως

appropriate[2] /ə'prəʊprɪeɪt/ vt οικειοποιούμαι

approval /ə'pruːvl/ n (η) έγκριση. on ~ επί δοκιμασία

approv|e /ə'pruːv/ vt/i εγκρίνω. ~ of επιδοκιμάζω. ~ingly adv επιδοκιμαστικά

approximate[1] /ə'prɒksɪmət/ a κατά προσέγγιση. ~ly adv περίπου

approximat|e[2] /ə'prɒksɪmeɪt/ vt προσεγγίζω. ~ion /-'meɪʃn/ n (η) προσέγγιση

apricot /'eɪprɪkɒt/ n (το) βερίκοκο, Cυ. (το) καϊσί. ~-tree n (η) βερικοκιά

April /'eɪprəl/ n (ο) Απρίλιος. ~ fool (το) πρωταπριλιάτικο ψέμα

apron /'eɪprən/ n (η) ποδιά

apropos /'æprəpəʊ/ adv επίκαιρος

apse /æps/ n (η) αψίδα

apt /æpt/ a (suitable) κατάλληλος. (clever) ικανός. be ~ to τείνω να. ~ly adv καταλλήλως

aptitude /'æptɪtjuːd/ n (η) κλίση

aqualung /'ækəlʌŋ/ n (η) αναπνευστική συσκευή (καταδύσεως)

aquarium /ə'kweərɪəm/ n (pl -ums) (το) ενυδρείο

Aquarius /ə'kweərɪəs/ n (ο) Υδροχόος

aquatic /ə'kwætɪk/ a υδρόβιος

aqueduct /'ækwɪdʌkt/ n (το) υδραγωγείο

aquiline /'ækwɪlaɪn/ a αετίσιος

Arab /'ærəb/ a αραβικός. • n (ο) Άραβας. ~ic a αραβικός. • n (lang) (η) αραβική (γλώσσα). ~ic numerals (οι) αραβικοί αριθμοί

Arabian /ə'reɪbɪən/ a αραβικός

arable /'ærəbl/ a καλλιεργήσιμος

arbiter /'ɑːbɪtə(r)/ n (ο) διαιτητής

arbitrary /'ɑːbɪtrərɪ/ a αυθαίρετος

arbitrat|e /'ɑːbɪtreɪt/ vi διαιτητεύω. ~ion /-'treɪʃn/ n (η) διαιτησία. ~or n (ο) διαιτητής (σε διαφορά)

arc /ɑːk/ n (το) τόξο

arcade /ɑː'keɪd/ n (covered area) (η) στοά. (shops) (η) στοά

arcane /ɑː'keɪn/ a μυστηριώδης

arch[1] /ɑːtʃ/ n (η) καμάρα. (in church etc.) (η) αψίδα. (anat) (το) τόξο. • vi σχηματίζω αψίδα. • vt ~ one's back καμπουριάζω

arch[2] /ɑːtʃ/ a πονηρός, πειραχτικός

archaeolog|y /ɑːkɪ'ɒlədʒɪ/ n (η) αρχαιολογία. ~ical /-ə'lɒdʒɪkl/ a αρχαιολογικός. ~ist n (ο, η) αρχαιολόγος

archaic /ɑː'keɪɪk/ a αρχαϊκός

archbishop /ɑːtʃ'bɪʃəp/ n (ο) αρχιεπίσκοπος

arch-enemy /ɑːtʃ'enəmɪ/ n (ο) μεγαλύτερος εχθρός

archer /'ɑːtʃə(r)/ n (ο) τοξότης. ~y n (η) τοξοβολία

archetype /'ɑːkɪtaɪp/ n (το) αρχέτυπο

archipelago /ɑːkɪ'peləgəʊ/ n (pl -os) (το) αρχιπέλαγος

architect /'ɑːkɪtekt/ n (ο) αρχιτέκτονας

architectur|e /'ɑːkɪtektʃə(r)/ n (η) αρχιτεκτονική. ~al /-'tektʃərəl/ a αρχιτεκτονικός

archiv|es /'ɑːkaɪvz/ npl (τα) αρχεία. ~ist /-ɪvɪst/ n (ο) αρχειοφύλακας

archway /'ɑːtʃweɪ/ n (η) θολωτή είσοδος

Arctic /'ɑːktɪk/ a της Αρκτικής. • n (η) Αρκτική

arctic *a* αρκτικός

ardent /'a:dənt/ *a* θερμός, φλογερός. **~ly** *adv* θερμά

ardour /'a:də(r)/ *n* (η) θέρμη, (το) πάθος. (*enthusiasm*) (η) ζέση

arduous /'a:djʊəs/ *a* δύσκολος

are /a:(r)/ *see* BE

area /'eəriə/ *n* (το) εμβαδόν. (*surface*) (η) επιφάνεια. (*region*) (η) περιοχή. (*fig*) (ο) χώρος

arena /ə'ri:nə/ *n* (η) αρένα

aren't /a:nt/ = are not

Argentin|a /a:dʒən'ti:nə/ *n* (η) Αργεντινή. **~ian** /-'tiniən/ *a* αργεντινός. • *n* (ο) Αργεντινός, (η) Αργεντινή

argu|e /'a:gju:/ *vi* (*quarrel*) συζητώ. (*reason*) υποστηρίζω. (*debate*) συζητώ. **~e that** υποστηρίζω ότι. **~able** *a* αμφισβητήσιμος. **~ably** *adv* χωρίς αμφισβήτηση

argument /'a:gjʊmənt/ *n* (η) συζήτηση. (*reasoning*) (το) επιχείρημα. **~ative** /-'mentətiv/ *a* επιχειρηματολογικός

arid /'ærɪd/ *a* ξηρός. (*without water*) άνυδρος

Aries /'eəri:z/ *n* (ο) Κριός

arise /ə'raɪz/ *vi* (*pt* arose, *pp* arisen) παρουσιάζομαι. (*fig*) εμφανίζομαι. **~ from** απορρέω

aristocracy /æri'stɒkrəsi/ *n* (η) αριστοκρατία

aristocrat /'ærɪstəkræt/ *n* (ο) αριστοκράτης, (η) αριστοκράτισσα. **~ic** /-'krætik/ *a* αριστοκρατικός

arithmetic /ə'rɪθmətɪk/ *n* (η) αριθμητική

ark /a:k/ *n* (*relig*) (ο) κιβωτός

arm¹ /a:m/ *n* (το) μπράτσο. **~ in ~** αγκαζέ *invar*

arm² /a:m/ *vt* εξοπλίζω. **~ed robbery** (η) ένοπλη ληστεία

armada /a:'ma:də/ *n* (η) αρμάδα

armament /'a:məmənt/ *n* (ο) οπλισμός

armband /'a:mbænd/ *n* (το) περιβραχιόνιο

armchair /'a:mtʃeə(r)/ *n* (η) πολυθρόνα

armful /'a:mfʊl/ *n* (η) αγκαλιά

armistice /'a:mɪstɪs/ *n* (η) εκεχειρία, (η) ανακωχή

armlet /'a:mlɪt/ *n* (το) βραχιόλι (*φοριέται στο μπράτσο*)

armour /'a:mə(r)/ *n* (η) πανοπλία. **~ed** *a* τεθωρακισμένος

armoury /'a:məri/ *n* (το) οπλοστάσιο

armpit /'a:mpɪt/ *n* (η) μασχάλη

arms /a:mz/ *npl* (*mil*) τα όπλα. **be up in ~ (against s.o.)** επαναστατώ (εναντίον κάποιου)

army /'a:mi/ *n* (ο) στρατός

aroma /ə'rəʊmə/ *n* (το) άρωμα. **~tic** /ærə'mætɪk/ *a* αρωματικός

arose /ə'rəʊz/ *see* ARISE

around /ə'raʊnd/ *adv* γύρω. (*here and there*) τριγύρω. • *prep* γύρω από.

(*approximately*) περίπου. **all ~** γύρω γύρω. **~ here** εδώ κοντά

arouse /ə'raʊz/ *vt* προκαλώ. (*excite*) διεγείρω

arrange /ə'reɪndʒ/ *vt* διευθετώ. (*fix*) τακτοποιώ. **~ to** κανονίζω να. **~ment** *n* (η) διευθέτηση. (*order*) (η) ρύθμιση. **~ments** *npl* (*plans*) (οι) ετοιμασίες

array /ə'reɪ/ *vt* παρατάσσω. (*dress*) ντύνω. • *n* (η) τάξη

arrears /ə'rɪəz/ *npl* (τα) καθυστερούμενα. **be in ~** καθυστερώ

arrest /ə'rest/ *vt* συλλαμβάνω. (*attention*) προσελκύω. • *n* (η) σύλληψη. **under ~** υπό κράτηση

arrival /ə'raɪvl/ *n* (η) άφιξη. **new ~s** (οι) νέες αφίξεις

arrive /ə'raɪv/ *vi* φθάνω

arrogan|t /'ærəgənt/ *a* αλαζόνας. **~ce** *n* (η) αλαζονεία. **~tly** *adv* με αλαζονεία

arrow /'ærəʊ/ *n* (το) βέλος

arsenal /'a:sənl/ *n* (το) οπλοστάσιο

arsenic /'a:snɪk/ *n* (το) αρσενικό

arson /'a:sn/ *n* (ο) εμπρησμός. **~ist** *n* (ο) εμπρηστής, (η) εμπρήστρια

art /a:t/ *n* (η) τέχνη. **the ~s** οι τέχνες. **~ gallery** (η) πινακοθήκη. **fine ~s** (οι) καλές τέχνες. **work of ~** έργο τέχνης

artefact /'a:tɪfækt/ *n* (το) χειροτέχνημα

arter|y /'a:təri/ *n* (η) αρτηρία. **~ial** /-'tɪərɪəl/ *a* αρτηριακός. **~ial road** *n* (η) συγκοινωνιακή αρτηρία

artful /'a:tfʊl/ *a* πονηρός. **~ness** *n* (η) πονηρία

arthriti|s /a:'θraɪtɪs/ *n* (η) αρθρίτιδα. **~c** /-ɪtɪk/ *a* αρθριτικός

artichoke /'a:tɪtʃəʊk/ *n* **globe ~** (η) αγκινάρα. **Jerusalem ~** (ο) ηλίανθος ο κονδυλόρριζος

article /'a:tɪkl/ *n* (το) άρθρο. (*gram*) (το) άρθρο

articulate¹ /a:'tɪkjʊlət/ *a* (*speech*) ευκρινής. (*person*) που εκφράζεται με σαφήνεια

articulat|e² /a:'tɪkjʊleɪt/ *vt*/*i* αρθρώνω. **~ed lorry** *n* (το) ρυμουλκό με ρυμουλκούμενο. **~ion** /-'leɪʃn/ *n* (η) άρθρωση (λέξεων)

artifice /'a:tɪfɪs/ *n* (το) τέχνασμα

artificial /a:tɪ'fɪʃl/ *a* τεχνητός. **~ respiration** (η) τεχνητή αναπνοή **~ity** /-ʃɪ'ælətɪ/ *n* (η) έλλειψη φυσικότητας

artillery /a:'tɪlərɪ/ *n* (το) πυροβολικό

artisan /a:tɪ'zæn/ *n* (ο) τεχνίτης

artist /'a:tɪst/ *n* (ο) καλλιτέχνης, (η) καλλιτέχνιδα. **~ic** /-'tɪstɪk/ *a* καλλιτεχνικός. **~ry** *n* (η) καλλιτεχνία

artiste /a:'ti:st/ *n* (ο) αρτίστας, (η) αρτίστα. (*theatr*) (ο, η) ηθοποιός

artless /'a:tlɪs/ *a* άτεχνος. (*simple*) απονήρευτος

arty /'a:tɪ/ *a* (*fam*) ψευδοκαλλιτεχνικός

as /æz, əz/ adv & conj (since) αφού. (while) ενώ, καθώς. (like) σαν, όπως. **~ a gift** σαν δώρο. **~ far as** (distance) μέχρι. (fig) καθόσον. **~ for** όσο για. **~ long as** όσο. **~ many as** όσοι. **~ much as** όσο. **~ soon as** μόλις. **~ well** επίσης, και. **~ yet** ακόμα. **~ you know** όπως ξέρεις

asbestos /æz'bestɒs/ (ο) αμίαντος

ascend /ə'send/ vt/i ανεβαίνω. **~ant** n in the **~ant** σε άνοδο

ascent /ə'sent/ n (η) ανάβαση

ascertain /æsə'tein/ vt εξακριβώνω (that, ότι)

ascribe /ə'skraib/ vt αποδίδω

ash¹ /æʃ/ n **~(-tree)** (η) μελία

ash² /æʃ/ n (η) στάχτη. **A~ Wednesday** (η) Καθαρά Δευτέρα (πρώτη μέρα της Σαρακοστής). **~en** a σταχτής. (face) χλομός

ashamed /ə'ʃeimd/ a ντροπιασμένος. **be ~** ντρέπομαι

ashore /ə'ʃɔ:(r)/ adv στην ξηρά. **go ~** αποβιβάζομαι

ashtray /'æʃtrei/ n (το) σταχτοδοχείο, (το) τασάκι

Asia /'eiʃə/ n (η) Ασία. **~n** a ασιατικός. • n (ο) Ασιάτης, (η) Ασιάτισσα. **~tic** /-ɪ'ætik/ a ασιατικός

aside /ə'said/ adv κατά μέρος. • n (theatr) (η) παρατήρηση

asinine /'æsinain/ a κουτός

ask /ɑ:sk/ vt παρακαλώ. (question) ρωτώ. (invite) καλώ. **~ s.o. sth** ρωτώ κπ κτ. **s.o. to** ζητώ από κπ να. **~ about** ρωτώ για. **~ after** ρωτώ για. **~ for** ζητώ. **~ for help** ζητώ βοήθεια. **~ for trouble** πάω γυρεύοντας. **~ s.o. in** καλώ κπ να μπει μέσα

askance /ə'skæns/ adv λοξά. **look ~ at** λοξοκοιτάζω

askew /ə'skju:/ adv στραβά. • a στραβός

asleep /ə'sli:p/ a κοιμισμένος. **fall ~** αποκοιμιέμαι

asparagus /ə'spærəgəs/ n (το) σπαράγγι

aspect /'æspekt/ n (η) άποψη. (of house etc.) (ο) προσανατολισμός

aspersions /ə'spɜ:ʃnz/ npl (οι) συκοφαντίες. **cast ~ on** συκοφαντώ

asphalt /'æsfælt/ n (η) άσφαλτος. • vt ασφαλτοστρώνω

asphyxia /æs'fiksiə/ n (η) ασφυξία

asphyxiat|e /æs'fiksieit/ vt προκαλώ ασφυξία. **~ion** /-'eiʃn/ n (η) ασφυξία

aspir|e /əs'paiə(r)/ vi φιλοδοξώ (to, να). **~ation** /æspə'reiʃn/ n (η) φιλοδοξία

aspirin /'æsprin/ n (η) ασπιρίνη

ass /æs/ n (ο) γάιδαρος. (person: fam) (ο) βλάκας

assail /ə'seil/ vt/i επιτίθεμαι. **~ant** n (ο) επιτιθέμενος

assassin /ə'sæsin/ n (ο) δολοφόνος

assassinat|e /ə'sæsineit/ vt δολοφονώ. **~ion** /-'eiʃn/ n (η) δολοφονία

assault /ə'sɔ:lt/ n επίθεση. (mil) (η) έφοδος. (jur) (η) βιαιοπραγία. • vt επιτίθεμαι

assembl|e /ə'sembl/ vt συγκεντρώνω. (mech) συναρμολογώ. • vi συγκεντρώνομαι. **~age** n (η) συγκέντρωση. (mech) (η) συναρμολόγηση

assembly /ə'sembli/ n (η) συνέλευση. **~ line** (η) γραμμή συναρμολόγησης

assent /ə'sent/ n (η) συγκατάθεση. • vi συγκατατίθεμαι

assert /ə'sɜ:t/ vt βεβαιώνω. (one's rights) διεκδικώ. **~ o.s.** επιβάλλομαι **~ion** /-ʃn/ n (ο) ισχυρισμός. **~ive** a κατηγορηματικός

assess /ə'ses/ vt εκτιμώ. (tax) προσδιορίζω. **~ment** n (η) εκτίμηση, (tax) (ο) προσδιορισμός

asset /'æset/ n (το) περιουσιακό στοιχείο. (advantage) (το) προσόν. **~s** (comm) (το) ενεργητικό

assiduous /ə'sidjʊəs/ a επίμονος

assign /ə'sain/ vt αναθέτω (to, σε). (jur) εκχωρώ. **~ment** n (task) (η) αποστολή (η) ανάθεση. (jur) (η) εκχώρηση

assignation /æsig'neiʃn/ n (η) μυστική συνάντηση. (meeting) (η) συνάντηση

assimilat|e /ə'simileit/ vt αφομοιώνω. **~ion** /-'eiʃn/ n (η) αφομοίωση

assist /ə'sist/ vt/i βοηθώ. **~ance** n (η) βοήθεια

assistant /ə'sistənt/ n (ο, η) βοηθός. (shop) **~** (ο, η) υπάλληλος. • a βοηθός

associat|e¹ /ə'səuʃieit/ vt/i συσχετίζω. **~e with** συνεργάζομαι με. **be ~ed έχω** σχέση. **~ion** /-'eiʃn/ n (η) συνεργασία. (organization) (ο) σύνδεσμος, (ο) σύλλογος. **Association football** (το) ποδόσφαιρο

associate² /ə'səuʃiət/ a συνεργαζόμενος. • n (ο) συνεργάτης

assort|ed /ə'sɔ:tid/ a ποικίλος. **~ment** n (η) ποικιλία

assume /ə'sju:m/ vt υποθέτω. (power, attitude) παίρνω. (role, burden) αναλαμβάνω

assumption /ə'sʌmpʃn/ n (η) υπόθεση

assurance /ə'ʃʊərəns/ n (η) διαβεβαίωση. (self-confidence) (η) αυτοπεποίθηση

assure /ə'ʃʊə(r)/ vt βεβαιώνω. **~d** a βέβαιος. **~dly** /-idli/ adv βέβαια

asterisk /'æstərisk/ n (ο) αστερίσκος

astern /ə'stɜ:n/ adv στην πρύμνη

asthma /'æsmə/ n (το) άσθμα. **~tic** /-'mætik/ a ασθματικός. • n (ο) ασθματικός

astonish /ə'stɒniʃ/ vt καταπλήσσω. **~ing** a καταπληκτικός. **~ingly** adv καταπληκτικά **~ment** n (η) κατάπληξη

astound /ə'staund/ vt καταπλήσσω

astray /ə'strei/ a παραστρατημένος. **go ~** παραστρατώ. **lead ~** παρασύρω

astride /ə'straid/ adv & prep καβάλα

astringent /ə'strɪndʒənt/ *a* στυπτικός. (*fig*) τραχύς. • *n* (ο) στυπτικός

astrology /ə'strɒlədʒɪ/ *n* (η) αστρολογία. **~er** (ο, η) αστρολόγος. **~ical** /æstrə'lɒdzɪkl/ *a* αστρολογικός

astronaut /'æstrənɔ:t/ *n* (ο) αστροναύτης, (η) αστροναύτις

astronom|y /ə'strɒnəmɪ/ *n* (η) αστρονομία. **~er** *n* (ο, η) αστρονόμος. **~ical** /æstrə'nɒmɪkl/ *a* αστρονομικός

astute /ə'stju:t/ *a* έξυπνος. **~ness** *n* (η) εξυπνάδα

asunder /ə'sʌndə(r)/ *adv* χωριστά

asylum /ə'saɪləm/ *n* (το) άσυλο. **lunatic ~** (το) τρελοκομείο. **political ~** (το) πολιτικό άσυλο

at /ət, æt/ *prep* σε. **~ Christmas** τα Χριστούγεννα. **~ half past five** στις πέντε και μισή. **~ home** στο σπίτι. **~ my friend's** στου φίλου μου. **~ the hairdresser's** στο κομμωτήριο **~ the station** στο σταθμό. **~ once** αμέσως. (*simultaneously*) μαζί. **~ times** κάποτε. **not ~ all** καθόλου

ate /eɪt/ *see* EAT

atheis|t /'eɪθɪɪst/ *n* (ο) αθεϊστής, (η) αθεΐστρια. **~m** /-zəm/ *n* (ο) αθεϊσμός

Athens /'æθənz/ *n* (η) Αθήνα

Athenian /ə'θi:nɪən/ *a* αθηναϊκός. • *n* (ο) Αθηναίος, (η) Αθηναία

athlet|e /'æθli:t/ *n* (ο) αθλητής, (η) αθλήτρια. **~ic** /-'letɪk/ *a* αθλητικός. **~ics** /-'letɪks/ *npl* (ο) αθλητισμός

Atlantic /ət'læntɪk/ *a* ατλαντικός. • *n* **~ (Ocean)** (ο) Ατλαντικός (Ωκεανός)

atlas /'ætləs/ *n* (ο) άτλαντας

atmospher|e /'ætməsfɪə(r)/ *n* (η) ατμόσφαιρα. **~ic** /-'ferɪk/ *a* ατμοσφαιρικός. **~ics** /-'ferɪks/ *npl* (τα) ατμοσφαιρικά παράσιτα

atom /'ætəm/ *n* (το) άτομο. **~ic** /ə'tɒmɪk/ *a* ατομικός

atomize /'ætəmaɪz/ *vt* ψεκάζω. **~r** /-ə(r)/ *n* (ο) ψεκαστήρας

atone /ə'təʊn/ *vi* **~ for** εξιλεώνομαι. **~ment** *n* (η) εξιλέωση

atrocious /ə'trəʊʃəs/ *a* απαίσιος

atrocit|y /ə'trɒsətɪ/ *n* (η) βιαιότητα. **~ies** *npl* (οι) ωμότητες

atrophy /'ætrəfɪ/ *n* (η) ατροφία. • *vt/i* ατροφώ

attach /ə'tætʃ/ *vt* επισυνάπτω (**to**, σε) **~ed** *a* (*position*) αποσπασμένος. (*fond*) αφοσιωμένος (**to**, σε). (*document*) επισυναπτόμενος **~ment** *n* (*affection*) (η) αφοσίωση. (*accessory*) (το) εξάρτημα

attaché /ə'tæʃeɪ/ *n* (*pol*) (ο) ακόλουθος. **~ case** (ο) χαρτοφύλακας

attack /ə'tæk/ *n* (η) επίθεση. • *vt/vi* επιτίθεμαι. **~er** *n* (ο) επιτιθέμενος

attain /ə'teɪn/ *vt* πραγματοποιώ. **~able** *a* εφικτός. **~ment** *n* (η) πραγματοποίηση. **~ments** *npl* (οι) επιτεύξεις

attempt /ə'tempt/ *vt* προσπαθώ. • *n* (η) προσπάθεια. **an ~ on s.o.'s life** απόπειρα δολοφονίας

attend /ə'tend/ *vt* εξυπηρετώ. (*school*) πηγαίνω. (*escort*) συνοδεύω. • *vi* προσέχω. **~ to** φροντίζω. **~ance** *n* (η) παρουσία. (*service*) (η) εξυπηρέτηση

attendant /ə'tendənt/ *n* (ο) συνοδός. (*of museum*) (ο) φύλακας. (*servant*) (ο) υπηρέτης, (η) υπηρέτρια

attention /ə'tenʃn/ *n* (η) προσοχή. **~!** (*mil*) Προσοχή! **pay ~** προσέχω (**to**, with acc.)

attentive /ə'tentɪv/ *a* προσεκτικός. (*considerate*) περιποιητικός. **~ly** *adv* με προσοχή. **~ness** *n* (η) περιποίηση

attenuate /ə'tenjʊeɪt/ *vt* εξασθενίζω

attest /ə'test/ *vt/i* επικυρώνω. **~ation** /æte'steɪʃn/ *n* (η) επικύρωση

attic /'ætɪk/ *n* (η) σοφίτα

attire /ə'taɪə(r)/ *n* (η) περιβολή. • *vt* ντύνω

attitude /'ætɪtju:d/ *n* (η) στάση

attorney /ə'tɜ:nɪ/ *n* (ο) πληρεξούσιος. (*Amer*) (ο) δικηγόρος

attract /ə'trækt/ *vt* ελκύω. **~ion** /-ʃn/ *n* (η) έλξη. (*charm*) (η) γοητεία

attractive /ə'træktɪv/ *a* ελκυστικός (*person*) γοητευτικός. **~ly** *adv* ελκυστικά **~ness** *n* (η) ελκυστικότητα

attribute[1] /'ætrɪbju:t/ *vt* αποδίδω (**to**, σε)

attribute[2] /'ætrɪbju:t/ *n* (η) ιδιότητα

attrition /ə'trɪʃn/ *n* (η) φθορά. **war of ~** πόλεμος φθοράς

aubergine /'əʊbəʒi:n/ *n* (η) μελιτζάνα

auburn /'ɔ:bən/ *a* πυρρόξανθος

auction /'ɔ:kʃn/ *n* (η) δημοπρασία. **~ (sale)** (ο) πλειστηριασμός. • *vt* δημοπρατώ. **~eer** /-ə'nɪə(r)/ *n* (ο) πλειστηριαστής

audaci|ous /ɔ:'deɪʃəs/ *a* θρασύς. **~ty** /-æsətɪ/ *n* (το) θράσος

audible /'ɔ:dəbl/ *a* ακουστός

audience /'ɔ:dɪəns/ *n* (*interview*) (η) ακρόαση. (*theatr, radio*) (το) ακροατήριο.

audiovisual /ɔ:dɪəʊ'vɪzʊəl/ *a* οπτικοακουστικός

audit /'ɔ:dɪt/ *n* (ο) λογιστικός έλεγχος. • *vt* ελέγχω

audition /ɔ:'dɪʃn/ *n* (η) ακρόαση, (η) οντισιόν *invar*. • *vi* πάω για ακρόαση

auditor /'ɔ:dɪtə(r)/ *n* (ο) ελεγκτής

auditorium /ɔ:dɪ'tɔ:rɪəm/ *n* (η) αίθουσα ακροάσεων

augment /ɔ:g'ment/ *vt* αυξάνω

augur /'ɔ:gə(r)/ *vi* προοιωνίζομαι. **it ~s well** είναι καλός οιωνός

august /ɔ:'gʌst/ *a* σεβάσμιος, σεβαστός

August /'ɔ:gəst/ *n* (ο) Αύγουστος

aunt /ɑ:nt/ *n* (η) θεία

au pair /əʊ'peə(r)/ *n* (η) οπέρ (κοπέλα που προσέχει παιδιά) *invar*

aura /'ɔ:rə/ *n* (η) ατμόσφαιρα

auspices /'ɔːspɪsɪz/ *npl (protection)* (η) αιγίδα. **under the ~ of** υπό την αιγίδα

auspicious /ɔː'spɪʃɪz/ *a* ευοίωνος

auster|e /ɔː'stɪə(r)/ *a* αυστηρός. **~ity** /-erətɪ/ *n* (η) αυστηρότητα

Australia /ɒ'streɪlɪə/ *n* (η) Αυστραλία. **~n** *a* αυστραλιανός. • *n* (ο) Αυστραλός, (η) Αυστραλέζα

Austria /'ɒstrɪə/ *n* (η) Αυστρία. **~n** *a* αυστριακός. • *n* (ο) Αυστριακός, (η) Αυστριακή

authentic /ɔː'θentɪk/ *a* αυθεντικός. **~ity** /-ən'tɪsətɪ/ *n* (η) αυθεντικότητα

authenticate /ɔː'θentɪkeɪt/ *vt* επικυρώνω

author /'ɔːθə(r)/ *n* (ο, η) συγγραφέας. **~ship** (η) συγγραφή. *(origin)* (η) πατρότητα

authoritarian /ɔːθɒrɪ'teərɪən/ *a* αυταρχικός

authorit|y /ɔː'θɒrətɪ/ *n* (η) αρχή. *(permission)* (η) εξουσιοδότηση. **in ~** στην εξουσία. **~ative** /-ɪtətɪv/ *a* έγκυρος. *(manner)* επιτακτικός

authoriz|e /'ɔːθəraɪz/ *vt* εξουσιοδοτώ. **~ation** /-'zeɪʃn/ *n* (η) εξουσιοδότηση

autistic /ɔː'tɪstɪk/ *a* αυτιστικός

autobiograph|y /ɔːtəbaɪ'ɒɡrəfɪ/ *n* (η) αυτοβιογραφία. **~ical** /-ə'ɡræfɪkl/ *a* αυτοβιογραφικός

autocracy /ɔː'tɒkrəsɪ/ *n* (η) απολυταρχία

autocrat /'ɔːtəkræt/ *n* (η) απόλυτος κύριος. **~ic** /-'krætɪk/ *a* απολυταρχικός

autograph /'ɔːtəɡrɑːf/ *n* (το) αυτόγραφο. • *vt* δίνω αυτόγραφο

automat|e /'ɔːtəmeɪt/ *vt* αυτοματοποιώ. **~ion** /-'meɪʃn/ *n* (η) αυτοματοποίηση

automatic /ɔːtə'mætɪk/ *a* αυτόματος. **~ally** /-klɪ/ *adv* αυτομάτως

automaton /ɔː'tɒmətən/ *n* (το) αυτόματο

automobile /'ɔːtəməbiːl/ *n* (Amer) (το) αυτοκίνητο

autonom|y /ɔː'tɒnəmɪ/ *n* (η) αυτονομία. **~ous** *a* αυτόνομος

autopsy /'ɔːtɒpsɪ/ *n* (η) νεκροτομή

autumn /'ɔːtəm/ *n* (το) φθινόπωρο. **~al** /-'tʌmnəl/ *a* φθινοπωρινός

auxiliary /ɔːɡ'zɪlɪərɪ/ *a* βοηθητικός. • *n* (ο, η) βοηθός. **~ verb** (το) βοηθητικό ρήμα

avail /ə'veɪl/ *vi* ωφελώ. **~ o.s. of** επωφελούμαι από. • *n* (το) όφελος. **to no ~** χωρίς όφελος

availab|le /ə'veɪləbl/ *a* διαθέσιμος. **~ility** /-'bɪlətɪ/ *n* (η) διαθεσιμότητα

avalanche /'ævəlɑːnʃ/ *n* (η) χιονοστιβάδα

avaric|e /'ævərɪs/ *n* (η) φιλαργυρία. **~ious** /-'rɪʃəs/ *a* φιλάργυρος

avenge /ə'vendʒ/ *vt* εκδικούμαι. **~ o.s.** εκδικούμαι

avenue /'ævənjuː/ *n* (η) λεωφόρος. *(fig)* (ο) δρόμος

average /'ævərɪdʒ/ *n* (ο) μέσος όρος. • *a* μέσος. • *vt* κάνω κατά μέσο όρο. **on ~** κατά μέσο όρο

avers|e /ə'vɜːs/ *a* εναντίος. **be ~ to** αντιτίθεμαι σε. **~ion** /-ʃn/ *n* (η) αποστροφή

avert /ə'vɜːt/ *vt (turn away)* αποστρέφω. *(ward off)* αποτρέπω

aviary /'eɪvɪərɪ/ *n* (το) πτηνοτροφείο

aviation /eɪvɪ'eɪʃn/ *n* (η) αεροπορία

avid /'ævɪd/ *a* άπληστος. **~ity** /-'vɪdətɪ/ *n* (η) απληστία

avocado /ævə'kɑːdəʊ/ *n (pl -os)* (το) αβοκάντο

avoid /ə'vɔɪd/ *vt* αποφεύγω. **~able** *a* που μπορεί να αποφευχθεί. **~ance** *n* (η) αποφυγή

await /ə'weɪt/ *vt* περιμένω

awake /ə'weɪk/ *vt/i (pt awoke, pp awoken)* ξυπνώ. • *a* ξύπνιος. **wide ~** εντελώς ξύπνιος

awaken /ə'weɪkən/ *vt/i* αφυπνίζω/ομαι. **~ing** *n* (η) αφύπνιση

award /ə'wɔːd/ *vt* απονέμω. • *n* (η) απονομή. *(scholarship)* (η) επιχορήγηση

aware /ə'weə(r)/ *a* ενήμερος. **be ~ of** γνωρίζω. **~ness** *n* (η) αντίληψη

awash /ə'wɒʃ/ *a* πλημμυρισμένος

away /ə'weɪ/ *adv* μακριά. *(far)* μακριά. **he was writing/laughing ~** έγραφε/γελούσε. **be ~** λείπω. **it is ten kilometres ~ (from)** απέχει δέκα χιλιόμετρα (από). • *a* **~ match** (ο) αγώνας εκτός έδρας

awe /ɔː/ *n* (το) δέος. **~-inspiring** *a* που προκαλεί δέος, επιβλητικός. **~some** *a* που προκαλεί δέος. **~struck** *a* φοβισμένος

awful /'ɔːfl/ *a* φοβερός. **~ly** *adv* φοβερά. *(very: fam)* πολύ

awhile /ə'waɪl/ *adv* λίγο

awkward /'ɔːkwəd/ *a (difficult)* δύσκολος. *(inconvenient)* ενοχλητικός. *(clumsy)* αδέξιος. *(embarrassing)* ενοχλητικός. *(embarrassed)* αμήχανος. **~ly** *adv (clumsily)* αδέξια. *(with embarrassment)* αμήχανα. **~ness** *n* (η) αδεξιότητα. *(discomfort)* (η) στενοχώρια

awning /'ɔːnɪŋ/ *n* (η) τέντα

awoke, awoken /ə'wəʊk, ə'wəʊkən/ *see* AWAKE

awry /ə'raɪ/ *adv* στραβά. • *a* στραβός

axe /æks/ *n* (το) τσεκούρι. • *vt (pres p axing)* περικόβω. *(fig)* απολύω

axiom /'æksɪəm/ *n* (το) αξίωμα

axis /'æksɪs/ *n (pl axes* /-iːz/) (ο) άξονας

axle /'æksl/ *n* (ο) άξονας

Bb

BA *abbr see* BACHELOR

babble /'bæbl/ *vi* φλυαρώ. (*stream*) κελαρύζω. • *n* (η) φλυαρία. (*of water*) (το) κελάρυσμα

baboon /bə'bu:n/ *n* (ο) βαβουίνος

baby /'beɪbɪ/ *n* (το) μωρό. **~ carriage** *n* (*Amer*) (το) καροτσάκι (μωρού). **~-sit** *vi* προσέχω μωρό. **~-sitter** *n* (ο, η) μπέιμπισίτερ *invar*

babyish /'beɪbɪʃ/ *a* μωρουδίστικος

bachelor /'bætʃələ(r)/ *n* (ο) εργένης. **B~ of Arts, BA** πανεπιστημιακό πτυχίο συμπλήρωσης ανθρωπιστικών σπουδών. **B~ of Science, B.Sc.** πανεπιστημιακό πτυχίο συμπλήρωσης σπουδών στις επιστήμες

back /bæk/ *n* (η) πλάτη. (*of car, house*) (το) πίσω μέρος. (*of chair*) (η) πλάτη. (*of cloth*) (η) ανάποδη. (*of hand*) (η) ράχη. • *a* πίσω. • *adv* πίσω. (*returned*) πίσω. • *vt* (*support*) υποστηρίζω. (*betting*) στοιχηματίζω σε. • *vtli* (*car*) κάνω όπισθεν. **go ~ and forth** πηγαινοέρχομαι. **~-bencher** *n* (*pol*) (ο) απλός βουλευτής. **~ door** (η) πίσω πόρτα. **~ down** υποχωρώ. **~ number** (*newspaper*) παλιό φύλλο. (*magazine*) παλιό τεύχος. **~ of beyond** (η) ερημιά. **~ out** υπαναχωρώ. **~ to front** ανάποδα. **~ up** υποστηρίζω. (*computing*) κάνω αντίγραφο ασφαλείας (*with gen*). **~-up** *n* (η) υποστήριξη. • *a* εφεδρικός

backache /'bækeɪk/ *n* (ο) πόνος στη μέση

backbiting /'bækbaɪtɪŋ/ *n* (η) κακολογία

backbone /'bækbəʊn/ *n* (η) ραχοκοκαλιά. (*fig*) (η) σπονδυλική στήλη

backchat /'bæktʃæt/ *n* (η) αυθάδεια

backdate /bæk'deɪt/ *vt* προχρονολογώ

backer /'bækə(r)/ *n* (ο) υποστηρικτής, (η) υποστηρίχτρια. (*comm*) (ο) χρηματοδότης

backfire /bæk'faɪə(r)/ *vi* (*auto*) εκπυρσοκροτώ. (*fig*) έχω δυσάρεστο αποτέλεσμα

backgammon /bæk'gæmən/ *n* (το) τάβλι

background /'bækgraʊnd/ *n* (το) βάθος. (*fig*) (το) ιστορικό. (*position*) (τα) παρασκήνια. • *a* συμπληρωματικός

backhand /'bækhænd/ *n* (*sport*) (το) ρεβέρ *invar*. **~ed** *a* ανάποδος. (*indirect*) έμμεσος. **~ed blow** (η) ανάποδη. **~er** *n* (*sport*) (το) ρεβέρ *invar*. (*bribe: sl*) (το) ύπουλο χτύπημα

backing /'bækɪŋ/ *n* (η) υποστήριξη

backside /bæk'saɪd/ *n* (*fam*) (ο) πισινός

backstage /bæk'steɪdʒ/ *n* (το) παρασκήνιο. • *adv* στα παρασκήνια

backstreet /'bækstri:t/ *n* (ο) συνοικιακός δρόμος

backstroke /'bækstrəʊk/ *n* (*swimming*) (το) ύπτιο

backtrack /'bæktræk/ *vi* οπισθοδρομώ. (*change one's opinion*) αλλάζω γνώμη

backward /'bækwəd/ *a* προς τα πίσω. (*retarded*) καθυστερημένος

backwards /'bækwədz/ *adv* προς τα πίσω. (*fall*) ανάσκελα. **go ~ and forwards** πηγαινοέρχομαι

backwater /'bækwɔ:tə(r)/ *n* (τα) λιμνάζοντα νερά. (*fig*) (ο) απομονωμένος και καθυστερημένος τόπος

bacon /'beɪkən/ *n* (το) μπέικον *invar*

bacteria /bæk'tɪərɪə/ *npl* (τα) βακτηρίδια. **~l** *a* βακτηριολογικός

bad /bæd/ *a* (**worse, worst**) κακός. (*wicked*) κακός. (*harmful*) βλαβερός. (*serious*) σοβαρός. (*food*) χαλασμένος. **feel ~** αισθάνομαι άσχημα. **use ~ language** βρίζω. **~-mannered** *a* αγενής. **~-tempered** *a* δύστροπος. **~ly** *adv* άσχημα. **~ly off** σε κακή οικονομική κατάσταση. **want ~ly** θέλω πολύ

bade /beɪd/ *see* BID

badge /bædʒ/ *n* (η) κονκάρδα

badger /'bædʒə(r)/ *n* (ο) ασβός. • *vt* ενοχλώ

badminton /'bædmɪntən/ *n* (το) μπάντμιντον *invar*

baffle /'bæfl/ *vt* εγνώνω σε αμηχανία

bag /bæg/ *n* (*handbag*) (η) τσάντα. (*sack*) (η) σακούλα. **~s** (*luggage*) (οι) αποσκευές. (*under eyes*) (οι) σακούλες **~s of** (*fam*) πολλά. • *vt* (*pt* **bagged**) βάζω σε σάκο. (*take*) βουτώ.

baggage /'bægɪdʒ/ *n* (οι) αποσκευές

baggy /'bægɪ/ *a* (*clothes*) σακουλιασμένος

bagpipes /'bægpaɪps/ *npl* (η) γκάιντα

Bahamas /bə'hɑ:məz/ *npl* **the ~** οι Μπαχάμας

bail[1] /beɪl/ *n* (η) εγγύηση για απόλυση. • *vt* εγγυώμαι. **~ s.o. out** ελευθερώνω με πληρωμή εγγύησης

bail[2] /beɪl/ *vt* (*naut*) **~ out a boat** βγάζω νερό από σκάφος

bailiff /'beɪlɪf/ *n* (ο) δικαστικός κλητήρας. (*of estate*) (ο) επιστάτης

bait /beɪt/ *n* (το) δόλωμα. • *vt* δολώνω. (*torment*) βασανίζω

bak|e /beɪk/ *vt* ψήνω. • *vi* ξεροψήνομαι. **~er** *n* (ο) αρτοποιός. (*fam*) (ο) φούρναρης. **~ing** *n* (το) φήσιμο. (*of bread*) (η) φουρνιά. **~ing-powder** *n* (το) μπέικιν πάουντερ *invar*. **~ing tin** *n* (το) ταψί

bakery /'beɪkərɪ/ *n* (το) αρτοποιείο. (*fam*) (ο) φούρνος

balance /'bæləns/ *n* (η) ισορροπία. (*comm*) (το) ισοζύγιο. (*sum*) (το) υπόλοιπο. (*scales*) (η) ζυγαριά. (*of clock*) (η) αντιστάθμιση. • *vt* ισορροπώ. (*comm*) ισοσκελίζω. • *vi* αμφιταλαντεύομαι. **keep one's ~** διατηρώ την ισορροπία μου. **lose one's ~** χάνω την ισορροπία μου. **~d** *a* ισορροπημένος

balcony /'bælkənɪ/ *n* (το) μπαλκόνι

bald /bɔ:ld/ *a* (-er, -est) φαλακρός. (*tyre*) φαλακρός. **~ly** *adv* ξερά. **~ness** *n* (η) φαλάκρα

balderdash /'bɔ:ldədæʃ/ *n* (οι) ανοησίες

bale[1] /beɪl/ *n* (η) μπάλα (*εμπορευμάτων*)

bale[2] /beɪl/ *vi* **~ out** πέφτω με αλεξίπτωτο

baleful /'beɪlfʊl/ *a* απαίσιος, φριχτός

balk /bɔ:k/ *vi* δειλιάζω. **~ at the thought** δειλιάζω με την ιδέα

ball[1] /bɔ:l/ *n* (*football*) (η) μπάλα. (*of yarn*) (το) κουβάρι. (*sphere*) (η) σφαίρα. **~-bearing** *n* (το) ρουλεμάν. **~-cock** *n* (η) φούσκα (*σε καζανάκι*). **~-point** (*pen*) *n* (το) στυλό διαρκείας

ball[2] /bɔ:l/ *n* (*dance*) (ο) χορός

ballad /'bæləd/ *n* (η) μπαλάντα

ballast /'bæləst/ *n* (το) έρμα

ballet /'bæleɪ/ *n* (το) μπαλέτο. **~ dancer** (ο) χορευτής, (η) χορεύτρια μπαλέτου

ballistic /bə'lɪstɪk/ *a* βαλλιστικός. **~ missile** (το) βαλλιστικό βλήμα. **~s** *n* (η) βαλλιστική

balloon /bə'lu:n/ *n* (το) μπαλόνι. **hot-air ~** (το) αερόστατο

ballot /'bælət/ *n* (η) ψηφοφορία. **(-paper)** (το) ψηφοδέλτιο. **~-box** *n* (η) κάλπη. • *vi* (*pt* **balloted**) ψηφίζω. • *vt* καλώ να ψηφίσει

ballroom /'bɔ:lru:m/ *n* (η) αίθουσα χορού

ballyhoo /'bælɪ'hu:/ *n* (*publicity*) (η) θορυβώδης διαφήμιση. (*uproar*) (η) φασαρία

balm /ba:m/ *n* (το) βάλσαμο. **~y** *a* (*air*) μυρωμένος. (*mad*: *sl*) τρελός

baloney /bə'ləʊnɪ/ *n* (*sl*) (οι) τρίχες (*ανοησίες*)

balustrade /bælə'streɪd/ *n* (το) κιγκλίδωμα

bamboo /bæm'bu:/ *n* (το) μπαμπού *invar*

bamboozle /bæm'bu:zl/ *vt* (*fam*) εξαπατώ, ξεγελώ

ban /bæn/ *vt* (*pt* **banned**) απαγορεύω. **~ from** αποκλείω από. • *n* (η) απαγόρευση

banal /bə'na:l/ *a* κοινότοπος. **~ity** /-'ælətɪ/ *n* (η) κοινοτοπία

banana /bə'na:nə/ *n* (η) μπανάνα. **~-tree** *n* (η) μπανανιά

band /bænd/ *n* (η) λωρίδα. (*on hat*) (η) κορδέλα. (*mus*) (η) ορχήστρα. (*mil*) (η) μπάντα. (*of thieves*) (η) συμμορία. • *vi* **~ together** συνενώνομαι με άλλους (*για κοινή δράση*)

bandage /'bændɪdʒ/ *n* (ο) επίδεσμος. • *vt* επιδένω

bandit /'bændɪt/ *n* (ο) ληστής

bandstand /'bændstænd/ *n* (η) εξέδρα ορχήστρας

bandwagon /'bændwægən/ *n* **jump on the ~** (*fig*) πάω με το ρεύμα

bandy[1] /'bændɪ/ *vt* ανταλλάσσω. **~ about** συζητώ

bandy[2] /'bændɪ/ *a* (-ier, -iest) **~-legged** *a* στραβοπόδης

bane /beɪn/ *n* (*fig*) (η) καταστροφή. **the ~ of one's life** η πληγή της ζωής μου. **~ful** *a* ολέθριος

bang /bæŋ/ *n* (*noise*) (ο) βρόντος. (*blow*) (το) δυνατό χτύπημα. (*of gun*) (η) εκπυρσοκρότηση. (*of door*) (το) βρόντημα. • *vt/i* βροντώ. • *adv* **~ on** ακριβώς. **~!** *int* μπαμ!

banger /'bæŋə(r)/ *n* (το) πυροτέχνημα. (*sausage*: *sl*) είδος λουκάνικου. (**old**) **~** (*car*: *sl*) (το) σαραβαλάκι

bangle /'bæŋgl/ *n* (το) βραχιόλι

banish /'bænɪʃ/ *vt* εξορίζω

banisters /'bænɪstəz/ *npl* (τα) κάγκελα

banjo /'bændʒəʊ/ *n* (*pl* **-os**) (το) μπάντζο *invar*

bank[1] /bæŋk/ *n* (*of river*) (η) όχθη. (*of stand*) (ο) πάγκος. • *vt* (*a river*) κρηπιδώνω. (*fire*) σκεπάζω με στάχτη. • *vi* (*aviat*) κλίνω

bank[2] /bæŋk/ *n* (η) τράπεζα. • *vi* έχω λογαριασμό σε τράπεζα. • *vt* καταθέτω. **~ account** *n* (ο) τραπεζικός λογαριασμός **~ holiday** *n* (η) αργία. **~ on** στηρίζομαι σε. **~ with** η τράπεζά μου είναι. **~er** *n* (ο) τραπεζίτης. **~ing** *n* (οι) τραπεζικές εργασίες

banknote /'bæŋknəʊt/ *n* (το) χαρτονόμισμα

bankrupt /'bæŋkrʌpt/ *a* χρεοκοπημένος. **go ~** πτωχεύω. • *n* (ο) χρεοκοπημένος. • *vt* οδηγώ σε πτώχευση/χρεοκοπία. **~cy** *n* (η) πτώχευση, (η) χρεοκοπία

banner /'bænə(r)/ *n* (η) σημαία

banns /bænz/ *npl* (η) αγγελία γάμου στην εκκλησία

banquet /'bæŋkwɪt/ *n* (το) συμπόσιο

banter /'bæntə(r)/ *n* (το) πείραγμα. • *vi* αστειεύομαι

bap /bæp/ *n* (το) ψωμάκι

baptism /'bæptɪzəm/ *n* (το) βάφτισμα

baptize /bæp'taɪz/ *vt* βαφτίζω

bar /ba:(r)/ *n* (η) ράβδος. (*on window*) (το) κάγκελο. (*jur*) (το) εδώλιο. (*of chocolate*) (η) πλάκα. (*of gold*) (η)

ράβδος. (of soap) (η) πλάκα. (pub) (το)
μπαρ invar. (counter) (ο) πάγκος. (mus)
(το) μέτρο. (fig) (το) εμπόδιο. • vt (pt
barred) κλείνω. (exclude) αποκλείω.
(prohibit) απαγορεύω. • prep εκτός από.
~ code n (ο) γραμμικός κώδικας
barbarian /ba:'beəriən/ a βάρβαρος. • n
(ο) βάρβαρος
barbar|ic /ba:'bærɪk/ a βαρβαρικός. ~ity
/-əti/ n (η) βαρβαρότητα. ~ous
/'ba:bərəs/ a βάρβαρος
barbecue /'ba:bɪkju:/ n (το) φαγητό στα
κάρβουνα. • vt ψήνω στα κάρβουνα
barbed /ba:bd/ a ακιδωτός. ~ wire (το)
συρματόπλεγμα
barber /'ba:bə(r)/ n (ο) κουρέας
barbiturate /ba:'bɪtjʊrət/ n (το)
βαρβιτουρικό
bare /beə(r)/ a (-er, -est) γυμνός. (mere)
ελάχιστος. • vt γυμνώνω. ~ one's teeth
δείχνω τα δόντια μου. ~ly adv μόλις.
~ness n (η) γύμνια
bareback /'beəbæk/ adv χωρίς σέλα
barefaced /'beəfeɪst/ a ξεδιάντροπος,
αναιδής
barefoot /'beəfʊt/ a & adv ξυπόλυτος
bareheaded /'beəhedɪd/ a ξεσκούφωτος
bargain /'ba:gɪn/ n (το) παζάρεμα.
(agreement) (η) συμφωνία. (good buy) (η)
ευκαιρία. • vi (haggle) παζαρεύω. he got
more than he ~ed for τα βρήκε σκούρα
barge /ba:dʒ/ n (η) φορτηγίδα. • vi ~ in
μπαίνω απρόσκλητος. (fig) διακόπτω
(συνομιλία)
baritone /'bærɪtəʊn/ n (ο) βαρύτονος
barium /'beəriəm/ n (το) βάριο
bark¹ /ba:k/ n (of tree) (ο) φλοιός
bark² /ba:k/ n (of dog) (το) γαύγισμα. • vi
γαυγίζω
barley /'ba:lɪ/ n (το) κριθάρι
barmaid /'ba:meɪd/ n (η) σερβιτόρα (σε
μπαρ)
barman /'ba:mən/ n (pl -men) (ο)
μπάρμαν invar
barmy /'ba:mɪ/ a (sl) λίγο τρελός
barn /ba:n/ n (η) (σιτ)αποθήκη
barometer /bə'rɒmɪtə(r)/ n (το)
βαρόμετρο
baron /'bærən/ n (ο) βαρόνος. ~ess n (η)
βαρόνη
baroque /bə'rɒk/ a μπαρόκ invar. • n (το)
μπαρόκ invar
barracks /'bærəks/ npl (ο) στρατώνας
barrage /'bæra:ʒ/ n (το) μπαράζ invar
barrel /'bærəl/ n (το) βαρέλι. (of gun) (η)
κάννη. ~-organ n (η) λατέρνα
barren /'bærən/ a (person, animal)
στείρος. (ground) άγονος. ~ness n (η)
αγονία
barricade /'bærɪkeɪd/ n (το) οδόφραγμα.
• vt οχυρώνω
barrier /'bærɪə(r)/ n (ο) φραγμός. (fig) (το)
εμπόδιο

barring /'ba:rɪŋ/ prep εκτός από
barrister /'bærɪstə(r)/ n (ο, η) δικηγόρος
με ειδίκευση σε ανώτερα δικαστήρια
barrow /'bærəʊ/ n (το) ανάχωμα.
(wheelbarrow) (το) καροτσάκι (του
κήπου)
barter /'ba:tə(r)/ n (η) ανταλλαγή. • vt
ανταλλάσσω
base /beɪs/ n (η) βάση, (το) στήριγμα. • vt
βασίζω, στηρίζω. • a ποταπός. ~less a
αβάσιμος
baseball /'beɪsbɔ:l/ n (το) μπέισμπολ invar
baseboard /'beɪsbɔ:d/ n (Amer) (το)
σοβατεπί
basement /'beɪsmənt/ n (το) υπόγειο
bash /bæʃ/ vt χτυπώ δυνατά. • n (το) βίαιο
χτύπημα. have a ~ (sl) προσπαθώ
bashful /'bæʃfl/ a ντροπαλός
basic /'beɪsɪk/ a βασικός. ~ally adv
βασικά
basil /'bæzl/ n (ο) βασιλικός
basilica /bə'zɪlɪkə/ n (η) βασιλική
(κτίριο)
basin /'beɪsn/ n (for washing) (ο)
νιπτήρας. (for food) (η) λεκάνη. (geog)
(η) κοιλάδα
basis /'beɪsɪs/ n (pl bases /-si:z/) (η) βάση
bask /ba:sk/ vi λιάζομαι
basket /'ba:skɪt/ n (το) καλάθι
basketball /'ba:skɪtbɔ:l/ n (η)
καλαθόσφαιρα, (το) μπάσκετ invar
bass¹ /beɪs/ a (mus) μπάσος. • n (pl
basses) (το) μπάσο
bassoon /bə'su:n/ n (το) φαγκότο invar.
bastard /'ba:stəd/ n (ο) νόθος. (sl) (ο)
παλιάνθρωπος
baste /beɪst/ vt (sew) τρυπώνω. (culin)
αλείφω με λίπος
bastion /'bæstiən/ n (η) έπαλξη, (ο)
προμαχώνας
bat¹ /bæt/ n (for cricket) (το) ρόπαλο. (for
table tennis) (η) ρακέτα. • vt (pt batted)
χτυπώ με το ρόπαλο. not ~ an eyelid
δεν δείχνω σημεία έκπληξης ή
ανησυχίας. off one's own ~ με δική
μου πρωτοβουλία
bat² /bæt/ n (mammal) (η) νυχτερίδα
batch /bætʃ/ n (of people) (η) ομάδα. (of
papers) (η) δέσμη. (of goods) (η)
παρτίδα. (of bread) (η) φουρνιά
bated /'beɪtɪd/ a with ~ breath με
κομμένη την ανάσα
bath /ba:θ/ n (pl -s /ba:ðz/) (το) μπάνιο.
(tub) (η) μπανιέρα. ~s (τα) λουτρά.
• vt/i κάνω μπάνιο (σε)
bathe /beɪð/ vt ι λούζω. • vi (swim) κάνω
μπάνιο (στη θάλασσα). (wash) κάνω
μπάνιο. • n (το) μπάνιο. ~r /-ə(r)/ n (ο)
λουόμενος
bathing /'beɪðɪŋ/ n (το) μπάνιο.
~-costume n (το) μαγιό
bathrobe /'bæθr@ub/ n (Amer) (η) ρόμπα
bathroom /'ba:θrʊm/ n (το) μπάνιο

baton /'bætən/ n (η) ράβδος. (mus) (η) μπαγκέτα

battalion /bə'tælɪən/ n (το) τάγμα

batter /'bætə(r)/ vt χτυπώ. • n (culin) (o) χυλός από αλεύρι. **~ed** a (damaged) χτυπημένος. **~ed wife** (η) κακοποιημένη γυναίκα. **~ing** n (η) κακομεταχείριση

battery /'bætərɪ/ n (η) μπαταρία. (of car) (o) συσσωρευτής. **~ charger** n (o) φορτιστής μπαταρίας

battle /'bætl/ n (η) μάχη. (fig) (o) αγώνας. • vi μάχομαι. (fig) αγωνίζομαι

battleaxe /'bætlæks/ n (woman: fam) (η) δεσποτική γυναίκα

battlefield /'bætlfiːld/ n (το) πεδίο της μάχης

battlements /'bætlmənts/ npl (wall) (οι) επάλξεις

battleship /'bætlʃɪp/ n (το) θωρηκτό

batty /'bætɪ/ a (sl) τρελός

baulk /bɔːlk/ vt/i = **balk**

bawdy /'bɔːdɪ/ a (-ier, -iest) χυδαίος, άσεμνος. **~iness** n (η) χυδαιότητα

bawl /bɔːl/ vt/i φωνάζω

bay[1] /beɪ/ n (bot) (η) δάφνη. **~-leaf** n (το) φύλλο δάφνης

bay[2] /beɪ/ n (geog) (o) κόλπος. (area) (το) κοίλωμα. **~ window** n παράθυρο σε προεξοχή τοίχου

bay[3] /beɪ/ n (of dog) (το) γάβγισμα. • vi γαβγίζω. **keep at ~** κρατώ σε απόσταση

bayonet /'beɪənɪt/ n (η) ξιφολόγχη

bazaar /bə'zɑː(r)/ n (το) παζάρι

BC abbr π.Χ

be /biː/ vi (pres am, are, is; pt was, were; pp been) είμαι. **~ cold/hot** κρυώνω/ζεσταίνομαι. **it is cold/hot** (weather) κάνει κρύο/ζέστη. **he/she is 40** είναι 40. **she is to go** (must be dismissed) πρέπει να απολυθεί. **how are you? πώς είσαι; how much is it?** πόσο κάνει; **~ reading/walking** (aux) διαβάζω/πηγαίνω περίπατο. **I have been to** πήγα σε

beach /biːtʃ/ n (η) ακτή, (η) παραλία

beachcomber /'biːtʃkəʊmə(r)/ n (o) αλήτης

beacon /'biːkən/ n (light) (o) φάρος

bead /biːd/ n (η) χάντρα

beak /biːk/ n (το) ράμφος

beaker /'biːkə(r)/ n (το) κύπελλο, (η) κούπα

beam /biːm/ n (of wood) (το) δοκάρι. (of light) (η) ακτίνα, (η) δέσμη ακτίνων. (naut) (το) πλάτος. **be on one's ~-ends** είμαι απέναρος. • vi (person) λάμπω από χαρά. (sun) ρίχνω ακτίνες **~ing** a λαμπερός

bean /biːn/ n broad **~** (το) κουκί. French **~** (το) φασολάκι. haricot **~** (το) φασόλι. (of coffee) (o) κόκκος

beano /'biːnəʊ/ n (pl -os) (sl) (η) διασκέδαση, (το) γλέντι

bear[1] /beə(r)/ n (η) αρκούδα

bear[2] /beə(r)/ vt/i (pt bore, pp borne) (carry) φέρω, μεταφέρω. (endure) υποφέρω, αντέχω. (child) γεννώ. **~ in mind** έχω υπόψη. **~ left/right** στρέφομαι προς τα αριστερά/δεξιά. **~ with** έχω υπομονή με. **~able** a υποφερτός. **~er** n (o) κομιστής, (η) κομίστρια

beard /bɪəd/ n (τα) γένια. **~ed** a γενειοφόρος

bearing /'beərɪŋ/ n (behaviour) (η) διαγωγή. (direction, position) (η) κατεύθυνση. (relevance) (η) σχέση. (mech) (το) κουζινέτο. **~s** npl (fig) (o) προσανατολισμός. **get one's ~s** βρίσκω τον προσανατολισμό μου

beast /biːst/ n (το) κτήνος. (person) (το) κτήνος

beastly /'biːstlɪ/ a (-ier, -iest) (fam) κτηνώδης. (fig) άθλιος

beat /biːt/ vt/i (pt beat, pp beaten) δέρνω. (culin) χτυπώ. (fig) κερδίζω. • n (mus) (o) χρόνος. (of policeman) (η) περιπολία. (of heart) (o) παλμός. **~ a retreat** (mil) υποχωρώ. **~ it** (sl) στρίβε. **~ time** κρατώ το χρόνο. **~ up** σπάζω στο ξύλο. **it ~s me** με αφήνει άναυδο. **~er** n (το) χτυπητήρι. **~ing** n (το) ξυλοκόπημα. (culin) (το) χτύπημα

beautician /bjuː'tɪʃn/ n (o, η) αισθητικός

beautiful /'bjuːtɪfl/ a ωραίος, όμορφος. **~ly** adv ωραία, όμορφα

beautify /'bjuːtɪfaɪ/ vt ομορφαίνω

beauty /'bjuːtɪ/ n (η) ομορφιά. (woman) (η) καλλονή. **~ parlour** n (το) ινστιτούτο καλλονής. **~ spot** n (on face) (η) ελιά. (place) (το) γραφικό τοπίο

beaver /'biːvə(r)/ n (o) κάστορας

became /bɪ'keɪm/ see BECOME

because /bɪ'kɒz/ conj επειδή, διότι. • adv **~ of** εξαιτίας

beck /bek/ n at the **~ and call of** στη διάθεση κάποιου

beckon /'bekən/ vt/i κάνω νόημα. **~ (to)** γνέφω (σε)

become /bɪ'kʌm/ vt/i (pt became, pp become) γίνομαι. (suit) ταιριάζω. **what has ~ of her/him/it?** τι απέγινε;

becoming /bɪ'kʌmɪŋ/ a (seemly) πρέπων. (clothes) ταιριαστός

bed /bed/ n (το) κρεβάτι. (layer) (το) στρώμα. (of sea) (o) πυθμένας. (of river) (η) κοίτη. (of flowers) (το) παρτέρι. **~ and breakfast** διαμονή και πρόγευμα. **in ~** στο κρεβάτι. **go to ~** πλαγιάζω. • vi (pt bedded) **~ down** ετοιμάζω πρόχειρο χώρο για ύπνο. **~ding** n (τα) κλινοσκεπάσματα

bedbug /'bedbʌg/ n (o) κοριός

bedclothes /'bedkləʊðz/ npl (τα) κλινοσκεπάσματα

bedevil /bɪ'devl/ vt (pt bedevilled) (torment) βασανίζω. (confuse) περιπλέκω

bedlam /'bedləm/ n (η) φασαρία

bedpan /'bedpæn/ n (η) πάπια (ουροδοχείο)

bedraggled /bɪ'drægld/ a καταλασπωμένος

bedridden /'bedrɪdn/ a κατάκοιτος

bedroom /'bedrʊm/ n (η) κρεβατοκάμαρα

bedside /'bedsaɪd/ n (το) προσκέφαλο. **~ table** n (το) κομοδίνο

bedsit(ter) /bed'sɪt(ə(r))/ n (fam) = **bedsitting room**

bedsitting room /bed'sɪtɪŋruːm/ n (το) δωμάτιο όπου ζει και κοιμάται κανείς

bedspread /'bedspred/ n (το) κλινοσκέπασμα

bedtime /'bedtaɪm/ n (η) ώρα για ύπνο

bee /biː/ n (η) μέλισσα. **make a ~-line for** προχωρώ κατευθείαν για

beech /biːtʃ/ n (η) οξιά

beef /biːf/ n (το) βοδινό κρέας. • vi (complain: sl) παραπονιέμαι. • vt ~ up (sl) ενισχύω

beefburger /'biːfbɜːɡə(r)/ n (το) μπιφτέκι

beefeater /'biːfiːtə(r)/ n (ο) φύλακας του Πύργου του Λονδίνου

beefsteak /'biːfsteɪk/ n (η) μπριζόλα

beefy /'biːfi/ a (-ier, -iest) εύρωστος, ρωμαλέος

beehive /'biːhaɪv/ n (η) κυψέλη

been /biːn/ see BE

beer /bɪə(r)/ n (η) μπίρα

beet /biːt/ n (το) τεύτλο

beetle /'biːtl/ n (το) σκαθάρι

beetroot /'biːtruːt/ n invar (το) παντζάρι

befall /bɪ'fɔːl/ vt/i (pt befell, pp befallen) συμβαίνει, τυχαίνει

befit /bɪ'fɪt/ vt (pt befitted) αρμόζω, ταιριάζω

before /bɪ'fɔː(r)/ prep & adv & conj (time) πριν. (place) μπροστά

beforehand /bɪ'fɔːhænd/ adv από πριν, εκ των προτέρων

befriend /bɪ'frend/ vt πιάνω φιλίες με, βοηθώ σαν φίλος

beg /beɡ/ vt/i (pt begged) ζητιανεύω. (entreat) ικετεύω (to, να). (ask) ζητώ, παρακαλώ. **~ s.o.'s pardon** ζητώ συγγνώμη. **be going ~ging** περισσεύω

began /bɪ'ɡæn/ see BEGIN

beggar /'beɡə(r)/ n (ο) ζητιάνος. (fam) (ο) φουκαράκος. **lucky ~!** τυχεράκια!

begin /bɪ'ɡɪn/ vt/i (pt began, pp begun, pres p beginning) αρχίζω (to, να). **~ner** n (ο) αρχάριος. **~ning** n (η) αρχή

begrudge /bɪ'ɡrʌdʒ/ vt **I ~ him his success** με πειράζει η επιτυχία του. **I ~ her the money** της δίνω τα λεφτά απρόθυμα

beguile /bɪ'ɡaɪl/ vt απατώ. (entertain) γοητεύω

begun /bɪ'ɡʌn/ see BEGIN

behalf /bɪ'hɑːf/ n **on ~ of** εκ μέρους (with gen.)

behave /bɪ'heɪv/ vi συμπεριφέρομαι. **~ (o.s.)** κάθομαι φρόνιμα

behaviour /bɪ'heɪvjə(r)/ n (η) συμπεριφορά

behead /bɪ'hed/ vt αποκεφαλίζω

behind /bɪ'haɪnd/ prep πίσω από). (in time) **be ~** καθυστερώ. • adv πίσω. (late) αργά, καθυστερημένα. **to remain ~** μένω πίσω. • n (fam) (ο) πισινός

beholden /bɪ'həʊldən/ a υποχρεωμένος (to, σε for, για)

being /'biːɪŋ/ n (το) ον. **come into ~** αρχίζω να υπάρχω

belated /bɪ'leɪtɪd/ a καθυστερημένος. **~ly** adv καθυστερημένα

belch /beltʃ/ vi ρεύομαι. • vt ~ out (smoke) βγάζω. • n (το) ρέψιμο

belfry /'belfrɪ/ n (το) καμπαναριό

Belgium /'beldʒəm/ n (το) Βέλγιο. **~an** a βελγικός. • n (ο) Βέλγος, (η) Βελγίδα

belie /bɪ'laɪ/ vt διαψεύδω

belief /bɪ'liːf/ n (η) πίστη. (trust) (η) εμπιστοσύνη. (opinion) (η) γνώμη

believe /bɪ'liːv/ vt/i πιστεύω. **~e in** (approve of) δέχομαι. (have faith) πιστεύω. **~able** a πιστευτός. **~er** /-ə(r)/ n (ο) πιστός

belittle /bɪ'lɪtl/ vt μειώνω. (person) υποτιμώ

bell /bel/ n (η) καμπάνα. (on door) (το) κουδούνι

belligerent /bɪ'lɪdʒərənt/ a (person) φίλερις. (nation) εμπόλεμος

bellow /'beləʊ/ vt/i μουγκρίζω

bellows /'beləʊz/ npl (το) φυσερό

belly /'beli/ n (η) κοιλιά

bellyful /'belifʊl/ n **have a ~ of** (fam) μπουχτίζω

belong /bɪ'lɒŋ/ vi ~ **to** ανήκω σε. (club) είμαι μέλος (with gen.)

belongings /bɪ'lɒŋɪŋz/ npl (τα) πράγματα. (personal) ~ (τα) προσωπικά αντικείμενα

beloved /bɪ'lʌvɪd/ a προσφιλής. • n (ο) αγαπητός

below /bɪ'ləʊ/ prep κάτω (από). • adv κάτω

belt /belt/ n (η) ζώνη. • vt περιζώνω. (hit: sl) δέρνω. • vi (rush: sl) χιμώ

bemused /bɪ'mjuːzd/ a απορροφημένος, χαμένος

bench /bentʃ/ n (seat) το παγκάκι. (working-table) (ο) πάγκος. **the ~** (jur) (το) Δικαστικό Σώμα

bend /bend/ vt/i (pt bent) κάμπτω, λυγίζω. • n (η) στροφή. (of river) (η) καμπή. **~ down** or **over** σκύβω

beneath /bɪ'niːθ/ prep κάτω από. • adv χαμηλότερα. **he is ~ contempt** δεν είναι ούτε καν άξιος περιφρόνησης. **it is ~ me** (*fig*) δεν καταδέχομαι

benediction /benɪˈdɪkʃn/ *n* (η) ευλογία

benefactor /ˈbenɪfæktə(r)/ *n* (ο) ευεργέτης

benefactress /ˈbenɪfæktrɪs/ *n* (η) ευεργέτις

beneficial /benɪˈfɪʃl/ *a* ευεργετικός

beneficiary /benɪˈfɪʃərɪ/ *n* (ο, η) δικαιούχος

benefit /ˈbenɪfɪt/ *n* (το) όφελος. (*allowance*) (το) επίδομα. **for s.o.'s ~** για το καλό κπ. (*sake*) για χάρη κπ. • *vt/i* (*pt* **benefited**, *pres p* **benefiting**) ωφελώ/ούμαι. **~ from** επωφελούμαι από

benevolen|t /bɪˈnevələnt/ *a* φιλανθρωπικός. **~ce** *n* (η) φιλανθρωπία

benign /bɪˈnaɪn/ *a* καλοκάγαθος. (*med*) καλοήθης

bent /bent/ *see* BEND. • *n* (η) κλίση. • *a* (*sl*) διεφθαρμένος. **~ on** αποφασισμένος να

bequeath /bɪˈkwiːð/ *vt* κληροδοτώ

bequest /bɪˈkwest/ *n* (το) κληροδότημα

bereave|d /bɪˈriːvd/ *n* **the ~d** οι συγγενείς που πενθούν. **~ment** *n* (το) πένθος

bereft /bɪˈreft/ *a* **~ of** στερημένος από

beret /ˈbereɪ/ *n* (ο) μπερές

Bermuda /bəˈmjuːdə/ *n* (οι) Βερμούδες

berry /ˈberɪ/ *n* (το) μούρο

berserk /bəˈsɜːk/ *a* εξαγριωμένος. **go ~** παθαίνω αμόκ

berth /bɜːθ/ *n* (η) κουκέτα. (*mooring*) (η) προβλήτα. **give a wide ~ to** κρατώ απόσταση (από). • *vi* πλευρίζω.

beseech /bɪˈsiːtʃ/ *vt* (*pt* **besought**) ικετεύω

beset /bɪˈset/ *vt* (*pt* **beset**, *pres p* **besetting**) **be ~ by** με περιστοιχίζουν

beside /bɪˈsaɪd/ *prep* δίπλα, κοντά (σε). **~ o.s.** εκτός εαυτού. **~ the point** άσχετος

besides /bɪˈsaɪdz/ *adv* εξάλλου. • *prep* (*except*) εκτός από. (*in addition to*) άλλωστε

besiege /bɪˈsiːdʒ/ *vt* πολιορκώ. (*fig*) βομβαρδίζω

besought /bɪˈsɔːt/ *see* BESEECH

best /best/ *a* καλύτερος. • *adv* καλύτερα. • *n* (ο) καλύτερος. **at ~** στην καλύτερη περίπτωση. **~ man** (ο) κουμπάρος. **do one's ~** κάνω ότι μπορώ. **like ~** προτιμώ. **make the ~ of** αντιμετωπίζω όσο καλύτερα. **the ~ part of** (*most*) (το) μεγαλύτερο μέρος

bestow /bɪˈstəʊ/ *vt* απονέμω

bestseller /best'selə(r)/ *n* (το) μπεστ σέλερ *invar*

bet /bet/ *n* (το) στοίχημα. • *vt/i* (*pt* **bet** or **betted**) στοιχηματίζω.

betray /bɪˈtreɪ/ *vt* προδίνω. **~al** *n* (η) προδοσία

betroth|ed /bɪˈtrəʊðd/ *n* (ο) μνηστήρας, (η) μνηστή. **~al** *n* (η) μνηστεία

better /ˈbetə(r)/ *a adv* καλύτερα. • *adv* καλύτερα. • *vt* βελτιώνω. • *n* (ο) καλύτερος. **all the ~** τόσο το καλύτερο. **~ off** σε καλύτερη οικονομική κατάσταση. **one's ~s** οι καλύτεροι. **get ~** βελτιώνομαι. (*recover*) γίνομαι καλά. **get the ~ of** (*obstacle*) υπερνικώ. (*emotion*) υπερισχύω. **you had ~ leave** θα ήταν καλύτερα να φύγεις. **the sooner the ~** όσο το γρηγορότερο τόσο το καλύτερο

between /bɪˈtwiːn/ *prep* μεταξύ, ανάμεσα (σε). • *adv* μεταξύ

beverage /ˈbevərɪdʒ/ *n* (το) ρόφημα

bevy /ˈbevɪ/ *n* (το) πλήθος

beware /bɪˈweə(r)/ *vi* προσέχω

bewilder /bɪˈwɪldə(r)/ *vt* συγχύζω. **~ment** *n* (η) σύγχυση, (η) αμηχανία

bewitch /bɪˈwɪtʃ/ *vt* μαγεύω, γοητεύω

beyond /bɪˈjɒnd/ *prep* πέρα (από). • *adv* πέρα. **~ doubt** χωρίς αμφιβολία. **it is ~ me** είναι πέραν των δυνάμεών μου

bias /ˈbaɪəs/ *n* (η) προδιάθεση. (*pej*) προκατάληψη. (*preference*) (η) προτίμηση. (*sewing*) (η) λοξή λωρίδα. • *vt* (*pt* **biased**) προδιαθέτω. **~ed** *a* προκατειλημμένος

bib /bɪb/ *n* (η) σαλιάρα

Bible /ˈbaɪbl/ *n* (η) Βίβλος

biblical /ˈbɪblɪkl/ *a* βιβλικός

bibliography /bɪblɪˈɒɡrəfɪ/ *n* (η) βιβλιογραφία

biceps /ˈbaɪseps/ *n* (ο) δικέφαλος μυς. (*fam*) (το) ποντίκι

bicker /ˈbɪkə(r)/ *vi* καβγαδίζω

bicycle /ˈbaɪsɪkl/ *n* (το) ποδήλατο. • *vi* κάνω ποδήλατο

bid¹ /bɪd/ *n* (*offer*) (η) προσφορά. (*attempt*) (η) προσπάθεια. • *vt/i* (*pt* **bid**, *pres p* **bidding**) προσφέρω. **~der** *n* (*lowest*) (ο) μειοδότης. (*highest*) (ο) πλειοδότης. **~ding** *n* (οι) προσφορές

bid² /bɪd/ *vt* (*pt* **bid** or **bade**, *pp* **bid** or **bidden**, *pres p* **bidding**) (*command*) διατάζω. (*say*) λέγω. **~ding** *n* (η) διαταγή

bide /baɪd/ *vt* **~ one's time** περιμένω την κατάλληλη στιγμή

bifocals /baɪˈfəʊklz/ *npl* (τα) διπλεστιακά (γυαλιά)

big /bɪɡ/ *a* (**bigger, biggest**) μεγάλος. (*generous: sl*) γενναιόδωρος. • *adv* **talk ~** (*fam*) κάνω το σπουδαίο. **think ~** (*fam*) είμαι φιλόδοξος. **be ~-headed** έχω μεγάλη γνώμη για τον εαυτό μου

bigam|y /ˈbɪɡəmɪ/ *n* (η) διγαμία. **~ist** *n* (ο) δίγαμος. **~ous** *a* δίγαμος

bigot /ˈbɪɡət/ *n* (ο) φανατικός. **~ed** *a* φανατικός. **~ry** *n* (ο) φανατισμός

bigwig /ˈbɪɡwɪɡ/ *n* (*fam*) (το) σπουδαίο πρόσωπο

bike /baɪk/ n (fam) (το) ποδήλατο
bikini /bɪ'ki:nɪ/ n (pl **-is**) (το) μπικίνι invar
bilberry /'bɪlbərɪ/ n (το) μύρτιλλο
bile /baɪl/ n (η) χολή
bilingual /baɪ'lɪŋgwəl/ a δίγλωσσος
bilious /'bɪlɪəs/ a (med) χολερικός.
  (temperament) πικρόχολος
bill¹ /bɪl/ n (comm) (το) (η) συναλλαγματική.
  (in restaurant etc.) (ο) λογαριασμός.
  (theatr) (το) πρόγραμμα. (pol) (το)
  νομοσχέδιο. (Amer) (το) χαρτονόμισμα.
  • vt χρεώνω. (theatr) προγραμματίζω
bill² /bɪl/ n (of bird) (το) ράμφος
billboard /'bɪlbɔːd/ n (ο) πίνακας για
  τοιχοκολλήσεις
billet /'bɪlɪt/ n (mil) (το) κατάλυμα. • vt (pt
  billeted) στρατωνίζω (**on**, σε)
billiards /'bɪlɪədz/ n (το) μπιλιάρδο
billion /'bɪlɪən/ n (το) τρισεκατομμύριο.
  (Amer) (το) δισεκατομμύριο
billy-goat /'bɪlɪgəʊt/ n (ο) τράγος
bin /bɪn/ n (for rubbish) (το) καλάθι των
  αχρήστων
binary /'baɪnərɪ/ adj δυαδικός
bind /baɪnd/ vt (pt **bound**) ενώνω. (book)
  δένω. (jur) δεσμεύω. • n (sl) (ο) μπελάς
binding /'baɪndɪŋ/ n (of book) (το)
  δέσιμο. (braid) (η) μπορντούρα. • a
  (obligatory) υποχρεωτικός (**on**, για)
binge /bɪndʒ/ n (sl) **go on a** ~ κάνω κάτι
  (π.χ. τρώω, πίνω) μέχρι κορεσμού
bingo /'bɪŋgəʊ/ n (η) τόμπολα
binoculars /bɪ'nɒkjʊləz/ npl (τα) κιάλια
biochemistry /baɪəʊ'kemɪstrɪ/ n (η)
  βιοχημεία
biodegradable /'baɪəʊdɪ'greɪdəbl/ a
  βιοαποικοδομήσιμος
biograph|y /baɪ'ɒgrəfɪ/ n (η) βιογραφία.
  ~**er** n (ο, η) βιογράφος. ~**ical**
  /əˈgræfɪkl/ a βιογραφικός
biolog|y /baɪ'ɒlədʒɪ/ n (η) βιολογία. ~**ical**
  /əˈlɒdʒɪkl/ a βιολογικός. ~**ist** n (ο, η)
  βιολόγος
biotechnology /baɪəʊtek'nɒlədʒɪ/ n (η)
  βιοτεχνολογία
birch /bɜːtʃ/ n (tree) (η) σημύδα. (whip) (η)
  βέργα
bird /bɜːd/ n (το) πουλί. (fam) (ο)
  άνθρωπος. (girl: sl) (το) κορίτσι. ~ **cage**
  n (το) κλουβί (πουλιού) ~**'s-eye view** n
  (η) πανοραμική άποψη
Biro /'baɪərəʊ/ n (pl **-os**) (P) (το) μπικ
  invar Cy. (το) μπιρό
birth /bɜːθ/ n (η) γέννηση. ~ **certificate** n
  (το) πιστοποιητικό γεννήσεως. ~
  control n (η) αντισύλληψη. ~ **rate** n (οι)
  γεννήσεις. **give** ~ γεννώ
birthday /'bɜːθdeɪ/ n (τα) γενέθλια
birthmark /'bɜːθmɑːk/ n (το) σημάδι εκ
  γενετής
birthplace /'bɜːθpleɪs/ n (η) γενέτειρα
birthright /'bɜːθraɪt/ n (το) δικαίωμα εκ
  γενετής

biscuit /'bɪskɪt/ n (το) μπισκότο
bisect /baɪ'sekt/ vt διχοτομώ
bishop /'bɪʃəp/ n (ο) επίσκοπος
bit¹ /bɪt/ n (το) κομματάκι. (quantity) (το)
  λίγο. (of horse) (το) χαλινάρι. (mech)
  (το) τρυπάνι. (computing) (το) bit invar,
  (το) ψηφίο. **a** ~ **tired** λίγο κουρασμένος.
  a ~ **of a coward** λίγο δειλός
bit² /bɪt/ see BITE
bitch /bɪtʃ/ n (η) σκύλα. (fam) (το)
  παλιοθήλυκο. • vi (fam) γκρινιάζω. ~**y** a
  (fam) κακεντρεχής
bite /baɪt/ vt/i (pt **bit**, pp **bitten**) δαγκώνω.
  (one's nails) τρώω. (fish, insects) τσιμπώ.
  • n (mouthful) (η) μπουκιά. (wound) (το)
  τσίμπημα
biting /'baɪtɪŋ/ a τσουχτερός. (fig)
  δηκτικός
bitter /'bɪtə(r)/ a πικρός. (weather)
  ψυχρός. **to the** ~ **end** μέχρι τέλους.
  ~**ly** adv πικρά. ~ **cold** (το) δριμύ
  ψύχος. ~**ness** n (η) πικρία. (resentment)
  (η) μνησικακία
bizarre /bɪ'zɑː(r)/ a αλλόκοτος
blab /blæb/ vi (pt **blabbed**) φλυαρώ
black /blæk/ a (-**er**, -**est**) μαύρος. • n
  (colour) (το) μαύρο. **B**~ (person) (ο)
  μαύρος. • vt μαυρίζω. (shoes) γυαλίζω.
  (boycott) γράφω στο μαυροπίνακα. **be** ~
  and blue είμαι κατάμαυρος. ~ **eye** n
  (το) μαυρισμένο μάτι. ~ **ice** n (ο)
  μαύρος πάγος. ~ **market** n (η) μαύρη
  αγορά. ~ **out** διαγράφω. (make dark)
  συσκοτίζω. ~ **sheep** n (fam) (ο)
  άσωτος
blackball /'blækbɔːl/ vt μαυρίζω (σε
  ψηφοφορία)
blackberry /'blækbərɪ/ n (το) βατόμουρο.
  ~ **bush** n (η) βατομουριά
blackbird /'blækbɜːd/ n (το) κοτσύφι
blackboard /'blækbɔːd/ n (ο) πίνακας
blackcurrant /blæk'kʌrənt/ n (bush) (το)
  ριβήσιον το ερυθρό
blacken /'blækən/ vt/i μαυρίζω
blackleg /'blækleg/ n (ο) απεργοσπάστης
blacklist /'blæklɪst/ n (η) μαύρη λίστα.
  • vt γράφω σε μαύρη λίστα
blackmail /'blækmeɪl/ n (ο) εκβιασμός.
  • vt εκβιάζω. ~**er** n (ο) εκβιαστής, (η)
  εκβιάστρια
blackout /'blækaʊt/ n (η) συσκότιση.
  (med) (η) λιποθυμία
blacksmith /'blæksmɪθ/ n (ο)
  σιδηρουργός
bladder /'blædə(r)/ n (η) κύστη
blade /bleɪd/ n (of knife) (η) λεπίδα. (of
  oar) (η) πλατιά άκρη (κουπιού). (of
  propeller) (το) πτερύγιο. ~ **of grass** (το)
  φύλλο χόρτου
blame /bleɪm/ vt κατηγορώ (**for**, για). • n
  (το) φταίξιμο. **be free from** ~ δε φταίω.
  be to ~ φταίω (**for**, για). ~**less** a
  άμεμπτος

bland /blænd/ *a* (**-er, -est**) ήρεμος. (*taste*) αδιάφορος

blandishments /'blændɪʃmənts/ *npl* (οι) κολακείες

blank /blæŋk/ *a* κενός. (*fig*) ανέκφραστος. (*cheque*) ανοιχτός. • *n* (το) κενό. **~ cheque** (η) ανοιχτή επιταγή **~ cartridge** (το) άσφαιρο φυσίγγι **~ paper** *n* (το) λευκό χαρτί. **~ verse** *n* (ο) ανομοιοκατάληκτος στίχος. **~ wall** *n* (το) αδιέξοδο. **draw a ~** δε φτάνω σε αποτέλεσμα

blanket /'blæŋkɪt/ *n* (η) κουβέρτα. (*fig*) (το) στρώμα. • *vt* (*pt* **blanketed**) (*fig*) σκεπάζω

blare /bleə(r)/ *vi* (*radio, TV*) είναι στο διαπασών. • *n* (ο) δυνατός ήχος

blasé /'bla:zei/ *a* μπλαζέ *invar*

blaspheme /blæs'fi:m/ *vt/i* βλαστημώ. **~r** *n* (ο) βλάστημος

blasphem|y /'blæsfəmi/ *n* (η) βλαστήμια. **~ous** *a* βλάστημος

blast /bla:st/ *n* (η) έκρηξη. (*gust*) (το) φύσημα. (*sound*) (το) σφύριγμα. • *vt* ανατινάζω. **~ed** *a* (*fam*) αναθεματισμένος. **~-furnace** *n* (η) υψικάμινος. **~-off** *n* (*of missile*) (το) εκτόξευση

blatant /'bleɪtnt/ *a* ολοφάνερος. (*shameless*) αδιάντροπος

blaze /'bleɪz/ *n* (η) πυρκαγιά. (*fig*) (η) λάμψη. • *vi* φλέγομαι. **~ a trail** ανοίγω το δρόμο

blazer /'bleɪzə(r)/ *n* είδος ελαφριάς ζακέτας

bleach /bli:tʃ/ *n* (*household*) (το) λευκαντικό. • *vt/i* λευκαίνω. **~ed hair** (τα) ξεβαμμένα μαλλιά

bleak /bli:k/ *a* (**-er, -est**) (*exposed*) εκτεθειμένος. (*depressing*) μελαγχολικός

bleary /'blɪəri/ *a* θαμπός

bleat /bli:t/ *n* (το) βέλασμα. • *vi* βελάζω

bleed /bli:d/ *vt/i* (*pt* **bled**) αιμορραγώ

bleep /bli:p/ *n* (το) σήμα. • *vi* στέλνω σήμα. **~er** *n* (η) τηλεειδοποίηση

blemish /'blemɪʃ/ *n* (το) ψεγάδι. (*defect*) (το) ελάττωμα. • *vt* κηλιδώνω

blend /blend/ *vt/i* αναμιγνύω/ομαι. • *n* (το) μίγμα. (*coffee, tobacco*) (το) χαρμάνι

bless /bles/ *vt* ευλογώ. **~ed** *a* ευλογημένος. (*damned: fam*) αναθεματισμένος. **be ~ed with** είμαι ευλογημένος με. **~ing** *n* (η) ευλογία. (*benefit*) (το) αγαθό. (*stroke of luck*) (το) ευτύχημα

blew /blu:/ *see* BLOW[1]

blight /blaɪt/ *n* (η) σκωρίαση. (*fig*) (η) επιβλαβής επίδραση. • *vt* (*fig*) καταστρέφω

blind /blaɪnd/ *a* τυφλός. • *vt* τυφλώνω. • *n* (*roller*) (το) ρολό. (*venetian*) (το) στορ *invar*. (*fig*) (το) πρόσχημα. **be ~ to** κλείνω τα μάτια σε. **~ alley** *n* (το) αδιέξοδο. **~ spot** *n* (το) «τυφλό»

σημείο. **~ing** *a* εκτυφλωτικός. **~ly** *adv* τυφλά. **~ness** *n* (η) τυφλότητα

blindfold /'blaɪndfəʊld/ *a & adv* με δεμένα τα μάτια. • *vt* δένω τα μάτια

blink /blɪŋk/ *vi* ανοιγοκλείνω τα μάτια. (*of light*) τρεμοσβήνω

blinkers /'blɪŋkəz/ *npl* (οι) παρωπίδες

bliss /blɪs/ *n* (η) ευδαιμονία. **~ful** *a* πανευτυχής. **~fully** *adv* μακαρίως

blister /'blɪstə(r)/ *n* (η) φουσκάλα. • *vi* φουσκαλιάζω

blithe /blaɪð/ *a* χαρωπός

blitz /blɪts/ *n* (ο) αεροπορικός βομβαρδισμός. (*fig*) (η) ενθουσιώδης προσπάθεια *vt* καταστρέφω

blizzard /'blɪzəd/ *n* (η) χιονοθύελλα

bloated /'bləʊtid/ *a* φουσκωμένος

bloater /'bləʊtə(r)/ *n* (η) καπνιστή ρέγγα

blob /blɒb/ *n* (η) σταγόνα. (*stain*) (ο) λεκές

bloc /blɒk/ *n* (*pol*) (ο) συνασπισμός

block /blɒk/ *n* (το) κομμάτι. (*of flats*) (η) πολυκατοικία. (*of buildings*) (το) τετράγωνο. (*in pipe*) (το) βούλωμα *vt* φράζω. **~ letters** *npl* (τα) κεφαλαία. **~age** *n* (η) απόφραξη

blockade /blɒ'keɪd/ *n* (ο) αποκλεισμός. • *vt* αποκλείω

blockhead /'blɒkhed/ *n* (*fam*) (ο) χοντροκέφαλος

bloke /bləʊk/ *n* (*fam*) (ο) τύπος

blond /blɒnd/ *a* ξανθός. • *n* (ο) ξανθός. **~e** *a* ξανθιά. • *n* (η) ξανθιά

blood /blʌd/ *n* (το) αίμα. **~ bank** *n* (η) τράπεζα αίματος. **~ bath** *n* (το) λουτρό αίματος. **~ count** *n* (το) αιμοδιάγραμμα. **~-curdling** *a* φρικιαστικός. **~ donor** *n* (ο) αιμοδότης. (η) αιμοδότρια. **~ group** *n* (η) ομάδα αίματος. **~-poisoning** *n* (η) δηλητηρίαση αίματος. **~ pressure** *n* (η) πίεση. **~ sports** *npl* (τα) αιματηρά σπορ. **~ transfusion** *n* (η) μετάγγιση αίματος. **~-vessel** *n* (το) αιμοφόρο αγγείο

bloodhound /'blʌdhaʊnd/ *n* είδος κυνηγετικού σκύλου

bloodshed /'blʌdʃed/ *n* (η) αιματοχυσία

bloodshot /'blʌdʃɒt/ *a* κατακόκκινος

bloodstream /'blʌdstri:m/ *n* (το) αίμα

bloodthirsty /'blʌdθɜ:sti/ *a* αιμοβόρος

bloody /'blʌdi/ *a* (**-ier, -iest**) αιματωμένος. (*sl*) βρομο-, παλιο-. **~-minded** *a* (*fam*) δύστροπος. (*stubborn: fam*) πεισματάρης

bloom /blu:m/ *n* λουλούδι. • *vi* ανθίζω. (*fig*) ευημερώ. **in ~** ολάνθιστος. **~ing** *a* ανθισμένος. (*fam*) παλιο-

bloomer /'blu:mə(r)/ *n* (*sl*) (η) γκάφα

blossom /'blɒsəm/ *n* (το) άνθος. • *vi* ανθίζω. (*fig*) γίνομαι

blot /blɒt/ *n* (η) κηλίδα. • *vt* (*pt* **blotted**) κηλιδώνω. (*dry*) στεγνώνω. **~ out** σβήνω. **~ter, ~ting-paper** *ns* (το) στυπόχαρτο blotch /blɒtʃ/ n (η) κηλίδα. ~y a κηλιδωμένος

blouse /blaʊz/ n (η) μπλούζα

blow[1] /bləʊ/ vt/i (pt blew, pp blown) φυσώ. (fuse) καίω/καίομαι. (trumpet) ηχώ. (whistle) σφυρίζω. (squander: sl) ξοδεύω ασυλλόγιστα. • n (puff) (το) φύσημα. ~ away φυσώ. ~ down ρίχνω. ~-dry vt στεγνώνω με πιστολάκι. ~ one's nose φυσώ τη μύτη μου. ~ out (candle) σβήνω. ~-out n (of tyre) (το) σκάσιμο. ~ over vt ανατρέπω. • vi it will ~ over θα περάσει. ~ up ανατινάζω/ - ομαι. ~-up n (photo) (η) μεγέθυνση

blow[2] /bləʊ/ n (το) χτύπημα. come to ~s έρχομαι στα χέρια

blowlamp /bləʊlæmp/ n (το) καμινέτο (για συγκολλήσεις)

blown /bləʊn/ see BLOW

blowtorch /bləʊtɔːtʃ/ n (Amer) (το) καμινέτο (για συγκολλήσεις)

blubber /blʌbə(r)/ n (το) λίπος κήτους

bludgeon /blʌdʒən/ n (το) ρόπαλο. • vt χτυπώ με ρόπαλο

blue /bluː/ a (-er, -est) γαλάζιος. (dark) ~ μπλε. • n (το) γαλάζιο. have the ~s είμαι στις μαύρες μου. out of the ~ εντελώς απροσδόκητα

bluebell /bluːbel/ n (η) καμπανούλα

bluebottle /bluːbɒtl/ n (η) κρεατόμυγα

blueprint /bluːprɪnt/ n (το) προσχέδιο

bluff[1] /blʌf/ vi (poker) μπλοφάρω. • n (poker) (η) μπλόφα. call s.o.'s ~ βλέπω την μπλόφα

bluff[2] /blʌf/ a (person) ντόμπρος

blunder /blʌndə(r)/ vi κάνω γκάφα. (move clumsily) κινούμαι στα τυφλά. • n (η) γκάφα

blunt /blʌnt/ a αμβλύς. (person) ντόμπρος. • vt αμβλύνω. ~ly adv ντόμπρα. ~ness n (η) τραχύτητα

blur /blɜː(r)/ n (το) θόλωμα. • vt (pt blurred) θολώνω

blurb /blɜːb/ n διαφημιστική περιγραφή βιβλίου στο εξώφυλλο

blurt /blɜːt/ vt ~ out μιλώ απερίσκεπτα

blush /blʌʃ/ vi κοκκινίζω. • n (το) κοκκίνισμα

bluster /blʌstə(r)/ vi (weather) μαίνομαι. (person) μιλώ δυνατά. ~y a θυελλώδης

boar /bɔː(r)/ n (ο) αγριόχοιρος

board /bɔːd/ n (το) σανίδι. (for notices) (ο) πίνακας. (food) (ο) κατάλογος. (admin) (το) συμβούλιο. • vt/i (naut) επιβιβάζομαι. (be a boarder) μένω οικότροφος. above ~ έντιμος. ~ and lodging διαμονή και διατροφή. ~ up κλείνω με σανίδια. full ~ πλήρης διατροφή. their plans went by the ~ εγκατέλειψαν τα σχέδιά τους. half ~ (η) ημιδιατροφή. be on ~ είμαι σε πλοίο. go on ~ επιβιβάζομαι. ~er n (schol) (ο, η) οικότροφος. ~ing-house n

(η) πανσιόν. ~ing pass n δελτίο επιβιβάσεως. ~ing-school n (το) οικοτροφείο

boast /bəʊst/ vt/i καυχιέμαι. • n (η) καύχηση. ~er n (ο) καυχησιάρης. ~ful a καυχησιάρης. ~fully adv με καυχησιά

boat /bəʊt/ n (η) βάρκα. (large) (το) πλοίο. ~ing n (η) βαρκάδα

boatswain /bəʊsn/ n (ο) λοστρόμος

bob /bɒb/ vi (pt bobbed) ανεβοκατεβαίνω. (curtsy) υποκλίνομαι. • vt (hair) κόβω κοντά. • n (curtsy) (η) υπόκλιση. (hairstyle) (τα) κοντά μαλλιά. ~ up εμφανίζομαι ξαφνικά. ~ up and down ανεβοκατεβαίνω

bobbin /bɒbɪn/ n (το) μασουράκι

bobsleigh /bɒbsleɪ/ n (το) έλκηθρο

bode /bəʊd/ vi it ~s well/ill είναι καλός/κακός οιωνός

bodice /bɒdɪs/ n (ο) μπούστος

bodily /bɒdɪlɪ/ a σωματικός. • adv με τη βία

body /bɒdɪ/ n (το) σώμα. the main ~ of (το) κύριο μέρος

bodyguard /bɒdɪgɑːd/ n (ο) σωματοφύλακας

bodywork /bɒdɪwɜːk/ n (το) αμάξωμα

boffin /bɒfɪn/ n (sl) (ο, η) επιστήμονας

bog /bɒg/ n (το) έλος. • vt be ~ged down αποτελματώνομαι

bogey /bəʊgɪ/ n (ο) διάβολος. ~man n (ο) μπαμπούλας

boggle /bɒgl/ vi the mind ~s σταματάει το μυαλό

bogus /bəʊgəs/ a ψεύτικος

boil[1] /bɔɪl/ n (ο) καλόγερος (εξάνθημα)

boil[2] /bɔɪl/ vt/i βράζω. ~ away βράζω μέχρι την εξάτμιση. ~ down πήζω. it ~s down to this (fig) για να συνοψίσουμε. ~ over ξεχειλίζω. ~ed a (egg) (hard/soft) σφιχτό/μελάτο αυγό. (potatoes) βραστός. ~ing hot a καυτερός. ~ing-point n (το) σημείο βρασμού

boiler /bɔɪlə(r)/ n (ο) λέβητας. ~ suit n (η) φόρμα

boisterous /bɔɪstərəs/ a θορυβώδης

bold /bəʊld/ a (-er, -est) τολμηρός. ~ly adv τολμηρά. ~ness n (η) τόλμη

Bolivia /bəˈlɪvɪə/ n (η) Βολιβία. ~n a Βολιβιανός. • n (ο) Βολιβιανός, (η) Βολιβιανή

bollard /bɒləd/ n (η) δέστρα

bolster /bəʊlstə(r)/ n (το) μακρύ και στενό μαξιλάρι. • vt ~ up υποστηρίζω

bolt /bəʊlt/ n (ο) σύρτης. (for nut) (το) μπουλόνι. (lightning) (ο) κεραυνός. • vt (door) μανταλώνω. (food) καταβροχθίζω. • vi ορμώ. (horse) αφηνιάζω. ~ upright adv ολόρθος

bomb /bɒm/ n (η) βόμβα. • vt βομβαρδίζω. ~er n (το) βομβαρδιστικό αεροπλάνο. ~ing n (ο) βομβαρδισμός

bombard /bɒm'ba:d/ *vt* βομβαρδίζω

bombastic /bɒm'bæstık/ *a* κομπαστικός

bombshell /'bɒmʃel/ *n* (η) οβίδα. (*fig*) (η) βόμβα

bonanza /bə'nænzə/ *n* (*fig*) (η) απροσδόκητη αφθονία

bond /bɒnd/ *n* (ο) δεσμός. (*comm*) (η) ομολογία

bondage /'bɒndıdʒ/ *n* (η) δουλεία

bone /bəʊn/ *n* (το) κόκαλο. • *vt* ξεκοκαλίζω. ~**-dry** *a* κατάξερος. ~ **idle** *a* μεγάλος τεμπέλης

bonfire /'bɒnfaıə(r)/ *n* υπαίθρια φωτιά για το κάψιμο μικροαντικειμένων

bonnet /'bɒnıt/ *n* (η) σκούφια. (*auto*) (το) καπό

bonus /'bəʊnəs/ *n* (η) επιπλέον αμοιβή, (το) μπόνους *invar*. **no claim(s)** ~ (η) έκπτωση λόγω μη ζημιών

bony /'bəʊnı/ *a* (**-ier, -iest**) κοκαλιάρης. (*fish*) γεμάτος κόκαλα

boo /bu:/ *int* γιούχα. • *vt/i* γιουχαΐζω

boob /bu:b/ *n* (*mistake: sl*) (η) γκάφα. • *vi* (*sl*) κάνω γκάφα

booby /'bu:bı/ *n* (ο) κουτός. ~ **trap** *n* (η) παγίδα. (*mil*) (η) ναρκοπαγίδα. ~**-trap** *vt* (*pt* **-trapped**) τοποθετώ ναρκοπαγίδα

book /bʊk/ *n* (το) βιβλίο. (*of tickets etc.*) (το) βιβλιαράκι. ~**s** (*comm*) (το) λογιστικό βιβλίο. • *vt* (*reserve*) κλείνω. (*enter*) καταχωρώ. (*motorist*) δίνω κλήση σε. ~**able** *a* που μπορεί να κρατηθεί. **it's fully** ~**ed up** όλα τα εισιτήρια έχουν πουληθεί. ~**ing office** (*rail*) (η) έκδοση εισιτηρίων. (*theatr*) (το) ταμείο

bookcase /'bʊkkeıs/ *n* (η) βιβλιοθήκη

bookkeeping /'bʊkki:pıŋ/ *n* (η) λογιστική

booklet /'bʊklıt/ *n* (το) βιβλιαράκι

bookmaker /'bʊkmeıkə(r)/ *n* (ο) πράκτορας στοιχημάτων στον ιππόδρομο

bookmark /'bʊkma:(r)k/ *n* (ο) σελιδοδείχτης

bookseller /'bʊkselə(r)/ *n* (ο) βιβλιοπώλης

bookshop /'bʊkʃɒp/ *n* (το) βιβλιοπωλείο

bookstall /'bʊkstɔ:l/ *n* (το) περίπτερο βιβλιοπώλη

bookworm /'bʊkwɜ:m/ *n* (*fam*) (ο) βιβλιοφάγος

boom /bu:m/ *vi* μουγκρίζω. (*fig*) ακμάζω. • *n* (η) βουή. (*comm*) (η) ακμή

boon /bu:n/ *n* (η) ευλογία

boor /bʊə(r)/ *n* (ο) αγροίκος. ~**ish** *a* άξεστος

boost /bu:st/ *vt* ενισχύω. (*product*) προωθώ. • *n* (η) ενίσχυση. (*of product*) (η) προώθηση. ~**er** *n* (*med*) συμπληρωματική δόση

boot /bu:t/ *n* (η) μπότα. (*auto*) (το) πορτμπαγκάζ. **get the** ~ (*sl*) απολύομαι

booth /bu:ð/ *n* (ο) θάλαμος

booty /'bu:tı/ *n* (το) λάφυρο

booze /bu:z/ *vi* (*fam*) μεθοκοπώ. • *n* (*fam*) (το) ποτό. (*spree*) (το) μεθοκόπημα

border /'bɔ:də(r)/ *n* (το) άκρο. (*frontier*) (το) σύνορο. (*in garden*) (το) παρτέρι. • *vt* συνορεύω με. • *vi* ~ **on** είμαι πάνω σε. (*fig*) πλησιάζω

borderline /'bɔ:dəlaın/ *n* (η) διαχωριστική γραμμή. ~ **case** (η) οριακή περίπτωση

bore¹ /bɔ:(r)/ *see* BEAR

bore² /bɔ:(r)/ *vt/i* (*techn*) τρυπώ

bore³ /bɔ:(r)/ *vt* κουράζω. • *n* (*person*) (ο) πληκτικός άνθρωπος. (*thing*) (το) πληκτικό πράγμα. **be** ~**d** πλήττω. ~**dom** *n* (η) πλήξη. **boring** *a* πληκτικός

born /bɔ:n/ *a* γεννημένος. **be** ~ γεννιέμαι

borne /bɔ:n/ *see* BEAR

borough /'bʌrə/ *n* (η) αστική διοικητική περιφέρεια

borrow /'bɒrəʊ/ *vt* δανείζομαι (**from**, από). ~**er** *n* (ο) οφειλέτης. ~**ing** *n* (ο) δανεισμός

bosom /'bʊzəm/ *n* (το) στήθος. ~ **friend** (ο) επιστήθιος φίλος

boss /bɒs/ *n* (*fam*) (το) αφεντικό. • *vt* ~ (**about** *or* **around**) (*fam*) διευθύνω

bossy /'bɒsı/ *a* αυταρχικός

botan|y /'bɒtənı/ *n* (η) βοτανική. ~**ical** /bə'tænıkl/ *a* βοτανικός. ~**ist** *n* (ο, η) βοτανολόγος

botch /bɒtʃ/ *vt* ~ (**up**) τα κάνω θάλασσα

both /bəʊθ/ *a & pron* και οι δύο. • *adv* ~ ... **and** ... και ... και ...

bother /'bɒðə(r)/ *vt/i* ανησυχώ. (*disturb*) ενοχλώ/ούμαι. • *n* (*worry*) (η) στενοχώρια. (*minor trouble*) (ο) μικρομπελάς. (*effort*) (η) ενόχληση. **about** νοιάζομαι. ~ **it!** *int* ας το καλό! ~ **to** ζαλίζω. **don't** ~**!** μην ενοχλείσαι. **I can't be** ~**ed** δεν αξίζει τον κόπο

bottle /'bɒtl/ *n* (το) μπουκάλι. • *vt* εμφιαλώνω. ~**-opener** *n* (το) ανοιχτήρι. ~ **up** (*fig*) καταπνίγω

bottleneck /'bɒtlnek/ *n* (*traffic jam*) (το) μποτιλιάρισμα

bottom /'bɒtəm/ *n* (το) κάτω μέρος. (*of sea*) (ο) βυθός. (*buttocks*) (ο) πισινός *a* τελευταίος. ~**less** *a* απύθμενος

bough /baʊ/ *n* (ο) κλάδος (*δέντρου*)

bought /bɔ:t/ *see* BUY

boulder /'bəʊldə(r)/ *n* (ο) ογκόλιθος

boulevard /'bu:ləva:d/ *n* (η) λεωφόρος

bounce /baʊns/ *vi* αναπηδώ. (*person*) ορμώ. **the cheque** ~ (*sl*) η επιταγή ήταν ακάλυπτη. • *vt* (*ball*) παίζω με (μια μπάλα). • *n* (το) αναπήδημα. ~**r** *n* (*sl*) (ο) μπράβος (*σε μπαρ*)

bouncing /'baʊnsıŋ/ *a* γεμάτος ζωή

bound¹ /baʊnd/ *vi* πηδώ. • *n* (το) πήδημα

bound² /baʊnd/ *see* BIND. • *a* **be** ~ **for** προορίζομαι για. ~ **to** είμαι υποχρεωμένος να. **it's ~ to happen** είναι βέβαιο ότι θα γίνει

boundary /'baʊndərɪ/ n (το) όριο

bound|s /'baʊndz/ npl (τα) όρια. **be out of ~s** απαγορεύεται η είσοδος στην περιοχή. **~less** a απεριόριστος

bountiful /'baʊntɪfl/ a άφθονος

bouquet /bʊ'keɪ/ n (η) ανθοδέσμη. (*perfume*) (ο) αγώνας

bout /baʊt/ n (η) περίοδος (*έντονης δραστηριότητας*). (*med*) (η) προσβολή. (*sport*) (ο) αγώνας

bow[1] /baʊ/ n (*weapon*) (το) τόξο. (*mus*) (το) δοξάρι. (*knot*) (ο) φιόγκος. **~-legged** a στραβοπόδης. **~-tie** n (το) παπιγιόν

bow[2] /baʊ/ n (η) υπόκλιση. • vi υποκλίνομαι. • vt κλίνω

bow[3] /baʊ/ n (*naut*) (η) πλώρη

bowels /'baʊəlz/ npl (τα) έντερα. (*fig*) (τα) σπλάχνα

bowl[1] /bəʊl/ n (η) λεκάνη. (*of pipe*) (ο) κάβος. (*of spoon*) (το) κοίλωμα

bowl[2] /bəʊl/ n (*ball*) (η) σφαίρα. **~s** (το) παιχνίδι σφαίρας (*είδος παιχνιδιού με σφαίρα*). • vt/i ρίχνω σφαίρα (*σε παιχνίδι σφαίρας*). **~ over** καταπλήσσω. **~ing-alley** n (το) γήπεδο σφαίρας (*σε παιχνίδι*). **~ing-green** n (το) γήπεδο σφαίρας (*με χλόη, σε παιχνίδι*)

bowler[2] /'bəʊlə(r)/ n ~ **(hat)** *είδος σκληρού καπέλου*

box[1] /bɒks/ n (το) κουτί. (*large*) (το) κιβώτιο. (*theatre*) (το) θεωρείο. • vt βάζω σε κιβώτιο. **~ in** βάζω σε πλαίσιο. **~ number** n (ο) αριθμός θυρίδας. **~ office** n (το) ταμείο. **~-room** n μικρό δωμάτιο-αποθήκη σε σπίτι

box[2] /bɒks/ vt/i πυγμαχώ. **~ s.o.'s ears** χαστουκίζω κπ. **~er** n (ο) πυγμάχος. **~ing** n (η) πυγμαχία. **B~ing Day** n (η) επομένη των Χριστουγέννων. **~ing glove** n (το) γάντι πυγμαχίας

boy /bɔɪ/ n (το) αγόρι. **~-friend** n (ο) φίλος. **~hood** n (η) παιδική ηλικία. **~ish** a παιδιάστικος

boycott /'bɔɪkɒt/ vt μποϊκοτάρω. • n (το) μποϊκοτάρισμα

bra /brɑ:/ n (το) σουτιέν *invar*

brace /breɪs/ n (το) στήριγμα. (*dental*) (τα) σιδεράκια. **~s** npl (οι) τιράντες. • vt στηρίζω. **~ o.s.** παίρνω τη δύναμη

bracelet /'breɪslɪt/ n (το) βραχιόλι

bracing /'breɪsɪŋ/ a τονωτικός

bracken /'brækən/ n (η) φτέρη

bracket /'brækɪt/ n (το) υποστήριγμα. (*group*) (η) κατηγορία. (*typ*) (η) παρένθεση. • vt βάζω σε παρένθεση

brag /bræg/ vi (*pt* bragged) κομπάζω

braid /breɪd/ n (*trimming*) (ο) κορδόνι. (*of hair*) (η) πλεξίδα

Braille /breɪl/ n (η) γραφή «Μπράιλ»

brain /breɪn/ n (το) μυαλό. **~s** (*fig*) (ο) εγκέφαλος. **~-child** n (το) δημιούργημα. **~less** a άμυαλος

brainstorm /'breɪnstɔ:m/ n (η) πνευματική κρίση

brainwash /'breɪnwɒʃ/ vt κάνω πλύση εγκεφάλου σε

brainwave /'breɪnweɪv/ n (η) λαμπρή ιδέα

brainy /'breɪnɪ/ a (-ier, -iest) έξυπνος

braise /breɪz/ vt σιγοψήνω (*στην κατσαρόλα*)

brake /breɪk/ n (το) φρένο. • vi φρενάρω

bramble /'bræmbl/ n (ο) βάτος

bran /bræn/ n (το) πίτουρο

branch /brɑ:ntʃ/ n (το) κλαδί. (*of road*) (η) διακλάδωση. (*comm*) (το) υποκατάστημα. • vi ~ **off** διακλαδίζομαι. ~ **out** επεκτείνομαι

brand /brænd/ n (η) μάρκα. • vt (*fig*) στιγματίζω. ~ **s.o. as** στιγματίζω κπ ως. ~ **name** n (η) μάρκα, (η) φίρμα. **~-new** a ολοκαίνουριος

brandish /'brændɪʃ/ vt κραδαίνω

brandy /'brændɪ/ n (το) κονιάκ

brash /bræʃ/ a απερίσκεπτος και αυθάδης

brass /brɑ:s/ n (ο) μπρούντζος. **get down to ~ tacks** (*fig*) μπαίνω στην ουσία ενός θέματος. **top ~** (*sl*) (τα) ανώτερα στελέχη. **~y** a (-ier, -iest) αναιδής

brassière /'bræsjeə(r)/ n (το) σουτιέν *invar*

brat /bræt/ n (*pej*) (το) παλιόπαιδο

bravado /brə'vɑːdəʊ/ n (ο) παλικαρισμός

brave /breɪv/ a (-er, -est) γενναίος. • n (ο) γενναίος. • vt αντιμετωπίζω με θάρρος. **~ry** /-ərɪ/ n (η) γενναιότητα

bravo /'brɑːvəʊ/ int μπράβο

brawl /brɔːl/ n (ο) καβγάς. • vi καβγαδίζω

brawn /brɔːn/ n (η) μυϊκή δύναμη. **~y** a εύρωστος

bray /breɪ/ n (το) γκάρισμα. • vi γκαρίζω

brazen /'breɪzn/ a ξεδιάντροπος. • vt ~ **it out** αντιμετωπίζω με αναίδεια

brazier /'breɪzɪə(r)/ n (το) μαγκάλι

Brazil /brə'zɪl/ n (η) Βραζιλία. ~ **nut** (το) βραζιλιάνικο καρύδι. **~ian** a βραζιλιάνικος. • n (ο) Βραζιλιάνος, (η) Βραζιλιάνα

breach /briːtʃ/ n (η) παραβίαση. (*of contract*) (η) αθέτηση σε. (*gap*) (το) ρήγμα. • vt ανοίγω ρήγμα

bread /bred/ n (το) ψωμί. **~-winner** n *το πρόσωπο που στηρίζει οικονομικά μια οικογένεια*. **loaf of ~** (το) καρβέλι

breadboard /'bredbɔːd/ n (η) σανίδα για ψωμί

breadcrumbs /'bredkrʌmz/ npl (τα) ψίχουλα. (*culin*) (η) τριμμένη ψίχα ψωμιού

breadline /'bredlaɪn/ n be on the ~ είμαι πάμφτωχος

breadth /bredθ/ n (το) πλάτος

break /breɪk/ vt (pt broke, pp broken) σπάζω. (law) παραβαίνω. (record) σπάζω. (news) αναγγέλλω. (journey) διακόπτω. • vi σπάζω. (news) γίνομαι γνωστός. • n (το) σπάσιμο. (interval) (το) διάλειμμα. (rest) (η) ανάπαυση. (chance: fam) (η) ευκαιρία. ~ away αποχωρώ. ~ down (mech) παθαίνω βλάβη. (person) καταρρέω. (figures) αναλύω. ~ in κάνω διάρρηξη. (horse) δαμάζω. ~-in n (η) διάρρηξη. ~ off διακόπτω. ~ out ξεσπώ. (run away) δραπετεύω. ~ up (into pieces) συντρίβω. (crowd, marriage) διαλύω. (friendship) διαλύω. (school) διακόπτω. ~able a εύθραυστος. ~age n (το) σπάσιμο

breakdown /'breɪkdaʊn/ n (mech) (η) βλάβη. (med) (η) κατάπτωση. (of figures) (η) ανάλυση

breaker /'breɪkə(r)/ n (wave) (το) μεγάλο κύμα

breakfast /'brekfəst/ n (το) πρόγευμα

breakthrough /'breɪkθru:/ n (η) σημαντική ανακάλυψη

breakwater /'breɪkwɔ:tə(r)/ n (ο) κυματοθραύστης

breast /brest/ n (το) στήθος, (ο) μαστός. (chest) (ο) θώρακας. ~-feed vt θηλάζω ~-stroke n (το) πρόσθιο

breath /breθ/ n (η) αναπνοή. be out of ~ λαχανιάζω. under one's ~ ψιθυριστά

Breathalyser /'breθəlaɪzə(r)/ n (P) (το) αλκοτέστ invar

breath|e /bri:ð/ vi αναπνέω. • vt φυσώ. ~ing n (η) αναπνοή

breather /'bri:ðə(r)/ n (η) ανάσα

breathtaking /'breθteɪkɪŋ/ a καταπληκτικός

bred /bred/ see BREED

breeches /'brɪtʃɪz/ npl (η) κιλότα ιππασίας

breed /bri:d/ vt (pt bred) γεννώ. (animals) τρέφω. (fig) φέρνω. • vi πολλαπλασιάζομαι. • n (η) ράτσα. ~er n (ο) κτηνοτρόφος. ~ing n (η) αναπαραγωγή. (manners) (η) ανατροφή

breez|e /bri:z/ n (το) αεράκι. ~y a it's ~ έχει αεράκι. (person) ζωηρός

brevity /'brevɪtɪ/ n (η) βραχύτητα

brew /bru:/ vt (beer) παρασκευάζω. (tea) βράζω. • vi (fig) προμηνύομαι. • n (το) ρόφημα. ~er n (ο) ζυθοποιός. ~ery n (η) ζυθοποιία

bribe /braɪb/ n (το) δωροδόκημα. • vt δωροδοκώ. ~ry /-ərɪ/ n (η) δωροδοκία

brick /brɪk/ n (το) τούβλο. • vt ~ up κλείνω με τούβλα

bricklayer /'brɪkleɪə(r)/ n (ο) κτίστης που κτίζει με τούβλα

brid|e /braɪd/ n (η) νύφη. ~al a γαμήλιος

bridegroom /'braɪdgrʊm/ n (ο) γαμπρός

bridesmaid /'braɪdzmeɪd/ n (η) παράνυφος

bridge[1] /brɪdʒ/ n (η) γέφυρα. (of nose) (η) ράχη. • vt ~ a gap γεφυρώνω ένα χάσμα

bridge[2] /brɪdʒ/ n (cards) (το) μπριτζ invar

bridle /'braɪdl/ n (το) χαλινάρι. • vt χαλιναγωγώ. ~-path n (το) μονοπάτι ειδικά για ιππασία

brief[1] /bri:f/ a (-er, -est) σύντομος. ~ly adv σύντομα. ~ness n (η) συντομία

brief[2] /bri:f/ n (instructions) (οι) οδηγίες. (jur) (η) δικογραφία. • vt ενημερώνω. ~ing n (οι) οδηγίες. (press) (οι) πληροφορίες

briefcase /'bri:fkeɪs/ n (ο) χαρτοφύλακας

briefs /bri:fs/ npl (η) κιλότα

brigad|e /brɪ'geɪd/ n (η) ταξιαρχία. ~ier /-ə'dɪə(r)/ n (ο) ταξίαρχος

bright /braɪt/ a (-er, -est) λαμπρός. (day, room) φωτεινός. (clever) έξυπνος. ~ly adv ζωηρά. ~ness n (η) λάμψη

brighten /'braɪtn/ vt φωτίζω. • vi ~ (up) (weather) ανοίγω. (face) λάμπω

brillian|t /'brɪljənt/ a λαμπρός. (light) εκτυφλωτικός. ~ce n (η) λάμψη. (cleverness) (η) λαμπρότητα

brim /brɪm/ n (η) άκρη. (of glass) (το) χείλος. (of hat) (ο) γύρος, (το) μπορ invar. • vi (pt brimmed) ~ over ξεχειλίζω

brine /braɪn/ n (η) άρμη

bring /brɪŋ/ vt (pt brought) φέρνω. ~ about προκαλώ. ~ back επαναφέρω. ~ down ρίχνω. ~ in εισάγω. ~ off επιτυγχάνω. ~ on προξενώ. ~ out (take out) βγάζω. (emphasize) τονίζω. (book) εκδίδω. ~ round or to (unconscious person) συνεφέρνω. ~ up (vomit) κάνω εμετό. (children) ανατρέφω. (question) θέτω

brink /brɪŋk/ n (το) χείλος. on the ~ of στο χείλος του

brisk /brɪsk/ a (-er, -est) ζωηρός. ~ly adv ζωηρά. ~ness n (η) ζωηρότητα

bristl|e /'brɪsl/ n (η) χοντρή τρίχα. • vi σηκώνομαι. ~ing with γεμάτος (with acc.)

Britain /'brɪtən/ n (η) Βρετανία

British /'brɪtɪʃ/ a βρετανικός. the ~ οι Βρετανοί

Briton /'brɪtən/ n (ο) Βρετανός, (η) Βρετανίδα

brittle /'brɪtl/ a εύθραυστος

broach /brəʊtʃ/ vt (open) ανοίγω. (question) θίγω

broad /brɔ:d/ a (-er, -est) πλατύς. ~ bean n (το) κουκί. ~-minded a με ευρείες αντιλήψεις. in ~ daylight μέρα μεσημέρι. ~ly adv γενικά

broadcast /'brɔ:dka:st/ n (η) μετάδοση. • vt (pt broadcast) μεταδίδω. ~ing a ραδιοφωνικός. • n (η) εκπομπή

broaden /'brɔ:dn/ vt διευρύνω

brocade /brə'keɪd/ n (το) μπροκάρ invar

broccoli /'brɒkəli/ n invar (το) μπρόκολο

brochure /'brəʊʃə(r)/ n (η) μπροσούρα

broke /brəʊk/ see BREAK. • a (sl) απένταρος

broken /'brəʊkən/ see BREAK. • a ~-down
a (object) σε κακή κατάσταση (person)
τσακισμένος. (health) κλονισμένος. ~
English n σπασμένα αγγλικά.
~-hearted a απαρηγόρητος

broker /'brəʊkə(r)/ n (ο) μεσίτης, (η)
μεσίτις

brolly /'brɒli/ n (fam) (η) ομπρέλα

bronchitis /brɒŋ'kaɪtɪs/ n (η) βρογχίτιδα

bronze /brɒnz/ n (ο) μπρούντζος. • vt/i
μαυρίζω

brooch /brəʊtʃ/ n (η) καρφίτσα

brood /bru:d/ n (children: fam) (η) γέννα.
• vi (fig) μελαγχολώ. ~y a μελαγχολικός

brook¹ /brʊk/ n (το) ρυάκι

brook² /brʊk/ vt ανέχομαι

broom /bru:m/ n (brush) (η) σκούπα

broomstick /'bru:mstɪk/ n (το)
σκουπόξυλο

broth /brɒθ/ n (ο) ζωμός

brothel /'brɒθl/ n (ο) οίκος ανοχής

brother /'brʌðə(r)/ n (ο) αδερφός.
~-in-law n (pl ~s-in-law) (ο) κουνιάδος.
~hood n (η) αδελφοσύνη. ~ly a
αδελφικός

brought /brɔ:t/ see BRING

brow /braʊ/ n (το) φρύδι. (of hill) (η)
κορυφή

browbeat /'braʊbi:t/ vt (pt -beat, pp
-beaten) φοβερίζω

brown /braʊn/ a (-er, -est) καστανός. • n
(το) καφέ invar. • vt/i μαυρίζω. (culin)
ξεροψήνω. be ~ed off (sl) είμαι
αποθαρρημένος

Brownie /'braʊni/ n ~ (Guide) (το)
«πουλί», Cy. (η) «πεταλούδα»

browse /braʊz/ vi (in a shop) κοιτάζω με
άνεση. (read) ξεφυλλίζω. (animal)
βόσκω

bruise /bru:z/ n (το) μελάνιασμα. • vt
μωλωπίζω. ~d a μελανιασμένος

brunch /brʌntʃ/ n (το) γεύμα που
συνδυάζει πρόγευμα και μεσημεριανό

brunette /bru:'net/ n (η) καστανομάλλα

brunt /brʌnt/ n the ~ of (το) κύριο βάρος
(with gen.)

brush /brʌʃ/ n (η) βούρτσα. (skirmish) (η)
αψιμαχία. • vt βουρτσίζω. ~ against
περνώ ξυστά από. ~ aside παραμερίζω.
~ off διώχνω. (reject) απορρίπτω. ~ up
(on) φρεσκάρω

brusque /bru:sk/ a απότομος. ~ly adv
απότομα

Brussels /'brʌslz/ n (οι) Βρυξέλλες. ~
sprouts npl (τα) λαχανάκια Βρυξελών

brutal /'bru:tl/ a κτηνώδης. ~ity /-'tælətɪ/
n (η) κτηνωδία

brute /bru:t/ n (το) κτήνος. ~ force (η)
ωμή βία

B.Sc. abbr see BACHELOR

bubble /'bʌbl/ n (η) φούσκα. • vi
κοχλάζω. ~ over ξεχειλίζω

bubbly /'bʌbli/ a αφρώδης. • n (fam) (η)
σαμπάνια

buck¹ /bʌk/ n το αρσενικό πολλών ζώων.
• vi (of horse) αναπηδώ. ~ up! (cheer up:
fam) κουράγιο! (hurry: fam) κάνε
γρήγορα!

buck² /bʌk/ n (Amer., sl) (το) δολάριο

buck³ /bʌk/ n pass the ~ φορτώνω την
ευθύνη

bucket /'bʌkɪt/ n (ο) κουβάς

buckle /'bʌkl/ n (η) πόρπη. • vt (fasten)
στερεώνω. • vi (bend) λυγίζω. ~ down
to καταπιάνομαι με κάτι με αποφασιστι-
κότητα

bud /bʌd/ n (το) μπουμπούκι. • vi (pt
budded) μπουμπουκιάζω. in ~ μπου-
μπουκιασμένος. ~ding artist (fig) νέος
καλλιτέχνης στα πρώτα του βήματα

Buddhis|t /'bʊdɪst/ a βουδιστικός. • n (ο)
βουδιστής (η) βουδίστρια. ~m /-ɪzəm/ n
(ο) βουδισμός

buddy /'bʌdi/ n (fam) (ο) φίλος

budge /bʌdʒ/ vt/i κουνώ

budgerigar /'bʌdʒərɪgɑ:(r)/ n (το)
παπαγαλάκι

budget /'bʌdʒɪt/ n (ο) προϋπολογισμός.
• vi (pt budgeted) κάνω προϋπολογισμό.
~ for κάνω προϋπολογισμό για

buff /bʌf/ n (colour) (το) καστανοκίτρινο.
(enthusiast: fam) (ο) ειδικός. • vt
γυαλίζω

buffalo /'bʌfələʊ/ n (pl -oes or -o) (το)
βουβάλι

buffer /'bʌfə(r)/ n (ο) προφυλακτήρας

buffet¹ /'bʊfeɪ/ n (meal, counter) (ο)
μπουφές

buffet² /'bʌfɪt/ n (το) χτύπημα. • vt (pt
buffeted) χτυπώ

buffoon /bə'fu:n/ n (ο) καραγκιόζης

bug /bʌg/ n (insect) (ο) κοριός. (germ: sl)
(το) μικρόβιο. (device: sl) (ο) κοριός (για
υποκλοπή συνομιλιών). (defect: sl) (το)
σφάλμα. • vt (pt bugged) τοποθετώ
μικροσκοπικό πομπό για υποκλοπή
συνομιλιών. (annoy: sl) σκοτίζω.
telephone ~ging n (η) υποκλοπή

bugbear /'bʌgbeə(r)/ n (το) σκιάχτρο

buggy /'bʌgi/ n baby ~ (το) καροτσάκι
(για παιδάκια)

bugle /'bju:gl/ n (η) σάλπιγγα

build /bɪld/ vt/i (pt built) κτίζω. • n (of
person) (η) κορμοστασιά. ~ up
δημιουργώ. ~-up n (of gas etc.) (η)
συγκέντρωση. (fig) (η) διαφημιστική
εκστρατεία. ~er n (ο) κτίστης

building /'bɪldɪŋ/ n (το) κτίριο. ~ site n
(ο) χώρος οικοδομής. ~ society n (ο)
οργανισμός στεγαστικών δανείων

built /bɪlt/ see BUILD. ~-in a
εντοιχισμένος. ~-up area n (η)
οικοδομημένη περιοχή

bulb /bʌlb/ n (ο) βολβός. (electr) (ο) λαμπτήρας. **~ous** a βολβώδης

Bulgaria /bʌl'geərɪə/ n (η) Βουλγαρία. **~n** a βουλγαρικός. • n (ο) Βούλγαρος, (η) Βουλγάρα

bulge /bʌldʒ/ n (το) φούσκωμα. • vi φουσκώνω. (jut out) προεξέχω. **~ing** a φουσκωμένος

bulk /bʌlk/ n (ο) όγκος. **in ~** χονδρικά. (loose) χύμα. **the ~ of** το μεγαλύτερο μέρος (with gen.). **~y** a ογκώδης

bull /bʊl/ n (ο) ταύρος. **~'s-eye** n (η) διάνα

bulldog /'bʊldɒg/ n (το) μπουλντόγκ invar

bulldozer /'bʊldəʊzə(r)/ n (η) μπουλντόζα

bullet /'bʊlɪt/ n (η) σφαίρα. **~-proof** a αλεξίσφαιρος. (vehicle) θωρακισμένος

bulletin /'bʊlətɪn/ n (το) δελτίο

bullfight /'bʊlfaɪt/ n (η) ταυρομαχία. **~er** n (ο) ταυρομάχος

bullion /'bʊljən/ n (ο) χρυσός σε ράβδους

bullring /'bʊlrɪŋ/ n (η) αρένα ταυρομαχίας

bully /'bʊlɪ/ n πρόσωπο που χρησιμοποιεί βία. • vt εξαναγκάζω (με βία και απειλές). **~ into** εκβιάζω. **~ing** n (ο) εκφοβισμός

bum¹ /bʌm/ n (sl) (ο) πισινός

bum² /bʌm/ n (Amer, sl) (ο) αλήτης

bumble-bee /'bʌmblbiː/ n (ο) μπούμπουρας

bump /bʌmp/ vt/i χτυπώ. • n (το) εξόγκωμα. (swelling) (το) πρήξιμο. **~ into** (hit) χτυπώ. (meet) συναντώ τυχαία. **~y** a (road) ανώμαλος

bumper /'bʌmpə(r)/ n (car) (ο) προφυλακτήρας a πλούσιος

bumpkin /'bʌmpkɪn/ n (ο) χωριάτης

bumptious /'bʌmpʃəs/ a φαντασμένος

bun /bʌn/ n (το) γλυκό ψωμάκι. (hair) (ο) κότσος

bunch /bʌntʃ/ n (of flowers) (το) μπουκέτο. (of keys) (ο) ορμαθός. (of people) (η) ομάδα. (of grapes) (το) τσαμπί. (of bananas) (το) κλαδί

bundle /'bʌndl/ n (το) δέμα. • vt μαζεύω

bung /bʌŋ/ n (το) πώμα. • vt βουλώνω. (sl) ρίχνω

bungalow /'bʌŋgələʊ/ n (το) μπανγκαλόου invar

bungle /'bʌŋgl/ vt κάνω με αδεξιότητα

bunion /'bʌnjən/ n (ο) κάλος

bunk /bʌŋk/ n (η) κουκέτα. **~-bed** n (η) κουκέτα

bunker /'bʌŋkə(r)/ n (η) καρβουναποθήκη. (golf) (η) κοιλότητα με άμμο. (mil) (το) καταφύγιο

bunkum /'bʌŋkəm/ n (τα) κολοκύθια (ανοησίες)

bunny /'bʌnɪ/ n (το) κουνελάκι

buoy /bɔɪ/ n (η) σημαδούρα. • vt **~ up** συγκρατώ στην επιφάνεια. (fig) ενθαρρύνω

buoyan|t /'bɔɪənt/ a ελαφρός. (fig) ζωηρός. **~cy** n (η) πλευστότητα. (fig) (η) ζωηρότητα

burden /'bɜːdn/ n (το) βάρος. • vt επιβαρύνω. **~some** a επαχθής

bureau /'bjʊərəʊ/ n (pl -eaux /-əʊz/) (office) (το) γραφείο. **~ de change** (το) ανταλλακτήριο (συναλλάγματος)

bureaucracy /bjʊə'rɒkrəsɪ/ n (η) γραφειοκρατία

bureaucrat /'bjʊərəkræt/ n (ο) γραφειοκράτης, (η) γραφειοκράτις. **~ic** /-'krætɪk/ a γραφειοκρατικός

burglar /'bɜːglə(r)/ n (ο) διαρρήκτης. **~ alarm** n (ο) αντικλεπτικός συναγερμός. **~ize** vt (Amer) κάνω διάρρηξη. **~y** n (η) διάρρηξη

burgle /'bɜːgl/ vt κάνω διάρρηξη

Burgundy /'bɜːgəndɪ/ n (wine) (το) κρασί Βουργουνδίας

burial /'berɪəl/ n (η) ταφή

burlesque /bɜː'lesk/ n (η) παρωδία

burly /'bɜːlɪ/ a (-ier, -iest) εύσωμος

Burm|a /'bɜːmə/ (η) Βιρμανία. **~ese** /-'miːz/ a βιρμανικός. • n (ο) Βιρμανός, (η) Βιρμανή

burn /bɜːn/ vt/i (pt burned or burnt) καίω. • n (το) κάψιμο. **~ down** καίω. **~er** n (gas) (ο) καυστήρας. **~ing** a (question) φλέγον (ερώτημα)

burnish /'bɜːnɪʃ/ vt γυαλίζω

burnt /bɜːnt/ see BURN

burp /bɜːp/ n (fam) (το) ρέψιμο. • vi (fam) ρεύομαι

burrow /'bʌrəʊ/ n (η) υπόγεια τρύπα. • vi σκάβω κάτω από τη γη

bursar /'bɜːsə(r)/ n (ο, η) οικονόμος

bursary /'bɜːsərɪ/ n (το) είδος υποτροφίας

burst /bɜːst/ vt/i (pt burst) σκάζω. • n (surge) (το) ξέσπασμα. (mil) (η) έκρηξη. **~ into tears** ξεσπώ στα κλάματα. **~ out laughing** ξεσπώ σε γέλια

bury /'berɪ/ vt/i vt θάβω. (hide) κρύβω

bus /bʌs/ n (pl buses) (το) λεωφορείο. • vt (pt bussed) μεταφέρω με λεωφορείο. **~-conductor** n (ο) εισπράκτορας (σε λεωφορείο). **~-driver** n (ο) οδηγός λεωφορείου. **~ lane** n (η) λωρίδα για λεωφορεία. **~ station** n (ο) σταθμός λεωφορείων. **~-stop** n (η) στάση (λεωφορείου)

bush /bʊʃ/ n (ο) θάμνος. (land) ακατοίκητες περιοχές της Αφρικής/Αυστραλίας. **~y** a θαμνώδης

business /'bɪznɪs/ n (η) δουλειά. (comm) (η) επιχείρηση. (fig) (η) ασχολία. **~like** a σοβαρός. **~ man/woman** (ο, η) επιχειρηματίας. **mind your own ~** κοίτα τη δουλειά σου. **on ~** για δουλειά

busker /'bʌskə(r)/ n (ο) τραγουδιστής του δρόμου

bust¹ /bʌst/ n (*sculpture*) (η) προτομή. (*chest*) (το) στήθος

bust² /bʌst/ *vt/i* (*pt* **busted** *or* **bust**) (*break: fam*) σπάζω. (*burst: fam*) συλλαμβάνω. • a (*fam*) χρεοκοπημένος. **~-up** n (*fam*) (ο) καβγάς. **go ~** (*fam*) χρεοκοπώ

bustl|e /'bʌsl/ *vi* πηγαινοέρχομαι βιαστικά. • n (η) κίνηση. **~ing** a γεμάτος κίνηση

bus|y /'bɪzɪ/ a (-**ier**, -**iest**) απασχολημένος. (*street*) γεμάτος κίνηση. (*day*) πολυάσχολος. • *vt* **~ o.s. with** απασχολούμαι με. **~ily** *adv* με δραστηριότητα

busybody /'bɪzɪbɒdɪ/ n (ο) ανακατωσούρης

but /bʌt/ *conj* αλλά. • *prep* εκτός από. • *adv* μόνο. **~ for** χωρίς. **last ~ one** (ο) προτελευταίος

butane /'bjuːteɪn/ n (το) βουτάνιο

butcher /'bʊtʃə(r)/ n (ο) κρεοπώλης, (η) κρεοπώλις. • *vt* σφάζω. **~'s (shop)** n (το) κρεοπωλείο. **~y** n (η) σφαγή. (*fig*) (η) σφαγή

butler /'bʌtlə(r)/ n (ο) αρχιυπηρέτης

butt /bʌt/ n (*of gun*) (ο) υποκόπανος. (*of cigarette*) (το) αποτσίγαρο. (*target*) (ο) στόχος. • *vi* **~ in** διακόπτω

butter /'bʌtə(r)/ n (το) βούτυρο. • *vt* βουτυρώνω. **~-bean** n (το) κουκί. **~-fingers** n (*fam*) (ο) αδέξιος. **~ up** (*fam*) κολακεύω

buttercup /'bʌtəkʌp/ n (η) νεραγκούλα

butterfly /'bʌtəflaɪ/ n (η) πεταλούδα

buttock /'bʌtək/ n (ο) γλουτός

button /'bʌtn/ n (το) κουμπί. • *vt/i* κουμπώνω/ομαι

buttonhole /'bʌtnhəʊl/ n (η) κουμπότρυπα. • *vt* (*fig*) στριμώχνω

buttress /'bʌtrɪs/ n (το) στήριγμα. • *vt* στηρίζω

buxom /'bʌksəm/ a (*woman*) στρουμπουλή (*γυναίκα*)

buy /baɪ/ *vt* (*pt* **bought**) αγοράζω (from, από). • n (η) αγορά. **~ out** n (η) εξαγορά. **~er** n (ο) αγοραστής, (η) αγοράστρια

buzz /bʌz/ *vi* βουίζω. • n (ο) βούμβος. (*news: fam*) (η) διάδοση. (*techn*) (το) τηλεφώνημα. **~ off!** (*sl*) στρίβε! **~er** n (ο) βομβητής

by /baɪ/ *prep* (*near*) κοντά σε. (*time*) έως. (*measure, weight*) με. **~ and large** κυρίως. **~ car** με αυτοκίνητο. **~ day** την ημέρα. **~-election** n (η) επαναληπτική εκλογή. **~-law** n (ο) νόμος τοπικής αρχής. **~ night** τη νύχτα. **~ oneself** μόνος. **~-product** n (το) υποπροϊόν. **five metres ~ three metres** πέντε μέτρα επί τρία μέτρα. **one ~ one** ένας ένας. **put ~** βάζω στην άκρη

bye(-bye) /'baɪ(baɪ)/ *int* (*fam*) αντίο

bygone /'baɪgɒn/ a περασμένος

bypass /'baɪpɑːs/ n (ο) παρακαμπτήριος. • *vt* παρακάμπτω

bystander /'baɪstændə(r)/ n (ο) θεατής

byword /'baɪwɜːd/ n (η) παροιμία (for, για)

Cc

cab /kæb/ n (*taxi*) (το) ταξί. (*of lorry, train*) (ο) θάλαμος οδηγήσεως

cabaret /'kæbəreɪ/ n (το) καμπαρέ

cabbage /'kæbɪdʒ/ n (το) λάχανο

cabin /'kæbɪn/ n (*in ship, plane*) (η) καμπίνα

cabinet /'kæbɪnɪt/ n (το) ντουλάπι. **C~** (*pol*) (το) υπουργικό συμβούλιο. **~-maker** n (ο) επιπλοποιός

cable /'keɪbl/ n (το) καλώδιο. (*telec*) (το) τηλεγράφημα. • *vt* τηλεγραφώ. **~-car,** **~-railway** n (το) τελεφερίκ

cache /kæʃ/ n (η) κρύπτη. • *vt* κρύβω

cackle /'kækl/ n (το) κακάρισμα. • *vi* κακαρίζω

cacophon|ous /kæ'kɒfənəs/ a κακόφωνος. **~y** n (η) κακοφωνία

cactus /'kæktəs/ n (*pl* -**ti** /-taɪ/ *or* -**tuses**) (ο) κάκτος

cad /kæd/ n (ο) παλιάνθρωπος. **~dish** a χυδαίος

caddie /'kædɪ/ n (*golf*) (ο) βοηθός στο γκολφ

caddy /'kædɪ/ n μικρό κουτί για τσάι

cadence /'keɪdəns/ n (ο) ρυθμός

cadet /kə'det/ n (ο) δόκιμος

cadge /kædʒ/ *vt/i* διακονεύω. **~r** /-ə(r)/ n (ο) διακονιάρης

Caesarean /sɪ'zeərɪən/ a καισαρικός. **~ section** (η) καισαρική τομή

café /'kæfeɪ/ n (η) καφετερία

cafeteria /kæfɪ'tɪərɪə/ n (η) καφετερία (*με αυτοεξυπηρέτηση*)

caffeine /'kæfiːn/ n (η) καφεΐνη

cage /keɪdʒ/ n (το) κλουβί. • vt εγκλωβίζω

cagey /'keɪdʒɪ/ a (fam) επιφυλακτικός

Cairo /'kaɪərəʊ/ n (το) Κάιρο

cajole /kə'dʒəʊl/ vt πείθω με κολακείες. ~ry n (η) πειστικότητα (με κολακείες)

cake /keɪk/ n (το) κέικ invar. ~ of soap (η) πλάκα σαπούνι. ~d a πηγμένος

calamit|y /kə'læmɪtɪ/ n (η) συμφορά. ~ous a ολέθριος

calcium /'kælsɪəm/ n (το) ασβέστιο

calculat|e /'kælkjʊleɪt/ vt υπολογίζω. (Amer) λογαριάζω. ~ed a εσκεμμένος. ~ing a συμφεροντολόγος. ~ion -'leɪʃn n (ο) υπολογισμός. ~or n (ο) υπολογιστής

calculus /'kælkjʊləs/ n (pl -li /laɪ/ or -luses) (ο) λογισμός

calendar /'kælɪndə(r)/ n (το) ημερολόγιο

calf¹ /kɑːf/ n (pl calves) (το) μοσχάρι

calf² /kɑːf/ n (pl calves) (of leg) (η) κνήμη (το πίσω μέρος)

calibre /'kælɪbə(r)/ n (η) ικανότητα. (of gun) (το) διαμέτρημα

calico /'kælɪkəʊ/ n (το) κάμποτο

call /kɔːl/ vt/i φωνάζω. • n (shout) (η) κραυγή. (phone) (η) κλήση. (visit) (η) επίσκεψη. be ~ed (named) ονομάζομαι. be on ~ είμαι σε άμεση διάθεση. ~ back ανακαλώ. ~-box n (ο) τηλεφωνικός θάλαμος. ~ for απαιτώ. (fetch) ζητώ. ~ off ματαιώνω. ~ on (appeal to) καλώ. (visit) επισκέπτομαι. ~ out (shout) φωνάζω. (summon) καλώ. ~together καλώ σε συγκέντρωση. ~ up (mil) επιστρατεύω. (phone) τηλεφωνώ. ~er n (ο) επισκέπτης. (phone) (ο) συνομιλητής. ~ing n (η) αποστολή

callous /'kæləs/ a αναίσθητος. ~ly adv αναίσθητα. ~ness n (η) αναισθησία (για αισθήματα)

callow /'kæləʊ/ a (-er, -est) άπειρος

calm /kɑːm/ a (-er, -est) ήρεμος. • n (η) ηρεμία. • vt/i ~ (down) ηρεμώ. ~ly adv ήρεμα. ~ness n (η) ηρεμία

calorie /'kælərɪ/ n (η) θερμίδα

camber /'kæmbə(r)/ n (η) κυρτότητα

camcorder /'kæmkɔːdə(r)/ n (η) βιντεοκάμερα

came /keɪm/ see COME

camel /'kæml/ n (η) καμήλα

camellia /kə'miːljə/ n (η) καμέλια

cameo /'kæmɪəʊ/ n (pl -os) (η) καμέα

camera /'kæmərə/ n (η) φωτογραφική μηχανή. (TV) (η) τηλεοπτική κάμερα, (ο) εικονολήπτης. ~man n (pl -men) (ο) οπερατέρ invar

camouflage /'kæməflɑːʒ/ n (το) καμουφλάζ invar. • vt καμουφλάρω

camp¹ /kæmp/ n (η) κατασκήνωση. (mil) (το) στρατόπεδο. • vi κατασκηνώνω. ~-bed n (το) κρεβάτι εκστρατείας. ~er n (ο) κατασκηνωτής, (η)

katασκηνώτρια. ~ing n (η) κατασκήνωση

camp² /kæmp/ a (affected) επιτηδευμένος

campaign /kæm'peɪn/ n (η) εκστρατεία. • vi εκστρατεύω

campsite /'kæmpsaɪt/ n (ο) χώρος κατασκηνώσεως

campus /'kæmpəs/ n (pl -puses) (η) πανεπιστημιούπολη

can¹ /kæn/ n (το) μεταλλικό κουτί. • vt (pt canned) κονσερβοποιώ. ~-opener n (το) ανοιχτήρι (κονσέρβας)

can² /kæn/ v aux (pt could) (be able to) μπορώ. (know how to) μπορώ. ~not (neg) δεν μπορώ. I ~not/~'t go δεν μπορώ να πάω

Canad|a /'kænədə/ n (ο) Καναδάς. ~ian /kə'neɪdɪən/ a καναδικός. • n (ο) Καναδός, (η) Καναδέζα

canal /kə'næl/ n (η) διώρυγα

canary /kə'neərɪ/ n (το) καναρίνι

cancel /'kænsl/ vt/i (pt cancelled) (call off) ματαιώνω. (annul) ακυρώνω. ~lation -'leɪʃn n (η) ακύρωση

cancer /'kænsə(r)/ n (ο) καρκίνος. C~ (astr) (ο) Καρκίνος. ~ous a καρκινώδης

candid /'kændɪd/ a ειλικρινής

candida|te /'kændɪdeɪt/ n (ο) υποψήφιος, (η) υποψηφία. ~cy -əsɪ n (η) υποψηφιότητα

candle /'kændl/ n (το) κερί

candlelight /'kændllaɪt/ n (το) φως κεριών. by ~ στο φως κεριών

candlestick /'kændlstɪk/ n (το) κηροπήγιο

candour /'kændə(r)/ n (η) ειλικρίνεια

candy /'kændɪ/ n (Amer) (η) καραμέλα. ~-floss n (το) μαλλί της γριάς

cane /keɪn/ n (for baskets) (το) καλάμι. (stick) (το) μπαστούνι. • vt (strike) δέρνω με βέργα

canine /'keɪnaɪn/ a σκυλίσιος

canister /'kænɪstə(r)/ n (το) μεταλλικό κουτί

cannabis /'kænəbɪs/ n (plant) (η) κάνναβις (η ινδική). (drug) (το) χασίς invar

cannibal /'kænɪbl/ n (ο) ανθρωποφάγος, (ο) κανίβαλος. ~ism n (η) ανθρωποφαγία, (ο) κανιβαλισμός

cannon /'kænən/ n invar (το) κανόνι. ~-ball n (η) μπάλα κανονιού

cannot /'kænəl/ see CAN

canny /'kænɪ/ a καπάτσος

canoe /kə'nuː/ n (το) κανό. • vi πάω με κανό

canon /'kænən/ n (rule) (ο) κανόνας. (person) (ο) εφημέριος

canonize /'kænənaɪz/ vt ανακηρύσσω άγιο

canopy /'kænəpɪ/ n (ο) θόλος

cant /kænt/ n (η) επαγγελματική ορολογία

can't /kɑ:nt/ see CAN

cantankerous /kæn'tæŋkərəs/ a εριστικός

canteen /kæn'ti:n/ n (η) καντίνα. (for cutlery) (η) θήκη για μαχαιροπήρουνα

canter /'kæntə(r)/ n ελαφρός καλπασμός. • vi καλπάζω ελαφρά

canvas /'kænvəs/ n (ο) καμβάς

canvass /'kænvəs/ vi ψηφοθηρώ. ~er n (ο) ψηφοθήρας. ~ing n (η) ψηφοθηρία

canyon /'kænjən/ n (το) φαράγγι

cap /kæp/ n (hat) (ο) σκούφος. (academic) (ο) πίλος. (of pen) (το) καπάκι. (of bottle, tube) (το) πώμα. (mech) (το) πώμα. • vt (pt capped) σκεπάζω. (outdo) ξεπερνώ

capab|le /'keɪpəbl/ a ικανός. be ~le of είμαι ικανός να. ~ility /-'bɪlətɪ/ n (η) ικανότητα. ~ly adv με ικανότητα

capacity /kə'pæsətɪ/ n (ability) (η) ικανότητα. (function) (η) ιδιότητα. (volume) (η) χωρητικότητα

cape¹ /keɪp/ n (cloak) (η) κάπα

cape² /keɪp/ n (geog) (το) ακρωτήρι

caper¹ /'keɪpə(r)/ vi χοροπηδώ. • n (το) χοροπήδημα. (fig) (το) καραγκιοζιλίκι

caper² /'keɪpə(r)/ n (culin) (η) κάππαρη

capital /'kæpɪtl/ a κεφαλαιώδης. • n (town) (η) πρωτεύουσα. (money) (το) κεφάλαιο. ~ letter (το) κεφαλαίο γράμμα. ~ punishment (η) θανατική ποινή

capitalis|t /'kæpɪtəlɪst/ a καπιταλιστικός. • n (ο) καπιταλιστής, (η) καπιταλίστρια. ~m /-zəm/ n (ο) καπιταλισμός, (η) κεφαλαιοκρατία

capitalize /'kæpɪtəlaɪz/ vt κεφαλαιοποιώ. (typ) γράφω με κεφαλαία γράμματα. • vi ~ on επωφελούμαι από

capitulat|e /kə'pɪtʃʊleɪt/ vi συνθηκολογώ. ~ion /-'leɪʃn/ n (η) συνθηκολόγηση

capricious /kə'prɪʃəs/ a καπριτσιόζος, ιδιότροπος

Capricorn /'kæprɪkɔ:n/ n (ο) Αιγόκερος

capsicum /'kæpsɪkəm/ n (η) πιπεριά

capsize /kæp'saɪz/ vt/i ανατρέπω/ομαι

capsule /'kæpsju:l/ n (η) κάψουλα

captain /'kæptɪn/ n (ο) πλοίαρχος. • vt ηγούμαι

caption /'kæpʃn/ n (η) λεζάντα. (heading) (ο) τίτλος

captivate /'kæptɪveɪt/ vt αιχμαλωτίζω (γοητεύω)

captiv|e /'kæptɪv/ a αιχμάλωτος. • n (ο) αιχμάλωτος. ~ity /-'tɪvətɪ/ n (η) αιχμαλωσία. in ~ity στην αιχμαλωσία

capture /'kæptʃə(r)/ vt συλλαμβάνω. (attention) προσελκύω. • n (η) σύλληψη

car /kɑ:(r)/ n (το) αυτοκίνητο. ~-ferry n (το) φέριμποτ invar. ~ park n (ο) χώρος σταθμεύσεως. ~ phone (kit) n (το) σύστημα ανοιχτής ακρόασης (αυτοκινήτου). ~-wash n (το) πλυντήριο αυτοκινήτων

carafe /kə'ræf/ n (η) καράφα

caramel /'kærəmel/ n (η) καραμέλα

carat /'kærət/ n (το) καράτι. 22-~ gold χρυσός 22 καρατίων

caravan /'kærəvæn/ n (το) τροχόσπιτο

carbohydrate /kɑ:bəʊ'haɪdreɪt/ n (ο) υδατάνθρακας

carbon /'kɑ:bən/ n (ο) άνθρακας. (paper) (το) καρμπόν invar. ~ copy n (το) αντίγραφο με καρμπόν. ~ dioxide n (το) διοξείδιο του άνθρακα

carburettor /kɑ:bjʊ'retə(r)/ n (το) καρμπιρατέρ

carcass /'kɑ:kəs/ n (το) ψοφίμι, (το) κουφάρι

card /kɑ:d/ n (invitation, greeting) (η) κάρτα. (game) (το) χαρτί. (membership) (το) δελτίο. ~-index n (το) ευρετήριο. play ~s (τα) χαρτιά

cardboard /'kɑ:dbɔ:d/ n (το) χαρτόνι

cardiac /'kɑ:dɪæk/ a καρδιακός

cardigan /'kɑ:dɪgən/ n (η) πλεκτή ζακέτα

cardinal /'kɑ:dɪnl/ a κύριος. • n (ο) καρδινάλιος

care /keə(r)/ n (η) φροντίδα. (worry) (η) ανησυχία. (protection) (η) προσοχή. • vi ~ about (be concerned) με νοιάζει. (love) αγαπώ. ~ for (look after) φροντίζω. (like) μου αρέσει. ~ of φροντίδι. I don't ~ δε με νοιάζει. in ~ υπό τη φροντίδα. take ~ of προσέχω

career /kə'rɪə(r)/ n (η) καριέρα. • vi τρέχω με ορμή

carefree /'keəfri:/ a ξένοιαστος

careful /'keəfʊl/ a προσεκτικός. (cautious) προσεκτικός. be ~! πρόσεξε! ~ly adv προσεκτικά

careless /'keəlɪs/ a απερίσκεπτος. (not careful) απρόσεκτος. (not worried) ξένοιαστος. ~ly adv απρόσεκτα, με ξενοιασιά. ~ness n (η) απερισκεψία, (η) απροσεξία

caress /kə'res/ n (το) χάδι. • vt χαϊδεύω

caretaker /'keəteɪkə(r)/ n (of building) (ο) θυρωρός

cargo /'kɑ:gəʊ/ n (pl -oes) (το) φορτίο

Caribbean /kærɪ'bi:ən/ a ~ Sea Καραϊβική Θάλασσα

caricature /'kærɪkətʃʊə(r)/ n (η) καρικατούρα. • vt γελοιογραφώ

carnage /'kɑ:nɪdʒ/ n (το) μακελειό

carnal /'kɑ:nl/ a σαρκικός

carnation /kɑ:'neɪʃn/ n (το) γαρίφαλο

carnival /'kɑ:nɪvl/ n (το) καρναβάλι

carol /'kærəl/ n Christmas ~s τα κάλαντα

carp¹ /kɑ:p/ n invar (ο) κυπρίνος

carp² /kɑ:p/ vi ~ (at) γκρινιάζω

carpent|er /'kɑ:pɪntə(r)/ n (ο) μαραγκός. ~ry n (η) ξυλουργική

carpet /'kɑ:pɪt/ n (το) χαλί. • vt σκεπάζω με χαλί. fitted ~ (η) μοκέτα. be on the ~ είμαι επί τάπητος. ~-sweeper n (η) σκούπα χαλιών

carriage /'kærɪdʒ/ n (rail.) (το) βαγόνι. (horse-drawn) (η) άμαξα. (of typewriter) (το) όχημα, (το) σαρίο. (of goods) (η) μεταφορά. (cost) (τα) μεταφορικά. (bearing) (το) παράστημα

carriageway /'kærɪdʒweɪ/ n dual ~ (η) οδός διπλής κατευθύνσεως

carrier /'kærɪə(r)/ n (comm) (o) μεταφορέας. (mech) (ο) ιμάντας μεταφοράς. (med) (ο) φορέας. ~ **bag** n (η) σακούλα

carrot /'kærət/ n (το) καρότο

carry /'kærɪ/ vt/i (goods) μεταφέρω. (sound) φθάνω. (math) κρατώ. (involve) φέρνω. ~-**cot** n (το) πορτμπεμπέ invar. ~ **off** παίρνω (με βία). (prize) κερδίζω. ~ **on** συνεχίζω. (flirt: fam) φλερτάρω. ~ **out** εκτελώ. (duty) εκπληρώ. (investigation) διεξάγω. **get carried away** (fig) το παρακάνω

cart /ka:t/ n (το) κάρο. • vt (carry: fam) κουβαλώ

cartel /ka:'tel/ n (το) καρτέλ invar

cartilage /'ka:tɪlɪdʒ/ n (ο) χόνδρος

carton /'ka:tən/ n (το) κουτί. (for drinks) (το) χάρτινο κουτί, (η) χαρτόκουτα. (of yoghurt) (το) κεσεδάκι. (of cigarettes) (η) κούτα

cartoon /ka:'tu:n/ n (η) γελοιογραφία. (cinema) (τα) κινούμενα σχέδια. ~**ist** n (ο) γελοιογράφος

cartridge /'ka:trɪdʒ/ n (το) φυσίγγι

carv|e /ka:v/ vt (stone, wood) σκαλίζω. (meat) κόβω (σε λεπτές φέτες). ~**ing** n (το) γλυπτό ~**ing-knife** n (το) μαχαίρι για το κόψιμο κρέατος (σε λεπτές φέτες)

cascade /kæs'keɪd/ n (o) καταρράκτης. • vi πέφτω σαν καταρράκτης

case /keɪs/ n (η) περίπτωση. (jur) (η) υπόθεση. (crate) (το) κιβώτιο. (box) (η) θήκη. (suitcase) (η) βαλίτσα. **glass** ~ (η) γυάλινη θήκη. **in ~ it rains** σε περίπτωση που θα βρέξει. **in ~ of** σε περίπτωση. **just in** ~ για κάθε ενδεχόμενο. **upper/lower** ~ (το) κεφαλαίο/πεζό (γράμμα)

cash /kæʃ/ n (τα) μετρητά. • vt εξαργυρώνω. • vi ~ **in on sth** επωφελούμαι από κτ. **pay (in)** ~ πληρώνω σε μετρητά. ~ **desk** n (το) ταμείο. ~ **dispenser,** ~ **point** ns (το) αυτόματο μηχάνημα αναλύψεως χρημάτων, Cy. (το) ηλεκτρονικό χρήμα.

cashcard /'kæʃka:d/ n (η) κάρτα αναλήψεων

cashew /kæ'ʃu:/ n (το) κασιούνατ invar (είδος φιστικιού)

cashier /kæ'ʃɪə(r)/ n (ο) ταμίας

cashmere /kæʃ'mɪə(r)/ n (το) κασμίρι

casino /kə'si:nəʊ/ n (pl -os) (το) καζίνο

cask /ka:sk/ n (το) βαρέλι

casket /'ka:skɪt/ n (η) κασετίνα

casserole /'kæsərəʊl/ n (η) κατσαρόλα. (stew) (το) φαγητό στην κατσαρόλα

cassette /kə'set/ n (η) κασέτα. ~ **player** n (το) κασετόφωνο. ~ **recorder** n το μαγνητόφωνο

cast /ka:st/ vt (pt cast) (glance, shadow) ρίχνω. (shed) ρίχνω. (metal) χύνω. (vote) δίνω. (theatr) ~ **a play** μοιράζω τους ρόλους. • n (theatr) (οι) ηθοποιοί. (mould) (το) καλούπι. (med) (ο) γύψινος επίδεσμος. ~ **aside** παραμερίζω. ~ **iron** n (ο) χυτοσίδηρος. ~-**iron** a (fig) ακλόνητος. ~-**offs** npl (τα) πεταμένα

castanets /kæstə'nets/ npl (οι) καστανιέτες

castaway /'ka:stəweɪ/ n (ο, η) ναυαγός

caste /ka:st/ n (η) κάστα

castle /'ka:sl/ n (το) κάστρο. (chess) (ο) πύργος

castor /'ka:stə(r)/ n (το) ροδάκι. ~ **oil** n (το) ρετσινόλαδο. ~ **sugar** n (η) ζάχαρη ψιλή

castrat|e /kæ'streɪt/ vt ευνουχίζω. ~**ion** /-ʃn/ n (ο) ευνουχισμός

casual /'kæʒʊəl/ a τυχαίος. (work) έκτακτος. (attitude) αδιάφορος. ~ **clothes** (τα) ρούχα σπορ. ~**ly** adv αδιάφορα

casualt|y /'kæʒʊəltɪ/ n (το) ατύχημα. (wounded person) (το) θύμα. ~**ies** npl (τα) ανθρώπινα θύματα. (mil) (οι) απώλειες

cat /kæt/ n (η) γάτα. (pej) (η) στρίγκλα. **C~'s eyes** npl (P) (τα) μάτια γάτας

cataclysm /'kætəklɪzəm/ n (ο) κατακλυσμός

catacomb /'kætəkəʊm/ n (η) κατακόμβη

catalogue /'kætəlɒg/ n (ο) κατάλογος. • vt καταγράφω

catalyst /'kætəlɪst/ n (ο) καταλύτης

catamaran /kætəmə'ræn/ n (το) καταμαράν invar

catapult /'kætəpʌlt/ n (ο) καταπέλτης. (child's) (η) σφενδόνη. • vt εκτοξεύω

cataract /'kætərækt/ n (ο) καταρράκτης

catarrh /kə'ta:(r)/ n (ο) κατάρρους

catastroph|e /kə'tæstrəfi/ n (η) καταστροφή. ~**ic** /kætə'strɒfɪk/ a καταστρεπτικός

catch /kætʃ/ vt (pt caught) πιάνω. (grab) αρπάζω. (surprise) πιάνω. (jam, trap) πιάνω. (train, bus) παίρνω. (fire) πιάνω. • vi (get stuck) πιάνομαι. • n (of fish) (η) ψαριά. (on door, window) (το) μάνταλο. (trap, difficulty) (η) παγίδα. ~ **a cold** κρυολογώ. ~ **on** (fam) πιάνω. ~-**phrase** n (η) συνηματική φράση. ~ **sight of** βλέπω. ~ **up** φτάνω. ~ **up with** προφταίνω

catching /'kætʃɪŋ/ a κολλητικός

catchment /'kætʃmənt/ n ~ **area** (η) περιοχή σχολείου

catchword /'kætʃwɜ:d/ n (το) σύνθημα

catchy /'kætʃɪ/ a που συγκρατείται εύκολα στη μνήμη
catechism /'kætɪkɪzəm/ n (η) κατήχηση
categorical /ˌkætɪ'gɒrɪkl/ a κατηγορηματικός
category /'kætɪgərɪ/ n (η) κατηγορία
cater /'keɪtə(r)/ vi ~ for τροφοδοτώ. (needs) φροντίζω. ~er n (ο) τροφοδότης. ~ing n (business) (η) τροφοδοσία
caterpillar /'kætəpɪlə(r)/ n (η) κάμπια
cathedral /kə'θi:drəl/ n (ο) καθεδρικός ναός
catholic /'kæθəlɪk/ a καθολικός. C~ n (ο) καθολικός a καθολικός C~ism /kə'θɒlɪsɪzəm/ n (ο) καθολικισμός
cattle /'kætl/ npl (τα) βοοειδή
catty /'kætɪ/ a κακεντρεχής
catwalk /'kætwɔ:k/ n (η) πασαρέλα
caucus /'kɔ:kəs/ n (η) κεντρική διοικητική επιτροπή
caught /kɔ:t/ see CATCH
cauldron /'kɔ:ldrən/ n (το) καζάνι
cauliflower /'kɒlɪflauə(r)/ n (το) κουνουπίδι
cause /kɔ:z/ n (η) αιτία. • vt προκαλώ
causeway /'kɔ:zweɪ/ n (ο) υπερυψωμένος δρόμος
caustic /'kɔ:stɪk/ a καυστικός
cauterize /'kɔ:təraɪz/ vt καυτηριάζω
caution /'kɔ:ʃn/ n (η) επιφυλακτικότητα. (warning) (η) προειδοποίηση. • vt προειδοποιώ. (jur) προειδοποιώ επίσημα κατά τη σύλληψη. ~ous a επιφυλακτικός, προσεκτικός. ~ously adv προσεκτικά
cavalier /ˌkævə'lɪə(r)/ a απερίσκεπτος
cavalry /'kævəlrɪ/ n (το) ιππικό
cave /keɪv/ n (η) σπηλιά. • vi ~ in καταρρέω
caveman /'keɪvmæn/ n (pl -men) (ο) άνθρωπος των σπηλαίων
cavern /'kævən/ n (η) σπηλιά
caviare /'kævɪa:(r)/ n (το) χαβιάρι
caving /'keɪvɪŋ/ n (η) σπηλαιολογία
cavity /'kævətɪ/ n (η) κοιλότητα
cavort /kə'vɔ:t/ vi χοροπηδώ
CD abbr ~ player n (η) συσκευή CD
cease /si:s/ vt/i παύω. ~-fire n (η) κατάπαυση πυρός. without ~ χωρίς διακοπή. ~less a ακατάπαυστος
cedar /'si:də(r)/ n (το) κέδρο
cede /si:d/ vt παραχωρώ. (rights etc.) μεταβιβάζω
cedilla /sɪ'dɪlə/ n (το) σεντίγ invar
ceiling /'si:lɪŋ/ n (το) ταβάνι
celebrate /'selɪbreɪt/ vt τελώ. • vi γιορτάζω. ~ion /-'breɪʃn/ n (ο) εορτασμός
celebrated /'selɪbreɪtɪd/ a διάσημος
celebrity /sɪ'lebrətɪ/ n (η) διασημότητα
celery /'selərɪ/ n (το) σέλινο
celestial /sɪ'lestjəl/ a ουράνιος
celibate /'selɪbət/ a άγαμος. ~cy n (η) αγαμία

cell /sel/ n (in prison) (το) κελί. (biol) (το) κύτταρο. (electr) (το) στοιχείο
cellar /'selə(r)/ n (το) κελάρι. (for wine) (η) κάβα
cello /'tʃeləu/ n (pl -os) (το) βιολοντσέλο. ~ist n (ο) βιολοντσελίστας
Cellophane /'seləfeɪn/ n (P) (το) σελοφάν invar
cellular /'seljulə(r)/ a κυτταρικός
cellulose /'seljuləus/ n (η) κυτταρίνη
Celsius /'selsɪəs/ a 20° = 20° Κελσίου
Celt /kelt/ n (ο) Κέλτης. ~ic a κελτικός
cement /sɪ'ment/ n (το) τσιμέντο. • vt τσιμεντάρω. (fig) παγιώνω. ~-mixer n (η) μπετονιέρα
cemetery /'semətrɪ/ n (το) νεκροταφείο
cenotaph /'senəta:f/ n (το) κενοτάφιο
censor /'sensə(r)/ n (ο) λογοκριτής. • vt λογοκρίνω. ~ship n (η) λογοκρισία
censorious /sen'sɔ:rɪəs/ a επικριτικός
censure /'senʃə(r)/ n (η) επίκριση. • vt επικρίνω
census /'sensəs/ n (η) απογραφή (πληθυσμού)
cent /sent/ n (το) σεντ invar
centenary /sen'ti:nərɪ/ n (η) εκατονταετηρίδα
centigrade /'sentɪgreɪd/ a Κελσίου
centilitre /'sentɪli:tə(r)/ n (το) εκατοστόλιτρο
centimetre /'sentɪmi:tə(r)/ n (το) εκατοστό (του μέτρου)
centipede /'sentɪpi:d/ n (η) σαρανταποδαρούσα
central /'sentrəl/ a κεντρικός. ~ heating n (το) καλοριφέρ invar. ~ize vt συγκεντρώνω. ~ly adv κεντρικά
centre /'sentə(r)/ n (το) κέντρο. • vt (pt centred) συγκεντρώνω. (text) κεντράρω. • vi ~ on συγκεντρώνομαι
centrifugal /sen'trɪfjugəl/ a φυγόκεντρος
century /'sentʃərɪ/ n (ο) αιώνας
ceramic /sɪ'ræmɪk/ a κεραμικός. ~s npl (art) (η) κεραμική. (objects) (τα) κεραμικά
cereal /'sɪərɪəl/ n (τα) δημητριακά. (breakfast food) (τα) κορνφλέικς invar
cerebral /'serɪbrəl/ a εγκεφαλικός
ceremonial /ˌserɪ'məunɪəl/ a εθιμοτυπικός. • n (η) εθιμοτυπία
ceremony /'serɪmənɪ/ n (η) τελετή. ~ious /-'məunɪəs/ a τυπικός
certain /'sɜ:tn/ a βέβαιος. for ~ με βεβαιότητα. make ~ of βεβαιώνομαι. ~ly adv βέβαια. ~ly! βεβαίως! ~ly not! και βέβαια όχι! ~ty n (η) βεβαιότητα
certificate /sə'tɪfɪkət/ n (το) πιστοποιητικό
certify /'sɜ:tɪfaɪ/ vt πιστοποιώ
cessation /se'seɪʃən/ n (η) κατάπαυση
cesspit, cesspool /'sespɪt, 'sespu:l/ ns (ο) βόθρος

chafe /tʃeɪf/ vt ερεθίζω. (rub) τρίβω. • vi συγκαίομαι (fig) εκνευρίζομαι

chaffinch /'tʃæfɪntʃ/ n (η) φριγκίλη

chagrin /'ʃægrɪn/ n (η) δυσαρέσκεια. ~ed a δυσαρεστημένος

chain /tʃeɪn/ n (η) αλυσίδα. • vt αλυσοδένω. ~-saw n (το) αρθρωτό πριόνι. ~ reaction n (η) αλυσιδωτή αντίδραση. ~-smoker n (το) φουγάρο. ~ store n (η) αλυσίδα μαγαζιών

chair /tʃeə(r)/ n (η) καρέκλα. (univ) (η) έδρα. • vt προεδρεύω. ~-lift n (το) τελεφερίκ

chairman /'tʃeəmən/ n (pl -men) (ο) πρόεδρος

chairwoman /'tʃeəwʊmən/ n (pl -women /-wɪmɪn/) (η) πρόεδρος

chalet /'ʃæleɪ/ n (το) σαλέ invar

chalk /tʃɔːk/ n (η) κιμωλία. ~y a ασβεστολιθικός

challenge /'tʃælɪndʒ/ n (η) πρόκληση. (mil) (η) κλήση σκοπού. • vt προκαλώ. (question the truth of) αμφισβητώ. ~er n (ο) διεκδικητής ~ing a προκλητικός

chamber /'tʃeɪmbə(r)/ n ~ music n (η) μουσική δωματίου. ~-pot n (το) καθίκι. ~s npl (τα) δωμάτια

chambermaid /'tʃeɪmbəmeɪd/ n (η) καμαριέρα

chameleon /kə'miːljən/ n (ο) χαμαιλέοντας

chamois /'ʃæmɪ/ n ~ (leather) (το) σαμουά invar

champagne /ʃæm'peɪn/ n (η) σαμπάνια

champion /'tʃæmpɪən/ n (ο) πρωταθλητής, (η) πρωταθλήτρια. • vt υποστηρίζω. ~ship n (το) πρωτάθλημα

chance /tʃɑːns/ n (η) τύχη. (likelihood) (η) πιθανότητα. (opportunity) (η) ευκαιρία. (risk) (ο) κίνδυνος. • vt (risk) διακινδυνεύω. • a τυχαίος. by ~ κατά τύχη

chancellor /'tʃɑːnsələ(r)/ n (ο) καγκελάριος. C~ of the Exchequer (ο) Υπουργός Οικονομικών

chancy /'tʃɑːnsɪ/ a παρακινδυνευμένος

chandelier /ʃændə'lɪə(r)/ n (ο) πολυέλαιος

change /tʃeɪndʒ/ vt αλλάζω. (substitute) αντικαθιστώ. (exchange) ανταλλάσσω (for, με). (money) χαλώ. • vi αλλάζω. • n (η) αλλαγή. (money) (τα) ρέστα. (small coins) (τα) ψιλά. ~ of life n (η) κλιμακτήριος. ~ one's mind αλλάζω γνώμη. ~-over n (η) αλλαγή. ~able a άστατος. (weather) ευμετάβλητος

channel /'tʃænl/ n (ο) πορθμός. (TV) (το) κανάλι. (fig) (η) οδός. • vt (pt channelled) (groove) ανοίγω αυλάκι σε. (direct) διοχετεύω. the C~ Islands τα Νησιά της Μάγχης. the (English) C~ (η) Θάλασσα της Μάγχης

chant /tʃɑːnt/ n (η) ψαλμωδία. • vt/i ψάλλω

chaos /'keɪɒs/ n (το) χάος. ~tic /-'ɒtɪk/ a χαώδης

chap[1] /tʃæp/ n (fam) (ο) τύπος

chap[2] /tʃæp/ n (το) σκάσιμο. • vt/i (pt chapped) σκάζω

chapel /'tʃæpl/ n (το) παρεκκλήσι

chaperon /'ʃæpərəʊn/ n (η) συνοδός. • vt συνοδεύω

chaplain /'tʃæplɪn/ n (ο) εφημέριος

chapter /'tʃæptə(r)/ n (το) κεφάλαιο

char[1] /tʃɑː(r)/ n (woman: fam) (η) παραδουλεύτρα

char[2] /tʃɑː(r)/ vt (pt charred) μισοκαίω

character /'kærəktə(r)/ n (ο) χαρακτήρας. (theatr) (ο) ήρωας. in ~ σύμφωνος με το χαρακτήρα. ~ize vt χαρακτηρίζω

characteristic /kærəktə'rɪstɪk/ a χαρακτηριστικός. • n (το) χαρακτηριστικό ~ally adv χαρακτηριστικά

charade /ʃə'rɑːd/ n (fig) (η) διακωμώδηση. ~s npl (ο) συλλαβόγριφος

charcoal /'tʃɑːkəʊl/ n (το) ξυλοκάρβουνο. ~ grill (η) ψησταριά

charge /tʃɑːdʒ/ n (η) τιμή. (electr) (η) φόρτιση. (mil) (η) έφοδος. (jur) (η) κατηγορία. (task, custody) (η) ευθύνη. • vi (mil) επιτίθεμαι. • vt (electr) φορτίζω. (mil) επιτίθεμαι σε. (jur) κατηγορώ. (entrust) αναθέτω. ~ to χρεώνω. in ~ of υπεύθυνος για. take ~ of αναλαμβάνω. ~able a (price) επιβαρύνων

chariot /'tʃærɪət/ n (το) άρμα

charisma /kə'rɪzmə/ n (το) χάρισμα. ~matic /-'mætɪk/ a χαρισματικός

charity /'tʃærətɪ/ n (η) φιλανθρωπία. (society) (ο) φιλανθρωπικός οργανισμός. ~able a φιλάνθρωπος

charlatan /'ʃɑːlətən/ n (ο) τσαρλατάνος

charm /tʃɑːm/ n (η) γοητεία. (on bracelet) (το) μπρελόκ invar. • vt γοητεύω. ~er n (ο) γόης. (woman) (η) γόησσα. ~ing a γοητευτικός

chart /tʃɑːt/ n (ο) χάρτης. (table) (ο) πίνακας. • vt χαρτογραφώ

charter /'tʃɑːtə(r)/ n (ο) καταστατικός χάρτης. ~ (flight) (η) ναυλωμένη πτήση. • vt ναυλώνω. ~ed accountant (ο) ορκωτός λογιστής

charwoman /'tʃɑːwʊmən/ n (pl -women) (η) παραδουλεύτρα

chase /tʃeɪs/ vt κυνηγώ. • vi ~ after κυνηγώ. ~ n (το) κυνηγητό. ~ away or off διώχνω. ~ up (fam) επισπεύδω

chasm /'kæzəm/ n (το) χάσμα

chassis /'ʃæsɪ/ n (το) σασί

chaste /tʃeɪst/ a αγνός

chastise /tʃæs'taɪz/ vt τιμωρώ

chastity /'tʃæstətɪ/ n (η) αγνότητα

chat /tʃæt/ n (η) κουβέντα. • vi (pt chatted) κουβεντιάζω. have a ~ κουβεντιάζω. ~ up (fam) φλερτάρω (με λόγια). ~ty a (person) φλύαρος. (style) ομιλητικός

chatter /'tʃætə(r)/ n (η) φλυαρία. • vi φλυαρώ. **his teeth are ~ing** χτυπούν τα δόντια του

chatterbox /'tʃætəbɒks/ n (ο) φλύαρος

chauffeur /'ʃəʊfə(r)/ n (ο) σοφέρ

chauvinis|t /'ʃəʊvɪnɪst/ n (ο) σοβινιστής. **~m** /-zəm/ n (ο) σοβινισμός.

cheap /tʃiːp/ a (-er, -est) φτηνός. (rate) χαμηλός. (poor quality) κακής ποιότητας. **~(ly)** adv φτηνά. **~ness** n (η) φτήνια. (fig) (η) μικροπρέπεια

cheapen /'tʃiːpən/ vt φτηναίνω. (fig) υποτιμώ

cheat /tʃiːt/ vt εξαπατώ. • vi (at cards) κλέβω. • n (person) (ο) απατεώνας

check¹ /tʃek/ vt ελέγχω. (curb) περιορίζω. (chess) κάνω ρουά. (tick: Amer) τσεκάρω. • n (ο) έλεγχος. (curb) (ο) περιορισμός. (bill: Amer) (ο) λογαριασμός. (cheque: Amer) (η) επιταγή. **~!** (chess) ρουά! **~ in** (luggage) ελέγχω τις αποσκευές. (at hotel) υπογράφω κατά την άφιξη. **~ out** (from hotel) πληρώνω το λογαριασμό. (investigate) εξετάζω. **~ up** ελέγχω. **~-up** n (η) γενική εξέταση. **~ up on** ερευνώ

check² /tʃek/ n (το) ύφασμα καρό. • a καρό invar

checkmate /'tʃekmeɪt/ n (το) ματ. • vt κάνω ματ

checkout /'tʃekaʊt/ n (το) ταμείο

checkpoint /'tʃekpɔɪnt/ n (το) σημείο ελέγχου

checkroom /'tʃekrʊm/ n (Amer) (η) αίθουσα ελέγχου

cheek /tʃiːk/ n (το) μάγουλο. (fig) (η) αναίδεια. **~-bone** n (το) μήλο. **~y** a αναιδής

cheer /tʃɪə(r)/ n (το) κέφι. (applause) (το) χειροκρότημα. • vi (comfort) ενθαρρύνω. (applaud) επευφημώ. **~s!** εις υγείαν, στην υγειά σας. **~ up** vt δίνω κουράγιο. • vi χαίρομαι. **~ up!** μη στενοχωριέσαι! **~ful** a κεφάτος. **~fully** adv με κέφι. **~fulness** n (η) ευθυμία

cheerio /tʃɪərɪ'əʊ/ int (fam) γεια

cheerless /'tʃɪəlɪs/ a άκεφος

cheese /tʃiːz/ n (το) τυρί

cheetah /'tʃiːtə/ n (ο) κυναίλουρος

chef /ʃef/ n (ο) σεφ invar

chemical /'kemɪkl/ a χημικός. • n (η) χημική ουσία

chemist /'kemɪst/ n (pharmacist) (ο) φαρμακοποιός. (scientist) (ο) χημικός. **~'s (shop)** n (το) φαρμακείο. **~ry** n (η) χημεία

cheque /tʃek/ n (η) επιταγή. **~-book** n (το) καρνέ επιταγών **~ card** n (η) τραπεζική κάρτα

chequered /'tʃekəd/ a πολυτάραχος. **~ career** (η) πολυτάραχη σταδιοδρομία

cherish /'tʃerɪʃ/ vt (love) λατρεύω. (hope) τρέφω

cherry /'tʃerɪ/ n (το) κεράσι. **~-tree** n (η) κερασιά

cherub /'tʃerəb/ n (το) χερουβίμ invar. (child) (το) αγγελούδι

chess /tʃes/ n (το) σκάκι. **~-board** n (η) σκακιέρα

chest /tʃest/ n (anat) (το) στήθος. (box) (το) κιβώτιο. **~ of drawers** n (η) σιφονιέρα

chestnut /'tʃesnʌt/ n (το) κάστανο. **~-tree** n (η) καστανιά

chew /tʃuː/ vt μασώ. **~ing-gum** n (η) τσίκλα

chic /ʃiːk/ a σικ invar. • n (το) σικ invar

chick /tʃɪk/ n (το) πουλάκι

chicken /'tʃɪkɪn/ n (το) κοτόπουλο. • a (fam) δειλός. • vi **~ out** (fam) δειλιάζω. **~-pox** n (η) ανεμοβλογιά

chicory /'tʃɪkərɪ/ n (το) σικορέ invar

chief /tʃiːf/ n (ο) αρχηγός. • a κύριος. **~ly** adv κυρίως

chilblain /'tʃɪlbleɪn/ n (η) χιονίστρα

child /tʃaɪld/ n (pl **children**) /'tʃɪldrən/ (το) παιδί. **~-minder** n (η) γυναίκα (που φροντίζει παιδιά). **~hood** n (η) παιδική ηλικία. **~ish** a παιδιάστικος. **~less** a άτεκνος. **~like** a παιδικός

childbirth /'tʃaɪldbɜːθ/ n (ο) τοκετός

Chile /'tʃɪlɪ/ n (η) Χιλή. **~an** a χιλιανός n (ο) χιλιανός, (η) χιλιανή

chill /tʃɪl/ n (το) κρύο, (η) ψύχρα. (illness) (το) κρυολόγημα. • a ψυχρός. • vt/i παγώνω. **~y** a ψυχρός

chilli /'tʃɪlɪ/ n (pl **-ies**) (η) καφτερή κόκκινη πιπεριά, (το) τσίλι invar

chime /tʃaɪm/ n (ο) χτύπος. • vt χτυπώ

chimney /'tʃɪmnɪ/ n (η) καπνοδόχος. **~-sweep** n (ο) καπνοδοχοκαθαριστής

chimpanzee /tʃɪmpæn'ziː/ n (ο) χιμπαντζής

chin /tʃɪn/ n (το) πηγούνι

china /'tʃaɪnə/ n (η) πορσελάνη

Chin|a /'tʃaɪnə/ n (η) Κίνα. **~ese** /-'niːz/ a κινέζικος. • n (ο) Κινέζος, (η) Κινέζα

chink¹ /tʃɪŋk/ n (η) ρωγμή

chink² /tʃɪŋk/ n (of coins) (το) κουδούνισμα. (of glasses) (το) τσούγκρισμα. • vt/i (coins) κουδουνίζω. (glasses) τσουγκρίζω

chip /tʃɪp/ n (το) κομμάτι. (culin) (η) τηγανητή πατάτα. (gambling) (η) μάρκα. • vt/i (pt **chipped**) κόβω. **~ in** (fam) μπαίνω (στη συζήτηση). (with money: fam) συνεισφέρω. **have a ~ on one's shoulder** είμαι εύθικτος. **~pings** npl (τα) αποκόμματα (από πέτρα)

chiropodist /kɪ'rɒpədɪst/ n (ο, η) ποδίατρος.

chirp /tʃɜːp/ n (το) τιτίβισμα. • vi τιτιβίζω

chirpy /'tʃɜːpɪ/ a κεφάτος

chisel /'tʃɪzl/ n (η) σμίλη. • vt (pt chiselled) σμιλεύω

chit /tʃɪt/ n (το) σημείωμα. (child) (το) παιδαρέλι

chit-chat /'tʃɪttʃæt/ n (η) ψιλοκουβέντα

chivalr|y /'ʃɪvəlrɪ/ n (ο) ιπποτισμός. ~ous a ιπποτικός

chive /tʃaɪv/ n (η) πρασουλίδα

chivvy /'tʃɪvɪ/ vt (fam) κυνηγώ

chlorine /'klɔːriːn/ n (το) χλώριο

chock /tʃɒk/ n (ο) τάκος. ~-a-block, ~-full adjs ασφυκτικά γεμάτος

chocolate /'tʃɒklɪt/ n (η) σοκολάτα

choice /tʃɔɪs/ n (η) επιλογή, (η) εκλογή. (thing chosen) (η) επιλογή. • a εκλεκτός

choir /'kwaɪə(r)/ n (η) χορωδία

choirboy /'kwaɪəbɔɪ/ n (το) αγόρι μέλος εκκλησιαστικής χορωδίας

choke /tʃəʊk/ vt/i πνίγω/ομαι. • n (auto) (το) τσοκ invar

cholera /'kɒlərə/ n (η) χολέρα

cholesterol /kə'lestərɒl/ n (η) χοληστερόλη

choose /tʃuːz/ vt/i (pt chose, pp chosen) διαλέγω. (prefer) προτιμώ. (decide) αποφασίζω

choosy /'tʃuːzɪ/ a (fam) εκλεκτικός

chop /tʃɒp/ vt (pt chopped) κόβω. • n (culin) (η) μπριζόλα. ~per n (tool) (ο) μπαλτάς. (helicopter, fam) (το) ελικόπτερο

choppy /'tʃɒpɪ/ a τρικυμισμένος

chopstick /'tʃɒpstɪk/ n (το) κινέζικο ξυλαράκι

choral /'kɔːrəl/ a χορωδιακός

chord /kɔːd/ n (η) χορδή

chore /tʃɔː(r)/ n (η) αγγαρεία. household ~s npl (οι) καθημερινές δουλειές του σπιτιού

chroeograph|er /kɒri'ɒɡrəfə(r)/ n (ο, η) χορογράφος. ~y n (η) χορογραφία

chorister /'kɒrɪstə(r)/ n (ο) χορωδός

chortle /'tʃɔːtl/ n (το) αθόρυβο γέλιο. • vi σιγογελώ

chorus /'kɔːrəs/ n (ο) χορός. (of song) (το) ρεφρέν invar

chose, chosen /tʃəʊz, 'tʃəʊzn/ see CHOOSE

Christ /kraɪst/ n (ο) χριστός

christen /'krɪsn/ vt βαφτίζω. ~ing n (το) βάφτισμα

Christian /'krɪstʃən/ a χριστιανός. • n ~ name (το) όνομα. ~ity /-stɪ'ænɪtɪ/ n (ο) χριστιανισμός

Christmas /'krɪsməs/ n (τα) Χριστούγεννα. • a χριστουγεννιάτικος. ~-box n (το) χριστουγεννιάτικο δώρο. ~ Day n (η) ημέρα των Χριστουγέννων. ~ Eve n (η) παραμονή των Χριστουγέννων. happy Christmas! Καλά Χριστούγεννα!

chrome /krəʊm/ n (το) χρώμιο

chromium /'krəʊmɪəm/ n (το) χρώμιο. ~-plated a με επιχρωμίωση. ~-plating n (η) επιχρωμίωση

chromosome /'krəʊməsəʊm/ n (το) χρωματόσωμο

chronic /'krɒnɪk/ a χρόνιος. (very bad: fam) ανυπόφορος

chronicle /'krɒnɪkl/ n (το) χρονικό. • vt χρονογραφώ

chronolog|y /krə'nɒlədʒɪ/ n (η) χρονολογία. ~ical /krɒnə'lɒdʒɪkl/ a χρονολογικός

chrysanthemum /krɪ'sænθəməm/ n (το) χρυσάνθεμο

chubby /'tʃʌbɪ/ a (-ier, -iest) στρουμπουλός

chuck /tʃʌk/ vt (fam) πετώ. ~ away or out (fam) πετώ έξω

chuckle /'tʃʌkl/ n (το) αθόρυβο γέλιο. • vi σιγογελώ

chuffed /tʃʌft/ a (sl) ευχαριστημένος

chum /tʃʌm/ n (fam) (ο) φίλος. ~my a φιλικός

chunk /tʃʌŋk/ n (το) μεγάλο κομμάτι

chunky /tʃʌŋkɪ/ a χοντρός

church /'tʃɜːtʃ/ n (η) εκκλησία. go to ~ πηγαίνω εκκλησία

churchyard /'tʃɜːtʃjɑːd/ n (το) νεκροταφείο

churlish /'tʃɜːlɪʃ/ a άξεστος

churn /'tʃɜːn/ n (η) καρδάρα. • vt χτυπώ (βούτυρο). ~ out παράγω μεγάλη ποσότητα

chute /ʃuːt/ n (slide) (η) τσουλήθρα. (for rubbish) (ο) αγωγός

chutney /'tʃʌtnɪ/ n (η) γλυκιά πίκλα

cicada /sɪ'kɑːdə/ n (ο) τζίτζικας

cider /'saɪdə(r)/ n (ο) μηλίτης

cigar /sɪ'ɡɑː(r)/ n (το) πούρο

cigarette /sɪɡə'ret/ n (το) τσιγάρο. ~-holder n (η) πίπα (για τσιγάρο). ~-lighter n (ο) αναπτήρας

cinder /'sɪndə(r)/ n (η) θράκα

cine-camera /'sɪnɪkæmərə/ n (η) κινηματογραφική μηχανή

cinema /'sɪnəmə/ n (ο) κινηματογράφος

cinnamon /'sɪnəmən/ n (η) κανέλα

cipher /'saɪfə(r)/ n (το) κρυπτογράφημα. (secret system) (η) κρυπτογραφία

circle /'sɜːkl/ n (ο) κύκλος. (theatr) (ο) εξώστης. • vt κάνω το γύρο (with gen). • vi διαγράφω κύκλο

circuit /'sɜːkɪt/ n (το) κύκλωμα

circuitous /sɜː'kjuːɪtəs/ a πλάγιος

circular /'sɜːkjʊlə(r)/ a κυκλικός. • n (η) εγκύκλιος

circulat|e /'sɜːkjʊleɪt/ vt/i κυκλοφορώ. ~ion /-'leɪʃn/ n (η) κυκλοφορία. (of newspaper etc.) (η) κυκλοφορία

circumcis|e /'sɜːkəmsaɪz/ vt περιτέμνω. ~ion /-'sɪʒn/ n (η) περιτομή

circumference /sə'kʌmfərəns/ n (η) περιφέρεια

circumflex /'sɜːkəmfleks/ a περισπώμενος. • n (η) περισπωμένη

circumspect /'sɜːkəmspekt/ *a* επιφυλακτικός

circumstance /'sɜːkəmstəns/ *n* (η) περίσταση. ~s *npl* (*means*) (η) οικονομική κατάσταση. **under the ~s** σ' αυτή την περίπτωση

circus /'sɜːkəs/ *n* (το) τσίρκο

cistern /'sɪstən/ *n* (*on roof*) (η) δεξαμενή. (*of toilet*) (το) καζανάκι

citadel /'sɪtədl/ *n* (η) ακρόπολη

cit|e /saɪt/ *vt* αναφέρω. ~**ation** /-'teɪʃn/ *n* (η) αναφορά

citizen /'sɪtɪzn/ *n* (ο) πολίτης, (η) πολίτις. (*of town*) (ο) κάτοικος. ~**ship** *n* (η) ιθαγένεια

citrus /'sɪtrəs/ *n* ~ **fruit** (τα) εσπεριδοειδή

city /'sɪti/ *n* (η) πόλη. ~ **centre** *n* (το) κέντρο της πόλης. **the C~** (το) Σίτυ (του Λονδίνου) *invar*

civic /'sɪvɪk/ *a* πολιτικός. ~**centre** *n* (το) διοικητικό κέντρο. ~**s** *npl* (η) αγωγή του πολίτου

civil /'sɪvl/ *a* πολιτικός. ~ **defence** *n* (η) πολιτική άμυνα. ~ **rights** *n* (τα) πολιτικά δικαιώματα. **C~ Servant** *n* (ο) δημόσιος υπάλληλος. **C~ Service** *n* (οι) δημόσιες υπηρεσίες. ~ **war** *n* (ο) εμφύλιος πόλεμος. ~**ity** /-'vɪləti/ *n* (η) ευγένεια

civilian /sɪ'vɪlɪən/ *a* πολιτικός. • *n* (ο) πολίτης, (η) πολίτις. **in ~ clothes** με πολιτικά ρούχα

civiliz|e /'sɪvəlaɪz/ *vt* εκπολιτίζω. ~**ation** /-'zeɪʃn/ *n* (ο) πολιτισμός. ~**ed** *a* πολιτισμένος

civvies /'sɪvɪz/ *npl* **in ~** (*sl*) με πολιτικά

clad /klæd/ *see* CLOTHE

claim /kleɪm/ *vt* απαιτώ. (*assert*) διεκδικώ. • *n* (η) απαίτηση. (*comm*) (η) αξίωση. (*right*) (το) δικαίωμα. (*assertion*) (ο) ισχυρισμός. ~**ant** *n* (ο) απαιτητής

clairvoyant /kleə'vɔɪənt/ *n* (ο) μάντης, (η) μάντις

clam /klæm/ *n* (η) αχιβάδα. • *vi* ~ **up** (*fam*) κλειδοστομιάζω

clamber /'klæmbə(r)/ *vi* σκαρφαλώνω

clammy /'klæmɪ/ *a* (**-ier**, **-iest**) υγρός

clamour /'klæmə(r)/ *n* (οι) φωνές. (*noise*) (ο) θόρυβος. (*protest*) (η) κατακραυγή. • *vi* φωνάζω. ~ **for** απαιτώ

clamp /klæmp/ *n* (η) μέγκενη. • *vt* σφίγγω. ~ **down on s.o.** ασκώ πίεση σε κπ. ~ **down on crime** γίνομαι αυστηρότερος στο θέμα της εγκληματικότητας

clan /klæn/ *n* (η) «φυλή» (οικογένεια)

clandestine /klæn'destɪn/ *a* μυστικός. (*illicit*) λαθραίος

clang /klæŋ/ *n* (η) κλαγγή

clanger /'klæŋə(r)/ *n* (*sl*) (η) γκάφα

clap /klæp/ *vt/i* (*pt* **clapped**) χειροκροτώ. (*hands*) χτυπώ. ~ *n* (*of thunder*) (η) βροντή

claptrap /'klæptræp/ *n* (οι) ανοησίες

claret /'klærət/ *n* μαύρο κρασί από το Μπορντό της Γαλλίας

clarif|y /'klærɪfaɪ/ *vt* διευκρινίζω. ~**ication** /-ɪ'keɪʃn/ *n* (η) διευκρίνιση

clarinet /klærɪ'net/ *n* (το) κλαρίνο

clarity /'klærətɪ/ *n* (η) διαύγεια

clash /klæʃ/ *n* (η) σύγκρουση. (*fig*) (η) διαφωνία. • *vt* συγκρούω. • *vi* συγκρούομαι. (*coincide*) συμπίπτω. **the colours ~** τα χρώματα δεν πάνε μαζί

clasp /klɑːsp/ *n* (η) πόρπη. • *vt* σφίγγω

class /klɑːs/ *n* (η) τάξη. (*lessons*) (τα) μαθήματα. • *vt* κατατάσσω. **evening ~** (το) νυχτερινό μάθημα

classic /'klæsɪk/ *a* κλασικός. • *n* ~**s** *npl* (οι) κλασικές σπουδές. ~**al** *a* κλασικός

classif|y /'klæsɪfaɪ/ *vt* ταξινομώ. ~**ication** /-ɪ'keɪʃn/ *n* (η) ταξινόμηση. ~**ied** *a* (*secret*) απόρρητος. ~**ied advertisement** *n* (η) μικρή αγγελία

classroom /'klɑːsruːm/ *n* (η) αίθουσα διδασκαλίας, (η) τάξη (*fam*)

classy /'klɑːsɪ/ *a* (*fam*) της μόδας

clatter /'klætə(r)/ *n* (ο) θόρυβος. • *vi* κάνω θόρυβο

clause /klɔːz/ *n* (η) ρήτρα. (*gram*) (η) πρόταση

claustrophob|ia /klɔːstrə'fəʊbɪə/ *n* (η) κλειστοφοβία. ~**ic** *a* που προκαλεί κλειστοφοβία. • *n* αυτός που υποφέρει από κλειστοφοβία

claw /klɔː/ *n* (το) νύχι. (*of crab*) (η) δαγκάνα. (*device*) (η) τανάλια. • *vt* γρατσουνίζω

clay /kleɪ/ *n* (ο) πηλός

clean /kliːn/ *a* (**-er**, **-est**) καθαρός. (*stroke*) κοφτός. • *adv* τελείως. • *vt* καθαρίζω. ~**-cut** *a* με καθαρές γραμμές. ~**-shaven** *a* καλοξυρισμένος. ~ **up** καθαρίζω. ~**er** *n* (ο) καθαριστής, (η) καθαρίστρια. ~**ly** *adv* καθαρά

cleanliness /'klenlɪnɪs/ *n* (η) καθαριότητα

cleans|e /klenz/ *vt* καθαρίζω. (*fig*) εξαγνίζω. ~**ing cream** *n* (η) κρέμα καθαρισμού

clear /klɪə(r)/ *a* (**-er**, **-est**) καθαρός. (*glass*) διάφανος. (*without obstacles*) ελεύθερος. (*profit*) καθαρός. (*sky at night*) ξάστερος. (*sky during the day*) καταγάλανος. • *adv* καθαρά. • *vt* (*empty*) αδειάζω. (*free*) ελευθερώνω. (*goods*) εκτελωνίζω. (*jur*) απαλλάσσω. (*obstacle*) ανοίγω. (*table*) σηκώνω. • *vi* (*weather*) καθαρίζω. ~ **off** *or* **out** (*sl*) φεύγω. ~ **up** *vt* (*tidy*) καθαρίζω. (*mystery*) ξεδιαλύνω. **keep ~ of** αποφεύγω. ~**ly** *adv* καθαρά

clearance /'klɪərəns/ *n* (το) καθάρισμα. (*authorization*) (η) άδεια. (*of cheque*) (ο) συμψηφισμός. (*customs*) (ο) εκτελωνισμός. ~ **sale** *n* (το) γενικό ξεπούλημα

clearing /'klɪərɪŋ/ *n* (το) ξέφωτο

clearway /'kliɔweɪ/ n δρόμος στον οποίο απαγορεύεται να σταματούν οχήματα

cleavage /'kli:vɪdʒ/ n (το) σκίσιμο. (fam) (το) χώρισμα του στήθους της γυναίκας

clef /klef/ n (mus) (το) κλειδί

cleft /kleft/ n (η) σχισμή

clemen|t /'klemɔnt/ a επιεικής. **~cy** n (η) επιείκεια

clench /klentʃ/ vt σφίγγω

clergy /'klɜ:dʒɪ/ n (ο) κλήρος. **~man** n (pl -men) (ο) κληρικός

cleric /'klerɪk/ n (ο) κληρικός. **~al** a κληρικός. (of clerks) γραφικός

clerk /klɑ:k/ n (ο) γραφέας

clever /'klevɔ(r)/ a (-er, -est) έξυπνος. (skilful) επιδέξιος. **~ly** adv έξυπνα. **~ness** n (η) εξυπνάδα

cliché /'kli:ʃeɪ/ n (το) κλισέ invar

click /klɪk/ n (το) κλικ invar. • vi χτυπώ. (fam) μπαίνω (στο νόημα)

client /'klaɪɔnt/ n (ο) πελάτης, (η) πελάτις

clientele /kli:ɔn'tel/ n (η) πελατεία

cliff /klɪf/ n (ο) γκρεμός. **~-hanger** n (η) κατάσταση που δημιουργεί αγωνία λόγω επικείμενης καταστροφής

climat|e /'klaɪmɪt/ n (το) κλίμα. **~ic** /-'mætɪk/ a κλιματολογικό

climax /'klaɪmæks/ n (το) αποκορύφωμα

climb /klaɪm/ vt αναρριχιέμαι σε. (stairs) ανεβαίνω. (hill) ανεβαίνω. (tree) σκαρφαλώνω. (plants) αναρριχιέμαι σε. • vi αναρριχιέμαι. • n (η) αναρρίχηση. **~ down** κατεβαίνω. (fig) υποχωρώ. **~ over** πηδώ. **~er** n (sport) (ο) ορειβάτης, (η) ορειβάτις. (plant) (το) αναρριχητικό

clinch /klɪntʃ/ vt γυρίζω καρφί. (deal) κλείνω

cling /klɪŋ/ vi (pt clung) προσκολλώμαι. (stick) κολλώ. **~ film** n (η) διαφανής μεμβράνη

clinic /'klɪnɪk/ n (η) κλινική. (private) (η) ιδιωτική κλινική

clinical /'klɪnɪkl/ a κλινικός

clink /klɪŋk/ n (το) ελαφρό κουδούνισμα. • vt/i κουδουνίζω ελαφρά

clip¹ /klɪp/ n (for paper) (ο) συνδετήρας. (for hair) (το) τσιμπιδάκι. • vt (pt clipped) συνδέω

clip² /klɪp/ vt (cut) κουρεύω. (hit: fam) χτυπώ. • n (το) κούρεμα. (of film) (η) σκηνή. (blow: fam) (το) χτύπημα. **~ping** n (το) απόκομμα

clippers /'klɪpɔz/ npl (η) μηχανή για κούρεμα. (for nails) (ο) νυχοκόπτης

clique /kli:k/ n (η) κλίκα

cloak /kløʊk/ n (ο) μανδύας

cloakroom /'kløʊkru:m/ n (η) γκαρνταρόμπα. (toilet) (η) τουαλέτα

clobber /'klɒbɔ(r)/ n (sl) (το) χτύπημα. • vt (sl) χτυπώ

clock /klɒk/ n (το) ρολόι. • vt χρονομετρώ. **~ in** σημειώνω το χρόνο αφίξεως στη δουλειά. **~ out** σημειώνω το χρόνο

αναχωρήσεως από τη δουλειά. **~-tower** n (ο) πύργος με ρολόι. **grandfather ~** n (το) μεγάλο εκκρεμές

clockwise /'klɒkwaɪz/ adv & a προς τα δεξιά

clockwork /'klɒkwɜ:k/ n like **~** σαν ρολόι. • a κουρδιστός

clod /klɒd/ n (ο) σβώλος

clog /klɒg/ n (το) τσόκαρο. • vt/i (pt clogged) βουλώνω

cloister /'klɔɪstɔ(r)/ n (το) μοναστήρι

close¹ /kløʊs/ a (-er, -est) κοντινός. (together) εγγύς. (friend) στενός. (match) σκληρός. (weather) κλειστός. • adv κοντά. **~-up** n σκηνή από κοντά. have a **~ shave** (fig) φτηνά τη γλιτώνω. **~ly** adv στενά. (with attention) προσεκτικά. **~ness** n (η) εγγύτητα

close² /kløʊz/ vt/i κλείνω. (end) τελειώνω. • n (το) τέλος. **~ down** (το) κλείσιμο. **~d** a κλειστός. **~d shop** n (το) κλειστό επάγγελμα. **closing-time** n (η) ώρα κλεισίματος

closet /'klɒzɪt/ n (Amer) (το) ντουλάπι

closure /'kløʊʒɔ(r)/ n (το) κλείσιμο

clot /klɒt/ n (ο) θρόμβος. (sl) (το) κωθώνι. • vi (pt clotted) πήζω. **~ted cream** n (η) πηχτή κρέμα

cloth /klɒθ/ n (το) ύφασμα. (duster) (το) ξεσκονόπανο. (table-cloth) (το) τραπεζομάντιλο

cloth|e /kløʊð/ vt (pt clothed or clad) ντύνω. **~ing** n (ο) ρουχισμός

clothes /kløʊðz/ npl (τα) ρούχα

cloud /klaʊd/ n (το) σύννεφο. • vi συννεφιάζω. **~y** a (-ier, -iest) συννεφιασμένος. (liquid) θολός

cloudburst /'klaʊdbɜ:st/ n (η) νεροποντή

clout /klaʊt/ n (το) χτύπημα. (power: fam) (η) επιρροή. • vt χτυπώ

clove /kløʊv/ n (το) γαρίφαλο (μοσχοκάρφι). **~ of garlic** (η) σκελίδα

clover /'kløʊvɔ(r)/ n (το) τριφύλλι

clown /klaʊn/ n (ο) παλιάτσος. • vi κάνω τον παλιάτσο

cloy /klɔɪ/ vt μπουχτίζω

club /klʌb/ n (το) κλαμπ invar. (weapon) (το) ρόπαλο. (sport) (η) λέσχη. **~s** (cards) (το) σπαθί. • vt (pt clubbed) χτυπώ με ρόπαλο. • vi **~ together** κάνω ρεφενέ

cluck /klʌk/ vi κακαρίζω

clue /klu:/ n (η) ένδειξη. (in crossword) (ο) ορισμός. **not have a ~** δεν έχω ιδέα

clump /klʌmp/ n (of trees) (η) συστάδα. • vi περπατώ βαριά. • vi (group together) συγκεντρώνω

clums|y /'klʌmzɪ/ a (-ier, -iest) αδέξιος. **~ily** adv αδέξια. **~iness** n (η) αδεξιότητα

clung /klʌŋ/ see CLING

cluster /'klʌstɔ(r)/ n (η) ομάδα. • vi συγκεντρώνομαι σε ομάδα

clutch /klʌtʃ/ vt κρατώ σφιχτά. • vi ~ at πιάνομαι από. • n (το) πιάσιμο. (auto) (ο) συμπλέκτης

clutter /'klʌtə(r)/ n (η) ακαταστασία. • vt παραγεμίζω

coach /kəʊtʃ/ n (bus) (το) πούλμαν invar. (of train) (το) βαγόνι. (horse-drawn) (η) άμαξα. (sport) (ο) προπονητής. • vt προγυμνάζω. (sport) προπονώ. ~ station n (ο) σταθμός των λεωφορείων ~ tour n (η) περιοδεία με πούλμαν

coagulate /kəʊ'ægjʊleɪt/ vt/i πήζω

coal /kəʊl/ n (το) κάρβουνο

coalfield /'kəʊlfiːld/ n (η) ανθρακοφόρα περιοχή

coalition /kəʊə'lɪʃn/ n (ο) συνασπισμός

coalmin|e /'kəʊlmaɪn/ n (το) ανθρακωρυχείο. ~er n (ο) ανθρακωρύχος. ~ing n (η) ανθρακοπαραγωγή

coarse /kɔːs/ a (-er, -est) τραχύς. (material) χοντρός. (manners) χυδαίος. ~ness n (η) τραχύτητα. (of manners) (η) χυδαιότητα

coast /kəʊst/ n (η) παραλία. • vi (with bicycle) κατεβαίνω χωρίς προσπάθεια. (with car) κατεβαίνω χωρίς ταχύτητα. ~al a παραλιακός

coaster /'kəʊstə(r)/ n (mat) (το) σουβέρ invar

coastguard /'kəʊstgɑːd/ n (η) ακτοφυλακή

coastline /'kəʊstlaɪn/ n (η) ακτή

coat /kəʊt/ n (το) παλτό. (of animal) (το) τρίχωμα. (of paint) (το) στρώμα. • vt επικαλύπτω. ~-hanger n (η) κρεμάστρα. ~ of arms (το) οικόσημο. ~ing n (το) στρώμα

coax /kəʊks/ vt καταφέρνω με κολακείες

cob /kɒb/ n (of corn) (το) καλαμπόκι

cobble¹ /'kɒbl/ n (το) βότσαλο

cobble² /'kɒbl/ vt μπαλώνω

cobbler /'kɒblə(r)/ n (ο) μπαλωματής

cobweb /'kɒbweb/ n (ο) ιστός της αράχνης

cocaine /kə'keɪn/ n (η) κοκαΐνη

cock /kɒk/ n (ο) κόκορας. (tap, valve) (η) κάνουλα. • vt (gun) οπλίζω. (ears) στυλώνω. ~-and-bull story (το) παραμύθι. ~-eyed a (fam) στραβός. ~-up n (sl) (το) μπέρδεμα

cockerel /'kɒkərəl/ n (το) κοκοράκι

cockle /'kɒkl/ n (το) κοχύλι

cockney /'kɒkni/ n (ο) λαϊκός, (ο) γνήσιος Λονδρέζος

cockpit /'kɒkpɪt/ n (in aircraft) (ο) θάλαμος του πιλότου

cockroach /'kɒkrəʊtʃ/ n (η) κατσαρίδα

cocksure /kɒk'ʃʊə(r)/ a κορδωμένος σαν τον κόκορα

cocktail /'kɒkteɪl/ n (το) κοκτέιλ invar

cocky /'kɒki/ a (-ier, -iest) φαντασμένος

cocoa /'kəʊkəʊ/ n (το) κακάο

coconut /'kəʊkənʌt/ n (η) καρύδα

cocoon /kə'kuːn/ n (το) κουκούλι

cod /kɒd/ n invar (η) μουρούνα. ~-liver oil (το) μουρουνόλαδο

code /kəʊd/ n (ο) κώδικας. • vt κρυπτογραφώ. in ~ σε κώδικα

codify /'kəʊdɪfaɪ/ vt κωδικοποιώ

coeducational /kəʊedʒʊ'keɪʃənl/ a μικτός

coerc|e /kəʊ'ɜːs/ vt εξαναγκάζω. ~ion /-ʃn/ n (ο) εξαναγκασμός

coexist /kəʊɪg'zɪst/ vi συνυπάρχω. ~ence n (η) συνύπαρξη

coffee /'kɒfɪ/ n (ο) καφές. black/white ~ (ο) καφές χωρίς/με γάλα. ~ bar n (η) καφετερία. ~-mill n (ο) μύλος του καφέ. ~-pot n (η) καφετιέρα. ~-table n (το) χαμηλό τραπεζάκι

coffer /'kɒfə(r)/ n (το) κασόνι (για πολύτιμα αντικείμενα)

coffin /'kɒfɪn/ n (το) φέρετρο

cog /kɒg/ n (το) δόντι τροχού

cogent /'kəʊdʒənt/ a ακαταμάχητος

cohabit /kəʊ'hæbɪt/ vi συζώ

coherent /kəʊ'hɪərənt/ a με ειρμό, συνεπής

coil /kɔɪl/ vt τυλίγω. • n (το) σπείρωμα. (one ring) (η) σπείρα

coin /kɔɪn/ n (το) νόμισμα. • vt (word, phrase) επινοώ

coincide /kəʊɪn'saɪd/ vi συμπίπτω

coinciden|ce /kəʊ'ɪnsɪdəns/ n (η) σύμπτωση. ~tal /-'dentl/ a συμπτωματικός

coke /kəʊk/ n (το) κοκ invar

Coke /kəʊk/ n (P) (η) κόκα κόλα

colander /'kʌləndə(r)/ n (το) σουρωτήρι

cold /kəʊld/ a (-er, -est) κρύος. be ~ κρυώνω. it is ~ κάνει κρύο. • n (το) κρύο. (med) (το) κρυολόγημα. ~-blooded a ψυχραίμος. ~ cream n (η) παγωμένη κρέμα. ~-shoulder vt φέρνομαι ψυχρά σε. get ~ feet (fig) χάνω το θάρρος. in ~ storage σε κατάψυξη. ~ness n (η) ψυχρότητα

coleslaw /'kəʊlslɔː/ n είδος σαλάτας από λάχανο και με μαγιονέζα

colic /'kɒlɪk/ n (ο) κωλικόπονος

collaborat|e /kə'læbəreɪt/ vi συνεργάζομαι. ~ion /-'reɪʃn/ n (η) συνεργασία. ~or n (ο) συνεργάτης, (η) συνεργάτις

collage /'kɒlɑːʒ/ n (το) κολάζ invar

collapse /kə'læps/ vi καταρρέω. (med) λιποθυμώ. • n (η) κατάρρευση. (med) (η) λιποθυμία

collapsible /kə'læpsəbl/ a πτυσσόμενος

collar /'kɒlə(r)/ n (το) κολάρο. • vt (fam) πιάνω από το γιακά. ~-bone n (η) κλείδα

colleague /'kɒliːg/ n (ο, η) συνάδελφος

collect /kə'lekt/ vt μαζεύω. (as hobby) κάνω συλλογή (with gen). (pick up) παραλαμβάνω. (rent) εισπράττω. • vi συγκεντρώνομαι. (dust) μαζεύομαι. • a ~ call (Amer) (η) κλήση πληρωτέα από τον παραλήπτη. ~ed a ψύχραιμος. ~ion /-ʃn/ n (η) συλλογή. (in church) (ο) έρανος. (of post) (η) περισυλλογή. ~or n (ο) συλλέκτης. (of taxes) (ο) εισπράκτορας

collective /kə'lektɪv/ a συλλογικός. ~ noun n (το) αθροιστικό ουσιαστικό

college /'kɒlɪdʒ/ n (το) κολέγιο

collide /kə'laɪd/ vi συγκρούομαι

colliery /'kɒlɪərɪ/ n (το) ανθρακωρυχείο

collision /kə'lɪʒn/ n (η) σύγκρουση. (fig) (η) αντίθεση

colloquial /kə'ləukwɪəl/ a της καθομιλουμένης. ~ism n (η) λαϊκή έκφραση

collusion /kə'lu:ʒn/ n (η) συνενοχή

colon /'kəulən/ n (gram) (οι) δύο τελείες. (anat) (το) κόλον

colonel /'kɜːnl/ n (ο) συνταγματάρχης

colonize /'kɒlənaɪz/ vt αποικίζω

colon|y /'kɒlənɪ/ n (η) αποικία. ~ial /kə'ləunɪəl/ a αποικιακός

colossal /kə'lɒsl/ a κολοσσιαίος

colour /'kʌlə(r)/ n (το) χρώμα. (complexion) (το) χρώμα. • a έγχρωμος. • vt χρωματίζω. (dye) βάφω. • vi (blush) κοκκινίζω. ~ bar n (η) φυλετική διάκριση. ~-blind a δαλτωνικός. ~ film n (το) έγχρωμο φιλμ. ~ television n (η) έγχρωμη τηλεόραση. in ~ a έγχρωμος. off ~ (fig) αδιάθετος. ~ful a γεμάτος χρώμα. (fig) ζωντανός. ~less a άχρωμος

coloured /'kʌləd/ a (person) έγχρωμος. (pencil) χρωματιστός

colt /kəult/ n (το) πουλάρι

column /'kɒləm/ n (η) κολόνα. (in newspaper) (η) στήλη

columnist /'kɒləmnɪst/ n (ο) αρθρογράφος

coma /'kəumə/ n (το) κώμα

comb /kəum/ n (η) χτένα. • vt χτενίζω. (search) χτενίζω

combat /'kɒmbæt/ n (η) μάχη. • vt (pt combated) αγωνίζομαι εναντίον (with gen). ~ant /-ətənt/ n (ο) μαχητής

combination /kɒmbɪ'neɪʃn/ n (ο) συνδυασμός

combine¹ /kəm'baɪn/ vt συνδυάζω

combine² /'kɒmbaɪn/ n (η) κοινοπραξία. ~ harvester n (η) θεριζοαλωνιστική μηχανή

combustion /kəm'bʌstʃən/ n (η) καύση

come /kʌm/ vi (pt came, pp come) έρχομαι. ~ about (occur) συμβαίνω. ~ across (person) συναντώ. (object) βρίσκω. ~ apart διαλύομαι. ~ away φεύγω. ~ back επιστρέφω. ~-back n (η) επιστροφή. (retort) (η) απάντηση. ~ by (obtain) βρίσκω. (pass) περνώ. ~

down κατεβαίνω. (price) πέφτω. ~-down n (ο) ξεπεσμός. ~ in μπαίνω. ~ in for υφίσταμαι. ~ into (money) κληρονομώ. ~ off βγαίνω. (succeed) επιτυχαίνω. ~ off it! (fam) άστο αυτό. ~ out βγαίνω. (result) βγαίνω. ~ round περνώ. (recover) συνέρχομαι. ~ to (recover) συνέρχομαι. (decision etc.) φτάνω σε. (amount) κάνω. ~ up ανεβαίνω. (fig) προκύπτω. ~-uppance n (fam) (η) δίκαιη τιμωρία. ~ up with (idea) επινοώ

comedian /kə'mi:dɪən/ n (ο, η) κωμικός

comedy /'kɒmədɪ/ n (η) κωμωδία

comet /'kɒmɪt/ n (ο) κομήτης

comfort /'kʌmfət/ n (η) άνεση. • vt παρηγορώ. ~able a άνετος. ~er n (dummy) (η) πιπίλα. (quilt: Amer) (το) πάπλωμα

comfy /'kʌmfɪ/ a (fam) άνετος

comic /'kɒmɪk/ a κωμικός. • n (person) (ο, η) κωμικός. (periodical) (τα) κόμικς invar. ~ strip n (η) ιστοριούλα σε γελοιογραφίες. ~al a αστείος

coming /'kʌmɪŋ/ n (ο) ερχομός. • a ερχόμενος. ~ and going n (το) πηγαινέλα invar

comma /'kɒmə/ n (το) κόμμα

command /kə'mɑːnd/ n (η) διαταγή. (mastery) (η) κατοχή (θέματος). • vt διατάζω. (deserve) αξίζω. ~er n (ο) αρχηγός. (mil) (ο) διοικητής. ~ing a επιβλητικός. ~ing officer n (ο) επικεφαλής αξιωματικός

commandeer /kɒmən'dɪə(r)/ vt επιτάσσω

commandment /kə'mɑːndmənt/ n (η) εντολή

commando /kə'mɑːndəu/ n (pl -os) (ο) καταδρομέας

commemorat|e /kə'meməreɪt/ vt τιμώ. ~ion /-'reɪʃn/ n (η) τελετή. ~ive /-ətɪv/ a αναμνηστικός

commence /kə'mens/ vt/i αρχίζω. ~ment n (η) έναρξη

commend /kə'mend/ vt επαινώ. (entrust) εμπιστεύομαι. ~able a αξιέπαινος. ~ation /kɒmen'deɪʃn/ n (ο) έπαινος

commensurate /kə'menʃərət/ a ανάλογος

comment /'kɒment/ n (το) σχόλιο. • vi σχολιάζω. ~ on κάνω σχόλια για, σχολιάζω

commentary /'kɒməntrɪ/ n (radio, TV) (το) σχόλιο

commentat|e /'kɒmənteɪt/ vi σχολιάζω. ~or (radio, TV) n (ο) σχολιαστής

commerce /'kɒmɜːs/ n (το) εμπόριο

commercial /kə'mɜːʃl/ a εμπορικός n (η) εμπορική διαφήμιση. ~ traveller n (ο) πλασιέ invar. ~ize vt εμπορευματοποιώ

commiserat|e /kə'mɪzəreɪt/ vi συμπονώ. ~ion /-'reɪʃn/ n (η) συμπόνια

commission /kə'mıʃn/ n (η) επιτροπή. (*payment*) (η) προμήθεια. • *vt* παραγγέλλω. (*mil*) κάνω αξιωματικό. **out of ~** (*mil*) παροπλισμένος. **~er** n (ο) επίτροπος. (*of police*) (ο) διευθυντής (*αστυνομίας*)

commissionaire /kəmıʃə'neə(r)/ n (ο) θυρωρός

commit /kə'mıt/ *vt* (*pt* **committed**) διαπράττω. (*entrust*) εμπιστεύομαι. **~ o.s.** αφοσιώνομαι. **~ to memory** απομνημονεύω. **~ment** n (η) αφοσίωση. **~ted** a αφοσιωμένος

committee /kə'mıtı/ n (η) επιτροπή

commodity /kə'mɒdətı/ n (το) εμπόρευμα

common /'kɒmən/ a (-er, -est) κοινός. (*usual*) συνηθισμένος. (*vulgar*) χυδαίος. • n (ο) κοινόχρηστος χώρος. **~ law** n (το) εθιμικό δίκαιο. **~-law wife/ husband** (ο, η) σύζυγος σύμφωνα με το εθιμικό δίκαιο. **C~ Market** n (η) Κοινή Αγορά. **~-room** n (η) αίθουσα φοιτητών/καθηγητών. **~ sense** n (η) κοινή λογική. **House of C~s** (η) Βουλή των Κοινοτήτων. **in ~** από κοινού. **~ly** *adv* κοινώς

commoner /'kɒmənə(r)/ n (ο) κοινός θνητός

commonplace /'kɒmənpleıs/ a κοινός. • n (η) κοινοτοπία

Commonwealth /'kɒmənwelθ/ n **the ~** (η) Κοινοπολιτεία

commotion /kə'məʊʃn/ n (η) φασαρία

communal /'kɒmjʊnl/ a κοινόχρηστος

commune[1] /kə'mju:n/ *vi* επικοινωνώ

commune[2] /'kɒmju:n/ n (το) κοινόβιο

communicat|e /kə'mju:nıkeıt/ *vi* επικοινωνώ. • *vt* μεταβιβάζω **~ion** /-'keıʃn/ n (η) επικοινωνία. **~ive** /-ətıv/ a ομιλητικός

communion /kə'mju:nıən/ n (η) επικοινωνία. **Holy C~** (η) Θεία Κοινωνία

communiqué /kə'mju:nıkeı/ n (το) ανακοινωθέν

communis|t /'kɒmjʊnıst/ n (ο) κομουνιστής, (η) κομουνίστρια. **~m** /-zəm/ n (ο) κομουνισμός

community /kə'mju:nətı/ n (η) κοινότητα. **~ centre** n (το) κοινοτικό κέντρο

commute /kə'mju:t/ *vi* ταξιδεύω καθημερινά. • *vt* (*jur*) μετατρέπω. **~r** /-ə(r)/ n αυτός που ταξιδεύει καθημερινά στη δουλειά του

compact[1] /kəm'pækt/ a συμπαγής

compact[2] /'kɒmpækt/ n (*for face-powder*) (η) πουδριέρα

compact disc /'kɒmpækt dısk/ n (το) CD *invar.*

companion /kəm'pænıən/ n (ο, η) σύντροφος. **~ship** n (η) συντροφιά

company /'kʌmpənı/ n (η) εταιρ(ε)ία. (*guests*) (η) παρέα. **keep s.o. ~** κρατώ συντροφιά σε κπ.

comparable /'kɒmpərəbl/ a συγκρίσιμος

compar|e /kəm'peə(r)/ *vt/i* συγκρίνω/ομαι (**with**, με **to**, με). **~d with** *or* **to** σε σύγκριση με. **~ative** a συγκριτικός. **~atively** *adv* συγκριτικά

comparison /kəm'pærısn/ n (η) σύγκριση

compartment /kəm'pɑ:tmənt/ n (το) χώρισμα. (*on train*) (το) κουπέ *invar*

compass /'kʌmpəs/ n (η) πυξίδα. **~es** (ο) διαβήτης

compassion /kəm'pæʃn/ n (η) ευσπλαχνία. **~ate** a εύσπλαχνος

compatib|le /kəm'pætəbl/ a συμβατός. **~ility** /-'bılətı/ n (η) συμβατότητα

compatriot /kəm'pætrıət/ n (ο) συμπατριώτης, (η) συμπατριώτισσα

compel /kəm'pel/ *vt* (*pt* **compelled**) αναγκάζω. **~ling** a επιτακτικός

compendium /kəm'pendıəm/ n (η) επιτομή

compensat|e /'kɒmpənseıt/ *vt* αποζημιώνω (**for**, για). (*for loss*) αναπληρώνω. • *vi* **~ for** αναπληρώνω **~ion** /-'seıʃn/ n (η) αναπλήρωση. (*financial*) (η) αποζημίωση

compère /'kɒmpeə(r)/ n (ο) κομπέρ *invar*. • *vt* παρουσιάζω

compete /kəm'pi:t/ *vi* συναγωνίζομαι (**with**, με **for**, για)

competen|t /'kɒmpıtənt/ a ικανός. **~ce** n (η) ικανότητα

competition /kɒmpə'tıʃn/ n (ο) συναγωνισμός. (*contest*) (ο) αγώνας. (*comm*) (ο) ανταγωνισμός

competitive /kəm'petətıv/ a ανταγωνιστικός. **~ prices** συναγωνίσιμές τιμές.

competitor /kəm'petıtə(r)/ n (ο) ανταγωνιστής

compile /kəm'paıl/ *vt* συντάσσω. **~r** /-ə(r)/ n (ο) συντάκτης

complacen|t /kəm'pleısnt/ a ικανοποιημένος. **~cy** n (η) ικανοποίηση

complain /kəm'pleın/ *vi* παραπονιέμαι (**about**, για). **~ of** (*med*) υποφέρω από

complaint /kəm'pleınt/ n (το) παράπονο. (*med*) (η) αρρώστια

complement /'kɒmplımənt/ n (το) συμπλήρωμα. • *vt* συμπληρώνω. **~ary** /-'mentrı/ a συμπληρωματικός

complet|e /kəm'pli:t/ a πλήρης. (*finished*) ολοκληρωμένος. **he's a ~ idiot** είναι εντελώς ηλίθιος. • *vt* ολοκληρώνω. (*fill in*) συμπληρώνω. **~ely** *adv* πλήρως. **~ion** /-ʃn/ n (η) συμπλήρωση

complex /'kɒmpleks/ a περίπλοκος. • n (το) σύμπλεγμα. **~ity** /kəm'pleksətı/ n (η) περιπλοκή

complexion /kəm'plekʃn/ *n* (το) χρώμα. *(fig)* (η) όψη

complian|ce /kəm'plaɪəns/ *n (agreement)* (η) συμμόρφωση. **~t** *a* συμβιβαστικός

complicat|e /'kɒmplɪkeɪt/ *vt* περιπλέκω. **~ed** *a* περίπλοκος. **~ion** /-'keɪʃn/ *n* (η) περιπλοκή

complicity /kəm'plɪsəti/ *n* (η) συνενοχή

compliment /'kɒmplɪmənt/ *n* (το) κομπλιμέντο, (η) φιλοφρόνηση. **~s** (οι) χαιρετισμοί. • *vt* **~ s.o. (on sth)** κάνω κομπλιμέντο σε κπ (για κτ). **~ary** /-'mentri/ *a* κολακευτικός. *(free)* δωρεάν

comply /kəm'plaɪ/ *vi* **~ with** συμμορφώνομαι με

component /kəm'pəʊnənt/ *a* συστατικός. • *n* (το) εξάρτημα

compose /kəm'pəʊz/ *vt* συνθέτω. **be ~d of** αποτελούμαι από. **~ o.s.** ηρεμώ. **~d** *a* ήρεμος. **~r** /-ə(r)/ *n* (ο) συνθέτης

composition /kɒmpə'zɪʃn/ *n (music)* (η) σύνθεση. *(essay)* (η) έκθεση

compost /'kɒmpɒst/ *n* (το) κοπρόχωμα. **~ heap** *n* (η) χωματερή *(μικρή σε κήπο)*

composure /kəm'pəʊʒə(r)/ *n* (η) ηρεμία

compound¹ /'kɒmpaʊnd/ *n (chem)* (η) σύνθεση. *(enclosure)* (ο) περίβολος. **~ word** (η) σύνθετη λέξη. • *a* σύνθετος

compound² /kəm'paʊnd/ *vt* αναμιγνύω. *(aggravate)* επαυξάνω

comprehen|d /kɒmprɪ'hend/ *vt* κατανοώ. *(include)* περιλαμβάνω. **~sible** *a* σαφής. **~sion** *n* (η) κατανόηση

comprehensive /kɒmprɪ'hensɪv/ *a* περιεκτικός. *(insurance)* πλήρης. **~ school** *n* δευτεροβάθμια σχολή στην οποία φοιτούν παιδιά ανεξαρτήτως ικανότητας

compress¹ /kəm'pres/ *vt* συμπιέζω. **~ion** /-ʃn/ *n* (η) συμπίεση

compress² /'kɒmpres/ *n (med)* (η) κομπρέσα

comprise /kəm'praɪz/ *vt* περιλαμβάνω

compromise /'kɒmprəmaɪz/ *n* (ο) συμβιβασμός. • *vt/i* συμβιβάζω/ομαι

compulsion /kəm'pʌlʃn/ *n* (ο) εξαναγκασμός

compulsive /kəm'pʌlsɪv/ *a (psych)* παθολογικός.

compulsory /kəm'pʌlsəri/ *a* υποχρεωτικός

compunction /kəm'pʌŋkʃn/ *n* (ο) ενδοιασμός

computer /kəm'pjuːtə(r)/ *n* (ο) ηλεκτρονικός υπολογιστής, (ο, το) κομπιούτερ. **~ programmer** *n* (ο) προγραμματιστής Η/Υ. **~ize** *vt* βάζω σε ηλεκτρονικό υπολογιστή

computing /kəm'pjuːtɪŋ/ *n* (ο) υπολογισμός

comrade /'kɒmreɪd/ *n* (ο) σύντροφος, (η) συντρόφισσα. **~ship** *n* (η) συντροφικότητα

con¹ /kɒn/ *vt (pt* conned) *(sl)* εξαπατώ. **~ s.o. into doing sth** εξαπατώ κπ και τον κάνω να κάνει κτ. • *n (sl)* (η) απάτη. **~ man** *n (sl)* (ο) απατεώνας

con² /kɒn/ *see* PRO

concave /'kɒŋkeɪv/ *a* κοίλος

conceal /kən'siːl/ *vt* αποκρύπτω. **~ment** *n* (η) απόκρυψη

concede /kən'siːd/ *vt* παραδέχομαι

conceit /kən'siːt/ *n* (η) αλαζονεία. **~ed** *a* φαντασμένος

conceivabl|e /kən'siːvəbl/ *a* διανοητός. **~y** *adv* πιθανώς

conceive /kən'siːv/ *vt* συλλαμβάνω. • *vi* μένω έγκυος

concentrat|e /'kɒnsəntreɪt/ *vt/i* συγκεντρώνω/ομαι. **~ed** *a* συμπυκνωμένος. **~ion** /-'treɪʃn/ *n* (η) συγκέντρωση. **~ion camp** (το) στρατόπεδο συγκεντρώσεως

concept /'kɒnsept/ *n* (η) έννοια. **~ual** /kən'septʃʊəl/ *a* εννοιολογικός

conception /kən'sepʃn/ *n* (η) σύλληψη

concern /kən'sɜːn/ *n* (η) φροντίδα. *(worry)* (η) ανησυχία. *(comm)* (η) επιχείρηση. • *vt* **be ~ed about** ανησυχώ για. **~ing** *prep* σχετικά με

concert /'kɒnsət/ *n* (η) συναυλία. **in ~** από κοινού. **~ed** /-'sɜːtɪd/ *a* κοινός

concertina /kɒnsə'tiːnə/ *n* (το) (μικρό) ακορντεόν *invar*

concerto /kən'tʃɜːtəʊ/ *n (pl* -os) (το) κοντσέρτο

concession /kən'seʃn/ *n* (η) παραχώρηση. **~ary** *a* παραχωρηθείς

conciliat|e /kən'sɪlieɪt/ *vt* συμφιλιώνω. **~ion** /-'eɪʃn/ *n* (η) συμφιλίωση. **~ory** /-'sɪljətəri/ *a* συμβιβαστικός

concise /kən'saɪs/ *a* συνοπτικός. **~ly** *adv* συνοπτικά. **~ness** *n* (η) συνοπτικότητα

conclu|de /kən'kluːd/ *vt/i* συμπεραίνω. *(finish)* τελειώνω. **~ding** *a* τελευταίος. **~sion** *n* (το) συμπέρασμα. *(end)* (η) λήξη

conclusive /kən'kluːsɪv/ *a* αδιαμφισβήτητος. **~ly** *adv* αδιαμφισβήτητα

concoct /kən'kɒkt/ *vt* αναμιγνύω. *(fig)* επινοώ. **~ion** /-kʃn/ *n* (η) ανάμιξη

concourse /'kɒŋkɔːs/ *n (crowd)* (η) συρροή. *(rail)* γενικός χώρος σιδηροδρομικού σταθμού

concrete /'kɒŋkriːt/ *n* (το) σκυρόδεμα. • *a* συγκεκριμένος. • *vt* τσιμεντοστρώνω

concur /kən'kɜː(r)/ *vi (pt* concurred) συμφωνώ. **~rent** /kən'kʌrənt/ *a* ταυτόχρονος. **~rently** *adv* ταυτοχρόνως

concussion /kən'kʌʃn/ *n* (η) διάσειση

condemn /kən'dem/ *vt* καταδικάζω. **~ation** /kɒndem'neɪʃn/ *n* (η) καταδίκη

condens|e /kən'dens/ *vt/i* συμπυκνώνω/ομαι. **~ation**

/kɒnden'seiʃn/ n (on windows) (η) υγρασία

condescend /kɒndɪ'send/ vi καταδέχομαι. **~ing** a συγκαταβατικός

condiment /'kɒndɪmənt/ n (το) καρύκευμα

condition /kən'dɪʃn/ n (ο) όρος. (situation) (η) κατάσταση. **~s** (circumstances) (οι) συνθήκες. • vt ρυθμίζω. **in good/bad ~** σε καλή/κακή κατάσταση. **on ~ that** με τον όρο ότι. **~al** a με όρο. (gram) υποθετικός. **~er** n (for hair) (το) κοντίσιονερ invar

condolences /kən'dəʊlənsɪz/ npl (τα) συλλυπητήρια

condom /'kɒndɒm/ n (το) προφυλακτικό, (η) καπότα

condominium /kɒndə'mɪnɪəm/ n (Amer) (η) συγκυριαρχία

condone /kən'dəʊn/ vt παραβλέπω

conducive /kən'djuːsɪv/ a **be ~ to** συντελώ σε

conduct¹ /kən'dʌkt/ vt (lead) οδηγώ. (hold) διεξάγω. (orchestra) διευθύνω. (phys) είμαι αγωγός (with gen.)

conduct² /'kɒndʌkt/ n (η) συμπεριφορά

conduct|or /kən'dʌktə(r)/ n (of bus) (ο) εισπράκτορας. (of orchestra) (ο) διευθυντής

cone /kəʊn/ n (ο) κώνος. (for ice-cream) (το) χωνάκι

confectionery /kən'fekʃnərɪ/ n (τα) ζαχαρωτά, (οι) καραμέλες

confederation /kənfedə'reɪʃn/ n (η) συνομοσπονδία

confer /kən'fɜː(r)/ vt (pt conferred) απονέμω. • vi συσκέπτομαι

conference /'kɒnfərəns/ n (η) διάσκεψη, (το) συνέδριο

confess /kən'fes/ vt/i ομολογώ. **~ion** /-ʃn/ n (η) ομολογία. (relig) (η) εξομολόγηση. **~ional** n (το) εξομολογητήριο. **~or** n (ο) εξομολογητής

confetti /kən'fetɪ/ n (το) κομφετί invar, (ο) χαρτοπόλεμος

confide /kən'faɪd/ vt/i εκμυστηρεύομαι (in, σε)

confiden|t /'kɒnfɪdənt/ a βέβαιος. **~ce** n (η) εχεμύθεια. (trust) (η) εμπιστοσύνη. (self-assurance) (η) αυτοπεποίθηση. (secret) (η) εκμυστήρευση. **~ce trick** (η) απάτη. **in ~ce** εμπιστευτικά

confidential /kɒnfɪ'denʃl/ a εμπιστευτικός

confine /kən'faɪn/ vt (limit) περιορίζω. (imprison) φυλακίζω. **~ment** n (ο) περιορισμός. (med) (η) λοχεία. **solitary ~ment** (η) απομόνωση

confines /'kɒnfaɪnz/ npl (τα) όρια

confirm /kən'fɜːm/ vt επιβεβαιώνω. **~ation** /kɒnfə'meɪʃn/ n (η) επιβεβαίωση. **~ed** a επιβεβαιωμένος

confiscat|e /'kɒnfɪskeɪt/ vt κατάσχω. **~ion** /-'keɪʃn/ n (η) κατάσχεση

conflagration /kɒnflə'greɪʃn/ n (η) μεγάλη πυρκαγιά

conflict¹ /'kɒnflɪkt/ n (η) διαμάχη

conflict² /kən'flɪkt/ vi συγκρούομαι. **~ing** a αντιφατικός

conform /kən'fɔːm/ vi συμμορφώνομαι. **~ist** n (ο) κομφορμιστής

confound /kən'faʊnd/ vt προκαλώ σύγχυση. **~ed** a (fam) καταραμένος

confront /kən'frʌnt/ vt (face) αντιμετωπίζω. **~ s.o. with sth.** φέρνω κπ αντιμέτωπο με κτ. **~ation** /kɒnfrʌn'teɪʃn/ n (η) αναμέτρηση

confus|e /kən'fjuːz/ vt συγχύζω. **~ed** a συγχυσμένος. **~ing** a που συγχύζει. **~ion** /-ʒn/ n (η) σύγχυση

congeal /kən'dʒiːl/ vt/i πήζω

congenial /kən'dʒiːnɪəl/ a ευχάριστος

congenital /kən'dʒenɪtl/ a συγγενής

congest|ed /kən'dʒestɪd/ a (roads) με κυκλοφοριακή συμφόρηση. (med) συμφορητικός. **~ion** /-tʃən/ n (traffic, med) (η) συμφόρηση.

congratulat|e /kən'grætjʊleɪt/ vt συγχαίρω (on, για). **~ions** /-'leɪʃnz/ npl (τα) συγχαρητήρια

congregat|e /'kɒngrɪgeɪt/ vi συναθροίζομαι. **~ion** /-'geɪʃn/ n (η) συνάθροιση

congress /'kɒngres/ n (το) συνέδριο. **C~** (Amer) (το) κογκρέσο

conic(al) /'kɒnɪk(l)/ a κωνικός

conifer /'kɒnɪfə(r)/ n (το) κωνοφόρο (δέντρο)

conjecture /kən'dʒektʃə(r)/ n (η) εικασία. • vt/i εικάζω

conjugal /'kɒndʒʊgl/ a συζυγικός

conjugate /'kɒndʒʊgeɪt/ vt κλίνω. **~ion** /-'geɪʃn/ n (η) κλίση

conjunction /kən'dʒʌŋkʃn/ n (ο) σύνδεσμος. **in ~ with** από κοινού με

conjur|e /'kʌndʒə(r)/ vi κάνω ταχυδακτυλουργία. • vt **~e up** επαναφέρω στη μνήμη. **~or** n (ο) ταχυδακτυλουργός

conk /kɒŋk/ n (sl) (η) μύτη. **~ out** (sl) χαλώ

conker /'kɒŋkə(r)/ n (fam) (το) αγριοκάστανο

connect /kə'nekt/ vt/i συνδέω/ομαι. **~ with** (train) συνδέω. **~ed** a συνδεδεμένος. **be ~ed with** συνδέομαι με

connection /kə'nekʃn/ n (η) σύνδεση. (rail) (η) ανταπόκριση. **~s** (οι) γνωστοί. **in ~ with** σχετικά με

conniv|e /kə'naɪv/ vi **~e at** κλείνω τα μάτια σε. **~e with** συνεννοούμαι με. **~ance** n (η) συνενοχή

connoisseur /kɒnə'sɜː(r)/ n (ο) ειδήμων

connot|e /kə'nəʊt/ vt υποδηλώνω. **~ation** /kɒnə'teɪʃn/ n (η) υποδήλωση conquer /'kɒŋkə(r)/ vt κατακτώ. (fig) νικώ. ~or n (o) κατακτητής

conquest /'kɒŋkwest/ n (η) κατάκτηση

conscience /'kɒnʃəns/ n (η) συνείδηση

conscientious /kɒnʃɪ'enʃəs/ a ευσυνείδητος. ~ objector n (o) αντιρρησίας συνειδήσεως

conscious /'kɒnʃəs/ a συνειδητός. ~ly adv συνειδητά. ~ness n (η) συνείδηση. (med) (οι) αισθήσεις

conscript¹ /kən'skrɪpt/ vt στρατολογώ. ~ion /-ʃn/ n (η) στρατολογία

conscript² /'kɒnskrɪpt/ n (o) κληρωτός

consecrat|e /'kɒnsɪkreɪt/ vt καθαγιάζω. ~ion /-'kreɪʃn/ n (η) καθαγίαση

consecutive /kən'sekjʊtɪv/ a συνεχής. ~ly adv στη συνέχεια

consensus /kən'sensəs/ n (η) συναίνεση

consent /kən'sent/ vi συγκατατίθεμαι. • n (η) συγκατάθεση

consequence /'kɒnsɪkwəns/ n (η) συνέπεια. in ~ συνεπώς

consequent /'kɒnsɪkwənt/ a επακόλουθος. ~ly adv συνεπώς

conservation /kɒnsə'veɪʃn/ n (η) προστασία (του περιβάλλοντος)

conservationist /kɒnsə'veɪʃənɪst/ n (o, η) οικολόγος

conservative /kən'sɜːvətɪv/ a συντηρητικός. C~ n (o) Συντηρητικός

conservatory /kən'sɜːvətrɪ/ n (το) θερμοκήπιο

conserve /kən'sɜːv/ vt διατηρώ

consider /kən'sɪdə(r)/ vt σκέφτομαι. (take into account) λαμβάνω υπόψη. ~ation /-'reɪʃn/ n (η) σκέψη. (respect) (η) εκτίμηση. take into ~ation λαμβάνω υπόψη. ~ing prep αναλόγως

considerab|le /kən'sɪdərəbl/ a σημαντικός. ~y adv πολύ

considerate /kən'sɪdərət/ a λεπτός (στους τρόπους)

consign /kən'saɪn/ vt (entrust) εμπιστεύομαι. (send) αποστέλλω. ~ment n (η) αποστολή

consist /kən'sɪst/ vi ~ of αποτελούμαι από

consisten|t /kən'sɪstənt/ a συνεπής. (unchanging) σταθερός. ~t with σύμφωνος με. ~cy n (η) συνέπεια. (of liquids) (η) συνοχή. ~tly adv με συνέπεια

consol|e /kən'səʊl/ vt παρηγορώ. ~ation /kɒnsə'leɪʃn/ n (η) παρηγοριά. ~ation prize (το) βραβείο παρηγοριάς

consolidat|e /kən'sɒlɪdeɪt/ vt/i εμπεδώνω/ομαι. ~ion /-'deɪʃn/ n (η) εμπέδωση

consonant /'kɒnsənənt/ n (το) σύμφωνο

consort¹ /'kɒnsɔːt/ n (o, η) σύντροφος

consort² /kən'sɔːt/ vi ~ with συναναστρέφομαι με

consortium /kən'sɔːtɪəm/ n (pl -tia) (η) κοινοπραξία

conspicuous /kən'spɪkjʊəs/ a εμφανής

conspiracy /kən'spɪrəsɪ/ n (η) συνωμοσία

conspire /kən'spaɪə(r)/ vi συνωμοτώ

constable /'kʌnstəbl/ n (o) αστυνομικός

constabulary /kən'stæbjʊlərɪ/ n (η) αστυνομία

constant /'kɒnstənt/ a (unchanging) σταθερός. (unceasing) συνεχής. ~ly adv συνεχώς

constellation /kɒnstə'leɪʃn/ n (o) αστερισμός

consternation /kɒnstə'neɪʃn/ n (η) κατάπληξη

constipat|ed /'kɒnstɪpeɪtɪd/ a δυσκοίλιος. ~ion /-'peɪʃn/ n (η) δυσκοιλιότητα

constituency /kən'stɪtjʊənsɪ/ n (η) εκλογική περιφέρεια

constituent /kən'stɪtjʊənt/ n (το) συστατικό. (pol) κάτοικος εκλογικής περιφέρειας. • a συστατικός

constitut|e /'kɒnstɪtjuːt/ vt συνιστώ. (be) αποτελώ. ~ion /-'tjuːʃn/ n (το) σύνταγμα. ~ional /-'tjuːʃənl/ a συνταγματικός. • n (o) περίπατος για λόγους υγείας

constrain /kən'streɪn/ vt εξαναγκάζω

constraint /kən'streɪnt/ n (o) εξαναγκασμός

constrict /kən'strɪkt/ vt συσφίγγω. (movement) περιορίζω. ~ion /-ʃn/ n (η) σύσφιξη

construct /kən'strʌkt/ vt κατασκευάζω. ~ion /-ʃn/ n (η) κατασκευή

constructive /kən'strʌktɪv/ a εποικοδομητικός

construe /kən'struː/ vt ερμηνεύω. (gram) αναλύω

consul /'kɒnsl/ n (o) πρόξενος. ~ar /-jʊlə(r)/ a προξενικός. ~ate /-jʊlət/ n (το) προξενείο

consult /kən'sʌlt/ vt συμβουλεύομαι. • vi ~ with συσκέπτομαι με. ~ation /kɒnsl'teɪʃn/ n (η) σύσκεψη. (med) (η) επίσκεψη

consultant /kən'sʌltənt/ n (o) σύμβουλος

consume /kən'sjuːm/ vt καταναλώνω. (destroy) καταστρέφω. ~r /-ə(r)/ n (o) καταναλωτής. • a καταναλωτικός

consumerism /kən'sjuːmərɪzəm/ n (o) καταναλωτισμός

consummat|e /'kɒnsəmeɪt/ vt ολοκληρώνω. ~ion /-'meɪʃn/ n (η) ολοκλήρωση

consumption /kən'sʌmpʃn/ n (η) κατανάλωση. (med) (η) φυματίωση

contact /'kɒntækt/ n (η) επαφή. • vt έρχομαι σε επαφή με. ~ lens n (o) φακός επαφής. in ~ σε επαφή

contagious /kən'teɪdʒəs/ a μεταδοτικός

contain /kən'teɪn/ *vt* περιέχω. **~ o.s.** συγκρατιέμαι. **~er** *n* (ο) περιέκτης. (*comm*) (το) εμπορευματοκιβώτιο
contaminat|e /kən'tæmɪneɪt/ *vt* μολύνω. **~ion** /-'neɪʃn/ *n* (η) μόλυνση
contemplat|e /'kɒntempleɪt/ *vt* συλλογίζομαι. (*consider*) σκέφτομαι. **~ion** /-'pleɪʃn/ *n* (η) συλλογή
contemporary /kən'tempərərɪ/ *a* & *n* σύγχρονος
contempt /kən'tempt/ *n* (η) περιφρόνηση. **~ible** *a* αξιοκαταφρόνητος. **~uous** /-tʃʊəs/ *a* περιφρονητικός
contend /kən'tend/ *vt/i* διεκδικώ. (*assert*) υποστηρίζω. **~ with** αγωνίζομαι εναντίον. **~er** *n* (ο) ανταγωνιστής, (η) ανταγωνίστρια
content¹ /kən'tent/ *a* ικανοποιημένος. • *vt* ικανοποιώ. **~ed** *a* ικανοποιημένος. **~ment** *n* (η) ικανοποίηση
content² /'kɒntent/ *n* (το) περιεχόμενο. **~s** (τα) περιεχόμενα. (*of book*) (ο) πίνακας περιεχομένων, (τα) περιεχόμενα
contention /kən'tenʃn/ *n* (η) διαμάχη. (*opinion*) (ο) ισχυρισμός
contest¹ /'kɒntest/ *n* (ο) συναγωνισμός. (*fight*) (η) πάλη. (*sport*) (ο) αγώνας
contest² /kən'test/ *vt* διεκδικώ. (*dispute*) αμφισβητώ. **~ant** *n* (ο) αντίπαλος
context /'kɒntekst/ *n* (τα) συμφραζόμενα
continent /'kɒntɪnənt/ *n* (η) ήπειρος. **the C~** η Ηπειρωτική Ευρώπη. **~al** /-'nentl/ *a* ηπειρωτικός. **~al breakfast** *n* (το) ευρωπαϊκό πρόγευμα. **~al quilt** *n* (το) πάπλωμα
contingen|t /kən'tɪndʒənt/ *a* ενδεχόμενος. • *n* (το) τμήμα. **be ~t upon** εξαρτώμαι από. **~cy** *n* (το) ενδεχόμενο. **~cy plan** *n* (το) σχέδιο εκτάκτου ανάγκης
continual /kən'tɪnjʊəl/ *a* συνεχής. **~ly** *adv* συνεχώς
continu|e /kən'tɪnjuː/ *vt/i* εξακολουθώ. (*resume*) συνεχίζω/ομαι. **~ance** *n* (η) συνέχιση. **~ation** /-ʊ'eɪʃn/ *n* (η) συνέχεια. (*after interruption*) (η) εξακολούθηση. (*next part*) (η) συνέχεια. **~ed** *a* συνεχής
continuity /kɒntɪ'njuːətɪ/ *n* (η) συνοχή
continuous /kən'tɪnjʊəs/ *a* συνεχής. **~ly** *adv* συνεχώς
contort /kən'tɔːt/ *vt* στρεβλώνω. **~ion** /-ʃn/ *n* (η) στρέβλωση. **~ionist** /-ʃənɪst/ *n* (ο) εκτελεστής επιδείξεων στρεβλώσεως του σώματος
contour /'kɒntʊə(r)/ *n* (το) περίγραμμα
contraband /'kɒntrəbænd/ *n* (το) λαθρεμπόριο
contraception /kɒntrə'sepʃn/ *n* (η) αντισύλληψη
contraceptive /kɒntrə'septɪv/ *a* αντισυλληπτικός. • *n* (το) αντισυλληπτικό

contract¹ /'kɒntrækt/ *n* (η) σύμβαση
contract² /kən'trækt/ *vt/i* συστέλλω/ομαι. **~ion** /-ʃn/ *n* (η) συστολή
contractor /kən'træktə(r)/ *n* (ο) εργολάβος. (*tender*) (ο) ανάδοχος
contradict /kɒntrə'dɪkt/ *vt* αντιφάσκω. **~ion** /-ʃn/ *n* (η) αντίφαση. **~ory** *a* αντιφατικός
contralto /kən'træltəʊ/ *n* (*pl* **-os**) (το) κοντράλτο *invar*
contraption /kən'træpʃn/ *n* (*fam*) (το) περίεργο μηχάνημα
contrary¹ /'kɒntrərɪ/ *a* (*opposite*) αντίθετος. • *n* (το) αντίθετο. • *adv* **~ to** αντίθετα με. **on the ~** αντίθετα
contrary² /kən'treərɪ/ *a* (*perverse: fam*) ενάντιος
contrast¹ /'kɒntrɑːst/ *n* (η) αντίθεση. **in ~ (with)** σε αντίθεση (προς)
contrast² /kən'trɑːst/ *vt/i* αντιπαραβάλλω/ομαι. **~ing** *a* αντίθετος
contraven|e /kɒntrə'viːn/ *vt* παραβαίνω. **~tion** /-'venʃn/ *n* (η) παράβαση
contribut|e /kən'trɪbjuːt/ *vt/i* συνεισφέρω. **~e to** (*newspaper*) συνεργάζομαι με. **~ion** /kɒntrɪ'bjuːʃn/ *n* (η) συνεισφορά. **~or** *n* (το *newspaper*, *book etc.*) (ο) συνεργάτης, (η) συνεργάτις
contrite /'kɒntraɪt/ *a* μεταμελημένος
contriv|e /kən'traɪv/ *vt* επινοώ. **~ to** καταφέρνω να. **~ance** *n* (η) επινόηση
control /kən'trəʊl/ *vt* (*pt* **controlled**) ελέγχω. (*a firm etc.*) διευθύνω. (*check*) ρυθμίζω. (*restrain*) συγκρατώ. • *n* (ο) έλεγχος. (*mastery*) (η) κυριαρχία. **~s** *npl* (*auto*) (τα) όργανα ελέγχου. (*aviat*) (το) χειριστήριο. **be in ~ (of)** διευθύνω. **out of ~** εκτός ελέγχου. **under ~** υπό έλεγχο
controversial /kɒntrə'vɜːʃl/ *a* επίμαχος
controversy /'kɒntrəvɜːsɪ/ *n* (η) διαφωνία
conundrum /kə'nʌndrəm/ *n* (ο) γρίφος
conurbation /kɒnɜː'beɪʃn/ *n* (το) αστικό συγκρότημα
convalesce /kɒnvə'les/ *vi* αναρρώνω. **~nce** *n* (η) ανάρρωση. **~nt** *a* & *n* (αυτός) που βρίσκεται σε ανάρρωση. **~nt home** (το) αναρρωτήριο
convection /kən'vekʃn/ *n* (η) μεταφορά (θερμότητας)
convector /kən'vektə(r)/ *n* (το) αερόθερμο
convene /kən'viːn/ *vt* συγκαλώ *vi* συνέρχομαι
convenience /kən'viːnɪəns/ (η) ευκολία. **at your ~** με την άνεσή σας. **public ~s** *npl* (τα) αποχωρητήρια
convenient /kən'viːnɪənt/ *a* βολικός. (*accessible*) εύκολος. **~ly** *adv* εύκολα
convent /'kɒnvənt/ *n* (το) μοναστήρι καλογραιών
convention /kən'venʃn/ *n* (το) συνέδριο. (*custom*) (ο) τύπος. **~al** *a* συμβατικός

converge /kən'vɜ:dʒ/ *vi* συγκλίνω

conversant /kən'vɜ:sənt/ *a* ~ with γνώστης (*with gen.*)

conversation /kɒnvə'seɪʃn/ *n* (η) συνομιλία. ~al *a* ομιλητικός. ~alist *n* (ο) συνομιλητής

converse[1] /kən'vɜ:s/ *vi* συνομιλώ

converse[2] /'kɒnvɜ:s/ *a* αντίστροφος. • *n* (το) αντίστροφο. ~ly *adv* αντιστρόφως

conver|t[1] /kən'vɜ:t/ *vt* μετατρέπω. ~sion /-ʃn/ *n* (η) μετατροπή. ~tible *a* μεταβλητός. • *n* (*auto*) (το) ανοιχτό αυτοκίνητο

convert[2] /'kɒnvɜ:t/ *n* (ο) προσήλυτος

convex /'kɒnveks/ *a* κυρτός

convey /kən'veɪ/ *vt* μεταβιβάζω. (*goods*) μεταφέρω. (*idea*) αποδίδω. ~ance *n* (η) μεταβίβαση, (η) μεταφορά. ~or belt *n* (η) μεταφορική ταινία

convict[1] /kən'vɪkt/ *vt* καταδικάζω. ~ion /-ʃn/ *n* (η) καταδίκη. (*belief*) (η) πεποίθηση

convict[2] /'kɒnvɪkt/ *n* (ο) κατάδικος

convinc|e /kən'vɪns/ *vt* πείθω. ~ing *a* πειστικός

convivial /kən'vɪvɪəl/ *a* ευχάριστος

convoke /kən'vəʊk/ *vt* συγκαλώ

convoluted /'kɒnvəlu:tɪd/ *a* πολύπλοκος

convoy /'kɒnvɔɪ/ *n* (η) συνοδεία

convuls|e /kən'vʌls/ *vt* συνταράζω. be ~ed with laughter σκάω στα γέλια. ~ion /-ʃn/ *n* (ο) σπασμός

coo /ku:/ *vi* γουργουρίζω

cook /kʊk/ *vt*/*i* μαγειρεύω/ομαι. (*falsify: fam*) μαγειρεύω. • *n* (ο) μάγειρας, (η) μαγείρισσα. ~ up (*fam*) σκαρώνω

cooker /'kʊkə(r)/ *n* (η) κουζίνα (*συσκευή μαγειρέματος*)

cookery /'kʊkərɪ/ *n* (η) μαγειρική

cookie /'kʊkɪ/ *n* (*Amer*) (το) μπισκότο

cool /ku:l/ *a* (-er, -est) δροσερός. (*calm*) ψύχραιμος. (*unfriendly*) ψυχρός. (*sl*) φοβερός. • *vt*/*i* δροσίζω. ~ down *or* off ηρεμώ. ~er *n* (το) ψυγείο. ~ly *adv* ψύχραιμα. ~ness *n* (η) δροσιά. (*calmness*) (η) ψυχραιμία

coop /ku:p/ *n* (το) κοτέτσι *vt* ~ up περιορίζω

co-operat|e /kəʊ'ɒpəreɪt/ *vi* συνεργάζομαι. ~ion /-'reɪʃn/ *n* (η) συνεργασία

co-operative /kəʊ'ɒpərətɪv/ *a* συνεργατικός. • *n* (ο) συνεταιρισμός, Συ. (το) συνεργατικό

co-opt /kəʊ'ɒpt/ *vt* εισδέχομαι

co-ordinat|e /kəʊ'ɔ:dɪneɪt/ *vt* συντονίζω. ~ion /-'neɪʃn/ *n* (ο) συντονισμός

cop /kɒp/ *vt* (*pt* copped) (*sl*) αρπάζω. • *n* (*sl*) (ο) αστυνομικός

cope /kəʊp/ *vi* τα βγάζω πέρα. ~ with τα βγάζω πέρα με

co-pilot /'kəʊpaɪlət/ *n* (ο) συγκυβερνήτης

copious /'kəʊpɪəs/ *a* άφθονος

copper[1] /'kɒpə(r)/ *n* (ο) χαλκός. (*coin*) (το) χάλκινο νόμισμα. • *a* χάλκινος

copper[2] /'kɒpə(r)/ *n* (*sl*) (ο) αστυνομικός

coppice, copse /'kɒpɪs, kɒps/ *ns* (η) λόχμη

copulat|e /'kɒpjʊleɪt/ *vi* συνουσιάζομαι. ~ion /-'leɪʃn/ *n* (η) συνουσία

copy /'kɒpɪ/ *n* (*of book*) (το) αντίτυπο. (*typ*) (το) αντίγραφο. • *vt* αντιγράφω

copyright /'kɒpɪraɪt/ *n* (τα) πνευματικά δικαιώματα, (το) copyright

coral /'kɒrəl/ *n* (το) κοράλλι

cord /kɔ:d/ *n* (το) κορδόνι. (*fabric*) (το) κοτλέ *invar*. (*vocal*) (η) χορδή

cordial /'kɔ:dɪəl/ *a* εγκάρδιος. • *n* raspberry ~ (η) βυσσινάδα. ~ly *adv* εγκάρδια

cordon /'kɔ:dn/ *n* (το) κορδόνι. • *vt* ~ off αποκλείω

corduroy /'kɔ:dərɔɪ/ *n* (το) βελούδο κοτλέ

core /kɔ:(r)/ *n* (*of apple*) (ο) πυρήνας. (*fig*) (η) καρδιά

cork /kɔ:k/ *n* (ο) φελλός. (*for bottle*) (το) πώμα. • *vt* κλείνω με φελλό

corkscrew /'kɔ:kskru:/ *n* (το) τιρμπουσόν *invar*

corn[1] /kɔ:n/ *n* (*cereal*) (τα) δημητριακά. (*maize*) (το) καλαμπόκι. ~ on the cob (το) καλαμπόκι

corn[2] /kɔ:n/ *n* (*hard skin*) (ο) κάλος

corned beef /kɔ:nd'bi:f/ *n* (το) βοδινό κονσέρβα, (το) κορνμπίφ *invar*

corner /'kɔ:nə(r)/ *n* (η) γωνία. (*football*) (το) κόρνερ *invar*. • *vt* στριμώχνω. (*comm*) μονοπωλώ. ~-stone *n* (ο) ακρογωνιαίος λίθος

cornet /'kɔ:nɪt/ *n* (*mus*) (η) κορνέτα. (*for ice-cream*) (το) χωνάκι

cornflakes /'kɔ:nfleɪks/ *npl* (τα) κορνφλέικς *invar*

cornflour /'kɔ:nflaʊə(r)/ *n* (το) κορνφλάουρ *invar*

cornice /'kɔ:nɪs/ *n* (η) κορνίζα

cornucopia /kɔ:njʊ'kəʊpɪə/ *n* (το) κέρας της Αμαλθείας

corny /'kɔ:nɪ/ *a* (*fam*) χυδαίος

corollary /kə'rɒlərɪ/ *n* (η) απόρροια

coronary /'kɒrənərɪ/ *n* ~ (thrombosis) (η) στεφανιαία

coronation /kɒrə'neɪʃn/ *n* (η) στέψη

coroner /'kɒrənə(r)/ *n* (ο) ιατροδικαστής

corporal[1] /'kɔ:pərəl/ *n* (ο) δεκανέας

corporal[2] /'kɔ:pərəl/ *a* σωματικός. ~ punishment *n* (η) σωματική τιμωρία

corporate /'kɔ:pərət/ *a* ομαδικός. (*company*) εταιρικός

corporation /kɔ:pə'reɪʃn/ *n* (η) εταιρ(ε)ία. (*of town*) (το) δημοτικό συμβούλιο

corps /kɔ:(r)/ *n* (*pl* corps /kɔ:z/) (το) σώμα

corpse /kɔ:ps/ *n* (το) πτώμα

corpulent /'kɔ:pjʊlənt/ *a* παχύσαρκος

corpuscle /'kɔ:pʌsl/ n (το) αιμοσφαίριο

corral /kə'rɑ:l/ n (Amer) (η) μάντρα

correct /kə'rekt/ a ορθός, σωστός. (time) ακριβής. (dress) άψογος. • vt διορθώνω. ~ion /-ʃn/ n (η) διόρθωση. ~ly adv ορθά, σωστά

correlat|e /'kɒrəleɪt/ vt συσχετίζω. • vi σχετίζομαι. ~ion /-'leɪʃn/ n (η) συσχέτιση

correspond /kɒrɪ'spɒnd/ vi (tally) ρυμφωνώ (with, με). (be equivalent) είναι ισότιμος (to, με). (write) αλληλογραφώ (with, με). ~ence n (η) αλληλογραφία. ~ent n (journalist) (ο) ανταποκριτής. (letter-writer) (ο) επιστολογράφος

corridor /'kɒrɪdɔː(r)/ n (ο) διάδρομος

corroborate /kə'rɒbəreɪt/ vt επιβεβαιώνω

corro|de /kə'rəʊd/ vt/i διαβρώνω/ομαι. ~sion n (η) διάβρωση. ~sive a διαβρωτικός

corrugated /'kɒrəgeɪtɪd/ a ~ iron n αυλακωτός τσίγκος

corrupt /kə'rʌpt/ a διεφθαρμένος. • vt διαφθείρω. ~ion /-ʃn/ n (η) διαφθορά

corset /'kɔ:sɪt/ n (ο) κορσές

Corsica /'kɔ:sɪkə/ n (η) Κορσική. ~n a κορσικανικός. • n (ο) Κορσικανός, (η) Κορσικανή

cortège /'kɔ:teɪʒ/ n (η) πομπή

cosh /kɒʃ/ n (το) ρόπαλο. • vt χτυπώ με ρόπαλο

cosmetic /kɒz'metɪk/ a κοσμητικός. • n (το) καλλυντικό. ~ surgery n (η) αισθητική χειρουργική

cosmic /'kɒzmɪk/ a κοσμικός

cosmonaut /'kɒzmənɔ:t/ n (ο) κοσμοναύτης

cosmopolitan /kɒzmə'pɒlɪtən/ a κοσμοπολιτικός. • n (ο) κοσμοπολίτης, (η) κοσμοπολίτισσα

cosmos /'kɒzmɒs/ n (ο) κόσμος

cosset /'kɒsɪt/ vt (pt cosseted) παραχαϊδεύω

cost /kɒst/ vt (pt cost) κοστίζω. (pt costed) κοστολογώ. • n (το) κόστος. ~s (jur) (τα) έξοδα. ~ of living n (το) κόστος ζωής. at all ~s με κάθε θυσία. how much does it ~? πόσο κάνει; to one's ~ σε βάρος μου

costly /'kɒstlɪ/ a (-ier, -iest) ακριβός

costume /'kɒstjuːm/ n (η) ενδυμασία

cos|y /'kəʊzɪ/ a (-ier, -iest) άνετος. • n (το) κάλυμμα (αβγού, τσαγιέρας). ~iness n (η) άνεση

cot /kɒt/ n (το) παιδικό κρεβατάκι. (camp-bed: Amer) (το) κρεβάτι εκστρατείας

cottage /'kɒtɪdʒ/ n (το) εξοχικό σπίτι. ~ industry n (η) οικοτεχνία

cotton /'kɒtn/ n (το) βαμβάκι. • vi ~ on (sl) μπαίνω (στο νόημα). ~ wool n (το) βαμβάκι

couch /kaʊtʃ/ n (το) ιατρικό ντιβάνι. • vt διατυπώνω

couchette /ku:'ʃet/ n (η) κουκέτα

cough /kɒf/ vi βήχω. • n (ο) βήχας. ~ up (money: sl) κατεβάζω (λεφτά)

could /kʊd, kəd/ pt of can

couldn't /'kʊdnt/ = could not

council /'kaʊnsl/ n (το) συμβούλιο. ~ house n (η) εργατική πολυκατοικία

councillor /'kaʊnsələ(r)/ n (ο) σύμβουλος

counsel /'kaʊnsl/ n (advice) (η) συμβουλή. • n invar (jur) (ο) συνήγορος. ~lor n (ο) σύμβουλος

count¹ /kaʊnt/ n (nobleman) (ο) κόμης

count² /kaʊnt/ vt/i μετρώ. • n (το) μέτρημα. ~ on βασίζομαι σε. keep ~ κρατάω λογαριασμό. lose ~ χάνω το λογαριασμό

countdown /'kaʊntdaʊn/ n (η) αντίστροφη μέτρηση

countenance /'kaʊntɪnəns/ n (η) έκφραση. • vt υποστηρίζω

counter¹ /'kaʊntə(r)/ n (in shop etc.) (ο) πάγκος. (token) (η) μάρκα

counter² /'kaʊntə(r)/ adv ~ to αντίθετα με. • a αντίθετος. • vt (suggestion) αντικρούω. (blow) αντικρούω. • vi αντεπιτίθεμαι

counter- /'kaʊntə(r)/ pref αντι-

counteract /kaʊntər'ækt/ vt εξουδετερώνω

counter-attack /'kaʊntərətæk/ n (η) αντεπίθεση. • vt/i αντεπιτίθεμαι

counterbalance /'kaʊntəbæləns/ n (η) αντιστάθμιση. • vt αντισταθμίζω

counter-clockwise /kaʊntə'klɒkwaɪz/ a & adv (Amer) προς τα αριστερά

counterfeit /'kaʊntəfɪt/ a πλαστός n (η) πλαστογράφηση. • vt πλαστογραφώ

counterfoil /'kaʊntəfɔɪl/ n (το) στέλεχος (απόδειξης ή επιταγής)

counterpart /'kaʊntəpaːt/ n (of person) (ο) ομόλογος

counter-productive /'kaʊntəprə'dʌktɪv/ a αντιπαραγωγικός

countersign /'kaʊntəsaɪn/ vt προσυπογράφω

countess /'kaʊntɪs/ n (η) κόμισσα

countless /'kaʊntlɪs/ a αναρίθμητος

countrified /'kʌntrɪfaɪd/ a αγροτικός

country /'kʌntrɪ/ n (η) χώρα. (native land) (η) πατρίδα. (countryside) (η) ύπαιθρος, (η) εξοχή. go to the ~ (pol) κηρύσσω εκλογές

countryman /'kʌntrɪmən/ n (pl -men) (fellow) ~ (ο) συμπατριώτης

countryside /'kʌntrɪsaɪd/ n (η) ύπαιθρος, (η) εξοχή

county /'kaʊntɪ/ n διοικητική περιοχή στο ΗΒ

coup /ku:/ n (το) πραξικόπημα

coupé /'ku:peɪ/ n (το) κουπέ invar

couple /'kʌpl/ n (το) ζευγάρι. • vt συνδέω. a ~ of (two) δύο. (a few) ένας δυο

coupon /'ku:pɒn/ n (comm) (το) κουπόνι

courage /'kʌrɪdʒ/ n (το) θάρρος. **~ous** /kə'reɪdʒəs/ a θαρραλέος. **~ously** adv θαρραλέα

courgette /kuə'ʒet/ n (το) κολοκυθάκι

courier /'kurɪə(r)/ n (messenger) (ο) courier. (for tourists) (ο, η) συνοδός. **~ service** (η) υπηρεσία ταχυμεταφορών, (η) υπηρεσία courier

course /kɔːs/ n (η) πορεία. (lessons) (η) σειρά. (aviat, naut) (η) διαδρομή. (culin) (το) πιάτο. (for golf) (το) γήπεδο. **in due ~** εν καιρώ τω δεόντι. **in the ~ of** κατά τη διάρκεια. **of ~** βέβαια

court /kɔːt/ n (το) δικαστήριο. (tennis) (το) γήπεδο. • vt **~ danger** ριψοκινδυνεύω. **~ martial** (pl courts martial) (το) στρατοδικείο. **~-martial** vt (pt -martialled) δικάζω σε στρατοδικείο

courteous /'kɜːtɪəs/ a ευγενικός

courtesy /'kɜːtəsɪ/ n (η) ευγένεια

courtier /'kɔːtɪə(r)/ n (ο) αυλικός

courtship /'kɔːtʃɪp/ n (το) κόρτε invar

courtyard /'kɔːtjɑːd/ n (η) αυλή

cousin /'kʌzn/ n (ο) εξάδελφος, (η) εξαδέλφη. **first/second ~** πρώτος/δεύτερος εξάδελφος

cove /kəʊv/ n (το) λιμανάκι

covenant /'kʌvənənt/ n (το) συμβόλαιο

Coventry /'kɒvntrɪ/ n **send to ~** εξοστρακίζω

cover /'kʌvə(r)/ vt σκεπάζω. (journalism) καλύπτω. (protect) προστατεύω. • n (protection) (η) κάλυψη. (shelter) (η) στέγη. (lid) (το) κάλυμμα. (of book) (το) εξώφυλλο. (for bed) (το) κουβέρτα. **~ charge** n (το) κουβέρ invar. **~ up** (fig) (η) συγκάλυψη. **take ~** κρύβομαι. **~ing** n (το) κάλυμμα. **~ing letter** n (η) επιβεβαιωτική επιστολή

coverage /'kʌvərɪdʒ/ n (η) κάλυψη

covet /'kʌvɪt/ vt εποφθαλμιώ

cow /kaʊ/ n (η) αγελάδα

coward /'kaʊəd/ n (ο) δειλός. **~ly** a δειλός

cowardice /'kaʊədɪs/ n (η) δειλία

cowboy /'kaʊbɔɪ/ n (ο) καουμπόι

cower /'kaʊə(r)/ vi ζαρώνω

cowl /kaʊl/ n (η) κουκούλα. (of chimney) (το) καπέλο

cowshed /'kaʊʃed/ n (το) βουστάσιο

cox /kɒks/ n (ο) κυβερνήτης λέμβου

coxswain /'kɒksn/ n (ο) πηδαλιούχος

coy /kɔɪ/ a (-er, -est) ντροπαλός

crab /kræb/ n (ο) κάβουρας. • vi (pt crabbed) ψαρεύω καβούρια. **~-apple** n (το) αγριόμηλο. **~-by** a δύστροπος

crack /kræk/ n (η) σχισμή. (in ceiling) (η) ρωγμή. (noise) (ο) ξηρός κρότος. (sl) (το) καλαμπούρι. • a (fam) επίλεκτος. • vt ραγίζω. (nut) σπάζω. (whip) χτυπώ. (joke) λέω. (problem) λύνω. **~ down on** (fam) παίρνω αυστηρά μέτρα εναντίον.

~ up (fam) καταρρέω. **get ~ing!** (fam) κουνήσου!

cracked /krækt/ a (sl) τρελός

cracker /'krækə(r)/ n (η) κροτίδα. (culin) (το) άγλυκο μπισκότο, (το) κράκερ invar

crackers /'krækəz/ a (sl) τρελός

crackle /'krækl/ vi κροταλίζω. • n (η) κροτάλισμα

crackpot /'krækpɒt/ n (sl) (ο) τρελούτσικος

cradle /'kreɪdl/ n (η) κούνια. • vt κουνώ

craft¹ /krɑːft/ n (η) χειροτεχνία. (technique) (η) τέχνη. (cunning) (η) πονηριά

craft² /krɑːft/ n invar (boat) (το) σκάφος

craftsman /'krɑːftsmən/ n (pl -men) (ο) τεχνίτης. **~ship** n (η) τέχνη

crafty /'krɑːftɪ/ a (-ier, -iest) πονηρός

crag /kræg/ n απόκρημνος βράχος. **~gy** a απόκρημνος

cram /kræm/ vt (pt crammed) παραγεμίζω. **~ into** χώνω σε **~ with** γεμίζω με. • vi (for exam) προγυμνάζω εντατικά.

cramp /kræmp/ n (η) κράμπα

cramped /kræmpt/ a στενόχωρος

cranberry /'krænbərɪ/ n (το) βατόμουρο

crane /kreɪn/ n (ο) γερανός. • vt **~ one's neck** τεντώνω το λαιμό

crank¹ /kræŋk/ n (mech) (η) μανιβέλα

crank² /kræŋk/ n (person) (ο) ιδιόρρυθμος. (person) **~y** a ιδιόρρυθμος

cranny /'krænɪ/ n (η) σχισμή

crash /kræʃ/ n (noise) (ο) πάταγος. (collision) (η) σύγκρουση. (comm) (η) κατάρρευση. • vt/i (make noise) πέφτω με πάταγο. (collide) συγκρούομαι. (plane) συντρίβω/ομαι. **~ course** n (το) ταχύρυθμο πρόγραμμα. **~-helmet** n (το) κράνος. **~ into** χτυπώ σε **~-land** vi προσγειώνομαι αναγκαστικά

crass /kræs/ a άξεστος

crate /kreɪt/ n (το) κιβώτιο

crater /'kreɪtə(r)/ n (ο) κρατήρας

cravat /krə'væt/ n (η) φαρδιά γραβάτα

crav|e /kreɪv/ vt ποθώ. • vi **~e for** λαχταρώ. **~ing** n (η) λαχτάρα

crawl /krɔːl/ vi σέρνομαι. (move slowly) προχωρώ αργά. • n (swimming) (το) κρόουλ invar. **at a ~** πολύ αργά. **~ to** (fam) σέρνομαι μπροστά σε. **~ with** είμαι γεμάτος (with acc.)

crayon /'kreɪən/ n (το) κραγιόνι

craze /kreɪz/ n (η) μανία

craz|y /'kreɪzɪ/ a (-ier, -iest) (fam) τρελός. **be ~y about** (fam) είμαι τρελός για. **~y paving** n πλακόστρωτο με πλάκες σε διάφορα μεγέθη. **~iness** n (η) τρέλα

creak /kriːk/ n (το) τρίξιμο. • vi τρίζω

cream /kriːm/ n (η) κρέμα. (fresh) (η) κρέμα γάλακτος. (whipped) (η) σαντιγί. (fig) (η) αφρόκρεμα. • a (colour) (το) κρεμ invar. • vt (remove) αποβουτυρώνω.

(beat) χτυπώ. **~ cheese** (το) ανθότυρο.
~y *a* σαν κρέμα

crease /kri:s/ *n* (η) ζάρα. *(in trousers)* (η) τσάκιση. *(crumple)* (το) τσαλάκωμα. • *vt/i* ζαρώνω. **~-resistant** α που αντέχει στο τσαλάκωμα

creat|e /kri:'eit/ *vt* δημιουργώ. **~ion** /-ʃn/ *n* (η) δημιουργία. **~ive** *a* δημιουργικός. **~or** *n* (ο, η) δημιουργός

creature /'kri:tʃə(r)/ *n* (το) πλάσμα

crèche /kreiʃ/ *n* (ο) παιδικός σταθμός

credentials /krɪ'denʃlz/ *npl* (τα) διαπιστευτήρια

credib|le /'kredəbl/ *a* πιστευτός. **~ility** /-'bɪlətɪ/ *n* (η) αξιοπιστία

credit /'kredɪt/ *n* (η) πίστωση. *(honour)* (η) τιμή. **~s** *(cinema)* κατάλογος των υπεύθυνων για την παραγωγή κινηματογραφικής ή τηλεοπτικής ταινίας. • *vt* *(pt credited)* πιστώνω. **~ card** *n* (η) πιστωτική κάρτα. **~ s.o. with** αναγνωρίζω ότι έχει. **in ~** *(account)* με πιστωτικό υπόλοιπο. **take the ~ for** οικειοποιούμαι την τιμή για. **~able** *a* αξιόπιστος. **~or** *n* (ο) πιστωτής, (η) πιστώτρια

credulous /'kredjʊləs/ *a* εύπιστος

creed /kri:d/ *n* (το) πιστεύω

creek /kri:k/ *n* (ο) κολπίσκος. **up the ~** *(sl)* σε δυσκολίες

creep /kri:p/ *vi* *(pt crept)* σέρνομαι. *(plant)* αναρριχιέμαι. • *n* *(sl)* (ο) γλείφτης. **give s.o. the ~s** *(fam)* φέρνω ανατριχίλα σε κπ. **~er** *n* (το) αναρριχητικό. **~y** *a* *(fam)* ανατριχιαστικός

cremat|e /krɪ'meit/ *vt* αποτεφρώνω *(νεκρό)*. **~ion** /-ʃn/ *n* (η) αποτέφρωση *(των νεκρών)*

crematorium /kremə'tɔ:rɪəm/ *n* *(pl -ia)* (το) κρεματόριο

Creole /'kri:əʊl/ *a* κρεολικός. • *n* (ο) Κρεολός, (η) Κρεολή

crêpe /kreɪp/ *n* (το) κρεπ *invar.* **~ paper** *n* (το) χαρτί κρεπ

crept /krept/ *see* CREEP

crescendo /krɪ'ʃendəʊ/ *n* *(pl -os)* (το) κρεσέντο *invar*

crescent /'kresnt/ *n* (το) μισοφέγγαρο. *(road)* (ο) ημικυκλικός δρόμος. *(emblem)* (η) ημισέληνος

cress /kres/ *n* (το) κάρδαμο

crest /krest/ *n* (η) κορυφή. *(coat of arms)* (το) οικόσημο

Crete /kri:t/ *n* (η) Κρήτη

Cretan /'kri:tən/ *a* κρητικός. • *n* (ο) Κρητικός, (η) Κρητικιά

cretin /'kretɪn/ *n* (ο) ηλίθιος. **~ous** *a* ηλίθιος

crevasse /krɪ'væs/ *n* (η) ρωγμή σε πάγο

crevice /'krevɪs/ *n* (η) ρωγμή

crew /kru:/ *see* CROW. • *n* (το) πλήρωμα. *(gang)* (το) συνεργείο. **~ cut** *n* (το)

κοντό κούρεμα. **~ neck** *n* (η) λαιμόκοψη

crib¹ /krɪb/ *n* (η) κούνια. *(relig)* (η) φάτνη

crib² /krɪb/ *vt/i* *(pt cribbed)* αντιγράφω. • *n* (η) λογοκλοπή

crick /krɪk/ *n* (η) σύσπαση των μυών *(στον αυχένα ή τη μέση)*

cricket¹ /'krɪkɪt/ *n* *(sport)* (το) κρίκετ *invar.* **~ ball** *n* (η) μπάλα του κρίκετ. **~ bat** *n* (το) ρόπαλο του κρίκετ. **~er** *n* (ο) παίχτης του κρίκετ

cricket² /'krɪkɪt/ *n* *(insect)* (ο) γρύλος *(έντομο)*

crime /kraɪm/ *n* (το) έγκλημα. *(acts)* (το) αδίκημα

criminal /'krɪmɪnl/ *a* εγκληματικός. • *n* (ο, η) εγκληματίας

crimp /krɪmp/ *vt* πλισάρω

crimson /'krɪmzn/ *a* βυσσινής. • *n* (το) βυσσινί

cringe /krɪndʒ/ *vi* μαζεύομαι από φόβο. *(fig)* φέρνομαι με δουλοπρέπεια

crinkle /'krɪŋkl/ *vt/i* ζαρώνω. • *n* (η) ζαρωματιά

cripple /'krɪpl/ *n* (ο) ανάπηρος. • *vt* παραλύω. *(fig)* ακινητοποιώ. **~d** *a* σακατεμένος, ανάπηρος

crisis /'kraɪsɪs/ *n* *(pl crises* /'kraɪsi:z/) (η) κρίση

crisp /krɪsp/ *a* (-er, -est) *(culin)* τραγανός. *(air)* τσουχτερός. *(style)* απότομος. **~s** *npl* (τα) τσιπς *invar*, (τα) πατατάκια

crispbread /'krɪspbred/ *n* (η) φρυγανιά *(τραγανιστή)*

criss-cross /'krɪskrɒs/ *a* σταυρωτός. • *vi* σχηματίζομαι σταυρωτά

criterion /kraɪ'tɪərɪən/ *n* *(pl -ia)* (το) κριτήριο

critic /'krɪtɪk/ *n* (ο, η) κριτικός. **~al** *a* κριτικός. *(situation, moment)* κρίσιμος. **~ally** *adv* κριτικά. *(ill)* σε κρίσιμη κατάσταση

criticism /'krɪtɪsɪzəm/ *n* (η) κριτική

criticize /'krɪtɪsaɪz/ *vt* κριτικάρω. *(censure)* επικρίνω

croak /krəʊk/ *n* (το) κόασμα. • *vi* κοάζω

crochet /'krəʊʃeɪ/ *n* (το) κροσέ *invar.* • *vt* κάνω κροσέ. **~ hook** *n* (η) βελόνα του κροσέ

crock /krɒk/ *n* (το) πήλινο αγγείο. *(fam)* (το) σαράβαλο

crockery /'krɒkərɪ/ *n* (τα) πιατικά

crocodile /'krɒkədaɪl/ *n* (ο) κροκόδειλος. **~ tears** *npl* (τα) κροκοδείλια δάκρυα

crocus /'krəʊkəs/ *n* *(pl -uses)* (ο) κρόκος *(φυτό)*

crony /'krəʊnɪ/ *n* (ο) παλιόφιλος

crook /krʊk/ *n* *(criminal: fam)* (ο) απατεώνας. *(stick)* (η) γκλίτσα. *(of arm)* (η) κάμψη του βραχίονα

crooked /'krʊkɪd/ *a* στραβός. *(winding)* με στροφές. *(dishonest: fam)* ανέντιμος

croon /kru:n/ *vt/i* σιγοτραγουδώ

crop /krɒp/ n (η) σοδειά. (*fig*) (ο) σωρός
vt (*pt* **cropped**) κόβω. • *vi* ~ **up**
προκύπτω

cropper /'krɒpər/ n **come a** ~ (*sl*) σπάζω
τα μούτρα μου

croquet /'krəʊkeɪ/ n (το) κροκέ *invar*

croquette /krəʊ'keɪ/ n (η) κροκέτα

cross /krɒs/ n (ο) σταυρός. (*hybrid*) (η)
διασταύρωση. • *vt* (*go across*) περνώ.
(*street*) διασχίζω. (*legs*) σταυρώνω.
(*animals, plants*) διασταυρώνω. (*oppose*)
εναντιώνομαι σε. • *a* θυμωμένος. ~**ed
cheque** n (η) δίγραμμη επιταγή. ~ **off**
or **out** διαγράφω. ~ **o.s.** κάνω το σταυρό
μου. ~ **s.o.'s mind** περνά από το μυαλό
κάποιου. **talk at** ~ **purposes** άλλα λέω
κι άλλα καταλαβαίνει ο άλλος. ~**ly** *adv*
θυμωμένα

crossbar /'krɒsbɑ:(r)/ n (η) τραβέρσα

cross-examine /krɒsɪg'zæmɪn/ *vt*
αντεξετάζω

cross-eyed /'krɒsaɪd/ *a* αλλοίθωρος

crossfire /'krɒsfaɪə(r)/ n (τα)
διασταυρούμενα πυρά

crossing /'krɒsɪŋ/ n (*by boat*) (το) ταξίδι.
(*on road*) (η) διασταύρωση

cross-reference /krɒs'refrəns/ n (η)
παραπομπή

crossroads /'krɒsrəʊdz/ n (το)
σταυροδρόμι

cross-section /krɒs'sekʃn/ n (η)
διατομή. (*fig*) (το) αντιπροσωπευτικό
δείγμα

crosswise /'krɒswaɪz/ *adv* διαγωνίως

crossword /'krɒswɜ:d/ n (το) σταυρόλεξο

crotch /krɒts/ n (*of trousers*) (ο) καβάλος

crotchet /'krɒtʃɪt/ n (το) τέταρτο

crotchety /'krɒtʃɪtɪ/ *a* ιδιότροπος

crouch /kraʊtʃ/ *vi* μαζεύομαι

crow /krəʊ/ n (το) κοράκι. • *vi* (*pt* **crew**)
κράζω. **as the** ~ **flies** σε ευθεία γραμμή

crowbar /'krəʊbɑ:(r)/ n (ο) λοστός

crowd /kraʊd/ n (το) πλήθος. • *vt/i*
στριμώχνω/ομαι. ~**ed** *a* γεμάτος

crown /kraʊn/ n (το) στέμμα, (η) κορόνα.
(*top part*) (η) κορυφή. • *vt* στέφω. (*tooth*)
βάζω κορόνα σε. **C**~ **Court** (το) ποινικό
δικαστήριο. **C**~ **prince** (ο) διάδοχος
του θρόνου

crucial /'kru:ʃl/ *a* κρίσιμος

crucifix /'kru:sɪfɪks/ n (ο) εσταυρωμένος

crucify /'kru:sɪfaɪ/ *vt* σταυρώνω. ~**ixion**
/-'fɪkʃn/ n (η) σταύρωση

crude /kru:d/ *a* (-**er**, -**est**) (*raw*)
ακατέργαστος. (*rough*) χοντρός. (*vulgar*)
χυδαίος. ~ **oil** n αργό πετρέλαιο

cruel /krʊəl/ *a* (**crueller, cruellest**)
σκληρός. ~**ty** n (η) σκληρότητα

cruet /'kru:ɪt/ n (τα) μπουκαλάκια για
λάδι και ξύδι

cruise /kru:z/ n (η) κρουαζιέρα. • *vi* κάνω
κρουαζιέρα. (*car*) ταξιδεύω με σταθερή
ταχύτητα. ~**er** n (*warship*) (το)

καταδρομικό. (*motor boat*) (η)
θαλαμηγός. ~**ing speed** n (η) σταθερή
ταχύτητα

crumb /krʌm/ n (το) ψίχουλο

crumble /'krʌmbl/ *vt* τρίβω. • *vi* (*collapse*)
γκρεμίζομαι. ~**y** *a* εύθρυπτος

crummy /'krʌmɪ/ *a* (-**ier**, -**iest**) (*sl*)
ελεεινός, άθλιος

crumpet /'krʌmpɪt/ n *είδος φρυγανιάς*

crumple /'krʌmpl/ *vt/i* τσαλακώνω/ομαι

crunch /krʌntʃ/ *vt* τραγανίζω. • n (*fig*) (η)
αποφασιστική στιγμή. ~**y** *a*
τραγανιστός

crusade /kru:'seɪd/ n (η) σταυροφορία.
~**r** /-ə(r)/ n (ο) σταυροφόρος

crush /krʌʃ/ *vt* συνθλίβω. (*clothes*)
τσαλακώνω. • n (*crowd*) (ο)
συνωστισμός. (*fruit drink*) (ο) χυμός.
have a ~ **on** (*sl*) είμαι τσιμπημένος με

crust /krʌst/ n (η) κόρα. ~**y** *a*
ξεροψημένος

crutch /krʌtʃ/ n (το) δεκανίκι. (*crotch*) (ο)
καβάλος

crux /krʌks/ n (*pl* **cruxes**) (η) ουσία. **the
** ~ **of the matter** η ουσία του θέματος

cry /kraɪ/ n (*weep*) (το) κλάμα. (*shout*) (το)
ξεφωνητό. • *vi* (*weep*) κλαίω. (*call out*)
φωνάζω. **be a far** ~ **from** (*fig*) απέχω
πολύ από. ~-**baby** n (ο) κλαψιάρης. ~
off αποσύρομαι. **it's a** ~**ing shame**
είναι μεγάλο κρίμα

crypt /krɪpt/ n (η) κρύπτη

cryptic /'krɪptɪk/ *a* αινιγματικός

crystal /'krɪstl/ n (το) κρύσταλλο. ~**lize**
vt/i αποκρυσταλλώνω.

cub /kʌb/ n (ο) σκύμνος. **C**~ (**Scout**)
λυκόπουλο

Cuba /'kju:bə/ n (η) Κούβα. ~**n** *a*
κουβανέζικος. • n (ο) Κουβανέζος, (η)
Κουβανέζα

cubby-hole /'kʌbɪhəʊl/ n (το)
ντουλαπάκι

cube /kju:b/ n (ο) κύβος. ~**ic** *a* κυβικός.
~**ic centimetre** n (το) κυβικό εκατοστό

cubicle /'kju:bɪkl/ n (ο) θαλαμίσκος

cuckoo /'kʊku:/ n (ο) κούκος

cucumber /'kju:kʌmbə(r)/ n (το)
αγγούρι

cuddle /'kʌdl/ *vt* κρατώ στην αγκαλιά.
• n (το) αγκάλιασμα. ~**y** *a* χαδιάρικος

cudgel /'kʌdʒl/ n (το) ρόπαλο. • *vt*
(*pt* **cudgelled**) χτυπώ με ρόπαλο. ~
one's brains (*fig*) βασανίζω το μυαλό
μου

cue[1] /kju:/ n (*theatr*) (το) σύνθημα

cue[2] /kju:/ n (*billiards*) (η) στέκα

cuff /kʌf/ n (το) μανικέτι. (*blow*) (ο)
μπάτσος. • *vt* μπατσίζω. ~-**link** n (το)
μανικετόκουμπο. **off the** ~ χωρίς
προετοιμασία

cul-de-sac /'kʌldəsæk/ n (*pl* **culs-de-sac**)
(το) αδιέξοδο

culinary /'kʌlɪnərɪ/ *a* μαγειρικός

cull /kʌl/ vt (select) εκλέγω. (gather) διαλέγω. (kill) ~ a herd μειώνω τον αριθμό ζώων σε κοπάδι

culminat|e /'kʌlmɪneɪt/ vi αποκορυφώνομαι (in, σε). ~ion /-'neɪʃn/ n (το) αποκορύφωμα

culottes /ku'lɒts/ npl (η) κιλότα

culprit /'kʌlprɪt/ n (ο) ένοχος

cult /kʌlt/ n (η) (θρησκευτική) λατρεία. • a καλτ invar

cultivat|e /'kʌltɪveɪt/ vt καλλιεργώ. ~ion /-'veɪʃn/ n (η) καλλιέργεια

cultural /'kʌltʃərəl/ a πολιτιστικός

culture /'kʌltʃə(r)/ n (ο) πολιτισμός, (η) κουλτούρα. ~d a καλλιεργημένος

cumbersome /'kʌmbəsəm/ a άβολος

cumulative /'kju:mjʊlətɪv/ a συσσωρευτικός

cunning /'kʌnɪŋ/ a πονηρός. • n (η) πονηριά

cup /kʌp/ n (το) φλιτζάνι. (prize) (το) κύπελλο. a ~ of coffee/tea ένα φλιτζάνι καφές/τσάι. C~ Final n (ο) τελικός κυπέλλου

cupboard /'kʌbəd/ n (το) ντουλάπι

cupful /'kʌpfʊl/ n (η) φλιτζανιά

Cupid /'kju:pɪd/ n (ο) Έρως

curable /'kjʊərəbl/ a θεραπεύσιμος

curate /'kjʊərət/ n (ο) βοηθός ιερέα

curator /kjʊə'reɪtə(r)/ n (ο) έφορος (μουσείου)

curb /kɜ:b/ n (το) χαλινάρι. • vt συγκρατώ

curdle /'kɜ:dl/ vt πήζω. • vi παγώνω

curds /kɜ:dz/ npl (το) τυρόπηγμα

cure /kjʊə(r)/ vt θεραπεύω. (culin) παστώνω. • n (η) θεραπεία

curfew /'kɜ:fju:/ n (η) απαγόρευση κυκλοφορίας

curio /'kjʊərɪəʊ/ n (pl -os) (το) μπιμπελό

curi|ous /'kjʊərɪəs/ a περίεργος. (strange) παράξενος. ~osity /-'ɒsəti/ n (η) περιέργεια

curl /kɜ:l/ vt/i κατσαρώνω. • n (η) μπούκλα. ~ up κουλουριάζομαι

curler /'kɜ:lə(r)/ n (το) μπικουτί invar

curly /'kɜ:li/ a (-ier, -iest) σγουρός

currant /'kʌrənt/ n (η) κορινθιακή σταφίδα

currency /'kʌrənsi/ n (το) νόμισμα. (acceptance) (η) κυκλοφορία

current /'kʌrənt/ a τρεχούμενος. • n (το) ρεύμα. ~ account (ο) τρεχούμενος λογαριασμός. ~ affairs (τα) επίκαιρα θέματα. ~ly adv τώρα

curriculum /kə'rɪkjʊləm/ n (pl -la) (η) διδασκόμενη ύλη. ~ vitae n (το) βιογραφικό σημείωμα

curry /'kʌri/ n (το) κάρι invar. • vt ~ favour with s.o. επιδιώκω την εύνοια κπ

curse /kɜ:s/ n (η) κατάρα. (oath) (η) βλαστήμια. • vt καταριέμαι. • vi βλαστημώ

cursory /'kɜ:səri/ a βιαστικός

curt /kɜ:t/ a απότομος

curtail /kɜ:'teɪl/ vt περιορίζω. (expenses) περικόπτω

curtain /'kɜ:tn/ n (η) κουρτίνα. (theatr) (η) αυλαία. draw the ~s (open) ανοίγω τις κουρτίνες. (close) κλείνω τις κουρτίνες

curtsy /'kɜ:tsi/ n (η) υπόκλιση (για γυναίκα). • vi υποκλίνομαι

curve /kɜ:v/ n (η) καμπύλη. • vt/i καμπυλώνω

cushion /'kʊʃn/ n (το) μαξιλαράκι. • vt (a blow) κόβω τη δύναμη. (fig) προστατεύω

cushy /'kʊʃi/ a (-ier, -iest) (fam) άνετος και άκοπος

custard /'kʌstəd/ n (η) κρέμα κάσταρτ

custodian /kʌ'stəʊdɪən/ n (ο) φύλακας

custody /'kʌstədi/ n (η) επιμέλεια. (jur) (η) κράτηση. in ~ υπό κράτηση

custom /'kʌstəm/ n (η) συνήθεια. (comm) (η) πελατεία. ~ary a συνηθισμένος

customer /'kʌstəmə(r)/ n (ο) πελάτης, (η) πελάτισσα

customs /'kʌstəmz/ npl (το) τελωνείο. ~ officer n (ο) τελωνειακός υπάλληλος

cut /kʌt/ vt/i (pt cut, press p cutting) κόβω. (reduce) κόβω. • n (wound, meat, clothes) (το) κόψιμο. (reduction) (η) μείωση. ~ across or through διασχίζω. ~ back or down περιορίζω. ~-back n (η) μείωση. ~ in μπαίνω στη μέση. ~ off διακόπτω. (phone) κόβω. (fig) απομονώνω. ~ out κόβω. (omit) παραλείπω. ~-price a με τιμές χαμηλότερες από τις συνηθισμένες. ~ short τερματίζω απότομα. ~ up κόβω σε κομμάτια. I was ~ up about it (fig) μου κακοφάνηκε

cute /kju:t/ a (-er, -est) (clever: fam) έξυπνος. (appealing: fam) χαριτωμένος

cuticle /'kju:tɪkl/ n (το) πετσάκι του νυχιού

cutlery /'kʌtləri/ n (τα) μαχαιροπίρουνα

cutlet /'kʌtlɪt/ n (η) κοτολέτα

cutting /'kʌtɪŋ/ a κοφτερός. • n (from newspaper) (το) απόκομμα. (of plant) (το) μόσχευμα

cyanide /'saɪənaɪd/ n (το) κυανίδιο

cybernetics /saɪbə'netɪks/ n (η) κυβερνητική

cyclamen /'sɪkləmən/ n (το) κυκλάμινο

cycl|e /'saɪkl/ n (ο) κύκλος. (bicycle) (το) ποδήλατο. • vi κάνω ποδήλατο. ~ing n (η) ποδηλασία. ~ist n (ο) ποδηλατιστής, (η) ποδηλάτις

cyclic(al) /'saɪklɪk(l)/ a κυκλικός

cyclone /'saɪkləʊn/ n (ο) κυκλώνας

cylind|er /'sɪlɪndə(r)/ n (ο) κύλινδρος. ~rical /-'lɪndrɪkl/ a κυλινδρικός

cymbal /'sɪmbl/ n (το) κύμβαλο

cynic /'sɪnɪk/ n (ο) κυνικός. ~al a κυνικός. ~ism /-sɪzəm/ n (ο) κυνισμός

cypress /'saɪprəs/ n (το) κυπαρίσσι
Cypr|us /'saɪprəs/ n (η) Κύπρος. ~iot /'sɪprɪət/ a κυπριακός. • n (ο) Κύπριος, (η) Κυπρία
cyst /sɪst/ n (η) κύστη
czar /zaː(r)/ n (ο) τσάρος

Czech /tʃek/ a τσεχικός. • n (ο) Τσέχος, (η) Τσέχα
Czechoslovak /tʃekəʊ'sləʊvæk/ a τσεχοσλοβακικός. • n (ο) Τσεχοσλοβάκος, (η) Τσεχοσλοβάκα. ~ia /-ə'vækɪə/ n (η) Τσεχοσλοβακία

Dd

dab /dæb/ vt (pt dabbed) σκουπίζω. • n a ~ of paint μια πινελιά μπογιάς. ~ sth on βάζω λίγο σε κτ
dabble /'dæbl/ vi ~ in ασχολούμαι επιφανειακά με. ~r /ə(r)/ n (ο) ερασιτέχνης, (η) ερασιτέχνιδα
dad /dæd/ n (fam) (ο) μπαμπάς. ~dy n (children's use) (ο) μπαμπάς. ~dy-long-legs n (το) αλογατάκι (έντομο)
daffodil /'dæfədɪl/ n (ο) νάρκισσος
daft /daːft/ a (-er, -est) (fam) ανόητος
dagger /'dægə(r)/ n (το) στιλέτο
dahlia /'deɪlɪə/ n (η) ντάλια
daily /'deɪlɪ/ a ημερήσιος. (usual) καθημερινός. • adv καθημερινά. • n (newspaper: fam) (η) καθημερινή εφημερίδα
dainty /'deɪntɪ/ a (-ier, -iest) λεπτοκαμωμένος
dairy /'deərɪ/ n (on farm) (το) βουστάσιο. (shop) (το) γαλακτοπωλείο. • a γαλακτοκομικός
dais /'deɪːs/ n (η) εξέδρα
daisy /'deɪzɪ/ n (η) μαργαρίτα
dally /'dælɪ/ vi χασομερώ
dam /dæm/ n (ο) υδατοφράκτης. • vt (pt dammed) φράζω
damag|e /'dæmɪdʒ/ n (η) ζημιά. ~es (jur) (η) αποζημίωση. • vt κάνω ζημιά σε. (fig) καταστρέφω. ~ing a επιζήμιος
dame /deɪm/ n (old use) (η) κυρά. (Amer, sl) (η) γυναίκα. D~ τίτλος ευγενείας που δίνεται σε γυναίκα
damn /dæm/ vt καταδικάζω. (curse) καταριέμαι. • int ανάθεμά το. • a (fam) αναθεματισμένος. • n I don't give a ~ δε με νοιάζει πεντάρα. ~ation /-'neɪʃn/ n (η) καταδίκη. ~ed a (fam) = damn
damp /dæmp/ n (η) υγρασία. • a υγρός. • vt υγραίνω. (fig) αποθαρρύνω. ~en vt = damp. ~ness n (η) υγρασία
damper /'dæmpə(r)/ n (fig) (η) ψυχρολουσία. put a ~ on things (fig) κόβω τον ενθουσιασμό
dance /daːns/ vt/i χορεύω. • n (ο) χορός. ~-hall n (η) αίθουσα χορού. ~r /-ə(r)/ n (ο) χορευτής, (η) χορεύτρια
dandelion /'dændɪlaɪən/ n (το) ραδίκι

dandruff /'dændrəf/ n (η) πιτυρίδα
dandy /'dændɪ/ n (ο) δανδής
Dane /deɪn/ n (ο) Δανός, (η) Δανέζα
danger /'deɪndʒə(r)/ n (ο) κίνδυνος. be in ~ (of) κινδυνεύω (να). ~ous a επικίνδυνος. ~ously adv επικίνδυνα
dangle /'dæŋgl/ vt ταλαντεύω. • vi αιωρούμαι
Danish /'deɪnɪʃ/ a δανέζικος. • n (lang) (τα) δανέζικα
dank /dæŋk/ a υγρός
dare /deə(r)/ vt τολμώ. (challenge) προκαλώ. • n (η) τόλμη. I ~ say μπορώ να πω
daredevil /'deədevɪl/ n (ο) παράτολμος
daring /'deərɪŋ/ a τολμηρός
dark /daːk/ a σκοτεινός. (colour) σκούρος. (gloomy) μελαγχολικός. • n (το) σκοτάδι. (nightfall) (η) νύχτα. ~ glasses npl (τα) μαύρα γυαλιά. ~ horse n (ο) αντίπαλος με άγνωστες ικανότητες. ~-room n (ο) σκοτεινός θάλαμος. in the ~ (fig.) σε άγνοια. ~ness n (το) σκοτάδι
darken /'daːkən/ vt/i σκοτεινιάζω
darling /'daːlɪŋ/ a αγαπημένος. • n (ο) αγαπημένος
darn /daːn/ vt μαντάρω
dart /daːt/ n (το) βέλος. ~s (τα) βελάκια. • vi ορμώ. (run) τρέχω
dartboard /'daːtbɔːd/ n (ο) στόχος για βελάκια
dash /dæʃ/ vi ορμώ. • vt ρίχνω. (hopes) καταστρέφω. • n (small amount) πολύ λίγο. (stroke) (η) παύλα. cut a ~ κάνω εντύπωση. ~ sth off κάνω κάτι βιαστικά. ~ out φεύγω βιαστικά. make a ~ ορμώ
dashboard /'dæʃbɔːd/ n (το) ταμπλό (αυτοκινήτου)
dashing /'dæʃɪŋ/ a εντυπωσιακός
data /'deɪtə/ npl (τα) δεδομένα. ~ processing n (η) επεξεργασία δεδομένων
date[1] /deɪt/ n (η) ημερομηνία. (meeting: fam) (το) ραντεβού. • vt βάζω ημερομηνία σε. s.o. (Amer, fam)

βγαίνω με κάποιον. **~ of birth** n (η) ημερομηνία γεννήσεως. **to ~** μέχρι σήμερα. **~d** a ντεμοντέ *invar*

date² /deɪt/ n (*fruit*) (ο) χουρμάς

daub /dɔːb/ *vt* πασαλείφω

daughter /'dɔːtə(r)/ n (η) κόρη. **~-in-law** n (*pl* **~s-in-law**) (η) νύφη

daunt /dɔːnt/ *vt* εκφοβίζω

dauntless /'dɔːntlɪs/ a ατρόμητος

dawdle /'dɔːdl/ *vi* χασομερώ. **~r** /-ə(r)/ n (ο) χασομέρης, (η) χασομέρισσα

dawn /dɔːn/ n (η) αυγή. • *vi* ξημερώνω. (*fig*) αντιλαμβάνομαι

day /deɪ/ n (η) ημέρα. **all ~** όλη την ημέρα. **these ~s** σήμερα. **~-break** n (τα) χαράματα. **~-dream** n (το) ονειροπόλημα. • *vi* ονειροπολώ. **~ trip** n (το) ταξίδι μιας μέρας. **the ~ before yesterday** προχτές. **the following ~** (η) επομένη

daylight /'deɪlaɪt/ n (το) φως της ημέρας

daytime /'deɪtaɪm/ n (η) ημέρα

daze /deɪz/ *vt* ζαλίζω n (η) ζάλη. **in a ~** σαστισμένος

dazzle /'dæzl/ *vt* θαμπώνω

deacon /'diːkən/ n (ο) διάκονος, (ο) διάκος

dead /ded/ a νεκρός. (*numb*) μουδιασμένος. • *adv* απόλυτα. • n **the ~** (οι) πεθαμένοι. **~ beat** a (*fam*) ψόφιος στην κούραση. **~ end** n (το) αδιέξοδο. **~ heat** n (η) ισοπαλία. **~ on time** ακριβώς στην ώρα. **~-pan** a ανέκφραστος. **~ slow** πολύ αργά. **stop ~** σταματώ απότομα

deaden /'dedn/ *vt* (*sound, blow*) κόβω. (*pain*) νεκρώνω

deadline /'dedlaɪn/ n (η) προθεσμία, (η) διορία

deadlock /'dedlɒk/ n (το) αδιέξοδο

deadly /'dedlɪ/ a (-ier, -iest) θανάσιμος. (*harmful*) φονικός. (*dreary*) ανυπόφορος

deaf /def/ a (-er, -est) κουφός. **~-aid** n (το) ακουστικό βαρηκοΐας. **~ mute** n (ο) κωφάλαλος. **~ness** n (η) κώφωση, (*fam*) (η) κουφαμάρα

deafen /'defn/ *vt* κουφαίνω. **~ing** a εκκωφαντικός

deal /diːl/ *vt* (*pt* **dealt**) (*a blow*) καταφέρω. (*cards*) μοιράζω. • *vi* (*trade*) εμπορεύομαι. (*cards*) μοιράζω. • n (η) συμφωνία. (*cards*) (η) μοιρασιά. (*treatment*) (η) μεταχείριση. **a great ~** πολύ. **~ in** εμπορεύομαι. **~ with** (*handle*) χειρίζομαι. (*be about*) αντιμετωπίζω. **~er** n (*comm.*) (ο) έμπορος

dealings /'diːlɪŋz/ *npl* (οι) δοσοληψίες

dean /diːn/ n (*relig*) (ο) αρχιμανδρίτης. (*univ*) (ο) κοσμήτορας

dear /dɪə(r)/ a (-er, -est) αγαπητός. **D~ Sir/Madam** Αγαπητέ Κύριε/Αγαπητή Κυρία. • n (ο) αγαπητός. • *adv* ακριβά.

• *int* **~ me!** πω πω! **oh ~!** τι λες! **~ly** *adv* πολύ. (*pay*) ακριβά

dearth /dɜːθ/ n (η) έλλειψη

death /deθ/ n (ο) θάνατος. **~ certificate** n (το) πιστοποιητικό/(η) ληξιαρχική πράξη θανάτου. **~ duty** n (ο) φόρος κληρονομίας. **~ penalty** n (η) θανατική ποινή. **~'s head** n (η) νεκροκεφαλή. **~-trap** n (η) θανάσιμη παγίδα. **be bored to ~** πεθαίνω από πλήξη. **~ly** a θανάσιμος

debar /dɪ'bɑː(r)/ *vt* (*pt* **debarred**) αποκλείω

debase /dɪ'beɪs/ *vt* εξευτελίζω

debat|e /dɪ'beɪt/ n (η) συζήτηση. • *vt* συζητώ. • *vi* (*consider*) σκέφτομαι. **~able** a συζητήσιμος

debauch /dɪ'bɔːtʃ/ *vt* διαφθείρω. **~ery** n (η) ακολασία

debility /dɪ'bɪlətɪ/ n (η) εξασθένηση

debit /'debɪt/ n (η) χρέωση. • a χρεωστικός. • *vt* (*pt* **debited**) χρεώνω

debris /'debriː/ n (τα) συντρίμματα

debt /det/ n (το) χρέος. **in ~** χρεωμένος. **~or** n (ο) χρεώστης

debut /'deɪbuː, 'deɪbjuː/ n (το) ντεμπούτο *invar*

decade /'dekeɪd/ n (η) δεκαετία

decaden|t /'dekədənt/ a παρακμασμένος. **~ce** n (η) παρακμή

decaffeinated /diː'kæfɪneɪtɪd/ a που δεν περιέχει καφεΐνη

decant /dɪ'kænt/ *vt* αδειάζω σε καράφα. **~er** /-ə(r)/ n (η) καράφα

decapitate /dɪ'kæpɪteɪt/ *vt* αποκεφαλίζω

decay /dɪ'keɪ/ *vi* φθείρομαι. (*tooth*) σαπίζω. • n (η) φθορά. (*of tooth*) (το) σάπισμα

deceased /dɪ'siːst/ a εκλιπών. • n **the ~** (ο) αποβιώσας

deceit /dɪ'siːt/ n (η) απάτη. **~ful** a δόλιος. **~fully** *adv* με δολιότητα

deceive /dɪ'siːv/ *vt* απατώ

December /dɪ'sembə(r)/ n (ο) Δεκέμβριος

decen|t /'diːsnt/ a ευπρεπής. (*good: fam*) καλός. (*kind: fam*) ευγενικός. **~cy** n (η) ευπρέπεια. **~tly** *adv* ευπρεπώς

decentralize /diː'sentrəlaɪz/ *vt* αποκεντρώνω

decept|ive /dɪ'septɪv/ a απατηλός. **~ion** /-ʃn/ n (η) απάτη

decibel /'desɪbel/ n (το) ντεσιμπέλ *invar*

decide /dɪ'saɪd/ *vt/i* αποφασίζω. **~d** /-ɪd/ a αποφασισμένος. (*clear*) ξεκάθαρος. **~dly** /-ɪdlɪ/ *adv* αναμφισβήτητα

decimal /'desɪml/ a δεκαδικός. • n (ο) δεκαδικός αριθμός. **~ point** (το) κόμμα, (η) υποδιαστολή

decimate /'desɪmeɪt/ *vt* αποδεκατίζω

decipher /dɪ'saɪfə(r)/ *vt* αποκρυπτογραφώ

decision /dɪ'sɪʒn/ n (η) απόφαση

decisive /dɪ'saɪsɪv/ a αποφασιστικός. **~ly** *adv* αποφασιστικά

deck¹ /dek/ n (το) κατάστρωμα. (of cards: Amer) (η) τράπουλα. **~-chair** n (η) σεζλόνγκ invar. **top ~** (of bus) (ο) δεύτερος όροφος

deck² /dek/ vt στολίζω

declar|e /dɪ'kleə(r)/ vt δηλώνω. **~ation** /deklə'reɪʃn/ n (η) δήλωση

declension /dɪ'klenʃn/ n (η) κλίση

decline /dɪ'klaɪn/ vt/i αρνούμαι. • vi (deteriorate) χειροτερεύω. (health) εξασθενώ. (gram) κλίνω/ομαι. • n (η) παρακμή

decode /diː'kəʊd/ vt αποκρυπτογραφώ

decompos|e /diːkəm'pəʊz/ vt/i αποσυνθέτω/αποσυντίθεμαι. **~ition** /-ɒmpə'zɪʃn/ n (η) αποσύνθεση

décor /'deɪkɔː(r)/ n (η) διακόσμηση

decorat|e /'dekəreɪt/ vt (room) διακοσμώ. **~ion** /-'reɪʃn/ n (η) διακόσμηση. **~ive** /-ətɪv/ a διακοσμητικός

decorator /'dekəreɪtə(r)/ n (interior) ~ (ο) διακοσμητής

decorum /dɪ'kɔːrəm/ n (η) ευπρέπεια

decoy¹ /'diːkɔɪ/ n (το) δόλωμα

decoy² /dɪ'kɔɪ/ vt δελεάζω

decrease¹ /dɪ'kriːs/ vt/i μειώνω/ομαι

decrease² /dɪ'kriːs/ n (η) μείωση

decree /dɪ'kriː/ n (το) διάταγμα. (jur) (η) απόφαση. • vt (pt decreed) αποφασίζω

decrepit /dɪ'krepɪt/ a υπέργηρος

decry /dɪ'kraɪ/ vt (disparage) αποδοκιμάζω. (censure) επικρίνω

dedicat|e /'dedɪkeɪt/ vt αφιερώνω. **~ed** a αφοσιωμένος. **~ion** /-'keɪʃn/ n (η) αφοσίωση. (in book) (η) αφιέρωση

deduc|e /dɪ'djuːs/ vt συμπεραίνω

deduct /dɪ'dʌkt/ vt αφαιρώ

deduction /dɪ'dʌkʃn/ n (deducing) (το) συμπέρασμα. (deducting) (η) αφαίρεση. (amount) (η) κράτηση

deed /diːd/ n (η) πράξη

deem /diːm/ vt θεωρώ

deep /diːp/ a (-er, -est) βαθύς. • adv βαθιά. **~-freeze** n (η) κατάψυξη. **~ in** thought απορροφημένος σε σκέψη. **go off the ~ end** (fam) γίνομαι έξω φρενών. **in ~ water** (fig) σε μεγάλες δυσκολίες. **~ly** adv βαθιά

deepen /'diːpən/ vt/i βαθαίνω

deer /dɪə(r)/ n invar (το) ελάφι

deface /dɪ'feɪs/ vt παραμορφώνω

defamation /defə'meɪʃn/ n (η) δυσφήμιση

defamatory /dɪ'fæmətərɪ/ a δυσφημιστικός

default /dɪ'fɔːlt/ vi αθετώ. • n (η) αθέτηση. **by ~** (judgement) ερήμην. **in ~ of** ελλείψει

defeat /dɪ'fiːt/ vt νικώ. (frustrate) ανατρέπω. • n (η) ήττα. (of plan etc.) (η) ανατροπή

defeatis|t /dɪ'fiːtɪst/ n (ο, η) ηττοπαθής. • a ηττοπαθής. **~m** n (η) ηττοπάθεια

defect¹ /'diːfekt/ n (το) ελάττωμα. **~ive** /dɪ'fektɪv/ a ελαττωματικός

defect² /dɪ'fekt/ vi αυτομολώ (**to**, σε). **~ion** n (η) αυτομόληση. **~or** n (ο) αυτόμολος

defence /dɪ'fens/ n (η) υπεράσπιση. **~less** a ανυπεράσπιστος

defend /dɪ'fend/ vt υπερασπίζω. **~ant** n (jur) (ο) εναγόμενος. **~er** n (ο) υπερασπιστής

defensive /dɪ'fensɪv/ a αμυντικός. • n (η) άμυνα. **be on the ~** τηρώ αμυντική στάση

defer /dɪ'fɜː(r)/ vt (pt deferred) (postpone) αναβάλλω

deferen|ce /'defərəns/ n (ο) σεβασμός. **~tial** /-'renʃl/ a με σεβασμό

defian|ce /dɪ'faɪəns/ n (η) περιφρόνηση. **in ~ce of** αψηφώντας. **~t** a περιφρονητικός. **~tly** adv περιφρονητικά

deficien|t /dɪ'fɪʃnt/ a ελλιπής. **be ~t in** μου λείπει. **~cy** n (η) έλλειψη. (fault) (η) ατέλεια

deficit /'defɪsɪt/ n (το) έλλειμμα

defile /dɪ'faɪl/ vt βεβηλώνω

define /dɪ'faɪn/ vt προσδιορίζω

definite /'defɪnɪt/ a ορισμένος. (clear) σαφής. (firm) κατηγορηματικός. **~ly** adv οριστικά

definition /defɪ'nɪʃn/ n (ο) ορισμός

definitive /dɪ'fɪnətɪv/ a οριστικός

deflat|e /dɪ'fleɪt/ vt/i ξεφουσκώνω/ομαι. **~ion** /-ʃn/ n (το) ξεφούσκωμα. (comm) (ο) αντιπληθωρισμός

deflect /dɪ'flekt/ vt/i εκτρέπω/ομαι

deform /dɪ'fɔːm/ vt παραμορφώνω. **~ed** a παραμορφωμένος. **~ity** n (η) παραμόρφωση

defraud /dɪ'frɔːd/ vt εξαπατώ

defray /dɪ'freɪ/ vt καταβάλλω

defrost /diː'frɒst/ vt ξεπαγώνω

deft /deft/ a (-er, -est) επιδέξιος. **~ly** adv επιδέξια. **~ness** n (η) επιδεξιότητα

defunct /dɪ'fʌŋkt/ a νεκρός. (not valid) άκυρος.

defuse /diː'fjuːz/ vt αφοπλίζω

defy /dɪ'faɪ/ vt προκαλώ. (attempts) αψηφώ

degenerate¹ /dɪ'dʒenəreɪt/ vi καταντώ. (degrade) εκφυλίζομαι. **~ into** καταντώ

degenerate² /dɪ'dʒenərət/ a εκφυλισμένος. • n (ο) έκφυλος

degrad|e /dɪ'greɪd/ vt εξευτελίζω. **~ation** /degrə'deɪʃn/ n (ο) εξευτελισμός

degree /dɪ'griː/ n (angle) (η) μοίρα. (temperature) (ο) βαθμός. (univ) (το) πτυχίο. (rank) (ο) βαθμός. **by ~s** κατά βαθμούς. **to a ~** (fam) έως ένα βαθμό

dehydrat|e /diː'haɪdreɪt/ vt/i αφυδατώνω/ομαι. **~ion** /-'dreɪʃn/ n (η) αφυδάτωση

de-ice /diː'aɪs/ vt αποψύχω

deign /deɪn/ vi καταδέχομαι

deity /'diːɪtɪ/ n (η) θεότητα

deject|ed /dɪ'dʒektɪd/ a αποθαρρυμένος. **~ion** /-ʃn/ n (η) αποθάρρυνση

delay /dɪ'leɪ/ vt καθυστερώ. • n (η) καθυστέρηση

delectable /dɪ'lektəbl/ a απολαυστικός

delegate¹ /'delɪgət/ n (o) απεσταλμένος

delegat|e² /'delɪgeɪt/ vt αναθέτω. **~ion** /-'ʃn/ n (η) αποστολή

delet|e /dɪ'li:t/ vt διαγράφω. **~ion** /-ʃn/ n (η) διαγραφή

deliberate¹ /dɪ'lɪbərət/ a σκόπιμος. (steps etc.) προμελετημένος. **~ly** adv σκόπιμα

deliberat|e² /dɪ'lɪbəreɪt/ vt/i σκέφτομαι. **~ion** /-'reɪʃn/ n (η) σκέψη

delica|te /'delɪkət/ a ντελικάτος. **~cy** n (η) λεπτότητα. (food) (η) λιχουδιά

delicatessen /delɪkə'tesn/ n (το) αλλαντοπωλείο

delicious /dɪ'lɪʃəs/ a νοστιμότατος

delight /dɪ'laɪt/ n (η) τέρψη. • vt ευχαριστώ. • vi **~ in** απολαμβάνω. **~ed** a κατευχαριστημένος. **~ful** a υπέροχος. **~fully** adv απολαυστικά, υπέροχα

delinquen|t /dɪ'lɪŋkwənt/ a παράνομος. • n (o) παραβάτης, (η) παραβάτις. **~cy** n (η) παρανομία

deliri|ous /dɪ'lɪrɪəs/ a που παραληρεί. (fig) τρελός. **~um** n (το) παραλήρημα

deliver /dɪ'lɪvə(r)/ vt παραδίδω. (post) διανέμω. (utter) δίνω. (aim) ρίχνω. (set free) ελευθερώνω. (med) ξεγεννώ. **~ance** n (η) απελευθέρωση. **~y** n (η) παράδοση. (of post) (η) διανομή. (med) (o) τοκετός

delta /'deltə/ n (το) δέλτα

delu|de /dɪ'lu:d/ vt εξαπατώ. **~de o.s.** αυταπατώμαι. **~sion** /-ʒn/ n (η) αυταπάτη

deluge /'delju:dʒ/ n (o) κατακλυσμός. • vt κατακλύζω (with, με)

de luxe /dɪ'lʌks/ a πολυτελής

delve /delv/ vi **~ into** ερευνώ

demagogue /'deməgɒg/ n (o) δημαγωγός

demand /dɪ'ma:nd/ vt απαιτώ. • n (η) απαίτηση. (comm) (το) αίτημα. **~s** (οι) απαιτήσεις. **in ~** σε ζήτηση. **on ~** εις ζήτησιν. **~ing** a απαιτητικός

demarcation /di:ma:'keɪʃn/ n (o) διαχωρισμός

demean /dɪ'mi:n/ vt **~ o.s.** ταπεινώνομαι

demeanour /dɪ'mi:nə(r)/ n (η) συμπεριφορά

demented /dɪ'mentɪd/ a παράφρων

demerara /demə'reərə/ n **~ (sugar)** (η) μαύρη ζάχαρη

demise /dɪ'maɪz/ n (o) θάνατος

demo /'deməʊ/ n (pl **-os**) (fam) (η) διαδήλωση

demobilize /di:'məʊbəlaɪz/ vt αποστρατεύω

democracy /dɪ'mɒkrəsɪ/ n (η) δημοκρατία

democrat /'deməkræt/ n (o) δημοκράτης. **~ic** /-'krætɪk/ a δημοκρατικός. **~ically** adv δημοκρατικά

demoli|sh /dɪ'mɒlɪʃ/ vt κατεδαφίζω. **~tion** /deməˈlɪʃn/ n (η) κατεδάφιση

demon /'di:mən/ n (o) δαίμονας

demonstrat|e /'demənstreɪt/ vt (display) επιδεικνύω. (prove) αποδεικνύω. • vi διαδηλώνω. **~ion** /-'streɪʃn/ n (η) διαδήλωση. **~or** n (o) διαδηλωτής

demonstrative /dɪ'mɒnstrətɪv/ a εκδηλωτικός

demoralize /dɪ'mɒrəlaɪz/ vt σπάω το ηθικό (with gen.)

demot|e /dɪ'məʊt/ vt υποβιβάζω

demure /dɪ'mjʊə(r)/ a σεμνός

den /den/ n (το) άντρο

denial /dɪ'naɪəl/ n (η) άρνηση. (statement) (η) διάψευση

denigrate /'denɪgreɪt/ vt δυσφημώ

denim /'denɪm/ n (το) μπλε βαμβακερό ύφασμα. **~s** (το) μπλου τζιν invar

Denmark /'denma:k/ n (η) Δανία

denomination /dɪnɒmɪ'neɪʃn/ n (money) (η) αξία. (relig) (το) θρήσκευμα

denote /dɪ'nəʊt/ vt δηλώνω

denounce /dɪ'naʊns/ vt καταγγέλλω

dens|e /dens/ a (**-er, -est**) πυκνός. (person: fam) χοντροκέφαλος. **~ely** adv πυκνά. **~ity** n (η) πυκνότητα

dent /dent/ n (το) βαθούλωμα. • vt βαθουλώνω

dental /'dentl/ a οδοντικός. **~ floss** n (το) οδοντικό νήμα. **~ surgeon** n (o, η) χειρούργος οδοντίατρος

dentist /'dentɪst/ n (o, η) οδοντογιατρός. **~ry** n (η) οδοντιατρική

denture /'dentʃə(r)/ n (η) οδοντοστοιχία

denude /dɪ'nju:d/ vt απογυμνώνω

denunciation /dɪnʌnsɪ'eɪʃn/ n (η) καταγγελία

deny /dɪ'naɪ/ vt (rumour) διαψεύδω. (disown) αποκηρύσσω. (refuse) αρνούμαι

deodorant /di:'əʊdərənt/ a αποσμητικός. • n (το) αποσμητικό

depart /dɪ'pa:t/ vi αναχωρώ, φεύγω. **~ from** (fig) απομακρύνομαι από

department /dɪ'pa:tmənt/ n (το) τμήμα. (geog, univ) (το) τμήμα. **~ store** n (το) πολυκατάστημα

departure /dɪ'pa:tʃə(r)/ n (η) αναχώρηση. **~ from** (fig) (η) απομάκρυνση από. **~ lounge** n (η) αίθουσα αναχωρήσεων

depend /dɪ'pend/ vi **~ on** εξαρτώμαι από. (rely) στηρίζομαι σε. **~able** a αξιόπιστος. **~ant** n (o) εξαρτώμενος. **~ence** n (η) εξάρτηση. **~ent** a εξαρτώμενος. **be ~ent on** εξαρτώμαι από. (rely) στηρίζομαι σε

depict /dɪ'pɪkt/ vt απεικονίζω. (in words) περιγράφω

deplete /dɪ'pli:t/ vt εξαντλώ

deplor|e /dɪ'plɔː(r)/ vt αποδοκιμάζω.
~able a ελεεινός

deploy /dɪ'plɔɪ/ vt/i (mil) αναπτύσσω/ομαι

deport /dɪ'pɔːt/ vt απελαύνω. **~ation**
/diːpɔː'teɪʃn/ n (η) απέλαση

depose /dɪ'pəʊz/ vt εκθρονίζω

deposit /dɪ'pɒzɪt/ vt (pt deposited)
καταθέτω. • n (in bank) (η) κατάθεση.
(first instalment) (η) προκαταβολή.
(returnable) (η) εγγύηση. **~or** n (ο)
καταθέτης, (η) καταθέτρια

depot /'depəʊ/ n (η) αποθήκη. (Amer) (ο)
σταθμός

deprav|e /dɪ'preɪv/ vt διαφθείρω. **~ed** a
διεφθαρμένος. **~ity** /-'prævəti/ n (η)
διαφθορά

deprecate /'deprɪkeɪt/ vt αποδοκιμάζω

depreciat|e /dɪ'priːʃɪeɪt/ vt/i
υποτιμώ/ούμαι. **~ion** /-'eɪʃn/ n (η)
υποτίμηση

depress /dɪ'pres/ vt προκαλώ μελαγχολία
σε. (pedal) πατώ. (key) πιέζω. **~ed** a
αποθαρρυμένος. **~ing** a καταθλιπτικός.
~ion /-ʃn/ n (η) κατάθλιψη, (η)
μελαγχολία

deprivation /deprɪ'veɪʃn/ n (η) στέρηση

deprive /dɪ'praɪv/ vt στερώ. **~d** a
στερημένος

depth /depθ/ n (το) βάθος. be out of one's
~ (fig) χάνω τα νερά μου. in the **~s** of
στα βάθη του/της

deputation /depjʊ'teɪʃn/ n (η)
αντιπροσωπ(ε)ία

deputize /'depjʊtaɪz/ vi **~ for** αναπλ-
ηρώνω. • vt (Amer) αντιπροσωπεύω

deputy /'depjʊti/ n (ο) αναπληρωτής. **~
chairman** (ο, η) αντιπρόεδρος

derail /dɪ'reɪl/ vt εκτροχιάζω. **~ment** n
(ο) εκτροχιασμός

deranged /dɪ'reɪndʒd/ a (mind)
διαταραγμένος

derelict /'derəlɪkt/ a ερειπωμένος

deri|de /dɪ'raɪd/ vt ειρωνεύομαι. **~sion**
/-'rɪʒn/ n (η) ειρωνία. **~sive** a ειρωνικός

derisory /dɪ'raɪsəri/ a (scoffing)
ειρωνικός. (offer etc.) γελοίος

derivative /dɪ'rɪvətɪv/ a παράγωγος. • n
(το) παράγωγο

deriv|e /dɪ'raɪv/ vt παράγω. (pleasure)
βρίσκω. (income) αντλώ. • vi **~ from**
προέρχομαι από. **~ation** /derɪ'veɪʃn/ n
(η) παραγωγή. (of words) (η) ετυμολογία

derogatory /dɪ'rɒgətri/ a (remark)
υποτιμητικός

derv /dɜːv/ n (το) πετρέλαιο

descend /dɪ'send/ vt/i κατεβαίνω. be
~ed from κατάγομαι από. **~ant** n (ο)
απόγονος

descent /dɪ'sent/ n (η) κάθοδος. (lineage)
(η) καταγωγή

descri|be /dɪs'kraɪb/ vt περιγράφω.
~ption /-'krɪpʃn/ n (η) περιγραφή.
~ptive /-krɪptɪv/ a περιγραφικός

desert¹ /'dezət/ n (η) έρημος. • a έρημος.
~ island n (το) ακατοίκητο νησί

desert² /dɪ'zɜːt/ vt εγκαταλείπω. • vi (mil)
λιποτακτώ. **~ed** a εγκαταλειμμένος.
~er n (ο) λιποτάκτης. **~ion** /-ʃn/ n (η)
λιποταξία

deserts /dɪ'zɜːts/ npl get one's (just) **~**
βρίσκω ό, τι μου αξίζει

deserv|e /dɪ'zɜːv/ vt αξίζω. **~edly** adv
δίκαια. **~ing** a (person) άξιος. (action)
αξιόλογος

design /dɪ'zaɪn/ n (comm) (το) σχέδιο.
(pattern) (η) γραμμή. (aim) (ο) σκοπός.
• vt (plan) σχεδιάζω. have **~s on** έχω
βλέψεις σε. **~er** n (ο) σχεδιαστής, (η)
σχεδιάστρια. (theatr) (ο, η)
σκηνογράφος

designat|e /'dezɪgneɪt/ vt ορίζω. (appoint)
διορίζω. **~ion** /-'neɪʃn/ n (ο) διορισμός.
(description) (η) περιγραφή

desir|e /dɪ'zaɪə(r)/ n (η) επιθυμία. • vt
επιθυμώ. **~able** a επιθυμητός. **~ability**
/-ə'bɪləti/ n (το) επιθυμητό

desist /dɪ'zɪst/ vi πρύω

desk /desk/ n (το) γραφείο (έπιπλο). (at
school) (το) θρανίο. (comm) (το) ταμείο

desolat|e /'desələt/ a απελπισμένος.
(uninhabited) έρημος. **~ion** /-'leɪʃn/ n (η)
ερήμωση, (η) απελπισία

despair /dɪ'speə(r)/ n (η) απελπισία. • vi
απελπίζομαι. **~ of** απελπίζομαι με

desperat|e /'despərət/ a απελπισμένος.
~ely adv απελπισμένα. **~ion** /-'reɪʃn/ n
(η) απελπισία

despicable /dɪ'spɪkəbl/ a
αξιοκαταφρόνητος

despise /dɪ'spaɪz/ vt περιφρονώ

despite /dɪ'spaɪt/ prep παρά

desponden|t /dɪ'spɒndənt/ a
αποθαρρυμένος. **~cy** n (η)
αποθάρρυνση

despot /'despɒt/ n (ο) δεσπότης

dessert /dɪ'zɜːt/ n (το) επιδόρπιο.
~-spoon n (το) κουτάλι της κομπόστας

destination /destɪ'neɪʃn/ n (ο) προορισμός

destine /'destɪn/ vt προορίζω. be **~d to**
είναι η μοίρα μου να

destiny /'destɪn/ n (η) μοίρα

destitute /'destɪtjuːt/ a άπορος. **~ of**
στερημένος από

destr|oy /dɪ'strɔɪ/ vt καταστρέφω.
~uction /-'trʌkʃn/ n (η) καταστροφή.
~uctive a καταστρεπτικός

destroyer /dɪ'strɔɪə(r)/ n (naut) (το)
αντιτορπιλικό

detach /dɪ'tætʃ/ vt αποσυνδέω. **~able** a
αφαιρούμενος. **~ed** a αποσυνδεμένος.
(attitude) αμερόληπτος. **~ed house** (η)
μονοκατοικία

detachment /dɪ'tætʃmənt/ n (η)
απόσπαση. (disinterest) (η) αδιαφορία.
(mil) (το) απόσπασμα. (fig) (η)
αμεροληψία

detail /'di:teɪl/ n (η) λεπτομέρεια. • vt εκθέτω με λεπτομέρεια. (*mil*) αποσπώ. **in ~** λεπτομερώς. **~ed** a λεπτομερής

detain /dɪ'teɪn/ vt καθυστερώ. (*prisoner*) κρατώ. **~ee** /di:teɪ'ni:/ n (ο) κρατούμενος

detect /dɪ'tekt/ vt διακρίνω. (*discover*) ανιχνεύω. **~ion** /-ʃn/ n (η) ανίχνευση. **~or** n (ο) ανιχνευτής

detective /dɪ'tektɪv/ n (ο, η) ντετέκτιβ *invar*. **~ story** n (το) αστυνομικό διήγημα. **private ~** n (ο, η) ιδιωτικός/ή ντετέκτιβ

detention /dɪ'tenʃn/ n (η) κράτηση. (*schol*) (η) κράτηση στο σχολείο για τιμωρία

deter /dɪ'tɜ:(r)/ vt (*pt* **deterred**) αποτρέπω

detergent /dɪ'tɜ:dʒənt/ n (το) απορρυπαντικό. • a απορρυπαντικός

deteriorat|e /dɪ'tɪərɪəreɪt/ vi χειροτερεύω. **~ion** /-'reɪʃn/ n (η) χειροτέρευση

determin|e /dɪ'tɜ:mɪn/ vt προσδιορίζω. (*decide*) αποφασίζω. **~ation** /-'neɪʃn/ n (η) αποφασιστικότητα. **~ed** a (*resolute*) αποφασισμένος. **be ~ed to** είμαι αποφασισμένος να

deterrent /dɪ'terənt/ n (το) όπλο/(η) δύναμη αποτροπής

detest /dɪ'test/ vt απεχθάνομαι. **~able** a απεχθής

detonat|e /'detəneɪt/ vt/i πυροκροτώ/ούμαι. **~ion** /-'neɪʃn/ n (η) πυροκρότηση. **~or** n (ο) πυροκροτητής

detour /'di:tʊə(r)/ n (η) παράκαμψη

detract /dɪ'trækt/ vi **~ from** αφαιρώ από

detriment /'detrɪmənt/ n (η) βλάβη. **to be to the ~ of** είμαι επιβλαβής για. **~al** /-'mentl/ a επιβλαβής

devalu|e /di:'vælju:/ vt υποτιμώ. **~ation** /-'eɪʃn/ n (η) υποτίμηση

devastat|e /'devəsteɪt/ vt καταστρέφω. **~ing** a καταστρεπτικός. **~ion** /-ʃn/ n (η) καταστροφή

develop /dɪ'veləp/ vt/i (*pt* **developed**) αναπτύσσω/ομαι. (*illness*) παθαίνω. (*land*) αξιοποιώ. (*photographs*) εμφανίζω. (*show*) δείχνω. **~ into** εξελίσσομαι σε. **~er** n (*of land*) (το) πρόσωπο που αγοράζει και αξιοποιεί γη. **~ing country** n (η) αναπτυσσόμενη χώρα. **~ment** n (η) ανάπτυξη. (η) εξέλιξη

deviant /'di:vɪənt/ a που παρεκκλίνει από τη γενικά αποδεκτή συμπεριφορά

deviat|e /'di:vɪeɪt/ vi παρεκκλίνω (**from**, από). **~ion** /-'eɪʃn/ n (η) παρέκκλιση

device /dɪ'vaɪs/ n (η) συσκευή. (*scheme*) (η) επινόηση

devil /'devl/ n (ο) διάβολος. **~ish** a διαβολικός

devious /'di:vɪəs/ a ύπουλος

devise /dɪ'vaɪz/ vt επινοώ

devoid /dɪ'vɔɪd/ a **~ of** χωρίς

devolution /di:və'lu:ʃn/ n (*of power*) (η) μεταβίβαση

devot|e /dɪ'vəʊt/ vt αφιερώνω. **~ed** a αφοσιωμένος. **~edly** adv αφοσιωμένα. **~ion** /-ʃn/ n (η) αφοσίωση. **~ions** npl (*relig*) (η) προσευχή

devotee /devə'ti:/ n (ο) λάτρης, (η) λάτρις

devour /dɪ'vaʊə(r)/ vt καταβροχθίζω

devout /dɪ'vaʊt/ a ευσεβής

dew /dju:/ n (η) δροσιά

dext|erity /dek'sterəti/ n (η) επιδεξιότητα. **~rous** /'dekstrəs/ a επιδέξιος

diabet|es /daɪə'bi:ti:z/ n (ο) διαβήτης. **~ic** /-'betɪk/ a & n (ο) διαβητικός

diabolical /daɪə'bɒlɪkl/ a διαβολικός

diagnose /'daɪəgnəʊz/ vt κάνω διάγνωση

diagnosis /daɪəg'nəʊsɪs/ n (*pl* **-oses** /-si:z/) (η) διάγνωση

diagonal /daɪ'ægənl/ a διαγώνιος. • n (η) διαγώνιος. **~ly** adv διαγωνίως

diagram /'daɪəgræm/ n (το) διάγραμμα

dial /'daɪəl/ n (*of phone, meter, clock*) (το) καντράν. • vt (*pt* **dialled**) σχηματίζω (*αριθμό*). **~ling code** (ο) τηλεφωνικός κώδικας. **~ling tone**, (*Amer*) **~ tone** (το) σήμα ότι η γραμμή είναι ανοιχτή

dialect /'daɪəlekt/ n (η) διάλεκτος

dialogue /'daɪəlɒg/ n (ο) διάλογος

diamet|er /daɪ'æmɪtə(r)/ n (η) διάμετρος. **~rically** /-ə'metrɪkli/ adv διαμετρικά

diamond /'daɪəmənd/ n (το) διαμάντι. (*shape*) (ο) ρόμβος. **~s** (*cards*) (τα) καρό *invar*

diaper /'daɪəpə(r)/ n (*Amer*) (η) πάνα

diaphragm /'daɪəfræm/ n (το) διάφραγμα

diarrhoea /daɪə'rɪə/ n (η) διάρροια

diary /'daɪərɪ/ n (το) ημερολόγιο

diatribe /'daɪətraɪb/ n (η) βίαιη κριτική

dice /daɪs/ n *invar* (τα) ζάρια. • vt (*culin*) κόβω σε μικρούς κύβους

dicey /'daɪsɪ/ a (*sl*) επικίνδυνος

dictat|e /dɪk'teɪt/ vt υπαγορεύω. **~ion** /-ʃn/ n (η) υπαγόρευση

dictator /dɪk'teɪtə(r)/ n (ο) δικτάτορας. **~ship** n (η) δικτατορία

diction /'dɪkʃn/ n (το) λεκτικό

dictionary /'dɪkʃənərɪ/ n (το) λεξικό

did /dɪd/ *see* DO

diddle /'dɪdl/ vt (*sl*) εξαπατώ

didn't /'dɪdnt/ = did not

die[1] /daɪ/ vi (*pres p* **dying**) πεθαίνω. **~ down** κοπάζω. **~ out** σβήνω. **be dying for** πεθαίνω για. **be dying to** πεθαίνω να

die[2] /daɪ/ n (*techn*) (η) σφραγίδα

die-hard /'daɪhɑ:d/ n (ο) αδιάλλακτος

diesel /'di:zl/ n (το) πετρέλαιο, (το) ντίζελ *invar*

diet /'daɪət/ n (το) διαιτολόγιο. (*restricted*) (η) δίαιτα. • vi κάνω δίαιτα

diet|etic /daɪə'tetɪk/ a διαιτητικός. **~itian** n (ο, η) διαιτολόγος

differ /'dɪfə(r)/ vi διαφέρω. (*disagree*) διαφωνώ

differen|t /'dɪfrənt/ a διαφορετικός. **~ce** n (η) διαφορά. (*disagreement*) (η) διαφωνία. **make a ~ce** έχω κάποια σημασία. **it makes no ~ce** δεν αλλάζει τίποτε. **~tly** adv διαφορετικά

differential /dɪfə'renʃl/ a διαφορικός. • n (το) διαφορικό

differentiate /dɪfə'renʃieɪt/ vt/i ξεχωρίζω (*between*, μεταξύ)

difficult /'dɪfɪkəlt/ a δύσκολος. **~y** n (η) δυσκολία

diffiden|t /'dɪfɪdənt/ a διστακτικός. **~ce** n (η) διστακτικότητα

diffuse[1] /dɪ'fjuːs/ a διάχυτος

diffus|e[2] /dɪ'fjuːz/ vt/i διαχύνω. **~ion** /-ʒn/ n (η) διάχυση

dig /dɪg/ vt/i (*pt* **dug**, *pres p* **digging**) σκάβω. (*thrust*) χώνω. • n (*poke*) (το) σκούντημα. (*remark: fam*) (η) σπόντα. (*archaeol.*) (η) ανασκαφή. **~s** npl (*fam*) (το) νοικιασμένο δωμάτιο. **~ out** ανακαλύπτω. **~ up** (*find*) βρίσκω. (*plant*, *tree*) βγάζω (με τη ρίζα)

digest[1] /dɪ'dʒest/ vt χωνεύω. **~ible** a ευκολοχώνευτος. **~ion** /-ʃn/ n (η) χώνεψη. **~ive** a πεπτικός

digest[2] /'daɪdʒest/ n (η) σύνοψη

digger /'dɪgə(r)/ n (*mech*) (o) εκσκαφέας

digit /'dɪdʒɪt/ n (το) ψηφίο. (*finger*) (το) δάχτυλο

digital /'dɪdʒɪtl/ a ψηφιακός

dignif|y /'dɪgnɪfaɪ/ vt δίνω αξία σε. **~ied** a αξιοπρεπής

dignitary /'dɪgnɪtərɪ/ n αξιωματούχος

dignity /'dɪgnɪtɪ/ n (η) αξιοπρέπεια

digress /daɪ'gres/ vi ξεφεύγω (*from*, από). **~ion** /-ʃn/ n (η) παρέκβαση

dike /daɪk/ = **dyke**

dilapidat|ed /dɪ'læpɪdeɪtɪd/ a σαραβαλιασμένος. **~ion** /-'deɪʃn/ n (η) ερείπωση

dilat|e /daɪ'leɪt/ vt/i διαστέλλω/ομαι. **~ion** /-ʃn/ n (η) διαστολή

dilatory /'dɪlətərɪ/ a αναβλητικός

dilemma /dɪ'lemə/ n (το) δίλημμα

diligen|t /'dɪlɪdʒənt/ a επιμελής. **~ce** n (η) επιμέλεια

dilly-dally /'dɪlɪdælɪ/ vi (*fam*) χασομερώ

dilute /daɪ'ljuːt/ vt διαλύω. • a αραιωμένος

dim /dɪm/ a (**dimmer**, **dimmest**) θαμπός. (*weak*) αδύνατος. (*dark*) αμυδρός. (*vague*) συγκεχυμένος. (*stupid: fam*) κουτός. • vt/i (*pt* **dimmed**) (*light*) χαμηλώνω. **~ly** adv αμυδρά, θαμπά. **~ness** n (η) αμυδρότητα

dime /daɪm/ n (*Amer*) νόμισμα των 10 σεντς

dimension /daɪ'menʃn/ n (η) διάσταση. **~s** (*measurements*) (οι) διαστάσεις

diminish /dɪ'mɪnɪʃ/ vt/i μειώνω/μειώνομαι

diminutive /dɪ'mɪnjʊtɪv/ a μικροκαμωμένος. • n (το) υποκοριστικό

dimple /'dɪmpl/ n (το) λακκάκι (*στο μάγουλο*)

din /dɪn/ n (ο) σαματάς

dine /daɪn/ vi γευματίζω. **~r** /-ə(r)/ n (*person*) αυτός/αυτή που γευματίζει. (*rail*) (το) βαγκόν-ρεστοράν invar. (*Amer*) (το) εστιατόριο (*διαρρυθμισμένο σαν βαγκόν-ρεστοράν*)

dinghy /'dɪŋgɪ/ n (*naut*) (η) μικρή βάρκα. (*inflatable*) (η) λαστιχένια βάρκα

ding|y /'dɪndʒɪ/ a (**-ier**, **-iest**) βρόμικος και σκοτεινός. **~iness** n (η) βρομιά

dining-room /'daɪnɪŋruːm/ n (η) τραπεζαρία

dinner /'dɪnə(r)/ n (το) γεύμα. **~-jacket** n (το) σμόκιν invar. **~ party** n (το) επίσημο δείπνο

dinosaur /'daɪnəsɔː(r)/ n (o) δεινόσαυρος

dint /dɪnt/ n **by ~ of** χάρη σε

diocese /'daɪəsɪs/ n (η) επισκοπή (*περιφέρεια*)

dip /dɪp/ vt/i (*pt* **dipped**) βυθίζω. (*pen*) βουτώ. (*lower*) χαμηλώνω. (*headlights*) χαμηλώνω. • n (*slope*) (η) κλίση. (*in sea*) (το) σύντομο μπάνιο. **~ into** (*book*) φυλλομετρώ. (*savings*) αντλώ

diphtheria /dɪf'θɪərɪə/ n (η) διφθερίτιδα

diphthong /'dɪfθɒŋ/ n (η) δίφθογγος

diploma /dɪ'pləʊmə/ n (το) δίπλωμα

diplomacy /dɪ'pləʊməsɪ/ n (η) διπλωματία

diplomat /'dɪpləmæt/ n (o) διπλωμάτης. **~ic** /-'mætɪk/ a διπλωματικός

dire /daɪə(r)/ a (**-er**, **-est**) τρομερός

direct /dɪ'rekt/ a ευθύς. • adv κατευθείαν. • vt (*show the way*) δείχνω το δρόμο σε. (*aim*) κατευθύνω. (*attention*) στρέφω. (*theatr*) σκηνοθετώ. (*instruct*) διατάζω

direction /dɪ'rekʃn/ n (η) κατεύθυνση. (*theatr*) (η) σκηνοθεσία. **~s** (οι) οδηγίες

directly /dɪ'rektlɪ/ adv απευθείας. (*at once*) αμέσως. • conj (*fam*) μόλις

director /dɪ'rektə(r)/ n (o) διευθυντής, (η) διευθύντρια. (*theatr*) (o) σκηνοθέτης, (η) σκηνοθέτρια

directory /dɪ'rektərɪ/ n (ο) κατάλογος

dirge /dɜːdʒ/ n (το) μοιρολόι

dirt /dɜːt/ n (η) ακαθαρσία. **~ cheap** (*fam*) πάμφθηνος. **~-track** n (*sport*) (ο) χωματόδρομος

dirty /'dɜːtɪ/ a (**-ier**, **-iest**) ακάθαρτος. • vt λερώνω. **~ trick** n (η) βρομοδουλειά. **~ word** n (το) βρομόλογο

disability /dɪsə'bɪlətɪ/ n (η) αναπηρία

disable /dɪs'eɪbl/ vt προκαλώ αναπηρία. **~d** a ανάπηρος. **the ~d** άτομα με αναπηρίες

disadvantage /dɪsəd'vɑːntɪdʒ/ n (το) μειονέκτημα. **to be at a ~** είμαι σε μειονεκτική θέση. **~d** a μειονεκτών

disagree /dɪsə'griː/ vi διαφωνώ (*with*, με). (*food*, *climate*) **~ with** πειράζω. **~ment** n (η) διαφωνία. (*quarrel*) (η) διαφορά

disagreeable /dɪsə'griːəbl/ *a* δυσάρεστος

disappear /dɪsə'pɪə(r)/ *vi* εξαφανίζομαι.
~ance *n* (η) εξαφάνιση

disappoint /dɪsə'pɔɪnt/ *vt* απογοητεύω.
~ed *a* απογοητευμένος. **~ing** *a* απογοητευτικός. **~ment** *n* (η) απογοήτευση

disapprov|e /dɪsə'pruː/ *vi* **~ of** αποδοκιμάζω. **~al** *n* (η) αποδοκιμασία

disarm /dɪs'ɑːm/ *vt/i* αφοπλίζω/ομαι.
~ament *n* (ο) αφοπλισμός

disarray /dɪsə'reɪ/ *n* (η) αταξία. **in ~** σε σύγχυση

disast|er /dɪ'zɑːstə(r)/ *n* (η) καταστροφή.
~rous *a* ολέθριος

disband /dɪs'bænd/ *vt/i* διαλύω/ομαι

disbelief /dɪsbɪ'liːf/ *n* (η) δυσπιστία

disc /dɪsk/ *n* (ο) δίσκος. **~ jockey** (ο) ντισκ τζόκεϊ *invar*. **slipped ~** (η) δισκοπάθεια

discard /dɪs'kɑːd/ *vt* απορρίπτω. (*beliefs etc.*) απαρνούμαι

discern /dɪ'sɜːn/ *vt* διακρίνω. **~ible** *a* ευδιάκριτος. **~ing** *a* οξυδερκής

discharge /dɪs'tʃɑːdʒ/ *vt* (*unload*) ξεφορτώνω. (*liquid*) εκκενώνω. (*dismiss*) απολύω. (*jur*) απαλλάσσω. (*gun*) αδειάζω.

discharge /'dɪstʃɑːdʒ/ *n* (*electr*) (η) εκφόρτιση. (*emission*) (το) απέκκριμα. (*from hospital*) (η) έξοδος. (*mil*) (η) απόλυση. (*jur*) (η) απαλλαγή

disciple /dɪ'saɪpl/ *n* (ο) μαθητής

disciplin|e /'dɪsɪplɪn/ *n* (η) πειθαρχία. • *vt* επιβάλλω πειθαρχία σε. (*punish*) τιμωρώ. **~ary** *a* πειθαρχικός

disclaim /dɪs'kleɪm/ *vt* αρνιέμαι. **~er** *n* (η) άρνηση

disclos|e /dɪs'kləʊz/ *vt* αποκαλύπτω.
~ure /-ʒə(r)/ *n* (η) αποκάλυψη

disco /'dɪskəʊ/ *n* (*pl* **-os**) (*fam*) (η) ντίσκο *invar*. Cy. (η) δισκοθήκη

discol|our /dɪs'kʌlə(r)/ *vt/i* ξεθωριάζω.
~oration /-'reɪʃn/ *n* (το) ξεθώριασμα

discomfort /dɪs'kʌmfət/ *n* (η) στενοχώρια. (*lack of comfort*) (η) έλλειψη άνεσης

disconcert /dɪskən'sɜːt/ *vt* αναστατώνω

disconnect /dɪskə'nekt/ *vt* αποσυνδέω

disconsolate /dɪs'kɒnsələt/ *a* απαρηγόρητος

discontent /dɪskən'tent/ *n* (η) δυσαρέσκεια. **~ed** *a* δυσαρεστημένος

discontinue /dɪskən'tɪnjuː/ *vt* διακόπτω. (*stop*) σταματώ

discord /'dɪskɔːd/ *n* (η) διχόνοια. **~ant** /-'skɔːdənt/ *a* παράφωνος

discoth&eg.que /'dɪskətek/ *n* (η) ντισκοτέκ *invar*, Cy. (η) δισκοθήκη

discount[1] /'dɪskaʊnt/ *n* (η) έκπτωση

discount[2] /dɪs'kaʊnt/ *vt* απορρίπτω. (*comm*) κάνω έκπτωση

discourage /dɪs'kʌrɪdʒ/ *vt* αποθαρρύνω

discourse /'dɪskɔːs/ *n* (η) ομιλία

discourteous /dɪs'kɜːtɪəs/ *a* αγενής

discourtesy /dɪs'kɜːtəsɪ/ *n* (η) αγένεια

discover /dɪs'kʌvə(r)/ *vt* ανακαλύπτω. **~y** *n* (η) ανακάλυψη

discredit /dɪs'kredɪt/ *vt* (*pt* **discredited**) φέρνω σε ανυποληψία. • *n* (η) ανυποληψία

discreet /dɪs'kriːt/ *a* διακριτικός. **~ly** *adv* διακριτικά

discrepancy /dɪ'skrepənsɪ/ *n* (η) ασυμφωνία

discretion /dɪ'skreʃn/ *n* (η) διακριτικότητα

discriminat|e /dɪs'krɪmɪneɪt/ *vt* διακρίνω. • *vi* κάνω διακρίσεις. **~e against** μεροληπτώ εις βάρος (*with gen*). **~e between** ξεχωρίζω μεταξύ. **~ing** *a* διακριτικός. **~ion** /-'neɪʃn/ *n* (η) διάκριση. (*bias*) (η) μεροληψία

discus /'dɪskəs/ *n* (ο) δίσκος (*αγώνες*)

discuss /dɪ'skʌs/ *vt* συζητώ. (*argue about*) συζητώ. **~ion** /-ʃn/ *n* (η) συζήτηση

disdain /dɪs'deɪn/ *n* (η) περιφρόνηση. • *vt* περιφρονώ. **~ful** *a* περιφρονητικός

disease /dɪ'ziːz/ *n* (η) νόσος, (η) ασθένεια. **~d** *a* ασθενικός

disembark /dɪsɪm'bɑːk/ *vt/i* αποβιβάζω/ομαι

disembodied /dɪsɪm'bɒdɪd/ *a* ασώματος

disenchant /dɪsɪn'tʃɑːnt/ *vt* απογοητεύω.
become ~ed απογοητεύομαι. **~ment** *n* (η) απογοήτευση

disengage /dɪsɪn'geɪdʒ/ *vt* αποσυνδέω.
~ment *n* (η) αποσύνδεση

disentangle /dɪsɪn'tæŋgl/ *vt* ξεμπλέκω

disfavour /dɪs'feɪvə(r)/ *n* (η) δυσμένεια

disfigure /dɪs'fɪgə(r)/ *vt* παραμορφώνω

disgrace /dɪs'greɪs/ *n* (η) ντροπή. (*disfavour*) (η) δυσμένεια. • *vt* ντροπιάζω. **~ful** *a* αισχρός

disgruntled /dɪs'grʌntld/ *a* δυσαρεστημένος

disguise /dɪs'gaɪz/ *vt* μεταμφιέζω. • *n* (η) μεταμφίεση. **in ~** μεταμφιεσμένος

disgust /dɪs'gʌst/ *n* (η) αηδία. • *vt* αηδιάζω. **~ing** *a* αηδιαστικός

dish /dɪʃ/ *n* (το) πιάτο. • *vt* **~ out** (*fam*) μοιράζω. **~ up** σερβίρω. **wash/dry the ~es** πλένω/στεγνώνω τα πιάτα

dishcloth /'dɪʃklɒθ/ *n* (η) πατσαβούρα για τα πιάτα

dishearten /dɪs'hɑːtn/ *vt* αποκαρδιώνω

dishevelled /dɪ'ʃevld/ *a* αναμαλλιασμένος

dishonest /dɪs'ɒnɪst/ *a* ανέντιμος. **~y** *n* (η) ανεντιμότητα

dishonour /dɪs'ɒnə(r)/ *n* (η) ατίμωση. • *vt* ατιμάζω. **~able** *a* άτιμος. **~ably** *adv* άτιμα

dishwasher /'dɪʃwɒʃə(r)/ *n* (το) πλυντήριο πιάτων

disillusion /dɪsɪ'luːʒn/ *vt* απογοητεύω.
become ~ed απογοητεύομαι. **~ment** *n* (η) απογοήτευση

disincentive /dɪsɪnˈsentɪv/ n (το) αντικίνητρο

disinclined /dɪsɪnˈklaɪnd/ a απρόθυμος

disinfect /dɪsɪnˈfekt/ vt απολυμαίνω. ~ant n (το) απολυμαντικό

disinherit /dɪsɪnˈherɪt/ vt αποκληρώνω

disintegrate /dɪsˈɪntɪgreɪt/ vt/i διαλύω/ομαι

disinterested /dɪsˈɪntrəstɪd/ a αδιάφορος

disjointed /dɪsˈdʒɔɪntɪd/ a ασύνδετος

disk /dɪsk/ n (Amer) = disc (computer) (η) δισκέτα. ~ drive n (η) μονάδα δισκετών. floppy ~ n (η) δισκέτα. hard ~ n (ο) σκληρός δίσκος

dislike /dɪsˈlaɪk/ n (η) αντιπάθεια. • vt αντιπαθώ. take a ~ to μου δημιουργείται αντιπάθεια για

dislocate /ˈdɪsləkeɪt/ vt εξαρθρώνω. (limb) βγάζω. ~ion /-ˈkeɪʃn/ n (η) εξάρθρωση

dislodge /dɪsˈlɒdʒ/ vt εκτοπίζω

disloyal /dɪsˈlɔɪəl/ a άπιστος. ~ty n (η) απιστία

dismal /ˈdɪzməl/ a μελαγχολικός

dismantle /dɪsˈmæntl/ vt αποσυναρμολογώ

dismay /dɪsˈmeɪ/ n (ο) τρόμος και (η) κατάπληξη. • vt φοβίζω

dismiss /dɪsˈmɪs/ vt απολύω. (reject) απορρίπτω. ~al n (η) απόλυση. (of idea) (η) απόρριψη

dismount /dɪsˈmaʊnt/ vi κατεβαίνω

disobedien|t /dɪsəˈbiːdɪənt/ a ανυπάκουος. ~ce n (η) ανυπακοή

disobey /dɪsəˈbeɪ/ vt παρακούω

disorder /dɪsˈɔːdə(r)/ n (η) ακαταστασία. (ailment) (η) διαταραχή. ~ly a ακατάστατος. (behaviour) ταραχοποιός

disorganize /dɪsˈɔːgənaɪz/ vt αποδιοργανώνω. ~d a αποδιοργανωμένος

disorientate /dɪsˈɔːrɪənteɪt/ vt αποπροσανατολίζω

disown /dɪsˈəʊn/ vt αποκηρύσσω

disparaging /dɪsˈpærɪdʒɪŋ/ a υποτιμητικός. ~ly adv υποτιμητικά

disparity /dɪsˈpærətɪ/ n (η) διαφορά

dispassionate /dɪsˈpæʃənət/ a απαθής

dispatch /dɪsˈpætʃ/ vt αποστέλλω. • n (η) αποστολή. (report) (η) αναφορά. ~-box n (ο) (υπουργικός) χαρτοφύλακας. ~-rider n (ο) μοτοσικλετιστής για ταχυμεταφορές

dispel /dɪsˈpel/ vt (pt dispelled) διασκορπίζω

dispensable /dɪsˈpensəbl/ a μη απαραίτητος

dispensary /dɪsˈpensərɪ/ n (το) φαρμακείο

dispense /dɪsˈpens/ vt διανέμω. (med) εκτελώ (συνταγή). (justice) απονέμω. ~ with κάνω χωρίς. ~r /-ə(r)/ n (machine) ειδικό δοχείο για υγρό σαπούνι. (med) (ο) φαρμακοποιός

dispers|e /dɪˈspɜːs/ vt/i διασκορπίζω/ομαι. ~al n (η) διασκόρπιση

dispirited /dɪsˈpɪrɪtɪd/ a αποθαρρυμένος

displace /dɪsˈpleɪs/ vt εκτοπίζω

display /dɪsˈpleɪ/ vt επιδεικνύω. (goods) εκθέτω. (feelings) εκδηλώνω. • n (η) επίδειξη. (of goods) (η) έκθεση. (of feelings) (η) εκδήλωση. (of computer) (η) οθόνη

displeas|e /dɪsˈpliːz/ vt δυσαρεστώ. be ~ed with είμαι δυσαρεστημένος με. ~ure /-ˈpleʒə(r)/ n (η) δυσαρέσκεια

disposable /dɪsˈpəʊzəbl/ a μιας χρήσης

dispos|e /dɪsˈpəʊz/ vt διαθέτω. • vi ~e of απαλλάσσομαι από. be well ~ed towards είμαι ευνοϊκά διατεθειμένος απέναντι σε. ~al n (η) διάθεση. (of waste) (η) διάθεση. at s.o.'s ~al στη διάθεση κάποιου

disposition /dɪspəˈzɪʃn/ n (η) διάθεση. (character) (ο) χαρακτήρας

disproportionate /dɪsprəˈpɔːʃənət/ a δυσανάλογος

disprove /dɪsˈpruːv/ vt αποδεικνύω σαν ανακριβές

dispute /dɪsˈpjuːt/ vt αμφισβητώ. • n (η) συζήτηση. be in ~ έχω διαφορά

disqualif|y /dɪsˈkwɒlɪfaɪ/ vt εμποδίζω. (sport) αποκλείω. (from driving) αφαιρώ την άδεια (with gen). ~ication /-ɪˈkeɪʃn/ n (ο) αποκλεισμός

disquiet /dɪsˈkwaɪət/ n (η) ανησυχία

disregard /dɪsrɪˈgɑːd/ vt αγνοώ. • n (η) περιφρόνηση

disrepair /dɪsrɪˈpeə(r)/ n (η) κακή κατάσταση. in ~ σε κακή κατάσταση

disreputable /dɪsˈrepjʊtəbl/ a ανυπόληπτος

disrepute /dɪsrɪˈpjuːt/ n (η) ανυποληψία. bring into ~ δυσφημώ. fall into ~ βγάζω κακό όνομα

disrespect /dɪsrɪsˈpekt/ n (η) έλλειψη σεβασμού. ~ful a αναιδής

disrupt /dɪsˈrʌpt/ vt διασπώ. (plans) προκαλώ αναστάτωση σε. ~ion /-ʃn/ n (η) αναστάτωση. ~ive a διασπαστικός

dissatisf|ied /dɪsˈsætɪsfaɪd/ a δυσαρεστημένος. ~action /dɪsætɪsˈfækʃn/ n (η) δυσαρέσκεια

dissect /dɪˈsekt/ vt ανατέμνω. ~ion /-ʃn/ n (η) ανατομή

disseminat|e /dɪˈsemɪneɪt/ vt διαδίδω. ~ion /-ˈneɪʃn/ n (η) διάδοση

dissent /dɪˈsent/ vi διαφωνώ (from, με). • n (η) διαφωνία. ~er /-ə(r)/ n αυτός που διαφωνεί

dissertation /dɪsəˈteɪʃn/ n (η) πραγματεία

disservice /dɪsˈsɜːvɪs/ n (το) κακό, (η) βλάβη. do s.o. a ~ κάνω κακό σε κπ

dissident /ˈdɪsɪdənt/ a που διαφωνεί. • n (οι) διαφωνούντες

dissimilar /dɪˈsɪmɪlə(r)/ a ανόμοιος

dissipate /'dɪsɪpeɪt/ vt διασκορπίζω. (waste) σπαταλώ. • vi διασκορπίζομαι. **~d** a άσωτος

dissociate /dɪ'səʊʃɪeɪt/ vt διαχωρίζω. **~ o.s. from** διαχωρίζω τη θέση μου από

dissolute /'dɪsəljuːt/ a άσωτος

dissolution /dɪsə'luːʃn/ n (η) διάλυση

dissolve /dɪ'zɒlv/ vt/i διαλύω/ομαι

dissuade /dɪ'sweɪd/ vt μεταπείθω

distance /'dɪstəns/ n (η) απόσταση. **from a ~** από μακριά. **in the ~** μακριά

distant /'dɪstənt/ a μακρινός

distaste /dɪs'teɪst/ n (η) αντιπάθεια. **~ful** a αντιπαθητικός

distemper /dɪ'stempə(r)/ n (of dogs) (ο) κατάρρους. (paint) (η) τέμπερα. • vt ζωγραφίζω με τέμπερα

distend /dɪs'tend/ vt/i διαστέλλω

distil /dɪs'tɪl/ vt (pt distilled) αποστάζω. **~lation** /-'leɪʃn/ n (η) απόσταξη

distillery /dɪs'tɪləri/ n (η) ποτοποιία

distinct /dɪs'tɪŋkt/ a ευδιάκριτος. (marked) ξεχωριστός. **~ion** /-ʃn/ n (η) διαφορά. (honour) (η) διάκριση. **~ive** a διακριτικός. **~ly** adv καθαρά

distinguish /dɪs'tɪŋgwɪʃ/ vt/i διακρίνω/ομαι. **~ed** a διακεκριμένος

distort /dɪs'tɔːt/ vt διαστρεβλώνω. (fig) παραποιώ. **~ion** /-ʃn/ n (η) διαστρέβλωση. (fig) (η) παραποίηση

distract /dɪs'trækt/ vt περισπώ (την προσοχή). (amuse) διασκεδάζω. **~ed** a αναστατωμένος. **~ing** a που περισπά την προσοχή. **~ion** /-ʃn/ n (ο) περισπασμός. (frenzy) (η) τρέλα

distraught /dɪs'trɔːt/ a αλλόφρονας

distress /dɪs'tres/ n (η) στενοχώρια. (poverty) (η) φτώχεια. (danger) (ο) κίνδυνος. • vt στενοχωρώ. **~ing** a οδυνηρός

distribut|e /dɪs'trɪbjuːt/ vt διανέμω. **~ion** /-'bjuːʃn/ n (η) διανομή. **~or** n (ο) διανομέας

district /'dɪstrɪkt/ n (η) περιφέρεια. (of town) (η) περιοχή

distrust /dɪs'trʌst/ n (η) δυσπιστία. • vt δυσπιστώ

disturb /dɪs'tɜːb/ vt διαταράσσω. (perturb) συγχύζω. (move) ενοχλώ. **~ance** n (η) ενόχληση. (tumult) (η) αναταραχή. **~ed** a ανήσυχος. **~ing** a ανησυχητικός

disused /dɪs'juːzd/ a εγκαταλειμμένος

ditch /dɪtʃ/ n (το) χαντάκι. • vt (sl) εγκαταλείπω

dither /'dɪðə(r)/ vi αμφιταλαντεύομαι. • n (fam) (η) αμφιταλάντευση

ditto /'dɪtəʊ/ n το ίδιο

divan /dɪ'væn/ n (το) ντιβάνι

div|e /daɪv/ vi καταδύομαι. (rush) βουτώ. • n (η) κατάδυση. (of plane) (η) κάθετος εφόρμηση. (place: fam) (η) βουτιά. **~er** n (ο) βουτηχτής. (underwater) (ο) δύτης.

~ing-board n (η) εξέδρα κατάδυσης.
~ing-suit n (η) στολή κατάδυσης

diverg|e /daɪ'vɜːdʒ/ vi αποκλίνω. **~ent** a διιστάμενος

diverse /daɪ'vɜːs/ a ποικίλος

diversify /daɪ'vɜːsɪfaɪ/ vt διαφοροποιώ

diversity /daɪ'vɜːsəti/ n (η) ποικιλία

diver|t /daɪ'vɜːt/ vt περισπώ. (entertain) διασκεδάζω. **~sion** /-ʃn/ n (η) διασκέδαση. (distraction) (η) παραπλανητική ενέργεια

divest /daɪ'vest/ vt **~ of** στερώ

divide /dɪ'vaɪd/ vt/i διαιρώ/ούμαι. (share) μοιράζω

dividend /'dɪvɪdend/ n (το) μέρισμα

divine /dɪ'vaɪn/ a θείος

divinity /dɪ'vɪnɪti/ n (η) θεολογία

division /dɪ'vɪʒn/ n (η) διαίρεση

divorce /dɪ'vɔːs/ n (το) διαζύγιο. • vt/i χωρίζω. **~d** a διαζευγμένος

divorcee /dɪvɔː'siː/ n (ο) διαζευγμένος

divulge /daɪ'vʌldʒ/ vt αποκαλύπτω

DIY abbr = **do-it-yourself**

dizz|y /'dɪzi/ a (-ier, -iest) ζαλισμένος. **be or feel ~y** είμαι ζαλισμένος. **~iness** n (η) ζάλη

do /duː/ vt/i (3 sing pres does, pt did, pp done) κάνω. (fare, be suitable) κάνω. (be enough) αρκώ, φτάνω. (swindle: sl) ξεγελώ. **done for** (fam) κατεστραμμένος. **done in** (exhausted: fam) εξαντλημένος. **how do you ~?** χαίρω πολύ well done! μπράβο! • v aux **~ come in!** περάστε μέσα! **~ you speak Greek? Yes I ~** μιλάτε ελληνικά; Ναι. **I ~n't know** δεν ξέρω. • n (pl dos or do's) (fam) (η) γιορτή (τελετή). **~ away with** καταργώ. **~ in** (kill: sl) ξεκάνω. **~ out** καθαρίζω. **~ up** (coat etc.) κουμπώνω. (house) φτιάχνω. **~ with** (need) χρειάζομαι. **~ without** κάνω χωρίς

docile /'dəʊsaɪl/ a πειθήνιος

dock¹ /dɒk/ n (η) δεξαμενή. • vt/i δεξαμενίζω/ομαι. **~er** n (ο) λιμενεργάτης

dock² /dɒk/ n (jur) (το) εδώλιο

dock³ /dɒk/ vt (tail) κόβω. (money) περικόπτω

dockyard /'dɒkjaːd/ n (το) ναυπηγείο

doctor /'dɒktə(r)/ n (ο, η) γιατρός. • vt (cat) ευνουχίζω. (fig) μαγειρεύω

doctorate /'dɒktərət/ n (η) διδακτορία

doctrine /'dɒktrɪn/ n (το) δόγμα

document /'dɒkjʊmənt/ n (το) έγγραφο. **~ary** /-'mentri/ a έγγραφος. • n (το) ντοκιμαντέρ invar

doddering /'dɒdərɪŋ/ a ξεμωραμένος

dodge /dɒdʒ/ vt αποφεύγω. • vi κρύβομαι. • n (fam) (το) κόλπο

dodgems /'dɒdʒəmz/ npl (τα) συγκρουόμενα αυτοκινητάκια (σε λούνα παρκ)

dodgy /'dɒdʒi/ a (-ier, -iest) αμφίβολος. (awkward: fam) ζόρικος

doe /dəʊ/ n (deer) (η) ελαφίνα. (rabbit) (η) κουνέλα

does /dʌz/ see DO

doesn't /'dʌznt/ = does not

dog /dɒg/ n (ο) σκύλος, (το) σκυλί. • vt (pt dogged) καταδιώκω. **~-collar** n (το) περιλαίμιο. (relig, fam) (το) κολάρο. **~-eared** a (book) με τσακισμένες τις γωνιές των σελίδων

dogged /'dɒgɪd/ a πεισματάρης

doghouse /'dɒghaʊs/ n (Amer) (το) σπιτάκι του σκύλου. **in the ~** (sl) σε δυσμένεια

dogma /'dɒgmə/ n (το) δόγμα. **~tic** /-'mætɪk/ a δογματικός

dogsbody /'dɒgzbɒdɪ/ n (fam) (το) κλοτσοσκούφι

doily /'dɔɪlɪ/ n (το) δαντελένιο πετσετάκι

doings /'du:ɪŋz/ npl (fam) (οι) πράξεις

do-it-yourself /du:ɪtjɔ:'self/ n το χόμπι να κάνει κανείς τις διάφορες επισκευές ο ίδιος

doldrums /'dɒldrəmz/ npl **be in the ~** είμαι στις κακές μου

dole /dəʊl/ vt **~ out** μοιράζω. • n (fam) (το) επίδομα ανεργίας. **be on the ~** (fam) παίρνω επίδομα ανεργίας

doleful /'dəʊlfl/ a θλιβερός

doll /dɒl/ n (η) κούκλα. • vt **~ up** (fam) στολίζω

dollar /'dɒlə(r)/ n (το) δολάριο

dollop /'dɒləp/ n (fam) (το) κομμάτι. (of cream) (το) μεγάλο κομμάτι

dolphin /'dɒlfɪn/ n (το) δελφίνι

domain /də'meɪn/ n (η) κτηματική περιουσία

dome /dəʊm/ n (ο) θόλος. **~d** a θολωτός

domestic /də'mestɪk/ a (family) οικογενειακός. (trade) εγχώριος. (flights) εσωτερικός. (animal) οικιακός. • n (ο) υπηρέτης, (η) υπηρέτρια. **~ science** n (η) οικοκυρική. **~ated** a (animal) κατοικίδιος

domesticity /dɒme'stɪsətɪ/ n (η) οικογενειακή ζωή

dominant /'dɒmɪnənt/ a κυριότερος

dominat|e /'dɒmɪneɪt/ vt/i κυριαρχώ. **~ion** /-'neɪʃn/ n (η) κυριαρχία

domineer /dɒmɪ'nɪə(r)/ vi εξουσιάζω. **~ing** a αυταρχικός

dominion /də'mɪnjən/ n (η) κτήση

domino /'dɒmɪnəʊ/ n (pl **~oes**) (game & disguise) (το) ντόμινο invar

don¹ /dɒn/ vt (pt donned) φορώ

don² /dɒn/ n μέλος διδακτικού προσωπικού πανεπιστημίου

donat|e /dəʊ'neɪt/ vt δωρίζω. **~ion** /-ʃn/ n (η) δωρεά

done /dʌn/ see DO

donkey /'dɒŋkɪ/ n (ο) γάιδαρος, (ο) γαϊδούρι. **~-work** n (η) αγγαρεία

donor /'dəʊnə(r)/ n (ο) δωρητής. (of blood) (ο) αιμοδότης, (η) αιμοδότρια

don't /dəʊnt/ = do not

doodle /'du:dl/ vi γράφω ή σχεδιάζω άσκοπα

doom /du:m/ n (η) καταδίκη. • vt **be ~ed to** είμαι καταδικασμένος να. **~ed** a καταδικασμένος

doomsday /'du:mzdeɪ/ n (η) Δευτέρα Παρουσία

door /dɔ:(r)/ n (η) πόρτα

doorbell /'dɔ:bel/ n (το) κουδούνι (πόρτας)

doorman /'dɔ:mən/ n (pl **-men**) (ο) πορτιέρης

doormat /'dɔ:mæt/ n (το) χαλάκι της πόρτας

doorstep /'dɔ:step/ n (το) κατώφλι

doorway /'dɔ:weɪ/ n (το) άνοιγμα της πόρτας

dope /dəʊp/ n (drug) (το) ναρκωτικό. (information: sl) (η) εμπιστευτική πληροφορία. (idiot: sl) (ο) χαζός. • vt δίνω ναρκωτικό σε. **~y** a (sl) σαν ναρκωμένος

dormant /'dɔ:mənt/ a αδρανής

dormer /'dɔ:mə(r)/ n **~ (window)** (ο) φεγγίτης

dormitory /'dɔ:mɪtrɪ/ n (το) υπνωτήριο

dormouse /'dɔ:maʊs/ n (pl **-mice**) (ο) μυωξός

dos|e /dəʊs/ n (η) δόση. **~age** n (on label) (η) δοσολογία

doss /dɒs/ vi (sl) κοιμούμαι. **~-house** n (sl) (το) άσυλο αστέγων

dot /dɒt/ n (η) στιγμή (τελεία). • vt (pt dotted) βάζω τελεία σε. **be ~ted with** είμαι διάσπαρτος με. **~ted line** (η) δια-κεκομμένη γραμμή. **on the ~** ακριβώς

dote /dəʊt/ vi **~ on** τρελαίνομαι για

dotty /'dɒtɪ/ a (-ier, -iest) (fam) παλαβός

double /'dʌbl/ a διπλός. • adv διπλά. • n (person) (ο) σωσίας. **~s** (tennis) (το) διπλό παιχνίδι. • vt/i διπλασιάζω/ομαι. (fold) διπλώνω/ομαι. **~ back** (turn back) γυρίζω πίσω. **at the ~** γρήγορα. **~-bass** n (το) κοντραμπάσο. **~ bed** n (το) διπλό κρεβάτι. **~-breasted** a σταυρωτός. **~ chin** n (το) προγούλι. **~-cross** vt εξαπατώ. **~-dealing** n (η) διπλοπροσωπία. **~-decker** n (το) διώροφο λεωφορείο. **~ Dutch** n (τα) αλαμπουρνέζικα. **~ glazing** n (το) παράθυρο με διπλό κρύσταλλο. **~ room** n (το) δίκλινο δωμάτιο

doubt /daʊt/ n (η) αμφιβολία. • vt αμφιβάλλω

dough /dəʊ/ n (το) ζυμάρι

dove /dʌv/ n (το) περιστέρι

down /daʊn/ n (το) χνούδι. • adv & prep κάτω. • vt (fam) κατεβάζω. **come** or **go ~** κατεβαίνω. **come** or **go down the road** (along) προχωρώ. **~-and-out** n (ο) από-κληρος. **~-hearted** a αποθαρρημένος. **~ payment** n (η) προκαταβολή. **~-to-earth** a προσγειωμένος. **~ under** (fam) η Αυστραλία ή Νέα Ζηλανδία. **~ with** κάτω

downcast /'daʊnka:st/ a αποθαρρημένος

downfall /'daʊnfɔ:l/ n (η) πτώση

downgrade /daʊn'greɪd/ vt υποβιβάζω

downhill /daʊn'hɪl/ adv προς τα κάτω. **go ~** (fig) παίρνω την κάτω βόλτα

downpour /'daʊnpɔ:(r)/ n (η) νεροποντή

downright /'daʊnraɪt/ a ευθύς. (straight forward) τίμιος. • adv απόλυτα

downstairs¹ /daʊn'steəz/ adv κάτω

downstairs² /'daʊnsteəz/ a κάτω

downstream /'daʊnstri:m/ adv με το ρεύμα

downtown /'daʊntaʊn/ a (Amer) (το) εμπορικό κέντρο μιας πόλης

downtrodden /'daʊntrɒdn/ a καταπιεσμένος

downward /'daʊnwəd/ a κατηφορικός. • adv προς τα κάτω. **~s** adv προς τα κάτω

dowry /'daʊərɪ/ n (η) προίκα

doze /dəʊz/ vi λαγοκοιμάμαι. **~ off** τον παίρνω. • n (ο) υπνάκος

dozen /'dʌzn/ n (η) δωδεκάδα. **~s of** (fam) ένα σωρό

Dr abbr (Doctor) Δρ

drab /dræb/ a (dreary) μουντός. (clothing) άχαρος

draft¹ /dra:ft/ n (το) προσχέδιο. (comm) (η) συναλλαγματική. (mil, Amer) (η) στράτευση. • vt (mil, Amer) στρατολογώ

draft² /dra:ft/ n (Amer) = **draught**

drag /dræg/ vt (pt dragged) σέρνω. (river) ερευνώ το βυθό (with gen). • vi (pass slowly: fig) σέρνομαι. • n (fam) (ο) μπελάς. (sl) άντρας μεταμφιεσμένος σε γυναίκα

dragon /'drægən/ n (ο) δράκος

dragonfly /'drægənflaɪ/ n (η) λιβελλούλη

drain /dreɪn/ vt αποξηραίνω. (land) αποχετεύω. (vegetables) στραγγίζω. (tank, glass) αδειάζω. (med) διασωληνώ. (fig) εξαντλώ. • vi **~ (away)** αποχετεύομαι. • n (ο) οχετός. **be a ~ on** είμαι αφαίμαξη σε. **~ing-board** n (το) στραγγιστήρι (για τα πιάτα)

drainpipe /'dreɪnpaɪp/ n (ο) σωλήνας αποχέτευσης

drama /'dra:mə/ n (το) θεατρικό έργο. (event) (το) δράμα. **~tic** /drə'mætɪk/ a δραματικός. **~tist** /'dræmətɪst/ n (ο, η) δραματουργός. **~tize** /'dræmətaɪz/ vt διασκευάζω για το θέατρο. (fig) δραματοποιώ

drank /dræŋk/ see DRINK

drape /dreɪp/ vt απλώνω. **~s** npl (Amer) (οι) κουρτίνες

drastic /'dræstɪk/ a δραστικός

draught /dra:ft/ n (το) ρεύμα. (pulling) (το) τράβηγμα. **~s** (game) (η) ντάμα. **~ beer** (η) μπίρα από το βαρέλι. **~y** a με ρεύματα

draughtsman /'dra:ftsmən/ n (pl -men) (ο) σχεδιαστής

draw /drɔ:/ vt (pt drew, pp drawn) (pull) τραβώ. (attract) ελκύω. (picture) σχεδιάζω. • vi (sport) έρχομαι ισοπαλία. (in lottery) κληρώνομαι. • n (sport) (η) ισοπαλία. (in lottery) (η) κλήρωση. **~ in** (days) μικραίνω. **~ out** (days) μεγαλώνω. (money) αποσύρω. **~ the line at** θέτω όριο σε. **~ up** vi (stop) σταματώ. • vt (document) συντάσσω. (chair) τραβώ

drawback /'drɔ:bæk/ n (το) μειονέκτημα

drawbridge /'drɔ:brɪdʒ/ n (η) κρεμαστή γέφυρα

drawer /drɔ:(r)/ n (το) συρτάρι

drawing /'drɔ:ɪŋ/ n (το) σχέδιο. **~-pin** n (η) πινέζα. **~-room** n (το) σαλόνι

drawl /drɔ:l/ n (η) συρτή φωνή. • vi σέρνω τη φωνή

drawn /drɔ:n/ see DRAW. • a (features) τραβηγμένος

dread /dred/ n (ο) τρόμος. • vt τρέμω

dreadful /'dredfl/ a τρομερός. **~ly** adv τρομερά

dream /dri:m/ n (το) όνειρο. • vt/i (pt dreamed or dreamt) ονειρεύομαι. • a ονειρευτός. **~ up** σκαρφίζομαι. **~er** n (ο) ονειροπαρμένος. **~y** a ονειροπόλος

drear|y /'drɪərɪ/ a (-ier, -iest) μονότονος. (boring) ανιαρός. **~iness** n (η) ανία

dredge /dredʒ/ n (ο) βυθοκόρος. • vt καθαρίζω με βυθοκόρο. **~r** n (naut) (ο) βυθοκόρος

dregs /dregz/ npl (τα) κατακάθια

drench /drentʃ/ vt μουσκεύω

dress /dres/ n (το) ντύσιμο. (clothing) (το) φόρεμα. • vt/i ντύνω. (decorate) στολίζω. (med) επιδένω. (culin) καρυκεύω. **~ circle** n (ο) πρώτος εξώστης. **~ rehearsal** η γενική δοκιμή πριν από την πρεμιέρα. **~ up** φορώ τα καλά μου. **~ up as** μεταμφιέζομαι σε

dresser /'dresə(r)/ n (theatr) (ο, η) βοηθός ηθοποιού. (furniture) (ο) χωριάτικος μπουφές

dressing /'dresɪŋ/ n (sauce) (το) καρύκευμα. (bandage) (ο) επίδεσμος. **~-case** n (η) τσάντα τουαλέτας. **~-down** n (fam) (η) κατσάδα. **~-gown** n (η) ρόμπα. **~-room** n (theatr) (το) καμαρίνι. **~-table** n (η) τουαλέτα (έπιπλο)

dressmak|er /'dresmeɪkə(r)/ n (η) μοδίστρα. **~ing** n (το) ράψιμο φορεμάτων

dressy /'dresɪ/ a (-ier, -iest) κομψός

drew /dru:/ see DRAW

dribble /'drɪbl/ vi (baby) βγάζω σάλια. (in football) τριπλάρω

dribs and drabs /drɪbzn'dræbz/ npl **in ~** λίγα-λίγα

dried /draɪd/ a (food) ξηρός

drier /'draɪə(r)/ n (ο) στεγνωτήρας. (for laundry) (ο) στεγνωτήρας

drift /drɪft/ vi παρασύρομαι. (snow) μαζεύομαι. • n (movement) (η) κίνηση. (of snow) (η) στιβάδα. (meaning) (το) νόημα. **~ apart** (*people*) ξεμακραίνω. **~er** n αυτός που κινείται χωρίς σκοπό

driftwood /'drɪftwʊd/ n ξύλα που βγάζει στην ακτή η θάλασσα

drill /drɪl/ n (*tool*) (το) τρυπάνι. (*training*) (η) άσκηση. (*procedure: fam*) (η) διαδικασία. • *vt* ανοίγω (*τρύπα*) με τρυπάνι. (*train*) εκπαιδεύω. • *vi* ασκούμαι

drily /'draɪli/ *adv* ξερά

drink /drɪŋk/ *vt/i* (*pt* **drank**, *pp* **drunk**) πίνω. • *n* (το) ποτό. **~able** a πόσιμος. **~er** n (ο) πότης. **~ing-water** n (το) πόσιμο νερό

drip /drɪp/ *vi* (*pt* **dripped**) στάζω. • *n* (η) στάλα. (*med*) (η) έγχυση. (*person: sl*) (ο) χαζός. **~-dry** a δε χρειάζεται σίδερο

dripping /'drɪpɪŋ/ n (το) στάξιμο

drive /draɪv/ *vt/i* (*pt* **drove**, *pp* **driven**) (*car etc.*) οδηγώ. (*fig*) σπρώχνω. • *n* (*road*) (η) διαδρομή. (*fig*) (η) δραστηριότητα. (*pol*) (η) εκστρατεία. **~ at** εννοώ. **what are you driving at?** πού το πας; **~ away** *vt* διώχνω. • *vi* φεύγω. **~ in** χώνω. **~-in** a υπαίθριος (*για αυτοκίνητα*) **~ s.o. mad** τρελαίνω κπ

drivel /'drɪvl/ *vi* (*pt* **drivelled**) n (οι) ανοησίες

driver /'draɪvə(r)/ n (ο, η) οδηγός

driving /'draɪvɪŋ/ n (η) οδήγηση. **~ lesson** n (το) μάθημα οδήγησης. **~-licence** n (η) άδεια οδήγησης. **~ school** n (η) σχολή οδηγών. **~ test** n (η) εξέταση οδήγησης

drizzle /'drɪzl/ n (η) ψιλή βροχή. • *vi* ψιχαλίζω. **~y** a βροχερός

dromedary /'drɒmədərɪ/ n (η) δρομάδα

drone /drəʊn/ n (ο) κηφήνας. • *vi* βουίζω. (*fig*) μουρμουρίζω μονότονα

drool /druːl/ *vi* σαλιαρίζω

droop /druːp/ *vi* (*flowers*) μαραίνομαι

drop /drɒp/ n (η) σταγόνα. (*fall*) (η) απότομη πτώση. (*decrease*) (η) μείωση. • *vt/i* (*pt* **dropped**) στάζω. (*fall, lower*) πέφτω. **~ in** (*fam*) περνώ (**on**, από). **~ off** πέφτω. (*fall asleep: fam*) τον παίρνω. **~ out** αποσύρομαι. (*student*) εγκαταλείπω τις σπουδές. **~-out** n άτομο που αποσύρεται από την κοινωνία

droppings /'drɒpɪŋz/ *npl* (οι) κουτσουλιές

dross /drɒs/ n (ο) αφρός λιωμένου μετάλλου

drought /draʊt/ n (η) ανομβρία

drove /drəʊv/ *see* DRIVE. • *n* (η) αγέλη

drown /draʊn/ *vt/i* πνίγω/ομαι

drowsy /'draʊzɪ/ a νυσταγμένος

drudge /drʌdʒ/ n (ο) είλωτας. **~ry** /-ərɪ/ n (η) αγγαρεία

drug /drʌg/ n (το) ναρκωτικό. (*med*) (το) φάρμακο. • *vt* (*pt* **drugged**) δίνω ναρκωτικό σε. **~ addict** n (ο, η) ναρκομανής

drugstore /'drʌgstɔː(r)/ n (*Amer*) (το) φαρμακείο (*σε συνδυασμό με πωλήσεις άλλων ειδών*)

drum /drʌm/ n (το) τύμπανο. (*for oil*) (το) βαρέλι. (*mech*) (το) ταμπούρο. • *vi* (*pt* **drummed**) παιζω τύμπανο. • *vt* **~ into s.o.** χώνω στο κεφάλι κάποιου. **~ up** (*support*) συγκεντρώνω. (*business*) αναζητώ (*πελάτες*) **~mer** n (ο) τυμπανιστής, (η) τυμπανίστρια

drumstick /'drʌmstɪk/ n (το) τυμπανόξυλο. (*culin*) (το) μπούτι κοτόπουλου

drunk /drʌŋk/ *see* DRINK. • a μεθυσμένος. **get ~** μεθώ. **~ard** n (ο) μέθυσος. **~en** a μεθυσμένος. **~enness** n (το) μεθύσι

dry /draɪ/ a (**drier**, **driest**) στεγνός. (*not wet*) στεγνός. (*ironic*) ψυχρός. (*thirsty: fam*) διψασμένος. • *vt/i* στεγνώνω. (*herbs etc.*) ξεραίνω. **~-clean** *vt* στεγνοκαθαρίζω. **~-cleaner's** n (*shop*) (το) στεγνοκαθαριστήριο. **~ up** (*dishes*) στεγνώνω. (*fam*) στερεύω. **~ness** n (η) ξηρότητα

dual /'djuːəl/ a διπλός. **~ carriageway** n (ο) δρόμος διπλής κυκλοφορίας. **~-purpose** a διπλής χρήσεως

dub /dʌb/ *vt* (*pt* **dubbed**) (*film*) ντουμπλάρω. **~bing** n (το) ντουμπλάζ βγάζω

dubious /'djuːbɪəs/ a αμφίβολος. (*person*) ύποπτος

duchess /'dʌtʃɪs/ n (η) δούκισσα

duck /dʌk/ n (η) πάπια. • *vt/i* **~ (one's head)** σκύβω γρήγορα. (*person*) βουτώ. **~ling** n (το) παπάκι

duct /dʌkt/ n (ο) αγωγός

dud /dʌd/ a (*cheque: sl*) ακάλυπτος. (*coin: sl*) πλαστός. • *n* (*sl*) (το) κούτσουρο

due /djuː/ a (*owing*) πληρωτέος. (*expected*) αναμενόμενος. (*proper*) δέων, πρέπων. • *adv* **~ north** προς το βορρά. **~ to** λόγω (*with gen*). **~s** *npl* (τα) τέλη

duel /'djuːəl/ n (η) μονομαχία

duet /djuː'et/ n (το) ντουέτο

duffle /'dʌfl/ a **~ bag** n είδος γυναικείας τσάντας από χοντρό ύφασμα. **~-coat** n (το) μοντγκόμερι *invar* (*είδος χοντρού παλτού με κουκούλα*)

dug /dʌg/ *see* DIG

duke /djuːk/ n (ο) δούκας

dull /dʌl/ a (**-er**, **-est**) (*sky, colour*) μουντός. (*person, play etc.*) ανιαρός. (*stupid*) κουτός. (*sound*) υπόκωφος. (*pain*) μουντός. (*knife*) αμβλύς. • *vt* (*pain*) ελαφρώνω. (*mind*) αμβλύνω

duly /'djuːlɪ/ *adv* δεόντως

dumb /dʌm/ a (**-er**, **-est**) βουβός. (*fam*) κουτός

dumbfound /dʌm'faʊnd/ *vt* αποσβολώνω

dummy /'dʌmɪ/ n (*of tailor*) (η) κούκλα. (*of baby*) (η) πιπίλα. • a **~ run** n (η) δοκιμή

dump /dʌmp/ *vt* πετώ. (*fam*) ξεφορτώνω. • *n* (*refuse tip*) (η) χωματερή. (*mil*) (η) αποθήκη. **be down in the ~s** είμαι στις μαύρες μου

dumpling /'dʌmpliŋ/ n ~s κομματάκια ζύμης που βράζονται μαζί με κρέας

dumpy /'dʌmpi/ a (-ier, -iest) κοντόχοντρος

dunce /dʌns/ n (το) τούβλο (χοντροκέφαλος)

dune /dju:n/ n (ο) αμμόλοφος

dung /dʌŋ/ n (η) κοπριά

dungarees /dʌŋgə'ri:z/ npl (η) φόρμα εργασίας

dungeon /'dʌndʒən/ n (το) μπουντρούμι

dunk /dʌŋk/ vt βουτώ

duo /'dju:əʊ/ n (οι) δύο

dupe /dju:p/ vt εξαπατώ. • n (το) κορόιδο

duplicate¹ /'dju:plikət/ n (το) διπλότυπο. • a διπλότυπος

duplicate² /'dju:plikeit/ vt βγάζω αντίγραφο (with gen). (on machine) πολυγραφώ. ~or n (ο) πολύγραφος

duplicity /dju:'plisəti/ n (η) διπλοπροσωπία

durable /'djʊərəbl/ a (tough) στερεός. (enduring) ανθεκτικός

duration /djʊ'reiʃn/ n (η) διάρκεια

duress /djʊ'res/ n (η) πίεση. under ~ υπό πίεση

during /'djʊəriŋ/ prep κατά τη διάρκεια (with gen.)

dusk /dʌsk/ n (το) σούρουπο

dusky /'dʌski/ a (-ier, -iest) σκοτεινός

dust /dʌst/ n (η) σκόνη. • vt ξεσκονίζω. (sprinkle) πασπαλίζω. ~-cover, ~-jacket ns (το) κάλυμμα που προστατεύει από τη σκόνη

dustbin /'dʌstbin/ n (ο) σκουπιδο-τενεκές

duster /'dʌstə(r)/ n (το) ξεσκονόπανο

dustman /'dʌstmən/ n (pl -men) (ο) σκουπιδιάρης

dustpan /'dʌstpən/ n (το) φαράσι

dusty /'dʌsti/ a (-ier, -iest) σκονισμένος

Dutch /dʌtʃ/ a ολλανδικός. • n (lang) (τα) ολλανδικά. ~man n (ο) Ολλανδός. ~woman n (η) Ολλανδή. go ~ μοιράζομαι τα έξοδα

dutiful /'dju:tifl/ a υπάκουος

duty /'dju:ti/ n (το) καθήκον. (tax) (ο) δασμός. be on ~ έχω υπηρεσία. ~-free a αδασμολόγητος

duvet /'dju:vei/ n (το) πάπλωμα

dwarf /dwɔ:f/ n (pl -s) (ο) νάνος. • vt κάνω να φαίνεται κάτι μικρό

dwell /dwel/ vi (pt dwelt) κατοικώ. ~ on επιμένω σε. ~er n (ο) κάτοικος. ~ing n (η) κατοικία

dwindle /'dwindl/ vi λιγοστεύω

dye /dai/ vt (pres p dyeing) βάφω. • n (η) βαφή

dying /'daiiŋ/ see DIE

dyke /daik/ n (το) ανάχωμα

dynamic /dai'næmik/ a δυναμικός. ~s npl (η) δυναμική

dynamite /'dainəmait/ n (ο) δυναμίτης. • vt ανατινάσσω με δυναμίτη

dynamo /'dainəməʊ/ n (το) δυναμό

dynasty /'dinəsti/ n (η) δυναστεία

dysentery /'disəntri/ n (η) δυσεντερία

dyslexia /dis'leksiə/ n (η) δυσλεξία

Ee

each /i:tʃ/ a κάθε. • pron ~ one ο καθένας. ~ other ο ένας τον άλλο. they love ~ other αγαπιούνται. they cost 50 drachma ~ κάνουν 50 δραχμές

eager /'i:gə(r)/ a ανυπόμονος. (enthusiastic) πρόθυμος. be ~ to ανυπομονώ να. ~ly adv ανυπόμονα. ~ness n (η) ανυπομονησία

eagle /'i:gl/ n (ο) αετός

ear¹ /iə(r)/ n (το) αφτί. ~-drum n (το) τύμπανο του αφτιού. ~-ring n (το) σκουλαρίκι

ear² /iə(r)/ n (of corn) (το) στάχυ

earache /'iəreik/ n (ο) πόνος του αφτιού

earl /ɜ:l/ n (ο) κόμης

early /'ɜ:li/ a (-ier, -iest) (morning) πρωινός. (before expected time) πρόωρος.

• adv νωρίς. arrive ~ φτάνω νωρίς. in the ~ spring στις αρχές της άνοιξης

earmark /'iəma:k/ vt ~ for προορίζω για

earn /ɜ:n/ vt κερδίζω. (deserve) αξίζω

earnest /'ɜ:nist/ a σοβαρός. in ~ στα σοβαρά

earnings /'ɜ:niŋz/ npl (τα) κέρδη. (salary) (οι) απολαβές

earphones /'iəfəʊnz/ npl (τα) ακουστικά

earshot /'iəʃɒt/ n be out of ~ δεν είμαι σε απόσταση ακοής. within ~ σε απόσταση ακοής

earth /ɜ:θ/ n (η) γη. • vt (electr) γειώνω. where on ~ have you been? πού στο καλό ήσουν;

earthenware /'ɜ:θnweə(r)/ n (τα) πήλινα σκεύη

earthquake /'ɜ:θkweik/ n (ο) σεισμός

earthy /'ɜ:θɪ/ *a* της γης. (*coarse*) τραχύς

earwig /'ɪəwɪg/ *n* (η) ψαλίδα (*έντομο*)

ease /i:z/ *n* (η) ευκολία. (*comfort*) (η) άνεση. • *vt/i* (*relax*) χαλαρώνω. (*slow down*) μετριάζω. (*loosen*) ξεσφίγγω. • *vi* μετριάζομαι. **at ~** (*mil*) ανάπαυση. **be ill at ~** δε νιώθω άνετα. **with ~** με ευκολία

easel /'i:zl/ *n* (το) καβαλέτο

east /i:st/ *n* (η) ανατολή. • *a* ανατολικός. • *adv* ανατολικά. **~erly** *a* ανατολικός. **~ern** *a* ανατολικός. **~ward** *a* ανατολικός. **~wards** *adv* προς την ανατολή

Easter /'i:stə(r)/ *n* (το) Πάσχα. **~ egg** (το) πασχαλινό αβγό. **~ Sunday** *n* (η) Κυριακή του Πάσχα

easy /'i:zɪ/ *a* (**-ier, -iest**) εύκολος. (*relaxed*) άνετος. **~! σιγά! ~ chair** *n* (η) αναπαυτική πολυθρόνα. **~-going** *a* βολικός. **go ~ on him!** (*fam*) μην του κολλάς! **go ~ on sth** κάνω οικονομία σε κτ. **take it ~!** ηρέμησε! **easily** *adv* εύκολα

eat /i:t/ *vt/i* (*pt* **ate**, *pp* **eaten**) τρώγω, τρώω. **~ into one's savings** ξοδεύω αργά τις αποταμιεύσεις. **~able** *a* φαγώσιμος. **~er** *n* (ο) φαγάς

eau-de-Cologne /ˌəʊdəkə'ləʊn/ *n* (η) κολόνια

eaves /i:vz/ *npl* (το) γείσο στέγης

eavesdrop /'i:vzdrɒp/ *vi* (*pt* **-dropped**) κρυφακούω. **~ on** κρυφακούω

ebb /eb/ *n* (η) άμπωτη. • *vi* υποχωρώ. (*fig*) εξασθενίζω

ebony /'ebənɪ/ *n* (ο) έβενος

ebullient /ɪ'bʌlɪənt/ *a* ενθουσιώδης

EC *abbr* (*European Community*) (η) ΕΚ

eccentric /ɪk'sentrɪk/ *a & n* εκκεντρικός. **~ity** /eksen'trɪsətɪ/ *n* (η) εκκεντρικότητα

ecclesiastical /ɪkli:zɪ'æstɪkl/ *a* εκκλησιαστικός

echelon /'eʃəlɒn/ *n* (το) κλιμάκιο

echo /'ekəʊ/ *n* (*pl* **-oes**) (η) ηχώ. • *vi* (*pt* **echoed**, *pres p* **echoing**) αντηχώ. • *vt* (*imitate*) επαναλαμβάνω

eclipse /ɪ'klɪps/ *n* (η) έκλειψη. • *vt* επισκιάζω

ecolog|y /ɪ:'kɒlədʒɪ/ *n* (η) οικολογία. **~ical** /-ə'lɒdzɪkl/ *a* οικολογικός

economic /i:kə'nɒmɪk/ *a* οικονομικός. **~al** *a* οικονομικός. **~s** *n* (η) οικονομολογία

economist /ɪ'kɒnəmɪst/ *n* (ο, η) οικονομολόγος

econom|y /ɪ'kɒnəmɪ/ *n* (η) οικονομία. **~ize** *vi* κάνω οικονομίες

ecstasy /'ekstəsɪ/ *n* (η) έκσταση

ecstatic /ɪk'stætɪk/ *a* εκστατικός. **~ally** *adv* εκστατικά

ECU, ecu /'eɪkju:/ *n* (το) ECU, (το) εκιού *invar*

ecumenical /i:kju:'menɪkl/ *a* οικουμενικός

eddy /'edɪ/ *n* (η) δίνη

edge /edʒ/ *n* (η) άκρη. (*of knife*) (η) κόψη. (*of cliff*) (το) χείλος. • *vt* (*move*) **~ forward** προχωρώ αργά. **have the ~ on** (*fam*) βρίσκομαι σε πλεονεκτική θέση σε σχέση με. **on ~** εκνευρισμένος

edging /'edʒɪŋ/ *n* (η) μπορντούρα

edgy /'edʒɪ/ *a* ευερέθιστος

edible /'edɪbl/ *a* φαγώσιμος

edict /'i:dɪkt/ *n* (το) διάταγμα

edifice /'edɪfɪs/ *n* (το) οικοδόμημα

edify /'edɪfaɪ/ *vt* εξυψώνω (*ηθικά*)

edit /'edɪt/ *vt* (*pt* **edited**) (*newspaper*) συντάσσω. (*text*) επιμελούμαι. (*film*) κόβω. **~ed by** (*book*) εκδοτική επιμέλεια (*with gen.*)

edition /ɪ'dɪʃn/ *n* (η) έκδοση

editor /'edɪtə(r)/ *n* (ο) συντάκτης, (η) συντάκτρια. (*of text*) (ο, η) επιμελητής εκδόσεως. **~ in chief** (ο) αρχισυντάκτης, (η) αρχισυντάκτρια

editorial /edɪ'tɔ:rɪəl/ *a* εκδοτικός. • *n* (το) κύριο άρθρο

educat|e /'edʒʊkeɪt/ *vt* εκπαιδεύω. (*mind, public*) μορφώνω. **~ed** *a* μορφωμένος. **~ion** /-'keɪʃn/ *n* (η) παιδεία. (*culture*) (η) εκπαίδευση. **~ional** /-'keɪʃənl/ *a* εκπαιδευτικός

EEC /i:i:'si:/ *abbr* (*European Economic Community*) (η) ΕΟΚ

eel /i:l/ *n* (το) χέλι

eerie /'ɪərɪ/ *a* (**-ier, -iest**) αλλόκοτος. (*unnatural*) αφύσικος

effect /ɪ'fekt/ *n* (το) αποτέλεσμα, (η) ενέργεια. • *vt* πραγματοποιώ. **come into ~** αρχίζω να ισχύω. **in ~** στην πραγματικότητα. **take ~** φέρνω αποτέλεσμα

effective /ɪ'fektɪv/ *a* αποτελεσματικός. (*striking*) εντυπωσιακός. (*actual*) πραγματικός. **~ly** *adv* αποτελεσματικά. **~ness** *n* (η) αποτελεσματικότητα

effeminate /ɪ'femɪnət/ *a* θηλυπρεπής

effervescent /efə'vesnt/ *a* αναβράζων

efficien|t /ɪ'fɪʃnt/ *a* ικανός. **~cy** *n* (η) αποδοτικότητα. **~tly** *adv* αποδοτικά

effigy /'efɪdʒɪ/ *n* (το) ομοίωμα

effort /'efət/ *n* (η) προσπάθεια. **make an ~** κάνω προσπάθεια. **~less** *a* εύκολος

effrontery /ɪ'frʌntərɪ/ *n* (η) ιταμότητα

effusive /ɪ'fju:sɪv/ *a* διαχυτικός

e.g. *abbr* π.χ.

egalitarian /ɪgælɪ'teərɪən/ *a* ισοπεδωτικός

egg[1] /eg/ *n* (το) αβγό. **~-cup** *n* (η) αβγοθήκη. **~-plant** *n* (η) μελιτζάνα

egg[2] /eg/ *vt* **~ on** παροτρύνω

eggshell /'egʃel/ *n* (το) τσόφλι του αβγού

ego /'egəʊ/ *n* (*pl* **-os**) (το) εγώ. **~(t)ism** *n* (ο) εγωισμός. **~(t)ist** *n* (ο) εγωιστής, (η) εγωίστρια

egocentric /egəʊ'sentrɪk/ *a* εγωκεντρικός

Egypt /'i:dʒɪpt/ n (η) Αίγυπτος. **~ian**
/ɪ'dʒɪpɪən/ a αιγυπτιακός. • n (ο)
Αιγύπτιος, (η) Αιγύπτια
eh /eɪ/ int (fam) ε
eiderdown /'aɪdədaʊn/ n (το) πάπλωμα
eight /eɪt/ a οκτώ. • n (το) οκτώ, (τα) οχτώ
eighth /eɪtθ/ a όγδοος. • n (το) όγδοο
eighteen /eɪ'ti:n/ a δεκαοχτώ. • n (το)
δεκαοκτώ, (το) δεκαοχτώ. **~th** a
δέκατος όγδοος. • n (το) δέκατο όγδοο
eight|ly /'eɪtɪ/ a & n ογδόντα. **~ieth** a
ογδοηκοστός. • n (το) ογδοηκοστό
either /'aɪðə(r)/ a & pron είτε, ή. (with
negative) ούτε. (each) καθένας. • conj
~ . . . or είτε . . . είτε, ή . . . ή. (with
negative) ούτε . . . ούτε
ejaculate /ɪ'dʒækjʊleɪt/ vt/i
εκσπερματώνω. (exclaim) αναφωνώ
eject /ɪ'dʒekt/ vt εκτινάσσω. (throw out)
εκδιώκω
eke /i:k/ vt **~ out** συμπληρώνω
elaborate[1] /ɪ'læbərət/ a πολύπλοκος
elaborate[2] /ɪ'læbəreɪt/ vt επεξεργάζομαι.
• vi περιπλέκομαι. **~ on** αναπτύσσω
elapse /ɪ'læps/ vi (time) περνώ
elastic /ɪ'læstɪk/ a λαστιχένιος. • n (το)
λάστιχο. **~ band** (το) λάστιχο. **~ity**
/elæ'stɪsəti/ n (η) ελαστικότητα
elat|ed /ɪ'leɪtɪd/ a γεμάτος αγαλλίαση.
~ion /-ʃn/ n (η) αγαλλίαση
elbow /'elbəʊ/ n (ο) αγκώνας
elder[1] /'eldə(r)/ a μεγαλύτερος. • n (ο)
μεγαλύτερος
elder[2] /'eldə(r)/ n (tree) (η) κουφοξυλιά
elderly /'eldəlɪ/ a ηλικιωμένος
eldest /'eldɪst/ a μεγαλύτερος. • n (ο)
μεγαλύτερος
elect /ɪ'lekt/ vt εκλέγω. • a μέλλων. **~ to
do** διαλέγω να κάνω. **~ion** /-ʃn/ n (η)
εκλογή
elector /ɪ'lektə(r)/ n (ο) εκλογέας. **~al** a
εκλογικός. **~ate** n (το) εκλογικό σώμα
electric /ɪ'lektrɪk/ a ηλεκτρικός. **~
blanket** n (η) ηλεκτρική κουβέρτα. **~
fire** n (η) ηλεκτρική θερμάστρα. **~
shock** n (η) ηλεκτροπληξία. **~al** a
ηλεκτρολογικός
electrician /ɪlek'trɪʃn/ n (ο)
ηλεκτρολόγος
electricity /ɪlek'trɪsətɪ/ n (ο) ηλεκτρισμός
electrify /ɪ'lektrɪfaɪ/ vt ηλεκτρίζω
electrocute /ɪ'lektrəkju:t/ vt εκτελώ με
ηλεκτρισμό
electrode /ɪ'lektrəʊd/ n (το) ηλεκτρόδιο
electron /ɪ'lektrɒn/ n (το) ηλεκτρόνιο
electronic /ɪlek'trɒnɪk/ a ηλεκτρονικός.
~s n (η) ηλεκτρονική
elegan|t /'elɪgənt/ a κομψός. **~ce** n (η)
κομψότητα. **~tly** adv κομψά
element /'elɪmənt/ n (το) στοιχείο.
(electr) (η) αντίσταση. **~ary** /-'mentrɪ/ a
στοιχειώδης
elephant /'elɪfənt/ n (ο) ελέφαντας

elevat|e /'elɪveɪt/ vt ανυψώνω. **~ion**
/-'veɪʃn/ n (η) ανύψωση
elevator /'elɪveɪtə(r)/ n (Amer) (το)
ασανσέρ invar, (ο) ανελκυστήρας
eleven /ɪ'levn/ a έντεκα invar. • n (το)
έντεκα invar. **~th** a ενδέκατος
elf /elf/ n (pl **elves**) είδος μικρού ζωτικού
elicit /ɪ'lɪsɪt/ vt αποσπώ
eligible /'elɪdʒəbl/ a κατάλληλος. **be ~
for sth.** δικαιούμαι κάτι
eliminat|e /ɪ'lɪmɪneɪt/ vt εξαλείφω. **~ion**
/-'neɪʃn/ n (η) εξάλειψη
élite /eɪ'li:t/ n (η) ελίτ invar
ellip|se /ɪ'lɪps/ n (η) έλλειψη (σχήμα).
~tical a ελλειπτικός
elm /elm/ n (η) φτελιά
elocution /elə'kju:ʃn/ n (η) απαγγελία
elongate /'i:lɒŋgeɪt/ vt επιμηκύνω. **~d** a
επιμήκης
elope /ɪ'ləʊp/ vi κλέβομαι. **~ment** n (η)
απαγωγή
eloquen|t /'eləkwənt/ a εύγλωττος.
~ce n (η) ευγλωττία. **~tly** adv
εύγλωττα
else /els/ adv αλλιώς. **everybody ~** όλοι
οι άλλοι. **nobody ~** κανένας άλλος.
nothing ~ τίποτ' άλλο. **or ~**
διαφορετικά. **something ~** κάτι άλλο.
what ~? τι άλλο;
elsewhere /'elsweə(r)/ adv κάπου αλλού
elucidate /ɪ'lu:sɪdeɪt/ vt διευκρινίζω
elude /ɪ'lu:d/ vt διαφεύγω. (avoid)
αποφεύγω
elusive /ɪ'lu:sɪv/ a ασύλληπτος
emaciated /ɪ'meɪʃɪeɪtɪd/ a κάτισχνος
emanate /'eməneɪt/ vi προέρχομαι
emancipat|e /ɪ'mænsɪpeɪt/ vt χειραφετώ.
~ed a χειραφετημένος. **~ion** /-'peɪʃn/ n
(η) χειραφέτηση
embalm /ɪm'ba:m/ vt βαλσαμώνω
embankment /ɪm'bæŋkmənt/ n (το)
ανάχωμα
embargo /ɪm'ba:gəʊ/ n (pl -**oes**) (το)
εμπάργκο invar
embark /ɪm'ba:k/ vt/i επιβιβάζω/ομαι. **~
on** αρχίζω. **~ation** /emba:'keɪʃn/ n (η)
επιβίβαση
embarrass /ɪm'bærəs/ vt φέρνω σε
αμηχανία. **~ed** a αμήχανος. **~ing** a
ενοχλητικός. **~ment** n (η) αμηχανία
embassy /'embəsɪ/ n (η) πρεσβεία
embed /ɪm'bed/ vt (pt **embedded**)
σφηνώνω
embellish /ɪm'belɪʃ/ vt στολίζω. **~ment** n
(το) στόλισμα
embers /'embəz/ npl (η) θράκα
embezzle /ɪm'bezl/ vt κατκαχρώμαι.
~ment n (η) κατάχρηση
embitter /ɪm'bɪtə(r)/ vt πικραίνω
emblem /'embləm/ n (το) έμβλημα
embod|y /ɪm'bɒdɪ/ vt ενσαρκώνω.
(include) περικλείω. **~iment** n (η)
ενσάρκωση

emboss /ɪm'bɒs/ vt (metal) αποτυπώνω ανάγλυφα πάνω σε. (paper) εκτυπώνω. ~ed a ανάγλυφος, έκτυπος

embrace /ɪm'breɪs/ vt/i αγκαλιάζω/ομαι. • n (το) αγκάλιασμα

embroider /ɪm'brɔɪdə(r)/ vt κεντώ. ~y n (το) κέντημα

embroil /ɪm'brɔɪl/ vt μπλέκω (in, σε)

embryo /'embrɪəʊ/ n (pl -os) (το) έμβρυο. ~nic /-'ɒnɪk/ a εμβρυϊκός

emerald /'emərəld/ n (το) σμαράγδι

emerge /ɪ'mɜːdʒ/ vi ανακύπτω. (appear) εμφανίζομαι. (surface) αναδύομαι. ~nce /-əns/ n (η) εμφάνιση, (η) ανάδυση

emergency /ɪ'mɜːdʒənsɪ/ n (η) έκτακτος ανάγκη. ~ exit n (η) έξοδος κινδύνου. in an ~ σε περίπτωση εκτάκτου ανάγκης

emery /'emərɪ/ n (η) σμύρη. ~-board n (το) σμυριδόχαρτο

emigrant /'emɪɡrənt/ n (ο) μετανάστης, (η) μετανάστρια

emigrat|e /'emɪɡreɪt/ vi μεταναστεύω. ~ion /-'ɡreɪʃn/ n (η) μετανάστευση

eminen|t /'emɪnənt/ a διακεκριμένος. ~ce n (η) διάκριση. ~tly adv εξαιρετικά

emi|t /ɪ'mɪt/ vt (pt emitted) εκπέμπω. ~ssion n (η) εκπομπή

emotion /ɪ'məʊʃn/ n (η) συγκίνηση. ~al a συγκινητικός. (person) ευκολοσυγκίνητος

emotive /ɪ'məʊtɪv/ a συγκινητικός

empathy /'empəθɪ/ n (η) εμπάθεια

emperor /'empərə(r)/ n (ο) αυτοκράτορας

emphasis /'emfəsɪs/ n (pl -ses /-sɪːz/) (η) έμφαση. **lay** or **put** ~ **on** δίνω έμφαση σε

emphasize /'emfəsaɪz/ vt τονίζω

emphatic /ɪm'fætɪk/ a εμφατικός. (manner) κατηγορηματικός. ~ally /-klɪ/ adv εμφατικά, κατηγορηματικά

emphasize /'emfəsaɪz/ vt τονίζω

empire /'empaɪə(r)/ n (η) αυτοκρατορία

empirical /ɪm'pɪrɪkl/ a εμπειρικός

employ /ɪm'plɔɪ/ vt απασχολώ. ~ee /emplɔɪ'iː/ n (ο, η) υπάλληλος. ~er n (ο) εργοδότης, (η) εργοδότρια. ~ment n (η) απασχόληση. ~ment agency n γραφείο ευρέσεως εργασίας

empower /ɪm'paʊə(r)/ vt εξουσιοδοτώ. (enable) επιτρέπω

empress /'emprɪs/ n (η) αυτοκράτειρα

empt|y /'emptɪ/ a άδειος. • vt/i αδειάζω. ~ **promise** (η) κούφια υπόσχεση. **on an** ~**y stomach** με άδειο στομάχι. ~**ies** npl (τα) άδεια μπουκάλια. ~**iness** n (το) κενό

emulate /'emjʊleɪt/ vt μιμούμαι

emulsion /ɪ'mʌlʃn/ n (το) γαλάκτωμα

enable /ɪ'neɪbl/ vt καθιστώ ικανό. ~ **s.o. to** επιτρέπω σε κάποιον να

enact /ɪ'nækt/ vt αναπαριστάνω. (jur) θεσπίζω. (theatr) παίζω

enamel /ɪ'næml/ n (το) σμάλτο. • vt (pt enamelled) σμαλτώνω

enamoured /ɪ'næməd/ a ερωτευμένος. **be ~ of** είμαι καταγοητευμένος με

enchant /ɪn'tʃɑːnt/ vt μαγεύω. ~ed a γοητευμένος. ~ing a μαγευτικός. ~ment n (η) μαγεία

encircle /ɪn'sɜːkl/ vt περικυκλώνω

enclave /'enkleɪv/ n (ο) θύλακας

enclose /ɪn'kləʊz/ vt (land) περιφράζω. (with letter) εσωκλείω. (in receptacle) κλείνω. ~d a (space) περικλειόμενος. (with letter) εσώκλειστος

enclosure /ɪn'kləʊʒə(r)/ n (area) (ο) περιφραγμένος χώρος. (comm) (το) εσώκλειστο

encompass /ɪn'kʌmpəs/ vt περικλείνω

encore /'ɒŋkɔː(r)/ int μπις. • n (το) μπιζάρισμα

encounter /ɪn'kaʊntə(r)/ vt συναντώ. • n (η) συνάντηση. (battle) (η) συμπλοκή

encourage /ɪn'kʌrɪdʒ/ vt ενθαρρύνω. ~ment n (η) ενθάρρυνση

encroach /ɪn'krəʊtʃ/ vi ~ **on** επεμβαίνω σε. (land) καταπατώ. (time) τρώγω

encumb|er /ɪn'kʌmbə(r)/ vt παρακωλύω. **be ~ered with** επιβαρύνομαι με. ~**rance** n (η) παρακώληση. (burden) (το) βάρος

encycloped|ia /ɪnsaɪklə'piːdɪə/ n (η) εγκυκλοπαίδεια. ~**ic** a εγκυκλοπαιδικός

end /end/ n (το) τέλος. (furthest point) (η) άκρη. • vt/i τελειώνω. **come to an** ~ τελειώνω. ~ **up** καταλήγω. **in the** ~ στο τέλος. **make ~s meet** τα φέρνω βόλτα. **no** ~ (fam) χωρίς τέλος. **no** ~ **of money** (fam) άφθονο χρήμα. **on** ~ (consecutive) συνέχεια

endanger /ɪn'deɪndʒə(r)/ vt θέτω σε κίνδυνο

endear|ing /ɪn'dɪərɪŋ/ a ελκυστικός. ~**ment** n (η) αγάπη

endeavour /ɪn'devə(r)/ n (η) προσπάθεια. vi ~ **to** προσπαθώ να

ending /'endɪŋ/ n (το) τέλος

endive /'endɪv/ n (το) αντίδι

endless /'endlɪs/ a ατέλειωτος. ~**ly** adv ατέλειωτα

endorse /ɪn'dɔːs/ vt (comm) επικυρώνω. (fig) επιδοκιμάζω. (jur) οπισθογραφώ. ~**ment** n (comm) (η) έγκριση. (fig) (η) επιδοκιμασία. (jur) (η) οπισθογράφηση

endow /ɪn'daʊ/ vt προικίζω. **be ~ed with** είμαι προικισμένος με. ~**ment** n (η) δωρεά

endur|e /ɪn'djʊə(r)/ vt/i αντέχω. ~**able** a υποφερτός. ~**ance** n (η) αντοχή. ~**ing** a διαρκής

enemy /'enəmɪ/ n (ο) εχθρός. • a εχθρικός

energetic /enə'dʒetɪk/ a δραστήριος

energy /'enədʒɪ/ n (η) ενέργεια

enforce /ɪn'fɔːs/ vt επιβάλλω. **~d** a επιβεβλημένος

engage /ɪn'geɪdʒ/ vt (staff) προσλαμβάνω. (reserve) πιάνω. (occupy) απασχολώ. (attention) κρατώ. (mech) εμπλέκω. • vi **~ in** (activity) ασχολούμαι με. (conversation) πιάνω. **~d** a (to be married) αρραβωνιασμένος. (busy) απασχολημένος. (telephone) κατηλειμμένος Cy. κρατημένος. **get ~d** αρραβωνιάζομαι. **~ment** n (ο) αρραβώνας. (meeting) (η) δέσμευση. (undertaking) (η) υποχρέωση. **~ment ring** n (η) αρραβώνα

engaging /ɪn'geɪdʒɪŋ/ a θελκτικός

engender /ɪn'dʒendə/ vt προξενώ

engine /'endʒɪn/ n (ο) κινητήρας, (η) μηχανή. **~-driver** n (ο) μηχανοδηγός

engineer /endʒɪ'nɪə(r)/ n (ο) μηχανικός. • vt (fig) μηχανεύομαι. **~ing** n (η) μηχανική

England /'ɪŋglənd/ n (η) Αγγλία

English /'ɪŋglɪʃ/ a αγγλικός. • n (lang) (τα) αγγλικά. **~man** n (ο) Άγγλος. **~woman** n (η) Αγγλίδα. the **~ Channel** (η) Μάγχη

engrave /ɪn'greɪv/ vt χαράζω. **~ing** n (η) χαλκογραφία

engrossed /ɪn'grəʊst/ a απορροφημένος (in, σε)

engulf /ɪn'gʌlf/ vt καταβροχθίζω

enhance /ɪn'hɑːns/ vt ανεβάζω, υψώνω

enigma /ɪ'nɪgmə/ n (το) αίνιγμα. **~tic** /enɪg'mætɪk/ a αινιγματικός

enjoy /ɪn'dʒɔɪ/ vt απολαμβάνω. **~ o.s.** διασκεδάζω. **~able** a ευχάριστος. **~ment** n (η) απόλαυση, (η) διασκέδαση

enlarge /ɪn'lɑːdʒ/ vt μεγεθύνω. • vi **~ upon** επεκτείνω. **~ment** n (η) μεγέθυνση

enlighten /ɪn'laɪtn/ vt διαφωτίζω. **~ment** n (η) διαφώτιση. the **E~ment** (ο) Διαφωτισμός

enlist /ɪn'lɪst/ vt στρατολογώ. (fig) εξασφαλίζω. • vi στρατολογούμαι

enliven /ɪn'laɪvn/ vt ζωντανεύω

enmity /'enmətɪ/ n (η) εχθρότητα

enormity /ɪ'nɔːmətɪ/ n (το) μέγεθος

enormous /ɪ'nɔːməs/ a τεράστιος

enough /ɪ'nʌf/ a αρκετός. • adv & int αρκετά. **have ~ of** βαριέμαι. **I've had ~!** φτάνει

enquir|e /ɪn'kwaɪə(r)/ vt ρωτώ. • vi ζητώ πληροφορίες. **~e about** ζητώ πληροφορίες για. **~e into** διερευνώ. **~y** n (η) έρευνα. (jur) (η) ανάκριση

enrage /ɪn'reɪdʒ/ vt εξοργίζω

enrich /ɪn'rɪtʃ/ vt εμπλουτίζω

enrol /ɪn'rəʊl/ vt (pt enrolled) εγγράφω. • vi εγγράφομαι (for, σε). **~ment** n (η) εγγραφή

ensemble /ɒn'sɒmbl/ n (το) σύνολο

ensign /'ensən/ n (flag) (η) σημαία

enslave /ɪn'sleɪv/ vt υποδουλώνω

ensue /ɪn'sjuː/ vi επακολουθώ

ensure /ɪn'ʃʊə(r)/ vt εξασφαλίζω. **~ that** εξασφαλίζω ότι

entail /ɪn'teɪl/ vt συνεπάγομαι

entangle /ɪn'tæŋgl/ vt μπλέκω. **~ment** n (το) μπλέξιμο

enter /'entə(r)/ vi μπαίνω. • vt μπαίνω σε. (competition) συμμετέχω σε. (army) πηγαίνω σε

enterprise /'entəpraɪz/ n (η) επιχείρηση. (fig) (η) τόλμη

enterprising /'entəpraɪzɪŋ/ a (person) τολμηρός. (mind) επιχειρηματικός

entertain /entə'teɪn/ vt (audience) διασκεδάζω. (guests) φιλοξενώ. (ideas, hopes) έχω, τρέφω. (consider) μελετώ. **~er** n (ο, η) κωμικός. **~ing** a διασκεδαστικός. **~ment** n (amusement) (η) διασκέδαση. (performance) (το) θέαμα. (reception) (η) περιποίηση

enthral /ɪn'θrɔːl/ vt (pt enthralled) συναρπάζω

enthuse /ɪn'θjuːz/ vi **~ over** ενθουσιάζομαι με

enthusias|m /ɪn'θjuːzɪæzəm/ n (ο) ενθουσιασμός. **~tic** /-'æstɪk/ a ενθουσιασμένος. **~tically** /-'æstɪklɪ/ adv ενθουσιασμένα

enthusiast /ɪn'θjuːzɪæst/ n (ο) λάτρης

entice /ɪn'taɪs/ vt δελεάζω

entire /ɪn'taɪə(r)/ a ολόκληρος. **~ly** adv ολοκληρωτικά

entirety /ɪn'taɪərətɪ/ n (η) ολότητα. **in its ~** στην ολότητά του

entitle /ɪn'taɪtl/ vt (give a right) δίνω το δικαίωμα σε. **~d** a (book) με τίτλο. **be ~d to** δικαιούμαι να. **~ment** n (το) δικαίωμα

entity /'entɪtɪ/ n (η) οντότητα

entrails /'entreɪlz/ npl (τα) εντόσθια

entrance[1] /'entrəns/ n (η) είσοδος. (right to enter) (το) δικαίωμα εισόδου. **~ examinations** npl (οι) εισαγωγικές εξετάσεις. **~ fee** n (η) είσοδος

entrance[2] /ɪn'trɑːns/ vt μαγεύω

entrant /'entrənt/ n (competition) (ο) υποψήφιος. (profession) (ο) αρχάριος

entreat /ɪn'triːt/ vt ικετεύω. **~y** n (η) ικεσία

entrench /ɪn'trentʃ/ vt οχυρώνω

entrepreneur /ɒntrəprə'nɜː(r)/ n (ο) επιχειρηματίας

entrust /ɪn'trʌst/ vt εμπιστεύομαι

entry /'entrɪ/ n (η) είσοδος. (on list) (η) καταχώρηση. (in race, competition) (η) συμμετοχή. **~ form** n (η) αίτηση. **no ~** απαγορεύεται η είσοδος

entwine /ɪn'twaɪn/ vt περιτυλίγω

enumerate /ɪ'njuːməreɪt/ vt απαριθμώ

enunciate /ɪ'nʌnsɪeɪt/ vt προφέρω. (state) διατυπώνω

envelop /ɪn'veləp/ vt (pt enveloped) περιβάλλω

envelope /'envələup/ n (ο) φάκελος

enviable /'enviəbl/ a επίζηλος

envious /'enviəs/ a φθονερός. ~ly adv φθονερά

environment /ɪn'vaɪərənmənt/ n (το) περιβάλλον. ~al /-'mentl/ a περιβαλλοντικός. ~alist n (ο, η) ειδικός σε θέματα του περιβάλλοντος

envisage /ɪn'vɪzɪdʒ/ vt (visualize) φαντάζομαι. (foresee) προβλέπω

envoy /'envɔɪ/ n (ο) απεσταλμένος

envy /'envɪ/ n (ο) φθόνος. • vt φθονώ

enzyme /'enzaɪm/ n (το) ένζυμο

ephemeral /ɪ'femərəl/ a εφήμερος

epic /'epɪk/ n (το) έπος. • a επικός

epicentre /'episentə(r)/ n (το) επίκεντρο

epidemic /epɪ'demɪk/ n (η) επιδημία

epilep|sy /'epilepsɪ/ n (η) επιληψία. ~tic /-'leptɪk/ a επιληπτικός

epilogue /'epilɒg/ n (ο) επίλογος

episode /'episəud/ n (το) επεισόδιο

epitaph /'epita:f/ n (on tomb) (το) επιτύμβιο

epithet /'epiθet/ n (το) επίθετο

epitom|e /ɪ'pɪtəmɪ/ n (η) επιτομή. ~ize vt εκπροσωπώ

epoch /'i:pɒk/ n (η) εποχή. ~-making a που άφησε εποχή

equal /'i:kwəl/ a ίσος. • n (ο) ίσος. • vt (pt equalled) εξισώνω. be ~ to (task) είμαι αντάξιος (with gen). three plus four ~s seven τρία συν τέσσερα ίσον επτά. ~ity /ɪ'kwɒlətɪ/ n (η) ισότητα. ~ly adv εξίσου

equalize /'i:kwəlaɪz/ vt εξισώνω. • vi (sport) ισοφαρίζω. ~r /-ə(r)/ n (η) εξίσωση. (sport) (το) ισοφάρισμα

equanimity /ekwə'nɪmətɪ/ n (η) αταραξία

equate /ɪ'kweɪt/ vt εξισώνω (with, με)

equation /ɪ'kweɪʒn/ n (η) εξίσωση

equator /ɪ'kweɪtə(r)/ n (ο) ισημερινός. ~ial /ekwə'tɔ:rɪəl/ a ισημερινός

equestrian /ɪ'kwestrɪən/ a ιππικός

equilateral /i:kwɪ'lætərl/ a ισόπλευρος

equilibrium /i:kwɪ'lɪbrɪəm/ n (η) ισορροπία

equinox /'i:kwɪnɒks/ n (η) ισημερία

equip /ɪ'kwɪp/ vt (pt equipped) εξοπλίζω (with, με). ~ment n (ο) εξοπλισμός

equitable /'ekwɪtəbl/ a δίκαιος

equit|y /'ekwətɪ/ n (η) δικαιοσύνη. ~ies npl (comm) (οι) κοινές μετοχές

equivalen|t /ɪ'kwɪvələnt/ a αντίστοιχος. • n (το) αντίστοιχο. ~ce n (η) αντιστοιχία

equivocal /ɪ'kwɪvəkl/ a διαφορούμενος

era /'ɪərə/ n (η) εποχή

eradicate /ɪ'rædɪkeɪt/ vt εξαλείφω

erase /ɪ'reɪz/ vt σβήνω. ~r /-ə(r)/ n (η) γομαλάστιχα

erect /ɪ'rekt/ a όρθιος. • vt ανεγείρω. ~ion /-ʃn/ n (η) ανέγερση

ermine /'ɜ:mɪn/ n (η) ερμίνα

ero|de /ɪ'rəud/ vt διαβρώνω. ~sion /-ʒn/ n (η) διάβρωση

erotic /ɪ'rɒtɪk/ a ερωτικός. ~ism /-sɪzəm/ n (ο) ερωτισμός

err /ɜ:(r)/ vi κάνω λάθος. (sin) σφάλλω

errand /'erənd/ n (το) θέλημα

erratic /ɪ'rætɪk/ a άτακτος. (irregular) ακανόνιστος. (person) ασταθής

erroneous /ɪ'rəunɪəs/ a λανθασμένος

error /'erə(r)/ n (το) λάθος. to do sth in ~ κάνω κτ κατά λάθος

erudit|e /'eru:daɪt/ a πολυμαθής. ~ion /-'dɪʃn/ n (η) πολυμάθεια

erupt /ɪ'rʌpt/ vi κάνω έκρηξη. (fig) ξεσπώ. ~ion /-ʃn/ n (η) έκρηξη

escalat|e /'eskəleɪt/ vt/i κλιμακώνω/ομαι. ~ion /'-leɪʃn/ n (η) κλιμάκωση

escalator /'eskəleɪtə(r)/ n (η) κυλιόμενη σκάλα

escapade /eskə'peɪd/ n (η) περιπέτεια

escape /ɪ'skeɪp/ vi δραπετεύω. (gas) διαρρέω. • vt ξεφεύγω. • n (of prisoner) (η) δραπέτευση. (of gas) (η) διαρροή. (fig) (η) φυγή. ~ from δραπετεύω από. have a narrow ~ φτηνά τη γλιτώνω

escapism /ɪ'skeɪpɪzəm/ n (η) τάση φυγής

escort[1] /'eskɔ:t/ n (ο, η) συνοδός

escort[2] /ɪ'skɔ:t/ vt συνοδεύω

Eskimo /'eskɪməu/ n (pl -os or -o) (ο) Εσκιμώος. (η) Εσκιμώα

especial /ɪ'speʃl/ a ειδικός. ~ly adv ειδικά

espionage /'espɪəna:ʒ/ n (η) κατασκοπία

esplanade /esplə'neɪd/ n παραλιακός χώρος για περίπατο

Esq. /ɪ'skweɪə(r)/ abbr (Esquire) Κο(ν). John Smith, ~ Κο John Smith

essay /'eseɪ/ n (το) δοκίμιο. (schol) (η) έκθεση ιδεών.

essence /'esns/ n (η) ουσία. in ~ στην ουσία

essential /ɪ'senʃl/ a απαραίτητος. • n (η) ουσία. the ~s (τα) απαραίτητα. ~ly adv απαραίτητα

establish /ɪ'stæblɪʃ/ vt εγκαθιστώ. (business) ιδρύω. (prove) αποδεικνύω. ~ment n (η) ίδρυση. the E~ment (το) κατεστημένο

estate /ɪ'steɪt/ n (land) (το) κτήμα. (posessions) (η) περιουσία. (residential) (ο) συνοικισμός. ~ agent n (ο) κτηματομεσίτης. ~ car n (το) αυτοκίνητο εστέιτ, (το) πεντάπορτο αυτοκίνητο. real ~ n ακίνητη περιουσία. industrial ~ n (η) βιομηχανική περιοχή

esteem /ɪ'sti:m/ vt εκτιμώ. • n (η) εκτίμηση

estimate[1] /'estɪmət/ n (ο) υπολογισμός. (comm) (ο) προϋπολογισμός.

estimat|e[2] /'estɪmeɪt/ vt υπολογίζω. ~ion /-'meɪʃn/ n (η) εκτίμηση. (opinion) (η) κρίση

estranged /ɪs'treɪndʒt/ a αποξενωμένος

estuary /'estjuərɪ/ n (η) εκβολή

etc. /ɪt'setrə/ abbr (et cetera) κ.λη., κ.τ.λ.

etch /'etʃ/ vt χαράσσω ~ing n (η) χαρακτικά

eternal /ɪ'tɜ:nl/ a αιώνιος

eternity /ɪ'tɜ:nəti/ n (η) αιωνιότητα

ether /'i:tə(r)/ n (ο) αιθέρας

ethereal /ɪ'θɪərɪəl/ a αιθέριος

ethic /'eθɪk/ n (ο) ηθικός κώδικας. ~s (η) ηθική. professional ~s (η) επαγγελματική δεοντολογία. ~al a ηθικός

ethnic /'eθnɪk/ a εθνικός

ethos /'i:θɒs/ n (το) ήθος

etiquette /'etɪket/ n (η) εθιμοτυπία

etymology /etɪ'mɒlədʒɪ/ n (η) ετυμολογία

eucalyptus /ju:kə'lɪptəs/ n (pl -tuses) (ο) ευκάλυπτος

eulogy /'ju:lədʒɪ/ n (το) εγκώμιο

euphemis|m /'ju:fəmɪʒəm/ n (ο) ευφημισμός. ~tic /-'ɪstɪk/ a ευφημιστικός

euphoria /ju:'fɔ:rɪə/ n (η) ευφορία

Europe /'jʊərəp/ n (η) Ευρώπη. ~an /-'pɪən/ a ευρωπαϊκός. n (ο) Ευρωπαίος, (η) Ευρωπαία. ~an (Economic) Community (η) Ευρωπαϊκή Κοινότητα

euthanasia /ju:θə'neɪzɪə/ n (η) ευθανασία

evacuat|e /ɪ'vækjʊeɪt/ vt εκκενώνω. ~ion /-'eɪʃn/ n (η) εκκένωση

evade /ɪ'veɪd/ vt αποφεύγω

evaluate /ɪ'væljʊeɪt/ vt εκτιμώ

evangelical /i:væn'dʒelɪkl/ a ευαγγελικός

evangelist /ɪ'vændʒəlɪst/ n (ο) ευαγγελιστής

evaporat|e /ɪ'væpəreɪt/ vi εξατμίζομαι. (fig) εξανεμίζομαι. ~ed milk n (το) εβαπορέ. ~ion /-'reɪʃn/ n (η) εξάτμιση

evasion /ɪ'veɪʒn/ n (η) διαφυγή. (excuse) (η) υπεκφυγή. (tax) (η) φοροδιαφυγή

evasive /ɪ'veɪsɪv/ a (answer) (η) υπεκφυγή. (action) (ο) ελιγμός διαφυγής

eve /i:v/ n (η) παραμονή

even /'i:vn/ a (surface) ομαλός. (equal) ίσος. (number) ζυγός. • vt ~ up or out εξισώνω. • vi ~ out (land) γίνομαι ομαλός. • adv ακόμη και. ~ better ακόμη καλύτερα. ~ if ακόμη κι αν. ~ more ακόμη περισσότερο. ~ so ακόμη κι έτσι. ~ly adv ομαλά

evening /'i:vnɪŋ/ n (το) βράδυ. (whole evening, event) (η) βραδιά. in the ~ το βράδυ. this ~ απόψε

event /ɪ'vent/ n (το) γεγονός. (sport) (ο) αγώνας. in the ~ of an accident σε περίπτωση ατυχήματος. ~ful a πολυτάραχος

eventual /ɪ'ventʃʊəl/ a τελικός. ~ity /-'ælətɪ/ n (η) πιθανότητα. ~ly adv τελικά

ever /'evə(r)/ adv ποτέ. (at all times) πάντοτε. ~ after για πάντα. ~ since από τότε. ~ so (fam) πολύ. for ~ για πάντα. hardly ~ σχεδόν ποτέ, σπανιότατα

evergreen /'evəgri:n/ a αειθαλής. • n (το) αειθαλές φυτό

everlasting /'evəla:stɪŋ/ a παντοτινός

every /'evrɪ/ a κάθε. ~ one καθένας. ~ other day μέρα παρά μέρα

everybody /'evrɪbɒdɪ/ pron ο καθένας, όλοι

everyday /'evrɪdeɪ/ a καθημερινός

everyone /'evrɪwʌn/ pron ο καθένας

everything /'evrɪθɪŋ/ pron το κάθε τι, όλα

everywhere /'evrɪweə(r)/ adv παντού

evict /ɪ'vɪkt/ vt κάνω έξωση σε. ~ion /-ʃn/ n (η) έξωση

evidence /'evɪdəns/ n (η) ένδειξη. (jur) (η) μαρτυρία. (sign) (το) σημείο. be in ~ φαίνομαι. give ~ καταθέτω, μαρτυρώ

evident /'evɪdənt/ a φανερός, προφανής. ~ly adv φανερά, προφανώς

evil /'i:vl/ a κακός. • n (το) κακό

evo|ke /ɪ'vəʊk/ vt επικαλούμαι. (memories) φέρνω στο νου. ~cative /ɪ'vɒkətɪv/ a υποβλητικός

evolution /i:və'lu:ʃn/ n (η) εξέλιξη

evolve /ɪ'vɒlv/ vt αναπτύσσω. • vi εξελίσσομαι

ewe /ju:/ n (η) προβατίνα

ex- /eks/ pref πρώην

exacerbate /ɪg'zæsəbeɪt/ vt επιδεινώνω

exact¹ /ɪg'zækt/ a ακριβής. ~itude n (η) ακρίβεια. ~ly adv ακριβώς. ~ness n (η) ακρίβεια

exact² /ɪg'zækt/ vt απαιτώ. ~ing a απαιτητικός

exaggerat|e /ɪg'zædʒəreɪt/ vt/i υπερβάλλω. ~ion /-'reɪʃn/ n (η) υπερβολή

exalt /ɪg'zɔ:lt/ vt εκθειάζω. (praise) εξυμνώ

exam /ɪg'zæm/ n (fam) (οι) εξετάσεις

examination /ɪgzæmɪ'neɪʃn/ n (η) εξέταση

examine /ɪg'zæmɪn/ vt εξετάζω. (med) εξετάζω. (jur) ανακρίνω. ~r /-ə(r)/ n (ο) εξεταστής, (η) εξετάστρια

example /ɪg'za:mpl/ n (το) παράδειγμα. for ~ παραδείγματος χάρη. make an ~ of τιμωρώ για παραδειγματισμό

exasperat|e /ɪg'zæspəreɪt/ vt εξοργίζω. ~ion /-'reɪʃn/ n (η) απόγνωση

excavat|e /'ekskəveɪt/ vt κάνω ανασκαφές σε. ~ion /-'veɪʃn/ n (η) ανασκαφή

exceed /ɪk'si:d/ vt υπερβαίνω. ~ingly adv υπερβολικά, πάρα πολύ

excel /ɪk'sel/ vi (pt excelled) διακρίνομαι. • vt διαπρέπω. ~ o.s. ξεπερνώ τον εαυτό μου

excellen|t /'eksələnt/ a υπέροχος. ~ce n (η) υπεροχή. ~tly adv υπέροχα

except /ɪk'sept/ prep εκτός. • vt εξαιρώ. ~ for εκτός από. ~ing prep εκτός από

exception /ɪk'sepʃən/ n (η) εξαίρεση. take ~ to θίγομαι από

exceptional /ık'sepʃənl/ a εξαιρετικός. (unusual) ασυνήθιστος. ~ly adv εξαιρετικά

excerpt /'eksɜːpt/ n (το) απόσπασμα

excess¹ /ık'ses/ n (η) υπερβολή. (surplus) το πλεόνασμα. in ~ of παραπάνω από to ~ υπερβολικά

excess² /'ekses/ a υπερβολικός. ~ baggage or luggage n (οι) υπέρβαρες αποσκευές. ~ fare n (το) συμπληρωματικό εισιτήριο

excessive /ık'sesıv/ a υπερβολικός. ~ly adv υπερβολικά

exchange /ıks'tʃeındʒ/ vt ανταλλάσσω. • n (η) ανταλλαγή. (comm) (το) συνάλλαγμα. ~ rate n (η) τιμή του συναλλάγματος. in ~ for εις αντάλλαγμα (with gen). telephone ~ n (το) τηλεφωνικό κέντρο

exchequer /ıks'tʃekə(r)/ n (pol) (το) δημόσιο ταμείο

excise /'eksaız/ n (ο) καταναλωτικός φόρος

excit|e /ık'saıt/ vt συγκινώ. (inflame) εξάπτω. (cause) προκαλώ. ~able a ευέξαπτος. ~ed a συγκινημένος. get ~ed συγκινούμαι. ~ement n (η) συγκίνηση. ~ing a συναρπαστικός

exclaim /ık'skleım/ vi αναφωνώ. • vt φωνάζω

exclamation /eksklə'meıʃn/ n (η) αναφώνηση. ~ mark, (Amer) ~ point ns (το) θαυμαστικό

exclu|de /ık'skluːd/ vt αποκλείω. ~ding VAT χωρίς ΦΠΑ. ~sion /-ʒən/ n (ο) αποκλεισμός

exclusive /ık'skluːsıv/ a αποκλειστικός. (person) εκλεκτικός. ~ of VAT χωρίς ΦΠΑ. ~ly adv αποκλειστικά

excommunicate /ekskə'mjuːnıkeıt/ vt αφορίζω

excrement /'ekskrımənt/ n (το) περίττωμα

excruciating /ık'skruːʃıeıtıŋ/ a μαρτυρικός

excursion /ık'skɜːʃn/ n (η) εκδρομή

excus|e¹ /ık'skjuːz/ vt δικαιολογώ. ~e o.s. δικαιολογούμαι. ~e from απαλλάσσω από. ~e me! με συγχωρείτε, συγνώμη. ~able a δικαιολογημένος

excuse² /ık'skjuːs/ n (η) δικαιολογία

ex-directory /eksdı'rektərı/ a που δε συμπεριλαμβάνεται στον τηλεφωνικό κατάλογο

execute /'eksıkjuːt/ vt εκτελώ

execution /eksı'kjuːʃn/ n (η) εκτέλεση. ~er n (ο) εκτελεστής

executive /ıg'zekjutıv/ n (το) ανώτερο στέλεχος (εταιρίας). • a εκτελεστικός

executor /ıg'zekjutə(r)/ n (jur) (ο) εκτελεστής

exemplary /ıg'zemplərı/ a υποδειγματικός

exemplify /ıg'zemplıfaı/ vt είμαι παράδειγμα (with gen.)

exempt /ıg'zempt/ a απαλλαγμένος. • vt απαλλάσσω. ~ion /-ʃn/ n (η) απαλλαγή, (η) εξαίρεση

exercise /'eksəsaız/ n (η) άσκηση. (mil) (το) γυμνάσιο. • vt ασκώ, γυμνάζω. • vi ασκούμαι, γυμνάζομαι. ~ book n (το) τετράδιο

exert /ıg'zɜːt/ vt ασκώ. ~ o.s. καταβάλλω προσπάθειες. ~ion /-ʃn/ n (η) προσπάθεια

exhal|e /eks'heıl/ vi εκπνέω. • vt αναδίνω ~ation /-ə'leıʃn/ n (η) εκπνοή

exhaust /ıg'zɔːst/ vt εξαντλώ. • n (auto) (η) εξάτμιση. ~ gases (τα) καυσαέρια. ~-pipe n (ο) σωλήνας εξατμίσεως/εξαγωγής. ~ed a εξαντλημένος. ~ing a εξαντλητικός, κουραστικός. ~ion /-stʃən/ n (η) εξάντληση

exhaustive /ıg'zɔːstıv/ a εξαντλητικός

exhibit /ıg'zıbıt/ vt εκθέτω. • n (το) έκθεμα. (jur) (το) τεκμήριο. ~or n (ο) εκθέτης, (η) εκθέτρια

exhibition /eksı'bıʃn/ n (η) έκθεση. (act of showing) (η) επίδειξη. make an ~ of o.s. γίνομαι θέαμα. ~ist n (ο) επιδειξιομανής. (psych) (ο) επιδειξίας

exhilarat|e /ıg'zıləreıt/ vt χαροποιώ. ~ing a πολύ ευχάριστος. ~ion /-'reıʃn/ n (η) χαροποίηση

exhort /ıg'zɔːt/ vt προτρέπω

exile /'eksaıl/ n εξορία. (person) (ο) εξόριστος. • vt εξορίζω. in ~ σε εξορία

exist /ıg'zıst/ vi υπάρχω. ~ence n (η) ύπαρξη. be in ~ence υπάρχω

exit /'eksıt/ n (η) έξοδος (αντίθ. είσοδος)

exodus /'eksədəs/ n (η) έξοδος

exonerate /ıg'zɒnəreıt/ vt απαλλάσσω

exorbitant /ıg'zɔːbıtənt/ a εξωφρενικός

exorci|ze /'eksɔːsaız/ vt εξορκίζω. ~sm /-sızəm/ n (ο) εξορκισμός

exotic /ıg'zɒtık/ a εξωτικός

expan|d /ık'spænd/ vt επεκτείνω. (metal) διαστέλλω. (explain) αναπτύσσω. • vi επεκτείνομαι. (metal) διαστέλλομαι. ~ on αναπτύσσω. ~sion n (η) διαστολή, (η) επέκταση. (comm) (η) ανάπτυξη

expanse /ık'spæns/ n (η) έκταση

expansive /ık'spænsıv/ a επεκτατικός

expatriate /eks'pætrıət/ a εκπατρισμένος. • n (ο) εκπατρισμένος

expect /ık'spekt/ vt προσδοκώ. (suppose) υποθέτω. (demand) απαιτώ. (baby) περιμένω. ~ to ελπίζω να. I ~ so έτσι υποθέτω. ~ation /ekspek'teıʃn/ n (η) προσδοκία

expectan|t /ık'spektənt/ a που περιμένει. (mother) έγκυος. ~cy n (η) αναμονή

expedien|t /ık'spiːdıənt/ a σκόπιμος. ~cy n (η) σκοπιμότητα

expedite /'ekspıdaıt/ vt επισπεύδω

expedition /ekspɪ'dɪʃn/ n (η) αποστολή. (*promptness*) (η) ταχύτητα. ~**ary** a (*mil*) εκστρατευτικός

expel /ɪk'spel/ vt (*pt* **expelled**) (*schol*) αποβάλλω. (*mil*) εκδιώκω

expend /ɪk'spend/ vt ξοδεύω. ~**able** a που μπορεί να θυσιαστεί

expenditure /ɪk'spendɪtʃə(r)/ n (η) δαπάνη

expense /ɪk'spens/ n (το) έξοδο. ~**s** (*comm*) (τα) έξοδα. **at s.o.'s** ~ σε βάρος κάποιου

expensive /ɪk'spensɪv/ a ακριβός. ~**ly** adv ακριβά

experience /ɪk'spɪərɪəns/ n (η) πείρα. • vt δοκιμάζω. ~**d** a πεπειραμένος

experiment /ɪk'sperɪmənt/ n (το) πείραμα. • vi πειραματίζομαι. ~**al** /-'mentl/ a πειραματικός

expert /'ekspɜ:t/ a ειδικός. • n (ο) εμπειρογνώμονας. ~**ly** adv επιδέξια

expertise /ekspɜ:'ti:z/ n (η) εμπειρογνωμοσύνη

expir|e /ɪk'spaɪə(r)/ vi λήγω. (*die*) εκπνέω. ~**y** n (η) λήξη. ~**y date** ημερομηνία λήξεως

expl|ain /ɪk'spleɪn/ vt εξηγώ. ~**anation** /eksplə'neɪʃn/ n (η) εξήγηση. ~**anatory** /ɪks'plænətərɪ/ a επεξηγηματικός

expletive /ɪk'spli:tɪv/ n (η) βλαστήμια

explicit /ɪk'splɪsɪt/ a ρητός. ~**ly** adv ρητώς

explo|de /ɪk'spləʊd/ vt ανατινάζω. • vi εκρήγνυμαι. ~**sion** /-ʒn/ n (η) έκρηξη. ~**sive** a εκρηκτικός. • n (η) εκρηκτική ύλη

exploit¹ /'eksplɔɪt/ n (το) κατόρθωμα

exploit² /ɪk'splɔɪt/ vt εκμεταλλεύομαι. ~**ation** /eksplɔɪ'teɪʃn/ n (η) εκμετάλλευση

exploratory /ɪk'splɒrətrɪ/ a εξερευνητικός

explor|e /ɪk'splɔ:(r)/ vt εξερευνώ. (*fig*) διερευνώ. ~**ation** /eksplə'reɪʃn/ n (η) εξερεύνηση. ~**er** n (ο) εξερευνητής, (η) εξερευνήτρια

exponent /ɪk'spəʊnənt/ n (ο) υποστηρικτής, (η) υποστηρίκτρια

export¹ /ɪk'spɔ:t/ vt εξάγω. ~**er** n (ο) εξαγωγέας

export² /'ekspɔ:t/ n (η) εξαγωγή

expos|e /ɪk'spəʊz/ vt εκθέτω. (*reveal*) αποκαλύπτω. ~**ure** /-ʒə(r)/ n (η) αποκάλυψη. (*photo*) (η) φωτογραφία. (*med*) (η) έκθεση

expound /ɪk'spaʊnd/ vt αναπτύσσω

express¹ /ɪk'spres/ a ρητός. • n (*train*) (η) ταχεία. • adv εξπρές. ~**ly** adv ρητώς

express² /ɪk'spres/ vt εκφράζω. ~ **o.s.** εκφράζομαι. ~**ion** /-ʃn/ n (η) έκφραση. ~**ive** a εκφραστικός

expulsion /ɪk'spʌlʃn/ n (η) εκδίωξη. (*from school*) (η) αποβολή. (*from country*) (η) απέλαση

expurgate /'ekspəgeɪt/ vt περικόπτω (*κείμενο*)

exquisite /'ekskwɪzɪt/ a έξοχος. ~**ly** adv έξοχα

extant /ek'stænt/ a διασωζόμενος

extempore /ek'stempərɪ/ a πρόχειρος. • adv πρόχειρα

exten|d /ɪk'stend/ vt επεκτείνω. (*house*) μεγαλώνω. (*offer*) κάνω. (*time*) παρατείνω. • vi απλώνομαι. ~**sion** n (η) επέκταση. (*of house*) (τα) επιπλέον δωμάτια. (*comm*) (η) παράταση. (*telephone*) (η) εσωτερική γραμμή.

extensive /ɪk'stensɪv/ a εκτεταμένος. ~**ly** εκτεταμένα. (*very much*) πολύ

extent /ɪk'stent/ n (η) έκταση. **to a certain** ~ μέχρι ενός σημείου

extenuate /ɪk'stenjʊeɪt/ vt ελαφρώνω

exterior /ɪk'stɪərɪə(r)/ a εξωτερικός. • n (το) εξωτερικό

exterminat|e /ɪk'stɜ:mɪneɪt/ vt εξοντώνω. ~**ion** /-'neɪʃn/ n (η) εξόντωση

external /ɪk'stɜ:nl/ a εξωτερικός. **for** ~ **use only** μόνο για εξωτερική χρήση. ~**ly** adv εξωτερικά

extinct /ɪk'stɪŋkt/ a που έχει εκλείψει. (*volcano*) σβησμένος. ~**ion** /-ʃn/ n (η) εξαφάνιση

extinguish /ɪk'stɪŋgwɪʃ/ vt σβήνω. ~**er** n (ο) πυροσβεστήρας

extol /ɪk'stəʊl/ vt (*pt* **extolled**) εξαίρω

extort /ɪk'stɔ:t/ vt εκβιάζω. ~**ion** /-ʃn/ n (ο) εκβιασμός

extortionate /ɪk'stɔ:ʃənət/ a (*price*) υπέρογκος

extra /'ekstrə/ a πρόσθετος. • adv έξτρα. • n (*additional item*) επιπλέον, πρόσθετος. (*cinema*) (ο) κομπάρσος. ~ **charge** το κουβέρ invar.

extract¹ /ɪk'strækt/ vt βγάζω. (*money, information*) αποσπώ. ~**ion** /-ʃn/ n (*lineage*) (η) καταγωγή

extract² /'ekstrækt/ n (το) απόσπασμα

extradit|e /'ekstrədaɪt/ vt εκδίδω (*φυγόδικο*). ~**ion** /-'dɪʃn/ n (η) έκδοση

extramarital /ekstrə'mærɪtl/ a εξωσυζυγικός

extraordinary /ɪk'strɔ:dnrɪ/ a έκτακτος

extraterrestrial /ekstrətɪ'restrɪəl/ a εξωγήινος

extravagan|t /ɪk'strævəgənt/ a υπερβολικός. (*wasteful*) σπάταλος. ~**ce** n (η) υπερβολή. (*wastefulness*) (η) σπατάλη

extrem|e /ɪk'stri:m/ a ακραίος. • n (το) άκρο. ~**ely** adv πάρα πολύ. ~**ist** n (ο) εξτρεμιστής, (η) εξτρεμίστρια

extremity /ɪk'stremətɪ/ n (το) άκρο

extricate /'ekstrɪkeɪt/ vt ξεμπλέκω (**from**, από)

extrovert /'ekstrəvɜ:t/ n εξωστρεφής

exuberan|t /ɪg'zju:bərənt/ a γεμάτος χαρά. ~**ce** n (το) ξεχείλισμα χαράς

exude /ɪgˈzjuːd/ vt εκχύνω. (*charm etc.*) αποπνέω

exult /ɪgˈzʌlt/ vi αγαλλιάζω

eye /aɪ/ n (το) μάτι. • vt (pt **eyed**, *pres p* **eyeing**) κοιτάζω. **~-opener** n (*fam*) κάτι αποκαλυπτικό. **~-shadow** n (η) σκιά ματιών. **keep an ~ on** προσέχω. **see ~ to ~** συμφωνώ

eyeball /ˈaɪbɔːl/ n (ο) βολβός του ματιού

eyebrow /ˈaɪbraʊ/ n (το) φρύδι

eyeful /ˈaɪfʊl/ n **get an ~** (*fam*) ρίχνω μια καλή ματιά

eyelash /ˈaɪlæʃ/ n (pl) (η) βλεφαρίδα

eyelet /ˈaɪlɪt/ n (η) μικρή τρύπα

eyelid /ˈaɪlɪd/ n (το) βλέφαρο

eyesight /ˈaɪsaɪt/ n (η) όραση

eyesore /ˈaɪsɔː(r)/ n (*fig*) (η) ασχήμια

eyewitness /ˈaɪwɪtnɪs/ n (ο, η) αυτόπτης μάρτυς

Ff

fable /ˈfeɪbl/ n (ο) μύθος

fabric /ˈfæbrɪk/ n (το) ύφασμα

fabricat|e /ˈfæbrɪkeɪt/ vt επινοώ. **~ion** /-ˈkeɪʃn/ n (η) επινόηση

fabulous /ˈfæbjʊləs/ a θρυλικός. (*fam*) απίθανος

façade /fəˈsaːd/ n (η) πρόσοψη. (*fig*) (το) προσωπείο

face /feɪs/ n (το) πρόσωπο. (*grimace*) (η) γκριμάτσα. (*of clock*) (η) πλάκα. • vt αντικρίζω. (*confront*) αντιμετωπίζω. • vi (*house*) βλέπω. **be ~d with** είμαι αντιμέτωπος με. **~-lift** n (το) λίφτινγκ *invar*. **~ to ~** πρόσωπο με πρόσωπο. **~ value** (*fig*) (η) επιφανειακή αξία. **~ up to** παραδέχομαι. **in the ~ of** (*confronted with*) όταν αντιμετωπίζω. (*in spite of*) παρά (*with acc*). **pull ~s** κάνω γκριμάτσες

faceless /ˈfeɪslɪs/ a απρόσωπος

facet /ˈfæsɪt/ n (η) έδρα. (*fig*) (η) πλευρά

facetious /fəˈsiːʃəs/ a αστείος

facial /ˈfeɪʃl/ a του προσώπου. • n (το) μασάζ του προσώπου

facile /ˈfæsaɪl/ a εύκολος

facilitate /fəˈsɪlɪteɪt/ vt διευκολύνω

facilit|y /fəˈsɪlətɪ/ n (η) ευκολία. **~ies** (οι) ευκολίες

facing /ˈfeɪsɪŋ/ n (η) επίστρωση

facsimile /fækˈsɪmɪlɪ/ n (το) πιστό αντίγραφο. (*fax*) (το) φαξ *invar*

fact /fækt/ n (το) γεγονός. **as a matter of ~**, **in ~** στην πραγματικότητα

faction /ˈfækʃn/ n (η) φατρία

factor /ˈfæktə(r)/ n (ο) παράγοντας

factory /ˈfæktərɪ/ n (το) εργοστάσιο

factual /ˈfæktʃʊəl/ a συγκεκριμένος

faculty /ˈfækltɪ/ n (η) ικανότητα. (*univ*) (η) σχολή

fad /fæd/ n (η) περαστική μανία

fade /feɪd/ vi (*light, sound, memory*) σβήνω. (*colour*) ξεθωριάζω. (*flower*) μαραίνομαι. **~d** a (*flower*) μαραμένος. (*colour*) ξεθωριασμένος.

fag /fæg/ n (*chore: fam*) (η) αγγαρεία. (*cigarette: sl*) (το) τσιγάρο

fagged /fægd/ a **~ out** ξεθεωμένος

fail /feɪl/ vt (*exam*) αποτυγχάνω. (*candidate*) απορρίπτω. (*disappoint*) απογοητεύω. • vi (*not succeed*) αποτυγχάνω. (*memory etc.*) αδυνατίζω. (*health etc.*) κλονίζομαι. (*engine etc.*) παθαίνω βλάβη. **~ to do** (*omit to do*) παραλείπω **I ~ to understand** δεν καταλαβαίνω. **without ~** οπωσδήποτε

failing /ˈfeɪlɪŋ/ n (το) ελάττωμα. • prep **~ that** διαφορετικά

failure /ˈfeɪljə(r)/ n (η) αποτυχία. (*mech*) (η) βλάβη. (*med*) (η) ανεπάρκεια. (*comm*) (η) χρεοκοπία. **be a ~** (*person*) είμαι αποτυχημένος

faint /feɪnt/ a (-er, -est) αδύνατος. • vi λιποθυμώ. • n (η) λιποθυμία. **~-hearted** a λιγόψυχος. **feel ~** μου έρχεται λιποθυμία. **not have the ~est idea** δεν έχω την παραμικρή ιδέα. **~ly** adv (*slightly*) αδύνατα. **~ness** n (η) αδυναμία

fair[1] /feə(r)/ n (το) πανηγύρι. (*comm*) (η) έκθεση

fair[2] /feə(r)/ a (-er, -est) (*hair, person*) ξανθός. (*skin etc.*) ξανθός. (*just*) δίκαιος. (*weather*) αίθριος. (*amount*) αρκετός. • adv δίκαια. **~ copy** n (το) καθαρό αντίγραφο. **~ play** n (η) δίκαιη συμπεριφορά. **~ly** adv δίκαια. (*rather*) αρκετά. **~ness** n (η) αμεροληψία

fairground /ˈfeəgraʊnd/ n (ο) υπαίθριος χώρος πανηγυριού

fairy /ˈfeərɪ/ n (η) νεράιδα. **~ story**, **~ tale** ns (το) παραμύθι

faith /feɪθ/ n (η) πίστη. **have ~ in** πιστεύω σε. **~-healer** n πρόσωπο που θεραπεύει με τη δύναμη της πίστης

faithful /'feɪθfl/ a πιστός. **~ly** adv πιστά. **yours ~ly** με τιμή. **~ness** n (η) πιστότητα

fake /feɪk/ n (η) απομίμηση. (person) (ο) απατεώνας. • a ψεύτικος. • vt απομιμούμαι. (pretend) προσποιούμαι

falcon /'fɔ:lkən/ n (το) γεράκι

fall /fɔ:l/ vi (pt fell, pp fallen) πέφτω. • n (autumn: Amer) (το) φθινόπωρο. (in price) (η) πτώση. **~ back on** καταφεύγω σε. **~ down** or **over** vi πέφτω. **~ down the stairs** πέφτω στις σκάλες. **~ over sth** (trip) σκοντάφτω σε κτ και πέφτω. **~ over the cliff** πέφτω από το γκρεμό. **~ for** (person: fam) ερωτεύομαι. (trick: fam) he fell for it έπεσε στην παγίδα. **~ in** (mil) παρατάσσομαι. **~ in with** (meet) κάνω παρέα με. (agree) συμφωνώ με. **~ off** (diminish) μειώνομαι. **~ out** (friends) τα χαλάω. **~-out** n (τα) κατάλοιπα. **~ short of** είμαι κατώτερος από. **~ through** (plan) αποτυγχάνω

fallacy /'fæləsɪ/ n (η) πλάνη

fallible /'fæləbl/ a people are **~** οι άνθρωποι κάνουν λάθη

fallow /'fæləʊ/ a χέρσος. lie **~** αφήνω χέρσο

false /fɔ:ls/ a ψεύτικος. **~ alarm** n (ο) αδικαιολόγητος φόβος. **~ teeth** npl (τα) ψεύτικα δόντια. **~hood** n (η) ψευτιά. **~ly** adv άδικα. **~ness** n (η) απιστία

falsify /'fɔ:lsɪfaɪ/ vt παραποιώ

falter /'fɔ:ltə(r)/ vi ταλαντεύομαι

fame /feɪm/ n (η) φήμη

famed /feɪmd/ a φημισμένος

familiar /fə'mɪlɪə(r)/ a γνώριμος. be **~ with** ξέρω. **~ity** /-'ærətɪ/ n (η) οικειότητα. **~ize** vt εξοικειώνομαι

family /'fæməlɪ/ n (η) οικογένεια. • a οικογενειακός. **~ planning** n (ο) οικογενειακός προγραμματισμός. **~ tree** n (το) οικογενειακό δέντρο

famine /'fæmɪn/ n (ο) λιμός

famished /'fæmɪʃt/ a be **~** (fam) πεθαίνω της πείνας

famous /'feɪməs/ a διάσημος. **~ly** adv (fam) μια χαρά

fan[1] /fæn/ n (ο) ανεμιστήρας. (hand-held) (η) βεντάλια. (mech) (ο) ανεμιστήρας, (το) βεντιλατέρ invar. • vt (pt fanned) **~ o.s.** κάνω αέρα. • vi **~ out** απλώνομαι. **~ belt** n (ο) ιμάντας ανεμιστήρα. **~ heater** n (το) αερόθερμο

fan[2] /fæn/ n (devotee) (ο) θαυμαστής, (η) θαυμάστρια. (sport) (ο, η) οπαδός. **~ club** n (η) λέσχη θαυμαστών

fanatic /fə'nætɪk/ n (ο) φανατικός. **~al** a φανατικός. **~ism** /-sɪzəm/ n (ο) φανατισμός

fancier /'fænsɪə(r)/ n pigeon **~** (ο) περιστεροτρόφος

fanciful /'fænsɪfl/ a παράδοξος

fancy /'fænsɪ/ n (η) φαντασία. (desire) (η) επιθυμία. (liking) (η) συμπάθεια. • a φανταστικός. (price) υπερβολικός. • vt (want: fam) θέλω, γουστάρω. (like: fam) συμπαθώ. (suppose, think) υποθέτω. **~ dress** n (η) μεταμφίεση. take a **~ to** συμπαθώ

fanfare /'fænfeə(r)/ n (η) φανφάρα

fang /fæŋ/ n (of snake) (το) φαρμακερό δόντι. (of dog) (το) δόντι

fanlight /'fænlaɪt/ n (ο) φεγγίτης

fantastic /fæn'tæstɪk/ a απίθανος

fantas|y /'fæntəsɪ/ n (day-dream) (η) φαντασίωση. **~ize** vi φαντασιοκοπώ

far /fa:(r)/ adv (further, furthest or farther, farthest) (distance) μακριά. (degree) πολύ. • a (further, furthest or farther, farthest) (end, side) άλλος. as **~ as** (up to) μέχρι. as **~ as I know** απ' ό, τι ξέρω. by **~** κατά πολύ. **~ away** or off μακριά. **~-away** or **~-off** μακρινός. • a the F**~** East n η Άπω Ανατολή. **~-fetched** a απίθανος, παρατραβηγμένος. **~-reaching** a μεγάλης σημασίας. **~-sighted** a πρεσβυωπικός. (fig) προνοητικός

farc|e /fa:s/ n (η) φάρσα. **~ical** a γελοίος

fare /feə(r)/ n (το) εισιτήριο. (food) (το) φαγητό. • vi περνώ

farewell /feə'wel/ int αντίο. • n (ο) αποχαιρετισμός

farm /fa:m/ n (η) φάρμα, (το) αγρόκτημα. • vt καλλιεργώ. • vi **~ out** εκμισθώνω. **~er** n (ο, η) γεωργός. **~ing** n (η) γεωργία

farmhouse /'fa:mhaʊs/ n (η) αγροικία

farmyard /'fa:mja:d/ n (η) αυλή αγροικίας

farther, farthest /'fa:ðə(r)/, 'fa:ðɪst/ see FAR

fascinat|e /'fæsɪneɪt/ vt συναρπάζω. **~ing** a συναρπαστικός. **~ion** /-'neɪʃn/ n (η) γοητεία

fasci|st /'fæʃɪst/ a φασιστικός. • n (ο) φασίστας, (η) φασίστρια. **~m** /-zəm/ n (ο) φασισμός

fashion /'fæʃn/ n (η) μόδα. (manner) (ο) τρόπος. • vt φτιάχνω. **~able** a της μόδας

fast[1] /fa:st/ a (-er, -est) γρήγορος. (colour) ανεξίτηλος. (fixed) στερεός. • adv γρήγορα. (firmly) στερεά. be **~** (watch, clock) πηγαίνω μπροστά. be **~ asleep** κοιμάμαι βαθιά. **~-food restaurant** (το) εστιατόριο γρήγορης εξυπηρέτησης, (sl) (το) φαστφουντάδικο

fast[2] /fa:st/ vi νηστεύω. • n (η) νηστεία

fasten /'fa:sn/ vt/i δένω. (window, bolt etc.) στερεώνω. **~er, ~ing** ns (ο) συνδετήρας

fastidious /fə'stɪdɪəs/ a σχολαστικός

fat /fæt/ n (το) λίπος. • a (fatter, fattest) παχύς, χοντρός. **a ~ lot** (fam) πολύ. **~-head** n (fam) (ο) χοντροκέφαλος. **~ness** n (το) πάχος fatal /'feɪtl/ a θανατηφόρος. ~ity /fə'tælətɪ/ n (ο) θάνατος. ~ly adv θανάσιμα

fatalis|t /'feɪtəlɪst/ n (ο) μοιρολάτρης, (η) μοιρολάτρις. ~m n (η) μοιρολατρία

fate /feɪt/ n (η) μοίρα. (one's lot) (η) τύχη. ~d a μοιραίος. ~ful a μοιραίος

father /'fɑːðə(r)/ n (ο) πατέρας. ~-in-law n (pl ~s-in-law) (ο) πεθερός. ~hood n (η) πατρότητα. ~ly a πατρικός

fathom /'fæðəm/ n (η) οργιά. • vt ~ (out) καταλαβαίνω

fatigue /fə'tiːg/ n (η) κούραση. • vt κουράζω

fatten /'fætn/ vt/i παχαίνω. ~ing a παχυντικός

fatty /'fætɪ/ a (meat, milk) λιπαρός. • n (fam) (ο) χοντρός

fatuous /'fætjʊəs/ a ανόητος

faucet /'fɔːsɪt/ n (Amer) (η) κάνουλα

fault /fɔːlt/ n (ο) ελάττωμα. (blame) (το) φταίξιμο. (geol) (το) ρήγμα. (mech) (η) βλάβη. • vt βρίσκω ελάττωμα σε. be at ~ έχω λάθος. it's your ~ είναι δικό σου λάθος. ~less a άψογος. ~y a ελαττωματικός

fauna /'fɔːnə/ n (η) πανίδα

favour /'feɪvə(r)/ n (approval) (η) εύνοια. (good turn) (η) χάρη. • vt ευνοώ. (prefer) προτιμώ. (support) υποστηρίζω. do s.o. a ~ κάνω χάρη σε κπ. in ~ (of) υπέρ (with gen). ~able a ευνοϊκός. ~ably adv ευνοϊκά

favourit|e /'feɪvərɪt/ a ευνοούμενος. • n (ο) ευνοούμενος. (sport) αγαπημένος. ~ism n (η) ευνοιοκρατία, (fam) (ο) φαβοριτισμός

fawn¹ /fɔːn/ n (το) ελαφάκι. • a κασταvοκίτρινος

fawn² /fɔːn/ vi ~ on γλείφω (κολακεύω)

fax /fæks/ n (document) (το) φαξ. ~ (machine) (η) συσκευή φαξ. • vt στέλλω φαξ

fear /fɪə(r)/ n (ο) φόβος. • vt/i φοβάμαι. for ~ of/that μήπως. ~ful a φοβισμένος. (awful) φοβερός. ~less a άφοβος. ~lessness n (η) αφοβία

fearsome /'fɪəsəm/ a τρομερός

feasib|le /'fiːzəbl/ a εφικτός. (likely) πιθανός. ~ility /-'bɪlətɪ/ n (το) εφικτό

feast /fiːst/ n (η) γιορτή. (banquet) (το) συμπόσιο. • vi κάνω μεγάλο τραπέζι. ~ on απολαμβάνω

feat /fiːt/ n (το) κατόρθωμα

feather /'feðə(r)/ n (το) φτερό. • vt ~ one's nest κάνω την μπάζα μου. ~-brained a ελαφρόμυαλος. ~ duster n (το) φτερό (ξεσκονιστήρι)

feature /'fiːtʃə(r)/ n (το) χαρακτηριστικό. (of face) (το) χαρακτηριστικό. (in newspaper) (ο) «φάκελος», σειρά άρθρων πάνω σε συγκεκριμένο θέμα. (film) (το) κύριο έργο. • vt (give prominence to) τονίζω. • vi τονίζομαι (in, σε)

February /'febrʊərɪ/ n (ο) Φεβρουάριος

fed /fed/ see FEED. • a ~ up απαυδισμένος (with, με)

federa|l /'fedərəl/ a ομοσπονδιακός. ~tion /-'reɪʃn/ n (η) ομοσπονδία

fee /fiː/ n (η) αμοιβή. (for entrance) (η) είσοδος. school ~s (τα) δίδακτρα

feeble /'fiːbl/ a (-er, -est) αδύνατος. ~-minded a διανοητικά καθυστερημένος

feed /fiːd/ vt (pt fed) (animals, people, baby) ταΐζω. (supply) τροφοδοτώ. • vi τρέφομαι. • n (η) τροφή. (for animals) (η) ζωοτροφή.

feedback /'fiːdbæk/ n (η) ανάδραση

feel /fiːl/ vt/i (pt felt) αισθάνομαι. (experience) νιώθω. (touch) ψηλαφώ. (think) πιστεύω. ~ hot/hungry ζεσταίνομαι/πεινώ. ~ like έχω διάθεση για. ~ up to αισθάνομαι ικανός να

feeler /'fiːlə(r)/ n (of insect etc.) (η) κεραία

feeling /'fiːlɪŋ/ n (το) αίσθημα. (awareness) (η) αίσθηση. hurt s.o.'s ~s πληγώνω κπ, θίγω κπ

feet /fiːt/ see FOOT

feign /feɪn/ vt προσποιούμαι

feint /feɪnt/ n (η) προσποίηση

felicitous /fə'lɪsɪtəs/ a εύστοχος

feline /'fiːlaɪn/ a αιλουροειδής

fell¹ /fel/ vt (trees) κόβω

fell² /fel/ see FALL

fellow /'feləʊ/ n (ο) άνθρωπος. (of society) μέλος στην ανώτερη από τρεις κατηγορίες μελών μιας οργάνωσης. (fam) (ο) τύπος. ~-countryman n (ο) συμπατριώτης. ~ship n (group) (η) συναδελφικότητα

felony /'felənɪ/ n (το) κακούργημα

felt¹ /felt/ n (η) τσόχα. ~-tipped pen n (ο) μαρκαδόρος

felt² /felt/ see FEEL

female /'fiːmeɪl/ a θηλυκός. • n (το) θηλυκό

feminin|e /'femənɪn/ a γυναικείος. (gram) θυλικός. ~ity /-'nɪnətɪ/ n (η) θηλυκότητα

feminis|t /'femɪnɪst/ n (ο) φεμινιστής, (η) φεμινίστρια. ~m n (ο) φεμινισμός

fenc|e /fens/ n (ο) φράχτης. (person: sl) (ο) κλεπταποδόχος. • vt ~ (in) φράζω. • vi (sport) ξιφομαχώ. ~er n (sport) (ο) ξιφομάχος. ~ing n (sport) (η) ξιφασκία

fend /fend/ vi ~ for o.s. τα βγάζω πέρα μόνος μου. • vt ~ off αποκρούω

fender /'fendə(r)/ n (ε) προφυλακτήρας. (naut) (το) μπαλόνι. (Amer, auto) (το) φτερό

fennel /'fenl/ n (το) μάραθο

ferment¹ /fə'ment/ vt αφήνω να ζυμωθεί. • vi βράζω. ~ation /fɜːmen'teɪʃn/ n (η) ζύμωση

ferment² /'fɜːment/ n (το) ένζυμο. (fig) (ο) αναβρασμός

fern /fɜːn/ n (η) φτέρη

feroc|ious /fə'rəʊʃəs/ a θηριώδης. ~ity /-'rɒsətɪ/ n (η) θηριωδία

ferret /'ferɪt/ n (το) κουνάβι. • vi (pt
ferreted) ~ **about** ψάχνω. • vt ~ **out**
ξετρυπώνω
ferry /'ferɪ/ n (το) φέριμποτ invar. • vt
περνώ απέναντι
fertil|e /'fɜːtaɪl/ a γόνιμος. ~**ity** /fə'tɪlətɪ/ n
(η) γονιμότητα. ~**ize** /-əlaɪz/ vt
γονιμοποιώ
fertilizer /'fɜːtəlaɪzə(r)/ n (το) λίπασμα
fervent /'fɜːvənt/ a θερμός
fervour /'fɜːvə(r)/ n (η) θέρμη
fester /'festə(r)/ vi κακοφορμίζω. (fig)
φαρμακώνω
festival /'festɪvl/ n (το) φεστιβάλ invar.
(relig) (η) γιορτή
festive /'festɪv/ a γιορταστικός. **the** ~
season (η) περίοδος των εορτών. ~**ity**
/fe'stɪvətɪ/ n (η) γιορτή
festoon /fe'stuːn/ vi ~ **with** στολίζω με
γιρλάντες
fetch /fetʃ/ vt (go for) πηγαίνω να φέρω.
(bring) φέρνω. (be sold for) πιάνω
fetching /'fetʃɪŋ/ a χαριτωμένος
fête /feɪt/ n (η) γιορτή. • vt γιορτάζω
fetid /'fetɪd/ a δύσοσμος
fetish /'fetɪʃ/ n (το) φετίχ invar
fetter /'fetə(r)/ vt δένω. ~**s** npl (τα)
δεσμά
feud /fjuːd/ n (η) έχθρα
feudal /'fjuːdl/ a φεουδαρχικός. ~**ism** n
(ο) φεουδαρχισμός
fever /'fiːvə(r)/ n (ο) πυρετός. ~**ish** a
πυρετικός. (fig) πυρετώδης
few /fjuː/ a λίγοι. • n (οι) λίγοι. **a** ~ a
μερικοί. **a good** ~, **quite a** ~ (fam)
αρκετοί. ~**er** a λιγότεροι. • n (οι)
λιγότεροι. ~**est** a λιγότεροι. • n (οι)
λιγότεροι
fiancé /fɪ'ɒnseɪ/ n (ο) αρραβωνιαστικός.
~**e** n (η) αρραβωνιαστικιά
fiasco /fɪ'æskəʊ/ n (pl -**os**) (το) φιάσκο
invar
fib /fɪb/ n (το) παραμύθι. • vi λέω ψέματα.
~**ber** n (ο) παραμυθάς, (η) παραμυθού
fibre /'faɪbə(r)/ n (η) ίνα
fibreglass /'faɪbəglaːs/ n (ο)
υαλοβάμβακας
fickle /'fɪkl/ a άστατος
fiction /'fɪkʃn/ n (η) φαντασία. (novels)
(το) μυθιστόρημα. ~ **writer** (ο, η)
μυθιστοριογράφος. ~**al** a φανταστικός
fictitious /fɪk'tɪʃəs/ a φανταστικός
fiddle /'fɪdl/ n (violin: fam) (το) βιολί.
(cheating: fam) (η) κομπίνα. • vt (falsify:
sl) παραποιώ. • vi ~ **with** παίζω με. ~**r**
/-ə(r)/ n (fam) (ο) βιολιτζής
fiddly /'fɪdlɪ/ a (fam) πολύπλοκος
fidelity /fɪ'delətɪ/ n (η) πίστος
fidget /'fɪdʒɪt/ vi κινούμαι διαρκώς. ~**y** a
ανήσυχος
field /fiːld/ n (το) χωράφι. (fig) (το) πεδίο.
• vt (ball) πιάνω. ~**-day** n (η) μέρα
γυμνασίων. ~ **events** npl (οι) αγώνες

στίβου. ~**-glasses** npl (τα) κιάλια. **F**~
Marshal n (ο) στρατάρχης.
fieldwork /'fiːldwɜːk/ n (η) επιτόπιος
εργασία
fiend /fiːnd/ n (ο) δαίμονας. ~**ish** a
δαιμονικός
fierce /fɪəs/ a (-**er**, -**est**) δυνατός. (attack)
άγριος. ~**ly** adv άγρια. ~**ness** n (η)
αγριότητα
fiery /'faɪərɪ/ a (-**ier**, -**iest**) φλογερός
fifteen /fɪf'tiːn/ a δεκαπέντε. • n (το)
δεκαπέντε invar. ~**th** a δέκατος
πέμπτος. • n (το) δέκατο πέμπτο
fifth /fɪfθ/ a πέμπτος. • n (το) πέμπτο
fif|ty /'fɪftɪ/ a πενήντα. • n (το) πενήντα
invar ~-~ a μισά μισά. ~**ieth** a
πεντηκοστός. • n (το) πεντηκοστό
fig /fɪg/ n (το) σύκο. ~**-tree** n (η) συκιά
fight /faɪt/ vi (pt **fought**) μαλώνω.
(struggle) αγωνίζομαι. (quarrel)
τσακώνομαι. • vt πολεμώ. (fig)
καταπολεμώ. • n (ο) αγώνας. (brawl) (ο)
καβγάς. (quarrel) (το) τσάκωμα. (mil) (η)
μάχη. ~ **back** καταπολεμώ. ~ **off**
αποθώ. ~ **over** τσακώνομαι για. ~ **shy**
of αποφεύγω. ~**er** n (person) αγωνιστής.
(plane) (το) μαχητικό (αεροσκάφος).
~**ing** n (ο) αγώνας, (η) μάχη
figment /'fɪgmənt/ n ~ (**of the**
imagination) (το) πλάσμα της φαντασίας
figurative /'fɪgjərətɪv/ a μεταφορικός
figure /'fɪgə(r)/ n (diagram, shape) (το)
σχήμα. (number) (το) ψηφίο. (amount)
(το) ποσό. (of woman) (η) σιλουέτα. ~**s**
(οι) αριθμοί. • vt λογαριάζω. • vi
φαντάζομαι. ~ **of speech** n (το) σχήμα
λόγου. ~ **out** υπολογίζω.
figurehead /'fɪgəhed/ n (ο)
«διακοσμητικός» ηγέτης
filament /'fɪləmənt/ n (το) νήμα (μεταλλικό)
filch /fɪltʃ/ vt σουφρώνω
file¹ /faɪl/ n (tool) (η) λίμα. • vt λιμάρω.
~**ings** npl (τα) ρινίσματα
file² /faɪl/ n (ο) φάκελος. (row) (η)
γραμμή. • vt (papers) αρχειοθετώ. • vi
~ **in** μπαίνω ένας ένας. ~**e out** βγαίνω
ένας ένας. **in single** ~**e** εφ'ενός ζυγού.
~**ing** n (η) αρχειοθέτηση. ~**ing cabinet**
n (η) αρχειοθήκη
fill /fɪl/ vt/i γεμίζω. (tooth) σφραγίζω. • n
(το) γέμισμα. **eat one's** ~ χορταίνω.
have had one's ~ (of sth) χορταίνω
(κτ). ~ **in** (form) συμπληρώνω. ~ **out**
(get fat) φουσκώνω. ~ **up** (auto) γεμίζω
fillet /'fɪlɪt/ n (το) φιλέτο. • vt (pt **filleted**)
κόβω σε φιλέτα
filling /'fɪlɪŋ/ n (culin) (η) γέμιση. (of
tooth) (το) σφράγισμα. ~ **station** n (το)
πρατήριο βενζίνης
filly /'fɪlɪ/ n (η) φοραδίτσα
film /fɪlm/ n (photo) (το) φιλμ invar.
(cinema) (η) ταινία, (το) φιλμ invar. (thin
layer) (η) επικάλυψη. • vt (cinema)

κινηματογραφώ. **~ star** n (ο) αστέρας του κινηματογράφου

filter /'fıltə(r)/ n (το) φίλτρο. • νt φιλτράρω. • νi περνώ αργά. **~-tip** n (το) φίλτρο

filth /fılθ/ n (η) ακαθαρσία. **~iness** n (η) βρομιά. **~y** a ακάθαρτος, βρόμικος

fin /fın/ n (το) πτερύγιο

final /'faıml/ a τελευταίος. (conclusive) τελικός. • n (sport) (ο) τελικός. **~s** (univ) (οι) πτυχιακές εξετάσεις. **~ist** n αυτός που παίρνει μέρος στον τελικό. **~ity** /-'næləti/ n (η) οριστικότητα. **~ly** adv τελικά

finale /fı'nɑ:lı/ n (το) φινάλε invar

finalize /'faɪnəlaɪz/ νt οριστικοποιώ

financ|e /'faɪ'næns/ n (τα) οικονομικά. • νt χρηματοδοτώ. **~ier** n (ο) χρηματιστής

financial /faɪ'nænʃl/ a οικονομικός. **~ly** adv οικονομικά

finch /fıntʃ/ n (ο) σπίνος

find /faınd/ νt (pt found) βρίσκω. • n (το) εύρημα. **~ out** (discover) ανακαλύπτω. (uncover) αποκαλύπτω. **~ out about** μαθαίνω για. **~ings** npl (το) πόρισμα

fine[1] /faın/ n (η) πρόστιμο. • νt βάζω πρόστιμο σε

fine[2] /faın/ a (-er, -est) καλός. (beautiful) ωραίος. (slender) λεπτός. • adv καλά, ωραία. **~ arts** npl (οι) καλές τέχνες. **~ly** adv (cut) ψιλοκομμένα

finery /'faɪnərɪ/ n (τα) στολίδια

finesse /fı'nes/ n (η) φινέτσα

finger /'fıŋgə(r)/ n (το) δάχτυλο. • νt γυρίζω στα δάχτυλα. **~-mark** n (η) δαχτυλιά. **~-nail** n (το) νύχι. **~-stall** n (η) δαχτυλήθρα

fingerprint /'fıŋgəprınt/ n (το) δαχτυλικό αποτύπωμα

fingertip /'fıŋgətıp/ n (η) άκρη του δάχτυλου. **at one's ~s** (fig) στα δάχτυλα

finicky /'fınıkı/ adj (person) ιδιότροπος. **~ work** (η) ψιλοδουλειά

finish /'fınıʃ/ νt/i τελειώνω. • n (end) (το) τέλος. (appearance) (το) φινίρισμα. **~ reading/working** τελειώνω το διάβασμα/τη δουλειά **~ with** τελειώνω με

finite /'faınaıt/ a πεπερασμένος

Fin|land /'fınlənd/ n (η) Φιλανδία. **~n** n (ο) Φιλανδός, (η) Φιλανδέζα. **~nish** a φιλανδικός. • n (lang) (τα) φιλανδικά

fiord /fjɔ:d/ n (το) φιόρδ invar

fir /fɜ:(r)/ n (το) έλατο

fire /'faıə(r)/ n (η) φωτιά. (destructive) (η) πυρκαγιά. **catch ~** παίρνω φωτιά. **set ~ to** βάζω φωτιά σε. • νt καίω. (dismiss: sl) διώχνω. (inspire) εμπνέω. • νi (shoot) ρίχνω (**at**, σε). **~-alarm** n (ο) συναγερμός πυρκαγιάς. **~ brigade** n (η) πυροσβεστική υπηρεσία. **~-engine** n (η) πυροσβεστική αντλία. **~-escape** n (η) έξοδος κινδύνου. **~ extinguisher** n (ο) πυροσβεστήρας. **~ station** n (ο) πυροσβεστικός σταθμός

firearm /'faıərɑ:m/ n (το) πυροβόλο όπλο

firelight /'faıəlaıt/ n (το) φως της φωτιάς

fireman /'faıəmən/ n (pl -men) (ο) πυροσβέστης

fireplace /'faıəpleıs/ n (το) τζάκι

fireside /'faıəsaıd/ n (το) παραγώνι

firewood /'faıəwʊd/ n (τα) καυσόξυλα

firework /'faıəwɜ:k/ n (το) πυροτέχνημα

firing-squad /'faıərıŋskwɒd/ n (το) εκτελεστικό απόσπασμα

firm[1] /fɜ:m/ n (η) εταιρ(ε)ία

firm[2] /fɜ:m/ a (-er, -est) (hard) σκληρός. (steady) σταθερός. (resolute) αποφασιστικός. (strict) αυστηρός. **~ly** adv σταθερά, αποφασιστικά, αυστηρά. **~ness** n (η) σταθερότητα, (η) αποφασιστικότητα, (η) αυστηρότητα

first /fɜ:st/ a πρώτος. • n (ο) πρώτος. • adv πρώτα. **at ~** στην αρχή. **at ~ sight** με την πρώτη ματιά. **~ aid** n (οι) πρώτες βοήθειες. **~-born** a & n πρωτότοκος. **~-class** a (η) πρώτη θέση. **~ floor** n (ο) πρώτος όροφος. (Amer) (το) ισόγειο. **~ name** n (το) όνομα. **~-rate** a πρώτης τάξεως. **~ly** adv πρώτα

fiscal /'fıskl/ a οικονομικός

fish /fıʃ/ n (usually invar) (το) ψάρι. • νt/i ψαρεύω. **~ finger** n (το) μικρό φιλέτο ψαριού. **~ for** ψαρεύω. **~ out** βγάζω από. **~ing** n (το) ψάρεμα. **~ing boat** n (η) ψαρόβαρκα. **~ing rod** n (το) καλάμι ψαρέματος. **~y** a του ψαριού. (fam) ύποπτος

fisherman /'fıʃəmən/ n (pl -men) (ο) ψαράς

fishmonger /'fıʃmʌŋgə(r)/ n (ο) ψαροπώλης

fission /'fıʃn/ n (η) σχάση

fist /fıst/ n (η) γροθιά

fit[1] /fıt/ n (med) (of coughing) (ο) παροξυσμός. (of rage) (το) ξέσπασμα

fit[2] /fıt/ a (fitter, fittest) (healthy) υγιής. (good enough) άξιος. • νt/i (pt fitted) (clothes) προβάρω. (adapt) προσαρμόζω. (prepare) προετοιμάζω. (match) ταιριάζω. (install) τοποθετώ. • n **be a good ~** ταιριάζει καλά. **~ in** ταιριάζω (**with**, με). **~ out, ~up** εφοδιάζω. **keep ~** διατηρούμαι σε καλή (υγιή) κατάσταση. **~ness** n (η) καλή σωματική κατάσταση. (of remark) (η) καταλληλότητα. **~ted carpet** n (η) μοκέτα

fitful /'fıtfl/ a άστατος. (sleep) διακεκομμένος

fitment /'fıtmənt/ n (το) εξάρτημα

fitting /'fıtıŋ/ a κατάλληλος. • n (of clothes) (η) πρόβα. **~s** (in house) (τα) εξαρτήματα

five /faıv/ a πέντε. • n (το) πέντε invar

fiver /'faıvə(r)/ n (fam) (το) πεντόλιρο

fix /fıks/ νt στερεώνω. (repair) επισκευάζω. (deal with: fam) κανονίζω.

• n (drug: sl) (η) δόση. **in a ~** σε δύσκολη θέση. **~ed** a ακίνητος

fixation /fɪk'seɪʃn/ n (η) έμμονη ιδέα

fixture /'fɪkstʃə(r)/ n (το) εξάρτημα. (sport) (η) (αθλητική) συνάντηση

fizz /fɪz/ vi αφρίζω n (το) άφρισμα. **~y** a αεριούχος

fizzle /'fɪzl/ vi αφρίζω. **~ out** σβήνω

flab /flæb/ n (fam) (το) πλαδαρό πάχος. **~by** a πλαδαρός

flabbergast /'flæbəgɑːst/ vt (fam) καταπλήσσω. **~ed** a (fam) κατάπληκτος

flag[1] /flæg/ n (η) σημαία. • vt (pt flagged) **~ a vehicle down** σταματώ όχημα. **~-pole** n (το) κοντάρι της σημαίας

flag[2] /flæg/ vi (pt flagged) μειώνομαι. (droop) πέφτω

flagon /'flægən/ n (η) καράφα

flagrant /'fleɪgrənt/ a κατάφωρος

flagstone /'flægstəʊn/ n (ο) σχιστόλιθος

flair /fleə(r)/ n (η) κλίση

flak|e /fleɪk/ n (η) νιφάδα. (of paint) (το) τρίμμα. • vi ξεφλουδίζομαι. **~e out** (fam) σωριάζομαι. **~y** a ξεφλουδισμένος. **~y pastry** n (η) ζύμη σφολιάτα

flamboyant /flæm'bɔɪənt/ a φανταχτερός

flame /fleɪm/ n (η) φλόγα. • vi φλέγομαι

flamingo /flə'mɪŋgəʊ/ n (pl -os) (το) φλαμίγκο invar

flammable /'flæməbl/ a εύφλεκτος

flan /flæn/ n (η) βάση τάρτας

flank /flæŋk/ n (η) πλευρά (with gen). • vt βρίσκομαι στα πλευρά

flannel /'flænl/ n (η) φανέλα. (for face) (η) πετσετούλα του προσώπου. **~s** npl (το) φανελένιο παντελόνι

flap /flæp/ vi (pt flapped) φτερουγίζω. (fam) τα χάνω. • vt **~ its wings** χτυπά τις φτερούγες του. • n (of pocket) (το) κάλυμμα τσέπης. (of table) (το) φύλλο. (of envelope) (το) κλείσιμο. (fam) (η) αναστάτωση

flare /fleə(r)/ vi φεγγοβολώ. **~ up** φουντώνω. • n (signal) (η) φωτοβολίδα. (in skirt) (το) φάρδος. **~d** a φαρδύς

flash /flæʃ/ vt/i (shine) αστράφτω. (on and off) αναβοσβήνω. (signal) μεταδίδω. (move rapidly) περνώ σαν αστραπή. (display briefly) δείχνω με αστραπιαία ταχύτητα. • n (photo) (το) φλας invar. **in a ~** αστραπιαία. **news ~** (οι) έκτακτες ειδήσεις

flashback /'flæʃbæk/ n (το) φλας-μπακ invar, (η) αναδρομή στο παρελθόν

flashlight /'flæʃlaɪt/ n (torch) (ο) φακός. (photo) (το) φλας invar.

flashy /'flæʃɪ/ a χτυπητός

flask /flɑːsk/ n (το) παγούρι. (vacuum flask) (το) θερμός invar

flat /flæt/ a (flatter, flattest) επίπεδος. (tyre) σκασμένος. (battery) άδειος. (refusal) κατηγορηματικός. (fare, rate) ενιαίος. (mus) παράφωνος. • adv κατηγορηματικά, παράφωνα. • n (apartment) (το) διαμέρισμα. (mus) (η) ύφεση. **~ out** (at top speed) με όλη τη δύναμη. **~ly** adv κατηγορηματικά

flatten /'flætn/ vt/i ισιώνω

flatter /'flætə(r)/ vt κολακεύω. **~er** n (ο) κόλακας. **~ing** a κολακευτικός. **~y** n (η) κολακεία

flatulence /'flætjʊləns/ n (το) φούσκωμα

flaunt /flɔːnt/ vt επιδεικνύω

flautist /'flɔːtɪst/ n (ο) φλαουτίστας, (η) φλαουτίστρια

flavour /'fleɪvə(r)/ n (η) γεύση. • vt αρωματίζω. **~ing** n (το) άρωμα

flaw /flɔː/ n (το) ψεγάδι. **~ed** a ελαττωματικός. (argument) λανθασμένος. **~less** a άψογος

flax /flæks/ n (το) λινάρι. **~en** a λινός

flea /fliː/ n (ο) ψύλλος. **~ market** n (το) γιουσουρούμ invar

fleck /flek/ n (το) στίγμα

fled /fled/ see FLEE

flee /fliː/ vi (pt fled) τρέπομαι σε φυγή. • vt το σκάω από

fleece /fliːs/ n (το) μαλλί. • vt γδέρνω. **the Golden F~** (το) χρυσόμαλλο δέρας

fleet /fliːt/ n (ο) στόλος

fleeting /'fliːtɪŋ/ a περαστικός

flemish /'flemɪʃ/ a φλαμανδικός. • n (lang) (τα) φλαμανδικά

flesh /fleʃ/ n (η) σάρκα. **in the ~** με σάρκα και οστά. **my own ~ and blood** το αίμα μου. **~y** a σαρκώδης

flew /fluː/ see FLY

flex[1] /fleks/ vt (bend) κάμπτω. (muscle) σφίγγω

flex[2] /fleks/ n (το) καλώδιο

flexib|le /'fleksəbl/ a ευέλικτος. **~ility** /-'bɪlətɪ/ n (η) ευελιξία

flexitime /'fleksɪtaɪm/ n (το) ελαστικό ωράριο

flick /flɪk/ n (το) ελαφρό χτύπημα. **~s** (fam) (το) σινεμά. • vt χτυπώ ελαφρα. **~-knife** n (ο) σουγιάς με ελατήριο. **~ through** φυλλομετρώ

flicker /'flɪkə(r)/ vi τρεμοσβήνω. • n (light) (το) τρεμόσβησμα

flier /'flaɪə(r)/ n = flyer

flies /flaɪz/ npl (of trousers) (το) μπροστινό άνοιγμα πανταλονιού

flight[1] /flaɪt/ n (η) πτήση. **~ attendant** n (ο, η) αεροσυνοδός. **~-deck** n (η) καμπίνα (του πιλότου). **~ of stairs** n (η) σκάλα (ανάμεσα σε δύο ορόφους)

flight[2] /flaɪt/ n (η) φυγή. **put to ~** τρέπω σε φυγή. **take ~** τρέπομαι σε φυγή

flighty /'flaɪtɪ/ a (-ier, -iest) επιπόλαιος

flimsy /'flɪmzɪ/ a (-ier, -iest) εύθραυστος. (excuse) αδύνατος

flinch /flɪntʃ/ vi (wince) δειλιάζω. (draw back) οπισθοχωρώ (from, από)

fling /flɪŋ/ *vt* (*pt* **flung**) εκσφενδονίζω. • *n* **have a ~** το ρίχνω έξω. **have one's ~** κάνω το κέφι μου

flint /flɪnt/ *n* (ο) πυρόλιθος. (*for lighter*) (η) τσακμακόπετρα

flip /flɪp/ *vt* (*pt* **flipped**) πετώ απότομα.(*coin*) ρίχνω. • *n* (το) ελαφρό χτύπημα. **~ through** φυλλομετρώ. **the ~ side** (η) άλλη όψη

flippant /'flɪpənt/ *a* επιπόλαιος

flipper /'flɪpə(r)/ *n* (*of seal etc.*) (το) πτερύγιο. (*of swimmer*) (το) βατραχοπέδιλο

flirt /flɜ:t/ *vi* φλερτάρω. • *n* (το) φλερτ *invar.* **~ation** /-'teɪʃn/ *n* (το) φλερτάρισμα

flit /flɪt/ *vi* (*pt* **flitted**) περνώ αθόρυβα. (*leave stealthily: fam*) το σκάω

float /fləʊt/ *vi* επιπλέω. • *n* (*cart*) (το) άρμα. (*money*) (*τα*) μετρητά στο ταμείο. (*fishing*) (ο) φελλός

flock /flɒk/ *n* (το) κοπάδι. (*of people*) (το) μπουλούκι *vi* συρρέω

flog /flɒg/ *vt* (*pt* **flogged**) μαστιγώνω. (*sell: sl*) πουλώ

flood /flʌd/ *n* (*of rain*) (ο) κατακλυσμός. (*of river*) (η) πλημμύρα. (*fig*) (ο) κατακλυσμός. • *vt/i* πλημμυρίζω

floodlight /'flʌdlaɪt/ *n* (ο) προβολέας. • *vt* (*pt* **floodlit**) φωταγωγώ

floor /flɔ:(r)/ *n* (το) πάτωμα. (*for dancing*) (η) πίστα. (*storey*) (ο) όροφος. • *vt* (*knock down*) ρίχνω κάτω. (*baffle*) φέρνω σε αμηχανία. **~ show** *n* (το) νούμερο

floorboard /'flɔ:bɔ:d/ *n* (η) σανίδα

flop /flɒp/ *vi* (*pt* **flopped**) (*drop*) σωριάζομαι. (*sl*) αποτυχαίνω. • *n* (*sl*) (η) μεγάλη αποτυχία. **~py** *a* μαλακός

flora /'flɔ:rə/ *n* (η) χλωρίδα

floral /'flɔ:rəl/ *a* λουλουδένιος

florid /'flɒrɪd/ *a* παραστολισμένος. (*colour*) κατακόκκινος

florist /'flɒrɪst/ *n* (ο) ανθοπώλης, (η) ανθοπώλις

flounder /'flaʊndə(r)/ *vi* τσαλαβουτώ

flour /'flaʊə(r)/ *n* (το) αλεύρι. **~y** *a* αλευρωμένος

flourish /'flʌrɪʃ/ *vi* ακμάζω. • *vt* κραδαίνω. • *n* (*gesture*) (η) εντυπωσιακή χειρονομία. (*ornament*) (η) φιοριτούρα. **~ing** *a* ακμαίος

flout /flaʊt/ *vt* αψηφώ

flow /fləʊ/ *vi* ρέω. (*hang loosely*) πέφτω. • *n* (η) ροή. (*of tide*) (η) άνοδος. (*of words etc.*) (ο) χείμαρρος. **~ in** εισρέω. **~ out** εκρέω. **~ing** *a* (*movement*) απαλός. (*cloth*) χυτός

flower /'flaʊə(r)/ *n* (το) λουλούδι. • *vi* ανθίζω. **be in ~** είμαι ανθισμένος. **~-bed** *n* (το) παρτέρι. **~-pot** *n* (η) γλάστρα. **~ed** *a* λουλουδάτος. **~y** *a* λουλουδένιος

flown /fləʊn/ *see* FLY

flu /flu:/ *n* (*fam*) (η) γρίπη

fluctuat|e /'flʌktʃʊeɪt/ *vi* κυμαίνομαι. **~ion** /-'eɪʃn/ *n* (η) διακύμανση

flue /flu:/ *n* (το) μπουρί

fluen|t /'flu:ənt/ *a* ευφραδής. **be ~t in Greek, speak ~t Greek** μιλώ ελληνικά με ευφράδεια. **~cy** *n* (η) ευφράδεια. **~tly** *adv* με ευφράδεια

fluff /flʌf/ *n* (το) χνούδι. • *vt* (*fam*) κάνω λάθος. **~y** *a* (-ier, -iest) χνουδωτός

fluid /'flu:ɪd/ *a* ρευστός. • *n* (το) υγρό

fluke /flu:k/ *n* (η) απροσδόκητη τύχη

flung /flʌŋ/ *see* FLING

flunk /flʌŋk/ *vt* (*Amer, fam*) απορρίπτω

fluorescent /flʊə'resnt/ *a* φθορίζων. **~ light** *n* (η) λάμπα φθορισμού

fluoride /'flʊəraɪd/ *n* (το) φθοριούχο

flurry /'flʌrɪ/ *n* (το) ξαφνικό φύσημα. (*fig*) (η) αναστάτωση

flush[1] /flʌʃ/ *vi* κοκκινίζω. • *vt* καθαρίζω. • *n* (*blush*) (το) κοκκίνισμα. (*of water*) (το) ξαφνικό ρεύμα (*νερού*). (*fig*) (ο) χείμαρρος. • *a* (*level*) ισόπεδος. (*affluent: fam*) ξέχειλος. **~ the toilet** τραβώ το καζανάκι

flush[2] /flʌʃ/ *vt* (*birds*) ξεπετώ. **~ out** αναγκάζω να βγει

fluster /'flʌstə(r)/ *vt* αναστατώνω. **~ed** *a* αναστατωμένος

flute /flu:t/ *n* (το) φλάουτο

flutter /'flʌtə(r)/ *vi* ανεμίζω. (*of wings*) φτερουγίζω. • *n* (το) φτερούγισμα. (*fig*) (το) αναστάτωμα

flux /flʌks/ *n* (η) ρευστότητα

fly[1] /flaɪ/ *n* (η) μύγα

fly[2] /flaɪ/ *vi* (*pt* **flew**, *pp* **flown**) πετώ. (*passengers*) πετώ. (*flag*) κυματίζω. (*rush*) ορμώ. • *vt* πετώ. (*passengers*) μεταφέρω αεροπορικώς. (*flag*) υψώνω. • *n* (*of trousers*) (το) άνοιγμα του παντελονιού

flyer /'flaɪə(r)/ *n* (ο) αεροπόρος. (*circular: Amer*) (το) φυλλάδιο

flying /'flaɪɪŋ/ *a* ιπτάμενος. (*visit*) σύντομος. • *n* (η) πτήση. **~ saucer** *n* (ο) ιπτάμενος δίσκος. **get off to a ~ start** αρχίζω με μεγάλη επιτυχία. **with ~ colours** με λαμπρή επιτυχία

flyover /'flaɪəʊvə(r)/ *n* (η) υπέργεια διάβαση

foal /fəʊl/ *n* (το) πουλάρι

foam /fəʊm/ *n* (ο) αφρός. (*rubber, plastic*) (το) αφρολέξ *invar.* • *vi* αφρίζω. **~ at the mouth** βγάζω αφρούς από το στόμα. **~ rubber** *n* (το) αφρολέξ *invar*

fob /fɒb/ *vt* (*pt* **fobbed**) **~ off** ξεφορτώνομαι

focal /'fəʊkl/ *a* εστιακός. **~ point** *n* (η) εστία

focus /'fəʊkəs/ *n* (*pl* **-cuses** *or* **-ci** /-saɪ/) (*optical*) (η) εστία. (*fig*) (το) κέντρο. • *vt* (*pt* **focused**) (*adjust*) ρυθμίζω. (*concentrate*) συγκεντρώνω. **in ~** συκρινής. **out of ~** θαμπός fodder /'fɒdə(r)/ n (η) φορβή (old use), (η) ξερή τροφή για ζώα

foe /fəʊ/ n (ο) εχθρός

foetus /'fi:təs/ n (pl -tuses) (το) έμβρυο

fog /fɒg/ n (η) ομίχλη. • vt (pt fogged) σκεπάζω με ομίχλη. • vi θολώνω. ~-horn (η) σφυρίχτρα ομίχλης. ~-lights npl (τα) φώτα ομίχλης. ~gy a ομιχλώδης

fogy /'fəʊgɪ/ n (pl -gies) (ο) άνθρωπος παλαιών αρχών

foible /'fɔɪbl/ n (η) αδυναμία

foil¹ /fɔɪl/ n (το) μεταλλικό φύλλο. (silver) (το) αλουμινόχαρτο. (fig) (η) αντίθεση

foil² /fɔɪl/ vt ματαιώνω

foist /fɔɪst/ vt φορτώνω (on, σε)

fold¹ /fəʊld/ vt/i διπλώνω. (arms) σταυρώνω. (fail) κλείνω. • n (η) πτυχή. ~er n (το) ντοσιέ invar. ~ing a πτυσσόμενος

fold² /fəʊld/ n (η) μάντρα

foliage /'fəʊlɪɪdʒ/ n (το) φύλλωμα

folk /fəʊk/ n (οι) άνθρωποι. my ~s npl οι συγγενείς μου. ~-dance n (ο) δημοτικός χορός. ~-music n (η) λαϊκή μουσική. ~-song n (το) δημοτικό τραγούδι

folklore /'fəʊklɔ:(r)/ n (η) λαογραφία

follow /'fɒləʊ/ vt/i ακολουθώ. (understand) καταλαβαίνω. it ~s that επομένως. ~ suit κάνω τα ίδια. ~ up συνεχίζω. ~-up n (η) συμπληρωματική εργασία. ~er n (ο, η) οπαδός

following /'fɒləʊɪŋ/ n (οι) οπαδοί. • a επόμενος. • prep κατόπι

folly /'fɒlɪ/ n (η) ανοησία

foment /fəʊ'ment/ vt υποδαυλίζω (εχθρότητα)

fond /fɒnd/ a (-er, -est) τρυφερός. (hope) ευσεβής. be ~ of (person) αγαπώ. (music etc.) μου αρέσει. ~ness n (for things) (η) αγάπη

fondle /'fɒndl/ vt χαϊδεύω

font /fɒnt/ n (η) κολυμπήθρα. (printing) (η) γραμματοσειρά

food /fu:d/ n (το) φαΐ. ~ poisoning n (η) τροφική δηλητηρίαση. ~ processor n (το) μίξερ invar.

fool /fu:l/ n (ο) ανόητος. • vt ξεγελώ. • vi παίζω

foolhardy /'fu:lha:dɪ/ a παράτολμος

foolish /'fu:lɪʃ/ a ανόητος. ~ly adv ανόητα. ~ness n (η) ανοησία

foolproof /'fu:lpru:f/ a (idea) αλάνθαστος. (machine) που δεν καταστρέφεται

foot /fʊt/ n (pl feet) (το) πόδι. (measure) (το) πόδι (= 30.48 cm). • vt ~ it περπατώ. ~ the bill πληρώνω. ~-bridge n (η) γέφυρα για πεζούς. on ~ με τα πόδια. on one's feet στο πόδι. put one's ~ down πατώ πόδι. put one's ~ in it κάνω γκάφα

footage /'fʊtɪdʒ/ n (cinema) (το) μήκος ταινίας

football /'fʊtbɔ:l/ n (ball) (η) μπάλα. (game) (το) ποδόσφαιρο. ~ pools (το) προ-πο invar. ~er n (ο) ποδοσφαιριστής

foothills /'fʊthɪlz/ npl (οι) λόφοι στους πρόποδες βουνού

foothold /'fʊthəʊld/ n (το) στήριγμα ποδιού

footing /'fʊtɪŋ/ n (το) πάτημα. lose one's ~ σκοντάφτω. on an equal ~ σε ίση θέση

footlights /'fʊtlaɪts/ npl (η) ράμπα

footman /'fʊtmən/ n (pl -men) (ο) λακές

footnote /'fʊtnəʊt/ n (η) υποσημείωση

footpath /'fʊtpa:θ/ n (το) μονοπάτι

footprint /'fʊtprɪnt/ n (το) ίχνος ποδιού

footsore /'fʊtsɔ:(r)/ a ξεποδαριασμένος

footstep /'fʊtstep/ n (το) βήμα

footwear /'fʊtweə(r)/ n (τα) είδη υποδήσεως

for /fə(r), fɔ:(r)/ prep για. (direction, time) για. (in favour of) υπέρ. (in spite of) παρά. • conj διότι. ~ all I know απ᾽ ό,τι ξέρω. ~ good για πάντα. what's it ~? για τι πράγμα είναι;

forage /'fɒrɪdʒ/ vi ψάχνω για προμήθειες. ~ for ψάχνω για

foray /'fɒreɪ/ n (η) επιδρομή

forbade /fə'beɪd/ see FORBID

forbear /fɔ:'beə(r)/ vt/i (pt forbore, pp forborne) υπομένω. ~ance n (η) ανεκτικότητα

forbid /fə'bɪd/ vt (pt forbade, pp forbidden) απαγορεύω. ~ s.o. to απαγορεύω σε κπ να. ~ding a απωθητικός

force /fɔ:s/ n (strength) (η) δύναμη. (violence) (η) βία. ~ vt εξαναγκάζω. be in ~ ισχύω. join ~s ενεργώ από κοινού. the (armed) ~s (οι) ένοπλες δυνάμεις. ~d a αναγκαστικός. ~ful a πειστικός

forceps /'fɔ:seps/ n invar (ο) εμβρυουλκός

forcible /'fɔ:səbl/ a βίαιος. ~y adv βίαια

ford /fɔ:d/ n (ο) πόρος (σε ποτάμι). • vt περνώ ποτάμι (με τα πόδια)

fore /fɔ:(r)/ a μπροστινός. • n to the ~ στο προσκήνιο

forearm /'fɔ:ra:m/ n (ο) πήχης (του βραχίονα)

foreboding /fɔ:'bəʊdɪŋ/ n (το) προαίσθημα

forecast /'fɔ:ka:st/ vt (pt forecast) προβλέπω. • n (η) πρόβλεψη

forecourt /'fɔ:kɔ:t/ n (το) προαύλιο

forefathers /'fɔ:fa:ðəz/ npl (οι) πρόγονοι

forefinger /'fɔ:fɪŋgə(r)/ n (ο) δείχτης

forefront /'fɔ:frʌnt/ n (το) προσκήνιο. in the ~ στο προσκήνιο

foregone /'fɔ:gɒn/ a ~ conclusion προεξοφλημένο αποτέλεσμα

foreground /'fɔ:graʊnd/ n (το) προσκήνιο

forehead /'fɒrɪd/ n (το) μέτωπο

foreign /'fɒrən/ a ξένος. (trade) εξωτερικός. ~ country (η) ξένη χώρα.

F~ Secretary (o) Υπουργός
Εξωτερικών. ~er n (o) αλλοδαπός
foreman /'fɔ:mən/ n (pl -men) (o)
αρχιεργάτης
foremost /'fɔ:məʊst/ a πρώτιστος. • adv
πρώτιστα. first and ~ εν πρώτοις
forename /'fɔ:neɪm/ n (το) όνομα
forensic /fə'rensɪk/ a ιατροδικαστικός. ~
medicine (η) ιατροδικαστική
forerunner /'fɔ:rʌnə(r)/ n (o) προάγγελος
foresee /fɔ:'si:/ vt (pt -saw, pp -seen)
προβλέπω. ~able a που μπορεί να
προβλεφθεί
foreshadow /fɔ:'ʃædəʊ/ vt προεικάζω
foresight /'fɔ:saɪt/ n (η) προνοητικότητα
forest /'fɒrɪst/ n (το) δάσος
forestall /fɔ:'stɔ:l/ vt προλαβαίνω
forestry /'fɒrɪstrɪ/ n (η) δασοκομία
foretaste /'fɔ:teɪst/ n (η) πρώτη γεύση
foretell /fɔ:'tel/ vt (pt foretold) προλέγω
forever /fə'revə(r)/ adv για πάντα
forewarn /fɔ:'wɔ:n/ vt προειδοποιώ
foreword /'fɔ:wɜ:d/ n (o) πρόλογος
forfeit /'fɔ:fɪt/ n (το) τίμημα. (jur) (η)
κατάσχεση. • vt χάνω
forgave /fə'geɪv/ see FORGIVE
forge¹ /fɔ:dʒ/ vi ~ ahead προχωρώ
αποφασιστικά
forge² /fɔ:dʒ/ n (το) σιδηρουργείο. • vt
σφυρηλατώ. (copy) πλαστογραφώ. ~r
/-ə(r)/ n (o, η) πλαστογράφος. ~ry /-ərɪ/
n (η) πλαστογραφία
forget /fə'get/ vt/i (pt forgot, pp forgotten)
ξεχνώ. ~-me-not n (το) μη με
λησμόνει. ~ o.s. αποξεχνιέμαι. ~ful a
ξεχασιάρης. be ~ful of αμελώ
forgive /fə'gɪv/ vt (pt forgave, pp
forgiven) συγχωρώ. ~ness n (η)
συγχώρεση
forgo /fɔ:'gəʊ/ vt (pt forwent, pp forgone)
παραιτούμαι
fork /fɔ:k/ n (for eating) (το) πιρούνι. (for
digging) (το) τρίκρανο. (in road) (η)
διακλάδωση. • vi (road) διακλαδίζομαι.
~-lift truck n (το) περονοφόρο. ~ out
(sl) πληρώνω. ~ed a διχαλωτός
forlorn /fə'lɔ:n/ a απελπισμένος. ~ hope
απεγνωσμένη προσπάθεια
form /fɔ:m/ n (η) μορφή. (schol) (η) τάξη.
(document) (το) έντυπο. • vt/i
σχηματίζω/ομαι
formal /'fɔ:ml/ a τυπικός. (person)
επίσημος. ~ dress επίσημα ρούχα.
~ity /-'mælətɪ/ n (η) τυπικότητα, (η)
επισημότητα. (requirement) (η)
διατύπωση. ~ly adv τυπικά, επίσημα
format /'fɔ:mæt/ n (το) σχήμα. • vt (disk)
κάνω εγκαινίαση (with gen.)
formation /fɔ:'meɪʃn/ n (o) σχηματισμός
formative /'fɔ:mətɪv/ a διαμορφωτικός
former /'fɔ:mə(r)/ a παλιός. (first of two)
πρώτος. (ex) πρώην. the ~ ο μεν, ο
πρώτος. ~ly adv άλλοτε

formidable /'fɔ:mɪdəbl/ a τρομερός
formula /'fɔ:mjʊlə/ n (pl -ae /-i:/ or -as) (o)
τύπος
formulate /'fɔ:mjʊleɪt/ vt διατυπώνω
forsake /fə'seɪk/ vt (pt forsook, pp
forsaken) εγκαταλείπω
forsythia /fɔ:'saɪθɪə/ n (η) φορσυθία
fort /fɔ:t/ n (το) οχυρό
forte /'fɔ:teɪ/ n (talent) (το) φόρτε invar.
forth /fɔ:θ/ adv εμπρός. and so ~ και
ούτω καθεξής
forthcoming /fɔ:θ'kʌmɪŋ/ a προσεχής.
(person) κοινωνικός
forthright /'fɔ:θraɪt/ a ντόμπρος
forthwith /fɔ:θ'wɪθ/ adv παραυτα
forti|fy /'fɔ:tɪfaɪ/ vt οχυρώνω. ~ication
/-ɪ'keɪʃn/ n (το) οχύρωμα
fortitude /'fɔ:tɪtju:d/ n (η) καρτερία
fortnight /'fɔ:tnaɪt/ n (το)
δεκαπενθήμερο. ~ly a
δεκαπενθήμερος. • adv κάθε
δεκαπενθήμερο
fortress /'fɔ:trɪs/ n (το) φρούριο
fortuitous /fɔ:'tju:ɪtəs/ a τυχαίος
fortunate /'fɔ:tʃənət/ a τυχερός. ~ly adv
ευτυχώς
fortune /'fɔ:tʃu:n/ n (η) τύχη. ~-teller n
(o) μάντης, (η) μάντισσα
fort|y /'fɔ:tɪ/ a σαράντα. • n (το) σαράντα
invar. ~y winks (o) υπνάκος. ~ieth a
τεσσαρακοστός. • n (το) τεσσαρακοστό
forum /'fɔ:rəm/ n (το) φόρουμ invar
forward /'fɔ:wəd/ a μπροστινός.
(advanced) προχωρημένος. (pert)
αναιδής. • n (sport) (o) κυνηγός. • adv
εμπρός. • vt (letter) διαβιβάζω. (goods)
αποστέλλω. (help) προωθώ. come ~
προθυμοποιούμαι. ~ness n (η)
αναίδεια. ~s adv προς τα εμπρός
fossil /'fɒsl/ n (το) απολίθωμα. ~ize
/-sɪlaɪz/ vt/i απολιθώνω/ομαι. ~ized a
απολιθωμένος
foster /'fɒstə(r)/ vt (promote) καλλιεργώ.
(child) ανατρέφω. ~-child n (το) θετό
παιδί. ~-parent n (η) θετή μητέρα
fought /fɔ:t/ see FIGHT
foul /faʊl/ a (-er, -est) (air) μολυσμένος.
(water) βρόμικος. (smell, taste, etc.)
άσχημος. (language) αισχρός. • n (sport)
(το) φάουλ invar. • vt λερώνω. ~-
mouthed a αισχρολόγος. ~ play (jur)
εγκληματική ενέργεια. (sport)
αντικανονικό παιχνίδι
found¹ /faʊnd/ see FIND
found² /faʊnd/ vt ιδρύω. ~ation /-'deɪʃn/
n (το) ίδρυμα. (basis) (το) θεμέλιο
founder¹ /'faʊndə(r)/ n (o) ιδρυτής, (η)
ιδρύτρια
founder² /'faʊndə(r)/ vi (ship) βουλιάζω.
(fail) αποτυγχάνω
foundry /'faʊndrɪ/ n (το) χυτήριο
fountain /'faʊntɪn/ n (το) σιντριβάνι.
~-pen n (το) στυλό

four /fɔ:(r)/ a τέσσερις. • n (το) τέσσερα *invar*. **~-poster** n (το) κρεββάτι με ουρανό. **on all ~s** με τα τέσσερα. **~fold** a τετραπλάσιος. • *adv* τετραπλάσια. **~th** a τέταρτος

foursome /'fɔ:səm/ n (η) τετράδα

fourteen /fɔ:'ti:n/ a δεκατέσσερις. • n (το) δεκατέσσερα *invar*. **~th** a δέκατος τέταρτος. • n (ο) δέκατος τέταρτος

fowl /faʊl/ n (το) πτηνό

fox /fɒks/ n (η) αλεπού. • *vt* ξεγελώ. be **~ed** εξαπατώμαι

foyer /'fɔɪeɪ/ n (το) φουαγιέ *invar*

fraction /'frækʃn/ n (το) κλάσμα

fractious /'frækʃəs/ a δύστροπος

fracture /'fræktʃə(r)/ n (το) κάταγμα. • *vt/i* σπάζω

fragile /'frædʒaɪl/ a ευθραυστος

fragment /'frægmənt/ n (το) κομμάτι. **~ary** a αποσπασματικός

fragran|t /'freɪgrənt/ a ευωδιαστός. **~ce** n (η) ευωδιά

frail /freɪl/ a (-er, -est) ασθενικός

frame /freɪm/ n (*for picture*) (η) κορνίζα. (*of window*) (η) κάσα. (*of spectacles*) (ο) σκελετός. (*anat*) (το) κορμί. • *vt* κορνιζάρω. (*fig*) σχεδιάζω. **~ s.o.** (*fam*) τη στήνω σε κάποιον. **~ of mind** n (η) ψυχική διάθεση. **~-up** n (*fam*) (η) πλεκτάνη

framework /'freɪmwɜ:k/ n (το) πλαίσιο

France /frɑ:ns/ n (η) Γαλλία

franchise /'fræntʃaɪz/ n (*pol*) (το) δικαίωμα ψήφου. (*comm*) (το) φραντσάιζ *invar*

frank¹ /fræŋk/ a ειλικρινής. **~ly** *adv* ειλικρινά. **~ness** n (η) ειλικρίνεια

frank² /fræŋk/ *vt* χαρτοσημαίνω με ειδική μηχανή

frantic /'fræntɪk/ a έξαλλος. **~ally** /-klɪ/ *adv* έξαλλα

fratern|al /frə'tɜ:nəl/ a αδελφικός. **~ity** n (η) αδελφοσύνη. (*club*) (η) αδελφότητα

fraternize /'frætənaɪz/ *vi* έχω φιλικές σχέσεις (**with**, με)

fraud /frɔ:d/ n (η) απάτη. (*person*) (ο) απατεώνας. **~ulent** a αθέμιτος

fraught /frɔ:t/ a **~ with** γεμάτος με

fray¹ /freɪ/ n (ο) καβγάς

fray² /freɪ/ *vt/i* ξεφτίζω

freak /fri:k/ n (το) τέρας. • a τερατώδης. **~ish** a αφύσικος

freckle /'frekl/ n (η) φακίδα. **~d** a με φακίδες

free /fri:/ a (freer, freest) ελεύθερος. (*gratis*) δωρεάν. (*lavish*) γενναιόδωρος. • *vt* (*pt* freed) ελευθερώνω. (*clear*) καθαρίζω. (*disentangle*) απαλλάσσω. **~ gift** n (το) δώρο. **~-lance** n (ο, η) ελεύθερος επαγγελματίας. • a ελεύθερος. **~ of charge** δωρεάν. **~-range** a (hens) ελεύθερας βοσκής. **~ speech** n (η) ελευθερία λόγου. **~ly** *adv* ελεύθερα

freedom /'fri:dəm/ n (η) ελευθερία

freehold /'fri:həʊld/ n κτήμα που ανήκει κατά κυριότητα

Freemason /'fri:meɪsn/ n (ο) μασόνος. **~ry** n (η) μασονία

freepost /'fri:pəʊst/ n χωρίς τέλος, ο παραλήπτης πληρώνει το τέλος

freesia /'fri:zjə/ n (η) φρέξια

freeway /'fri:weɪ/ n (*Amer*) (ο) αυτοκινητόδρομος (*χωρίς διόδια*)

freez|e /fri:z/ *vt/i* (*pt* froze, *pp* frozen) παγώνω. (*food*) καταψύχω. (*fig*) ξεπαγιάζω. (*wages, prices etc.*) παγώνω. • n (η) ψύξη. **~er** n (ο) καταψύκτης. **~ing** a παγωμένος. • n (η) παγωνιά

freight /freɪt/ n (το) φορτίο. **~er** n (*ship*) (το) φορτηγό

French /frentʃ/ a γαλλικός. • n (*lang*) (τα) γαλλικά. **~ fries** *npl* (οι) τηγανητές πατάτες. **~man** n (ο) Γάλλος. **~ window** n (η) μπαλκονόπορτα. **~woman** n (η) Γαλλίδα

frenz|y /'frenzɪ/ n (η) φρενίτιδα. **~ied** a φρενήρης

frequen|t¹ /'fri:kwənt/ a συχνός. **~cy** n (η) συχνότητα. **~tly** *adv* συχνά

frequent² /frɪ'kwent/ *vt* συχνάζω

fresco /'freskəʊ/ n (*pl* -os) (το) φρέσκο, (η) νωπογραφία

fresh /freʃ/ a (-er, -est) φρέσκος. (*additional*) νέος. (*different*) πρωτότυπος. (*impudent: fam*) τολμηρός, αδιάκριτος. (*Amer*) καινούριος. **~ water** γλυκό νερό. **~ air** καθαρός αέρας. **~ly cut** *adv* φρεσκοκομμένος. **~ness** n (η) φρεσκάδα

freshen /'freʃn/ *vi* δροσίζω. • *vt* φρεσκάρω. **~ up** φρεσκάρομαι

fret /fret/ *vi* (*pt* fretted) στενοχωριέμαι. **~ful** a στενοχωρεμένος

friar /'fraɪə(r)/ n (ο) καλόγερος (*της καθολ. εκκλησίας*)

friction /'frɪkʃn/ n (η) τριβή

Friday /'fraɪdɪ/ n (η) Παρασκευή. **Good ~** (η) Μεγάλη Παρασκευή

fridge /frɪdʒ/ n (το) ψυγείο

fried /fraɪd/ *see* FRY. • a τηγανητός

friend /frend/ n (ο) φίλος. **make ~s (with)** πιάνω φιλίες (με). **~ship** n (η) φιλία

friendl|y /'frendlɪ/ a (-ier, -iest) φιλικός. **~iness** n (η) φιλικότητα

frieze /fri:z/ n (το) διάζωμα

frigate /'frɪgət/ n (η) φρεγάτα

fright /fraɪt/ n (ο) τρόμος. (*person, thing*) (το) σκιάχτρο. **~ful** a τρομερός. **~fully** *adv* τρομερά

frighten /'fraɪtn/ *vt* τρομάζω. **~ off** τρέπω σε φυγή. **~ed** a τρομαγμένος. be **~ed** φοβάμαι. **~ing** a τρομαχτικός

frigid /'frɪdʒɪd/ a ψυχρός. **~ity** /-'dʒɪdətɪ/ n (η) ψυχρότητα

frill /frɪl/ n (το) βολάν *invar*. **~s** (*fig*) (τα) στολίδια. **~y** a σουρωτός

fringe /frɪndʒ/ n (of hair) (οι) αφέλειες. (of area, society) (το) περιθώριο. ~ **benefits** npl (οι) πρόσθετες παροχές

frisk /frɪsk/ vi χοροπηδώ. • vt (search) κάνω σωματική έρευνα σε

frisky /ˈfrɪskɪ/ a (-ier, -iest) ζωηρός

fritter¹ /ˈfrɪtə(r)/ n είδος τηγανίτας

fritter² /ˈfrɪtə(r)/ vt ~ **away** κατασπαταλώ

frivol|ous /ˈfrɪvələs/ a επιπόλαιος. ~**ity** /-ˈvɒlətɪ/ n (η) επιπολαιότητα

frizzy /ˈfrɪzɪ/ a σγουρός

fro /frəʊ/ see TO

frock /frɒk/ n (το) φουστάνι

frog /frɒg/ n (ο) βάτραχος. **have a ~ in the throat** είμαι βραχνιασμένος

frogman /ˈfrɒgmən/ n (pl -men) (ο) βατραχάνθρωπος

frolic /ˈfrɒlɪk/ vi (pl frolicked) κάνω τρέλες. • n (η) τρέλα

from /frəm, frɒm/ prep (direction) από. (time, cause) από. **where are you ~?** από πού είστε;

front /frʌnt/ n (το) εμπρός μέρος. (archit) (η) πρόσοψη. (mil) (το) μέτωπο. (of clothes) (η) μπροστινή. (seafront) (η) παραλία. (fig) (το) πρόσωπο. • a μπροστινός. ~ **door** n (η) εξώπορτα. ~ **page** n (η) πρώτη σελίδα. ~ **row** n (η) πρώτη σειρά. **in ~ of** μπροστά από. ~**age** n (η) πρόσοψη. ~**al** a μετωπιαίος

frontier /ˈfrʌntɪə(r)/ n (το) σύνορο

frost /frɒst/ n (η) παγωνιά. ~**-bite** n (το) κρυοπάγημα. ~**-bitten** a που έχει κρυοπαγήματα. ~**ed** a (glass) αδιαφανής. ~**ing** n (icing: Amer) (το) γλασάρισμα. ~**y** a παγερός

froth /frɒθ/ n (η) αφρός. • vi αφρίζω. ~**y** a αφρώδης

frown /fraʊn/ vi συνοφρυώνομαι. • n (το) συνοφρύωμα. ~ **on** αποδοκιμάζω

froze /frəʊz/ see FREEZE

frozen /ˈfrəʊzn/ see FREEZE. • a (food) κατεψυγμένος

frugal /ˈfruːgl/ a λιτός. ~**ly** adv λιτά

fruit /fruːt/ n (το) φρούτο. (collectively) (τα) φρούτα. ~ **machine** n (το) μηχάνημα για τυχερά παιγνίδια. ~ **salad** n (η) φρουτοσαλάτα. ~**erer** n (ο) οπωροπώλης, (η) οπωροπώλις. ~**y** a με γεύση ή μυρωδιά φρούτου

fruit|ful /ˈfruːtfl/ a καρποφόρος. (fig) αποδοτικός. ~**less** a άκαρπος

fruition /fruːˈɪʃn/ n (fig) (η) πραγματοποίηση. **come to ~** πραγματοποιούμαι

frustrat|e /frʌˈstreɪt/ vt ματαιώνω. ~**ed** a απογοητευμένος. ~**ing** a απογοητευτικός. ~**ion** /-ʃn/ n (η) ματαίωση

fry¹ /fraɪ/ vt/i (pt fried) τηγανίζω/ομαι. ~**ing-pan** n (το) τηγάνι

fry² /fraɪ/ n (pl fry) small ~ (οι) ασημαντότητες

fuchsia /ˈfjuːʃə/ n (η) φούξια

fuddy-duddy /ˈfʌdɪdʌdɪ/ n (sl) (ο) γεροπαράξενος

fudge /fʌdʒ/ n μαλακό ζαχαρωτό βουτύρου και κρέμας

fuel /ˈfjuːəl/ n (τα) καύσιμα. (fig) (το) λάδι. ~ **oil** (το) καυσέλαιο. • vt (pt fuelled) προμηθεύω καύσιμα σε

fugitive /ˈfjuːdʒətɪv/ n (ο) φυγάδας

fugue /fjuːg/ n (η) φούγκα

fulfil /fʊlˈfɪl/ vt (pt fulfilled) (task) εκπληρώνω. (hopes) πραγματοποιώ. (conditions) ικανοποιώ. ~**ling** a ικανοποιητικός. ~**ment** n (η) εκπλήρωση, (η) πραγματοποίηση, (η) ικανοποίηση

full /fʊl/ a (-er, -est) πλήρης. (bus, hotel) γεμάτος. (clothes) φαρδύς. (fare, price) ολόκληρος. (programme) πλήρης. • adv ακριβώς. **at ~ speed** ολοταχώς. **be ~ (up)** (person) είμαι χορτασμένος. ~**-blooded** a καθαρόαιμος. ~**-blown** a τέλειος. ~ **name** (το) ονοματεπώνυμο. ~ **moon** n (η) πανσέληνος. ~**-scale** a σε φυσικό μέγεθος. ~ **stop** n (η) τελεία. ~**-time work** (η) εργασία με πλήρη απασχόληση. **in ~** πλήρως. **in ~ swing** στο φόρτε. ~**y** adv πλήρως

fulsome /ˈfʊlsəm/ a υπερβολικός

fumble /ˈfʌmbl/ vi ψαχουλεύω. ~ **with sth** κάνω κτ αδέξια

fume /fjuːm/ vi βγάζω καπνό. (fig) είμαι έξω φρενών. ~**s** npl (οι) αναθυμιάσεις. (from traffic) (τα) καυσαέρια

fumigate /ˈfjuːmɪgeɪt/ vt απολυμαίνω με κάπνισμα

fun /fʌn/ n (η) διασκέδαση. **for ~** για αστείο. ~**-fair** n (το) λούνα-παρκ invar. **have ~** διασκεδάζω. **make ~ of** κοροϊδεύω

function /ˈfʌŋkʃn/ n (η) λειτουργία. (ceremony) (η) τελετή. • vi λειτουργώ. ~ **as** λειτουργώ ως. ~**al** a λειτουργικός

fund /fʌnd/ n (το) ταμείο. ~**s** (τα) κεφάλαια. • vt χρηματοδοτώ

fundamental /fʌndəˈmentl/ a θεμελιώδης

funeral /ˈfjuːnərəl/ n (η) κηδεία. • a νεκρώσιμος

fungus /ˈfʌŋgəs/ n (pl -gi /-gaɪ/) (ο) μύκητας

funicular /fjuːˈnɪkjʊlə(r)/ n ~ **(railway)** (το) τελεφερίκ invar

funk /fʌŋk/ n (sl) (ο) φόβος. • vi (sl) δειλιάζω

funnel /ˈfʌnl/ n (το) χωνί. (of ship) (το) φουγάρο

funn|y /ˈfʌnɪ/ a (-ier, -iest) αστείος. (odd) περίεργος. ~**y business** ύποπτη δουλειά. ~**ily** adv αστεία, περίεργα

fur /fɜː(r)/ n (το) τρίχωμα. (skin) (η) γούνα. (in kettle) (το) πουρί. ~**ry** a γούνινος

furious /'fjʊəriəs/ a εξοργισμένος. **~ly** adv εξοργισμένα

furnace /'fɜːnɪs/ n (ο) κλίβανος

furnish /'fɜːnɪʃ/ vt επιπλώνω. (supply) προμηθεύω. **~ings** npl (η) επίπλωση

furniture /'fɜːnɪtʃə(r)/ n (τα) έπιπλα

furrier /'fʌrɪə(r)/ n (ο) γουναράς

furrow /'fʌrəʊ/ n (το) αυλάκι

further /'fɜːðə(r)/ see FAR. • a (additional) πρόσθετος. • adv (more) περισσότερο. • vi προάγω. **~st** see FAR

furthermore /'fɜːðəmɔː(r)/ adv επιπλέον

furthermost /'fɜːðəməʊst/ a ο πιο μακρινός

furtive /'fɜːtɪv/ a κρυφός

fury /'fjʊəri/ n (η) οργή

fuse¹ /fjuːz/ vt κολλώ. • vi the lights have **~d** κάηκε η ασφάλεια. • n (electr) (η) ασφάλεια. **~-box** n (η) ασφαλειοθήκη

fuse² /fjuːz/ n (of bomb) (το) φιτίλι

fuselage /'fjuːzəlɑːʒ/ n (η) άτρακτος

fusion /'fjuːʒn/ n (η) σύντηξη

fuss /fʌs/ n (η) φασαρία. (commotion) (η) σύγχυση. • vi ανησυχώ. **make a ~** κάνω φασαρία (about, για). **make a ~ of** περιποιούμαι. **~y** a (-ier, -iest) σχολαστικός. (clothes etc.) εξεζητημένος

fusty /'fʌsti/ a (-ier, -iest) που μυρίζει κλεισούρα

futile /'fjuːtaɪl/ a μάταιος

future /'fjuːtʃə(r)/ a μελλοντικός. • n (το) μέλλον. (gram) (ο) μέλλοντας. **in ~** στο μέλλον

futuristic /fjuːtʃə'rɪstɪk/ a φουτουριστικός

fuzz /fʌz/ n (το) χνούδι

fuzzy /'fʌzi/ a (hair) σγουρός και κατσαρός. (photograph) θαμπός

Gg

gab /gæb/ n have the gift of the **~** (fam) είμαι λογάς

gabardine /gæbə'diːn/ n (η) καμπαρντίνα

gabble /'gæbl/ vi μιλώ γρήγορα και ακατάληπτα. • n (η) γρήγορη και ακατάληπτη ομιλία

gable /'geɪbl/ n (το) αέτωμα

gad /gæd/ vi (pt gadded) **~ about** γυρίζω γλεντοκοπώντας

gadget /'gædʒɪt/ n (η) μικροσυσκευή

Gaelic /'geɪlɪk/ a κελτικός. • n (η) κελτική γλώσσα

gaffe /gæf/ n (η) γκάφα

gag /gæg/ n (το) φίμωτρο. (joke) (το) καλαμπούρι. • vt (pt gagged) φιμώνω. • vi αναγουλιάζω

gaiety /'geɪəti/ n (η) ευθυμία

gaily /'geɪli/ adv εύθυμα

gain /geɪn/ vt κερδίζω. (acquire) αποκτώ. • vi (of clock) πάω μπροστά. • n (increase) (η) αύξηση. (profit) (το) κέρδος. (acquisition) (η) κατάκτηση. **~ful** a επικερδής

gait /geɪt/ n (η) περπατησιά

gala /'gɑːlə/ n (η) εορταστική εκδήλωση, (το) γκαλά invar

galaxy /'gæləksi/ n (ο) γαλαξίας

gale /geɪl/ n (η) θύελλα

gall /gɔːl/ n (η) χολή. (impudence: sl) (το) θράσος. **~-bladder** n (η) χοληδόχος κύστη

gallant /'gælənt/ a γενναίος. (chivalrous) ιπποτικός. **~ry** n (η) γενναιότητα

gallery /'gæləri/ n (η) πινακοθήκη. (theatr) (ο) εξώστης

galley /'gæli/ n (pl -eys) (kitchen, ship) (το) μαγειρείο.

gallivant /gælɪ'vænt/ vi (fam) γυρίζω γλεντοκοπώντας

gallon /'gælən/ n (το) γαλόνι (= 4.5 l)

gallop /'gæləp/ n (ο) καλπασμός. • vi (pt galloped) καλπάζω

gallows /'gæləʊz/ n (η) κρεμάλα

galore /gə'lɔː(r)/ adv σε αφθονία

galosh /gə'lɒʃ/ n (η) γαλότσα

galvanize /'gælvənaɪz/ vt γαλβανίζω

gambit /'gæmbɪt/ n (το) τέχνασμα

gambl|e /'gæmbl/ vt/i παίζω. (fig) ριψοκινδυνεύω. • n (το) τυχερό παχνίδι. **~ on** ρισκάρω. **~er** n (ο) τζογαδόρος. (at cards) (ο) χαρτοπαίχτης, (η) χαρτοπαίχτρα. **~ing** n (ο) τζόγος. (at cards) (η) χαρτοπαιξία

game /geɪm/ n (το) παιχνίδι. (animals, birds) (το) κυνήγι. • a **be ~ for** είμαι πρόθυμος για

gamekeeper /'geɪmkiːpə(r)/ n (ο) θηροφύλακας

gammon /'gæmən/ n είδος χοιρομέρι

gamut /'gæmət/ n (mus, fig) (η) κλίμακα

gang /gæŋ/ n (η) συμμορία. (of workmen) (το) συνεργείο. • vi **~ up** συνενώνομαι (on/against εναντίον)

gangling /'gæŋglɪŋ/ a ψηλόλιγνος

gangrene /'gæŋgriːn/ n (η) γάγγραινα

gangster /'gæŋstə(r)/ n (ο) γκάνγκστερ
invar

gangway /'gæŋweɪ/ n (*of ship*) (η)
σανιδόσκαλα. (*aisle*) (ο) διάδρομος

gaol /dʒeɪl/ n & vt = **jail**

gap /gæp/ n (το) άνοιγμα. (*deficiency*) (το)
κενό. (*interval*) (το) διάστημα.
(*difference*) (η) διαφορά. **generation ~**
(το) χάσμα των γενεών

gap|e /geɪp/ vi (*be wide open*) χάσκω.
(*stare open-mouthed*) κοιτάζω με ανοιχτό
στόμα. **~ing** a χαίνων

garage /'gæra:ʒ/ n (το) γκαράζ *invar*. • vt
βάζω σε γκαράζ

garb /ga:b/ n (η) ενδυμασία

garbage /'ga:bɪdʒ/ n (τα) σκουπίδια

garble /'ga:bl/ vt (*mix up*) μπερδεύω.
(*distort*) διαστρεβλώνω

garden /'ga:dn/ n (ο) κήπος. • vi
ασχολούμαι με την κηπουρική. **~er** n
(ο, η) κηπουρός. **~ing** n (η) κηπουρική

gargle /'ga:gl/ vi κάνω γαργάρα. • n (η)
γαργάρα

gargoyle /'ga:gɔɪl/ n τερατόμορφο στολίδι
ή προεξοχή ιδιαίτερα σε κτίριο

garish /'geərɪʃ/ a φανταχτερός και
κακόγουστος

garland /'ga:lənd/ n (η) γιρλάντα

garlic /'ga:lɪk/ n (το) σκόρδο

garment /'ga:mənt/ n (το) ρούχο

garnish /'ga:nɪʃ/ n (η) γαρνιτούρα. • vt
γαρνίρω

garret /'gærət/ n (η) σοφίτα

garrison /'gærɪsn/ n (η) φρουρά

garrulous /'gærələs/ a φλύαρος

garter /'ga:tə(r)/ n (η) καλτσοδέτα

gas /gæs/ n (*pl* gases) (το) αέριο.
(*domestic*) (το) γκάζι. (*med*) (το)
αναισθητικό. (*Amer, fam*) (η) βενζίνη.
• vt (*pt* gassed) δηλητηριάζω με αέρια.
• vi (*fam*) φλυαρώ. **~ chamber** n (ο)
θάλαμος αερίων. **~ cooker** n (η) κουζίνα
του γκαζιού. **~ fire** n (η) σόμπα του
γκαζιού. **~ mask** n (η)
αντιασφυξιογόνος μάσκα. **~ meter** n (ο)
μετρητής του γκαζιού. **~ ring** n (το)
μάτι του γκαζιού. **~sy** a αεριούχος

gash /gæʃ/ n (η) βαθιά πληγή. • vt κόβω
βαθιά

gasket /'gæskɪt/ n (η) φλάντζα

gasoline /'gæsəliːn/ n (*Amer*) (η) βενζίνη

gasometer /gə'sɒmɪtə(r)/ n (η) δεξαμενή
φωταερίου

gasp /ga:sp/ vi λαχανιάζω. (*in surprise*)
μου κόβεται η αναπνοή. • n (το) κόψιμο
της αναπνοής

gastric /'gæstrɪk/ a γαστρικός

gastronomy /gæ'strɒnəmɪ/ n (η)
γαστρονομία

gate /geɪt/ n (*garden*) (η) πόρτα. (*of town*)
(η) πύλη. (*of metal*) (η) καγκελόπορτα.
(*at airport*) (η) έξοδος

gateau /'gætəʊ/ n (η) τούρτα

gatecrash /'geɪtkræʃ/ vt/i μπαίνω
απρόσκλητος (*σε πάρτι, συνάντηση*)

gateway /'geɪtweɪ/ n (η) πύλη

gather /'gæðə(r)/ vt μαζεύω. (*understand*)
συμπεραίνω. (*speed*) αναπτύσσω. (*cloth*)
σουρώνω. • vi μαζεύομαι. **~ing** n (η)
συγκέντρωση

gaudy /'gɔ:dɪ/ a (-ier, -iest) χτυπητός
(*φανταχτερός*)

gauge /geɪdʒ/ n (ο) μετρητής. • vt μετρώ.
(*fig*) ζυγίζω

gaunt /gɔ:nt/ a αδύνατος. (*desolate*)
έρημος

gauntlet /'gɔ:ntlɪt/ n (το) γάντι. **run the ~**
αντιμετωπίζω συνεχείς επιθέσεις

gauze /gɔ:z/ n (η) γάζα

gave /geɪv/ *see* GIVE

gawky /'gɔ:kɪ/ a (-ier, -iest) άχαρος

gay /geɪ/ a (-er, -est) εύθυμος.
(*homosexual: fam*) ομοφυλόφιλος. • n
(*fam*) (ο) ομοφυλόφιλος

gaze /geɪz/ vi **~ at** κοιτάζω επίμονα. • n
(το) βλέμμα

gazelle /gə'zel/ n (η) γκαζέλα

gazette /gə'zet/ n (η) εφημερίδα

gazump /gə'zʌmp/ vt (*fam*) υψώνω την
τιμή ιδιαίτ. κτιρίου μετά που έχει ήδη
συμφωνηθεί

GB *abbr* (*Great Britain*) ΜΒ

gear /gɪə(r)/ n (*techn*) (το) γρανάζι. (*auto*)
(η) ταχύτητα. (*equipment, tackle*) (τα)
εργαλεία, (τα) σύνεργα. • vt
προσαρμόζω (**to**, σε). **~ lever** n (ο)
μοχλός. **in ~** σε καλή λειτουργία. **out
of ~** ελαττωματικός

gearbox /'gɪəbɒks/ n (το) κιβώτιο
ταχυτήτων

geese /gi:s/ *see* GOOSE

geezer /'gi:zə(r)/ n (*sl*) (ο) γεροπαράξενος

gel /dʒel/ n (το) ζελέ *invar*

gelatine /dʒelə'ti:n/ n (η) ζελατίνη

gelignite /'dʒelɪgnaɪt/ n (ο) ζελενίτης

gem /dʒem/ n (η) πολύτιμη πέτρα

Gemini /'dʒemɪnaɪ/ n (οι) Δίδυμοι

gen /dʒen/ n (*sl*) (οι) πληροφορίες

gender /'dʒendə(r)/ n (το) γένος

gene /dʒi:n/ n (το) γονίδιο

genealogy /dʒi:nɪ'ælədʒɪ/ n (η)
γενεαλογία

general /'dʒenrəl/ a γενικός. • n (ο)
στρατηγός. **~ election** n (οι)
βουλευτικές εκλογές. **~ meeting** n (η)
γενική συνέλευση. **~ practitioner** n (ο)
γιατρός παθολόγος. **the ~ public** το
κοινό. **in ~** γενικά. **~ly** adv

generaliz|e /'dʒenrəlaɪz/ vt/i γενικεύω.
~ation /-'zeɪʃn/ n (η) γενίκευση

generate /'dʒenəreɪt/ vt παράγω

generation /dʒenə'reɪʃn/ n (η) γενεά

generator /'dʒenəreɪtə(r)/ n (η) γεννήτρια

gener|ous /'dʒenərəs/ a γενναιόδωρος.
(*ample*) άφθονος. **~osity** /-'rɒsətɪ/ n (η)
γενναιοδωρία

genetic /dʒɪ'netɪk/ a γενετικός. ~s n (η) γενετική

Geneva /dʒɪ'niːvə/ n (η) Γενεύη

genial /'dʒiːnɪəl/ a ευχάριστος

genital /'dʒenɪtl/ a γεννητικός. ~s npl (τα) γεννητικά όργανα

genitive /'dʒenɪtɪv/ n (η) γενική (πτώση)

genius /'dʒiːnɪəs/ n (pl -uses) (η) μεγαλοφυΐα

genocide /'dʒenəsaɪd/ n (η) γενοκτονία

genre /ʒɑ:ŋr/ n (literary) (το) λογοτεχνικό είδος

gent /dʒent/ n (fam) (ο) κύριος. **the G~s** (fam) Ανδρών

genteel /dʒen'tiːl/ a ευγενικός και αρχοντικός

gentl|e /'dʒentl/ a (-er, -est) πράος. (slight) ελαφρός. **~eness** n (η) πραότητα. **~y** adv απαλά

gentleman /'dʒentlmən/ n (pl -men) (ο) κύριος. **in a ~ly manner** a σαν κύριος

gentry /'dʒentrɪ/ npl (η) κατώτερη αριστοκρατία

genuine /'dʒenjuɪn/ a γνήσιος

geograph|y /dʒɪ'ɒgrəfɪ/ n (η) γεωγραφία. **~er** n (ο, η) γεωγράφος. **~ical** /dʒɪə'græfɪkl/ a γεωγραφικός

geolog|y /dʒɪ'ɒlədʒɪ/ n (η) γεωλογία. **~ical** /dʒɪə'lɒdʒɪkl/ a γεωλογικός. **~ist** n (ο, η) γεωλόγος

geomet|ry /dʒɪ'ɒmətrɪ/ n (η) γεωμετρία. **~er** n /-'ɒmɪtə(r)/ n (ο) γεωμέτρης. **~ric(al)** /dʒɪə'metrɪk(l)/ a γεωμετρικός

geranium /dʒə'reɪnɪəm/ n (το) γεράνι

geriatric /dʒerɪ'ætrɪk/ **~s** n (η) γηριατρική

germ /dʒɜːm/ n (το) μικρόβιο

German /'dʒɜːmən/ a γερμανικός. • n (ο) Γερμανός, (η) Γερμανίδα. (lang) (τα) γερμανικά. **~ measles** n (η) ερυθρά. **~ic** /dʒə'mænɪk/ a γερμανικός. **~y** n (η) Γερμανία

germicide /'dʒɜːmɪsaɪd/ n (το) μικροβιοκτόνο

germinate /'dʒɜːmɪneɪt/ vi βλασταίνω

gestation /dʒe'steɪʃn/ n (η) κυοφορία

gesticulate /dʒes'tɪkjuleɪt/ vi χειρονομώ

gesture /'dʒestʃə(r)/ n (η) χειρονομία

get /get/ vt (pt got, pres p getting) (obtain) βρίσκω. (catch) παίρνω. (fetch) φέρνω. (understand: fam) καταλαβαίνω. **~ s.o. to do** βάζω κάποιον να κάνει. **~ one's car repaired** δίνω το αυτοκίνητό μου να φτιαχτεί. **~ one's work done** κάνω τη δουλειά μου. • vi (become) γίνομαι. (arrive at) φτάνω σε. **~ married/ready** παντρεύομαι/ετοιμάζομαι. **~ about** κυκλοφορώ. **~ at** (reach) φτάνω. (imply) υπονοώ. **what are you ~ting at?** πού το πας; **~ away** φεύγω. (escape) ξεφεύγω. **~ back** vi επιστρέφω. • vt (recover) βρίσκω. **~ by** περνώ. (manage) τα βολεύω. **~ down** κατεβαίνω. **~ in**

μπαίνω. **~ nowhere** δεν καταφέρνω τίποτα. **~ off** (alight) κατεβαίνω. (leave) ξεκινώ. (jur) γλυτώνω. **~ on** (bus) ανεβαίνω. (succeed) επιτυγχάνω. (be on good terms) τα πηγαίνω καλά (with, μαζί). **~ on with** (work etc.) πηγαίνω με. **~ out** φεύγω. **~ out of** (fig) ξεφεύγω. **~ over** (fence etc.) πηδώ. (illness) συνέρχομαι. **~ round** (rule) παρακάμπτω. (person) καταφέρνω. **~ through** (telec) συνδέομαι. (finish) τελειώνω. **~ up** σηκώνομαι. (climb) ανεβαίνω

getaway /'getəweɪ/ n (η) φυγή

geyser /'giːzə(r)/ n (geol) (ο) θερμοπίδακας. (domestic) (ο) θερμοσίφωνας

ghastly /'gɑːstlɪ/ a (-ier, -iest) φρικτός. (pale) κατάχλομος

gherkin /'gɜːkɪn/ n (το) αγγουράκι

ghetto /'getəʊ/ n (pl -os) (το) γκέτο

ghost /gəʊst/ n (το) φάντασμα. **~ly** a σαν φάντασμα

ghoulish /'guːlɪʃ/ a μακάβριος

giant /'dʒaɪənt/ n (ο) γίγαντας. • a γιγάντιος

gibberish /'dʒɪbərɪʃ/ n (οι) ασυναρτησίες

gibe /dʒaɪb/ n (το) περιγέλασμα. • vi **~ at** περιγελώ

giblets /'dʒɪblɪts/ npl (τα) συκωτάκια (πουλιού)

gidd|y /'gɪdɪ/ a (-ier, -iest) ζαλισμένος. **be** or **feel ~y** ζαλίζομαι. **~iness** n (η) ζάλη, (η) ζαλάδα

gift /gɪft/ n (το) δώρο. (talent) (το) ταλέντο. **~-wrap** vt (pt **~-wrapped**) τυλίγω δώρο

gifted /'gɪftɪd/ a προικισμένος

gig /gɪg/ n (fam) συναυλία ροκ

gigantic /dʒaɪ'gæntɪk/ a γιγαντιαίος

giggle /'gɪgl/ vi γελώ νευρικά. • n (το) νευρικό γέλιο

gild /gɪld/ vt επιχρυσώνω

gills /gɪlz/ npl (τα) βράγχια

gilt /gɪlt/ a επιχρυσωμένος. • n (η) επιχρύσωση. **~-edged stocks** npl (τα) κυβερνητικά χρεόγραφα

gimmick /'gɪmɪk/ n (το) τέχνασμα

gin /dʒɪn/ n (το) τζιν invar

ginger /'dʒɪndʒə(r)/ n (η) πιπερόριζα. (root) (η) ρίζα τζίντζερ invar. • a ξανθοκόκκινος. **~ ale, ~ beer** ns (η) τζιτζιμπίρα

gingerbread /'dʒɪndʒəbred/ n (το) μπισκότο με πιπερόριζα

gingerly /'dʒɪndʒəlɪ/ adv πολύ προσεκτικά

gipsy /'dʒɪpsɪ/ n = gypsy

giraffe /dʒɪ'rɑːf/ n (η) καμηλοπάρδαλη

girder /'gɜːdə(r)/ n (το) δοκάρι

girdle /'gɜːdl/ n (η) ζώνη. (corset) (ο) κορσές invar

girl /gɜːl/ n (child) (το) κορίτσι. (young woman) (η) κοπέλα. **~-friend** n (η) φίλη. (of boy) (η) φιλενάδα. **~hood** n (η) κοριτσίστικη ηλικία. **~ish** a κοριτσίστικος

giro /'dʒaɪərəʊ/ n (pl -os) σύστημα μετα-βίβασης χρημάτων μέσω μιας τράπεζας σε άλλη

girth /gɜ:θ/ n (η) περιφέρεια

gist /dʒɪst/ n (η) ουσία

give /gɪv/ vt/i (pt gave, pp given) δίνω. (supply, offer) προσφέρω. (utter) δίνω. (yield) υποχωρώ. ~ n (η) ελαστικότητα. ~ a cry βγάζω μια φωνή. ~ sth a push/kick σπρώχνω/κλωτσώ κτ. ~ away (money) χαρίζω. (secret) αποκαλύπτω. ~ back επιστρέφω. ~ birth γεννώ. ~ in ενδίδω. ~ off αναδίνω. ~ out (distribute) μοιράζω. (announce) γνωστοποιώ. ~ over (fam) παραδίδω. ~ o.s. to αφοσιώνομαι σε. ~ up παραιτούμαι. ~ o.s. up παραδίδομαι. ~ way (yield) ενδίδω, υποχωρώ. (on road) δίνω προτεραιότητα. (collapse) υποχωρώ

given /gɪvn/ see GIVE. ~ a δεδομένος. ~ name (το) βαπτιστικό όνομα. ~ that δεδομένου ότι

glacier /'glæsɪə(r)/ n (ο) παγετώνας

glad /glæd/ a χαρούμενος. be ~ of χαίρομαι για. ~ly adv χαρούμενα

gladden /'glædn/ vt χαροποιώ

glade /gleɪd/ n (το) ξέφωτο

gladiator /'glædɪeɪtə(r)/ n (ο) μονομάχος

gladiolus /glædɪ'əʊləs/ n (pl -li /-laɪ/) (η) γλαδιόλα

glam|our /'glæmə(r)/ n (η) αίγλη. ~orize vt δίνω αίγλη σε. ~orous a γεμάτος αίγλη

glance /glɑ:ns/ n (η) ματιά. • vi ~ at ρίχνω μια ματιά σε

gland /glænd/ n (ο) αδένας

glar|e /gleə(r)/ vi (stare angrily) αγριοκοι-τάζω. (shine brightly) λάμπω. • n (η) λάμψη. (look) (το) αγριοκοίταγμα. ~ing a εκτυφλωτικός. (obvious) ολοφάνερος

glass /glɑ:s/ n (το) γυαλί. (mirror) (ο) καθρέφτης. (for drinking) (το) ποτήρι. ~es npl (τα) γυαλιά. ~y a γυάλινος. (eyes) ανέκφραστος

glasnost /'glæznɒst/ (η) διαφάνεια

glaze /gleɪz/ vt (door, window) τζαμώνω. (pottery) σμαλτώνω. (culin) αλείφω με γάλα ή αυγό. • n (το) σμάλτο. ~d a (eyes) γυάλινος

gleam /gli:m/ n (η) λάμψη. (of hope) (η) αχτίδα. • vi λάμπω

glean /gli:n/ vt μαζεύω προσεκτικά

glee /gli:/ n (η) χαρά. ~ful a γεμάτος χαρά

glen /glen/ n (το) λαγκάδι (ιδιαίτερα στη Σκοτία)

glib /glɪb/ a ευφραδής. ~ly adv με ευφράδεια

glid|e /glaɪd/ vi γλιστρώ. (plane) πετνώ αθόρυβα. ~er /-ə(r)/ n (το) ανεμόπτερο. ~ing n (η) ανεμοπορία

glimmer /'glɪmə(r)/ n (το) αμυδρό φως. • vi φέγγω αμυδρά

glimpse /glɪmps/ n (η) ματιά. • vt παίρνει το μάτι μου

glint /glɪnt/ n (η) λάμψη. • vi λάμπω

glisten /'glɪsn/ vi λαμποκοπώ

glitter /'glɪtə(r)/ vi σπινθηροβολώ, λάμπω. • n (το) σπινθηροβόλημα

gloat /gləʊt/ vi χαίρομαι (με κακεντρέχεια) (over, για)

global /'gləʊbl/ a παγκόσμιος. ~ warming (η) αύξηση της θερμοκρασίας σε παγκόσμιο επίπεδο

globe /gləʊb/ n (η) σφαίρα

globule /'glɒbju:l/ n (το) σφαιρίδιο

gloom /glu:m/ n (η) κατήφεια. (sadness) (η) κατάθλιψη. ~y a κατάθλιπτικός

glorif|y /'glɔ:rɪfaɪ/ vt δοξάζω. ~ied (waitress/salesman) ωραιοποιημένος

glorious /'glɔ:rɪəs/ a (deed, hero, etc) ένδοξος. (splendid: fam) καταπληκτικός

glory /'glɔ:rɪ/ n (η) δόξα. (beauty) (το) μεγαλείο. • vi ~ in περηφανεύομαι

gloss /glɒs/ n (η) γυαλάδα. • vt ~ over συγκαλύπτω. ~ paint (η) ριπολίνη. ~y a γυαλιστερός

glossary /'glɒsərɪ/ n (το) γλωσσάριο

glove /glʌv/ n (το) γάντι. ~ compartment (το) ντουλαπάκι (αυτοκινήτου). ~d a με γάντι(α)

glow /gləʊ/ vi λάμπω. • n (η) λάμψη. ~ing a πυρακτωμένος. (fig) ενθουσιώδης

glower /'glaʊə(r)/ vi ~ (at) αγριοκοιτάζω

glucose /'glu:kəʊs/ n (η) γλυκόζη

glue /glu:/ n (η) κόλλα. • vt (press p gluing) κολλώ

glum /glʌm/ a (glummer, glummest) σκυθρωπός

glut /glʌt/ n (η) υπεραφθονία

glutton /'glʌtn/ n (ο) λαίμαργος. ~ous a λαίμαργος. ~y n (η) λαιμαργία

glycerine /'glɪsəri:n/ n (η) γλυκερίνη

GMT abbr (Greenwich Mean Time) Μέση Ώρα Greenwich

gnarled /nɑ:ld/ a ροζιάρικος

gnash /næʃ/ vt ~ one's teeth τρίζω τα δόντια μου

gnat /næt/ n (η) σκνίπα

gnaw /nɔ:/ vt/i ~ (at) ροκανίζω

gnome /nəʊm/ n (ο) νάνος

go /gəʊ/ vi (pt went, pp gone) πηγαίνω. (leave) φεύγω. (work) δουλεύω. (become) γίνομαι. (be sold) πουλιέμαι. (vanish) χάνομαι. ~ and see/fetch πηγαίνω να δω/φέρω. ~ fishing/shopping πηγαίνω ψάρεμα/ψώνια. • n (pl goes) (η) δραστηριότητα. (try) (η) προσπάθεια. (turn) (η) σειρά. be ~ing to do θα κάνω. ~ about κυκλοφορώ. ~ ahead προχωρώ. ~-ahead n (η) άδεια. • a προοδευτικός. ~ away φεύγω. ~ back επιστρέφω. ~-between n (ο) μεσολαβητής, (η) μεσολαβήτρια. ~ by περνώ. ~ down (sun) δύω. (decrease) πέφτω. ~ for (attack: fam) πέφτω πάνω σε. **~-getter** n (fam) (ο) δραστήριος άνθρωπος. **~ in** μπαίνω. **~ off** (bomb) κάνω έκρηξη. (alarm) χτυπώ. (food) χαλώ. **~ out** βγαίνω. (light, fire) σβήνω. **~ over** (examine) εξετάζω. **~ round** (be enough) φτάνω. **~-slow** n (η) κωλυσιεργία. **~ through** (suffer) περνώ. (examine) ελέγχω. **~ under** (fail) αποτυγχάνω. **~ up** ανεβαίνω. **~ with** ταιριάζω, πάω με. **~ without** κάνω χωρίς. **on the ~** στο πόδι

goad /ɡəʊd/ vt κεντρίζω. (fig) παρακινώ

goal /ɡəʊl/ n (το) τέρμα, (το) γκολ invar. (fig) (ο) σκοπός. **~-post** n (το) δοκάρι (του τέρματος). **~ie** n (fam) (ο) τερματοφύλακας

goalkeeper /'ɡəʊlkiːpə(r)/ n (ο) τερματοφύλακας

goat /ɡəʊt/ n (η) κατσίκα

gobble /'ɡɒbl/ vt (**down** or **up**) καταβροχθίζω

goblet /'ɡɒblɪt/ n (το) κύπελλο

goblin /'ɡɒblɪn/ n (ο) καλικάντζαρος

God /ɡɒd/ n (ο) Θεός. **~-forsaken** a εγκαταλειμμένος από το Θεό

god /ɡɒd/ n (ο) θεός. **~dess** n (η) θεά. **~ly** a θεοσεβής

god|child /'ɡɒdtʃaɪld/ n (pl **-children**) (το) βαφτιστήρι. **~daughter** n (η) βαφτιστικιά, (η) βαφτισιμιά. **~father** n (ο) νονός. **~mother** n (η) νονά. **~son** n (ο) βαφτιστικός, (η) βαφτισιμιός

godsend /'ɡɒdsend/ n (το) θείο δώρο

goggles /'ɡɒɡlz/ npl (τα) προστατευτικά γυαλιά

going /'ɡəʊɪŋ/ n (ο) δρόμος. • a (price, rate) συνηθισμένος. **~s-on** npl (η) συμπεριφορά

gold /ɡəʊld/ n (ο) χρυσός. • a χρυσός. **~-mine** n (το) χρυσωρυχείο. (fig) (το) κατάστημα που κάνει χρυσές δουλειές. **~-plated** a επίχρυσος

golden /'ɡəʊldən/ a χρυσαφένιος. **~ handshake** μεγάλο φιλοδώρημα όταν αφυπηρετεί κάποιος. **~ wedding** (οι) χρυσοί γάμοι

goldfish /'ɡəʊldfɪʃ/ n (το) χρυσόψαρο

goldsmith /'ɡəʊldsmɪθ/ n (ο) χρυσοχόος

golf /ɡɒlf/ n (το) γκολφ invar. **~ ball** n (η) μπάλα του γκολφ. **~ club** (association) (η) λέσχη γκολφ. **~-course** n (το) γήπεδο του γκολφ. **~er** n (ο) παίκτης του γκολφ

golliwog /'ɡɒlɪwɒɡ/ n (ο) μαύρος κούκλος

gone /ɡɒn/ see GO. • a φευγάτος. **~ nine o'clock** περασμένες οι εννιά

gong /ɡɒŋ/ n (το) γκονγκ invar

good /ɡʊd/ a (**better, best**) καλός. (well-behaved) φρόνιμος. • n (το) καλό. **as ~ as** σχεδόν. **be ~ for** κάνω καλό σε. **be ~ to** είμαι καλός με. **be ~ with** είμαι καλός με. **do ~** κάνω καλό. **for ~** για πάντα. **~ afternoon!** καλησπέρα,

χαίρετε. **~ evening!** καλησπέρα. **~-for-nothing** a άχρηστος. **G~ Friday** n (η) Μεγάλη Παρασκευή. **~-looking** a όμορφος. **~ morning!** καλημέρα. **~-night** int καληνύχτα. **have a ~ time!** καλή διασκέδαση! **it's no ~** δεν ωφελεί. **~ness** n (η) καλοσύνη. **my ~ness!** τι μου λες!

goodbye /ɡʊd'baɪ/ int αντίο. • n (ο) αποχαιρετισμός

goods /ɡʊdz/ npl (τα) αγαθά. (merchandise) (τα) εμπορεύματα

goodwill /ɡʊd'wɪl/ n (η) καλή θέληση

goody /'ɡʊdɪ/ n (hero: fam) (ο) καλός. (delicacy) (η) λιχουδιά

gooey /ɡuːɪ/ a (sl) γλοιώδης

goose /ɡuːs/ n (pl **geese**) (η) χήνα. **~-flesh**, **~-pimples** ns (η) ανατριχίλα

gooseberry /'ɡʊzbərɪ/ n (το) φραγκοστάφυλο, ριβήσιον το ακανθώδες

gore¹ /ɡɔː(r)/ n (το) πηχτό αίμα

gore² /ɡɔː(r)/ vt τρυπώ με τα κέρατα

gorge /ɡɔːdʒ/ n (το) φαράγγι. • vt καταβροχθίζω. • vi πρήζομαι στο φαΐ

gorgeous /'ɡɔːdʒəs/ a θαυμάσιος

gorilla /ɡə'rɪlə/ n (ο) γορίλας

gormless /'ɡɔːmlɪs/ a (fam) κουτός

gorse /ɡɔːs/ n (ο) ασπάλαθος

gory /'ɡɔːrɪ/ a (-ier, -iest) αιμοβόρος

gosh /ɡɒʃ/ int (sl) Θεέ μου, πω-πω

gospel /'ɡɒspl/ n (το) ευαγγέλιο

gossip /'ɡɒsɪp/ n (το) κουτσομπολιό. (person) (ο) κουτσομπόλης. • vi (pt **gossiped**) κουτσομπολεύω

got /ɡɒt/ see GET. • **have ~** έχω. **have ~ to do** πρέπει να κάνω

Gothic /'ɡɒθɪk/ a γοθικός

gouge /ɡaʊdʒ/ vt **~ out** βγάζω

gourmet /'ɡʊəmeɪ/ n (ο) γκουρμέ invar

gout /ɡaʊt/ n (η) ουρική αρθρίτιδα

govern /'ɡʌvn/ vt/i κυβερνώ. **~ess** /-ənɪs/ n (η) γκουβερνάντα. **~or** /-ənə(r)/ n (ο) κυβερνήτης. (fam) (το) αφεντικό

government /'ɡʌvənmənt/ n (η) κυβέρνηση. **~al** /-'mentl/ a κυβερνητικός

gown /ɡaʊn/ n (evening dress) (η) τουαλέτα (φόρεμα). (of judge, teacher) (η) τήβεννος

GP abbr see GENERAL PRACTITIONER

grab /ɡræb/ vt (pt **grabbed**) αρπάζω

grace /ɡreɪs/ n (η) χάρη. (prayer) (η) ευχαριστία. • vt τιμώ. **~ful** a με χάρη

gracious /'ɡreɪʃəs/ a ευγενικός. (elegant) κομψός

gradation /ɡrə'deɪʃn/ n (η) βαθμιαία αλλαγή

grade /ɡreɪd/ n (rank) (ο) βαθμός. (of goods) (η) ποιότητα. (class) (η) τάξη. (mark) (ο) βαθμός. • vt ταξινομώ. (schol) βαθμολογώ

gradient /'ɡreɪdɪənt/ n (η) κλίση

gradual /'ɡrædʒʊəl/ a βαθμιαίος. **~ly** adv βαθμιαία

graduate¹ /'grædʒʊət/ n (o, η) απόφοιτος (πανεπιστημίου ή κολεγίου)

graduate|e² /'grædʒʊeɪt/ vi αποφοιτώ (από πανεπιστήμιο). • vt βαθμολογώ. ~ion /-'eɪʃn/ n (η) αποφοίτηση (από πανεπιστήμιο ή κολέγιο)

graffiti /grə'fiːti/ npl (το) γκράφιτι invar

graft¹ /graːft/ n (το) μπόλι. (med) (το) μόσχευμα. • vt μπολιάζω

graft² /graːft/ n (η) δωροδοκία

grain /greɪn/ n (cereal) (τα) δημητριακά. (of sand) (o) κόκκος. (of rice) (o) κόκκος. (in leather) (η) υφή. (in wood) (τα) νερά

gram /græm/ n (το) γραμμάριο

gramma|r /'græmə(r)/ n (η) γραμματική. ~atical /grə'mætɪkl/ a γραμματικός

gramophone /'græməfəʊn/ n (το) γραμμόφωνο

grand /grænd/ a (-er, -est) μεγαλοπρεπής. (fam) περίφημος. ~ piano n (το) πιάνο με ουρά

grand|child /'grændtʃaɪld/ n (pl -children) (το) εγγόνι. ~daughter n (η) εγγονή. ~father n (o) παππούς. ~mother n (η) γιαγιά. ~parents npl (o) παππούς και (η) γιαγιά. ~son n (o) εγγονός

grandeur /'grændʒə(r)/ n (η) μεγαλοπρέπεια

grandiose /'grændɪəʊs/ a μεγαλεπήβολος

grandstand /'grændstænd/ n (η) εξέδρα των επισήμων

granite /'grænɪt/ n (o) γρανίτης

granny /'grænɪ/ n (fam) (η) γιαγιά

grant /graːnt/ vt (give) δίνω. (concede) παραχωρώ. (request, wish) ικανοποιώ. • n (for student) (η) επιδότηση. (for organization) (η) επιχορήγηση. take for ~ed θεωρώ ως δεδομένο

granulated /'grænjʊleɪtɪd/ a ~ sugar (η) (κοινή) ζάχαρη

granule /'grænjuːl/ n (o) κόκκος

grape /greɪp/ n (η) ρώγα (του σταφυλιού). ~s npl (το) σταφύλι

grapefruit /'greɪpfruːt/ n (το) γκρέιπφρουτ invar

graph /graːf/ n (η) γραφική παράσταση. ~ic a γραφικός

grapple /'græpl/ vi ~ with παλεύω με

grasp /graːsp/ vt πιάνω. (understand) αντιλαμβάνομαι. • n (το) πιάσιμο. (understanding) (η) κατανόηση. (reach) (η) δυνατότητα

grasping /'graːspɪŋ/ a αρπακτικός

grass /graːs/ n (το) γρασίδι. ~ roots npl (τα) απλά μέλη. ~y a σκεπασμένος με γρασίδι

grasshopper /'graːshɒpə(r)/ n (η) ακρίδα

grassland /'graːslænd/ n (το) λιβάδι

grate¹ /greɪt/ n (η) σχάρα

grate² /greɪt/ vt τρίβω. • vi τρίζω. ~r /-ə(r)/ n (o) τρίφτης

grateful /'greɪtfl/ a ευγνώμων. ~ly adv με ευγνωμοσύνη

gratif|y /'grætɪfaɪ/ vt ευχαριστώ. ~ied a ευχαριστημένος. ~ying a ικανοποιητικός

grating /'greɪtɪŋ/ n (το) κιγκλίδωμα

gratis /'greɪtɪs/ adv δωρεάν

gratitude /'grætɪtjuːd/ n (η) ευγνωμοσύνη

gratuitous /grə'tjuːɪtəs/ a αδικαιολόγητος

gratuity /grə'tjuːətɪ/ n (το) φιλοδώρημα

grave¹ /greɪv/ n (o) τάφος. ~-digger n (o) νεκροθάφτης

grave² /greɪv/ a (-er, -est) σοβαρός. ~ly adv σοβαρά

grave³ /graːv/ a ~ accent (η) βαρεία

gravel /'grævl/ n (το) χαλίκι

gravestone /'greɪvstəʊn/ n (η) ταφόπετρα

graveyard /'greɪvjaːd/ n (το) νεκροταφείο

gravitat|e /'grævɪteɪt/ vi έλκομαι. ~ion /-'teɪʃn/ n (η) βαρύτητα

gravity /'grævətɪ/ n (force) (η) παγκόσμια έλξη. (seriousness) (η) σοβαρότητα

gravy /'greɪvɪ/ n είδος σάλτσας από ζωμό κρέατος και αλεύρι που σερβίρεται ζεστή

graze¹ /greɪz/ vt|i (eat) βόσκω

graze² /greɪz/ vt (scrape) γδέρνω. • n (το) γδάρσιμο

greas|e /griːs/ n (το) γράσο. • vt γρασάρω. ~epaint n (η) βάση μακιγιαρίσματος. ~eproof paper n (το) λαδόχαρτο. ~y a λιπαρός

great /greɪt/ a (-er, -est) μέγας, μεγάλος. G~ Britain n (η) Μεγάλη Βρετανία. ~-grandfather n (o) προπάππος. ~-grandmother n (η) προγιαγιά. ~ly adv πολύ. ~ness n (το) μέγεθος

Greece /griːs/ n (η) Ελλάδα

greed /griːd/ n (η) απληστία. (for food) (η) λαιμαργία. ~y a άπληστος, λαίμαργος

Greek /griːk/ a ελληνικός. • n (o) Έλληνας, (η) Ελληνίδα. (lang) (τα) ελληνικά

green /griːn/ a (-er, -est) πράσινος. • n (colour) (το) πράσινο. (grass) (το) πράσινο. ~s npl (τα) λαχανίδα. ~ belt (η) πράσινη ζώνη. ~ light (fam) (το) πράσινο φως. ~ery n (η) πρασινάδα

greengage /'griːngeɪdʒ/ n (το) πράσινο δαμάσκηνο

greengrocer /'griːngrəʊsə(r)/ n (o) μανάβης

greenhouse /'griːnhaʊs/ n (το) θερμοκήπιο. the ~ effect το φαινόμενο του θερμοκηπίου

greet /griːt/ vt χαιρετίζω. ~ing n (o) χαιρετισμός. ~ings npl (τα) χαιρετίσματα. ~ings card (η) ευχετήρια κάρτα

gregarious /grɪ'geərɪəs/ a αγελαίος. (person) κοινωνικός

grenade /grɪ'neɪd/ n (η) χειροβομβίδα

grew /gruː/ see GROW

grey /greɪ/ a (-er, -est) γκρίζος. (fig) σκοτεινός. • n (το) γκρίζο. • vi ασπρίζω

greyhound /'greɪhaʊnd/ n (το) λαγωνικό

grid /grɪd/ n (η) σχάρα. (electr) (το) ηλεκτρικό δίκτυο. (on map) (ο) τετραγωνισμός

grief /gri:f/ n (η) θλίψη. **come to ~** παθαίνω κακό

grievance /'gri:vns/ n (το) παράπονο

grieve /gri:v/ vt στενοχωρώ. • vi θρηνώ. **~ for** θρηνώ

grill /grɪl/ n (cooking device) (η) σχάρα. (food) διάφορα είδη ψητού. • vt ψήνω στη σχάρα. (question) ανακρίνω εξαντλητικά

grille /grɪl/ n (το) κιγκλίδωμα

grim /grɪm/ a (grimmer, grimmest) σκληρός

grimace /grɪ'meɪs/ n (η) γκριμάτσα. • vi κάνω γκριμάτσες

grim|e /graɪm/ n (η) βρόμα. **~y** a βρομερός

grin /grɪn/ vi (pt grinned) χαμογελώ πλατιά. • n (το) πλατύ χαμόγελο

grind /graɪnd/ vt (pt ground) αλέθω. (crush) λιώνω. (sharpen) ακονίζω. • n (το) τρίξιμο. (fam) (η) μονότονη δουλειά. **~ one's teeth** τρίζω τα δόντια μου. **~ to a halt** σταματώ αργά τρίζοντας

grip /grɪp/ vt (pt gripped) σφίγγω. (attention) συναρπάζω. • n (η) λαβή. (control) (ο) έλεγχος. **be in the ~ of fear** μ' έχει καταλάβει φόβος. **come** or **get to ~s with** γίνομαι κύριος (with gen.)

gripe /graɪp/ vi (complain: fam) γκρινιάζω. **~s** npl (ο) κωλικόπονος

gripping /'grɪpɪŋ/ a (fig) συνταρακτικός

grisly /'grɪzlɪ/ a (-ier, -iest) μακάβριος

gristle /'grɪsl/ n (το) τραγανό (στα κόκκαλα)

grit /grɪt/ n (το) αμμοχάλικο. (fig) (το) θάρρος. • vt (pt gritted) απλώνω αμμοχάλικο σε. (clench) σφίγγω

grizzl|e /'grɪzl/ vi κλαψουρίζω. **~y** a ψαρός

groan /grəʊn/ vi βογκώ n (το) βογκητό

grocer /'grəʊsə(r)/ n (ο) μπακάλης. **~ies** npl (τα) είδη μπακαλικής. **~y** n (το) μπακάλικο

groggy /'grɒgɪ/ a ασταθής

groin /grɔɪn/ n (τα) αχαμνά

groom /gru:m/ n (for horses) (ο) ιπποκόμος. (bridegroom) (ο) γαμπρός. • vt περιποιούμαι (άλογο). (fig) προετοιμάζω (για σταδιοδρομία). **well-~ed** a περιποιημένος

groove /gru:v/ n (η) εγκοπή

grope /grəʊp/ vi ψηλαφώ. **~ for** ψάχνω για

gross /grəʊs/ a (-er, -est) χυδαίος. (comm) μικτός. • n invar (η) γρόσα. **~ly** adv (very) υπερβολικά

grotesque /grəʊ'tesk/ a αλλόκοτος

grotto /'grɒtəʊ/ n (pl -oes) (η) μικρή σπηλιά

grotty /'grɒtɪ/ a (sl) δυσάρεστος

grouch /graʊtʃ/ vi (fam) γκρινιάζω

ground¹ /graʊnd/ n (το) έδαφος. (reason) (ο) λόγος. **~s** (οι) κήποι. (of coffee) (τα) κατακάθια. • vi (aviat) απαγορεύω την απογείωση. (naut) προσαράζω. **~ floor** n (το) ισόγειο. **~-rent** n (το) ενοίκιο γης. **~ swell** n (ο) κυματισμός. **~less** a αβάσιμος

ground² /graʊnd/ see GRIND

grounding /'graʊndɪŋ/ n (η) βάση

groundnut /'graʊndnʌt/ n (το) αράπικο φιστίκι

groundsheet /'graʊndʃi:t/ n (ο) μουσαμάς εδάφους (σε κατασκήνωση)

groundwork /'graʊndwз:k/ n (η) προκαταρκτική εργασία

group /gru:p/ n (η) ομάδα. • vt/i συγκεντρώνω/ομαι σε ομάδα

grouse¹ /graʊs/ n invar είδος αγριοπέρδικας

grouse² /graʊs/ vi (fam) γκρινιάζω

grove /grəʊv/ n (το) άλσος. **orange ~** (ο) πορτοκαλεώνας

grovel /'grɒvl/ vi (pt grovelled) σέρνομαι

grow /grəʊ/ vi (pt grew, pp grown) μεγαλώνω. • vt (plant) καλλιεργώ. (become) γίνομαι. **~ up** μεγαλώνω. **~er** n (ο) καλλιεργητής

growl /graʊl/ vi γρυλίζω. • n (το) γρύλισμα

grown /grəʊn/ see GROW. • a **~-up** a μεγάλος. **~-ups** n (οι) μεγάλοι

growth /grəʊθ/ n (η) ανάπτυξη. (increase) (η) αύξηση. (med) (ο) όγκος

grub /grʌb/ n (food: fam) (η) μάσα

grubby /'grʌbɪ/ a (-ier, -iest) βρόμικος

grudg|e /grʌdʒ/ vt δίνω απρόθυμα σε. • n (η) κακία. **bear a ~e against s.o.** του κρατώ κακία. **~ing** a απρόθυμος **~ingly** adv απρόθυμα

gruelling /'gru:əlɪŋ/ a εξαντλητικός

gruesome /'gru:səm/ a ανατριχιαστικός

gruff /grʌf/ a (-er, -est) τραχύς

grumble /'grʌmbl/ vi/i γκρινιάζω. (complain) παραπονιέμαι

grumpy /'grʌmpɪ/ a (-ier, -iest) γκρινιάρης

grunt /grʌnt/ vi γρυλίζω. • n (ο) γρυλισμός

guarant|ee /ˌgærən'ti:/ n (η) εγγύηση. • vt εγγυώμαι. **the clock is ~d for a year** το ρολόι είναι εγγυημένο για ένα χρόνο. **~or** n (ο) εγγυητής, (η) εγγυήτρια

guard /gɑ:d/ vt προστατεύω. (watch) φρουρώ. • vi **~ against** φυλάγομαι από. • n (ο) (mil) φρουρός. (warden) (ο) φύλακας. (safety device) (το) προστατευτικό κάλυμμα. **be on ~** φρουρώ. **be on one's ~** επαγρυπνώ. **~ian** n (of minor) (ο) κηδεμόνας

guarded /gɑ:dɪd/ a επιφυλακτικός

guerrilla /gə'rɪlə/ n (ο) αντάρτης. **~ warfare** (ο) ανταρτοπόλεμος

guess /ges/ *vtli* μαντεύω. (*suppose: Amer*) νομίζω. • *n* (η) εικασία. **keep s.o. ~ing** κινώ την περιέργεια κπ

guesswork /'gesws:k/ *n* (η) εικασία

guest /gest/ *n* (o) ξένος. (*in hotel*) (o) πελάτης, (η) πελάτισσα. **~-house** *n* (η) πανσιόν *invar*

guffaw /gə'fɔ:/ *n* (o) καγχασμός. • *vi* καγχάζω

guidance /'gaɪdəns/ *n* (η) καθοδήγηση. (*advice*) (η) συμβουλή. (*information*) (η) ενημέρωση

guide /gaɪd/ *n* (o, η) ξεναγός. (*book*) (o) οδηγός. • *vt* καθοδηγώ. **~d missile** *n* (το) κατευθυνόμενο βλήμα

Guide /gaɪd/ *n* (*girl*) (η) οδηγός *fam.*(η) προσκοπίνα

guidebook /'gaɪdbʊk/ *n* (o) οδηγός (*βιβλιαράκι*)

guidelines /'gaɪdlaɪnz/ *n* (οι) κατευθυντήριες γραμμές

guild /gɪld/ *n* (το) σωματείο

guile /gaɪl/ *n* (η) πονηριά

guillotine /'gɪləti:n/ *n* (η) λαιμητόμος. (*for paper*) (η) χαρτοκοπτική μηχανή

guilt /gɪlt/ *n* (η) ενοχή. **~y** *a* ένοχος

guinea-pig /'gɪnɪpɪg/ *n* (το) ινδικό χοιρίδιο. (*fig*) (το) πειραματόζωο

guise /gaɪz/ *n* (το) πρόσχημα

guitar /gɪ'tɑ:(r)/ *n* (η) κιθάρα. **~ist** *n* (o) κιθαριστής, (η) κιθαρίστρια

gulf /gʌlf/ *n* (o) κόλπος. (*hollow*) (το) χάσμα

gull /gʌl/ *n* (o) γλάρος

gullet /'gʌlɪt/ *n* (η) γούλα

gullible /'gʌləbl/ *a* αφελής

gully /'gʌlɪ/ *n* (η) (μικρή) ρεματιά. (*drain*) (η) υπόνομος

gulp /gʌlp/ *vt* καταβροχθίζω. • *vi* κομπιάζω. • *n* (*of liquid*) (η) ρουφηξιά

gum¹ /gʌm/ *n* (*anat*) (το) ούλο

gum² /gʌm/ *n* (*from tree*) (το) κόμμι. (*glue*) (η) κόλλα. (*chewing-gum*) (η) τσίχλα, Cy. (η) πίσσα. • *vt* (*pt* **gummed**) κολλώ

gumboot /'gʌmbu:t/ *n* (η) αδιάβροχη ψηλή μπότα

gumption /'gʌmpʃn/ *n* (*fam*) (η) καπατσοσύνη

gun /gʌn/ *n* (το) όπλο. (*pistol*) (το) πιστόλι. (*rifle*) (το) τουφέκι. • *vt* (*pt* **gunned**) **~ down** σκοτώνω με όπλο. **~ner** *n* (o) πυροβολητής

gunfire /'gʌnfaɪə(r)/ *n* (οι) πυροβολισμοί

gunman /'gʌnmən/ *n* (*pl* **-men**) (o, η) οπλοφόρος

gunpowder /'gʌnpaʊdə(r)/ *n* (το) μπαρούτι

gunshot /'gʌnʃɒt/ *n* (o) πυροβολισμός

gurgle /'gɜ:gl/ *n* (το) γαργάρισμα. • *vi* γαργαρίζω

guru /'gʊru:/ *n* (*pl* **-us**) *Ινδός θρησκευτικός αρχηγός*

gush /gʌʃ/ *vi* αναβλύζω. (*fig*) μιλώ διαχυτικά. • *n* (η) ανάβλυση. (*fig*) (η) διαχυτικότητα. **~ing** *a* διαχυτικός

gust /gʌst/ *n* (*of rain, wind*) (η) ριπή. **~y** *a* με δυνατό αέρα

gusto /'gʌstəʊ/ *n* (το) κέφι

gut /gʌt/ *n* (το) έντερο. **~s** *npl* (τα) έντερα. (*courage: fam*) (το) θάρρος. • *vt* (*pt* **gutted**) βγάζω τα έντερα (*with gen*). (*house*) καταστρέφω (το εσωτερικό)

gutter /'gʌtə(r)/ *n* (*of house*) (η) υδρορρόη. (*in street*) (το) χαντάκι

guttural /'gʌtərəl/ *a* λαρυγγικός

guy /gaɪ/ *n* (*fam*) (o) τύπος

guzzle /'gʌzl/ *vt* (*food*) καταβροχθίζω. (*drink*) πίνω άπληστα

gym /dʒɪm/ *n* (*gymnasium: fam*) (το) γυμναστήριο. (*gymnastics: fam*) (η) γυμναστική

gymnasium /dʒɪm'neɪzɪəm/ *n* (το) γυμναστήριο

gymnast /'dʒɪmnæst/ *n* (o) γυμναστής, (η) γυμνάστρια. **~ics** /-'næstɪks/ *npl* (η) γυμναστική

gynaecolog|y /gaɪnɪ'kɒlədʒɪ/ *n* (η) γυναικολογία. **~ist** *n* (o, η) γυναικολόγος

gypsy /'dʒɪpsɪ/ *n* (o) τσιγγάνος

gyrate /dʒaɪ'reɪt/ *vi* περιστρέφομαι

gyroscope /'dʒaɪərəskəʊp/ *n* (το) γυροσκόπιο

Hh

haberdashery /'hæbə'dæʃərɪ/ *n* (τα) ψιλικά

habit /'hæbɪt/ *n* (η) συνήθεια. (*costume*) (το) ένδυμα. **be in the ~ of** συνηθίζω να. **bad ~** (η) κακή συνήθεια

habit|able /'hæbɪtəbl/ *a* κατοικήσιμος. **~ation** /-'teɪʃn/ *n* (η) κατοίκηση

habitat /'hæbɪtæt/ *n* (το) φυσικό περιβάλλον

habitual /hə'bɪtʃʊəl/ *a* συνηθισμένος. **~ly** *adv* από συνήθεια

hack¹ /hæk/ *n* (*writer*) *συγγραφέας ή δημοσιογράφος η δουλειά του οποίου χαρακτηρίζεται από μετριότητα*

hack

305

handy

hack[2] /hæk/ *vt* ~ **to pieces** πετσοκόβω

hackneyed /'hæknıd/ *a* τετριμμένος

had /hæd/ *see* HAVE

haddock /'hædək/ *n invar* (ο) γάδος

haemorrhage /'hemərıdʒ/ *n* (η) αιμορραγία

haemorrhoids /'hemərɔıdz/ *npl* (οι) αιμορροΐδες

hag /hæg/ *n* (η) μέγαιρα

haggard /'hægəd/ *a* καταβεβλημένος

haggle /'hægl/ *vi* παζαρεύω

hail[1] /heıl/ *vt* χαιρετώ. (*taxi*) φωνάζω. • *vi* ~ **from** κατάγομαι από

hail[2] /heıl/ *n* (το) χαλάζι. • *vi* ρίχνω χαλάζι

hailstone /'heılstəυn/ *n* (ο) χαλαζόκοκκος

hair /heə(r)/ *n* (η) τρίχα. (*on head*) (τα) μαλλιά. (*on body, of animal*) (το) τρίχωμα. ~**-do** *n* (*fam*) (το) χτένισμα. ~**-dryer** *n* (το) σεσουάρ *invar*. ~**-raising** *a* ανατριχιαστικός. ~**-style** *n* (το) χτένισμα

hairbrush /'heəbrʌʃ/ *n* (η) βούρτσα των μαλλιών

haircut /'heəkʌt/ *n* (το) κόψιμο των μαλλιών. **have a** ~ κόβω τα μαλλιά μου

hairdresser /'heədresə(r)/ *n* (ο) κομμωτής, (η) κομμώτρια

hairpin /'heəpın/ *n* (το) τσιμπιδάκι. ~ **bend** *n* (η) φουρκέτα

hairy /'heərı/ *a* (**-ier, -iest**) μαλλιαρός. (*sl*) επικίνδυνος

hake /heık/ *n invar* (ο) μπακαλιάρος

hale /heıl/ *a* ~ **and hearty** κοτσονάτος

half /hɑːf/ *n* (*pl* **halves**) (το) μισό. **at** ~**-mast** μεσίστιος. ~ **a dozen** μισή δωδεκάδα. ~ **an hour** μισή ώρα. ~**-caste** *n* (ο) μιγάδας. ~**-price** *a* στη μισή τιμή. ~**-term** *n* σύντομη αργία στο μέσο του σχολικού τριμήνου. ~**-time** *n* (το) ημίχρονο. ~**-way** *a & adv* στο μέσο της αποστάσεως. ~**-wit** *n* (ο) χαζός. **in a** ~**-hearted way** με μισή καρδιά. **two/three and a** ~ (**days**) δυόμισι/τρεισήμισι (μέρες)

halibut /'hælıbət/ *n invar* (η) ιππόγλωσσα

hall /hɔːl/ *n* (*room*) (η) αίθουσα. (*entrance, corridor*) (το) χολ *invar*. (*mansion*) (το) μέγαρο. ~ **of residence** *n* (η) φοιτητική εστία

hallelujah /ˌhælı'luːjə/ *int* αλληλούια

hallmark /'hɔːlmɑːk/ *n* (*το*) σήμα ποιότητος σε χρυσαφικά/ασημικά. (*fig*) (η) σφραγίδα

hallo /hə'ləυ/ *int & n* = **hello**

hallow /'hæləυ/ *vt* αγιάζω

Hallowe'en /ˌhæləυ'iːn/ *n* (η) παραμονή των Αγίων Πάντων

hallucination /həluːsı'neıʃn/ *n* (η) παραίσθηση

halo /'heıləυ/ *n* (*pl* **-oes**) (ο) φωτοστέφανος

halt /hɔːlt/ *n* (το) σταμάτημα. • *vt/i* σταματώ

halting /'hɔːltıŋ/ *a* διστακτικός

halve /hɑːv/ *vt* μοιράζω στα δύο

ham /hæm/ *n* (το) ζαμπόν *invar*

hamburger /'hæmbɜːgə(r)/ *n* (το) μπιφτέκι (*από κιμά*)

hamlet /'hæmlıt/ *n* (το) χωριουδάκι

hammer /'hæmə(r)/ *n* (το) σφυρί. • *vt* σφυροκοπώ

hammock /'hæmək/ *n* (η) αιώρα

hamper[1] /'hæmpə(r)/ *n* καλάθι με κάλυμμα γεμάτο τρόφιμα

hamper[2] /'hæmpə(r)/ *vt* εμποδίζω

hamster /'hæmstə(r)/ *n* (το) χάμστερ *invar*

hand /hænd/ *n* (το) χέρι. (*of clock*) (ο) δείκτης. (*writing*) (ο) γραφικός χαρακτήρας. (*cards*) (η) παρτίδα. (*worker*) (ο) εργάτης. (*help*) (το) χέρι. • *vt* δίνω. **at** ~, **to** ~ πρόχειρος. **by** ~ με το χέρι. ~**-baggage**, ~**-luggage** *ns* (οι) χειραποσκευές. ~ **down** μεταβιβάζω. ~ **in** *or* **over** παραδίνω. ~ **out** μοιράζω. ~**-out** *n* (*document*) (η) ανακοίνωση (*για τον τύπο*). (*money, etc.*) (η) ελεημοσύνη. **on the one** ~ αφενός. **on the other** ~ αφετέρου. **out of** ~ απότομος (*στη συμπεριφορά*)

handbag /'hændbæg/ *n* (η) τσάντα

handbook /'hændbʊk/ *n* (το) εγχειρίδιο

handbrake /'hændbreık/ *n* (το) χειρόφρενο

handcuff /'hændkʌf/ *vt* βάζω χειροπέδες σε. ~**s** *npl* (οι) χειροπέδες

handful /'hændfʊl/ *n* (η) χούφτα. **this child is a** ~ (*fam*) αυτό το παιδί είναι πολύ ζωηρό

handicap /'hændıkæp/ *n* (η) αναπηρία. (*obstacle*) (το) εμπόδιο. • *vt* (*pt* **handicapped**) δυσχεραίνω. ~**ped** *a* (*physically*) ανάπηρος. (*mentally*) διανοητικά ανάπηρος

handicraft /'hændıkrɑːft/ *n* (η) χειροτεχνία

handiwork /'hændıwɜːk/ *n* (το) χειροτέχνημα

handkerchief /'hæŋkətʃıf/ *n* (*pl.* **-fs**) (το) μαντίλι

handle /'hændl/ *n* (*of door*) (το) πόμολο. (*of cup*) (το) χέρι. (*of pan*) (το) χερούλι. (*of knife, tool*) (η) λαβή. (*of bag, case etc.*) (το) χερούλι. • *vt* πιάνω. (*deal with*) χειρίζομαι. (*control*) ελέγχω

handlebar /'hændlbɑː(r)/ *n* ~**s** (το) τιμόνι (*ποδηλάτου*)

handshake /'hændʃeık/ *n* (η) χειραψία

handsome /'hænsəm/ *a* ωραίος. (*fig*) γενναιόδωρος

handstand /'hændstænd/ *n* **do a** ~ περπατάω με τα χέρια

handwriting /'hændraıtıŋ/ *n* (ο) γραφικός χαρακτήρας

handy /'hændı/ *a* (**-ier, -iest**) χρήσιμος. (*person*) επιδέξιος

handyman /'hændɪmæn/ *n* (*pl* -**men**) (ο) άνθρωπος για όλες τις δουλειές

hang /hæŋ/ *vt* (*pt* **hung**) κρεμώ. (*pt* **hanged**) (*criminal*) απαγχονίζω. • *vi* κρέμομαι. • *n* **get the ~ of** (*fam*) καταλαβαίνω τον τρόπο να κάνω κάτι. **~ about** *or* **around** περιφέρομαι άσκοπα. **~ fire** καθυστερώ. **~-glider** (το) ανεμόπτερο αετός. **~-gliding** *n* (η) ανεμοπορία με αετό. **~ on** (*wait: fam*) περιμένω. **~ on to** (*keep: fam*) κρατώ. **~ out** (*washing*) απλώνω. (*sl*) συχνάζω. **~ ups** (*telephone*) κλείνω. **~-up** *n* (*sl*) (οι) αναστολές

hangar /'hæŋə(r)/ *n* (το) υπόστεγο αεροσκαφών

hanger /'hæŋə(r)/ *n* (η) κρεμάστρα. **~-on** *n* (η) κολλιτσίδα

hangman /'hæŋmən/ *n* (*pl* -**men**) (ο) δήμιος

hangover /'hæŋəʊvə(r)/ *n* πονοκέφαλος και αδιαθεσία μετά από μεθύσι

hanker /'hæŋkə(r)/ *vi* **~ after** διψώ για. **~ing** *n* (η) λαχτάρα

hanky-panky /'hæŋkɪpæŋkɪ/ *n* (*sl*) (οι) ανοησίες

haphazard /hæp'hæzəd/ *a* τυχαίος. **~ly** *adv* τυχαία

hapless /'hæplɪs/ *a* άτυχος

happen /'hæpən/ *vi* τυχαίνω. **as it ~s** κατά τύχη. **I ~ed to meet him** τον συνάντησα τυχαία. **~ing** *n* (το) συμβάν

happy /'hæpɪ/ *a* (-**ier**, -**iest**) ευτυχισμένος. **~y-go-lucky** *a* αμέριμνος. **~y medium** *n* (ο) μέσος όρος. **~ily** *adv* ευτυχισμένα. **~iness** *n* (η) ευτυχία

harass /'hærəs/ *vt* ενοχλώ. **~ment** *n* (η) ενόχληση. **sexual ~ment** (η) σεξουαλική παρενόχληση

harbour /'ha:bə(r)/ *n* (το) λιμάνι. • *vt* δίνω άσυλο σε. (*fig*) τρέφω

hard /ha:d/ *a* (-**er**, -**est**) σκληρός. (*difficult*) δύσκολος. • *adv* σκληρά. (*think*) εντατικά. (*pull*) δυνατά. **~ shoulder** *n* (η) λωρίδα υπηρεσίας. **~ by** εδώ κοντά. **~-boiled egg** *n* (το) σφιχτό αυγό. **~ done by** που έτυχε κακής μεταχείρισης. **~-headed** *a* πρακτικός. **~ of hearing** βαρήκοος. **be ~ up** *a* (*fam*) έχω ανάγκη. **~ water** *n* (το) σκληρό νερό. **~-working** *a* εργατικός. **~ness** *n* (η) σκληρότητα

hardback /'ha:dbæk/ *n* (το) δεμένο βιβλίο

hardboard /'ha:dbɔ:d/ *n* (το) νοβοπάν *invar*

harden /'ha:dn/ *vt*/*i* σκληραίνω

hardly /'ha:dlɪ/ *adv* μόλις. **~ ever** σχεδόν ποτέ

hardship /'ha:dʃɪp/ *n* (η) ταλαιπωρία. (*deprivation*) (η) στέρηση

hardware /'ha:dweə(r)/ *n* (το) υλικό, (το) hardware

hardy /'ha:dɪ/ *a* (-**ier**, -**iest**) (*person*) σκληραγωγημένος. (*plant*) ανθεκτικός

hare /heə(r)/ *n* (ο) λαγός. **~-brained** *a* ανόητος

harem /'ha:ri:m/ *n* (το) χαρέμι

haricot /'hærɪkəʊ/ *n* **~ (bean)** (το) φασόλι

hark /ha:k/ *vi* ακούω. **~ back to** επανέρχομαι σε

harm /ha:m/ *n* (η) ζημιά. (*wrong*) (το) κακό. • *vt* βλάπτω. **~ful** *a* βλαβερός. **~less** *a* αβλαβής

harmonica /ha:'mɒnɪkə/ *n* (η) φυσαρμόνικα

harmon|y /'ha:mənɪ/ *n* (η) αρμονία. **~ious** /-'məʊnɪəs/ *a* αρμονικός. **~ize** *vt*/*i* εναρμονίζω/ομαι

harness /'ha:nɪs/ *n invar* (τα) χάμουρα. • *vt* δαμάζω

harp /ha:p/ *n* (η) άρπα. • *vi* **~ on about** λέω συνεχώς τα ίδια λια. **~ist** *n* (ο) αρπιστής, (η) αρπίστρια

harpoon /ha:'pu:n/ *n* (το) καμάκι

harpsichord /'ha:psɪkɔ:d/ *n* (το) κλαβεσίνο

harrowing /'hærəʊɪŋ/ *a* οδυνηρός

harsh /ha:ʃ/ *a* (-**er**, -**est**) (*rough*) τραχύς. (*cruel*) σκληρός. (*severe*) αυστηρός. (*light*) δυνατός. (*sound*) διαπεραστικός. **~ly** *adv* σκληρά. **~ness** *n* (η) τραχύτητα, (η) σκληρότητα

harvest /'ha:vɪst/ *n* (ο) θερισμός. (*crop*) (η) συγκομιδή. • *vt* θερίζω. **~er** *n* (ο) θεριστής, (η) θερίστρια. (*machine*) (η) θεριστική μηχανή

has /hæz/ *see* HAVE

hash /hæʃ/ *n* (*fig*) μπερδεμένη υπόθεση. **make a ~ of it** (*fam*) τα κάνω θάλασσα

hashish /'hæʃɪʃ/ *n* (το) χασίς *invar*

hassle /'hæsl/ *n* (*fam*) (η) φασαρία. • *vt* (*fam*) ενοχλώ

haste /heɪst/ *n* (η) βιασύνη. **make ~** βιάζομαι

hasten /'heɪsn/ *vt* επισπεύδω. • *vi* κάνω γρήγορα

hast|y /'heɪstɪ/ *a* (-**ier**, -**iest**) βιαστικός. **~ily** *adv* βιαστικά

hat /hæt/ *n* (το) καπέλο

hatch¹ /hætʃ/ *n* (*for food*) (το) παραθυράκι. (*naut*) (το) στόμιο κύτους

hatch² /hætʃ/ *vt*/*i* εκκολάπτω/ομαι. (*a plot*) μηχανεύομαι

hatchback /'hætʃbæk/ *n* (*auto*) (το) hatchback αυτοκίνητο

hatchet /'hætʃɪt/ *n* (ο) μπαλτάς

hate /heɪt/ *n* (το) μίσος. • *vt* μισώ. **~ful** *a* μισητός

hatred /'heɪtrɪd/ *n* (το) μίσος

haughty /'hɔ:tɪ/ *a* (-**ier**, -**iest**) υπεροπτικός

haul /hɔ:l/ *vt* τραβώ. (*goods*) μεταφέρω (σε φορτηγό). • *n* (το) τράβηγμα. (*profit*) (τα) μεγάλα κέρδη. (*loot*) (η) λεία. (*catch, net*) (η) διχτυά. (*journey*) (η) διαδρομή.

~age n (η) μεταφορά (εμπορευμάτων με φορτηγά αυτοκίνητα). **~ier** n (ο) μεταφορέας

haunch /hɔ:ntʃ/ n (ο) γλουτός

haunt /hɔ:nt/ vt (ghost) στοιχειώνω. (frequent) συχνάζω. (linger in the mind) βασανίζω. • n (το) στέκι. **~ed house** στοιχειωμένο σπίτι

have /hæv/ vt (3 sing pres has, pt had) έχω. (bath, walk) κάνω. • v aux (used with pp) έχω. **~ it out with** εξηγούμαι με κπ. **~ just done** μόλις έκανα. **~ on** (wear) φορώ. (tease: fam) κοροϊδεύω. **~ one's hair cut** κόβω τα μαλλιά μου (στο κομμωτήριο). **~ one's suit cleaned** πάω το κοστούμι μου στο καθαριστήριο. **~ to do** πρέπει να κάνω. **the ~s and ~nots** οι πλούσιοι και οι φτωχοί

haven /ˈheɪvn/ n (το) καταφύγιο

haversack /ˈhævəsæk/ n (το) σακίδιο

havoc /ˈhævək/ n ερήμωση. **cause ~** δημιουργώ χάος. **play ~ with** προκαλώ καταστροφή σε

hawk¹ /hɔ:k/ n (το) γεράκι

hawk² /hɔ:k/ vt πουλώ στο δρόμο. **~er** n (ο) γυρολόγος

hawthorn /ˈhɔ:θɔ:n/ n (ο) κράταιγος

hay /heɪ/ n (ο) σανός. **~ fever** n αλλεργικό συνάχι συνήθως την άνοιξη

haystack /ˈheɪstæk/ n (η) θημωνιά

haywire /ˈheɪwaɪə(r)/ a **go ~** (fam) πάω στραβά

hazard /ˈhæzəd/ n (ο) κίνδυνος. • vt διακινδυνεύω. **~ous** a επικίνδυνος

haze /heɪz/ n (η) καταχνιά

hazel /ˈheɪzl/ n (tree) (η) φουντουκιά. (colour) (το) ανοιχτό καστανό χρώμα. **~-nut** n (το) φουντούκι

hazy /ˈheɪzɪ/ a (-ier, -iest) καταχνιασμένος. (fig) ακαθόριστος

he /hi:/ pron αυτός. • n (ο) αρσενικός

head /hed/ n (το) κεφάλι, (η) κεφαλή. (chief) (ο) προϊστάμενος, (ο) διευθυντής. • a επικεφαλής. • vt ηγούμαι (with gen). **~-dress** n (το) κάλυμμα της κεφαλής. **~ first** μ το κεφάλι. **~ for** τραβώ προς. **~ off** αποτρέπω. **~-on** a μετωπικός. • adv κατά μέτωπον. **~s or tails?** κορόνα ή γράμματα; **~er** n (football) (η) κεφαλιά. **~y** a μεθυστικός

headache /ˈhedeɪk/ n (ο) πονοκέφαλος

heading /ˈhedɪŋ/ n (η) επικεφαλίδα

headlamp, headlight /ˈhedlæmp, ˈhedlaɪt/ ns (ο) προβολέας

headline /ˈhedlaɪn/ n (η) επικεφαλίδα

headlong /ˈhedlɒŋ/ a απερίσκεπτος. • adv απερίσκεπτα

headmaster /hed'mɑ:stə(r)/ n (ο) διευθυντής (σχολείου)

headmistress /hed'mɪstrɪs/ n (η) διευθύντρια (σχολείου)

headphone /ˈhedfəʊn/ n (το) ακουστικό. **~s** (τα) ακουστικά

headquarters /ˈhedkwɔ:təz/ npl (τα) κεντρικά γραφεία. (mil) (το) αρχηγείο

headstrong /ˈhedstrɒŋ/ a ισχυρογνώμων

headway /ˈhedweɪ/ n (η) πρόοδος. **make ~** σημειώνω πρόοδο

heal /hi:l/ vt/i επουλώνω/ομαι

health /helθ/ n (η) υγεία. **~ centre** n (το) κέντρο υγείας. **~ food** n (οι) υγιεινές τροφές. **~ service** n (το) σύστημα υγείας. **~y** a υγιής. (beneficial) υγιεινός

heap /hi:p/ n (ο) σωρός. • vt συσσωρεύω. **~s of** (fam) ένα σωρό

hear /hɪə(r)/ vt/i (pt heard) ακούω. **~, ~!** επιφώνημα επιδοκιμασίας. **~ about** μαθαίνω για. **~ from** παίρνω νέα από. **~ of** μαθαίνω. **I wouldn't ~ of it** ούτε να το ακούσω. **~ing** n (η) ακοή. (jur) (η) δίκη. **~ing-aid** n (το) ακουστικό βαρηκοΐας

hearsay /ˈhɪəseɪ/ n (η) διάδοση

hearse /hɜ:s/ n (η) νεκροφόρα

heart /hɑ:t/ n (η) καρδιά. **~s** (cards) κούπα. **by ~** απ' έξω. **lose ~** αποθαρρύνομαι. **have a ~-to-~** ανοίγω την καρδιά μου. **~ attack** n (η) καρδιακή προσβολή. **~-break** n (ο) σπαραγμός. **~-breaking** a σπαραχτικός. **~-broken** a απαρηγόρητος. **~-searching** n (η) αυτοεξέταση

heartache /ˈhɑ:teɪk/ n (ο) καημός

heartburn /ˈhɑ:tbɜ:n/ n (η) καούρα

hearten /ˈhɑ:tn/ vt ενθαρρύνω

heartfelt /ˈhɑ:tfelt/ a εγκάρδιος

hearth /hɑ:θ/ n (το) τζάκι

heartless /ˈhɑ:tlɪs/ a άκαρδος

heart|y /ˈhɑ:tɪ/ a (-ier, -iest) εγκάρδιος. (meal) πλούσιος. **~ily** adv εγκάρδια. (eat) γερά

heat /hi:t/ n (η) θερμότητα. (contest) (ο) προκριματικός αγώνας. • vt/i ζεσταίνω/ομαι. **~ stroke** n (η) θερμοπληξία. **~ wave** n (ο) καύσωνας. **~er** n (η) θερμάστρα. (in car) (το) καλοριφέρ. **~ing** n (η) θέρμανση

heated /ˈhi:tɪd/ a (discussion) ζωηρός

heath /hi:θ/ n (ο) θαμνότοπος

heathen /ˈhi:ðn/ n (ο) ειδωλολάτρης, (η) ειδωλολάτρις

heather /ˈheðə(r)/ n (το) ρείκι

heave /hi:v/ vt σηκώνω. (a sigh) βγάζω. • vi κάνω εμετό

heaven /ˈhevn/ n (ο) παράδεισος, (fam) (ο) ουρανός. **~ly** a παραδεισένιος.

heav|y /ˈhevɪ/ a (-ier, -iest) βαρύς. (rain) δυνατός. (sleep) βαθύς. (traffic) μεγάλος. **~ily** adv βαριά. (smoke, drink, etc.) πολύ

Hebrew /ˈhi:bru:/ a εβραϊκός. n (ο) Εβραίος, (η) Εβραία. (lang) (τα) εβραϊκά

heckle /ˈhekl/ vt διακόπτω με ερωτήσεις. **~r** /-ə(r)/ n (ο) ταραξίας

hectic /'hektɪk/ a εντατικός

hedge /hedʒ/ n (ο) φράχτης από θάμνους. • vt φράζω με θάμνους. • vi υπεκφεύγω. **~ one's bets** ποντάρω διπλά

hedgehog /'hedʒhɒg/ n (ο) σκαντζόχοιρος

heed /hi:d/ vt προσέχω. • n (η) προσοχή. **pay ~ to** προσέχω. **take ~ of** λαμβάνω υπόψη. **~less** a απρόσεκτος

heel /hi:l/ n (η) φτέρνα. (of shoe) (το) τακούνι. **down at ~** κουρελής. **take to one's ~s** βάζω στα πόδια

hefty /'heftɪ/ a (-ier, -iest) δυνατός

heifer /'hefə(r)/ n (η) δαμαλίδα

height /haɪt/ n (το) ύψος. (of plane) (το) ύψωμα. (of season) (η) καρδιά. (fig) (το) αποκορύφωμα

heighten /'haɪtn/ vt υψώνω. (fig) επιτείνω

heinous /'heɪnəs/ a στυγερός

heir, heiress /eə(r), 'eərɪs/ ns (ο, η) κληρονόμος

heirloom /'eəlu:m/ n (το) οικογενειακό κειμήλιο

held /held/ see HOLD

helicopter /'helɪkɒptə(r)/ n (το) ελικόπτερο

heliport /'helɪpɔ:t/ n (το) ελικοδρόμιο

hell /hel/ n (η) κόλαση. **be ~-bent on** θέλω σώνει και καλά να. **~ish** a διαβολικός

hello /hə'ləʊ/ n (η) γεια. • int γεια. (telephone) εμπρός. **say ~ to** χαιρετίζω

helm /helm/ n (το) πηδάλιο

helmet /'helmɪt/ n (το) κράνος

help /help/ vt/i βοηθώ. **~ o.s. to** παίρνω μόνος μου. **he cannot ~ laughing** δεν μπορεί να συγκρατηθεί να μη γελάσει. **it cannot be ~ed** δεν μπορεί να γίνει διαφορετικά. • n (η) βοήθεια. (charwoman) (η) καθαρίστρια. **with the ~ of** με τη βοήθεια του/της. **~er** n (ο, η) βοηθός. **~ful** a χρήσιμος. (person) εξυπηρετικός. **~less** a (defenceless) απροστάτευτος. (powerless) ανίσχυρος. (unable to manage) ανίκανος

helping /'helpɪŋ/ n (η) μερίδα

helter-skelter /heltə'skeltə(r)/ adv φύρδην μίγδην

hem /hem/ n (το) στρίφωμα. • vt (pt hemmed) στριφώνω. **~ in** περικλείω

hemisphere /'hemɪsfɪə(r)/ n (το) ημισφαίριο

hemp /hemp/ n (η) κάνναβις (η ινδική). (drug) (το) χασίς invar

hen /hen/ n (η) κότα. **~-party** n (fam) (η) γυναικοπαρέα

hence /hens/ adv (for this reason) επομένως. (from now on) από τώρα. **~forth** adv στο εξής

henchman /'hentʃmən/ n (pl -men) (ο) μπράβος

henna /'henə/ n (η) χένα

henpecked /'henpekt/ a **he is ~** τον τραβάει η γυναίκα του από τη μύτη

her /hɜ:(r)/ a της. **it's ~ book** είναι το βιβλίο της. • pron την. **give it to ~** δος της το. **I saw ~** την είδα

herald /'herəld/ vt προαγγέλλω

heraldry /'herəldrɪ/ n (η) εραλδική

herb /hɜ:b/ n (το) βότανο

herbaceous /hɜ:'beɪʃəs/ a ποώδης

herbal /'hɜ:bl/ a από βότανα. **~ist** /-bəlɪst/ n (ο, η) βοτανολόγος

herd /hɜ:d/ n (η) αγέλη. • vt/i **~ together** μαζεύω/ομαι μαζί

here /hɪə(r)/ adv εδώ. **come ~!** έλα δω! **~ he is** νάτος. **~ is the money** να τα λεφτά. **~ you are** εδώ είσαι

hereafter /hɪər'ɑ:ftə(r)/ adv στο εξής

hereby /hɪə'baɪ/ adv δια του παρόντος

hereditary /hɪ'redɪtrɪ/ a κληρονομικός

heredity /hɪ'redətɪ/ n (η) κληρονομικότητα

here|sy /'herəsɪ/ n (η) αίρεση. **~tic** n (ο) αιρετικός

herewith /hɪə'wɪð/ adv εσωκλείστως

heritage /'herɪtɪdʒ/ n (η) κληρονομιά

hermetic /hɜ:'metɪk/ a ερμητικός. **~ally** /-klɪ/ adv **~ally sealed** ερμητικά σφραγισμένος

hermit /'hɜ:mɪt/ n (ο) ερημίτης

hernia /'hɜ:nɪə/ n (η) κήλη

hero /'hɪərəʊ/ n (pl -oes) (ο) ήρωας. **~ine** /'herəʊɪn/ n (η) ηρωίδα. **~ism** /'herəʊɪzəm/ n (ο) ηρωισμός

heroic /hɪ'rəʊɪk/ a ηρωικός

heroin /'herəʊɪn/ n (η) ηρωίνη

heron /'herən/ n (ο) ερωδιός

herring /'herɪŋ/ n (η) ρέγγα

hers /hɜ:z/ poss pron δικός της. **a friend of ~** μια φίλη της. **it's ~** είναι δικό της

herself /hɜ:'self/ pron (ο) εαυτός της. (emphatic) (η) ίδια. **by ~** μόνη της

hesitant /'hezɪtənt/ a διστακτικός

hesitat|e /'hezɪteɪt/ vi διστάζω. **~e to** διστάζω να. **~ion** /-'teɪʃn/ n (ο) δισταγμός. **without ~ion** χωρίς δισταγμό

het /het/ a **~ up** (sl) θυμωμένος

heterosexual /hetərə'seksjʊəl/ a & n (ο) ετεροφυλόφιλος

hew /hju:/ vt (pp hewn) πελεκώ

hexagon /'heksəgən/ n (το) εξάγωνο. **~al** /-'ægənl/ a εξαγωνικός

hey /heɪ/ int ε

heyday /'heɪdeɪ/ n (η) ακμή

hi /haɪ/ int γεια

hiatus /haɪ'eɪtəs/ n (pl -tuses) (η) χασμωδία

hibernat|e /'haɪbəneɪt/ vi βρίσκομαι σε χειμερία νάρκη. **~ion** /-'neɪʃn/ n (η) χειμερία νάρκη

hibiscus /hɪ'bɪskəs/ n (ο) ιβίσκος

hiccup /'hɪkʌp/ n (ο) λόξιγκας. **have (the) ~s** έχω λόξιγκα

hide¹ /haɪd/ *vt/i* (*pt* hid, *pp* hidden) κρύβω/ομαι (from, από). **~-and-seek** *n* (το) κρυφτούλι. **~-out** *n* (*fam*) (το) κρησφύγετο

hide² /haɪd/ *n* (το) δέρμα

hideous /'hɪdɪəs/ *a* αποκρουστικός

hiding¹ /'haɪdɪŋ/ *n* **go into ~** κρύβομαι. **be in ~** κρύβομαι. **~-place** *n* (ο) κρυψώνας

hiding² /'haɪdɪŋ/ *n* (*fam*) (το) ξύλο

hierarchy /'haɪəraːkɪ/ *n* (η) ιεραρχία

hi-fi /'haɪ'faɪ/ *n* (*equipment: fam*) (τα) στερεοφωνικά

high /haɪ/ *a* (-er, -est) ψηλός. (*wind*) δυνατός. (*speed*) υψηλός. (*pitch*) οξύς. (*intoxicated: fam*) μεθυσμένος. (*food*) σιτεμένος. • *n* (τα) ύψη. • *adv* ψηλά. **~ chair** *n* (η) ψηλή καρέκλα (για μωρό). **~-handed** *a* αυταρχικός. **~-heeled** *a* ψηλοτάκουνος. **~ jump** *n* (το) άλμα εις ύψος. **~-pitched** *a* διαπεραστικός. **~-rise** *a* ψηλός. **~ road** *n* (ο) κύριος δρόμος. **~ school** *n* σχολείο δευτεροβάθμιας εκπαίδευσης. **~ season** *n* (η) εποχή αιχμής. **~ spot** *n* (*sl*) (το) αποκορύφωμα. **~ street** *n* κεντρικός δρόμος σε μικρή πόλη. **~ tide** *n* (η) πλημμυρίδα. **~er education** *n* (η) τριτοβάθμια εκπαίδευση

highbrow /'haɪbraʊ/ *a* διανοούμενος

highlight /'haɪlaɪt/ *n* (το) αποκορύφωμα. **~s** (*in hair*) (οι) ανταύγειες. • *vt* τονίζω, υπογραμμίζω

highly /'haɪlɪ/ *adv* πολύ. **~ paid** καλοπληρωμένος. **~-strung** *a* νευρώδης και ευέξαπτος. **speak/think ~ of** εκτιμώ πολύ

Highness /'haɪnɪs/ *n* His/Her Royal **~** ο/η Αυτού Υψηλότης. **Your ~** Υψηλότατε

highway /'haɪweɪ/ *n* (η) εθνική οδός. **~ code** (ο) κώδικας οδικής κυκλοφορίας

highwayman /'haɪweɪmən/ *n* (*pl* -men) (ο) ληστής

hijack /'haɪdʒæk/ *vt* κάνω αεροπειρατεία. • *n* (η) αεροπειρατεία. **~er** *n* (ο) αεροπειρατής, (η) αεροπειρατίνα

hike /haɪk/ *n* (η) πεζοπορία. • *vi* κάνω πεζοπορία. **~r** /-ə(r)/ *n* (ο, η) πεζοπόρος

hilarious /hɪ'leərɪəs/ *a* ξεκαρδιστικός

hill /hɪl/ *n* (ο) λόφος. (*slope*). (η) λοφοπλαγιά **~billy** *n* (*Amer*) (ο) άνθρωπος του βουνού. **~y** *a* λοφώδης

hillside /'hɪlsaɪd/ *n* (η) λοφοπλαγιά

hilt /hɪlt/ *n* (η) λαβή. **to the ~** τελείως

him /hɪm/ *pron* τον. **I spoke to ~** του μίλησα. **she loves ~** τον αγαπά

himself /hɪm'self/ *pron* (ο) εαυτός του. (*emphatic*) ο ίδιος. **by ~** μόνος του

hind /haɪnd/ *a* πισινός

hind|er /'hɪndə(r)/ *vt* εμποδίζω. **~rance** *n* (το) εμπόδιο

hindsight /'haɪndsaɪt/ *n* **with ~** εκ των υστέρων

Hindu /hɪn'duː/ *n* (ο) ινδουιστής, (η) ινδουίστρια. • *a* ινδουιστικός. **~ism** /'hɪnduːɪzəm/ *n* (ο) ινδουισμός

hinge /hɪndʒ/ *n* (ο) μεντεσές. • *vi* **~ on** (*fig*) εξαρτώμαι από

hint /hɪnt/ *n* (*indirect suggestion*) (ο) υπαινιγμός. (*advice*) (η) υπόδειξη. (*slight trace*) (το) ίχνος. • *vt* υπαινίσσομαι. • *vi* **~ at** υπονοώ

hip /hɪp/ *n* (ο) γοφός

hippie /'hɪpɪ/ *n* (ο) χίπης *invar*

hippopotamus /hɪpə'pɒtəməs/ *n* (*pl* -muses *or* -mi /-maɪ/) (ο) ιπποπόταμος

hire /'haɪə(r)/ *vt* νοικιάζω. (*person*) προσλαμβάνω. **~ (out)** νοικιάζω (σε άλλους). • *n* (η) ενοικίαση. **for ~** (*boat, skis etc.*) ενοικιάζεται. (*taxi*) ελεύθερο. **on ~ purchase** με δόσεις

his /hɪz/ *a* του. • *poss pron* δικό του. **a friend of ~** ένας φίλος του. **it's ~** είναι δικό του

hiss /hɪs/ *n* (το) σφύριγμα. • *vt/i* σφυρίζω

historian /hɪ'stɔːrɪən/ *n* (ο, η) ιστορικός

histor|y /'hɪstərɪ/ *n* (η) ιστορία. **make ~y** γράφω ιστορία. **~ic(al)** /hɪ'stɒrɪk(l)/ *a* ιστορικός

histrionic /hɪstrɪ'ɒnɪk/ *a* θεατρικός. **~s** *npl* (οι) θεατρινισμοί

hit /hɪt/ *vt/i* (*pt* hit, *pres p* hitting) χτυπώ. (*find*) βρίσκω. • *n* (το) χτύπημα. (*fig*) (η) επιτυχία. **~ it off** ταιριάζω (with, με). **~ on** *or* **upon** βρίσκω τυχαία. (*answer*) πέφτω πάνω σε. **~-or-miss** *adv* στην τύχη. **~ the roof** (*fam*) γίνομαι βαπόρι

hitch /hɪtʃ/ *vt* δένω. • *n* (*snag*) (η) αναποδιά. **~ a lift, ~-hike** *vi* κάνω οτοστόπ. **~-hiking** *n* (το) οτοστόπ *invar*. **~-hiker** *n* αυτός που ταξιδεύει με οτοστόπ. **~ up** (*pull up*) ανασηκώνω

hither /'hɪðə/ *adv* **~ and thither** εδώ κι εκεί

hitherto /hɪðə'tuː/ *adv* ως τώρα

HIV *abbr* HIV (ιός)

hive /haɪv/ *n* (η) κυψέλη. • *vt* **~ off** μεταβιβάζω σε μικρότερη μονάδα

hoard /hɔːd/ *vt* συσσωρεύω. • *n* (ο) σωρός. (*of money*) (ο) θησαυρός

hoarding /'hɔːdɪŋ/ *n* (η) συσσώρευση

hoar-frost /'hɔːfrɒst/ *n* (η) πάχνη

hoarse /hɔːs/ *a* (-er, -est) βραχνός. **~ness** *n* (η) βραχνάδα

hoax /həʊks/ *n* (η) φάρσα. • *vt* ξεγελώ. **~er** /'həʊksə(r)/ (ο, η) φαρσέρ *invar*

hob /hɒb/ *n* (το) μάτι κουζίνας

hobble /'hɒbl/ *vi* κουτσαίνω

hobby /'hɒbɪ/ *n* (το) χόμπι *invar*. **~-horse** *n* (το) ξύλινο αλογάκι. (*fixation*) (η) μανία

hobnob /'hɒbnɒb/ *vi* (*pt* -nobbed) **~ with** πιάνω φιλίες με, κάνω παρέα με

hockey /'hɒkɪ/ *n* (το) χόκεϊ *invar*. **~-stick** *n* (το) μπαστούνι του χόκεϊ

hoe /həʊ/ n (το) σκαλιστήρι. • vt (pres p
hoeing) σκαλίζω

hog /hɒg/ n (το) γουρούνι. • vt (pp
hogged) (fam) μαζεύω άπληστα

hoist /hɔɪst/ vt υψώνω. (anchor) βιράρω.
• n (mech) (ο) αννυψωτήρας

hold[1] /həʊld/ vt (pt **held**) κρατώ. (contain)
χωρώ. (restrain) συγκρατώ. (interest,
breath) κρατώ. (believe) πιστεύω. • vi
(weather) κρατώ, συνεχίζω. • n (το)
κράτημα. (influence) (η) επιρροή. **get ~
of** πιάνω. (fig) αποκτώ. **~ back** vt
κρύβω. • vi διστάζω. **~ on** (wait) κρατώ.
~ on to κρατιέμαι από. **~ one's tongue**
σωπαίνω. **~ out** vt (offer) δίνω. • vi (resist)
αντιστέκομαι. **~ up** (support) στηρίζω.
(raise) ανυψώνω. (delay) καθυστερώ. **~
-up** n (delay) (η) καθυστέρηση. (robbery)
(η) ληστεία. **~ with** (fam) συμφωνώ.
~er n (possessor) (ο) κάτοχος. (of post)
(ο, η) κάτοχος. (container) (η) θήκη

hold[2] /həʊld/ n (of ship) (το) κύτος, (fam)
(το) αμπάρι

holdall /ˈhəʊldɔːl/ n μεγάλη τσάντα ή
σάκκος

holding /ˈhəʊldɪŋ/ n (land) (το) κτήμα.
(comm) (οι) μετοχές

hole /həʊl/ n (η) τρύπα. • vt τρυπώ

holiday /ˈhɒlədeɪ/ n (η) αργία. • vi κάνω
διακοπές. **~s** npl (οι)
διακοπές. • vi κάνω διακοπές. **~-maker**
n (ο) παραθεριστής, (η) παραθερίστρια

holiness /ˈhəʊlɪnɪs/ n (η) αγιότητα

Holland /ˈhɒlənd/ n (η) Ολλανδία

hollow /ˈhɒləʊ/ a κοίλος. (sound)
υπόκωφος. • n (το) βαθούλωμα vt
βαθουλώνω. **~ out** σκάβω

holly /ˈhɒlɪ/ n (το) πουρνάρι

hologram /ˈhɒləgræm/ n (η) ολογραφία

holster /ˈhəʊlstə(r)/ n (η) θήκη πιστολιού

holy /ˈhəʊlɪ/ a (-ier, -iest) άγιος. **~ water**
(ο) αγιασμός. **H~ Spirit, H~ Ghost** ns
(το) Άγιο Πνεύμα

homage /ˈhɒmɪdʒ/ n (ο) φόρος τιμής. **pay
~ to** αποτίω φόρον τιμής σε

home /həʊm/ n (το) σπίτι. (institution) (ο)
οίκος. (native land) (η) πατρίδα. (sport)
(η) έδρα. • a (cooking) σπιτίσιος.
(product) εγχώριος. (pol) εσωτερικός. •
adv a **~** στο σπίτι. **feel at ~** νιώθω σαν
στο σπίτι μου. **go ~** γυρίζω στο σπίτι.
H~ Counties npl οι κομητείες γύρω από
το Λονδίνο. **~-made** σπιτίσιος. **H~
Office** n (το) Υπουργείο Εσωτερικών
της Βρετανίας. **H~ Secretary** n (ο)
Υπουργός Εσωτερικών της Βρετανίας.
~ town n (η) γενέτειρα. **~ rule** n (η)
αυτοδιοίκηση. **~ truth** n δυσάρεστη
αλήθεια που αφορά κάποιον. **make o.s. at
~** κάνω σαν να είμαι στο σπίτι μου.
~less n άστεγος

homeland /ˈhəʊmlænd/ n (η) πατρική γη

homely /ˈhəʊmlɪ/ a (-ier, -iest)
νοικοκυρεμένος. (Amer) άσχημος

homesick /ˈhəʊmsɪk/ a **be ~ for**
νοσταλγώ

homeward /ˈhəʊmwəd/ adv προς το σπίτι.
• a **~ journey** (το) ταξίδι του γυρισμού

homework /ˈhəʊmwɜːk/ n (η) κατ᾽ οίκον
εργασία

homicide /ˈhɒmɪsaɪd/ n (η)
ανθρωποκτονία. (person) (ο, η)
ανθρωποκτόνος

homoeopath|ic /ˌhəʊmɪəˈpæθɪk/ a
ομοιοπαθητικός. **~y** /-ˈɒpəθɪ/ n (η)
ομοιοπαθητική

homogeneous /ˌhɒməˈdʒiːnɪəs/ a
ομοιογενής

homosexual /ˌhɒməˈsekʃʊəl/ a
ομοφυλόφιλος. • n (ο) ομοφυλόφιλος

hone /həʊn/ vt ακονίζω

honest /ˈɒnɪst/ a τίμιος. (frank)
ειλικρινής. **~ly** adv τίμια, ειλικρινά.
~y n (η) τιμιότητα, (η) ειλικρίνεια

honey /ˈhʌnɪ/ n (pl **-eys**) (το) μέλι.
(darling: fam) γλυκό μου

honeycomb /ˈhʌnɪkəʊm/ n (η) κερήθρα

honeymoon /ˈhʌnɪmuːn/ n (ο) μήνας του
μέλιτος

honeysuckle /ˈhʌnɪsʌkl/ n (το)
αγιόκλημα

honk /hɒŋk/ vi (bird) κρώζω. (car horn)
κορνάρω

honorary /ˈɒnərərɪ/ a τιμητικός. (member)
επίτιμος

honour /ˈɒnə(r)/ n (η) τιμή. • vt τιμώ.
(promise) κρατώ. **~able** a έντιμος

hood /hʊd/ n (η) κουκούλα. (car top) (η)
κουκούλα. (car bonnet: Amer) (το) καπό

hoodlum /ˈhuːdləm/ n (ο) αλήτης

hoodwink /ˈhʊdwɪŋk/ vt εξαπατώ

hoof /huːf/ n (pl **hoofs** or **hooves**) (η)
οπλή

hook /hʊk/ n (ο) γάντζος. (for crochet)
(το) βελονάκι. (for fishing) (το)
αγκίστρι. (for meat) (το) τσιγκέλι. • vt
γαντζώνω. **by ~ or by crook** με κάθε
μέσο. **get off the ~** (fam) ξελασπώνω.
leave the phone off the ~ αφήνω το
ακουστικό σηκωμένο

hooked /hʊkt/ a **be ~ on** (sl) έχω μανία
με

hookey /ˈhʊkɪ/ n **play ~** (Amer, sl) το
σκάω

hooligan /ˈhuːlɪgən/ n (ο) χούλιγκαν
(invar. **~ism** /-ɪzəm/ n (ο)
χουλιγκανισμός

hoop /huːp/ n (η) στεφάνη

hooray /hʊˈreɪ/ int & n = **hurrah**

hoot /huːt/ n (of owl) (το) σκούξιμο. (of
car horn) (το) κορνάρισμα. (jeer) το
γιουχάισμα. • v/li σκούζω. (car horn)
κορνάρω. (jeer) γιουχαΐζω. **~er** n (of
factory) (η) σειρήνα

Hoover /ˈhuːvə(r)/ n (P) (η) ηλεκτρική
σκούπα. • vt σκουπίζω με ηλεκτρική
σκούπα

hop[1] /hɒp/ *vi (pt* **hopped)** πηδώ στο ένα πόδι. • *n* (το) πήδημα. *(flight)* (η) σύντομη πτήση. **catch s.o. on the ~** βρίσκω κπ απροετοίμαστο. **~ in** *(fam)* μπαίνω μέσα. **~ it!** *(sl)* δίνε του! **~ out** *(fam)* βγαίνω για λίγο

hop[2] /hɒp/ *n (plant)* (ο) λυκίσκος

hope /həʊp/ *n* (η) ελπίδα. • *vt/i* ελπίζω. **~ for** περιμένω. **~ful** *a* αισιόδοξος. *(promising)* ελπιδοφόρος. **~fully** *adv* αισιόδοξα. **~less** *a* απελπιστικός. *(incompetent)* αδιόρθωτος. **~lessness** *n* (η) απελπισία

hopscotch /'hɒpskɒtʃ/ *n* (το) κουτσό

horde /hɔːd/ *n* (η) ορδή

horizon /hə'raɪzn/ *n* (ο) ορίζοντας

horizontal /hɒrɪ'zɒntl/ *a* οριζόντιος. **~ly** *adv* οριζοντίως

hormone /'hɔːməʊn/ *n* (η) ορμόνη

horn /hɔːn/ *n* (το) κέρατο. *(of car)* (το) κλάξον. *(mus)* (το) κέρας. **~ed** *a* με κέρατα. **~y** *a* κερατοειδής

hornet /'hɔːnɪt/ *n* (η) σφήκα

horoscope /'hɒrəskəʊp/ *n* (το) ωροσκόπιο

horrible /'hɒrəbl/ *a* τρομερός

horrid /'hɒrɪd/ *a* φοβερός

horrific /hə'rɪfɪk/ *a* φριχτός

horr|or /'hɒrə(r)/ *n* (ο) τρόμος, (η) φρίκη. **~or film** (η) ταινία τρόμου. **~ story** (η) ιστορία τρόμου. **~ify** *vt* τρομάζω

hors-d'œuvre /ɔː'dɜːvr/ *n* (τα) ορεκτικά

horse /hɔːs/ *n* (το) άλογο. **~ chestnut** *n* (η) αγριοκαστανιά. **~-racing** *n* (οι) ιπποδρομίες. **~-radish** *n* (η) κοχλιαρίς. **~ sense** *(fam)* (η) κοινή λογική

horseback /'hɔːsbæk/ *n* **on ~** καβάλα

horseplay /'hɔːspleɪ/ *n* (το) τραχύ παιχνίδι

horsepower /'hɔːspaʊə(r)/ *n* (η) ιπποδύναμη

horseshoe /'hɔːsʃuː/ *n* (το) πέταλο

horsy /'hɔːsɪ/ *a* αλογίσιος

horticultur|e /'hɔːtɪkʌltʃə(r)/ *n* (η) φυτοκομία. **~al** /-'kʌltʃərəl/ *a* φυτοκομικός

hose /həʊz/ *n (pipe)* (η) σωλήνωση, (η) μάνικα, το λάστιχο του ποτίσματος. • *vt* πλέω με μάνικα

hosiery /'həʊzɪərɪ/ *n* (τα) πλεκτά εσώρουχα και κάλτσες

hospice /'hɒspɪs/ *n* (το) άσυλο ανιάτων

hospit|able /hɒ'spɪtəbl/ *a* φιλόξενος. **~ably** *adv* φιλόξενα. **~ality** /-'tælətɪ/ *n* (η) φιλοξενία

hospital /'hɒspɪtl/ *n* (το) νοσοκομείο

host[1] /həʊst/ *n* **a ~ of** *(many)* πλήθος *(with gen.)*

host[2] /həʊst/ *n* (ο) οικοδεσπότης. **~ess** *n* (η) οικοδέσποινα

host[3] /həʊst/ *n (relig)* (ο) άρτος

hostage /'hɒstɪdʒ/ *n* (ο, η) όμηρος

hostel /'hɒstl/ *n* (ο) ξενώνας

hostile /'hɒstaɪl/ *a* εχθρικός. **~ity** /hɒ'stɪlətɪ/ *n* (η) εχθρότητα

hot /hɒt/ *a* (**hotter, hottest)** ζεστός. *(culin)* καυτερός. **be** *or* **feel ~** ζεσταίνομαι. **it is ~** κάνει ζέστη. **in ~ water** *(fam)* σε δύσκολη θέση. • *vi (pt* **hotted) ~ up** *(fam)* **things are hotting up** η κατάσταση γίνεται πιο έντονη. **~ dog** *n* ζεστό λουκάνικο σε σάντουιτς. **~-water bottle** *n* (η) θερμοφόρα

hotbed /'hɒtbed/ *n* (η) εστία

hotchpotch /'hɒtʃpɒtʃ/ *n* (το) ανακάτεμα

hotel /həʊ'tel/ *n* (το) ξενοδοχείο. **~ier** /həʊ'telɪə(r)/ *n* (ο, η) ξενοδόχος

hothead /'hɒthed/ *n* (ο) θερμοκέφαλος. **~ed** *a* ευέξαπτος

hothouse /'hɒthaʊs/ *n* (το) θερμοκήπιο

hotplate /'hɒtpleɪt/ *n* φορητό θερμαινόμενο μάτι που διατηρεί το φαγητό ζεστό

hound /haʊnd/ *n* (το) λαγωνικό. • *vt (fig)* κυνηγώ

hour /'aʊə(r)/ *n* (η) ώρα. **~ly** *a* ωριαίος. *adv* την ώρα

house[1] /haʊs/ *n* (το) σπίτι. *(comm)* (ο) οίκος. *(pol)* (η) βουλή. *(theatr)* (το) θέατρο. **be ~-proud** είμαι νοικοκύρης. **~-trained** *a* εκπαιδευμένο *(ζώο)* να είναι καθαρό στο σπίτι. **~-warming** *n* πάρτι για τα εγκαίνια νέου σπιτιού

house[2] /haʊz/ *vt* στεγάζω. *(store)* αποθηκεύω. *(mech)* καλύπτω

houseboat /'haʊsbəʊt/ *n* (το) πλωτό σπίτι

housebreaking /'haʊsbreɪkɪŋ/ *n* (η) διάρρηξη

household /'haʊshəʊld/ *n* (το) νοικοκυριό, (το) σπιτικό. **~er** *n* (ο) νοικοκύρης, (η) νοικοκυρά

housekeep|er /'haʊskiːpə(r)/ *n* (ο, η) οικονόμος. **~ing** *n* (η) οικοκυρική

housemaid /'haʊsmeɪd/ *n* (η) υπηρέτρια

housewife /'haʊswaɪf/ *n (pl* **-wives)** (η) νοικοκυρά

housework /'haʊswɜːk/ *n* (οι) δουλειές του σπιτιού

housing /'haʊzɪŋ/ *n* (η) στέγαση. **~ estate** (ο) οικισμός

hovel /'hɒvl/ *n* (η) τρώγλη

hover /'hɒvə(r)/ *vi* αιωρούμαι. *(linger)* ταλαντεύομαι

hovercraft /'hɒvəkrɑːft/ *n* (το) χόβερκραφτ *invar*

how /haʊ/ *adv* πώς. **and ~!** και πώς! **~ about** τι λες για. **~ do you do?** *(introduction)* χαίρω πολύ. **~ lovely!** τι ωραία! **~ long** για πόσο καιρό. **~ many** πόσοι. **~ much** πόσο. **~ often** πόσο συχνά. **~ old is she?** πόσων χρονών είναι; **know/learn/ ~ to** ξέρω/μαθαίνω πώς να

however /haʊ'evə(r)/ *adv* όσο κι αν. *(nevertheless)* όμως. **~ small (it may be)** όσο μικρό (κι αν είναι)

howl /haʊl/ n (το) ουρλιαχτό. • vi
ουρλιάζω
howler /ˈhaʊlə(r)/ n (fam) (η)
χονδροειδής γκάφα
hub /hʌb/ n (η) πλήμνη. (fig) (το) κέντρο.
~-cap n (το) τάσι
hubbub /ˈhʌbʌb/ n (η) φασαρία
huddle /ˈhʌdl/ vi στριμώχνομαι
hue¹ /hju:/ n (το) χρώμα. (shade) (η)
απόχρωση
hue² /hju:/ n **~ and cry** (η) κατακραυγή
huff /hʌf/ n **be in a ~** είμαι πειραγμένος
hug /hʌg/ vt (pt hugged) σφίγγω στην
αγκαλιά μου. (keep close to)
προσκολλώμαι σε. • n (το)
σφιχταγκάλιασμα
huge /hju:dʒ/ a τεράστιος
hulk /hʌlk/ n (το) κουφάρι πλοίου.
(person) (ο) σωματώδης άνθρωπος. **~ing**
a (fam) μπατάλικος
hull /hʌl/ n (of ship) (το) σκάφος του
πλοίου
hullo /həˈləʊ/ int & n = **hello**
hum /hʌm/ vt/i (pt hummed) (insect,
engine) βουίζω. (person) σιγοτραγουδώ.
(fig) μουρμουρίζω. • n (το) βουητό
human /ˈhju:mən/ a ανθρώπινος. • n **~
(being)** (ο) άνθρωπος. **the ~ race** (το)
ανθρώπινο γένος. **~ism** /-nɪzəm/ n (ο)
ανθρωπισμός. **~itarian** /-mænɪˈteərɪən/ a
ανθρωπιστικός. • n (ο) ανθρωπιστής, (η)
ανθρωπίστρια
humane /hju:ˈmeɪn/ a ανθρωπιστικός
humanit|y /hju:ˈmænətɪ/ n (η)
ανθρωπότητα. **~ies** npl (univ) (οι)
ανθρωπιστικές επιστήμες
humbl|e /ˈhʌmbl/ a (-er, -est) ταπεινός vt
ταπεινώνω. **~y** adv ταπεινά
humbug /ˈhʌmbʌg/ n (οι) μπούρδες.
(person) (ο) τσαρλατάνος
humdrum /ˈhʌmdrʌm/ a μονότονος
humid /ˈhju:mɪd/ a υγρός. **~ity** /-ˈmɪdətɪ/
n (η) υγρασία
humidifier /hju:ˈmɪdɪfaɪə(r)/ n (η)
υγραντική συσκευή
humiliat|e /hju:ˈmɪlɪeɪt/ vt εξευτελίζω.
~ion /-ˈeɪʃn/ n (ο) εξευτελισμός
humility /hju:ˈmɪlətɪ/ n (η)
ταπεινοφροσύνη
humorist /ˈhju:mərɪst/ n (ο) χιουμορίστας
hum|our /ˈhju:mə(r)/ n (το) χιούμορ invar.
(state of mind) (ο) κέφι. **sense of ~** (η)
αίσθηση χιούμορ. • vt κάνω το χατίρι
(with gen). **~orous** a χιουμοριστικός.
~orously adv χιουμοριστικά, αστεία
hump /hʌmp/ n (of back) (η) καμπούρα.
(mound) (το) εξόγκωμα. **the ~** (sl) (η)
ακεφιά. • vt καμπουριάζω. (carry: fam)
κουβαλώ. (hoist up) σηκώνω.
hunch /hʌntʃ/ vt καμπουριάζω. **~ed up**
καμπουριασμένος. • n (intuition) (το)
προαίσθημα
hunchback /ˈhʌntʃbæk/ n (ο) καμπούρης

hundred /ˈhʌndrəd/ a εκατό. • n (το)
εκατό invar. **~s of** εκατοντάδες. **~fold**
a εκατονταπλάσιος. • adv
εκατονταπλάσια. **~th** a εκατοστός. • n
(το) εκατοστό
hundredweight /ˈhʌndrədweɪt/ n 50.8 kg,
(Amer) 45.36 kg
hung /hʌŋ/ see HANG
Hungar|y /ˈhʌŋgərɪ/ n (η) Ουγγαρία.
~ian /-ˈgeərɪən/ a ουγγρικός. • n (ο)
Ούγγρος, (η) Ουγγαρέζα
hunger /ˈhʌŋgə(r)/ n (η) πείνα. • vi **~ for**
πεινώ για. **~-strike** n (η) απεργία
πείνας
hungr|y /ˈhʌŋgrɪ/ a (-ier, -iest)
πεινασμένος. **be ~y** πεινώ. **~ily** adv
πεινασμένα
hunk /hʌŋk/ n (το) μεγάλο κομμάτι
hunt /hʌnt/ vt/i κυνηγώ. **~ for** ψάχνω για
n (το) κυνήγι. **~er** n (ο) κυνηγός. **~ing**
n (το) κυνήγι
hurdle /ˈhɜ:dl/ n (το) εμπόδιο
hurl /hɜ:l/ vt εκσφενδονίζω
hurly-burly /ˈhɜ:lɪbɜ:lɪ/ n (ο) σαματάς
hurrah, hurray /hʊˈrɑ:, hʊˈreɪ/ int ζήτω.
• n (το) ζήτω invar
hurricane /ˈhʌrɪkən/ n (η) λαίλαπα
hurried /ˈhʌrɪd/ a βιαστικός. **~ly** adv
βιαστικά
hurry /ˈhʌrɪ/ vt/i βιάζω/ομαι. **~ up!** κάνε
γρήγορα!. • n (η) βιασύνη. **be in a ~**
βιάζομαι.
hurt /hɜ:t/ vt/i (pt hurt) πονώ. (injure,
offend) πληγώνω. • a πληγωμένος. • n
(το) πλήγμα. (fig) (η) βλάβη. **~ful** a (fig)
επιβλαβής
hurtle /ˈhɜ:tl/ vi εκσφενδονίζομαι
husband /ˈhʌzbənd/ n (ο) σύζυγος
hush /hʌʃ/ vt ησυχάζω. **~ up**
συγκαλύπτω. • n (η) σιωπή. **~!** σιωπή!
~-hush a (fam) κρυφός
husk /hʌsk/ n (η) φλούδα
husky /ˈhʌskɪ/ a (-ier, -iest) βραχνός
hustle /ˈhʌsl/ vt σπρώχνω. (fig) πιέζω να
κάνει γρήγορα. • n (η) κίνηση. **~ and
bustle** (το) πηγαινέλα invar
hut /hʌt/ n (η) καλύβα
hutch /hʌtʃ/ n (το) κλουβί (για μικρά
ζώα)
hyacinth /ˈhaɪəsɪnθ/ n (ο) υάκινθος
hybrid /ˈhaɪbrɪd/ a υβριδικός. • n (το)
υβρίδιο
hydrangea /haɪˈdreɪndʒə/ n (η) ορτανσία
hydrant /ˈhaɪdrənt/ n (το) στόμιο
υδροληψίας
hydraulic /haɪˈdrɔ:lɪk/ a υδραυλικός
hydroelectric /haɪdrəʊˈlektrɪk/ a
υδροηλεκτρικός
hydrofoil /ˈhaɪdrəfɔɪl/ n (το) ιπτάμενο
δελφίνι
hydrogen /ˈhaɪdrədʒən/ n (το) υδρογόνο.
~ bomb n (η) υδρογονοβόμβα
hyena /haɪˈi:nə/ n (η) ύαινα

hygien|e /'haɪdʒi:n/ *n* (η) υγιεινή. **~ic** /-'dʒi:nɪk/ *a* υγιεινός. **~ist** /-'dʒi:nɪst/ *n* (ο, η) υγιεινολόγος

hymn /hɪm/ *n* (ο) ύμνος. **~-book** *n* (το) υμνολόγιο

hyper- /'haɪpə(r)/ *pref* υπερ-

hypermarket /'haɪpəmɑːkɪt/ *n* (η) υπεραγορά

hyphen /'haɪfn/ *n* (η) παύλα. **~ate** *vt* χωρίζω με παύλα. **~ation** *n* (ο) συλλαβισμός

hypno|sis /hɪp'nəʊsɪs/ *n* (η) ύπνωση. **under ~** υπό ύπνωση. **~tic** /-'nɒtɪk/ *a* υπνωτικός

hypnot|ize /'hɪpnətaɪz/ *vt* υπνωτίζω. **~ism** *n* (ο) υπνωτισμός. **~ist** *n* (ο) υπνωτιστής, (η) υπνωτίστρια

hypochondriac /haɪpə'kɒndrɪæk/ *n* (ο) υποχονδριακός

hypocri|sy /hɪ'pɒkrəsɪ/ *n* (η) υποκρισία. **~te** /'hɪpəkrɪt/ *n* (ο) υποκριτής, (η) υποκρίτρια. **~tical** /-'krɪtɪkl/ *a* υποκριτικός

hypodermic /haɪpə'dɜːmɪk/ *a* υποδόριος *n* **~ (syringe)** (η) υποδόρια σύριγγα

hypothe|sis /haɪ'pɒθəsɪs/ *n* (*pl* **-theses** /-siːz/) (η) υπόθεση. **~tical** /-ə'θetɪkl/ *a* υποθετικός

hysteri|a /hɪs'tɪərɪə/ *n* (η) υστερία. **~cal** /-'terɪkl/ *a* υστερικός. (*very funny: fam*) πολύ αστείο. **~cs** /-'teriks/ *npl* (η) υστερική κρίση. **be in ~cs** (*fam*) με πιάνει νευρικό γέλιο

Ii

I /aɪ/ *pron* εγώ

ice /aɪs/ *n* (ο) πάγος. • *vt* παγώνω. (*cake*) γκλασάρω. **~-cream** *n* (το) παγωτό. **~-cube** *n* (το) παγάκι. **~ hockey** *n* (το) χόκεϊ επί πάγου. **~ lolly** *n* (το) παγωτό ξυλάκι. **~ over** *or* **up** σκεπάζομαι με πάγο. **~ rink** *n* (το) παγοδρόμιο. **~-skating** *n* (η) παγοδρομία

iceberg /'aɪsbɜːg/ *n* (το) παγόβουνο

icebox /'aɪsbɒks/ *n* (η) παγωνιέρα. (*Amer*) (το) ψυγείο

Iceland /'aɪslənd/ *n* (η) Ισλανδία. **~er** *n* (ο) Ισλανδός, (η) Ισλανδή. **~ic** /-'lændɪk/ *a* ισλανδικός. • *n* (*lang*) (τα) ισλανδικά

icicle /'aɪsɪkl/ *n* (ο) παγοκρύσταλλος

icing /'aɪsɪŋ/ *n* (το) γκλασάρισμα. **~ sugar** *n* (η) ζάχαρη άχνη

icon /'aɪkɒn/ *n* (η) εικόνα

ic|y /'aɪsɪ/ *a* (**-ier, -iest**) παγωμένος. **~ily** *adv* παγωμένα

idea /aɪ'dɪə/ *n* (η) ιδέα. (*impression*) (η) εντύπωση. **have no ~** δεν έχω ιδέα

ideal /aɪ'dɪəl/ *a* ιδεώδης, ιδανικός. • *n* (το) ιδανικό. **~ize** *vt* εξιδανικεύω. **~ly** *adv* ιδανικά. **~ly, it should be . . .** το ιδεώδες θα ήταν να . . .

idealis|t /aɪ'dɪəlɪst/ *n* (ο) ιδεαλιστής, (η) ιδεαλίστρια. **~m** /-zəm/ *n* (ο) ιδεαλισμός. **~tic** /-'lɪstɪk/ *a* ιδεαλιστικός

identical /aɪ'dentɪkl/ *a* πανομοιότυπος. **~ twins** (τα) μονοωγενή δίδυμα

identify /aɪ'dentɪfaɪ/ *vt* αναγνωρίζω. • *vi* **~y with** ταυτίζομαι με. **~ication** /-ɪ'keɪʃn/ *n* (η) αναγνώριση, (η) ταύτιση

identity /aɪ'dentɪtɪ/ *n* (η) ταυτότητα. **~ card** (η) ταυτότητα

ideolog|y /aɪdɪ'ɒlədʒɪ/ *n* (η) ιδεολογία. **~ical** /-'lɒdʒɪkl/ *a* ιδεολογικός. **~ist** *n* (ο, η) ιδεολόγος

idiocy /'ɪdɪəsɪ/ *n* (η) ηλιθιότητα

idiom /'ɪdɪəm/ *n* (ο) ιδιωτισμός. **~atic** /-'mætɪk/ *a* ιδιωματικός

idiosyncrasy /ɪdɪə'sɪŋkrəsɪ/ *n* (η) ιδιοσυγκρασία

idiot /'ɪdɪət/ *n* (ο) ηλίθιος. **~ic** /-'ɒtɪk/ *a* ηλίθιος

idl|e /'aɪdl/ *a* (**-er, -est**) (*unoccupied*) αργός. (*lazy*) τεμπέλης. (*vain*) μάταιος. **be ~** (*machines*) δεν δουλεύω. • *vt* **~e time away** σπαταλώ τον καιρό μου. • *vi* τεμπελιάζω. **the engine is ~ing** ο κινητήρας είναι στο ρελαντί. **~eness** *n* (η) αργία, (η) τεμπελιά. **~er** /-ə(r)/ *n* (ο) τεμπέλης. **~y** *adv* άσκοπα

idol /'aɪdl/ *n* (το) είδωλο. **~atry** /-'dɒlətrɪ/ *n* (η) ειδωλολατρία. **~ize** /-əlaɪz/ *vt* λατρεύω σαν θεό

idyllic /ɪ'dɪlɪk/ *a* ειδυλλιακός

i.e. *abbr* δηλ.

if /ɪf/ *conj* αν, εάν. **~ only** μακάρι να. **~ so** σε τέτοια περίπτωση

igloo /'ɪgluː/ *n* (το) ιγκλού *invar*

ignite /ɪg'naɪt/ *vt/i* αναφλέγω/ομαι

ignition /ɪg'nɪʃn/ *n* (η) ανάφλεξη. **~ key** (το) κλειδί του διακόπτη του κινητήρα

ignomin|y /'ɪgnəmɪnɪ/ *n* (η) ατίμωση. **~ious** /-'mɪnɪəs/ *a* ατιμωτικός

ignoramus /ɪgnə'reɪməs/ *n* (*pl* **-muses**) (ο) ανίδεος

ignoran|t /ˈɪɡnərənt/ a (lacking knowledge) αμαθής. **~ce** n (η) αμάθεια, (η) άγνοια. **~tly** adv με άγνοια

ignore /ɪɡˈnɔː(r)/ vt αδιαφορώ για. (person) αγνοώ

ilk /ɪlk/ n (fam) (το) είδος. **of that ~** (fam) αυτού του είδους

ill /ɪl/ a άρρωστος. (bad) κακός. • adv κακά. • n (το) κακό. **~-advised** a ασύνετος. **be ~ at ease** δε νιώθω άνετα. **~-bred** a κακοαναθρεμμένος. **~-fated** a κακότυχος. **~-gotten** a που έχουν αποκτηθεί παράνομα. **~ health** n (η) κακή υγεία. **~-natured** a κακοήθης. **~-treat** vt κακομεταχειρίζομαι. **~ will** n (η) κακοβουλία. (enmity) (η) έχθρα

illegal /ɪˈliːɡl/ a παράνομος. **~ly** adv παράνομα

illegibl|e /ɪˈledʒəbl/ a δυσανάγνωστος. **~y** adv δυσανάγνωστα

illegitima|te /ɪlɪˈdʒɪtɪmət/ a παράνομος. (child) νόθος. **~cy** n (η) παρανομία, (η) νόθος καταγωγή

illicit /ɪˈlɪsɪt/ a αθέμιτος. **~ly** adv αθέμιτα

illitera|te /ɪˈlɪtərət/ a αγράμματος. **~cy** n (η) αγραμματοσύνη

illness /ˈɪlnɪs/ n (η) αρρώστια

illogical /ɪˈlɒdʒɪkl/ a παράλογος

illuminat|e /ɪˈljuːmɪneɪt/ vt φωτίζω. **~ion** /-ˈneɪʃn/ n (ο) φωτισμός

illusion /ɪˈluːʒn/ n (η) αυταπάτη. **~ist** n (ο, η) φαντασιοκόπος

illusory /ɪˈluːsərɪ/ a απατηλός

illustrat|e /ˈɪləstreɪt/ vt επεξηγώ. (book) εικονογραφώ. **~ion** /-ˈstreɪʃn/ n (η) επεξήγηση, (η) εικονογράφηση. **~ive** /-ətɪv/ a επεξηγηματικός

illustrious /ɪˈlʌstrɪəs/ a επιφανής, διάσημος

image /ˈɪmɪdʒ/ n (η) εικόνα. (of person, company etc.) (η) εικόνα. **~ry** /-ərɪ/ n (τα) σχήματα λόγου

imaginat|ion /ɪmædʒɪˈneɪʃn/ n (η) φαντασία. **~ive** /ɪˈmædʒɪnətɪv/ a επινοητικός

imagin|e /ɪˈmædʒɪn/ vt φαντάζομαι. (suppose) υποθέτω. **~able** a διανοητός. **~ary** a φανταστικός

imbalance /ɪmˈbæləns/ n (η) δυσαναλογία

imbecile /ˈɪmbəsiːl/ n (ο) ηλίθιος. • a ηλίθιος

imitat|e /ˈɪmɪteɪt/ vt μιμούμαι. **~ion** /-ˈteɪʃn/ n (η) απομίμηση. • a (not genuine) ιμιτασιόν invar. **~ive** a μιμητικός. **~or** n (ο) μιμητής, (η) μιμήτρια

immaculate /ɪˈmækjʊlət/ a άψογος. **~ly** adv άψογα

immaterial /ɪməˈtɪərɪəl/ a ασώματος. (fig) ασήμαντος

immatur|e /ɪməˈtjʊə(r)/ a ανώριμος. **~ity** n (η) ανωριμότητα

immeasurabl|e /ɪˈmeʒərəbl/ a άμετρος. **~y** adv άμετρα

immediate /ɪˈmiːdɪət/ a άμεσος. (nearest) εγγύτατος. **~ly** adv αμέσως. • conj μόλις

immemorial /ɪmɪˈmɔːrɪəl/ a αμνημόνευτος. **from time ~** από αμνημονεύτων χρόνων

immens|e /ɪˈmens/ a απέραντος. **~ely** adv απέραντα. **~ity** n (το) άπειρο

immers|e /ɪˈmɜːs/ vt βουτώ, βυθίζω. **~o.s. in** (fig) είμαι απορροφημένος από. **~ion** /-ʃn/ n (το) βύθισμα. **~ion heater** n (ο) θερμοσίφωνας

immigra|te /ˈɪmɪɡreɪt/ vi μεταναστεύω (έρχομαι σε χώρα σαν μετανάστης). **~nt** a μεταναστευτικός. • n (ο) μετανάστης, (η) μετανάστρια. **~tion** /-ˈɡreɪʃn/ n (η) μετανάστευση (προς μια χώρα)

imminen|t /ˈɪmɪnənt/ a επικείμενος. **~ce** n (το) επικείμενο

immobile /ɪˈməʊbaɪl/ a ακίνητος

immobiliz|e /ɪˈməʊbɪlaɪz/ vt ακινητοποιώ. **~ation** /-ˈzeɪʃn/ n (η) ακινητοποίηση

immoderate /ɪˈmɒdərət/ a υπέρμετρος. **~ly** adv υπέρμετρα

immodest /ɪˈmɒdɪst/ a άσεμνος

immoral /ɪˈmɒrəl/ a ανήθικος. **~ly** adv ανήθικα. **~ity** /ɪməˈrælətɪ/ n (η) ανηθικότητα

immortal /ɪˈmɔːtl/ a αθάνατος. **~ity** /-ˈtælətɪ/ n (η) αθανασία. **~ize** vt απαθανατίζω

immun|e /ɪˈmjuːn/ a (to illness) απρόσβλητος (to, από). (exempt) απηλλαγμένος (from, από). **~ity** n (med) (η) ανοσία. (diplomatic) (η) ασυλία

immuniz|e /ˈɪmjʊnaɪz/ vt ανοσοποιώ. **~ation** /-ˈzeɪʃn/ n (η) ανοσοποίηση

imp /ɪmp/ n (το) διαβολάκι

impact /ˈɪmpækt/ n (η) πρόσκρουση. (fig) (η) επίδραση

impair /ɪmˈpeə(r)/ vt εξασθενίζω. **~ment** n (η) εξασθένιση

impale /ɪmˈpeɪl/ vt ανασκολοπίζω

impart /ɪmˈpɑːt/ vt μεταδίδω

impartial /ɪmˈpɑːʃl/ a αμερόληπτος. **~ity** /-ɪˈælətɪ/ n (η) αμεροληψία

impassable /ɪmˈpɑːsəbl/ a αδιάβατος

impasse /æmˈpɑːs/ n (το) αδιέξοδο

impassioned /ɪmˈpæʃnd/ a παθιασμένος

impassive /ɪmˈpæsɪv/ a απαθής

impatien|t /ɪmˈpeɪʃənt/ a ανυπόμονος. **~ce** n (η) ανυπομονησία. **~tly** adv ανυπόμονα

impeach /ɪmˈpiːtʃ/ vt αμφισβητώ. (pol) παραπέμπω σε δίκη. **~ment** n (η) παραπομπή

impeccable /ɪmˈpekəbl/ a άμεμπτος

impede /ɪmˈpiːd/ vt παρεμποδίζω

impediment /ɪmˈpedɪmənt/ n (το) εμπόδιο. (speech) (η) δυσχέρεια

impel /ɪmˈpel/ vt (pt impelled) ωθώ

impending /ɪmˈpendɪŋ/ a επικείμενος

impenetrable /ɪmˈpenɪtrəbl/ a αδιαπέραστος

impenitent /ɪm'penɪtənt/ a αμετανόητος
imperative /ɪm'perətɪv/ a επιβεβλημένος.
• n (η) προστακτική
imperceptibl|e /ɪmpə'septəbl/ a
ανεπαίσθητος
imperfect /ɪm'pɜːfɪkt/ a ατελής. (faulty)
ελαττωματικός. • n (gram) (ο) παρατατικός. **~ion** /-ə'fekʃn/ n (η) ατέλεια
imperial /ɪm'pɪərɪəl/ a αυτοκρατορικός.
(measure) που ισχύει στη MB. **~ism** n
ιμπεριαλισμός. **~ist** n (ο)
ιμπεριαλιστής, (η) ιμπεριαλίστρια
imperil /ɪm'perəl/ vt (pt imperilled)
διακινδυνεύω
imperious /ɪm'pɪərɪəs/ a επιτακτικός
impersonal /ɪm'pɜːsənl/ a απρόσωπος.
~ly adv απρόσωπα
impersonat|e /ɪm'pɜːsəneɪt/ vt μιμούμαι.
(theatr) υποδύομαι. **~ion** /-'neɪʃn/ n (η)
απομίμηση. **~or** /-ə(r)/ n (ο) μίμος
impertinen|t /ɪm'pɜːtɪnənt/ a αναιδής.
~ce n (η) αναίδεια
imperturbable /ɪmpə'tɜːbəbl/ a ατάραχος
impervious /ɪm'pɜːvjəs/ a αδιαπέραστος
impetuous /ɪm'petjʊəs/ a απερίσκεπτος
impetus /'ɪmpɪtəs/ n (η) ώθηση
impinge /ɪm'pɪndʒ/ vi **~ on** (time) τρώγω.
(rights) καταπατώ
impish /'ɪmpɪʃ/ a ζαβολιάρης
implacable /ɪm'plækəbl/ a αδιάλλακτος
implant¹ /ɪm'plɑːnt/ vt εμφυτεύω. (fig)
εμπνέω
implant² /'ɪmplɑːnt/ n (το) εμφύτευμα
implausible /ɪm'plɔːzɪbl/ a απίθανος
implement¹ /'ɪmplɪmənt/ n (το) εργαλείο
implement² /'ɪmplɪment/ vt εφαρμόζω
implicat|e /'ɪmplɪkeɪt/ vt εμπλέκω. **~ion**
/-'keɪʃn/ n (involvement) (η) ανάμιξη.
(suggestion) (ο) υπαινιγμός
implicit /ɪm'plɪsɪt/ a υπονοούμενος.
(absolute) απόλυτος. **~ly** adv απόλυτα
implore /ɪm'plɔː(r)/ vt εκλιπαρώ
imply /ɪm'plaɪ/ vt υπονοώ. (insinuate)
υπαινίσσομαι
impolite /ɪmpə'laɪt/ a αγενής
imponderable /ɪm'pɒndərəbl/ a
ανυπολόγιστος
import¹ /ɪm'pɔːt/ vt εισάγω. **~ation**
/-'teɪʃn/ n (η) εισαγωγή. **~er** n (ο, η)
εισαγωγέας
import² /'ɪmpɔːt/ n (η) εισαγωγή.
(meaning) (η) σημασία. (value) (η) αξία
importan|t /ɪm'pɔːtnt/ a σημαντικός,
σπουδαίος. **~ce** n (η) σημασία, (η)
σπουδαιότητα
impos|e /ɪm'pəʊz/ vt επιβάλλω. • vi **~e
on** εκμεταλλεύομαι. **~ition** /-ə'zɪʃn/ n
(η) επιβολή. (burden) (η) υπερβολική
απαίτηση
imposing /ɪm'pəʊzɪŋ/ a επιβλητικός
impossibl|e /ɪm'pɒsəbl/ a αδύνατος.
~ility /-'bɪlətɪ/ n (το) αδύνατο. **~ly** adv
αδύνατα

impostor /ɪm'pɒstə(r)/ n (ο) απατεώνας
impoten|t /'ɪmpətənt/ a ανίκανος. **~ce** n
(η) ανικανότητα
impound /ɪm'paʊnd/ vt κατάσχω
impoverish /ɪm'pɒvərɪʃ/ vt φτωχαίνω.
~ment n (η) φτώχεια
impracticab|le /ɪm'præktɪkəbl/ a
ανεφάρμοστος
impractical /ɪm'præktɪkl/ a μη πρακτικός
imprecise /ɪmprɪ'saɪs/ a ανακριβής
impregnab|le /ɪm'pregnəbl/ a απόρθητος
impregnate /'ɪmpregneɪt/ vt διαποτίζω
(with, με)
impresario /ɪmpre'sɑːrɪəʊ/ n (pl -os) (ο)
ιμπρεσάριος
impress /ɪm'pres/ vt εντυπωσιάζω.
(imprint) αποτυπώνω. **be ~ed** μου κάνει
εντύπωση. **~ on s.o.** τονίζω κτ σε κπ.
~ive a εντυπωσιακός
impression /ɪm'preʃn/ n (η) εντύπωση.
~able a που επηρεάζεται εύκολα
impressionis|m /ɪm'preʃnɪzəm/ n (ο)
εμπρεσιονισμός. **~t** n (ο)
εμπρεσιονιστής. (imitator) (ο)
απομιμητής
imprint¹ /'ɪmprɪnt/ n (το) αποτύπωμα
imprint² /ɪm'prɪnt/ vt αποτυπώνω
imprison /ɪm'prɪzn/ vt φυλακίζω. **~ment**
n (η) φυλάκιση
improbab|le /ɪm'prɒbəbl/ a απίθανος.
(incredible) απίστευτος. **~ility** /-'bɪlətɪ/ n
(η) απιθανότητα
impromptu /ɪm'prɒmptjuː/ a
αυτοσχέδιος. • adv εκ του προχείρου.
• n (ο) αυτοσχεδιασμός
improp|er /ɪm'prɒpə(r)/ a απρεπής.
(incorrect) λανθασμένος. **~erly** adv
απρεπώς. **~riety** /-ə'praɪətɪ/ n (η)
απρέπεια
improve /ɪm'pruːv/ vt/i βελτιώνω/ομαι,
καλυτερεύω. **~ (up)on** καλυτερεύω.
~ment n (η) βελτίωση, (η)
καλυτέρευση
improvis|e /'ɪmprəvaɪz/ vt φτιάχνω
πρόχειρα. • vi αυτοσχεδιάζω. **~ation**
/-'zeɪʃn/ n (η) αυτοσχεδιασμός
impruden|t /ɪm'pruːdənt/ a
απερίσκεπτος. **~ce** n (η) απερισκεψία
impuls|e /'ɪmpʌls/ n (η) παρόρμηση. **on
~e** αυθόρμητα. **~ive** a παρορμητικός,
αυθόρμητος. **~ively** adv αυθόρμητα
impunity /ɪm'pjuːnətɪ/ n (η) ατιμωρησία.
with ~ ατιμωρητί
impur|e /ɪm'pjʊə(r)/ a ακάθαρτος. **~ity** n
(η) ακαθαρσία
imput|e /ɪm'pjuːt/ vt αποδίδω. **~ation**
/-'teɪʃn/ n (ο) καταλογισμός
in /ɪn/ prep σε. • adv μέσα. (at home) στο
σπίτι. (in fashion) της μόδας. **be ~ for**
θα έχω, περιμένω. **~ August/1990** τον
Αύγουστο/το 1990. **~ itself** καθαυτό.
~-laws npl (fam) (τα) πεθερικά. **~
London/Greece** στο Λονδίνο/στην

Ελλάδα. **~-patient** *n* (ο, η) εσωτερικός ασθενής. **~ pencil/ink** με μολύβι/με μελάνι. **~ so far as** καθόσον. **~ summer/winter** το καλοκαίρι/το χειμώνα. **~ that** στο ότι. **~ the morning/evening** το πρωί/το βράδυ. **~ the rain** στη βροχή. **~ two hours** (*within*) σε δυο ώρες. **one ~ ten** ο ένας στους δέκα. **the ~s and outs** (οι) λεπτομέρειες

inability /ɪnəˈbɪlətɪ/ *n* (η) αδυναμία

inaccessible /ɪnækˈsesəbl/ *a* απρόσιτος

inaccura|te /ɪnˈækjərət/ *a* ανακριβής. **~cy** *n* (η) ανακρίβεια

inactiv|e /ɪnˈæktɪv/ *a* αδρανής. **~ity** /-ˈtɪvətɪ/ *n* (η) αδράνεια

inadequa|te /ɪnˈædɪkwət/ *a* ανεπαρκής. **~cy** *n* (η) ανεπάρκεια. **~tely** *adv* ανεπαρκώς

inadmissible /ɪnədˈmɪsəbl/ *a* ανεπίτρεπτος

inadvertent /ɪnədˈvɜːtənt/ *a* απρόσεχτος. **~ly** *adv* από απροσεξία

inadvisable /ɪnədˈvaɪzəbl/ *a* μη σκόπιμος

inane /ɪˈneɪn/ *a* ανόητος

inanimate /ɪnˈænɪmət/ *a* άψυχος

inapplicable /ɪnˈæplɪkəbl/ *a* ανεφάρμοστος

inappropriate /ɪnəˈprəʊprɪət/ *a* ακατάλληλος

inarticulate /ɪnɑːˈtɪkjʊlət/ *a* άναρθρος. (*person*) που εκφράζεται με δυσκολία

inattent|ive /ɪnəˈtentɪv/ *a* απρόσεχτος. **~ion** /-ʃn/ *n* (η) απροσεξία

inaudible /ɪnˈɔːdəbl/ *a* που δεν ακούγεται

inaugural /ɪˈnɔːgjʊreɪl/ *a* εγκαινιάζω. **~l** *a* εναρκτήριος. **~tion** /-ˈreɪʃn/ *n* (τα) εγκαίνια

inauspicious /ɪnɔːˈspɪʃəs/ *a* δυσοίωνος

inborn /ˈɪnbɔːn/ *a* έμφυτος

inbred /ɪnˈbred/ *a* έμφυτος

incalculable /ɪnˈkælkjʊləbl/ *a* ανυπολόγιστος

incapable /ɪnˈkeɪpəbl/ *a* ανίκανος. **be ~ of** είμαι ανίκανος να

incapacitate /ɪnkəˈpæsɪteɪt/ *vt* καθιστώ ανίκανο

incarcerat|e /ɪnˈkɑːsəreɪt/ *vt* εγκλείω (σε φυλακή). **~ion** /-ˈreɪʃn/ *n* (η) κάθειρξη

incarnat|e /ɪnˈkɑːnɪt/ *a* ενσαρκωμένος. **~ion** /-ˈneɪʃn/ *n* (η) ενσάρκωση

incendiary /ɪnˈsendɪərɪ/ *a* εμπρηστικός. • *n* (*device*) (η) εμπρηστική ύλη

incense[1] /ˈɪnsens/ *n* (το) λιβάνι

incense[2] /ɪnˈsens/ *vt* εξοργίζω

incentive /ɪnˈsentɪv/ *n* (το) κίνητρο

incessant /ɪnˈsesnt/ *a* ακατάπαυστος. **~ly** *adv* ακατάπαυστα

incest /ˈɪnsest/ *n* (η) αιμομιξία. **~uous** /ɪnˈsestjʊəs/ *a* αιμομικτικός

inch /ɪntʃ/ *n* (η) ίντσα (= 2.54 εκ.). • *vi* προχωρώ πολύ αργά

incidence /ˈɪnsɪdəns/ *n* (η) συχνότητα

incident /ˈɪnsɪdənt/ *n* (το) επεισόδιο

incidental /ɪnsɪˈdentl/ *a* συμπτωματικός, τυχαίος. **~ expenses** μικροέξοδα. **~ music** (η) μουσική επένδυση. **~ly** *adv* (*by the way*) αλήθεια

incinerat|e /ɪnˈsɪnəreɪt/ *vt* αποτεφρώνω. **~or** /-ə(r)/ *n* (ο) κλίβανος

incis|e /ɪnˈsaɪz/ *vt* χαράζω. **~ion** /-ˈsɪʒn/ *n* (η) χάραξη. (*surgery*) (η) τομή

incisive /ɪnˈsaɪsɪv/ *a* κοφτερός

incite /ɪnˈsaɪt/ *vt* υποκινώ. **~ment** *n* (η) υποκίνηση

incivility /ɪnsɪˈvɪlətɪ/ *n* (η) αγένεια

inclement /ɪnˈklemənt/ *a* ανηλεής

inclination /ɪnklɪˈneɪʃn/ *n* (η) κλίση. (*disposition*) (η) διάθεση

incline[1] /ɪnˈklaɪn/ *vt/i* τείνω. **be ~d to** έχω την τάση να. **feel ~d to** έχω τη διάθεση να

incline[2] /ˈɪnklaɪn/ *n* (η) κλίση

inclu|de /ɪnˈkluːd/ *vt* (συμ)περιλαμβάνω. **~ding** *prep* συμπεριλαμβανομένου. **~sion** /-ʒn/ *n* (η) συμπερίληψη

inclusive /ɪnˈkluːsɪv/ *a* συμπεριλαμβανόμενος. **be ~ of** περιλαμβάνω

incognito /ɪnkɒgˈniːtəʊ/ *adv* ινκόγκνιτο

incoherent /ɪnkəʊˈhɪərənt/ *a* ασυνάρτητος. **~ly** *adv* ασυνάρτητα

income /ˈɪnkʌm/ *n* (το) εισόδημα. **~ tax** *n* (ο) φόρος εισοδήματος

incoming /ˈɪnkʌmɪŋ/ *a* εισερχόμενος. **~ tide** (η) πλημμυρίδα, (*fam*) (η) φουσκονεριά

incommunicado /ɪnkəmjuːnɪˈkɑːdəʊ/ *a* σε απομόνωση

incomparable /ɪnˈkɒmprəbl/ *a* ασύγκριτος

incompatib|le /ɪnkəmˈpætəbl/ *a* ασυμβίβαστος. (*people*) αταίριαστος. **~ility** /-ˈbɪlətɪ/ *n* (το) ασυμβίβαστο, (η) ασυμφωνία

incompeten|t /ɪnˈkɒmpɪtənt/ *a* ανίκανος, ανεπαρκής. **~ce** *n* (η) ανικανότητα, (η) ανεπάρκεια

incomplete /ɪnkəmˈpliːt/ *a* ημιτελής

incomprehensible /ɪnkɒmprɪˈhensəbl/ *a* ακατανόητος

inconceivab|le /ɪnkənˈsiːvəbl/ *a* αδιανόητος. **~y** *adv* αδιανόητα

inconclusive /ɪnkənˈkluːsɪv/ *a* (*not convincing*) μη πειστικός. (*not decisive*) μη αποφασιστικός

incongruous /ɪnˈkɒŋgrʊəs/ *a* αταίριαστος

inconsequential /ɪnkɒnsɪˈkwənʃl/ *a* ανακόλουθος

inconsiderate /ɪnkənˈsɪdərət/ *a* απερίσκεπτος

inconsisten|t /ɪnkənˈsɪstənt/ *a* ασυνεπής. **be ~t with** είμαι αντιφατικός σε. **~cy** *n* (η) ασυνέπεια

inconsolable /ɪnkənˈsəʊləbl/ *a* απαρηγόρητος

inconspicuous /ɪnkən'spɪkjʊəs/ a απαρατήρητος. **~ly** adv απαρατήρητα

incontinen|t /ɪn'kɒntɪnənt/ a ακρατής. **~ce** n (η) ακράτεια

incontrovertible /ɪnkɒntrə'vɜːtəbl/ a αδιάσειστος

inconvenien|t /ɪnkən'viːnɪənt/ a άβολος. (time, place) ακατάλληλος. **~ce** n (η) ενόχληση. • vt ενοχλώ

incorporat|e /ɪn'kɔːpəreɪt/ vt ενσωματώνω

incorrect /ɪnkə'rekt/ a ανακριβής. **~ly** adv ανακριβώς

incorrigible /ɪn'kɒrɪdʒəbl/ a αδιόρθωτος

incorruptible /ɪnkə'rʌptəbl/ a αδιάφθορος

increas|e[1] /ɪn'kriːs/ vt/i αυξάνω/ομαι. **~ingly** adv όλο και περισσότερο

increase[2] /'ɪnkriːs/ n (η) αύξηση

incredibl|e /ɪn'kredəbl/ a απίστευτος. **~y** adv απίστευτα

incredulous /ɪn'kredjʊləs/ a δύσπιστος

increment /'ɪŋkrəmənt/ n (η) προσαύξηση

incriminat|e /ɪn'krɪmɪneɪt/ vt ενοχοποιώ. **~ing** a ενοχοποιητικός. **~ion** /-'neɪʃn/ n (η) ενοχοποίηση

incubat|e /'ɪŋkjʊbeɪt/ vt εκκολάπτω. **~ion** /-'beɪʃn/ n (η) εκκόλαψη. **~or** /-ə(r)/ n (η) εκκολαπτική μηχανή. (for babies) (η) θερμοκοιτίδα

inculcate /'ɪnkʌlkeɪt/ vt εντυπώνω

incumbent /ɪn'kʌmbənt/ a **be ~ on** είμαι υπόχρεος να. • n (ο) κάτοχος

incur /ɪn'kɜː(r)/ vt (pt incurred) υφίσταμαι. (debts) συνάπτω, κάνω

incurabl|e /ɪn'kjʊərəbl/ a αθεράπευτος. (illness) ανίατος. **~y** adv αθεράπευτα

incursion /ɪn'kɜːʃn/ n (η) επιδρομή

indebted /ɪn'detɪd/ a **~ to** υποχρεωμένος σε

indecen|t /ɪn'diːsnt/ a άσεμνος. **~cy** n (η) άσεμνη πράξη

indecision /ɪndɪ'sɪʒn/ n (η) αναποφασιστικότητα

indecisi|ve /ɪndɪ'saɪsɪv/ a αναποφάσιστος

indeed /ɪn'diːd/ adv πραγματικά. **very much ~** πάρα πολύ

indefatigable /ɪndɪ'fætɪgəbl/ a ακούραστος

indefinable /ɪndɪ'faɪnəbl/ a απροσδιόριστος

indefinite /ɪn'defɪnət/ a αόριστος. **~ly** adv αόριστα

indelibl|e /ɪn'delɪbl/ a ανεξίτηλος

indemni|fy /ɪn'demnɪfaɪ/ vt αποζημιώνω. (protect) εξασφαλίζω. **~ty** /-əti/ n (η) εξασφάλιση. (compensation) (η) αποζημίωση

indent /ɪn'dent/ vt βάζω πιο μέσα στη σελίδα. **~ation** /-'teɪʃn/ n (η) οδόντωση. (typ) (το) περιθώριο παραγράφου

independen|t /ɪndɪ'pendənt/ a ανεξάρτητος. **~ce** n (η) ανεξαρτησία. **~tly** adv ανεξάρτητα

indescribabl|e /ɪndɪ'skraɪbəbl/ a απερίγραπτος. **~y** adv απερίγραπτα

indestructible /ɪndɪ'strʌktəbl/ a ακατάλυτος

indeterminate /ɪndɪ'tɜːmɪnət/ a ακαθόριστος

index /'ɪndeks/ n (pl indexes) (ο) δείκτης. (in book) (το) ευρετήριο. (in library) (ο) κατάλογος (βιβλιοθήκης). • vt αποδελτιώνω. **~ finger** n (ο) δείκτης. **~-linked** a με τιμαριθμική προσαρμογή

India /'ɪndjə/ n (η) Ινδία. **~n** a ινδικός. • n (ο) Ινδός, (η) Ινδή. **American ~n** (ο) Ινδιάνος, (η) Ινδιάνα. **~n ink** (η) σινική μελάνη. **~n summer** (το) γαϊδουροκαλόκαιρο

indicat|e /'ɪndɪkeɪt/ vt δείχνω. (state briefly) υποδείχνω. **~ion** /-'keɪʃn/ n (η) ένδειξη. **~or** n (ο) δείκτης. (auto) (ο) δείκτης κατευθύνσεως, (το) φλας invar

indicative /ɪn'dɪkətɪv/ a ενδεικτικός. • n (gram) (η) οριστική

indict /ɪn'daɪt/ vt κατηγορώ. **~ment** n (accusation) (η) κατηγορία

indifferen|t /ɪn'dɪfrənt/ a αδιάφορος. (not good) μέτριος. **~ce** n (η) αδιαφορία

indigenous /ɪn'dɪdʒɪnəs/ a ιθαγενής

indigesti|ble /ɪndɪ'dʒestəbl/ a αχώνευτος. **~on** /-tʃən/ n (η) δυσπεψία

indigna|nt /ɪn'dɪgnənt/ a αγανακτισμένος. **~tion** /-'neɪʃn/ n (η) αγανάκτηση. **~ntly** adv αγανακτισμένα

indignity /ɪn'dɪgnəti/ n (η) ταπείνωση

indigo /'ɪndɪgəʊ/ n (το) λουλακί (χρώμα)

indirect /ɪndɪ'rekt/ a έμμεσος. **~ly** adv έμμεσα

indiscr|eet /ɪndɪ'skriːt/ a αδιάκριτος. **~etion** /-'kreʃn/ n (η) αδιακρισία

indiscriminate /ɪndɪ'skrɪmɪnət/ a χωρίς διάκριση. **~ly** adv αδιάκριτα

indispensable /ɪndɪ'spensəbl/ a απαραίτητος

indispos|ed /ɪndɪ'spəʊzd/ a αδιάθετος. **~ition** /-ə'zɪʃn/ n (η) αδιαθεσία

indisputabl|e /ɪndɪ'spjuːtəbl/ a αναμφισβήτητος. **~y** adv αναμφισβήτητα

indistinct /ɪndɪ'stɪŋkt/ a ακαθόριστος. **~ly** adv ακαθόριστα

indistinguishable /ɪndɪ'stɪŋgwɪʃəbl/ a δυσδιάκριτος

individual /ɪndɪ'vɪdʒʊəl/ a ατομικός. • n (το) άτομο. **~ist** n (ο) ατομικιστής, (η) ατομικίστρια. **~ity** /-'ælətɪ/ n (η) ατομικότητα. **~ly** adv ατομικά

indivisible /ɪndɪ'vɪzəbl/ a αδιαίρετος

indoctrinat|e /ɪn'dɒktrɪneɪt/ vt κατηχώ. **~ion** /-'neɪʃn/ n (η) κατήχηση

indolen|t /'ɪndələnt/ a νωθρός. **~ce** n (η) νωθρότητα

indomitable /ɪn'dɒmɪtəbl/ a αδάμαστος

Indonesia /ɪndəʊ'niːzɪə/ n (η) Ινδονησία.
~n a ινδονησιακός. • n (ο) Ινδονήσιος,
(η) Ινδονήσια

indoor /'ɪndɔː(r)/ a εσωτερικός. **~
swimming-pool** (η) κλειστή πισίνα. **~
plants** (τα) φυτά εσωτερικού χώρου. **~s**
/-'dɔːz/ adv μέσα

induce /ɪn'djuːs/ vt πείθω. (produce)
προκαλώ. **~ment** n (η) παρακίνηση

induct /ɪn'dʌkt/ vt εγκαθιστώ. **~ion** /-ʃn/
n (η) εισαγωγή. (electr) (η) επαγωγή

indulge /ɪn'dʌldʒ/ vt (desire) ικανοποιώ.
(person) κάνω το χατίρι (with gen). • vi ~
in απολαμβάνω. (buy) προσφέρω στον
εαυτό μου. **~nce** n (η) αδυναμία.
(leniency) επιείκια. **~nt** a επιεικής

industrial /ɪn'dʌstrɪəl/ a βιομηχανικός. **~
action** (η) συνδικαλιστική δράση. **~ist**
n (ο) βιομήχανος. **~ized** /-aɪzd/ a
βιομηχανοποιημένος

industrious /ɪn'dʌstrɪəs/ a εργατικός

industry /'ɪndəstrɪ/ n (η) βιομηχανία.
(zeal) (η) εργατικότητα

inebriated /ɪ'niːbrɪeɪtɪd/ a μεθυσμένος

inedible /ɪn'edɪbl/ a μη φαγώσιμος

ineffective /ɪnɪ'fektɪv/ a μη
αποτελεσματικός

ineffectual /ɪnɪ'fektʃʊəl/ a χωρίς
αποτέλεσμα. (person) ανίκανος

inefficien|t /ɪnɪ'fɪʃnt/ a μη αποδοτικός.
~cy n (η) ανεπάρκεια

ineligible /ɪn'elɪdʒəbl/ a ακατάλληλος. **be
~ for** (job etc.) στερούμαι των
απαραίτητων προσόντων για. (for
benefits etc.) δεν έχω το δικαίωμα για

inept /ɪ'nept/ a ακατάλληλος. **~itude**
/-tɪtjuːd/ n (η) ακαταλληλότητα

inequality /ɪnɪ'kwɒlətɪ/ n (η) ανισότητα

inert /ɪ'nɜːt/ a αδρανής. **~ia** /-ʃə/ n (η)
αδράνεια

inescapable /ɪnɪs'keɪpəbl/ a
αναπόφευκτος

inestimable /ɪn'estɪməbl/ a ανεκτίμητος

inevitabl|e /ɪn'evɪtəbl/ a αναπόφευκτος.
~y adv αναπόφευκτα

inexact /ɪnɪg'zækt/ a ανακριβής

inexcusabl|e /ɪnɪk'skjuːzəbl/ a
ασυγχώρητος

inexhaustible /ɪnɪg'zɔːstəbl/ a
ανεξάντλητος

inexorabl|e /ɪn'eksərəbl/ a ανήλεος

inexpensive /ɪnɪk'spensɪv/ a ανέξοδος

inexperience /ɪnɪk'spɪərɪəns/ n (η)
απειρία. **~d** a άπειρος

inexplicabl|e /ɪnɪk'splɪkəbl/ a ανεξήγητος

inextricabl|e /ɪnɪk'strɪkəbl/ a
αξεμπέρδευτος

infallib|le /ɪn'fæləbl/ a αλάθητος. **~ility**
/-'bɪlətɪ/ n (το) αλάθητο

infam|ous /'ɪnfəməs/ a (place)
κακόφημος. (person) με κακό όνομα. **~y**
n (η) κακοφημία

infan|cy /'ɪnfənsɪ/ n (η) νηπιακή ηλικία.
in its ~ (fig) στα πρώτα του βήματα. **~t**
n (το) νήπιο. **~ school** τα πρώτα δύο
χρόνια του δημοτικού σχολείου. **~tile**
/-taɪl/ a παιδαριώδης

infantry /'ɪnfəntrɪ/ n (το) πεζικό. **~man**
(pl -men) n (ο) πεζός (φαντάρος)

infatuat|ed /ɪn'fætʃʊeɪtɪd/ a
ξετρελαμένος (with, με). **~ion** /-'eɪʃn/ n
(το) ξετρέλαμα

infect /ɪn'fekt/ vt μολύνω (with, με). **~ion**
/-ʃn/ n (η) μόλυνση. **~ious** a
μεταδοτικός

infer /ɪn'fɜː(r)/ vt (pt inferred)
συμπεραίνω. **~ence** /'ɪnfərəns/ n (το)
συμπέρασμα

inferior /ɪn'fɪərɪə(r)/ a κατώτερος. (goods)
κακής ποιότητος. • n (in rank) (ο)
κατώτερος. **~ity** /-'ɒrətɪ/ n (η)
κατωτερότητα. **~ complex** n (το)
αίσθημα κατωτερότητος

infernal /ɪn'fɜːnl/ a διαβολεμένος. (fam)
φοβερός. **~ly** adv διαβολεμένα. (fam)
φοβερά

inferno /ɪn'fɜːnəʊ/ n (pl -os) (η) κόλαση

infertil|e /ɪn'fɜːtaɪl/ a (soil, land) άγονος.
(person) στείρος. **~ity** /-'tɪlətɪ/ n (η)
αγονία, (η) στειρότητα

infest /ɪn'fest/ vt γεμίζω, προσβάλλω.
~ation /-'teɪʃn/ n (η) προσβολή

infidelity /ɪnfɪ'delətɪ/ n (η) απιστία

infighting /'ɪnfaɪtɪŋ/ n (η) εσωτερική
διαμάχη

infiltrat|e /'ɪnfɪltreɪt/ vt διεισδύω. **~ion**
/-'treɪʃn/ n (η) διείσδυση

infinite /'ɪnfɪnət/ a άπειρος. **~ly** adv
άπειρα

infinitesimal /ɪnfɪnɪ'tesɪml/ a
απειροελάχιστος

infinitive /ɪn'fɪnətɪv/ n (το) απαρέμφατο

infinity /ɪn'fɪnətɪ/ n (το) άπειρο

infirm /ɪn'fɜːm/ a ασθενικός (λόγω
γερατειών). **~ity** n (η) αδυναμία

infirmary /ɪn'fɜːmərɪ/ n (το)
νοσηλευτήριο

inflam|e /ɪn'fleɪm/ vt ερεθίζω. **~ed** a
(med) ερεθισμένος. **~mable** /-æməbl/ a
εύφλεκτος. **~mation** /-ə'meɪʃn/ n (ο)
ερεθισμός

inflammatory /ɪn'flæmətrɪ/ a
εμπρηστικός

inflat|e /ɪn'fleɪt/ vt φουσκώνω. **~able** a
φουσκωτός

inflation /ɪn'fleɪʃn/ n (ο) πληθωρισμός.
~ary a πληθωριστικός

inflection /ɪn'flekʃn/ n (η) διακύμανση
(της φωνής)

inflexible /ɪn'fleksəbl/ a άκαμπτος

inflict /ɪn'flɪkt/ vt επιβάλλω (on, σε).
~ion /-ʃn/ n (η) επιβολή

influen|ce /'ɪnflʊəns/ n (η) επίδραση.
(power) (η) επιρροή. • vt επηρεάζω.
~tial /-'enʃl/ a με επιρροή

influenza /ˌɪnfluˈenzə/ n (η) γρίπη

influx /ˈɪnflʌks/ n (η) εισροή

inform /ɪnˈfɔːm/ vt/i πληροφορώ/ούμαι. ~ against or on καταδίνω. keep s.o. ~ed κρατώ κπ ενήμερο. ~ant n (ο) πληροφοριοδότης, (η) πληροφοριοδότρια. ~er /-ə(r)/ n (ο) καταδότης, (η) καταδότρια

informal /ɪnˈfɔːml/ a ανεπίσημος. ~ity /-ˈmæləti/ n (η) ανεπισημότητα. ~ly adv ανεπίσημα

informat|ion /ˌɪnfəˈmeɪʃn/ n (η) πληροφορία. ~ive /-ˈfɔːmətɪv/ a διαφωτιστικός

infra-red /ˈɪnfrəˈred/ a υπέρυθρος

infrastructure /ˈɪnfrəstrʌktʃə(r)/ n (η) υποδομή

infrequent /ɪnˈfriːkwənt/ a σπάνιος. ~ly adv σπάνια

infringe /ɪnˈfrɪndʒ/ vt παραβιάζω. • vi ~ on καταπατώ. ~ment n (η) παραβίαση

infuriate /ɪnˈfjʊərɪeɪt/ vt εξοργίζω. ~ing a εξοργιστικός

infus|e /ɪnˈfjuːz/ vt εγχέω. (steep in liquid) εμποτίζω. ~ion /-ʒn/ n (η) έγχυση

ingen|ious /ɪnˈdʒiːnɪəs/ a εφευρετικός. ~uity /-ɪˈnjuːəti/ n (η) εφευρετικότητα

ingenuous /ɪnˈdʒenjʊəs/ a άδολος

ingot /ˈɪŋɡət/ n (η) ράβδος

ingrained /ɪnˈɡreɪnd/ a ριζωμένος

ingratiate /ɪnˈɡreɪʃɪeɪt/ vt ~ o.s. with γίνομαι συμπαθής σε

ingratitude /ɪnˈɡrætɪtjuːd/ n (η) αγνωμοσύνη

ingredient /ɪnˈɡriːdɪənt/ n (το) συστατικό

ingrowing /ˈɪnɡrəʊɪŋ/ a (nail) που μπαίνει στο δέρμα

inhabit /ɪnˈhæbɪt/ vt κατοικώ. ~ant n (ο, η) κάτοικος

inhal|e /ɪnˈheɪl/ vt εισπνέω. • vi (cigarette) ρουφώ. ~ation /-həˈleɪʃn/ n (η) εισπνοή. ~er /-ə(r)/ n (η) αναπνευστική συσκευή

inherent /ɪnˈhɪərənt/ a έμφυτος. ~ly adv εμφύτως

inherit /ɪnˈherɪt/ vt κληρονομώ. ~ance n (η) κληρονομιά

inhibit /ɪnˈhɪbɪt/ vt αναστέλλω. (prevent) εμποδίζω. be ~ed έχω αναστολές. be ~ed by με εμποδίζει. ~ion /-ˈbɪʃn/ n (η) αναστολή

inhospitable /ɪnˈhɒspɪtəbl/ a αφιλόξενος

inhuman /ɪnˈhjuːmən/ a απάνθρωπος. ~ity /-ˈmænɪti/ n (η) απανθρωπιά

inimitable /ɪˈnɪmɪtəbl/ a αμίμητος

iniquit|ous /ɪˈnɪkwɪtəs/ a άδικος. (wicked) κακοήθης. ~y /-əti/ n (η) αδικία, (η) κακοήθεια

initial /ɪˈnɪʃl/ a αρχικός. • n (το) αρχικό. • vt (pt initialled) μονογραφώ. ~ly adv αρχικά

initiat|e /ɪˈnɪʃɪeɪt/ vt μυώ. (start) αρχίζω. ~ion /-ˈeɪʃn/ n (η) μύηση

initiative /ɪˈnɪʃɪətɪv/ n (η) πρωτοβουλία

inject /ɪnˈdʒekt/ vt (drug etc.) κάνω ένεση (with gen). (person) κάνω ένεση σε. ~ion /-ˈʃn/ n (η) ένεση

injure /ˈɪndʒə(r)/ vt πληγώνω. (harm) βλάπτω. ~d a πληγωμένος

injury /ˈɪndʒərɪ/ n (η) βλάβη. (wrong) (η) αδικία

injustice /ɪnˈdʒʌstɪs/ n (η) αδικία

ink /ɪŋk/ n (το) μελάνι. ~-well n (το) μελανοδοχείο. ~y a μελανωμένος

inkling /ˈɪŋklɪŋ/ n (η) υπόνοια, (η) ιδέα

inlaid /ɪnˈleɪd/ see INLAY

inland /ˈɪnlənd/ a μεσόγειος. • adv στο εσωτερικό. I~ Revenue n (η) Εφορία, Συ. (ο) Φόρος Εισοδήματος

inlay¹ /ɪnˈleɪ/ vt (pt inlaid) βάζω ένθετη διακόσμηση σε

inlay² /ˈɪnleɪ/ n (η) ένθετη διακόσμηση

inlet /ˈɪnlet/ n (ο) κολπίσκος. (techn) (η) είσοδος

inmate /ˈɪnmeɪt/ n (ο, η) τρόφιμος

inn /ɪn/ n (το) πανδοχείο

innards /ˈɪnədz/ npl (fam) (τα) εντόσθια

innate /ɪˈneɪt/ a έμφυτος

inner /ˈɪnə(r)/ a εσωτερικός. ~ tube n (η) σαμπρέλα. ~most a ενδότερος

innings /ˈɪnɪŋz/ n invar (sport) (η) σειρά. (fig) a good ~ καλή ζωή

innkeeper /ˈɪnkiːpə(r)/ n (ο) πανδοχέας

innocen|t /ˈɪnəsnt/ a αθώος. • n (ο) αθώος. ~ce n (η) αθωότητα. ~tly adv αθώα

innocuous /ɪˈnɒkjʊəs/ a αβλαβής

innovat|e /ˈɪnəveɪt/ vi καινοτομώ. ~ion /-ˈveɪʃn/ n (η) καινοτομία. ~or n (ο, η) καινοτόμος

innuendo /ˌɪnjuːˈendəʊ/ n (pl -os) (το) υπονοούμενο

innumerable /ɪˈnjuːmərəbl/ a αναρίθμητος

inoculat|e /ɪˈnɒkjʊleɪt/ vt εμβολιάζω. ~ion /-ˈleɪʃn/ n (ο) εμβολιασμός

inoffensive /ˌɪnəˈfensɪv/ a άκακος

inoperative /ɪnˈɒpərətɪv/ a που δεν ισχύει

inopportune /ɪnˈɒpətjuːn/ a άκαιρος

inordinate /ɪˈnɔːdɪnət/ a υπερβολικός. ~ly adv υπερβολικά

input /ˈɪnpʊt/ n (η) είσοδος

inquest /ˈɪnkwest/ n (η) ιατροδικαστική εξέταση

inquir|e /ɪnˈkwaɪə(r)/ vi ζητώ πληροφορίες. • vt ρωτώ. ~e into ερευνώ. ~y n (η) έρευνα. (jur) (η) ανάκριση

inquisitive /ɪnˈkwɪzətɪv/ a περίεργος

inroad /ˈɪnrəʊd/ n (η) επιδρομή. make ~s on or into (market) σημειώνω πρόοδο σε. (savings) τρώω

insan|e /ɪnˈseɪn/ a παράφρων. (fig) παράλογος. ~ity /ɪnˈsænəti/ n (η) παραφροσύνη

insanitary /ɪnˈsænɪtrɪ/ a ανθυγιεινός

insatiable /ɪnˈseɪʃəbl/ a ακόρεστος

inscri|be /ɪn'skraɪb/ *vt* επιγράφω. **~ption** /-ɪpʃn/ *n* (η) επιγραφή. (*in book*) (η) αφιέρωση

inscrutable /ɪn'skru:təbl/ *a* ανεξιχνίαστος

insect /'ɪnsekt/ *n* (το) έντομο. **~icide** /ɪn'sektɪsaɪd/ *n* (το) εντομοκτόνο

insecur|e /ɪnsɪ'kjʊə(r)/ *a* μη ασφαλής. (*person*) ανασφαλής. **~ity** *n* (η) ανασφάλεια

insemination /ɪnsemɪ'neɪʃn/ *n* (η) σπερματέγχυση. **artificial ~** (η) τεχνητή γονιμοποίηση

insensible /ɪn'sensəbl/ *a* αδιάφορος. (*unconscious*) αναίσθητος

insensitive /ɪn'sensɪtɪv/ *a* αναίσθητος

inseparable /ɪn'seprəbl/ *a* αχώριστος

insert¹ /ɪn'sɜ:t/ *vt* βάζω. (*introduce*) εισάγω. **~ion** /-ʃn/ *n* (η) εισαγωγή

insert² /'ɪnsɜ:t/ *n* (το) ένθετο

inside /ɪn'saɪd/ *n* (το) εσωτερικό. **~s** (*fam*) (τα) σωθικά. • *a* εσωτερικός. • *adv* μέσα. • *prep* μέσα σε. (*of time*) σε λιγότερο από. **~ out** ανάποδα. (*thoroughly*) απέξω κι ανακατωτά

insidious /ɪn'sɪdɪəs/ *a* ύπουλος

insight /'ɪnsaɪt/ *n* (η) διορατικότητα. (*understanding*) (η) διείσδυση

insignia /ɪn'sɪgnɪə/ *npl* (τα) διάσημα

insignificant /ɪnsɪg'nɪfɪkənt/ *a* ασήμαντος

insincer|e /ɪnsɪn'sɪə(r)/ *a* ανειλικρινής. **~ity** /-'serətɪ/ *n* (η) ανειλικρίνια

insinuat|e /ɪn'sɪnjʊeɪt/ *vt* υπαινίσσομαι. **~ion** /-'eɪʃn/ *n* (ο) υπαινιγμός

insipid /ɪn'sɪpɪd/ *a* άνοστος

insist /ɪn'sɪst/ *vt/i* επιμένω (**on**, σε)

insisten|t /ɪn'sɪstənt/ *a* επίμονος. **~ce** *n* (η) επιμονή. **~tly** *adv* επίμονα

insolen|t /'ɪnsələnt/ *a* θρασύς. **~ce** *n* (η) θρασύτητα

insoluble /ɪn'sɒljʊbl/ *a* αδιάλυτος. (*problem*) άλυτος

insolvent /ɪn'sɒlvənt/ *a* χρεοκοπημένος

insomnia /ɪn'sɒmnɪə/ *n* (η) αϋπνία. **~c** /-ɪæk/ *n* αυτός που πάσχει από αϋπνία

inspect /ɪn'spekt/ *vt* επιθεωρώ. (*tickets*) ελέγχω. **~ion** /-ʃn/ *n* (η) επιθεώρηση, (ο) έλεγχος. **~or** *n* (ο) επιθεωρητής, (η) επιθεωρήτρια

inspir|e /ɪn'spaɪə(r)/ *vt* εμπνέω. **~ation** /-ə'reɪʃn/ *n* (η) έμπνευση. **~ing** *a* που εμπνέει

instability /ɪnstə'bɪlətɪ/ *n* (η) αστάθεια

install /ɪn'stɔ:l/ *vt* εγκαθιστώ. **~ation** /-ə'leɪʃn/ *n* (η) εγκατάσταση

instalment /ɪn'stɔ:lmənt/ *n* (*comm*) (η) δόση. (*of serial*) (το) επεισόδιο

instance /'ɪnstəns/ *n* (το) παράδειγμα. **for ~** για παράδειγμα. **in the first ~** κατά πρώτον

instant /'ɪnstənt/ *a* άμεσος. (*food*) στιγμιαίος. • *n* (η) στιγμή. **in an ~** σε μια στιγμή. **~ly** *adv* αμέσως

instantaneous /ɪnstən'teɪnɪəs/ *a* ακαριαίος

instead /ɪn'sted/ *adv* αντί. **~ of** αντί για. (*person*) στη θέση του/της

instep /'ɪnstep/ *n* (η) καμάρα του ποδιού

instigat|e /'ɪnstɪgeɪt/ *vt* υποκινώ. **~ion** /-'geɪʃn/ *n* (η) υποκίνηση. **~or** *n* (ο) υποκινητής, (η) υποκινήτρια

instil /ɪn'stɪl/ *vt* (*pt* **instilled**) ενσταλάζω

instinct /'ɪnstɪŋkt/ *n* (το) ένστικτο. **~ive** /ɪn'stɪŋktɪv/ *a* ενστικτώδης. **~ively** *adv* ενστικτωδώς

institut|e /'ɪnstɪtju:t/ *n* (το) ίδρυμα. (*academic*) (το) ινστιτούτο. • *vt* (*rule*) καθιερώνω. (*inquiry*) αρχίζω. (*legal action*) εγείρω. **~ion** /-'tju:ʃn/ *n* (*custom*) (ο) θεσμός. (*establishment*) (το) ίδρυμα

instruct /ɪn'strʌkt/ *vt* εκπαιδεύω. (*order*) δίνω οδηγίες σε. **~ion** /-ʃn/ *n* (η) εκπαίδευση. **~ions** /-ʃnz/ *npl* (οι) οδηγίες. **~ive** *a* διδακτικός. **~or** *n* (ο) εκπαιδευτής, (η) εκπαιδεύτρια

instrument /'ɪnstrəmənt/ *n* (το) όργανο

instrumental /ɪnstru'mentl/ *a* αποφασιστικός. (*mus*) ενόργανος. **be ~ in** παίζω αποφασιστικό ρόλο σε. **~ist** *n* πρόσωπο που παίζει μουσικό όργανο

insubordinat|e /ɪnsə'bɔ:dɪnət/ *a* απείθαρχος. **~ion** /-'neɪʃn/ *n* (η) απειθαρχία

insufferable /ɪn'sʌfrəbl/ *a* ανυπόφορος

insufficient /ɪnsə'fɪʃnt/ *a* ανεπαρκής. **~ly** *adv* ανεπαρκώς

insular /'ɪnsjʊlə(r)/ *a* (*narrow-minded*) στενόμυαλος

insulat|e /'ɪnsjʊleɪt/ *vt* μονώνω. **~ing tape** *n* (η) μονωτική ταινία. **~ion** /-'leɪʃn/ *n* (η) μόνωση

insulin /'ɪnsjʊlɪn/ *n* (η) ινσουλίνη

insult¹ /ɪn'sʌlt/ *vt* προσβάλλω

insult² /'ɪnsʌlt/ *n* (η) προσβολή

insuperable /ɪn'sju:prəbl/ *a* ανυπέρβλητος

insur|e /ɪn'ʃʊə(r)/ *vt* ασφαλίζω (**against**, κατά). **~ance** *n* (η) ασφάλεια. **~ance policy** (το) ασφαλιστήριο

insurmountable /ɪnsə'maʊntəbl/ *a* ανυπέρβλητος

insurrection /ɪnsə'rekʃn/ *n* (η) επανάσταση

intact /ɪn'tækt/ *a* ανέπαφος

intake /'ɪnteɪk/ *n* (*techn*) (η) εισαγωγή. (*of food*) (η) λήψη. (*of people*) (η) εισαγωγή

intangible /ɪn'tændʒəbl/ *a* ακαθόριστος

integral /'ɪntɪgrəl/ *a* αναπόσπαστος

integrat|e /'ɪntɪgreɪt/ *vt* ολοκληρώνω. **~ion** /-'greɪʃn/ *n* (η) ολοκλήρωση

integrity /ɪn'tegrətɪ/ *n* (η) ακεραιότητα

intellect /'ɪntɪlekt/ *n* (η) διάνοια. **~ual** /-'lektʃʊəl/ *a* πνευματικός. • *n* (ο) διανοούμενος

intelligen|t /ɪn'telɪdʒənt/ *a* ευφυής. **~ce** *n* (η) ευφυΐα. (*mil*) (οι) μυστικές πληροφορίες. **~tly** *adv* έξυπνα

intelligentsia /ɪntelɪ'dʒentsɪə/ n (οι) διανοούμενοι, (η) ιντελιγκέντσια

intelligible /ɪn'telɪdʒəbl/ a κατανοητός

intend /ɪn'tend/ vt προτίθεμαι. (have in mind) σκοπεύω. **~ to** σκοπεύω να. **~ed** a (intentional) επιδιωκόμενος. (meant) προσδοκώμενος. • n (fam) (ο) αρραβωνιαστικός, (η) αρραβωνιαστικιά

intens|e /ɪn'tens/ a έντονος. (person) έντονος. **~ely** adv έντονα. (very) πολύ. **~ity** n (η) ένταση

intensif|y /ɪn'tensɪfaɪ/ vt εντείνω. **~ication** /-ɪ'keɪʃn/ n (η) εντατικοποίηση

intensive /ɪn'tensɪv/ a εντατικός. **~ care** (η) εντατική παρακολούθηση

intent /ɪn'tent/ n πρόθεση. • a έντονος. **~ on** (determined) αποφασισμένος να. (absorbed) προσηλωμένος σε. **to all ~s and purposes** από κάθε άποψη. **~ly** adv έντονα

intention /ɪn'tenʃn/ n (η) πρόθεση. **~al** a σκόπιμος. **~ally** adv σκόπιμα

inter /ɪn'tɜː(r)/ vt (pt interred) θάβω

inter- /'ɪntə(r)/ pref δια-, αλληλο-, μεσο-

interact /ɪntər'ækt/ vi αλληλεπιδρώ. **~ion** /-ʃn/ n (η) αλληλεπίδραση

intercede /ɪntə'siːd/ vi μεσολαβώ

intercept /ɪntə'sept/ vt αναχαιτίζω. **~ion** /-ʃn/ n (η) αναχαίτιση

interchange¹ /ɪntə'tʃeɪndʒ/ vt ανταλλάσσω. **~able** a ανταλλάξιμος

interchange² /'ɪntətʃeɪndʒ/ n (road junction) (η) διασταύρωση

intercom /'ɪntəkɒm/ n (το) σύστημα εσωτερικής επικοινωνίας

interconnected /ɪntəkə'nektɪd/ a αλληλοσυνδεόμενος

intercourse /'ɪntəkɔːs/ n (η) σχέση. (sexual) (η) συνουσία

interest /'ɪntrəst/ n (το) ενδιαφέρον. (advantage) (το) συμφέρον. (on loan) (ο) τόκος. • vt ενδιαφέρω. **~ rate** (το) επιτόκιο. **~ed** a be **~ed in** ενδιαφέρομαι για. **~ing** a ενδιαφέρων

interfer|e /ɪntə'fɪə(r)/ vi επεμβαίνω. **~e with** πειράζω. **~ence** n (η) επέμβαση. (radio) (η) παρέμβαση

interim /'ɪntərɪm/ n (το) ενδιάμεσο διάστημα. • a προσωρινός. **in the ~** στο μεταξύ

interior /ɪn'tɪərɪə(r)/ n (το) εσωτερικό. • a εσωτερικός

interjection /ɪntə'dʒekʃn/ n (το) επιφώνημα

interlock /ɪntə'lɒk/ vt/i συνδέω/ομαι

interloper /'ɪntələʊpə(r)/ n (ο) παρείσακτος

interlude /'ɪntəluːd/ n (το) διάλειμμα. (theatr) (το) ιντερλούδιο

intermarr|iage /ɪntə'mærɪdʒ/ n (η) επιγαμία. **~y** vi αλληλοπαντρεύομαι

intermediary /ɪntə'miːdɪərɪ/ a ενδιάμεσος. • n (ο) μεσολαβητής, (η) μεσολαβήτρια

intermediate /ɪntə'miːdɪət/ a ενδιάμεσος

interminable /ɪn'tɜːmɪnəbl/ a ατέλειωτος

intermission /ɪntə'mɪʃn/ n (το) διάλειμμα. (theatr) (το) διάλειμμα

intermittent /ɪntə'mɪtnt/ a διακεκομμένος. **~ly** adv κατά διαλείμματα

intern¹ /ɪn'tɜːn/ vt θέτω υπό κράτηση. **~ee** /-'niː/ n (ο) κρατούμενος. **~ment** n (η) κράτηση

intern² /'ɪntɜːn/ n (doctor. Amer) (ο) εσωτερικός (γιατρός)

internal /ɪn'tɜːnl/ a εσωτερικός. **~ly** adv εσωτερικά

international /ɪntə'næʃnəl/ a διεθνής. • n (η) διεθνής. **~ly** adv διεθνώς

interplay /'ɪntəpleɪ/ n (η) αλληλεπίδραση

interpolate /ɪn'tɜːpəleɪt/ vt παρεμβάλλω

interpret /ɪn'tɜːprɪt/ vt ερμηνεύω. • vi διερμηνεύω, μεταφράζω. **~ation** /-'teɪʃn/ n (η) ερμηνεία. **~er** n (ο, η) διερμηνέας

interrelated /ɪntərɪ'leɪtɪd/ a αλληλένδετος

interrogat|e /ɪn'terəgeɪt/ vt ανακρίνω. **~ion** /-'geɪʃn/ n (η) ανάκριση. **~or** n (ο) ανακριτής, (η) ανακρίτρια

interrogative /ɪntə'rɒgətɪv/ a ερωτηματικός. • n (το) ερωτηματικό

interrupt /ɪntə'rʌpt/ vt διακόπτω. **~ion** /-ʃn/ n (η) διακοπή

intersect /ɪntə'sekt/ vt/i τέμνω/ομαι. **~ion** /-ʃn/ n (of roads) (η) διασταύρωση

intersperse /ɪntə'spɜːs/ vt αναμιγνύω. **~d with** γεμάτος (ενδιαμέσως) με

intertwine /ɪntə'twaɪn/ vt/i πλέκω/ομαι

interval /'ɪntəvl/ n (το) διάλειμμα. (of time, space) (το) διάστημα. (theatr) (το) διάλειμμα. **at ~s** κατά διαστήματα

interven|e /ɪntə'viːn/ vi (occur) μεσολαβώ. (interfere) επεμβαίνω. **~tion** /-'venʃn/ n (η) επέμβαση

interview /'ɪntəvjuː/ n (η) συνέντευξη. • vt παίρνω συνέντευξη από. **~er** n αυτός που παίρνει μια συνέντευξη

interweave /ɪntə'wiːv/ vt (pt interwove, pp interwoven) συνυφαίνω

intestin|e /ɪn'testɪn/ n (το) έντερο. **~al** a εντερικός

intima|te¹ /'ɪntɪmət/ a στενός. **~cy** n (η) στενή σχέση. **~tely** adv στενά

intimate² /'ɪntɪmeɪt/ vt γνωρίζω. (imply) υπαινίσσομαι

intimidat|e /ɪn'tɪmɪdeɪt/ vt εκφοβίζω. **~ion** /-'deɪʃn/ n (ο) εκφοβισμός

into /'ɪntuː/ prep σε, μέσα σε. **get ~ trouble** μπαίνω σε μπελάδες

intolerable /ɪn'tɒlərəbl/ a ανυπόφορος

intoleran|t /ɪn'tɒlərənt/ a μισαλλόδοξος. **~ce** n (η) μισαλλοδοξία

intonation /ɪntə'neɪʃn/ n (η) διακύμανση της φωνής

intoxicat|ed /ɪn'tɒksɪkeɪtɪd/ a μεθυσμένος. **~ion** /-'keɪʃn/ n (η) μέθη

intractable /ɪn'træktəbl/ a ανυπότακτος

intransigent /ɪn'trænsɪdʒənt/ a αδιάλλακτος

intransitive /ɪn'trænsətɪv/ a αμετάβατος

intravenous /ɪntrə'viːnəs/ a ενδοφλέβιος

intrepid /ɪn'trepɪd/ a ατρόμητος

intricate /'ɪntrɪkət/ a περίπλοκος. **~cy** n (η) περιπλοκή

intrigue /ɪn'triːg/ vi μηχανορραφώ. • vt κινώ την περιέργεια (*with gen*). • n (η) μηχανορραφία, (η) ραδιουργία. **~ing** a περίεργος

intrinsic /ɪn'trɪnsɪk/ a ουσιαστικός. **~ally** /-klɪ/ adv ουσιαστικά

introduce /ɪntrə'djuːs/ vt (*people*) συστήνω. (*programme, item*) συνιστώ. (*bring in, insert*) εισάγω. (*initiate*) μυώ

introduction /ɪntrə'dʌkʃn/ n (η) εισαγωγή. (*of person*) (η) σύσταση. **~ory** a εισαγωγικός

introspective /ɪntrə'spektɪv/ a ενδοσκοπικός

introvert /'ɪntrəvɜːt/ n εσωστρεφής

intrude /ɪn'truːd/ vi μπαίνω απρόσκλητος (on, σε). (*fig*) ενοχλώ. **~der** n (o) απρόσκλητος επισκέπτης. **~sion** n (η) αδιακρισία

intuition /ɪntjuː'ɪʃn/ n (η) διαίσθηση. **~ive** /ɪn'tjuːɪtɪv/ a διαισθητικός

inundate /'ɪnʌndeɪt/ vt κατακλύζω. **~ion** /-'deɪʃn/ n (o) κατακλυσμός

invade /ɪn'veɪd/ vt εισβάλλω. **~r** /-ə(r)/ n (o) εισβολέας

invalid[1] /'ɪnvəlɪd/ n (o) ανάπηρος

invalid[2] /ɪn'vælɪd/ a άκυρος. **~ate** vt ακυρώνω

invaluable /ɪn'væljuəbl/ a ανεκτίμητος

invariable /ɪn'veərɪəbl/ a αμετάβλητος. **~y** adv πάντα

invasion /ɪn'veɪʒn/ n (η) εισβολή

invective /ɪn'vektɪv/ n (oι) βρισιές

invent /ɪn'vent/ vt εφευρίσκω. **~ion** n (η) εφεύρεση. **~ive** a εφευρετικός. **~or** n (o) εφευρέτης, (η) εφευρέτρια

inventory /'ɪnventrɪ/ n (η) απογραφή

inverse /ɪn'vɜːs/ a αντίστροφος. • n (το) αντίστροφο. **~ly** adv αντιστρόφως

invert /ɪn'vɜːt/ vt αντιστρέφω. **~sion** n (η) αντιστροφή. **~ted commas** npl (τα) εισαγωγικά

invest /ɪn'vest/ vt επενδύω. • vi ~ **in** (*buy: fam*) αγοράζω. ~ **s.o./sth with** δίνω κτ σε κπ/κτ. **~ment** n (η) επένδυση. **~or** n (o) επενδυτής, (η) επενδύτρια

investigate /ɪn'vestɪgeɪt/ vt επενώ. **~ion** /-'geɪʃn/ n (η) έρευνα

inveterate /ɪn'vetərət/ a ριζωμένος

invidious /ɪn'vɪdɪəs/ a μισητός

invigorate /ɪn'vɪgəreɪt/ vt αναζωογονώ. **~ing** a τονωτικός

invincible /ɪn'vɪnsɪbl/ a αήττητος

invisible /ɪn'vɪzəbl/ a αόρατος

invite /ɪn'vaɪt/ vt προσκαλώ. (*attract*) ελκύω. **~ation** /ɪnvɪ'teɪʃn/ n (η) πρόσκληση. **~ing** a δελεαστικός

invoice /'ɪnvɔɪs/ n (το) τιμολόγιο. • vt εκδίδω τιμολόγιο σε

invoke /ɪn'vəʊk/ vt επικαλούμαι

involuntary /ɪn'vɒləntrɪ/ a αθέλητος

involve /ɪn'vɒlv/ vt μπλέκω. (*include, affect*) συνεπάγομαι. **~d** a περίπλοκος. **~d in** μπλεγμένος σε. **~ment** n (το) μπλέξιμο

invulnerable /ɪn'vʌlnərəbl/ a άτρωτος

inward /'ɪnwəd/ a εσωτερικός. **~ly** adv μέσα. **~(s)** adv προς τα μέσα

iodine /'aɪədiːn/ n (το) ιώδιο

iota /aɪ'əʊtə/ n (το) γιώτα. (*amount*) (το) ίχνος

IOU /aɪəʊ'juː/ n (το) γραμμάτιο

IQ /aɪ'kjuː/ n (*intelligence quotient*) (o) δείκτης ευφυίας

Iran /ɪ'rɑːn/ n (το) Ιράν *invar*. **~ian** /ɪ'reɪnɪən/ a ιρανικός. • n (o) Ιρανός, (η) Ιρανή

Iraq /ɪ'rɑːk/ n (το) Ιράκ *invar*. **~i** a ιρακινός. • n (o) Ιρακινός, (η) Ιρακινή

irascible /ɪ'ræsəbl/ a οξύθυμος

irate /aɪ'reɪt/ a οργισμένος

ire /'aɪə(r)/ n (η) οργή

Ireland /'aɪələnd/ n (η) Ιρλανδία

iridescent /ɪrɪ'desnt/ a **be ~** ιριδίζω

iris /'aɪərɪs/ n (η) ίριδα

Irish /'aɪərɪʃ/ a ιρλανδικός. • n (*lang*) (τα) ιρλανδικά. **~man** n (o) Ιρλανδός. **~woman** n (η) Ιρλανδή

irk /ɜːk/ vt ενοχλώ. **~some** a ενοχλητικός

iron /'aɪən/ n (το) σίδερο. (*appliance*) (το) σίδερο. • a σιδερένιος. • vt σιδερώνω. **I~ Curtain** n (το) Σιδηρούν Παραπέτασμα. **~ out** εξομαλύνω. **~ing-board** n (η) σιδερώστρα

ironic(al) /aɪ'rɒnɪk(l)/ a ειρωνικός

ironmonger /'aɪənmʌŋgə(r)/ n (o) σιδηροπώλης. **~'s** n (το) σιδηροπωλείο

irony /'aɪərənɪ/ n (η) ειρωνία

irradiate /ɪ'reɪdɪeɪt/ vt ακτινοβολώ

irrational /ɪ'ræʃənl/ a παράλογος

irreconcilable /ɪrekən'saɪləbl/ a ασυμβίβαστος. (*incompatible*) ασύμβατος

irrefutable /ɪrɪ'fjuːtəbl/ a ακαταμάχητος

irregular /ɪ'regjʊlə(r)/ a ανώμαλος. **~ity** /-'lærətɪ/ n (η) ανωμαλία

irrelevant /ɪ'reləvənt/ a άσχετος. **~ce** n (το) άσχετο

irreparable /ɪ'repərəbl/ a ανεπανόρθωτος. **~y** adv ανεπανόρθωτα

irreplaceable /ɪrɪ'pleɪsəbl/ a αναντικατάστατος

irrepressible /ɪrɪ'presəbl/ a ακατάσχετος

irreproachable /ɪrɪ'prəʊtʃəbl/ a άμεμπτος

irresistible /ɪrɪ'zɪstəbl/ a ακαταμάχητος

irresolute /ɪ'rezəluːt/ a αναποφάσιστος

irrespective /ɪrɪsˈpektɪv/ *a* **~ of** ανεξάρτητα από

irresponsible /ɪrɪˈspɒnsəbl/ *a* ανεύθυνος

irretrievable /ɪrɪˈtriːvəbl/ *a* ανεπανόρθωτος

irreverent /ɪˈrevərənt/ *a* ασεβής

irreversible /ɪrɪˈvɜːsəbl/ *a* αμετάκλητος

irrevocable /ɪˈrevəkəbl/ *a* ανέκκλητος

irrigat|e /ˈɪrɪgeɪt/ *vt* αρδεύω. **~ion** /-ˈgeɪʃn/ *n* (η) άρδευση

irritable /ˈɪrɪtəbl/ *a* ευερέθιστος

irritat|e /ˈɪrɪteɪt/ *vt* εκνευρίζω. **~ed** *a* εκνευρισμένος. **~ing** *a* εκνευριστικός. **~ion** /-ˈteɪʃn/ *n* (ο) εκνευρισμός

is /ɪz/ *see* BE

Islam /ˈɪzlɑːm/ *n* (το) Ισλάμ *invar*. **~ic** /ɪzˈlæmɪk/ *a* ισλαμικός

island /ˈaɪlənd/ *n* (το) νησί. **traffic ~** (η) νησίδα. **~er** *n* (ο) νησιώτης, (η) νησιώτισσα

isle /aɪl/ *n* (η) νήσος

isolat|e /ˈaɪsəleɪt/ *vt* απομονώνω. **~ion** /-ˈleɪʃn/ *n* (η) απομόνωση

Israel /ˈɪzreɪl/ *n* (το) Ισραήλ *invar*. **~i** /ɪzˈreɪlɪ/ *a* ισραηλινός. • *n* (ο) Ισραηλίτης, (η) Ισραηλίτισσα

issue /ˈɪʃuː/ *n* (το) θέμα. (*outcome*) (η) έκβαση. (*of magazine etc.*) (η) έκδοση. (*of stamps etc.*) (η) κυκλοφορία. (*offspring*) (οι) απόγονοι. • *vt* εκδίδω. • *vi* **~ from** βγαίνω από. **at ~** υπό

συζήτηση. **take ~ with s.o.** (**about sth**) διαφωνώ με κπ (για κτ)

isthmus /ˈɪsməs/ *n* (*pl* **-muses**) (ο) ισθμός

it /ɪt/ *pron* (*subject*) αυτό, το. (*object*) το. **~ is hot/cold** (*weather*) κάνει ζέστη/κρύο. **~ is raining/snowing** βρέχει/χιονίζει. **~'s hard to choose** είναι δύσκολη η επιλογή. **~'s me** εγώ είμαι. **what is ~?** τι είναι; **who is ~?** ποιος είναι;

italic /ɪˈtælɪk/ *a* πλάγιος. **~s** *npl* (τα) πλάγια γράμματα

Ital|y /ˈɪtəlɪ/ *n* (η) Ιταλία. **~ian** /ɪˈtaljən/ *a* ιταλικός. • *n* (ο) Ιταλός, (η) Ιταλίδα. (*lang*) (τα) ιταλικά

itch /ɪtʃ/ *n* (η) φαγούρα. • *vi* έχω φαγούρα. **be ~ing to** δε βλέπω την ώρα να. **be ~y** με τρώει

item /ˈaɪtəm/ *n* (*on list*) (ο) αριθμός. (*on agenda*) (το) θέμα. **a news.~** μιά είδηση. **~ize** *vt* αναλύω

itinerant /aɪˈtɪnərənt/ *a* πλανόδιος. (*musician*) περιοδεύων

itinerary /aɪˈtɪnərərɪ/ *n* (το) δρομολόγιο

its /ɪts/ *a* δικό του, του

it's /ɪts/ = **it is, it has**

itself /ɪtˈself/ *pron* εαυτός του. (*emphatic*) το ίδιο. **by ~** μόνο του

ivory /ˈaɪvərɪ/ *n* (το) ελεφαντόδοντο, (το) φίλντισι. *a* φιλντισένιος

ivy /ˈaɪvɪ/ *n* (ο) κισσός

Jj

jab /dʒæb/ *vt* (*pt* **jabbed**) μπήγω. • *n* (το) απότομο χτύπημα. (*injection: fam*) (η) ένεση

jabber /ˈdʒæbə(r)/ *vi* φλυαρώ. • *n* (η) φλυαρία

jack /dʒæk/ *n* (*techn*) (ο) γρύλος. (*cards*) (ο) φάντης. • *vt* **~ up** ανυψώνω

jackal /ˈdʒækɔːl/ *n* (το) τσακάλι

jackass /ˈdʒækæs/ *n* (ο) γάιδαρος

jackdaw /ˈdʒækdɔː/ *n* (η) καλιακούδα, Cy. (ο) κολιός

jacket /ˈdʒækɪt/ *n* (η) ζακέτα. (*man's*) (το) σακάκι. (*of book*) (το) κάλυμμα. (*of potato*) (η) φλούδα

jack-knife /ˈdʒæknaɪf/ *n* (ο) σουγιάς

jackpot /ˈdʒækpɒt/ *n* (το) τζακ ποτ *invar*. **hit the ~** πιάνω την καλή

jade /dʒeɪd/ *n* (ο) νεφρίτης

jaded /ˈdʒeɪdɪd/ *a* κατακουρασμένος

jagged /ˈdʒægɪd/ *a* με μυτερές προεξοχές

jaguar /ˈdʒægjʊə(r)/ *n* (το) τζάγκουαρ *invar*

jail /dʒeɪl/ *n* (η) φυλακή. • *vt* φυλακίζω. **~er** *n* (ο) δεσμοφύλακας

jailbird /ˈdʒeɪlbɜːd/ *n* (ο, η) τρόφιμος φυλακών

jam¹ /dʒæm/ *n* (η) μαρμελάδα (*εκτός από εσπεριδοειδή*)

jam² /dʒæm/ *vt* (*pt* **jammed**) χώνω. (*cram*) στριμώχνω. (*wedge*) σφηνώνω. (*block*) φρακάρω. (*radio*) παρεμβάλλω παράσιτα. • *vi* μπλοκάρω. • *n* (*of traffic*) (το) μποτιλιάρισμα. (*mech*) (το) φρακάρισμα. **be in a ~** (*fam*) είμαι μπλεγμένος. **~-packed** *a* (*fam*) φίσκα *invar*

Jamaica /dʒəˈmeɪkə/ *n* (η) Ιαμαϊκή

jangle /ˈdʒæŋgl/ *n* (το) κουδούνισμα. • *vt/i* κουδουνίζω

janitor /ˈdʒænɪtə(r)/ *n* (ο) θυρωρός

January /'dʒænjʊərɪ/ n (ο) Ιανουάριος, (ο) Γενάρης

Japan /dʒə'pæn/ n (η) Ιαπωνία. **~ese** /dʒæpə'niːz/ a ιαπωνικός. • n (ο) Ιάπωνας, (η) Ιαπωνίδα. (lang) (τα) ιαπωνικά

jar¹ /dʒɑː(r)/ n (το) βάζο

jar² /dʒɑː(r)/ vi (pt jarred) προκαλώ ενοχλητικό ήχο. (colours etc.) δεν ταιριάζω. • vt τραντάζω. • n (το) τράνταγμα. **~ring** a (fig) ενοχλητικός

jargon /'dʒɑːgən/ n (η) επαγγελματική ορολογία

jasmine /'dʒæsmɪn/ n (το) γιασεμί

jaundice /'dʒɔːndɪs/ n (ο) ίκτερος

jaundiced /'dʒɔːndɪst/ a (fig) φθονερός

jaunt /dʒɔːnt/ n (η) κοντινή εκδρομή

jaunty /'dʒɔːntɪ/ a (-ier, -iest) πεταχτός και γεμάτος σιγουριά

javelin /'dʒævlɪn/ n (το) ακόντιο

jaw /dʒɔː/ n (η) σιαγόνα. • vi (fam) φλυαρώ

jay /dʒeɪ/ n (η) κίσσα. **~-walker** n αφηρημένος πεζός

jazz /dʒæz/ n (η) τζαζ invar. • vt **~ up** ζωηρεύω. **~y** a φανταχτερός

jealous /'dʒeləs/ a ζηλιάρης. **~y** n (η) ζήλεια

jeans /dʒiːnz/ npl (το) μπλου τζιν invar

jeep /dʒiːp/ n (το) τζιπ invar

jeer /dʒɪə(r)/ vt/i **~ (at)** κοροϊδεύω. (boo) γιουχαΐζω. • n (η) κοροϊδία

jell|y /'dʒelɪ/ n (το) ζελέ invar. **~ied** a ζελέ invar

jellyfish /'dʒelɪfɪʃ/ n (η) τσούχτρα

jeopard|y /'dʒepədɪ/ n (ο) κίνδυνος. **~ize** vt διακινδυνεύω

jerk /dʒɜːk/ n (η) απότομη κίνηση. • vt/i κινώ/ούμαι απότομα. **~ily** adv απότομα. **~y** a απότομος

jersey /'dʒɜːzɪ/ n (pl -eys) (το) ζέρσεϊ invar. (pullover) (το) πουλόβερ, Cy. (το) τρικό

jest /dʒest/ n (το) αστείο. • vi αστειεύομαι. **in ~** στ' αστεία. **~er** n (ο) γελωτοποιός

Jesus /'dʒiːzəs/ n (ο) Ιησούς

jet¹ /dʒet/ n (ο) πίδακας. **~-black** a κατάμαυρος

jet² /dʒet/ n (stream) (ο) πίδακας. (stone) (ο) γαγάτης. (plane) (το) τζετ invar. **~ engine** n (ο) αεριοπροωθούμενος κινητήρας. **~ lag** n (το) τζετ λαγκ invar. **~-propelled** a αεριωθούμενος

jettison /'dʒetɪsn/ vt απορρίπτω

jetty /'dʒetɪ/ n (η) προβλήτα

Jew /dʒuː/ n (ο) Εβραίος. **~ess** n (η) Εβραία

jewel /'dʒuːəl/ n (το) κόσμημα. **~ler** n (ο) κοσμηματοπώλης. **~lery** n (τα) κοσμήματα

Jewish /'dʒuːɪʃ/ a εβραϊκός

jib /dʒɪb/ vi (pt jibbed) **~ (at doing)** αρνούμαι (να κάνω). • n (sail) (ο) αρτέμων, (ο) φλόκος

jiffy /'dʒɪfɪ/ n **in a ~** στο πι και φι

jig /dʒɪg/ n είδος λαϊκού πεταχτού χορού

jigsaw /'dʒɪgsɔː/ **~ (puzzle)** n (το) παζλ invar

jilt /dʒɪlt/ vt παρατώ

jingle /'dʒɪŋgl/ vt/i κουδουνίζω. • n (το) κουδούνισμα. (advertising) (το) τραγουδάκι

jinx /dʒɪŋks/ n (fam) (ο) γρουσούζης

jitter|s /'dʒɪtəz/ npl **the ~s** (fam) ο φόβος. **~y** /-ərɪ/ a (fam) φοβισμένος

job /dʒɒb/ n (η) δουλειά. (post) (η) θέση. **it's a good ~ that** ευτυχώς που. **~less** a άνεργος

jobcentre /'dʒɒbsentə(r)/ n (το) γραφείο ευρέσεως εργασίας

jockey /'dʒɒkɪ/ n (pl -eys) (ο) τζόκεϊ invar. • vi **~ for position** ελίσσομαι (για θέση)

jocular /'dʒɒkjʊlə(r)/ a αστείος

jog /dʒɒg/ vt (pt jogged) σπρώχνω. (memory) βοηθώ. • vi **~ along** προχωρώ αργά. • n (το) σπρώξιμο. (pace) (το) αργό περπάτημα. **~ging** n (το) τζόκιν invar

join /dʒɔɪn/ vt ενώνω. (become member) γίνομαι μέλος (with gen). **~ s.o.** (in activity) κάνω παρέα κπ. (meet) συναντώ. • vi (roads etc.) ενώνομαι. • n (η) ένωση. **~ in** παίρνω μέρος (σε). **~ up** (mil) κατατάσσομαι στο στρατό

joiner /'dʒɔɪnə(r)/ n (ο) ξυλουργός

joint /dʒɔɪnt/ a κοινός. (author etc.) συνεργαζόμενος. • n (anat) (η) άρθρωση. (culin) (το) κομμάτι κρέας. (place: sl) (το) στέκι. (drug: sl) (το) τσιγαριλίκι. **~ly** adv μαζί, από κοινού

joist /dʒɔɪst/ n (το) πάτερο

jok|e /dʒəʊk/ n (το) αστείο. • vi αστειεύομαι. **~er** n (ο) χωρατατζής. (cards) (ο) μπαλαντέρ invar. **~ingly** adv στ' αστεία

joll|y /'dʒɒlɪ/ a (-ier, -iest) εύθυμος adv (fam) πολύ. **~ification** /-fɪ'keɪʃn/, **~ity** ns (η) ευθυμία

jolt /dʒəʊlt/ vt/i τραντάζω/ομαι. • n (το) τράνταγμα

Jordan /'dʒɔːdən/ n (η) Ιορδανία

jostle /'dʒɒsl/ vt σπρώχνω. • vi σπρώχνομαι

jot /dʒɒt/ n (το) ίχνος. • vt (pt jotted) σημειώνω. **~ter** n (το) σημειωματάριο

journal /'dʒɜːnl/ n (το) περιοδικό. **~ism** n (η) δημοσιογραφία. **~ist** n (ο, η) δημοσιογράφος

journalese /dʒɜːnə'liːz/ n (το) δημοσιογραφικό στιλ

journey /'dʒɜːnɪ/ n (pl -eys) (το) ταξίδι. (distance) (η) διαδρομή. • vi ταξιδεύω

jovial /'dʒəʊvɪəl/ a εύθυμος

joy /dʒɔɪ/ n (η) χαρά. **~-ride** n (fam) βόλτα με κλεμμένο αυτοκίνητο. **~ful, ~ous** adjs χαρούμενος

jubil|ant /'dʒuːbɪlənt/ a καταχαρούμενος. **~ation** /-'leɪʃn/ n (η) μεγάλη χαρά

jubilee /'dʒuːbɪliː/ n (το) ιωβηλαίο

Judaism /'dʒu:deuzəm/ n (ο) ιουδαϊσμός
judge /'dʒʌdʒ/ n (ο) δικαστής. • vt κρίνω.
~ment n (η) κρίση
judiciary /dʒu:'dɪʃɪrɪ/ n (το) δικαστικό
σώμα. ~ial a δικαστικός
judicious /dʒu:'dɪʃɪs/ a συνετός
judo /'dʒu:dəʊ/ n (το) τζούντο invar
jug /dʒʌg/ n (η) κανάτα
juggernaut /'dʒʌgɔnɔ:t/ n (lorry) (η)
νταλίκα
juggle /'dʒʌgl/ vi κάνω
ταχυδακτυλουργίες. ~r /-ə(r)/ n (ο, η)
ταχυδακτυλουργός
juice /dʒu:s/ n (ο) χυμός. ~y a ζουμερός.
(fam) γαργαλιστικός
juke-box /'dʒu:kbɒks/ n (το) τζουμπόξ
invar
July /dʒu:'laɪ/ n (ο) Ιούλιος
jumble /'dʒʌmbl/ vt ανακατεύω. • n (το)
ανακάτεμα. ~ sale n πώληση διαφόρων
μεταχειρισμένων αντικειμένων για
φιλανθρωπικούς σκοπούς
jumbo jet /'dʒʌmbəʊ dʒet/ n (το) τζάμπο
invar
jump /dʒʌmp/ vi πηδώ. (start)
ξαφνιάζομαι. (increase suddenly)
ανεβαίνω απότομα. • vt πηδώ. • n
(sudden increase) (η) απότομη άνοδος. ~
at δέχομαι με ενθουσιασμό. ~ the gun
κάνω κάτι πρόωρα. ~ the queue
μπαίνω μπροστά στην ουρά. ~ed-up a
(fam) με μεγάλη ιδέα για τον εαυτό
μου
jumper /'dʒʌmpə(r)/ n (το) πουλόβερ, Cy.
(το) τρικό
jumpy /'dʒʌmpɪ/ a νευρικός
junction /'dʒʌŋkʃn/ n (η) σύνδεση. (of
roads) (η) διασταύρωση

juncture /'dʒʌŋktʃə(r)/ n at this ~ σ'
αυτή την κρίσιμη στιγμή
June /dʒu:n/ n (ο) Ιούνιος
jungle /'dʒʌŋgl/ n (η) ζούγκλα
junior /'dʒu:nɪə(r)/ a νεότερος (to, από).
(in rank) κατώτερος. • n (ο) νεότερος. ~
school n τα τελευταία τέσσερα χρόνια του
δημοτικού σχολείου
junk /dʒʌŋk/ n (τα) παλιοπράγματα. ~
food n όρος που χρησιμοποιείται για
πρόχειρα φαγητά, κυρίως από εστιατόρια
γρήγορης εξυπηρέτησης. ~ shop n (το)
παλιατζίδικο
junkie /'dʒʌŋkɪ/ n (sl) (το) πρεζόνι
junta /'dʒʌntə/ n (η) χούντα
jurisdiction /dʒʊərɪs'dɪkʃn/ n (η)
δικαιοδοσία
juror /'dʒʊərə(r)/ n (ο, η) ένορκος
jury /'dʒʊərɪ/ n (οι) ένορκοι
just /dʒʌst/ a δίκαιος. • adv μόλις.
(merely) μόνο. (simply) απλώς. (really)
πραγματικά. he has ~ left μόλις έφυγε
~ a minute! ένα λεπτό! ~ as good
εξίσου καλός. ~ly adv δίκαια
justice /'dʒʌstɪs/ n (η) δικαιοσύνη. court
of ~ n (το) δικαστήριο. J~ of the
Peace n (ο, η) ειρηνοδίκης
justifiable /dʒʌstɪ'faɪəbl/ a δικαιολογη-
μένος. ~y adv δικαιολογημένα
justify /'dʒʌstɪfaɪ/ vt δικαιολογώ.
~ication /-ɪ'keɪʃn/ n (η) δικαιολογία
jut /dʒʌt/ vi (pt jutted) ~ out προεξέχω
juvenile /'dʒu:vənaɪl/ a νεανικός. • n (ο)
νέος. ~ delinquency n (η)
εγκληματικότητα ανηλίκων
juxtapose /dʒʌkstə'pəʊz/ vt
αντιπαραθέτω. ~ition /-pə'zɪʃn/ n (η)
αντιπαράθεση

Kk

kaleidoscope /kə'laɪdəskəʊp/ n (το)
καλειδοσκόπιο
kangaroo /kæŋgə'ru:/ n (το) καγκουρό
invar
kapok /'keɪpɒk/ n (το) καπόκ invar
karate /kə'ra:tɪ/ n (το) καράτε invar
kebab /kə'bæb/ n (το) σουβλάκι
keel /ki:l/ n (η) καρίνα. • vi ~ over πέφτω
κάτω
keen /ki:n/ a (-er, -est) (eager) πρόθυμος.
(interest) έντονος. (sharp) κοφτερός.
(intense) δυνατός. be ~ on μ' αρέσει
πολύ. be ~ to θέλω πολύ να. ~ly adv
έντονα. ~ness n (η) προθυμία

keep /ki:p/ vt (pt kept) (promise) κρατώ.
(rules etc.) τηρώ. (family) συντηρώ. (look
after) φροντίζω. (detain) καθυστερώ. • vi
(remain) παραμένω. (food) διατηρούμαι.
~ (on) συνεχίζω. • n (maintenance) (η)
συντήρηση. for ~s (fam) για πάντα. ~
back vt συγκρατώ. • vi μένω πίσω. ~ fit
(with exercise) γυμνάζομαι. ~ in κρατώ
μέσα. ~ off μένω μακριά από. ~ out of
μένω έξω από. ~ up συμβαδίζω. ~ up
with φτάνω. ~er n (ο) φύλακας
keeping /'ki:pɪŋ/ n in ~ with σύμφωνος
με
keepsake /'ki:pseɪk/ n (το) ενθύμιο

keg /keg/ n (το) βαρελάκι

kennel /'kenl/ n (το) σπιτάκι του σκύλου. ~s (το) κυνοτροφείο

Kenya /'kenjə/ n (η) Κένυα

kept /kept/ see KEEP

kerb /kɜ:b/ n (το) κράσπεδο

kernel /'kɜ:nl/ n (ο) πυρήνας

kerosene /'kerəsi:n/ n (η) κηροζίνη

ketchup /'ketʃəp/ n (το) κέτσαπ invar

kettle /'ketl/ n (ο) βραστήρας

key /ki:/ n (το) κλειδί. (of piano, type-writer) (το) πλήκτρο. (mus) (το) κλειδί. ~-ring n (ο) μπρελόκ (για κλειδιά) invar. • vt ~ up (fig) κουρδίζω

keyboard /'ki:bɔ:d/ n (το) πληκτρολόγιο

keyhole /'ki:həʊl/ n (η) κλειδαρότρυπα

keystone /'ki:stəʊn/ n (ο) θεμελιώδης λίθος

khaki /'ka:ki/ a χακί invar. • n (το) χακί invar

kick /kik/ vt/i κλοτσώ. • n (of gun) (η) κλοτσιά. (thrill: fam) (η) ευχαρίστηση. ~-off n (το) εναρκτήριο λάκτισμα. ~ out vt πετώ έξω με κλοτσιές. ~ up a fuss/row κάνω φασαρία

kid /kid/ n (το) κατσικάκι. (child: sl) (το) παιδί. • vt (pt kidded) (fam) κοροϊδεύω. • vi κάνω πλάκα

kidnap /'kidnæp/ vt (pt kidnapped) απάγω. ~per n (ο) απαγωγέας. ~ping n (η) απαγωγή

kidney /'kidni/ n (pl -eys) (το) νεφρό

kill /kil/ vt σκοτώνω. (fig) καταστρέφω. • n (το) σκότωμα. (in hunt) (το) σκοτωμένο ζώο. ~er n (ο) δολοφόνος. ~ing n (η) δολοφονία. • a (funny: fam) ξεκαρδιστικός

killjoy /'kildʒɔɪ/ n (ο) γρουσούζης

kiln /kiln/ n (ο) κλίβανος

kilo /'ki:ləʊ/ n (pl -os) (το) κιλό

kilogram /'kiləgræm/ n (το) χιλιόγραμμο

kilometre /'kiləmi:tə(r)/ n (το) χιλιόμετρο

kilowatt /'kiləwɒt/ n (το) κιλοβάτ invar

kilt /kilt/ n (η) σκοτσέζικη φουστανέλα

kin /kin/ n (οι) συγγενείς. next of ~ (ο) πλησιέστερος συγγενής

kind¹ /kaind/ n (το) είδος. in ~ εις είδος. ~ of (fam) κατά κάποιο τρόπο. two of a ~ δυο όμοιοι

kind² /kaind/ a (-er, -est) καλός. ~ness n (η) καλοσύνη

kindergarten /'kindəga:tn/ n (το) νηπιαγωγείο

kindle /'kindl/ vt/i ανάβω

kindly /'kaindli/ a (-ier, -iest) καλοσυνάτος. • adv (please) παρακαλώ. he ~ helped me είχε την καλοσύνη να με βοηθήσει

kindred /'kindrid/ n (οι) συγγενείς. • a ~ spirit αδελφή ψυχή

king /kiŋ/ n (ο) βασιλιάς. ~-size(d) a υπερμεγέθης

kingdom /'kiŋdəm/ n (το) βασίλειο

kink /kiŋk/ n (το) τύλιγμα. (fig) (η) ιδιορρυθμία. ~y a (perverted) διαστρεβλωμένος

kiosk /'ki:ɒsk/ n (το) περίπτερο. telephone ~ (ο) τηλεφωνικός θάλαμος

kip /kip/ n (sl) (ο) ύπνος. • vi (pt kipped) (sl) κοιμούμαι

kipper /'kipə(r)/ n (η) καπνιστή ρέγκα

kiss /kis/ n (το) φιλί. • vt φιλώ. • vi φιλιέμαι

kit /kit/ n (equipment) (ο) εξοπλισμός. (clothing) (τα) ατομικά είδη. (tools) (τα) σύνεργα. (for assembly) (το) κιτ invar. • vt (pt kitted) ~ out εφοδιάζω

kitbag /'kitbæg/ n (ο) γυλιός

kitchen /'kitʃin/ n (η) κουζίνα. ~ garden n (ο) λαχανόκηπος

kitchenette /kitʃi'net/ n (η) κουζινίτσα

kite /kait/ n (toy) (ο) χαρταετός

kith /kiθ/ n ~ and kin φίλοι και συγγενείς

kitten /'kitn/ n (το) γατάκι

kitty /'kiti/ n (fund) (το) κοινό ταμείο

kleptomaniac /kleptəʊ'meiniæk/ n (ο, η) κλεπτομανής

knack /næk/ n (talent) (το) ταλέντο. (trick) (το) κόλπο

knapsack /'næpsæk/ n (το) σακίδιο

knead /ni:d/ vt ζυμώνω

knee /ni:/ n (το) γόνατο. ~s-up n (fam) θορυβώδης διασκέδαση

kneecap /'ni:kæp/ n (η) επιγονατίδα

kneel /ni:l/ vi (pt knelt) γονατίζω

knell /nel/ n (η) πένθιμη κωδωνοκρουσία

knelt /nelt/ see KNEEL

knew /nju:/ see KNOW

knickers /'nikəz/ npl (η) γυναικεία κιλότα

knick-knack /'niknæk/ n (το) μπιχλιμπίδι

knife /naif/ n (pl knives) (το) μαχαίρι. • vt μαχαιρώνω

knight /nait/ n (ο) ιππότης. (chess) (το) άλογο. • vt χρίζω ιππότη. ~hood n (η) ιπποσύνη

knit /nit/ vt (pt knitted or knit) πλέκω. • vi (fig) δένω. ~ one's brow ζαρώνω τα φρύδια. ~ting n (το) πλέξιμο. ~ting needle n (η) βελόνα μπλεξίματος

knitwear /'nitweə(r)/ n (τα) πλεχτά

knob /nɒb/ n (wood) (ο) ρόζος. (on door) (το) πόμολο. (on radio, TV etc.) (το) κουμπί. (of butter) (το) στρογγυλό κομμάτι. ~bly a με ρόζους

knock /nɒk/ vt/i (at door) χτυπώ. (sl) επικρίνω. • n (το) χτύπημα. ~ about κακομεταχειρίζομαι. ~ down (demolish) γκρεμίζω. (reduce) κατεβάζω. ~-down a (prices) μειωμένος. εξουθενωτικός. ~-kneed a στραβοπόδης. ~ off vt (deduct) κόβω. • vi (cease work: fam) σχολάζω. ~ s.o. out βγάζω κπ νοκ άουτ. ~-out n (boxing) (το) νοκ άουτ *invar.* **~ over** ρίχνω κάτω. **~ up** (*meal etc.*) φτιάχνω βιαστικά. **~er** *n* (το) ρόπτρο

knot /nɒt/ *n* (ο) κόμπος. • *vt* (*pt* **knotted**) δένω

knotty /'nɒtɪ/ *a* (**-ier, -iest**) γεμάτος κόμπους. (*fig*) δύσκολος

know /nəʊ/ *vt/i* (*pt* **knew**, *pp* **known**) ξέρω. (*person*) γνωρίζω. • *n* **be in the ~** (*fam*) έχω γνώση. **be a ~-all** (*fam*) τα ξέρω όλα. **~ about** ξέρω για. **~-how** *n* (η) τεχνογνωσία. **~ how to** ξέρω πώς

να. **~ of** ξέρω. **~ing** α πονηρός, με σημασία **~ingly** *adv* με σημασία

knowledge /'nɒlɪdʒ/ *n* (η) γνώση. **~able** *a* καλά πληροφορημένος

known /nəʊn/ *see* KNOW. • *a* γνωστός

knuckle /'nʌkl/ *n* (η) κλείδωση στα δάχτυλα. • *vi* **~ under** τα βάζω κάτω

Koran /kə'rɑːn/ *n* (το) κοράνι

Korea /kə'rɪə/ *n* (η) Κορέα

kosher /'kəʊʃə(r)/ *a* (*fig*) γνήσιος

kowtow /kaʊ'taʊ/ *vi* υποκλίνομαι

kudos /'kjuːdɒs/ *n* (το) κύρος

lab /læb/ *n* (*fam*) (το) εργαστήριο

label /'leɪbl/ *n* (η) ετικέτα. • *vt* (*pt* **labelled**) βάζω ετικέτα σε. (*fig*) χαρακτηρίζω

laboratory /lə'bɒrətrɪ/ *n* (το) εργαστήριο

laborious /lə'bɔːrɪəs/ *a* επίπονος

labour /'leɪbə(r)/ *n* (η) εργασία. (*workers*) (το) εργατικά χέρια. • *vi* εργάζομαι. • *vt* **~ the point** επαναλαμβάνω τα ίδια και τα ίδια. **be in ~** (*med*) έχω πόνους τοκετού. **hard ~** (τα) καταναγκαστικά έργα. **~ at** μοχθώ σε. **~ed** *a* δύσκολος

Labour /'leɪbə(r)/ *n* **~ (Party)** (το) Εργατικό Κόμμα. • *a* εργατικός

labourer /'leɪbərə(r)/ *n* (ο) εργάτης

labyrinth /'læbərɪnθ/ *n* (ο) λαβύρινθος

lace /leɪs/ *n* (η) δαντέλα. (*of shoe*) (το) κορδόνι. • *vt* δένω με κορδόνι. (*drink*) προσθέτω αλκοόλ σε

lacerate /'læsəreɪt/ *vt* ξεσκίζω

lack /læk/ *n* (η) έλλειψη. **for ~ of** ελλείψει (*with gen.*). • *vt* στερούμαι. • *vi* **be ~ing** λείπω, δεν υπάρχω. **be ~ing in** στερούμαι (*with gen.*)

lackadaisical /læ kə'deɪzɪkl/ *a* βαριεστημένος

lackey /'lækɪ/ *n* (ο) λακές

laconic /lə'kɒnɪk/ *a* λακωνικός

lacquer /'lækə(r)/ *n* (το) βερνίκι

lad /læd/ *n* (το) παιδί (*αγόρι*)

ladder /'lædə(r)/ *n* (η) σκάλα. (*in tights*) (ο) φευγάτος πόντος. • *vi* **my tights ~ed** μου έφυγαν οι πόντοι

laden /'leɪdn/ *a* φορτωμένος (**with**, με)

ladle /'leɪdl/ *n* (η) κουτάλα

lady /'leɪdɪ/ *n* (η) κυρία. **L~** (*title*) (η) Λαίδη. **~-in-waiting** *n* (η) κυρία των τιμών. **(the) Ladies** (*toilet*) Γυναικών. **~like** *a* καθωσπρέπει. **~like behaviour** συμπεριφορά κυρίας

ladybird /'leɪdɪbɜːd/ (*Amer* **ladybug** /'leɪdɪbʌg/) *n* (η) πασχαλίτσα

lag1 /læg/ *vi* (*pt* **lagged**) (*go slow*) καθυστερώ. • *n* (*interval*) (η) καθυστέρηση. **~ behind** μένω πίσω

lag2 /læg/ *vt* (*pt* **lagged**) (*pipes etc.*) μονώνω, επικαλύπτω. **~ging** *n* (το) θερμομονωτικό περίβλημα

lager /'lɑːgə(r)/ *n* (η) μπίρα

lagoon /lə'guːn/ *n* (η) λιμνοθάλασσα

laid /leɪd/ *see* LAY2

lain /leɪn/ *see* LIE2

lair /leə(r)/ *n* (η) φωλιά (*ζώων ή κακοποιών*)

laity /'leɪɪtɪ/ *n* (οι) λαϊκοί

lake /leɪk/ *n* (η) λίμνη

lamb /læm/ *n* (το) αρνί. **~'s-wool** *n* μαλλί (*από αρνιά*)

lame /leɪm/ *a* (**-er, -est**) κουτσός. (*argument, excuse*) αδύνατος

lament /lə'ment/ *n* (το) μοιρολόι. • *vt/i* μοιρολογώ. **~able** /'læməntəbl/ *a* αξιοθρήνητος

laminated /'læmɪneɪtɪd/ *a* **~ wood** (το) κοντραπλακέ

lamp /læmp/ *n* (η) λάμπα

lamppost /'læmppəʊst/ *n* (ο) φανοστάτης

lampshade /'læmpʃeɪd/ *n* (το) αμπαζούρ *invar*

lance /lɑːns/ *n* (η) λόγχη. • *vt* (*med*) ανοίγω. **~-corporal** *n* (ο) υποδεκανέας

land /lænd/ *n* (η) ξηρά. (*ground*) (η) γη. (*country*) (η) χώρα. • *vt/i* (*aviat*) προσγειώνω/ομαι. (*naut*) αποβιβάζω/ομαι. (*fall*) πέφτω. (*a blow: fam*) καταφέρνω. (*obtain: fam*) πετυχαίνω. **~-locked** *a* που περιβάλλεται από ξηρά.

landing /'lændɪŋ/ *n* (η) αποβίβαση. (*of troops*) (η) απόβαση. (*aviat*) (η) προσγείωση. (*top of stairs*) (το) κεφαλόσκαλο. **~-stage** *n* (η) αποβάθρα

land|lady /'lændleɪdɪ/ *n* (η) σπιτονοικοκυρά. (*of boarding-house, pub*) (η) ιδιοκτήτρια. **~lord** n (ο) σπιτονοικο-κύρης. (of boarding-house, pub) (ο) ιδιοκτήτης

landmark /ˈlændmɑːk/ n (το) ορόσημο. (fig) (ο) σταθμός

landscape /ˈlændskeɪp/ n (το) τοπίο

landslide /ˈlændslaɪd/ n (η) κατολίσθηση. (pol) (ο) θρίαμβος

lane /leɪn/ n (το) δρομάκι. (of traffic) (η) λωρίδα. (aviat) (ο) αεροδιάδρομος

language /ˈlæŋgwɪdʒ/ n (η) γλώσσα. (speech, style) (ο) τρόπος ομιλίας

languid /ˈlæŋgwɪd/ a άτονος

languish /ˈlæŋgwɪʃ/ vi λιώνω

lank /læŋk/ a ισχνός. **~ hair** ίσια και αδύνατα μαλλιά

lanky /ˈlæŋkɪ/ a (-ier, -iest) ψηλόλιγνος

lantern /ˈlæntən/ n (το) φανάρι

lap[1] /læp/ n (knees) (τα) γόνατα. (sport) (ο) γύρος. • vt/i (pt lapped) **~ over** επικαλύπτω

lap[2] /læp/ vt (pt lapped) **~ up** γλείφω. • vi (waves) φλοισβίζω

lapel /ləˈpel/ n (το) πέτο

lapse /læps/ vi περνώ. (expire) λήγω. • n (decline) (η) πτώση. (error) (το) σφάλμα. (of time) (το) πέρασμα. **~ into** περιπίπτω σε

larceny /ˈlɑːsənɪ/ n (η) κλοπή

lard /lɑːd/ n (το) λαρδί

larder /ˈlɑːdə(r)/ n (το) κελάρι

large /lɑːdʒ/ a (-er, -est) μεγάλος. **at ~** ελεύθερος. (as a whole) γενικά. **by and ~** ως επί το πλείστον. **~ly** adv σε μεγάλο μέρος. **~ness** n (η) ευρύτητα

lark[1] /lɑːk/ n (bird) (ο) κορυδαλλός

lark[2] /lɑːk/ n (fun: fam) (η) πλάκα. • vi **~ about** (fam) κάνω ζαβολιές

larva /ˈlɑːvə/ n (pl -vae /-viː/) (η) κάμπια

laryngitis /ˌlærɪnˈdʒaɪtɪs/ n (η) λαρυγγίτιδα

larynx /ˈlærɪŋks/ n (ο) λάρυγγας

lascivious /ləˈsɪvɪəs/ a λάγνος

laser /ˈleɪzə(r)/ n (το) λέιζερ invar. **~ beam** n (η) ακτίνα λέιζερ

lash /læʃ/ vt μαστιγώνω. • n (η) καμουτσικιά. (eyelash) (η) βλεφαρίδα. **~ out** επιτίθεμαι βίαια. (spend) κάνω τρελά έξοδα

lashings /ˈlæʃɪŋz/ npl **~ of** (fam:) με άφθονο

lass /læs/ n (το) κορίτσι

lasso /læˈsuː/ n (pl -os) (το) λάσο

last[1] /lɑːst/ a τελευταίος. (most recent) πρόσφατος. • adv τελευταία. (most recently) πρόσφατα. • n (ο) τελευταίος. **at ~** επιτέλους. **~ but one** ο προτελευταίος. **~ night** χτες το βράδυ, Cy. εψές, ψες. **~ week** την περασμένη βδομάδα. **~ year** πέρυσι. **the ~ straw** (η) τελευταία σταγόνα. **~ly** adv τελικά

last[2] /lɑːst/ vi **~ out** κρατώ. **~ing** a διαρκής

latch /lætʃ/ n (το) μάνταλο

late /leɪt/ a (-er, -est) (not on time) καθυστερημένος. (recent) πρόσφατος. (former) τέως. (deceased) μακαρίτης. • adv (not on time) αργά. (not early) αργά. **of ~** τώρα τελευταία. **~ness** n (η) καθυστέρηση. **~r (on)** adv αργότερα. **~st** /-ɪst/ a (modern) τελευταίος. **at the ~st** το αργότερο

lately /ˈleɪtlɪ/ adv τελευταία

latent /ˈleɪtnt/ a λανθάνων

lateral /ˈlætərəl/ a πλάγιος

lathe /leɪð/ n (ο) τόρνος

lather /ˈlɑːðə(r)/ n (η) σαπουνάδα. • vt/i σαπουνίζω/αφρίζω

Latin /ˈlætɪn/ a λατινικός. • n (τα) λατινικά

latitude /ˈlætɪtjuːd/ n (το) γεωγραφικό πλάτος

latrine /ləˈtriːn/ n (το) αποχωρητήριο

latter /ˈlætə(r)/ a (ο) τελευταίος. **the ~** ο δεύτερος. **~-day** a σύγχρονος. **~ly** adv τελευταίος

lattice /ˈlætɪs/ n (το) καφάσι

laudable /ˈlɔːdəbl/ a αξιέπαινος

laugh /lɑːf/ vi γελώ. **~ at** (mock) κοροϊδεύω. • n (το) γέλιο. **~able** a γελοίος. **~ing-stock** n (ο) περίγελος

laughter /ˈlɑːftə(r)/ n (το) γέλιο

launch[1] /lɔːntʃ/ vt (ship) καθελκύω. (rocket) εκτοξεύω. (product) παρουσιάζω. (attack) εξαπολύω. • n (η) καθέλκυση, (η) εκτόξευση, (η) παρουσίαση. **~ (out) into** ρίχνομαι σε. **~ing pad** n (η) εξέδρα εκτοξεύσεως

launch[2] /lɔːntʃ/ n (η) άκατος

laund|er /ˈlɔːndə(r)/ vt πλένω και σιδερώνω. (money) ξεπλένω

launderette /lɔːnˈdret/ n κατάστημα με πλυντήρια για το κοινό

laundry /ˈlɔːndrɪ/ n (το) πλυντήριο. (clothes) (η) μπουγάδα

laurel /ˈlɒrəl/ n (η) δάφνη

lava /ˈlɑːvə/ n (η) λάβα

lavatory /ˈlævətrɪ/ n (το) αποχωρητήριο

lavender /ˈlævəndə(r)/ n (η) λεβάντα

lavish /ˈlævɪʃ/ a γενναιόδωρος. (plentiful) πλούσιος. • vt δίνω πλούσια. **~ly** adv πλούσια

law /lɔː/ n (ο) νόμος. **~-abiding** a νομοταγής. **~ and order** (η) έννομη τάξη. **~ful** a νόμιμος. **~fully** adv νόμιμα. **~less** a άνομος

lawcourt /ˈlɔːkɔːt/ n (το) δικαστήριο

lawn /lɔːn/ n (το) γρασίδι. **~-mower** n (η) χορτοκοπτική μηχανή

lawsuit /ˈlɔːsjuːt/ n (η) δίκη

lawyer /ˈlɔːjə(r)/ n (ο) δικηγόρος

lax /læks/ a χαλαρός. **~ity** n (η) χαλαρότητα

laxative /ˈlæksətɪv/ n (το) καθαρτικό

lay[1] /leɪ/ a (non-clerical) δόκιμος. (opinion etc.) λαϊκός

lay² /leɪ/ vt (pt laid) ξαπλώνω. (eggs) γεννώ. (table) στρώνω. (carpet) βάζω. (trap, siege) στήνω. (plans) καταστρώνω. **~ aside** παραμερίζω. (save) βάζω κατά μέρος. **~ down** (conditions, rules) βάζω. (weapons) καταθέτω. **~ hands on** (find) βρίσκω. (catch) πιάνω **~ hold of** αρπάζω. **~ into** (fam) ρίχνομαι σε. **~ off** (workers) απολύω προσωρινά. **~ on** (provide) οργανώνω. **~ out** (plan) σχεδιάζω. (spend) ξοδεύω γενναιόδωρα. **~ up** (store) βάζω στην άκρη

layabout /'leɪəbaʊt/ n (ο) τεμπέλης

lay-by /'leɪbaɪ/ n χώρος σταθμεύσεως στο πλάι δρόμου

layer /'leɪə(r)/ n (το) στρώμα

layette /leɪ'et/ n (τα) μωρουδιακά

layman /'leɪmən/ n (pl -men) (non-specialist) (ο) μη ειδικός

layout /'leɪaʊt/ n (η) διάταξη

laze /leɪz/ vi τεμπελιάζω

laz|y /'leɪzɪ/ a (-ier, -est) τεμπέλης. **~y-bones** n (fam) (ο) τεμπελχανάς. **~iness** n (η) τεμπελιά

lead¹ /li:d/ vt/i (pt led) οδηγώ. (team etc.) ηγούμαι. (life) ζω. (induce) προκαλώ. (at cards) παίζω πρώτος. • n (η) πρωτοπορία. (clue) (οι) πληροφορίες. (leash) (το) λουρί. (wire) (το) καλώδιο. (theatr) (ο) πρωταγωνιστής, (η) πρωταγωνίστρια. **be in the ~** προπορεύομαι. **~ astray** παρασύρω. **~ to** καταλήγω σε. **~ up to** καταλήγω

lead² /led/ n (metal) (ο) μόλυβδος. (of pencil) (το) μολύβι. **~en** a μολυβένιος

leader /'li:də(r)/ n (η) ηγέτης. (in newspaper) (το) κύριο άρθρο. **~ship** n (η) ηγεσία

leading /'li:dɪŋ/ a ηγετικός. **~ question** n (η) παραπειστική ερώτηση

leaf /li:f/ n (pl leaves) (το) φύλλο. (of book) (η) σελίδα. (of metal, table) (το) φύλλο. • vi **~ through** φυλλομετρώ. **~y** a με φύλλα

leaflet /'li:flɪt/ n (το) φυλλάδιο

league /li:g/ n (ο) συνασπισμός. **be in ~ with** είμαι σε συνασπισμό με

leak /li:k/ n (η) διαρροή. (of gas) (η) διαφυγή. (of information) (η) διαρροή. • vi διαρρέω. • vt (fig) αποκαλύπτω. **~age** n (η) διαρροή. **~y** a τρύπιος

lean¹ /li:n/ a (-er, -est) ισχνός. (fig) φτωχός. **~ness** n (η) ισχνότητα

lean² /li:n/ vt/i (pt leaned or leant /lent/) γέρνω. **~ against** ακουμπώ σε. **~ back** γέρνω προς τα πίσω. **~ forward or over** σκύβω. **~ on** στηρίζομαι σε. **~ towards** κλίνω προς. **~-to** n βοηθητικό κτίσμα που στηρίζεται πάνω στον τοίχο οικοδομής

leaning /'li:nɪŋ/ a κεκλιμένος. • n (η) τάση

leap /li:p/ vi (pt leaped or leapt /lept/) πηδώ. • n (το) πήδημα. **~-frog** n (τα)

βαρελάκια. • vi (pt -frogged) κάνω βαρελάκια. **~ year** n (ο) δίσεκτος χρόνος

learn /lɜ:n/ vt/i (pt learned or learnt) μαθαίνω. **~ to read/swim** μαθαίνω να διαβάζω/κολυμπώ. **~er** n (ο) μαθητής, (η) μαθήτρια. **~ing** n (οι) γνώσεις

learned /'lɜ:nɪd/ a πολυμαθής

lease /li:s/ n (η) μίσθωση. • vt μισθώνω (from, από). εκμισθώνω (to, σε). **~hold** n (η) μίσθωση. (property) (το) μίσθιον

leash /li:ʃ/ n (το) λουρί

least /li:st/ a ελάχιστος. (slightest) παραμικρός. • n (το) ελάχιστο. • adv ελάχιστα. **at ~** τουλάχιστον. **not in the ~** καθόλου

leather /'leðə(r)/ n (το) δέρμα

leave /li:v/ vt (pt left) αφήνω. (depart from) αναχωρώ από. • vi (depart) φεύγω. • n (η) άδεια. **~ alone** αφήνω ήσυχο. **~ behind** ξεχνώ. **~ out** παραλείπω. **on ~** με άδεια. **take one's ~ of** αποχαιρετώ

leavings /'li:vɪŋz/ npl (τα) απομεινάρια

Lebanon /'lebənən/ n (ο) Λίβανος. **~ese** /-'ni:z/ a λιβανέζικος. • n (ο) Λιβανέζος, (η) Λιβανέζα

lecher /'letʃə(r)/ n (ο) έκλυτος. **~ous** a λάγνος. **~y** n (η) λαγνεία

lectern /'lektən/ n (το) αναλόγιο

lecture /'lektʃə(r)/ n (η) διάλεξη. (reproof) (η) επίπληξη. • vi κάνω διάλεξη. • vt επιπλήττω. **~r** /-ə(r)/ n (ο) ομιλητής. (univ) (ο) λέκτορας

led /led/ see LEAD

ledge /ledʒ/ n (of window) (το) περβάζι. (of rock) (το) χείλος. (under water) (η) ξέρα

ledger /'ledʒə(r)/ n (το) καθολικό (λογιστικό βιβλίο)

lee /li:/ n (η) απάνεμη πλευρά

leech /li:tʃ/ n (η) βδέλλα

leek /li:k/ n (το) πράσο

leer /lɪə(r)/ vi **~ (at)** κοιτάζω λάγνα. • n (η) λάγνα ματιά

leeway /'li:weɪ/ n (fig) (το) περιθώριο κινήσεως

left¹ /left/ see LEAVE. • a be **~ (over)** απομένω, μένω. **~ luggage** (office) n (η) φύλαξη αποσκευών. **~-overs** npl (τα) υπολείμματα

left² /left/ a αριστερός. • adv αριστερά. • n (τα) αριστερά. **~-hand** a αριστερός. **~-handed** a αριστερόχειρας. **~-wing** a (pol) αριστερός

leg /leg/ n (το) πόδι (πάνω από τον αστράγαλο). (of meat) (το) μπούτι. (of furniture) (το) πόδι. (of journey) (το) τμήμα. **~-warmer** n (η) γκέτα

legacy /'legəsɪ/ n (η) κληρονομιά

legal /'li:gl/ a νομικός. **~ity** /-'gæləti/ n (η) νομιμότητα. **~ly** adv νόμιμα

legalize /'li:gəlaɪz/ vt νομιμοποιώ

legend /'ledʒənd/ n (ο) θρύλος. **~ary** a θρυλικός

legib|le /'ledʒəbl/ a ευανάγνωστος. **~ility**
/-'bɪlətɪ/ n (το) καθαρό γράψιμο. **~ly** adv
ευανάγνωστα

legion /'li:dʒən/ n (η) λεγεώνα

legislat|e /'ledʒɪsleɪt/ vi νομοθετώ. **~ion**
/-'leɪʃn/ n (η) νομοθεσία

legislat|ive /'ledʒɪslətɪv/ a νομοθετικός.
~ure /-eɪtʃə(r)/ n (το) νομοθετικό σώμα

legitima|te /lɪ'dʒɪtɪmət/ a νόμιμος. **~cy** n
(η) νομιμότητα

leisure /'leʒə(r)/ n (ο) ελεύθερος χρόνος.
at one's ~ όταν έχω καιρό. **be at ~**
είμαι ελεύθερος. **~ly** a αβίαστος. • adv
αβίαστα

lemon /'lemən/ n (το) λεμόνι

lemonade /lemə'neɪd/ n (η) λεμονάδα

lend /lend/ vt (pt lent) δανείζω. **~ a hand**
δίνω ένα χέρι. **~ itself to** προσφέρεται
για... **~er** n (ο) δανειστής, (η) δανείστρια

length /leŋθ/ n (το) μήκος. (of time) (το)
χρονικό διάστημα. (piece) (το) κομμάτι
at ~ εκτενώς. **~y** a εκτεταμένος

lengthen /'leŋθən/ vt παρατείνω. (dress)
μακραίνω. • vi (days) γίνομαι πιο μεγάλος

lengthways /'leŋθweɪz/ adv κατά μήκος

lenien|t /'li:nɪənt/ a επιεικής. **~cy** n (η)
επιείκεια. **~tly** adv με επιείκεια

lens /lenz/ n (ο) φακός

lent /lent/ see LEND

Lent /lent/ n (η) Σαρακοστή

lentil /'lentl/ n (η) φακή

Leo /'li:əʊ/ n (ο) λέων

leopard /'lepəd/ n (η) λεοπάρδαλη

leotard /'li:əʊta:d/ n (το) φορμάκι

leper /'lepə(r)/ n (ο) λεπρός

leprosy /'leprəsɪ/ n (η) λέπρα

lesbian /'lezbɪən/ a λέσβιος. • n (η) λεσβία

less /les/ a λιγότερος. • adv λιγότερο. • n
(το) λιγότερο. • prep μείον. **~ and ~**
όλο και λιγότερο. **~ than** λιγότερο
από. **~er** a μικρότερος

lessen /'lesn/ vt/i λιγοστεύω

lesson /'lesn/ n (το) μάθημα

lest /lest/ conj μήπως

let /let/ vt (pt let, pres p letting) αφήνω.
(lease) ενοικιάζω. • v aux **~ him try!** άσε
τον να δοκιμάσει! **~'s go!** ας πάμε!. • n
(το) νοίκιασμα. **~ alone** (not to mention)
πόσο μάλλον. **~ down** (deflate)
ξεφουσκώνω. (lengthen) κατεβάζω.
(disappoint) απογοητεύω. **~-down** n (η)
απογοήτευση. **~ go** vt, vi αφήνω. **~
in/out** στενεύω/φαρδαίνω. **~ o.s. in for
trouble** μπλέκω. **~ s.o. know**
ενημερώνω κπ, λέω σε κπ. **~ off**
(excuse) χαρίζω. **~ on** (fam) μαρτυρώ.
~ up (fam) σταματώ. **~-up** n (fam) (η)
ελάττωση

lethal /'li:θl/ a θανατηφόρος

letharg|y /'leθədʒɪ/ n (ο) λήθαργος. **~ic**
/lɪ'θa:dʒɪk/ a ληθαργικός

letter /'letə(r)/ n (of alphabet) (το) γράμμα.
(written communication) (το) γράμμα, (η)

επιστολή. **~-bomb** n (η) βόμβα σε
γράμμα. **~-box** n (το) γραμματοκιβώτιο.
~ing n (τα) στοιχεία

lettuce /'letɪs/ n (το) μαρούλι

leukaemia /lu:'ki:mɪə/ n (η) λευχαιμία

level /'levl/ a (horizontal) επίπεδος. (in
height) ισόπεδος. (in score) ισόπαλος.
(spoonful etc.) κοφτός. • n (το) επίπεδο.
• vt (pt levelled) ισοπεδώνω. (aim)
απευθύνω. **~ crossing** n (η) ισόπεδη
σιδηροδρομική διάβαση. **~-headed** a
ισορροπημένος

lever /'li:və(r)/ n (ο) μοχλός. • vt
ανασηκώνω με μοχλό

leverage /'li:vərɪdʒ/ n (η) μόχλευση

levity /'levətɪ/ n (η) έλλειψη
σοβαρότητας

levy /'levɪ/ vt επιβάλλω και εισπράττω
(φόρο ή πρόστιμο). • n (η) επιβολή και
είσπραξη (φόρου)

lewd /lu:d/ a (-er, -est) ασελγής

liable /'laɪəbl/ a υπεύθυνος. **~ for**
υπεύθυνος για. **be ~ to** είμαι
υποκείμενος σε. (likely to) έχω τάση να

liabilit|y /laɪə'bɪlətɪ/ n (η) υποχρέωση.
(responsibility) (η) ευθύνη. **~ies** (το)
παθητικό

liaise /lɪ'eɪz/ vi εκτελώ χρέη συνδέσμου

liaison /lɪ'eɪzn/ n (ο) ερωτικός δεσμός.
(mil) (ο) σύνδεσμος

liar /'laɪə(r)/ n (ο) ψεύτης, (η) ψεύτρα

libel /'laɪbl/ n (ο) λίβελος. • vt (pt libelled)
λιβελογραφώ. **~lous** a δυσφημι-
στικός

liberal /'lɪbərəl/ a (generous)
γενναιόδωρος. (plentiful) άφθονος. **~ly**
adv γενναιόδωρα, άφθονα

Liberal /'lɪbərəl/ a φιλελεύθερος. • n (ο)
Φιλελεύθερος

liberat|e /'lɪbəreɪt/ vt ελευθερώνω. **~ion**
/-'reɪʃn/ n (η) ελευθέρωση

liberty /'lɪbətɪ/ n (η) ελευθερία. **be at ~
to** είμαι ελεύθερος να. **take the ~ of**
τολμώ να. **take liberties** παίρνω το
θάρρος

libido /lɪ'bi:dəʊ/ n (pl -os) (το) λίμπιντο
invar

Libra /'li:brə/ n (ο) Ζυγός

librar|y /'laɪbrərɪ/ n (η) βιβλιοθήκη. **~
book** n (το) βιβλίο βιβλιοθήκης. **~ian**
/-'breərɪən/ n (ο) βιβλιοθηκάριος

Libya /'lɪbɪə/ n (η) Λιβύη. **~n** a λιβυακός.
• n (ο) Λίβυος, (η) Λίβυα

lice /laɪs/ n see LOUSE

licence /'laɪsns/ n (η) άδεια. **television ~**
(τα) τέλη τηλεοράσεως

license /'laɪsns/ vt δίνω άδεια σε

licentious /laɪ'senʃəs/ a ακόλαστος

lichen /'laɪkən/ n (η) λειχήνα

lick /lɪk/ vt γλείφω. (beat: sl) τρώω. • n
(το) γλείψιμο

lid /lɪd/ n (το) καπάκι

lido /'li:dəʊ/ n είδος υπαίθριας πισίνας

lie¹ /laɪ/ n (το) ψέμα. • vi (pt lied, pres p lying) λέω ψέματα. give the ~ to διαψεύδω. tell ~s λέω ψέματα

lie² /laɪ/ vi (pt lay, pp lain, pres p lying) είμαι ξαπλωμένος. (remain) μένω. (be) βρίσκομαι. • n (η) διαμόρφωση. ~ about or around τεμπελιάζω. leave sth lying about αφήνω κτ από δω και από κει. ~ back ξαπλώνω. ~ down ξαπλώνω. ~ in, have a ~-in μένω στο κρεβάτι. ~ low κρύβομαι

lieu /luː/ n in ~ of αντί του/της

lieutenant /lefˈtenənt/ n (army) (ο) υπολοχαγός

life /laɪf/ n (pl lives) (η) ζωή. ~ cycle n (ο) κύκλος ζωής. ~-guard n (ο) ναυαγοσώστης. ~ insurance n (η) ασφάλεια ζωής. ~-jacket n (το) σωσίβιο. ~-raft n (η) σωσίβια σχεδία. ~-saving n (η) διάσωση. a. σωτήριος ~ sentence n (η) ισόβια κάθειρξη. ~-size(d) a σε φυσικό μέγεθος

lifebelt /ˈlaɪfbelt/ n (η) σωσίβια ζώνη

lifeboat /ˈlaɪfbəʊt/ n (η) ναυαγοσωστική λέμβος

lifebuoy /ˈlaɪfbɔɪ/ n (το) κυκλικό σωσίβιο

lifeless /ˈlaɪflɪs/ a άψυχος. (lacking vitality) χωρίς ζωή

lifelike /ˈlaɪflaɪk/ a σαν ζωντανός

lifeline /ˈlaɪflaɪn/ n (η) γραμμή της ζωής (στο χέρι). (fig) (η) γραμμή σωτηρίας

lifelong /ˈlaɪflɒŋ/ a ολόκληρης ζωής

lifestyle /ˈlaɪfstaɪl/ n (ο) τρόπος ζωής

lifetime /ˈlaɪftaɪm/ n (η) ολόκληρη ζωή

lift /lɪft/ vt ανασηκώνω. (steal: fam) σουφρώνω. • vi (fog) διαλύομαι. • n (το) ασανσέρ invar, (ο) ανελκυστήρας. give s.o. a ~ παίρνω κπ με το αυτοκίνητο. ~-off n (η) απογείωση

ligament /ˈlɪgəmənt/ n (ο) σύνδεσμος

light¹ /laɪt/ n (το) φως. (fire) (η) φωτιά. (aspect) (η) σκοπιά. • a φωτεινός. (pale) ανοιχτός. • vt (pt lit or lighted) ανάβω. (illuminate) φωτίζω. (brighten) φωτίζω. (match) ανάβω. bring to ~ αποκαλύπτω. come to ~ έρχομαι στο φως. ~-bulb. n (ο) λαμπτήρας. ~ up ανάβω. ~-year n (το) έτος φωτός

light² /laɪt/ a (-er, -est) ελαφρός. ~-fingered a (thief) ατσίδας στη κλεψιά. ~-headed a ζαλισμένος. ~-hearted a εύθυμος. ~ly adv ελαφρά. ~ness n (η) ελαφρότητα

lighten /ˈlaɪtn/ vt/i (brighten) φωτίζω. • vt (make less heavy) ελαφρώνω

lighter /ˈlaɪtə(r)/ n (ο) αναπτήρας

lighthouse /ˈlaɪthaʊs/ n (ο) φάρος

lighting /ˈlaɪtɪŋ/ n (ο) φωτισμός

lightning /ˈlaɪtnɪŋ/ n (η) αστραπή. • a αστραπιαίος. ~-conductor n (το) αλεξικέραυνο

lightweight /ˈlaɪtweɪt/ a ελαφρός. • n (το) ελαφρό βάρος

like¹ /laɪk/ a όμοιος. • prep σαν. • conj σαν, όπως. • n (ο) όμοιος. be ~-minded έχω την ίδια γνώμη. ~ this/that έτσι. the ~s of them σαν κι αυτούς. what is it ~? πώς είναι;

like² /laɪk/ vt μου αρέσει. ~s npl (οι) προτιμήσεις. I should ~ θα ήθελα. would you ~? θέλεις . . .; ~able a συμπαθητικός

likelly /ˈlaɪklɪ/ a (-ier, -iest) πιθανός. • adv πιθανόν. not ~y! (fam) ούτε λόγος να γίνει! ~ihood n (η) πιθανότητα

liken /ˈlaɪkən/ vt παρομοιάζω

likeness /ˈlaɪknɪs/ n (η) ομοιότητα

likewise /ˈlaɪkwaɪz/ adv παρομοίως

liking /ˈlaɪkɪŋ/ n (το) γούστο. (for person) (η) συμπάθεια. be to s.o.'s ~ είναι του γούστου μου. take a ~ to αρχίζει να μου αρέσει

lilac /ˈlaɪlək/ n (η) πασχαλιά. • a λιλά invar

lily /ˈlɪlɪ/ n (ο) κρίνος. ~ of the valley n (το) κρινάκι

limb /lɪm/ n (το) μέλος. out on a ~ επί ξύλου κρεμάμενος

limber /ˈlɪmbə(r)/ vi ~ up εξασκώ τους μυς μου

limbo /ˈlɪmbəʊ/ n (pl -os) in ~ σε αβεβαιότητα

lime¹ /laɪm/ n (ο) ασβέστης

lime² /laɪm/ n (fruit) (το) γλυκολέμονο. (tree) (η) γλυκολεμονιά

limelight /ˈlaɪmlaɪt/ n (το) προσκήνιο. be in the ~ είμαι στο προσκήνιο της επικαιρότητας

limerick /ˈlɪmərɪk/ n (το) κωμικό πεντάστιχο

limestone /ˈlaɪmstəʊn/ n (ο) ασβεστόλιθος

limit /ˈlɪmɪt/ n (το) όριο. • vt περιορίζω. ~ation /-ˈteɪʃn/ n (ο) περιορισμός. ~ed a περιορισμένος. ~ed company n (η) εταιρία περιορισμένης ευθύνης

limousine /ˈlɪməziːn/ n (η) λιμουζίνα

limp¹ /lɪmp/ vi κουτσαίνω. • n (το) κούτσαμα

limp² /lɪmp/ a (-er, -est) χαλαρός. ~ly adv άτονα, χαλαρά

limpet /ˈlɪmpɪt/ n (η) πεταλίδα

limpid /ˈlɪmpɪd/ a διαυγής

line /laɪn/ n (η) γραμμή. (rope) (το) σκοινί. (wire) (το) σύρμα. (for fishing) (η) πετονιά. (railway) (η) (σιδηροδρομική) γραμμή. (wrinkle) (η) ρυτίδα. (row) (η) σειρά. (of poem) (ο) στίχος. (on page) (η) γραμμή. (of goods) (το) είδος. (queue: Amer) (η) σειρά. • vt (paper) ριγώνω. (garment) φοδράρω. ~ the streets βρίσκομαι κατά μήκος του δρόμου. be on the ~ διακινδυνεύω. be in ~ for έχω σειρά για. in ~ with σύμφωνα με. ~ up vi παρατάσσομαι

lineage /ˈlɪnɪdʒ/ n (η) καταγωγή

linear /ˈlɪnɪə(r)/ a γραμμικός

linen /'lɪnɪn/ n (το) λινό. (*articles*) (τα) λευκά είδη

liner /'laɪnə(r)/ n (το) πλοίο της γραμμής

linger /'lɪŋgə(r)/ vi αργοπορώ

lingerie /'lænʒərɪ/ n (τα) γυναικεία εσώρουχα και νυχτικά

lingo /'lɪŋgəʊ/ n (pl -os) (fam) (η) ιδιαίτερη γλώσσα ενός τόπου

linguist /'lɪŋgwɪst/ n (ο, η) γλωσσομαθής

linguistic /lɪŋ'gwɪstɪk/ a γλωσσικός. **~s** n (η) γλωσσολογία

lining /'laɪnɪŋ/ n (η) φόδρα

link /lɪŋk/ n (ο) σύνδεσμος. (of chain) (ο) κρίκος. (fig) (ο) κρίκος. • vt συνδέω. **~ up** ενώνω

links /lɪŋks/ npl (το) γήπεδο του γκολφ

lino, linoleum /'laɪnəʊ, lɪ'nəʊlɪəm/ n (το) πλαστικό (δαπέδου)

lint /lɪnt/ n (το) ξαντό

lion /'laɪən/ n (το) λιοντάρι. **~ess** n (η) λέαινα

lip /lɪp/ n (το) χείλος. **~-read** vt/i καταλαβαίνω ομιλία από τις κινήσεις των χειλιών. **pay ~-service to** δείχνω ανειλικρινή υποστήριξη για

lipsalve /'lɪpsælv/ n (η) αλοιφή για τα χείλη

lipstick /'lɪpstɪk/ n (το) κραγιόν invar

liquefy /'lɪkwɪfaɪ/ vt/i υγροποιώ/ούμαι

liqueur /lɪ'kjʊə(r)/ n (το) λικέρ invar

liquid /'lɪkwɪd/ n (το) υγρό. • a υγρός. **~ize** vt πολτοποιώ. **~izer** n (το) μπλέντερ invar

liquidate /'lɪkwɪdeɪt/ vt ρευστοποιώ. **~ion** /-'deɪʃn/ n (η) ρευστοποίηση

liquor /'lɪkə(r)/ n (το) οινοπνευματώδες ποτό

liquorice /'lɪkərɪs/ n (η) γλυκόριζα

lisp /lɪsp/ n (το) ψεύδισμα. • vt/i ψευδίζω

list¹ /lɪst/ n (ο) κατάλογος, (η) λίστα. • vt γράφω σε κατάλογο

list² /lɪst/ vi (ship) κλίνω

listen /'lɪsn/ vi ακούω. **~ to s.o.** ακούω κπ προσεκτικά. (pay heed to) δίνω προσοχή σε κπ. **~ to sth** ακούω κτ. **~er** n (ο) ακροατής, (η) ακροάτρια

listless /'lɪstlɪs/ a βαρυεστημένος

lit /lɪt/ see LIGHT

litany /'lɪtənɪ/ n (η) λιτανεία

literal /'lɪtərəl/ a κυριολεκτικός. (translation) κατά λέξη. **~ly** adv κυριολεκτικά

literary /'lɪtərərɪ/ a λογοτεχνικός

literate /'lɪtərət/ a εγγράμματος

literature /'lɪtərɪtʃə(r)/ n (η) φιλολογία. (fig) (το) διαφωτιστικό υλικό

lithe /laɪð/ a ευλύγιστος

litigation /lɪtɪ'geɪʃn/ n (η) δίκη

litre /'liːtə(r)/ n (το) λίτρο

litter /'lɪtə(r)/ n (rubbish) (τα) σκουπίδια. (animals) (η) γέννα. • vt πετώ. (make untidy) σκορπώ ακατάστατα. **~-basket** n, **~-bin** n (το) καλάθι των αχρήστων.

~ed with paper με χαρτιά σκορπισμένα εδώ κι εκεί

little /'lɪtl/ a μικρός. (not much) λίγος. • n (το) λίγο. • adv λίγο. **a ~** n (το) λίγο. • adv λίγο. **~ by ~** λίγο λίγο

liturgy /'lɪtədʒɪ/ n (η) λειτουργία

live¹ /laɪv/ a ζωντανός. (wire) ηλεκτροφόρος. (broadcast) ζωντανός. **~ wire** (fig) (ο) δραστήριος άνθρωπος

live² /lɪv/ vt/i ζω. **~ down** ξεχνώ με τον καιρό. **~ it up** το γλεντώ. **~ on** vt ζω με. • vi (continue) συνεχίζω να ζω. **~ up to** ζω σύμφωνα με. **~ with** ζω μαζί με

livelihood /'laɪvlɪhʊd/ n (τα) προς το ζην

lively /'laɪvlɪ/ a (-ier, -iest) ζωηρός. **~iness** n (η) ζωηρότητα

liven /'laɪvn/ vt/i **~ up** ζωντανεύω. • vt (room etc.) δίνω ζωή σε

liver /'lɪvə(r)/ n (το) συκώτι

livery /'lɪvərɪ/ n (η) λιβρέα

livestock /'laɪvstɒk/ n (τα) ζωντανά

livid /'lɪvɪd/ a πελιδνός. (fam) λυσσασμένος

living /'lɪvɪŋ/ a ζωντανός. • n (livelihood) (τα) προς το ζην. **the ~** οι ζωντανοί. **~-room** n (το) καθιστικό

lizard /'lɪzəd/ n (η) σαύρα

llama /'laːmə/ n (η) λάμα

load /ləʊd/ n (το) φορτίο. (fig) (το) βάρος. **~s of** (fam) ένα σωρό. • vt φορτώνω. **~ed** a (dice) βαραιμένος. (rich: sl) φορτωμένος λεφτά. **~ed question** n (η) ερώτηση με κρυμμένη σημασία

loaf¹ /ləʊf/ n (pl loaves) (το) καρβέλι

loaf² /ləʊf/ vi τεμπελιάζω. **~er** n (ο) ακαμάτης

loam /ləʊm/ n (το) παχύ χώμα

loan /ləʊn/ n (το) δάνειο. • vt δανείζω. **on ~** δανεικό

loath /ləʊθ/ a απρόθυμος. **be ~ to** απεχθάνομαι να

loathe /ləʊð/ vt σιχαίνομαι. **~ing** n (η) αηδία. **~some** a αηδιαστικός, σιχαμένος

lobby /'lɒbɪ/ n (ο) προθάλαμος. (pol) (το) λόμπι invar. • vi ασκώ πίεση παρασκηνιακά

lobe /ləʊb/ n (ο) λοβός

lobster /'lɒbstə(r)/ n (ο) αστακός

local /'ləʊkl/ a τοπικός. • n (ο) ντόπιος. (pub: fam) (το) παμπ της γειτονιάς. **~ government** n (η) τοπική διοίκηση. **~ly** adv τοπικά. (nearby) στη γειτονιά

locale /ləʊ'kaːl/ n (η) σκηνή

locality /ləʊ'kælətɪ/ n (η) περιοχή

localized /'ləʊkəlaɪzd/ a εντοπισμένος

locate /ləʊ'keɪt/ vt εντοπίζω. (situate) τοποθετώ. (find) εντοπίζω. **~ion** /-ʃn/ n (η) θέση. **scenes shot on ~ion** (cinema) (τα) εξωτερικά

lock¹ /lɒk/ n (of hair) (η) μπούκλα. **~s** (τα) μαλλιά

lock² /lɒk/ n (on door etc.) (η) κλειδαριά. (on canal) (ο) υδατοφράκτης. • vt/i κλειδώνω. (wheels: auto) μπλοκάρω. ~ **in** κλείνω μέσα. ~ **out** κλειδώνω έξω. ~ **o.s. out** κλείνομαι έξω. ~**-out** n (η) ανταπεργία. ~ **up** vt κλείνω. (imprison) κλείνω μέσα

locker /'lɒkə(r)/ n (το) ντουλαπάκι. (at station) (η) θυρίδα

locket /'lɒkɪt/ n (το) μενταγιόν

locksmith /'lɒksmɪθ/ n (ο) κλειδαράς

locomotion /ləʊkə'məʊʃn/ n (η) μετακίνηση

locomotive /'ləʊkəməʊtɪv/ n (η) μηχανή τρένου

locum /'ləʊkəm/ n (ο) αναπληρωτής γιατρού

locust /'ləʊkəst/ n (η) ακρίδα

lodge /lɒdʒ/ n (το) σπιτάκι στην εξοχή. (of porter) (το) σπιτάκι (φύλακα). (Masonic) (η) στοά. • vt (deposit) καταθέτω. (complaint) υποβάλλω. • vi (become fixed) κολλώ. (reside) μένω (with, σε). ~**r** /-ə(r)/ n (ο) ενοικιαστής, (η) ενοικιάστρια

lodgings /'lɒdʒɪŋz/ npl (το) νοικιασμένο δωμάτιο. (flat) (το) διαμέρισμα

loft /lɒft/ n (το) πατάρι

lofty /'lɒftɪ/ a (-ier, -iest) υψηλός. (haughty) αλαζόνας

log /lɒg/ n (το) κούτσουρο. ~**(-book)** (naut) (το) ημερολόγιο. • vt (pt logged) καταγράφω. **sleep like a** ~ κοιμούμαι σαν τούβλο

logarithm /'lɒgərɪðəm/ n (ο) λογάριθμος

loggerheads /'lɒgəhedz/ npl **at** ~ στα μαχαίρια

logic /'lɒdʒɪk/ n (η) λογική. ~**al** a λογικός. ~**ally** adv λογικά

logo /'ləʊgəʊ/ n (pl -os) (fam) (το) λογότυπο

loin /lɔɪn/ n (culin) (το) πλευρό. ~**s** (οι) λαγόνες

loiter /'lɔɪtə(r)/ vi χασομερώ

loll /lɒl/ vi ξαπλώνω

lolli|pop /'lɒlɪpɒp/ n (το) γλειφιτζούρι. ~**y** n (fam) (το) γλειφιτζούρι. (money: sl) (ο) παράς

London /'lʌndən/ n (το) Λονδίνο. ~**er** n (ο) Λονδρέζος, (η) Λονδρέζα

lone /ləʊn/ a μοναχικός. ~**r** /-ə(r)/ n (ο) μοναχικός τύπος. ~**some** a μοναχικός

lonel|y /'ləʊnlɪ/ a (-ier, -iest) μόνος. **feel** ~ νιώθω μοναξιά. ~**iness** n (η) μοναξιά

long¹ /lɒŋ/ a (-er, -est) μακρύς. • adv πολύ. **how** ~ **is it?** πόσο μακρύ είναι; (in time) πόση ώρα είναι; **how** ~ **will it take?** πόση ώρα θα πάρει; **I won't be** ~ δε θ' αργήσω. **a** ~ **time** πολλή ώρα. **a** ~ **way** μακριά. **as** or **so** ~ **as** εφόσον. **for** ~ για πολλή ώρα. **before** ~ σε μικρό χρονικό διάστημα. **in the** ~ **run**

μακροπροθέσμως. ~**-distance** a (call) υπεραστικός. ~ **jump** n (το) άλμα εις μήκος. ~**-playing record** n (ο) δίσκος μακράς διαρκείας. ~**-range** a μεγάλου βεληνεκούς. (forecast) μακροπρόθεσμος. ~**-sighted** a πρεσβυωπικός. ~**-standing** a παλιός. ~**-suffering** a καρτερικός ~**-term** a μακροπρόθεσμος. ~ **wave** n (το) μεγάλο κύμα. ~**-winded** a φλύαρος. **no** ~**er** όχι πια. **so** ~! (fam) χαίρετε!

long² /lɒŋ/ vi ~ **for** λαχταρώ. ~ **to** λαχταρώ να. ~**ing** n (η) λαχτάρα. • a γεμάτος λαχτάρα

longevity /lɒn'dʒevətɪ/ n (η) μακροζωία

longhand /'lɒŋhænd/ n (η) συνηθισμένη γραφή

longitude /'lɒndʒɪtjuːd/ n (το) γεωγραφικό μήκος

loo /luː/ n (fam) (το) μέρος

look /lʊk/ vt/i κοιτάζω. (seem) φαίνομαι. • n (η) ματιά. (appearance) (η) εμφάνιση. **(good)** ~**s** (η) ομορφιά. **have a** ~ ρίχνω μια ματιά. ~ **after** φροντίζω. ~**-alike** n (ο) σωσίας. ~ **at** κοιτάζω. ~ **down on** περιφρονώ. ~ **for** ψάχνω για. ~ **forward to** προσμένω. ~ **in (on s.o.)** περνώ (από κπ). ~ **into** εξετάζω. ~ **like** (resemble) μοιάζω. (seem) φαίνομαι. ~ **out** προσέχω. ~**-out** n (ο) σκοπός. (prospect) (η) προοπτική. ~ **out for** έχω το νου μου για. ~ **out on** (room, window) βλέπω σε. ~ **through** κοιτάζω. ~ **up** (word) ψάχνω να βρω. (visit) επισκέπτομαι. ~ **up to** εκτιμώ. ~**er-on** n (pl lookers-on) (ο) θεατής. ~**ing-glass** n (ο) καθρέφτης

loom¹ /luːm/ n (ο) αργαλειός

loom² /luːm/ vi διαγράφομαι. (fig) δεσπόζω

loony /'luːnɪ/ n (sl) (ο) ζουρλός. • a (sl) ζουρλός. ~**-bin** n (sl) (το) τρελάδικο

loop /luːp/ n (η) θηλιά. • vt δένω με θηλιά

loophole /'luːphəʊl/ n (in rule) (το) παραθυράκι

loose /luːs/ a (-er, -est) (not tight) χαλαρός. (knot etc.) λασκαρισμένος. (clothes) φαρδύς. (change etc.) σκόρπιος. (morals) έκλυτος. (inexact) ανακριβής. **be at a** ~ **end.** (Amer) **be at** ~ **ends** δεν έχω τι να κάνω. ~**ly** adv χαλαρά. ~**ness** n (η) χαλαρότητα

loosen /'luːsn/ vt χαλαρώνω

loot /luːt/ n (η) λεία. • vt λεηλατώ. ~**er** n άτομο που διαρπάζει ξένη περιουσία κατά τη διάρκεια οχλαγωγίας. ~**ing** n (η) λεηλασία

lop /lɒp/ vt (pt lopped) ~ **off** κόβω (κλαδιά δέντρου)

lopsided /lɒp'saɪdɪd/ a που γέρνει από τη μια πλευρά

lord /lɔːd/ n (ο) κύριος. (British title) (ο) λόρδος. **the L~** (relig) (ο) Κύριος. **good**

L~! Θεέ και Κύριε! ~ly a αρχοντικός. ~ship n (η) κυριαρχία

lore /lɔ:(r)/ n (η) παράδοση

lorry /'lɒrɪ/ n (το) φορτηγό (όχημα)

lose /lu:z/ vt/i (pt lost) χάνω. get lost χάνομαι. ~ one's way χάνομαι. ~r n (ο) χαμένος

loss /lɒs/ n (η) απώλεια. (comm) (η) ζημία. be at a ~ τα έχω χαμένα. be at a ~ for words δεν ξέρω τι να πω

lost /lɒst/ see LOSE. a ~ property office, (Amer) and found (το) γραφείο απολεσθέντων αντικειμένων

lot¹ /lɒt/ n (ο) κλήρος. (luck) (η) μοίρα. (piece of land) (το) οικόπεδο. (comm) (η) παρτίδα. (at auction) (το) σύνολο, (η) παρτίδα

lot² /lɒt/ n the ~ όλα. (people) όλοι. a ~ of, ~s of (fam) πολλά, πολύ

lotion /'ləʊʃn/ n (η) λοσιόν invar

lottery /'lɒtərɪ/ n (το) λαχείο

lotto /'lɒtəʊ/ n (το) λόττο

lotus /'ləʊtəs/ n (pl -uses) (ο) λωτός

loud /laʊd/ a (-er, -est) δυνατός. • adv δυνατά. ~ hailer n (ο) τηλεβόας. out ~ δυνατά. ~ly adv δυνατά. ~ness n (ο) μεγάλος θόρυβος

loudspeaker /laʊd'spi:kə(r)/ n (το) μεγάφωνο

lounge /laʊndʒ/ vi τεμπελιάζω. • n (το) σαλόνι. ~ suit (το) συνηθισμένο ανδρικό κοστούμι

louse /laʊs/ n (pl lice) (η) ψείρα

lousy /'laʊzɪ/ a (-ier, -iest) (sl) ελεεινός

lout /laʊt/ n (ο) χοντράνθρωπος

lovable /'lʌvəbl/ a αξιαγάπητος

love /lʌv/ n (η) αγάπη. (tennis) (το) μηδέν. • vt αγαπώ. (like greatly) μ' αρέσει πολύ. be in ~ (with) είμαι ερωτευμένος (με). fall in ~ (with) ερωτεύομαι. make ~ κάνω έρωτα. ~ affair n (ο) ερωτικός δεσμός. ~letter n (το) ραβασάκι. ~story n (η) ερωτική ιστορία

lovely /'lʌvlɪ/ a (-ier, -est) θαυμάσιος. (delightful: fam) θαυμάσιος. have a ~ time (fam) περνώ καλά

lover /'lʌvə(r)/ n (man) (ο) εραστής. (woman) (η) ερωμένη. (devotee) (ο) φίλος

loving /'lʌvɪŋ/ a τρυφερός

low¹ /ləʊ/ vi μουγκρίζω

low² /ləʊ/ a (-er, -est) χαμηλός. (depressed) μελαγχολικός. (birth) ταπεινός. • adv χαμηλά. • n (low point) (το) χαμηλό επίπεδο. ~cut a (clothes) με ντεκολτέ. ~down a αισχρός. • n (fam) (οι) μυστικές πληροφορίες. ~fat a χαμηλής λιπαρής αξίας. ~grade a μικρής αξίας. ~key a συγκρατημένος. ~lying a χαμηλός

lowbrow /'ləʊbraʊ/ a με κοινά γούστα

lower /'ləʊə(r)/ a & adv see LOW. • vt/i χαμηλώνω. ~ o.s. ταπεινώνω

lowlands /'ləʊləndz/ npl (οι) πεδινές περιοχές

lowly /'ləʊlɪ/ a (-ier, -iest) ταπεινός

loyal /'lɔɪəl/ a πιστός, αφοσιωμένος. ~ly adv πιστά. ~ty n (η) αφοσίωση

lozenge /'lɒzɪndʒ/ n (tablet) (η) παστίλια

LP abbr see LONG-PLAYING RECORD

Ltd. abbr (Limited) ΕΠΕ

lubricate /'lu:brɪkeɪt/ vt λιπαίνω. ~ant n (το) λιπαντικό. ~ation /-'keɪʃn/ n (η) λίπανση

lucid /'lu:sɪd/ a καθαρός, διαυγής. (sane) φωτεινός. ~ity /-'sɪdətɪ/ n (η) διαύγεια

luck /lʌk/ n (η) τύχη. bad ~ (η) ατυχία. good ~ καλή επιτυχία. in ~ τυχερός. out of ~ άτυχος

luck|y /'lʌkɪ/ a (-ier, -iest) τυχερός. ~y charm n (το) πορτμπονέρ invar. ~ily adv ευτυχώς

lucrative /'lu:krətɪv/ a επικερδής

lucre /'lu:kə(r)/ n (pej) (το) κέρδος

ludicrous /'lu:dɪkrəs/ a γελοίος

lug /lʌg/ vt (pt lugged) σέρνω

luggage /'lʌgɪdʒ/ n (οι) αποσκευές. ~rack n (το) ράφι αποσκευών. ~van n (η) σκευοφόρος

lugubrious /lʊ'gju:brɪəs/ a πένθιμος

lukewarm /'lu:kwɔ:m/ a χλιαρός

lull /lʌl/ vt κατευνάζω n (η) γαλήνη

lullaby /'lʌləbaɪ/ n (το) νανούρισμα

lumbago /lʌm'beɪgəʊ/ n (η) οσφυαλγία

lumber /'lʌmbə(r)/ n (τα) παλιά έπιπλα και σκεύη. (timber) (τα) ξύλα. • vt ~ s.o.with sth φορτώνω κπ με κι

lumberjack /'lʌmbədʒæk/ n (ο) ξυλοκόπος

luminous /'lu:mɪnəs/ a φωτεινός

lump /lʌmp/ n (swelling) (το) εξόγκωμα. (in liquid) (ο) σβόλος. (of sugar) (ο) κύβος. (in throat) (ο) κόμπος. (dull person) (ο) χοντροκέφαλος. • vt ~ together βάζω μαζί. ~ sum n (το) ποσό εφάπαξ. ~y a σβολιασμένος

lunacy /'lu:nəsɪ/ n (η) παραφροσύνη

lunar /'lu:nə(r)/ a σεληνιακός

lunatic /'lu:nətɪk/ n (ο) παράφρων

lunch /lʌntʃ/ n (το) μεσημεριανό (φαγητό). • vi γευματίζω. ~time n (το) μεσημέρι. ~eon /'lʌntʃən/ n (formal) (το) γεύμα. ~eon voucher n (το) δελτίο γεύματος

lung /lʌŋ/ n (ο) πνεύμονας

lunge /lʌndʒ/ n (η) απότομη κίνηση προς τα εμπρός. • vi ρίχνομαι (at, σε)

lurch¹ /lɜ:tʃ/ n leave in the ~ αφήνω στα κρύα του λουτρού

lurch² /lɜ:tʃ/ vi τρικλίζω

lure /lʊə(r)/ vt δελεάζω. • n (fig) (το) δέλεαρ

lurid /'lʊərɪd/ a ανατριχιαστικός. (gaudy) φανταχτερός

lurk /lɜ:k/ vi παραμονεύω

luscious /'lʌʃəs/ a απολαυστικός. (fig) αισθησιακός

lush /lʌʃ/ *a* πλούσιος
lust /lʌst/ *n* (ο) πόθος. (*fig*) (η) δίψα. • *vi* ~ **after** ποθώ. ~**ful** *a* λάγνος
lustre /'lʌstə(r)/ *n* (η) λάμψη
lusty /'lʌsti/ *a* (-ier, -iest) ρωμαλέος
lute /luːt/ *n* (το) λαούτο
Luxemburg /'lʌksəmbɜːg/ *n* (το) Λουξεμβούργο
luxuriant /lʌg'ʒʊərɪənt/ *a* πλούσιος, άφθονος

luxurious /lʌg'ʒʊərɪəs/ *a* πολυτελής
luxury /'lʌkʃərɪ/ *n* (η) πολυτέλεια. • *a* πολυτελής
lying /'laɪɪŋ/ *see* LIE¹, LIE². • *n* (το) ψέμα
lynch /lɪntʃ/ *vt* λιντσάρω
lynx /lɪŋks/ *n* (ο) λυγξ
lyre /'laɪə(r)/ *n* (η) λύρα
lyric /'lɪrɪk/ *a* λυρικός. ~**s** *npl* (οι) στίχοι τραγουδιού. ~**al** *a* λυρικός. ~**ism** /-sɪzəm/ *n* (ο) λυρισμός

Mm

MA *abbr see* MASTER
mac /mæk/ *n* (*fam*) (το) αδιάβροχο
macabre /mə'kɑːbrə/ *a* μακάβριος
macaroni /mækə'rəʊnɪ/ *n* (τα) μακαρόνια
macaroon /mækə'ruːn/ *n* (ο) εργολάβος (*γλύκισμα*)
mace¹ /meɪs/ *n* (*staff*) (το) ρόπαλο
mace² /meɪs/ *n* (*spice*) (το) μοσχοκάρυδο (*φλοίδα*)
Mach /mɑːk/ *n* ~ **number** (ο) αριθμός Μαχ
machinations /mækɪ'neɪʃnz/ *npl* (η) μηχανορραφία
machine /mə'ʃiːn/ *n* (η) μηχανή. • *vt* (*sew*) ράβω σε ραπτομηχανή. (*techn*) επεξεργάζομαι σε μηχανή. ~**-gun** *n* (το) πολυβόλο. • *vt* (*pt* -**gunned**) πολυβολώ. ~ **tool** *n* (το) μηχανικό εργαλείο
machinery /mə'ʃiːnərɪ/ *n* (τα) μηχανήματα. (*working parts, fig*) (ο) μηχανισμός
machinist /mə'ʃiːnɪst/ *n* (ο) μηχανουργός. (*on sewing-machine*) (ο) ράφτης, (η) ράφτρα
machismo /mæ'tʃəʊ/ *n* (η) υπερβολική ανδροπρέπεια
macho /'mætʃəʊ/ *a* υπερβολικά ανδροπρεπής
mackerel /'mækrəl/ *n invar* (το) σκουμπρί
mackintosh /'mækɪntɒʃ/ *n* (το) αδιάβροχο
macrobiotic /mækrəʊbaɪ'ɒtɪk/ *a* μακροβιοτικός
mad /mæd/ *a* (**madder, maddest**) τρελός. (*foolish*) ανόητος. (*angry; fam*) έξαλλος. **be** ~ **about** (*enthusiastic*) τρελαίνομαι για. **like** ~ (*fam*) σαν τρελός. ~**ly** *adv* τρελά. ~**ness** *n* (η) τρέλα
madam /'mædəm/ *n* (η) κυρία
madcap /'mædkæp/ *a* παράτολμος. • *n* (ο) παράτολμος
madden /'mædn/ *vt* τρελαίνω. ~**ing** *a* εκνευριστικός, που τρελαίνει

made /meɪd/ *see* MAKE. • *a* ~ **to measure** κατά παραγγελία
madhouse /'mædhaʊs/ *n* (*fam*) (το) τρελοκομείο
madman /'mædmən/ *n* (*pl* -**men**) (ο) τρελός
madrigal /'mædrɪgl/ *n* (το) μαδριγάλι
magazine /mægə'ziːn/ *n* (το) περιοδικό. (*arms store*) (η) αποθήκη πυρομαχικών. (*of gun*) (ο) γεμιστήρας. (*of projector*) (η) φύσιγγα
maggot /'mægət/ *n* (το) σκουλήκι. ~**y** *a* σκουληκιασμένος
Magi /'meɪdʒaɪ/ *npl* **the** ~ (οι) Μάγοι
magic /'mædʒɪk/ *n* (η) μαγεία. • *a* μαγικός. ~**al** *a* μαγικός
magician /mə'dʒɪʃn/ *n* (ο) μάγος. (*conjuror*) (ο) ταχυδακτυλουργός
magistrate /'mædʒɪstreɪt/ *n* (ο, η) ειρηνοδίκης
magnanim|ous /mæg'nænɪməs/ *a* μεγαλόψυχος. ~**ity** /-ə'nɪmətɪ/ *n* (η) μεγαλοψυχία
magnate /'mægneɪt/ *n* (ο) μεγιστάνας
magnet /'mægnɪt/ *n* (ο) μαγνήτης. ~**ic** /-'netɪk/ *a* μαγνητικός. ~**ism** *n* (ο) μαγνητισμός. ~**ize** *vt* μαγνητίζω
magnificen|t /mæg'nɪfɪsnt/ *a* μεγαλοπρεπής. ~**ce** *n* (η) μεγαλοπρέπεια
magnif|y /'mægnɪfaɪ/ *vt* μεγεθύνω. (*fig*) μεγαλοποιώ. ~**ication** /-ɪ'keɪʃn/ *n* (η) μεγέθυνση. ~**ier**, ~**ying glass** *ns* (ο) μεγεθυντικός φακός
magnitude /'mægnɪtjuːd/ *n* (το) μέγεθος
magnolia /mæg'nəʊlɪə/ *n* (η) μανόλια
magpie /'mægpaɪ/ *n* (η) καρακάξα
mahogany /mə'hɒgənɪ/ *n* (το) μαόνι
maid /meɪd/ *n* (η) υπηρέτρια. ~ **of honour** δεσποινίς επί των τιμών. **old** ~ (*pej*) (η) γεροντοκόρη
maiden /'meɪdn/ *n* (*old use*) (η) κόρη. • *a* (*speech, voyage*) παρθενικός. ~ **aunt** (η) άγαμη θεία. ~ **name** (το) πατρικό

όνομα. **~hood** n (η) παρθενιά. **~ly** a σεμνός

mail¹ /meɪl/ n (το) ταχυδρομείο. • a ταχυδρομικός. • vt ταχυδρομώ. **~ing list** n (η) ταχυδρομική λίστα. **~ order** n (η) ταχυδρομική παραγγελία

mail² /meɪl/ n (armour) (η) πανοπλία

mailbag /'meɪlbæg/ n (ο) ταχυδρομικός σάκος

mailbox /'meɪlbɒks/ n (Amer) (το) γραμματοκιβώτιο

mailman /'meɪlmæn/ n n (pl -men) (Amer) (ο) ταχυδρόμος

maim /meɪm/ vt σακατεύω

main¹ /meɪn/ a κύριος. • n in the **~** κυρίως. **~ road** n (ο) κύριος δρόμος. **~ly** adv κυρίως

main² /meɪn/ n (water, gas) (ο) κεντρικός αγωγός. **~s supply** (electr) (η) παροχή ρεύματος

mainland /'meɪnlənd/ n (η) ηπειρωτική χώρα

mainspring /'meɪnsprɪŋ/ n (techn) (το) κύριο ελατήριο. (motive) (το) κύριο κίνητρο

mainstay /'meɪnsteɪ/ n (support) (το) στήριγμα

mainstream /'meɪnstriːm/ n (η) επικρατούσα τάση

maintain /meɪn'teɪn/ vt (keep up) διατηρώ. (keep in good repair) συντηρώ. (assert) υποστηρίζω

maintenance /'meɪntənəns/ n (η) συντήρηση. (alimony) (η) διατροφή

maisonette /meɪzə'net/ n (η) μεζονέτα

maize /meɪz/ n (το) καλαμπόκι

majestic /mə'dʒestɪk/ a μεγαλοπρεπής

majesty /'mædʒəstɪ/ n (η) μεγαλοπρέπεια. His/Her M**~** n Αυτού/Αυτής Μεγαλειότητα. Your M**~** Μεγαλειότατε

major /'meɪdʒə(r)/ a μεγάλος. (mus) μείζων. • n (ο) ταγματάρχης. • vi **~ in** (Amer) ειδικεύομαι σε. **~ road** (ο) κύριος δρόμος

Majorca /mə'dʒɔːkə/ n (η) Μαγιόρκα

majority /mə'dʒɒrətɪ/ n (η) πλειοψηφία. (age) (η) ενηλικίωση. be in the **~** έχω την πλειοψηφία

make /meɪk/ (pt made) κάνω, φτιάχνω. (decision) παίρνω. (destination) καταφέρνω (να φτάσω). (cause to be) κάνω. **~ s.o. do sth** εξαναγκάζω κπ να κάνει κτ. (brand) (η) κατασκευή. (brand) μάρκα. be made of γίνομαι από. **~ as if to** προσποιούμαι ότι. **~ believe** κάνω, προσποιούμαι. **~ s.o. happy** κάνω κπ ευτυχισμένο. **~-believe** a παραμυθένιος. • n (η) προσποίηση. **~ do** αρκούμαι (with, με). **~ for** τραβώ για. **~ good** vi πετυχαίνω. • vt (loss) αποκαθιστώ. (damage) επανορθώνω. **~ it** (arrive) φτάνω. (succeed) τα καταφέρνω. **~ it up**

συμφιλιώνομαι. **~ little/not ~ much of** δεν καταλαβαίνω. **~ off** σκάω. **~ out** (understand) καταλαβαίνω. (distinguish) ξεχωρίζω. (cheque) εκδίδω (επιταγή). **~ over** μεταβιβάζω. **~ up** (story) επινοώ. (apply cosmetics) μακιγιάρω. **~-up** n (cosmetics) (το) μακιγιάζ invar. (character) (η) ψυχοσύνθεση. (of object) (η) σύσταση. **~ up for** αναπληρώνω. **~ up one's mind** αποφασίζω. **~ up to** αποζημιώνω

maker /'meɪkə(r)/ n (ο) κατασκευαστής. (God) (ο) πλάστης

makeshift /'meɪkʃɪft/ n (η) προσωρινή λύση. • a πρόχειρος

making /'meɪkɪŋ/ n (το) φτιάξιμο. be the **~ of** φτιάχνω. have the **~s of** έχω τις απαραίτητες ικανότητες για να. in the **~** εν τω γίγνεσθαι

maladjust|ed /mælə'dʒʌstɪd/ a απροσάρμοστος. **~ment** n (η) κακή προσαρμογή

maladministration /mælədmɪnɪ'-streɪʃn/ n (η) κακοδιοίκηση

malady /'mælədɪ/ n (η) ασθένεια

malaise /mæ'leɪz/ n (η) δυσφορία

malaria /mə'leərɪə/ n (η) ελονοσία

Malay /mə'leɪ/ a μαλαισιανός. • n (ο) Μαλαισιανός, (η) Μαλαισιανή. **~sia** n (η) Μαλαισία

male /meɪl/ a ανδρικός. • n (ο) άνδρας

malevolen|t /mə'levəlnt/ a κακόβουλος. **~ce** n (η) κακοβουλία

malform|ation /mælfɔː'meɪʃn/ n (η) δυσμορφία. **~ed** /-'fɔːmd/ a δύσμορφος

malfunction /mæl'fʌŋkʃn/ n (η) ανωμαλία. (mech) (η) βλάβη. • vi παθαίνω βλάβη

malice /'mælɪs/ n (η) κακεντρέχεια

malicious /mə'lɪʃəs/ a κακεντρεχής. **~ly** adv με κακεντρέχεια

malign /mə'laɪn/ a φθοροποιός. • vt διασύρω

malignan|t /mə'lɪgnənt/ a κακοήθης. **~cy** n (η) κακοήθεια

malinger /mə'lɪŋgə(r)/ vi κάνω τον άρρωστο. **~er** n (ο) ψευτοάρρωστος

malleable /'mælɪəbl/ a εύπλαστος

mallet /'mælɪt/ n (το) ξύλινο σφυρί

malnutrition /mælnjuː'trɪʃn/ n (ο) υποσιτισμός

malpractice /mæl'præktɪs/ n (η) κατάχρηση (κατά την εξάσκηση επαγγέλματος)

malt /mɔːlt/ n (η) βύνη

Malt|a /'mɔːltə/ n (η) Μάλτα. **~ese** /-'tiːz/ a μαλτέζικος. • n (ο) Μαλτέζος, (η) Μαλτέζα

maltreat /mæl'triːt/ vt κακομεταχειρίζομαι. **~ment** n (η) κακομεταχείριση

mammal /'mæml/ n (το) θηλαστικό

mammoth /'mæməθ/ n (το) μαμούθ invar. • a τεράστιος

man /mæn/ n (pl **men**) (o) άντρας. (man-kind) (o) άνθρωπος. (sports) (o) παίκτης. (chess) (το) πιόνι. • vt (pt **manned**) επαν-δρώνω. (be on duty) είμαι υπεύθυνος για. **~-hour** n (η) ανθρωποώρα. **~-hunt** n (το) ανθρωποκυνηγητό. **~ in the street** (o) κοινός άνθρωπος. **~-made** a τεχνητός. **~-of-war** n (το) πολεμικό σκάφος. **~ to man** άντρας με άντρα

manacle /'mænəkl/ n (η) χειροπέδη. • vt χειροπεδώ

manage /'mænɪdʒ/ vt διαχειρίζομαι. (shop, affairs) χειρίζομαι. (take charge of) διευθύνω. (cope with) καταφέρνω. • vi (make do) αρκούμαι. **~ to** καταφέρνω να. **~able** a εύκολος. **~ment** n (η) διαχείριση. (of shop) (η) διεύθυνση.

managing director n (o) διευθύνων σύμβουλος

manager /'mænɪdʒə(r)/ n (o) διευθυντής. (theatr, cinema) (o) μάνατζερ invar. **~ess** /-'res/ n (η) διευθύντρια. **~ial** /-'dʒɪərɪəl/ a διευθυντικός

mandarin /'mændərɪn/ n (o) μανδαρίνος

mandate /'mændeɪt/ n (η) εντολή

mandatory /'mændətrɪ/ a υποχρεωτικός

mane /meɪn/ n (η) χαίτη

manful /'mænfl/ a αντρίκειος

manger /'meɪndʒə(r)/ n (η) φάτνη

mangle[1] /'mæŋgl/ n (το) μάγκανο. • vt περνώ από το μάγκανο

mangle[2] /'mæŋgl/ vt ακρωτηριάζω. (damage) καταστρέφω

mango /'mæŋgəʊ/ n (pl -oes) (το) μάγκο invar

mangy /'meɪndʒɪ/ a ψωριάρης. (fig) πανάθλιος

manhandle /'mænhændl/ vt μεταχειρίζομαι με βία

manhole /'mænhəʊl/ n (η) ανθρωποθυρίδα

manhood /'mænhʊd/ n (η) ανδρική ηλικία. (quality) (o) ανδρισμός

mania /'meɪnɪə/ n (η) μανία. **~c** /-ɪæk/ n (o) μανιακός

manicur|e /'mænɪkjʊə(r)/ n (το) μανικιούρ invar. • vt κάνω μανικιούρ. **~ist** n (η) μανικιουρίστα

manifest /'mænɪfest/ a ολοφάνερος. • vt εκδηλώνω. **~ation** /-'steɪʃn/ n (η) εκδήλωση

manifesto /mænɪ'festəʊ/ n (pl -os) (το) μανιφέστο

manifold /'mænɪfəʊld/ a πολλαπλός

manipulat|e /mə'nɪpjʊleɪt/ vt χειρίζομαι με επιδεξιότητα. **~ion** /-'leɪʃn/ n (o) επιδέξιος χειρισμός

mankind /mæn'kaɪnd/ n (η) ανθρωπότητα

manly /'mænlɪ/ a αντρίκειος

manner /'mænə(r)/ n (o) τρόπος. (attitude) (η) στάση. (kind) (το) είδος. **~s** (behaviour) (οι) τρόποι. **have no ~s** δεν έχω τρόπους. **~ed** a επιτηδευμένος

mannerism /'mænərɪzəm/ n (η) ιδιομορφία

mannish /'mænɪʃ/ a ανδρικός. (of woman) ανδροπρεπής

manœuvre /mə'nu:və(r)/ n (η) μανούβρα vt/i μανουβράρω

manor /'mænə(r)/ n το αρχοντικό και τα κτήματα άρχοντα

manpower /'mænpaʊə(r)/ n (το) ανθρώπινο δυναμικό

mansion /'mænʃn/ n (το) αρχοντικό

manslaughter /'mænslɔ:tə(r)/ n (η) ανθρωποκτονία

mantelpiece /'mæntlpi:s/ n (το) γείσο του τζακιού

mantle /'mæntl/ n (o) μανδύας

manual /'mænjʊəl/ a χειρωνακτικός. • n (το) εγχειρίδιο

manufacture /mænjʊ'fæktʃə(r)/ vt κατα-σκευάζω. • n (η) κατασκευή. **~r** /-ə(r)/ n (o) κατασκευαστής

manure /mə'njʊə(r)/ n (η) κοπριά

manuscript /'mænjʊskrɪpt/ n (το) χειρόγραφο

many /'menɪ/ a & n πολλοί. **a great ~** πάρα πολλοί. **as ~** όσοι. **how ~** πόσοι. **~ a time** πολλές φορές. **too ~** πολλοί

map /mæp/ n (o) χάρτης. (of streets etc.) (o) οδικός χάρτης. • vt (pt **mapped**) χαρτογραφώ. **~ out** σχεδιάζω

maple /'meɪpl/ n (το) σφενδάμι

mar /ma:(r)/ vt (pt **marred**) χαλώ

marathon /'mærəθən/ n (o) μαραθώνιος

marauder /mə'rɔ:də(r)/ n (o) λεηλάτης

marble /'ma:bl/ n (το) μάρμαρο. (for game) (o) βόλος, Cy. (η) γιαλέτα

March /ma:tʃ/ n (o) Μάρτιος

march /ma:tʃ/ vi βηματίζω. • vt πηγαίνω. • n (η) πορεία. **~ past** n (η) παρέλαση

mare /meə(r)/ n (η) φοράδα

margarine /ma:dʒə'ri:n/ n (η) μαργαρίνη

margin /'ma:dʒɪn/ n (το) περιθώριο. **~al** a περιθωριακός. (small, unimportant) μικρός. **~ally** adv ελαφρά

marigold /'mærɪgəʊld/ n (o) κατιφές

marijuana /mærɪ'wa:nə/ n (η) μαριχουάνα

marina /mə'ri:nə/ n (η) μαρίνα

marinade /mærɪ'neɪd/ n (η) μαρινάτα. • vt μαρινάρω

marine /mə'ri:n/ a ναυτικός. • n (sailor) (o) πεζοναύτης

marionette /mærɪə'net/ n (η) μαριονέτα

marital /'mærɪtl/ a συζυγικός. **~ status** (η) οικογενειακή κατάσταση

maritime /'mærɪtaɪm/ a ναυτικός

marjoram /'ma:dʒərəm/ n (η) μαντζουράνα

mark[1] /ma:k/ n (currency) (το) μάρκο

mark[2] /ma:k/ n (το) σημάδι. (trace) (το) ίχνος. (schol) (o) βαθμός. (target) (o) στόχος. • vt σημαδεύω. (characterize)

χαρακτηρίζω. (schol) βαθμολογώ. **~ off**
ξεχωρίζω. **~ out** οροθετώ. (fig)
ξεχωρίζω. **~ time** παραμένω σε στάση
αναμονής. **~er** n (o) σελιδοδείχτης.
~ing n (η) (το) σημάδεμα. (schol) (η)
βαθμολογία

marked /mɑːkt/ a έντονος. **~ly** /-ɪdlɪ/ adv
έντονα

market /'mɑːkɪt/ n (η) αγορά. • vt
προωθώ. (launch) λανσάρω. **be on the ~**
πωλούμαι. **~ garden** n περιβόλι και
λαχανόκηπος. **~-place** n (η) αγορά.
~ing n (το) μάρκετινγκ invar

marksman /'mɑːksmən/ n (pl **-men**) (o)
σκοπευτής. **~ship** n (η) σκοπευτική
ικανότητα

marmalade /'mɑːməleɪd/ n (η)
μαρμελάδα πορτοκάλι

maroon¹ /mə'ruːn/ a σκούρος κόκκινος.
• n (το) μαρόν invar

maroon² /mə'ruːn/ vt **be ~ed** μένω
απομονωμένος

marquee /mɑː'kiː/ n μεγάλη τέντα που
χρησιμοποιείται για διασκέδαση

marquetry /'mɑːkɪtrɪ/ n (η) μαρκετερί

marriage /'mærɪdʒ/ n (o) γάμος. **~able** a
της παντρειάς

marrow /'mærəʊ/ n (vegetable) (το)
κολοκύθι. (of bone) (ο) μυελός

marr|y /'mærɪ/ vt/i παντρεύω/ομαι. **~ied**
a παντρεμένος. (life) έγγαμος. **~ied**
name (το) επώνυμο του συζύγου. **~ied**
couple (το) παντρεμένο ζευγάρι

marsh /mɑːʃ/ n (o) βάλτος. **~y** a
βαλτώδης

marshal /'mɑːʃl/ n (o) στρατάρχης. (at
event) (ο) τελετάρχης. • vt (pt **mar-**
shalled) παρατάσσω. (fig) τακτοποιώ

marshmallow /mɑːʃ'mæləʊ/ n είδος
μαλακού γλυκού από ζάχαρη

martial /'mɑːʃl/ a στρατιωτικός. **~ law** n
(o) στρατιωτικός νόμος

Martian /'mɑːʃn/ n (o) Αρειανός, (η)
Αρειανή. • a από τον πλανήτη Άρη

martyr /'mɑːtə(r)/ n (o, η) μάρτυρας. • vt
μαρτυρώ. **~dom** n (το) μαρτύριο

marvel /'mɑːvl/ n (το) θαύμα. • vi (pt
marvelled) **~ at** θαυμάζω

marvellous /'mɑːvələs/ a θαυμάσιος

Marxis|t /'mɑːksɪst/ a μαρξιστικός. • n (o)
μαρξιστής, (η) μαρξίστρια. **~m** /-zəm/ n
(o) μαρξισμός

marzipan /'mɑːzɪpæn/ n (η) πάστα
αμυγδάλου (ζαχαροπλαστική)

mascara /mæ'skɑːrə/ n (το) μάσκαρα

mascot /'mæskət/ n (η) μασκότ invar

masculin|e /'mæskjʊlɪn/ a αρρενωπός.
(gram) αρσενικός. • n (το) αρσενικό
(γένος). **~ity** /-'lɪnətɪ/ n (η)
αρρενωπότητα

mash /mæʃ/ n (o) πολτός. • vt πολτοποιώ.
~ed potatoes πατάτες πουρέ

mask /mɑːsk/ n (η) μάσκα. • vt αποκρύβω

masochis|t /'mæsəkɪst/ n (o) μαζοχιστής,
(η) μαζοχίστρια. **~m** /-zəm/ n (o)
μαζοχισμός. **~tic** /-'kɪstɪk/ a
μαζοχιστικός

mason /'meɪsn/ n (o) χτίστης (ειδικός στο
χτίσιμο με πέτρες). **~ry** n (η) λιθοδομή

Mason /'meɪsn/ n (Freemason) (o)
μασόνος. **~ic** /mə'sɒnɪk/ a τεκτονικός

masquerade /mɑːskə'reɪd/ n (το)
μασκάρεμα. • vi **~ as** μασκαρεύομαι
σαν

mass¹ /mæs/ n (relig) (η) θεία λειτουργία

mass² /mæs/ n (η) μάζα. **the ~es** ο λαός.
• vt/i μαζεύω/ομαι. **~ media** npl (τα)
μέσα μαζικής ενημέρωσης. **~-produce**
vt παράγω μαζικά. **~ production** n (η)
μαζική παραγωγή

massacre /'mæsəkə(r)/ n (η) σφαγή. • vt
σφάζω

massage /'mæsɑːʒ/ n (το) μασάζ invar.
• vt κάνω μασάζ σε

masseu|r /mæ'sɜː(r)/ n (o) μασέρ invar.
~se n (η) μασέζ invar

massive /'mæsɪv/ a ογκώδης. (huge)
τεράστιος

mast /mɑːst/ n (naut) (το) κατάρτι. (for
flag, radio) (ο) ιστός

master /'mɑːstə(r)/ n (o) κύριος. (schol)
(o) καθηγητής. (in control) (o) κύριος.
(employer) (o) αφεντικό. (of ship) (o)
πλοίαρχος (with gen). **M~** (boy) (o)
νεαρός κύριος. • vt γίνομαι κύριος.
~-key n (το) κύριο κλειδί. **~-mind** n (o)
ιθύνων νους. • vt συλλαμβάνω και
πραγματοποιώ. **M~ of Arts, MA**
ανώτερο πανεπιστημιακό πτυχίο σε
ανθρωπιστικές σπουδές. **M~ of Science,**
M.Sc. ανώτερο πανεπιστημιακό πτυχίο
στις θετικές επιστήμες. **~-stroke** n (η)
αριστοτεχνική ενέργεια. **~-switch** n (o)
κύριος διακόπτης. **~ful** a επιτακτικός.
~y n (η) κυριαρχία. (knowledge) (η)
βαθειά γνώση

masterly /'mɑːstəlɪ/ a αριστοτεχνικός

masterpiece /'mɑːstəpiːs/ n (το)
αριστούργημα

masturbat|e /'mæstəbeɪt/ vi αυνανίζομαι.
~ion /-'beɪʃn/ n (o) αυνανισμός

mat /mæt/ n (at door) (το) χαλάκι (της
πόρτας). (on table) (το) σουπλά invar

match¹ /mætʃ/ n (το) σπίρτο

match² /mætʃ/ n (sport) (o) αγώνας, (το)
ματς invar. (equal) (το) ταίρι. (marriage)
(o) γάμος. (person to marry) (το) ταίρι.
• vt/i (curtains etc.) ταιριάζω. (equal)
συναγωνίζομαι. (oppose) παραβγαίνω.
~ing a ασορτί invar. **~less** a
απαράμιλλος

matchbox /'mætʃbɒks/ n (το)
σπιρτοκούτι

matchstick /'mætʃstɪk/ n (το) σπιρτόξυλο

mate¹ /meɪt/ n (o) σύντροφος. • vt/i
ζευγαρώνω/ομαι

mate² /meɪt/ n (chess) (το) ματ invar

material /mə'tɪərɪəl/ n (το) υλικό. (cloth) (το) ύφασμα. ~**s** (τα) υλικά. **raw ~s** npl (οι) πρώτες ύλες. • a υλικός. ~**ism** n υλισμός. ~**istic** /-'lɪstɪk/ a υλιστικός

materialize /mə'tɪərɪəlaɪz/ vi υλοποιούμαι

maternal /mə'tɜ:nl/ a μητρικός

maternity /mə'tɜ:nɪtɪ/ n (η) μητρότητα. ~ **clothes** npl (τα) ρούχα εγκυμοσύνης. ~ **hospital** n (το) μαιευτήριο

mathematic|s /mæθə'mætɪks/ n & npl (τα) μαθηματικά. ~**ian** /-ə'tɪʃn/ n (o, η) μαθηματικός. ~**al** a μαθηματικός

maths /mæθs/ (Amer **math** /mæθ/) n & npl (fam) (τα) μαθηματικά

matinée /'mætɪneɪ/ n (η) απογευματινή παράσταση (σε θέατρο ή κινηματογράφο)

matriculat|e /mə'trɪkjʊleɪt/ vi γράφομαι σε πανεπιστήμιο. ~**ion** /-'leɪʃn/ n (η) εγγραφή σε πανεπιστήμιο (ή κολέγιο)

matrimon|y /'mætrɪmənɪ/ n (η) έγγαμη ζωή. ~**ial** /-'məʊnɪəl/ a συζυγικός

matrix /'meɪtrɪks/ n (pl **matrices** /-si:z/) (o) πίνακας

matron /'meɪtrən/ n (η) μεγάλη κυρία. (of school) (η) προϊσταμένη. (of hospital) (η) προϊσταμένη αδελφή. ~**ly** a ευτραφής

matt /mæt/ a ματ invar

matted /'mætɪd/ a (hair) πυκνός και μπερδεμένος

matter /'mætə(r)/ n (η) ύλη. (affair) (η) υπόθεση. (pus) (το) πύο. • vi έχω σημασία. **a ~ of** (with gen) θέμα. **as a ~ of fact** στην πραγματικότητα. **it doesn't ~** δεν πειράζει. ~**-of-fact** a πραγματιστικός. **no ~ what/who** οτιδήποτε/οποιοσδήποτε. **what's the ~?** τι συμβαίνει; τι έχεις;

matting /'mætɪŋ/ n (η) ψάθα

mattress /'mætrɪs/ n (το) στρώμα

matur|e /mə'tjʊə(r)/ a ώριμος. • vt/i ωριμάζω. ~**ity** n (η) ωριμότητα

maul /mɔ:l/ vt κακοποιώ

mausoleum /mɔ:sə'li:əm/ n (το) μαυσωλείο

mauve /məʊv/ a μοβ. • n (το) μοβ invar

mawkish /'mɔ:kɪʃ/ a σαχλός

maxim /'mæksɪm/ n (το) απόφθεγμα

maxim|um /'mæksɪməm/ a μέγιστος. • n (pl **maxima**) (το) ανώτερο όριο. ~**ize** vt μεγιστοποιώ

may /meɪ/ v aux (pt **might**) μπορεί. **it ~/might be true** ίσως (μπορεί) να είναι αλήθεια. ~ **he rest in peace** θεός σχωρέσ' τον/την. ~ **I come in?** μπορώ να μπω; **they might have asked** θα μπορούσαν να είχαν ζητήσει άδεια. **you ~/might as well stay** γιατί να μη μείνεις

May /meɪ/ n (o) Μάιος. ~ **Day** n (η) πρωτομαγιά

maybe /'meɪbɪ/ adv ίσως

mayhem /'meɪhem/ n (η) κοσμοχαλασιά

mayonnaise /meɪə'neɪz/ n (η) μαγιονέζα

mayor /'meə(r)/ n (o) δήμαρχος. ~**ess** n (η) δήμαρχος

maze /meɪz/ n (o) λαβύρινθος

me /mi:/ pron εμένα, με. **give it to ~** δώσε μου το. **it's ~** (fam) εγώ είμαι. **she hates ~** με μισεί

meadow /'medəʊ/ n (το) λιβάδι

meagre /'mi:gə(r)/ a πενιχρός

meal¹ /mi:l/ n (το) γεύμα

meal² /mi:l/ n (grain) (η) φαρίνα

mean¹ /mi:n/ a (-er, -est) τσιγγούνης. (unkind) μικροπρεπής. (low in rank) ταπεινός. ~**ness** n (η) τσιγγουνιά, (η) μικροπρέπεια

mean² /mi:n/ a μέσος. • n (o) μέσος όρος

mean³ /mi:n/ vt (pt **meant**) σημαίνω. (intend) σκοπεύω. (involve) συνεπάγομαι. **be ~t for** προορίζομαι για. ~ **well** έχω καλές προθέσεις

meander /mɪ'ændə(r)/ vi περιπλανιέμαι

meaning /'mi:nɪŋ/ n (η) σημασία. ~**ful** a γεμάτος σημασία. ~**less** a χωρίς νόημα

means /mi:nz/ n (το) μέσο. • npl (resources) (τα) μέσα. **by all ~** βεβαίως. **by ~ of** με. **by no ~** με κανένα τρόπο. ~ **test** n εξέταση της οικονομικής κατάστασης ατόμου

meant /ment/ see MEAN

meantime, meanwhile /'mi:ntaɪm, 'mi:nwaɪl/ advs εν τω μεταξύ. **in the meantime** εν τω μεταξύ

measles /'mi:zlz/ n (η) ιλαρά

measly /'mi:zlɪ/ a (fam) ευτελής

measurable /'meʒərəbl/ a που μπορεί να μετρηθεί

measure /'meʒə(r)/ n (το) μέτρο. • vt μετρώ. (for clothes) παίρνω μέτρα. ~ **up to** είμαι στο ύψος (with gen). ~**d** a μετρημένος. ~**ment** n (η) μέτρηση. ~**ments** npl (τα) μέτρα

meat /mi:t/ n (το) κρέας. ~**y** a (-ier, -iest) με πολύ κρέας. (fig) με σημασία

mechanic /mɪ'kænɪk/ n (o) μηχανικός

mechanic|al /mɪ'kænɪkl/ a μηχανικός. ~**s** n & npl (η) μηχανική

mechan|ism /'mekənɪzəm/ n (o) μηχανισμός. ~**ize** vt μηχανοποιώ

medal /'medl/ n (το) μετάλλιο. ~**list** n (o, η) κάτοχος μεταλλίου

medallion /mɪ'dælɪən/ n (το) μενταγιόν invar

meddle /'medl/ vi ανακατεύομαι (in, σε) ~ **with** (tinker) ανακατεύω. ~**some** a ανακατωσούρης

media /'mi:dɪə/ see MEDIUM. • npl (τα) μέσα μαζικής ενημέρωσης

mediat|e /'mi:dɪeɪt/ vi μεσολαβώ. ~**ion** /'-eɪʃn/ n (η) μεσολάβηση. ~**or** n (o) μεσολαβητής, (η) μεσολαβήτρια

medical /'medɪkl/ a ιατρικός. • n (fam) (η) ιατρική εξέταση. ~ **student** n (o) φοιτητής, (η) φοιτήτρια της ιατρικής

medicat|ed /'medɪkeɪtɪd/ a αντισηπτικός **~ion** /-'keɪʃn/ n (drug) (το) φάρμακο. (treatment) (η) θεραπευτική αγωγή

medicinal /mɪ'dɪsɪnl/ a φαρμακευτικός

medicine /'medsn/ n (science) (η) ιατρική. (drug) (το) φάρμακο

medieval /medɪ'iːvl/ a μεσαιωνικός

mediocre /miːdɪ'əʊkə(r)/ a μέτριος. **~ity** /-'ɒkrətɪ/ n (η) μετριότητα

meditat|e /'medɪteɪt/ vi αυτοσυγκεντρώνομαι. **~ion** /-'teɪʃn/ n (η) αυτοσυγκέντρωση

Mediterranean /medɪtə'reɪnɪən/ a μεσόγειακός. • n the **~ (Sea)** η Μεσόγειος (Θάλασσα)

medium /'miːdɪəm/ n (pl media) (το) μέσο. (pl mediums) (person) (το) μέντιουμ invar. • a μέτριος. **~-size(d)** a μέτριου μεγέθους. **~ wave** n (τα) μεσαία κύματα

medley /'medlɪ/ n (pl -eys) (το) μίγμα. (mus) (το) ποτ πουρί invar

meek /miːk/ a (-er, -est) πράος

meet /miːt/ vt/i (pt met) συναντώ/ώμαι. • vt (collect) υποδέχομαι. (be introduced to) συστήνω. (face) αντιμετωπίζω. (satisfy) ανταποκρίνομαι προς. • vi (come together) ενώνομαι. **~ with** (obstacles etc.) συναντώ

meeting /'miːtɪŋ/ n (η) συγκέντρωση. (of two people) (η) συνάντηση

megalomania /megələʊ'meɪnɪə/ n (η) μεγαλομανία

megaphone /'megəfəʊn/ n (το) μεγάφωνο

melanchol|y /'melənkɒlɪ/ n (η) μελαγχολία. • a μελαγχολικός. **~ic** /-'kɒlɪk/ a μελαγχολικός

mellow /'meləʊ/ a (-er, -est) (sound, colour) απαλός. (fruit) ώριμος. (wine) παλιός. (person) μειλίχιος. • vi (person) μαλακώνω

melodious /mɪ'ləʊdɪəs/ a μελωδικός

melodrama /'melədrɑːmə/ n (το) μελόδραμα. **~tic** /-ə'mætɪk/ a μελοδραματικός

melod|y /'melədɪ/ n (η) μελωδία. **~ic** /mɪ'lɒdɪk/ a μελωδικός

melon /'melən/ n (το) πεπόνι

melt /melt/ vt/i λιώνω. **~ing-pot** n (το) χωνευτήριο

member /'membə(r)/ n (το) μέλος. **M~ of Parliament, MP** n (ο) βουλευτής. **~ship** n (η) ιδιότητα μέλους. (members) (τα) μέλη

membrane /'membreɪn/ n (η) μεμβράνη

memento /mɪ'mentəʊ/ n (pl -oes) (το) ενθύμιο

memo /'meməʊ/ n (pl -os) (fam) (το) μνημόνιο

memoirs /'memwɑːz/ npl (τα) απομνημονεύματα

memorable /'memərəbl/ a αλησμόνητος

memorandum /memə'rændəm/ n (pl -da or -dums) (το) υπόμνημα

memorial /mɪ'mɔːrɪəl/ n (το) μνημείο. • a αναμνηστικός

memorize /'meməraɪz/ vt αποστηθίζω

memory /'memərɪ/ n (η) μνήμη. (thing remembered) (η) ανάμνηση. **from ~** από μνήμης. **in ~ of** εις μνήμην (with gen)

men /men/ see MAN

menac|e /'menəs/ n (η) απειλή. (nuisance) (ο) μπελάς. • vt απειλώ. **~ing** a απειλητικός. **~ingly** adv απειλητικά

menagerie /mɪ'nædʒərɪ/ n (το) θηριοτροφείο

mend /mend/ vt επιδιορθώνω. (darn) μαντάρω. • n (η) επιδιόρθωση. **~ one's ways** αλλάζω τρόπο ζωής. **on the ~** σε ανάρρωση

menfolk /'menfəʊk/ npl (οι) άντρες

menial /'miːnɪəl/ a δουλικός

meningitis /menɪn'dʒaɪtɪs/ n (η) μηνιγγίτιδα

menopause /'menəpɔːz/ n (η) εμμηνόπαυση

menstruat|e /'menstrʊeɪt/ vi εμμηνορροώ. **~ion** /-'eɪʃn/ n (η) εμμηνόρροια

mental /'mentl/ a διανοητικός. **~ arithmetic** n (ο) λογαριασμός με το μυαλό. **~ hospital** n (το) ψυχιατρείο. **~ deficiency** n (η) διανοητική ανεπάρκεια. **~ illness** n (η) ψυχοπάθεια. **~ly** adv διανοητικά

mentality /men'tælətɪ/ n (η) νοοτροπία

mention /'menʃn/ vt αναφέρω. • n (η) μνεία, (η) αναφορά. **don't ~ it!** παρακαλώ

mentor /'mentɔː(r)/ n (ο) μέντορας

menu /'menjuː/ n (pl -us) (ο) κατάλογος. (computing) (το) μενού

mercenary /'mɜːsɪnərɪ/ a συμφεροντολόγος. • n (ο) μισθοφόρος

merchandise /'mɜːtʃəndaɪz/ n (το) εμπόρευμα

merchant /'mɜːtʃənt/ n (ο, η) έμπορος. • a εμπορικός. **~ bank** n τράπεζα της οποίας οι συναλλαγές αφορούν κυρίως συνάλλαγμα. **~ navy** n (το) εμπορικό ναυτικό

merciful /'mɜːsɪfl/ a ελεήμων. **~ly** adv (fortunately) ευτυχώς

merciless /'mɜːsɪlɪs/ a ανήλεος. **~ly** adv ανηλεώς

mercur|y /'mɜːkjʊrɪ/ n (ο) υδράργυρος. **~ial** /mɜː'kjʊərɪəl/ a (lively) ζωηρός. (volatile) ευμετάβολος

mercy /'mɜːsɪ/ n (το) έλεος. **at the ~ of** στο έλεος (with gen)

mere /mɪə(r)/ a απλός. **~ly** adv απλώς. **~st** /'mɪərɪst/ a παραμικρός

merge /mɜːdʒ/ vt/i συνενώνω/ομαι. (comm) συγχωνεύω/ομαι. **~r** /-ə(r)/ n (η) συγχώνευση

meridian /mə'rɪdɪən/ n (ο) μεσημβρινός

meringue /mə'ræŋ/ n (η) μαρέγκα

merit /'merɪt/ n (η) αξία. • vt (pt merited) αξίζω

mermaid /'mɜːmeɪd/ n (η) γοργόνα

merr|y /'merɪ/ a (-ier, -iest) εύθυμος. make ~ γλεντώ. ~-go-round n (ο) μύλος με αλογάκια. ~-making n (το) γλέντι. ~ily adv εύθυμα. ~ment n (η) ευθυμία

mesh /meʃ/ n (το) πλέγμα

mesmerize /'mezməraɪz/ vt υπνωτίζω. (fig) γοητεύω

mess /mes/ n (η) ακαταστασία. (trouble) (το) μπέρδεμα. (mil) (το) συσσίτιο. • vt ανακατεύω. make a ~ of τα κάνω θάλασσα. ~ about χασομερώ. ~ up χαλώ. ~ with ανακατεύομαι

message /'mesɪdʒ/ n (το) μήνυμα

messenger /'mesɪndʒə(r)/ n (ο) αγγελιοφόρος

Messiah /mɪ'saɪə/ n (ο) Μεσσίας

Messrs /'mesəz/ see MR

messy /'mesɪ/ a (-ier, -iest) βρόμικος. (slovenly) απρόσεχτος

met /met/ see MEET

metabolism /mɪ'tæbəlɪzəm/ n (ο) μεταβολισμός

metal /'metl/ n (το) μέταλλο. • a μεταλλικός. ~lic /mɪ'tælɪk/ a μεταλλικός

metallurgy /mɪ'tælədʒɪ/ n (η) μεταλλουργία

metamorphosis /metə'mɔːfəsɪs/ n (pl -phoses /-siːz/) (η) μεταμόρφωση

metaphor /'metəfə(r)/ n (η) μεταφορά. ~ical /-'fɒrɪkl/ a μεταφορικός

mete /miːt/ vt ~ out μοιράζω

meteor /'miːtɪə(r)/ n (ο) μετεωρίτης. ~ic /miːtɪ'ɒrɪk/ a (fig) μετεωρικός

meteorolog|y /miːtɪə'rɒlədʒɪ/ n (η) μετεωρολογία. ~ical /-ə'lɒdʒɪkl/ a μετεωρολογικός. ~ist n (ο, η) μετεωρολόγος

meter¹ /'miːtə(r)/ n (ο) μετρητής

meter² /'miːtə(r)/ n (Amer) = metre

method /'meθəd/ n (η) μέθοδος

methodical /mɪ'θɒdɪkl/ a μεθοδικός. ~ly adv μεθοδικά

Methodist /'meθədɪst/ n (ο) μεθοδιστής, (η) μεθοδίστρια

methylated /'meθɪleɪtɪd/ a ~ spirit μετουσιωμένο οινόπνευμα

meticulous /mɪ'tɪkjʊləs/ a λεπτολόγος

metre /'miːtə(r)/ n (το) μέτρο. (poetry) (το) μέτρο

metric /'metrɪk/ a μετρικός. ~ation /-'keɪʃn/ n μετατροπή μη μετρικών μετρήσεων σε μετρικές

metropol|is /mə'trɒpəlɪs/ n (η) μητρόπολη. ~itan /metrə'pɒlɪtən/ a μητροπολιτικός

mettle /'metl/ n (το) κουράγιο

mew /mjuː/ n (το) νιαούρισμα. • vi νιαουρίζω

Mexic|o /'meksɪkəʊ/ n (το) Μεξικό. ~an a μεξικάνικος. • n (ο) Μεξικανός, (η) Μεξικανή

mezzanine /'mezəniːn/ n (ο) ημιώροφος

miaow /miː'aʊ/ n & vi = mew

mice /maɪs/ see MOUSE

mickey /'mɪkɪ/ n take the ~ out of s.o. (sl) δουλεύω κπ

micro- /'maɪkrəʊ/ pref μικρο

microbe /'maɪkrəʊb/ n (το) μικρόβιο

microchip /'maɪkrəʊtʃɪp/ n (το) μικροτσίπ invar

microcomputer /'maɪkrəʊkəmpjuːtə(r)/ n (ο) μικροϋπολογιστής

microfiche /'maɪkrəʊfiːʃ/ n (το) μικροφίς invar

microfilm /'maɪkrəʊfɪlm/ n (το) μικροφίλμ invar

microphone /'maɪkrəfəʊn/ n (το) μικρόφωνο

microprocessor /maɪkrəʊ'prəʊse- sə(r)/ n (ο) μικροεπεξεργαστής

microscop|e /'maɪkrəskəʊp/ n (το) μικροσκόπιο. ~ic /-'skɒpɪk/ a μικροσκοπικός

microwave /'maɪkrəʊweɪv/ n ~s (τα) μικροκύματα. ~ oven (ο) φούρνος μικροκυμάτων

mid /mɪd/ a μέσος. in ~-air στον αέρα. in ~-July στα μέσα του Ιουλίου

midday /mɪd'deɪ/ n (το) μεσημέρι

middle /'mɪdl/ a μεσαίος. (quality) μέτριος. • n (η) μέση. in the ~ of στη μέση (with gen). ~-aged a μεσήλικας. the M~ Ages npl ο Μεσαίωνας. ~-class a αστικός. the ~ classes npl η μεσαία τάξη. M~ East n (η) Μέση Ανατολή

middleman /'mɪdlmæn/ n (pl -men) (ο) μεσίτης, (η) μεσίτρια

middling /'mɪdlɪŋ/ a μέτριος

midge /mɪdʒ/ n (το) μυγάκι

midget /'mɪdʒɪt/ n (ο) νάνος

Midlands /'mɪdləndz/ npl the ~ η κεντρική Αγγλία

midnight /'mɪdnaɪt/ n (τα) μεσάνυχτα

midriff /'mɪdrɪf/ n (το) διάφραγμα. (fam) (το) στομάχι

midst /mɪdst/ n (η) μέση. in our ~ ανάμεσά μας. in the ~ of στη μέση (with gen)

midsummer /mɪd'sʌmə(r)/ n (το) μεσοκαλόκαιρο

midway /mɪd'weɪ/ adv στη μέση

midwife /'mɪdwaɪf/ n (pl -wives) (η) μαμή

midwinter /mɪd'wɪntə(r)/ n (το) μεσοχείμωνο

might¹ /maɪt/ n (η) ισχύς. ~y a (-ier, -iest) ισχυρός. (fig) μεγάλος. • adv (fam) πολύ

might² /maɪt/ see MAY

migraine /'miːgreɪn/ n (η) ημικρανία

migrant /'maɪgrənt/ a αποδημητικός. • n (person) (ο) μετανάστης, (η) μετανάστρια

migrat|e /maɪ'greɪt/ vi μεταναστεύω. **~ion** /-ʃn/ n (η) μετανάστευση

mike /maɪk/ n (fam) (το) μικρόφωνο

mild /maɪld/ a (-er, -est) ήπιος. (illness) ελαφρός. **~ly** adv ήπια. **~ness** n (η) ηπιότητα, (η) ελαφρότητα

mildew /'mɪldju:/ n (ο) περονόσπορος

mile /maɪl/ n (το) μίλι. (= 1.6 χμ). **~s better** (fam) πάρα πολύ καλύτερος. **~s too big** (fam) πάρα πολύ μεγάλο. **~age** n (η) απόσταση σε μίλια

milestone /'maɪlstəʊn/ n (το) ορόσημο

militant /'mɪlɪtənt/ a μαχητικός

military /'mɪlɪtrɪ/ a στρατιωτικός

militate /'mɪlɪteɪt/ vi **~ against** ενεργώ εναντίον

militia /mɪ'lɪʃə/ n (η) πολιτοφυλακή

milk /mɪlk/ n (το) γάλα. • vt αρμέγω. **~ chocolate** n (η) σοκολάτα γάλακτος. **~ jug** n (η) κανάτα γάλακτος. **~ shake** n (το) μιλκ σέικ invar. **~y** a γαλακτώδης. (tea etc.) με πολύ γάλα. **M~y Way** n (ο) Γαλαξίας

milkman /'mɪlkmən/ n (pl -men) (ο) γαλατάς

mill /mɪl/ n (ο) μύλος. (for coffee etc.) (ο) μύλος (του καφέ κλπ). (factory) (ο) μύλος. • vt αλέθω. (metal) κόβω. • vi **~ about** or **around** στριφογυρίζω. **~er** n (ο) μυλωνάς

millennium /mɪ'lenɪəm/ n (pl -iums or -ia) (η) χιλιετηρίδα

millet /'mɪlɪt/ n (το) κεχρί

milligram /'mɪlɪgræm/ n (το) χιλιοστόγραμμο

millilitre /'mɪlɪli:tə(r)/ n (το) χιλιοστόλιτρο

millimetre /'mɪlɪmi:tə(r)/ n (το) χιλιοστόμετρο

milliner /'mɪlɪnə(r)/ n (η) καπελού. **~y** n (το) καπελάδικο

million /'mɪlɪən/ n (το) εκατομμύριο. **a ~ pounds** ένα εκατομμύριο λίρες. **~s of people** εκατομμύρια άνθρωποι. **~aire** /-'neə(r)/ n (ο, η) εκατομμυριούχος

millstone /'mɪlstəʊn/ n (η) μυλόπετρα. (fig) (η) θηλιά

mime /maɪm/ n (η) μιμική. • vt/i μιμούμαι

mimic /'mɪmɪk/ vt (pt mimicked) μιμούμαι. • n (ο) μίμος. **~ry** n (ο) μιμητισμός

mimosa /mɪ'məʊzə/ n (η) μιμόζα

minaret /'mɪnə'ret/ n (ο) μιναρές

mince /mɪns/ vt ψιλοκόβω. • n (ο) κιμάς. **~ pie** n μικρό ζυμαρικό με γέμισμα από ξηρά φρούτα, σταφίδες κ.ά. **not ~one's words** δε μασώ τα λόγια. **~r** /-ə(r)/ n (η) κρεατομηχανή

mincemeat /'mɪnsmi:t/ n μίγμα από ξηρά φρούτα, σταφίδες, αμύγδαλα, φλοιδα

πορτοκαλιού και λεμονιού. **make ~ of** (fig) κάνω κιμά

mind /maɪnd/ n (το) μυαλό. (intention) (ο) σκοπός. (opinion) (η) γνώμη. (sanity) (ο) νους. • vt (object to) με πειράζει. (look after) φροντίζω. (be careful) προσέχω. **I don't ~** δε με νοιάζει. **never ~** δεν πειράζει. **be out of one's ~** τρελαίνομαι. **~ful** a προσεκτικός. **be ~ful of** σκέπτομαι. **~less** a απρόσεκτος. (work) αδιάφορος

minder /'maɪndə(r)/ n (ο) φροντιστής

mine¹ /maɪn/ poss pron δικός μου. **it's ~** είναι δικό μου

min|e² /maɪn/ n (το) ορυχείο. (explosive) (η) νάρκη. • vt εξορύσσω. (mil) ναρκοθετώ. **~er** n (coal) (ο) ανθρακωρύχος. **~ing** n (η) εξόρυξη

minefield /'maɪnfi:ld/ n (το) ναρκοπέδιο

mineral /'mɪnərəl/ n (το) ορυκτό. • a **~ water** n (το) μεταλλικό νερό. (fizzy drink) αεριούχος

minesweeper /'maɪnswi:pə(r)/ n (το) ναρκαλιευτικό

mingle /'mɪŋgl/ vt αναμιγνύω. • vi **~ with** ανακατεύομαι με

mingy /'mɪndʒɪ/ a (fam) τσιγγούνης

mini /'mɪnɪ/ n (skirt: fam) n (το) μίνι invar

mini- /'mɪnɪ/ pref μικρο-

miniature /'mɪnɪətʃə(r)/ a μικροσκοπικός. • n (η) μινιατούρα

minibus /'mɪnɪbʌs/ n (το) μικρό λεωφορείο, (το) μινιμπάς invar

minicab /'mɪnɪkæb/ n (το) ταξί

minim /'mɪnɪm/ n (mus) (το) ήμισυ

minim|um /'mɪnɪməm/ a ελάχιστος. • n (pl -ima) (το) ελάχιστο. **~al** a ελάχιστος. **~ize** vt ελαχιστοποιώ

miniskirt /'mɪnɪskɜ:t/ n (το) μίνι invar

minist|er /'mɪnɪstə(r)/ n (ο) υπουργός. (relig) (ο) ιερέας. **~erial** /-'stɪərɪəl/ a υπουργικός. **~ry** n (το) υπουργείο. (relig) (ο) κλήρος

mink /mɪŋk/ n (το) βιζόν invar

minor /'maɪnə(r)/ a μικρός. (mus) ελάσσων. • n (ο) ανήλικος. **~ road** (ο) δευτερεύων δρόμος

minority /maɪ'nɒrətɪ/ n (η) μειονότητα. (age) (η) ανηλικότητα. **in the ~** στη μειοψηφία

minstrel /'mɪnstrəl/ n (ο) ραψωδός

mint¹ /mɪnt/ n (το) νομισματοκοπείο. (fig) πολλά λεφτά. • vt κόβω (νομίσματα). **in ~ condition** ολοκαίνουριος

mint² /mɪnt/ n (herb) (ο) δύοσμος

minus /'maɪnəs/ prep πλην. (without: fam) χωρίς. • n (το) πλην invar

minuscule /'mɪnəskju:l/ a μικροσκοπικός

minute¹ /'mɪnɪt/ n (το) λεπτό. **~s** npl (of meeting) (τα) πρακτικά

minute² /maɪ'nju:t/ a μικροσκοπικός. (precise) λεπτομερέστατος

miracle /'mɪrəkl/ n (το) θαύμα. **~ulous** /mɪ'rækjʊləs/ a θαυματουργός

mirage /'mɪrɑːʒ/ n (ο) αντικατοπτρισμός

mirror /'mɪrə(r)/ n (ο) καθρέφτης. • vt καθρεφτίζω

mirth /mɜːθ/ n (η) ιλαρότητα

misadventure /mɪsəd'ventʃə(r)/ n (το) ατύχημα

misanthrope, misanthropist /'mɪsənθrəʊp, mɪ'sænθrəpɪst/ n (ο) μισάνθρωπος

misapprehension /mɪsæprɪ'henʃn/ n (η) παρεξήγηση

misbehav|e /mɪsbɪ'heɪv/ vi συμπεριφέρομαι άσχημα. **~iour** n (η) άσχημη συμπεριφορά

miscalculat|e /mɪs'kælkjʊleɪt/ vi πέφτω έξω. **~ion** /-'leɪʃn/ n (ο) κακός υπολογισμός

miscarr|y /mɪs'kærɪ/ vi αποτυγχάνω. (woman) αποβάλλω. **~iage** /-ɪdʒ/ n (η) αποτυχία, (η) αποβολή. **~iage of justice** (η) κακοδικία

miscellaneous /mɪsə'leɪnɪəs/ a διάφορος

mischief /'mɪstʃɪf/ n (το) κακό. (harm) (η) ζημιά. (mil etc.) η μπλέκω άσχημα. **make ~** δημιουργώ παρεξηγήσεις

mischievous /'mɪstʃɪvəs/ a σκανταλιάρης. (malicious) κακόβουλος

misconception /mɪskən'sepʃən/ n (η) εσφαλμένη αντίληψη

misconduct /mɪs'kɒndʌkt/ n (η) κακή συμπεριφορά

misconstrue /mɪskən'struː/ vt παρερμηνεύω

misdeed /mɪs'diːd/ n (το) αδίκημα

misdemeanour /mɪsdɪ'miːnə(r)/ n (το) παράπτωμα

miser /'maɪzə(r)/ n (ο) τσιγκούνης. **~ly** a τσιγκούνικος

miserable /'mɪzrəbl/ a άθλιος. (fig) ελεεινός

misery /'mɪzərɪ/ n (η) αθλιότητα. (pain) (το) μαρτύριο. (poverty) (η) φτώχεια. (person: fam) (η) κέρια

misfire /mɪs'faɪə(r)/ vi (gun) παθαίνω αφλογιστία. (engine) ρετάρω. (go wrong) αποτυγχάνω

misfit /'mɪsfɪt/ n (ο) απροσάρμοστος

misfortune /mɪs'fɔːtʃuːn/ n (η) ατυχία

misgiving /mɪs'gɪvɪŋ/ n (το) κακό προαίσθημα. **~s** (ο) ενδοιασμός. (anxiety) (ο) φόβος

misguided /mɪs'gaɪdɪd/ a παρασυρμένος

mishap /'mɪshæp/ n (η) αναποδιά

misinform /mɪsɪn'fɔːm/ vt παραπληροφορώ

misinterpret /mɪsɪn'tɜːprɪt/ vt παρερμηνεύω

misjudge /mɪs'dʒʌdʒ/ vt κρίνω εσφαλμένα

mislay /mɪs'leɪ/ vt (pt mislaid) παραπετώ

mislead /mɪs'liːd/ vt (pt misled) παραπλανώ. **~ing** a παραπλανητικός

mismanage /mɪs'mænɪdʒ/ vt κακοδιοικώ. **~ment** n (η) κακοδιοίκηση

misnomer /mɪs'nəʊmə(r)/ n (ο) αταίριαστος χαρακτηρισμός

misplace /mɪs'pleɪs/ vt μετατοπίζω

misprint /'mɪsprɪnt/ n (το) τυπογραφικό λάθος

mispronounce /mɪsprə'naʊns/ vt προφέρω λανθασμένα

misquote /mɪs'kwəʊt/ vt παραποιώ (κείμενο ή ομιλία)

misrepresent /mɪsreprɪ'zent/ vt διαστρεβλώνω (γεγονότα, απόψεις)

miss /mɪs/ vt/i χάνω. • vti (train etc.) χάνω. (lack) λείπω. (feel loss) μου λείπει. • n (η) αστοχία. **~ out** παραλείπω. **~ the point** δεν μπαίνω στο νόημα

Miss /mɪs/ n (pl Misses) (η) δεσποινίς. **~ Smith** Δδα Smith

misshapen /mɪs'ʃeɪpən/ a κακόσχημος

missile /'mɪsaɪl/ n (το) βλήμα. (rocket) (ο) πύραυλος

missing /'mɪsɪŋ/ a που λείπει. (lost) χαμένος. (mil etc.) αγνοούμενος. **~ person** (ο) αγνοούμενος

mission /'mɪʃn/ n (η) αποστολή

missionary /'mɪʃənrɪ/ n (ο) ιεραπόστολος

misspell /mɪs'spel/ vt (pt misspelt or misspelled) γράφω ανορθόγραφα

mist /mɪst/ n (η) καταχνιά. (on windows) (το) θάμπωμα. • vt/i ~ **(up** or **over)** (eyes, window etc.) θαμπώνω

mistake /mɪ'steɪk/ n (το) λάθος. • vt/i (pt mistook, pp mistaken) (understand wrongly) παρεξηγώ. **~ for** παίρνω (λανθασμένα) για. **~n** /-ən/ a λανθασμένος. **be ~n** κάνω λάθος. **~nly** /-ənlɪ/ adv κατά λάθος

mistletoe /'mɪsltəʊ/ n (το) γκι invar

mistreat /mɪs'triːt/ vt κακομεταχειρίζομαι

mistress /'mɪstrɪs/ n (η) κυρία. (teacher) (η) δασκάλα. (lover) (η) ερωμένη

mistrust /mɪs'trʌst/ vt δυσπιστώ. • n (η) δυσπιστία

misty /'mɪstɪ/ a (-ier, -iest) θαμπός. (indistinct) ασαφής

misunderstand /mɪsʌndə'stænd/ vt (pt -stood) παρεξηγώ. **~ing** n (η) παρεξήγηση

misuse¹ /mɪs'juːz/ vt καταχρώμαι

misuse² /mɪs'juːs/ n (η) κατάχρηση

mite /maɪt/ n (το) άκαρι. (child) (το) μικρό

mitigat|e /'mɪtɪgeɪt/ vt ελαφρώνω. (moderate) μετριάζω. **~ing circumstances** (τα) ελαφρυντικά

mitre /'maɪtə(r)/ n (η) μίτρα

mitten /'mɪtn/ n (η) γάντι χωρίς δάχτυλα

mix /mɪks/ vt/i αναμιγνύω/ομαι. • n (το) μίγμα. **~ up** (fig) μπερδεύω. **~-up** n (το) μπέρδεμα. **~ with** συναναστρέφομαι.

~er *n* (*culin*) (το) μίξερ *invar*. **be a good
~er** κάνω φιλίες εύκολα

mixed /mɪkst/ *a* ανάμικτος. (*school etc.*)
μικτός. **have ~ feelings** έχω ανάμεικτα
αισθήματα. **~ marriage** μικτός γάμος.
~-up *a* (*fam*) συγχυσμένος

mixture /'mɪkstʃə(r)/ *n* (το) μίγμα

moan /məʊn/ *n* (το) βογγητό. (*complaint*)
(η) γκρίνια. • *vi* βογγώ. (*grumble*)
γκρινιάζω. **~er** *n* (ο) γκρινιάρης

moat /məʊt/ *n* (η) τάφρος

mob /mɒb/ *n* (ο) όχλος. (*gang: fam*) (η)
οργανωμένη σπείρα. • *vt* (*pt* **mobbed**)
πολιορκώ

mobil|e /'məʊbaɪl/ *a* κινητός. • *n* (το)
μομπίλιο. **~ home** *n* (το) τροχόσπιτο.
~ phone *n* το κινητό τηλέφωνο. **~ity**
/-'bɪlətɪ/ *n* (η) κινητικότητα

mobiliz|e /'məʊbɪlaɪz/ *vt* κινητοποιώ.
~ation /-'zeɪʃn/ *n* (η) κινητοποίηση

moccasin /'mɒkəsɪn/ *n* (το) μοκασίνι

mock /mɒk/ *vt* κοροϊδεύω. • *a* ψεύτικος.
~-up *n* (το) ομοίωμα

mockery /'mɒkərɪ/ *n* (η) κοροϊδία. **a ~ of**
παρωδία (*with gen*)

mode /məʊd/ *n* (ο) τρόπος. (*fashion*) (η)
μόδα

model /'mɒdl/ *n* (το) πρότυπο. (*product*)
(το) μοντέλο. (*fashion*) (το) μανεκέν
invar. (*art*) (το) μοντέλο. • *a*
υποδειγματικός. • *vt* (*pt* **modelled**)
πλάθω. (*clothes*) φορώ για επίδειξη
μόδας. • *vi* (*fashion*) εργάζομαι ως
μανεκέν. (*art*) ποζάρω

moderate[1] /'mɒdərət/ *a* μέτριος. • *n* (ο)
μετριοπαθής. **~ly** *adv* μέτρια

moderat|e[2] /'mɒdəreɪt/ *vt* μετριάζω.
~ion /-'reɪʃn/ *n* (η) μετριοπάθεια. **in
~ion** με μέτρο

modern /'mɒdn/ *a* μοντέρνος. **~
languages** (οι) ξένες γλώσσες. **~ize** *vt*
εκσυγχρονίζω

modest /'mɒdɪst/ *a* μετριόφρων. **~y** *n* (η)
μετριοφροσύνη

modicum /'mɒdɪkəm/ *n* **a ~ of** λίγος

modif|y /'mɒdɪfaɪ/ *vt* τροποποιώ.
~ication /-ɪ'keɪʃn/ *n* (η) τροποποίηση

modulat|e /'mɒdjʊleɪt/ *vt* διαμορφώνω.
~ion /-'leɪʃn/ *n* (η) διαμόρφωση

module /'mɒdjuːl/ *n* (η) μονάδα

mogul /'məʊɡʊl/ *n* (*fam*) (ο) μεγιστάνας

mohair /'məʊheə(r)/ *n* (το) μοχαίρ *invar*

moist /mɔɪst/ *a* (-er, -est) υγρός. **~ure**
/'mɔɪstʃə(r)/ *n* (η) υγρασία

moisten /'mɔɪsn/ *vt* βρέχω

moisturize /'mɔɪstʃəraɪz/ *vt* (*cosmetic*)
ενυδατώνω. **~r** /-ə(r)/ *n* (η) υδατική
κρέμα

molar /'məʊlə(r)/ *n* (ο) τραπεζίτης (*δόντι*)

molasses /mə'læsɪz/ *n* (η) μελάσα

mole[1] /məʊl/ *n* (*on skin*) (η) ελιά

mole[2] /məʊl/ *n* (*animal*) (ο) ασπάλακας,
(*fam*) (ο) τυφλοπόντικας

molecul|e /'mɒlɪkjuːl/ *n* (το) μόριο. **~ar**
/mə'lekjʊlə(r)/ *a* μοριακός

molest /mə'lest/ *vt* (*assault*) κακοποιώ

mollify /'mɒlɪfaɪ/ *vt* καταπραΰνω

mollusc /'mɒləsk/ *n* (το) μαλάκιο

mollycoddle /'mɒlɪkɒdl/ *vt* παραχαϊδεύω

molten /'məʊltən/ *a* λιωμένος

moment /'məʊmənt/ *n* (η) στιγμή. **at the
~** προς το παρόν

momentar|y /'məʊməntrɪ/ *a* στιγμιαίος.
~ily *adv* για μια στιγμή. (*soon: Amer*)
σύντομα

momentous /mə'mentəs/ *a* βαρυ-
σήμαντος

momentum /mə'mentəm/ *n* (η) ορμή

monarch /'mɒnək/ *n* (ο) μονάρχης. **~y** *n*
(η) μοναρχία

monast|ery /'mɒnəstrɪ/ *n* (το) μοναστήρι.
~ic /mə'næstɪk/ *a* μοναστικός

Monday /'mʌndɪ/ *n* (η) Δευτέρα

monetarist /'mʌnɪtərɪst/ *n* (ο)
μονεταριστής

monetary /'mʌnɪtrɪ/ *a* μονεταριστικός

money /'mʌnɪ/ *n* (τα) χρήματα, (τα)
λεφτά. **~-box** *n* (ο) κουμπαράς.
~-lender *n* (ο) τοκογλύφος. **~ order** *n*
(η) ταχυδρομική επιταγή. **~-spinner** *n*
(η) εμπορική επιτυχία. **~ed** *a* πλούσιος

mongrel /'mʌŋɡrəl/ *n* (ο) μιγάδας (*σκύλος*)

monitor /'mɒnɪtə(r)/ *n* (*schol*) (ο)
επιμελητής, (η) επιμελήτρια. (*techn*) (η)
οθόνη. • *vt* (*a broadcast*) παρακολουθώ

monk /mʌŋk/ *n* (ο) μοναχός

monkey /'mʌŋkɪ/ *n* (*pl* **-eys**) (ο) πίθηκος.
~-nut *n* (το) φιστίκι (*αράπικο*).
~-wrench *n* (ο) κάβουρας

mono /'mɒnəʊ/ *a* & *n* (*pl* **-os**) (*fam*)
μονοφωνικός

monocle /'mɒnəkl/ *n* (το) μονόκλ *invar*

monogram /'mɒnəɡræm/ *n* (το)
μονόγραμμα

monologue /'mɒnəlɒɡ/ *n* (ο) μονόλογος

monopol|y /mə'nɒpəlɪ/ *n* (το) μονοπώλιο.
~ize *vt* μονοπωλώ

monosyllab|le /'mɒnəsɪləbl/ *n* (η)
μονοσύλλαβη λέξη. **~ic** /-'læbɪk/ *a*
μονοσύλλαβος

monotone /'mɒnətəʊn/ *n* (η) μονότονη
ομιλία

monoton|ous /mə'nɒtənəs/ *a* μονότονος.
~y *n* (η) μονοτονία

monsoon /mɒn'suːn/ *n* (ο) μουσώνας

monst|er /'mɒnstə(r)/ *n* (το) τέρας.
~rous *a* τερατώδης

monstrosity /mɒn'strɒsətɪ/ *n* (το)
τερατούργημα

montage /mɒn'taːʒ/ *n* (το) μοντάζ *invar*

month /mʌnθ/ *n* (ο) μήνας

monthly /'mʌnθlɪ/ *a* μηνιαίος. • *adv*
μηνιαία. • *n* (*periodical*) (το) μηνιαίο
περιοδικό

monument /'mɒnjʊmənt/ *n* (το) μνημείο.
~al /-'mentl/ *a* μνημειώδης

moo /mu:/ n (το) μουγκάνισμα. • vi μουγκανίζω

mooch /mu:tʃ/ vi (sl) σουλατσάρω

mood /mu:d/ n (η) διάθεση. **be in the ~** έχω διάθεση (**for**, για). **in a good/bad ~** καλοδιάθετος/κακοδιάθετος. **~y** a κακόκεφος. (variable) ιδιότροπος

moon /mu:n/ n (το) φεγγάρι

moon|light /'mu:nlaɪt/ n (το) φεγγαρόφωτο. **~lit** a φεγγαροφωτισμένος

moonlighting /'mu:nlaɪtɪŋ/ n (fam) εργασία σε δευτερεύουσας σημασίας επάγγελμα

moor[1] /mʊə(r)/ n (ο) ρεικότοπος

moor[2] /mʊə(r)/ vt αγκυροβολώ. **~ings** npl (η) αγκυροβολία

moose /mu:s/ n (pl **moose**) (η) (ευρωπαϊκή) άλκη

moot /mu:t/ a συζητήσιμος. • vt προτείνω για συζήτηση

mop /mɒp/ n (η) σφουγγαρίστρα (με λαβή). (of hair) (τα) ξεχτένιστα μαλλιά. • vt (pt **mopped**) σφουγγαρίζω. **~ up** σκουπίζω

mope /mʊʊp/ vi μελαγχολώ

moped /'mʊʊped/ n (το) μηχανάκι

moral /'mɒrəl/ a ηθικός. • n (το) ηθικό συμπέρασμα. **~s** (η) ηθική. **~ize** vi ηθικολογώ. **~ly** adv ηθικά

morale /mə'rɑ:l/ n (το) ηθικό

moralist /'mɒrəlɪst/ n (ο, η) ηθικολόγος

morality /mə'rælətɪ/ n (η) ηθική

morbid /'mɔ:bɪd/ a νοσηρός

more /mɔ:(r)/ a & n περισσότερος. • adv περισσότερο. (again) ξανά. **I don't want any ~** δεν θέλω άλλο. **he doesn't live here any ~** δεν ζει πια εδώ. **~ and ~** όλο και περισσότερο. **~ or less** λίγο πολύ. **there is no ~** δεν έχει άλλο. **once ~** ακόμη μια φορά. **some ~** ακόμη λίγο

moreover /mɔ:'rəʊvə(r)/ adv επιπλέον

morgue /mɔ:g/ n (το) νεκροτομείο

moribund /'mɒrɪbʌnd/ a ετοιμοθάνατος

morning /'mɔ:nɪŋ/ n (το) πρωί. **in the ~** το πρωί. **on Friday ~** το πρωί της Παρασκευής. **this ~** σήμερα το πρωί

Morocc|o /mə'rɒkəʊ/ n (το) Μαρόκο. **~an** a μαροκινός. • n (ο) Μαροκινός, (η) Μαροκινή

moron /'mɔ:rɒn/ n (ο) μωρός

morose /mə'rəʊs/ a δύσθυμος

morphine /'mɔ:fi:n/ n (η) μορφίνη

Morse /mɔ:s/ n **~ (code)** (ο κώδικας) μορς invar

morsel /'mɔ:sl/ n (το) κομματάκι

mortal /'mɔ:tl/ a θνητός. • n (ο) άνθρωπος. **~ity** /-'tælətɪ/ n (η) θνησιμότητα. **~ly** /-tlɪ/ adv θανάσιμα

mortar /'mɔ:tə(r)/ n (building) (το) κονίαμα. (mil) (ο) όλμος

mortgage /'mɔ:gɪdʒ/ n (η) υποθήκη. (loan) (το) στεγαστικό δάνειο. • vt βάζω υποθήκη

mortify /'mɔ:tɪfaɪ/ vt ντροπιάζω

mortuary /'mɔ:tʃərɪ/ n (το) νεκροτομείο

mosaic /məʊ'zeɪk/ n (το) μωσαϊκό

mosque /mɒsk/ n (το) τζαμί

mosquito /məs'ki:təʊ/ n (pl **-oes**) (το) κουνούπι. **~-net** n (η) κουνουπιέρα

moss /mɒs/ n (το) βρύο. **~y** a χορταριασμένος

most /məʊst/ a περισσότερος. • n (το) πολύ. • adv περισσότερο. (very) πολύ. **at ~** το πολύ. **for the ~ part** ως επί το πλείστον. **make the ~ of** επωφελούμαι όσο το δυνατόν περισσότερο (with gen). **~ of them** οι πιο πολλοί. **~ly** adv κυρίως

MOT n **~ (test)** τεχνικός έλεγχος (οχημάτων)

motel /məʊ'tel/ n (το) μοτέλ invar

moth /mɒθ/ n (η) νυχτοπεταλούδα. (in cloth) (ο) σκόρος. **~-ball** n (η) ναφθαλίνη. **~-eaten** a σκοροφαγωμένος

mother /'mʌðə(r)/ n (η) μητέρα. • vt φροντίζω σαν μητέρα. **~hood** n (η) μητρότητα. **~-in-law** n (pl **~s-in-law**) (η) πεθερά. **~land** n (η) πατρίδα. **~-of-pearl** n (το) φίλντισι. **M~'s Day** n (η) γιορτή της Μητέρας. **~-to-be** n (η) μέλλουσα μητέρα. **~ tongue** n (η) μητρική γλώσσα

motherly /'mʌðəlɪ/ a μητρικός

motif /məʊ'ti:f/ n (το) μοτίβο

motion /'məʊʃn/ n (η) κίνηση. (proposal) (η) πρόταση. (gesture) (το) νεύμα. • vt/i **~ (to) s.o. to** κάνω νόημα σε κπ να. **~less** a ακίνητος

motivat|e /'məʊtɪveɪt/ vt παρακινώ. **~ion** /-'veɪʃn/ n (το) κίνητρο

motive /'məʊtɪv/ n (το) κίνητρο

motley /'mɒtlɪ/ a ποικίλος. (colour) ποικιλόχρωμος

motor /'məʊtə(r)/ n (η) μηχανή, (το) μοτέρ invar. • a κινητικός. • vi ταξιδεύω με αυτοκίνητο. **~ bike** (fam), **~ cycle** ns (η) μοτοσικλέτα. **~ boat** n (η) βενζινάκατος. **~ car** n (το) αυτοκίνητο. **~ cyclist** n (ο) μοτοσικλετιστής, (η) μοτοσικλετίστρια. **~-racing** n (ο) αγώνας ταχύτητας. **~ vehicle** n (το) αυτοκίνητο. **~ing** n (η) αυτοκίνηση. **~ist** n (ο) αυτοκινητιστής

motorcade /'məʊtəkeɪd/ n (η) αυτοκινητοπομπή

motorize /'məʊtəraɪz/ vt καθιστώ μηχανοκίνητο

motorway /'məʊtəweɪ/ n (ο) αυτοκινητόδρομος

mottled /'mɒtld/ a με νερά (όπως το μάρμαρο)

motto /'mɒtəʊ/ n (pl **-oes**) (το) μότο invar

mould[1] /məʊld/ n (το) καλούπι. • vt πλάθω. (fig) διαμορφώνω. **~ing** n (η) διαμόρφωση. (archit) (η) κορνίζα

mould² /məʊld/ n (rot) (η) μούχλα. **~er** vi γίνομαι σκόνη. **~y** a μουχλιασμένος

moult /məʊlt/ vi μαδώ

mound /maʊnd/ n (ο) σωρός

mount¹ /maʊnt/ n (το) όρος

mount² /maʊnt/ vt/i ανεβαίνω. • vt (picture etc.) κορνιζάρω. • n (το) στήριγμα. **~ up** ανεβαίνω

mountain /'maʊntɪn/ n (το) βουνό. **~ous** a ορεινός

mountaineer /maʊntɪ'nɪə(r)/ n (ο) ορειβάτης, (η) ορειβάτισσα. **~ing** n (η) ορειβασία

mourn /mɔːn/ vt/i πενθώ. **~ for** θρηνώ. **~er** n (ο) πενθών, (η) πενθούσα. **~ing** n (το) πένθος. in **~ing** σε πένθος

mournful /'mɔːnfl/ a πένθιμος

mouse /maʊs/ n (pl mice) (το) ποντίκι

mousetrap /'maʊstræp/ n (η) ποντικοπαγίδα

mousse /muːs/ n (culin) (το) μους invar. (for hair) (ο) αφρός για τα μαλλιά

moustache /mə'stɑːʃ/ n (το) μουστάκι

mousy /maʊsɪ/ a (colour) χρώματος ανοιχτού καστανού ή γκρίζου. (person) ντροπαλός και ανίκανος

mouth¹ /maʊθ/ n (το) στόμα. **~-organ** n (η) φυσαρμόνικα

mouth² /maʊð/ vt εκστομίζω

mouthful /'maʊθfʊl/ n (η) μπουκιά

mouthpiece /'maʊθpiːs/ n (mus) (το) επιστόμιο. (fig) (το) φερέφωνο

movable /'muːvəbl/ a κινητός

move /muːv/ vt/i κουνώ. (furniture etc.) μετακινώ. (house) μετακομίζω. (progress) προχωρώ. (induce) παρακινώ. (affect emotionally) συγκινώ. (propose) προτείνω. (act) ενεργώ. • n (η) κίνηση. (action) (η) ενέργεια. (in game) η κίνηση. (of house) (η) μετακίνηση. my **~** η σειρά μου. be **~d** (emotionally) συγκινούμαι. get a **~** on! (fam) κουνήσου! **~ along** προχωρώ. **~ away** φεύγω. **~ in** (to house) μπαίνω. **~ out** (from house) φεύγω. **~ over** κάνω θέση. **~ up** προχωρώ. on the **~** σε κίνηση

movement /'muːvmənt/ n (η) κίνηση

movie /'muːvɪ/ n (Amer) (η) (κινηματογραφική) ταινία. the **~s** (ο) κινηματογράφος

moving /'muːvɪŋ/ a κινητός. (touching) συγκινητικός

mow /məʊ/ vt (pp mowed or mown) θερίζω. (lawn) κουρεύω. **~ down** θερίζω. **~er** n (η) θεριστική μηχανή

MP abbr see MEMBER

Mr /'mɪstə(r)/ n (pl Messrs) κ., Κος, (ο) κύριος. **~ Smith** (ο) Κος Smith. **Messrs Smith and Jones** κ.κ. Smith και Jones

Mrs /'mɪsɪz/ n (pl Mrs) κ., Κα, (η) κυρία. **~ Smith** (η) Κα Smith

M.Sc. abbr see MASTER

much /mʌtʃ/ a πολύς. • n & adv πολύ. how **~?** πόσο; **as** μολονότι. **~ the same** περίπου το ίδιο. **so ~** τόσο πολύ. **too ~** περισσότερο απ' ό, τι πρέπει

muck /mʌk/ n (η) κοπριά, (η) βρομιά. (filth: fam) (τα) σκουπίδια. • vi **~ about** or around (fam) χάνω την ώρα μου. vt **~ up** (fam) βρομίζω. (make a mess of: fam) χαλώ. **~y** a βρομερός

mucus /'mjuːkəs/ n (η) βλέννα

mud /mʌd/ n (η) λάσπη. **~dy** a λασπωμένος

muddle /'mʌdl/ vt μπερδεύω. • vi **~ through** τα βολεύω. • n (το) μπέρδεμα. (mix-up) (η) σύγχυση

mudguard /'mʌdgɑːd/ n (το) φτερό (αυτοκινήτου κλπ)

muff /mʌf/ n (το) μανσόν invar

muffin /'mʌfɪn/ n είδος στρογγυλό, αφράτο ψωμάκι

muffle /'mʌfl/ vt τυλίγω. (sound) πνίγω. **~r** n (το) κασκόλ invar

mug¹ /mʌg/ n (η) κούπα (για τσάι). (face: sl) (η) μούρη. (fool: sl) (το) κορόιδο

mug² /mʌg/ vt (pt mugged) επιτίθεμαι βίαια με σκοπό τη ληστεία. **~ger** n αυτός που επιτίθεται βίαια για να ληστέψει. **~ging** n βίαιη επίθεση εναντίον ατόμου με σκοπό τη ληστεία

muggy /'mʌgɪ/ a (-ier, -iest) πνιγηρός

mule /mjuːl/ n (το) μουλάρι

mull /mʌl/ vt **~ over** γυρνώ στο μυαλό μου

multi- /'mʌltɪ/ pref πολυ-

multicoloured /'mʌltɪknləd/ a πολύχρωμος

multifarious /mʌltɪ'feərɪəs/ a πολυποίκιλος

multinational /mʌltɪ'næʃənl/ a πολυεθνικός. • n (η) πολυεθνική εταιρία

multiple /'mʌltɪpl/ a πολλαπλός. • n (το) πολλαπλάσιο

multipl|y /'mʌltɪplaɪ/ vt πολλαπλασιάζω. • vi πολλαπλασιάζομαι. **~ication** /-'keɪʃn/ n (ο) πολλαπλασιασμός

multi-storey /mʌltɪ'stɔːrɪ/ a πολυόροφος

multitude /'mʌltɪtjuːd/ n (το) πλήθος

mum¹ /mʌm/ a keep **~!** (fam) τσιμουδιά!

mum² /mʌm/ n (fam) (η) μαμά

mumble /'mʌmbl/ vi τρώω τα λόγια μου

mummy¹ /'mʌmɪ/ n (body) (η) μούμια. **~ify** vt μομιοποιώ

mummy² /'mʌmɪ/ n (fam) (η) μαμά

mumps /mʌmps/ n (οι) μαγουλάδες

munch /mʌntʃ/ vi μασουλίζω

mundane /mʌn'deɪn/ a κοινός. (worldly) εγκόσμιος

municipal /mjuː'nɪsɪpl/ a δημοτικός. **~ity** /-'pælətɪ/ n (ο) δήμος

munitions /mjuː'nɪʃnz/ npl (τα) πολεμοφόδια

mural /'mjʊərəl/ n (η) τοιχογραφία

murder /'mɜ:də(r)/ n (η) δολοφονία. • vt δολοφονώ. (fam) καταστρέφω. ~er n (ο) δολοφόνος. ~ess n (η) δολοφόνος. ~ous a δολοφονικός

murky /'mɜ:kɪ/ a (-ier, -iest) σκοτεινός

murmur /'mɜ:mə(r)/ n (το) μουρμούρισμα. • vt/i μουρμουρίζω

muscle /'mʌsl/ n (ο) μυς. • vi ~ in (sl) κάνω κάτι με τη βία

muscular /'mʌskjʊlə(r)/ a μυικός. (person) μυώδης

muse¹ /mju:z/ vi συλλογίζομαι

muse² /mju:z/ n (η) μούσα

museum /mju:'zɪəm/ n (το) μουσείο

mush /mʌʃ/ n (ο) χυλός. ~y a χυλώδης

mushroom /'mʌʃrʊm/ n (το) μανιτάρι. • vi αυξάνομαι με γοργό ρυθμό

music /'mju:zɪk/ n (η) μουσική. ~al a μουσικός. (talented) με μουσικό ταλέντο. • n (το) μιούζικαλ invar. ~ centre n (το) στερεοφωνικό σύστημα

musician /mju:'zɪʃn/ n (ο, η) μουσικός

musk /mʌsk/ n (ο) μόσχος

Muslim /'mʊzlɪm/ a μουσουλμανικός. • n (ο) μουσουλμάνος

muslin /'mʌzlɪn/ n (η) μουσελίνα

mussel /'mʌsl/ n (το) μύδι

must /mʌst/ v aux πρέπει. it ~ be very annoying θα πρέπει να είναι πολύ ενοχλητικό. ~ you go? πρέπει να φύγεις; she ~ have forgotten θα ξέχασε. you ~ come πρέπει να 'ρθεις. • n be a ~ (fam) είναι κάτι που πρέπει να γίνει

mustard /'mʌstəd/ n (η) μουστάρδα

muster /'mʌstə(r)/ vt/i συγκεντρώνω/ομαι (άντρες). • n pass ~ είναι ικανοποιητικός

musty /'mʌstɪ/ a (-ier, -iest) smell ~ μυρίζω κλεισούρα

mutation /mju:'teɪʃn/ n (η) μετάλλαξη

mute /mju:t/ a βουβός. • n (ο) βουβός

muted /'mju:tɪd/ a πνιχτός

mutilat|e /'mju:tɪleɪt/ vt ακρωτηριάζω. ~ion /-'leɪʃn/ n (ο) ακρωτηριασμός

mutin|y /'mju:tɪnɪ/ n (η) ανταρσία. • vi στασιάζω. ~ous a στασιαστικός

mutter /'mʌtə(r)/ vt/i μουρμουρίζω. • n (το) μουρμούρισμα

mutton /'mʌtn/ n (το) πρόβειο κρέας

mutual /'mju:tʃʊəl/ a αμοιβαίος. (common: fam) κοινός. ~ly adv αμοιβαία

muzzle /'mʌzl/ n (of animal) (το) ρύγχος. (for dogs etc.) (το) φίμωτρο. (of gun) (η) μπούκα. • vt φιμώνω

my /maɪ/ a μου

myself /maɪ'self/ pron εγώ ο ίδιος. (reflexive) ο εαυτός μου. (after prep) μόνος μου

mysterious /mɪ'stɪərɪəs/ a μυστηριώδης. ~ly adv μυστηριωδώς

mystery /'mɪstərɪ/ n (το) μυστήριο

mystic /'mɪstɪk/ a μυστικιστικός. • n (ο) μυστικιστής, (η) μυστικίστρια. ~al a μυστικιστικός. ~ism /-sɪzəm/ n (ο) μυστικισμός

mystif|y /'mɪstɪfaɪ/ vt σαστίζω. ~ication /-ɪ'keɪʃn/ n (το) σάστισμα

mystique /mɪ'sti:k/ n (η) μυστηριώδης γοητεία

myth /mɪθ/ n (ο) μύθος. ~ical a μυθικός

mytholog|y /mɪ'θɒlədʒɪ/ n (η) μυθολογία. ~ical /-ə'lɒdʒɪkl/ a μυθολογικός

Nn

nab /næb/ vt (pt nabbed) (sl) βουτώ

nag /næg/ vt/i (pt nagged) (pester) γκρινιάζω. (find fault) τα βάζω με. ~ging n (η) γκρίνια. • a (pain etc.) ενοχλητικός

nail /neɪl/ n (το) καρφί. (of finger, toe) (το) νύχι. • vt καρφώνω. ~brush n (η) βούρτσα των νυχιών. ~file n (η) λίμα των νυχιών. ~ polish, ~ varnish ns (το) βερνίκι (για τα νύχια). on the ~ αμέσως

naive /naɪ'i:v/ a αφελής

naked /'neɪkɪd/ a γυμνός. the ~ eye (το) γυμνό μάτι. ~ness n (η) γύμνια

name /neɪm/ n (το) όνομα. (fig) (το) όνομα. • vt (give name) ονομάζω. (specify) ορίζω. be ~d after παίρνω το

όνομα (with gen). my ~ is ... τ' όνομά μου είναι, ονομάζομαι. ~less a ανώνυμος

namely /'neɪmlɪ/ adv δηλαδή

namesake /'neɪmseɪk/ n (ο) συνονόματος

nanny /'nænɪ/ n (η) νταντά. ~goat n (η) κατσίκα

nap /næp/ n (ο) υπνάκος. • vi (pt napped) παίρνω έναν υπνάκο. catch s.o. ~ping (fig) αιφνιδιάζω κπ

nape /neɪp/ n (ο) αυχένας

napkin /'næpkɪn/ n (η) πετσέτα. (for baby) (η) πάνα

nappy /'næpɪ/ n (η) πάνα

narcotic /na:'kɒtɪk/ a ναρκωτικός. • n (το) ναρκωτικό

narrat|e /nəˈreɪt/ vt αφηγούμαι. **~ion** /-ʃn/ n (η) αφήγηση. **~or** n (η) αφηγητής, (η) αφηγήτρια

narrative /ˈnærətɪv/ a αφηγηματικός. • n (το) αφήγημα

narrow /ˈnærəʊ/ a (-er, -est) στενός. (fig) περιορισμένος. • vt/i στενεύω, περιορίζω. **I had a ~ escape** φτηνά τη γλίτωσα. **~ down** περιορίζω. **~-minded** a στενόμυαλος. **~ly** adv στενά, μόλις. **~ness** n (η) στενότητα, (ο) περιορισμός

nasal /ˈneɪzl/ a ρινικός

nast|y /ˈnɑːstɪ/ a (-ier, -iest) δυσάρεστος. (weather) κακός. **turn ~y** γίνομαι δυσάρεστος. **~ily** adv δυσάρεστα. **~iness** n (η) κακία

nation /ˈneɪʃn/ n (το) έθνος. **~-wide** a πανεθνικός

national /ˈnæʃnəl/ a εθνικός. • n (ο, η) υπήκοος. **~ anthem** (ο) εθνικός ύμνος. **N~ Health Service** Εθνικό Σύστημα Υγείας. **~ism** n (ο) εθνικισμός. **~ist** n (ο) εθνικιστής, (η) εθνικίστρια **~ization** n (η) εθνικοποίηση. **~ize** vt εθνικοποιώ. **~ly** adv εθνικά

nationality /næʃəˈnælətɪ/ n (η) εθνικότητα

native /ˈneɪtɪv/ a ιθαγενής. (local) ντόπιος. (quality) ατόφιος. • n (ο, η) ιθαγενής. **a ~ of Britain** γεννημένος στη Βρετανία. **~ land** (η) πατρίδα. **~ language** (η) μητρική γλώσσα

nativity /nəˈtɪvɪtɪ/ n (η) γέννηση. **the N~** (η) γέννηση του Χριστού. **~ play** n (το) χριστουγεννιάτικο θεατράκι

natter /ˈnætə(r)/ vi (fam) φλυαρώ. • n (fam) (η) φλυαρία

natural /ˈnætʃrəl/ a φυσικός. **~ history** n (η) φυσική ιστορία **~ist** n (ο) φυσιοδίφης. **~ly** adv φυσικά. (of course) βεβαίως

naturaliz|e /ˈnætʃrəlaɪz/ vt πολιτογραφώ. **~ation** /-ˈzeɪʃn/ n (η) πολιτογράφηση

nature /ˈneɪtʃə(r)/ n (η) φύση. (kind) (το) είδος. (of person) (ο) χαρακτήρας. **~ trail** n (το) μονοπάτι της φύσης

naturis|m /ˈneɪtʃərɪzəm/ n (ο) γυμνισμός. **~t** /-ɪst/ n (ο) γυμνιστής, (η) γυμνίστρια

naught|y /ˈnɔːtɪ/ a (-ier, -iest) άτακτος. (indecent) τολμηρός. **~ily** adv άτακτα, τολμηρά. **~iness** n (η) αταξία

nause|a /ˈnɔːsɪə/ n (η) ναυτία. (fig) (η) αηδία. **~ous** αηδιαστικός

nauseat|e /ˈnɔːsɪeɪt/ vt φέρνω αηδία σε. **~ing** a αηδιαστικός

nautical /ˈnɔːtɪkl/ a ναυτικός

naval /ˈneɪvl/ a ναυτικός. **~ officer** n (ο) αξιωματικός του ναυτικού

nave /neɪv/ n (το) κεντρικό κλίτος

navel /ˈneɪvl/ n (ο) αφαλός

navigable /ˈnævɪɡəbl/ a (of river) πλωτός. (of craft) πλόιμος

navigat|e /ˈnævɪɡeɪt/ vt διαπλέω. • vi πλέω. **~ion** /-ˈɡeɪʃn/ n (η) ναυσιπλοΐα. **~or** n (ο) ναυτίλος

navvy /ˈnævɪ/ n (ο) σκαφτιάς

navy /ˈneɪvɪ/ n (το) ναυτικό. **~ (blue)** (το) μπλε μαρέν invar

near /nɪə(r)/ a (-er, -est) κοντινός. • adv κοντά. • prep κοντά. (nearly) σχεδόν. • vt/i πλησιάζω. **come or draw ~** πλησιάζω. **~ at hand** adv κοντά. **~ by** adv κοντά. **N~ East** n (η) Εγγύς Ανατολή. **~ness** n (η) εγγύτητα

nearby /ˈnɪəbaɪ/ a κοντινός

nearly /ˈnɪəlɪ/ adv σχεδόν. (closely) στενά. **not ~** καθόλου

neat /niːt/ a (-er, -est) (appearance) περιποιημένος. (room etc.) συγυρισμένος. (undiluted) σκέτος. (plan etc.) καλοφτιαγμένος. **~ly** adv περιποιημένα. **~ness** n (η) τάξη

nebulous /ˈnebjʊləs/ a νεφελώδης. (fig) ακαθόριστος

necessar|y /ˈnesəsərɪ/ a απαραίτητος, αναγκαίος. **~ies** npl (τα) απαραίτητα. **~ily** adv απαραιτήτως. **not ~ily** όχι απαραιτήτως

necessitate /nɪˈsesɪteɪt/ vt επιβάλλω

necessity /nɪˈsesətɪ/ n (η) ανάγκη

neck /nek/ n (ο) σβέρκος. (of bottle) (ο) λαιμός. (of garment) (το) ντεκολτέ. **~ and ~** στήθος με στήθος

necklace /ˈneklɪs/ n (το) κολιέ invar

neckline /ˈneklaɪn/ n (το) ντεκολτέ invar

necktie /ˈnektaɪ/ n (η) γραβάτα

nectar /ˈnektə(r)/ n (το) νέκταρ

nectarine /ˈnektərɪn/ n (το) νεκταρίνι

née /neɪ/ a το γένος

need /niːd/ n (η) ανάγκη. • vt χρειάζομαι. **be in ~ of** έχω ανάγκη από. **he ~ not go** δεν είναι ανάγκη να πάει. **~ I come?** είναι ανάγκη να έρθω; **there's no ~** δεν είναι ανάγκη (for, για to, να). **~less** a περιττός. **~less to say** είναι περιττό να πούμε. **~lessly** adv χωρίς λόγο

needle /ˈniːdl/ n (το) βελόνι. (of record-player) (η) βελόνα. • vt (fam) ερεθίζω

needlework /ˈniːdlwɜːk/ n (το) εργόχειρο

needy /ˈniːdɪ/ a (-ier, -iest) άπορος

negation /nɪˈɡeɪʃn/ n (η) άρνηση

negative /ˈneɡətɪv/ a αρνητικός. • n (photo, gram) (το) αρνητικό. **in the ~** αρνητικά. **~ly** adv αρνητικά

neglect /nɪˈɡlekt/ vt παραμελώ. • n (η) παραμέληση. **in a state of ~** παραμελημένος. **~ to do** παραλείπω να κάνω. **~ful** a αμελής

négligé /ˈneɡlɪʒeɪ/ n (το) νεγκλιζέ invar

negligen|t /ˈneɡlɪdʒənt/ a αμελής. **~ce** n (η) αμέλεια

negligible /ˈneɡlɪdʒəbl/ a αμελητέος

negotiable /nɪˈɡəʊʃɪəbl/ a διαπραγματεύσιμος

negotiat|e /nɪˈgəʊʃɪeɪt/ *vt/i* διαπραγματεύομαι. **~ion** /-ˈeɪʃn/ *n* (η) διαπραγμάτευση. **~or** *n* (ο) διαπραγματευτής

Negr|o /ˈniːgrəʊ/ *a* νέγρικος. • *n* (*pl* -oes) (ο) νέγρος. **~ess** *n* (η) νέγρα

neigh /neɪ/ *n* (το) χλιμίντρισμα. • *vi* χλιμιντρίζω

neighbour /ˈneɪbə(r)/ *n* (ο) γείτονας, (η) γειτόνισσα. **~hood** *n* (η) γειτονιά. **in the ~hood of** (*fig*) κοντά σε. **~ing** *a* γειτονικός

neighbourly /ˈneɪblɪ/ *a* γειτονικός

neither /ˈnaɪðə(r)/ *a & pron* κανένας. • *adv & conj* ούτε. **~** . . . **nor** . . . ούτε . . . ούτε . . .

neon /ˈniːɒn/ *n* (το) νέον. • *a* φωτεινός

nephew /ˈnevjuː/ *n* (ο) ανεψιός

nepotism /ˈnepətɪzəm/ *n* (ο) νεποτισμός

nerve /nɜːv/ *n* (το) νεύρο. (*courage*) (η) ψυχραιμία. (*cheek: fam*) (το) θράσος. **~s** (*nervousness*) (το) τρακ *invar*. **it gets on my ~s** μου δίνει στα νεύρα. **~-racking** *a* εκνευριστικός

nervous /ˈnɜːvəs/ *a* νευρικός. (*agitated*) εκνευρισμένος. **be** *or* **feel ~** έχω τρακ. **~ breakdown** (ο) νευρικός κλονισμός. **~ly** *adv* εκνευρισμένα. **~ness** *n* (η) νευρικότητα. (*fear*) (η) ανησυχία

nervy /ˈnɜːvɪ/ *a* = **nervous**. (*impudent: Amer*) θρασύς

nest /nest/ *n* (η) φωλιά. • *vi* φωλιάζω. **~-egg** *n* (το) κομπόδεμα

nestle /ˈnesl/ *vi* χώνομαι

net[1] /net/ *n* (το) δίχτυ. (*curtain*) (η) λεπτή κουρτίνα. • *vt* (*pt* netted) (*catch*) πιάνω με δίχτυα. **~ting** *n* (το) δικτυωτό. (*fabric*) (το) τούλι

net[2] /net/ *a* καθαρός. • *vt* (*pt* netted) κερδίζω

netball /ˈnetbɔːl/ *n* (η) καλαθόσφαιρα

Netherlands /ˈneðələndz/ *npl* **the ~** οι Κάτω Χώρες

nettle /ˈnetl/ *n* (η) τσουκνίδα

network /ˈnetwɜːk/ *n* (το) δίκτυο

neuralgia /njʊəˈrældʒə/ *n* (η) νευραλγία

neuro|sis /njʊəˈrəʊsɪs/ *n* (*pl* -oses /-siːz/) (η) νεύρωση. **~tic** /-ˈrɒtɪk/ *a & n* νευρωτικός

neuter /ˈnjuːtə(r)/ *a* ουδέτερος. • *n* (το) ουδέτερο. • *vt* ευνουχίζω

neutral /ˈnjuːtrəl/ *a* ουδέτερος. • *n* **in ~** (*auto*) στο νεκρό. **~ity** /-ˈtrælətɪ/ *n* (η) ουδετερότητα

neutron /ˈnjuːtrɒn/ *n* (το) νετρόνιο. **~ bomb** (η) βόμβα νετρονίου

never /ˈnevə(r)/ *adv* ποτέ. (*not: fam*) δε(ν). **~ again** ποτέ ξανά. **~-ending** *a* ατέλειωτος. **~ mind** δεν πειράζει. **well I ~!** είναι απίστευτο!

nevertheless /nevəðəˈles/ *adv* εντούτοις, ωστόσο

new /njuː/ *a* (-er, -est) νέος, καινούριος. **~-born** *a* νεογέννητος. **~-laid egg** *n*

(το) φρέσκο αβγό. **~ moon** *n* (το) νέο φεγγάρι. **~ year** *n* (ο) νέος χρόνος. **N~ Year's Day** *n* (η) πρωτοχρονιά. **N~ Year's Eve** *n* (η) παραμονή της πρωτοχρονιάς. **N~ Zealand** *n* (η) Νέα Ζηλανδία. **N~ Zealander** *n* (ο) Νεοζηλανδός, (η) Νεοζηλανδή. **~ness** *n* (το) καινούριο

newcomer /ˈnjuːkʌmə(r)/ *n* (ο) νεοφερμένος

newfangled /njuːˈfæŋgld/ *a* (*pej*) υπερμοντέρνος

newly /ˈnjuːlɪ/ *adv* προσφάτως. **~-weds** *npl* (οι) νιόπαντροι

news /njuːz/ *n* (τα) νέα. (*radio, TV*) (οι) ειδήσεις. **~y** *a* (*letter: fam*) γεμάτος ειδήσεις. **~ flash** *n* (το) έκτακτο δελτίο ειδήσεων

newsagent /ˈnjuːzeɪdʒənt/ *n* (ο) εφημεριδοπώλης

newsletter /ˈnjuːzletə(r)/ *n* (το) δελτίο (ειδησεογραφικό)

newspaper /ˈnjuːzpeɪpə(r)/ *n* (η) εφημερίδα

newsreader /ˈnjuːzriːdə(r)/ *n* (ο) εκφωνητής

newsreel /ˈnjuːzriːl/ *n* (τα) επίκαιρα

newt /njuːt/ *n* (ο) τρίτων

next /nekst/ *a* επόμενος. (*adjoining*) διπλανός. • *adv* μετά. • *n* (ο) επόμενος. **~ best thing** (η) επόμενη καλύτερη εκλογή. **~ door** (το) πλαϊνό σπίτι. **~-door** *a* πλαϊνός, διπλανός (*γείτονας*). **~ of kin** *n* (οι) πλησιέστεροι συγγενείς. **~ to** (*beside*) δίπλα σε, πλάι σε. (*in order*) μετά από. **~ to nothing** σχεδόν τίποτα

nib /nɪb/ *n* (η) μύτη (*της πένας*)

nibble /ˈnɪbl/ *vt/i* τσιμπώ επανειλημμένα (*φαγώσιμο*). • *n* (το) ελαφρό τσίμπημα

nice /naɪs/ *a* (-er, -est) καλός. (*kind*) ευγενικός. (*agreeable*) συμπαθητικός. (*pleasant*) ευχάριστος. (*attractive*) ωραίος. (*respectable*) ευπρεπής. **~ and warm/cool** ωραίος και ζεστός/δροσερός. **~ly** *adv* ωραία. (*well*) καλά

niceties /ˈnaɪsətɪz/ *npl* (οι) λεπτότητες

niche /nɪtʃ/ *n* (η) κατάλληλη θέση. (*fig*) (η) γωνιά

nick /nɪk/ *n* (το) κόψιμο. (*sl*) (το) φρέσκο. • *vt* (*sl*) τσιμπώ (*κλέβω*). **in the ~ of time** ακριβώς πάνω στην ώρα

nickel /ˈnɪkl/ *n* (το) νικέλιο. (*Amer*) νόμισμα των 5 σεντ

nickname /ˈnɪkneɪm/ *n* (το) παρατσούκλι. • *vt* παρονομάζω

nicotine /ˈnɪkətiːn/ *n* (η) νικοτίνη

niece /niːs/ *n* (η) ανεψιά

Nigeria /naɪˈdʒɪərɪə/ *n* (η) Νιγηρία. **~n** *a* νιγηριανός. • *n* (ο) Νιγηριανός, (η) Νιγηριανή

niggardly /ˈnɪgədlɪ/ *a* τσιγκούνης

niggling /'nɪglɪŋ/ a ασήμαντος. (pain) εκνευριστικός

night /naɪt/ n (η) νύχτα. (evening) (η) βραδιά. • a νυχτερινός. **at ~** τη νύχτα. **~-club** (το) νυχτερινό κέντρο. **~-dress, ~-gown** ns (το) νυχτικό. **~-life** n (η) νυχτερινή ζωή. **~-school** n (η) νυχτερινή σχολή. **~ shift** n (η) νυχτερινή βάρδια. **~-time** n (η) νύχτα. **~-watchman** (ο) νυχτοφύλακας

nightfall /'naɪtfɔ:l/ n (το) σούρουπο

nightie /'naɪtɪ/ n (fam) (η) νυχτικιά

nightingale /'naɪtɪŋgeɪl/ n (το) αηδόνι

nightly /'naɪtlɪ/ a της κάθε νύχτας. (by night) νυχτερινός. • adv κάθε βράδυ

nightmare /'naɪtmeə(r)/ n (ο) εφιάλτης

nil /nɪl/ n (το) μηδέν

nimble /'nɪmbl/ a (-er, -est) σβέλτος

nin|e /naɪn/ a εννέα. • n (το) εννέα invar. **~th** a ένατος. • n (το) ένατο

nineteen /naɪn'ti:n/ a δεκαεννέα. • n (το) δεκαεννέα invar. **~th** a δέκατος ένατος. • n (το) δέκατο ένατο

ninet|y /'naɪntɪ/ a ενενήντα. • n (το) ενενήντα invar. **~ieth** a ενενηκοστός. n (το) ενενηκοστό

nip /nɪp/ vt (pt nipped) τσιμπώ. • vi (fam) πετιέμαι. • n (το) τσίμπημα. (cold) (η) ψύχρα

nipper /'nɪpə(r)/ n (η) δαγκάνα (αστακού). (child: fam) (ο) πιτσιρίκος

nipple /'nɪpl/ n (η) θηλή (του μαστού)

nippy /'nɪpɪ/ a (-ier, -iest) (cold: fam) τσουχτερός. (quick: fam) σβέλτος

nitrogen /'naɪtrədʒən/ n (το) άζωτο

nitwit /'nɪtwɪt/ n (fam) (ο) χαζός

no /nəʊ/ a κανένας. • adv δεν, όχι. • n (pl noes) (το) όχι. **~ man's land** n περιοχή μεταξύ αντιπαρατασσόμενων παρατάξεων όπου απαγορεύεται η κυκλοφορία. **~ one** = nobody. **~ entry** απαγορεύεται η είσοδος. **~ parking** απαγορεύεται η στάθμευση. **~ smoking** απαγορεύεται το κάπνισμα. **~ way!** (fam) επ' ουδενί λόγω

nob|le /'nəʊbl/ a (-er, -est) ευγενής. • n (ο) ευγενής. **~ility** /-'bɪlətɪ/ n (η) ευγένεια. **the ~ility** οι ευγενείς. **~ly** adv αρχοντικά, μεγαλόψυχα

nobleman /'nəʊblmən/ n (pl -men) (ο) ευγενής

nobody /'nəʊbɒdɪ/ pron κανένας. • n (το) μηδενικό

nocturnal /nɒk'tɜ:nl/ a νυχτόβιος

nod /nɒd/ vt/i (pt nodded) νεύω. • n το νεύμα. **~ off** (fam) αποκοιμιέμαι

noise /nɔɪz/ n (ο) θόρυβος. **~less** a αθόρυβος

nois|y /'nɔɪzɪ/ a (-ier, -iest) θορυβώδης. **~ily** adv θορυβωδώς

nomad /'nəʊmæd/ n (ο) νομάς. **~ic** /-'mædɪk/ a νομαδικός

nominal /'nɒmɪnl/ a ονομαστικός. (sum) για τον τύπο

nominat|e /'nɒmɪneɪt/ vt προτείνω. (appoint) διορίζω. **~ion** /-'neɪʃn/ n (η) υποψηφιότητα

nominative /'nɒmɪnətɪv/ n (η) οριστική (πτώση)

non- /nɒn/ pref μη

nonchalant /'nɒnʃələnt/ a νωχελικός

non-commissioned /nɒnkə'mɪʃnd/ a ~ officer (ο) υπαξιωματικός

non-committal /nɒnkə'mɪtl/ a επιφυλακτικός

nondescript /'nɒndɪskrɪpt/ a ακαθόριστος

none /nʌn/ pron (person) κανένας, καμιά. (thing) κανένα. **~ of them** κανένας απ' αυτούς. **~ of this** τίποτ' απ' αυτά. • adv καθόλου. **~ the less** παρ' όλα αυτά. **he's ~ the worse/happier** δεν είναι σε χειρότερη κατάσταση/ευτυχέστερος. **he's ~ too pleased/keen** δεν είναι και τόσο ευχαριστημένος/πρόθυμος. **~ too soon** εγκαίρως

nonentity /nɒ'nentətɪ/ n (η) μηδαμινότητα

non-existent /nɒnɪg'zɪstənt/ a ανύπαρκτος

nonplussed /nɒn'plʌst/ a αμήχανος

nonsens|e /'nɒnsns/ n (η) ανοησία. **~ical** /-'sensɪkl/ a χωρίς νόημα

non-smoker /nɒn'sməʊkə(r)/ n (ο) μη καπνίζων

non-stop /nɒn'stɒp/ a συνεχής. • adv συνεχώς

noodles /'nu:dlz/ npl (οι) χυλοπίτες

nook /nʊk/ n (η) γωνιά

noon /nu:n/ n (το) μεσημέρι

noose /nu:s/ n (η) θηλιά

nor /nɔ:(r)/ conj ούτε

norm /nɔ:m/ n (η) νόρμα

normal /'nɔ:ml/ a ομαλός. **~ity** /-'mælətɪ/ n (η) ομαλότητα. **~ly** adv ομαλά

north /nɔ:θ/ n (ο) βορράς. • a βόρειος. • adv προς το βορρά. **N~ America** n (η) Βόρειος Αμερική. **N~ American** a βορειοαμερικανικός. • n Βορειοαμερικανός. **~-east** n (το) βορειοανατολικό. • a βορειοανατολικός. **~erly** /'nɔ:ðəlɪ/ a βορινός. **N~ Sea** n (η) Βόρειος Θάλασσα. **~ward** a βόρειος. **~wards** adv προς το βορρά. **~-west** n (το) βορειοδυτικό. • a βορειοδυτικός

northern /'nɔ:ðən/ a βόρειος. **N~ Ireland** n (η) Βόρεια Ιρλανδία. **~er** n (ο) βόρειος

Norw|ay /'nɔ:weɪ/ n (η) Νορβηγία. **~egian** /-'wi:dʒən/ a νορβηγικός. • n (ο) Νορβηγός, (η) Νορβηγίδα

nose /nəʊz/ n (η) μύτη. • vi ~ about χώνω τη μύτη μου

nosebleed /'nəʊzbli:d/ n (η) αιμορραγία της μύτης

nosedive /'nəʊzdaɪv/ n (η) κάθετη εφόρμηση (αεροπλάνου). (fig) (η) κατακόρυφη πτώση

nostalg|ia /nɒ'stældʒə/ n (η) νοσταλγία. ~ic a νοσταλγικός

nostril /'nɒstrɪl/ n (το) ρουθούνι

nosy /'nəʊzɪ/ a (-ier, -iest) (fam) περίεργος

not /nɒt/ adv δεν. **I do ~ know** δεν ξέρω. **I hope ~** ελπίζω πως όχι. **if ~** αν όχι. **~ at all** καθόλου. **~ yet** όχι ακόμη

notable /'nəʊtəbl/ a αξιοσημείωτος. • n (ο) πρόκριτος

notably /'nəʊtəblɪ/ adv ιδιαίτερα

notary /'nəʊtərɪ/ n (ο) συμβολαιογράφος

notation /nəʊ'teɪʃn/ n (η) σημειογραφία

notch /nɒtʃ/ n εγκοπή. • vt ~ **up** σημειώνω (επιτυχία, ρεκόρ)

note /nəʊt/ n (η) σημείωση. (short letter) (το) σημείωμα. (written comment) (η) παρατήρηση. (banknote) (το) χαρτονόμισμα. (mus) (η) νότα. • vt προσέχω. ~ **(down)** σημειώνω

notebook /'nəʊtbʊk/ n (το) σημειωματάριο

noted /'nəʊtɪd/ a διάσημος

notepaper /'nəʊtpeɪpə(r)/ n (το) χαρτί για σημειώσεις

noteworthy /'nəʊtwɜ:ðɪ/ a αξιοσημείωτος

nothing /'nʌθɪŋ/ pron τίποτα. • n (thing) (το) τίποτα. (person) (το) μηδέν. • adv καθόλου. ~ **but** τίποτ' άλλο παρά. ~ **else** τίποτ' άλλο. ~ **much** τίποτα το σπουδαίο. **it has ~ to do with** δεν έχει καμμιά σχέση με

notice /'nəʊtɪs/ n (poster) (η) αγγελία. (announcement) (η) ανακοίνωση. (attention) (η) προσοχή. (advance notification) (η) προειδοποίηση. (termination of employment) (η) προθεσμία. • vt προσέχω. ~**-board** n (ο) πίνακας ανακοινώσεων. **take ~** δίνω σημασία (of, σε). **take no ~** δε δίνω σημασία (of, σε)

noticeabl|e /'nəʊtɪsəbl/ a αισθητός. ~**y** adv αισθητά

notif|y /'nəʊtɪfaɪ/ vt ειδοποιώ. ~**ication** /-ɪ'keɪʃn/ n (η) ειδοποίηση

notion /'nəʊʃn/ n (η) αντίληψη. ~**s** (haberdashery) (τα) ψιλικά

notori|ous /nəʊ'tɔ:rɪəs/ a διαβόητος. ~**ety** /-ə'raɪətɪ/ n (η) κακή φήμη. ~**iously** adv κατά κοινή ομολογία

notwithstanding /nɒtwɪθ'stændɪŋ/ prep παρά. • adv παρ' όλο που

nougat /'nu:ga:/ n γλυκό με ψιλοκομμένα αμύγδαλα, κεράσια κλπ, (το) νουγκά invar

nought /nɔ:t/ n (το) μηδέν

noun /naʊn/ n (το) ουσιαστικό

nourish /'nʌrɪʃ/ vt τρέφω. ~**ing** a θρεπτικός. ~**ment** n (η) τροφή

novel /'nɒvl/ n (το) μυθιστόρημα. • a νέος. ~**ist** n (ο, η) μυθιστοριογράφος. ~**ty** n (ο) νεωτερισμός

November /nəʊ'vembə(r)/ n (ο) Νοέμβριος

novice /'nɒvɪs/ n (ο) πρωτάρης. (learner) (ο) μαθητευόμενος

now /naʊ/ adv τώρα. • conj ~ **(that)** τώρα (που). **by ~** ήδη. **for ~** για τώρα. ~ **and again**, ~ **and then** πότε πότε

nowadays /'naʊədeɪz/ adv σήμερα

nowhere /'nəʊweə(r)/ adv πουθενά

noxious /'nɒkʃəs/ a επιβλαβής

nozzle /'nɒzl/ n (το) στόμιο

nuance /'nju:a:ns/ n (η) απόχρωση (στην έννοια)

nuclear /'nju:klɪə(r)/ a πυρηνικός

nucleus /'nju:klɪəs/ n (pl **-lei** /-lɪaɪ/) (ο) πυρήνας

nud|e /nju:d/ a γυμνός. • n (το) γυμνό. **in the ~** γυμνός. ~**ity** n (η) γύμνια

nudge /nʌdʒ/ vt σκουντώ ελαφρά (με τον αγκώνα). • n (το) σκούντημα

nudis|t /'nju:dɪst/ n (ο) γυμνιστής, (η) γυμνίστρια. ~**m** /-zəm/ n (ο) γυμνισμός

nugget /'nʌgɪt/ n (ο) βώλος χρυσού

nuisance /'nju:sns/ n (ο) μπελάς. **be a ~** είμαι μπελάς

null /nʌl/ a άκυρος. ~ **and void** άκυρος. ~**ity** n (η) ακυρότητα

nullify /'nʌlɪfaɪ/ vt ακυρώνω

numb /nʌm/ a μουδιασμένος. • vt μουδιάζω

number /'nʌmbə(r)/ n (ο) αριθμός. • vt αριθμώ. (include) συγκαταλέγω. **a ~ of** μερικοί. ~**-plate** n (η) πινακίδα κυκλοφορίας

numeral /'nju:mərəl/ n (ο) αριθμός

numerate /'nju:mərət/ a που γνωρίζει αριθμητική

numerical /nju:'merɪkl/ a αριθμητικός

numerous /'nju:mərəs/ a πολυάριθμος

nun /nʌn/ n (η) καλόγρια

nurs|e /nɜ:s/ n (η) νοσοκόμα. (nanny) (η) παραμάνα. • vt (patient) νοσηλεύω. (baby) θηλάζω. (fig) περιποιούμαι. ~**ing** n (η) περιποίηση (αρρώστου). ~**ing home** n (η) ιδιωτική κλινική για ηλικιωμένους

nursery /'nɜ:sərɪ/ n (room) (το) δωμάτιο των παιδιών. (for plants) (το) φυτώριο. **(day)** ~ (ο) παιδικός σταθμός. ~ **rhyme** n (το) παιδικό τραγουδάκι. ~ **school** n (το) νηπιαγωγείο

nurture /'nɜ:tʃə(r)/ vt ανατρέφω

nut /nʌt/ n (ο) ξηρός καρπός. (mech) (το) παξιμάδι. (sl) (ο) τρελός. ~**ty** a (taste) με γεύση φιστικιού/καρυδιού. (mad: sl) ξετρελαμένος

nutcrackers /'nʌtkrækəz/ npl (ο) καρυοθραύστης

nutmeg /'nʌtmeg/ n (το) μοσχοκάρυδο

nutrient /'nju:trɪənt/ n (η) θρεπτική ουσία. • a θρεπτικός
nutrit|ion /nju:'trɪʃn/ n (η) θρέψη. ~ious a θρεπτικός
nuts /nʌts/ a (mad: sl) τρελός. be ~ about (fam) τρελαίνομαι για

nutshell /'nʌtʃel/ n (το) καρυδότσουφλο. in a ~ εν συντομία
nuzzle /'nʌzl/ vt τρίβω τη μύτη (πάνω σε κάποιο, για ζώα)
nylon /'naɪlɒn/ n (το) νάιλον
nymph /nɪmf/ n (η) νύμφη

Oo

oaf /əʊf/ n (pl oafs) (ο) μπουντάλας
oak /əʊk/ n (η) βαλανιδιά
OAP abbr (old-age pensioner) (ο, η) συνταξιούχος
oar /ɔ:(r)/ n (το) κουπί
oasis /əʊ'eɪsɪs/ n (pl oases) /-si:z/ (η) όαση
oath /əʊθ/ n (ο) όρκος. (swear-word) (η) βλαστήμια
oatmeal /'əʊtmi:l/ n (το) αλεύρι από βρώμη
oats /əʊts/ npl (η) βρώμη
obedien|t /ə'bi:dɪənt/ a υπάκουος. ~ce n (η) υπακοή. ~tly adv υπάκουα
obelisk /'ɒbɪlɪsk/ n (ο) οβελίσκος
obes|e /əʊ'bi:s/ a παχύσαρκος. ~ity n (η) παχυσαρκία
obey /ə'beɪ/ vt/i υπακούω. (instructions) συμμορφώνομαι με
obituary /ə'bɪtʃʊərɪ/ n (η) νεκρολογία
object¹ /'ɒbdʒɪkt/ n (το) αντικείμενο. (aim) (ο) σκοπός. (gram) (το) αντικείμενο. money/time is no ~ το χρήμα/ο χρόνος δεν έχει σημασία. ~-lesson n (το) παράδειγμα
object² /əb'dʒekt/ vi (protest) έχω αντίρρηση. ~ to αντιτίθεμαι. ~ion /-ʃn/ n (η) αντίρρηση. ~or n (ο) αντιρρησίας
objectionable /əb'dʒekʃnəbl/ a απαράδεκτος. (unpleasant) δυσάρεστος
objectiv|e /əb'dʒektɪv/ a αντικειμενικός. • n (ο) σκοπός. ~ity /ɒbdʒek'tɪvɪtɪ/ n (η) αντικειμενικότητα. ~ely adv αντικειμενικά
obligation /ɒblɪ'geɪʃn/ n (η) υποχρέωση. be under an ~ to είμαι υποχρεωμένος να
obligatory /ə'blɪgətrɪ/ a υποχρεωτικός
oblig|e /ə'blaɪdʒ/ vt υποχρεώνω. ~ed a υποχρεωμένος. be ~ed to do (compelled) είμαι υποχρεωμένος να κάνω. be ~ed to s.o. (grateful) είμαι υποχρεωμένος σε κπ. ~ing a υποχρεωτικός. ~ingly adv πρόθυμα
oblique /ə'bli:k/ a λοξός
obliterat|e /ə'blɪtəreɪt/ vt εξαλείφω. ~ion /-'reɪʃn/ n (η) εξάλειψη

oblivion /ə'blɪvɪən/ n (η) λήθη
oblivious /ə'blɪvɪəs/ a επιλήσμων
oblong /'ɒblɒŋ/ a επιμήκης. • n (το) ορθογώνιο
obnoxious /əb'nɒkʃəs/ a απαίσιος
oboe /'əʊbəʊ/ n (το) όμποε invar
obscen|e /əb'si:n/ a αισχρός. ~ity /-enətɪ/ n (η) αισχρότητα
obscur|e /əb'skjʊə(r)/ a δυσνόητος. (person) άσημος. • vt σκεπάζω. (conceal) κρύβω. ~ity n (η) ασημότητα
obsequious /əb'si:kwɪəs/ a δουλοπρεπής
observan|t /əb'zɜ:vənt/ a παρατηρητικός. ~ce n (η) τήρηση
observatory /əb'zɜ:vətrɪ/ n (το) αστεροσκοπείο
observ|e /əb'zɜ:v/ vt παρατηρώ. ~ation /ɒbzə'veɪʃn/ n (η) παρατήρηση. ~er n (ο) παρατηρητής, (η) παρατηρήτρια
obsess /əb'ses/ vt κατέχω. be ~ed with or by βασανίζομαι από. ~ion /-ʃn/ n (η) έμμονη ιδέα. ~ive a έμμονος
obsolete /'ɒbsəli:t/ a απαρχαιωμένος, ξεπερασμένος
obstacle /'ɒbstəkl/ n (το) εμπόδιο
obstetric|s /əb'stetrɪks/ n (η) μαιευτική. ~ian /ɒbstɪ'trɪʃn/ n (ο, η) μαιευτήρας
obstina|te /'ɒbstɪnət/ a ισχυρογνώμων. ~cy n (η) ισχυρογνωμοσύνη. ~tely adv ισχυρογνωμόνως
obstruct /əb'strʌkt/ vt εμποδίζω. ~ion /-ʃn/ n (το) εμπόδιο
obtain /əb'teɪn/ vt αποκτώ. • vi κρατώ. ~able a που μπορεί να αποκτηθεί
obtrusive /əb'tru:sɪv/ a φορτικός
obtuse /əb'tju:s/ a αμβλύς
obviate /'ɒbvɪeɪt/ vt αποτρέπω
obvious /'ɒbvɪəs/ a φανερός. ~ly adv φανερά
occasion /ə'keɪʒn/ n (η) περίσταση. (special event) (η) περίπτωση. • vt προξενώ. on ~ καμιά φορά
occasional /ə'keɪʒənl/ a σποραδικός. ~ly adv κάπου κάπου
occult /ɒ'kʌlt/ a απόκρυφος. • n (ο) αποκρυφισμός

occupation /ɒkjʊ'preiʃn/ n απασχόληση. (job) (το) επάγγελμα. **~al** a επαγγελματικός. **~al therapy** n (η) εργασιοθεραπεία

occup|y /'ɒkjʊpai/ vt κατέχω. **~ant, ~ier** ns (o, η) κάτοχος. (of building) (o, η) ένοικος

occur /ə'kɜ:(r)/ vi (pt occurred) συμβαίνω. (exist) βρίσκομαι. **it ~red to me that** σκέφτηκα ότι

occurrence /ə'kʌrəns/ n (το) συμβάν

ocean /'əʊʃn/ n (o) ωκεανός

o'clock /ə'klɒk/ adv η ώρα. **at five ~** στις πέντε η ώρα. **it's seven ~** είναι εφτά η ώρα

octagon /'ɒktəgən/ n (το) οκτάγωνο

octane /'ɒkteın/ n (το) οκτάνιο

octave /'ɒktıv/ n (η) οκτάβα

October /ɒk'təʊbə(r)/ n (o) Οκτώβριος

octopus /'ɒktəpəs/ n (pl -puses) (το) χταπόδι

oculist /'ɒkjʊlist/ n (o) οφθαλμολόγος

odd /ɒd/ a (-er, -est) (strange) παράξενος. (number) μονός. (not of set) παράταιρος. (occasional) ακανόνιστος. **fifty-~ years** πενήντα τόσα χρόνια. **~ job** n (η) δουλειά του ποδαριού. **the ~ one out** αυτός που ξεχωρίζει. **~ity** n (η) παραξενιά. (person) (η) εκκεντρικότητα. **~ly** adv περίεργα. **~ly enough** όλως παραδόξως

oddment /'ɒdmənt/ n (το) απομεινάρι

odds /ɒdz/ npl (οι) πιθανότητες. (in betting) (τα) στοιχήματα. **at ~** σε διαφωνία. **~ and ends** διάφορα μικροπράγματα

ode /əʊd/ n (η) ωδή

odious /'əʊdiəs/ a απεχθής

odour /'əʊdə(r)/ n (η) οσμή. **~less** a άοσμος

of /əv, ɒv/ prep του, από. **a friend ~ mine** ένας φίλος μου. **a glass ~ wine** ένα ποτήρι κρασί. **how kind ~ you** πολύ ευγενικό εκ μέρους σας. **it's made ~ glass** είναι φτιαγμένο από γυαλί. **six ~ them** έξι από αυτούς. **the fifth ~ June** η πέμπτη Ιουλίου

off /ɒf/ adv **the light is ~** το φως είναι σβηστό. **the tap is ~** η βρύση είναι κλειστή. **the fish is ~** το ψάρι είναι μπαγιάτικο. • prep (distant from) σε απόσταση από. **be better ~ than** είμαι σε καλύτερη κατάσταση από. **be ~** (leave) φεύγω. **day ~** n (η) μέρα με άδεια. **~-beat** a ανορθόδοξος. **~ chance** n (η) ελάχιστη πιθανότητα. **~ colour** a αδιάθετος. **~-licence** n (το) κατάστημα οινοπνευματωδών ποτών. **~-load** vt ξεφορτώνομαι. **~-putting** a (fam) απωθητικός. **~-stage** a παρασκηνιακός. • adv στα παρασκήνια. **~-white** a υπόλευκος

offal /'ɒfl/ n (τα) εντόσθια

offence /ə'fens/ n (η) προσβολή. (illegal act) (το) παράπτωμα. **take ~** προσβάλλομαι

offend /ə'fend/ vt προσβάλλω. **~er** n (o) παραβάτης, (η) παραβάτις

offensive /ə'fensıv/ a προσβλητικός. (disgusting) αποκρουστικός. (weapon) επιθετικός. • n (η) επίθεση

offer /'ɒfə(r)/ vt (pt offered) προσφέρω. • n (η) προσφορά. **be on ~** έχει έκπτωση. **~ing** n (η) προσφορά

offhand /ɒf'hænd/ a (brusque) απότομος. (casual) πρόχειρος. • adv απότομα

office /'ɒfıs/ n (το) γραφείο. (post) (το) αξίωμα. **in ~** στην εξουσία

officer /'ɒfısə(r)/ n (mil, police) (o) αξιωματικός. (of organization) (o) ανώτερος υπάλληλος

official /ə'fıʃl/ a επίσημος. • n (o, η) υπάλληλος. **~ly** adv επίσημα

officiate /ə'fıʃieıt/ vi ιερουργώ. **~ as** εκτελώ χρέη (with gen)

officious /ə'fıʃəs/ a υπερβολικά πρόθυμος

offing /'ɒfıŋ/ n **in the ~** επικείμενος

offset /'ɒfset/ vt (pt - set, pres p -setting) αντισταθμίζω

offshoot /'ɒfʃu:t/ n (το) παρακλάδι

offside /ɒf'saıd/ a (sport) αφσάιντ invar

offspring /'ɒfsprıŋ/ n invar (o) γόνος

often /'ɒfn/ adv συχνά. **every so ~** από καιρού εις καιρόν

ogle /'əʊgl/ vt γλυκοκοιτάζω

ogre /'əʊgə(r)/ n (o) δράκος

oh /əʊ/ int ω

oil /ɔıl/ n (το) λάδι. (petroleum) (το) πετρέλαιο. (for heating) (το) πετρέλαιο. • vt λαδώνω. **~-painting** n (η) ελαιογραφία. **~ rig** n (η) πλατφόρμα αντλήσεως πετρελαίου. **~-tanker** n (το) πετρελαιοφόρο (σκάφος). **~-slick** n (η) πετρελαιοκηλίδα. **~ well** n (το) φρέαρ πετρελαίου. **~y** a λαδωμένος. (fish) λιπαρός

oilfield /'ɔılfi:ld/ n (η) πετρελαιοφόρα περιοχή

oilskins /'ɔılskınz/ npl (η) νιτσεράδα

ointment /'ɔıntmənt/ n (η) αλοιφή

OK /əʊ'keı/ a & adv εντάξει

old /əʊld/ a (-er, -est) ηλικιωμένος. (not modern) παλιός. (former) παλιός. **how ~ is she?** πόσων χρόνων είναι; **she is ten years ~** είναι δέκα χρόνων. **of ~** του παλιού καιρού. **~ age** n (τα) γεράματα. **~-fashioned** a περασμένης μόδας. **~ maid** n (η) γεροντοκόρη. **~ man** n (o) γέρος. **~ woman** n (η) γριά. **~-world** a της παλιάς εποχής

olive /'ɒlıv/ n (fruit, tree) (η) ελιά. • a (colour) λαδής. **~ oil** n (το) ελαιόλαδο

Olympic /ə'lımpık/ a ολυμπιακός. **~s, ~ Games** ns (οι) Ολυμπιακοί Αγώνες

ombudsman /'ɒmbʊdzmən/ (ο) κυβερνητικός επίτροπος
omelette /'ɒmlɪt/ *n* (η) ομελέτα
omen /'əʊmen/ *n* (ο) οιωνός
ominous /'ɒmɪnəs/ *a* δυσοίωνος
omi|t /ə'mɪt/ *vt* (*pt* omitted) παραλείπω. **~ to do** παραλείπω να κάνω. **~ssion** /-ʃn/ *n* (η) παράλειψη
omnipotent /ɒm'nɪpətənt/ *a* παντοδύναμος
on /ɒn/ *prep* πάνω, σε. • *adv* **the light is ~** το φως είναι αναμμένο. **the tap is ~** η βρύση είναι ανοιχτή. **and so ~** και ούτω καθεξής. **be ~ about** λέω. **be ~ at** (*fam*) γκρινιάζω συνεχώς. **from now/then ~** από δω και μπρος/από τότε. **go ~** συνεχίζω. **have a hat/coat ~** φορώ καπέλο/παλτό. **later ~** αργότερα. **~ and off** κατά διαστήματα. **~ and ~** συνεχώς. **~ foot** με τα πόδια. **~ Monday** τη Δευτέρα. **~ Mondays** κάθε Δευτέρα. **~ the way** στο δρόμο
once /wʌns/ *adv* μια φορά. (*formerly*) κάποτε. • *conj* μια και. **all at ~** ξαφνικά. **at ~** αμέσως. **~ again** *or* **more** άλλη μια φορά. **~ a week/month** μια φορά τη βδομάδα/το μήνα. **~-over** *n* (*fam*) (η) γρήγορη εξεταστική ματιά
oncoming /'ɒnkʌmɪŋ/ *a* επερχόμενος
one /wʌn/ *a* & *pron* ένας, μία, ένα. (*impersonal*) ένας, αυτός. • *n* (το) ένα. **~ and only** (ο) μοναδικός. **~ another** ο ένας τον άλλο. **~ by** ένας ένας. **~ day** μια μέρα **~-sided** *a* μονόπλευρος. **~-way** *a* (*street*) μονόδρομος. (*ticket*) απλός. **this/that ~** αυτός/εκείνος
oneself /wʌn'self/ *pron* ο ίδιος. **by ~** μόνος του
onion /'ʌnɪən/ *n* (το) κρεμμύδι
onlooker /'ɒnlʊkə(r)/ *n* (ο) θεατής
only /'əʊnlɪ/ *a* μόνος. • *adv* μόνο. • *conj* αλλά, μόνο που. **an ~ child** μοναχογιός. **~ just** μόλις. **~ too** πολύ
onset /'ɒnset/ *n* (*beginning*) (η) αρχή. (*attack*) (η) επίθεση
onslaught /'ɒnslɔːt/ *n* (η) βίαιη επίθεση
onus /'əʊnəs/ *n* (η) ευθύνη. **the ~ is on me/you** είναι δική μου/δική σου ευθύνη
onward(s) /'ɒnwəd(z)/ *adv* (προς τα) εμπρός
onyx /'ɒnɪks/ *n* (ο) όνυχας
ooze /uːz/ *vt/i* στάζω
opal /'əʊpl/ *n* (το) οπάλιο
opaque /əʊ'peɪk/ *a* αδιαφανής
open /'əʊpən/ *a* ανοιχτός. (*free to all*) ελεύθερος. (*available*) διαθέσιμος. (*uncertain*) αβέβαιος. (*cheque*) ανοιχτός. • *vt/i* ανοίγω. **~ the ~** το ύπαιθρο. **half-~** *a* μισάνοιχτος. **in the ~ air** στο ύπαιθρο. **~-air** *a* υπαίθριος. **~-ended** *a* απεριόριστος. **~-minded** *a* απροκατάληπτος. **~-plan** *a* ενιαίου χώρου. **~ sea** *n* (το) πέλαγος. **~ secret**

n (το) κοινό μυστικό. **O~ University** *n* (το) Ελεύθερο Πανεπιστήμιο
opener /'əʊpənə(r)/ *n* (*for tins, bottles*) (το) ανοιχτήρι
opening /'əʊpənɪŋ/ *n* (το) άνοιγμα. (*beginning*) (η) έναρξη. (*job*) (η) κενή θέση. **~ hours** ώρες λειτουργίας
openly /'əʊpənlɪ/ *adv* ανοιχτά
opera /'ɒprə/ *n* (η) όπερα. **~-glasses** *npl* (τα) κιάλια (της όπερας). **~tic** /ɒpə'rætɪk/ *a* οπερατικός
operat|e /'ɒpəreɪt/ *vt* (*control*) χειρίζομαι. (*techn*) λειτουργώ. • *vi* (*function*) λειτουργώ. **~e on** (*med*) εγχειρίζω. **~ing theatre** *n* (το) χειρουργείο. **~ion** /-'reɪʃn/ *n* (*techn*) (η) λειτουργία. (*med*) (η) εγχείρηση. **in ~ion** σε λειτουργία. **~or** *n* (ο) χειριστής, (η) χειρίστρια. (*telec*) (ο) τηλεφωνητής, (η) τηλεφωνήτρια
operational /ɒpə'reɪʃnl/ *a* λειτουργικός
operative /'ɒpərətɪv/ *a* σε ισχύ. (*law etc.*) ουσιώδης. (*med*) χειρουργικός
operetta /ɒpə'retə/ *n* (η) οπερέτα
opinion /ə'pɪnɪən/ *n* (η) γνώμη. **in my ~** κατά τη γνώμη μου. **~ated** *a* ισχυρογνώμων
opium /'əʊpɪəm/ *n* (το) όπιο
opponent /ə'pəʊnənt/ *n* (ο) αντίπαλος
opportune /'ɒpətjuːn/ *a* εύθετος. (*time*) επίκαιρος
opportunist /ɒpə'tjuːnɪst/ *n* (ο) καιροσκόπος
opportunity /ɒpə'tjuːnətɪ/ *n* (η) ευκαιρία (**to**, να)
oppos|e /ə'pəʊz/ *vt* αντιτίθεμαι. **~ed to** αντίθετος προς. **~ing** *a* αντίθετος
opposite /'ɒpəzɪt/ *a* αντίθετος. (*facing*) αντικρινός. • *n* (το) αντίθετο. • *adv* & *prep* απέναντι. **~ number** (ο) ομόλογος. **the ~ sex** (το) αντίθετο φύλο
opposition /ɒpə'zɪʃn/ *n* (η) αντίθεση. (*pol*) (η) αντιπολίτευση
oppress /ə'pres/ *vt* καταπιέζω. **~ion** /-ʃn/ *n* (η) καταπίεση. **~ive** *a* καταπιεστικός. (*weather*) αποπνικτικός. **~or** *n* (ο) καταπιεστής
opt /ɒpt/ *vi* **~ for** επιλέγω. **~ out** αποσύρομαι. **~ to** επιλέγω να
optical /'ɒptɪkl/ *a* οπτικός. **~ illusion** *n* (η) οφθαλμαπάτη
optician /ɒp'tɪʃn/ *n* (ο) οπτικός
optimis|t /'ɒptɪmɪst/ *n* (ο) αισιόδοξος. **~m** /-zəm/ *n* (η) αισιοδοξία. **~tic** /-'mɪstɪk/ *a* αισιόδοξος
optimum /'ɒptɪməm/ *n* (*pl* -ima) (το) άριστο, (το) όπτιμουμ *invar*. • *a* άριστος, βέλτιστος
option /'ɒpʃn/ *n* (η) επιλογή. (*comm*) (το) δικαίωμα προτιμήσεως
optional /'ɒpʃənl/ *a* προαιρετικός
opulen|t /'ɒpjʊlənt/ *a* πλούσιος. **~ce** *n* (η) χλιδή

or /ɔ:(r)/ *conj* ή. (*after negative*) ούτε. ~ **else** διαφορετικά

oracle /'ɒrəkl/ *n* (ο) χρησμός

oral /'ɔ:rəl/ *a* προφορικός. (*med*) από το στόμα. • *n* (*fam*) (η) προφορική εξέταση

orange /'ɒrɪndʒ/ *n* (το) πορτοκάλι. (*tree*) (η) πορτοκαλιά. (*colour*) (το) πορτοκαλί. • *a* πορτοκαλής. ~**ade** *n* (η) πορτοκαλάδα

orator /'ɒrətə(r)/ *n* (ο) ρήτορας

oratorio /ɒrə'tɔ:rɪəʊ/ *n* (*pl* -os) (το) ορατόριο

oratory /'ɒrətrɪ/ *n* (η) ρητορεία

orbit /'ɔ:bɪt/ *n* (η) τροχιά. • *vt* είμαι σε τροχιά γύρω από

orchard /'ɔ:tʃəd/ *n* (το) περιβόλι

orchestra /'ɔ:kɪstrə/ *n* (η) ορχήστρα. ~**l** /-'kestrəl/ *a* της ορχήστρας

orchestrate /'ɔ:kɪstreɪt/ *vt* ενορχηστρώνω

orchid /'ɔ:kɪd/ *n* (η) ορχιδέα

ordain /ɔ:'deɪn/ *vt* ορίζω. (*relig*) χειροτονώ

ordeal /ɔ:'di:l/ *n* (η) δοκιμασία

order /'ɔ:də(r)/ *n* (η) τάξη. (*command*) (η) διαταγή. (*comm*) (η) παραγγελία. • *vt* παραγγέλλω. **in** ~ εντάξει. **in** ~ **to** *or* **that** για να

orderly /'ɔ:dəlɪ/ *a* πειθαρχικός. • *n* (*mil*) (η) ορντινάντσα. (*med*) (ο) νοσοκόμος

ordinary /'ɔ:dɪnrɪ/ *a* (*usual*) συνηθισμένος. (*average*) μέσος

ordination /ɔ:dɪ'neɪʃn/ *n* (η) χειροτονία

ore /ɔ:(r)/ *n* (το) μετάλλευμα

organ /'ɔ:gən/ *n* (*mus*) (το) εκκλησιαστικό όργανο. (*anat*) (το) όργανο. ~**ist** *n* αυτός που παίζει εκκλησιαστικό όργανο

organic /ɔ:'gænɪk/ *a* οργανικός

organism /'ɔ:gənɪzəm/ *n* (ο) οργανισμός

organize /'ɔ:gənaɪz/ *vt* οργανώνω. ~**ation** /-'zeɪʃn/ *n* (ο) οργανισμός. ~**er** *n* (ο) διοργανωτής, (η) διοργανώτρια

orgasm /'ɔ:gæzəm/ *n* (ο) οργασμός

orgy /'ɔ:dʒɪ/ *n* (το) όργιο

Orient /'ɔ:rɪənt/ *n* **the** ~ (η) Ανατολή. ~**al** /-'entl/ *a* ανατολίτικος. • *n* (ο) ανατολίτης, (η) ανατολίτισσα

orient, orientate /'ɔ:rɪənt, ɔ:rɪənteɪt/ *vt* προσανατολίζω. ~**ation** /-'teɪʃn/ *n* (ο) προσανατολισμός

orifice /'ɒrɪfɪs/ *n* (το) στόμιο

origin /'ɒrɪdʒɪn/ *n* (η) καταγωγή

original /ə'rɪdʒənl/ *a* αρχικός. (*not copied*) πρωτότυπος. (*new*) καινούριος. ~**ity** /-'nælətɪ/ *n* (η) πρωτοτυπία. ~**ly** *adv* αρχικά

originate /ə'rɪdʒɪneɪt/ *vi* προέρχομαι (**from, in,** από). ~**or** *n* (ο) επινοητής, (η) επινοήτρια

ornament /'ɔ:nəmənt/ *n* (το) στολίδι. ~**al** /-'mentl/ *a* διακοσμητικός. ~**ation** /-en'teɪʃn/ *n* (η) διακόσμηση

ornate /ɔ:'neɪt/ *a* στολισμένος

ornithology /ɔ:nɪ'θɒlədʒɪ/ *n* (η) ορνιθολογία

orphan /'ɔ:fn/ *n* (ο) ορφανός. • *vt* ορφανεύω. ~**age** *n* (η) ορφάνια. (*home*) (το) ορφανοτροφείο

orthodox /'ɔ:θədɒks/ *a* ορθόδοξος. ~**y** *n* (η) ορθοδοξία

orthopaedic /ɔ:θə'pi:dɪk/ *a* ορθοπεδικός

oscillate /'ɒsɪleɪt/ *vi* ταλαντεύομαι. ~**ion** /-'leɪʃn/ *n* (η) ταλάντευση

ostensible /ɒs'tensəbl/ *a* φαινομενικός. ~**y** *adv* δήθεν

ostentation /ɒsten'teɪʃn/ *n* επίδειξη. ~**ious** *a* επιδεικτικός

osteopath /'ɒstɪəpæθ/ *n* (ο) χειροπράκτορας. ~**y** /-'ɒpəθɪ/ *n* (η) χειροπρακτική

ostracize /'ɒstrəsaɪz/ *vt* εξοστρακίζω

ostrich /'ɒstrɪtʃ/ *n* (ο) στρουθοκάμηλος

other /'ʌðə(r)/ *a* & *pron* άλλος. • *adv* ~ **than** άλλος από. ~**s** οι άλλοι. **something/somehow or** ~ κάτι/κάπως. **the** ~ **day** τις προάλλες. **the** ~ **one** ο άλλος

otherwise /'ʌðəwaɪz/ *adv* διαφορετικά

otter /'ɒtə(r)/ *n* (η) ενυδρίς, (η) βύδρα

ouch /aʊtʃ/ *int* ωχ

ought /ɔ:t/ *v aux* πρέπει. **I** ~ **to see it** πρέπει να το δω. **it** ~ **to work** θα έπρεπε να λειτουργεί. **he** ~ **to have done it** θα έπρεπε να το είχε κάνει. **she** ~ **to win** πρέπει να νικήσει

ounce /aʊns/ *n* (η) ουγκιά (= 28.35 γρ)

our /'aʊə(r)/ *a* μας

ours /'aʊəz/ *poss pron* δικός μας

ourselves /aʊə'selvz/ *pron* (*reflexive*) οι ίδιοι. (*after prep*) μόνοι μας

oust /aʊst/ *vt* εκδιώκω

out /aʊt/ *adv* έξω. (*in error*) έξω. (*in blossom*) ανθισμένος. **put the light** ~ σβήνω το φως. **be** ~ **of** είμαι χωρίς. **be** ~ **to** επιδιώκω να. **9** ~ **of 10** 9 στους 10. ~**-and-**~ πέρα ως πέρα. ~ **of breath** λαχανιασμένος. ~ **of date** ξεπερασμένος. ~ **of doors** έξω. ~ **of hand** εκτός ελέγχου. **be** ~ **of one's mind** τρελαίνομαι. ~ **of order** χαλασμένος. ~ **of place** μετατοπισμένος. (*fig*) άτοπος. ~ **of pocket** απένταρος. ~ **of print/stock** εξαντλημένος. ~ **of sorts** αδιάθετος. ~ **of the way** απόμερος. ~ **of tune** (*singer*) παράφωνος. (*instrument*) ακούρδιστος. ~ **of work** άνεργος. ~**-patient** *n* (ο, η) ασθενής σε εξωτερικά ιατρεία. ~**-patients' department** (τα) εξωτερικά ιατρεία

outbid /aʊt'bɪd/ *vt* (*pt* - **bid**, *pres p* -**bidding**) πλειοδοτώ

outboard /'aʊtbɔ:d/ *a* εξωλέμβιος. ~ **motor** (η) εξωλέμβια μηχανή

outbreak /'aʊtbreɪk/ *n* (*of anger*) (το) ξέσπασμα. (*of war*) (η) έκρηξη. (*of disease*) (η) εκδήλωση

outbuilding /'aʊtbɪldɪŋ/ n (το) βοηθητικό κτίσμα

outburst /'aʊtbɜːst/ n (το) ξέσπασμα

outcast /'aʊtkɑːst/ n (ο) απόβλητος

outcome /'aʊtkʌm/ n (η) έκβαση

outcry /'aʊtkraɪ/ n (η) κατακραυγή

outdated /aʊt'deɪtɪd/ a ξεπερασμένος

outdo /aʊt'duː/ vt (pt -did, pp ~done) ξεπερνώ

outdoor /'aʊtdɔː(r)/ a υπαίθριος. ~ **swimming-pool** (η) πισίνα (υπαίθρια). ~**s** /-'dɔːz/ adv έξω

outer /'aʊtə(r)/ a εξωτερικός. ~ **space** n (το) κοσμικό διάστημα

outfit /'aʊtfɪt/ n (ο) εξοπλισμός. (clothes) (τα) ρούχα. (group: fam) (η) εταιρεία

outgoing /'aʊtgəʊɪŋ/ a (chairman, tenant etc.) που αποχωρεί. (train etc.) που αναχωρεί. (sociable) κοινωνικός. ~**s** npl (τα) έξοδα

outgrow /æʊt'grəʊ/ vt (pt -grew, pp -grown) he's ~ **n the habit** δεν το κάνει πια. he's ~**n his clothes** δεν του κάνουν πια τα ρούχα του

outhouse /'aʊthaʊs/ n (το) παράσπιτο

outing /'aʊtɪŋ/ n (η) εκδρομή

outlandish /aʊt'lændɪʃ/ a παράξενος

outlaw /'aʊtlɔː/ n (ο) φυγόδικος. • vt κηρύσσω εκτός νόμου

outlay /'aʊtleɪ/ n (η) δαπάνη

outlet /'aʊtlet/ n (η) εξαγωγή. (for feelings) (η) διέξοδος. (comm) (το) κατάστημα (διαθέσεως προϊόντων ενός κατασκευαστή)

outline /'aʊtlaɪn/ n (το) περίγραμμα. (summary) (οι) γενικές γραμμές. • vt διαγράφω. (describe) σκιαγραφώ

outlive /aʊt'lɪv/ vt επιζώ

outlook /'aʊtlʊk/ n (η) αντίληψη. (future prospect) (η) προοπτική

outlying /'aʊtlaɪɪŋ/ a απόμερος

outmoded /aʊt'məʊdɪd/ a ξεπερασμένος

outnumber /aʊt'nʌmbə(r)/ vt ξεπερνώ (αριθμητικά)

outpost /'aʊtpəʊst/ n (η) προφυλακή. (frontier) (τα) άκρα

output /'aʊtpʊt/ n (η) απόδοση. (computing) (η) έξοδος. (data) (η) εξαγωγή

outrage /'aʊtreɪdʒ/ n (το) αίσχος. • vt εξοργίζω

outrageous /aʊt'reɪdʒəs/ a εξοργιστικός

outright /'aʊtraɪt/ adv (entirely) σαφώς. (at once) αμέσως. (frankly) καθαρά. • a (refusal) κατηγορηματικός. (winner) αναμφισβήτητος

outset /'aʊtset/ n (η) αρχή. at the ~ στην αρχή. from the ~ από την αρχή

outside[1] /'aʊtsaɪd/ a εξωτερικός. • n (το) εξωτερικό

outside[2] /aʊt'saɪd/ adv έξω. • prep έξω από

outsider /aʊt'saɪdə(r)/ n (ο) ξένος. (in race) (ο) αουτσάιντερ invar

outsize /'aʊtsaɪz/ a μεγαλύτερος από το κανονικό

outskirts /'aʊtskɜːts/ npl (τα) περίχωρα

outspoken /aʊt'spəʊkn/ a ντόμπρος

outstanding /aʊt'stændɪŋ/ a (exceptional) εξαιρετικός. (eminent) διαπρεπής. (conspicuous) εμφανής. (not settled) εκκρεμής

outstretched /aʊt'stretʃt/ a τεντωμένος

outstrip /aʊt'strɪp/ vt (pt -stripped) ξεπερνώ

outvote /aʊt'nəʊt/ vt πλειοψηφώ

outward /'aʊtwəd/ a εξωτερικός. ~ **journey** (ο) πηγαιμός. ~**ly** adv εξωτερικά. ~**(s)** adv προς τα έξω

outweigh /aʊt'weɪ/ vt ξεπερνώ σε βάρος. (fig) υπερβαίνω

outwit /aʊt'wɪt/ vt (pt -witted) ξεγελώ (με εξυπνάδα)

ouzo /'uːzəʊ/ (το) ούζο

oval /'əʊvl/ a οβάλ invar. • n (το) οβάλ invar

ovary /'əʊvərɪ/ n (η) ωοθήκη

ovation /əʊ'veɪʃn/ n (η) ενθουσιώδης υποδοχή (με χειροκροτήματα). **standing** ~ (η) επευφήμηση

oven /'ʌvn/ n (ο) φούρνος

over /'əʊvə(r)/ prep (above) πάνω από. (across) πάνω από. (during) κατά τη διάρκεια. (more than) περισσότερο από. • adv be ~ (finished) τελειώνω. (left over) μένω. all ~ παντού. (all) ~ again πάλι. ~ and above πάνω από. ~ and ~ ξανά και ξανά. ~ here εδώ. ~ there εκεί

over- /'əʊvə(r)/ pref υπερ-

overall[1] /'əʊvərɔːl/ n (η) μπλούζα. ~**s** npl (η) φόρμα (εργασίας)

overall[2] /əʊvər'ɔːl/ a γενικός. • adv γενικά

overawe /əʊvər'ɔː/ vt προκαλώ δέος σε

overbalance /əʊvə'bæləns/ vt ανατρέπω. • vi χάνω την ισορροπία μου

overbearing /əʊvə'beərɪŋ/ a αυταρχικός

overboard /'əʊvəbɔːd/ adv στη θάλασσα

overbooking /əʊvə'bʊkɪŋ/ n (οι) διπλές κρατήσεις εισιτηρίων

overcast /əʊvə'kɑːst/ a συννεφιασμένος

overcharge /əʊvə'tʃɑːdʒ/ vt χρεώνω παραπάνω του κανονικού

overcoat /'əʊvəkəʊt/ n (το) παλτό, Cy. (το) πανωφόρι

overcome /əʊvə'kʌm/ vt (pt -came, pp -come) υπερνικώ. be ~ by καταβάλλομαι από

overcrowded /əʊvə'kraʊdɪd/ a παραφορτωμένος

overdo /əʊvə'duː/ vt (pt -did, pp -done) υπερβάλλω. (culin) παραψήνω. ~ it (overwork) (το) παρακάνω

overdose /'əʊvədəʊs/ n (η) υπερβολική δόση

overdraft /'əʊvədrɑːft/ n (η) υπερανάληψη

overdraw /əʊvə'drɔː/ vt (pt -drew, pp -drawn) κάνω ανάληψη που δεν

καλύπτεται. **to be ~n** a έχω
υπερανάληψη

overdue /əʊvə'dju:/ a εκπρόθεσμος.
(belated) καθυστερημένος

overestimate /əʊvər'estɪmɛt/ vt
υπερεκτιμώ

overflow[1] /əʊvə'fləʊ/ vi ξεχειλίζω

overflow[2] /'əʊvəfləʊ/ n ξεχείλισμα.
(excess) (το) περίσσευμα. (outlet) (το)
στόμιο υπερχειλίσεως

overgrown /əʊvə'grəʊn/ a (garden)
σκεπασμένος (με αγριόχορτα)

overhang /əʊvə'hæŋ/ vt (pt -hung)
κρέμομαι πάνω από

overhaul[1] /əʊvə'hɔ:l/ vt εξετάζω και
επισκευάζω

overhaul[2] /'əʊvəhɔ:l/ n (η) (λεπτομερής)
εξέταση και επισκευή

overhead[1] /əʊvə'hed/ adv από πάνω

overhead[2] /'əʊvəhed/ a (cables etc.)
εναέριος. **~s** npl (τα) γενικά έξοδα

overhear /əʊvə'hɪə(r)/ vt (pt -heard)
ακούω τυχαία

overheat /əʊvə'hi:t/ vt/i
υπερθερμαίνω/ομαι

overjoyed /əʊvə'dʒɔɪd/ a
καταχαρούμενος

overland /'əʊvəlænd/ a χερσαίος. • adv
δια ξηράς

overlap /əʊvə'læp/ vt/i (pt -lapped)
επικαλύπτω μερικώς

overleaf /əʊvə'li:f/ adv στην πίσω όψη

overload /əʊvə'ləʊd/ vt παραφορτώνω.
(electr) υπερφορτίζω

overlook /əʊvə'lʊk/ vt (view) βλέπω προς.
(fail to see) μου διαφεύγει. (forgive)
παραβλέπω. (oversee) επιβλέπω

overnight /əʊvə'naɪt/ adv τη νύχτα. (fig)
αστραπιαία. • a νυχτερινός. (fig)
αστραπιαίος

overpass /'əʊvəpɑ:s/ n (η) υπέργεια
διάβαση

overpay /əʊvə'peɪ/ vt (pt -paid)
ακριβοπληρώνω

overpower /əʊvə'paʊə(r)/ vt κατανικώ.
~ing a ακαταμάχητος

overpriced /əʊvə'praɪst/ a με υπερβολική
τιμή

overrate /əʊvə'reɪt/ vt υπερτιμώ. **~d** a
υπερτιμημένος

overreact /əʊvərɪ'ækt/ vi αντιδρώ έντονα

overrid|e /əʊvə'raɪd/ vt (pt -rode, pp -
ridden) υπερισχύω. **~ing** a υπερισχύων

overripe /'əʊvəraɪp/ a υπερώριμος

overrule /əʊvə'ru:l/ vt ανατρέπω. (a
claim) ακυρώνω

overrun /əʊvə'rʌn/ vt (pt -ran, pp -run,
pres p -running) κατακλύζω. (a limit)
ξεπερνώ

overseas /əʊvə'si:z/ a εξωτερικός. • adv
στο εξωτερικό

oversee /əʊvə'si:/ vt (pt -saw, pp -seen)
επιβλέπω, επιστατώ. **~r** /'əʊvəsɪə(r)/ n
(o) επιστάτης, (η) επιστάτρια

overshadow /əʊvə'ʃædəʊ/ vt επισκιάζω

overshoot /əʊvə'ʃu:t/ vt (pt -shot)
υπερβαίνω. **~ the mark** ξεπερνώ το
στόχο μου

oversight /'əʊvəsaɪt/ n (η) παράλειψη

oversleep /əʊvə'sli:p/ vi (pt -slept)
παρακοιμάμαι

overstep /əʊvə'step/ vt (pt -stepped)
υπερβαίνω (ένα όριο)

overt /'əʊvɜ:t/ a φανερός

overtak|e /əʊvə'teɪk/ vt/i (pt -took, pp
-taken) προσπερνώ. **~ing** n (το)
προσπέρασμα

overtax /əʊvə'tæks/ vt υπερφορολογώ.
(fig) παραφορτώνω

overthrow[1] /əʊvə'θrəʊ/ vt (pt -threw, pp
-thrown) ανατρέπω

overthrow[2] /'əʊvəθrəʊ/ n (η) ανατροπή

overtime /'əʊvətaɪm/ n (η) υπερωρία.
• adv υπερωριακά. **work ~** κάνω
υπερωρίες

overtone /'əʊvətəʊn/ n (fig) (o) τόνος

overture /'əʊvətjʊə(r)/ n (η) εισαγωγή
(μουσικού έργου). **~s** npl (fig) (οι)
βολιδοσκοπήσεις

overturn /əʊvə'tɜ:n/ vt/i ανατρέπω/ομαι

overweight /'əʊvəweɪt/ a παχύσαρκος. **be
~** είμαι χοντρός

overwhelm /əʊvə'welm/ vt καταβάλλω.
(with emotion) συντρίβω. **~ing** a
συντριπτικός

overwork /əʊvə'wɜ:k/ vt/i παραδουλεύω.
• n (η) υπερκόπωση

overwrought /əʊvə'rɔ:t/ a σε
υπερένταση

ovulation /ɒvjʊ'leɪʃn/ n (η) ωορρηξία

ow|e /əʊ/ vt οφείλω. **~ing** a
οφειλόμενος. **~ing to** λόγω, εξαιτίας
(with gen)

owl /aʊl/ n (η) κουκουβάγια

own[1] /əʊn/ a δικός. **get one's ~ back**
(fam) παίρνω εκδίκηση. **hold one's ~**
κρατώ τη θέση μου. **of one's ~** δικός
μου. **on one's ~** μόνος μου

own[2] /əʊn/ vt έχω, κατέχω. • vi **~ up (to)**
(fam) ομολογώ. **~er** n (o) ιδιοκτήτης,
(η) ιδιοκτήτρια. **~ership** n (η)
ιδιοκτησία

ox /ɒks/ n (pl oxen) (το) βόδι

oxygen /'ɒksɪdʒən/ n (το) οξυγόνο

oyster /'ɔɪstə(r)/ n (το) στρείδι

ozone /'əʊzəʊn/ n (το) όζον. **~-friendly** a
που δε βλάπτει το όζον. **~ layer** n (το)
στρώμα όζοντος

Pp

pace /peɪs/ *n* (το) βήμα. • *vi* βηματίζω. ~ **up and down** βηματίζω πάνω-κάτω. **keep ~ with** συμβαδίζω. **~-maker** *n* (*sport*) (ο) οδηγός (σε αγώνα δρόμου). (*med*) (ο) βηματοδότης

Pacific /pə'sɪfɪk/ *a* ειρηνικός. • *n* ~ **(Ocean)** (ο) Ειρηνικός (Ωκεανός)

pacifis|t /'pæsɪfɪst/ *n* (ο) ειρηνιστής, (ο) πασιφιστής. **~m** /-zəm/ *n* (ο) πασιφισμός, (η) ειρηνοφιλία

pacify /'pæsɪfaɪ/ *vt* ειρηνεύω

pack /pæk/ *n* (το) δέμα. (*packet*) (το) πακέτο. (*of cards*) (η) τράπουλα. (*of hounds, wolves*) (η) αγέλη. (*of soldier*) (ο) γυλιός. (*large amount*) (ο) σωρός. • *vt* (*in box*) συσκευάζω. (*suitcase*) φτιάχνω. (*cram, press down*) στριμώχνω. • *vi* στριμώχνομαι. ~ **up** τα μαζεύω. **~ed** *a* γεμάτος. **~ed lunch** φαγητό για τη δουλειά ή το σχολείο που ετοιμάζεται στο σπίτι. **~ed out** (*fam*) φίσκα *invar*. **~ing** *n* (η) συσκευασία. **send ~ing** ξαποστέλνω

packag|e /'pækɪdʒ/ *n* (το) πακέτο. • *vt* συσκευάζω. **~e deal** *n* (η) συμφωνία «πακέτο». **~e tour** *n* (η) οργανωμένη εκδρομή. **~ing** *n* (η) συσκευασία

packet /'pækɪt/ *n* (το) μικρό πακέτο. (*of biscuits, cigarettes*) (το) κουτί

pact /pækt/ *n* (το) σύμφωνο

pad¹ /pæd/ *n* (το) μαξιλαράκι. (*for clothes*) (η) βάτα. (*for writing*) (το) μπλοκ *invar*. (*lodging: fam*) (η) εξέδρα. • *vt* (*pt padded*) βάζω βάτα σε. ~ **out** (*fig*) παραγεμίζω. **~ding** *n* (η) βάτα. (*fig*) (το) παραγέμισμα

pad² /pæd/ *vi* (*pt padded*) (*walk*) αλαφροπατώ

paddle /'pædl/ *n* (το) κουπί (*κοντό και ελαφρό, πλατύ στην άκρη*). • *vi* (*row*) κωπηλατώ. (*wade*) πλατσουρίζω. **~-steamer** *n* (το) τροχήλατο ατμόπλοιο

paddock /'pædək/ *n* (το) περιφραγμένο λιβάδι (*για άλογα*)

padlock /'pædlɒk/ *n* (το) λουκέτο. • *vt* ασφαλίζω με λουκέτο

paediatrician /piːdɪə'trɪʃn/ *n* (ο, η) παιδίατρος

pagan /'peɪgən/ *a* παγανιστικός, ειδωλολατρικός. • *n* (ο) ειδωλολάτρης, (η) ειδωλολάτρισσα

page¹ /peɪdʒ/ *n* (*of book etc.*) (η) σελίδα

page² /peɪdʒ/ *n* (*in hotel etc.*) (ο) λακές. • *vt* ~ **s.o.** καλώ κάποιον στις «πληροφορίες»

pageant /'pædʒənt/ *n* παρέλαση ή θέαμα με ιστορικές αμφιέσεις. **~ry** *n* (*το*) φαντασμαγορικό θέαμα

pagoda /pə'gəʊdə/ *n* (η) παγόδα

paid /peɪd/ *see* PAY. • *a* πληρωμένος. **put ~ to** (*fam*) τερματίζω

pail /peɪl/ *n* (ο) κουβάς

pain /peɪn/ *n* (ο) πόνος. **~s** *npl* (οι) κόποι. (*effort*) (η) προσπάθεια. **be in ~** πονώ. **he is a ~ in the neck** (*fam*) μου' γινε τσιμπούρι. **~-killer** *n* (το) παυσίπονο. **take ~s to do** κάνω μεγάλη προσπάθεια για να κάνω. **~less** *a* ανώδυνος

painful /'peɪnfl/ *a* οδυνηρός. (*laborious*) επίμοχθος

painstaking /'peɪnzteɪkɪŋ/ *a* επιμελής

paint /peɪnt/ *n* (η) μπογιά. **~s** *npl* (τα) χρώματα. • *vt*/*i* μπογιατίζω, χρωματίζω. (*art*) ζωγραφίζω. **~er** *n* (*artist*) (ο, η) ζωγράφος. (*decorator*) (ο) μπογιατζής. **~ing** *n* (*decorating*) (το) μπογιάτισμα. (*art*) (η) ζωγραφική. (*picture*) (ο) πίνακας

paintbrush /'peɪntbrʌʃ/ *n* (το) πινέλο. (*για βάψιμο*)

pair /peə(r)/ *n* (το) ζευγάρι. (*of people*) (το) ζεύγος. ~ **of trousers** *n* (το) παντελόνι. • *vt*/*i* ζευγαρώνω. ~ **off** ταξινομώ σε ζεύγη

Pakistan /pɑːkɪ'stɑːn/ *n* (το) Πακιστάν *invar*. **~i** *a* πακιστανικός. • *n* (ο) Πακιστανός, (η) Πακιστανή

pal /pæl/ *n* (*fam*) (ο) φιλαράκος

palace /'pælɪs/ *n* (το) παλάτι. (*royal*) (το) ανάκτορο

palat|e /'pælət/ *n* (ο) ουρανίσκος. (*fig*) (η) γεύση. **~able** *a* νόστιμος

palatial /pə'leɪʃl/ *a* ανακτορικός

palaver /pə'lɑːvə(r)/ *n* (*fam*) (η) φασαρία (*ο μπελάς*)

pale¹ /peɪl/ *a* (-er, -est) χλομός. (*colour, light*) ανοιχτός. • *vi* χλομιάζω. **~ness** *n* (η) χλομάδα

pale² /peɪl/ *n* (ο) πάσσαλος. **beyond the ~** απαράδεκτος

Palestin|e /'pælɪstaɪn/ *n* (η) Παλαιστίνη. **~ian** /-'stɪnɪən/ *a* παλαιστινιακός. • *n* (ο) Παλαιστίνιος, (η) Παλαιστίνια

palette /'pælɪt/ *n* (η) παλέτα. **~-knife** *n* (η) σπάτουλα

pall /pɔːl/ *n* (*fig*) (το) σύννεφο. • *vi* **it ~s (on me)** το βαριέμαι

pall|id /'pælɪd/ *a* ωχρός. **~or** *n* (η) ωχρότητα

palm /pɑːm/ n (*of hand*) (η) παλάμη. (*tree*) (η) φοινικιά. (*symbol of victory*) (η) δάφνη. • vt ~ **off** πασάρω. **P~ Sunday** n (η) Κυριακή των Βαΐων

palmist /'pɑːmɪst/ n (ο) χειρομάντης, (η) χειρομάντισσα

palpable /'pælpəbl/ a απτός

palpitat|e /'pælpɪteɪt/ vi πάλλομαι. **~ion** /-'teɪʃn/ n (ο) παλμός

paltry /'pɔːltrɪ/ a (-ier, -iest) ασήμαντος

pamper /'pæmpə(r)/ vt παραχαϊδεύω

pamphlet /'pæmflɪt/ n (το) φυλλάδιο

pan /pæn/ n (η) κατσαρόλα. (*for frying*) (το) τηγάνι. (*of scales*) (ο) δίσκος. • vt (*pt* **panned**) (*fam*) κατακρίνω

panacea /pænə'sɪə/ n (η) πανάκεια

panache /pæ'næʃ/ n (ο) αέρας (*στη συμπεριφορά*)

pancake /'pænkeɪk/ n (η) τηγανίτα

panda /'pændə/ n (το) πάντα (*μαυρόασπρη αρκούδα*)

pandemonium /pændɪ'məʊnɪəm/ n (το) πανδαιμόνιο

pander /'pændə(r)/ vi ~ **to** υποθάλπω

pane /peɪn/ n (*of glass*) (ο) υαλοπίνακας. (*on door*) (το) φύλλο

panel /'pænl/ n (το) πλαίσιο. (*group of people*) (το) πάνελ invar. **instrument ~** (το) ταμπλό. **~ling** n (η) επένδυση (*τοίχου*)

pang /pæŋ/ n (η) σουβλιά. (*of hunger*) (το) τσίμπημα της πείνας. (*of conscience*) (η) τύψη

panic /'pænɪk/ n (ο) πανικός. • vi (*pt* **panicked**) πανικοβάλλομαι. **don't ~!** μην πανικοβάλλεστε. **~-stricken** a πανικόβλητος

panoram|a /pænə'rɑːmə/ n (το) πανόραμα. **~ic** /-'ræmɪk/ a πανοραμικός

pansy /'pænzɪ/ n (ο) πανσές. (*effeminate man: fam*) (ο) πούστης

pant /pænt/ vi λαχανιάζω

panther /'pænθə(r)/ n (ο) πάνθηρας

panties /'pæntɪz/ npl (*fam*) (το) παιδικό βρακάκι, (η) γυναικεία κιλότα

pantomime /'pæntəmaɪm/ n (η) παντομίμα

pantry /'pæntrɪ/ n μικρό δωμάτιο ή μεγάλο ντουλάπι στην κουζίνα για τρόφιμα

pants /pænts/ npl (*underwear: fam*) (το) σώβρακο. (*trousers: Amer.*) (το) παντελόνι

papal /'peɪpl/ a παπικός

paper /'peɪpə(r)/ n (το) χαρτί. (*newspaper*) (η) εφημερίδα. (*exam*) (τα) θέματα (*εξετάσεως*). (*document*) (το) χαρτί. • vt (*room*) βάζω χαρτί ταπετσαρίας στους τοίχους. **on ~** στο χαρτί. **~-clip** n (ο) συνδετήρας. **~-knife** n (ο) χαρτοκόπτης

paperback /'peɪpəbæk/ a χαρτόδετος. • n (το) χαρτόδετο βιβλίο

paperweight /'peɪpəweɪt/ n (το) πρες παπιέ invar

paperwork /'peɪpəwɜːk/ n (η) γραφική εργασία

papier mâché /pæpɪeɪ'mæʃeɪ/ n (το) πεπιεσμένο χαρτί

paprika /'pæprɪkə/ n (η) πάπρικα

par /pɑː(r)/ n (η) ισότητα. **be below ~** δεν είμαι σε φόρμα. **on a ~ with** ισάξιος με

parable /'pærəbl/ n (η) παραβολή

parachut|e /'pærəʃuːt/ n (το) αλεξίπτωτο. • vi πέφτω με αλεξίπτωτο. **~ist** n (ο) αλεξιπτωτιστής, (η) αλεξιπτωτίστρια

parade /pə'reɪd/ n (η) παρέλαση. (*display*) (η) επίδειξη. • vi παρελαύνω. • vt επιδεικνύω

paradise /'pærədaɪs/ n (ο) παράδεισος

paradox /'pærədɒks/ n (η) παραδοξολογία. **~ical** /-'dɒksɪkl/ a παράδοξος

paraffin /'pærəfɪn/ n (η) παραφίνη

paragon /'pærəgən/ n (το) υπόδειγμα

paragraph /'pærəgrɑːf/ n (η) παράγραφος

parallel /'pærəlel/ a παράλληλος. • n (ο) παραλληλισμός. (*line*) (η) παράλληλος. (*comparison*) (η) σύγκριση. • vt (*pt* **paralleled**) παραλληλίζω

paralyse /'pærəlaɪz/ vt παραλύω

paraly|sis /pə'ræləsɪs/ n (*pl* **-ses** /-siːz/) (η) παράλυση. **~tic** /pærə'lɪtɪk/ a παραλυτικός. • n (ο) παράλυτος

parameter /pə'ræmɪtə(r)/ n (η) παράμετρος

paramilitary /pærə'mɪlɪtərɪ/ a παραστρατιωτικός

paramount /'pærəmaʊnt/ a ύψιστος

paranoi|a /pærə'nɔɪə/ n (η) παράνοια. **~d** /'pærənɔɪd/ a παρανοϊκός

parapet /'pærəpɪt/ n (το) παραπέτο

paraphernalia /pærəfə'neɪlɪə/ n (τα) σύνεργα

paraphrase /'pærəfreɪz/ n (η) παράφραση. • vt παραφράζω

paraplegic /pærə'pliːdʒɪk/ n (ο) παραπληγικός

parasite /'pærəsaɪt/ n (το) παράσιτο

parasol /'pærəsɒl/ n (η) ομπρέλα (*του ήλιου*)

paratrooper /'pærətruːpə(r)/ n (ο) αλεξιπτωτιστής

parcel /'pɑːsl/ n (το) πακέτο

parch /pɑːtʃ/ vt ξεραίνω. **be ~ed** στέγνωσε το στόμα μου από τη δίψα

parchment /'pɑːtʃmənt/ n (η) περγαμηνή

pardon /'pɑːdn/ n (η) συγνώμη. (*jur*) (η) χάρη. • vt (*pt* **pardoned**) συγχωρώ. **I beg your ~** με συγχωρείτε. **~?** με συγχωρείτε. **~ me** συγγνώμη

pare /peə(r)/ vt ν κόβω. (*peel*) ξεφλουδίζω

parent /'peərənt/ n (ο) γονέας. **~s** npl (οι) γονείς. **~al** /pə'rentl/ a γονικός. **~hood** n (*of father*) (η) πατρότητα. (*of mother*) (η) μητρότητα

parenthesis /pə'renθəsis/ n (pl **-theses** /-siːz/) (η) παρένθεση. **in ~** μέσα σε παρενθέσεις

Paris /'pæris/ n (το) Παρίσι. **~ian** /pə'riziən/ a παριζιάνικος. • n (ο) Παριζιάνος, (η) Παριζιάνα

parish /'pæriʃ/ n (η) ενορία. (municipal) (η) κοινότητα. **~ioner** /pə'riʃənə(r)/ n (ο) ενορίτης, (η) ενορίτισσα

parity /'pærəti/ n (η) ισότητα

park /paːk/ n (το) πάρκο. • vt/i παρκάρω. **~ o.s.** (fam) θρονιάζομαι. **~ing** n (η) στάθμευση, (το) παρκάρισμα. **~ing-lot** n (Amer) (ο) χώρος σταθμεύσεως. **~ing-meter** n (το) παρκόμετρο. **~ing-ticket** n (η) κλήση (για στάθμευση)

parliament /'paːləmənt/ n (η) Βουλή. **Houses of P~** (το) Κοινοβούλιο. **~ary** /-'mentri/ a κοινοβουλευτικός

parlour /'paːlə(r)/ n (of house) (το) σαλόνι

parochial /pə'rəukiəl/ a ενοριακός, κοινοτικός. (fig) περιορισμένος

parody /'pærədi/ n (η) παρωδία. • vt παρωδώ

parole /pə'rəul/ n αποφυλάκιση κρατουμένου με όρο την καλή συμπεριφορά

parquet /'paːkei/ n (το) παρκέ invar

parrot /'pærət/ n (ο) παπαγάλος

parry /'pæri/ vt αποκρούω. • n (η) απόκρουση

parsimonious /paːsi'məuniəs/ a φιλάργυρος

parsley /'paːsli/ n (ο) μαϊντανός

parsnip /'paːsnip/ n (το) δαυκί

parson /'paːsn/ n (ο) εφημέριος

part /paːt/ n (το) μέρος. (of machine) (το) εξάρτημα. (episode) το επεισόδιο. (role) (ο) ρόλος. a. μερικός • adv εν μέρει. • vt/i χωρίζω/ομαι. **in ~** εν μέρει. **on the ~ of s.o.** από μέρους κάποιου. **~-exchange** n (η) μερική ανταλλαγή. **~ of speech** n (το) μέρος του λόγου. **~-time** adv μερικώς. **~-time work** μερική απασχόληση. **~ with** αποχωρίζομαι. **spare ~** (το) ανταλλακτικό

partake /paː'teik/ vt (pt **-took**, pp **-taken**) συμμετέχω

partial /'paːʃl/ a μερικός. **be ~ to** μού αρέσει ιδιαίτερα. **~ity** /-i'æləti/ n (η) μεροληψία. **~ly** adv μερικώς

particip|ate /paː'tisipeit/ vi συμμετέχω (in, σε). **~ant** n (ο) συμμέτοχος. **~ation** /-'peiʃn/ n (η) συμμετοχή

participle /'paːtisipl/ n (η) μετοχή

particle /'paːtikl/ n (το) μόριο

particular /pə'tikjulə(r)/ a ιδιαίτερος. (specific) συγκεκριμένος. (fussy) λεπτολόγος. **~s** npl (τα) ιδιαίτερα χαρακτηριστικά. **in ~** ιδιαιτέρως. **~ly** adv ιδιαίτερα

parting /'paːtiŋ/ n (ο) χωρισμός. (in hair) (η) χωρίστρα. a αποχαιρετιστήριος

partisan /paːti'zæn/ n (ο) αντάρτης, (η) αντάρτισσα

partition /paː'tiʃn/ n (ο) διαμελισμός. (pol) (ο) διχοτόμηση. (wall) (το) χώρισμα. • vt διαμερίζω, διχοτομώ

partly /'paːtli/ adv εν μέρει

partner /'paːtnə(r)/ n (ο) εταίρος. (business) (ο) συνέταιρος. (sport) (ο) συμπαίκτης, (η) συμπαίκτρια. **~ship** n (ο) συνεταιρισμός

partridge /'paːtridʒ/ n (η) πέρδικα

party /'paːti/ n (το) πάρτι. (group) (η) ομάδα. (pol) (το) κόμμα. (jur) (ο) αντίδικος

pass /paːs/ vt/i περνώ. (overtake) προσπερνώ. (in exam) περνώ. (approve) περνώ. (utter) κάνω. (law, bill) ψηφίζω. • n (το) πέρασμα. (geog) (το) στενό. (sport) (η) πάσα. (permit) (η) άδεια κυκλοφορίας. **get a ~ (in exam)** περνώ. **make a ~ at** (fam) ρίχνομαι σε (γυναίκα). **~ away** πεθαίνω. **~ out** (faint) λιποθυμώ. **~ over** παραλείπω. **~ round** περνώ. **~ through** διασχίζω. **~ up** (fam) αφήνω να μου ξεφύγει. **~ing** a περαστικός. **to mention in ~ing** αναφέρω κατά τύχη

passable /'paːsəbl/ a (satisfactory) καλούτσικος. (road) διαβατός

passage /'pæsidʒ/ n (το) πέρασμα. (voyage) (το) ταξίδι. (corridor) (ο) διάδρομος. (in book) (το) απόσπασμα

passenger /'pæsindʒə(r)/ n (ο) επιβάτης, (η) επιβάτισσα

passer-by /paːsə'bai/ n (pl **passers-by**) (ο) διαβάτης, (η) διαβάτισσα

passion /'pæʃn/ n (το) πάθος. **~ate** a παράφορος. **~ately** adv με πάθος, παράφορα

passive /'pæsiv/ a παθητικός. • n (gram) (η) παθητική φωνή. **~ness** n (η) παθητικότητα

Passover /'paːsəuvə(r)/ n οκταήμερος εορτασμός της εξόδου των Εβραίων από την Αίγυπτο

passport /'paːspɔːt/ n (το) διαβατήριο

password /'paːswɜːd/ n (το) σύνθημα

past /paːst/ a περασμένος. • n (το) παρελθόν. • prep έχω από. • adv **go ~** προσπερνώ. **five ~ two** δύο και πέντε. **half ~ four** τέσσερις και τριάντα. **in the ~** στο παρελθόν. **the ~ week** η περασμένη εβδομάδα

pasta /'pæstə/ n (τα) ζυμαρικά

paste /peist/ n (η) πάστα. (for food) (ο) πολτός. (adhesive) (η) κόλλα. • vt κολλώ. **~ jewellery** (τα) ψεύτικα κοσμήματα

pastel /'pæstl/ n a απαλού χρώματος. • n (το) παστέλ invar

pasteurize /'pæstʃəraiz/ vt παστεριώνω

pastille /'pæstil/ n (η) παστίλια

pastime /'paːstaim/ n (η) ευχάριστη απασχόληση

pastoral /'pɑːstərəl/ *a* ποιμενικός

pastry /'peɪstrɪ/ *n* (η) ζύμη. (*sweet*) (η) πάστα

pasture /'pɑːstʃə(r)/ *n* (ο) βοσκότοπος

pasty[1] /'pæstɪ/ *n* (η) κρεατόπιτα

pasty[2] /'peɪstɪ/ *a* σαν ζυμάρι

pat /pæt/ *vt* (*pt* patted) χτυπώ ελαφρά. • *n* (το) ελαφρό χτύπημα. (*of butter*) (ο) βόλος. • *adv* κατάλληλα. off ~ απ' έξω

patch /pætʃ/ *n* (το) μπάλωμα. (*over eye*) (ο) επίδεσμος στο μάτι. (*area*) (το) κομμάτι. (*piece of ground*) (το) κομμάτι (γης). (*period: fam*) (η) περίοδος. • *vt* μπαλώνω. ~ up επιδιορθώνω. (*a quarrel*) συμφιλιώνομαι. not be a ~ on (*fam*) δεν πιάνω μπάζα μπροστά σε. ~y *a* ανομοιόμορφος

pâté /'pæteɪ/ *n* (το) πατέ *invar*

patent /'peɪtnt/ *a* καταφανής. • *n* (το) δικαίωμα ευρεσιτεχνίας, (η) πατέντα. • *vi* πατεντάρω. ~ leather *n* (το) λουστρίνι. ~ly *adv* καταφανώς

paternal /pə'tɜːnl/ *a* πατρικός

paternity /pə'tɜːnətɪ/ *n* (η) πατρότητα

path /pɑːθ/ *n* (*pl* -s /pɑːðz/) (το) μονοπάτι. (*course*) (η) πορεία. (*of rocket*) (η) τροχιά. (*fig*) (ο) δρόμος

pathetic /pə'θetɪk/ *a* αξιολύπητος

patholog|y /pə'θɒlədʒɪ/ *n* (η) παθολογία. ~ical /-ə'lɒdzɪkl/ *a* παθολογικός. ~ist *n* (ο) ιατροδικαστής

pathos /'peɪθɒs/ *n* (το) πάθος

patience /'peɪʃns/ *n* (η) υπομονή

patient /'peɪʃnt/ *a* υπομονετικός. • *n* (ο) ασθενής. ~ly *adv* υπομονετικά

patio /'pætɪəʊ/ *n* (*pl* -os) (το) πλακόστρωτο (στον κήπο σπιτιού)

patriarch /'peɪtrɪɑːk/ *n* (ο) πατριάρχης

patriot /'pætrɪət/ *n* (ο) πατριώτης, (η) πατριώτισσα. ~ic /-'ɒtɪk/ *a* πατριωτικός. ~ism *n* (ο) πατριωτισμός

patrol /pə'trəʊl/ *n* (η) περιπολία. • *vt* περιπολώ. ~ car *n* (το) περιπολικό

patron /'peɪtrən/ *n* (ο) προστάτης. (*of charity*) (ο) ευεργέτης, (η) ευεργέτις. (*customer*) (ο) τακτικός πελάτης. ~ saint (ο) προστάτης άγιος

patron|age /'pætrənɪdʒ/ *n* (η) προστασία. (*of shop etc.*) (η) υποστήριξη. ~ize *vt* (*support*) υποστηρίζω. (*be condescending*) συμπεριφέρομαι συγκαταβατικά σε. ~izing *a* συγκαταβατικός

patter[1] /'pætə(r)/ *n* (ο) ελαφρός χτύπος. • *vi* χτυπώ ελαφρά

patter[2] /'pætə(r)/ *n* (*speech*) (η) γρήγορη πολυλογία κωμικών

pattern /'pætn/ *n* (*of dress*) (το) πατρόν. (*model*) (το) πρότυπο. (*example*) (το) παράδειγμα. (*sample*) (το) δείγμα. (*manner*) (η) μορφή

paunch /pɔːntʃ/ *n* (η) κοιλιά

pauper /'pɔːpə(r)/ *n* (ο) άπορος

pause /pɔːz/ *n* (η) παύση. • *vi* παύω

pav|e /peɪv/ *vt* στρώνω. ~e the way for προετοιμάζω το έδαφος για. ~ing-stone *n* (η) πλάκα

pavement /'peɪvmənt/ *n* (το) πεζοδρόμιο.

pavilion /pə'vɪlɪən/ *n* (το) περίπτερο (*σε έκθεση*)

paw /pɔː/ *n* (το) πόδι. • *vt* (*manhandle*) πασπατεύω

pawn[1] /pɔːn/ *n* (*chess*, *fig*) (το) πιόνι

pawn[2] /pɔːn/ *vt* βάζω ενέχυρο. • *n* be in ~ είμαι ενέχυρο. ~-shop *n* (το) ενεχυροδανειστήριο

pawnbroker /'pɔːnbrəʊkə(r)/ *n* (ο) ενεχυροδανειστής

pay /peɪ/ *vt/i* (*pt* paid) πληρώνω. (*attention*) δίνω. (*compliment*) κάνω. (*be profitable*) αποδίδω. • *n* (η) πληρωμή. in the ~ of s.o. είμαι στην υπηρεσία κάποιου. ~ back ξεπληρώνω. ~ cash πληρώνω σε μετρητά. ~ for sth πληρώνω κτ. ~ in καταθέτω. ~ off *vt* εξοφλώ. ~-off *n* (η) εξόφληση. (*sl*) (η) ώρα της πληρωμής. (*fig*) (η) δωροδοκία. ~-rise *n* (η) αύξηση μισθού. ~-slip *n* (η) απόδειξη πληρωμής

payable /'peɪəbl/ *a* πληρωτέος

payment /'peɪmənt/ *n* (η) πληρωμή

payroll /'peɪrəʊl/ *n* (το) μισθολόγιο

pea /piː/ *n* (το) μπιζέλι

peace /piːs/ *n* (η) ειρήνη. have ~ of mind έχω ήσυχο το κεφάλι μου. ~able *a* ειρηνικός

peaceful /'piːsfl/ *a* ειρηνικός. ~ly *adv* ειρηνικά

peacemaker /'piːsmeɪkə(r)/ *n* (ο) ειρηνοποιός

peach /piːtʃ/ *n* (το) ροδάκινο. (*tree*) (η) ροδακινιά

peacock /'piːkɒk/ *n* (το) παγόνι

peak /piːk/ *n* (η) κορυφή. (*maximum*) (η) αιχμή. ~ hours *npl* (οι) ώρες αιχμής. ~ed cap *n* (το) μυτερό καπέλο

peaky /'piːkɪ/ *a* χλωμός και αδύνατος

peal /piːl/ *n* (η) κωδωνοκρουσία. (*of laughter*) (το) ξέσπασμα (*γέλιου*)

peanut /'piːnʌt/ *n* (το) φιστίκι (*αράπικο*). ~ butter *n* (το) βούτυρο από φιστίκι. ~s (*sl*) πενταροδεκάρες

pear /peə(r)/ *n* (το) αχλάδι, Cy. (το) απίδι. (*tree*) (η) αχλαδιά, Cy. (η) απιδιά

pearl /pɜːl/ *n* (το) μαργαριτάρι. ~y *a* μαργαριταρένιος

peasant /'peznt/ *n* (ο) χωριάτης

peat /piːt/ *n* (η) τύρφη

pebble /'pebl/ *n* (το) βότσαλο

peck /pek/ *vt* τσιμπώ. (*kiss: fam*) φιλώ βιαστικά. • *n* (το) τσίμπημα

peckish /'pekɪʃ/ *a* be ~ (*fam*) είμαι λίγο πεινασμένος

peculiar /pɪ'kjuːlɪə(r)/ *a* παράξενος. (*special*) ιδιαίτερος. be ~ to είναι χαρακτηριστικό (*with gen*). ~ity /-'ærətɪ/

n (η) ιδιορρυθμία. (*feature*) (το) ιδιαίτερο χαρακτηριστικό

pedal /'pedl/ *n* (το) πεντάλ *invar*. • *vi* ποδηλατώ

pedantic /pɪ'dæntɪk/ *a* σχολαστικός

peddle /'pedl/ *vt* πουλώ στους δρόμους (*εμπορεύματα*)

pedestal /'pedɪstl/ *n* (το) βάθρο

pedestrian /pɪ'destrɪən/ *n* (ο) πεζός. • *a* (*dull*) πεζός, ανιαρός. ~ **crossing** *n* (η) διάβαση πεζών

pedigree /'pedɪgriː/ *n* (η) καταγωγή. (*of animal*) (η) ράτσα. • *a* (*animal*) καθαρόαιμος

pedlar /'pedlə(r)/ *n* (ο) γυρολόγος

peek /piːk/ *vi & n* = **peep**[1]

peel /piːl/ *n* (η) φλούδα. • *vt/vi* ξεφλουδίζω/ομαι. ~**ings** *npl* (οι) φλούδες

peep[1] /piːp/ *vi* κρυφοκοιτάζω. • *n* (το) κρυφοκοίταγμα. ~**-hole** *n* το ματάκι (*της πόρτας*). ~**ing Tom** (ο) ηδονοβλεψίας

peep[2] /piːp/ *vi* (*cheep*) τιτιβίζω. • *n* (το) τιτίβισμα

peer[1] /pɪə(r)/ *vi* ~ **at** κοιτάζω προσεκτικά, περιεργάζομαι

peer[2] /pɪə(r)/ *n* (ο) λόρδος. ~**age** *n* (το) αξίωμα του λόρδου

peeved /piːvd/ *a* (*fam*) φουρκισμένος

peevish /'piːvɪʃ/ *a* ευέξαπτος

peg /peg/ *n* (το) παλούκι. (*for coats etc.*) (η) κρεμάστρα. (*for washing*) (το) μανταλάκι. (*for tent*) (το) παλούκι. • *vt* (*pt* **pegged**) στερεώνω με παλούκια. (*prices etc.*). σταθεροποιώ **off the** ~ έτοιμος

pejorative /pɪ'dʒɒrətɪv/ *a* υποτιμητικός

pelican /'pelɪkən/ *n* (ο) πελεκάνος. ~ **crossing** *n* (η) διάβαση πεζών με σηματοδότες που χειρίζονται οι πεζοί

pellet /'pelɪt/ *n* (η) μπαλίτσα. (*for gun*) (το) σκάγι

pelt[1] /pelt/ *n* (το) τομάρι

pelt[2] /pelt/ *vt* βομβαρδίζω. • *vi* **it's** ~**ing** (**down**) **with rain** βρέχει καταρρακτωδώς

pelvis /'pelvɪs/ *n* (η) λεκάνη

pen[1] /pen/ *n* (*enclosure*) (η) μάντρα. • *vt* (*pt* **penned**) κλείνω. ~ **in** μαντρώνω

pen[2] /pen/ *n* (η) πένα. • *vt* (*pt* **penned**) γράφω. ~**-friend** *n* (ο) φίλος από αλληλογραφία. ~**-name** *n* (το) ψευδώνυμο (*συγγραφέα*)

penal /'piːnl/ *a* ποινικός. ~**ize** *vt* τιμωρώ

penalty /'penltɪ/ *n* (η) τιμωρία. (*fine*) (η) ποινή. ~ **kick** *n* (*football*) (το) πέναλτι *invar*

penance /'penəns/ *n* (η) μετάνοια

pence /pens/ *see* PENNY

pencil /'pensl/ *n* (το) μολύβι. • *vt* (*pt* **pencilled**) σημειώνω/σχεδιάζω με μολύβι. ~**-case** *n* (η) θήκη για μολύβια. ~**-sharpener** *n* (η) ξύστρα

pendant /'pendənt/ *n* (*jewellery*) (το) παντατίφ *invar*

pending /'pendɪŋ/ *a* εκκρεμής. • *prep* εν αναμονή

pendulum /'pendjʊləm/ *n* (το) εκκρεμές

penetrat|e /'penɪtreɪt/ *vt/i* διαπερνώ, διεισδύω. ~**ing** *a* διεισδυτικός. (*sound*) διαπεραστικός. ~**ion** /-'treɪʃn/ *n* (η) διείσδυση

penguin /'peŋgwɪn/ *n* (ο) πιγκουίνος

penicillin /penɪ'sɪlɪn/ *n* (η) πενικιλίνη

peninsula /pə'nɪnsjʊlə/ *n* (η) χερσόνησος

penis /'piːnɪs/ *n* (το) πέος

peniten|t /'penɪtənt/ *a* μετανιωμένος. • *n* (ο) μετανοημένος. ~**ce** *n* (η) μετάνοια

penitentiary /penɪ'tenʃərɪ/ *n* (*Amer*) (η) κρατική φυλακή

penknife /'pennaɪf/ *n* (*pl* **penknives**) (ο) σουγιάς

pennant /'penənt/ *n* (ο) επισείων

penniless /'penɪlɪs/ *a* απένταρος

penny /'penɪ/ *n* (*pl* **pennies** *or* **pence**) (η) πένα (*νόμισμα*)

pension /'penʃn/ *n* (η) σύνταξη. • *vt* ~ **off** συνταξιοδοτώ. ~**able** *a* συντάξιμος. ~**er** *n* (ο, η) συνταξιούχος

pensive /'pensɪv/ *a* συλλογισμένος

pentagon /'pentəgən/ *n* (το) πεντάγωνο

Pentecost /'pentɪkɒst/ *n* (η) Πεντηκοστή

penthouse /'penthaʊs/ *n* (το) ρετιρέ *invar*

pent-up /'pent'ʌp/ *a* καταπνιγμένος

penultimate /pen'ʌltɪmət/ *a* προτελευταίος

peony /'piːənɪ/ *n* (η) παιωνία

people /'piːpl/ *npl* (οι) άνθρωποι. (*citizens*) (ο) λαός. • *n* (*nation, race*) (η) φυλή. • *vt* οικίζω. **my** ~ (*fam*) οι δικοί μου. ~ **say** ο κόσμος λέει

pep /pep/ *n* (*fam*) (η) ζωντάνια. • *vt* ~ **up** (*fam*) ζωντανεύω. ~ **talk** (*fam*) (τα) ενθαρρυντικά λόγια

pepper /'pepə(r)/ *n* (το) πιπέρι. (*vegetable*) (η) πιπεριά. • *vt* πιπερώνω. ~**y** *a* πιπεράτος

peppercorn /'pepəkɔːn/ *n* (ο) κόκκος πιπεριού

peppermint /'pepəmɪnt/ *n* (η) μέντα. (*sweet*) (η) μέντα

per /pɜː(r)/ *prep* ανά. ~ **hour** την ώρα. ~ **annum** το έτος. ~ **cent** τοις εκατό. ~ **head** το άτομο

perceive /pə'siːv/ *vt* αντιλαμβάνομαι. (*notice*) διακρίνω

percentage /pə'sentɪdʒ/ *n* (το) ποσοστό

perceptible /pə'septəbl/ *a* αντιληπτός

percept|ion /pə'sepʃn/ *n* (η) αντίληψη. ~**ive** *a* παρατηρητικός

perch /pɜːtʃ/ *n* (η) κούρνια. • *vi* κουρνιάζω

percolat|e /'pɜːkəleɪt/ *vt* φιλτράρω. • *vi* περνώ μέσα από φίλτρο. ~**or** *n* (η) καφετιέρα με φίλτρο

percussion /pə'kʌʃn/ *n* (η) κρούση

peremptory /pə'remptərɪ/ *a* επιτακτικός

perennial /pə'renɪəl/ *a* αιώνιος. (*plant*) πολυετής. • *n* (το) πολυετές φυτό

perfect¹ /'pɜːfɪkt/ *a* τέλειος. **~ly** *adv* τέλεια

perfect² /pə'fekt/ *vt* τελειοποιώ. **~ion** /-ʃn/ *n* (η) τελειότητα. **to ~ion** στην τελειότητα. **~ionist** *n* αυτός που επιδιώκει την τελειότητα

perforat|e /'pɜːfəreɪt/ *vt* διατρυπώ. **~ion** /-'reɪʃn/ *n* (η) διάτρηση

perform /pə'fɔːm/ *vt* εκτελώ. (*theatr*) παίζω. • *vi* εργάζομαι. **~ance** *n* (η) εκτέλεση. (*theatr*) (η) παράσταση. (*of car*) (η) απόδοση. (*fuss: fam*) (η) συμπεριφορά. **~er** *n* (*theatr*) (ο, η) ηθοποιός

perfume /'pɜːfjuːm/ *n* (το) άρωμα

perfunctory /pə'fʌŋktərɪ/ *a* για τους τύπους

perhaps /pə'hæps/ *adv* ίσως, πιθανόν

peril /'perəl/ *n* (ο) κίνδυνος. **~ous** *a* επικίνδυνος

perimeter /pə'rɪmɪtə(r)/ *n* (η) περίμετρος

period /'pɪərɪəd/ *n* (η) περίοδος. (*era*) (η) εποχή. (*menstruation*) (η) περίοδος. (*gram: Amer.*) (η) τελεία. • *a* της εποχής. **~ic** /-'ɒdɪk/ *a* περιοδικός. **~ically** /-'ɒdɪklɪ/ *adv* περιοδικά

periodical /pɪərɪ'ɒdɪkl/ *n* (το) περιοδικό

peripher|y /pə'rɪfərɪ/ *n* (η) περιφέρεια. **~al** *a* περιφερειακός

periscope /'perɪskəup/ *n* (το) περισκόπιο

perish /'perɪʃ/ *vi* χάνομαι. (*rot*) φθείρομαι. **~able** *a* φθαρτός. **~ing** *a* (*cold: fam*) **it's ~ing** κάνει παγωνιά

perjur|e /'pɜːdʒə(r)/ *vr* **~e o.s.** ψευδορκώ. **~y** *n* (η) ψευδορκία

perk¹ /pɜːk/ *vt/i* **~ up** ζωηρεύω. **~y** *a* ζωηρός

perk² /pɜːk/ *n* (*fam*) (το) τυχερό (*κέρδος*)

perm /pɜːm/ *n* (η) περμανάντ *invar*. • *vt* κάνω περμανάντ

permanen|t /'pɜːmənənt/ *a* μόνιμος. **~ce** *n* (η) μονιμότητα. **~tly** *adv* μόνιμα

permeable /'pɜːmɪəbl/ *a* διαπερατός

permeate /'pɜːmɪeɪt/ *vt* διαπερνώ

permissible /pə'mɪsəbl/ *a* επιτρεπτός

permission /pə'mɪʃn/ *n* (η) άδεια

permissive /pə'mɪsɪv/ *a* ανεκτικός. **the ~ society** ανεκτική κοινωνία. **~ness** *n* (η) ανεκτικότητα

permit¹ /pə'mɪt/ *vt* (*pt* **permitted**) επιτρέπω. **~ s.o. to** επιτρέπω σε κπ να

permit² /'pɜːmɪt/ *n* (η) άδεια

permutation /pɜːmjuː'teɪʃn/ *n* (η) μετάθεση

pernicious /pə'nɪʃəs/ *a* ολέθριος

perpendicular /pɜːpən'dɪkjulə(r)/ *a* κάθετος. • *n* (η) κάθετος

perpetrat|e /'pɜːpɪtreɪt/ *vt* διαπράττω. **~or** *n* (ο) δράστης

perpetual /pə'petʃuəl/ *a* αιώνιος. **~ly** *adv* αιωνίως

perpetuat|e /pə'petʃueɪt/ *vt* διαιωνίζω. **~ion** /-'eɪʃn/ *n* (η) διαιώνιση

perplex /pə'pleks/ *vt* σαστίζω. **~ed** *a* σαστισμένος. **~ing** *a* που σαστίζει. **~ity** *n* (το) σάστισμα

persecut|e /'pɜːsɪkjuːt/ *vt* καταδιώκω. **~ion** /-'kjuːʃn/ *n* (η) καταδίωξη

persever|e /pɜːsɪ'vɪə(r)/ *vi* εμμένω. **~ance** *n* (η) εμμονή

Persian /'pɜːʃn/ *a* περσικός. • *n* (*lang*) (τα) περσικά. **the ~ Gulf** *n* (ο) Περσικός Κόλπος

persist /pə'sɪst/ *vi* επιμένω (**in**, σε). **~ence** *n* (η) επιμονή. **~ent** *a* έμμονος. (*persevering*) επίμονος. **~ently** *adv* επίμονα

person /'pɜːsn/ *n* (το) πρόσωπο, (το) άτομο. **in ~** προσωπικά

personal /'pɜːsənl/ *a* προσωπικός. **~ assistant** *n* (ο, η) προσωπικός/ή βοηθός. **~ computer** *n* (ο) προσωπικός Η/Υ. **~ stereo** *n* (το) προσωπικό στερεοφωνικό σύστημα. **~ly** *adv* προσωπικά

personality /pɜːsə'nælətɪ/ *n* (η) προσωπικότητα

personify /pə'sɒnɪfaɪ/ *vt* προσωποποιώ

personnel /pɜːsə'nel/ *n* (το) προσωπικό

perspective /pə'spektɪv/ *n* (η) προοπτική

perspir|e /pəs'paɪə(r)/ *vi* ιδρώνω. **~ation** /-ə'reɪʃn/ *n* (ο) ιδρώτας

persua|de /pə'sweɪd/ *vt* πείθω. **~sion** *n* (η) πειθώ

persuasive /pə'sweɪsɪv/ *a* πειστικός. **~ly** *adv* πειστικά

pert /pɜːt/ *a* αναιδής. **~ly** *adv* με αναίδεια

pertain /pə'teɪn/ *vi* **~ to** αφορώ

pertinent /'pɜːtɪnənt/ *a* σχετικός, συναφής. **~ly** *adv* σχετικά

perturb /pə'tɜːb/ *vt* ταράζω

Peru /pə'ruː/ *n* (το) Περού *invar*. **~vian** *a* περουβιανός. • *n* (ο) Περουβιανός, (η) Περουβιανή

perus|e /pə'ruːz/ *vt* αναγινώσκω. **~al** *n* (η) ανάγνωση

perva|de /pə'veɪd/ *vt* διεισδύω. **~sive** *a* διεισδυτικός

pervers|e /pə'vɜːs/ *a* διεστραμμένος. (*behaviour*) παράλογος. **~ity** *n* (η) διαστροφή

perver|t¹ /pə'vɜːt/ *vt* διαστρέφω. (*distort*) διαστρεβλώνω. **~sion** *n* (η) διαστροφή, (η) διαστρέβλωση

pervert² /'pɜːvɜːt/ *n* (ο) διεστραμμένος

pessimis|t /'pesɪmɪst/ *n* (ο) απαισιόδοξος. **~m** /-zəm/ *n* (η) απαισιοδοξία. **~tic** /-'mɪstɪk/ *a* απαισιόδοξος

pest /pest/ *n* (ο) εχθρός (*ζώου ή φυτού*). (*person*) (ο) μπελάς

pester /'pestə(r)/ *vt* ενοχλώ συστηματικά

pesticide /'pestɪsaɪd/ *n* (το) φυτοφάρμακο

pet /pet/ *n* (το) ζώο (*του σπιτιού*). (*favourite*) (ο) αγαπημένος. • *a* αγαπημένος. • *vt* (*pt* **petted**) χαϊδεύω. **~ hate** (η) αγαπημένη αντιπάθεια. **~ name** (το) χαϊδευτικό όνομα. **~ shop**

(το) κατάστημα πωλήσεως κατοικίδιων ζώων

petal /'petl/ n (το) πέταλο (λουλουδιού)

peter /'pi:tə(r)/ vi ~ **out** χάνομαι, σβήνω

petite /pə'ti:t/ a (woman) μικροκαμωμένη

petition /pɪ'tɪʃn/ n (η) αίτηση. • vt αιτούμαι

petrify /'petrɪfaɪ/ vt/i απολιθώνω/ομαι

petrol /'petrəl/ n (η) βενζίνη. ~ **pump** n (η) αντλία βενζίνης. ~ **station** n (το) πρατήριο βενζίνης. ~ **tank** n (το) ρεζερβουάρ

petroleum /pɪ'trəʊlɪəm/ n (το) πετρέλαιο

petticoat /'petɪkəʊt/ n (το) μεσοφόρι

pett|y /'petɪ/ a (-ier, -iest) τιποτένιος. (mean) μικροπρεπής. ~**y cash** n (τα) μετρητά (για μικροέξοδα). ~**y officer** n (ο) υπαξιωματικός. ~**iness** n (η) μικροπρέπεια

petulan|t /'petjʊlənt/ a οξύθυμος. ~**ce** n (η) οξυθυμία

pew /pju:/ n (το) στασίδι

pewter /'pju:tə(r)/ n κράμα κασσίτερου και άλλων μετάλλων

phallic /'fælɪk/ a φαλλικός

phantom /'fæntəm/ n (το) φάντασμα

pharmaceutical /fa:mə'sju:tɪkl/ a φαρμακευτικός

pharmac|y /'fa:məsɪ/ n (το) φαρμακείο. ~**ist** n (ο, η) φαρμακοποιός

pharyngitis /ˌfærɪn'dʒaɪtɪs/ n (η) φαρυγγίτιδα

phase /feɪz/ n (η) φάση. • vt ~ **in/out** εισάγω/καταργώ σταδιακά

Ph.D. abbr (Doctor of Philosophy) n (ο) διδάκτορας

pheasant /'feznt/ n (ο) φασιανός

phenomen|on /fɪ'nɒmɪnən/ n (pl -**ena**) (το) φαινόμενο. ~**al** a φαινομενικός

phew /fju:/ int οϖφ

philanderer /fɪ'lændərə(r)/ n (ο) ερωτύλος

philanthrop|ist /fɪ'lænθrəpɪst/ n (ο) φιλάνθρωπος. ~**ic** /-ən'θrɒpɪk/ a φιλανθρωπικός

philately /fɪ'lætəlɪ/ n (ο) φιλοτελισμός. ~**ist** n (ο) φιλοτελιστής, (η) φιλοτελίστρια

Philippines /'fɪlɪpi:nz/ npl (οι) Φιλιππίνες

philistine /'fɪlɪstaɪn/ n (ο) αγροίκος. • a άξεστος

philosoph|y /fɪ'lɒsəfɪ/ n (η) φιλοσοφία. ~**er** n (ο, η) φιλόσοφος. ~**ical** /-ə'sɒfɪkl/ a φιλοσοφικός. (resigned) φιλοσοφικός

phlegm /flem/ n (το) φλέγμα

phobia /'fəʊbɪə/ n (η) φοβία

phone /fəʊn/ n (fam) (το) τηλέφωνο. • vt/i (fam) τηλεφωνώ. ~ **back** παίρνω (στο τηλέφωνο). ~ **book** n (ο) τηλεφωνικός κατάλογος. ~ **box** n (ο) τηλεφωνικός θάλαμος. ~ **call** n (η) κλήση. ~ **card** n (η) τηλεκάρτα

phonetic /fə'netɪk/ a φωνητικός. ~**s** n (η) φωνητική

phoney /'fəʊnɪ/ a (-ier, -iest) (sl) ψεύτικος. n (sl) (ο) κάλπης

phosphate /'fɒsfeɪt/ n (το) φωσφορικό άλας

phosphorus /'fɒsfərəs/ n (ο) φωσφόρος

photo /'fəʊtəʊ/ n (pl -**os**) (fam) (η) φωτογραφία

photocop|y /'fəʊtəʊkɒpɪ/ n (το) φωτοαντίγραφο. • vt βγάζω φωτοαντίγραφο. ~**ier** n (το) φωτοαντιγραφικό

photogenic /ˌfəʊtəʊ'dʒenɪk/ a φωτογενής

photograph /'fəʊtəgra:f/ n (η) φωτογραφία. • vt φωτογραφίζω. ~**er** /fə'tɒgrəfə(r)/ n (ο, η) φωτογράφος. ~**ic** /-'græfɪk/ a φωτογραφικός. ~**y** /fə'tɒgrəfɪ/ n (η) φωτογραφία

phrase /freɪz/ n (η) φράση. • vt εκφράζω. ~**-book** n (το) βιβλιαράκι με φράσεις

physical /'fɪzɪkl/ a φυσικός. ~ **education** n (η) γυμναστική. ~**ly** adv σωματικά

physician /fɪ'zɪʃn/ n (ο, η) γιατρός

physicist /'fɪzɪsɪst/ n (ο, η) φυσικός

physics /'fɪzɪks/ n (η) φυσική

physiology /ˌfɪzɪ'ɒlədʒɪ/ n (η) φυσιολογία

physiotherap|y /ˌfɪzɪəʊ'θerəpɪ/ n (η) φυσιοθεραπεία. ~**ist** n (ο) φυσιοθεραπευτής, (η) φυσιοθεραπεύτρια

physique /fɪ'zi:k/ n (η) σωματική διάπλαση

pian|o /pɪ'ænəʊ/ n (pl -**os**) (το) πιάνο. ~**ist** /'pɪənɪst/ n (ο) πιανίστας, (η) πιανίστρια

pick[1] /pɪk/ n (tool) (η) ορειβατική σκαπάνη

pick[2] /pɪk/ vt (choose) διαλέγω. (flowers etc.) μαζεύω. (lock) παραβιάζω. (dig) σκαλίζω. (nose) καθαρίζω, σκαλίζω. • n (best) (το) άνθος. ~ **a quarrel** βρίσκω αφορμή για καβγά. ~ **holes in** βρίσκω ελαττώματα σε. ~ **s.o.'s pocket** κλέβω κπ. ~ **on** ξεχωρίζω (για κάτι το δυσάρεστο). ~ **out** διαλέγω. (identify) αναγνωρίζω. (colour) τονίζω. ~ **up** (learn) μαθαίνω (ευκαιριακά). (information) μαζεύω. (habit) αποκτώ. (passenger) παίρνω. (illness) αρπάζω. ~**-up** n (truck) (το) φορτηγάκι (ανοιχτό πίσω). (stylus-holder) (ο) βραχίονας (του πικ απ)

pickaxe /'pɪkæks/ n (η) αξίνα

picket /'pɪkɪt/ n (η) πικετοφορία. • vi (pt **picketed**) περιφρουρώ απεργία. • vt περιφρουρώ απεργία μπροστά σε. ~ **line** n (η) περιφρούρηση απεργίας

pickle /'pɪkl/ n (το) τουρσί. ~**s** npl (τα) τουρσιά. • vt κάνω τουρσί. **in a** ~ (fam) μπλεγμένος

pickpocket /'pɪkpɒkɪt/ n (ο) πορτοφολάς

picnic /'pɪknɪk/ n (το) πικνίκ invar. • vi (pt **picnicked**) πάω πικνίκ

pictorial /pɪk'tɔ:rɪəl/ a εικονογραφημένος

picture /'pɪktʃə(r)/ n (η) εικόνα. (painting) (ο) πίνακας. (photograph) (η) φωτογραφία. (drawing) (το) σκίτσο. (film) (η) ταινία. (beautiful thing) (η) ζωγραφιά. (fig) (η) εικόνα. **the ~s** (ο) κινηματογράφος, (το) σινεμά invar. • vt απεικονίζω. (imagine) φαντάζομαι

picturesque /pɪktʃə'resk/ a γραφικός

pidgin /'pɪdʒɪn/ a ~ **English** ανάμικτη γλώσσα από αγγλικά και μια άλλη γλώσσα (χρησιμοποιείται μόνο για εμπορικούς σκοπούς)

pie /paɪ/ n (η) πίτα

piebald /'paɪbɔːld/ a με ασπρόμαυρες κηλίδες

piece /piːs/ n (το) κομμάτι. (coin) (το) νόμισμα. (in game) (το) πιόνι. • vt ~ **together** συνδυάζω. **a ~ of news/advice** μια είδηση/συμβουλή. **~work** n (η) εργασία με το κομμάτι. **take to ~s** λύνω

piecemeal /'piːsmiːl/ a κομματιαστός. • adv κομματιαστά

pier /pɪə(r)/ n (η) αποβάθρα

pierc|e /pɪəs/ vt διαπερνώ. **~ing** a διαπεραστικός

piety /'paɪətɪ/ n (η) ευσέβεια

piffl|e /'pɪfl/ n (fam) (οι) κουταμάρες. **~ing** a (fam) ασήμαντος

pig /pɪg/ n (το) γουρούνι. **~-headed** a ξεροκέφαλος

pigeon /'pɪdʒɪn/ n (το) περιστέρι. **~-hole** n (η) γραμματοθυρίδα

piggy /'pɪgɪ/ a αχόρταγος. **~-back** adv καβάλα στην πλάτη. • n (το) γουρουνόπουλο. **~ bank** n (ο) κουμπαράς

pigment /'pɪgmənt/ n (η) χρωστική ουσία. **~ation** /-'teɪʃn/ n (ο) χρωματισμός

pigsty /'pɪgstaɪ/ n (το) χοιροστάσιο

pigtail /'pɪgteɪl/ n (η) πλεξίδα, (plait) (η) κοτσίδα

pike /paɪk/ n invar (fish) (η) τούρνα

pilau /pɪ'laʊ/ n (το) πιλάφι

pilchard /'pɪltʃəd/ n (η) σαρδέλα

pile¹ /paɪl/ n (η) στοίβα. • vt στοιβάζω. • vi ~ **up** μαζεύομαι. **~-up** n (η) καραμπόλα

pile² /paɪl/ n (of fabric) (το) χνούδι

piles /paɪlz/ npl (οι) αιμορροΐδες

pilfer /'pɪlfə(r)/ vt/i κλέβω (μικροαντικείμενα ή σε μικρές ποσότητες). **~age** n (η) μικροκλοπή. **~ing** n (οι) μικροκλοπές

pilgrim /'pɪlgrɪm/ n (ο) προσκυνητής, (η) προσκυνήτρια. **~age** n (το) προσκύνημα

pill /pɪl/ n (το) χάπι. **the ~** (contraceptive: fam) το χάπι

pillage /'pɪlɪdʒ/ n (η) λεηλασία. • vt λεηλατώ

pillar /'pɪlə(r)/ n (η) κολόνα. **~-box** n (το) γραμματοκιβώτιο (σε πεζοδρόμιο)

pillion /'pɪlɪən/ n (το) πίσω κάθισμα σε μοτοσικλέτα. **ride ~** κάθομαι στο πίσω κάθισμα

pillow /'pɪləʊ/ n (το) μαξιλάρι

pillowcase, pillowslip /'pɪləʊkeɪs, 'pɪləʊslɪp/ n (η) μαξιλαροθήκη

pilot /'paɪlət/ n (aviat) (ο) πιλότος. (naut) (ο) πλοηγός. • vt πιλοτάρω. **~-light** n (η) φλόγα αναφλέξεως

pimp /pɪmp/ n (ο) ρουφιάνος

pimple /'pɪmpl/ n (το) σπυράκι

pin /pɪn/ n (η) καρφίτσα. (mech) (η) περόνη. • vt (pt pinned) καρφιτσώνω. (fix) στερεώνω. (hold down) καρφώνω. **~ s.o. down** (fig) υποχρεώνω. **~-point** vt εντοπίζω με ακρίβεια. **~s and needles** (το) μούδιασμα. **~ up** (on wall) στερεώνω με καρφίτσες. **~ up** n (fam) (η) φωτογραφία όμορφης γυναίκας για τον τοίχο

pinafore /'pɪnəfɔː(r)/ n (η) ποδιά. **~ dress** n (η) καζάκα

pincers /'pɪnsəz/ npl (η) τανάλια. (of crab) (η) δαγκάνα

pinch /pɪntʃ/ vt τσιμπώ. (steal: sl) τσιμπώ. • vi (shoe) σφίγγω. • n (η) τσιμπιά. (small amount) (η) πρέζα. **at a ~** στην ανάγκη

pincushion /'pɪnkʊʃn/ n (το) μαξιλαράκι για καρφίτσες

pine¹ /paɪn/ n (το) πεύκο

pine² /paɪn/ vi ~ **away** λιώνω. **~ for** μαραζώνω για

pineapple /'paɪnæpl/ n (ο) ανανάς

ping /pɪŋ/ n (το) σφύριγμα

ping-pong /'pɪŋpɒŋ/ n (το) πινγκ πονγκ invar

pink /pɪŋk/ a ροζ invar. • n (το) ροζ invar

pinnacle /'pɪnəkl/ n (ο) κολοφώνας

pint /paɪnt/ n (η) πίντα (= 568 ml)

pioneer /paɪə'nɪə(r)/ n πρωτοπόρος. • vt εισάγω (καινοτομώ)

pious /'paɪəs/ a ευσεβής

pip¹ /pɪp/ n (seed) (το) κουκούτσι

pip² /pɪp/ n (sound) (το) σήμα της ώρας

pipe /paɪp/ n (ο) σωλήνας. (mus) (ο) αυλός. (for smoking) (η) πίπα. • vt μεταφέρω με σωλήνες. (music etc.) παίζω. **~-cleaner** n (το) βουρτσάκι της πίπας. **~ down** (fam) κατεβάζω τον τόνο. **~-dream** n (η) χίμαιρα. **~ up** μιλώ. **~r** n (ο) αυλητής, (η) αυλήτρια

pipeline /'paɪplaɪn/ n (ο) αγωγός. **in the ~** στο στάδιο της προετοιμασίας

piping /'paɪpɪŋ/ n (οι) σωληνώσεις. **~ hot** ζεματιστός

piquant /'piːkənt/ a πικάντικος

pique /piːk/ n (η) πίκα

pira|te /'paɪərət/ n (ο) πειρατής. **~cy** n (η) πειρατεία

pirouette /pɪrʊ'et/ n (η) πιρουέτα. • vi κάνω πιρουέτες

Pisces /'paɪsiːz/ n (οι) Ιχθύες

pistachio /pɪ'stæʃɪəʊ/ n (pl -os) ~ (nut) (το) φιστίκι Αιγίνης, Cy. (το) χαλεπιανό

pistol /'pɪstl/ n (το) πιστόλι

piston /'pɪstən/ n (το) έμβολο

pit /pɪt/ n (ο) λάκκος. (mine) (το) ορυχείο. (theatr) (ο) χώρος για την ορχήστρα (σε θέατρο). (of stomach) (η) κοιλότητα. • vt (pt **pitted**) (mark) σημαδεύω με σημάδια. ~ **o.s. against** τα βάζω με. ~ **s.o. against s.o.** βάζω κπ να αντισταθεί σε κπ

pitch[1] /pɪtʃ/ n (η) πίσσα. ~**-black** a μαύρος πίσσα

pitch[2] /pɪtʃ/ vt πετώ. (tent) στήνω. • vi πέφτω. • n (degree) (ο) βαθμός κλίσης. (of sound) (το) ύψος. (of voice) (ο) τόνος. (sport) (το) γήπεδο. (fig) (το) στέκι. ~**ed battle** n (η) φοβερή μάχη. ~ **in** (fam) δίνω ένα χεράκι. ~ **into** (fam) ρίχνομαι σε

pitcher /'pɪtʃə(r)/ n (το) κανάτι

pitchfork /'pɪtʃfɔːk/ n (το) δικράνι

piteous /'pɪtɪəs/ a αξιολύπητος

pitfall /'pɪtfɔːl/ n (η) παγίδα

pith /pɪθ/ n (of orange, lemon) (η) ψίχα. (fig) (η) ουσία

pithy /'pɪθɪ/ a (-ier, -iest) με ουσία

piti|ful /'pɪtɪfl/ a αξιοθρήνητος. ~**less** a άσπλαχνος

pittance /'pɪtns/ n (η) εξευτελιστική αμοιβή. (fig) (το) ξεροκόμματο

pity /'pɪtɪ/ n (ο) οίκτος. (regret) (το) κρίμα. • vt λυπάμαι. **take** ~ **on** συμπονώ. **what a** ~ **!** τι κρίμα!

pivot /'pɪvət/ n (ο) άξονας. • vt (pt **pivoted**) στηρίζω σε άξονα. • vi περιστρέφομαι

pixie /'pɪksɪ/ n (το) αερικό

pizza /'piːtsə/ n (η) πίτσα

placard /'plækɑːd/ n (το) πλακάτ invar

placate /plə'keɪt/ vt εξευμενίζω

place /pleɪs/ n (ο) τόπος. (position) (η) θέση. (rank) (η) θέση. (in book) (η) σελίδα. (house) (το) σπίτι. (seat) (η) θέση. • vt τοποθετώ. (an order) δίνω. (in competition) κατατάσσω. (remember) θυμάμαι. **all over the** ~ παντού. **be** ~**d** (in race) έρχομαι πλασέ. **in the first/ second** ~ πρώτον/δεύτερον. ~**-mat** n (το) σουπλά invar. **take** ~ λαμβάνω χώραν

placid /'plæsɪd/ a πράος

plagiar|ize /'pleɪdʒəraɪz/ vt κάνω λογοκλοπή από. ~**ism** n (η) λογοκλοπία

plague /pleɪg/ n (η) πανούκλα. • vt μαστίζω

plaice /pleɪs/ n invar (το) γλωσσάκι (ψάρι)

plain /pleɪn/ a (-er, -est) σαφής. (simple) απλός. (not pretty) όχι όμορφος. (not patterned) μονόχρωμος. • adv καθαρά. • n (η) πεδιάδα. **in** ~ **clothes** με πολιτικά. ~ **chocolate** n (η) σοκολάτα (χωρίς γάλα). ~**ly** adv ξεκάθαρα. ~**ness** n (η) σαφήνεια, (η) απλότητα

plaintiff /'pleɪntɪf/ n (η) ενάγων, (η) ενάγουσα

plaintive /'pleɪntɪv/ a παραπονετικός

plait /plæt/ vt πλέκω n (η) πλεξίδα

plan /plæn/ n (το) σχέδιο. • vt (pt **planned**) σχεδιάζω. • vi σχεδιάζω (σκοπεύω)

plane[1] /pleɪn/ n (tree) (το) πλατάνι

plane[2] /pleɪn/ n (το) επίπεδο. (level) (το) επίπεδο. (aeroplane: fam) (το) αεροπλάνο. • a επίπεδος, ίσιος

plane[3] /pleɪn/ n (tool) (η) πλάνη. • vt πλανίζω

planet /'plænɪt/ n (ο) πλανήτης. ~**ary** a πλανητικός

plank /plæŋk/ n (η) σανίδα

planning /'plænɪŋ/ n (ο) προγραμματισμός. **family** ~ n (ο) οικογενειακός προγραμματισμός. ~ **permission** n (η) άδεια (ανέγερσης κτιρίου). **town** ~ n (η) χωροταξία

plant /plɑːnt/ n (το) φυτό. (techn) (τα) μηχανήματα. (factory) (το) εργοστάσιο. • vt φυτεύω. (place in position) τοποθετώ

plantation /plæn'teɪʃn/ n (η) φυτεία

plaque /plɑːk/ n (η) πλακέτα

plasma /'plæzmə/ n (το) πλάσμα

plaster /'plɑːstə(r)/ n (for walls) (ο) σοβάς. (adhesive) (ο) λευκοπλάστης, Cy. (το) τσιρότο. **in** ~ (med) σε έμπλαστρο. • vt σοβατίζω. ~ **of Paris** n (ο) γύψος. ~**ed** a (sl) μεθυσμένος. ~**er** n (ο) σοβατζής

plastic /'plæstɪk/ a πλαστικός. • n (το) πλαστικό. ~ **surgery** (η) πλαστική εγχείρηση

Plasticine /'plæstɪsiːn/ n (P) (η) πλαστελίνη, Cy. (η) πλαστισίνη

plate /pleɪt/ n (το) πιάτο. (of metal) (το) έλασμα. (in book) (η) εικόνα. (cover with metal) επιμεταλλώνω. • vt **gold-**~**d** a επίχρυσος. **silver-**~**d** a επάργυρος. ~**ful** n (pl **-fuls**) (το) πιάτο

plateau /'plætəʊ/ n (pl **-eaux** /-əʊz/) (το) οροπέδιο

platform /'plætfɔːm/ n (η) εξέδρα. (rail) (η) αποβάθρα

platinum /'plætɪnəm/ n (ο) λευκόχρυσος, (η) πλατίνα

platitude /'plætɪtjuːd/ n (η) κοινοτοπία

platonic /plə'tɒnɪk/ a πλατωνικός

platoon /plə'tuːn/ n (η) διμοιρία

platter /'plætə(r)/ n (η) πιατέλα

plausible /'plɔːzəbl/ a εύλογος

play /pleɪ/ vt/i παίζω n (το) παιχνίδι. (theatr) (το) θεατρικό έργο. (free movement) (ο) τζόγος. ~**-act** vi προσποιούμαι. ~ **down** προσπαθώ να μειώσω τη σημασία (with gen). ~**ed out** a εξαντλημένος. ~**-group** n (το) νηπιαγωγείο. ~**-off** n (το) επαναληπτικός (αγώνας). ~ **on** εκμεταλλεύομαι. ~ **on words** n (το) λογοπαίγνιο. ~**-pen** n (το) πάρκο (μωρού), Cy. (το) κλουβί (μωρού). ~ **safe** δε ριψοκινδυνεύω. ~ **up** εκνευρίζω. ~**er** n (ο) παίκτης, (η) παίκτρια

playboy /'pleɪbɔɪ/ n (o) πλεϊμπόι
playful /'pleɪfl/ a παιχνιδιάρικος. ~**ly** adv
παιχνιδιάρικα
playground /'pleɪgraʊnd/ n (η) αυλή
(σχολείου)
playing /'pleɪɪŋ/ n ~-**card** n (το)
τραπουλόχαρτο. ~-**field** n (το) γήπεδο
playmate /'pleɪmeɪt/ n (o) συμπαίκτης, (η)
συμπαίκτρια
plaything /'pleɪθɪŋ/ n (το) παιχνιδάκι
playwright /'pleɪraɪt/ n (o, η) θεατρικός
συγγραφέας
plc abbr (public limited company) n
εταιρεία με περιορισμένη ευθύνη και
μετοχές στο χρηματιστήριο του Λονδίνου
(παρόμοια με ελληνική ανώνυμη εταιρεία)
plea /pliː/ n (entreaty) (η) έκκληση.
(excuse) (η) δικαιολογία. (jur) (η)
έκκληση
plead /pliːd/ vi (beg) ~ **with** s.o. κάνω
έκκληση σε κπ, παρακαλώ κπ. • vt (as
excuse) επικαλούμαι. ~ **guilty/not guilty**
ομολογώ/αρνούμαι ενοχή
pleasant /'pleznt/ a ευχάριστος
pleas|e /pliːz/ vt ευχαριστώ. • vi θέλω.
• adv παρακαλώ. **do as you** ~**e** κάνε ό,
τι θέλεις. ~**e** o.s. κάνω το κέφι μου.
~**ed** a ευχαριστημένος (with, με). ~**ing**
a ευχάριστος
pleasur|e /'pleʒə(r)/ n (η) ευχαρίστηση.
~**able** a ευχάριστος
pleat /pliːt/ n (η) πιέτα. • vt κάνω πιέτες
σε
pledge /pledʒ/ n (το) ενέχυρο. (promise)
(η) υπόσχεση. • vt υπόσχομαι. ~ **one's**
word δίνω το λόγο μου
plentiful /'plentɪfl/ a άφθονος
plenty /'plentɪ/ n (η) αφθονία. ~ **(of)**
άφθονος
pleurisy /'plʊərəsɪ/ n (η) πλευρίτιδα
pliable /'plaɪəbl/ a εύπλαστος
pliers /'plaɪəz/ npl (οι) πένσα
plight /plaɪt/ n (η) δύσκολη κατάσταση
plimsolls /'plɪmsəlz/ npl (τα) πάνινα
παπούτσια
plinth /plɪnθ/ n (η) βάση
plod /plɒd/ vi (pt **plodded**) περπατώ
βαριά. (work hard) δουλεύω αργά και με
επιμονή. ~**der** n (o) σταθερός
δουλευτής
plonk /plɒŋk/ n (fam) (το) χαμηλής
ποιότητας κρασί
plop /plɒp/ n (o) παφλασμός. • vi (pt
plopped) παφλάζω
plot /plɒt/ n (η) συνωμοσία. (of novel etc.)
(η) υπόθεση. (piece of land) (το)
οικόπεδο. • vt/i (pt **plotted**) συνωμοτώ.
(mark out) χαράζω (πορεία σε χάρτη)
plough /plaʊ/ n (το) αλέτρι. • vt οργώνω.
~ **back** (profits etc.) επανεπενδύω. ~
into πέφτω επάνω σε. ~ **through**
προχωρώ με δυσκολία μέσα σε
ploy /plɔɪ/ n (fam) (το) κόλπο

pluck /plʌk/ vt (eyebrows) βγάζω. (bird)
μαδώ. • n (το) κουράγιο. ~ **up courage**
βρίσκω κουράγιο. ~**y** a θαρραλέος
plug /plʌg/ n (η) τάπα (νιπτήρα κλπ).
(electr) (η) πρίζα. • vt (pt **plugged**)
βουλώνω. (advertise: fam) ρεκλαμάρω.
~-**hole** n (o) σωλήνας. ~ **in** (electr)
βάζω στην πρίζα
plum /plʌm/ n (fruit) (το) δαμάσκηνο.
(tree) (η) δαμασκηνιά. ~ **job** n (fam) (η)
καλύτερη θέση
plumage /'pluːmɪdʒ/ n (το) φτέρωμα
plumb /plʌm/ a κάθετος. • n (το) βαρίδι.
• adv ακριβώς. • vt σταθμίζω. ~-**line** n
(το) νήμα της στάθμης
plumb|er /'plʌmə(r)/ n (o) υδραυλικός.
~**ing** n (η) υδραυλική εγκατάσταση
plume /pluːm/ n (το) λοφίο
plummet /'plʌmɪt/ vi πέφτω κατακόρυφα.
• n (το) βαρίδι
plump /plʌmp/ a (-er, -est) παχουλός. • vt
~ **for** διαλέγω. ~**ness** n (το) πάχος
plunder /'plʌndə(r)/ n (η) διαρπαγή. • vt
διαρπάζω
plung|e /plʌndʒ/ vt/i βυθίζω/ομαι. • n (η)
βουτιά. **take the** ~**e** (fam) παίρνω την
απόφαση. ~**r** n (mech) (το) έμβολο.
(for sink etc.) (η) φούσκα (για νεροχύτες)
plural /'plʊərəl/ a πληθυντικός. • n (o)
πληθυντικός
plus /plʌs/ prep συν. • a θετικός. • n (το)
συν invar. **five** ~ πέντε και
plush /plʌʃ/ n ύφασμα σαν το βελούδο. • a
πολυτελής
plutonium /pluː'təʊnɪəm/ n (το)
πλουτόνιο
ply[1] /plaɪ/ n (of thread) (o) κλώνος
(κλωστής). (layer) (το) φύλλο
ply[2] /plaɪ/ vt (tool) δουλεύω. (trade)
εξασκώ. • vi (ship) ταξιδεύω. ~ s.o. **with**
drink ποτίζω κάποιον συνεχώς
plywood /'plaɪwʊd/ n (το) κοντραπλακέ
invar
p.m. adv μ.μ.
pneumatic /njuː'mætɪk/ a (drill etc.) που
λειτουργεί με αέρα
pneumonia /njuː'məʊnjə/ n (η)
πνευμονία
PO abbr see POST. • n ~ **box** (η) Τ. Θ., Συ.
(το) Τ. Κ.
poach /pəʊtʃ/ vt λαθροθηρώ. (ξυλιν)
βράζω (αβγό). (steal) κλέβω. ~**ed egg**
αυγό ποσέ. ~**er** n (o) λαθροθήρας
pocket /'pɒkɪt/ n (η) τσέπη. (of air) (το)
κενό. (of resistance) (ο) θύλακας. • vt
τσεπώνω. **be in/out of** ~ κερδίζω/χάνω
χρήματα. ~-**book** n (το)
σημειωματάριο. (purse; Amer) (το)
τσαντάκι. (handbag: Amer) (η) τσάντα.
~ **money** n (το) χαρτζιλίκι
pock-marked /'pɒkmaːkt/ a
βλογιοκομμένος
pod /pɒd/ n (o) λοβός

podgy /'pɒdʒi/ a (-ier, -iest) κοντόχοντρος

poem /'pəʊim/ n (το) ποίημα

poet /'pəʊit/ n (η) ποιητής, (η) ποιήτρια. **~ic(al)** /-'etik(l)/ a ποιητικός

poetry /'pəʊitri/ n (η) ποίηση

poignant /'pɔinjənt/ a δηκτικός

point /pɔint/ n (το) σημείο. (sharp end) (η) αιχμή. (meaning) (το) νόημα. (electr) (η) υποδοχή, (η) πρίζα. **~s** (rail) (η) τροχιά. • vt/i δείχνω. **good ~s** πλεονεκτήματα. **be on the ~ of doing** είμαι έτοιμος να κάνω. **~ at** or **to** δείχνω. **~-blank** a & adv εξ επαφής. **~-duty** n (η) υπηρεσία τροχαίας. **~ of view** (η) άποψη. **~ out** υποδεικνύω. **to the ~** συναφής. **up to a ~** έως ένα σημείο. **what is the ~?** ποιο σκοπό εξυπηρετεί;

pointed /'pɔintid/ a μυτερός. (fig) δηκτικός

pointer /'pɔintə(r)/ n (ο) δείκτης. (dog) (το) πόιντερ invar. (clue: fam) (η) ένδειξη

pointless /'pɔintlis/ a άσκοπος

poise /pɔiz/ n (η) ισορροπία. (fig) (η) στάση. **~d** a ισορροπημένος. (ready) έτοιμος

poison /'pɔizn/ n (το) δηλητήριο. • vt δηλητηριάζω. **~ing** n (η) δηλητηρίαση. **~ous** a δηλητηριώδης

poke /pəʊk/ vt σπρώχνω. (fire) σκαλίζω. (thrust) βάζω. (pry) χώνω. • n (το) σπρώξιμο. **~ about** or **around** σκαλίζω. **~ fun at** κοροϊδεύω. **~ out** βγάζω

poker¹ /'pəʊkə(r)/ n (η) τσιμπίδα

poker² /'pəʊkə(r)/ n (cards) (το) πόκερ invar. **~-face** n (το) ανέκφραστο πρόσωπο. **~-faced** a με ανέκφραστο πρόσωπο

poky /'pəʊki/ a (-ier, -iest) στενόχωρος

Poland /'pəʊlənd/ n (η) Πολωνία

polar /'pəʊlə(r)/ a πολικός. **~ bear** n (η) πολική άρκτος

polarize /'pəʊləraiz/ vt πολώνω

pole¹ /pəʊl/ n (το) κοντάρι

pole² /pəʊl/ n (geog) (ο) Πόλος. **~-star** n (ο) πολικός αστέρας

Pole /pəʊl/ n (ο) Πολωνός, (η) Πολωνέζα

polemic /pə'lemik/ n (η) πολεμική. • a πολεμικός

police /pə'li:s/ n (η) αστυνομία. • vt αστυνομεύω. **~ car** n (το) αστυνομικό όχημα. **~ force** n (η) αστυνομική δύναμη. **~ state** n (το) αστυνομικό κράτος. **~ station** n (το) αστυνομικό τμήμα

police|man /pə'li:smən/ n (pl -men) (ο) αστυνομικός. **~woman** n (pl -women) (η) αστυνομικίνα

policy¹ /'pɒlisi/ n (η) πολιτική

policy² /'pɒlisi/ n (insurance) (το) ασφαλιστήριο

polio(myelitis) /'pəʊliəʊ(maiə'laitis)/ (η) πολιομυελίτιδα

polish /'pɒliʃ/ n (το) γυάλισμα. (substance) (το) γυαλιστικό. (fig) (η) φινέτσα. • vt γυαλίζω. **~ off** τελειώνω. (a plate) καθαρίζω. **~ up** λουστράρω. (improve) καλυτερεύω. **~ed** a γυαλισμένος. (manner) λεπτός. **~er** n (ο) στιλβωτής. (machine) (η) στιλβωτική συσκευή

Polish /'pəʊliʃ/ a πολωνικός. • n (lang) (τα) πολωνικά

polite /pə'lait/ a ευγενικός. **~ly** adv ευγενικά. **~ness** n (η) ευγένεια

political /pə'litikl/ a πολιτικός

politician /pɒli'tiʃn/ n (ο, η) πολιτικός

politics /'pɒlitiks/ n (τα) πολιτικά

polka /'pɒlkə/ n (η) πόλκα. **~ dots** (οι) βούλες

poll /pəʊl/ n (η) ψηφοφορία. • vt ζητώ τη γνώμη (with gen). (receive votes) συγκεντρώνω. **opinion ~** (η) δημοσκόπηση. **~ing-booth** n (το) εκλογικό παραβάν invar

pollen /'pɒlən/ n (η) γύρη. **~ count** n (η) μέτρηση της γύρεως (στην ατμόσφαιρα)

pollut|e /pə'lu:t/ vt ρυπαίνω. **~ion** /-ʃn/ n (η) ρύπανση

polo /'pəʊləʊ/ n (το) πόλο invar. **~-neck** n (το) ζιβάγκο invar

polyester /pɒli'estə(r)/ n (ο) πολυεστέρας

polygam|y /pə'ligəmi/ n (η) πολυγαμία. **~ist** n (ο) πολύγαμος. **~ous** a πολύγαμος

polyglot /'pɒliglɒt/ a πολύγλωσσος. • n (ο) πολύγλωσσος

polygon /'pɒligən/ n (το) πολύγωνο

polystyrene /pɒli'stairi:n/ n (το) πολυστυρόλιο

polytechnic /pɒli'teknik/ n (το) πολυτεχνείο

polythene /'pɒliθi:n/ n (το) πολυαιθυλένιο. **~ bag** n (η) πλαστική σακούλα

pomegranate /'pɒmigrænit/ n (το) ρόδι

pomp /pɒmp/ n (η) επίδειξη

pompon /'pɒmpɒn/ n (το) πομπόν invar

pomp|ous /'pɒmpəs/ a πομπώδης. **~osity** /-'pɒsəti/ n (η) πομπώδης επίδειξη

pond /pɒnd/ n (η) λιμνούλα, Cy. (η) δεξαμενή

ponder /'pɒndə(r)/ vt/i συλλογίζομαι

ponderous /'pɒndərəs/ a βαρύς

pong /pɒŋ/ n (fam) (η) βρόμα. • vi (fam) βρομώ

pontificate /pɒn'tifikeit/ vi μιλώ με στόμφο

pony /'pəʊni/ n (το) πόνεϊ invar. **~-tail** n (η) αλογοουρά. **~-trekking** n ιππασία στη εξοχή με πόνεϊ

poodle /'pu:dl/ n (το) κανίς invar

pool¹ /pu:l/ n (η) λιμνούλα. (of blood) (η) λίμνη. (for swimming) (η) πισίνα

pool² /puːl/ n (fund) (το) κοινό ταμείο. (common supply) (η) κοινοπραξία. (game) (το) μπιλιάρδο. **~s** npl (το) προπο. • vt συνενώνω

poor /pʊə(r)/ a (-er, -est) φτωχός. (unfortunate) καημένος. (not good) κακός. (quantity) λίγος. **be in ~ health** δεν είμαι καλά. **~ly** a αδιάθετος. • adv άσχημα

pop¹ /pɒp/ n ξηρός ήχος όπως φελλού που πετιέται. (drink: fam) (το) αφρώδες ποτό (π.χ. λεμονάδα). • vt (pt **popped**) (balloon) τρυπώ. (put: fam) βάζω. **~ the question** κάνω πρόταση γάμου βγάζω. (put) κάνω πρόταση. • vi πετιέμαι. **~ in** μπαίνω γρήγορα. **~ out** πετάγομαι έξω. **~ up** εμφανίζομαι ξαφνικά

pop² /pɒp/ a (fam) λαϊκός. • n **~ (music)** (fam) (η) μουσική ποπ

popcorn /ˈpɒpkɔːn/ n (το) καβουρντισμένο καλαμπόκι, (το) popcorn invar

pope /pəʊp/ n (o) πάπας

poplar /ˈpɒplə(r)/ n (η) λεύκα

poplin /ˈpɒplɪn/ n (η) ποπλίνα

poppy /ˈpɒpi/ n (η) παπαρούνα

popular /ˈpɒpjʊlə(r)/ a δημοφιλής. **~ity** /-ˈlærəti/ n (η) δημοτικότητα. **~ize** vt εκλαϊκεύω. **~ly** adv λαϊκά

populat|e /ˈpɒpjʊleɪt/ vt οικίζω. **~ion** /-ˈleɪʃn/ n (o) πληθυσμός

porcelain /ˈpɔːsəlɪn/ n (η) πορσελάνη

porch /pɔːtʃ/ n (η) στεγασμένη είσοδος

porcupine /ˈpɔːkjʊpaɪn/ n (o) ύστριγξ

pore¹ /pɔː(r)/ n (o) πόρος

pore² /pɔː(r)/ vi **~ over** μελετώ προσεχτικά

pork /pɔːk/ n (το) χοιρινό κρέας

porn /pɔːn/ n (fam) (η) πορνογραφία. **~o** a (fam) πορνογραφικός

pornograph|y /pɔːˈnɒgrəfɪ/ n (η) πορνογραφία. **~ic** /-əˈgræfɪk/ a πορνογραφικός

porous /ˈpɔːrəs/ a πορώδης

porpoise /ˈpɔːpəs/ n (η) φώκαινα

porridge /ˈpɒrɪdʒ/ n (o) χυλός από βρώμη

port¹ /pɔːt/ n (το) λιμάνι. **~ of call** (το) λιμάνι προσεγγίσεως

port² /pɔːt/ a (left: naut) αριστερός. • n (η) αριστερή πλευρά (πλοίου)

port³ /pɔːt/ n (wine) (το) πορτό

portable /ˈpɔːtəbl/ a φορητός

portent /ˈpɔːtent/ n (o) οιωνός

porter /ˈpɔːtə(r)/ n (o) θυρωρός. (for luggage) (o) αχθοφόρος

portfolio /pɔːtˈfəʊljəʊ/ n (pl **-os**) (το) χαρτοφυλάκιο

porthole /ˈpɔːthəʊl/ n (το) φινιστρίνι

portico /ˈpɔːtɪkəʊ/ n (pl **-oes**) (η) στοά

portion /ˈpɔːʃn/ n (το) μερίδιο. (of food) (η) μερίδα. • vt ποιράζω

portly /ˈpɔːtlɪ/ a (-ier, -iest) σωματώδης

portrait /ˈpɔːtrɪt/ n (το) πορτρέτο

portray /pɔːˈtreɪ/ vt απεικονίζω. (describe) περιγράφω. (represent) αντιπροσωπεύω. **~al** n (η) απεικόνιση, (η) περιγραφή

Portug|al /ˈpɔːtjʊgl/ n (η) Πορτογαλία. **~uese** /-ˈgiːz/ a πορτογαλικός. • n (o) Πορτογάλος, (η) Πορτογαλίδα. (lang) (τα) πορτογαλλικά

pose /pəʊz/ n (η) πόζα. • vt (problem) δημιουργώ. (question) θέτω. • vi ποζάρω. **~ as** παριστάνω

poser /ˈpəʊzə(r)/ n (η) δύσκολη ερώτηση

posh /pɒʃ/ a (fam) ανώτερης τάξης

position /pəˈzɪʃn/ n (η) θέση. • vt τοποθετώ

positive /ˈpɒzətɪv/ a θετικός. (real) πραγματικός. (certain) κατηγορηματικός. • n (photo) (το) θετικό. **~ly** adv θετικά

possess /pəˈzes/ vt κατέχω. **~or** n (o) κάτοχος

possession /pəˈzeʃn/ n (η) κατοχή. **~s** (τα) υπάρχοντα

possessive /pəˈzesɪv/ a ζηλότυπος. (gram) κτητικός. **~ness** n (η) ζηλοτυπία

possib|le /ˈpɒsəbl/ a δυνατός. **~ility** /-ˈbɪlətɪ/ n (η) δυνατότητα, (η) πιθανότητα. **~ly** adv πιθανόν. **if I ~ly can** αν μπορώ. **I cannot ~ly do that** μου είναι αδύνατον να το κάνω

post¹ /pəʊst/ n (pole) (o) πάσσαλος. • vt (notice) τοιχοκολλώ

post² /pəʊst/ n (place) (η) θέση. • vt τοποθετώ

post³ /pəʊst/ n (mail) (το) ταχυδρομείο. • vt ταχυδρομώ. **by ~** ταχυδρομικώς. **by return of ~** αμέσως. **keep s.o. ~ed** κρατώ κπ ενήμερο. **~-box** n (το) ταχυδρομικό κουτί. **~-code** n (o) ταχυδρομικός κωδικός. **P~ Office, PO** n (το) ταχυδρομείο. **~age** n (το) ταχυδρομικό τέλος

post- /pəʊst/ pref μετά-

postal /ˈpəʊstl/ a ταχυδρομικός. **~ order** n (η) ταχυδρομική επιταγή

postcard /ˈpəʊstkɑːd/ n (η) καρτ ποστάλ invar

post-date /pəʊstˈdeɪt/ vt μεταχρονολογώ

poster /ˈpəʊstə(r)/ n (η) αφίσα

poste restante /pəʊstˈrestɑːnt/ n (το) ποστρεστάντ invar

posterior /pɒˈstɪərɪə(r)/ a μεταγενέστερος. • n (o) οπίσθιος

posterity /pɒsˈterətɪ/ n (οι) μέλλουσες γενεές

postgraduate /pəʊstˈgrædjʊət/ n (o) μεταπτυχιακός σπουδαστής

posthumous /ˈpɒstjʊməs/ a μεταθανάτιος. **~ly** adv μετά θάνατον

postman /ˈpəʊstmən/ n (pl **-men**) (o) ταχυδρόμος

postmark /ˈpəʊstmɑːk/ n (η) ταχυδρομική σφραγίδα

post-mortem /'pəʊstmɔːtəm/ *n* (η)
νεκροψία

postpone /pəʊst'pəʊn/ *vt* αναβάλλω.
~ment *n* (η) αναβολή

postscript /'pəʊsskrɪpt/ *n* (το)
υστερόγραφο

postulate /'pɒstjʊleɪt/ *vt* αξιώνω

posture /'pɒstʃə(r)/ *n* (η) στάση. • *vi*
παίρνω πόζα

post-war /'pəʊstwɔː(r)/ *a* μεταπολεμικός

posy /'pəʊzɪ/ *n* (το) μπουκετάκι

pot /pɒt/ *n* (*jar*) (το) δοχείο. (*for cooking*)
(η) χύτρα. (*for tea*) (η) τσαγιέρα (*for
coffee*) (η) καφετιέρα. (*for plant*) (η)
γλάστρα. (*marijuana: sl*) (η) μαύρη. • *vt*
(*pt* **potted**) βάζω (φυτό) σε γλάστρα. **go
to ~** (*fam*) πάω κατά διαβόλου. **~-belly**
n (η) κοιλιά. **~ plant** *n* (το) φυτό σε
γλάστρα. **~-shot** *n* (η) ντουφεκιά στην
τύχη. **take ~ luck** παίρνω ό, τι βρεθεί

potassium /pə'tæsjəm/ *n* (το) κάλιο

potato /pə'teɪtəʊ/ *n* (*pl* -oes) (η) πατάτα

poten|t /'pəʊtnt/ *a* δραστικός. **~cy** *n* (η)
δραστικότητα

potential /pə'tenʃl/ *a* δυνητικός. • *n* (η)
δυνητικότητα. **~ly** *adv* δυνητικά

pothol|e /'pɒthəʊl/ *n* (*in road*) (η)
λακκούβα. (*in rock*) (η) τρύπα. **~er** *n* (ο,
η) σπηλαιολόγος. **~ing** *n* (η)
σπηλαιολογία

potion /'pəʊʃn/ *n* (το) φίλτρο (*ποτό*)

potted /'pɒtɪd/ *see* POT. • *a* (*plant*) σε
γλάστρα. (*abridged*) επίτομος

potter¹ /'pɒtə(r)/ *n* (ο) αγγειοπλάστης

potter² /'pɒtə(r)/ *vi* ασχολούμαι με
μικροδουλειές

pottery /'pɒtərɪ/ *n* (η) αγγειοπλαστική

potty¹ /'pɒtɪ/ *a* (-ier, -iest) (*sl*) τρελός

potty² /'pɒtɪ/ *n* (*fam*) (το) γιογιό (*για
μωρά*)

pouch /paʊtʃ/ *n* (η) σακούλα

pouffe /puːf/ *n* (το) πουφ *invar*

poulterer /'pəʊltərə(r)/ *n* (*grower*) (ο)
ορνιθοτρόφος. (*seller*) (ο) ορνιθοπώλης

poultice /'pəʊltɪs/ *n* (το) κατάπλασμα

poultry /'pəʊltrɪ/ *n* (τα) πουλερικά

pounce /paʊns/ *vi* **~ on** πηδώ πάνω σε. •
n (το) πήδημα

pound¹ /paʊnd/ *n* (*weight*) (η) λίβρα
(= 0.454 κ). (*money*) (η) λίρα

pound² /paʊnd/ *vt* κοπανίζω. *vi* (*heart*)
χτυπά δυνατά. (*walk heavily*) περπατώ
βαριά

pour /pɔː(r)/ *vt* σερβίρω. • *vi* κυλώ. **it's
~ing down** κάνει κατακλυσμό. **~ in**
κατακλύζω. **~ out** *vi* ξεχύνομαι. • *vt* (*a
drink*) δίνω. **~ing rain** (η) ραγδαία
βροχή

pout /paʊt/ *vi* κατσουφιάζω. • *n* (το)
κατσούφιασμα

poverty /'pɒvətɪ/ *n* (η) φτώχια

powder /'paʊdə(r)/ *n* (η) σκόνη.
(*cosmetic*) (η) πούδρα. • *vt* κονιοποιώ.

(*face*) πουδράρω. **~ed milk** γάλα σε
σκόνη. **~y** *a* σαν σκόνη

power /'paʊə(r)/ *n* (η) δύναμη. (*electr*) (*of
engine*) (η) ισχύς. **in ~** στην εξουσία. **~
cut** *n* (η) διακοπή στην παροχή
ρεύματος. **~ station** *n* (ο) σταθμός
παραγωγής ηλεκτρισμού. **~ed** *a* με
ισχύ. **~ful** *a* ισχυρός. **~less** *a*
ανίσχυρος

practicable /'præktɪkəbl/ *a*
πραγματοποιήσιμος

practical /'præktɪkl/ *a* πρακτικός. (*virtual*)
πραγματικός. **~ joke** (η) φάρσα. **~ly**
adv πρακτικά. (*almost*) σχεδόν

practice /'præktɪs/ *n* (η) πρακτική. (*exer-
cise*) (η) άσκηση. (*sport*) (η) εξάσκηση.
(*custom*) (η) συνήθεια. (*of doctor*) (η)
πελατεία. **be out of ~** ξεσυνηθίζω. **put
into ~** εφαρμόζω στην πράξη

practis|e /'præktɪs/ *vt/i* εξασκώ/ούμαι.
(*sport*) γυμνάζομαι. (*carry out*)
εφαρμόζω. (*profession*) εξασκώ. **~ed** *a*
εξασκημένος. **~ing** *a* που ασκεί
(*επάγγελμα*)

practitioner /præk'tɪʃənə(r)/ *n* (ο, η)
επαγγελματίας. **general ~** *n* (ο, η)
γιατρός παθολόγος

pragmatic /præg'mætɪk/ *a*
πραγματιστικός

prairie /'preərɪ/ *n* (ο) κάμπος χωρίς δέντρα
στις κεντρικές *ΗΠΑ*

praise /preɪz/ *vt* επαινώ. • *n* (ο) έπαινος.
~worthy *a* αξιέπαινος

pram /præm/ *n* (το) καροτσάκι (*για μωρά*)

prance /prɑːns/ *vi* χοροπηδώ

prank /præŋk/ *n* (η) φάρσα

prattle /'prætl/ *vi* φλυαρώ. • *n* (η) φλυαρία

prawn /prɔːn/ *n* (η) γαρίδα

pray /preɪ/ *vt/i* προσεύχομαι

prayer /preə(r)/ *n* (η) προσευχή

pre- /priː/ *pref* προ-

preach /priːtʃ/ *vt/i* κηρύσσω. **~er** *n* (ο)
ιεροκήρυκας

preamble /priː'æmbl/ *n* (το) προοίμιο

prearrange /priːə'reɪndʒ/ *vt* κανονίζω εκ
των προτέρων. **~ment** *n* (η)
προσυνεννόηση

precarious /prɪ'keərɪəs/ *a* επισφαλής.
~ly *adv* επισφαλώς

precaution /prɪ'kɔːʃn/ *n* (η) προφύλαξη.
as a ~ για κάθε ενδεχόμενο. **~ary** *a*
προληπτικός

preced|e /prɪ'siːd/ *vt* προηγούμαι. **~ing** *a*
προηγούμενος

preceden|ce /'presɪdəns/ *n* (η) προτεραι-
ότητα. **take ~** έχει προτεραιότητα
(*over*, έναντι). **~t** *n* (το) προηγούμενο

precept /'priːsept/ *n* (ο) κανόνας

precinct /'priːsɪŋkt/ *n* (ο) περίβολος.
(*district: Amer*) (η) περιοχή. **~s** (η)
περιοχή. **pedestrian ~** *n* (ο)
πεζόδρομος. **shopping ~** *n* (το)
εμπορικό κέντρο

precious /'preʃəs/ a πολύτιμος. • adv (fam) πολύ

precipice /'presɪpɪs/ n (ο) γκρεμός

precipitate¹ /prɪ'sɪpɪteɪt/ vt επισπεύδω. ~ion /-'teɪʃn/ n (η) επίσπευση

precipitate² /prɪ'sɪpɪtɪt/ a εσπευσμένος

precipitous /prɪ'sɪpɪtəs/ a απόκρημνος

précis /'preɪsi:/ n (pl précis /-si:z/) (η) σύνοψη

precis|e /prɪ'saɪs/ a ακριβής. ~ely adv ακριβώς. ~ion /-'sɪʒn/ n (η) ακρίβεια

preclude /prɪ'klu:d/ vt αποκλείω

precocious /prɪ'kəʊʃəs/ a πρόωρος. ~ly adv πρόωρα

preconc|eived /pri:kən'si:vd/ a προκατειλημμένος. ~eption /-'sepʃn/ n (η) προκατάληψη

precondition /pri:kən'dɪʃn/ n (η) προϋπόθεση

precursor /pri:'kɜːsə(r)/ n (ο) πρόδρομος

predator /'predətə(r)/ n (το) αρπακτικό ζώο. ~y a αρπακτικός

predecessor /'pri:dɪsesə(r)/ n (ο) προκάτοχος

predestin|e /pri:'destɪn/ vt προορίζω. ~ation /-'neɪʃn/ n (ο) προορισμός

predicament /prɪ'dɪkəmənt/ n (η) δύσκολη θέση

predicat|e /'predɪkɪt/ n (το) κατηγορούμενο. ~ive /prɪ'dɪkətɪv/ a κατηγορηματικός

predict /prɪ'dɪkt/ vt προβλέπω. ~able a προβλέψιμος. ~ion /-ʃn/ n (η) πρόβλεψη

predilection /pri:dɪ'lekʃn/ n (η) προτίμηση

predomin|ate /prɪ'dɒmɪneɪt/ vi επικρατώ. ~ance n (η) επικράτηση. ~ant a επικρατέστερος. ~antly adv επικρατέστερα

pre-eminent /pri:'emɪnənt/ a διαπρεπής

pre-empt /pri:'empt/ vt προλαβαίνω

preen /pri:n/ vt καθαρίζω τα φτερά. ~ o.s. καμαρώνω

prefab /'pri:fæb/ n (fam) (το) λυόμενο σπίτι. ~ricated /-'fæbrɪkeɪtɪd/ a προκατασκευασμένος

preface /'prefɪs/ n (ο) πρόλογος

prefect /'pri:fekt/ n (schol) (ο) επιμελητής, (η) επιμελήτρια. (official) (ο) νομάρχης

prefer /prɪ'fɜ:(r)/ vt (pt preferred) προτιμώ. ~ sth. to sth. προτιμώ κτ από κτ. ~ to do προτιμώ να κάμω. ~able /'prefrəbl/ a προτιμητέος

preferen|ce /'prefrəns/ n (η) προτίμηση. ~tial /-ə'renʃl/ a προνομιακός

prefix /'pri:fɪks/ n (το) πρόθεμα

pregnan|t /'pregnənt/ a έγκυος. ~cy n (η) εγκυμοσύνη

prehistoric /pri:hɪ'stɒrɪk/ a προϊστορικός

prejudge /pri:'dʒʌdʒ/ vt προδικάζω

prejudice /'predʒʊdɪs/ n (η) προκατάληψη. (harm) (η) ζημία. • vt προδιαθέτω. ~d a προκατειλημμένος

preliminar|y /prɪ'lɪmɪnərɪ/ a προκαταρκτικός. ~ies npl (τα) προκαταρκτικά

prelude /'prelju:d/ n (το) προοίμιο. (mus) (το) πρελούντιο

premarital /pri:'mærɪtl/ a προγαμιαίος

premature /'premətjʊə(r)/ a πρόωρος

premeditated /pri:'medɪteɪtɪd/ a (crime) εκ προμελέτης

premier /'premɪə(r)/ a πρώτος. • n (pol) (ο) πρωθυπουργός

premi&eg.re /'premɪə(r)/ n (η) πρεμιέρα

premises /'premɪsɪz/ npl (το) ακίνητο. on the ~ μέσα στο κτίριο

premiss /'premɪs/ n (η) αρχή

premium /'pri:mɪəm/ n (η) επιπρόσθετη αμοιβή. (insurance) (το) ασφάλιστρο. at a ~ σε μεγάλη ζήτηση

premonition /pri:mə'nɪʃn/ n (η) προαίσθηση

preoccup|ation /pri:ɒkjʊ'peɪʃn/ n (η) έγνοια. ~ied /-'ɒkjʊpaɪd/ a συλλογισμένος

prep /prep/ n (fam) (η) κατ' οίκον εργασία. ~ school = preparatory school

preparation /prepə'reɪʃn/ n (η) προετοιμασία. ~s npl (οι) προετοιμασίες

preparatory /prɪ'pærətrɪ/ a προπαρασκευαστικός. ~ school n (το) ιδιωτικό σχολείο που προετοιμάζει παιδιά για ιδιωτικές σχολές μέσης εκπαιδεύσεως

prepare /prɪ'peə(r)/ vt/i ετοιμάζω. be ~d for είμαι έτοιμος για. ~d to έτοιμος να

prepay /pri:'peɪ/ vt (pt -paid) προπληρώνω

preponderance /prɪ'pɒndərəns/ n (η) υπεροχή

preposition /prepə'zɪʃn/ n (η) πρόθεση

prepossessing /pri:pə'zesɪŋ/ a ελκυστικός

preposterous /prɪ'pɒstərəs/ a τερατώδης

prerequisite /pri:'rekwɪzɪt/ n (η) προϋπόθεση

prerogative /prɪ'rɒgətɪv/ n (το) προνόμιο

Presbyterian /prezbɪ'tɪərɪən/ a πρεσβυτεριανός. • n (ο) πρεσβυτεριανός,

prescri|be /prɪ'skraɪb/ vt καθορίζω. ~ption /-'ɪpʃn/ n (med) (η) συνταγή

presence /'prezns/ n (η) παρουσία. ~ of mind (η) ετοιμότητα πνεύματος

present¹ /'preznt/ a παρών. • n (το) παρόν. at ~ τώρα. for the ~ προς το παρόν

present² /'preznt/ n (gift) (το) δώρο

present³ /prɪ'zent/ vt παρουσιάζω. (film etc.) ανεβάζω. ~ s.o. with sth. προσφέρω κάτι σε κάποιον. ~able a παρουσιάσιμος. ~ation /prezn'teɪʃn/ n (η) παρουσίαση. ~er n (ο) εκφωνητής, (η) εκφωνήτρια

presently /'prezntlɪ/ adv σε λίγο. (now) αμέσως

preservative /prɪ'zɜ:vətɪv/ n (το) συντηρητικό

preserv|e /prɪ'zɜ:v/ vt συντηρώ. (maintain, culin) διατηρώ. • n (jam) είδος μαρμελάδας. (fig) (ο) τομέας ειδικού ενδιαφέροντος. **~ation** /prezə'veɪʃn/ n (η) διατήρηση, (η) συντήρηση

preside /prɪ'zaɪd/ vi προεδρεύω. **~ over** προΐσταμαι (with gen)

presiden|t /'prezɪdənt/ n (ο, η) πρόεδρος. **~cy** n (η) προεδρία. **~tial** /-'denʃl/ a προεδρικός

press /pres/ vt πιέζω, πατώ. (squeeze) στίβω. (urge) πιέζω. (iron) σιδερώνω. • n (mech) (το) πιεστήριο. (printing) (το) τυπογραφείο. (newspapers) (ο) τύπος. **be ~ed for** πιέζομαι για. **in the ~** στον τύπο. **~ conference** n (η) συνέντευξη τύπου. **~ cutting** n (το) απόκομμα εφημερίδας. **~ on** προχωρώ. **~ release** n (το) δελτίο τύπου. **~-stud** n (η) σούστα. **~-up** n (το) πούσαπ (invar).

pressing /'presɪŋ/ a πιεστικός

pressure /'preʃə(r)/ n (η) πίεση. • vt πιέζω. **~-cooker** n (η) χύτρα ταχύτητας. **~ group** n (η) ομάδα πίεσης

pressurize /'preʃəraɪz/ vt πιέζω

prestige /pre'sti:ʒ/ n (το) γόητρο

prestigious /pre'stɪdʒəs/ a που δίνει γόητρο

presumably /prɪ'zju:məblɪ/ adv ενδεχομένως

presum|e /prɪ'zju:m/ vt/i υποθέτω. • vi **~e (up)on** καταχρώμαι (with gen). **~e to** τολμώ. **~ption** /-'zʌmpʃn/ n (η) υπόθεση. (presumptuousness) (η) τόλμη

presumptuous /prɪ'zʌmptʃʊəs/ a τολμηρός

presuppose /pri:sə'pəʊz/ vt προϋποθέτω

pretence /prɪ'tens/ n (η) προσποίηση. (claim) (η) αξίωση. (pretext) (το) πρόσχημα

pretend /prɪ'tend/ vt/i προσποιούμαι (to do, πως κάνω). **~ to** (lay claim to) διεκδικώ

pretentious /prɪ'tenʃəs/ a επιδεικτικός

pretext /'pri:tekst/ n (η) πρόφαση. **on** or **under the ~ of** με την πρόφαση ότι

pretty /'prɪtɪ/ a (-ier, -iest) όμορφος. • adv αρκετά

prevail /prɪ'veɪl/ vi υπερισχύω. (win) επικρατώ. **~ (up)on** καταφέρνω

prevalen|t /'prevələnt/ a διαδεδομένος. **~ce** n (η) επικράτηση

prevaricate /prɪ'værɪkeɪt/ vi υπεκφεύγω

prevent /prɪ'vent/ vt εμποδίζω (from, να). **~able** a αποτρέψιμος. **~ion** /-ʃn/ n (η) πρόληψη. **~ive** a προληπτικός

preview /'pri:vju:/ n (η) ιδιωτική προβολή (πριν τη δημόσια)

previous /'pri:vɪəs/ a προηγούμενος. **~ to** πριν από. **~ly** adv προηγουμένως

pre-war /pri:'wɔ:(r)/ a προπολεμικός

prey /preɪ/ n (η) λεία. • vi **~ on** κυνηγώ. (worry) βασανίζω. **bird of ~** n (το) όρνιο

price /praɪs/ n (η) τιμή. • vt ορίζω την τιμή (with gen). **~-list** n (ο) τιμοκατάλογος. **~less** a ανεκτίμητος. (amusing: fam) αμίμητος. **~y** a (fam) ακριβός

prick /prɪk/ vt/i τσιμπώ. • n (το) τσίμπημα. **~ up one's ears** τεντώνω τ' αυτιά

prickl|e /'prɪkl/ n (το) αγκάθι. (sensation) (το) μυρμήγκιασμα. **~y** a αγκαθωτός. (person) ευέξαπτος

pride /praɪd/ n (η) περηφάνια. • vt **~ o.s. on** περηφανεύομαι για. **~ of place** (η) τιμητική θέση

priest /pri:st/ n (ο) ιερέας, (fam) (ο) παπάς. **~hood** n (η) ιεροσύνη. **~ly** a ιερατικός

prig /prɪg/ n (ο) σεμνότυφος. **~gish** a στενοκέφαλος και σεμνότυφος

prim /prɪm/ a (primmer, primmest) επιτηδευμένος

primar|y /'praɪmərɪ/ a πρωταρχικός. (chief) κύριος. **~y school** n (το) δημοτικό (σχολείο). **~ily** adv κυρίως

prime[1] /praɪm/ a πρώτος. (first-rate) εκλεκτός. **in one's ~** στο άνθος της ηλικίας. **P~ Minister** n (ο) πρωθυπουργός

prime[2] /praɪm/ vt (gun) γεμίζω. (pump) ετοιμάζω. (surface) ασταρώνω. (prepare) ετοιμάζω

primer[1] /'praɪmə(r)/ n (paint) (το) αστάρι

primer[2] /'praɪmə(r)/ n (book) (το) αναγνωστικό

primeval /praɪ'mi:vl/ a αρχέγονος

primitive /'prɪmɪtɪv/ a πρωτόγονος

primrose /'prɪmrəʊz/ n (η) πρίμουλα

prince /prɪns/ n (ο) πρίγκιπας. **~ly** a πριγκιπικός

princess /prɪn'ses/ n (η) πριγκίπισσα

principal /'prɪnsəpl/ a κύριος. • n (schol) (ο) διευθυντής, (η) διευθύντρια. **~ly** adv κυρίως

principality /prɪnsɪ'pælətɪ/ n (το) πριγκιπάτο

principle /'prɪnsəpl/ n (η) αρχή. **in ~** κατ' αρχήν. **on ~** από θέμα αρχής

print /prɪnt/ vt εκτυπώνω. (typ) τυπώνω. (write) γράφω με κεφαλαία γράμματα. • n (letters) (τα) στοιχεία. (fabric) (το) εμπριμέ invar. (picture) (η) γκραβούρα. (photograph) (η) φωτογραφία. (impression) (το) αποτύπωμα. **in ~** (book) που κυκλοφορεί. **out of ~** εξαντλημένος. **~ed matter** (το) έντυπο. **~-out** n (το) εκτυπωμένο κείμενο

print|er /'prɪntə(r)/ n (person) (ο, η) τυπογράφος. (machine) (ο) εκτυπωτής. **~ing** n (η) εκτύπωση

prior¹ /'praɪə(r)/ *a* προηγούμενος. **~ to** πριν από

prior² /'praɪə(r)/ *n* (η) ηγούμενος. **~y** *n* (το) κοινόβιο

priority /praɪ'ɒrətɪ/ *n* (η) προτεραιότητα. **have** *or* **take ~** έχω προτεραιότητα

prise /praɪz/ *vt* **~ open** ανοίγω με δυσκολία

prism /'prɪzəm/ *n* (το) πρίσμα

prison /'prɪzn/ *n* (η) φυλακή. **in ~** στη φυλακή. **~er** *n* (ο) φυλακισμένος

pristine /'prɪstiːn/ *a* αρχικός. (*unspoilt*) αγνός

privacy /'prɪvəsɪ/ *n* (το) ιδιωτικό περιβάλλον. **in ~** όταν είμαι μόνος μου

private /'praɪvɪt/ *a* ιδιωτικός. (*confidential*) εμπιστευτικός. • *n* (ο) απλός στρατιώτης. **in ~** ιδιαιτέρως. **~ eye** *n* (*fam*) (ο) ιδιωτικός ντετέκτιβ (*invar*). **~ lessons** *npl* (τα) ιδιαίτερα μαθήματα. **~ school** *n* (το) ιδιωτικό σχολείο **~ly** *adv* ιδιαιτέρως.

privation /praɪ'veɪʃn/ *n* (η) στέρηση. **~s** *npl* (οι) στερήσεις

privet /'prɪvɪt/ *n* (το) λιγούστρο

privilege /'prɪvəlɪdʒ/ *n* (το) προνόμιο. **~d** *a* προνομιούχος

privy /'prɪvɪ/ *a* **~ to** έχω γνώση (*with gen.*)

prize /praɪz/ *n* (το) βραβείο. • *a* (*prize-winning*) βραβευμένος. (*excellent*) περίφημος. (*idiot etc.*) μεγάλος. • *vt* θεωρώ πολύτιμο. **~-fighter** *n* (ο) επαγγελματίας πυγμάχος. **~-giving** *n* (η) απονομή βραβείων. **~-winner** *n* (ο) βραβευθής

pro /prəʊ/ *n* **the ~s and cons** τα υπέρ και τα κατά

pro- /prəʊ/ *pref* προ-

probab|le /'prɒbəbl/ *a* πιθανός. **~ility** /-'bɪlətɪ/ *n* (η) πιθανότητα. **~ly** *adv* πιθανώς

probation /prə'beɪʃn/ *n* (η) επίβλεψη. (*jur*) (η) επιτήρηση. **on ~** υπό δοκιμή. **~ary** *a* δοκιμαστικός

probe /prəʊb/ *n* (*med*) (η) μήλη. (*fig*) (η) έρευνα. • *vt* ερευνώ. • *vi* **~ into** διερευνώ

problem /'prɒbləm/ *n* (το) πρόβλημα. • *a* προβληματικός. **~atic** /-'mætɪk/ *a* προβληματικός

procedure /prə'siːdʒə(r)/ *n* (η) διαδικασία

proceed /prə'siːd/ *vi* προχωρώ. **~ from** (*originate*) απορρέω από. **~ to do** προχωρώ να κάνω. **~ with** συνεχίζω (με). **~ing** *n* (η) ενέργεια

proceedings /prə'siːdɪŋz/ *npl* (*actions, events*) (οι) εργασίες. (*report*) (οι) συζητήσεις. (*jur*) (η) δικαστική ενέργεια

proceeds /'prəʊsiːdz/ *npl* (οι) εισπράξεις

process /'prəʊses/ *n* (η) διαδικασία. (*jur*) (η) κλήση. • *vt* επεξεργάζομαι. (*photo*) εμφανίζω. **in the ~** κατά τη διάρκεια. **be in the ~ of doing** ενώ κάνω

procession /prə'seʃn/ *n* (η) πομπή

procl|aim /prə'kleɪm/ *vt* διακηρύσσω. **~amation** /prɒklə'meɪʃn/ *n* (η) διακήρυξη

procrastinate /prəʊ'kræstɪneɪt/ *vi* αναβάλλω

procure /prə'kjʊə(r)/ *vt* προμηθεύομαι

prod /prɒd/ *vt*/*i* (*pt* **prodded**) σκουντώ. (*fig*) παρακινώ. • *n* (το) σκούντημα, (η) παρακίνηση

prodigal /'prɒdɪgl/ *a* άσωτος

prodigious /prə'dɪdʒəs/ *a* τεράστιος

prodigy /'prɒdɪdʒɪ/ *n* (το) θαύμα. **child ~** *n* (το) παιδί θαύμα

produc|e¹ /prə'djuːs/ *vt* παράγω. (*bring out*) παρουσιάζω. (*show*) δείχνω. (*theatr*) ανεβάζω. (*cause*) φέρνω. (*manufacture*) κατασκευάζω. **~er** *n* (ο) παραγωγός. (*theatr, TV*) (ο) παραγωγός. **~tion** /-'dʌkʃn/ *n* (η) παραγωγή. **~ line** *n* (η) γραμμή παραγωγής

produce² /'prɒdjuːs/ *n* (το) προϊόν

product /'prɒdʌkt/ *n* (το) προϊόν

productiv|e /prə'dʌktɪv/ *a* παραγωγικός. **~ity** /prɒdʌk'tɪvətɪ/ *n* (η) παραγωγικότητα

profan|e /prə'feɪn/ *a* κοσμικός. (*blasphemous*) βλάσφημος. **~ity** /-'fænətɪ/ *n* (η) βλασφημία

profess /prə'fes/ *vt* ομολογώ. (*pretend*) προσποιούμαι

profession /prə'feʃn/ *n* (το) επάγγελμα. **~al** *a* επαγγελματικός. • *n* (ο, η) επαγγελματίας

professor /prə'fesə(r)/ *n* (ο) καθηγητής (*πανεπιστημίου*)

proficien|t /prə'fɪʃnt/ *a* επαρκής. **~cy** *n* (η) επάρκεια

profile /'prəʊfaɪl/ *n* (το) προφίλ *invar*. (*character study*) (η) σύντομη βιογραφία

profit /'prɒfɪt/ *n* (το) κέρδος. • *vi* (*pt* **profited**) κερδίζω. **~ by** κερδίζω από. **~ from** επωφελούμαι από. **~able** *a* επικερδής

profiteer /prɒfɪ'tɪə(r)/ *n* (ο) κερδοσκόπος. **~ing** *n* (η) κερδοσκοπία

profound /prə'faʊnd/ *a* βαθύς. **~ly** *adv* βαθιά

profus|e /prə'fjuːs/ *a* άφθονος. **~ely** *adv* άφθονα. **~ion** /-ʒn/ *n* (η) αφθονία

program /'prəʊgræm/ *n* (*computer*) (το) πρόγραμμα. • *vt* (*pt* **programmed**) προγραμματίζω. **~mer** *n* (ο) προγραμματιστής, (η) προγραμματίστρια. **~ing** *n* (ο) προγραμματισμός

programme /'prəʊgræm/ *n* (το) πρόγραμμα

progress¹ /'prəʊgres/ *n* (η) πρόοδος. **in ~** σε εξέλιξη. **make ~** κάνω πρόοδο

progress² /prə'gres/ *vi* προοδεύω. **~ion** *n* (η) πρόοδος

progressive /prə'gresɪv/ *a* προοδευτικός. **~ly** *adv* προοδευτικά

prohibit /prə'hɪbɪt/ vt απαγορεύω (**from**, να). ~**ive** /-bətɪv/ a απαγορευτικός

project¹ /prə'dʒekt/ vt προβάλλω. • vi (*stick out*) προεξέχω. ~**ion** /-kʃn/ n (η) προεξοχή. (*forecast*) (η) πρόβλεψη

project² /'prɒdʒekt/ n (το) σχέδιο. (*technical*) (το) έργο

projectile /prə'dʒektaɪl/ n (το) βλήμα

projector /prə'dʒektə(r)/ n (ο) προβολέας

proletari|at /prəʊlɪ'teərɪət/ n (το) προλεταριάτο. ~**an** a προλεταριακός. • n (ο) προλετάριος, (η) προλετάρισσα

proliferat|e /prə'lɪfəreɪt/ vi πολλαπλασιάζομαι. ~**ion** /-'reɪʃn/ n (ο) πολλαπλασιασμός

prolific /prə'lɪfɪk/ a γόνιμος

prologue /'prəʊlɒg/ n (ο) πρόλογος

prolong /prə'lɒŋ/ vt παρατείνω. ~**ed** a παρατεταμένος

promenade /prɒmə'nɑːd/ n (ο) περίπατος (*σε δημόσιο χώρο*). • vi κάνω περίπατο

prominen|t /'prɒmɪnənt/ a (*important*) διακεκριμένος. (*conspicuous*) περίβλεπτος. (*projecting*) προεξέχων. ~**ce** n (η) διάκριση

promiscu|ous /prə'mɪskjʊəs/ a έκλυτος. ~**ity** /prɒmɪ'skjuːətɪ/ n (η) έκλυση

promis|e /'prɒmɪs/ n (η) υπόσχεση. • vt/i υπόσχομαι. ~**ing** a με υποσχέσεις

promot|e /prə'məʊt/ vt (*person*) προάγω. (*product*) προωθώ. ~**ion** /-'məʊʃn/ n (η) προαγωγή, (η) προώθηση. ~**ional** a διαφημιστικός

prompt /prɒmpt/ a ταχύς. (*punctual*) ακριβής. • adv ακριβώς. • vt παρακινώ. (*theatr*) υποβάλλω. ~**er** n (ο) υποβολέας. ~**ly** adv αμέσως. ~**ness** n (η) ταχύτητα

prone /prəʊn/ a πρηνής. **be** ~ **to** έχω την τάση να

prong /prɒŋ/ n (το) δόντι (*διχάλας*)

pronoun /'prəʊnaʊn/ n (η) αντωνυμία

pronounce /prə'naʊns/ vt προφέρω. (*declare*) κηρύσσω. ~**ment** n (η) δήλωση

pronounced /prə'naʊnst/ a έντονος. (*noticeable*) αισθητός

pronunciation /prənʌnsɪ'eɪʃn/ n (η) προφορά

proof /pruːf/ n (η) απόδειξη. (*typ*) (η) διόρθωση. (*of alcohol*) (η) περιεκτικότητα σε οινόπνευμα (*ποτού*). • a ~ **against** ανθεκτικός σε. ~**-reader** n άτομο που αναλαμβάνει διορθώσεις τυπογραφικών δοκιμίων. ~**-reading** n (η) διόρθωση (*δοκιμίου*)

prop¹ /prɒp/ n (το) στήριγμα. (*fig*) (ο) στυλοβάτης. • vt (*pt* **propped**) στηρίζω. ~ **against** (*lean*) ακουμπώ σε. ~ **up** στηρίζω

prop² /prɒp/ n (*theatr, fam*) (*τα*) έπιπλα στη σκηνή θεάτρου

propaganda /prɒpə'gændə/ n (η) προπαγάνδα

propagat|e /'prɒpəgeɪt/ vt/i αναπαράγω. ~**ion** /-'geɪʃn/ n (η) αναπαραγωγή

propel /prə'pel/ vt (*pt* **propelled**) προωθώ

propeller /prə'pelə(r)/ n (η) προπέλα

proper /'prɒpə(r)/ a σωστός. (*suitable*) κατάλληλος. (*fam, real*) τέλειος. ~ **name**, ~ **noun** ns (το) κύριο όνομα ~**ly** adv όπως πρέπει

property /'prɒpətɪ/ n (η) ιδιοκτησία. (*real estate*) (η) ακίνητη περιουσία. (*characteristic*) (η) ιδιότητα

prophecy /'prɒfəsɪ/ n (η) προφητεία

prophesy /'prɒfɪsaɪ/ vt/i προφητεύω

prophet /'prɒfɪt/ n (ο) προφήτης. ~**ic** /prə'fetɪk/ a προφητικός

proportion /prə'pɔːʃn/ n (η) αναλογία. **in/out of** ~ ανάλογος/δυσανάλογος. ~**al** adj αναλογικός. ~**ate** adj ανάλογος

proposal /prə'pəʊzl/ n (η) πρόταση. (*of marriage*) πρόταση γάμου

propos|e /prə'pəʊz/ vt προτείνω. • vi ~ **to** κάνω πρόταση γάμου σε. ~**e to do** σκοπεύω να κάμω. ~**ition** /prɒpə'zɪʃn/ n (η) ανήθικη πρόταση. (*matter: fam*) (η) υπόθεση

propound /prə'paʊnd/ vt προτείνω

proprietor /prə'praɪətə(r)/ n (ο) ιδιοκτήτης, (η) ιδιοκτήτρια

propriety /prə'praɪətɪ/ n (η) ευπρέπεια

propulsion /prə'pʌlʃn/ n (η) προώθηση

prosaic /prə'zeɪk/ a πεζός

proscribe /prə'skraɪb/ vt προγράφω

prose /prəʊz/ n (ο) πεζός λόγος

prosecut|e /'prɒsɪkjuːt/ vt διώκω. (*carry on*) συνεχίζω. ~**ion** /-'kjuːʃn/ n (η) δίωξη. ~**or** n (ο) κατήγορος

prospect¹ /'prɒspekt/ n (η) προοπτική. (*expectation*) (η) προσδοκία

prospect² /prə'spekt/ vi ερευνώ για πολύτιμα μέταλλα. ~**or** n (*for gold*) (ο) χρυσοθήρας

prospective /prə'spektɪv/ a επίδοξος. (*future*) μελλοντικός

prospectus /prə'spektəs/ n (το) προσπέκτους *invar*, (το) ενημερωτικό δελτίο

prosper /'prɒspə(r)/ vi ευημερώ

prosper|ous /'prɒspərəs/ a ευημερεύων. ~**ity** /-'sperətɪ/ n (η) ευημερία

prostitut|e /'prɒstɪtjuːt/ n (η) πόρνη. ~**ion** /-'tjuːʃn/ n (η) πορνεία

prostrate /'prɒstreɪt/ a ξαπλωμένος μπρούμυτα. (*fig*) συντριμμένος

protagonist /prə'tægənɪst/ n (ο) πρωταγωνιστής, (η) πρωταγωνίστρια

protect /prə'tekt/ vt προστατεύω. ~**ion** /-ʃn/ n (η) προστασία. ~**or** n (ο) προστάτης, (η) προστάτρια

protective /prə'tektɪv/ a προστατευτικός. (*clothing etc.*) προστατευτικός

protégé /'prɒtɪʒeɪ/ n (ο) προστατευόμενος. ~**e** n (η) προστατευόμενη

protein /'prəʊtiːn/ n (η) πρωτεΐνη

protest[1] /'prəʊtest/ n (η) διαμαρτυρία. **in ~** ως διαμαρτυρία. **under ~** με την επιφύλαξη

protest[2] /prə'test/ vt/i διαμαρτύρομαι. **~er** n (ο) διαμαρτυρόμενος

Protestant /'prɒtɪstənt/ a προτεσταντικός. • n (ο) προτεστάντης, (η) προτεστάντισσα

protocol /'prəʊtəkɒl/ n (το) πρωτόκολλο

prototype /'prəʊtətaɪp/ n (το) πρότυπο

protract /prə'trækt/ vt παρατείνω

protractor /prə'træktə(r)/ n (το) μοιρογνωμόνιο

protrude /prə'truːd/ vi προεξέχω

protuberance /prə'tjuːbərəns/ n (το) εξόγκωμα

proud /praʊd/ a (-er, -est) περήφανος. **~ly** adv περήφανα

prove /pruːv/ vt αποδεικνύω. • vi αποδεικνύομαι. **~ (to be) easy/impossible** φαίνεται (να είναι) εύκολο/δύσκολο. **~ o.s.** αποδεικνύομαι. **~n** a αποδεδειγμένος

proverb /'prɒvɜːb/ n (η) παροιμία. **~ial** /prə'vɜːbɪəl/ a παροιμιώδης

provide /prə'vaɪd/ vt προμηθεύω (with, with acc). **~ against** παίρνω μέτρα για. **~ for** προνοώ

provided /prə'vaɪdɪd/ conj **~ (that)** εφόσον

providen|ce /'prɒvɪdəns/ n (η) πρόνοια. **~t** a προνοητικός

providing /prə'vaɪdɪŋ/ conj = provided

province /'prɒvɪns/ n (η) επαρχία. (fig) (η) αρμοδιότητα

provincial /prə'vɪnʃl/ a επαρχιακός

provision /prə'vɪʒn/ n (η) παροχή. **~s** (οι) προμήθειες

provisional /prə'vɪʒənl/ a προσωρινός. **~ly** adv προσωρινά

proviso /prə'vaɪzəʊ/ n (pl -os) (ο) όρος

provo|ke /prə'vəʊk/ vt προκαλώ. **~cation** /prɒvə'keɪʃn/ n (η) πρόκληση. **~cative** /-'vɒkətɪv/ a προκλητικός

prow /praʊ/ n (η) πλώρη

prowess /'praʊɪs/ n (η) ανδρεία

prowl /praʊl/ vi περιφέρομαι αναζητώντας λεία. • n **be on the ~** περιφέρομαι ύποπτα. **~er** n πρόσωπο που περιφέρεται ύποπτα

proximity /prɒk'sɪmətɪ/ n (η) εγγύτητα

proxy /'prɒksɪ/ n (ο) πληρεξούσιος. **by ~** δι' αντιπροσώπου

prud|e /pruːd/ n (ο) σεμνότυφος. **~ish** a σεμνότυφος

pruden|t /'pruːdnt/ a συνετός. **~ce** n (η) σύνεση. **~tly** adv συνετά

prune[1] /pruːn/ n (το) ξερό δαμάσκηνο

prune[2] /pruːn/ vt κλαδεύω

prurient /'prʊərɪənt/ a λάγνος

pry /praɪ/ vi **~ into** χώνω τη μύτη μου σε

PS abbr (postscript) ΥΓ (υστερόγραφο)

psalm /sɑːm/ n (ο) ψαλμός

pseudo- /'sjuːdəʊ/ pref ψευδο-

pseudonym /'sjuːdənɪm/ n (το) ψευδώνυμο

psychedelic /'saɪkədelɪk/ a παραισθησιογόνος

psychiatr|y /saɪ'kaɪətrɪ/ n (η) ψυχιατρική. **~ic** /-ɪ'ætrɪk/ a ψυχιατρικός. **~ist** n (ο, η) ψυχίατρος

psychic /'saɪkɪk/ a ψυχικός

psychoanalys|e /saɪkəʊ'ænəlaɪz/ vt ψυχαναλύω. **~t** /-ɪst/ n (ο, η) ψυχαναλυτής

psychoanalysis /saɪkəʊə'næləsɪs/ n (η) ψυχανάλυση

psycholog|y /saɪ'kɒlədʒɪ/ n (η) ψυχολογία. **~ical** /-ə'lɒdʒɪkl/ a ψυχολογικός. **~ist** n (ο, η) ψυχολόγος

psychopath /'saɪkəʊpæθ/ n (ο, η) ψυχοπαθής

pub /pʌb/ n (fam) (το) παμπ invar

puberty /'pjuːbətɪ/ n (η) εφηβεία

pubic /'pjuːbɪk/ a ηβικός

public /'pʌblɪk/ a δημόσιος. **in ~** δημοσίως. **~ holiday** n (η) δημόσια αργία. **~ house** n (το) παμπ invar. **~ library** n (η) δημόσια βιβλιοθήκη. **~ relations** n (οι) δημόσιες σχέσεις. **~ school** n (το) ιδιωτικό σχολείο μέσης εκπαιδεύσεως. **~-spirited** a αφοσιωμένος στο κοινό συμφέρον. **~ transport** n (τα) δημόσια μεταφορικά μέσα. **~ly** adv δημόσια, δημοσίως

publican /'pʌblɪkən/ n (ο) ταβερνιάρης

publication /pʌblɪ'keɪʃn/ n (in newspaper, magazine) (το) δημοσίευμα. (of book) (η) έκδοση. (thing published) (η) δημοσίευση

publicity /pʌb'lɪsətɪ/ n (η) δημοσιότητα

publicize /'pʌblɪsaɪz/ vt δημοσιοποιώ

publish /'pʌblɪʃ/ vt (in newspaper, magazine) δημοσιεύω. (book) εκδίδω. **~er** n (ο) εκδότης, (η) εκδότρια. **~ing** n (profession) (το) εκδοτικό επάγγελμα

pucker /'pʌkə(r)/ vt/i ζαρώνω

pudding /'pʊdɪŋ/ n (η) πουτίγκα

puddle /'pʌdl/ n (η) λακκούβα με νερό

puerile /'pjʊəraɪl/ a παιδαριώδης

puff /pʌf/ n (breath) (η) πνοή. (of wind) (το) φύσημα. (of steam, smoke) (η) τολύπη. (for powder) (το) πομπόν invar. (in advertising) (η) ρεκλάμα. • vt/i ξεφυσώ. (become inflated) φουσκώνω. **~ at** (pipe, cigar, etc.) τραβώ ρουφηξιά. **~ out** (inflate) φουσκώνω. **~ pastry** n (η) ζύμη σφολιάτα. **~ up** (swell) φουσκώνω. **~ed (out)** (out of breath) λαχανιασμένος

puffy /'pʌfɪ/ a φουσκωμένος

pugnacious /pʌg'neɪʃəs/ a φιλόνικος

pull /pʊl/ vt/i τραβώ. (extract) βγάζω. • a **muscle** παθαίνω μυοκαβαλίκεμα. • n (το) τράβηγμα. (fig) (τα) μέσα. **~ a fast one** (fam) κάνω πονηριά. **~ down**

κατεβάζω. (*building*) γκρεμίζω. **~ faces**
κάνω μορφασμούς. **~ in** (*auto*) τραβώ
στην άκρη του δρόμου (*για να περάσει
άλλο όχημα*). **~ off** (*fig*) καταφέρνω. **~
o.s. together** ξαναβρίσκω τον
αυτοέλεγχο. **~ one's weight** βάζω τα
δυνατά μου. **~ out** (*extract*) βγάζω.
(*withdraw*) αποσύρω. (*auto*) βγαίνω από
γραμμή (*για να προσπεράσω*). **~ s.o.'s
leg** αστειεύομαι. **~ through** επιζώ. **~
up** τραβώ. (*reprimand*) κατσαδιάζω.
(*auto*) σταματώ

pulley /'pυli/ *n* (η) τροχαλία
pullover /'pυləυνə(r)/ *n* (το) πουλόβερ
invar, Cy. (το) τρικό
pulp /pʌlp/ *n* (ο) πολτός
pulpit /'pυlpıt/ *n* (ο) άμβωνας
pulsate /'pʌlseıt/ *vi* πάλλομαι
pulse /pʌls/ *n* (ο) σφυγμός
pulverize /'pʌlvəraız/ *vt* κονιοποιώ
pumice /'pʌmıs/ *n* **~ (stone)** (η)
ελαφρόπετρα
pummel /'pʌml/ *vt* (*pt* **pummelled**)
γρονθοκοπώ
pump[1] /'pʌmp/ *n* (η) αντλία. • *vt/i*
αντλώ/ούμαι. (*fig*). αποσπώ
πληροφορίες από κπ. **~ up** φουσκώνω
pump[2] /'pʌmp/ *n* (*shoe*) (η) γόβα
pumpkin /'pʌmpkın/ *n* (η) κολοκύθα
pun /pʌn/ *n* (το) λογοπαίγνιο
punch[1] /'pʌntʃ/ *vt* χτυπώ με γροθιά.
(*perforate*) τρυπώ. (*a hole*) βγάζω. • *n* (η)
γροθιά. (*vigour: fam*) (η) δύναμη. (*device*)
(το) τρυπητήρι (*για χαρτί*). **~-drunk** *a*
ζαλισμένος (*από γροθιές*). **~ line** *n* (η)
φράση «κλειδί». **~-up** *n* (το)
γρονθοκόπημα
punch[2] /pʌntʃ/ *n* (*drink*) (το) ποντς *invar*
punctilious /pʌŋk'tılıəs/ *a* λεπτολόγος
punctual /'pʌŋktʃυəl/ *a* ακριβής (*στην
ώρα*). **~ity** /-'ælətı/ *n* (η) ακρίβεια. **~ly**
adv ακριβώς (*στην ώρα*)
punctuat|e /'pʌŋkʃυeıt/ *vt* βάζω τα
σημεία στίξεως. (*interrupt*) διακόπτω
κατά διαστήματα. **~ion** /-'eıʃn/ *n* (η)
στίξη. **~ion mark** *n* (το) σημείο στίξεως
puncture /'pʌŋktʃə(r)/ *n* (*in tyre*) (το)
τρύπημα. **have a ~** μ' έπιασε λάστιχο.
• *vt/i* τρυπώ
pundit /'pʌndıt/ *n* (ο, η) εμπειρογνώμονας
pungen|t /'pʌndʒənt/ *a* δριμύς. (*remark*)
δηκτικός. **~cy** *n* (η) δριμύτητα, (η)
δηκτικότητα
punish /'pʌnıʃ/ *vt* τιμωρώ. **~able** *a*
αξιόποινος. **~ment** *n* (η) τιμωρία
punitive /'pju:nıtıv/ *a* τιμωρητικός
punk /pʌŋk/ *n* (*music*) (η) μουσική πανκ
invar. (*worthless person*) (ο) τιποτένιος
punnet /'pʌnıt/ *n* (το) καλαθάκι
punt /pʌnt/ *n* (*boat*) (η) βάρκα ποταμού
που προωθείται με σταλίκι
punter /'pʌntə(r)/ *n* (*gambler*) (ο)
ποντα δόρος. (*customer: fam*) (ο) πελάτης

puny /'pju:nı/ *a* (**-ier, -iest**) (*person*)
ασθενικός. (*fig*) ασήμαντος
pupil /'pju:pl/ *n* (ο) μαθητής, (η)
μαθήτρια. (*of eye*) (η) κόρη (*του ματιού*)
puppet /'pʌpıt/ *n* (η) μαριονέτα
pup(py) /'pʌp(ı)/ *n* (το) κουτάβι
purchase /'pɜ:tʃəs/ *vt* αγοράζω. • *n* (η)
αγορά. **~r** *n* (ο) αγοραστής, (η)
αγοράστρια
pur|e /'pjυə(r)/ *a* (**-er, -est**) αγνός. **~ely**
adv καθαρά. **~ity** *n* (η) αγνότητα
purée /'pjυəreı/ *n* (ο) πουρές
purgatory /'pɜ:gətrı/ *n* (το) καθαρτήριο
purge /pɜ:dʒ/ *vt* καθαρίζω. (*pol*) εκκα-
θαρίζω. • *n* (η) κάθαρση, (η)
εκκαθάριση
purif|y /'pjυərıfaı/ *vt* καθαρίζω. **~ication**
/-ı'keıʃn/ *n* (ο) καθαρμός
purist /'pjυərıst/ *n* (ο, η) καθαρολόγος
puritan /'pjυərıtən/ *n* (ο) πουριτανός.
~ical /-'tænıkl/ *a* πουριτανικός
purl /pɜ:l/ *n* (*knitting*) (η) ανάποδη
(*βελονιά στο πλέξιμο*)
purple /'pɜ:pl/ *a* πορφυρός. • *n* (το)
πορφυρό (*χρώμα*)
purport /pə'pɔ:t/ *vt* **~ to be** εμφανίζομαι
να είμαι
purpose /'pɜ:pəs/ *n* (ο) σκοπός.
(*determination*) (η) αποφασιστικότητα.
on ~ σκόπιμα. **~-built** *a* ειδικός. **to no
~** άσκοπα. **~ful** *a* σκόπιμος. **~fully** *adv*
σκόπιμα. **~ly** *adv* σκόπιμα
purr /pɜ:(r)/ *vi* γουργουρίζω. • *n* (το)
γουργούρισμα
purse /pɜ:s/ *n* (το) τσαντάκι. (*Amer*) (η)
τσάντα. • *vt* σουφρώνω (*τα χείλη*)
pursue /pə'sju:/ *vt* καταδιώκω. **~r** *n* (ο)
διώκτης, (η) διώκτρια
pursuit /pə'sju:t/ *n* (η) καταδίωξη. (*fig*)
(η) ασχολία. **in ~ of** σε αναζήτηση
(*with gen*)
pus /pʌs/ *n* (το) πύο
push /pυʃ/ *vt/i* σπρώχνω. (*button*) πατώ,
πιέζω. (*make*) προωθώ. (*sell: fam*)
πλασάρω. • *n* (το) σπρώξιμο. (*effort*) (η)
προσπάθεια. (*drive*) (η) δραστηριότητα.
at a ~ στην ανάγκη. **be ~ed for** (*fam*)
πιέζομαι για. **get the ~** (*fam*) μου
δίνουν τα παπούτσια στο χέρι. **~ aside**
vt παραμερίζω. **~ back** *vt* αποθώ.
~-button telephone *n* (το) τηλέφωνο με
πλήκτρα. **~-chair** *n* (το) παιδικό
καροτσάκι. **~ off!** (*fam*) δίνε του! **~ on**
συνεχίζω. **~ one's way through**
σπρώχνω (να περάσω). **~-over** *n* (*fam*)
(το) εύκολο πράγμα. **~ up** ανεβάζω. **~y**
a (*fam*) επιθετικός
pushing /'pυʃıŋ/ *a* (το) σπρώξιμο
puss /pυs/ *n* (*fam*) (η) ψιψίνα
put /pυt/ *vt* (*pt* **put**, *pres p* **putting**) βάζω.
(*express*) εκφράζω. (*say*) λέω. (*question*)
υποβάλλω. (*estimate*) υπολογίζω. **~
across** μεταδίδω. **~ aside** παραμερίζω.

~ away βάζω στη θέση του. **~ back** (*replace*) βάζω πίσω στη θέση. (*postpone*) αναβάλλω. (*clock*) βάζω πίσω. **~ by** βάζω στην άκρη. **~ down** (*write*) σημειώνω. (*suppress*) καταστέλλω. (*kill*) θανατώνω. **~ forward** προτείνω. **~ in** (*insert*) βάζω. (*submit*) υποβάλλω. **~ in for** κάνω αίτηση για. **~ off** (*postpone*) αναβάλλω. (*distract*) περισπώ. (*dissuade*) αποτρέπω. (*repel*) αποτρέπω. **~ on** (*clothes*) φορώ. (*light*) ανάβω. **~ out** (*hand*) απλώνω. (*extinguish*) σβήνω. (*inconvenience*) ενοχλώ. (*disconcert*) αναστατώνω. **~ to sea** σαλπάρω. **~ through** (*telec*) συνδέω. **~ up** (*building*) ανεγείρω. (*price*) ανεβάζω. (*guest*)

φιλοξενώ. **~-up job** n (η) στημένη δουλειά. **~ up with** ανέχομαι. **stay ~** (*fam*) μένω στη θέση μου
putrefy /'pju:trɪfaɪ/ vi σαπίζω
putrid /'pju:trɪd/ a σάπιος
putty /'pʌtɪ/ n (o) στόκος
puzzl|e /'pʌzl/ n (o) γρίφος. (*game*) (το) παιγνίδι συναρμολόγησης. • vt μπερδεύω. • vi σπάζω το κεφάλι μου. **~ed** a απορημένος, αμήχανος. **~ing** a δύσλυτος
pygmy /'pɪgmɪ/ n (o) πυγμαίος
pyjamas /pə'dʒɑ:məz/ npl (η) πιτζάμα
pylon /'paɪlɒn/ n (o) πυλώνας
pyramid /'pɪrəmɪd/ n (η) πυραμίδα
python /'paɪθn/ n (o) πύθωνας

quack¹ /kwæk/ n (*of duck*) (η) κραυγή της πάπιας. • vi κρώζω
quack² /kwæk/ n (*doctor*) (o) κομπογιαννίτης
quad /kwɒd/ (*fam*) = **quadrangle, quadruplet**
quadrangle /'kwɒdræŋgl/ n (*court*) (η) (τετράγωνη) αυλή
quadruped /'kwɒdruped/ n (το) τετράποδο
quadruple /'kwɒdru:pl/ a τετραπλάσιος. • n (το) τετραπλάσιο vt/i τετραπλασιάζω
quadruplet /'kwɒdruplɪt/ n (το) τετράδυμο
quagmire /'kwægmaɪə(r)/ n (το) τέλμα
quail /kweɪl/ n (το) ορτύκι
quaint /kweɪnt/ a (-er, -est) ιδιόρρυθμος. (*odd*) περίεργος
quake /kweɪk/ vi τρέμω. • n (*fam*) (o) σεισμός
Quaker /'kweɪkə(r)/ n (o) κουάκερος
qualification /kwɒlɪfɪ'keɪʃn/ n (το) προσόν. (*ability*) (η) ικανότητα. (*reservation*) (η) επιφύλαξη
qualif|y /'kwɒlɪfaɪ/ vt δίνω τα προσόντα σε. (*modify*) περιορίζω. • vi αποκτώ τα προσόντα. (*satisfy conditions*) ικανοποιώ τους όρους. **~ied** a διπλωματούχος. (*limited*) περιορισμένος
qualit|y /'kwɒlətɪ/ n (η) ποιότητα. **~ative** a /-ɪtətɪv/ ποιοτικός
qualm /kwɑ:m/ n ενδοιασμός
quandary /'kwɒndrɪ/ n in a **~** σε δίλημμα
quantit|y /'kwɒntətɪ/ n (η) ποσότητα. **~ative** /-ɪtətɪv/ a ποσοτικός

quarantine /'kwɒrənti:n/ n (η) καραντίνα. **in ~** σε καραντίνα
quarrel /'kwɒrəl/ n (o) καβγάς. • vi (*pt* **quarrelled**) καβγαδίζω (**with**, με). **~some** a καβγατζής
quarry¹ /'kwɒrɪ/ n (*prey*) (το) θήραμα
quarry² /'kwɒrɪ/ n (*excavation*) (το) λατομείο
quarter /'kwɔ:tə(r)/ n (το) τέταρτο. (*of year*) (η) τριμηνία. (*district*) (η) συνοικία. **~s** npl (*circles*) (οι) κύκλοι. (*lodgings*) (τα) διαμερίσματα. (*mil*) (το) κατάλυμα. • vt χωρίζω στα τέσσερα. (*lodge*) μένω. (*mil*) εξασφαλίζω κατάλυμα. (a) **~ past two** δύο και τέταρτο. (a) **~ to seven** εφτά παρά τέταρτο. **from all ~s** απ' όλες τις πλευρές. **~-final** n (ο) προημιτελικός. **~ly** a τριμηνιαίος. • adv την τριμηνία
quartet /kwɔ:'tet/ n (το) κουαρτέτο
quartz /kwɔ:ts/ n (o) χαλαζίας. **~ clock/watch** ρολόι χαλαζία
quash /kwɒʃ/ vt καταπνίγω
quasi- /'kweɪsaɪ/ pref δήθεν
quaver /'kweɪvə(r)/ vi τρέμω. • n (*mus*) (το) όγδοο
quay /ki:/ n (η) προκυμαία
queasy /'kwi:zɪ/ a feel **~** έχω αναγούλες
queen /kwi:n/ n (η) βασίλισσα. (*cards*) (η) ντάμα. **~ mother** n (η) βασιλομήτωρ
queer /kwɪə(r)/ a (-er, -est) αλλόκοτος. (*dubious*) ύποπτος. (*ill*) αδιάθετος. (*sl*) τοιούτος. • n (*sl*) (ο) τοιούτος
quell /kwel/ vt καταπνίγω
quench /kwentʃ/ vt σβήνω. **~ one's thirst** σβήνω τη δίψα μου

query /'kwɪərɪ/ n (το) επώτημα. • vt ρωτώ. (doubt) αμφισβητώ

quest /kwest/ n (η) αναζήτηση

question /'kwestʃən/ n (η) ερώτηση. (for discussion) (το) θέμα. • vt ρωτώ. (doubt) αμφισβητώ. **it is out of the ~** αποκλείεται. **~ mark** n (το) ερωτηματικό. **the subject in ~** το υπό συζήτηση θέμα. **without ~** χωρίς αμφιβολία

questionable /'kwestʃənəbl/ a αμφισβητήσιμος

questionnaire /kwestʃə'neə(r)/ n (το) ερωτηματολόγιο

queue /kju:/ n (η) ουρά. • vi (pres p queuing) στέκομαι στην ουρά

quibble /'kwɪbl/ vi λεπτολογώ. • n (η) υπεκφυγή

quick /kwɪk/ a (-er, -est) γρήγορος. • adv γρήγορα. • n be ~! κάνε γρήγορα! **~-tempered** a ευέξαπτος. **~-witted** a οξύνους. **to the ~** βαθιά. **~ly** adv γρήγορα. **~ness** n (η) γρηγοράδα (στην αντίληψη), η οξύνεια

quicken /'kwɪkən/ vt/i επιταχύνω/ομαι

quicksand /'kwɪksænd/ n (η) κινούμενη άμμος

quid /kwɪd/ n invar (sl) (η) λίρα

quiet /'kwaɪət/ a (-er, -est) ήσυχος. (calm) ήρεμος. (silent) σιωπηλός. • n (η) ησυχία. **keep sth ~** κρατώ κτ μυστικό. **on the ~** στα κρυφά. **~ly** adv ήσυχα, ήρεμα. **~ness** n (η) ησυχία, (η) ηρεμία

quieten /'kwaɪətn/ vt/i ησυχάζω

quill /kwɪl/ n (το) φτερό (για γράψιμο)

quilt /kwɪlt/ n (το) πάπλωμα. • vt καπιτονάρω

quince /kwɪns/ n (το) κυδώνι. **~ tree** n (η) κυδωνιά

quinine /kwɪ'ni:n/ n (η) κινίνη

quintessence /kwɪn'tesns/ n (η) πεμπτουσία

quintet /kwɪn'tet/ n (το) κουιντέτο

quintuplet /'kwɪntju:plət/ n (το) πεντάδυμο

quip /kwɪp/ n (το) πείραγμα. • vt (pt quipped) πειράζω

quirk /kwɜːk/ n (η) εκκεντρικότητα

quit /kwɪt/ vt (pt quitted) αφήνω, φεύγω από. (cease: Amer) σταματώ. • vi φεύγω

quite /kwaɪt/ adv (completely) εντελώς. (somewhat) μάλλον, αρκετά. (really) πραγματικά. **~ (so)!** ακριβώς! **~ a few** πολλοί

quits /kwɪts/ adv πάτσι. **call it ~** είμαστε πάτσι

quiver /'kwɪvə(r)/ vi τρέμω

quiz /kwɪz/ n (pl quizzes) (η) ανάκριση. (game) (το) κουίζ invar. • vt (pt quizzed) κάνω ερωτήσεις σε

quizzical /'kwɪzɪkl/ a ειρωνικός

quorum /'kwɔːrəm/ n (η) απαρτία

quota /'kwəʊtə/ n (ο) καθορισμένος αριθμός

quotation /kwəʊ'teɪʃn/ n (το) απόσπασμα. (price) (η) τιμή. **~ marks** npl (τα) εισαγωγικά

quote /kwəʊt/ vt παραθέτω. (price) δίνω. • n (fam) (το) απόσπασμα. (price: fam) (η) τιμή. **~s** npl (fam) (τα) εισαγωγικά

quotient /'kwəʊʃnt/ n (το) πηλίκο

Rr

rabbi /'ræbaɪ/ n (ο) ραβίνος

rabbit /'ræbɪt/ n (το) κουνέλι

rabble /'ræbl/ n (ο) όχλος. **the ~** (pej) (ο) συρφετός

rabid /'ræbɪd/ a (dog) λυσσασμένος. (fig) μανατικός

rabies /'reɪbi:z/ n (η) λύσσα

race¹ /reɪs/ n (on foot) (ο) αγώνας δρόμου. (horses) (η) ιπποδρομία. (boats) (η) λεμβοδρομία. • vt (person) συναγωνίζομαι σε ταχύτητα. (horse) βάζω (άλογο) να τρέξει. • vi (run) τρέχω. (engine) μαρσάρω. **~-track** n (η) πίστα. **racing** n (οι) αγώνες ταχύτητας. **racing car** n (το) αγωνιστικό αυτοκίνητο

race² /reɪs/ n (η) φυλή. **~ relations** (οι) φυλετικές σχέσεις. **~ riots** (οι) φυλετικές ταραχές

racecourse /'reɪskɔːs/ n (ο) ιππόδρομος

racehorse /'reɪshɔːs/ n (το) άλογο ιπποδρομιών

racial /'reɪʃl/ a φυλετικός. **~ism** /-ʃɔtɪzəm/ n = racism. **~ist** /-ʃəlɪst/ n & a = racist

racis|t /'reɪsɪst/ a ρατσιστικός. • n (ο) ρατσιστής, (η) ρατσίστρια. **~m** /-zəm/ n (ο) ρατσισμός

rack¹ /ræk/ n (η) σχάρα. (for luggage) (το) ράφι. (for plates) (η) πιατοθήκη. • vt ~ one's brains σπάζω το κεφάλι μου

rack² /ræk/ n **go to ~ and ruin** ρημάζω

racket¹ /'rækɪt/ n (η) ρακέτα

racket² /'rækɪt/ n (din) (ο) σαματάς. (swindle: sl) (η) κομπίνα. (crime: sl) (η) παρανομία. (business: fam) (η) κομπίνα. **~eer** /-ə'tɪə(r)/ n (ο) κομπιναδόρος racy /'reɪsɪ/ a (-ier, -iest) ζωηρός και κεφάτος

radar /'reɪdɑː(r)/ n (το) ραντάρ invar

radian|t /'reɪdɪənt/ a ακτινοβόλος. ~ce n (η) ακτινοβολία. ~tly adv με ακτινοβολία

radiat|e /'reɪdɪeɪt/ vt/i ακτινοβολώ. ~ion /-'eɪʃn/ n (η) ακτινοβολία. (radioactivity) (η) ραδιενέργεια

radiator /'reɪdɪeɪtə(r)/ n (το) καλοριφέρ invar. (of car) (το) ψυγείο

radical /'rædɪkl/ a ριζικός. • n (ο) ριζοσπάστης

radio /'reɪdɪəʊ/ n (pl -os) (το) ραδιόφωνο. • vt μεταδίδω με ραδιοπομπό. ~-controlled a τηλεκατευθυνόμενος

radioactiv|e /reɪdɪəʊ'æktɪv/ a ραδιενεργός. ~ity /-'tɪvətɪ/ n (η) ραδιενέργεια

radiograph|er /reɪdɪ'ɒɡrəfə(r)/ n (ο, η) ακτινολόγος. ~y n (η) ακτινολογία

radish /'rædɪʃ/ n (το) ραπάνι

radius /'reɪdɪəs/ n (pl -dii /-dɪaɪ/) (η) ακτίνα

raffle /'ræfl/ n (το) λαχείο. ~ ticket n (το) λαχείο

raft /rɑːft/ n (η) σχεδία

rafter /'rɑːftə(r)/ n (το) δοκάρι (οροφής)

rag[1] /ræɡ/ n (το) κουρέλι. (pej, newspaper) (η) φυλλάδα. ~s (τα) κουρέλια

rag[2] /ræɡ/ vt (pt ragged) (sl) κάνω καζούρα σε

ragamuffin /'ræɡəmʌfɪn/ n (ο) κουρελής, (η) κουρελού

rage /reɪdʒ/ n (η) οργή. (fashion) (η) μανία. • vi εξοργίζομαι. (storm, battle) μαίνομαι. be all the ~ είναι της μόδας

ragged /'ræɡɪd/ a κουρελιασμένος. (outline, edge) τραχύς

raid /reɪd/ n (η) επιδρομή. • vt κάνω επιδρομή σε. ~er n (ο) επιδρομέας

rail[1] /reɪl/ n (το) κιγκλίδωμα. (for train) (η) σιδηροτροχιά. (for curtain) (το) κουρτινόξυλο. (rod) (η) ράβδος. by ~ σιδηροδρομικώς, με τρένο

rail[2] /reɪl/ vi ~ against/at τα βάζω με

railing /'reɪlɪŋ/ n (το) κιγκλίδωμα

railroad /'reɪlrəʊd/ n (Amer) = railway

railway /'reɪlweɪ/ n (ο) σιδηρόδρομος. ~man n (pl -men) (ο) σιδηροδρομικός υπάλληλος. ~ line n (η) σιδηροδρομική γραμμή. ~ station n (ο) σιδηροδρομικός σταθμός

rain /reɪn/ n (η) βροχή. • vi it's ~ing βρέχει. ~ forest n (το) τροπικό δάσος. ~-water n (το) νερό της βροχής

rainbow /'reɪnbəʊ/ n (το) ουράνιο τόξο

raincoat /'reɪnkəʊt/ n (το) αδιάβροχο

rainfall /'reɪnfɔːl/ n (η) βροχόπτωση

rainy /'reɪnɪ/ a (-ier, -iest) βροχερός. (season) (η) εποχή των βροχών

raise /reɪz/ vt σηκώνω. (hat) βγάζω. (glass, voice) υψώνω. (breed) μεγαλώνω. (money

etc.) μαζεύω. (question) εγείρω. • n (Amer) (η) αύξηση

raisin /'reɪzn/ n (η) σταφίδα

rake[1] /reɪk/ n (η) τσουγκράνα. • vt ισοπεδώνω (με τσουγκράνα). (search) ψάχνω. ~ in (fam) μαζεύω με τη σέσουλα (λεφτά) ~-off n (fam) (η) μίζα. ~ up σκαλίζω

rake[2] /reɪk/ n (man) παραλυμένος

rally /'rælɪ/ vt/i ανασυντάσσω/ομαι. (recover) συνέρχομαι. • n (ο) συναγερμός (συγκέντρωση). (recovery) (η) ανάρρωση. (auto) (το) ράλι invar

ram /ræm/ n (το) κριάρι. • vt (pt rammed) χώνω. (crash into) χτυπώ (βίαια)

rambl|e /'ræmbl/ n (ο) μακρινός περίπατος. • vi πηγαίνω σε μακρινούς περιπάτους. (in speech) μιλώ ασυνάρτητα. ~e on λέω ασυναρτησίες. ~er n άντρας ή γυναίκα που πηγαίνει σε μακρινούς περιπάτους στην εξοχή. ~ing a ασυνάρτητος

ramification /ræmɪfɪ'keɪʃn/ n (η) διακλάδωση

ramp /ræmp/ n (η) ράμπα

rampage[1] /ræm'peɪdʒ/ vi ορμώ με βίαιο και άτακτο τρόπο

rampage[2] /'ræmpeɪdʒ/ n go on the ~ = rampage[1]

rampant /'ræmpənt/ a (disease etc.) εξαπλωμένος

rampart /'ræmpɑːt/ n (η) έπαλξη

ramshackle /'ræmʃækl/ a (house) ετοιμόρροπος. (car) σαραβαλιασμένος

ran /ræn/ see RUN

ranch /rɑːntʃ/ n (το) ράντσο

rancid /'rænsɪd/ a ταγκός

rancour /'ræŋkə(r)/ n (η) μνησικακία

random /'rændəm/ a τυχαίος. • n at ~ στην τύχη

randy /'rændɪ/ a (-ier, -iest) λάγνος

rang /ræŋ/ see RING

range /reɪndʒ/ n (distance) (η) απόσταση. (series) (η) σειρά. (of mountains) (η) οροσειρά. (comm) (η) γραμμή. (scale) (η) κλίμακα. (mus) (η) έκταση. (open area) (το) πεδίο. (cooker) (η) μεγάλη μαγειρική συσκευή. (missile) (το) βεληνεκές. (of temperature) (η) διακύμανση. • vi εκτείνομαι. (vary) κυμαίνομαι

ranger /'reɪndʒə(r)/ n (ο) δασοφύλακας

rank[1] /ræŋk/ n (ο) βαθμός. (social position) (η) θέση. ~s (οι) απλοί στρατιώτες. • vt/i κατατάσσω/ομαι. (place) τοποθετώ/ούμαι. ~ among κατατάσσομαι ανάμεσα. the ~ and file (τα) απλά μέλη

rank[2] /ræŋk/ a (-er, -est) πυκνός. (smell) δύσοσμος. (fig) τέλειος

rankle /'ræŋkl/ vi (fig) ~ with s.o. ενοχλώ κπ

ransack /'rænsæk/ vt κάνω άνω-κάτω. (pillage) λεηλατώ

ransom /'rænsəm/ n (τα) λύτρα. • vt ελευθερώνω έναντι λύτρων. (redeem) εξαγοράζω. **hold to** ~ εκβιάζω

rant /rænt/ vi φωνάζω δυνατά. ~ **and rave** φωνάζω

rap /ræp/ n (το) χτύπημα. • vt/i (pt rapped) χτυπώ (με ελαφρά χτυπήματα)

rap|e /reip/ vt βιάζω. • n (ο) βιασμός. ~**ist** n (ο) βιαστής

rapid /'ræpid/ a ταχύς. ~**ity** /rə'pidəti/ n (η) ταχύτητα. ~**ly** adv γρήγορα. ~**s** npl το μέρος ποταμού όπου το ρεύμα είναι ορμητικό και βίαιο

rapport /ræ'pɔː(r)/ n (η) ψυχική επαφή

rapt /ræpt/ a συνεπαρμένος. (attention) τεταμένος. ~ **in** βυθισμένος σε

raptur|e /'ræptʃə(r)/ n (η) έκσταση. ~**ous** a εκστατικός

rar|e[1] /reə(r)/ a (-er, -est) σπάνιος. ~**ely** adv σπάνια. ~**ity** n (η) σπανιότητα

rare[2] /reə(r)/ a (culin) ψημένος ελαφρά

rarefied /'reərifaid/ a αραιωμένος

raring /'reəriŋ/ a (fam). ~ **to** ανυπομονώ να

rascal /'rɑːskl/ n (ο) μασκαράς (παλιάνθρωπος)

rash[1] /ræʃ/ n (το) εξάνθημα

rash[2] /ræʃ/ a (-er, -est) απερίσκεπτος. ~**ly** adv απερίσκεπτα. ~**ness** n (η) απερισκεψία

rasher /'ræʃə(r)/ n (η) λεπτή φέτα μπέικον

rasp /rɑːsp/ n το στρίγκλισμα. ~**ing** a στριγκός

raspberry /'rɑːzbri/ n (το) σμέουρο

rat /ræt/ n (ο) αρουραίος, (fam) (ο) (μεγάλος) ποντικός. • vi (pt ratted) ~ **on** καρφώνω. ~ **race** συνεχής και σκληρός συναγωνισμός ιδιαίτερα στη δουλειά

rate /reit/ n (proportion) (η) αναλογία. (degree) (ο) βαθμός. (speed) (η) ταχύτητα. (price) (η) τιμή. (comm) (το) τέλος. • vt θεωρώ. (value) εκτιμώ. • vi θεωρούμαι. **at any** ~ εν πάση περιπτώσει. **at this** ~ μ' αυτό το ρυθμό

rather /'rɑːðə(r)/ adv μάλλον. (fairly) κάπως. **I ~ like it** μάλλον μ' αρέσει. **I would ~ not** μάλλον όχι. **I would ~ wait** προτιμώ να περιμένω. ~**!** βέβαια! ~ **than** παρά

ratif|y /'rætifai/ vt επικυρώνω. ~**ication** /-i'keiʃn/ n (η) επικύρωση

rating /'reitiŋ/ n (η) κατάταξη. (sailor) (ο) απλός ναύτης. ~**s** (radio, TV) (η) ακροαματικότητα

ratio /'reiʃiəʊ/ n (pl -os) (η) αναλογία

ration /'ræʃn/ n (η) μερίδα με το δελτίο. • vt περιορίζω

rational /'ræʃnəl/ a λογικός

rationalize /'ræʃnəlaiz/ vt αιτιολογώ

rattle /'rætl/ vi κροταλίζω. • vt (shake) κουδουνίζω. (fam) ταράσσω. • n (sound) (το) κροτάλισμα. (toy) (η) κουδουνίστρα. ~ **off** (fig) απαγγέλλω γρήγορα

rattlesnake /'rætlsneik/ n (ο) κροταλίας

ratty /'ræti/ a (-ier, -iest) (fam) ευέξαπτος

raucous /'rɔːkəs/ a βραχνός

ravage /'rævidʒ/ vt καταστρέφω. ~ **and rave** φωνάζω

ravages /'rævidʒiz/ npl (η) φθορά

rave /reiv/ vi παραληρώ. (in anger) μαίνομαι. ~ **about** είμαι ξετρελαμένος για

raven /'reivn/ n (το) κοράκι

ravenous /'rævənəs/ a λιμασμένος

ravine /rə'viːn/ n (η) χαράδρα

raving /'reiviŋ/ a παραληρών. • adv ~ **mad** τρελός για δέσιμο. ~**s** npl (οι) ασυναρτησίες

ravish /'ræviʃ/ vt (delight) καταγοητεύω. ~**ing** a μαγευτικός

raw /rɔː/ a (-er, -est) ωμός. (not processed) ακατέργαστος. (wound) ανοιχτός. (inexperienced) άπειρος. (weather) κρύος και υγρός. ~ **deal** n (η) άδικη μεταχείριση. ~ **materials** npl (οι) πρώτες ύλες

ray /rei/ n (η) ακτίνα. (of hope) (η) ακτίδα

raze /reiz/ vt ισοπεδώνω

razor /'reizə(r)/ n (το) ξυράφι. ~-**blade** n (η) λεπίδα ξυραφιού

re /riː/ prep αναφορικά με

re- /riː/ pref ξανά

reach /riːtʃ/ vt (extend) φτάνω. (arrive at) φτάνω σε. (contact) έρχομαι σ' επαφή με. • vi φτάνω. • n (το) άπλωμα. (of river) ανοιχτή έκταση ποταμού. **out of** ~ απρόσιτος. ~ **for** φτάνω. ~ **out (one's hand)** απλώνω το χέρι μου. **within** ~ **of** προσιτός σε. (close to) κοντά

react /ri'ækt/ vi αντιδρώ

reaction /ri'ækʃn/ n (η) αντίδραση. ~**ary** a αντιδραστικός. • n (ο) αντιδραστικός

reactor /ri'æktə(r)/ n (ο) αντιδραστήρας

read /riːd/ vt/i (pt read /red/) διαβάζω. (study) σπουδάζω. (interpret) ερμηνεύω. (of instrument) δείχνω. • n (fam) (το) διάβασμα. ~ **out** διαβάζω δυνατά. ~**able** a (legible) ευανάγνωστος. (enjoyable) που διαβάζεται ευχάριστα. ~**ing** n (το) διάβασμα. ~**ing-lamp**, ~-**light** ns (το) πορτατίφ invar

reader /'riːdə(r)/ n (ο) αναγνώστης, (η) αναγνώστρια. (book) (το) αναγνωστικό. ~**ship** n (το) αναγνωστικό κοινό

readily /'redili/ adv πρόθυμα. (easily) εύκολα

readiness /'redinis/ n (η) προθυμία. **in** ~ σε ετοιμότητα

readjust /riːə'dʒʌst/ vt αναπροσαρμόζω. • vi αναπροσαρμόζομαι (**to**, σε)

ready /'redi/ a (-ier, -iest) έτοιμος. (quick) γρήγορος. ~ **n at the** ~ σε ετοιμότητα. **get** ~ ετοιμάζομαι. ~-**made** a έτοιμος. ~ **money** n (τα) μετρητά

real /riəl/ a πραγματικός. • adv (Amer, fam) πολύ. ~ **estate** (το) ακίνητο

realis|t /'riəlist/ n (ο) ρεαλιστής, (η) ρεαλίστρια. ~**m** /-zəm/ n (ο) ρεαλισμός. **~tic** /-'lıstık/ *a* ρεαλιστικός. **~tically** /-'lıstıklı/ *adv* ρεαλιστικά

reality /rı'ælətı/ *n* (η) πραγματικότητα

realize /'rıəlaız/ *vt* αντιλαμβάνομαι. (*fulfil, comm*) πραγματοποιώ. **~ation** /-'zeıʃn/ *n* (η) αντίληψη. (*comm*) (η) πραγματοποίηση

really /'rıəlı/ *adv* πράγματι

realm /relm/ *n* (το) βασίλειο

reap /riːp/ *vt* θερίζω. (*fig*) δρέπω

reappear /riːə'pıə(r)/ *vi* επανεμφανίζομαι

rear[1] /rıə(r)/ *n* (το) πίσω μέρος. • *a* πίσω. **~ admiral** *n* (ο) υποναύαρχος. **~-view mirror** *n* (ο) καθρέφτης οπισθοπορίας

rear[2] /rıə(r)/ *vt* μεγαλώνω. (*raise*) σηκώνω. • *vi* **~ (up)** (*horse*) ανορθώνομαι στα πισινά πόδια

rearguard /'rıəgaːd/ *n* (η) οπισθοφυλακή. **~ action** *n* (η) δράση οπισθοφυλακής

rearm /riː'aːm/ *vt/i* επανεξοπλίζω/ομαι

rearrange /riːə'reındʒ/ *vt* ξανατακτοποιώ

reason /'riːzn/ *n* (ο) λόγος. (*cause*) (η) αιτία. • *vi* συλλογίζομαι. **~ with** προσπαθώ να πείσω. **~ within ~** μέσα σε λογικά όρια. **~ing** *n* (ο) συλλογισμός

reasonabl|e /'riːznəbl/ *a* λογικός. (*inexpensive*) λογικός. **~y** *adv* λογικά. (*fairly*) δίκαια

reassur|e /riːə'ʃʊə(r)/ *vt* καθησυχάζω. **~ance** *n* (η) καθησύχαση. **~ing** *a* καθησυχαστικός

rebate /'riːbeıt/ *n* (η) επιστροφή χρημάτων (*μέρος του πληρωτέου ποσού*). (*discount*) (η) έκπτωση

rebel[1] /'rebl/ *n* (ο) επαναστάτης, (η) επαναστάτρια. • *a* επαναστατημένος

rebel[2] /rı'bel/ *vi* (*pt* rebelled) επαναστατώ. **~lion** *n* (η) εξέγερση. **~lious** *a* επαναστατικός

rebound[1] /rı'baʊnd/ *vi* αναπηδώ. (*fig*) επιστρέφω (**on**, σε)

rebound[2] /'riːbaʊnd/ *n* (η) αναπήδηση. **on the ~** (*fig*) από αντίδραση

rebuff /rı'bʌf/ *vt* αποκρούω. • *n* (η) απότομη άρνηση

rebuild /riː'bıld/ *vt* (*pt* rebuilt) ξανακτίζω

rebuke /rı'bjuːk/ *vt* επιπλήττω. • *n* (η) επίπληξη

recall /rı'kɔːl/ *vt* ανακαλώ. (*remember*) θυμάμαι. • *n* (η) ανάκληση

recant /rı'kænt/ *vi* ανακηρύσσω

recap /'riːkæp/ *vt/i* (*pt* recapped) (*fam*) ανακεφαλαιώνω. • *n* (*fam*) (η) ανακεφαλαίωση

recapitulat|e /riːkə'pıtʃʊleıt/ *vt/i* ανακεφαλαιώνω. **~ion** /-'leıʃn/ *n* (η) ανακεφαλαίωση

recapture /riː'kæptʃə(r)/ *vt* ξανασυλλαμβάνω. (*fig*) ανακτώ

reced|e /rı'siːd/ *vi* υποχωρώ. **~ing** *a* (*hair*) που άρχισε να πέφτει. (*chin*) που κλίνει προς τα πίσω

receipt /rı'siːt/ *n* (η) παραλαβή. (*for money*) (η) απόδειξη. **~s** (*comm*) (οι) εισπράξεις

receive /rı'siːv/ *vt* λαμβάνω, παίρνω. **~r** /-ə(r)/ *n* (ο) παραλήπτης, (η) παραλήπτρια. (*of stolen goods*) (ο, η) κλεπταποδόχος. (*of telephone*) (το) ακουστικό

recent /'riːsnt/ *a* πρόσφατος. **~ly** *adv* πρόσφατα

receptacle /rı'septəkl/ *n* (το) δοχείο

reception /rı'sepʃn/ *n* (η) υποδοχή. (*welcome*) (το) καλωσόρισμα. (*party*) (η) δεξίωση. (*on radio etc.*) (η) λήψη. (*at hotel*) (η) υποδοχή, (η) ρεσεψιόν *invar*. **~ist** *n* (ο, η) υπάλληλος υποδοχής

receptive /rı'septıv/ *a* επιδεκτικός

recess /rı'ses/ *n* (το) κοίλωμα. (*fig*) (η) διακοπή. (*holiday*) (οι) διακοπές. (*schol, Amer*) (το) διάλειμμα

recession /rı'seʃn/ *n* (η) ύφεση

recharge /riː'tʃaːdʒ/ *vt* επαναφορτίζω

recipe /'resəpı/ *n* (η) συνταγή (*μαγειρική*)

recipient /rı'sıpıənt/ *n* (ο) παραλήπτης

reciprocal /rı'sıprəkl/ *a* αμοιβαίος

reciprocate /rı'sıprəkeıt/ *vt* ανταποδίδω. • *vi* ανταποκρίνομαι

recital /rı'saıtl/ *n* (η) αφήγηση. (*theatr*) (το) ρεσιτάλ *invar*

recite /rı'saıt/ *vt* απαγγέλλω. (*list*) απαριθμώ

reckless /'reklıs/ *a* παράτολμος. **~ly** *adv* παράτολμα. **~ness** *n* (η) απερισκεψία

reckon /'rekən/ *vt/i* υπολογίζω. (*consider*) νομίζω. **~ on** (*rely*) βασίζομαι σε. **~ with** λογαριάζω. **~ing** *n* (ο) υπολογισμός

reclaim /rı'kleım/ *vt* ζητώ την επιστροφή (*with gen*). (*land*) εκχερσώνω

reclin|e /rı'klaın/ *vi* πλαγιάζω. **~ing** *a* (*person*) ξαπλωμένος. (*seat*) με ρυθμιζόμενη κλίση

recluse /rı'kluːs/ *n* (το) άτομο που ζει αποτραβηγμένο από τον κόσμο. (*relig*) (ο) ερημίτης

recognition /rekəg'nıʃn/ *n* (η) αναγνώριση. **beyond ~** αγνώριστος

recognize /'rekəgnaız/ *vt* αναγνωρίζω

recoil /rı'kɔıl/ *vi* αναπηδώ. (*in fear*) οπισθοχωρώ

recollect /rekə'lekt/ *vt* θυμάμαι. **~ion** /-ʃn/ *n* (η) ανάμνηση

recommend /rekə'mend/ *vt* συνιστώ. **~ation** /-'deıʃn/ *n* (η) σύσταση

recompense /'rekəmpens/ *vt* ανταμείβω. • *n* (η) ανταμοιβή

reconcil|e /'rekənsaıl/ *vt* (*people*) συμφιλιώνω. (*facts*) συμβιβάζω. **~e o.s.** συμβιβάζομαι (**to**, με). **~iation** /-sılı'eıʃn/ *n* (η) συμφιλίωση, (ο) συμβιβασμός

reconnaissance /rı'kɒnısns/ *n* (η) αναγνώριση

reconnoitre /rekə'nɔɪtə(r)/ *vt/i (pres p -tring)* κάνω αναγνώριση

reconsider /ri:kən'sɪdə(r)/ *vt* αναθεωρώ. • *vi* ξανασκέφτομαι

reconstruct /ri:kən'strʌkt/ *vt* ανοικοδομώ. (*events*) κάνω αναπαράσταση. **~ion** /-ʃn/ *n* (η) ανοικοδόμηση, (η) αναπαράσταση

record¹ /rɪ'kɔ:d/ *vt/i* καταγράφω. (*sound*) ηχογραφώ. (*on tape*) μαγνητοφωνώ. **~ed** *a* ηχογραφημένος, καταγραφόμενος. **~ing** *n* (η) καταγραφή, (η) ηχογράφηση, (η) μαγνητοφώνηση

record² /'rekɔ:d/ *n* (*report*) (τα) πρακτικά. (*file*) (το) αρχείο. (*mus*) (ο) δίσκος. (*sport*) (το) ρεκόρ *invar*. (*criminal/police*) (το) μητρώο. **off the ~** ανεπίσημα. **~-player** *n* (το) πικ απ *invar*

recorder /rɪ'kɔ:də(r)/ *n* (ο) αρχειοφύλακας. (*mus*) (ο) αυλός

recount /rɪ'kaʊnt/ *vt* εξιστορώ

re-count¹ /ri:'kaʊnt/ *vt* ξαναμετρώ

re-count² /'ri:kaʊnt/ *n* (*pol*) (η) νέα καταμέτρηση (*ιδ. ψήφων*)

recoup /rɪ'ku:p/ *vt* επανακτώ

recourse /rɪ'kɔ:s/ *n* (η) προσφυγή. **have ~ to** προσφεύγω σε

recover /rɪ'kʌvə(r)/ *vt* ξαναβρίσκω. • *vi* συνέρχομαι. (*med*) αναρρώνω. **~y** *n* (η) ανάκτηση. (*of health*) (η) ανάρρωση

recreation /rekrɪ'eɪʃn/ *n* (η) ψυχαγωγία. **~al** *a* ψυχαγωγικός

recrimination /rɪkrɪmɪ'neɪʃn/ *n* (η) αντέγκληση

recruit /rɪ'kru:t/ *n* (ο) νεοσύλλεκτος. • *vt* στρατολογώ. **~ment** *n* (η) στρατολογία

rectangle /'rektæŋgl/ *n* (το) ορθογώνιο. **~ular** /-'tæŋgjʊlə(r)/ *a* ορθογώνιος

rectify /'rektɪfaɪ/ *vt* επανορθώνω. **~ication** /-ɪ'keɪʃn/ *n* (η) επανόρθωση

rector /'rektə(r)/ *n* (ο) εφημέριος. (*of college*) (ο) πρύτανης. **~y** *n* (το) πρεσβυτέριο

recumbent /rɪ'kʌmbənt/ *a* ξαπλωμένος

recuperate /rɪ'kju:pəreɪt/ *vi* αναρρώνω. **~ion** /-'reɪʃn/ *n* (η) ανάρρωση

recur /rɪ'kɜ:(r)/ *vi (pt recurred)* επανεμφανίζομαι

recurrent /rɪ'kʌrənt/ *a* επαναλαμβανόμενος. **~ce** *n* (η) επανεμφάνιση

recycle /ri:'saɪkl/ *vt* ανακυκλώνω. **~ing** *n* (η) ανακύκλωση

red /red/ *a (redder, reddest)* κόκκινος *n* (το) κόκκινο. **in the ~** (*account*) χρεωμένος. **R~ Cross** *n* (ο) Ερυθρός Σταυρός. **~-handed** *a* επ' αυτοφώρω. **~ herring** *n* (*fig*) κάτι που παραπλανεί. **~-hot** *a* πυρακτωμένος. **~-letter day** *n* (η) αλησμόνητη μέρα. **~ light** *n* (το) κόκκινο φως. **~ tape** *n* (*fig*) (η) γραφειοκρατία. **~ness** *n* (το) κοκκίνισμα

redden /'redn/ *vt/i* κοκκινίζω. **~ish** *a* κοκκινωπός

redecorate /ri:'dekəreɪt/ *vt* ξαναβάφω (*σπίτι*)

redeem /rɪ'di:m/ *vt* λυτρώνω. **~eeming feature** το μόνο καλό. **~emption** /-'dempʃn/ *n* (η) λύτρωση

redirect /ri:daɪə'rekt/ *vt* (*mail*) στέλνω σε νέα διεύθυνση

rediscover /ri:dɪ'skʌvə(r)/ *vt* ανευρίσκω

redo /ri:'du:/ *vt (pt redid, pp redone)* ξανακάνω

redouble /rɪ'dʌbl/ *vt* διπλασιάζω

redress /rɪ'dres/ *vt* αποκαθιστώ. • *n* (η) αποκατάσταση. **~ the balance** αποκαθιστώ την ισορροπία

reduce /rɪ'dju:s/ *vt* μειώνω. • *vi* καταντώ. (*slim*) αδυνατίζω. **~ed** *a* (*in price*) μειωμένος. **~tion** /-'dʌkʃn/ *n* (η) μείωση

redundant /rɪ'dʌndənt/ *a* περιττός. (*worker*) πλεονάζων. **be made ~t** απολύομαι από την υπηρεσία λόγω πλεονασμού προσωπικού. **~cy** *n* (ο) πλεονασμός, (η) απόλυση πλεονάζοντος προσωπικού

reed /ri:d/ *n* (το) καλάμι. (*mus*) (η) φλογέρα

reef /ri:f/ *n* (ο) ύφαλος.

reek /ri:k/ *n* (η) μπόχα. • *vi* **~ (of)** βρομώ

reel /ri:l/ *n* (το) καρούλι. • *vi* ζαλίζομαι. (*stagger*) τρικλίζω. • *vt* **~ off** (*fig*) αραδιάζω

refectory /rɪ'fektərɪ/ *n* (η) τραπεζαρία (*σε κολέγιο ή μοναστήρι*)

refer /rɪ'fɜ:(r)/ *vt/i (pt referred)* **~ to** αναφέρομαι σε. (*concern*) αφορώ. (*for information*) παραπέμπω σε. (*consult*) απευθύνομαι σε. (*direct*) απευθύνω σε

referee /refə'ri:/ *n* (ο) διαιτητής. • *vi (pt refereed)* διαιτητεύω

reference /'refrəns/ *n* (*mention*) (η) αναφορά. (*comm*) (η) αρμοδιότητα. (*in bibliography*) (η) παραπομπή. **~s** (οι) συστάσεις. **in** *or* **with ~ to** αναφορικά με, σχετικά με. **~ book** βιβλίο στο οποίο αναφέρεται κανείς για πληροφορίες

referendum /refə'rendəm/ *n (pl -dums or -da)* (το) δημοψήφισμα

refill¹ /ri:'fɪl/ *vt* αναπληρώνω. (*pen etc.*) ξαναγεμίζω

refill² /'ri:fɪl/ *n* (το) ανταλλακτικό

refine /rɪ'faɪn/ *vt* διυλίζω. (*fig*) εκλεπτύνω. **~d** *a* εκλεπτυσμένος. **~ment** *n* (η) λεπτότητα. (*techn*) (η) διύλιση. **~ry** /-ərɪ/ *n* (το) διυλιστήριο

reflect /rɪ'flekt/ *vt* αντανακλώ. (*mirror*) αντικατοπτρίζω. • *vi* **~ (up)on** συλλογίζομαι. **~ion** /-kʃn/ *n* (η) αντανάκλαση. (*image*) (η) εικόνα. (*thought*) (η) σκέψη. **~or** *n* (ο) αντανακλαστήρας

reflective /rɪ'flektɪv/ *a* αντανακλαστικός. (*mood*) σκεφτικός

reflex /'ri:fleks/ *a* αντανακλαστικός. • *n* (το) αντανακλαστικό

reflexive /rɪ'fleksɪv/ *a (gram)* αυτοπαθής

reform /rɪ'fɔ:m/ vt μεταρρυθμίζω. • vi διορθώνομαι. • n (η) μεταρρύθμιση. **~ation** n (η) μεταρρύθμιση. **~er** n (o) μεταρρυθμιστής, (η) μεταρρυθμίστρια

refract /rɪ'frækt/ vt διαθλώ

refrain[1] /rɪ'freɪn/ n (το) ρεφρέν invar

refrain[2] /rɪ'freɪn/ vi **~ from sth/doing** αποφεύγω κτ/να κάνω

refresh /rɪ'freʃ/ vt δροσίζω. **~er course** n σειρά μαθημάτων επαναλήψεως. **~ing** a δροσιστικός. **~ments** npl (τα) αναψυκτικά

refrigerat|e /rɪ'frɪdʒəreɪt/ vt ψύχω. **~ion** /-ʃn/ n (η) ψύξη. **~or** n (το) ψυγείο

refuel /ri:'fju:əl/ vt/i (pt refuelled) ανεφοδιάζω/ομαι

refuge /'refju:dʒ/ n (το) καταφύγιο. **take ~** καταφεύγω

refugee /refjʊ'dʒi:/ n (o) πρόσφυγας

refund[1] /rɪ'fʌnd/ vt επιστρέφω (χρήματα)

refund[2] /'ri:fʌnd/ n (η) επιστροφή χρημάτων

refurbish /ri:'fɜ:bɪʃ/ vt ανανεώνω

refus|e[1] /rɪ'fju:z/ vt/i αρνούμαι. **~al** n (η) άρνηση

refuse[2] /'refju:s/ n (τα) απορρίμματα

refute /rɪ'fju:t/ vt αποκρούω

regain /rɪ'geɪn/ vt ανακτώ

regal /'ri:gl/ a βασιλικός

regalia /rɪ'geɪlɪə/ npl (τα) τελετουργικά εμβλήματα

regard /rɪ'gɑ:d/ vt (consider) θεωρώ (**as**, ως). • n (η) εκτίμηση. **~s** npl (τα) χαιρετίσματα. **as ~s**, **~ing** preps σχετικά με

regardless /rɪ'gɑ:dlɪs/ adv **~ of** άσχετα με

regatta /rɪ'gætə/ n οργανωμένη σειρά λεμβοδρομιών

regenerate /rɪ'dʒenəreɪt/ vt αναγεννώ

regen|t /'ri:dʒənt/ n (o) αντιβασιλέας. **~cy** n (η) αντιβασιλεία

regime /reɪ'ʒi:m/ n (το) καθεστώς

regiment /'redʒɪmənt/ n (το) σύνταγμα. **~al** /-'mentl/ a του συντάγματος. **~ation** /-en'teɪʃn/ n (η) αυστηρή οργάνωση (εκδηλώσεων)

region /'ri:dʒən/ n (η) περιοχή. **in the ~ of** γύρω στα. **~al** a της περιοχής

regist|er /'redʒɪstə(r)/ n (το) μητρώο. • vt (record) καταγράφω. (vehicle) εγγράφω. (birth, death) δηλώνω. (express) εκφράζω. (enrol) εγγράφω. • vi (enrol) εγγράφομαι. **~er a letter** στέλνω συστημένο γράμμα. **~er or ~ry office** n (το) ληξιαρχείο. **~ered** a εγγεγραμμένος, δηλωμένος, συστημένος. **~ration** /-'streɪʃn/ n (η) εγγραφή. **~ration number** n (auto) (o) αριθμός κυκλοφορίας

registrar /redʒɪ'strɑ:(r)/ n (o) ληξίαρχος. (univ) (η) γραμματεία.

regret /rɪ'gret/ n (η) λύπη. (remorse) (η) μεταμέλεια. • vt (pt regretted) λυπάμαι.

(repent) μετανιώνω. **I ~ that** λυπάμαι πού. **~fully** adv με λύπη. **~table** a ατυχής. **~tably** adv λυπηρά

regular /'regjʊlə(r)/ a κανονικός. (usual) συνηθισμένος. • n (fam) (soldier) (o) τακτικός στρατιώτης. (customer) (o) τακτικός πελάτης. **~ity** /-'lærɪtɪ/ n (η) τακτικότητα. **~ly** adv τακτικά

regulat|e /'regjʊleɪt/ vt ρυθμίζω. **~ion** /-'leɪʃn/ n (η) ρύθμιση. (rule) (o) κανονισμός

rehabilitat|e /ri:ə'bɪlɪteɪt/ vt επαναφέρω στην κοινωνία. **~ion** /-'teɪʃn/ n (η) επαναφορά στην κοινωνία

rehash[1] /ri:'hæʃ/ vt αναμασώ

rehash[2] /'ri:hæʃ/ n (το) αναμάσημα

rehears|e /rɪ'hɜ:s/ vt κάνω πρόβα (with acc). (recount) εξιστορώ (γεγονότα). • vi κάνω πρόβα. **~al** n (η) πρόβα

reign /reɪn/ n (η) βασιλεία. • vi βασιλεύω

reimburse /ri:ɪm'bɜ:s/ vt αποζημιώνω

reincarnation /ri:ɪnkɑ:'neɪʃn/ n (η) μετεμψύχωση

reindeer /'reɪndɪə(r)/ n invar (o) τάρανδος

reinforce /ri:ɪn'fɔ:s/ vt ενισχύω. **~ment** n (η) ενίσχυση. **~ments** npl (οι) ενισχύσεις

reins /reɪnz/ npl (τα) ηνία

reinstate /ri:ɪn'steɪt/ vt αποκαθιστώ

reiterate /ri:'ɪtəreɪt/ vt επαναλαμβάνω

reject[1] /rɪ'dʒekt/ vt αρνούμαι. (refuse to accept) απορρίπτω. **~ion** /-kʃn/ n (η) απόρριψη

reject[2] /'ri:dʒekt/ n (το) απόρριγμα

rejoic|e /rɪ'dʒɔɪs/ vi χαίρομαι. **~ing** n (η) χαρά

rejoin /rɪ'dʒɔɪn/ vt ξανασυνδέω

rejoinder /rɪ'dʒɔɪndə(r)/ n (η) απάντηση (χιουμοριστική)

rejuvenate /rɪ'dʒu:vəneɪt/ vt ξανανιώνω

rekindle /ri:'kɪndl/ vt αναζωπυρώνω

relapse /rɪ'læps/ n (η) υποτροπή. • vi ξαναπέφτω

relate /rɪ'leɪt/ vt αφηγούμαι. (connect) συσχετίζω. • vi **~ to** (refer to) αναφέρομαι σε. (identify with) σχετίζομαι με. **~d** a (ideas etc.) σχετιζόμενος. **be ~d to** συγγενεύω με

relation /rɪ'leɪʃn/ n (η) αφήγηση. (person) (o) συγγενής. **~ship** n (η) σχέση. (kinship) (η) συγγένεια. (affair: fam) (οι) σχέσεις

relative /'relətɪv/ n (o, η) συγγενής. • a σχετικός. **~ly** adv σχετικά

relax /rɪ'læks/ vt/i ηρεμώ. • vt (pace, grip etc.) χαλαρώνω. (rules, discipline etc.) χαλαρώνω. **~ation** /ri:læk'seɪʃn/ n (η) ξεκούραση. (recreation) (η) αναψυχή. **~ed** a πιο ήρεμος. **~ing** a που ξεκουράζει

relay[1] /'ri:leɪ/ n αναμετάδοση. **in ~s** κατ' ομάδες. **~** (race) n (η) σκυταλοδρομία

relay[2] /rɪ'leɪ/ vt αναμεταδίδω

release /rɪ'liːs/ *vt* ελευθερώνω. *(film)* κυκλοφορώ. *(information etc.)* ανακοινώνω. *(mech)* απασφαλίζω. *(brake)* λύνω. • *n* (η) απελευθέρωση, (η) απασφάλιση. *(of prisoner)* (η) απόλυση

relegate /'relɪgeɪt/ *vt* υποβιβάζω

relent /rɪ'lent/ *vi* ενδίδω. ~**less** *a* αμείλικτος

relevan|t /'relɪvənt/ *a* σχετικός. ~**ce** *n* (η) σχέση

reliab|le /rɪ'laɪəbl/ *a* αξιόπιστος. ~**ility** /-'bɪlɪtɪ/ *n* (η) αξιοπιστία

relian|ce /rɪ'laɪəns/ *n* (η) στήριξη. *(trust)* (η) εμπιστοσύνη. ~**t** *a* στηριζόμενος

relic /'relɪk/ *n* (το) λείψανο. ~**s** *npl* (τα) κειμήλια

relief /rɪ'liːf/ *n* (η) ανακούφιση. *(assistance)* (η) βοήθεια. *(replacement)* (η) αντικατάσταση. *(distraction)* (το) διάλειμμα. *(outline)* (το) ανάγλυφο. ~**road** *n* (ο) βοηθητικός δρόμος

relieve /rɪ'liːv/ *vt* ανακουφίζω. *(take over from)* αντικαθιστώ. ~**d** *a* ανακουφισμένος

religion /rɪ'lɪdʒən/ *n* (η) θρησκεία

religious /rɪ'lɪdʒəs/ *a* θρήσκος

relinquish /rɪ'lɪŋkwɪʃ/ *vt* εγκαταλείπω

relish /'relɪʃ/ *n* (η) απόλαυση. *(culin)* είδος πικάντικης σάλτσας. • *vt* απολαμβάνω

relocat|e /riː'ləʊ'keɪt/ *vt* *(business)* μεταφέρω σε άλλη περιοχή. *(home)* μετατοπίζω. ~**ion** /-ʃn/ *n* (η) μετατόπιση

reluctan|t /rɪ'lʌktənt/ *a* απρόθυμος **(to,** να). ~**ce** *n* (η) απροθυμία. ~**tly** *adv* απρόθυμα

rely /rɪ'laɪ/ *vi* ~ **on** *(trust)* βασίζομαι σε. *(depend)* στηρίζομαι σε

remain /rɪ'meɪn/ *vi* παραμένω. ~**ing** *a* υπόλοιπος. ~**s** *npl* (τα) υπολείμματα. *(dead body)* (το) λείψανο

remainder /rɪ'meɪndə(r)/ *n* (το) υπόλοιπο. *(comm)* (το) υπόλειμμα

remand /rɪ'mɑːnd/ *vt* ~ **(in custody)** προφυλακίζω. • *n* (η) προφυλάκιση. **be on** ~ παραπέμπομαι (σε νέα εκδίκαση)

remark /rɪ'mɑːk/ *n* (η) παρατήρηση. • *vt* παρατηρώ. • *vi* ~ **(up)on** σχολιάζω. ~**able** *a* αξιόλογος. ~**ably** *adv* αξιόλογως, πολύ

remarry /riː'mærɪ/ *vi* ξαναπαντρεύομαι

remed|y /'remədɪ/ *n* (η) θεραπεία. • *vt* γιατρεύω. ~**ial** /rɪ'miːdɪəl/ *a* θεραπευτικός. *(schol)* διορθωτικός

rememb|er /rɪ'membə(r)/ *vt/i* θυμάμαι. ~**rance** *n* (η) ενθύμηση

remind /rɪ'maɪnd/ *vt* θυμίζω. ~ **s.o. of** θυμίζω κπ για. ~ **s.o. to** θυμίζω κπ να. ~**er** *n* *(letter)* (η) υπενθύμιση

reminisce /remɪ'nɪs/ *vi* αναπολώ. ~**nces** *npl* (οι) αναπολήσεις

reminiscent /remɪ'nɪsnt/ *a* ~ **of** που θυμίζει

remiss /rɪ'mɪs/ *a* αμελής

remission /rɪ'mɪʃn/ *n* (η) ύφεση. *(jur)* (η) μείωση *(ποινής)*

remit /rɪ'mɪt/ *vt* (*pt* **remitted**) απαλλάσσω. *(money)* εμβάζω. *(mitigate)* ελαττώνω. ~**tance** *n* (το) έμβασμα

remnant /'remnənt/ *n* (το) υπόλειμμα. *(of cloth)* (το) ρετάλι. *(trace)* (το) ίχνος

remonstrate /'remənstreɪt/ *vi* διαμαρτύρομαι **(with,** σε)

remorse /rɪ'mɔːs/ *n* (η) τύψη. ~**ful** *a* γεμάτος τύψεις. ~**less** *a* χωρίς τύψεις

remote /rɪ'məʊt/ *a* μακρινός. *(slight)* ελάχιστος. ~ **control** *n* (το) τηλεχειριστήριο. ~**-controlled** *a* τηλεχειριζόμενος. ~**ly** *adv* ελάχιστα. ~**ness** *n* (η) μεγάλη απόσταση

remov|e /rɪ'muːv/ *vt* μετακινώ. *(dismiss)* απολύω. *(get rid of)* αφαιρώ. *(stain)* βγάζω. ~**able** *a* αφαιρετέος. ~**al** *n* (η) μετακίνηση. *(from house)* (η) μετακόμιση. ~**er** *n* (η) εταιρία μετακομίσεων

remunerat|e /rɪ'mjuːnəreɪt/ *vt* αμείβω. ~**ion** /-'reɪʃn/ *n* (η) αμοιβή. ~**ive** /-ərətɪv/ *a* επικερδής

Renaissance /rə'neɪsəns/ *n* (η) Αναγέννηση

rename /riː'neɪm/ *vt* μετονομάζω

rend /rend/ *vt* (*pt* **rent**) ξεσχίζω

render /'rendə(r)/ *vt* προσφέρω. *(comm)* καθιστώ. *(fat)* λιώνω. *(mus)* αποδίδω. *(translate)* αποδίδω. ~**ing** *n* *(mus)* (η) απόδοση

rendezvous /'rɒndɪvuː/ *n* (*pl* **-vous** /-vuːz/) (το) ραντεβού *invar*

renegade /'renɪgeɪd/ *n* (ο) αποστάτης, (η) αποστάτισσα

renew /rɪ'njuː/ *vt* ανανεώνω. *(resume)* επαναλαμβάνω. ~**able** *a* ανανεώσιμος. ~**al** *n* (η) ανανέωση

renounce /rɪ'naʊns/ *vt* απαρνιέμαι. *(disown)* αποκηρύσσω

renovat|e /'renəveɪt/ *vt* ανακαινίζω. ~**ion** /-'veɪʃn/ *n* (η) ανακαίνιση

renown /rɪ'naʊn/ *n* (η) διασημότητα. ~**ed** *a* διάσημος

rent[1] /rent/ *see* REND

rent[2] /rent/ *n* (το) ενοίκιο, (το) νοίκι. • *vt* ενοικιάζω, νοικιάζω. ~**al** *n* (το) ενοίκιο, (το) νοίκι

renunciation /rɪnʌnsɪ'eɪʃn/ *n* (η) αποκήρυξη

reopen /riː'əʊpən/ *vt/i* ξανανοίγω. ~**ing** *n* (η) επανάναρξη

reorganiz|e /riː'ɔːgənaɪz/ *vt* αναδιοργανώνω. ~**ation** *n* (η) αναδιοργάνωση

rep /rep/ *n* *(comm, fam)* (ο) πωλητής *(πλασιέ)*. *(theatr, fam)* (ο) θίασος *(με ρεπερτόριο)*

repair /rɪ'peə(r)/ *vt* επισκευάζω. • *n* (η) επισκευή. **in good** ~ σε καλή κατάσταση

repartee /repɑː'tiː/ *n* (η) πνευματώδης απάντηση

repatriat|e /ri:'pætrɪeɪt/ vt επαναπατρίζω. **~ion** /-'eɪʃn/ n (ο) επαναπατρισμός

repay /rɪ'peɪ/ vt (pt repaid) ξεπληρώνω. (reward) ανταποδίδω. **~ment** n (η) εξόφληση, (η) ανταπόδοση

repeal /rɪ'pi:l/ vt ακυρώνω. • n (η) ακύρωση

repeat /rɪ'pi:t/ vt/i επαναλαμβάνω/ομαι. • n (η) επανάληψη. (broadcast) (η) επανάληψη. **~ed** a επαναληπτικός. **~edly** adv επανειλημμένα

repel /rɪ'pel/ vt (pt repelled) αποκρούω. **~lent** a αποκρουστικός

repent /rɪ'pent/ vi μετανιώνω, μετανοώ. **~ance** n (η) μετάνοια. **~ant** a (ο) μετανιωμένος

repercussion /ri:pə'kʌʃn/ n (ο) αντίκτυπος

repertoire /'repətwa:(r)/ n (το) ρεπερτόριο

repertory /'repətri/ n (το) ρεπερτόριο. **~ company** (ο) θίασος (με ρεπερτόριο). **~ theatre** (το) θέατρο με ρεπερτόριο

repetit|ion /repɪ'tɪʃn/ n (η) επανάληψη. **~ious** /-'tɪʃəs/ a γεμάτος επαναλήψεις. **~ive** /rɪ'petətɪv/ a επαναληπτικός. (dull) πληκτικός

replace /rɪ'pleɪs/ vt ξαναβάζω. (take the place of) αντικαθιστώ. **~ment** n (η) αντικατάσταση. (person) (ο) αντικαταστάτης, (η) αντικαταστάτρια. **~ment part** n (το) ανταλλακτικό

replay /'ri:pleɪ/ n (sport) (ο) επαναληπτικός αγώνας

replenish /rɪ'plenɪʃ/ vt συμπληρώνω. (refill) ξαναγεμίζω

replete /rɪ'pli:t/ a **~ with** γεμάτος (with acc)

replica /'replɪkə/ n (το) αντίγραφο

reply /rɪ'plaɪ/ vt/i απαντώ. • n (η) απάντηση

report /rɪ'pɔ:t/ vt/i αναφέρω. • vi (present oneself) παρουσιάζομαι. • vt (denounce) καταγγέλλω. **~ on** (news item) αναφέρω, γράφω για. • n (η) αναφορά. (written) (η) έκθεση. (newspaper) (το) ρεπορτάζ invar, (η) ανταπόκριση. (school) (ο) έλεγχος (σχολικός). (rumour) (η) διάδοση. (sound) (ο) κρότος. **~age** /repɔ:'ta:ʒ/ n (το) ρεπορτάζ invar. **~edly** adv σύμφωνα με τις διαδόσεις. **~er** /rɪ'pɔ:tə(r)/ n (ο) ανταποκριτής, (η) ανταποκρίτρια

repose /rɪ'pəʊz/ n (η) γαλήνη

repossess /ri:pə'zes/ vt κατάσχω. **~ion** /-ʃn/ n (η) κατάσχεση

reprehensible /reprɪ'hensɪbl/ a επίμεμπτος

represent /reprɪ'zent/ vt αντιπροσωπεύω. **~ation** /-'teɪʃn/ n (η) αντιπροσώπευση

representative /reprɪ'zentətɪv/ a αντιπροσωπευτικός. • n (ο, η) αντιπρόσωπος

repress /rɪ'pres/ vt καταστέλλω. **~ion** /-ʃn/ n (η) καταστολή. **~ive** a κατασταλτικός

reprieve /rɪ'pri:v/ n (η) αναστολή. (fig) (η) ανάπαυλα. • vt δίνω χάρη σε. (fig) δίνω αναστολή σε

reprimand /'reprɪma:nd/ vt επιπλήττω. • n (η) επίπληξη

reprint¹ /'ri:prɪnt/ n (η) ανατύπωση
reprint² /ri:'prɪnt/ vt ανατυπώνω

reprisal /rɪ'praɪzl/ n (το) αντίποινο

reproach /rɪ'prəʊtʃ/ vt επιπλήττω. • n (η) επίπληξη. **~ful** a επιτιμητικός. **~fully** adv επιτιμητικά

reproduc|e /ri:prə'dju:s/ vt/i αναπαράγω. **~tion** /-'dʌkʃn/ n (η) αναπαραγωγή. **~tive** /-'dʌktɪv/ a αναπαραγωγικός

reprove /rɪ'pru:v/ vt επιπλήττω

reptile /'reptaɪl/ n (το) ερπετό

republic /rɪ'pʌblɪk/ n (η) δημοκρατία. **~an** a δημοκρατικός. • n (ο) δημοκράτης, (η) δημοκράτισσα

repudiate /rɪ'pju:dɪeɪt/ vt αποκηρύσσω

repugnan|t /rɪ'pʌgnənt/ a απεχθής. **~ce** n (η) απέχθεια

repuls|e /rɪ'pʌls/ vt αποκρούω. **~ion** /-ʃn/ n (η) αποστροφή. **~ive** a αποκρουστικός

reputable /'repjʊtəbl/ a ευυπόληπτος

reputation /repjʊ'teɪʃn/ n (η) υπόληψη. (name) (το) όνομα

repute /rɪ'pju:t/ n (η) υπόληψη. **~d** /-ɪd/ a θεωρούμενος. **~dly** /-ɪdlɪ/ adv σύμφωνα με ό, τι λέγεται

request /rɪ'kwest/ n (το) αίτημα. • vt ζητώ. **at s.o.'s ~** κατά παράκληση κπ

require /rɪ'kwaɪə(r)/ vt (need) χρειάζομαι. (demand) απαιτώ. **~d** a απαιτούμενος. **~ment** n (η) απαίτηση

requisite /'rekwɪzɪt/ a απαραίτητος. • n (η) προϋπόθεση

requisition /rekwɪ'zɪʃn/ n (η) επίταξη. • vt επιτάσσω

resale /'ri:seɪl/ n (η) μεταπώληση

rescind /rɪ'sɪnd/ vt ακυρώνω

rescue /'reskju:/ vt διασώζω. • n (η) διάσωση. **come/go to the ~** σπεύδω προς βοήθεια. **~r** /-ə(r)/ n (το) μέλος ομάδας διασώσεως

research /rɪ'sɜ:tʃ/ n (η) έρευνα. • vt ερευνώ. **~er** n (ο) ερευνητής, (η) ερευνήτρια

resembl|e /rɪ'zembl/ vt μοιάζω. **~ance** n (η) ομοιότητα

resent /rɪ'zent/ vt φέρω βαρέως. **~ful** a μνησίκακος. **~ment** n (η) μνησικακία

reservation /rezə'veɪʃn/ n (booking) (η) κράτηση. (doubt) (η) επιφύλαξη

reserve /rɪ'zɜ:v/ vt κρατώ. • n (το) απόθεμα. (self-restraint) (η) επιφύλαξη. (sport) (η) εφεδρεία. **in ~** σε εφεδρεία. **nature ~** (η) προστατευόμενη περιοχή. **~d** a κρατημένος. (reticent) επιφυλακτικός

reservist /rɪ'zɜ:vɪst/ n (ο) έφεδρος

reservoir /'rezəvwa:(r)/ n (η) δεξαμενή. (container) (το) δοχείο

reshape /ri:'ʃeɪp/ vt αναπλάθω

reshuffle /riːˈʃʌfl/ vt ανακατεύω ξανά. (pol) ανασχηματίζω. • n (pol) (ο) ανασχηματισμός

reside /rɪˈzaɪd/ vi κατοικώ

residen|t /ˈrezɪdənt/ a (permanent) μόνιμος. (internal) εσωτερικός. • n (ο, η) κάτοικος. (in hotel) (ο) ξένος. ~ce n (in a country) (η) διαμονή. (house) (η) κατοικία. be in ~ce at κατοικώ. ~ce permit n (η) άδεια διαμονής

residential /rezɪˈdenʃl/ a κατοικημένος.

residue /ˈrezɪdjuː/ n (το) κατάλοιπο

resign /rɪˈzaɪn/ vi παραιτούμαι από. • vi παραιτούμαι. ~ o.s. to υποτάσσομαι σε. ~ation /rezɪgˈneɪʃn/ n (η) υποταγή. (from job) (η) παραίτηση. be ~ed to it το έχω πάρει απόφαση

resilien|t /rɪˈzɪliənt/ a ανθεκτικός. ~ce n (η) ανθεκτικότητα

resin /ˈrezɪn/ n (η) ρητίνη

resist /rɪˈzɪst/ vt αντιστέκομαι σε. • vi αντιστέκομαι ~ance n (η) αντίσταση. ~ant a ανθεκτικός

resolut|e /ˈrezəluːt/ a αποφασιστικός. ~ion /-ˈluːʃn/ n (η) αποφασιστικότητα. (decision, intention) (η) απόφαση

resolve /rɪˈzɒlv/ vt λύνω. ~ to do αποφασίζω να κάνω. • n (η) αποφασιστικότητα. ~d a αποφασισμένος

resonan|t /ˈrezənənt/ a αντηχητικός. ~ce n (η) αντήχηση

resort /rɪˈzɔːt/ vi ~ to καταφεύγω σε. • n (recourse) (η) καταφυγή. (place) (το) θέρετρο. in the last ~ σαν τελευταία λύση

resound /rɪˈzaʊnd/ vi αντηχώ (with, με). ~ing a συνταρακτικός

resource /rɪˈsɔːs/ n (ο) πόρος. ~s (οι) πόροι. ~ful a πολυμήχανος. ~fulness n (η) επινοητικότητα

respect /rɪˈspekt/ n (ο) σεβασμός. (aspect) (η) άποψη. • vt σέβομαι. with ~ to σχετικά με. ~ful a γεμάτος σεβασμό. ~fully adv με σεβασμό

respectab|le /rɪˈspektəbl/ a αξιοπρεπής. ~ility /-ˈbɪləti/ n (η) αξιοπρέπεια. ~ly adv αξιοπρεπώς

respective /rɪˈspektɪv/ a αντίστοιχος. ~ly adv αντιστοίχως

respiration /respəˈreɪʃn/ n (η) αναπνοή

respite /ˈrespaɪt/ n (η) ανάπαυλα

resplendent /rɪˈsplendənt/ a λαμπρός

respond /rɪˈspɒnd/ vi ανταποκρίνομαι. (react) αντιδρώ

response /rɪˈspɒns/ n (η) ανταπόκριση. (reaction) (η) αντίδραση

responsib|le /rɪˈspɒnsəbl/ a υπεύθυνος. ~ility /-ˈbɪləti/ n (η) ευθύνη. ~ly adv υπεύθυνα

responsive /rɪˈspɒnsɪv/ a που ανταποκρίνεται

rest¹ /rest/ vt/i ξεκουράζω/ομαι. (lean) στηρίζω/ομαι. (place) ακουμπώ. • n (η)

ξεκούραση. (support) (η) βάση. (mus) (η) παύση

rest² /rest/ vi (remain) μένω. • n (remainder) (το) υπόλοιπο. (people) (οι) υπόλοιποι

restaurant /ˈrestrɒnt/ n (το) εστιατόριο

restful /ˈrestfl/ a γαλήνιος

restitution /restɪˈtjuːʃn/ n (η) αποκατάσταση

restive /ˈrestɪv/ a ανήσυχος.

restless /ˈrestlɪs/ a ανήσυχος. ~ly adv ανήσυχα. ~ness n (η) ανησυχία

restor|e /rɪˈstɔː(r)/ vt επανορθώνω. (building) ανασπηλώνω. (put back) αποκαθιστώ. ~ation /restəˈreɪʃn/ n (η) αποκατάσταση. (of building) (η) αναστήλωση

restrain /rɪˈstreɪn/ vt συγκρατώ. ~ o.s. κρατιέμαι. ~ed a συγκρατημένος. ~t n (η) συγκράτηση. (moderation) (το) μέτρο

restrict /rɪˈstrɪkt/ vt περιορίζω. ~ed a περιορισμένος. ~ion /-ʃn/ n (ο) περιορισμός. ~ive a περιοριστικός

result /rɪˈzʌlt/ n (το) αποτέλεσμα. • vi from απορρέω από. ~ in έχω σαν αποτέλεσμα. as a ~ ως αποτέλεσμα. ~ant, ~ing adjs επακόλουθος

resum|e /rɪˈzjuːm/ vt/i συνεχίζω. ~ption /rɪˈzʌmpʃn/ n (η) συνέχιση

résumé /ˈrezjuːmeɪ/ n (η) περίληψη

resurrect /rezəˈrekt/ vt ανασταίνω. ~ion /-ʃn/ n (η) ανάσταση

resuscitat|e /rɪˈsʌsɪteɪt/ vt ξαναφέρνω στη ζωή. ~ion /-ˈteɪʃn/ n (η) αναζωογόνηση

retail /ˈriːteɪl/ n (η) λιανική πώληση. • a λιανικός. • adv λιανικά. • vt πουλώ λιανικά. ~er n (ο) έμπορος λιανικής πωλήσεως

retain /rɪˈteɪn/ vt κρατώ. (keep) διατηρώ

retainer /rɪˈteɪnə(r)/ n (fee) (η) προκαταβολή

retaliat|e /rɪˈtælieɪt/ vi κάνω αντίποινα. ~ion /-ˈeɪʃn/ n (τα) αντίποινα

retarded /rɪˈtɑːdɪd/ a καθυστερημένος

retch /retʃ/ vi αναγουλιάζω

retentive /rɪˈtentɪv/ a συγκρατητικός. ~ memory πολύ καλή μνήμη

rethink /riːˈθɪŋk/ vt (pt rethought) ξανασκέφτομαι

reticen|t /ˈretɪsnt/ a επιφυλακτικός. ~ce n (η) επιφυλακτικότητα

retina /ˈretɪnə/ n (ο) αμφιβληστροειδής χιτώνας

retinue /ˈretɪnjuː/ n (η) ακολουθία

retire /rɪˈtaɪə(r)/ vi αποχωρώ από ενεργό υπηρεσία. (withdraw) αποσύρομαι. (go to bed) αποσύρομαι. • vt αποσύρω από ενεργό υπηρεσία. ~d a συνταξιούχος. ~ment n (η) αποχώρηση (από ενεργό υπηρεσία)

retiring /rɪˈtaɪərɪŋ/ a ντροπαλός

retort /rɪˈtɔːt/ vt/i απαντώ (γρήγορα και αποφαστικά). • n (η) (αποφαστική) απάντηση

retrace /riːˈtreɪs/ vt ανατρέχω. **~ one's steps** ξαναγυρίζω πίσω

retract /rɪˈtrækt/ vt αποσύρω. • vi αποσύρομαι

retrain /riːˈtreɪn/ vt επανεκπαιδεύομαι

retreat /rɪˈtriːt/ vi υποχωρώ. • n (η) υποχώρηση

retrial /riːˈtraɪəl/ n (η) νέα δίκη

retribution /retrɪˈbjuːʃn/ n (η) ανταπόδοση κακού

retrieve /rɪˈtriːv/ vt επανακτώ. (recover) διασώζω. **~al** n (η) ανάκτηση

retrospect /ˈretrəspekt/ n **in ~** εκ των υστέρων

return /rɪˈtɜːn/ vi επιστρέφω. (go home) ξαναγυρίζω. • vt (give back) επιστρέφω. (a visit) ανταποδίδω. (comm) αποφέρω. • n (η) επιστροφή. (comm) (η) απόδοση. (restitution) (η) ανταπόδοση. **~s** (comm) (τα) κέρδη. **in ~ for** σε αντάλλαγμα για. **many happy ~s!** χρόνια πολλά! **~ match** n (ο) επαναληπτικός αγώνας. **~ ticket** n (το) εισιτήριο με επιστροφή

reunion /riːˈjuːnɪən/ n (η) συγκέντρωση (παλιών φίλων ή οικογένειας)

reunite /riːjuːˈnaɪt/ vt ξανασμίγω

reuse /riːˈjuːz/ vt ξαναχρησιμοποιώ

rev /rev/ n (auto, fam) (η) στροφή. • vt/i (pt **revved**) **~ (up)** (auto, fam) φουλάρω

revamp /riːˈvæmp/ vt ανακαινίζω

reveal /rɪˈviːl/ vt αποκαλύπτω. **~ing** a αποκαλυπτικός

revel /ˈrevl/ vi (pt **revelled**) **~ in** απολαμβάνω. **~ry** n (το) γλεντοκόπι

revelation /revəˈleɪʃn/ n (η) αποκάλυψη

revenge /rɪˈvendʒ/ n (η) εκδίκηση. • vt εκδικούμαι. **take ~** παίρνω εκδίκηση. **~ful** a εκδικητικός

revenue /ˈrevənjuː/ n (το) εισόδημα

reverberate /rɪˈvɜːbəreɪt/ vi αντηχώ

revere /rɪˈvɪə(r)/ vt σέβομαι πολύ

reverend /ˈrevərənd/ a σεβάσμιος. **the R~ Alan Jones** ο Αιδεσιμότατος Alan Jones

reverent /ˈrevərənt/ a γεμάτος σεβασμό. **~ce** n (η) ευλάβεια

reverie /ˈrevərɪ/ n (ο) ρεμβασμός

reverse /rɪˈvɜːs/ a αντίστροφος. • n (η) αντίθεση. (back) (η) ανάποδη. (auto) (η) όπισθεν. • vt αντιστρέφω. (turn inside out) γυρίζω από την ανάποδη. • vi (auto) κάνω όπισθεν. **~ charge call** n (η) κλήση πληρωτέα από τον παραλήπτη. **~al** n (η) αντιστροφή. **~ible** a αναστρέψιμος. **~ing light** n (τα) φώτα της όπισθεν

revert /rɪˈvɜːt/ vi **~ to** επανέρχομαι σε

review /rɪˈvjuː/ n (η) ανασκόπηση. (mil) (η) επιθεώρηση. (of book, play, etc.) (η) κριτική. • vt (situation) ανασκοπώ. (book, play, etc.) γράφω κριτική για. **~er** n (ο) κριτικός

revile /rɪˈvaɪl/ vt βρίζω

revise /rɪˈvaɪz/ vt αναθεωρώ. • vi (for exam) κάνω επανάληψη. **~ion** /-ɪʒn/ n (η) αναθεώρηση, (η) επανάληψη

revisit /riːˈvɪzɪt/ vt ξαναεπισκέπτομαι

revitalize /riːˈvaɪtəlaɪz/ vt αναζωογονώ

revive /rɪˈvaɪv/ vt αναβιώνω. • vi ξαναζωντανεύω. (person) συνέρχομαι. (person) συνεφέρνω. **~al** n (η) αναβίωση. (of faith) (η) αφύπνιση

revoke /rɪˈvəʊk/ vt αποσύρω

revolt /rɪˈvəʊlt/ vi επαναστατώ. • vt εξεγείρω. • n (η) εξέγερση

revolting /rɪˈvəʊltɪŋ/ a αποτροπιαστικός

revolution /revəˈluːʃn/ n (η) επανάσταση. **~ary** a επαναστατικός. • n (ο) επαναστάτης, (η) επαναστάτρια. **~ize** vt αλλάζω ριζικά

revolve /rɪˈvɒlv/ vi περιστρέφομαι. **~ing** a περιστρεφόμενος. **~ing door** n (η) περιστρεφόμενη πόρτα

revolver /rɪˈvɒlvə(r)/ n (το) περίστροφο

revue /rɪˈvjuː/ n (η) επιθεώρηση

revulsion /rɪˈvʌlʃn/ n (η) αηδία

reward /rɪˈwɔːd/ n (η) ανταμοιβή. • vt ανταμείβω. **~ing** a ευχάριστος και ικανοποιητικός, που ανταμείβει

rewrite /riːˈraɪt/ vt (pt **rewrote**, pp **rewritten**) ξαναγράφω

rhapsody /ˈræpsədɪ/ n (η) ραψωδία

rhetoric /ˈretərɪk/ n (η) ρητορεία. **~al** /rɪˈtɒrɪkl/ a ρητορικός. **~al question** n (η) ρητορική ερώτηση

rheumatic /ruːˈmætɪk/ a ρευματικός. **~sm** /ˈruːmətɪzəm/ n (ο) ρευματισμός

rhinoceros /raɪˈnɒsərəs/ n (pl **-oses**) (ο) ρινόκερος

rhododendron /rəʊdəˈdendrən/ n (το) ροδόδεντρο

rhubarb /ˈruːbɑːb/ n (το) ρήο

rhyme /raɪm/ n (η) ομοιοκαταληξία. (poem) (οι) στίχοι. • vi ομοιοκαταληκτώ

rhythm /ˈrɪðəm/ n (ο) ρυθμός. **~ic(al)** /ˈrɪðmɪk(l)/ a ρυθμικός

rib /rɪb/ n (το) πλευρό. • vt (pt **ribbed**) (fam) πειράζω

ribald /ˈrɪbld/ a (coarse) άξεστος. (obscene) χυδαίος

ribbon /ˈrɪbən/ n (η) κορδέλα. **shred into ~s** κάνω κομμάτια

rice /raɪs/ n (το) ρύζι

rich /rɪtʃ/ a (-er, -est) πλούσιος. (food) λιπαρός. **~es** npl (τα) πλούτη. **~ly** adv πλούσια. **~ness** n (ο) πλούτος

rickety /ˈrɪkətɪ/ a ετοιμόρροπος

ricochet /ˈrɪkəʃeɪ/ n αποστρακισμός. • vi (pt **ricocheted** /-ʃeɪd/) αποστρακίζομαι

rid /rɪd/ vt (pt **rid**, pres p **ridding**) απαλλάσσω (of, από). **get ~ of** ξεφορτώνομαι

riddance /ˈrɪdns/ n (η) απαλλαγή. **good ~!** καλό ξεφόρτωμα

ridden /ˈrɪdn/ see RIDE

riddle¹ /ˈrɪdl/ n (το) αίνιγμα

riddle² /'rɪdl/ vt ~ **with** κάνω κόσκινο

ride /raɪd/ vi (pt **rode**, pp **ridden**) (on horse, on bicycle) καβαλικεύω. (sport) κάνω ιππασία. (in car) πηγαίνω (με αυτοκίνητο). (in bus, train etc.) πηγαίνω (με το λεωφορείο/τρένο). • vt (horse) πάω καβάλα. (bicycle) πηγαίνω με ποδήλατο. • n (on horse) (η) ιππασία. (on bicycle) η ποδηλασία. (in car) (η) βόλτα (με αυτοκίνητο). (on bus, train etc.) (το) ταξίδι. **take s.o. for a** ~ (fam) κοροϊδεύω κπ. ~r /-ə(r)/ n (of horse) (ο) ιππέας, (η) ιππεύτρια. (in race) (ο) αναβάτης. (in document) (η) προσθήκη (σε νομικό έγγραφο)

ridge /rɪdʒ/ n (η) ράχη (οροσειράς)

ridicule /'rɪdɪkju:l/ n (η) γελοιοποίηση. • vt γελοιοποιώ. (make fun of) κοροϊδεύω

ridiculous /rɪ'dɪkjʊləs/ a γελοίος

riding /'raɪdɪŋ/ n (η) ιππασία. ~-**school** n (η) σχολή ιππασίας

rife /raɪf/ a διαδεδομένος. ~ **with** γεμάτος από

riff-raff /'rɪfræf/ n (η) σάρα και η μάρα

rifle /'raɪfl/ n (το) τουφέκι. • vt (search) ψάχνω. (rob) αδειάζω. • vi ~ **through** ψάχνω. ~-**range** n (το) σκοπευτήριο

rift /rɪft/ n (η) σχισμή. (fig) (η) ρήξη

rig¹ /rɪg/ vt (pt **rigged**) (equip) εξοπλίζω. • n (for oil) (η) πλατφόρμα (αντλήσεως πετρελαίου). ~ **out** εξοπλίζω. ~-**out** n (fam) (το) ντύσιμο (ιδ. ασυνήθιστο). ~ **up** στήνω πρόχειρα

rig² /rɪg/ vt (pt **rigged**) (pej) νοθεύω

rigging /'rɪgɪŋ/ n (τα) ξάρτια

right /raɪt/ a (correct) σωστός. (fair) δίκαιος. (not left) δεξιός. (suitable) κατάλληλος. • n (not evil) (το) δίκαιο. (not left) (η) δεξιά. (entitlement) (το) δικαίωμα. • vt ισιώνω. (fig) επανορθώνω. • adv (not left) δεξιά. (directly) ίσια. (exactly) ακριβώς. (completely) εντελώς. **be in the** ~ έχω δίκιο. **in one's own** ~ ιδίω δικαιώματι. **on the** ~ στα δεξιά. **put** ~ επανορθώνω. ~ **angle** n (η) ορθή γωνία. ~ **away** adv αμέσως. ~-**hand** a δεξιός ~-**hand man** n (το) δεξί χέρι. ~-**handed** a (ο) δεξιόχειρας. ~ **of way** n (path) (το) δικαίωμα διόδου. (auto) (η) προτεραιότητα. ~-**wing** a (pol) δεξιός. ~**ly** adv σωστά, δίκαια

righteous /'raɪtʃəs/ a ενάρετος. (cause) δίκαιος

rightful /'raɪtfl/ a δίκαιος. (legal) νόμιμος. ~**ly** adv δίκαια

rigid /'rɪdʒɪd/ a άκαμπτος. ~**ity** /-'dʒɪdətɪ/ n (η) ακαμψία

rigmarole /'rɪgmərəʊl/ n (τα) κουροφέξαλα

rig|our /'rɪgə(r)/ n (η) αυστηρότητα. ~**orous** a αυστηρός. (weather) τραχύς

rile /raɪl/ vt (fam) εκνευρίζω

rim /rɪm/ n (of cup) (το) χείλος. (of wheel) (η) ζάντα. ~**med** a (glasses) με σκελετό

rind /raɪnd/ n (η) φλούδα (φρούτου). (on cheese, bacon) (η) φλούδα

ring¹ /rɪŋ/ n (circle) (ο) δακτύλιος. (on finger) (το) δακτυλίδι. (boxing) (το) ρινγκ invar. (arena) (η) αρένα. (for circus) (η) πίστα. • vt περικυκλώνω. ~ **road** n (ο) δακτύλιος

ring² /rɪŋ/ vt/i (pt **rang**, pp **rung**) χτυπώ. (telephone) χτυπώ. • n (sound) (το) χτύπημα. (telephone call: fam) (το) τηλεφώνημα. ~ **a bell** (fam) θυμίζω (αόριστα). ~ **back** παίρνω (στο τηλέφωνο). ~ **off** κλείνω το τηλέφωνο. ~ **the changes** (fig) επαναλαμβάνω συχνά με παραλλαγές. ~ **up** τηλεφωνώ. ~**ing** n (το) κουδούνισμα. ~**ing tone** n (ο) ήχος ελεύθερης γραμμής

ringleader /'rɪŋliːdə(r)/ n (ο) αρχηγός

rink /rɪŋk/ n (η) πίστα (για παγοδρομίες)

rinse /rɪns/ vt ξεπλένω. • n (το) ξέπλυμα. (for hair) (η) βαφή (υγρό παρασκεύασμα). ~ **out** πλένω

riot /'raɪət/ n (η) στάση. (of colours) (το) όργιο. • vi στασιάζω. **run** ~ αποχαλινώνομαι. ~**er** n (ο) στασιαστής. ~**ous** a στασιαστικός

rip /rɪp/ vt/i (pt **ripped**) σκίζω. • n (το) σκίσιμο. **let** ~ (fam) ξεσπώ (ανεπιφύλακτα). ~-**cord** n (of parachute) (το) σχοινί ανοίγματος (αλεξίπτωτου). ~ **off** ξεσκίζω. (sl) κατακλέβω. ~-**off** n (sl) (η) κλοπή

ripe /raɪp/ a (-er, -est) ώριμος. ~**ness** n (η) ωριμότητα

ripen /'raɪpən/ vt/i ωριμάζω

ripple /'rɪpl/ n (ο) κυματισμός. (sound) (ο) παφλασμός. • vt/i κυματίζω (ελαφρά)

rise /raɪz/ vi (pt **rose**, pp **risen**) σηκώνομαι. (sun) ανατέλλω. (of river, prices) ανεβαίνω. (bread) φουσκώνω. (rebel) εξεγείρομαι. • n (land) (το) ύψωμα. (increase) (η) άνοδος. (in pay) (η) αύξηση. (to power) (η) άνοδος. **give** ~ **to** προκαλώ. ~**r** /-ə(r)/ n **early** ~**r** αυτός που ξυπνά νωρίς

rising /'raɪzɪŋ/ n (revolt) (η) εξέγερση. • a (increasing) ανερχόμενος. (sun) ανατέλλων. ~ **generation** (η) ανερχόμενη γενιά

risk /rɪsk/ n (ο) κίνδυνος. • vt διακινδυνεύω. **be at** ~ κινδυνεύω. ~**y** a επικίνδυνος

risqué /'riːskeɪ/ a τολμηρός. (joke) σόκιν invar

rissole /'rɪsəʊl/ n (ο) κεφτές

rite /raɪt/ n (η) τελετή. **last** ~**s** (τα) άχραντα μυστήρια

ritual /'rɪtʃʊəl/ a τελετουργικός. • n (η) τελετουργία

rival /'raɪvl/ a αντίπαλος. • n (ο) αντίζηλος. • vt (pt **rivalled**) αμιλλώμαι. ~**ry** n (η) άμιλλα

river /'rɪvə(r)/ n (το) ποτάμι, (ο) ποταμός
rivet /'rɪvɪt/ n (το) πιρτσίνι. • vt (pt
riveted) καθηλώνω. ~**ing** a που
καθηλώνει την προσοχή
Riviera /rɪvɪ'erə/ n (η) Ριβιέρα
road /rəʊd/ n (ο) δρόμος. (in address) (η)
οδός. **by ~** με το αυτοκίνητο. **on the ~**
στο δρόμο. ~-**block** n (το) οδόφραγμα
~-**hog** n (fam) (ο) υπερβολικά επιθετικός
οδηγός. ~-**map** n (ο) οδικός χάρτης. ~
safety n (η) οδική ασφάλεια. ~ **sign** n
(οι) πινακίδες (οδικής κυκλοφορίας).
~-**works** npl (τα) οδικά έργα
roadside /'rəʊdsaɪd/ n (η) άκρη του
δρόμου
roadway /'rəʊdweɪ/ n (το) οδόστρωμα
roadworthy /'rəʊdwɜːðɪ/ a κατάλληλος
για οδήγηση
roam /rəʊm/ vi περιπλανιέμαι. • vt
τριγυρίζω
roar /rɔː(r)/ n (ο) βρυχηθμός. (laughter)
(το) ξεκάρδισμα. (of lorry, thunder) (ο)
κρότος. • vi βρυχώμαι. (with pain)
μουγκρίζω. ~ **with laughter**
ξεκαρδίζομαι στα γέλια
roaring /'rɔːrɪŋ/ a (fire) που βουίζει.
(success) παταγώδης ~ **trade** χρυσές
δουλειές
roast /rəʊst/ vt ψήνω στο φούρνο. • n (το)
ψητό (στο φούρνο). • a ψητός. ~ **beef** n
(το) ψητό βοδινό
rob /rɒb/ vt (pt **robbed**) κλέβω. (bank)
ληστεύω. **I've been ~bed** μ' έκλεψαν.
~ **of** στερώ. ~**ber** n (ο) ληστής. ~**bery**
n (η) ληστεία
robe /rəʊb/ n (η) επίσημη στολή
robin /'rɒbɪn/ n (ο) κοκκινολαίμης
(πουλί)
robot /'rəʊbɒt/ n (το) ρομπότ invar
robust /rəʊ'bʌst/ a ρωμαλέος
rock[1] /rɒk/ n (substance) (το) πέτρωμα.
(boulder) (ο) βράχος. (sweet) μεγάλη
στρογγυλή καραμέλα. **on the ~s** (drink:
fam) με παγάκια. (marriage: fam) (πάει)
κατά διαβόλου. ~-**bottom** a που έχουν
φτάσει στον πάτο. • n (ο) πάτος
rock[2] /rɒk/ vt/i (sway) σείω. (shake)
κουνώ. (baby) λικνίζω. • n (mus) (η) ροκ
(μουσική) invar. • a (mus) ροκ invar. ~
and roll (το) ροκ εντ ρολ invar. ~**ing-**
chair n (η) κουνιστή πολυθρόνα. ~**ing-**
horse n (το) κουνιστό αλογάκι
rockery /'rɒkərɪ/ n (ο) βραχόκηπος
rocket /'rɒkɪt/ n (ο) πύραυλος. **give s.o. a**
~ (sl) δίνω σε κπ κατσάδα
rocky /'rɒkɪ/ a (-ier, -iest) βραχώδης.
(shaky: fam) ασταθής
rod /rɒd/ n (η) ράβδος. (for fishing) (το)
καλάμι. (wooden) (η) βέργα
rode /rəʊd/ see RIDE
rodent /'rəʊdnt/ n (το) τρωκτικό
rodeo /'rəʊdɪəʊ/ n (pl **-os**) (το) ροντέο
invar

roe[1] /rəʊ/ n (of fish) (το) αβγοτάραχο
roe[2] /rəʊ/ n (pl **roe** or **roes**) (deer) (το)
ζαρκάδι
rogue /rəʊg/ n (το) κάθαρμα. ~**ish** a
δόλιος
role /rəʊl/ n (ο) ρόλος
roll /rəʊl/ vt/i κυλώ. (rock) κουνώ. (pastry)
ανοίγω. • n (of drum) (η)
τυμπανοκρουσία. (of ship) (το) κούνημα.
(bread) (το) ψωμάκι. (list) (ο) κατάλογος.
be ~ing in money (fam) κολυμπώ στα
λεφτά. ~-**call** n (το) προσκλητήριο. ~
in καταφθάνω. ~**ing-pin** n (ο) πλάστης.
~ **over** ανατρέπομαι. ~ **up** vt (sleeves)
ανασηκώνω. • vi (fam) καταφθάνω
roller /'rəʊlə(r)/ n (ο) κύλινδρος. (wheel)
(το) ροδάκι. ~ **blind** n (το) στορ invar.
~-**coaster** n (το) τρενάκι (σε λούνα
παρκ). ~-**skate** n (το) πατίνι
rollicking /'rɒlɪkɪŋ/ a εύθυμος και
θορυβώδης
rolling /'rəʊlɪŋ/ a κυλιόμενος
Roman /'rəʊmən/ a ρωμαϊκός. • n (ο)
Ρωμαίος, (η) Ρωμαία. ~ **Catholic** a
ρωμαιοκαθολικός. • n (ο)
ρωμαιοκαθολικός. ~ **numerals** npl (οι)
λατινικοί αριθμοί
romance /rəʊ'mæns/ n (το) ρομάντζο.
(love affair) (το) ειδύλλιο
Romania /rəʊ'meɪnɪə/ n (η) Ρουμανία. ~**n**
a ρουμανικός. • n (ο) Ρουμάνος, (η)
Ρουμάνα
romantic /rəʊ'mæntɪk/ a ρομαντικός
Rome /rəʊm/ n (η) Ρώμη
romp /rɒmp/ vi κάνω σκανταλιές. • n (το)
θορυβώδες παιγνίδι
rompers /'rɒmpəz/ npl (η) (παιδική)
φόρμα
roof /ruːf/ n (pl **roofs**) (η) οροφή. (of
mouth) (ο) ουρανίσκος. • vt στεγάζω.
~-**rack** n (η) σχάρα (οροφής). ~-**top** n
(η) στέγη. ~-**ing** n (το) στεγαστικό υλικό
rook[1] /rʊk/ n (bird) (το) κοράκι. • vt κλέβω
rook[2] /rʊk/ n (chess) (ο) πύργος
room /ruːm/ n (το) δωμάτιο. (bedroom) (η)
κρεβατοκάμαρα. (large hall) (η)
αίθουσα. (space) (ο) χώρος. **make ~**
(**for**) κάνω τόπο για. ~-**mate** n (ο)
συγκάτοικος. ~ **service** n (η) υπηρεσία
δωματίου. ~ **temperature** n (η)
θερμοκρασία δωματίου. ~**y** a
ευρύχωρος. (clothes) φαρδύς
roost /ruːst/ n (η) κούρνια. • vi
κουρνιάζω. ~**er** n (ο) κόκορας
root[1] /ruːt/ n (η) ρίζα. (fig) (η) αιτία. • vt/i
ριζώνω. ~ **out** ξεριζώνω. **take ~**
ριζώνω. ~**less** a χωρίς ρίζες
root[2] /ruːt/ vi ~ **about** ψάχνω. ~ **for**
(Amer, sl) υποστηρίζω (ομάδα). ~ **out**
(find) ξετρυπώνω
rope /rəʊp/ n (το) σχοινί. • vt δένω (με
σχοινί). **know the ~s** ξέρω τα κόλπα.
~ **in** μπλέκω

rosary /'rəʊzərɪ/ n (το) ροζάριο

rose¹ /rəʊz/ n (το) τριαντάφυλλο. *(nozzle)* (το) ραντιστήρι. **~-bush** n (η) τριανταφυλλιά

rose² /rəʊz/ *see* RISE

rosé /'rəʊzeɪ/ n (το) κρασί ροζέ

rosette /rəʊ'zet/ n (η) ροζέτα

rostrum /'rɒstrəm/ n *(pl* **-tra** *or* **-trums)** (το) βήμα

rosy /'rəʊzɪ/ a (**-ier, -iest**) ρόδινος. *(fig)* ρόδινος

rot /rɒt/ *vt/i (pt* **rotted)** σαπίζω. • n (το) σάπισμα. *(nonsense: sl)* ανοησίες

rota /'rəʊtə/ n *(o)* κατάλογος ονομάτων *(με τη σειρά με την οποία πρέπει να εκτελεστούν εργασίες)*

rotary /'rəʊtərɪ/ a περιστροφικός

rotate /rəʊ'teɪt/ *vt/i* περιστρέφω/ομαι. *(change round)* εναλλάσσω/ομαι. **~ion** /-ʃn/ n (η) περιστροφή, (η) περιτροπή

rote /rəʊt/ n **by ~** απ' έξω

rotten /'rɒtn/ a σάπιος. *(fam)* άσχημος

rotund /rəʊ'tʌnd/ a ολοστρόγγυλος

rouge /ruːʒ/ n (το) ρουζ *invar*

rough /rʌf/ a (**-er, -est**) *(surface)* τραχύς. *(ground)* ανώμαλος. *(sea)* φουρτουνιασμένος. *(person)* βάναυσος. *(bad)* δυσάρεστος. *(estimate)* κατά προσέγγιση. *(notes, sketch)* πρόχειρος. • *adv* βίαια. *(play)* σκληρά. • n (το) πρόχειρο. • *vt* **~ it** περνώ χωρίς ανέσεις. **~ out** ετοιμάζω σε πρόχειρο. **~-and-ready** a πρόχειρος. **~ copy** n (το) πρόχειρο αντίγραφο. **~ draft** n (το) πρόχειρο προσχέδιο. **~ paper** n (το) πρόχειρο χαρτί. **~ly** *adv* βάναυσα. *(approximately)* περίπου. **~ness** n (η) τραχύτητα

roughage /'rʌfɪdʒ/ n (οι) φυτικές ίνες *(στην τροφή)*

roughen /'rʌfn/ *vt* τραχύνω

roulette /ruː'let/ n (η) ρουλέτα

round /raʊnd/ a (**-er, -est**) στρογγυλός. *(number, figure)* στρογγυλός. • n *(circle)* (ο) κύκλος. *(slice)* (η) φέτα. *(of visits)* (ο) γύρος. *(of drinks)* (ο) γύρος. *(of competition)* (ο) γύρος. • *prep & adv* γύρω. • *vt (make round)* στρογγυλεύω. *(go round)* παίρνω (στροφή). **go** *or* **come ~** *(a friend etc.)* κάνω επίσκεψη. **~ about** *(approximately)* περίπου. **~ of applause** (η) ομοβροντία. **~ off** ολοκληρώνω. **~-shouldered** a με κυρτούς ώμους. **~ trip** n (το) ταξίδι με επιστροφή *(στην επιστροφή με διαφορετική διαδρομή)*. **~ up** *(bring together)* μαζεύω. *(price etc.)* στρογγυλεύω. **~-up** n (το) μάζεμα

roundabout /'raʊndəbaʊt/ n *(for traffic)* (ο) κυκλικός κόμβος. *(in playground)* (τα) περιστρεφόμενα αλογάκια. • a περιφραστικός

rounders /'raʊndəz/ n (το) παιχνίδι με μπάλα

rouse /raʊz/ *vt* ξυπνώ. *(incite)* εξεγείρω. **~ing** a έντονος

rout /raʊt/ n (η) πανωλεθρία. • *vt* κατατροπώνω

route /ruːt/ n (η) διαδρομή. *(naut, aviat)* (το) δρομολόγιο. *(of bus)* (η) γραμμή

routine /ruː'tiːn/ n (η) ρουτίνα. • a ρουτίνας

rov|e /rəʊv/ *vt/i* περιφέρω/ομαι. **~ing** a περιφερόμενος

row¹ /rəʊ/ n (η) σειρά. **in a ~** στη σειρά. *(in succession: fam)* στη σειρά

row² /rəʊ/ *vi* κωπηλατώ. • *vt* τραβώ κουπί, κωπηλατώ. • n (η) κωπηλασία. **~ing** n (η) κωπηλασία. **~ing-boat,** *(Amer)* **~-boat** ns (η) βάρκα κωπηλασίας

row³ /raʊ/ n *(noise: fam)* (η) φασαρία. *(quarrel: fam)* (ο) καβγάς. • *vi (fam)* καβγαδίζω

rowdy /'raʊdɪ/ a (**-ier, -iest**) θορυβώδης. • n (ο) θορυβοποιός

royal /'rɔɪəl/ a βασιλικός. **~ family** n (η) βασιλική οικογένεια. **~ly** *adv* βασιλικά

royalty /'rɔɪəltɪ/ n (η) βασιλεία. *(royal persons)* τα μέλη της βασιλικής οικογενείας. *(payment)* (τα) συγγραφικά δικαιώματα

rub /rʌb/ *vt (pt* **rubbed)** τρίβω. • n (το) τρίψιμο. **~ down** τρίβω καλά. **~ it in** το κοπανώ. **~ off** βγαίνω. **~ off on** κολλώ σε. **~ out** σβήνω

rubber /'rʌbə(r)/ n (το) λάστιχο. *(eraser)* (η) γομολάστιχα. • a λαστιχένιος. **~ band** n (το) λαστιχάκι. **~ plant** n (ο) φίκος. **~ stamp** n (η) σφραγίδα. **~-stamp** *vt (fig)* εγκρίνω τυπικά. **~y** a σαν λάστιχο

rubbish /'rʌbɪʃ/ n (τα) σκουπίδια. *(junk)* (το) παλιόπραμα. *(fig)* (οι) ανοησίες. **~y** a άχρηστος

rubble /'rʌbl/ n (τα) μπάζα

ruby /'ruːbɪ/ n (το) ρουμπίνι

rucksack /'rʌksæk/ n (το) σακίδιο

rudder /'rʌdə(r)/ n (το) πηδάλιο

ruddy /'rʌdɪ/ a (**-ier, -iest**) ροδοκόκκινος. *(sl)* αναθεματισμένος

rude /ruːd/ a (**-er, -est**) αγενής. *(improper)* απρεπής. *(abrupt)* απότομος. **~ly** *adv* με αγένεια, απότομα. **~ness** n (η) αγένεια

rudimentary /ruːdɪ'mentrɪ/ a στοιχειώδης

rudiments /'ruːdɪmənts/ *npl* (το) στοιχείο

rueful /'ruːfl/ a θλιμμένος

ruffian /'rʌfɪən/ n (το) κάθαρμα

ruffle /'rʌfl/ *vt* πειράζω. *(hair)* ανακατεύω. *(clothes)* τσαλακώνω. *(person)* εκνευρίζω. • n (το) πείραγμα

rug /rʌg/ n (το) χαλάκι. *(plaid)* (η) κουβερτούλα

Rugby /'rʌgbɪ/ n **~ (football)** (το) ράγκμπι *invar*

rugged /'rʌgɪd/ a *(ground)* ανώμαλος. *(landscape)* βραχώδης. *(features)* τραχύς. *(fig)* τραχύς

ruin /'ru:ɪn/ *n* (η) καταστροφή. (*building*) (το) ερείπιο. • *vt* καταστρέφω, ερειπώνω. **to be in ~s** έχει ερειπωθεί. **~ed** *a* (*building*) κατεστραμμένος. **~ous** *a* καταστρεπτικός

rule /ru:l/ *n* (ο) κανόνας. (*regulation*) (ο) κανονισμός. (*custom*) (η) συνήθεια. (*government*) (η) εξουσία. • *vt* (*govern*) κυβερνώ. (*control*) εξουσιάζω. (*master*) κυριαρχώ. (*jur*) ορίζω. • *vi* επικρατώ. **as a ~** κατά κανόνα. **~ of thumb** (ο) γενικός κανόνας. **~ out** αποκλείω. **~d paper** *n* (το) χαρτί με ρίγες. **~r** /-ə(r)/ *n* (*sovereign*) (ο) άρχοντας. (*leader*) (ο) αρχηγός. (*measure*) (ο) χάρακας. **ruling** *n* (η) απόφαση. • *a* (*pol*) κυβερνών. **ruling class** *n* (η) άρχουσα τάξη

rum /rʌm/ *n* (το) ρούμι

rumble /'rʌmbl/ *vi* μπουμπουνίζω. (*stomach*) γουργουρίζω. • *n* (το) μπουμπουνητό, (το) γουργουρητό

rummage /'rʌmɪdʒ/ *vi* ψάχνω ανακατεύοντας

rumour /'ru:mə(r)/ *n* (η) διάδοση. • *vt* **it is ~ed that** διαδίδεται ότι

rump /rʌmp/ *n* (τα) καπούλια. **~ steak** *n* (το) κόντρα φιλέτο

rumpus /'rʌmpəs/ *n* (*fam*) (ο) σαματάς

run /rʌn/ *vi* (*pt* ran, *pp* run, *pres p* running) τρέχω. (*flow*) κυλώ. (*pass*) περνώ. (*function*) λειτουργώ. (*melt*) λιώνω. (*extend*) συνεχίζω. (*last*) διαρκώ. (*of bus etc.*) έχω δρομολόγιο. (*of play*) έχω παραστάσεις. (*of colours*) απλώνω. (*in election*) βάζω υποψηφιότητα. • *vt* (*manage*) διαχειρίζομαι. (*control*) διευθύνω. (*house*) κρατώ. (*drive*) οδηγώ. (*errand*) κάνω. • *n* (το) τρέξιμο. (*journey*) (το) ταξίδι. (*outing*) (η) βόλτα. (*ladder*) (ο) φευγάτος πόντος. (*ski*) (η) πίστα. (*series*) (η) σειρά. (*cricket*) (η) διαδρομή. **at a ~** τρέχοντας. **have the ~ of** έχω στη διάθεσή μου. **in the long ~** μακροπροθέσμως. **on the ~** σε φυγή. **~ a temperature** έχω πυρετό. **~ across** (*friend*) συναντώ τυχαία. **~ away** το σκάω. **~ down** (*knock down*) χτυπώ. (*belittle*) κακολογώ. **~-down** *n* (η) σύντομη περίληψη. (*person*) εξαντλημένος. **~ in** (*vehicle*) στρώνω. **~ into** (*hit*) πέφτω πάνω σε. (*meet*) πέφτω πάνω σε. **~ off** (*copies etc.*) βγάζω γρήγορα. **~-of-the-mill** *a*

συνηθισμένος. **~ out** (*food, drink*) τελειώνω. (*lease, licence*) λήγω. **~ out of** μένω από. **~ over** (*vehicle*) πατώ. **~ a/the risk** το διακινδυνεύω. **~ through** διατρέχω. **~ up** (*bill*) συσσωρεύω (χρέος σε λογαριασμό). **~ up against** (*difficulties*) αντιμετωπίζω. **the ~-up to** η περίοδος πριν από

runaway /'rʌnəweɪ/ *n* (ο) δραπέτης. • *a* (*animal*) αφηνιασμένος. (*vehicle*) εκτός ελέγχου. (*success*) εύκολος. (*inflation*) ανεξέλεκτος

rung¹ /rʌŋ/ *n* (*of ladder*) (το) σκαλί

rung² /rʌŋ/ *see* RING

runner /'rʌnə(r)/ *n* (*in race*) (ο) δρομέας. (*carpet*) (το) μακρόστενο χαλί για διάδρομο. **~ bean** *n* (το) φασολάκι. **~-up** *n* (ο) επιλαχών, (η) επιλαχούσα

running /'rʌnɪŋ/ *n* (το) τρέξιμο. • *a* (*water*) τρεχούμενος. **be in the ~** έχω πιθανότητες επιτυχίας. **four times ~** τέσσερις φορές συνέχεια. **~ commentary** *n* (η) σύγχρονη περιγραφή γεγονότος

runny /'rʌnɪ/ *a* **~ nose** μύτη που τρέχει

runway /'rʌnweɪ/ *n* (ο) διάδρομος (*για προσγείωση/απογείωση αεροπλάνου*)

rupture /'rʌptʃə(r)/ *n* (η) ρήξη. (*med*) (η) κήλη. • *vt/i* διαρρηγνύω/ομαι

rural /'rʊərəl/ *a* αγροτικός

ruse /ru:z/ *n* (το) κόλπο

rush¹ /rʌʃ/ *n* (*plant*) (το) βούρλο

rush² /rʌʃ/ *vi* ορμώ. • *vt* βιάζω (*να ενεργήσει γρήγορα*). (*mil*) εφορμώ. • *n* (η) βία, (η) βιασύνη. (*run*) (το) τρέξιμο. **to be in a ~** βιάζομαι. **~-hour** *n* (η) ώρα αιχμής (*της κυκλοφορίας*)

rusk /rʌsk/ *n* (το) παξιμάδι

Russia /'rʌʃə/ *n* (η) Ρωσσία. **~n** *a* ρωσσικός. • *n* (ο) Ρώσσος, (η) Ρωσσίδα. (*lang*) (τα) ρωσσικά

rust /rʌst/ *n* (η) σκουριά. *vt/i* σκουριάζω. **~-proof** *a* αντιδιαβρωτικός. **~y** *a* σκουριασμένος

rustic /'rʌstɪk/ *a* χωριάτικος

rustle /'rʌsl/ *vi* μαζεύω. (*steal: Amer*) κλέβω (*ζώα*). **~ up** (*fam*) βρίσκω (γρήγορα)

rut /rʌt/ *n* **in a ~** βρίσκομαι σε μονότονη ρουτίνα

ruthless /'ru:θlɪs/ *a* ανελέητος. **~ness** *n* (η) ασπλαχνία

rye /raɪ/ *n* (η) σίκαλη

Ss

sabbath /'sæbəθ/ n (η) ημέρα αργίας των Εβραίων, (το) Σάββατο

sabbatical /sə'bætɪkl/ a σαββατικός. (univ) (η) αδεία (για έρευνα ή μελέτη)

sabot|age /'sæbɒtɑːʒ/ n (το) σαμποτάζ invar. • vt σαμποτάρω. **~eur** /-'tɜː(r)/ n (ο, η) σαμποτέρ invar

saccharin /'sækərɪn/ n (η) ζαχαρίνη

sachet /'sæʃeɪ/ n (το) σακουλάκι

sack¹ /sæk/ n (το) σακί. • vt (fam) διώχνω (απολύω). **get the ~** (fam) απολύομαι. **give s.o. the ~** (fam) απολύω. **~ing** n (material) (το) καναβάτσο. (fam) (η) απόλυση

sack² /sæk/ vt (plunder) λεηλατώ

sacrament /'sækrəmənt/ n (το) μυστήριο

sacred /'seɪkrɪd/ a ιερός

sacrifice /'sækrɪfaɪs/ n (η) θυσία. • vt θυσιάζω

sacrileg|e /'sækrɪlɪdʒ/ n (η) ιεροσυλία. **~ious** /-'lɪdʒəs/ a ιερόσυλος

sacrosanct /'sækrəʊsæŋkt/ a ιερός και απαράβιαστος

sad /sæd/ a (sadder, saddest) λυπημένος. **~ly** adv λυπημένα. (unfortunately) δυστυχώς. **~ness** n (η) λύπη

sadden /'sædn/ vt λυπώ

saddle /'sædl/ n (η) σέλα. • vt σελώνω. be **~d with** (fig) φορτώνομαι. **in the ~** (fig) σε θέση εξουσίας. **~bag** n (το) σακίδιο (για ποδήλατο ή άλογο)

sadis|t /'seɪdɪst/ n (ο) σαδιστής, (η) σαδίστρια. **~m** /-zəm/ n (ο) σαδισμός. **~tic** /sə'dɪstɪk/ a σαδιστικός

safari /sə'fɑːrɪ/ n (το) σαφάρι. **to go on ~** πηγαίνω σαφάρι

safe /seɪf/ a (-er, -est) ασφαλής. (out of danger) ακίνδυνος. (reliable) αξιόπιστος. (cautious) προσεκτικός. • n (το) χρηματοκιβώτιο. **~ and sound** σώος και αβλαβής. **~ deposit** n (η) θυρίδα σε τράπεζα. **~ keeping** n (η) φύλαξη. **~ly** adv με ασφάλεια

safeguard /'seɪfgɑːd/ n (η) εγγύηση. • vt διασφαλίζω

safety /'seɪftɪ/ n (η) ασφάλεια. **~-belt** n (η) ζώνη ασφαλείας. **~ pin** n (η) παραμάνα. **~-valve** n (η) βαλβίδα ασφαλείας

sag /sæg/ vi (pt sagged) κρεμώ. (give) βουλιάζω

saga /'sɑːgə/ n (η) πολύπλοκη ιστορία

sage¹ /seɪdʒ/ n (herb) (το) φασκόμηλο

sage² /seɪdʒ/ a σοφός. • n (ο) σοφός

Sagittarius /sædʒɪ'teərɪəs/ n (ο) τοξότης

sago /'seɪgəʊ/ n (το) σαγού invar

said /sed/ see SAY

sail /seɪl/ n (το) πανί. (trip) (το) ταξίδι (με πλοίο). • vi (leave) αποπλέω. (sport) κάνω ιστιοπλοΐα. (fig) αρμενίζω. • vt (boat) κυβερνώ. **~ing** n (sport) (η) ιστιοπλοΐα. **~ing-boat** n (η) βάρκα με πανιά. **~ing-ship** n (το) ιστιοφόρο

sailor /'seɪlə(r)/ n (ο) ναύτης

saint /seɪnt/ n (ο) άγιος. **~ly** a άγιος

sake /seɪk/ n **for the ~ of** για χάρη (with gen). **for God's sake** για το Θεό

salacious /sə'leɪʃəs/ a λάγνος

salad /'sæləd/ n (η) σαλάτα. **~ bowl** n (το) μπολ (της σαλάτας). **~-dressing** n (το) λαδολέμονο

salary /'sælərɪ/ n (ο) μισθός. **~ied** a μισθωτός

sale /seɪl/ n (η) πώληση. (at reduced prices) (το) ξεπούλημα. **for ~** για πούλημα. (on signs) πωλείται. **to be on ~** πωλείται

saleable /'seɪləbl/ a που πουλιέται

sales|man /'seɪlzmən/ n (pl -men) (ο) πωλητής. (in shop) (ο) υπάλληλος. (traveller) (ο) πλασιέ invar. **~woman** n (pl -women) (η) πωλήτρια. (in shop) (η) υπάλληλος. (traveller) (η) πλασιέ invar

salient /'seɪlɪənt/ a προέχων

saliva /sə'laɪvə/ n (το) σάλιο

sallow /'sæləʊ/ a (-er, -est) κιτρινιάρης

salmon /'sæmən/ n invar (ο) σολομός

salon /'sælɒn/ n (room) (το) σαλόνι. **beauty ~** (το) ινστιτούτο καλλονής

saloon /sə'luːn/ n (on ship) (η) αίθουσα. (bar: Amer) (το) μπαρ invar. **~ (bar)** (το) μπαρ invar. **~ (car)** (το) σαλούνι invar

salt /sɔːlt/ n (το) αλάτι. • a αλμυρός. • vt αλατίζω. **~-cellar** n (η) αλατιέρα. **~ water** n (το) αλμυρό νερό. **~y** a αλμυρός

salutary /'sæljʊtrɪ/ a ευεργετικός

salute /sə'luːt/ n (ο) χαιρετισμός. • vt/i χαιρετίζω

salvage /'sælvɪdʒ/ n (η) διάσωση. (of waste) (η) περισυλλογή. • vt διασώζω

salvation /sæl'veɪʃn/ n (η) σωτηρία

salvo /'sælvəʊ/ n (pl -oes or -os) (η) ομοβροντία

same /seɪm/ a ίδιος (as, με). • pron the ~ ο ίδιος. • adv the ~ τα ίδια. **all the ~** παρόλα αυτά. **at the ~ time** ταυτοχρόνως. **do the ~ (as)** κάνω το ίδιο (όπως και)

sample /'sɑːmpl/ n (το) δείγμα. • vt (food) δοκιμάζω

sanctify /'sæŋktɪfaɪ/ vt καθαγιάζω

sanctimonious /ˈsæŋktɪˈməʊnɪəs/ *a* ψευτοευλαβής

sanction /ˈsæŋkʃn/ *n* (η) επικύρωση. *(penalty)* (η) κύρωση. • *vt* επικυρώνω

sanctity /ˈsæŋktətɪ/ *n* (το) απαραβίαστο

sanctuary /ˈsæŋktʃʊərɪ/ *n* (το) καταφύγιο. *(relig)* (το) ιερό. *(refuge)* (το) άσυλο

sand /sænd/ *n* (η) άμμος. **~s** (η) αμμουδιά. • *vt* τρίβω με γυαλόχαρτο

sandal /ˈsændl/ *n* (το) πέδιλο

sandbag /ˈsændbæg/ *n* (ο) σάκος άμμου

sandcastle /ˈsændkaːsl/ *n* (το) κάστρο από άμμο

sandpaper /ˈsændpeɪpə(r)/ *n* (το) γυαλόχαρτο. • *vt* τρίβω με γυαλόχαρτο

sandstone /ˈsændstəʊn/ *n* (ο) ψαμμίτης, (ο) αμμόλιθος

sandstorm /ˈsændstɔːm/ *n* (η) αμμοθύελλα

sandwich /ˈsænwɪdʒ/ *n* (το) σάντουιτς *invar*. • *vt* στριμώχνω. **~ed between** στριμωγμένος μεταξύ

sandy /ˈsændɪ/ *a* αμμώδης

sane /seɪn/ *a* (-er, -est) *(person)* υγιής (στο νου). *(judgement, policy)* λογικός. **~ly** *adv* λογικά

sang /sæŋ/ *see* SING

sanitary /ˈsænɪtrɪ/ *a* υγιεινός. *(system etc.)* υγειονομικός. **~ towel**, *(Amer)* **~ napkin** *ns* (η) σερβιέτα

sanitation /ˌsænɪˈteɪʃn/ *n* (η) υγιεινή. *(drainage)* (η) αποχέτευση

sanity /ˈsænətɪ/ *n* (η) πνευματική υγεία. *(sense)* (το) λογικό

sank /sæŋk/ *see* SINK

Santa Claus /ˈsæntə klɔːz/ *n* (ο) Άγιος Βασίλης

sap /sæp/ *n* *(in plants)* (ο) χυμός. • *vt* *(pt* **sapped)** εξασθενίζω

sapling /ˈsæplɪŋ/ *n* (το) δενδρύλλιο

sapphire /ˈsæfaɪə(r)/ *n* (το) ζαφείρι

sarcas|m /ˈsaːkæzm/ *n* (ο) σαρκασμός. **~tic** /-ˈkæstɪk/ *a* σαρκαστικός

sardine /saːˈdiːn/ *n* (η) σαρδέλα

Sardinia /saːˈdɪnɪə/ *n* (η) Σαρδηνία

sardonic /saːˈdɒnɪk/ *a* σαρδόνιος

sari /ˈsaːrɪ/ *n* (το) σάρι *invar*

sash /sæʃ/ *n* (ο) ζωστήρας. **~-window** *n* *(το) παράθυρο που ανοιγοκλείνει ανεβοκατεβαίνοντας*

sat /sæt/ *see* SIT

Satan /ˈseɪtn/ *n* (ο) Σατανάς

satanic /səˈtænɪk/ *a* σατανικός

satchel /ˈsætʃl/ *n* (η) σάκα

satellite /ˈsætəlaɪt/ *n* (ο) δορυφόρος. • *a* δορυφορικός. **~ dish** *n* (η) δορυφορική κεραία. **~ television** *n* (η) δορυφορική τηλεόραση

satiate /ˈseɪʃɪeɪt/ *vt* χορταίνω

satin /ˈsætɪn/ *n* (το) σατέν *invar*. • *a* σατέν *invar*

satir|e /ˈsætaɪə(r)/ *n* (η) σάτιρα. **~ical** /səˈtɪrɪkl/ *a* σατιρικός

satiri|ze /ˈsætəraɪz/ *vt* σατιρίζω. **~st** /-ɪst/ *n* (ο) σατιρικός

satisfaction /sætɪsˈfækʃn/ *n* (η) ικανοποίηση

satisfactor|y /sætɪsˈfæktərɪ/ *a* ικανοποιητικός. **~ily** *adv* ικανοποιητικά

satisfy /ˈsætɪsfaɪ/ *vt* ικανοποιώ. *(convince)* πείθω. **~ing** *a* ικανοποιητικός

saturat|e /ˈsætʃəreɪt/ *vt* διαποτίζω. **~ed** *a* διαποτισμένος. **~ion** /-ˈreɪʃn/ *n* (η) διαπότιση

Saturday /ˈsætədɪ/ *n* (το) Σάββατο

sauce /sɔːs/ *n* (η) σάλτσα. *(cheek: fam)* (η) αναίδεια

saucepan /ˈsɔːspən/ *n* (η) κατσαρόλα

saucer /ˈsɔːsə(r)/ *n* (το) πιατάκι

saucy /ˈsɔːsɪ/ *a* (-ier, -iest) αναιδής

Saudi Arabia /saʊdɪəˈreɪbɪə/ *n* (η) Σαουδική Αραβία

sauna /ˈsɔːnə/ *n* (το) σάουνα *invar*

saunter /ˈsɔːntə(r)/ *vi* σουλατσάρω

sausage /ˈsɒsɪdʒ/ *n* (το) λουκάνικο

sauté /ˈsəʊteɪ/ *a* σοτέ

savage /ˈsævɪdʒ/ *a* πρωτόγονος. *(fierce)* άγριος. • *n* (ο) άγριος. • *vt* επιτίθεμαι άγρια σε. **~ry** *n* (η) αγριότητα

sav|e /seɪv/ *vt* σώζω. *(money, time)* εξοικονομώ. *(prevent)* αποφεύγω. *(keep)* φυλάω. *(computing)* αποθηκεύω. • *n* *(football)* (η) διάσωση της εστίας. • *prep* εκτός. **~er** *n* (ο) αποταμιευτής. **~ing** *n* (η) σωτηρία. **~ings** *npl* (οι) οικονομίες

saviour /ˈseɪvɪə(r)/ *n* (ο) σωτήρας

savour /ˈseɪvə(r)/ *n* (η) γεύση. • *vt* απολαμβάνω. **~y** *a* αλμυρός. • *n* (τα) αλμυρά

saw¹ /sɔː/ *see* SEE

saw² /sɔː/ *n* (το) πριόνι. • *vt* *(pt* **sawed**, *pp* **sawn**) πριονίζω

sawdust /ˈsɔːdʌst/ *n* (τα) πριονίδια

sawn /sɔːn/ *see* SAW

saxophone /ˈsæksəfəʊn/ *n* (το) σαξόφωνο

say /seɪ/ *vt/i* *(pt* **said** /sed/) λέω. • *n* **have a ~** έχω λόγο. *(in decision)* επηρεάζω *(απόφαση)*. **that is to ~** δηλαδή. **I ~!** *(surprise)* τι λες! *(for attention)* να σου πω!

saying /ˈseɪɪŋ/ *n* (το) ρητό

scab /skæb/ *n* (το) κακάδι. *(fam, pej)* (ο) απεργοσπάστης

scaffold /ˈskæfəʊld/ *n* (το) ικρίωμα

scaffolding /ˈskæfəldɪŋ/ *n* (η) σκαλωσιά

scald /skɔːld/ *vt* ζεματίζω. *(milk etc.)* ζεσταίνω. • *n* (το) ζεμάτισμα

scale¹ /skeɪl/ *n* (το) πουρί. *(of fish)* (το) λέπι

scale² /skeɪl/ *n* (η) κλίμακα. *(mus)* (η) κλίμακα. • *vt* κλιμακώνω. *(climb)* σκαρφαλώνω. **~ down** *vt* μειώνω (σε κλίμακα). **to ~** υπό κλίμακα

scales /skeɪlz/ *npl* *(for weighing)* (η) ζυγαριά

scallop /ˈskɒləp/ *n* (το) χτένι. *(edging)* (το) φεστόνι

scalp /skælp/ *n* (το) δέρμα της κεφαλής.
• *vt* γδέρνω το δέρμα της κεφαλής
scalpel /'skælpəl/ *n* (το) νυστέρι
scamp /skæmp/ *n* (ο) αλιτήριος
scamper /'skæmpə(r)/ *vi* τρέχω παιχνιδιάρικα. **~ away** το βάζω στα πόδια
scampi /'skæmpɪ/ *npl (οι)* μεγάλες γαρίδες
τηγανητές σε τριμμένη ψίχα ψωμιού
scan /skæn/ *vt (pt* **scanned)** ερευνώ
προσεκτικά. *(quickly)* ρίχνω μια ματιά
σε. *(radar)* σαρώνω. • *vi (poetry)* έχω
μέτρο. • *n (med)* (το) σπινθηρογράφημα.
~ner *n (computing)* (ο) σαρωτής
scandal /'skændl/ *n* (το) σκάνδαλο.
(gossip) (το) κουτσομπολιό. **~ous** *a*
σκανδαλώδης
scandalize /'skændəlaɪz/ *vt* σκανδαλίζω
Scandinavia /skændɪ'neɪvɪə/ *n* (η)
Σκανδιναβία. **~n** *a* σκανδιναβικός. • *n*
(ο) Σκανδιναβός, (η) Σκανδιναβή
scant /skænt/ *a* λιγοστός
scant|y /'skæntɪ/ *a* (-ier, -iest) λιγοστός.
(clothing) ανεπαρκής. **~ily** *adv*
ανεπαρκώς
scapegoat /'skeɪpɡəʊt/ *n* (ο)
αποδιοπομπαίος τράγος
scar /ska:(r)/ *n* (το) σημάδι. • *vt (pt*
scarred) αφήνω σημάδι σε. • *vi* **~ (over)**
επουλώνομαι *(αφήνοντας σημάδι)*
scarc|e /skeəs/ *a* (-er, -est) σπάνιος. **make**
o.s. ~e *(fam)* εξαφανίζομαι. **~ity** *n* (η)
έλλειψη
scarcely /'skeəslɪ/ *adv* μόλις
scare /skeə(r)/ *vt* τρομάζω. • *n* (ο)
τρόμος. **be ~d** είμαι τρομαγμένος. **~**
away *or* **off** τρομάζω ώστε να φύγει
scarecrow /'skeəkrəʊ/ *n* (το) σκιάχτρο
scaremonger /'skeəmʌŋɡə(r)/ *n* (ο)
διαδοσίας *(ανυσηχιτικών ειδήσεων)*
scarf /ska:f/ *n (pl* **scarves)** (το) μαντίλι
(του λαιμού). *(for winter)* (το) κασκόλ
invar
scarlet /'ska:lət/ *a* κατακόκκινος. **~ fever**
n (η) οστρακιά
scary /'skeərɪ/ *a* (-ier, -iest) *(fam)*
τρομαχτικός
scathing /'skeɪðɪŋ/ *a* καυστικός
scatter /'skætə(r)/ *vt* σκορπίζω. *(disperse)*
διαλύω. • *vi (disperse)* διαλύομαι.
~-brained *a* ελαφρόμυαλος. **~ed** *a*
διασκορπισμένος
scatty /'skætɪ/ *a* (-ier, -iest) *(fam)*
ξεμυαλισμένος
scavenge /'skævɪndʒ/ *vi* ψάχνω σε
σκουπίδια για κάτι χρήσιμο. **~r** /-ə(r)/ *n*
(το) πρόσωπο που ψάχνει σε
απορρίμματα
scenario /sɪ'na:rɪəʊ/ *n (pl* -os) (το)
σενάριο
scene /si:n/ *n* (η) σκηνή. *(of accident,*
crime) (η) σκηνή. *(sight)* (η) θέα. *(incid-*
ent) (το) επεισόδιο. **behind the ~s** στα
παρασκήνια. **make a ~** κάνω σκηνή

scenery /'si:nərɪ/ *n* (το) τοπίο. *(theatr)*
(τα) σκηνικά
scenic /'si:nɪk/ *a* σκηνικός. *(fig)* γραφικός
scent /sent/ *n* (η) μυρωδιά. *(trail)* (τα)
ίχνη. • *vt* μυρίζομαι. *(make fragrant)*
αρωματίζω
sceptic /'skeptɪk/ *n* (ο) σκεπτικιστής, (η)
σκεπτικίστρια. **~al** *a* σκεπτικιστικός.
~ism /-sɪzəm/ *n* (ο) σκεπτικισμός
sceptre /'septə(r)/ *n* (το) σκήπτρο
schedule /'ʃedju:l/ *n* (το) πρόγραμμα. • *vt*
προγραμματίζω. **behind ~**
καθυστερημένος. **on ~** στη ώρα του
scheme /ski:m/ *n* (το) σχέδιο. *(plot)* (η)
μηχανορραφία. • *vi* μηχανορραφώ. **~r**
/-ə(r)/ *n* (ο, η) μηχανορράφος
schism /'sɪzəm/ *n* (το) σχίσμα
schizophren|ic /skɪtsəʊ'frenɪk/ *a*
σχιζοφρενικός. • *n* (ο, η) σχιζοφρενής.
~ia /-'fri:nɪə/ *n* (η) σχιζοφρένεια
scholar /'skɒlə(r)/ *n* (ο) λόγιος. **~ly** *a*
λόγιος. **~ship** *n* (η) λογιότητα. *(grant)*
(η) υποτροφία
scholastic /skə'læstɪk/ *a* σχολικός
school /sku:l/ *n* (το) σχολείο. *(of univ)* (η)
σχολή. • *a* σχολικός. • *vt* μαθαίνω.
(discipline) γυμνάζω. **~ing** *n* (η)
εκπαίδευση
school|boy /'sku:lbɔɪ/ *n* (ο) μαθητής.
~girl *n* (η) μαθήτρια
school|master /'sku:lma:stə(r)/ *n*
(primary) (ο) δάσκαλος. *(secondary)* (ο)
καθηγητής. **~mistress** *n (primary)* (η)
δασκάλα. *(secondary)* (η) καθηγήτρια
schooner /'sku:nə(r)/ *n* (η) σκούνα
sciatica /saɪ'ætɪkə/ *n* (η) ισχιαλγία
scien|ce /'saɪəns/ *n* (η) επιστήμη. **~ce**
fiction *n* (η) επιστημονική φαντασία.
~tific /-'tɪfɪk/ *a* επιστημονικός
scientist /'saɪəntɪst/ *n* (ο, η) επιστήμονας
scintillat|e /'sɪntɪleɪt/ *vi* σπινθηροβολώ.
~ing *a (fig)* λαμπρός
scissors /'sɪsəz/ *npl* (το) ψαλίδι
scoff¹ /skɒf/ *vi* **~ at** κοροϊδεύω,
περιφρονώ
scoff² /skɒf/ *vt (eat: fam)* καταβροχθίζω
scold /skəʊld/ *vt* μαλώνω. **~ing** *n* (το)
μάλωμα
scone /skɒn/ *n (το)* γλυκό αφράτο
ψωμάκι
scoop /sku:p/ *n* (η) σέσουλα. *(news)* (το)
λαβράκι. • *vt* **~ out** βγάζω. **~ up**
μαζεύω
scoot /sku:t/ *vi* στρίβω
scooter /'sku:tə(r)/ *n (for child)* (το)
πατίνι. *(motor cycle)* (το) σκούτερ *invar*
scope /skəʊp/ *n* (το) περιθώριο.
(opportunity) (η) ευκαιρία
scorch /skɔ:tʃ/ *vt* καψαλίζω. **~er** *n (fam)*
καυτή μέρα. **~ing** *a (fam)* καυτερός
score /skɔ:(r)/ *n (sport)* (το) σκορ *invar*.
(mus) (η) παρτιτούρα. *(twenty)* (η)
εικοσάδα. • *vt* κερδίζω *(πόντους)*.

(success) σημειώνω. *(scratch)* χαράζω.
• *vi (keep score)* κρατώ σημείωση του σκορ. **on that ~** πάνω σ᾽ αυτό το σημείο. **settle old ~s** κανονίζω παλιούς λογαριασμούς. **~s of** ένα σωρό. **~r** /-ə(r)/ *n* (ο) σκόρερ *invar*

scoreboard /'skɔːbɔːd/ *n* (ο) πίνακας αναγραφής του σκορ

scorn /skɔːn/ *n* (η) περιφρόνηση. • *vt* περιφρονώ. **~ful** *a* περιφρονητικός. **~fully** *adv* περιφρονητικά

Scorpio /'skɔːpɪəʊ/ *n* (ο) σκορπιός

scorpion /'skɔːpɪən/ *n* (ο) σκορπιός

Scot /skɒt/ *n* (ο) Σκοτσέζος, (η) Σκοτσέζα. **~s** *a* σκοτσέζικος. **~tish** *a* σκοτσέζικος

Scotch /skɒtʃ/ *a* σκοτσέζικος. • *n* (το) ουίσκι *invar*

scotch /skɒtʃ/ *vt* εκμηδενίζω

scot-free /skɒt'friː/ *a (unpunished)* ατιμώρητος. *(unharmed)* σώος και αβλαβής

Scotland /'skɒtlənd/ *n* (η) Σκοτία

scoundrel /'skaʊndrəl/ *n* (το) τομάρι

scour[1] /'skaʊə(r)/ *vt (clear)* τρίβω να γυαλίσω. **~er** *n* (το) σύρμα για τις κατσαρόλες. *(detergent)* (το) λειαντικό

scour[2] /skaʊə(r)/ *vt (search)* ψάχνω

scourge /skɜːdʒ/ *n* (η) μάστιγα

scout /skaʊt/ *n* (ο) ανιχνευτής. • *vi* **~ (for)** ψάχνω (για)

Scout /skaʊt/ *n* (ο) πρόσκοπος

scowl /skaʊl/ *n* (το) κατσούφιασμα. • *vi* κατσουφιάζω

scraggy /'skrægɪ/ *a* (-ier, -iest) κοκαλιάρης

scram /skræm/ *vi (pt scrammed) (sl)* χάνομαι. **~!** δρόμο!

scramble /'skræmbl/ *vi (clamber)* σκαρφαλώνω. • *n (struggle)* (ο) αγώνας. **~d eggs** αβγά χτυπητά. **~ for** κάνω αγώνα για

scrap[1] /skræp/ *n* (το) κομματάκι. **~s** *npl* (τα) απομεινάρια. *(of food)* (τα) αποφάγια. • *vt (pt scrapped)* πετώ *(σαν άχρηστο)*. **not a ~ of** ούτε ίχνος *(with gen)*. **~book** *n* (το) λεύκωμα. **~ heap** *n* (ο) σωρός απορριμμάτων. **~ metal** *n* (τα) παλιοσιδερικά. **~ paper** *n* (το) πρόχειρο χαρτί. **~py** *a* ελλιπής

scrap[2] /skræp/ *n (fight: fam)* (ο) καβγάς. • *vi* τσακώνομαι

scrape /skreɪp/ *vt* ξύνω. *(graze)* γδέρνω. *(rub)* τρίβω. • *n* (το) γδάρσιμο. *(fig)* (ο) μπελάς. **~ a living** φυτοζωώ. **~ through** μόλις περνώ. **~ together** μαζεύω με δυσκολία. **~r** /-ə(r)/ *n* (ο) ξύστης

scratch /skrætʃ/ *vt/i* ξύνω/ομαι. *(with nails)* γρατσουνίζω/ομαι. • *n* (το) γρατσούνισμα. **start from ~** αρχίζω από το τίποτα. **up to ~** σε ικανοποιητικό επίπεδο

scrawl /skrɔːl/ *n* (τα) ορνιθοσκαλίσματα. • *vt/i* γράφω βιαστικά

scrawny /'skrɔːnɪ/ *a* (-ier, -iest) λιπόσαρκος

scream /skriːm/ *vt/i* στριγκλίζω. • *n* (το) στρίγκλισμα

screech /skriːtʃ/ *vi* τσιρίζω. • *n* (το) τσίριγμα

screen /skriːn/ *n* (το) παραβάν *invar*. *(cinema, TV)* (η) οθόνη. • *vt* προφυλάσσω. *(film)* προβάλλω. *(candidates)* εξετάζω *(για καταλληλότητα)*. **~ing** *n (med)* (ο) *(ιατρικός)* έλεγχος

screw /skruː/ *n* (η) βίδα. • *vt* βιδώνω. **~ up** *(eyes)* ζαρώνω. *(face)* στραβώνω. *(paper)* τσαλακώνω. *(cheat: sl)* εκβιάζω

screwdriver /'skruːdraɪvə(r)/ *n* (το) κατσαβίδι

screwy /'skruːɪ/ *a* (-ier, -iest) *(sl)* παλαβός

scribble /'skrɪbl/ *vt/i* γράφω βιαστικά και δυσανάγνωστα. • *n* (το) δυσανάγνωστο γράψιμο

scribe /skraɪb/ *n* (ο) γραφέας

script /skrɪpt/ *n* (η) γραφή. *(of film etc.)* (το) σενάριο. **~-writer** *n* (ο, η) σεναριογράφος

Scriptures /'skrɪptʃəz/ *npl* **the ~** η Αγία Γραφή

scroll /skrəʊl/ *n* (ο) ρόλος περγαμηνής

scrounge /skraʊndʒ/ *vt (fam)* κάνω τράκα για. • *vi* κάνω τράκα. **~r** /-ə(r)/ *n (fam)* (ο) τρακαδόρος, (η) τρακαδόρισσα

scrub[1] /skrʌb/ *n (land)* (ο) θαμνότοπος

scrub[2] /skrʌb/ *vt/i (pt scrubbed)* τρίβω. • *n* (το) τρίψιμο

scruff /skrʌf/ *n* **the ~ of the neck** το σβέρκο

scruffy /'skrʌfɪ/ *a* (-ier, -iest) *(fam)* ατημέλητος

scruple /'skruːpl/ *n* (ο) ενδοιασμός

scrupulous /'skruːpjʊləs/ *a* σχολαστικός. **~ly** *adv* σχολαστικά

scrutin|y /'skruːtɪnɪ/ *n* (η) εξονυχιστική εξέταση. **~ize** *vt* εξετάζω εξονυχιστικά

scuff /skʌf/ *vt/i* **~ (one's feet)** σέρνω τα πόδια *(στο περπάτημα)*. • *vt (shoes)* γδέρνω

scuffle /'skʌfl/ *n* (η) συμπλοκή

sculpt /skʌlpt/ *vt* σκαλίζω. • *vi* κάνω γλυπτικά. **~or** *n* (ο) γλύπτης. **~ure** /-tʃə(r)/ *n* (η) γλυπτική *vt/i* λαξεύω

scum /skʌm/ *n* (η) γλίτσα. *(people: fam)* (το) απόβρασμα

scurf /skɜːf/ *n* (η) πιτυρίδα

scurrilous /'skʌrɪləs/ *a* χυδαίος

scurry /'skʌrɪ/ *vi* **~ away** *or* **off** φεύγω βιαστικά

scurvy /'skɜːvɪ/ *n* (το) σκορβούτο

scuttle[1] /'skʌtl/ *n* (η) φυγή

scuttle[2] /'skʌtl/ *vt (ship)* βουλιάζω

scuttle[3] /'skʌtl/ *vi* **~ away** τρέπομαι σε φυγή

scythe /saɪð/ *n* (το) δρεπάνι

sea /siː/ *n* (η) θάλασσα. • *a* θαλασσινός. **at ~** στη θάλασσα. **be all at ~** *(fig)* τα έχω χαμένα. **by** ~ με πλοίο. **~ horse** *n* (ο) ιππόκαμπος. **~ level** *n* (η) επιφάνεια της θάλασσας. **~ lion** *n* είδος φώκιας. **~ shell** *n* (το) κοχύλι. **~ urchin** *n* (ο) αχινός

seabed /'si:bed/ *n* (ο) πάτος της θάλασσας

seafood /'si:fu:d/ *n* (τα) θαλασσινά

seagull /'si:gʌl/ *n* (ο) γλάρος

seal¹ /si:l/ *n* (animal) (η) φώκια

seal² /si:l/ *n* (η) σφραγίδα. (wax) (η) βουλά. • *vt* σφραγίζω. (envelope) κλείνω. **~ing-wax** *n* (το) βουλοκέρι. **~ off** (area) αποκλείω

seam /si:m/ *n* (η) ραφή. (of coal) (η) φλέβα

seaman /'si:mən/ *n* (pl -men) (ο) ναυτικός

seamy /'si:mɪ/ *a* **the ~ side** η άσχημη πλευρά

seance /'seɪɑ:ns/ *n* (η) πνευματιστική συγκέντρωση

seaplane /'si:pleɪn/ *n* (το) υδροπλάνο

seaport /'si:pɔ:t/ *n* (το) λιμάνι (στη θάλασσα)

search /sɜ:tʃ/ *vt/i* ερευνώ *n* (η) αναζήτηση. (official) (η) έρευνα. **in ~ of** σε αναζήτηση (with gen). **~ for** αναζητώ. **~-party** *n* (η) εξερευνητική ομάδα. **~ through** ψάχνω. **~ warrant** *n* (το) ένταλμα έρευνας. **~ing** *a* ερευνητικός

searchlight /'sɜ:tʃlaɪt/ *n* (ο) προβολέας

seashore /'si:ʃɔ:(r)/ *n* (η) παραλία

seasick /'si:sɪk/ *a* **be ~** μ' έχει πιάσει η θάλασσα. **~ness** *n* (η) ναυτία

seaside /'si:saɪd/ *n* (η) παραλία. **~ resort** *n* (το) παραθαλάσσιο θέρετρο

season /'si:zn/ *n* (η) εποχή. • *vt* (flavour) καρυκεύω. (wood etc.) αποξεραίνω. **in ~** (fruit etc.) της εποχής. **~able** *a* της εποχής. **~al** *a* εποχιακός. **~ing** *n* (το) καρύκευμα. **~ ticket** *n* (το) εισιτήριο διαρκείας

seasoned /'si:znd/ *a* (fig) ψημένος

seat /si:t/ *n* (το) κάθισμα. (place) (η) έδρα. (of trousers) (ο) πισινός. (buttocks) (το) πάτος. • *vt* (place) καθίζω. (have seats for) χωρώ. **be ~ed** κάθομαι. **~-belt** *n* (η) ζώνη ασφαλείας. **take a ~** καθίστε

seaweed /'si:wi:d/ *n* (το) φύκι

seaworthy /'si:wɜ:ðɪ/ *a* αξιόπλοος

secateurs /'sekətɜ:z/ *npl* (το) κλαδευτήρι

seclu|de /sɪ'klu:d/ *vt* απομονώνω. **~ded** *a* απομονωμένος. **~sion** /-ʒn/ *n* (η) απομόνωση

second¹ /'sekənd/ *a* δεύτερος. • *n* (ο) δεύτερος. (time) (το) δευτερόλεπτο. **~s** (goods) είδη κατώτερης ποιότητας. • *adv* (in race etc.) δεύτερος. • *vt* (proposal) υποστηρίζω. **have ~s** (of meal: fam) σερβίρομαι και δεύτερη φορά. **~-best** *a* δεύτερος. **~-class** *a* δεύτερας κατηγορίας. **~-hand** *a* μεταχειρισμένος *adv* από δεύτερο χέρι. **~-rate** *a*

δεύτερης κατηγορίας. **have ~ thoughts** ξανασκέφτομαι. **on ~ thoughts** μετά από ώριμη σκέψη. **~ly** *adv* δεύτερον

second² /sɪ'kɒnd/ *vt* (transfer) αποσπώ

secondary /'sekəndrɪ/ *a* δευτερεύων. **~ school** *n* (το) σχολείο μέσης εκπαιδεύσεως

secrecy /'si:krəsɪ/ *n* (η) μυστικότητα

secret /'si:krɪt/ *a* μυστικός. • *n* (το) μυστικό. **in ~** μυστικά. **~ly** *adv* μυστικά

secretarial /sekrə'teərɪəl/ *a* του γραμματέα

secretariat /sekrə'teərɪət/ *n* (η) γραμματεία

secretary /'sekrətrɪ/ *n* (ο, η) γραμματέας. **S~ of State** (ο, η) Υπουργός

secret|e /sɪ'kri:t/ *vt* εκκρίνω. **~ion** /-ʃn/ *n* (η) έκκριση

secretive /'si:krətɪv/ *a* κρυψίνους

sect /sekt/ *n* (η) σέκτα. **~arian** /-'teərɪən/ *a* σεκταριστικός

section /'sekʃn/ *n* (το) τμήμα

sector /'sektə(r)/ *n* (ο) τομέας

secular /'sekjʊlə(r)/ *a* κοσμικός

secure /sɪ'kjʊə(r)/ *a* ασφαλής. (fixed) στερεωμένος. • *vt* στερεώνω. (obtain) εξασφαλίζω. **~ly** *adv* με ασφάλεια

security /sɪ'kjʊərətɪ/ *n* (η) ασφάλεια. (for loan) (η) εγγύηση. **~ guard** *n* (ο) φρουρός ασφαλείας

sedate /sɪ'deɪt/ *a* ήρεμος. • *vt* δίνω καταπραϋντικά σε

sedation /sɪ'deɪʃn/ *n* **under ~** υπό την επίδραση καταπραϋντικών

sedative /'sedətɪv/ *a* καταπραϋντικός. • *n* (το) καταπραϋντικό

sedentary /'sedntrɪ/ *a* καθιστικός

sediment /'sedɪmənt/ *n* (το) ίζημα

seduce /sɪ'dju:s/ *vt* αποπλανώ. **~r** /-ə(r)/ *n* (ο) διαφθορέας

seduct|ion /sɪ'dʌkʃn/ *n* (η) αποπλάνηση. **~ive** /-tɪv/ *a* αποπλανητικός

see¹ /si:/ *vt/i* (pt saw, pp seen) βλέπω. (notice) παρατηρώ. (escort) συνοδεύω. καταλαβαίνω. **~ about** or **to** φροντίζω. **~ off** ξεπροβοδίζω. **~ through** (task) φέρω εἰς πέρας. (person) καταλαβαίνω τις προθέσεις (κάποιου). **~-through** *a* διαφανής. **~ (to it) that** κοιτάζω να. **~ you!** γεια! **~ing that** μια και

see² /si:/ *n* (η) επισκοπική έδρα

seed /si:d/ *n* (το) κουκούτσι. (collectively) (ο) σπόρος. (fig) (το) σπέρμα. (tennis) (ο) παίκτης μετά από διαδικασία επιλογής. **go to ~** σποριάζω. (fig) χάνω τις ικανότητες. **~less** *a* χωρίς κουκούτσι. **~ling** *n* (το) φιντάνι

seedy /'si:dɪ/ *a* (-ier, -iest) φθαρμένος. **feel ~** (fam) νιώθω αδιάθετος

seek /si:k/ *vt* (pt sought) επιζητώ. **~ out** αναζητώ

seem /si:m/ *vi* φαίνομαι. **~ingly** *adv* φαινομενικά

seemly /'si:mlı/ *a* (-ier, -iest) κόσμιος

seen /si:n/ *see* SEE

seep /si:p/ *vi* διαρρέω. **~age** *n* (η) διαρροή

see-saw /'si:sɔ:/ *n* (η) τραμπάλα

seethe /si:ð/ *vi* **~ with** (*people etc.*) είμαι γεμάτος από. **~ with anger** βράζω από το θυμό

segment /'segmənt/ *n* (το) τμήμα. (*of orange*) (η) φέτα

segregat|e /'segrıgeıt/ *vt* διαχωρίζω. **~ion** /-'geıʃn/ *n* (η) διαχωρισμός

seize /si:z/ *vt* καταλαμβάνω. (*jur*) κατάσχω. **~ on** αρπάζω. **~ up** (*techn*) κολλώ

seizure /'si:ʒə(r)/ *n* (η) κατάσχεση. (*med*) (η) προσβολή

seldom /'seldəm/ *adv* σπάνια

select /sı'lekt/ *vt* διαλέγω, επιλέγω. (*sport*) επιλέγω. • *a* εκλεκτός. (*exclusive*) επίλεκτος. **~ion** /-ʃn/ *n* (η) επιλογή. **~ive** *a* επιλεκτικός

self /self/ *n* (*pl* **selves**) (ο) εαυτός

self- /self/ *pref* **~-addressed** *a* με τη διεύθυνσή μου. **~-adhesive** *a* αυτοκόλλητος. **~-assurance** *n* (η) αυτοπεποίθηση. **~-assured** *a* βέβαιος για τον εαυτό μου. **~-catering** *a* διαμονή κατά την οποία οι ξένοι είναι υπεύθυνοι για τη διατροφή τους. **~-centred** *a* εγωκεντρικός. **~-confidence** *n* (η) αυτοπεποίθηση. **~-confident** *a* γεμάτος αυτοπεποίθηση. **~-conscious** *a* με αυτοσυνείδηση. **~-contained** *a* (*person*) κλειστός. (*flat*) αυτοτελής. **~-control** *n* (ο) αυτοέλεγχος. **~-defence** *n* (η) αυτοάμυνα **~-denial** *n* (η) αυταπάρνηση. **~-employed** *a* αυτοαπασχολούμενος. **~-esteem** *n* αυτοσεβασμός **~-evident** *a* αυτονόητος. **~-explanatory** *a* αυτεξήγητος. **~-important** *a* που έχει μεγάλη ιδέα για τον εαυτό του. **~-indulgent** *a* τρυφηλός. **~-interest** *n* (η) ιδιοτέλεια. **~-made** *a* αυτοδημιούργητος. **~-opinionated** *a* ισχυρογνώμων. **~-pity** *n* (η) μεμψιμοιρία. **~-portrait** *n* (η) αυτοπροσωπογραφία. **~-possessed** *a* ψύχραιμος. **~-preservation** *n* (η) αυτοσυντήρηση. **~-raising flour** *n* (το) αλεύρι που φουσκώνει μόνο του. **~-respect** *n* (ο) αυτοσεβασμός. **~-righteous** *a* φαρισαϊκός. **~-sacrifice** *n* αυτοθυσία. **~-satisfied** *a* αυτάρεσκος. **~-seeking** *a* ιδιοτελής. **~-service** *n* (η) αυτοεξυπηρέτηση. • *a* με αυτοεξυπηρέτηση. **~-styled** *a* αυτοκαλούμενος. **~-sufficient** *a* αυτάρκης. **~-willed** *a* ξεροκέφαλος

selfish /'selfıʃ/ *a* εγωιστής. **~ness** *n* (ο) εγωισμός

selfless /'selflıs/ *a* ανιδιοτελής. **~ness** *n* (η) ανιδιοτέλεια

sell /sel/ *vt/i* (*pt* **sold**) πουλώ, πωλώ. **be sold on** (*fam*) έχω πεισθεί για. **be sold out** εξαντλούμαι. **~-by date** *n* (η) ημερομηνία λήξεως. **~ off** ξεπουλώ. **~-out** *n* (η) μεγάλη επιτυχία. (*betrayal: fam*) (η) προδοσία. **~ out of** εξαντλούμαι. **~ up** εκποιώ. **~er** *n* (ο) πωλητής, (η) πωλήτρια

Sellotape /'seləuteıp/ *n* (*P*) (η) κολλητική ταινία

semantic /sı'mæntık/ *a* σημασιολογικός. **~s** *n* (η) σημασιολογία

semaphore /'seməfɔ:(r)/ *n* (ο) σηματογράφος

semblance /'sembləns/ *n* (η) ομοιότητα

semen /'si:mən/ *n* (το) σπέρμα

semester /sı'mestə(r)/ *n* (*Amer*) (το) εξάμηνο

semi- /'semı/ *pref* ημι-

semibreve /'semıbri:v/ *n* (το) ολόκληρο (*μουσικό σημείο*)

semicirc|le /'semısɜ:kl/ *n* (το) ημικύκλιο. **~ular** /-'sɜ:kjələ(r)/ *a* ημικυκλικός

semicolon /semı'kəulən/ *n* (η) άνω τελεία

semi-detached /semıdı'tætʃt/ *a* **~ house** το ένα σπίτι σε διπλοκατοικία

semifinal /semı'faınl/ *n* (η) ημιτελικός

seminar /'semına:(r)/ *n* (το) σεμινάριο

semiquaver /'semıkweıvə(r)/ *n* (το) δέκατο έκτο (*μουσικό σημείο*)

Semit|e /'si:maıt/ *n* (ο) Σημίτης. **~ic** /sı'mıtık/ *a* σημιτικός

semitone /'semıtəun/ *n* (το) ημιτόνιο

semolina /semə'li:nə/ *n* (το) σιμιγδάλι

senat|e /'senıt/ *n* (η) γερουσία. **~or** /-ətə(r)/ *n* (ο) γερουσιαστής

send /send/ *vt/i* (*pt* **sent**) στέλνω. **~ away** διώχνω. **~ back** επιστρέφω. **~ for** (*person*) στέλνω να φωνάξω. (*thing*) στέλνω να πάρω. **~-off** *n* (το) ξεπροβόδισμα. **~ up** (*fam*) κοροϊδεύω. **~er** *n* (ο) αποστολέας

senil|e /'si:naıl/ *a* ξεμωραμένος. **~ity** /sı'nılətı/ *n* (η) γεροντική άνοια

senior /'si:nıə(r)/ *a* μεγαλύτερος (**to**, από). (*in rank*) ανώτερος. • *n* (ο) τελειόφοιτος. **~ citizen** (ο, η) συνταξιούχος. **~ity** /-'drətı/ *n* (*rank*) προτεραιότητα (*λόγω θέσεως*). (*length of service*) (η) αρχαιότητα

sensation /sen'seıʃn/ *n* (η) αίσθηση. **~al** *a* εντυπωσιακός

sense /sens/ *n* (η) αίσθηση. (*common sense*) (το) λογικό. (*meaning*) (η) έννοια. (*sensation*) (το) αίσθημα. (*awareness*) (η) επίγνωση. **~s** (οι) αισθήσεις. • *vt* διαισθάνομαι. **make ~** έχω νόημα. **make ~ of** βγάζω νόημα από **~less** *a* ανόητος. (*med*) αναίσθητος

sensibilit|y /sensə'bılətı/ *n* (η) αισθαντικότητα. **~ies** *npl* (τα) αισθήματα

sensibl|e /'sensəbl/ *a* φρόνιμος. (*practical*) λογικός. **~y** *adv* λογικά, φρόνιμα

sensitiv|e /'sensətɪv/ *a* ευαίσθητος. (*touchy*) εύθικτος. **~ity** /-'tɪvətɪ/ *n* (η) ευαισθησία, (η) ευθιξία

sensory /'sensərɪ/ *a* αισθητήριος

sensual /'senʃʊəl/ *a* φιλήδονος. **~ity** /-'ælətɪ/ *n* (η) φιληδονία

sensuous /'senʃʊəs/ *a* αισθησιακός

sent /sent/ *see* SEND

sentence /'sentəns/ *n* (η) πρόταση. (*jur*) (η) καταδίκη. (*punishment*) (η) ποινή. • *vt* **~ to** καταδικάζω σε

sentiment /'sentɪmənt/ *n* (το) συναίσθημα

sentimental /sentɪ'mentl/ *a* συναισθηματικός. **~ity** *n* /-'tælətɪ/ (η) συναισθηματικότητα

sentry /'sentrɪ/ *n* (ο) σκοπός

separable /'sepərəbl/ *a* που χωρίζεται

separate¹ /'sepərət/ *a* χωριστός. **~ly** *adv* χωριστά

separat|e² /'sepəreɪt/ *vt/i* χωρίζω. **~ion** /-'reɪʃn/ *n* (ο) χωρισμός

September /sep'tembə(r)/ *n* (ο) Σεπτέμβριος

septic /'septɪk/ *a* σηπτικός. **go ~** παθαίνω μόλυνση. **~ tank** *n* (ο) σηπτικός βόθρος

sequel /'si:kwəl/ *n* (η) συνέχεια

sequence /'si:kwəns/ *n* (η) σειρά. (*of film*) (η) σκηνή

sequin /'si:kwɪn/ *n* (η) πούλια

serenade /serə'neɪd/ *n* (η) σερενάτα. • *vt* κάνω καντάδα σε

seren|e /sɪ'ri:n/ *a* γαλήνιος. **~ity** /-enətɪ/ *n* (η) γαλήνη

sergeant /'sɑ:dʒənt/ *n* (ο) λοχίας

serial /'sɪərɪəl/ *n* (*story*) (η) ιστορία σε συνέχεια. (*TV*) (το) σίριαλ *invar*. • *a* (*number*) αύξων. **~ize** *vt* παρουσιάζω σε μορφή σίριαλ

series /'sɪərɪːz/ *n* (η) σειρά. (*radio, TV*) (το) σίριαλ *invar*

serious /'sɪərɪəs/ *a* σοβαρός. **~ly** *adv* σοβαρά. **take ~ly** παίρνω στα σοβαρά. **~ness** *n* (η) σοβαρότητα

sermon /'sɜ:mən/ *n* (το) κήρυγμα

serpent /'sɜ:pənt/ *n* (ο) όφις

serrated /sɪ'reɪtɪd/ *a* οδοντωτός

serum /'sɪərəm/ *n* (*pl* **-a**) (ο) ορός

servant /'sɜ:vənt/ *n* (ο) υπηρέτης, (η) υπηρέτρια

serve /sɜ:v/ *vt/i* εξυπηρετώ. (*in the army etc.*) υπηρετώ. (*sentence*) εκτίω. (*food*) σερβίρω. (*sport*) σερβίρω, κάνω σερβίς. **it ~s you right** καλά να πάθεις. **~ as** χρησιμεύω σαν. **~ its purpose** εξυπηρετεί το σκοπό του. **~ to** ωφελώ να

service /'sɜ:vɪs/ *n* (η) εξυπηρέτηση. (*maintenance*) (το) σέρβις. (*sport*) (το) σερβίς *invar*. **~s** (*mil*) (οι) υπηρεσίες.

(*auto*) (το) σέρβις *invar*. • *vt* (*car etc.*) κάνω σέρβις σε. **be of ~ to** εξυπηρετώ. **~ area** *n* (ο) χώρος εξυπηρέτησης. **~ charge** *n* (το) ποσοστό υπηρεσίας. **~ station** *n* (το) πρατήριο (*βενζίνης και άλλων σχετικών υπηρεσιών*)

serviceable /'sɜ:vɪsəbl/ *a* πρακτικός. (*durable*) εξυπηρετικός

serviette /sɜ:vɪ'et/ *n* (η) πετσέτα (*φαγητού*)

servile /'sɜ:vaɪl/ *a* δουλοπρεπής

session /'seʃn/ *n* (η) συνεδρίαση. (*univ*) (το) τρίμηνο

set /set/ *vt* (*pt* **set**, *pres p* **setting**) ρυθμίζω. (*clock etc.*) βάζω. (*limit etc.*) ορίζω. (*example*) δίνω. (*task*) αναθέτω. (*typ*) στοιχειοθετώ. (*med*) βάζω στη θέση του. • *vi* (*sun*) βασιλεύω, δύω. (*jelly*) πήζω. • *n* (*of cutlery etc.*) (το) σετ *invar*. (*tennis*) (το) σετ *invar*. (*TV, radio*) (η) συσκευή. (*of hair*) (το) χτένισμα. (*theatr*) (το) σκηνικό. (*of people*) (ο) κύκλος. (*math*) (το) σύνολο. • *a* καθορισμένος. (*ready*) έτοιμος. (*meal*) καθορισμένος. **be ~ on** είμαι αποφασισμένος να. **~ about** αρχίζω. **~ back** (το) εμπόδιο. (*cost: sl*) κοστίζω. **~-back** *n* (η) αναποδιά. **~ fire to** βάζω φωτιά σε. **~ free** ελευθερώνω. **~ in** αρχίζω. **~ off** *vi* ξεκινώ. • *vt* (*make start*) αρχίζω. (*bomb*) πυροδοτώ. **~ out** (*leave*) ξεκινώ. (*declare*) εκθέτω. (*arrange*) τακτοποιώ. **~ square** *n* (ο) γνώμονας. **~ the table** στρώνω το τραπέζι. **~ to** στρώνομαι στη δουλειά. **~-to** *n* (ο) καυγάς. **~ up** (*start*) αρχίζω. (*organize*) οργανώνω. **~-up** *n* (η) κατάσταση

settee /se'ti:/ *n* (ο) καναπές

setting /'setɪŋ/ *n* (*surroundings*) (το) περιβάλλον. (*of jewel*) (το) δέσιμο. (*theatr*) (το) σκηνικό. (*of novel*) (το) σκηνικό

settle /'setl/ *vt* (*dispute*) λύνω. (*date*) ορίζω. (*nerves*) καταπραΰνω. (*bill*) πληρώνω. • *vi* (*come to rest*) σταματώ. (*live*) εγκαθίσταμαι. **~ down** ησυχάζω. **~ for** δέχομαι. **~ in** τακτοποιούμαι. **~ up** τακτοποιώ/λογαριασμό. **~r** /-ə(r)/ *n* (ο) άποικος

settlement /'setlmənt/ *n* (ο) εποικισμός. (*agreement*) (η) συμφωνία. (*comm*) (η) εξόφληση. (*place*) (ο) συνοικισμός

seven /'sevn/ *a* επτά. • *n* (το) επτά *invar*. **~th** *a* έβδομος *n* (το) έβδομο

seventeen /sevn'ti:n/ *a* δεκαεπτά. • *n* (το) δεκαεπτά *invar*. **~th** *a* δέκατος έβδομος. • *n* (το) δέκατο έβδομο

sevent|y /'sevntɪ/ *a* εβδομήντα. • *n* (το) εβδομήντα *invar*. **~ieth** *a* εβδομηκοστός. • *n* (το) εβδομηκοστό

sever /'sevə(r)/ *vt* διακόπτω. **~ance** *n* (η) διακοπή

several /'sevrəl/ *a & pron* διάφοροι

sever|e /sɪ'vɪə(r)/ a (-er, -est) αυστηρός. (pain) οξύς. (illness) σοβαρός. (winter) δριμύς. **~ely** adv αυστηρά, σοβαρά. **~ity** /-'verətɪ/ n (η) αυστηρότητα, (η) σοβαρότητα

sew /səʊ/ vt/i (pt sewed, pp sewn or sewed) ράβω. **~ing** n (το) ράψιμο. **~ing-machine** n (η) ραπτομηχανή

sewage /'sju:ɪdʒ/ n (τα) λύματα

sewer /'sju:ə(r)/ n (ο) υπόνομος

sewn /səʊn/ see SEW

sex /seks/ n (το) φύλο. (sexual intercourse: fam) (το) σεξ invar. • a σεξουαλικός. **have ~** κάνω έρωτα. **~ maniac** n (ο) σεξομανής. **~y** a σέξι invar

sexis|t /'seksɪst/ a σεξιστικός. • n (ο) σεξιστής. **~m** /-zəm/ n (ο) σεξισμός

sextet /seks'tet/ n (το) σεξτέτο

sexual /'sekʃʊəl/ a σεξουαλικός. **~ intercourse** n (ο) έρωτας, (το) σεξ invar. **~ity** /-'ælətɪ/ n (η) σεξουαλικότητα

shabb|y /'ʃæbɪ/ a (-ier, -iest) φθαρμένος. (mean) μικροπρεπής. **~ily** adv με μικροπρέπεια. **~iness** n (η) αθλιότητα, (η) μικροπρέπεια

shack /ʃæk/ n (το) καλύβι (πρόχειρο)

shackle /'ʃækl/ n **~s** (τα) δεσμά. • vt δεσμεύω

shade /ʃeɪd/ n (η) σκιά. (of colour) (η) απόχρωση. (for lamp) (το) αμπαζούρ invar. (of opinion, meaning) (η) απόχρωση. **a ~ better** κάπως καλύτερα. • vt σκιάζω

shadow /'ʃædəʊ/ n (η) σκιά, (ο) ίσκιος. • vt (follow) παρακολουθώ. **S~ Cabinet** n (η) σκιώδης κυβέρνηση. **~y** a σκιερός. (fig) θαμπός

shady /'ʃeɪdɪ/ a (-ier, -iest) σκιερός. (fig) ύποπτος

shaft /ʃɑ:ft/ n (το) κοντάρι. (mech) (ο) άξονας. (of light) (η) ακτίδα. (of lift) (ο) αγωγός. (of mine) (το) φρέαρ

shaggy /'ʃægɪ/ a (-ier, -iest) τριχωτός. (animal) μαλλιαρός

shake /ʃeɪk/ vt (pt shook, pp shaken) κουνώ. (bottle) ανακινώ. (shock) συγκλονίζω. • vi τρέμω. • n (το) κούνημα, (η) ανακίνηση. **~ hands with** κάνω χειραψία με. **~ off** απαλλάσσομαι από. **~ one's head** κουνάω το κεφάλι μου. **~ up** κουνώ. **~-up** n (η) ριζική αναδιοργάνωση

shaky /'ʃeɪkɪ/ a (-ier, -iest) τρεμάμενος. (table etc.) ασταθής. (unreliable) αναξιόπιστος

shall /ʃæl/ v aux **I ~ go** θα πάω. **we ~ see** θα δούμε

shallot /ʃə'lɒt/ n είδος μικρού κρεμμιδιού

shallow /'ʃæləʊ/ a (-er, -est) ρηχός. (fig) κούφιος

sham /ʃæm/ n (η) ψευτιά. • a ψεύτικος. • vt (pt shammed) κάνω

shambles /'ʃæmblz/ npl **it was a ~** ήταν άνω κάτω

shame /ʃeɪm/ n (η) ντροπή. • vt ντροπιάζω. **what a ~!** τι κρίμα! **~ful** a επαίσχυντος. **~less** a αδιάντροπος

shamefaced /'ʃeɪmfeɪst/ a ντροπιασμένος

shampoo /ʃæm'pu:/ n (το) σαμπουάν invar. • vt λούζω

shandy /'ʃændɪ/ n (το) αλκοολούχο ποτό από μπίρα και λεμονάδα

shan't /ʃɑ:nt/ = shall not

shanty /'ʃæntɪ/ n (η) παράγκα. **~ town** n (η) τενεκεδούπολη

shape /ʃeɪp/ n (το) σχήμα. • vt δίνω σχήμα σε. • vi **~ (up)** παίρνω σχήμα. **take ~** παίρνω μορφή. **~less** a άμορφος

shapely /'ʃeɪplɪ/ a (-ier, -iest) καλοφτιαγμένος

share /ʃeə(r)/ n (το) μερίδιο. (comm) (η) μετοχή. • vt/i μοιράζω/ομαι. **~ in** συμμετέχω. **~ out** μοιράζω. **~-out** n (η) μοιρασιά

shareholder /'ʃeəhəʊldə(r)/ n (ο) μέτοχος

shark /ʃɑ:k/ n (ο) καρχαρίας

sharp /ʃɑ:p/ a (-er, -est) (knife etc.) κοφτερός. (pin etc.) μυτερός. (pain) σουβλερός. (sound) διαπεραστικός. (taste) αψύς. (sudden, harsh) απότομος. (well-defined) καθαρός. (person) οξύνους. • adv ακριβώς. **seven o'clock ~** ακριβώς στις επτά. • n (mus) (η) δίεση. **~ly** adv απότομα. **~ness** n (η) οξύτητα

sharpen /'ʃɑ:pn/ vt ακονίζω. (pencil) ξύνω. **~er** (η) ξύστρα. (mech) (το) ακονιστήρι

shatter /'ʃætə(r)/ vt/i θρυμματίζω/ομαι. • vt (upset) συντρίβω. **~ed** a (exhausted) κατακουρασμένος

shav|e /ʃeɪv/ vt/i ξυρίζω/ομαι. • n (το) ξύρισμα. **have a ~e** ξυρίζομαι. **~e off** κόβω. **~en** a ξυρισμένος. **~er** n (η) ηλεκτρική ξυριστική μηχανή. **~ing-brush** n (το) πινέλο του ξυρίσματος. **~ing-cream** n (η) κρέμα ξυρίσματος

shaving /'ʃeɪvɪŋ/ n (το) ξύρισμα. (of wood) (το) ξύσιμο

shawl /ʃɔ:l/ n (η) μαντίλα

she /ʃi:/ pron αυτή n (το) θηλυκό

sheaf /ʃi:f/ n (pl sheaves) (το) δεμάτι

shear /ʃɪə(r)/ vt (pp shorn or sheared) κουρεύω

shears /ʃɪəz/ npl (η) ψαλίδα

sheath /ʃi:θ/ n (pl -s /ʃi:ðz/) (η) θήκη. (condom) (το) προφυλακτικό

sheathe /ʃi:ð/ vt βάζω στη θήκη

shed¹ /ʃed/ n (το) ξύλινο παράπηγμα

shed² /ʃed/ vt (pt shed, pres p shedding) ρίχνω. (tears) χύνω. (clothes) βγάζω. **~ light on** διαφωτίζω

sheen /ʃi:n/ n (η) γυαλάδα

sheep /ʃi:p/ n invar (το) πρόβατο. **~-dog** n (το) τσοπανόσκυλο

sheepish /ˈʃiːpɪʃ/ *a* αμήχανος (*ιδ. μετά από κάποιο λάθος*). **~ly** *adv* αμήχανα

sheepskin /ˈʃiːpskɪn/ *n* (η) προβιά

sheer /ʃɪə(r)/ *a* καθαρός. (*steep*) κατακόρυφος. (*fabric*) διαφανής

sheet /ʃiːt/ *n* (το) σεντόνι. (*of paper*) (το) φύλλο. (*of ice*) (το) στρώμα. (*of glass*) το φύλλο. (*of metal*) (το) έλασμα, (η) λαμαρίνα

sheikh /ʃeɪk/ *n* (ο) σείχης

shelf /ʃelf/ *n* (*pl* shelves) (το) ράφι. **on the ~** στο ράφι. **~-life** *n* (η) διάρκεια ζωής

shell /ʃel/ *n* (το) όστρακο. (*of egg*) (το) τσόφλι. (*of tortoise*) (το) καβούκι. (*of building*) (ο) σκελετός. (*explosive*) (η) οβίδα. • *vt* (*peas etc.*) ξεφλουδίζω. (*mil*) βομβαρδίζω. **~ out** (*fam*) πληρώνω (*χρήματα*)

shellfish /ˈʃelfɪʃ/ *n invar* (τα) οστρακοειδή

shelter /ˈʃeltə(r)/ *n* (το) καταφύγιο. • *vt/i* προφυλάγω/ομαι. • *vt* (*protect*) προστατεύω. (*give lodging to*) δίνω στέγη σε. **~ed** *a* (*place*) απάγκιος. (*life*) προφυλαγμένος

shelve /ʃelv/ *vt* (*plan etc.*) αναβάλλω επ' αόριστον. • *vi* (*slope*) κατηφορίζω

shelving /ˈʃelvɪŋ/ *n* (τα) ράφια

shepherd /ˈʃepəd/ *n* (ο) βοσκός. • *vt* οδηγώ (*ομαδικά*). **~ess** /-'des/ *n* (η) βοσκοπούλα. **~'s pie** *n* φαγητό από κιμά με πουρέ πατάτας και ψημένο στο φούρνο

sherbet /ˈʃɜːbət/ *n* (το) σερμπέτι. (*water-ice: Amer*) (η) γρανίτα (*παγωτό*)

sheriff /ˈʃerɪf/ *n* (ο) σερίφης

sherry /ˈʃeri/ *n* (το) σέρι

shield /ʃiːld/ *n* (η) ασπίδα. • *vt* προστατεύω

shift /ʃɪft/ *vt/i* μετατοπίζω/ομαι (*furniture etc.*) μετακινώ/ούμαι. • *vt* (*blame etc.*) μεταθέτω. • *n* (η) μετακίνηση. (*work*) (η) βάρδια. **make ~** τα βολεύω

shiftless /ˈʃɪftlɪs/ *a* χωρίς πρωτοβουλία

shifty /ˈʃɪfti/ *a* (-ier, -iest) ύπουλος. (*eyes*) δολερός

shilling /ˈʃɪlɪŋ/ *n* (το) σελίνι

shilly-shally /ˈʃɪlɪʃæli/ *vi* αμφιταλαντεύομαι

shimmer /ˈʃɪmə(r)/ *vi* λαμπυρίζω. • *n* (το) λαμπύρισμα

shin /ʃɪn/ *n* (το) καλάμι (*της κνήμης*)

shine /ʃaɪn/ *vi* (*pt* shone) λάμπω. • *vt* γυαλίζω. • *n* (η) γυαλάδα. **~ on** (*torch*) φωτίζω

shingle /ˈʃɪŋgl/ *n* (*pebbles*) (τα) χαλίκια

shingles /ˈʃɪŋglz/ *npl* (*med*) (ο) έρπης ζωστήρ

shiny /ˈʃaɪni/ *a* (-ier, -iest) γυαλιστερός

ship /ʃɪp/ *n* (το) πλοίο. • *vt* (*pt* shipped) μεταφέρω (*εμπορεύματα*). (*send*) στέλνω. (*load*) φορτώνω. **~ment** *n* (*consignment*) (η) αποστολή εμπορευμάτων. (*loading*) (η) φόρτωση. **~per** *n* (ο) αποστολέας. **~ping** *n* (η) ναυτιλία. (*ships*) (τα) πλοία

shipbuilding /ˈʃɪpbɪldɪŋ/ *n* (η) ναυπήγηση

shipshape /ˈʃɪpʃeɪp/ *adv* εντάξει. • *a* τακτοποιημένος

shipwreck /ˈʃɪprek/ *n* (το) ναυάγιο. **~ed** *a* ναυαγημένος. **be ~ed** ναυαγώ

shipyard /ˈʃɪpjaːd/ *n* (το) ναυπηγείο

shirk /ʃɜːk/ *vt* αποφεύγω. **~er** *n* (ο) φυγόπονος

shirt /ʃɜːt/ *n* (το) πουκάμισο. (*for woman*) (η) μπλούζα. **in ~-sleeves** με το πουκάμισο

shiver /ˈʃɪvə(r)/ *vi* τουρτουρίζω. • *n* (το) τουρτούρισμα

shoal /ʃəʊl/ *n* (*of fish*) (το) κοπάδι

shock /ʃɒk/ *n* (το) σοκ *invar*. (*earthquake*) (η) δόνηση. (*med*) (ο) κλονισμός. (**electric**) **~** (η) ηλεκτροπληξία. • *vt* συγκλονίζω. **~ absorber** *n* (ο) αμορτισέρ *invar*. **~ing** *a* συγκλονιστικός. (*fam*) απαίσιος. **~ingly** *adv* (*fam*) απαίσια

shod /ʃɒd/ *see* SHOE

shoddy /ˈʃɒdi/ *a* (-ier, -iest) κακής ποιότητας. **~ily** *adv* άσχημα

shoe /ʃuː/ *n* (το) παπούτσι. (*of horse*) (το) πέταλο. • *vt* (*pt* shod, *pres p* shoeing) παπουτσώνω. (*horse*) πεταλώνω. **be well shod** φορώ καλά παπούτσια. **on a ~-string** με πολύ λίγα λεφτά. **~-shop** *n* (το) παπουτσίδικο, (το) υποδηματοποιείο. **~-tree** *n* (το) καλαπόδι

shoehorn /ˈʃuːhɔːn/ *n* (το) κόκαλο (*για παπούτσια*)

shoelace /ˈʃuːleɪs/ *n* (το) κορδόνι (*παπουτσιού*)

shoemaker /ˈʃuːmeɪkə(r)/ *n* (ο) υποδηματοποιός

shone /ʃɒn/ *see* SHINE

shoo /ʃuː/ *vt* διώχνω (*λέγοντας ξου*). • *int* ξου

shook /ʃʊk/ *see* SHAKE

shoot /ʃuːt/ *vi* (*pt* shot) (*plant*) βλαστάνω. (*move quickly*) ορμώ. • *vt* πυροβολώ. (*hunt*) κυνηγώ. (*film*) γυρίζω. • *n* (*bot*) (ο) βλαστός. (*hunt*) (η) κυνηγετική εκδρομή. **~ down** ρίχνω. **~ out** (*rush*) πετιέμαι έξω. **~ up** (*grow*) ξεπετιέμαι. (*prices*) υψώνω απότομα. **~ing-range** *n* (το) πεδίο βολής. **~ing star** *n* (ο) διάττων, (το) πεφταστέρι

shop /ʃɒp/ *n* (το) μαγαζί, (το) κατάστημα. (*workshop*) (η) ομάδα εργασίας. • *vi* (*pt* shopping) ψωνίζω. **~ around** συγκρίνω τιμές και προϊόντα προτού αγοράσω. **~ assistant** *n* (ο, η) υπάλληλος (*σε μαγαζί*). **~-floor** *n* (ο) τόπος εργασίας. **~-lifter** *n* (ο) κλέφτης (*ειδών καταστημάτων*). **~-lifting** *n* (η) κλεψιά (*από μαγαζιά*). **~-soiled** *a* που έχει λερωθεί στο κατάστημα. **~ steward** *n* (ο) εκπρόσωπος συνδικάτου σε μια επιχείρηση. **~-window** *n* (η) βιτρίνα.

talk ~ κουβεντιάζω για επαγγελματικά θέματα. ~per n (ο) αγοραστής
shopkeeper /'ʃɒpkiːpə(r)/ n (ο) καταστηματάρχης
shopping /'ʃɒpɪŋ/ n (τα) ψώνια. go ~ πάω για ψώνια. ~ bag n (η) τσάντα για τα ψώνια. ~ centre n (το) εμπορικό κέντρο. ~-list n (ο) κατάλογος για ψώνια
shore /ʃɔː(r)/ n (η) ακτή
shorn /ʃɔːn/ see SHEAR
short /ʃɔːt/ a (-er, -est) βραχύς. (brief) σύντομος. (person) κοντός. (curt) απότομος. • adv απότομα. a ~ time ago πριν λίγο καιρό. be ~ of μου λείπει. in ~ με λίγα λόγια. Mick is ~ for Michael το όνομα Michael είναι Mick για συντομία. ~-change vt δίνω ελλειπή ρέστα σε. ~ circuit n (το) βραχυκύκλωμα. ~-circuit vt βραχυκυκλώνω. ~ cut n (ο) συντομότερος δρόμος. ~-handed a που έχει έλλειψη (εργατικών χεριών). ~ list n (ο) πίνακας επιλογής. ~-lived a βραχύβιος. ~ of doing εκτός από το να κάνω. ~-sighted a μυωπικός. ~-sleeved a με κοντά μανίκια ~ story n (το) διήγημα. ~-tempered a ευέξαπτος. ~ wave n (το) βραχύ κύμα
shortage /'ʃɔːtɪdʒ/ n (η) έλλειψη
shortbread /'ʃɔːtbred/ n είδος μπισκότου
shortcoming /'ʃɔːtkʌmɪŋ/ n (το) ελάττωμα
shorten /'ʃɔːtn/ vt μικραίνω. (dress) κονταίνω
shorthand /'ʃɔːthænd/ n (η) στενογραφία. ~ typist n (ο, η) στενογράφος
shortly /'ʃɔːtlɪ/ adv σε λίγο
shorts /ʃɔːts/ npl (τα) σορτσάκια
shot /ʃɒt/ see SHOOT. • n (ο) πυροβολισμός. (person) (ο) σκοπευτής, (η) σκοπεύτρια. (missile) (το) βλήμα. (photograph) (η) φωτογραφία. (injection) (η) ένεση. like a ~ (fam) σαν βολίδα. ~-gun n (το) κυνηγετικό όπλο
should /ʃʊd, ʃəd/ v aux I ~ go πρέπει να πάω. I ~ like θα ήθελα. if he ~ come αν έρθει. ~ I tell her? να της το πω; they ~ be there by now θα πρέπει να έχουν ήδη φτάσει
shoulder /'ʃəʊldə(r)/ n (ο) ώμος. • vt επωμίζομαι. ~-bag n (η) τσάντα ώμου ~-blade n (η) ωμοπλάτη. ~-strap n (η) τιράντα
shout /ʃaʊt/ n (η) κραυγή. • vt/i κραυγάζω, φωνάζω. ~ at βάζω τις φωνές σε. ~ down φωνάζω πιο δυνατά
shove /ʃʌv/ n (το) σπρώξιμο. • vt/i σπρώχνω/ομαι. • vt (put: fam) χώνω. ~ off (fam) στρίβω
shovel /'ʃʌvl/ n (το) φτυάρι. • vt (pt shovelled) φτυαρίζω
show /ʃəʊ/ vt (pt showed, pp shown) δείχνω. (put on display) εκθέτω. (film)

παρουσιάζω. (lead) οδηγώ. • vi φαίνομαι. • n (exhibition) (η) έκθεση. (ostentation) (η) επίδειξη. (theatr) (η) παράσταση. for ~ για επίδειξη. it's on ~ εκτίθεται. ~-down n (η) αναμέτρηση. ~-jumping n (οι) ιππικοί αγώνες. ~ s.o. in λέω σε κπ να περάσει. ~ off vt επιδεικνύω. • vi (fam) κάνω επίδειξη. ~-off n (fam) (ο) επιδειξίας. ~ out συνοδεύω έως την έξοδο. ~-piece n (το) πρότυπο. ~-place n (το) αξιοθέατο. ~ round δείχνω, συνοδεύω. ~ up vi φαίνομαι. (come: fam) εμφανίζομαι. • vt (unmask) ξεσκεπάζω. (embarrass: fam) φέρνω σε αμηχανία
shower /'ʃaʊə(r)/ n (η) μπόρα. (of blows etc.) (η) βροχή. (for washing) (το) ντους invar. • vi κάνω ντους. • vt ~ with κατακλύζω με. ~y a βροχερός
showerproof /'ʃaʊəpruːf/ a αδιάβροχος
showmanship /'ʃəʊmənʃɪp/ n (η) ικανότητα επίδειξης
shown /ʃəʊn/ see SHOW
showroom /'ʃəʊruːm/ n (η) έκθεση (αίθουσα)
showy /'ʃəʊɪ/ a (-ier, -iest) επιδεικτικός
shrank /ʃræŋk/ see SHRINK
shrapnel /'ʃræpnəl/ n (τα) θραύσματα από βλήμα
shred /ʃred/ n (το) κομμάτι (μακρύ και στενό). (fig) (το) ίχνος. • vt (pt shredded) κομματιάζω. (culin) κόβω σε μικρά κομμάτια. ~der n (culin) (ο) κόφτης
shrewd /ʃruːd/ a (-er, -est) καπάτσος. ~ness n (η) καπατσοσύνη
shriek /ʃriːk/ n (η) στριγκλιά. • vt/i στριγκλίζω
shrift /ʃrɪft/ n give s.o. short ~ δίνω λίγη σημασία σε κάποιον
shrill /ʃrɪl/ a στριγκός
shrimp /ʃrɪmp/ n (η) γαρίδα
shrine /ʃraɪn/ n (ο) ιερός τόπος
shrink /ʃrɪŋk/ vt/i (pt shrank, pp shrunk) ζαρώνω. (cloth) μπαίνω. (draw back) αποτραβιέμαι. ~ from αποφεύγω. ~age n (το) ζάρωμα, (το) μπάσιμο
shrivel /'ʃrɪvl/ vt/i (pt shrivelled) ζαρώνω
shroud /ʃraʊd/ n (το) σάβανο. (fig) (ο) πέπλος. • vt σαβανώνω, τυλίγω
Shrove /ʃrəʊv/ n ~ Tuesday (η) τελευταία μέρα της αποκριάς (των δυτικών)
shrub /ʃrʌb/ n (ο) θάμνος
shrug /ʃrʌg/ vt (pt shrugged) ~ (one's shoulders) σηκώνω τους ώμους (σε ένδειξη αδιαφορίας). • n (το) σήκωμα των ώμων. ~ off απορρίπτω με αδιαφορία
shrunk /ʃrʌŋk/ see SHRINK. ~en a ζαρωμένος
shudder /'ʃʌdə(r)/ vi ανατριχιάζω. • n (η) ανατριχίλα
shuffle /'ʃʌfl/ vi περπατώ σέρνοντας τα πόδια. • vt (feet) σέρνω. (cards) ανακατεύω. • n (το) σύρσιμο των ποδιών

shun /ʃʌn/ vt (pt shunned) αποφεύγω

shunt /ʃʌnt/ vt παραμερίζω

shush /ʃʊʃ/ int σιωπή

shut /ʃʌt/ vt/i (pt shut, pres p shutting)
κλείνω. **~-down** n (το) κλείσιμο. **~ up**
(fam) το βουλώνω **~ up!** (fam) σκασμός!

shutter /'ʃʌtə(r)/ n (το) παντζούρι. (photo)
(το) διάφραγμα

shuttle /'ʃʌtl/ n (η) σαΐτα. • vi
πηγαινοέρχομαι. **~ service** n (η) συχνή
και συνεχής συγκοινωνία μεταξύ δύο
σημείων

shuttlecock /'ʃʌtlkɒk/ n (το) μπαλάκι με
φτερά

shy /ʃaɪ/ a (-er, -est) ντροπαλός. • vi (pt
shied) (horse) κωλώνω. **~ away from**
οπισθοχωρώ μπροστά σε. **~ness** n (η)
ντροπαλότητα

Siamese /saɪə'miːz/ a σιαμαίος

sibling /'sɪblɪŋ/ n (ο, η) αμφιθαλής
(αδελφός, αδελφή)

Sicilly /'sɪsɪlɪ/ n (η) Σικελία

sick /sɪk/ a άρρωστος. (humour) νοσηρός.
(fed up: fam) αηδιασμένος. **be ~** (vomit)
κάνω εμετό. **feel ~** μου έρχεται εμετός.
be off ~ λείπω λόγω ασθενείας. **~-pay**
n (το) επίδομα ασθενείας. **~-room** n (η)
αίθουσα ασθενών

sicken /'sɪkən/ vt αηδιάζω. • vi
αρρωσταίνω. **be ~ing for** έχω τα πρώτα
συμπτώματα (with gen). **~ing** a
(disgusting) αηδιαστικός. (annoying:
fam) αποκαρδιωτικός

sickle /'sɪkl/ n (το) δρεπάνι

sickly /'sɪklɪ/ a (-ier, -iest) αρρωστιάρης.
(taste etc.) αηδιαστικός

sickness /'sɪknɪs/ n (η) αρρώστια.
(vomiting) (ο) εμετός

side /saɪd/ n (η) πλευρά. (of body) (το)
πλευρό. (of river) (η) όχθη. (sport) (η)
ομάδα. (fig) (το) μέρος. • a πλαϊνός. • vi
~ with παίρνω το μέρος (with gen). on
one **~** (aside) στην μπάντα, παράμερα.
on the **~** (as a sideline) επί πλέον. (pej)
στα κρυφά. **~ by ~** πλάι πλάι. **~-car** n
(το) καλάθι (μοτοσικλέτας). **~-door** n η
πλαϊνή πόρτα. **~-effect** n (η)
παρενέργεια. **~-road** n (η) πάροδος. **~-
saddle** n (η) γυναικεία σέλα. • adv
γυναικεία. **~-show** n (το) θέαμα (σε
έκθεση). **~-step** vt παρακάμπτω. **~-
street** n (το) δρομάκι (η) πάροδος. **~-
track** vt εκτρέπω

sideboard /'saɪdbɔːd/ n (ο) μπουφές. **~s**
npl (sl) (οι) φαβορίτες

sideburns /'saɪdbɜːnz/ npl (οι) φαβορίτες

sidelight /'saɪdlaɪt/ n (το) φως πορείας

sideline /'saɪdlaɪn/ n (η) δευτερεύουσα
δραστηριότητα

sidewalk /'saɪdwɔːk/ n (Amer) (το)
πεζοδρόμιο

sideways /'saɪdweɪz/ adv πλάγια. • a
πλάγιος

siding /'saɪdɪŋ/ n (η) παρακαμπτήριος
γραμμή

sidle /'saɪdl/ vi **~ up to** πλησιάζω δειλά

siege /siːdʒ/ n (η) πολιορκία

siesta /sɪ'estə/ n (ο) μεσημεριανός ύπνος

sieve /sɪv/ n (το) κόσκινο. • vt κοσκινίζω

sift /sɪft/ vt κοσκινίζω. • vi **~ through**
εξετάζω

sigh /saɪ/ n (ο) αναστεναγμός. • vi
αναστενάζω

sight /saɪt/ n (η) όραση. (spectacle) (το)
θέαμα. (on gun) (το) κλισιοσκόπιο. • vt
βλέπω. **on ~** μόλις δω (κάποιον ή κάτι).
catch ~ of sth κτ παίρνει το μάτι μου.
be in ~ φαίνομαι, είμαι ορατός. **lose ~
of** χάνω (από τα μάτια μου). **out of ~**
αθέατος. **be within ~ of** βλέπω

sightsee|ing /'saɪtsiːɪŋ/ n (η) επίσκεψη
στα αξιοθέατα. **~r** /-ə(r)/ n αυτός που
επισκέπτεται τα αξιοθέατα

sign /saɪn/ n (το) σημάδι. (notice) (η)
επιγραφή. • vt υπογράφω. **~ on** or **up**
vt/i προσλαμβάνω/ομαι. • vi (register)
εγγράφομαι

signal /'sɪɡnəl/ n (το) σήμα. • vt (pt
signalled) δίνω σήμα σε. • vi (person)
κάνω σήμα. **~-box** n (ο) σηματοδότης

signatory /'sɪɡnətrɪ/ n (ο) υπογράφων

signature /'sɪɡnətʃə(r)/ n (η) υπογραφή.
~ tune n (το) μουσικό σήμα
(προγράμματος)

signet-ring /'sɪɡnɪtrɪŋ/ n (το) δαχτυλίδι
με σφραγίδα

significan|t /sɪɡ'nɪfɪkənt/ a (important)
σημαντικός. (meaningful) γεμάτος
σημασία. **~ce** n (η) σημασία. (meaning)
(το) νόημα. **~tly** adv σημαντικά

signify /'sɪɡnɪfaɪ/ vt σημαίνω. (intimate)
εκφράζω. • vi έχω σημασία

signpost /'saɪnpəʊst/ n (η) πινακίδα

silence /'saɪləns/ n (η) σιωπή. • vt κάνω
να σωπάσει. **in ~** σιωπηλά. **~r** /-ə(r)/ n
(ο) αποσιωπητήρας, (το) σιλανσιέ invar

silent /'saɪlənt/ a σιωπηλός. (film) βουβός.
~ly adv σιωπηλά

silhouette /sɪluː'et/ n (η) σιλουέτα. • vt be
~d against η σιλουέτα μου
διαγράφεται σε

silicon /'sɪlɪkən/ n (το) πυρίτιο. **~ chip** n
(το) τσιπ πυριτίου

silk /sɪlk/ n (το) μετάξι. **~en**, **~y** adjs
μεταξένιος. **~worm** n (ο)
μεταξοσκώληκας

sill /sɪl/ n (το) περβάζι

silly /'sɪlɪ/ a (-ier, -iest) ανόητος

silo /'saɪləʊ/ n (pl -os) (το) σιλό invar

silt /sɪlt/ n (η) ιλύς

silver /'sɪlvə(r)/ n (το) ασήμι. (silverware)
(τα) ασημικά. • a ασημένιος. **~-plated** a
επάργυρος. **~ wedding** n (οι) αργυροί
γάμοι. **~y** a ασημένιος. (sound)
αργυρόηχος

silversmith /'sɪlvəsmɪθ/ n (ο) αργυροχόος

silverware /'sɪlvəweə(r)/ n (τα) ασημικά

similar /'sɪmɪlə(r)/ a παρόμοιος. ~**ity** /-ə'lærətɪ/ n (η) ομοιότητα. ~**ly** adv παρόμοια

simile /'sɪmɪlɪ/ n (η) παρομοίωση

simmer /'sɪmə(r)/ vt/i σιγοβράζω. • vi (fig) βράζω. ~ **down** καλμάρω

simpl|e /'sɪmpl/ a (-er, -est) απλός. (person) απλοϊκός. ~**e-minded** a αγαθός. ~**icity** /-'plɪsetɪ/ n (η) απλότητα. ~**y** adv απλά. (absolutely) τελείως. (merely) μόνο.

simpleton /'sɪmpltən/ n (το) κουτορνίθι

simplif|y /'sɪmplɪfaɪ/ vt απλοποιώ. ~**ication** /-ɪ'keɪʃn/ n (η) απλοποίηση

simulat|e /'sɪmjʊleɪt/ vt απομιμούμαι. ~**ion** /-'leɪʃn/ n (η) απομίμηση. ~**or** n (ο) εξομοιωτής

simultaneous /sɪml'teɪnɪəs/ a ταυτόχρονος. ~**ly** adv ταυτόχρονα

sin /sɪn/ n (η) αμαρτία. • vi (pt **sinned**) αμαρτάνω

since /sɪns/ prep από. • adv από τότε. • conj από τότε. (because) μια και, αφού. ~ **then** από τότε

sincer|e /sɪn'sɪə(r)/ a ειλικρινής. ~**ely** adv ειλικρινά. yours ~**ely** με τιμή. ~**ity** /-'serətɪ/ n (η) ειλικρίνεια

sinew /'sɪnjuː/ n (ο) τένοντας. ~**s** (το) νεύρο (δύναμη)

sinful /'sɪnfl/ a αμαρτωλός

sing /sɪŋ/ vt/i (pt **sang**, pp **sung**) τραγουδώ. ~**er** n (ο) τραγουδιστής, (η) τραγουδίστρια

singe /sɪndʒ/ vt (pres p **singeing**) καψαλίζω

single /'sɪŋgl/ a μόνος, ένας. (not double) μονός. (unmarried) ανύπαντρος. (room) μονόκλινος. (bed) μονός. • n (ticket) (το) εισιτήριο απλής διαδρομής. (record) (το) δισκάκι. ~**s** (tennis) το μονό παιγνίδι. • vt ~ **out** απομονώνω. (distinguish) ξεχωρίζω. **every** ~ **one** όλοι. not a ~ **one** ούτε ένας. ~**-handed** a & adv μόνος. ~**-minded** a με ένα σκοπό. **singly** adv ένας ένας

singlet /'sɪŋglɪt/ n (η) φανέλα (χωρίς μανίκια)

singsong /'sɪŋsɒŋ/ n **have a** ~ τραγουδάμε μαζί. • a **speak in a** ~ **voice** μιλώ με τραγουδιστό τρόπο

singular /'sɪŋgjʊlə(r)/ n (ο) ενικός (αριθμός). • a (uncommon) μοναδικός. (gram) ενικός. ~**ly** adv μοναδικά

sinister /'sɪnɪstə(r)/ a απειλητικός

sink /sɪŋk/ vt/i (pt **sank**, pp **sunk**) βυθίζομαι. • vi (ground) κατηφορίζω. (patient) εξασθενίζω. • vt (well) ανοίγω. (money) βάζω. • n (ο) νεροχύτης. ~ **in** χωνεύω

sinner /'sɪnə(r)/ n (ο) αμαρτωλός

sinus /'saɪnəs/ n (pl -**uses**) (ο) κόλπος

sip /sɪp/ n (η) ρουφηξιά. • vt (pt **sipped**) πίνω αργά

siphon /'saɪfən/ n (το) σιφόνι. • vt ~ **off** αναρροφώ (με σιφόνι)

sir /sɜː(r)/ n (ο) κύριος. **S**~ (title) σερ invar

siren /'saɪərən/ n (η) σειρήνα

sirloin /'sɜːlɔɪn/ n (το) κόντρα φιλέτο

sissy /'sɪsɪ/ n (η) αδελφή

sister /'sɪstə(r)/ n (η) αδερφή, (η) αδελφή. (nurse, nun) (η) αδελφή. ~**-in-law** n (pl ~**s-in-law**) (η) κουνιάδα. ~**ly** a αδελφικός

sit /sɪt/ vt/i (pt **sat**, pres p **sitting**) καθίζω/κάθομαι. • vi (committee etc.) συνεδριάζω. ~ **back** (fig) κάθομαι. ~ **down** κάθομαι. ~ **for** (exam) δίνω. (portrait) ποζάρω για. ~**-in** n (η) κατάληψη. ~ **up** ξενυχτώ. ~**ting** n (in restaurant) (το) σερβίρισμα. ~**ting-room** n (το) καθιστικό

site /saɪt/ n (ο) χώρος. (building) ~ (το) εργοτάξιο. • vt εγκαθιστώ

situat|e /'sɪtʃʊeɪt/ vt τοποθετώ. ~**ed** a που βρίσκεται. ~**ion** /-'eɪʃn/ n (place) (η) τοποθεσία. (state) (η) κατάσταση. (job) (η) θέση

six /sɪks/ a έξι. • n (το) έξι invar. ~**th** a έκτος. • n (το) έκτο

sixteen /sɪk'stiːn/ a δεκαέξι. • n (το) δεκαέξι. invar ~**th** a δέκατος έκτος. • n (το) δέκατο έκτο

sixt|y /'sɪkstɪ/ a εξήντα. • n (το) εξήντα invar. ~**ieth** a εξηκοστός. • n (το) εξηκοστό

size /saɪz/ n (το) μέγεθος. (of clothes) (το) νούμερο. (extent) (η) διάσταση. • vt ταξινομώ ανάλογα με μέγεθος. ~ **up** (fam) εκτιμώ. ~**able** a αρκετά μεγάλος

sizzle /'sɪzl/ vi τσιτσιρίζω

skate[1] /skeɪt/ n invar (fish) (το) σαλάχι

skat|e[2] /skeɪt/ n (το) πατίνι. (ice-skate) (το) παγοπέδιλο. • vi πατινάρω. (on ice) παγοδρομώ. ~**er** n (ο, η) παγοδρόμος. ~**ing** n (το) πατινάζ invar, (η) παγοδρομία. ~**ing-rink** n (ice) (το) παγοδρόμιο

skateboard /'skeɪtbɔːd/ n (το) σκέιτ μπορντ invar

skelet|on /'skelɪtn/ n (ο) σκελετός. ~**on key** n (το) αντικλείδι. ~**on staff** n (το) απαραίτητο προσωπικό. ~**al** a σκελετώδης

sketch /sketʃ/ n (το) σκίτσο. (theatr) (το) σκετς invar. • vt σκιτσάρω. ~**-book** n (το) τετράδιο ιχνογραφίας. ~**-map** n (το) διάγραμμα. ~ **out** δίνω σε γενικές γραμμές

sketchy /'sketʃɪ/ a (-ier, -iest) χωρίς λεπτομέρειες

skew /skjuː/ n **on the** ~ λοξά. ~**-whiff** a (fam) λοξά, στραβά

skewer /'skjʊə(r)/ n (η) σούβλα. (small) (το) σουβλί

ski /skiː/ n (pl -**is**) (το) σκι invar. • vi (pt **skied**, pres p **skiing**) κάνω σκι. **go** ~**ing**

πάω για σκι. **~-lift** n (το) τελεφερίκ για σκι invar. **~er** n (ο, η) σκιέρ invar. **~ing** n (το) σκι invar

skid /skɪd/ vi (pt **skidded**) γλιστρώ. • n (η) ολίσθηση

skilful /'skɪlfl/ a επιδέξιος

skill /skɪl/ n (η) δεξιοτεχνία. **~ed** a επιδέξιος. (worker) ειδικευμένος

skim /skɪm/ vt (pt **skimmed**) ξαφρίζω. (milk) αποβουτυρώνω. **~ over** περνώ ξυστά (πάνω από επιφάνεια). • vi **~ through** διαβάζω στα πεταχτά. **~med milk** n (το) αποβουτυρωμένο γάλα

skimp /skɪmp/ vt τσιγκουνεύομαι

skimpy /'skɪmpɪ/ a (-ier, -iest) σφιχτοχέρης. (clothes) τσουρούτικος

skin /skɪn/ n (το) δέρμα. • vt (pt **skinned**) γδέρνω. (fruit) ξεφλουδίζω. **~-deep** a επιφανειακός. **~-diving** n (το) υποβρύχιο κολύμπι. **~-tight** a εφαρμοστός

skinflint /'skɪnflɪnt/ n (ο) βεξηνταβελόνης

skinhead /'skɪnhed/ n (ο) σκίνχεντ invar

skinny /'skɪnɪ/ a (-ier, -iest) κοκαλιάρης

skint /skɪnt/ a (sl) απένταρος

skip¹ /skɪp/ vi (pt **skipped**) χοροπηδώ. • vt παραλείπω. • n (το) χοροπήδημα. **~ping-rope** n (το) σχοινάκι

skip² /skɪp/ n (container) (η) χοάνη φορτώσεως σκουπιδιών

skipper /'skɪpə(r)/ n (ο) καπετάνιος

skirmish /'skɜːmɪʃ/ n (η) αψιμαχία

skirt /skɜːt/ n (η) φούστα. • vt φέρνω γύρω. **~ing-board** n (το) σοβατεπί

skit /skɪt/ n (το) σατιρικό σκετς invar

skive /skaɪv/ vi (sl) αποφεύγω (ευθύνη ή δουλειά). **~ off** (sl) κάνω σκασιαρχείο

skulk /skʌlk/ vi περιφέρομαι στα κρυφά

skull /skʌl/ n (το) κρανίο. **~-cap** n (ο) σκούφος (που καλύπτει το πάνω μέρος του κεφαλιού)

skunk /skʌŋk/ n (η) μεφίτις. (person: fam) (το) βρομόσκυλο

sky /skaɪ/ n (ο) ουρανός. **~-blue** a ουρανής. • n (το) ουρανί

skylight /'skaɪlaɪt/ n (ο) φεγγίτης

skyscraper /'skaɪskreɪpə(r)/ n (ο) ουρανοξύστης

slab /slæb/ n (η) πλάκα

slack /slæk/ a (-er, -est) (not tight) χαλαρός. (person) αμελής. **business is ~** η δουλειά δεν πάει καλά. • n (of rope) (το) μπόσικο. • vi (fam) τεμπελιάζω

slacken /'slækən/ vi ατονώ. • vt χαλαρώνω. **~ off** λασκάρω

slacks /slæks/ npl (το) παντελόνι (σπορ)

slag /slæg/ n (η) σκουριά

slain /sleɪn/ see SLAY

slake /sleɪk/ vt σβήνω (τη δίψα)

slam /slæm/ vt/i (pt **slammed**) βρόντημα

slander /'slɑːndə(r)/ n (η) συκοφαντία. • vt συκοφαντώ. **~ous** a συκοφαντικός

slang /slæŋ/ n (η) αργκό invar. **~y** a της αργκό

slant /slɑːnt/ vt/i κλίνω. • vt (information) διαστρέφω. • n (slope) (η) κλίση. (point of view) (η) άποψη. **~ing** a πλάγιος

slap /slæp/ vt (pt **slapped**) χαστουκίζω. (put) χτυπώ (με δύναμη). • n (το) χαστούκι. • adv με τα μούτρα. **~ in the middle** καταμεσίς. **~-happy** a (fam) ανέμελος. **~-up** a (fam) πρώτης τάξης

slapdash /'slæpdæʃ/ a πρόχειρος

slapstick /'slæpstɪk/ n (η) χοντροκομμένη κωμωδία

slash /slæʃ/ vt (πετσο) κόβω. (prices etc.) περικόβω. • n (το) κόψιμο

slat /slæt/ n (η) πήχη σε γρίλια

slate /sleɪt/ n (η) πλάκα (σκεπής). • vt (fam) πλακοστρώνω (στέγη)

slaughter /'slɔːtə(r)/ vt σφάζω. • n (η) σφαγή

slaughterhouse /'slɔːtəhaʊs/ n (το) σφαγείο

slave /sleɪv/ n (ο) σκλάβος. • vi δουλεύω σαν σκλάβος. **~-driver** n (ο) απαιτητικός προϊστάμενος. **~ry** /-ərɪ/ n (η) σκλαβιά, (η) δουλεία

slavish /'sleɪvɪʃ/ a δουλικός

slay /sleɪ/ vt (pt **slew**, pp **slain**) σκοτώνω (βίαια)

sleazy /'sliːzɪ/ a (-ier, -iest) (fam) κακόφημος

sledge /sledʒ/ n (το) έλκηθρο. **~-hammer** n (η) βαριά

sleek /sliːk/ a (-er, -est) στιλπνός. (manner) λεπτός (στους τρόπους)

sleep /sliːp/ n (ο) ύπνος. • vi (pt **slept**) κοιμούμαι. • vt κοιμίζω. **go to ~** αποκοιμιέμαι. **~er** n (person) (ο) κοιμώμενος. (beam) (η) τραβέρσα. (sleeping-car) (το) βαγκόν λι invar. (berth) (η) κουκέτα. **~ing-bag** n (ο) υπνόσακος. **~ing-car** n (το) βαγκόν λι invar. **~ing-pill** n (το) υπνωτικό χάπι. **~less** a άγρυπνος. **~lessness** n (η) αγρυπνία. **~-walk** vi υπνοβατώ. **~-walker** n (ο) υπνοβάτης, (η) υπνοβάτισσα

sleeply /'sliːpɪ/ a (-ier, -iest) νυσταγμένος. **be ~y** νυστάζω. **~ily** adv νυσταγμένα

sleet /sliːt/ n (το) χιονόνερο. • vi πέφτει χιονόνερο

sleeve /sliːv/ n (το) μανίκι. (for record) (η) θήκη. **up one's ~** σε εφεδρεία. **~less** a χωρίς μανίκια

sleigh /sleɪ/ n (το) έλκηθρο

sleight /slaɪt/ n **~ of hand** (η) ταχυδακτυλουργία

slender /'slendə(r)/ a λεπτός. (fig) λιγοστός

slept /slept/ see SLEEP

sleuth /sluːθ/ n (το) λαγωνικό

slew¹ /sluː/ vi στρίβω απότομα

slew² /sluː/ see SLAY

slice /slaɪs/ n (η) φέτα. (implement) (η) σπάτουλα τάρτας. • vt κόβω φέτες. **~d bread** n (το) ψωμί για σάντουιτς

slick /slɪk/ *a* λείος. *(pej)* επιτήδειος. • *n* (oil) ~ (η) πετρελαιοκηλίδα

slide /slaɪd/ *vt/i (pt* **slid)** γλιστρώ. • *n* (το) γλίστρημα. *(in playground)* (η) τσουλήθρα. *(for hair)* (το) πιαστράκι *(των μαλλιών)*. *(photo)* (η) διαφάνεια. ~ **over** μόλις που θίγω *(θέμα)*. ~-**rule** *n* (ο) λογαριθμικός κανόνας. **sliding** *a* συρόμενος. **sliding door** *n* (η) συρτή πόρτα. **sliding scale** *n* (η) αναλογική κλίμακα

slight /slaɪt/ *a* (-er, -est) ελαφρός. *(slender)* λεπτός. *(frail)* αδύνατος. • *vt* περιφρονώ. • *n* (η) περιφρόνηση. **not in the** ~**est** καθόλου. ~**ly** *adv* ελαφρά

slim /slɪm/ *a* (**slimmer, slimmest)** λεπτός. • *vi (pt* **slimmed)** αδυνατίζω. ~**mer** *n* (το) άτομο που αδυνατίζει. ~**ming** *n* (το) αδυνάτισμα. • *a* αδυνατιστικός. ~**ness** *n* (η) λεπτότητα

slim|e /slaɪm/ *n* (ο) γλοιός. ~**y** *a* γλοιώδης

sling /slɪŋ/ *n* (η) σφεντόνα. • *vt (pt* **slung)** *(throw)* εκσφενδονίζω. κρεμώ

slink /slɪŋk/ *vi (pt* **slunk)** ~ **away** *or* **off** φεύγω κρυφά

slip /slɪp/ *vt/i (pt* **slipped)** γλιστρώ. *(go)* περνώ. • *n* (το) γλίστρημα. *(mistake)* (η) απροσεξία. *(petticoat)* (το) μεσοφόρι. *(paper)* (το) κομμάτι χαρτί. **give s.o. the** ~ ξεφεύγω από κπ. ~ **away** φεύγω απαρατήρητος. ~ **into** *(clothes)* φορώ γρήγορα. ~ **of the tongue** *n* (η) παραδρομή της γλώσσας. ~ **on** *(clothes)* φορώ γρήγορα. ~-**road** *n* (η) λωρίδα εξόδου ή εισόδου *(σε αυτοκινητόδρομο)*. ~ **s.o.'s mind** μου διαφεύγει. ~ **up** *(fam)* κάνω λάθος. ~-**up** *n* *(fam)* λάθος. ~**ped disc** *n* (ο) ολισθαίνων δίσκος

slipper /'slɪpə(r)/ *n* (η) παντόφλα

slippery /'slɪpəri/ *a* ολισθηρός

slipshod /'slɪpʃɒd/ *a* απρόσεκτος

slipway /'slɪpweɪ/ *n* (η) ναυπηγική σχάρα

slit /slɪt/ *n* (η) σχισμή. • *vt (pt* **slit,** *pres p* **slitting)** σχίζω

slither /'slɪðə(r)/ *vi* γλιστρώ

sliver /'slɪvə(r)/ *n* (η) σχίζα

slobber /'slɒbə(r)/ *vi* μου τρέχουν τα σάλια

slog /slɒg/ *vt (pt* **slogged)** *(hit)* χτυπώ δυνατά. • *vi (work)* μοχθώ. • *n* (η) σκληρή δουλειά

slogan /'sləʊgən/ *n* (το) σλόγκαν *invar*

slop /slɒp/ *vt (pt* **slopped)** χύνω. • *vi* ξεχειλίζω. ~**s** *npl* (το) νερόπλυμα

slop|e /sləʊp/ *vi (lean)* κλίνω ~ **down** κατηφορίζω. • *n* (η) κλίση *(εδάφους)*. ~**ing** *a* κεκλιμένος

sloppy /'slɒpɪ/ *a* (-ier, -iest) γεμάτος νερά. *(work)* τσαπατσούλικος. *(person)* τσαπατσούλης. *(sentimental)* σαχλός

slosh /slɒʃ/ *vi* τσαλαβουτώ. • *vt (hit: sl)* κοπανώ. *(pour: fam)* περιχύνω

slot /slɒt/ *n* (η) εγκοπή. • *vt (pt* **slotted)** τοποθετώ *(σε εγκοπή)*. • *vi* ~ **in** ταιριάζω, μπαίνω στη θέση. ~-**machine** *n* (ο) χρηματοδέκτης

slouch /slaʊtʃ/ *vi* καμπουριάζω

slovenl|y /'slʌvnlɪ/ *a* ατημέλητος. ~**iness** *n* (η) ατημελησία

slow /sləʊ/ *a* (-er, -est) αργός. • *adv* αργά. • *vt* ~ **(down/up)** επιβραδύνω. • *vi* κόβω ταχύτητα. **be** ~ αργώ. *(clock)* πηγαίνω πίσω. **in** ~ **motion** σε αργή κίνηση. ~**ly** *adv* αργά. ~**ness** *n* (η) βραδύτητα

slowcoach /'sləʊkəʊtʃ/ *n* (ο) κοιμισμένος

sludge /slʌdʒ/ *n* (ο) βούρκος

slug /slʌg/ *n* (ο) γυμνοσάλιαγκας. *(bullet)* (το) βλήμα *(όπλου)*

sluggish /'slʌgɪʃ/ *a* βραδύς

sluice /sluːs/ *n (gate)* (το) φράγμα. *(channel)* (ο) οχετός διαρροής

slum /slʌm/ *n* (η) τρώγλη. ~**s** (η) βρόμικη φτωχογειτονιά

slumber /'slʌmbə(r)/ *n* (ο) ήσυχος ύπνος. • *vi* κοιμάμαι ήσυχα

slump /slʌmp/ *n* (η) απότομη πτώση. *(in business)* (η) οικονομική κρίση. • *vi* πέφτω απότομα. *(flop down)* σωριάζομαι

slung /slʌŋ/ *see* SLING

slunk /slʌŋk/ *see* SLINK

slur /slɜː(r)/ *vt/i (pt* **slurred)** δεν αρθρώνω καθαρά. • *n* (η) μη καθαρή άρθρωση. *(discredit)* (το) στίγμα

slush /slʌʃ/ *n* (το) λασπονέρι. *(fig)* (η) σαχλαμάρα. ~**y** *a* λασπερός. *(fig)* γλυκανάλατος

slut /slʌt/ *n* (η) τσούλα

sly /slaɪ/ *a* **(slyer, slyest)** *(crafty)* ύπουλος. *(secretive)* κρυφός. *(mischievous)* πονηρός. **on the** ~ στα κρυφά. ~**ly** *adv* ύπουλα, πονηρά

smack /smæk/ *n* *(taste, hint)* (η) γεύση. *(hit)* (το) χτύπημα. *(on face)* (το) χαστούκι. • *vt* δέρνω. • *vi* ~ **of** μυρίζω. • *adv (fam)* ίσια

small /smɔːl/ *a* (-er, -est) μικρός. • *n* ~ **of the back** (το) στένωμα της πλάτης. **feel** ~ νιώθω ταπεινωμένος. ~ **ads** *npl* (οι) μικρές αγγελίες. ~ **change** *n* (τα) ψιλά. ~ **talk** *n* (η) ψιλοκουβέντα. ~-**time** *a (fam)* ασήμαντος

smallholding /'smɔːlhəʊldɪŋ/ *n* (το) μικρό κτήμα

smallpox /'smɔːlpɒks/ *n* (η) ευλογιά

smarmy /'smaːmɪ/ *a* (-ier, -iest) *(fam)* γαλίφης

smart /smaːt/ *a* (-er, -est) *(elegant)* κομψός. *(clever)* έξυπνος. *(brisk)* σβέλτος. • *vi* τσούζω. ~**ly** *adv* κομψά, έξυπνα, σβέλτα. ~**ness** *n* (η) κομψότητα, (η) εξυπνάδα

smarten /'sma:tn/ *vt/i* ~ **up** φρεσκάρω/ ομαι. ~ **(o.s.) up** (*become smarter*) κομψεύομαι

smash /smæʃ/ *vt/i* (*crash*) κάνω/γίνομαι κομμάτια. • *vt* (*opponent*) συντρίβω. • *n* (*noise*) (το) χτύπημα. (*collision*) (η) σύγκρουση. (*ruin*) (η) συντριβή. ~ **down** *or* **in** (*door*) σπάζω

smashing /'smæʃɪŋ/ *a* (*fam*) περίφημος

smattering /'smætərɪŋ/ *n* (το) πασάλειμμα

smear /smɪə(r)/ *vt* (*mark*) μουντζουρώνω. (*coat*) πασαλείφω. (*fig*) κηλιδώνω (*το όνομα*). • *n* (*mark*) (το) μουντζούρωμα. (*med*) (το) επίχρισμα

smell /smel/ *n* (η) οσμή, (η) μυρωδιά. (*sense*) (η) όσφρηση. • *vt/i* (*pt* **smelt** *or* **smelled**) μυρίζω/ομαι. ~ **of** μυρίζω. ~**y** *a* δύσοσμος

smelt¹ /smelt/ *see* SMELL

smelt² /smelt/ *vt* λιώνω (*μέταλλο*)

smile /smaɪl/ *n* (το) χαμόγελο. • *vi* χαμογελώ. ~ **at** χαμογελώ σε

smirk /smɜ:k/ *n* (το) ανόητο χαμόγελο (*αυταρέσκειας*). • *vi* χαμογελώ προσποιητά

smith /smɪθ/ *n* (ο) σιδεράς

smithereens /ˌsmɪðə'ri:nz/ *npl* **to** *or* **in** ~ σε θρύψαλα

smock /smɒk/ *n* (η) μπλούζα (*καλλιτέχνη*)

smog /smɒg/ *n* (το) νέφος

smoke /sməʊk/ *n* (ο) καπνός. • *vt/i* καπνίζω. ~**d** *a* (*culin*) καπνιστός. ~**less** *a* άκαπνος. ~**r** /-ə(r)/ *n* (ο) καπνιστής, (η) καπνίστρια. ~**-screen** *n* (το) προπέτασμα καπνού. **smoking** *n* (το) κάπνισμα. **no smoking** απαγορεύεται το κάπνισμα. **smoky** *a* γεμάτος καπνούς

smooth /smu:ð/ *a* (*-er, -est*) ομαλός. (*movement*) ήσυχος. (*sea*) γαλήνιος. (*liquid, paste*) λείος. (*manners*) γαλίφης. • *vt* λειαίνω. ~**ly** *adv* ομαλά

smother /'smʌðə(r)/ *vt* πνίγω (*στερώντας αέρα*)

smoulder /'sməʊldə(r)/ *vi* σιγοκαίω

smudge /smʌdʒ/ *n* (η) μουντζαλιά. • *vt/i* μουντζαλώνω

smug /smʌg/ *a* (**smugger, smuggest**) αυτάρεσκος. ~**ly** *adv* αυτάρεσκα. ~**ness** *n* (η) αυταρέσκεια

smuggl|e /'smʌgl/ *vt* περνώ λαθραία. ~**er** *n* (ο) λαθρέμπορος. ~**ing** *n* (το) λαθρεμπόριο

smut /smʌt/ *n* (η) μουντζούρα. ~**ty** *a* (*-ier, -iest*) μουντζουρωμένος. (*fig*) πρόστυχος

snack /snæk/ *n* (το) σνακ *invar*. ~**-bar** *n* (το) σνάκμπαρ *invar*

snag /snæg/ *n* (η) δυσκολία. (*in cloth*) (το) πιάσιμο

snail /sneɪl/ *n* (το) σαλιγκάρι. **at** ~**'s pace** με βήμα χελώνας

snake /sneɪk/ *n* (το) φίδι

snap /snæp/ *vt/i* (*pt* **snapped**) (*break*) σπάζω. (*say*) αποπαίρνω. • *n* (*sound*) (ο) ξηρός κρότος. (*photograph*) (το) ενσταντανέ *invar*. • *a* ξαφνικός. ~ **at** (*bite*) προσπαθώ να δαγκώσω. (*speak*) μιλώ απότομα. ~ **up** αναρπάζω

snappy /'snæpɪ/ *a* (*-ier, -iest*) (*lively*) ζωηρός. (*brusque*) απότομος. **make it** ~**!** (*fam*) κάνε γρήγορα!

snapshot /'snæpʃɒt/ *n* (το) ενσταντανέ *invar*

snare /sneə(r)/ *n* (η) παγίδα

snarl /sna:l/ *vi* γρυλίζω. • *n* (ο) γρυλισμός

snatch /snætʃ/ *vt* αρπάζω. (*steal*) βουτώ. • *n* (το) άρπαγμα. (*short part*) (το) κομματάκι. (*theft*) (το) βούτηγμα

sneak /sni:k/ *vi* κινούμαι κρυφά. (*schol, sl*) ~ **on** μαρτυρώ. • *n* (*schol, sl*) (ο) μαρτυριάρης. ~ **in/out** μπαίνω/βγαίνω κρυφά. ~**y** *a* ύπουλος

sneakers /'sni:kəz/ *npl* (τα) πάνινα παπούτσια

sneaking /'sni:kɪŋ/ *a* κρυφός

sneer /snɪə(r)/ *n* (ο) περιφρονητικός μορφασμός. • *vi* μιλώ περιφρονητικά

sneeze /sni:z/ *n* (το) φτάρνισμα. • *vi* φταρνίζομαι

snide /snaɪd/ *a* (*fam*) περιφρονητικός

sniff /snɪf/ *vi* ρουφώ με τη μύτη. • *n* (η) ρουφηξιά

snigger /'snɪgə(r)/ *n* (το) κρυφό γέλιο. • *vi* κρυφογελώ

snip /snɪp/ *vt* (*pt* **snipped**) ψαλιδίζω. • *n* (το) ψαλίδισμα. (*bargain: sl*) (η) ευκαιρία

snipe /snaɪp/ *vi* πυροβολώ (*από κρυφό σημείο σκοπεύσεως*). ~**r** /-ə(r)/ *n* (ο) ελεύθερος σκοπευτής

snippet /'snɪpɪt/ *n* (το) κομματάκι

snivel /'snɪvl/ *vi* (*pt* **snivelled**) κλαψουρίζω. ~**ling** *a* κλαψουριστός

snob /snɒb/ *n* (ο) σνομπ *invar*. ~**bery** *n* (ο) σνομπισμός. ~**bish** *a* σνομπ *invar*

snooker /'snu:kə(r)/ *n* είδος μπιλιάρδου με 22 μπίλιες

snoop /snu:p/ *vi* (*fam*) χώνω το μύτη μου

snooty /'snu:tɪ/ *a* (*-ier, -iest*) (*fam*) ψηλομύτης

snooze /snu:z/ *n* (ο) υπνάκος. • *vi* τον παίρνω

snore /snɔ:(r)/ *vi* ροχαλίζω. • *n* (το) ροχαλητό

snorkel /'snɔ:kl/ *n* (ο) αναπνευστήρας

snort /snɔ:t/ *n* (το) ρουθούνισμα. • *vi* ρουθουνίζω

snout /snaʊt/ *n* (η) μουσούδα

snow /snəʊ/ *n* (το) χιόνι. • *vi* χιονίζω. **be** ~**ed under with** πνίγομαι από. ~**-drift** *n* (η) χιονοστιβάδα. ~**-plough** *n* (ο) εκχιονιστήρας. ~**y** *a* χιονισμένος

snowball /'snəʊbɔ:l/ *n* (η) χιονόσφαιρα

snowdrop /'snəʊdrɒp/ *n* (ο) γάλανθος

snowfall /'snəʊfɔ:l/ *n* (η) χιονόπτωση

snowflake /'snəʊfleɪk/ n (η) νιφάδα
snowman /'snəʊmæn/ n (pl -men) (ο) χιονάνθρωπος
snowstorm /'snəʊstɔːm/ n (η) χιονοθύελλα
snub /snʌb/ vt (pt snubbed) ταπεινώνω. • n (η) ταπείνωση
snub-nosed /'snʌbnəʊzd/ a με ανασηκωτή μύτη
snuff¹ /snʌf/ n (ο) ταμπάκος
snuff² /snʌf/ vt ~ (out) (candle) σβήνω
snuffle /'snʌfl/ vi ρουφώ τη μύτη μου
snug /snʌg/ a (snugger, snuggest) αναπαυτικός και ζεστός. (tight) εφαρμοστός
snuggle /'snʌgl/ vi ~ up to s.o. σφίγγομαι πάνω σε κπ
so /səʊ/ adv τόσο. (thus) έτσι. • conj κι έτσι. • a & pron τάδε. and ~ forth or on και ούτω καθεξής. I think ~ έτσι νομίζω. if ~ αν ναι. or ~ περίπου. ~ am I κι εγώ επίσης. ~-and-~ n (ο) τάδε. ~ as to ούτως ώστε, για να. ~-called or phrase. ~ far μέχρι τώρα. ~ far as I know εξόσων γνωρίζω. ~ long! (fam) γεια! ~ long as εφόσον. ~ much τόσο πολύ. ~-~ a μέτριος. • adv έτσι κι έτσι. ~ that conj έτσι ώστε. ~ (what)? (fam) και τι μ' αυτό; that is ~ έτσι είναι
soak /səʊk/ vt/i μουσκεύω. (of liquid) διαβρέχω. • n (το) μούσκεμα. ~ in διαποτίζω. ~ up απορροφώ. ~ing a μουσκεμένος. • n (το) μούσκεμα
soap /səʊp/ n (το) σαπούνι. • vt σαπουνίζω. ~ opera n (η) σαπουνόπερα. ~ powder n (η) σκόνη πλυσίματος. ~y a με σαπουνάδα
soar /sɔː(r)/ vi ανέρχομαι
sob /sɒb/ n (ο) λυγμός. • vi (pt sobbed) κλαίω με λυγμούς
sober /'səʊbə(r)/ a σοβαρός. (not drunk) νηφάλιος. (abstemious) εγκρατής. (colour, style) μουντός. • vt/i ~ up ξεμεθώ
soccer /'sɒkə(r)/ n (το) ποδόσφαιρο
sociable /'səʊʃəbl/ a κοινωνικός
social /'səʊʃl/ a κοινωνικός. • n (η) φιλική συγκέντρωση. ~ly adv κοινωνικά. ~ life n (η) κοινωνική ζωή. ~ security n (η) κοινωνική ασφάλιση. ~ worker n (ο, η) κοινωνικός λειτουργός
socialis|t /'səʊʃəlɪst/ a σοσιαλιστικός. • n (ο) σοσιαλιστής, (η) σοσιαλίστρια. ~m /-zəm/ n (ο) σοσιαλισμός
socialize /'səʊʃəlaɪz/ vi κοινωνικοποιώ. ~ with συναναστρέφομαι
society /sə'saɪətɪ/ n (η) κοινωνία
sociolog|y /ˌsəʊsɪ'ɒlədʒɪ/ n (η) κοινωνιολογία. ~ical /-ə'lɒdʒɪkl/ κοινωνιολογικός. ~ist n (ο, η)
sock¹ /sɒk/ n (η) κάλτσα
sock² /sɒk/ vt (fam) βαρώ. • n (fam) (το) χτύπημα

socket /'sɒkɪt/ n (of eye) (η) κόγχη. (of joint) (το) κοίλωμα. (for plug) (η) υποδοχή. (for light-bulb) (το) ντουί invar
soda /'səʊdə/ n (η) σόδα. ~ water n (η) σόδα
sodden /'sɒdn/ a μουσκεμένος
sodium /'səʊdɪəm/ n (το) νάτριο
sofa /'səʊfə/ n (ο) καναπές
soft /sɒft/ a (-er, -est) μαλακός. (sound) ελαφρός. (light, colour) απαλός. (gentle) μαλακός. (silly) χαζός. ~-boiled μελάτος (για αβγά). ~ drink n (το) αναψυκτικό. ~ spot n (η) αδυναμία. ~ly adv μαλακά, απαλά. ~ness n (η) μαλακότητα, (η) απαλότητα
soften /'sɒfn/ vt/i μαλακώνω. (tone down) απαλύνω. ~er n (for clothes) (το) μαλακτικό (ρούχων). (for water) (το) αποσκληρυντικό
software /'sɒftweə(r)/ n (το) λογισμικό, (το) σοφτγουέρ
soggy /'sɒgɪ/ a (-ier, -iest) μουσκεμένος. (food) λασπωμένος
soil¹ /sɔɪl/ n (το) έδαφος
soil² /sɔɪl/ vt/i λερώνω/ομαι
solace /'sɒləs/ n (η) παρηγοριά
solar /'səʊlə(r)/ a ηλιακός
sold /səʊld/ see SELL
solder /'sɒldə(r)/ n (το) συγκολλητικό. • vt συγκολλώ
soldier /'səʊldʒə(r)/ n (ο) στρατιώτης. • vi ~ on (fam) συνεχίζω της προσπάθειες μου
sole¹ /səʊl/ n (of foot) (το) πέλμα. (of shoe) (η) σόλα
sole² /səʊl/ n (fish) (η) γλώσσα
sole³ /səʊl/ a αποκλειστικός. ~ly adv αποκλειστικά
solemn /'sɒləm/ a σοβαρός. ~ity /sə'lemnətɪ/ n (η) σοβαρότητα. ~ly adv σοβαρά
solicit /sə'lɪsɪt/ vt ζητώ. • vt/i (prostitute) ψωνίζω
solicitor /sə'lɪsɪtə(r)/ n δικηγόρος με ειδίκευση σε κατώτερα δικαστήρια
solid /'sɒlɪd/ a (not hollow) στερεός. (gold) ατόφιος. (meal) κανονικός. (unanimous) ομόφωνος. • n (το) στερεό. ~ity /sə'lɪdətɪ/ n (η) στερεότητα. ~ly adv στερεά, ομόφωνα
solidarity /ˌsɒlɪ'dærətɪ/ n (η) αλληλεγγύη
solidify /sə'lɪdɪfaɪ/ vt/i στερεοποιώ/ούμαι
soliloquy /sə'lɪləkwɪ/ n (ο) μονόλογος
solitary /'sɒlɪtrɪ/ a μοναχικός
solitude /'sɒlɪtjuːd/ n (η) μοναξιά
solo /'səʊləʊ/ n (pl -os) (mus) (η) μονωδία. • a (mus) σόλο invar. • adv σόλο. ~ flight n (το) σόλο invar. ~ist n (ο, η) σολίστ invar
solstice /'sɒlstɪs/ n (το) ηλιοστάσιο
soluble /'sɒljʊbl/ a διαλυτός
solution /sə'luːʃn/ n (η) λύση. (liquid) (το) διάλυμα

solv|e /splv/ *vt* λύνω. **~able** *a* που μπορεί να λυθεί

solvent /'splvənt/ *a* (*comm*) φερέγγυος. • *n* (το) διαλυτικό

sombre /'spmbə(r)/ *a* ζοφερός. (*clothes*) σκούρος

some /sʌm/ *a* (*quantity*) λίγος. (*number*) μερικοί. (*unspecified*) κάποιος. (*contrasted with others*) μερικοί. • *pron* άλλος. (*certain quantity*) ένα μέρος. (*a little*) λίγος. • *adv* περίπου. **I want ~** θέλω λίγο. **would you like ~ wine?** θέλετε λίγο κρασί; **~ day** μια μέρα. **~ of us** μερικοί από μας. **~ two hours** περίπου δυο ώρες

somebody /'sʌmbədɪ/ *pron* κάποιος. • *n* (ο) κάποιος

somehow /'sʌmhaʊ/ *adv* κάπως

someone /'sʌmwʌn/ *pron* & *n* = **somebody**

somersault /'sʌməsɔːlt/ *n* (η) τούμπα. • *vi* κάνω τούμπα

something /'sʌmθɪŋ/ *pron* κάτι. **~ good/new**/*etc.* κάτι καλό/καινούριο/κλπ. **~ like** κάτι σαν. (*approximately*) περίπου σαν. **~ to eat/read**/*etc.* κάτι να φάω/διαβάσω/κλπ

sometime /'sʌmtaɪm/ *adv* κάποτε. **~ last summer** πέρσι το καλοκαίρι. • *a* πρώην

sometimes /'sʌmtaɪmz/ *adv* πότε πότε

somewhat /'sʌmwɒt/ *adv* κάπως

somewhere /'sʌmweə(r)/ *adv* κάπου

son /sʌn/ *n* (ο) γυιος. **~-in-law** *n* (*pl* **~s-in-law**) (ο) γαμπρός (*σύζυγος της κόρης*)

sonata /sə'nɑːtə/ *n* (η) σονάτα

song /spŋ/ *n* (το) τραγούδι. (*of bird*) (το) κελάηδημα. **go for a ~** (*fam*) πουλώ για ένα κομμάτι ψωμί. **~-book** *n* (η) συλλογή τραγουδιών

sonic /'spnɪk/ *a* ηχητικός. **~ bang** *or* **boom** *n* (η) ηχητική έκρηξη

sonnet /'spnɪt/ *n* (το) σονέτο

soon /suːn/ *adv* (**-er, -est**) σύντομα. (*in a short time*) σε λίγο. **as ~ as** μόλις. **as ~ as possible** το συντομότερο δυνατόν. **I would ~er go** θα προτιμούσα να πάω. **~ after** λίγο μετά. **~er or later** αργά ή γρήγορα

soot /sʊt/ *n* (η) καπνιά. **~y** *a* γεμάτος καπνιά

sooth|e /suːð/ *vt* ησυχάζω. (*relieve*) ανακουφίζω. **~ing** *a* καθησυχαστικός, ανακουφιστικός

sophisticated /sə'fɪstɪkeɪtɪd/ *a* σοφιστικέ *invar*. (*complex*) περίπλοκος

soporific /sppə'rɪfɪk/ *a* υπνωτικός

sopping /'sppɪŋ/ *a* **~ (wet)** μούσκεμα

soppy /'sppɪ/ *a* (**-ier, -iest**) (*fam*) σαχλός

soprano /sə'prɑːnəʊ/ *n* (*pl* **-os**) (η) σοπράνο *invar*

sorcerer /'sɔːsərə(r)/ *n* (ο) μάγος

sordid /'sɔːdɪd/ *a* χυδαίος

sore /'sɔː(r)/ *a* (**-er, -est**) πονεμένος. (*distressed*) πειραγμένος. (*vexed*) πικραμένος. • *n* (η) πληγή. **~ throat** *n* (ο) πονόλαιμος

sorely /'sɔːlɪ/ *adv* βαριά. (*greatly*) πολύ

sorrow /'sprəʊ/ *n* (η) θλίψη. **~ful** *a* θλιμμένος

sorry /'sprɪ/ *a* (**-ier, -iest**) λυπημένος. (*wretched*) ελεεινός. **be ~** (*repent*) μετανιώνω. **be** *or* **feel ~ for** (*pity*) λυπούμαι. **~!** συγνώμη!

sort /sɔːt/ *n* (το) είδος. (*person: fam*) (ο) τύπος. **~ of** ξεδιαλέγω. **be out of ~s** είμαι αδιάθετος. **~ out** (*separate*) ξεχωρίζω. (*choose*) διαλέγω. (*problem*) διευθετώ

SOS *n* (το) ΣΟΣ

soufflé /'suːfleɪ/ *n* (το) σουφλέ *invar*

sought /sɔːt/ *see* SEEK

soul /səʊl/ *n* (η) ψυχή. **not a ~** ούτε ψυχή

soulful /'səʊlfl/ *a* γεμάτος συγκίνηση

sound¹ /saʊnd/ *n* (ο) ήχος. • *vt/i* ηχώ. (*seem*) φαίνομαι. **~ as if** μοιάζω. **~ barrier** *n* (το) φράγμα του ήχου. **~ effect** *n* (το) ηχητικό εφέ *invar*. **~-proof** *a* ηχομονωτικός. **~-track** *n* (το) σάουντρακ *invar*

sound² /saʊnd/ *a* (**-er, -est**) γερός. (*healthy*) υγιής. (*sensible*) φρόνιμος. (*secure*) ασφαλής. **~ asleep** σε βαθύ ύπνο. **~ly** *adv* καλά, βαθιά

sound³ /saʊnd/ *vt* (*test*) βολιδοσκοπώ

soup /suːp/ *n* (η) σούπα. **be in the ~** (*fam*) έχω μπλέξει άσχημα

sour /'saʊə(r)/ *a* (**-er, -est**) ξινός. (*fruit*) στυφός. (*not fresh*) ξινισμένος. (*fig*) στρυφνός. • *vt/i* ξινίζω

source /sɔːs/ *n* (η) πηγή

south /saʊθ/ *n* (ο) νότος. • *a* νότιος. • *adv* προς το νότο. **S~ Africa/America** *ns* (η) Νότιος Αφρική/Αμερική. **S~ African** *a* νοτιοαφρικανικός. • *n* (ο) Νοτιοαφρικανός, (η) Νοτιοαφρικανή. **S~ American** *a* νοτιοαμερικάνικος. • *n* (ο) Νοτιοαμερικανός, (η) Νοτιοαμερικανίδα. **~-east** *n* (η) νοτιοανατυλική περιοχή. • *a* νοτιοανατολικός. **~erly** /'sʌðəlɪ/ *a* νότιος. **~ward** *a* προς το νότο. **~wards** *adv* προς το νότο. **~-west** *n* (η) νοτιοδυτική περιοχή. • *a* νοτιοδυτικός

southern /'sʌðən/ *a* νότιος. **~er** *n* (ο) νότιος

souvenir /suːvə'nɪə(r)/ *n* (το) σουβενίρ *invar*

sovereign /'spvrɪn/ *n* (ο) άρχοντας. • *a* κυρίαρχος. **~ty** *n* (η) κυριαρχία

Soviet /'səʊvɪət/ *a* σοβιετικός. **~ Union** *n* (η) Σοβιετική Ενωση

sow¹ /səʊ/ *vt* (*pt* **sowed**, *pp* **sowed** *or* **sown**) σπέρνω

sow² /saʊ/ *n* (η) γουρούνα

soya /'sɔɪə/ *n* **~ bean** (η) σόγια

spa /spɑː/ n (η) ιαματική πηγή

space /speɪs/ n (το) διάστημα. (room) (ο) χώρος. • a (research etc.) διαστημικός. • vt ~ **out** αραιώνω

space|craft /'speɪskrɑːft/ n invar, ~**ship** n (το) διαστημόπλοιο. ~**suit** n (η) στολή αστροναυτών

spacious /'speɪʃəs/ a ευρύχωρος

spade /speɪd/ n (το) φτυάρι. (for child) (το) φτυαράκι. ~**s** (cards) (τα) μπαστούνια

spaghetti /spə'geti/ n (το) σπαγέτο

Spa|in /speɪn/ n (η) Ισπανία. ~**niard** /'spænɪəd/ n (ο) Ισπανός, (η) Ισπανίδα. ~**nish** /'spænɪʃ/ a ισπανικός. • n (lang) (τα) ισπανικά

span[1] /spæn/ n (η) σπιθαμή. (of time) (το) διάστημα. (of wings, arch) (το) άνοιγμα. • vt (pt **spanned**) περνώ πάνω από

span[2] /spæn/ see SPICK

spaniel /'spænɪəl/ n (το) σπάνιελ invar. (σκυλί)

spank /spæŋk/ vt δέρνω (με την παλάμη του χεριού). ~**ing** n (το) ξύλο (ιδιαίτερα στον πισινό)

spanner /'spænə(r)/ n (το) (γαλλικό) κλειδί

spar /spɑː(r)/ vi (pt **sparred**) προπονούμαι (στην πυγμαχία). (argue) λογομαχώ

spare /speə(r)/ vt (show mercy to) λυπούμαι. (do without) περισσεύω. (afford to give) διαθέτω. • a εφεδρικός. (person) ξερακιανός. (metal etc.) λιτός. • n ~ (**part**) (το) ανταλλακτικό. ~ **no expense** δε λυπάμαι τα έξοδα. ~ **room** n (το) διαθέσιμο δωμάτιο ~ **time** n (ο) ελεύθερος χρόνος. ~ **wheel** n (η) ρεζέρβα. **to** ~ περίσσιος

sparing /'speərɪŋ/ a φειδωλός. ~**ly** adv με οικονομία

spark /spɑːk/ n (ο) σπινθήρας. • vt ~ **off** προκαλώ. ~(**ing**)-**plug** n (auto) (το) μπουζί

sparkl|e /'spɑːkl/ vi σπινθηροβολώ. • n (το) σπινθηροβόλημα. ~**ing** a σπινθηροβόλος. (wine) αφρώδης

sparrow /'spærəʊ/ n (το) σπουργίτι

sparse /spɑːs/ a αραιός. ~**ly** adv αραιά

spartan /'spɑːtn/ a λιτός

spasm /'spæzəm/ n (ο) σπασμός. (of coughing etc.) (ο) παροξυσμός

spasmodic /spæz'mɒdɪk/ a σπασμωδικός

spastic /'spæstɪk/ n (ο) σπαστικός. • a σπαστικός

spat /spæt/ see SPIT[1]

spate /speɪt/ n (η) πλημμύρα. **a** ~ **of** πλήθος (with acc.)

spatial /'speɪʃl/ a διαστημικός

spatter /'spætə(r)/ vt/i πιτσιλίζω/ομαι

spatula /'spætjʊlə/ n (η) σπάτουλα

spawn /spɔːn/ n (τα) αβγά (ψαριών και αμφιβίων). • vi γεννώ αβγά (για ψάρια). • vt (generate) δημιουργώ

speak /spiːk/ vt/i (pt **spoke**, pp **spoken**) μιλώ. **roughly/strictly** ~**ing** μιλώντας πρόχειρα/ακριβολογώντας. ~ **for** μιλώ για λογαριασμό (with gen). ~ **up** μιλώ πιο δυνατά

speaker /'spiːkə(r)/ n (in public) (ο) ομιλητής, (η) ομιλήτρια. (loudspeaker) (το) μεγάφωνο. **be an Italian** ~ μιλώ ιταλικά

spear /spɪə(r)/ n (το) δόρυ

spearhead /'spɪəhed/ n (η) αιχμή. • vt αποτελώ την αιχμή (with gen)

spearmint /'spɪəmɪnt/ n (ο) δυόσμος

spec /spek/ n **on** ~ (fam) στην τύχη

special /'speʃl/ a ειδικός. ~**ity** /-ɪ'ælətɪ/ n (η) ειδικότητα. ~**ly** adv ειδικά. (particularly) ιδιαίτερα

specialist /'speʃlɪst/ n (ο, η) ειδικός

specializ|e /'speʃlaɪz/ vt/i ειδικεύω/ομαι (in, σε). ~**ation** /-'zeɪʃn/ n (η) ειδίκευση

species /'spiːʃiːz/ n (το) είδος

specific /spə'sɪfɪk/ a συγκεκριμένος. ~**ally** adv συγκεκριμένα

specif|y /'spesɪfaɪ/ vt προδιαγράφω. ~**ication** /-ɪ'keɪʃn/ n (η) προδιαγραφή. (details) (το) χαρακτηριστικό

specimen /'spesɪmɪn/ n (το) δείγμα

speck /spek/ n (η) κουκκίδα. (particle) (το) μόριο

speckled /'spekld/ a πιτσιλωτός

specs /speks/ npl (fam) (τα) γυαλιά

spectacle /'spektəkl/ n (το) θέαμα. ~**s** npl (τα) γυαλιά

spectacular /spek'tækjʊlə(r)/ a θεαματικός

spectator /spek'teɪtə(r)/ n (ο) θεατής

spectre /'spektə(r)/ n (το) φάσμα

spectrum /'spektrəm/ n (pl -tra) (το) φάσμα. (of ideas) (η) κλίμακα

speculat|e /'spekjʊleɪt/ vi κερδοσκοπώ. ~**ion** /-'leɪʃn/ n (η) εικασία. (comm) (η) κερδοσκοπία. ~**ive** /-lətɪv/ a κερδοσκοπικός. ~**or** n (ο, η) κερδοσκόπος

sped /sped/ see SPEED

speech /spiːtʃ/ n (faculty) (ο) λόγος. (address) (η) ομιλία. (manner of speaking) (η) άρθρωση. ~**less** a άναυδος

speed /spiːd/ n (η) ταχύτητα. (rapidity) (η) γρηγοράδα. • vi (pt **sped**) (go fast) τρέχω. (pt **speeded**) (go too fast) οδηγώ με υπερβολική ταχύτητα. ~ **limit** n (το) όριο ταχύτητος. ~ **up** επιταχύνω. ~**ing** n (η) υπερβολική ταχύτητα

speedboat /'spiːdbəʊt/ n (η) εξωλέμβιος (βενζινάκατος)

speedometer /spiː'dɒmɪtə(r)/ n (το) ταχύμετρο

speedway /'spiːdweɪ/ n (οι) αγώνες μοτοσικλετών. (Amer) (ο) αυτοκινητόδρομος

speed|y /'spiːdɪ/ a (-ier, -iest) ταχύς. ~**ily** adv γρήγορα

spell¹ /spel/ n (*magic*) (τα) μάγια. (*attraction*) (η) μαγεία

spell² /spel/ vt/i (*pt* **spelled** or **spelt**) (*write*) ορθογραφώ. (*say*) συλλαβίζω. (*mean*) συνεπάγομαι. **~ out** συλλαβίζω. (*fig*) επεξηγώ. **~ing** n (η) ορθογραφία

spell³ /spel/ n (*period*) (η) περίοδος

spellbound /'spelbaʊnd/ a μαγεμένος

spelt /spelt/ *see* SPELL

spend /spend/ vt (*pt* **spent**) ξοδεύω. (*devote time etc*.) διαθέτω. (*pass time*) περνώ

spendthrift /'spendθrɪft/ n (ο) σπάταλος

spent /spent/ *see* SPEND. a (*used*) χρησιμοποιημένος. (*exhausted*) εξαντλημένος

sperm /spɜːm/ n (*pl* **sperms** or **sperm**) (το) σπέρμα

spew /spjuː/ vt/i ξερνώ

sphere /sfɪə(r)/ n (η) σφαίρα

spherical /'sferɪkl/ a σφαιρικός

sphinx /sfɪŋks/ n (η) σφίγγα

spic|e /spaɪs/ n (το) μπαχαρικό. (*fig*) (η) νοστιμάδα. **~y** a πικάντικος

spick /spɪk/ a **~ and span** πεντακάθαρος

spider /'spaɪdə(r)/ n (η) αράχνη

spik|e /spaɪk/ n (το) καρφί. **~y** a μυτερός

spill /spɪl/ vt/vi (*pt* **spilled** or **spilt**) χύνω/ομαι

spin /spɪn/ vt/i (*pt* **spun**, *pres p* **spinning**) (*turn*) στροβιλίζω/ομαι. • vt (*wool, web, etc.*) γνέθω. (*story*) παρατραβώ. • n (το) στροβίλισμα. (*short drive*) (η) βόλτα (με το αυτοκίνητο). **~-drier** n (το) στεγνωτήριο. **~-off** n (το) τυχαίο επακόλουθο. **~ out** παρατείνω

spinach /'spɪnɪdʒ/ n (το) σπανάκι

spinal /'spaɪnl/ a σπονδυλικός. **~ column** n (η) σπονδυλική στήλη. **~ cord** n (ο) νωτιαίος μυελός

spindl|e /'spɪndl/ n (το) αδράχτι. (*techn*) (ο) άξονας. **~y** a μακρύς και λεπτός

spine /spaɪn/ n (η) σπονδυλική στήλη. (*of book*) (η) ράχη. (*of hedgehog, cactus*) (το) αγκάθι. **~less** a ασπόνδυλος

spinning /'spɪnɪŋ/ n (το) γνέσιμο. **~-top** n (η) σβούρα. **~-wheel** n (η) ανέμη

spinster /'spɪnstə(r)/ n (η) άγαμος γυναίκα. (*old maid*) (η) γεροντοκόρη

spiral /'spaɪərəl/ a ελικοειδής. • n (η) έλικα. • vi (*pt* **spiralled**) ανεβαίνω ελικοειδώς. (*prices*) ανεβαίνω συνεχώς. • vi **~ staircase** n (η) ελικοειδής σκάλα

spire /'spaɪə(r)/ n (ο) οβελίσκος (*πάνω σε κτίριο*)

spirit /'spɪrɪt/ n (το) πνεύμα. (*courage*) (το) κουράγιο. **~s** npl (*drinks*) (τα) οινοπνευματώδη ποτά. (*morale*) (το) ηθικό. • vt **~ away** εξαφανίζω μυστηριωδώς. **high ~s** (το) κέφι. **in low ~s** άκεφος. **~-lamp** n (η) λάμπα οινοπνεύματος. **~-level** n (το) αλφάδι

spirited /'spɪrɪtɪd/ a γεμάτος σφρίγος

spiritual /'spɪrɪtʃʊəl/ a πνευματικός

spiritualis|t /'spɪrɪtʃʊəlɪst/ n (ο) πνευματιστής, (η) πνευματίστρια. **~m** /-zm/ n (ο) πνευματισμός

spit¹ vt/i (*pt* **spat** or **spit**, *pres p* **spitting**) φτύνω. (*rain*) ψιχαλίζω. • n (το) φτύμα. **be the ~ting image of** είναι φτυστός ο. **~ out** φτύνω

spit² /spɪt/ n (*for roasting*) (η) σούβλα

spite /spaɪt/ n (η) κακία. • vt πεισματώνω. **in ~ of** παρά (*with acc*). **~ful** a κακός. **~fully** adv με κακία

spittle /spɪtl/ n (το) σάλιο

splash /splæʃ/ vt/i πιτσιλίζω. • n (το) πιτσίλισμα. (*of colour*) (η) κηλίδα. (*drop: fam*) λίγος. **~ about** τσαλαβουτώ. **~ down** (*spacecraft etc.*) προσθαλασσώνομαι

spleen /spliːn/ n (η) σπλήνα

splendid /'splendɪd/ a λαμπρός

splendour /'splendə(r)/ n (το) μεγαλείο

splint /splɪnt/ n (ο) νάρθηκας

splinter /'splɪntə(r)/ n (η) αγκίδα. • vi σπάζω σε κομματάκια. **~ group** n (η) διασπαστική ομάδα

split /splɪt/ vt/i (*pt* **split**, *pres p* **splitting**) διασπώ/ώμαι. (*tear*) σκίζω/ομαι. (*divide*) μοιράζω/ομαι. • n (*tear*) (το) σκίσιμο. (*division*) (το) ρήγμα. (*quarrel*) (η) ρήξη. (*pol*) (η) διάσπαση. **in a ~ second** σε δέκατο του δευτερολέπτου. **~ on s.o.** (*fam*) καρφώνω κπ. **~ one's sides** ξεκαρδίζομαι. **~ up** χωρίζω

splutter /'splʌtə(r)/ vi πετώ σάλια (*ενώ μιλώ*). • n (τα) φτύματα

spoil /spɔɪl/ vt (*pt* **spoilt** or **spoiled**) χαλώ. (*indulge*) κακομαθαίνω. • vi χαλώ. • n **~(s)** (τα) λάφυρα. **~-sport** n αυτός που χαλάει το κέφι των άλλων

spoke¹ /spəʊk/ n (*of wheel*) (η) αχτίνα

spoke², spoken /spəʊk, spəʊkən/ *see* SPEAK

spokes|man /'spəʊksmən/ n (*pl* **-men**) (ο) εκπρόσωπος. **~woman** n (*pl* **-women**) (η) εκπρόσωπος

sponge /spʌndʒ/ n (το) σφουγγάρι. • vt σφουγγίζω. • vi **~ on** or **off** αρμέγω. **~ bag** n (το) νεσεσέρ invar. **~ cake** n (το) παντεσπάνι. **~r** /-ə(r)/ n αμακαδόρος. **spongy** a σπογγώδης

sponsor /'spɒnsə(r)/ n (ο) σπόνσορας. • vt επιχορηγώ. **~ship** n (η) επιχορήγηση

spontane|ous /spɒn'teɪnjəs/ a αυθόρμητος. **~ity** /-tə'niːətɪ/ n (ο) αυθορμητισμός. **~ously** adv αυθόρμητα

spoof /spuːf/ n (*fam*) (η) φάρσα

spooky /'spuːkɪ/ a (-**ier**, -**iest**) (*fam*) σαν στοιχειωμένος

spool /spuːl/ n (το) μασούρι

spoon /spuːn/ n (το) κουτάλι. **~-feed** vt (*pt* -**fed**) ταΐζω με το κουτάλι. (*fig*) τα δίνω όλα έτοιμα σε. **~ful** n (*pt* -**fuls**) (η) κουταλιά

sporadic /spə'rædɪk/ a σποραδικός

sport /spɔ:t/ n (το) σπορ invar, (το) άθλημα. (fun) (η) ψυχαγωγία. (person: fam) (ο) τύπος (καλός ή κακός). • vt φορώ επιδεικτικά. **~s car** n (το) αυτοκίνητο σπορ. **~s jacket** n (το) παλτό σπορ. **~ing** a αθλητικός. **~ing chance** n (η) πιθανότητα επιτυχίας. **~y** a επιδεικτικός

sports|man /'spɔ:tsmən/ n (pl -men) (ο) σπόρτσμαν invar. **~woman** n (pl - women) (η) σπορτσγούμαν invar

spot /spɒt/ n (mark, stain) (η) κηλίδα. (pimple) (το) σπυρί. (place) (το) μέρος. (in pattern) (η) βούλα. (drop) (η) σταγόνα. • vt (pt spotted) λεκιάζω. (notice: fam) διακρίνω. **a ~ (of)** (a little: fam) λίγος. **in a ~** (fam) στριμωγμένος. **on the ~** επί τόπου. **~ check** n (ο) έλεγχος με δειγματοληψία. **~less** a άσπιλος. **~ted** a με βούλες. **~ty** a σπυριάρικος

spotlight /'spɒtlaɪt/ n (ο) προβολέας

spouse /spaʊz/ n (ο, η) σύζυγος

spout /spaʊt/ n (το) στόμιο. (jet) (ο) πίδακας. • vi εκτινάσσομαι. **up the ~** (ruined: sl) σε κακά χάλια

sprain /spreɪn/ vt στραμπουλίζω. • n (το) στραμούλισμα

sprang /spræŋ/ see SPRING

sprawl /sprɔ:l/ vi (person) ξαπλώνω. (town etc.) απλώνομαι

spray¹ /spreɪ/ n (of flowers) (ο) καταιγισμός

spray² /spreɪ/ n (το) σπρέι invar. (device) (το) ψεκαστήρι. • vt ψεκάζω. **~-gun** n (το) πιστόλι ψεκασμού

spread /spred/ vt/i (pt spread) απλώνω/ομαι. • vt (arms, newspaper) ανοίγω. (jam etc.) αλείφω. (disease) μεταδίδω. (news) διαδίδω (distribute) καλύπτω, απλώνω. • n (of disease) (η) μετάδοση. (paste) (η) πάστα για άλειμμα σε ψωμί. (feast: fam) (το) τσιμπούσι. **~-eagled** a με τα πόδια και τα χέρια ανοιγμένα. **~ out** vt απλώνω

spree /spri:/ n (fam) (το) γλέντι. **go on a ~** (fam) το ρίχνω έξω

sprig /sprɪg/ n (το) κλαδάκι

sprightly /'spraɪtlɪ/ a (-ier, -iest) ζωηρός

spring¹ /sprɪŋ/ n (season) (η) άνοιξη. • a ανοιξιάτικος. **~-clean** vt κάνω γενικό καθάρισμα του σπιτιού την άνοιξη. **~ onion** n (το) κρεμμυδάκι. **~time** n (η) εποχή της άνοιξης

spring² /sprɪŋ/ vi (pt sprang, pp sprung) αναπηδώ. (issue) πηγάζω. • vt ρίχνω. **s.o.** αιφνιδιάζω κπ με κτ. • n (το) πήδημα. (device) (το) ελατήριο. (elasticity) (η) ελαστικότητα. (water) (η) πηγή. **~-board** n (ο) βατήρας. **~ from** προέρχομαι από. **~ up** ξεφυτρώνω. **~y** a ελαστικός

sprinkle /'sprɪŋkl/ vt ραντίζω. • n (το) ράντισμα. **~d with** πασπαλισμένος με. **~r** /-ə(r)/ n (ο) ψεκαστήρας τεχνητής βροχής

sprinkling /'sprɪŋklɪŋ/ n (fig) λίγο

sprint /sprɪnt/ n (το) γρήγορο τρέξιμο για μικρή απόσταση vi σπριντάρω. **~er** n (ο, η) σπρίντερ invar

sprite /spraɪt/ n (το) ξωτικό

sprout /spraʊt/ vi βλαστάνω. • n (το) βλαστάρι. (Brussels) **~s** (τα) λαχανάκια Βρυξελών

spruce¹ /spru:s/ a περιποιημένος (στο ντύσιμο). • vt **~ up** φτιάχνω. **~ o.s. up** φτιάχνομαι, καλονώνομαι

spruce² /spru:s/ n (tree) (το) έλατο

sprung /sprʌŋ/ see SPRING. • a **~ mattress** (το) στρώμα με σούστες

spry /spraɪ/ a (spryer, spryest) σβέλτος

spud /spʌd/ n (sl) (η) πατάτα

spun /spʌn/ see SPIN

spur /spɜ:(r)/ n (το) σπιρούνι. (stimulus) (το) κέντρισμα. • vt (pt spurred) **~ (on)** παρακινώ. **on the ~ of the moment** με την παρόρμηση της στιγμής

spurious /'spjʊərɪəs/ a υποβολιμαίος. **~ly** adv υποβολιμαία

spurn /spɜ:n/ vt απορρίπτω περιφρονητικά

spurt /spɜ:t/ vt/i αναβλύζω. • vi (increase speed) φουλάρω. • n (η) ανάβλυση. (fig) (το) φουλάρισμα

spy /spaɪ/ n (ο, η) κατάσκοπος. • vt διακρίνω. • vi **~ on** κατασκοπεύω. **~ out** κατασκοπεύω. **~ing** n (η) κατασκοπία

squabble /'skwɒbl/ n (ο) τσακωμός. • vi τσακώνομαι

squad /skwɒd/ n (το) απόσπασμα

squadron /'skwɒdrən/ n (mil) (η) ίλη. (naut, aviat) (η) μοίρα

squalid /'skwɒlɪd/ a βρόμικος. **~ly** adv βρόμικα

squall /skwɔ:l/ n (το) σκούξιμο. (naut) (οι) ριπαίοι άνεμοι. **~y** a θυελλώδης

squalor /'skwɒlə(r)/ n (η) βρόμα

squander /'skwɒndə(r)/ vt κατασπαταλώ

square /skweə(r)/ n (το) τετράγωνο. (area) (η) πλατεία. (for drawing) (ο) κανόνας. • a τετράγωνος. (precise) ακριβής. (honest) τίμιος. (build) με τετράγωνους ώμους. (measurement) τετραγωνικός. (sl) παλιών αντιλήψεων. • vt τετραγωνίζω. (settle) κανονίζω. (math) υψώνω στο τετράγωνο. • vi (agree) συμφωνώ. **be all ~** είμαστε πάτσι. **~ meal** n (το) καλό γεύμα. **~ root** n (η) τετραγωνική ρίζα. **~ up to** αντιμετοπίζω. **~ly** adv ίσια, τίμια

squash /skwɒʃ/ vt συνθλίβω. (suppress) καταπνίγω. • n (η) σύνθλιψη. (sport) (το) σκουός invar. (marrow: Amer) το κολοκύθι. **orange ~** n (η) πορτοκαλάδα (συμπυκνωμένη). **~y** a υγρός και μαλακός

squat /skwɒt/ *vi (pt* **squatted)** κάθομαι στις φτέρνες. *(occupy illegally)* κάνω παράνομη κατοχή κτιρίου. • *a (dumpy)* κοντόχοντρος. **~ter** /-ə(r)/ *n (το)* άτομο που μένει παράνομα σε κτίριο

squawk /skwɔːk/ *n* (ο) κρωγμός. • *vi* κρώζω

squeak /skwiːk/ *n (of door)* (το) τρίξιμο. • *vi* τρίζω. **~y** *a* που τρίζει

squeal /skwiːl/ *n* (το) στρίγκλισμα. • *vi* στριγκλίζω. **~ on** *(sl)* καρφώνω

squeamish /'skwiːmɪʃ/ *a* (ο) σιχασιάρης

squeeze /skwiːz/ *vt (lemon etc.)* στύβω. *(hand)* σφίγγω. *(extract)* αποσπώ. *(extort)* ξεζουμίζω. • *vi* **~ in** *(crowd)* στριμώχνομαι. • *n* (το) σφίξιμο, (το) στίγμα. **credit ~** *n* (ο) περιορισμός πιστωτικών ευκολιών

squelch /skweltʃ/ *vi* πλατσουρίζω

squib /skwɪb/ *n* (η) κροτίδα

squid /skwɪd/ *n* (το) καλαμάρι

squiggle /'skwɪɡl/ *n* (τα) ορνιθοσκαλίσματα

squint /skwɪnt/ *vi* αλληθωρίζω. *(look sideways)* λοξοκοιτάζω. *(with half-closed eyes)* μισοκλείνω τα μάτια. • *n* (το) αλληθώρισμα

squire /'skwaɪə(r)/ *n* (ο) γαιοκτήμονας

squirm /skwɜːm/ *vi* συστρέφομαι. *(feel embarrassed)* νιώθω ντροπή

squirrel /'skwɪrəl/ *n* (ο) σκίουρος

squirt /skwɜːt/ *vt/i* εκτοξεύω/ομαι. • *n* (η) εκτόξευση *(υγρού)*

St *abbr* **saint**

stab /stæb/ *vt (pt* **stabbed)** μαχαιρώνω. • *n* (η) μαχαιριά. *(sensation)* (η) σουβλιά. *(attempt: fam)* (η) προσπάθεια

stabilize /'steɪbəlaɪz/ *vt* σταθεροποιώ. **~r** /-ə(r)/ *n* (ο) σταθεροποιητής

stab|le¹ /'steɪbl/ *a* **(-er, -est)** σταθερός. **~ility** /stə'bɪlətɪ/ *n* (η) σταθερότητα

stable² /'steɪbl/ *n (building)* (ο) στάβλος. *(establishment)* (ο) στάβλος. • *vt* σταβλίζω. **~boy** *n* (ο) ιπποκόμος

stack /stæk/ *n* (η) θημωνιά. *(large quantity: fam)* (η) στοίβα. • *vt* στοιβάζω

stadium /'steɪdjəm/ *n* (το) στάδιο *(για αθλητικούς αγώνες)*

staff /stɑːf/ *n (stick)* (το) ραβδί. *(employees)* (το) προσωπικό. *(mil)* (το) επιτελείο. *(in school)* (το) διδακτικό προσωπικό. *(mus)* (το) πεντάγραμμο. • *vt* διορίζω προσωπικό σε. **~-room** *n* (η) αίθουσα προσωπικού

stag /stæɡ/ *n* (το) αρσενικό ελάφι. **~-party** *n (το)* πάρτι για ελεύθερο άντρα, συνήθως την παραμονή του γάμου του, μόνο για άντρες

stage /steɪdʒ/ *n* (το) στάδιο. *(theatr)* (η) σκηνή. *(phase)* (η) φάση. • *vt* ανεβάζω *(στη θεατρική σκηνή)*. *(arrange)* οργανώνω. **by ~s** κατά στάδια. **go on the ~** βγαίνω στη σκηνή. **~-coach** *n* (η) ταχυδρομική άμαξα. **~ fright** *n* (το)

τρακ *invar.* **~-manager** *n* (ο) διευθυντής σκηνής. **~ whisper** *n* (ο) ψίθυρος στη σκηνή

stagger /'stæɡə(r)/ *vi* τρεκλίζω. • *vt (shock)* συγκλονίζω. *(holidays etc.)* κλιμακώνω. • *n* (το) τρίκλισμα. **~ing** *a* καταπληκτικός

stagnant /'stæɡnənt/ *a* στάσιμος

stagna|te /stæɡ'neɪt/ *vi* λιμνάζω. *(fig)* μένω στάσιμος. **~ion** /-ʃn/ *n* (το) λίμνασμα. *(fig)* (η) στασιμότητα

staid /steɪd/ *a* μετρημένος

stain /steɪn/ *vt* λεκιάζω. *(colour)* βάφω. • *n* (ο) λεκές. *(colouring)* (η) κηλίδα. **~-remover** *n* (το) καθαριστικό λεκέδων. **~ed glass window** *n* (το) παράθυρο με υαλογραφία. **~less steeel** *n* ανοξείδοτος χάλυβας

stair /steə(r)/ *n* (το) σκαλί. **~s** (η) σκάλα

stair|case /'steəkeɪs/ *n* (η) σκάλα *(σε κτίριο)*. **~way** *n* (η) σκάλα *(σε κτίριο)*

stake /steɪk/ *n* (το) παλούκι. *(for execution)* (ο) πάσσαλος. *(wager)* (το) στοίχημα. *(comm)* (το) συμφέρον. • *vt* δένω σε παλούκι. *(wager)* ποντάρω. **be at ~** διακυβεύομαι. **~ a claim** δηλώνω τα δικαιώματά μου

stalactite /'stæləktaɪt/ *n* (ο) σταλακτίτης

stalagmite /'stæləɡmaɪt/ *n* (ο) σταλαγμίτης

stale /steɪl/ *a* **(-er, -est)** μπαγιάτικος. *(unoriginal)* χωρίς ενδιαφέρον

stalemate /'steɪlmeɪt/ *n (chess)* πατ *invar.* *(deadlock)* (το) αδιέξοδο

stalk¹ /stɔːk/ *n* (ο) μίσχος

stalk² /stɔːk/ *vt* πλησιάζω αθέατος. • *vi* περπατώ θυμωμένα

stall /stɔːl/ *n (in market)* (το) υπαίθριο κατάστημα. *(kiosk)* (το) περίπτερο. *(for animal)* (το) χώρισμα σταύλου. **~s** *pl (theatr)* η πλατεία. • *vt/i (engine)* σβήνω. • *vt (delay)* προσπαθώ να καθυστερήσω. • *vi (play for time)* προσπαθώ να κερδίσω χρόνο

stallion /'stæljən/ *n* (ο) αναβάτης *(άλογο)*

stalwart /'stɔːlwət/ *n* (ο) πιστός υποστηρικτής. • *a* πιστός, σταθερός

stamina /'stæmɪnə/ *n* (η) αντοχή

stammer /'stæmə(r)/ *vi* τραυλίζω. • *n* (το) τραύλισμα

stamp /stæmp/ *vt (feet)* χτυπώ. *(press)* σφραγίζω. *(impress)* μαρκάρω. *(envelope)* βάζω γραμματόσημο σε. *(fig)* χαρακτηρίζω. • *vi* χτυπώ τα πόδια μου. • *n* (το) χτύπημα *(των ποδιών)*. *(instrument, fig)* (η) σφραγίδα. *(mark)* (το) σημάδι. *(postage)* **~** (το) γραμματόσημο. **~ album** *n* το άλμπουμ γραμματοσήμων. **~-collection** *n* (η) συλλογή γραμματοσήμων. **~ duty** *n* (το) χαρτόσημο. **~ out** *(fig)* εξαλείφω

stampede /stæm'piːd/ *n* (η) άτακτη φυγή. *(fam)* (η) φευγάλα. • *vi* τρέπομαι σε άτακτη φυγή

stance /stæns/ n (η) στάση
stand /stænd/ vi (pt **stood**) στέκομαι.
(rise) σηκώνομαι (όρθιος). (be)
βρίσκομαι. (stay) παραμένω. • vt (place)
βάζω. (endure) υποφέρω. (buy) κερνώ.
• n (support) (η) βάση, (το) σταντ invar.
(rack) (το) στήριγμα. (for goods) (ο)
πάγκος. (for music) (το) αναλόγιο. (for
hats, umbrellas) (η) κρεμάστρα. (stall)
(το) περίπτερο. (sport) (η) εξέδρα. **make
a ~** (resist) αντιστέκομαι. **~ a chance**
έχω πιθανότητα. **~ back** τραβιέμαι
πίσω. **~ by** vi μένω αμέτοχος. • vt
(support) υποστηρίζω. **~-by** n (person)
(η) εφεδρεία. • a εφεδρικός. (aviat)
σταντμπάι invar, θέση που δεν μπορεί να
κλείσει εκ την προιέρην. **~ down**
αποσύρομαι. **~ for** συμβολίζω. **~ in for**
αντικαθιστώ. **~-in** n (ο) αντικαταστάτης,
(η) αντικαταστάτρια. **~-offish** a (fam)
ακατάδεχτος. **~ one's ground** δεν
υποχωρώ. **~ out** ξεχωρίζω. **it ~s to
reason** είναι λογικό. **~ up** σηκώνομαι.
~ up for υπερασπίζομαι. **~ up to**
αντιστέκομαι σε
standard /'stændəd/ n (το) πρότυπο, (το)
στάνταρ invar. (level, quality) (το)
επίπεδο. (flag) (το) λάβαρο. **~s** npl (τα)
επίπεδα. • a συνηθισμένος. **~ lamp** n
(το) φωτιστικό δαπέδου. **~ize** vt
τυποποιώ
standing /'stændiŋ/ a όρθιος. (permanent)
μόνιμος. • n (η) υπόληψη. (duration) (η)
διάρκεια. **~ order** n (η) πάγια εντολή.
~-room n (η) θέση για όρθιους
standpoint /'stændpɔint/ n (η) άποψη
standstil /'stændstil/ n (η) ακινητοποί-
ηση. **at a ~** σε ακινητοποίηση. **bring to
a ~** ακινητοποιώ. **come to a ~** σταματώ
stank /stæŋk/ see STINK
staple[1] /'steipl/ n (ο) συνδετήρας. • vt
συνδέω με συρραπτικό. **~r** /-ə(r)/ n (το)
συρραπτικό (εργαλείο)
staple[2] /'steipl/ a βασικός
star /sta:/ n (το) άστρο, (το) αστέρι.
(asterisk) (ο) αστερίσκος. (cinema,
theatr) (ο) αστέρας. • vi **~ in**
πρωταγωνιστώ σε. **~-gazer** n (fam) (ο,
η) ονειροπόλος. **~ry** a έναστρος.
~ry-eyed a (fam) ονειροπαρμένος
starboard /'sta:bəd/ n (η) δεξιά πλευρά
(πλοίου)
starch /sta:tʃ/ n (in food) (το) άμυλο. (for
clothes) (η) κόλλα. (fig) (ο) ξιπασμένος
τρόπος. • vt κολλάρω. **~y** a (food)
αμυλώδης. (fig) τυπικός
stare /steə(r)/ vi **~ (at)** κοιτάζω επίμονα.
• n (το) επίμονο βλέμμα
starfish /'sta:fiʃ/ n (ο) αστερίας
stark /sta:k/ a (-er, -est) (landscape etc.)
έρημος. (contrast etc.) πλήρης. (utter)
καθαρός. • adv εντελώς. **~ naked**
ολόγυμνος

star|light /'sta:lait/ n (η) αστροφεγγιά.
~lit a αστρόφεγγος
starling /'sta:liŋ/ n (το) ψαρόνι (πουλί)
start /sta:t/ vt/i αρχίζω. • vi (jump)
τινάζομαι. (leave) ξεκινώ. • n (η) αρχή.
(departure) (το) ξεκίνημα. (sport) (η)
αφετηρία. (jump) (το) ανατίναγμα. **~er**
n (sport) (ο) αφέτης. (auto) (η) μίζα.
(culin) (το) πρώτο πιάτο. **~ing-point** n
(η) αφετηρία
startle /'sta:tl/ vt ξαφνιάζω
starv|e /sta:v/ vi πεθαίνω από την πείνα,
λιμοκτονώ. **~ation** /-'veiʃn/ n (η)
λιμοκτονία
stash /stæʃ/ vt (sl) κρύβω (σε μυστικό
μέρος)
state /steit/ n (η) κατάσταση. (nation) το
κράτος. (pomp) (η) επισημότητα. **S~**
(η) πολιτεία. • vt δηλώνω. • a (fix)
καθορίζω. (schol) δημόσιος. (with
ceremony) επίσημος. **be in a ~** (fam)
είμαι αναστατωμένος. **lie in ~**
εκτίθεμαι σε λαϊκό προσκύνημα
(νεκρός). **~less** a χωρίς πατρίδα
stately /'steitli/ a (-ier, -iest) αρχοντικός.
~ home n (το) αρχοντικό (σπίτι
ιδιαίτερα ανοιχτό για το κοινό)
statement /'steitmənt/ n (η) ανακοίνωση.
(account) (η) δήλωση. (police) (η)
κατάθεση. **bank ~** n (η) κατάσταση
λογαριασμού
states|man /'steitsmən/ n (pl -men) (ο)
πολιτικός άνδρας. **~woman** n (pl -
woman) (η) γυναίκα στην πολιτική
static /'stætik/ a στατικός. • n (η) στατική
station /'steiʃn/ n (rail) (ο) σταθμός. (mil)
(ο) σταθμός. (police) (το) τμήμα. (status)
(η) θέση. • vt τοποθετώ. (mil) στέλνω σε
σταθμό. **~-wagon** n (Amer) (το)
πεντάπορτο αυτοκίνητο
stationary /'steiʃnəri/ a ακίνητος
stationer /'steiʃnə(r)/ n (ο) χαρτοπώλης.
~'s (shop) n (το) χαρτοπωλείο. **~y** n
(η) γραφική ύλη
statistic|s /stə'tistiks/ n (η) στατιστική.
~al a στατιστικός
statue /'stætʃu:/ n (το) άγαλμα. **~sque**
/-ʊ'esk/ a αγαλματένιος. **~tte** /-ʊ'et/ n
(το) αγαλματίδιο
stature /'stætʃə(r)/ n (το) ανάστημα
status /'steitəs/ n (pl -uses) (η)
κατάσταση, (το) στάτους invar. **~ quo**
(το) στάτους κβο invar. **~ symbol** n (το)
σύμβολο κοινωνικής θέσεως
statut|e /'stætʃu:t/ n (το) νομοθέτημα.
~ory /-ʊtri/ a νομοθετικός
staunch /stɔ:nʃ/ a (-er, -est)
αφοσιωμένος. **~ly** adv αφοσιωμένα
stave /steiv/ n (mus) (το) πεντάγραμμο.
• vt **~ off** αποσοβώ
stay /stei/ vi μένω. (endure) αντέχω. • n (η)
παραμονή. (jur) (η) αναβολή. **~ in** μένω
στο σπίτι. **~ put** (fam) μένω στην ίδια

θέση. ~ **the course** αντέχω ως το τέλος. ~ **up** ξενυχτώ. ~**ing power** n (η) αντοχή

stead /sted/ n **in s.o.'s** ~ στη θέση κάποιου. **stand s.o. in good** ~ φαίνομαι πολύτιμος σε κάποιον

steadfast /'stedfɑːst/ a ακλόνητος

stead|y /'stedɪ/ a (-ier, -iest) σταθερός. (*regular*) τακτικός. (*dependable*) συνεπής. • vt σταθεροποιώ. ~**ily** adv σταθερά

steak /steɪk/ n (η) μπριζόλα

steal /stiːl/ vt (pt **stole**, pp **stolen**) κλέβω. ~ **in/out** vi μπαίνω/βγαίνω κρυφά

stealth /stelθ/ n (η) μυστικότητα. **by** ~ κρυφά. ~**y** a κρυφός

steam /stiːm/ n (ο) ατμός. (*energy*) (η) ενεργητικότητα. • vt (*cook*) μαγειρεύω στον ατμό. • vi βγάζω ατμό. **let off** ~ (*fig*) ξεθυμαίνω. ~ **engine** n (η) ατμομηχανή. ~ **iron** n (το) σίδερο ατμού. ~ **up** (*glass*) θολώνω. **under one's own** ~ (*fig*) με τις δικές μου δυνάμεις. ~**y** a γεμάτος ατμούς

steamer /'stiːmə(r)/ n (το) ατμόπλοιο. (*saucepan*) (η) χύτρα ατμού

steamroller /'stiːmrəʊlə(r)/ n (ο) οδοστρωτήρας

steel /stiːl/ n (ο) χάλυβας, (το) ατσάλι. • vi ~ **o.s.** ατσαλώνω την καρδιά μου. ~**wool** n (το) σύρμα καθαρίσματος. ~**y** a χαλύβδινος

steep¹ /stiːp/ vt μουσκεύω. (*soak*) διαποτίζω. ~**ed in** διαποτισμένος από

steep² /stiːp/ a (-er, -est) απότομος. (*price: fam*) υπερβολικός. ~**ly** adv απότομα. ~**ness** n (το) απότομο

steeple /'stiːpl/ n (ο) οβελίσκος εκκλησίας

steeplechase /'stiːpltʃeɪs/ n (η) κούρσα μετ' εμποδίων (*ιπποδρομία*)

steer /stɪə(r)/ vt/i οδηγώ. ~ **clear of** αποφεύγω. ~**ing** n (auto) (το) σύστημα διεύθυνσης. ~**ing-wheel** n (το) τιμόνι

stem¹ /stem/ n (ο) μίσχος. (*of glass*) (το) ποδαράκι. (*of word*) (η) ρίζα. • vi (pt **stemmed**) ~ **from** προέρχομαι από

stem² /stem/ vt (pt **stemmed**) συγκρατώ. (*fig*) αναχαιτίζω

stench /stentʃ/ n (η) μπόχα

stencil /'stensl/ n (η) μεμβράνη πολυγράφου, (το) στένσιλ invar. • vt (pt **stencilled**) πολυγραφώ

step /step/ vi (pt **stepped**) βηματίζω. • vt ~ **up** αυξάνω σταδιακά. • n (το) βήμα. (*stair*) (το) σκαλοπάτι. (*measure*) (το) μέτρο. ~**s** (*ladder*) (η) σκάλα (*πτυσσόμενη, οικιακής χρήσης*). **be in** ~ συμβαδίζω. **be out of** ~ δε συμβαδίζω. ~ **down** παραιτούμαι. ~ **in** επεμβαίνω. ~**-ladder** n (η) σκάλα (*φορητή*)

step|brother /'stepbrʌðə(r)/ n (ο) ετεροθαλής αδελφός. ~**daughter** n (η) προγονή. ~**father** n (ο) πατριός. ~**mother** n

(η) μητριά. ~**sister** n (η) ετεροθαλής αδελφή. ~**son** n (ο) προγονός

stepping-stone /'stepɪŋstəʊn/ n (η) πέτρα σε νερό για πέρασμα. (*fig*) (το) σκαλοπάτι

stereo /'sterɪəʊ/ n (pl **-os**) (η) στερεοφωνική συσκευή. • a στερεοφωνικός

stereophonic /sterɪə'fɒnɪk/ a στερεοφωνικός

stereotype /'sterɪətaɪp/ n (η) στερεοτυπία. ~**d** a στερεοτυπικός

steril|e /'steraɪl/ a αποστειρωμένος. ~**ity** /stə'rɪlətɪ/ n (η) αποστείρωση

sterilize /'sterɪlaɪz/ vt αποστειρώνω. ~**ation** /-'zeɪʃn/ n (η) στείρωση

sterling /'stɜːlɪŋ/ n (η) στερλίνα. • a άριστος. ~ **silver** n (το) κράμα που περιέχει τουλάχιστον 92,5% ασήμι

stern¹ /stɜːn/ a (-er, -est) αυστηρός. ~**ly** adv αυστηρά

stern² /stɜːn/ n (*of boat*) (η) πρύμνη

stethoscope /'steθəskəʊp/ n (το) στηθοσκόπιο

stew /stjuː/ vt/i σιγοβράζω. • n (το) ραγού invar. **in a** ~ σε δύσκολη θέση

steward /stjʊəd/ n (*on ship*) (ο) καμαρότος. (*on aircraft*) (ο) αεροσυνοδός. (*at meeting, of club*) (ο) επιμελητής. ~**ess** /-'des/ n (η) αεροσυνοδός

stick¹ /stɪk/ n (το) ραβδί. (*of chalk*) (το) κομμάτι. (*of celery etc.*) (το) κλωνάρι

stick² /stɪk/ vt/i (pt **stuck**) μπήγω. (*glue, adhere*) κολλώ. (*jam*) κολλώ, πιάνω. (*put: fam*) βάζω. (*endure: fam*) αντέχω. ~ **at** (*fam*) συνεχίζω αδίστακτα. ~ **by** μένω πιστός σε. ~**-in-the-mud** n (*fam*) συντηρητικό άτομο χωρίς πρωτοβουλία. ~ **out** (*protrude*) προεξέχω. (*be conspicuous*) ξεχωρίζω. ~ **to** εμμένω. ~ **up for** (*fam*) παίρνω το μέρος (*with gen*). ~**ing-plaster** n (ο) λευκοπλάστης

sticker /'stɪkə(r)/ n (το) αυτοκόλλητο

stickler /'stɪklə(r)/ n **be a** ~ **for** είμαι σχολαστικός σε

sticky /'stɪkɪ/ a (-ier, -iest) κολλώδης. (*humid*) που κολλάει. ~ **label** (το) αυτοκόλλητο

stiff /stɪf/ a (-er, -est) άκαμπτος. (*difficult*) δύσκολος. (*formal*) ψυχρός. (*drink*) δυνατός. (*price*) υψηλός. **I have a** ~ **neck** πιάστηκε ο λαιμός μου. ~**ly** adv άκαμπτα. ~**ness** n (η) ακαμψία, (η) ψυχρότητα

stiffen /'stɪfn/ vt σκληραίνω. • vi πιάνομαι

stifl|e /'staɪfl/ vt πνίγω. • vi πνίγομαι. ~**ing** a αποπνικτικός

stigma /'stɪgmə/ n (pl **-as**) (το) στίγμα. ~**tize** vt στιγματίζω

stile /staɪl/ n (το) σκαλοπάτι σε φράχτη

stiletto /stɪ'letəʊ/ n (pl **-os**) (το) στιλέτο. ~ **heels** τακούνια στιλέτο

still¹ /stɪl/ a ακίνητος. (*drink*) μη αεριούχος. • n (η) ηρεμία. (*photograph*)

(η) φωτογραφία. • adv ακόμη. (nevertheless) κι όμως. **~born** a θνησιγενής. **~ life** n (η) νεκρή φύση. **~ness** n (η) ηρεμία
still² /stil/ n (apparatus) (ο) αποστακτήρας
stilted /'stiltid/ a επιτηδευμένος
stilts /stilts/ npl (τα) ξυλοπόδαρα
stimula|te /'stimjuleit/ vt διεγείρω. **~nt** n (το) διεγερτικό. **~tion** /-'leiʃn/ n (η) διέγερση
stimulus /'stimjulǝs/ n (pl -li) /-lai/ (το) ερέθισμα
sting /stiŋ/ n (το) κέντρισμα. (organ) (το) κεντρί. • vt (pt stung) τσιμπώ. (fig) κεντρίζω. • vi τσούζω
sting|y /'stindʒi/ a (-ier, -iest) τσιγκούνης. **~iness** n (η) τσιγκουνιά
stink /stiŋk/ n (η) δυσωδία. • vi (pt stank or stunk, pp stunk) βρομώ. **~ of** βρομώ. **~ out** (room etc.) βρομίζω
stint /stint/ vi **~ (on)** φειδωλεύομαι. • n (work) (η) αναλογία
stipulat|e /'stipjuleit/ vt ορίζω ρητά. **~ion** /-'leiʃn/ n (ο) ρητός όρος
stir /stɜ:(r)/ vt/i (pt stirred) σαλεύω. (mix) ανακατεύω. (excite) κινώ. • n (η) συγκίνηση. (commotion) (η) ταραχή. **~ up** (trouble etc.) υποκινώ
stirrup /'stirǝp/ n (ο) αναβολέας
stitch /stitʃ/ n (η) βελονιά. (in wound) (το) ράμμα. (pain) (η) σουβλιά. • vt ράβω. **in ~es** (fam) σκασμένος στα γέλια
stoat /stǝut/ n (η) νυφίτσα
stock /stɒk/ n (το) απόθεμα. (livestock) (τα) ζωντανά. (lineage) (η) καταγωγή. (finance) (οι) αξίες. (culin) (ο) ζωμός. • a συνηθισμένος. • vt εφοδιάζω. • vi **~ up** αποθηκεύω. **in ~** σε απόθεμα **it's out of ~** έχει εξαντληθεί. **S~ Exchange, ~ market,** ns (το) χρηματιστήριο Αξιών. **~-in-trade** n (τα) απαραίτητα αποθέματα. **~ phrase** n (η) στερεότυπη φράση. **~-still** a εντελώς ακίνητος. **~-taking** n (comm) (η) καταμέτρηση ειδών. **take ~ of** (fig) εκτιμώ (μια κατάσταση). **well-~ed** a με καλά αποθέματα
stockbroker /'stɒkbrǝukǝ(r)/ n (ο) χρηματιστής
stocking /'stɒkiŋ/ n (η) κάλτσα (γυναικεία)
stockist /'stɒkist/ n (ο) γενικός αντιπρόσωπος (εταιρίας)
stockpile /'stɒkpail/ n (το) μεγάλο απόθεμα. • vt δημιουργώ αποθέματα (with gen)
stocky /'stɒki/ a (-ier, -iest) κοντόχοντρος
stodg|e /stɒdʒ/ n (fam) (το) βαρύ φαγητό. **~y** a βαρύς
stoic /'stǝuik/ n (ο) στωικός. **~al** a στωικός. **~ally** adv στωικά. **~ism** /-sizǝm/ n (ο) στωικισμός

stoke /stǝuk/ vt τροφοδοτώ (φωτιά)
stole¹ /stǝul/ n (η) σάρπα
stole² /stǝul/ see STEAL
stolen /'stǝulǝn/ see STEAL
stolid /'stɒlid/ a φλεγματικός. **~ly** adv φλεγματικά
stomach /'stʌmǝk/ n (το) στομάχι. (abdomen) (η) κοιλιά. • vt χωνεύω. **~-ache** n (ο) στομαχόπονος
ston|e /stǝun/ n (η) πέτρα. (in fruit) (το) κουκούτσι. (jewellery) (ο) λίθος. (weight) μέτρο βάρους ίσο προς 6,348 κιλά. • a πέτρινος. • vt λιθοβολώ. (fruit) ξεκουκουτσιάζω. **~e-cold** a κρύος σαν μάρμαρο. **~e-deaf** a θεόκουφος. **~y** a πετρώδης. (fig) παγερός. **~y-broke** (sl) απένταρος
stonemason /'stǝunmeisn/ n (ο) λιθοξόος
stonework /'stǝunwɜ:k/ n (η) λιθοδομή
stood /stud/ see STAND
stooge /stu:dʒ/ n (theatr) (ο) βοηθός κωμικού ηθοποιού. (underling) (το) κορόιδο
stool /stu:l/ n (το) σκαμνί
stoop /stu:p/ vi σκύβω. (fig) ξεπέφτω. • n (το) σκύψιμο
stop /stɒp/ vt/i (pt stopped) σταματώ. (cease) παύω. (prevent) εμποδίζω. (a leak etc.) βουλώνω. (a cheque) σταματώ. • n (το) σταμάτημα. (for bus etc.) (η) στάση. (gram) (η) τελεία. (mech) (το) στοπ invar. (photo) (το) διάφραγμα. **put a ~ to** βάζω τέλος σε. **~ dead** σταματώ απότομα. **~-(over)** n (η) διακοπή ταξιδιού. **~-watch** n (το) χρονόμετρο
stopcock /'stɒpkɒk/ n (η) στρόφιγγα
stopgap /'stɒpgæp/ n (η) προσωρινή λύση
stoppage /'stɒpidʒ/ n (η) στάση. (interruption) (η) διακοπή. (of pay) (η) διακοπή
stopper /'stɒpǝ(r)/ n (το) πώμα
storage /'stɔ:ridʒ/ n (η) αποθήκευση. **in cold ~** σε ψυγείο
store /stɔ:(r)/ n (stock) (το) απόθεμα. (shop) (το) μαγαζί. (warehouse) (η) αποθήκη. • vt συγκεντρώνω. (in warehouse) αποθηκεύω. **in ~** σε αποθήκη. **set ~ by** αποδίδω σημασία σε. **~-room** n (η) αποθήκη (δωμάτιο). **~ up** μαζεύω
storey /'stɔ:ri/ n (ο) όροφος
stork /stɔ:k/ n (ο) πελαργός
storm /stɔ:m/ n (η) καταιγίδα, (η) θύελλα. (mil) (η) έφοδος. • vi μαίνομαι. • vt (mil) κάνω έφοδο σε. **~y** a θυελλώδης
story /'stɔ:ri/ n (το) παραμύθι. (news item) (το) άρθρο. (fam) (η) ιστορία. (storey: Amer) (ο) όροφος. **~-teller** n (ο) αφηγητής, (η) αφηγήτρια
stout /staut/ a (-er, -est) (fat) ευτραφής. (strong) γερός. (brave) ρωμαλέος. • n είδος μαύρης μπίρας. **~ly** adv θαρραλέα

stove /stəʊv/ *n* (η) κουζίνα (*συσκευή*)

stow /stəʊ/ *vt* ~ **(away)** στοιβάζω *vi* ~ **away** επιβιβάζομαι σε πλοίο λαθραία

stowaway /'stəʊəweɪ/ *n* (ο) λαθρεπιβάτης, (η) λαθρεπιβάτις

straddle /'strædl/ *vt* καβαλλικεύω

straggl|e /'strægl/ *vi* απλώνομαι ακανόνιστα. ~**er** *n* πρόσωπο που αποσπάται από μια ομάδα ~**y** *a* ακανόνιστος

straight /streɪt/ *a* (-er, -est) ίσιος. (*tidy*) τακτοποιημένος. (*frank*) ευθύς. (*drink*) σκέτος. • *adv* (*direct*) κατευθείαν. (*without delay*) αμέσως. • *n* (η) ευθεία. **go** ~ μπαίνω στον ίσιο δρόμο. ~ **ahead** ίσια. ~ **away** αμέσως. **to keep a** ~ **face** κρατιέμαι να μη γελάσω. ~ **on** ίσια. ~**ness** *n* (η) ευθύτητα

straighten /'streɪtn/ *vt/i* ισιώνω. • *vt* (*tidy*) τακτοποιώ

straightforward /streɪt'fɔːwəd/ *a* ευθύς. (*easy*) απλός. ~**ly** *adv* απλά

strain[1] /streɪn/ *n* (*breed*) (το) στέλεχος. (*streak*) (η) τάση

strain[2] /streɪn/ *vt/i* τεντώνω/ομαι. • *vt* (*tire*) κουράζω. (*injure*) στραμπουλίζω. (*eyes*) κουράζω. (*ears*) τεντώνω. (*sieve*) σουρώνω. (*filter*) φιλτράρω. • *n* (η) ένταση. ~**s** (*mus*) (η) μελωδία. ~**ed** *a* τεταμένος, βιασμένος. ~**er** /-ə(r)/ *n* (το) σουρωτήρι

strait /streɪt/ *n* (το) στενό. ~**s** (*fig*) (οι) δυσχέρειες. ~**jacket** *n* (ο) ζουρλομανδύας. ~**laced** *a* πουριτανικός

strand[1] /strænd/ *n* (το) νήμα

strand[2] /strænd/ *vt* **be** ~**ed** μένω χωρίς βοήθεια

strange /streɪndʒ/ *a* (-er, -est) παράξενος. (*not known*) ξένος. (*unaccustomed*) ασυνήθιστος. ~**ly** *adv* παράξενα. ~**ness** *n* (η) παραξενιά

stranger /'streɪndʒə(r)/ *n* (ο) ξένος

strangle /'stræŋgl/ *vt* στραγγαλίζω. (*fig*) καταπνίγω

stranglehold /'stræŋglhəʊld/ *n* **have a** ~ **on** κρατώ από το λαιμό

strangulation /stræŋgjʊ'leɪʃn/ *n* (ο) στραγγαλισμός

strap /stræp/ *n* (*leather*) (η) λωρίδα. (*of watch*) (το) λουράκι. (*of garment*) (η) τιράντα. (*on bus etc.*) (η) χειρολαβή. • *vt* (*pt* **strapped**) δένω με λουρί

strapping /'stræpɪŋ/ *a* ψηλός και γεροδεμένος

strata /'strɑːtə/ *n see* STRATUM

stratagem /'strætədʒəm/ *n* (το) στρατήγημα

strategic /strə'tiːdʒɪk/ *a* στρατηγικός. ~**ally** *adv* στρατηγικά

strateg|y /'strætədʒɪ/ *n* (η) στρατηγική. ~**ist** *n* (ο) ειδικός στη στρατηγική

stratum /'strɑːtəm/ *n* (*pl* **strata**) (το) στρώμα

straw /strɔː/ *n* (το) άχυρο. (*for drinking*) (το) καλαμάκι. **the last** ~ (η) τελευταία σταγόνα

strawberry /'strɔːbrɪ/ *n* (η) φράουλα

stray /streɪ/ *vi* ξεφεύγω. (*deviate*) φεύγω (*από το θέμα*) (**from**, από). • *a* (*animal*) αδέσποτος. (*isolated*) σκόρπιος. • *n* (το) αδέσποτο ζώο

streak /striːk/ *n* (η) γραμμή. (*element*) (η) δόση. • *vt* σχηματίζω γραμμές. • *vi* τρέχω σαν αστραπή

stream /striːm/ *n* (το) ρυάκι. (*current*) (το) ρεύμα. (*of people*) (το) κύμα. (*schol*) (το) τμήμα (*τάξης ανάλογα με την επίδοση*). • *vi* κυλώ. • *vt* (*schol*) χωρίζω σε τμήματα

streamer /'striːmə(r)/ *n* (*paper*) (η) σερπαντίνα

streamline /'striːmlaɪn/ *vt* (*fig*) αναδιοργανώνω με σκοπό την απλοποίηση. ~**d** *a* αεροδυναμικός

street /striːt/ *n* (ο) δρόμος. (*in address*) (η) οδός. ~**lamp** *n* (το) φανάρι του δρόμου. ~**wise** *a* που μπορεί να επιβιώσει σε φτωχό και εγκληματικό αστικό περιβάλλον

streetcar /'striːtkɑː/ *n* (*Amer*) (το) τραμ *invar*

strength /streŋθ/ *n* (η) δύναμη. (*of wall, fabric, etc.*) (η) αντοχή. **on the** ~ **of** με βάση (*with acc*)

strengthen /'streŋθn/ *vt* ισχυροποιώ

strenuous /'strenjʊəs/ *a* εντατικός. ~**ly** *adv* εντατικά

stress /stres/ *n* (*emphasis*) (η) έμφαση. (*accent*) (ο) τόνος. (*strain*) (το) άγχος. (*techn*) (η) τάση. • *vt* τονίζω

stretch /stretʃ/ *vt/i* (*extend*) τεντώνω/ομαι. • *vt* (*pull taut*) εκτείνω. (*exaggerate*) μεγαλοποιώ. • *n* (το) τέντωμα. (*period*) (η) χρονική περίοδος. (*of road*) (η) έκταση. **at a** ~ (*without interruption*) συνέχεια. (*with difficulty*) με δυσκολία. ~ **a point** κάνω παραχώρηση

stretcher /'stretʃə(r)/ *n* (το) φορείο

strew /struː/ *vt* (*pt* **strewed**, *pp* **strewn** *or* **strewed**) σκορπίζω

stricken /'strɪkən/ *a* προσβεβλημένος (**with**, από)

strict /strɪkt/ *a* (-er, -est) αυστηρός. (*precise*) ακριβής. ~**ly** *adv* αυστηρά. ~**ly speaking** κατ' ακρίβειαν

stride /straɪd/ *vi* (*pt* **strode**, *pp* **stridden**) βαδίζω με μεγάλες δρασκελιές. • *n* (η) δρασκελιά. **take sth in one's** ~ κάνω κάτι με σχετική ευκολία

strident /'straɪdnt/ *a* τραχύς

strife /straɪf/ *n* (η) διαμάχη

strike /straɪk/ *vt* (*pt* **struck**) χτυπώ. (*match*) ανάβω. (*gold etc.*) ανακαλύπτω. • *vi* (*go on strike*) απεργώ. (*attack*) επιτίθεμαι. (*clock*) χτυπώ. • *n* (το) χτύπημα. (*of workers*) (η) απεργία. **on** ~ σε απεργία. ~ **off** *or* **out** διαγράφω. ~ **up a**

friendship πιάνω φιλίες. **~r** /-ə(r)/ n (ο, η) απεργός

striking /'straıkıŋ/ a (noticeable) δραματικός. (attractive) εντυπωσιακός

string /strıŋ/ n (ο) σπάγκος. (mus) (η) χορδή. (of pearls) (το) κολιέ invar. (of lies) (ο) ορμαθός. • vt (pt **strung**) (guitar etc.) περνώ χορδή σε. (beads) περνώ σε κλωστή. **pull ~s** χρησιμοποιώ μέσα. **~along** (fam) ξεγελώ. **~ out** αραιώνω σε σειρά. **~ed** a (mus) έγχορδος. **~y** a ινώδης

stringen|t /'strındʒənt/ a άκαμπτος. **~cy** n (η) ακαμψία

strip[1] /strıp/ vt (pt **stripped**) βγάζω. (tear away) αφαιρώ. (undress) γδύνω. (machine) αποσυναρμολογώ. (deprive) απογυμνώνω. • vi γδύνομαι. **~tease** n (το) στριπτίζ invar. **~per** /-ə(r)/ n (η) στριπτιζέζ invar. (solvent) (το) διαλυτικό

strip[2] /strıp/ n (η) λωρίδα. **~cartoon, comic ~** ns (η) χιουμοριστική ιστοριούλα σε σκίτσα. **~ light** n (ο) φωτισμός με λαμπτήρες φθορίου

stripe /straıp/ n (η) ράβδωση. (mil) (το) γαλόνι. **~d** a ριγέ invar

strive /straıv/ vi (pt **strove**, pp **striven**) **~for** αγωνίζομαι για. **~ to** αγωνίζομαι να

strode /strəυd/ see STRIDE

stroke[1] /strəυk/ n (το) χτύπημα. (in swimming) (η) κίνηση. (of pen etc.) (η) πενιά. (of clock) (το) χτύπημα. (med) (το) εγκεφαλικό επεισόδιο

stroke[2] /strəυk/ vt χαϊδεύω. • n (το) χάδι

stroll /strəυl/ vi σουλατσάρω. • n (το) σουλάτσο

strong /strɒŋ/ a (-er, -est) δυνατός. (wall, fabric, etc.) ανθεκτικός. **~box** n (το) χρηματοκιβώτιο. use **~ language** μιλώ έντονα ή προσβλητικά. **~ measures** (τα) δραστικά μέτρα. **~minded** a ισχυρογνώμων. **~room** n (το) θησαυροφυλάκιο. **~ly** adv δυνατά. (greatly) έντονα

stronghold /'strɒŋhəυld/ n (το) προπύργιο

strove /strəυv/ see STRIVE

struck /strʌk/ see STRIKE. a **~ on** (sl) ενθουσιασμένος για

structur|e /'strʌktʃə(r)/ n (η) δομή. (constructed unit) (η) κατασκευή. (building) (το) οικοδόμημα. **~al** a δομικός

struggle /'strʌgl/ vi αγωνίζομαι. • n (ο) αγώνας. **~ with** αγωνίζομαι για

strum /strʌm/ vt/i (pt **strummed**) χτυπώ (τις χορδές κιθάρας)

strung /strʌŋ/ see STRING. • a **~ up** (tense) νευρωτικός

strut /strʌt/ n (support) (η) δοκός. (walk) (το) κορδωτό βάδισμα. • vi (pt **strutted**) βαδίζω καρδωτά

stub /stʌb/ n (of cigarette) (το) αποτσίγαρο. (counterfoil) (το) στέλεχος

vt (pt **stubbed**) (toe) χτυπώ. **~ out** σβήνω

stubble /'stʌbl/ n (crops) (οι) καλαμιές. (beard) (τα) αξύριστα γένια

stubborn /'stʌbən/ a πεισματάρης. **~ly** adv πεισματικά. **~ness** n (το) πείσμα

stubby /'stʌbı/ a (-ier, -iest) κοντόχοντρος

stucco /'stʌkəυ/ n (pl **-oes**) (ο) στόκος

stuck /stʌk/ see STICK. • a (jammed) κολλημένος. (in difficulties) μπλεγμένος. **~-up** a (fam) φαντασμένος

stud /stʌd/ n (το) πλατυκέφαλο καρφί. (for collar) (το) διπλό κουμπί. • vt (pt **studded**) βάζω καρφιά σε. **~ded with** γεμάτος, στολισμένος με

student /'stju:dənt/ n (ο) φοιτητής, (η) φοιτήτρια

studied /'stʌdıd/ a υπολογισμένος

studio /'stju:dıəυ/ n (pl **-os**) (το) στούντιο invar

studious /'stju:djəs/ a επιμελής. (studied) εξεζητημένος. **~ly** adv με επιμέλεια. (carefully) προσεκτικά

study /'stʌdı/ n (η) μελέτη. (room) (το) γραφείο. (investigation) (η) έρευνα. • vt/i μελετώ. (at university) σπουδάζω

stuff /stʌf/ n (το) υλικό. (unspecified) (το) πράμα. • vt (cram) χώνω. (with padding) γεμίζω. (culin) παραγεμίζω. (animal, bird) ταριχεύω. **~ing** n (padding, culin) (η) γέμιση

stuffy /'stʌfı/ a (-ier, -iest) αποπνικτικός. (old-fashioned) σκουριασμένος

stumbl|e /'stʌmbl/ vi παραπατώ. (falter) κομπιάζω. • n (το) παραπάτημα. **~e across** or **on** πέφτω πάνω σε. **~ing-block** n (το) πρόσκομμα

stump /stʌmp/ n (of tree) (το) κούτσουρο. (of limb) (το) ακρωτηριασμένο μέλος. (of cigar, pencil, etc.) (το) απομεινάρι

stumped /stʌmpt/ a σε δύσκολη θέση

stumpy /'stʌmpı/ a (-ier, -iest) κοντόχοντρος

stun /stʌn/ vt (pt **stunned**) ζαλίζω. (astonish) καταπλήσσω. **~ning** a (impressive: fam) καταπληκτικός

stung /stʌŋ/ see STING

stunk /stʌŋk/ see STINK

stunt[1] /stʌnt/ vt εμποδίζω την ανάπτυξη

stunt[2] /stʌnt/ n (ο) άθλος που απαιτεί θάρρος ή επιδεξιότητα. **~ man** n (ο, η) κασκαντέρ invar

stupefy /'stju:pıfaı/ vt αποβλακώνω

stupendous /stju:'pendəs/ a τεράστιος, καταπληκτικός

stupid /'stju:pıd/ a ηλίθιος. **~ity** /-'pıdətı/ n (η) ηλιθιότητα. **~ly** adv ηλίθια

stupor /'stju:pə(r)/ n (η) χαύνωση

sturdy /'stɜ:dı/ a (-ier, -iest) γερός

sturgeon /'stɜ:dʒən/ n invar (η) μουρούνα

stutter /'stʌtə(r)/ vi ψευδίζω. • n (το) ψεύδισμα

sty¹ /staɪ/ *n* (το) χοιροστάσιο

sty², **stye** /staɪ/ *n* (*med*) (το) κριθαράκι (*στο μάτι*)

style /staɪl/ *n* (το) στιλ *invar*. (*fashion*) (η) μόδα. • *vt* σχεδιάζω. **in ~** της μόδας

stylish /'staɪlɪʃ/ *a* στικ *invar*. **~ly** με στικ

stylist /'staɪlɪst/ *n* (*of hair*) (ο) κομμωτής, (η) κομμώτρια

stylized /'staɪlaɪzd/ *a* στιλιζαρισμένος

stylus /'staɪləs/ *n* (*pl* **-uses**) (η) βελόνα (*γραμμοφώνου*)

suave /swɑ:v/ *a* (*pej*) σοφιστικέ *invar*

sub- /sʌb/ *pref* υπο-

subconscious /sʌb'kɒnʃəs/ *a* υποσυνείδητος. • *n* (το) υποσυνείδητο. **~ly** *adv* υποσυνείδητα

subcontract /sʌbkən'trækt/ *vt/i* αναθέτω/αναλαμβάνω υπεργολαβία. **~or** /-ə(r)/ *n* (ο) υπεργολάβος

subdivide /sʌbdɪ'vaɪd/ *vt* υποδιαιρώ

subdue /səb'dju:/ *vt* υποτάσσω. (*make quieter*) χαμηλώνω. **~d** *a* ήσυχος, χαμηλός

subject¹ /'sʌbdʒɪkt/ *a* υποκείμενος. • *n* (το) υποκείμενο. (*theme*) (το) θέμα. (*schol, univ*) (το) μάθημα. (*citizen*) (ο) υπήκοος. **~ to** (*liable to*) υποκείμενος σε. (*depending on*) υπό τον όρο (*with gen*)

subject² /səb'dʒekt/ *vt* υποβάλλω. (*submit*) υποτάσσω. **~ion** /-ʃn/ *n* (η) υποταγή

subjective /səb'dʒektɪv/ *a* υποκειμενικός. **~ly** *adv* υποκειμενικά

subjugate /'sʌbdʒʊgeɪt/ *vt* υποδουλώνω

subjunctive /səb'dʒʌŋktɪv/ *n* (η) υποτακτική

sublet /sʌb'let/ *vt* (*pt* **sublet**, *pres p* **subletting**) υπενοικιάζω

sublimat|e /'sʌblɪmeɪt/ *vt* εξευγενίζω. **~ion** /-'meɪʃn/ *n* (ο) εξευγενισμός

sublime /sə'blaɪm/ *a* θείος. **~ly** *adv* υψηλά, υπέροχα

submarine /'sʌbmə'ri:n/ *n* (το) υποβρύχιο

submerge /səb'mɜ:dʒ/ *vt/i* βυθίζω/ομαι

submi|t /səb'mɪt/ *vt/i* (*pt* **submitted**) υποτάσσω/ομμαι (*present*) υποβάλλω. **~ssion** /-ʃn/ *n* (η) υποταγή. (*presentation*) (η) υποβολή. **~ssive** /-sɪv/ *a* υποτακτικός

subordinate¹ /sə'bɔ:dɪnət/ *a* υφιστάμενος. • *n* (ο) υφιστάμενος

subordinat|e² /sə'bɔ:dɪneɪt/ *vt* υποτάσσω. **~ion** /-'neɪʃn/ *n* (η) υποταγή

subpoena /sʌb'pi:nə/ *n* (*pl* **-as**) (η) κλήση μαρτύρων. • *vt* (*pt* **subpoenaed**) κλητεύω

subscri|be /səb'skraɪb/ *vi* **~be to** (*fund*) συνεισφέρω. (*newspaper*) είμαι συνδρομητής. (*agree*) επιδοκιμάζω. **~ber** /-ə(r)/ (ο) συνδρομητής, (η) συνδρομήτρια. **~ption** /-rɪpʃn/ *n* (η) συνδρομή

subsequent /'sʌbsɪkwənt/ *a* μεταγενέστερος. **~ly** *adv* στη συνέχεια, ακολούθως

subservient /səb'sɜ:vjənt/ *a* δουλοπρεπής

subside /səb'saɪd/ *vi* παθαίνω καθίζηση. (*storm*) κοπάζω. **~nce** /-əns/ *n* (η) καθίζηση

subsidiary /səb'sɪdɪərɪ/ *a* επικουρικός. • *n* (*comm*) (η) θυγατρική εταιρία

subsid|y /'sʌbsədɪ/ *n* (η) επιχορήγηση. **~ize** /-ɪdaɪz/ *vt* επιχορηγώ

subsist /səb'sɪst/ *vi* αποζώ. **~ence** *n* (η) συντήρηση

substance /'sʌbstəns/ *n* (η) ουσία

substandard /sʌb'stændəd/ *a* κατώτερος

substantial /səb'stænʃl/ *a* ουσιαστικός. (*meal*) χορταστικός. (*considerable*) σημαντικός. **~ly** *adv* ουσιαστικά

substantiate /səb'stænʃɪeɪt/ *vt* αποδεικνύω

substitut|e /'sʌbstɪtju:t/ *n* (το) υποκατάστατο. • *vt/i* υποκαθιστώ (**for**, με). **~ion** /-'tju:ʃn/ *n* (η) υποκατάσταση

subterfuge /'sʌbtəfju:dʒ/ *n* (η) υπεκφυγή

subtitle /'sʌbtaɪtl/ *n* (ο) υπότιτλος

subtle /'sʌtl/ *a* (**-er**, **-est**) λεπτός. **~ty** *n* (η) λεπτότητα

subtract /səb'trækt/ *vt* αφαιρώ. **~ion** /-ʃn/ *n* (η) αφαίρεση

suburb /'sʌbɜ:b/ *n* (το) προάστιο. **~an** /sə'bɜ:bən/ *a* προαστιακός. **~ia** /sə'bɜ:bɪə/ *n* (οι) μικροαστοί. **the ~s** τα προάστια

subversive /səb'vɜ:sɪv/ *a* ανατρεπτικός

subver|t /səb'vɜ:t/ *vt* ανατρέπω. **~sion** /səb'vɜ:ʃn/ *n* (η) ανατροπή

subway /'sʌbweɪ/ *n* (*Amer*) (ο) υπόγειος σιδηρόδρομος

succeed /sək'si:d/ *vi* επιτυγχάνω. • *vt* διαδέχομαι. **~ in doing** κατορθώνω να κάνω. **~ing** *a* διαδοχικός

success /sək'ses/ *n* (η) επιτυχία. **~ful** *a* επιτυχής. **~fully** *adv* επιτυχώς, με επιτυχία

succession /sək'seʃn/ *n* (η) διαδοχή. **in ~** συνέχεια

successive /sək'sesɪv/ *a* διαδοχικός. **~ly** *adv* διαδοχικά

successor /sək'sesə(r)/ *n* (ο, η) διάδοχος

succinct /sək'sɪŋkt/ *a* περιληπτικός

succulent /'sʌkjʊlənt/ *a* ζουμερός

succumb /sə'kʌm/ *vi* υποκύπτω (**to**, σε)

such /sʌtʃ/ *a* τέτοιος. • *pron* αυτός. (*so much*) τόσος. **~ a big house** τόσο μεγάλο σπίτι. **~-and-~** τάδε. **~ as** όπως. **~ as it is** άν και δεν είναι τίποτα το σπουδαίο. **~ courage** τέτοιο θάρρος. **~like** *a* (*fam*) παρόμοιος

suck /sʌk/ *vt* απορροφώ, πίνω. (*fruit*) ρουφώ. (*lollipop, sweet, finger*) γλείφω. **~ up** απορροφώ. **~ up to** (*fam*) γλείφω

sucker /'sʌkə(r)/ *n* (*suction pad*) (η) βεντούζα. (*plant*) (η) παραφυάδα. (*person: sl*) (το) κορόιδο

suckle /sʌkl/ *vt* θηλάζω

suction /'sʌkʃn/ *n* (η) αναρρόφηση

sudden /'sʌdn/ *a* ξαφνικός. **all of a ~** εντελώς ξαφνικά. **~ly** *adv* ξαφνικά. **~ness** *n* (ο) αιφνιδιασμός

suds /sʌds/ *npl* (η) σαπουνάδα

sue /sju:/ *vt* (*pres p* **suing**) ενάγω

suede /sweid/ *n* (το) καστόρι

suet /'su:it/ *n* (το) λίπος (*γύρω στα νεφρά ζώων*)

suffer /'sʌfə(r)/ *vt/i* υποφέρω. (*loss etc.*) παθαίνω. **~ from** υποφέρω από. **~ing** *n* (τα) βάσανα

sufferance /'sʌfərəns/ *n* (η) ανοχή. **on ~** κατ' ανοχή

suffice /sə'fais/ *vi* επαρκώ

sufficien|t /sə'fiʃnt/ *a* επαρκής. (*enough*) αρκετός. **~cy** *n* (η) επάρκεια. **~tly** *adv* αρκετά

suffix /'sʌfiks/ *n* (*pl* -**ixes**) (το) επίθημα

suffocat|e /'sʌfəkeit/ *vt* πνίγω. • *vi* ασφυκτιώ, πνίγομαι. **~ion** /-'keiʃn/ *n* (η) ασφυξία

sugar /'ʃʊgə(r)/ *n* (η) ζάχαρη. • *vt* βάζω ζάχαρη σε. (*sprinkle*) ζαχαρώνω. **~-bowl** *n* (η) ζαχαριέρα. **~-lump** *n* (ο) κύβος ζάχαρη. **~y** *a* ζαχαρωτός

suggest /sə'dʒest/ *vt* εισηγούμαι, προτείνω. **~ion** /-tʃən/ *n* (η) εισήγηση, (η) πρόταση. (*trace*) (το) ίχνος

suggestive /sə'dʒestiv/ *a* που θυμίζει. **~ly** *adv* με υπονοούμενα

suicid|e /'su:isaid/ *n* (η) αυτοκτονία. (*person*) (ο) αυτόχειρας. **commit ~e** αυτοκτονώ. **~al** /-'saidl/ *a* με τάση προς την αυτοκτονία

suit /su:t/ *n* (*man's*) (το) κοστούμι. (*woman's*) (το) ταγέρ *invar*. (*cards*) (το) χρώμα. (*jur*) (η) αγωγή. • *vt* ικανοποιώ. (*adapt*) προσαρμόζω. **the hat ~s you** το καπέλλο σου πάει. **be ~ed for** είμαι κατάλληλος για. **be ~ed to** ταιριάζω σε. **~ability** *n* (η) καταλληλότητα. **~able** *a* κατάλληλος. **~ably** *adv* κατάλληλα

suitcase /'su:tkeis/ *n* (η) βαλίτσα

suite /swi:t/ *n* (*of furniture*) (τα) έπιπλα. (*of rooms*) (η) σουίτα (*σε ξενοδοχείο*). (*retinue*) (η) συνοδεία

suitor /'su:tə(r)/ *n* (ο) μνηστήρας

sulk /sʌlk/ *vi* κάνω μούτρα. • *n* **the ~s** τα μούτρα. **~y** *a* μουτρωμένος

sullen /'sʌlən/ *a* σκυθρωπός. **~ly** *adv* σκυθρωπά

sulphur /'sʌlfə(r)/ *n* (το) θείο. **~ic** /-'fjʊərik/ *a* θειικός. **~ic acid** (το) θειικό οξύ

sultan /'sʌltən/ *n* (ο) σουλτάνος

sultana /səl'ta:nə/ *n* (η) σουλτανίνα (*σταφίδα*)

sultry /'sʌltri/ *a* (-**ier**, -**iest**) (*weather*) πνιγερός (*από τη ζέστη και την υγρασία*). (*fig*) φλογερός

sum /sʌm/ *n* (*amount*) (το) ποσό. (*calculation*) (το) πρόβλημα, (η) αριθμητική. • *vt* (*pt* **summed**) **~ up** (*recapitulate*) ανακεφαλαιώνω. (*assess*) κρίνω

summar|y /'sʌməri/ *n* (η) περίληψη. • *a* συνοπτικός. **~ily** *adv* περιληπτικά, συνοπτικά. **~ize** *vt* συνοψίζω

summer /'sʌmə(r)/ *n* (το) καλοκαίρι. **~house** *n* (το) σπιτάκι του κήπου. **~time** *n* (το) καλοκαίρι. **~y** *a* καλοκαιρινός

summit /'sʌmit/ *n* (η) κορυφή. **~conference** *n* (η) διάσκεψη κορυφής

summon /'sʌmən/ *vt* καλώ. (*jur*) κλητεύω. **~ up** συγκεντρώνω

summons /'sʌmənz/ *n* (η) πρόσκληση. (*jur*) (η) κλήση. • *vt* κλητεύω

sump /sʌmp/ *n* (*mech*) (το) κάρτερ *invar*

sumptuous /'sʌmptʃʊəs/ *a* πολυτελέστατος. **~ly** *adv* πολυτελώς

sun /sʌn/ *n* (ο) ήλιος. • *vt* (*pt* **sunned**) **o.s.** λιάζομαι. **catch the ~** με πιάνει ο ήλιος. **~-glasses** *npl* (τα) γυαλιά του ήλιου. **~-hat** *n* (το) καπέλο του ήλιου. **~-roof** *n* (η) ηλιοροφή. **~-tan** *n* (το) μαύρισμα (*στον ήλιο*). **~-tan cream** *or* **lotion** (το) αντηλιακό (*κρέμα ή λοσιόν*). **~-tanned** *a* μαυρισμένος. **~ny** *a* ηλιόλουστος

sunbathe /'sʌnbeiδ/ *vi* κάνω ηλιοθεραπεία

sunbeam /'sʌnbi:m/ *n* (η) ηλιαχτίδα

sunburn /'sʌnbɜ:n/ *n* (το) ηλιακό έγκαυμα. **~t** *a* ηλιοκαμένος

Sunday /'sʌndi/ *n* (η) Κυριακή. **~ school** *n* (το) κατηχητικό

sundial /'sʌndaiəl/ *n* (το) ηλιακό ρολόι

sundown /'sʌndaʊn/ *n* = **sunset**

sundr|y /'sʌndri/ *a* διάφορος. **all and ~y** όλος ο κόσμος. **~ies** *npl* (τα) διάφορα

sunflower /'sʌnflaʊə(r)/ *n* (το) ηλιοτρόπιο. **~ oil** *n* (το) ηλιανθέλαιο

sung /sʌŋ/ *see* SING

sunk /sʌŋk/ *see* SINK

sunken /'sʌŋkən/ *see* SINK. • *a* βυθισμένος

sun|light /'sʌnlait/ *n* (το) ηλιακό φως. **~lit** *a* ηλιόφωτος

sunrise /'sʌnraiz/ *n* (η) ανατολή του ήλιου

sunset /'sʌnset/ *n* (το) ηλιοβασίλεμα

sunshade /'sʌnʃeid/ *n* (η) ομπρέλα του ήλιου. (*awning*) (η) τέντα (*μαγαζιού*)

sunshine /'sʌnʃaɪn/ *n* (η) λιακάδα

sunspot /'sʌnspɒt/ *n* (η) ηλιακή κηλίδα

sunstroke /'sʌnstrəʊk/ *n* (η) ηλίαση

sup /sʌp/ *vt* (*pt* **supped**) πίνω γουλιά-γουλιά

super /'su:pə(r)/ *a* (*fam*) υπέροχος

superannuation /su:pərænju'eiʃn/ *n* (η) συνταξιοδότηση

superb /su:'pɜ:b/ *a* έξοχος. **~ly** *adv* έξοχα

supercilious /su:pə'siliəs/ *a* υπεροπτικός

superficial /su:pə'fiʃl/ *a* επιφανειακός. **~ly** *adv* επιφανειακά

superfluous /su:'pɜ:fluəs/ a περιττός

superhuman /su:pə'hju:mən/ a υπεράνθρωπος

superimpose /su:pərim'pəʊz/ vt υπερθέτω

superintend /su:pərm'tend/ vt επιβλέπω. ~ence n (η) επίβλεψη. ~ent. • n (ο) επιστάτης. (of police) (ο) επιθεωρητής

superior /su:'pɪərɪə(r)/ a ανώτερος n (ο) ανώτερος. ~ity /-'ɒrətɪ/ n (η) ανωτερότητα

superlative /su:'pɜ:lətɪv/ a υπέρτατος. (gram) n (ο) υπερθετικός (βαθμός)

superman /'su:pəmæn/ n (pl -men) (ο) υπεράνθρωπος

supermarket /'su:pəmɑ:kɪt/ n (η) υπεραγορά, (το) σούπερ μάρκετ invar

supernatural /su:pə'nætʃrəl/ a υπερφυσικός. • n the ~ (το) υπερφυσικό

superpower /'su:pəpaʊə(r)/ n (η) υπερδύναμη

supersede /su:pə'si:d/ vt αντικαθιστώ. be ~d αντικαθιστούμαι

supersonic /su:pə'sɒnɪk/ a υπερηχητικός

superstiti|on /su:pə'stɪʃn/ n (η) δεισιδαιμονία. ~ous a δεισιδαίμων

supervis|e /'su:pəvaɪz/ vt εποπτεύω. ~ion /-'vɪʒn/ n (η) εποπτεία. ~or /-ə(r)/ n (ο) επόπτης, (η) επόπτρια

supper /'sʌpə(r)/ n (το) δείπνο

supplant /sə'plɑ:nt/ vt εκτοπίζω

supple /sʌpl/ a ευλύγιστος. ~ness n (η) ευλυγισία

supplement /'sʌplɪmənt/ n (το) συμπλήρωμα. • vt συμπληρώνω. ~ary /-'mentrɪ/ a συμπληρωματικός

supplier /sə'plaɪə(r)/ n (ο) προμηθευτής

supply /sə'plaɪ/ vt εφοδιάζω. (a need) καλύπτω. ~ with προμηθεύω με. • n (η) προμήθεια. (techn) (ο) εφοδιασμός. **supplies** (οι) προμήθειες. ~ and demand προσφορά και ζήτηση

support /sə'pɔ:t/ vt (hold up) στηρίζω. (strengthen) ενισχύω. (family etc.) συντηρώ. (tolerate) ανέχομαι. (sport) υποστηρίζω. • n (help, backing) (το) (υπο)στήριγμα. (keep) (η) συντήρηση. **in** ~ **of** προς υποστήριξη (with gen). ~er /-ə(r)/ n (sport) (ο, η) οπαδός. ~ive a υποστηρικτικός

suppos|e /sə'pəʊz/ vt/i υποθέτω. (think) νομίζω. **I** ~ **so** υποθέτω. **it is** ~ed **to be** υποτίθεται ότι είναι. **not be** ~ed **to** (not allowed) δεν επιτρέπεται να. ~e or ~ing (that) αν υποθέσουμε ότι. ~edly adv δήθεν. ~ition /sʌpə'zɪʃn/ n (η) υπόθεση

suppository /sə'pɒzɪtrɪ/ n (το) υπόθετο

suppress /sə'pres/ vt καταστέλλω. (hide) αποσιωπώ. ~ion n (η) καταστολή, (η) αποσιώπηση

suprem|e /su:'pri:m/ a ανώτατος. ~acy /-'preməsɪ/ n (η) υπεροχή

surcharge /'sɜ:tʃɑ:dʒ/ n (η) προσαύξηση. (tax) (η) επιβάρυνση

sure /ʃʊə(r)/ a (-er, -est) βέβαιος. • adv (Amer, fam) βεβαίως. **he's** ~ **to come** σίγουρα θα έρθει. **be** ~ **to tell him** κοίτα να του πεις. **make** ~ βεβαιώνομαι. ~ **enough** πράγματι. ~-footed a σίγουρος (στο πάτημα). **be** ~ **of** είμαι βέβαιος για. ~ly adv ασφαλώς

surety /'ʃʊərətɪ/ n (η) εγγύηση

surf /sɜ:f/ n (ο) αφρός (των κυμάτων). ~er n (ο, η) σερφίστας. ~ing, ~-riding ns (το) σέρφινγκ invar

surface /'sɜ:fɪs/ n (η) επιφάνεια. • a επιφανειακός. • vi (emerge) βγαίνω στην επιφάνεια. • vt (road etc.) επιστρώνω. ~ mail n (το) ταχυδρομείο επιφανείας

surfboard /'sɜ:fbɔ:d/ n (η) σανίδα (του σέρφινγκ)

surfeit /'sɜ:fɪt/ n (η) πληθώρα

surge /sɜ:dʒ/ vi ξεχύνομαι. (increase) υψώνομαι. • n (of feeling) (το) κύμα. (forward movement) (η) απότομη κίνηση. (increase) (το) κύμα

surgeon /'sɜ:dʒən/ n (ο, η) χειρούργος

surg|ery /'sɜ:dʒərɪ/ n (η) χειρουργική. (place) (το) ιατρείο. (time) (οι) ώρες ιατρείου. ~ical /-dʒɪkl/ a χειρουργικός

surl|y /'sɜ:lɪ/ a (-ier, -iest) κατσούφης. ~iness n (η) κατσουφιά

surmise /sə'maɪz/ vt εικάζω. • n (η) εικασία

surmount /sə'maʊnt/ vt υπερπηδώ

surname /'sɜ:neɪm/ n (το) επώνυμο, Cy. (το) επίθετο

surpass /sə'pɑ:s/ vt ξεπερνώ

surplus /'sɜ:pləs/ n (το) πλεόνασμα. • a πλεονάζω

surpris|e /sə'praɪz/ n (η) έκπληξη. • vt εκπλήττω. ~ed a έκπληκτος (at, από). ~ing a εκπληκτικός

surrealis|m /sə'rɪəlɪzəm/ n (ο) σουρεαλισμός

surrender /sə'rendə(r)/ vt/i παραδίδω/ομαι. • n (η) παράδοση. (comm) (η) παραχώρηση

surreptitious /sʌrəp'tɪʃəs/ a λαθραίος

surrogate /'sʌrəgeɪt/ n (το) υποκατάστατο

surround /sə'raʊnd/ vt περιτριγυρίζω. • n (το) πλαίσιο. **be** ~ed **by** or **with** περιτριγυρίζουν. ~ing a γύρω. ~ings npl (το) περιβάλλον

surveillance /sɜ:'veɪləns/ n (η) παρακολούθηση

survey¹ /sə'veɪ/ vt επισκοπώ. (property) εξετάζω. (land) χωρομετρώ. ~or n (ο) χωρομέτρης

survey² /'sɜ:veɪ/ n (η) έρευνα. (report) (η) επισκόπηση. (general view) (η) ανασκόπηση

survival /sə'vaɪvl/ n (η) επιβίωση. (relic) (το) υπόλειμμα

surviv|e /sə'vaɪv/ *vt*/*i* επιβιώνω (*with gen*). **~or** /-ə(r)/ *n* (ο) επιζήσας

susceptib|le /sə'septəbl/ *a* επιδεκτικός. **~le to** επιρρεπής σε. **~ility** /-'bɪlətɪ/ *n* (η) επιδεκτικότητα, (η) επιρρέπεια

suspect¹ /sə'spekt/ *vt* υποπτεύομαι. (*assume*) υποψιάζομαι. (*doubt*) αμφιβάλλω για

suspect² /'sʌspekt/ *n* (ο) ύποπτος. • *a* ύποπτος

suspen|d /sə'spend/ *vt* κρεμώ. (*stop*) αναστέλλω. (*employee*) θέτω σε διαθεσιμότητα. (*pupil*) αποβάλλω προσωρινά. **~sion** *n* (η) ανάρτηση. **~sion bridge** *n* (η) κρεμαστή γέφυρα

suspender /sə'spendə(r)/ *n* (η) ζαρτιέρα. **~ belt** *n* (η) ζαρτιέρα. **~s** (*braces: Amer*) (οι) τιράντες (*πανταλονιού*)

suspense /sə'spens/ *n* (η) αβεβαιότητα. (*in book etc.*) (η) αγωνία. **keep s.o. in ~** κρατώ κπ σε αγωνία

suspici|on /sə'sprɪʃn/ *n* (η) υποψία. (*trace*) (το) ίχνος. **~ous** *a* καχύποπτος. (*causing suspicion*) ύποπτος

sustain /sə'steɪn/ *vt* συντηρώ. (*suffer*) παθαίνω

sustenance /'sʌstɪnəns/ *n* (η) συντήρηση. (*nourishment*) (η) θρεπτική αξία

svelte /svelt/ *a* λυγερός

swab /swɒb/ *n* (η) σφουγγαρίστρα. (*med*) (το) ταμπόν *invar*

swagger /'swægə(r)/ *vi* κορδώνομαι

swallow¹ /'swɒləu/ *vt*/*i* καταπίνω. **~ up** καταβροχθίζω

swallow² /'swɒləu/ *n* (το) χελιδόνι

swam /swæm/ *see* SWIM

swamp /swɒmp/ *n* (το) έλος. • *vt* πλημμυρίζω. (*fig*) πνίγω. **~y** *a* ελώδης

swan /swɒn/ *n* (ο) κύκνος

swank /swæŋk/ *n* (*fam*) (η) φιγούρα. • *vi* (*fam*) φιγουράρω

swap /swɒp/ *vt*/*i* (*pt* **swapped**) ανταλλάσσω. • *n* (η) ανταλλαγή

swarm /swɔ:m/ *n* (το) σμήνος. • *vi* σχηματίζω σμήνος. (*place*) είμαι γεμάτος

swarthy /'swɔ:ðɪ/ *a* (-**ier**, -**iest**) μελαψός

swastika /'swɒstɪkə/ *n* (ο) αγκυλωτός σταυρός

swat /swɒt/ *vt* (*pt* **swatted**) χτυπώ (*απότομα*)

sway /sweɪ/ *vi* κουνιέμαι. (*person*) ταλαντεύομαι. • *vt* (*influence*) επηρεάζω αποφασιστικά. • *n* (η) επιρροή

swear /sweə(r)/ *vt*/*i* (*pt* **swore**, *pp* **sworn**) ορκίζομαι. (*curse*) βλαστημώ. **~ at** βρίζω. **~ by** (*fam*) ορκίζομαι σε. **~ s.o. in** ορκίζω κπ. **~-word** *n* (η) βλαστήμια

sweat /swet/ *n* (ο) ιδρώτας. (*fam*) (το) ξεθέωμα. • *vi* ιδρώνω. **~y** *a* ιδρωμένος

sweater /'swetə(r)/ *n* (το) πουλόβερ *invar*, Cυ. (το) τρικό

swede /swi:d/ *n* είδος λαχανικού που καλλιεργείται για τη ρίζα του

Swed|e /swi:d/ *n* (ο) Σουηδός, (η) Σουηδέζα. **~en** *n* (η) Σουηδία. **~ish** *a* σουηδικός. • *n* (*lang*) (τα) σουηδικά

sweep /swi:p/ *vt*/*i* (*pt* **swept**) σκουπίζω. (*go swiftly*) γλιστρώ γρήγορα. (*go majestically*) περνώ με μεγαλοπρέπεια. (*road*) διαγράφω καμπύλη. (*fig*) σαρώνω. • *n* (το) σκούπισμα. (*curve*) (η) καμπύλη. (*slope*) (ο) απαλός κατήφορος. (*movement*) (η) κυκλική κίνηση. **~ away** παρασύρω. **~ the board** σαρώνω τα πάντα. **~ up** σκουπίζω. **~ing** *a* (*changes etc.*) σαρωτικός. **~ing gesture** (η) πλατιά χειρονομία. **~ing statement** (η) γενίκευση

sweepstake /'swi:psteɪk/ *n* (το) σουιπστέικ *invar*

sweet /swi:t/ *a* (-**er**, -**est**) γλυκός. (*fragrant*) μυρωδάτος. (*pleasant*) ευχάριστος. (*endearing: fam*) χαριτωμένος. • *n* (το) γλυκό. (*toffee etc.*) (η) καραμέλα. (*dish*) (το) επιδόρπιο. **have a ~ tooth** μ' αρέσουν τα γλυκά. **~ corn** *n* (το) καλαμπόκι. **~ pea** *n* (το) μοσχομπίζελο. **~ly** *adv* γλυκά. **~ness** *n* (η) γλύκα

sweetbread /'swi:tbred/ *n* (τα) γλυκάδια

sweeten /'swi:tn/ *vt* γλυκαίνω. **~er** /-ə(r)/ *n* (η) γλυκαντική ουσία

sweetheart /'swi:thɑ:t/ *n* (ο) αγαπημένος, (η) αγαπημένη

sweetshop /'swi:tʃɒp/ *n* κατάστημα που πουλάει κυρίως καραμέλες και σοκολάτες

swell /swel/ *vt*/*i* (*pt* **swelled**, *pp* **swollen** or **swelled**) φουσκώνω, πρήζω/ομαι. (*increase*) εξογκώνω/ομαι. • *a* (*fam*) πρώτης τάξεως. • *n* (*of sea*) (η) φουσκοθαλασσιά. **~ing** *n* (το) πρήξιμο

swelter /'sweltə(r)/ *vi* λιώνω από τη ζέστη. **~ing** (*heat*) *a* αποπνικτικός

swept /swept/ *see* SWEEP

swerve /swɜ:v/ *vi* στρίβω απότομα

swift /swɪft/ *a* (-**er**, -**est**) γοργός. • *n* (*bird*) (το) πετροχελίδονο. **~ly** *adv* γοργά, γρήγορα. **~ness** *n* (η) γρηγοράδα

swig /swɪg/ *vt* (*pt* **swigged**) (*fam*) πίνω με μεγάλες γουλιές. • *n* (η) μεγάλη ρουφηξιά

swill /swɪl/ *vt* (*rinse*) ξεπλένω. (*drink*) κατεβάζω (*ποτό*). • *n* (*food for pigs*) υγρή τροφή από υπολείμματα για χοίρους

swim /swɪm/ *vi* (*pt* **swam**, *pp* **swum**, *pres p* **swimming**) κολυμπώ. (*room, head*) στριφογυρίζω. • *vt* (*swim across*) διασχίζω κολυμπώντας. • *n* (το) κολύμπι. **~mer** *n* (ο) κολυμβητής, (η) κολυμβήτρια. **~ming** *n* (το) κολύμπι. **~ming-bath**, **~ming-pool** *ns* (η) πισίνα. **~ming-costume** *n* (το) μαγιό. **~ming-trunks** *npl* (το) ανδρικό μαγιό. **~-suit** *n* (το) μαγιό *invar* swimmingly /'swimiŋli/ adv περίφημα

swindle /'swindl/ vt εξαπατώ. • n (η)
απάτη. ~r /-ɔ(r)/ n (ο) απατεώνας

swine /swain/ n (τα) γουρούνια n invar.
(person: fam) (το) γουρούνι

swing /swiŋ/ vi (pt swung) αιωρούμαι.
(hang) κρέμομαι. (turn) γυρίζω. (sway)
ταλαντεύομαι. • vt κουνώ. • n (motion)
(η) αιώρηση. (child's) (η) κούνια. (mus)
(ο) ρυθμός. in full ~ στο αποκορύφωμα.
~-bridge n (η) περιστρεφόμενη
γέφυρα. ~-door n (η) παλινδρομική
πόρτα

swingeing /'swindʒiŋ/ a τρομαχτικός

swipe /swaip/ vt (hit: fam) χτυπώ δυνατά.
(take: fam) σουφρώνω. • n (fam) (το)
δυνατό χτύπημα

swirl /swɜ:l/ vt/i στροβιλίζω/ομαι. • n (ο)
στρόβιλος

swish /swiʃ/ vt σφυρίζω. • a (fam) σικ

Swiss /swis/ a ελβετικός. • n (ο) Ελβετός,
(η) Ελβετίδα. ~ roll n τυλιχτό γλύκισμα
με μαρμελάδα και κρέμα

switch /switʃ/ n (electr) (ο) διακόπτης.
(change) (η) αλλαγή. (exchange) (η)
ανταλλαγή. • vt (shift) γυρίζω. (transfer)
μεταφέρω. (change) αλλάζω. (exchange)
ανταλλάσσω. ~ off (electr) κλείνω.
(light) σβήνω. ~ on (electr) ανοίγω.
(light, engine) ανάβω

switchback /'switʃbæk/ n (το) τρενάκι (σε
λούνα παρκ)

switchboard /'switʃbɔ:d/ n (το)
τηλεφωνικό κέντρο

Switzerland /'switsələnd/ n (η) Ελβετία

swivel /'swivl/ vi (pt swivelled)
στριφογυρίζω. • vt περιστρέφω ~ chair
n (το) περιστροφικό κάθισμα

swollen /'swəuln/ see SWELL. • a
φουσκωμένος, πρησμένος

swoon /swu:n/ vi λιποθυμώ

swoop /swu:p/ vi εφορμώ. • n (raid) (η)
εφόρμηση

sword /sɔ:d/ n (το) ξίφος

swordfish /'sɔ:dfiʃ/ n (ο) ξιφίας

swore /swɔ:(r)/ see SWEAR

sworn /swɔ:n/ see SWEAR. • a (enemy)
άσπονδος. (friend) καρδιακός

swot /swɒt/ vi (pt swotted) (schol, fam)
σπάω στο διάβασμα. • n (study: fam) (το)
σπάσιμο (στο διάβασμα). (person: fam)
(ο) σπασίκλας

swum /swʌm/ see SWIM

swung /swʌŋ/ see SWING

sycamore /'sikəmɔ:(r)/ n (η) συκομουριά

syllable /'siləbl/ n (η) συλλαβή

syllabus /'siləbəs/ n (pl -buses) (η)
διδακτέα ύλη

symbol /'simbl/ n (το) σύμβολο. ~ic(al)
/-'bɒlik(l)/ a συμβολικός. ~ism n (ο)
συμβολισμός. ~ize vt συμβολίζω

symmetr|y /'simətri/ n (η) συμμετρία.
~ical /-'metrikl/ a συμμετρικός

sympathetic /simpə'θetik/ a συμπαθητ-
ικός. (showing pity) συμπονετικός

sympath|y /'simpəθi/ n (η) συμπάθεια.
(pity) (η) συμπόνια. (condolences) (τα)
συλλυπητήρια. be in ~y with
συμμερίζομαι. ~ize /-aiz/ vi ~ with
κατανοώ. ~izer n (pol) (ο, η)
συνοδοιπόρος

symphon|y /'simfəni/ n (η) συμφωνία.
~ic /-'fɒnik/ a συμφωνικός

symptom /'simptəm/ n (το) σύμπτωμα.
~atic /-'mætik/ a συμπτωματικός

synagogue /'sinəgɒg/ n (η) συναγωγή

synchroniz|e /'siŋkrənaiz/ vt
συγχρονίζω. ~ation /-'zeiʃn/ n (ο)
συγχρονισμός

syncopat|e /'siŋkəpeit/ vt συγκόπτω.
~ion /-'peiʃn/ n (η) συγκοπή

syndicate /'sindikət/ n (το) συνδικάτο

syndrome /'sindrəum/ n (το) σύνδρομο

synonym /'sinənim/ n (το) συνώνυμο.
~ous /-'nɒniməs/ a συνώνυμος

synopsis /si'nɒpsis/ n (pl -opses /-si:z/)
(η) σύνοψη

synta|x /'sintæks/ n (η) σύνταξη. ~ctic a
συντακτικός

synthesi|s /'sinθəsis/ n (pl -theses /-si:z/)
(η) σύνθεση. ~ze /-saiz/ vt συνθέτω.
~zer n (mus) (το) συνθεσάιζερ invar.

synthetic /sin'θetik/ a συνθετικός

syphilis /'sifilis/ n (η) σύφιλη

Syria /'siriə/ n (η) Συρία. ~n a συριακός.
• n (ο) Σύριος, (η) Συρία

syringe /'sirindʒ/ n (η) σύριγγα. • vt
καθαρίζω με σύριγγα

syrup /'sirəp/ n (το) σιρόπι. (treacle) (η)
μελάσα. ~y a σιροπιασμένος

system /'sistəm/ n (το) σύστημα. (body)
(ο) οργανισμός. (order) (η) οργάνωση.
~s analyst n (ο) αναλυτής, (η)
αναλύτρια (προγραμμάτων Η/Υ). ~atic
/-ə'mætik/ a συστηματικός. ~atically
/-ə'mætikli/ adv συστηματικά

Tt

tab /tæb/ n (η) γλώσσα (προεξοχή). keep
~s on (fam) παρακολουθώ. pick up the
~ (Amer, fam) αναλαμβάνω να
πληρώσω το λογαριασμό

tabby /'tæbi/ n ~ (cat) (η) γάτα με
ραβδώσεις στο τρίχωμα

table /'teibl/ n (το) τραπέζι. (list) (ο)
πίνακας. • vt υποβάλλω. lay or set the ~
στρώνω το τραπέζι. ~-cloth n (το)
τραπεζομάντιλο. ~ tennis n (το) πινγκ
πονγκ invar, (η) επιτραπέζια αντισφαί-
ριση. ~ wine (ο) επιτραπέζιος οίνος

tablespoon /'teiblspu:n/ n (το) κουτάλι
σερβιρίσματος. ~ful n (pl -fuls) (η)
κουταλιά (σερβιρίσματος)

tablet /'tæblit/ n (of stone etc.) (η) πλάκα.
(pill) (το) χάπι. (of soap) (η) πλάκα

tabloid /'tæbloid/ n (η) ταμπλόιντ invar

taboo /tə'bu:/ n (το) ταμπού invar. • a
ταμπού invar, απαγορευμένος

tabulator /'tæbjuleitə(r)/ n (ο)
στηλογνώμονας (γραφομηχανής)

tacit /'tæsit/ a σιωπηρός

taciturn /'tæsitɜ:n/ a λιγομίλητος

tack /tæk/ n (nail) (η) πινέζα. (stitch) (το)
τρύπωμα. (naut) (η) πορεία. • vt
στερεώνω πρόχειρα, τρυπώνω. • vi
προχωρώ με κίνηση ζιγκ ζαγκ. ~ on
προσθέτω. be on the right/wrong ~
είμαι στο σωστό/σε λάθος δρόμο.
change ~ αλλάζω τακτική

tackle /'tækl/ n (equipment) (τα) σύνεργα.
(football) (το) ρίζιμο κάτω αντιπάλου.
• vt καταπιάνομαι με. (football) ρίχνω
(αντίπαλο)

tacky /'tæki/ a (-ier, -iest) κολλώδης

tact /tækt/ n (το) τακτ invar, (η)
διακριτικότητα. ~ful a διακριτικός.
~fully adv διακριτικά, με τακτ. ~less a
αδιάκριτος. ~lessly adv αδιάκριτα

tactic|s /'tæktiks/ npl (η) τακτική. ~al a
τακτικός

tadpole /'tædpəul/ n (ο) γυρίνος

tag /tæg/ n (label) (η) ετικέτα. (on
shoelace) (η) μεταλλική άκρη. (phrase)
(η) συνηθισμένη φράση. • vt (pt tagged)
βάζω ετικέτα σε. • vi ~ along (fam)
ακολουθώ

tail /teil/ n (η) ουρά. ~s npl (tailcoat) (το)
φράκο. (of coin) (τα) γράμματα (αντ.
κορόνα). • vt (follow: fam) παρακολουθώ.
• vi ~ off σβήνω (για φωνή). ~-end n
(το) τελευταίο μέρος

tailback /'teilbæk/ n (η) ουρά (οχημάτων)

tailgate /'teilgeit/ n (η) πόρτα του χώρου
αποσκευών (αυτοκινήτου)

tailor /'teilə(r)/ n (ο) ράφτης, (η) ράφτρα.
• vt προσαρμόζω στις απαιτήσεις.
~-made a φτιαγμένος στα μέτρα

taint /teint/ n (η) μόλυνση. • vt μολύνω

take /teik/ vt/i (pt took, pp taken) παίρνω.
(carry) μεταφέρω. (accompany) πηγαίνω.
(capture) πιάνω. (endure) ανέχομαι.
(swallow) πίνω (χάπι). (require) παίρνω.
(contain) περιέχω. (walk) πηγαίνω.
(bath) κάνω. (exam) δίνω. (photograph)
βγάζω. • n (photo, cinema, TV) (η)
σκηνή. be ~n with μου αρέσει. be ~n
ill αρρωστώ. ~ after μοιάζω (with gen).
~ away αφαιρώ. ~-away n (το) έτοιμο
φαγητό (από εστιατόριο). ~ back
(return) παίρνω πίσω. ~ down
(statement etc.) παίρνω. (note) γράφω. ~
in (garment) στενεύω. (understand) ~
αντιλαμβάνομαι. (deceive) ξεγελώ. ~
off (remove) αφαιρώ. (clothes) βγάζω.
(mimic) μιμούμαι. (aviat) απογειώνομαι.
~-off n (aviat) (η) απογείωση.
(imitation) (η) απομίμηση. ~ on
(undertake) αναλαμβάνω. (employee)
προσλαμβάνω. ~ out (remove) βγάζω.
~ over αναλαμβάνω. ~-over n (comm)
(η) εξαγορά. ~ part παίρνω μέρος (in,
σε). ~ place συμβαίνω. ~ to (like) το
ρίχνω σε. ~ up πιάνω. (hobby) αρχίζω
να ασχολούμαι με. (occupy)
εγκαθίσταμαι. (garment) κονταίνω. ~
up with πιάνω φιλίες με

takings /'teikiŋz/ npl (οι) εισπράξεις

talcum /'tælkəm/ n ~ (powder) (το) ταλκ
invar

tale /teil/ n (η) αφήγηση. (pej) (η)
διάδοση

talent /'tælənt/ n (το) ταλέντο. ~ed a
ταλαντούχος

talk /tɔ:k/ vt/i μιλώ. • n (η) ομιλία.
(lecture) (η) διάλεξη. ~ about μιλώ για.
~ s.o. into doing πείθω κπ να κάνει ~
over συζητώ. ~ative a ομιλητικός. ~er
n (ο) ομιλητής. (chatterbox) (ο)
φλύαρος. ~ing-to n (fam) (η) κατσάδα

tall /tɔ:l/ a (-er, -est) ψηλός. ~ order n (η)
δύσκολη απαίτηση. ~ story n (fam) (η)
απίθανη ιστορία

tallboy /'tɔ:lbɔi/ n (το) ψηλό κομό invar

tally /'tæli/ n (η) ετικέτα για σήμανση. • vi
συμφωνώ (with, με)

talon /'tælən/ n (το) νύχι (αρπακτικού
πουλιού)

tambourine /tæmbə'ri:n/ n (το) ντέφι

tame /teim/ a (-er, -est) (animal) ήμερος.
(dull) ανιαρός. • vt δαμάζω. ~ly adv

ήμερα. **~r** /-ə(r)/ *n* (ο) δαμαστής, (η) δαμάστρια

tamper /'tæmpə(r)/ *vi* **~ with** (*interfere*) ανακατεύομαι σε. (*falsify*) παραποιώ

tampon /'tæmpon/ *n* (το) ταμπόν *invar*

tan /tæn/ *vt/i* (*pt* tanned) (*become brown*) μαυρίζω. • *vt* (*hide*) αργάζω. • *n* (*sun-tan*) (το) μαύρισμα. • *a* (*colour*) ανοιχτό καφέ

tandem /'tændəm/ *n* (το) διπλό ποδήλατο. **in ~** μαζί

tang /tæŋ/ *n* (*taste*) (η) χαρακτηριστική γεύση. (*smell*) (η) δυνατή μυρωδιά

tangent /'tændʒənt/ *n* (η) εφαπτομένη. **go off at a ~** αλλάζω απότομα θέμα

tangerine /tændʒə'ri:n/ *n* (το) μανταρίνι

tangibl|e /'tændʒəbl/ *a* χειροπιαστός. **~y** *adv* χειροπιαστά

tangle /'tæŋgl/ *vt/i* μπλέκω/ομαι. • *n* (το) μπλέξιμο

tango /'tæŋgəʊ/ *n* (*pl* -os) (το) ταγκό *invar*

tank /tæŋk/ *n* (*water*) (το) ντεπόζιτο. (*petrol*) (το) ρεζερβουάρ. (*fish*) (το) ενυδρείο. (*mil*) (το) τανκ *invar*

tankard /'tæŋkəd/ *n* (το) κύπελλο (για μπίρα)

tanker /'tæŋkə(r)/ *n* (*ship*) (το) δεξαμενόπλοιο. (*truck*) (το) βυτιοφόρο

tantaliz|e /'tæntəlaɪz/ *vt* βασανίζω (με κάτι δελεαστικό). **~ing** *a* βασανιστικός

tantamount /'tæntəmaʊnt/ *a* **~ to** ισοδύναμος με

tantrum /'tæntrəm/ *n* (η) έκρηξη οργής

tap¹ /tæp/ *n* (η) βρύση. • *vt* (*pt* tapped) (*resources*) αντλώ. (*phone*) υποκλέπτω. **on ~** (*ready*) διαθέσιμος. **~ water** (το) νερό της βρύσης

tap² /tæp/ *vt/i* (*pt* tapped) χτυπώ (ελαφρά). • *n* (το) ελαφρό χτύπημα. **~-dance** *n* (οι) κλακέτες

tape /teɪp/ *n* (η) κορδέλα. **(adhesive) ~** (η) ταινία. • *vt* **(magnetic) ~** (η) ταινία. (*record*) ηχογραφώ. **have sth./s.o. ~d** (*fam*) έχω ζυγίσει κτ/κπ και το γνωρίζω καλά. **~ deck** *n* (η) συσκευή μαγνητικής εγγραφής. **~-measure** *n* (η) μεζούρα. **~ recorder** *n* (το) μαγνητόφωνο. **~ recording** *n* (η) μαγνητοφώνηση

taper /'teɪpə(r)/ *n* (το) λεπτό κερί. • *vt/i* λεπταίνω. **~ off** γίνομαι μυτερός

tapestry /'tæpɪstri/ *n* (το) ταπισερί

tapioca /tæpɪ'əʊkə/ *n* (το) ταπιόκα

tar /tɑ:(r)/ *n* (η) πίσσα. • *vt* (*pt* tarred) πισσώνω. **~ry** *a* πισσωτός

taramosalata /tærəmɒsə'lɑ:tə/ *n* (η) ταραμοσαλάτα

tard|y /'tɑ:dɪ/ *a* (-ier, -iest) βραδύς, αργός. **~ily** *adv* αργά

target /'tɑ:gɪt/ *n* (ο) στόχος. (*fig*) (ο) αντικειμενικός σκοπός. • *vt* βάζω στόχο

tariff /'tærɪf/ *n* (το) δασμολόγιο

Tarmac /'tɑ:mæk/ *n* (P) (η) άσφαλτος. (*runway*) (ο) διάδρομος προσγείωσης και απογείωσης

tarnish /'tɑ:nɪʃ/ *vt/i* μαυρίζω. (*fig*) κηλιδώνω

tarpaulin /tɑ:'pɔ:lɪn/ *n* (ο) μουσαμάς

tarragon /'tærəgən/ *n* (το) δρακόντιο, (το) εστραγκόν *invar*

tart¹ /tɑ:t/ *a* (-er, -est) απότομος

tart² /tɑ:t/ *n* (η) τάρτα. (*prostitute: sl*) (*woman: sl*) (η) τσούλα. • *vt* **~ up** (*fam*) στολίζω φανταχτερά. **~ o.s. up** (*fam*) ντύνομαι προκλητικά

tartan /'tɑ:tn/ *n* (το) σκοτσέζικο ύφασμα. • *a* από σκοτσέζικο ύφασμα

tartar /'tɑ:tə(r)/ *n* (το) πουρί (στα δόντια). **~ sauce** είδος σάλτσας μαγιονέζας

task /tɑ:sk/ *n* (*duty*) (το) καθήκον. (*work*) (η) δουλειά. **take to ~** επιπλήττω. **~ force** *n* (η) δύναμη επιχειρήσεων

tassel /'tæsl/ *n* (η) φούντα

taste /teɪst/ *n* (*sense*) (η) γεύση. (*discernment*) (το) γούστο. (*small quantity*) (η) μπουκιά. • *vt* δοκιμάζω. • *vi* **~ of** έχω γεύση (*with gen.*). **~ful** *a* με γούστο. **~fully** *adv* καλαίσθητα. **~less** *a* (*food*) άγευστος. (*in bad taste*) χωρίς γούστο

tasty /'teɪstɪ/ *a* (-ier, -iest) εύγευστος

tat /tæt/ *see* TIT²

tattered /'tætəd/ *a* κουρελιασμένος

tatters /'tætəz/ *npl* (τα) κουρέλια. **to be in ~** είναι κουρέλι

tattoo¹ /tə'tu:/ *n* (*mil*) (η) στρατιωτική επίδειξη

tattoo² /tə'tu:/ *vt* κάνω τατουάζ. • *n* (το) τατουάζ *invar*

tatt|y /'tætɪ/ *a* (-ier, -iest) (*fam*) φθαρμένος. **~ily** *adv* ατημέλητα

taught /tɔ:t/ *see* TEACH

taunt /tɔ:nt/ *vt* προκαλώ με χλευασμούς. • *n* (ο) χλευασμός

Taurus /'tɔ:rəs/ *n* (ο) Ταύρος

taut /tɔ:t/ *a* τεντωμένος

tawdry /'tɔ:drɪ/ *a* (-ier, -iest) φτηνός και φανταχτερός

tax /tæks/ *n* (ο) φόρος. **income ~** *n* (ο) φόρος εισοδήματος. • *vt* φορολογώ. (*fig*) δοκιμάζω. **~able** *a* φορολογήσιμος. **~ation** /-'seɪʃn/ *n* (η) φορολογία. **~-free** *a* αφορολόγητος. **~ing** *a* (*fig*) απαιτητικός. **~ inspector** *n* (ο) έφορος. **~ return** *n* (η) φορολογική δήλωση

taxi /'tæksɪ/ *n* (*pl* -is) (το) ταξί *invar*. • *vi* (*pt* taxied, *pres p* taxiing) (*aviat*) τροχοδρομώ. **~-driver** *n* (ο) ταξιτζής, (η) ταξιτσού. **~ rank**, (*Amer*) **~ stand** *ns* (η) πιάτσα

taxman /'tæksmæn/ *n* (*pl* -men) (*fam*) (ο) έφορος

taxpayer /'tækspeɪə(r)/ *n* (ο) φορολογούμενος

te /ti:/ *n* (*mus*) (το) σι *invar*

tea /ti:/ *n* (το) τσάι. **~ bag** *n* (το) φακελάκι τσαγιού. **~ break** *n* (το) διάλειμμα για τσάι. **~-leaf** *n* (το) φύλλο του τσαγιού. **~-set** *n* (το) σερβίτσιο του τσαγιού. **~ towel** *n* (η) πετσέτα της κουζίνας

teach /ti:tʃ/ *vt* (*pt* **taught**) διδάσκω (**s.o. sth**, κπ. κτ.) *vi* εργάζομαι ως δάσκαλος, κάνω μαθήματα. **~er** *n* (*primary*) (ο) δάσκαλος, (η) δασκάλα. (*secondary*) (ο) καθηγητής, (η) καθηγήτρια. **~ing** *n* (η) διδασκαλία

teacup /'ti:kʌp/ *n* (το) φλιτζάνι του τσαγιού

teak /ti:k/ *n* (το) τηκ *invar*

team /ti:m/ *n* (η) ομάδα. (*of animals*) (το) ζευγάρι. • *vi* **~ up** κάνω κοινή προσπάθεια (**with**, με). **~-work** *n* (η) ομαδική εργασία

teapot /'ti:pɒt/ *n* (η) τσαγιέρα

tear¹ /teə(r)/ *vt/i* (*pt* **tore**, *pp* **torn**) σχίζω/ομαι. (*snatch*) τραβώ με βία. (*run*) ορμώ. • *n* (το) σκίσιμο. **~ apart** (*fig*) κάνω κομμάτια. **~ o.s. away** ξεκολλώ. **~ up** κάνω κομμάτια

tear² /tɪə(r)/ *n* (το) δάκρυ. **be in ~s** κλαίω. **burst into ~s** βάζω τα κλάματα. **~-gas** *n* (το) δακρυγόνο αέριο. **~ful** *a* δακρυσμένος

tease /ti:z/ *vt* πειράζω. (*cloth etc.*) ξεφτίζω. • *n* (το) πειραχτήρι. **~r** /-ə(r)/ *n* (*fam*) (η) σπαζοκεφαλιά

teaspoon /'ti:spu:n/ *n* (το) κουταλάκι του τσαγιού. **~ful** *n* (*pl* **-fuls**) (η) κουταλιά του τσαγιού

teat /ti:t/ *n* (η) ρώγα

technical /'teknɪkl/ *a* τεχνικός. **~ity** /-'kæləti/ *n* (η) τεχνική λεπτομέρεια. **~ly** *adv* τεχνικά

technician /tek'nɪʃn/ *n* (ο) τεχνικός

technique /tek'ni:k/ *n* (η) τεχνική

technolog|y /tek'nɒlədʒɪ/ *n* (η) τεχνολογία. **~ical** /-ə'lɒdʒɪkl/ *a* τεχνολογικός. **~ist** *n* (ο, η) τεχνολόγος

teddy /'tedi/ *n* **~** (**bear**) (το) αρκουδάκι (*παιχνίδι για παιδιά*)

tedious /'ti:dɪəs/ *a* ανιαρός. **~ly** *adv* ανιαρά

tedium /'ti:dɪəm/ *n* (η) ανία

tee /ti:/ *n* (*golf*) (το) ξύλινο ή πλαστικό στήριγμα για το μπαλάκι του γκολφ

teem¹ /ti:m/ *vi* **be ~ing with** (*swarming*) βρίθω (*with gen*)

teem² /ti:m/ *vi* (*rain*) βρέχει καταρρακτωδώς

teenage /'ti:neɪdʒ/ *a* εφηβικός. **~r** /-ə(r)/ *n* (ο, η) έφηβος

teens /ti:nz/ *npl* **in one's ~s** στην εφηβεία. **the ~** (η) εφηβική ηλικία

teeny /'ti:nɪ/ *a* (**-ier**, **-iest**) (*fam*) μικροσκοπικός

teeter /'ti:tə(r)/ *vi* ταλαντεύομαι

teeth /ti:θ/ *see* TOOTH

teeth|e /ti:ð/ *vi* βγάζω δόντια. **~ing troubles** *npl* (*fig*) (οι) αρχικές δυσκολίες

teetotaller /ti:'təʊtlə(r)/ *n* αυτός που δεν πίνει οινοπνευματώδη ποτά

telecommunications /telɪkəmju:nɪ-'keɪʃnz/ *npl* (οι) τηλεπικοινωνίες

telegram /'telɪgræm/ *n* (το) τηλεγράφημα

telegraph /'telɪgrɑ:f/ *n* (ο) τηλέγραφος. • *vt* τηλεγραφώ. **~ic** /-'græfɪk/ *a* τηλεγραφικός. **~ pole** *n* (το) τηλεγραφόξυλο

telepath|y /tɪ'lepəθɪ/ *n* (η) τηλεπάθεια. **~ic** /telɪ'pæθɪk/ *a* τηλεπαθητικός

telephon|e /'telɪfəʊn/ *n* (το) τηλέφωνο. • *vt* τηλεφωνώ. **to be on the ~** (*speaking*) τηλεφωνώ. **~e box**, **~ booth** *ns* (ο) τηλεφωνικός θάλαμος. **~ call** *n* (η) κλήση. **~e directory** *n* (ο) τηλεφωνικός κατάλογος. **~e exchange** *n* (το) τηλεφωνικό κέντρο. **~ number** *n* (ο) αριθμός τηλεφώνου. **~ic** /-'fɒnɪk/ *a* τηλεφωνικός. **~ist** /tɪ'lefənɪst/ *n* (ο) τηλεφωνητής, (η) τηλεφωνήτρια

telephoto /telɪ'fəʊtəʊ/ *a* **~ lens** (ο) τηλεφακός

telescop|e /'telɪskəʊp/ *n* (το) τηλεσκόπιο. • *vt/i* συμπτύσσω/ομαι. **~ic** /-'kɒpɪk/ *a* τηλεσκοπικός

televise /'telɪvaɪz/ *vt* μεταδίδω τηλεοπτικά

television /'telɪvɪʒn/ *n* (η) τηλεόραση. **on ~** στην τηλεόραση. **~ set** *n* (η) συσκευή τηλεοράσεως

telex /'teleks/ *n* (το) τέλεξ *invar*. • *vt* στέλνω με τέλεξ

tell /tel/ *vt* (*pt* **told**) λέγω (**s.o. sth**, κτ σε κπ). (*story*) διηγούμαι. (*distinguish*) ξεχωρίζω. • *vi* (*produce an effect*) φαίνομαι. **~ off** *vt* (*fam*) μαλώνω. **~-tale** *a* αποκαλυπτικός

teller /'telə(r)/ *n* (*in bank*) (ο, η) ταμίας

telling /'telɪŋ/ *a* αποτελεσματικός

telly /'telɪ/ *n* (*fam*) (η) τηλεόραση

temerity /tɪ'merətɪ/ *n* (η) τόλμη

temp /temp/ *n* (*fam*) (η) προσωρινή υπάλληλος

temper /'tempə(r)/ *n* (*disposition*) (η) ψυχραιμία. (*mood*) (η) διάθεση. (*fit of anger*) (η) οργή. (*of metal*) σκληρότητα. • *vt* μετριάζω. (*metal*) σκληραίνω. **be in a ~** είμαι οργισμένος. **keep one's ~** διατηρώ την ψυχραιμία μου. **lose one's ~** χάνω την ψυχραιμία μου

temperament /'temprəmənt/ *n* (η) ιδιοσυγκρασία. **~al** /-'mentl/ *a* ιδιότροπος

temperance /'tempərəns/ *n* (η) εγκράτεια

temperate /'tempərət/ *a* εγκρατής. (*climate*) εύκρατος

temperature /'temprətʃə(r)/ *n* (η) θερμοκρασία. **have a ~** (*fam*) έχω πυρετό. **take s.o.'s ~** θερμομετρώ κπ

tempest /'tempɪst/ *n* (η) θύελλα. **~uous** /-'pestʃʊəs/ *a* θυελλώδης

temple¹ /'templ/ *n* (*relig*) (ο) ναός

temple² /'templ/ *n* (*anat*) (ο) κρόταφος

tempo /'tempəʊ/ *n* (*pl* **-os**) (το) τέμπο *invar*

temporar|y /'tempərəri/ a προσωρινός. **~ily** adv προσωρινά

tempt /tempt/ vt βάζω σε πειρασμό. **~ s.o. to** παρασύρω κάποιον να. **~ation** /-'teiʃn/ n (ο) πειρασμός. **~ing** a δελεαστικός

ten /ten/ a δέκα. • n (το) δέκα invar

tenable /'tenəbl/ a υποστηρίξιμος

tenac|ious /tɪ'neiʃəs/ a επίμονος. **~ity** /-æsəti/ n (η) επιμονή

tenancy /'tenənsi/ n (η) μίσθωση

tenant /'tenənt/ n (ο) μισθωτής

tend¹ /tend/ vt φροντίζω

tend² /tend/ vi **~ to** τείνω να

tendency /'tendənsi/ n (η) τάση

tender¹ /'tendə(r)/ a τρυφερός. (painful) που πονάει. **~ly** adv τρυφερά. **~ness** n (η) τρυφερότητα

tender² /'tendə(r)/ vt (resignation) υποβάλλω. • vi **~ for** κάνω προσφορά για. • n (comm) (η) προσφορά. **legal ~** n (το) νόμιμο νόμισμα

tendon /'tendən/ n (ο) τένοντας

tenement /'tenəmənt/ n (η) πολυκατοικία

tenet /'tenit/ n (η) αρχή

tenfold /'tenfəʊld/ a δεκαπλάσιος. • adv δεκαπλάσια

tenner /'tenə(r)/ n (fam) (το) δεκάλιρο

tennis /'tenis/ n (το) τένις invar. **~-ball** n το μπαλάκι (του τένις). **~-court** n (το) γήπεδο (του τένις). **~-racket** n (η) ρακέτα

tenor /'tenə(r)/ n (ο) τενόρος

tense¹ /tens/ n (gram) (ο) χρόνος

tense² /tens/ a (-er, -est) τεταμένος. • vt τεντώνω. • vi **~ up** νιώθω υπερένταση. **~ness** n (η) υπερένταση

tension /'tenʃn/ n (of string) (το) τέντωμα. (emotional) (η) ένταση. (electr) (η) τάση

tent /tent/ n (η) σκηνή. **~-peg** n (το) παλούκι

tentacle /'tentəkl/ n (το) πλοκάμι

tentative /'tentətɪv/ a (provisional) προσωρινός. (hesitant) δοκιμαστικός. **~ly** adv δοκιμαστικά

tenterhooks /'tentəhʊks/ npl **on ~** σε αναμμένα κάρβουνα

tenth /tenθ/ a δέκατος n (το) δέκατο

tenuous /'tenjʊəs/ a λεπτός

tenure /'tenjʊə(r)/ n (η) κατοχή

tepid /'tepid/ a χλιαρός

term /tɜːm/ n (time) (η) περίοδος. (schol) (το) τρίμηνο. (word etc.) (ο) όρος. **~s** npl (comm) (οι) όροι. • vt αποκαλώ. **come to ~s with** συμβιβάζομαι με. **on good/bad ~s** σε καλές/κακές σχέσεις

terminal /'tɜːmɪnl/ a τελικός. (med) θανατηφόρος. • n (rail) (το) τέρμα. (oil) (ο) σταθμός. (computer) (το) τερματικό. (electr) (ο) ακροδέκτης. **(air) ~** n (το) τέρμιναλ invar

terminat|e /'tɜːmɪneit/ vt τερματίζω vi λήγω (in, σε). **~ion** /-'neiʃn/ n (ο) τερματισμός

terminology /tɜːmɪ'nɒlədʒi/ n (η) ορολογία

terminus /'tɜːmɪnəs/ n (pl -ni /naɪ/) (το) τέρμα

terrace /'terəs/ n (η) ταράτσα. (houses) σπίτια στη σειρά ενωμένα μαζί και παρόμοιου στιλ. **~(d) house** n σπίτι ενωμένο με άλλα από την κάθε πλευρά του

terrain /tə'rein/ n (το) έδαφος

terrestrial /tɪ'restrɪəl/ a γήινος

terrib|le /'terəbl/ a τρομερός. **~y** adv τρομερά. (very) πολύ

terrier /'terɪə(r)/ n (το) τεριέ (σκυλί) invar

terrific /tə'rifik/ a τρομακτικός. (excellent: fam) καταπληκτικός. (huge: fam) τεράστιος. **~ally** adv (fam) καταπληκτικά

terrify /'terɪfaɪ/ vt τρομοκρατώ. **~ing** a τρομαχτικός

territorial /terɪ'tɔːrɪəl/ a εδαφικός

territory /'terɪtrɪ/ n (το) έδαφος

terror /'terə(r)/ n (ο) τρόμος

terroris|t /'terərist/ n (ο) τρομοκράτης, (η) τρομοκράτισσα. **~m** /-zəm/ n (η) τρομοκρατία

terrorize /'terəraiz/ vt τρομοκρατώ

terse /tɜːs/ a λακωνικός. **~ly** λακωνικά

test /test/ n (η) δοκιμή. (exam) (το) διαγώνισμα vt δοκιμάζω. **~ match** n (η) διεθνής συνάντηση κρίκετ. **~-tube** n (ο) δοκιμαστικός σωλήνας

testament /'testəmənt/ n (η) διαθήκη. **Old/New T~** Παλαιά/Καινή Διαθήκη

testicle /'testikl/ n (ο) όρχις

testify /'testifai/ vt/i μαρτυρώ

testimonial /testɪ'məʊniəl/ n (η) συστατική επιστολή

testimony /'testɪməni/ n (η) μαρτυρία

testy /'testi/ a μυγιάγγιχτος

tetanus /'tetənəs/ n (ο) τέτανος

tetchy /'tetʃi/ a δύστροπος

tether /'teðə(r)/ vt δένω (ζώο με σκοινί). • n (το) σκοινί. **be at the end of one's ~** φτάνω στο αμήν

text /tekst/ n (το) κείμενο

textbook /'tekstbʊk/ n (το) εγχειρίδιο

textile /'tekstail/ n (το) ύφασμα. • a υφαντουργικός

texture /'tekstʃə(r)/ n (η) υφή

Thai /tai/ a ταϊλανδέζικος. • n (ο) Ταϊλανδός, (η) Ταϊλανδή. **~land** n (η) Ταϊλάνδη

Thames /temz/ n (ο) Τάμεσης

than /ðæn, ðən/ conj από

thank /θæŋk/ vt ευχαριστώ. **~s** npl (οι) ευχαριστίες. **~s!** (fam) ευχαριστώ. **T~sgiving (Day)** (Amer) (η) Ημέρα την Ευχαριστιών (ΗΠΑ). **~s to** χάρη σε. **~ you** ευχαριστώ

thankful /'θæŋkfl/ *a* ευγνώμων. **~ly** *adv* με ευγνωμοσύνη. (*fortunately*) ευτυχώς

thankless /'θæŋklɪs/ *a* αχάριστος

that /ðæt, ðət/ *a & pron* (*pl* **those**) εκείνος. • *adv* τόσο. • *rel pron* που, ο οποίος. • *conj* ότι. **is ~ you?** εσύ είσαι; **like ~** έτσι. **so ~** ώστε. **~ is (to say)** μ' άλλα λόγια. **~'s it!** αυτό είναι • **~ is why** και γι αυτό. **~ one** εκείνο

thatch /θætʃ/ *n* (η) στέγη από άχυρο. **~ed** *a* με στέγη από άχυρο

thaw /θɔː/ *vt/i* λιώνω. (*defrost*) ξεπαγώνω. • *n* (το) λιώσιμο

the /ðə, ðiː/, *def art* ο, η, το. **all ~ better** τόσο το καλύτερο. **at** *or* **to ~** στον, στη, στο. **from ~** από τον/τη/το. **of ~** του/της/του

theatr|e /'θɪətə(r)/ *n* (το) θέατρο. **~ical** /-'ætrɪkl/ *a* θεατρικός

theft /θeft/ *n* (η) κλοπή

their /ðeə(r)/ *a* (δικός, δική, δικό) τους

theirs /ðeəz/ *poss pron* δικός/δική/δικό τους

them /ðem, ðəm/ *pron* αυτούς, αυτές, αυτά. (*after prep*) τους, τις, τα

theme /θiːm/ *n* (το) θέμα

themselves /ðəm'selvz/ *pron* (αυτοί) οι ίδιοι. **by ~** μόνοι τους

then /ðen/ *adv* τότε. (*next*) μετά. (*therefore*) έτσι α τότε **by ~** έως τότε. **from ~ on** από τότε. **now and ~** κάπου κάπου. **since ~** από τότε

theolog|y /θɪ'ɒlədʒɪ/ *n* (η) θεολογία. **~ian** /θɪə'ləʊdʒən/ *n* (ο, η) θεολόγος. **~ical** /θɪə'lɒdʒɪkl/ *a* θεολογικός

theorem /'θɪərəm/ *n* (το) θεώρημα

theoretical /θɪə'retɪkl/ *a* θεωρητικός

theory /'θɪərɪ/ *n* (η) θεωρία

therap|y /'θerəpɪ/ *n* (η) θεραπεία. **~eutic** /-'pjuːtɪk/ *a* θεραπευτικός. **~ist** *n* (ο) θεραπευτής, (η) θεραπεύτρια

there /ðeə(r)/ *adv* εκεί. • *int* να. **down ~** εκεί κάτω. **~ is, ~ are** υπάρχει, υπάρχουν. **~ he** *or* **it is** εδώ είναι. **up ~** εκεί πάνω. **~abouts** *adv* πάνω κάτω. **~after** *adv* μετά απ' αυτό. **~by** *adv* μ' αυτό τον τρόπο

therefore /'ðeəfɔː(r)/ *adv* επομένως, γι' αυτό

thermal /'θɜːml/ *a* θερμικός. (*clothing*) θερμαντικός

thermometer /θə'mɒmɪtə(r)/ *n* (το) θερμόμετρο

thermonuclear /θɜːməʊ'njuːklɪə(r)/ *a* θερμοπυρηνικός

Thermos /'θɜːmɒs/ *n* **~ (flask)** (*P*) (το) θερμός *invar*

thermostat /'θɜːməstæt/ *n* (ο) θερμοστάτης

thesaurus /θɪ'sɔːrəs/ *n* (*pl* **-ruses** *or* **-ri** /-raɪ/) (το) αντιλεξικό

these /ðiːz/ *see* THIS

thesis /'θiːsɪs/ *n* (*pl* **theses** /-siːz/) (η) διατριβή

they /ðeɪ/ *pron* αυτοί, αυτές, αυτά. (*unspecified*) όσοι, όσες, όσα. **~ say that** λένε ότι

thick /θɪk/ *a* (-er, -est) παχύς. (*dense*) πυκνός. (*hoarse*) βραχνός. (*stupid: fam*) κουτός. (*intimate: fam*) βαρύς. **~er** = **thickly**. • *n* **in the ~ of** στην καρδιά (*with gen*). **~ly** *adv* παχιά, πυκνά. **~ness** *n* (το) πάχος. **~-skinned** *a* χοντρόπετσος

thicken /'θɪkən/ *vt/i* πυκνώνω

thicket /'θɪkɪt/ *n* (η) λόχμη

thickset /θɪk'set/ *a* χοντροκαμωμένος

thief /θiːf/ *n* (*pl* **thieves**) (ο) κλέφτης

thiev|e /θiːv/ *vt/i* κλέβω. **~ing** *a* (η) κλεψιά

thigh /θaɪ/ *n* (ο) μηρός

thimble /'θɪmbl/ *n* (η) δαχτυλήθρα

thin /θɪn/ *a* (**thinner, thinnest**) λεπτός. (*person*) αδύνατος, ισχνός. (*fine*) λεπτός. (*weak*) αδύνατος. (*sparse*) αραιός. • *adv* = **thinly**. • *vt/i* (*pt* **thinned**) αραιώνω. **~ out** αραιώνω. **~ly** *adv* αραιά. **~ly populated** αραιοκατοικημένος. **~ness** *n* (η) αραιότητα, (η) ισχνότητα

thing /θɪŋ/ *n* (το) πράγμα. **~s** (*belongings*) (τα) πράγματα. **for one ~** από τη μια μεριά. **just the ~** ακριβώς ό, τι χρειάζεται. **poor ~!** το καημένο! **the best/right ~ to do** το καλύτερο/ σωστότερο που πρέπει να γίνει. **the ~ is, . . .** το πρόβλημα είναι . . .

think /θɪŋk/ *vt/i* (*pt* **thought**) σκέφτομαι. (*deem*) νομίζω. **I ~ so** έτσι νομίζω. **~ about** σκέφτομαι. **~ of** σκέφτομαι. **~ better of it** ξανασκέφτομαι. **~ nothing of** δεν υπολογίζω. **what do you ~ of it?** ποια γνώμη έχεις; **~ over** ξανασκέφτομαι. **~ up** επινοώ. **~er** *n* (ο) στοχαστής

third /θɜːd/ *a* τρίτος. • *n* (το) τρίτον. **~-rate** *a* τρίτης κατηγορίας. **T~ World** *n* (ο) τρίτος κόσμος

thirst /θɜːst/ *n* (η) δίψα. **~ily** *adv* διψασμένα. **~y** *a* διψασμένος. **be ~y** διψώ

thirteen /θɜː'tiːn/ *a* δεκατρείς. • *n* (το) δεκατρία. **~th** *a* δέκατος τρίτος. • *n* (το) δέκατο τρίτο

thirt|y /'θɜːtɪ/ *a* τριάντα. • *n* (το) τριάντα *invar*. **~ieth** *a* τριακοστός. • *n* (το) τριακοστό

this /ðɪs/ *a & pron* (*pl* **these**) αυτός, αυτή, αυτό. **like ~** έτσι. **~ Friday** την Παρασκευή. **~ morning/afternoon** το πρωί/το απόγευμα. **~ one** αυτόν, αυτή, αυτό

thistle /'θɪsl/ *n* (το) γαϊδουράγκαθο

thong /θɒŋ/ *n* (το) λουρί

thorn /θɔːn/ *n* (το) αγκάθι. **~y** *a* αγκαθωτός

thorough /'θʌrǝ/ a πλήρης. (deep) εξονυχιστικός. (cleaning etc.) καλός. (person) επιμελής. **~ly** adv καλά, εξονυχιστικά

thoroughbred /'θʌrǝbred/ n καθαράιμος

thoroughfare /'θʌrǝfeǝ(r)/ n (η) αρτηρία (δρόμος)

those /ðǝʊz/ see THAT

though /ðǝʊ/ conj αν και. • adv (fam) παρόλα αυτά. **as ~** σαν να

thought /θɔːt/ see THINK. • n (η) σκέψη. (idea) (η) ιδέα

thoughtful /'θɔːtfl/ a συλλογισμένος. (considerate) που σκέφτεται τους άλλους. **~ly** adv συλλογισμένα. (considerately) με φροντίδα

thoughtless /'θɔːtlɪs/ a ασυλλόγιστος. (inconsiderate) απερίσκεπτος. **~ly** adv απερίσκεπτα

thousand /'θaʊznd/ a χίλιοι. • n (το) χίλια. **~s** χιλιάδες. **~th** a χιλιοστός. • n (το) χιλιοστό

thrash /θræʃ/ vt ξυλοκοπώ. (defeat) κατατροπώνω. **~ out** ξεδιαλύνω

thread /θred/ n (η) κλωστή. (of screw) (το) σπείρωμα. • vt (needle) περνώ κλωστή σε. **~ one's way through** περνώ μέσα από

threadbare /'θredbeǝ(r)/ a τριμμένος

threat /θret/ n (η) απειλή

threaten /'θretn/ vt/i απειλώ. **~ing** a απειλητικός. **~ingly** adv απειλητικά

three /θriː/ a τρεις. • n (το) τρία. **~-dimensional** a τρισδιάστατος. **~fold** a τριπλάσιος. • adv τριπλάσια. **~-quarters** n (τα) τρία τέταρτα

threesome /'θriːsǝm/ n (τα) τρία άτομα μαζί

thresh /θreʃ/ vt αλωνίζω

threshold /'θreʃhǝʊld/ n (το) κατώφλι

threw /θruː/ see THROW

thrift /θrɪft/ n (η) φειδώ. **~y** a φειδωλός

thrill /θrɪl/ n (το) ρίγος. (excitement) (η) συγκίνηση. • vt/i συγκινώ/ούμαι. **~ed** a συγκινημένος, κατευχαριστημένος. **be ~ed with** είμαι κατευχαριστημένος. **~ing** a συναρπαστικός

thriller /'θrɪlǝ(r)/ n (το) θρίλερ invar

thrive /θraɪv/ vi ευημερώ. **~e on** ευδοκιμώ σε. **~ing** a ευημερών

throat /θrǝʊt/ n (ο) λαιμός. **sore ~** (ο) πονόλαιμος

throb /θrɒb/ vi (pt throbbed) χτυπώ. (heart) πάλλομαι. • n (ο) παλμός. (of engine) (το) μούγκρισμα. **~bing** a (pain) που χτυπάει

throes /θrǝʊz/ npl (οι) ωδίνες. **in the ~ of** στη μέση (μιας ταλαιπωρίας)

thrombosis /θrɒm'bǝʊsɪs/ n (η) θρόμβωση

throne /θrǝʊn/ n (ο) θρόνος

throng /θrɒŋ/ n (η) συρροή

throttle /'θrɒtl/ n (η) πεταλούδα (ρυθμιστική βαλβίδα). • vt στραγγαλίζω

through /θruː/ prep διαμέσου. (during) καθόλη τη διάρκεια. (by means of) μέσω. (thanks to) λόγω. • adv καθόλη τη διάρκεια. (entirely) πέρα ως πέρα. • a (train etc.) κατευθείαν. **be ~** (finished: fam) έχω τελειώσει. **put s.o. ~** (telec) συνδέω κπ

throughout /θruː'aʊt/ prep σε όλο το διάστημα (with gen). • adv παντού

throw /θrǝʊ/ vt (pt threw, pp thrown) ρίχνω, πετώ. (baffle: fam) προκαλώ αμηχανία σε. • n (το) ρίξιμο. **~ a party** (fam) κάνω πάρτι. **~ away** πετώ. **~-away** a που πετιέται. **~ out** (person) πετώ έξω. (thing) πετώ, απορρίπτω. **~ over** εγκαταλείπω. **~ up** (vomit: fam) κάνω εμετό

thrush /θrʌʃ/ n (η) κίχλη, (η) τσίχλα

thrust /θrʌst/ vt (pt thrust) σπρώχνω (με δύναμη). (push in) μπήγω. • n (η) ώθηση. **~ (up)on** επιβάλλω σε

thud /θʌd/ n (ο) γδούπος

thug /θʌg/ n (ο) κακοποιός

thumb /θʌm/ n (ο) αντίχειρας. • vt (book) φυλλομετρώ. **~ a lift** κάνω οτοστόπ. **~ index** n (το) αλφαβητικό ευρετήριο. **under s.o.'s ~** υποχείριος

thumbtack /'θʌmtæk/ n (Amer) (η) πινέζα

thump /θʌmp/ vt γρονθοκοπώ. • vi χτυπώ δυνατά. • n (ο) υπόκωφος κρότος. **~ing** a (fam) πελώριος

thunder /'θʌndǝ(r)/ n (η) βροντή. • vi βροντώ. (make loud noise) μουγκρίζω. **~y** a θυελλώδης

thunderbolt /'θʌndǝbǝʊlt/ n (ο) κεραυνός. (fig) (το) αστροπελέκι

thunderclap /'θʌndǝklæp/ n (η) βροντή. (fig) (το) αστροπελέκι

thunderstorm /'θʌndǝstɔːm/ n (η) θύελλα με βροντές και κεραυνού

Thursday /'θɜːzdɪ/ n (η) Πέμπτη

thus /ðʌs/ adv έτσι

thwart /θwɔːt/ vt ανατρέπω

thyme /taɪm/ n (το) θυμάρι

thyroid /'θaɪrɔɪd/ n **~ (gland)** (ο) θυρεοειδής (αδένας)

tiara /tɪ'ɑːrǝ/ n (η) τιάρα

tic /tɪk/ n (το) τικ invar

tick¹ /tɪk/ n (το) τικ τακ (ρολογιού) invar. (mark) (το) σημάδι. (moment: fam) (η) στιγμή. • vi χτυπώ (ρυθμικά). • vt σημειώνω με ένα χ. **~ (off)** σημειώνω. **~ off** (fam) μαλώνω. **~ over** (engine) δουλεύω στο ρελαντί

tick² /tɪk/ n (insect) (το) τσιμπούρι

tick³ /tɪk/ n on **~** (fam) βερεσέ

ticket /'tɪkɪt/ n (το) εισιτήριο. (label) (η) ετικέτα. **~-collector** n (ο, η) εισπράκτορας. **~ office** n (το) (η) θυρίδα εκδόσεως εισιτηρίων

tickle /'tɪkl/ vt γαργαλώ. (amuse) διασκεδάζω. • n (το) γαργάλισμα

ticklish /'tɪklɪʃ/ a που γαργαλιέται. (*problem etc.*) λεπτός

tidal /'taɪdl/ a παλιρροιακός. **~ wave** n (το) παλιρροϊκό κύμα

tiddly-winks /'tɪdlɪwɪŋks/ n (τα) δισκάκια (παιχνίδι)

tide /taɪd/ n (η) παλίρροια. (*of events*) (το) κύμα. **high/low ~** (η) πλυμμυρίδα/(η) άμπωτη **the ~ is in/out** η θάλασσα κατεβαίνει/ανεβαίνει. **~ over** βοηθώ να αντιμετωπιστεί

tid|y /'taɪdɪ/ a (-ier, -iest) συγυρισμένος. (*amount: fam*) σεβαστός. • *vt/i* **~y (up)** συγυρίζω. **~y o.s. (up)** σιάζομαι. **~ily** adv συγυρισμένα. **~iness** n (η) τάξη

tie /taɪ/ *vt/i* (*pres p* tying) (*fasten*) προσδένω. (*a knot*) δένω. (*link*) συνδέομαι. (*sport*) έρχομαι ισόπαλος. • n (ο) δεσμός. (*necktie*) (η) γραβάτα. (*sport*) (η) ισοπαλία. (*restriction*) (το) εμπόδιο. **~ in with** έχω σχέση με. **~ up** (*bind*) δένω. (*comm*) δεσμεύω. **be ~d up** (*busy*) είμαι απασχολημένος. **~-up** n (η) σύνδεση

tier /tɪə(r)/ n (*in stadium etc.*) (η) κερκίδα. (*of cake*) (ο) όροφος

tiff /tɪf/ n (το) καβγαδάκι

tiger /'taɪgə(r)/ n (η) τίγρη

tight /taɪt/ a (-er, -est) (*rope*) τεντωμένος. (*clothes*) στενός. (*firm*) σφιχτός. (*control etc.*) αυστηρός. (*drunk: fam*) μεθυσμένος. • adv (*hold*) σφιχτά. (*shut*) ερμητικά. **in a ~ corner** σε δύσκολη θέση. **~-fisted** a σφιχτοχέρης. **~ly** adv σφιχτά, ερμητικά. **~ness** n (το) σφίξιμο

tighten /'taɪtn/ *vt/i* συσφίγγω. (*a screw*) σφίγγω. (*control etc.*) αυξάνω

tightrope /'taɪtrəʊp/ n (το) τεντωμένο σχοινί. **~ walker** n (ο) σχοινοβάτης

tights /taɪts/ npl (τα) καλσόν invar

tile /taɪl/ n (το) πλακάκι. (*on roof*) (το) κεραμίδι. • *vt* σκεπάζω με πλακάκια ή κεραμίδια

till[1] /tɪl/ *vt* οργώνω

till[2] /tɪl/ *prep & conj* = **until**

till[3] /tɪl/ n (το) συρτάρι ταμειακής μηχανής

tilt /tɪlt/ *vt/i* γέρνω. • n (η) κλίση. (at) full **~** ολοταχώς, με όλη τη δύναμη

timber /'tɪmbə(r)/ n (η) ξυλεία. (*trees*) (τα) δέντρα

time /taɪm/ n (ο) χρόνος. (*moment*) (η) στιγμή. (*epoch*) (η) εποχή. (*occasion*) (η) φορά. (*by clock*) (η) ώρα. (*mus*) (ο) χρόνος. • *vt* (*choose time*) καθορίζω το χρόνο. (*measure*) ρυθμίζω. (*race*) χρονομετρώ. **be behind the ~s** έχω μείνει πίσω. **be well ~d** είμαι επίκαιρος. **for the ~** being για την ώρα. **from ~ to ~**, **at ~s** από καιρού εις καιρόν. **have a good ~** περνώ καλά. **in a year's ~** σ' ένα χρόνο. **in ~** εγκαίρως. (*eventually*)

με τον καιρό. **one at a ~** ένας ένας. **on ~** στην ώρα. **three ~s four** τρεις φορές το τέσσερα. **~ bomb** n (η) ωρολογιακή βόμβα. **~-consuming** a χρονοβόρος. **~-honoured** a καθιερωμένος από το χρόνο. **~-lag** n (το) χρονικό διάστημα (*μεταξύ δύο γεγονότων*). **~-sharing** n (η) χρονομεριστική μίσθωση, (η) τουριστική πολυιδιοκτησία. **~ zone** n (η) ωριαία άτρακτος

timeless /'taɪmlɪs/ a άχρονος

timely /'taɪmlɪ/ a έγκαιρος

timer /'taɪmə(r)/ n (*mech*) (ο) χρονοδιακόπτης. (*culin*) (ο) χρονομετρητής

timetable /'taɪmteɪbl/ n (το) χρονοδιάγραμμα

timid /'tɪmɪd/ a δειλός. (*fearful*) φοβητσιάρης. **~ly** adv δειλά

timing /'taɪmɪŋ/ n (ο) χρονισμός. (*sport*) (η) χρονομέτρηση. (*theatr*) (ο) συγχρονισμός

tin /tɪn/ n (ο) κασσίτερος. (*container*) (η) κονσέρβα. • *vt* (*pt* tinned) κονσερβοποιώ. **~ foil** n (το) αλουμινόχαρτο. **~-opener** n (το) ανοιχτήρι (κονσέρβας). **~ plate** n (ο) τενεκές. **~ned** a της κονσέρβας. **~ny** a τενεκεδένιος

tinge /tɪndʒ/ *vt* βάφω ελαφρά. • n (ο) απόχρωση. (*fig*) (η) χροιά. **~d with** (*fig*) με ένα τόνο (with gen)

tingle /'tɪŋgl/ *vi* μυρμηγκιάζω. • n (το) μυρμήγκιασμα

tinker /'tɪŋkə(r)/ n (ο) γανωματής. • *vi* **~ (with)** σκαλίζω (μηχανήματα)

tinkle /'tɪŋkl/ *vi* κουδουνίζω. • n (το) κουδούνισμα. (*telephone call: fam*) (το) τηλεφώνημα

tinsel /'tɪnsl/ n (η) χριστουγεννιάτικη γιρλάντα

tint /tɪnt/ n (η) απόχρωση. (*for hair*) (το) χρώμα. • *vt* βάφω. (*glass*) χρωματίζω

tiny /'taɪnɪ/ a (-ier, -iest) μικροσκοπικός

tip[1] /tɪp/ n (η) άκρη

tip[2] /tɪp/ *vt/i* (*pt* tipped) (*tilt*) γέρνω. (*overturn*) ανατρέπω. (*pour*) αδειάζω. (*reward*) δίνω πουρμπουάρ σε. • n (*reward*) (το) πουρμπουάρ invar. (*advice*) (η) πληροφορία. (*for rubbish*) (η) χωματερή. **~ off** δίνω πληροφορία κρυφά στ. **~-off** n (η) κρυφή πληροφορία. **~ out** αδειάζω

tipsy /'tɪpsɪ/ a ζαλισμένος (*από το ποτό*)

tiptoe /'tɪptəʊ/ n **on ~** στις μύτες των ποδιών. • *vi* περπατώ στα νύχια

tiptop /'tɪptɒp/ a (fam) πρώτης τάξης

tirade /tɪ'reɪd/ n (ο) εξάψαλμος

tir|e /taɪə(r)/ *vt/i* κουράζω/ομαι. **~eless** a ακούραστος. **~ing** a κουραστικός

tired /'taɪəd/ a κουρασμένος. **be ~ of** έχω βαρεθεί. **~ out** εξαντλημένος

tiresome /'taɪəsəm/ a κουραστικός

tissue /'tɪʃuː/ n (ο) ιστός. (*handkerchief*) (το) χαρτομάντιλο. **~-paper** n (το) μαλακό χαρτί

tit¹ /tɪt/ *n* (*bird*) (ο) καλόγερος

tit² /tɪt/ *n* ~ **for tat** ένα σου κι ένα μου

titbit /'tɪtbɪt/ *n* (η) λιχουδιά

titillate /'tɪtɪleɪt/ *vt* γαργαλίζω

title /'taɪtl/ *n* (ο) τίτλος. **~-deed** *n* (ο) τίτλος ιδιοκτησίας. **~-role** *n* (ο) ομώνυμος ρόλος. **~d** *a* με τίτλο

tittle-tattle /'tɪtltætl/ *n* (η) φλυαρία

to /tu:/ *prep* (*towards*) σε. (*until*) έως. (*with infinitive*) να. (*in order to*) για να. • *adv* **push/pull** ~ κλείνω. **give it** ~ **me** δώσε μου το. **go** ~ **Greece** πηγαίνω στην Ελλάδα. **go** ~ **the market** πηγαίνω στην αγορά. **six** ~ **eight days** έξι έως οκτώ μέρες. **~-be** *a* μέλλων. **~-do** *n* (η) φασαρία. **twenty** ~ **seven** (*by clock*) επτά παρά είκοσι. **walk** ~ **and fro** πηγαινοέρχομαι

toad /təʊd/ *n* (ο) φρύνος

toadstool /'təʊdstu:l/ *n* (το) μανιτάρι (*συνήθως δηλητηριώδες*)

toast /təʊst/ *n* (η) φρυγανιά. (*drink*) (η) πρόποση. • *vt* φρυγανίζω. (*drink to*) πίνω στην υγειά (*with gen*). **~ed sandwich** (το) τοστ *invar*. **~er** *n* (η) φρυγανιέρα

tobacco /tə'bækəʊ/ *n* (ο) καπνός. **~nist** /-'bækənɪst/ *n* (ο) καπνοπώλης. **~nist's** (*shop*) *n* (το) καπνοπωλείο

toboggan /tə'bɒgən/ *n* (το) τόμπογκαν *invar*

today /tə'deɪ/ *n* (το) σήμερα. • *adv* σήμερα

toddler /'tɒdlə(r)/ *n* (το) μωρό που μόλις άρχισε να περπατεί

toe /təʊ/ *n* (το) δάχτυλο του ποδιού. (*of shoe*) (η) μύτη του παπουτσιού. • *vt* ~ **the line** συμμορφώνομαι. **big** ~ το μεγάλο δάχτυλο (*του ποδιού*). **on one's** **~s** (*fig*) επί ποδός. **~-hold** *n* (το) πάτημα

toenail /'təʊneɪl/ *n* (το) νύχι του ποδιού

toffee /'tɒfɪ/ *n* είδος καραμέλας

together /tə'geðə(r)/ *adv* μαζί. (*at same time*) ταυτοχρόνως. ~ **with** μαζί με. **~ness** *n* (η) αλληλεγγύη

toil /tɔɪl/ *vi* μοχθώ *n* (ο) μόχθος

toilet /'tɔɪlɪt/ *n* (*lavatory*) (το) αποχωρητήριο, (η) τουαλέτα. ~ **bag** *n* (το) τσαντάκι με είδη τουαλέτας. ~ **paper** *n* (το) χαρτί υγείας. ~ **roll** *n* (ο) ρόλος υγείας. ~ **water** *n* (η) κολόνια

toiletries /'tɔɪlɪtrɪz/ *npl* (τα) είδη τουαλέτας

token /'təʊkən/ *n* (το) δείγμα (φιλίας, κλπ). (*voucher*) (το) δελτίο. (*coin*) (το) κέρμα. • *a* συμβολικός

told /təʊld/ *see* TELL. ~ *a* **all** ~ συνολικός

tolerabl|e /'tɒlərəbl/ *a* υποφερτός. (*not bad*) ανεκτός. **~y** *adv* υποφερτά

toleran|t /'tɒlərənt/ *a* ανεκτικός. **~ce** *n* (η) ανεκτικότητα. **~tly** *adv* ανεκτικά

tolerate /'tɒləreɪt/ *vt* ανέχομαι

toll¹ /təʊl/ *n* (τα) διόδια. **death** ~ (ο) αριθμός των θυμάτων. **take its** ~

προκαλώ βλάβη ή ζημιά. **~-bridge** *n* (η) γέφυρα με διόδια

toll² /təʊl/ *vi* χτυπώ πένθιμα

tom /tɒm/ *n* **~(-cat)** (ο) γάτος

tomato /tə'mɑ:təʊ/ *n* (*pl* **-oes**) (η) ντομάτα

tomb /tu:m/ *n* (το) μνήμα

tomboy /'tɒmbɔɪ/ *n* (το) αγοροκόριτσο

tombstone /'tu:mstəʊn/ *n* (η) ταφόπετρα

tome /təʊm/ *n* (ο) τόμος

tomfoolery /tɒm'fu:lərɪ/ *n* (οι) ανοησίες

tomorrow /tə'mɒrəʊ/ *n* (το) αύριο. • *adv* αύριο. **the day after** ~ μεθαύριο. ~ **morning/afternoon** αύριο το πρωί/το απόγευμα

ton /tʌn/ *n* (ο) τόνος (= 1,016 κ). **metric** ~ (ο) μετρικός τόνος (= 1,000 κ). **~s of** (*fam*) πάρα πολλά

tone /təʊn/ *n* (ο) τόνος. (*colour*) (η) απόχρωση. • *vt* ~ **down** μετριάζω. • *vi* ~ **in** εναρμονίζομαι. **~-deaf** *a* που δεν έχει μουσικό αφτί. ~ **up** (*muscles*) δυναμώνω

tongs /tɒŋz/ *npl* (η) τσιμπίδα

tongue /tʌŋ/ *n* (η) γλώσσα. **~-in-cheek** *adv* ειρωνικά. **~-tied** *a* που έχει πάθει γλωσσοδέτη. **~-twister** *n* (ο) γλωσσοδέτης

tonic /'tɒnɪk/ *n* (το) τονωτικό. • *a* τονωτικός. ~ **water** *n* (το) τόνικ *invar*

tonight /tə'naɪt/ *adv & n* απόψε, σήμερα το βράδυ

tonne /tʌn/ *n* (ο) τόνος (*μετρικός*)

tonsil /'tɒnsl/ *n* (η) αμυγδαλή. **~litis** /-'laɪtɪs/ *n* (η) αμυγδαλίτιδα

too /tu:/ *adv* και. (*also*) επίσης. ~ **many** *a* πάρα πολλοί. ~ **much** *a* πάρα πολύ

took /tʊk/ *see* TAKE

tool /tu:l/ *n* (το) εργαλείο. **~-bag** *n* (η) τσάντα με εργαλεία. **~-box** *n* (το) κουτί για τα εργαλεία

toot /tu:t/ *n* (το) κορνάρισμα. • *vi* κορνάρω. • *vt* (*horn*) (το) κλάξον *invar*

tooth /tu:θ/ *n* (*pl* **teeth**) (το) δόντι. **~less** *a* ξεδοντιάρης

toothache /'tu:θeɪk/ *n* (ο) πονόδοντος

toothbrush /'tu:θbrʌʃ/ *n* (η) οδοντόβουρτσα

toothpaste /'tu:θpeɪst/ *n* (η) οδοντόπαστα

toothpick /'tu:θpɪk/ *n* (η) οδοντογλυφίδα

top¹ /tɒp/ *n* (*highest point*) (η) κορυφή. (*upper part*) (το) πάνω μέρος. (*upper surface*) (η) άνω επιφάνεια. (*lid*) (το) κάλυμμα. (*of bottle*) (το) καπάκι. (*of tube*) (το) πώμα. (*of list*) (η) αρχή. • *a* κορυφαίος. (*in rank*) ανώτατος. (*best*) καλύτερος. (*maximum*) μέγιστος. • *vt* (*pt* **topped**) είμαι πρώτος. (*exceed*) υπερβαίνω. **from** ~ **to bottom** από πάνω έως κάτω. **on** ~ **(of)** (*besides*) επιπλέον. ~ **floor** *n* (ο) τελευταίος όροφος. ~ **hat** *n* (το) ημίψηλο. **~-heavy** *a* βαρύτερος στην κορυφή. **~-notch** *a* (*fam*)

εξαίρετος. **~ secret** a αυστηρά
απόρρητο. **~ up** γεμίζω
top² /tɒp/ n (toy) (η) σβούρα
topic /'tɒpɪk/ n (το) θέμα
topical /'tɒpɪkl/ a επίκαιρος
topless /'tɒplɪs/ a (woman) γυμνόστηθος.
(garment) τόπλες invar
topmost /'tɒpməʊst/ a κορυφαίος
topple /'tɒpl/ vi ανατρέπομαι. • vt
ανατρέπω
topsy-turvy /tɒpsɪ'tɜːvɪ/ adv & a άνω κάτω
torch /tɔːtʃ/ n (ο) φακός. (flaming) (ο)
πυρσός
tore /tɔː(r)/ see TEAR
torment¹ /'tɔːment/ n (το) μαρτύριο
torment² /tɔː'ment/ vt βασανίζω
torn /tɔːn/ see TEAR
tornado /tɔː'neɪdəʊ/ n (pl -oes) (ο)
ανεμοστρόβιλος
torpedo /tɔː'piːdəʊ/ n (η) τορπίλη. • vt
τορπιλίζω
torrent /'tɒrənt/ n (ο) χείμαρρος. **~ial**
/tə'renʃl/ a καταρρακτώδης
torrid /'tɒrɪd/ a καυτερός. (fig) φλογερός
torso /'tɔːsəʊ/ n (pl -os) (ο) κορμός (του
ανθρώπινου σώματος)
tortoise /'tɔːtəs/ n (η) χελώνα
tortoiseshell /'tɔːtəsʃel/ n (η) ταρταρούγα
tortuous /'tɔːtʃʊəs/ a ελικοειδής. (mind)
ύπουλος
torture /'tɔːtʃə(r)/ n (το) βασανιστήριο.
• vt βασανίζω. **~r** /-ə(r)/ n (ο)
βασανιστής, (η) βασανίστρια
Tory /'tɔːrɪ/ a (fam) Συντηρητικός. • n
(fam) (ο, η) οπαδός του Συντηρητικού
κόμματος
toss /tɒs/ vt ρίχνω. (coin) ρίχνω (νόμισμα
στον αέρα). (pancake) πετώ. **~ and turn**
(in bed) στριφογυρίζω. **~ up** στρίβω
νόμισμα
tot¹ /tɒt/ n (ο) μικρούλης. (of liquor) (το)
ποτηράκι
tot² /tɒt/ vt (pt totted) **~ up** προσθέτω
(στήλη αριθμών)
total /'təʊtl/ a ολικός. (absolute)
ολοκληρωτικός. • n (το) σύνολο. • vi (pt
totalled) ανέρχομαι. in **~** συνολικά.
~ity /-'tælətɪ/ n (η) ολότητα. **~ly** adv
τελείως
totalitarian /təʊtælɪ'teərɪən/ a
ολοκληρωτικός
totter /'tɒtə(r)/ vi τρικλίζω
touch /tʌtʃ/ vt αγγίζω. (move)
(move) συγκινώ. • vi έρχομαι σε επαφή.
• n (το) άγγιγμα. (sense) (η) αφή.
(contact) (η) επαφή. **a ~ of** λίγο. **get in
~ with** έρχομαι σε επαφή με. **~-and-go**
a αβέβαιος. **~ down** (aviat)
προσγειώνομαι. **~ on** θίγω. **~ up**
ρετουσάρω. **~ wood** χτυπώ ξύλο
touching /'tʌtʃɪŋ/ a συγκινητικός
touchstone /'tʌtʃstəʊn/ n (fig) (η) λυδία
λίθος

touchy /'tʌtʃɪ/ a εύθικτος
tough /tʌf/ a (-er, -est) σκληρός. (strong)
γερός. (difficult) δύσκολος. • n (ο)
κακοποιός. **~ness** n (η) σκληρότητα
toughen /'tʌfn/ vt (strengthen)
σκληραίνω. (person) σκληραγωγώ
toupee /'tuːpeɪ/ n (η) περούκα (που
σκεπάζει μέρος της κεφαλής)
tour /tʊə(r)/ n (ο) γύρος. (sport etc.) (η)
τουρνέ invar. • vt περιοδεύω. **on ~** σε
τουρνέ
tourism /'tʊərɪzəm/ n (ο) τουρισμός
tourist /'tʊərɪst/ n (ο) τουρίστας, (η)
τουρίστρια. • a τουριστικός. **~ office** n
(το) τουριστικό γραφείο
tournament /'tʊənəmənt/ n (το) τουρνουά
invar
tousle /'taʊzl/ vt ανακατώνω
tout /taʊt/ vi **~ (for)** ψαρεύω πελάτες. • vt
συνιστώ έντονα. • n (ticket) **~** πρόσωπον
που πουλάει εισιτήρια στη μαύρη αγορά
tow /təʊ/ vt ρυμουλκώ. • n (η)
ρυμούλκηση. **have in ~** σέρνω μαζί
μου. **on ~** ρυμουλκείται. **~ away**
μεταφέρω με ρυμουλκό. **~-path** n (το)
μονοπάτι (δίπλα σε κανάλι). **~-rope** n
(το) σχοινί ρυμουλκήσης
toward(s) /tə'wɔːd(z)/ prep προς
towel /'taʊəl/ n (η) πετσέτα. **~ling** n
(fabric) (το) ύφασμα για πετσέτες
tower /'taʊə(r)/ n (ο) πύργος. • vi **~ above**
δεσπόζω. **~ block** n (η) ψηλή
πολυκατοικία. **~ing** a (rage) έξαλλος
town /taʊn/ n (η) πόλη. **go to ~** (fam)
κάνω κάθε προσπάθεια. **~ centre** n (το)
κέντρο της πόλης. **~ hall** n (το)
δημαρχείο. **~ planning** n (η)
πολεοδομία
toxic /'tɒksɪk/ a τοξικός
toxin /'tɒksɪn/ n (η) τοξίνη
toy /tɔɪ/ n (το) παιχνίδι. • a παιδικός. • vi
~ with παίζω με. **~ shop** n (το)
κατάστημα παιχνιδιών
trace /treɪs/ n (το) ίχνος. • vt (draw)
σχεδιάζω. (with tracing-paper)
ξεσηκώνω. (find) ακολουθώ τα ίχνη
tracing /'treɪsɪŋ/ n (η) σχεδίαση. **~-paper**
n (το) διαφανές χαρτί (για ξεσήκωμα)
track /træk/ n (το) ίχνος. (path) (το)
μονοπάτι. (sport) (ο) στίβος. (of rocket
etc.) (η) τροχιά. (rail) (η) γραμμή. • vt
ακολουθώ τα ίχνη (with gen). **keep ~ of**
παρακολουθώ. **~ down** ανακαλύπτω. **~
suit** n (η) φόρμα (γυμναστικής)
tract¹ /trækt/ n (land) (η) έκταση. (anat)
(ο) σωλήνας
tract² /trækt/ n (pamphlet) (το) φυλλάδιο
traction /'trækʃn/ n (η) έλξη
tractor /'træktə(r)/ n (το) τρακτέρ invar
trade /treɪd/ n (ο) εμπόριο. (occupation)
(το) επάγγελμα. (people) (οι) έμποροι.
• vt/i εμπορεύομαι. **~ in** (part-exchange)
δίνω κάτι μεταχειρισμένο έναντι μέρους

της τιμής νέου προϊόντος. ~ **mark** n (το) (εμπορικό) σήμα. ~ **on** εκμεταλλεύομαι. ~ **union** n (το) συνδικάτο. ~ **wind** n (ο) αληθής άνεμος. ~**r** /-ə(r)/ n (ο) έμπορος

tradesman /'treɪdzmən/ n (pl -men) (ο) λιανοπωλητής

trading /'treɪdɪŋ/ n (το) εμπόριο. ~ **estate** n (η) εμπορική περιοχή

tradition /trə'dɪʃn/ n (η) παράδοση. ~**al** a παραδοσιακό. ~**ally** adv παραδοσιακά

traffic /'træfɪk/ n (η) οδική κυκλοφορία. (trading) (η) διακίνηση. • vt/i (pt **trafficked**) διακινώ. ~ **circle** n (Amer) (ο) κυκλικός κόμβος. ~ **jam** n (το) μποτιλιάρισμα. ~**-lights** npl (ο) σηματοδότης. ~ **warden** n (ο, η) τροχονόμος

tragedy /'trædʒədɪ/ n (η) τραγωδία

tragic /'trædʒɪk/ a τραγικός. ~**ally** adv τραγικά

trail /treɪl/ vi σέρνομαι. (lag) παραμένω. (plant) αναρριχιέμαι. • vt σέρνω. (follow) παρακολουθώ. • n (of smoke, powder etc.) (η) γραμμή. (track) (η) γραμμή. (path) (το) μονοπάτι

trailer /'treɪlə(r)/ n (το) τρέιλερ invar. (caravan: Amer) (το) τροχόσπιτο. (film) (οι) σκηνές (ταινίας)

train /treɪn/ n (το) τρένο. (procession) (η) ακολουθία. (of dress) (η) ουρά. • vt (instruct) εκπαιδεύω. (sport) προπονώ. (child) εκπαιδεύω. (animal) γυμνάζω. (plant) κατευθύνω (αναρριχητικό φυτό). (aim) στρέφω. • vi ασκούμαι. ~**ed** a διπλωματούχος. ~**ee** n (ο) εκπαιδευόμενος. ~**er** n (ο) προπονητής, (η) προπονήτρια. (of animals) (ο) εκπαιδευτής, (η) εκπαιδεύτρια. ~**ers** npl (shoes) (τα) παπούτσια (αθλητικά). ~**ing** n (η) προπόνηση, (η) εκπαίδευση

traipse /treɪps/ vi (fam) περπατώ κουρασμένα

trait /treɪt/ n (το) χαρακτηριστικό

traitor /'treɪtə(r)/ n (ο) προδότης, (η) προδότρια

tram /træm/ n (το) τραμ invar. ~**-lines** npl (οι) σιδηροτροχιές

tramp /træmp/ vt διασχίζω (με βαριά βήματα). • vi περπατώ βαριά. • n (vagrant) (ο) αλήτης. (hike) (ο) μακρινός περίπατος

trample /'træmpl/ vt/i ~ **(on)** ποδοπατώ

trampoline /'træmpəli:n/ n (το) τραμπολίνο

trance /trɑ:ns/ n (η) κατάσταση υπνώσεως. **in a** ~ σε κατάσταση υπνώσεως

tranquil /'træŋkwɪl/ a ήρεμος. ~**lity** /-'kwɪlətɪ/ n (η) ηρεμία

tranquillizer /'træŋkwɪlaɪzə(r)/ n (το) ηρεμιστικό

transact /træn'zækt/ vt συναλλάσσομαι. ~**ion** /-ʃn/ n (η) συναλλαγή

transatlantic /trænzət'læntɪk/ a υπερατλαντικός

transcend /træn'send/ vt υπερβαίνω (όρια ή προσδοκίες)

transcendental /trænsen'dentl/ a υπερβατικός

transcri|be /træns'kraɪb/ vt αντιγράφω. (recorded sound) μεταγράφω. ~**ption** /-ɪpʃn/ n (η) αντιγραφή, (η) μεταγραφή

transcript /'trænskrɪpt/ n (το) αντίγραφο

transfer[1] /træns'fɜ:(r)/ vt/i (pt **transferred**) μεταφέρω/ομαι. (job) μεταθέτω/ομαι. • vt (property) μεταβιβάζω. (drawing) ξεσηκώνω. ~**able** a μεταθέσιμος, μεταβιβάσιμος

transfer[2] /'trænsfɜ:(r)/ n (η) μεταφορά. (of job) (η) μετάθεση. (of property) (η) μεταβίβαση. (paper) (η) χαλκομανία

transfigur|e /træns'fɪgə(r)/ vt μεταμορφώνω. ~**ation** /-gjʊ'reɪʃn/ n (η) μεταμόρφωση

transform /træns'fɔ:m/ vt μεταμορφώνω. ~**ation** /-ə'meɪʃn/ n (η) μεταμόρφωση. ~**er** /-ə(r)/ n (ο) μετασχηματιστής

transfusion /træns'fju:ʒn/ n (η) μετάγγιση

transient /'trænzɪənt/ a εφήμερος

transistor /træn'zɪstə(r)/ n (το) τρανζίστορ invar. (radio) (το) τρανζίστορ invar

transit /'trænsɪt/ n (η) διαμετακόμιση. **in** ~ σε διαμετακόμιση

transition /træn'zɪʒn/ n (η) μετάβαση

transitive /'trænsətɪv/ a μεταβατικός

transitory /'trænsɪtrɪ/ a παροδικός

translat|e /trænz'leɪt/ vt μεταφράζω. ~**ion** /-ʃn/ n (η) μετάφραση. ~**or** /-ə(r)/ n (ο) μεταφραστής, (η) μεταφράστρια

translucent /trænz'lu:snt/ a ημιδιαφανής

transmi|t /trænz'mɪt/ vt (pt **transmitted**) μεταδίδω. ~**ssion** /-ʃn/ n (η) μετάδοση. ~**tter** /-ə(r)/ n (ο) αναμεταδότης

transparen|t /træns'pærənt/ a διαφανής. ~**cy** n (photo) (η) διαφάνεια

transpire /træn'spaɪə(r)/ vi αποκαλύπτομαι. (happen) συμβαίνω

transplant[1] /træns'plɑ:nt/ vt (plant) μεταφυτεύω. (med) μεταμοσχεύω

transplant[2] /'trænsplɑ:nt/ n (η) μεταμόσχευση

transport[1] /træn'spɔ:t/ vt μεταφέρω

transport[2] /'trænspɔ:t/ n (το) μεταφορικό μέσο. ~**ation** /-'teɪʃn/ n (η) μεταφορά

transpos|e /træn'spəʊz/ vt μετατοπίζω. ~**ition** /-pə'zɪʃn/ n (η) μετατόπιση

transverse /'trænzvɜ:s/ a εγκάρσιος

transvestite /trænz'vestaɪt/ n (ο) τραβεστί invar

trap /træp/ n (η) παγίδα. (mouth: sl) (το) στόμα. • vt (pt **trapped**) παγιδεύω. (jam) πιάνομαι

trapdoor /'træpdɔ:(r)/ n (η) καταπακτή

trapeze /trə'pi:z/ n (η) δοκός (στη γυμναστική)

trappings /'træpiŋz/ npl (τα) σύμβολα αξιώματος

trash /træʃ/ n (τα) σκουπίδια. (nonsense) (οι) σαχλαμάρες. ~ can n (Amer) (ο) σκουπιδοτενεκές. ~y a άχρηστος

trauma /'trɔ:mə/ n (το) τραύμα. ~tic /-'mætik/ a τραυματικός

travel /'trævl/ vi (pt travelled) ταξιδεύω. • vt γυρίζω (μια χώρα). • n ~s (τα) ταξίδια. ~ agency n (το) ταξιδιωτικό πρακτορείο. ~ agent n (ο) ταξιδιωτικός πράκτορας. ~-sick a ζαλισμένος. ~-sickness n (η) ναυτία. ~ler /-ə(r)/ n (ο) ταξιδιώτης, (η) ταξιδιώτισσα. ~ler's cheque n (η) ταξιδιωτική επιταγή. ~ling n (τα) ταξίδια a ταξιδιωτικός

travesty /'trævəsti/ n (η) διακωμώδηση

trawler /'trɔ:lə(r)/ n (η) τράτα

tray /trei/ n (ο) δίσκος. (on desk) (η) επιστολοθήκη

treacher|y /'tretʃəri/ n (η) προδοσία. ~ous a προδοτικός. (deceptive) δόλιος

treacle /'tri:kl/ n (η) μελάσα

tread /tred/ vi (pt trod, pp trodden) περπατώ. • vt πατώ. • n (step) (το) σκαλοπάτι. (of tyre) (το) πέλμα (ελαστικού). ~ on πατώ

treason /'tri:zn/ n (η) προδοσία

treasure /'treʒə(r)/ n (ο) θησαυρός. • vt φυλάω σαν θησαυρό. ~ hunt n (η) αναζήτηση θησαυρού. ~r /-ə(r)/ n (ο) ταμίας

treasury /'treʒəri/ n (for treasure) (το) θησαυροφυλάκιο. (of organization) (το) ταμείο. the T~ (το) Υπουργείο Οικονομικών

treat /tri:t/ vt μεταχειρίζομαι. (consider) φέρομαι. (med) υποβάλλω σε θεραπεία. • n (η) (ιδιαίτερη) ευχαρίστηση. (present) (το) κέρασμα. ~ s.o. to sth. κερνώ κτ σε κπ

treatise /'tri:tiz/ n (η) πραγματεία

treatment /'tri:tmənt/ n (η) μεταχείριση. (med) (η) θεραπεία

treaty /'tri:ti/ n (η) συνθήκη

treble /'trebl/ a τριπλάσιος. • vt/i τρι-πλασιάζω/ομαι. • n (mus) (ο, η) υψίφωνος

tree /tri:/ n (το) δέντρο

trek /trek/ n (το) μακρινό και δύσκολο ταξίδι. • vi (pt trekked) πηγαίνω σε δύσκολο ταξίδι

trellis /'trelis/ n (το) καφασωτό (για αναρριχητικά φυτά)

tremble /'trembl/ vi τρέμω

tremendous /tri'mendəs/ a καταπληκτικός. (huge) τεράστιος. (excellent: fam) άριστος. ~ly adv αφάνταστα

tremor /'tremə(r)/ n (το) τρεμούλιασμα. (med) (ο) τρόμος. (earth) ~ (η) δόνηση

trench /trentʃ/ n (το) χαντάκι. (mil) (το) χαράκωμα. ~ coat n (το) τρεντς κοτ invar

trend /trend/ n (η) ροπή. (fashion) (η) μόδα. ~-setter n πρόσωπο ή πράγμα που δημιουργεί μια νέα μόδα. ~y a (fam) της μόδας

trepidation /trepi'deiʃn/ n (η) ταραχή

trespass /'trespəs/ vi ~ on (fig) παραβιάζω. ~er /-ə(r)/ n αυτός που παραβιάζει την ιδιοκτησία άλλου

trestle /'tresl/ n (το) στρίποδο. ~-table n πτυσσόμενο τραπέζι που στηρίζεται σε στρίποδα

trial /'traiəl/ n (η) δοκιμή. (jur) (η) δίκη. (ordeal) (η) δοκιμασία. on ~ υπό δοκιμή. (jur) δικάζομαι. by ~ and error εμπειρικά

triang|le /'traiæŋgl/ n (το) τρίγωνο. ~ular /-'æŋgjʊlə(r)/ a τριγωνικός

trib|e /traib/ n (η) φυλή. ~al a φυλετικός

tribulation /tribjʊ'leiʃn/ n (το) βάσανο

tribunal /trai'bju:nl/ n (το) (ειδικό) δικαστήριο

tributary /'tribjʊtri/ n (ο) παραπόταμος

tribute /'tribju:t/ n (ο) φόρος τιμής. pay ~ to αποτίω φόρο τιμής

trice /trais/ n in a ~ στη στιγμή

trick /trik/ n (το) κόλπο. (stratagem) (το) τέχνασμα. (joke) (η) φάρσα. (at cards) (η) χαρτωσιά. • vt ξεγελώ. do the ~ (fam) φέρνω το επιθυμούμενο αποτέλεσμα. play a ~ on κάνω πλάκα σε

trickery /'trikəri/ n (η) απάτη

trickle /'trikl/ vt/i στάζω. ~ out/in (fig) βγαίνουν/μπαίνουν λίγοι λίγοι. • n (η) αργή ροή

trickster /'trikstə(r)/ n (ο) απατεώνας

tricky /'triki/ a (problem) δύσκολος

tricycle /'traisikl/ n (το) τρίκυκλο

trident /'traidənt/ n (η) τρίαινα

tried /traid/ see TRY

trifl|e /'traifl/ n (το) ασήμαντο πράγμα. (small amount) (η) ασήμαντη ποσότητα. (culin) γλύκισμα από παντεσπάνι, κρέμα, ζελέ και φρούτα. • vi ~ with παίζω με. ~ing a ασήμαντος

trigger /'trigə(r)/ n (η) σκανδάλη. • vt ~ (off) προκαλώ (την έναρξη)

trigonometry /trigə'nɒmitri/ n (η) τριγωνομετρία

trilby /'trilbi/ n (η) ρεπούμπλικα

trilogy /'trilədʒi/ n (η) τριλογία

trim /trim/ a (trimmer, trimmest) περιποιημένος. (figure) λεπτός. • vt (pt trimmed) (cut) κόβω. (hedge) κλαδεύω. (hair etc.) κόβω ελαφρά. (adorn) περιποιούμαι. • n (cut) (το) κόψιμο. (decoration) (η) διακόσμηση. in ~ σε φόρμα. ~mings npl (decorations) (η) γαρνιτούρα. (accompaniments: fam) (το) γαρνίρισμα

Trinity /'triniti/ n the ~ (η) Αγία Τριάδα

trinket /'trɪŋkɪt/ n (το) μπιχλιμπίδι

trio /'triːəʊ/ (pl **-os**) (το) τρίο invar

trip /trɪp/ vt (pt **tripped**) κάνω (διακόπτη) να πέσει. • vi παραπατώ. • n (journey) (το) ταξίδι (με επιστροφή). (outing) (η) εκδρομή. (stumble) (το) παραπάτημα. ~ **up** vi σκοντάφτω. • vt βάζω τρικλοποδιά.

tripe /traɪp/ n (ο) πατσάς. (nonsense: fam) (οι) μπούρδες

triple /'trɪpl/ a τριπλός. • vt/i τριπλασιάζω/ομαι

triplets /'trɪplɪts/ npl (τα) τρίδυμα

triplicate /'trɪplɪkət/ n **in ~** σε τριπλότυπο

tripod /'traɪpɒd/ n (το) τρίποδο

tripper /'trɪpə(r)/ n (ο, η) εκδρομέας

triptych /'trɪptɪk/ n (το) τρίπτυχο

trite /traɪt/ a κοινότοπος

triumph /'traɪʌmf/ n (ο) θρίαμβος. • vi θριαμβεύω. **~ over** υπερνικώ. **~al** /-'ʌmfl/ a θριαμβικός. **~ant** /-'ʌmfnt/ a θριαμβευτικός. **~antly** adv θριαμβευτικά

trivial /'trɪvɪəl/ a ασήμαντος. **~ity** /-'ælətɪ/ n (η) ασημαντότητα

trod, trodden /trɒd, trɒdn/ see TREAD

Trojan /'trəʊdʒən/ a τρωικός. **~ horse** n (ο) δούρειος ίππος

trolley /'trɒlɪ/ n (pl **-eys**) (το) καροτσάκι (για αποσκευές)

trombone /trɒm'bəʊn/ n (το) τρομπόνι

troop /truːp/ n (η) (μεγάλη) ομάδα. **~s** (mil) (τα) στρατεύματα. • vi **~ in/out** μπαίνω/βγαίνω ομαδικά. **~er** n (ο) στρατιώτης του ιππικού. **~ing the colour** n χαιρετισμός της σημαίας

trophy /'trəʊfɪ/ n (το) τρόπαιο

tropic /'trɒpɪk/ n (ο) τροπικός. **~s** (οι) τροπικές χώρες. **~al** a τροπικός

trot /trɒt/ n (ο) τροχασμός. • vi (pt **trotted**) τροχάζω. **on the ~** (fam) (το) ένα πίσω από το άλλο. **~ out** ξεφουρνίζω

trouble /'trʌbl/ n (ο) κόπος. (inconvenience) (η) ενόχληση. (conflict) (η) ταραχή. (med) (η) πάθηση. (mech) (η) βλάβη. • vt/i ανησυχώ. **be in ~** έχω μπελάδες. **be looking for ~** πάω γυρεύοντας. **be ~d about** ανησυχώ για. **be ~d with** βασανίζομαι από. **make ~** προκαλώ ταραχή. **take ~** μπαίνω στον κόπο. **~-maker** n (ο) ταραχοποιός. **~some** a ενοχλητικός

trough /trɒf/ n (for animals) (η) γούρνα

trounce /traʊns/ vt συντρίβω (αντίπαλο)

troupe /truːp/ n (ο) θίασος

trousers /'traʊzəz/ npl (το) παντελόνι

trousseau /'truːsəʊ/ n (pl **-s** /-əʊz/) (τα) προικία

trout /traʊt/ n invar (η) πέστροφα

trowel /'traʊəl/ n (το) μυστρί

truan|t /'truːənt/ n (ο) σκασιάρχης. **play ~t** κάνω σκασιαρχείο. **~cy** n (τα) σκασιαρχεία

truce /truːs/ n (η) εκεχειρία

truck /trʌk/ n (lorry) (το) φορτηγό (αυτοκίνητο). (rail) (το) φορτηγό βαγόνι

truculent /'trʌkjʊlənt/ a βίαιος

trudge /trʌdʒ/ vi περπατώ με κόπο

true /truː/ a (**-er**, **-est**) αληθινός. (genuine) πραγματικός. (loyal) πιστός. **come ~** επαληθεύομαι

truffle /'trʌfl/ n (η) τρούφα

truism /'truːɪzəm/ n (η) αυταπόδεικτη αλήθεια

truly /'truːlɪ/ adv αληθινά. (sincerely) πραγματικά. **yours ~** με εκτίμηση

trump /trʌmp/ n (card) (το) ατού invar. (person: fam) (ο) αξιόπιστος άνθρωπος. • vt **~ up** σκαρώνω

trumpet /'trʌmpɪt/ n (η) σάλπιγγα. **~er** /-ə(r)/ n (ο) σαλπιγκτής

truncheon /'trʌntʃən/ n (το) γκλομπ invar

trundle /'trʌndl/ vt/i κυλώ βαριά

trunk /trʌŋk/ n (of body, tree) (ο) κορμός. (box) (το) μπαούλο. (of elephant) (η) προβοσκίδα. (auto, Amer) (ο) χώρος αποσκευών (αυτοκινήτου). **~s** (το) (ανδρικό) μαγιό invar. **~ call** n (η) υπεραστική κλήση. **~ road** n (η) οδική αρτηρία

truss /trʌs/ n (το) υποστήριγμα (γέφυρας). (med) (ο) κοιλεπίδεσμος. • vt (culin) δένω (φτερούγες στο σώμα πριν το μαγείρεμα)

trust /trʌst/ n (η) εμπιστοσύνη. (association) (το) τραστ invar. • vt έχω εμπιστοσύνη σε. (hope) ελπίζω. • vi **~ in** εμπιστεύομαι σε. **~ to** βασίζομαι σε. **to hold in ~** κρατώ ως καταπίστευμα. **on ~** επί πιστώσει. **~ed** a έμπιστος. **~ful, ~ing** adjs που έχει εμπιστοσύνη. **~worthy, ~y** adjs άξιος εμπιστοσύνης

trustee /trʌ'stiː/ n επίτροπος

truth /truːθ/ n (pl **-s** /truːðz/) (η) αλήθεια. **tell the ~** λέω την αλήθεια. **~ful** a φιλαλήθης. **~fully** adv αληθινά

try /traɪ/ vt/i (pt **tried**) προσπαθώ. (be a strain on) δοκιμάζω/ομαι. (jur) δικάζω. • n (η) προσπάθεια. **~ for** πάω για. **~ on** (garment) δοκιμάζω. **~ out** δοκιμάζω. **~ one's best** βάζω τα δυνατά μου. **~ing** a (annoying) δύσκολος

T-shirt /'tiːʃɜːt/ n (το) μπλουζάκι

tub /tʌb/ n (το) βαρέλι (ανοιχτό). (bath: fam) (η) μπανιέρα

tuba /'tjuːbə/ n (η) τούμπα

tubby /'tʌbɪ/ a (**-ier**, **-iest**) σαν το βαρέλι

tub|e /tjuːb/ n (ο) σωλήνας. (for toothpaste, cream) (το) σωληνάριο. (rail: fam) (ο) υπόγειος σιδηρόδρομος. **inner ~e** n (η) σαμπρέλα. **~ing** n (η) σωλήνωση. **~ular** a σωληνοειδής

tuber /'tjuːbə(r)/ n (η) βολβώδης ρίζα

tuberculosis /tjuːbɜːkjʊ'ləʊsɪs/ n (η) φυματίωση

tuck /tʌk/ n (η) πτυχή. • vt (put) βάζω (μέσα). (put away) κρύβω. • vi **~ in**

(*shirt*) βάζω μέσα (στο πανταλόνι). (*sheet, blanket*) μαζεύω κάτω από το στρώμα. **~ in** (*eat: sl*) πέφτω στο φαΐ. **~-shop** *n* (η) καντίνα σχολείου. **~ up** (*child*) σκεπάζω

Tuesday /'tju:zd(e)ɪ/ *n* (η) Τρίτη

tuft /tʌft/ *n* (η) τούφα

tug /tʌg/ *vt/i* (*pt* **tugged**) τραβώ. (*tow*) ρυμουλκώ. • *n* (*naut*) (το) ρυμουλκό. **~ of war** *n* (η) διελκυστίνδα

tuition /tju:'ɪʃn/ *n* (η) διδασκαλία. **~ fees** *npl* (τα) δίδακτρα

tulip /'tju:lɪp/ *n* (η) τουλίπα

tumble /'tʌmbl/ *vi* κουτρουβαλώ. • *n* (η) κουτρουβάλα. **~-drier** *n* (το) στεγνωτήριο. **~ to** (*fam*) μπαίνω στο νόημα

tumbledown /'tʌmbldaʊn/ *a* ετοιμόρροπος

tumbler /'tʌmblə(r)/ *n* (το) ψηλό ποτήρι

tummy /'tʌmɪ/ *n* (*fam*) (η) κοιλιά

tumour /'tju:mə(r)/ *n* (ο) όγκος

tumult /'tju:mʌlt/ *n* (η) ταραχή. **~uous** /-'mʌltʃʊəs/ *a* θορυβώδης

tuna /'tju:nə/ *n invar* (ο) τόνος (*ψάρι*)

tune /tju:n/ *n* (ο) σκοπός (*μουσικός*). • *vt* (*mus*) κουρδίζω. (*radio, TV*) ρυθμίζω. (*mech*) ρυθμίζω. • *vi* **~ in** (**to**) (*radio, TV*) πιάνω σταθμό. **be in ~/out of ~** τραγουδώ σωστά/παράφωνα. **~ up** κουρδίζω. **~ful** *a* μελωδικός. **~r** /-ə(r)/ *n* (ο) κουρδιστής. (*radio, TV*) (το) κουμπί επιλογής σταθμών

tunic /'tju:nɪk/ *n* (το) χιτώνιο

tuning-fork /'tju:nɪŋfɔ:k/ *n* (το) διαπασών *invar*

Tunisia /tju:'nɪzɪə/ *n* (η) Τυνησία. **~n** *a* τυνησιακός. • *n* (η) Τυνήσιος, (η) Τυνήσια

tunnel /'tʌnl/ *n* (η) σήραγγα. • *vi* (*pt* **tunnelled**) ανοίγω σήραγγα

turban /'tɜ:bən/ *n* (το) τουρμπάνι

turbid /'tɜ:bɪd/ *a* θολός

turbine /'tɜ:baɪn/ *n* (η) τουρμπίνα

turbot /'tɜ:bət/ *n* (ο) ρόμβος (*ψάρι*)

turbulen|t /'tɜ:bjʊlənt/ *a* ταραγμένος. **~ce** *n* (η) ταραχή

tureen /tjʊ'ri:n/ *n* (η) σουπιέρα

turf /tɜ:f/ *n* (*pl* **turfs** *or* **turves**) (το) γκαζόν *invar*. (*piece*) (η) λωρίδα γκαζόν. • *vt* βάζω γκαζόν σε. **~ out** (*fam*) πετώ έξω. **the ~** (ο) ιππόδρομος. **~ accountant** *n* (ο) πράκτορας στοιχημάτων στον ιππόδρομο

turgid /'tɜ:dʒɪd/ *a* πρησμένος. (*language*) πομπώδης

Turk /tɜ:k/ *n* (ο) Τούρκος, (η) Τουρκάλα. **~ey** *n* (η) Τουρκία. **~ish** *a* τουρκικός. • *n* (*lang*) (τα) τούρκικα

turkey /'tɜ:kɪ/ *n* (*pl* **-eys**) (η) γαλοπούλα

turmoil /'tɜ:mɔɪl/ *n* (η) αναστάτωση. **in ~** άνω κάτω

turn /tɜ:n/ *vt/i* γυρίζω. (*change*) μετατρέπω. (*become*) γίνομαι. (*time, age*)

περνώ. • *n* (το) γύρισμα. (*in road*) (η) καμπή. (*change*) (η) αλλαγή. (*in sequence*) (η) σειρά. (*service*) (η) πράξη. (*theatr*) (το) νούμερο. (*illness: fam*) (η) τροπή. **in ~** με τη σειρά. **out of ~** εκτός σειράς. **to a ~** (*culin*) στην εντέλεια. **take (it in) ~s** κάνω εκ περιτροπής. **~ against** στρέφω εναντίον. **~ away** *vi* αποστρέφω το πρόσωπο. • *vt* (*refuse*) αρνούμαι. (*send away*) διώχνω. **~ down** (*fold*) γυρίζω. (*reduce*) χαμηλώνω. (*reject*) απορρίπτω. **~ in** *vi* παραδίνω. • *vi* (*go to bed: fam*) πλαγιάζω. **~ off** (*tap*) κλείνω. (*light, TV, etc.*) σβήνω. (*repel: fam*) απωθώ. **~ on** (*tap*) ανοίγω. (*light etc.*) ανάβω. (*attack*) στρέφομαι εναντίον. (*attract: fam*) ελκύω. **~ out** *vt* (*light etc.*) σβήνω. (*produce*) παράγω. (*empty*) αδειάζω. • *vi* (*result*) αποδεικνύομαι. **~-out** *n* (*of people*) (η) συγκέντρωση. (*of goods*) (η) ποσότητα (*που παράγεται*). **~ round** στρέφομαι. **~ the tables** αντιστρέφω μια κατάσταση. **~ to** στρέφομαι σε (*για βοήθεια*). **~ up** *vi* παρουσιάζομαι. • *vt* (*gas*) δυναμώνω. (*volume*) δυναμώνω (*την ένταση*). **~-up** *n* (*of trousers*) (το) ρεβέρ *invar*. **~ed-up** *a* (*nose*) ανασηκωμένος

turning /'tɜ:nɪŋ/ *n* (η) καμπή. **~-point** *n* (το) κρίσιμο σημείο

turnip /'tɜ:nɪp/ *n* (το) γογγύλι

turnover /'tɜ:nəʊvə(r)/ *n* (*culin*) είδος γλυκού που μοιάζει με το σκαλτσούνι. (*comm*) (ο) τζίρος. (*of staff*) (η) εναλλαγή

turnpike /'tɜ:npaɪk/ *n* (*Amer*) (ο) αυτοκινητόδρομος (*με διόδια*)

turnstile /'tɜ:nstaɪl/ *n* (η) περιστροφική είσοδος

turntable /'tɜ:nteɪbl/ *n* (*for record*) (το) πλατό

turpentine /'tɜ:pəntaɪn/ *n* (το) νέφτι

turquoise /'tɜ:kwɔɪz/ *a* τουρκουάζ. • *n* (το) τουρκουάζ *invar*

turret /'tʌrɪt/ *n* (ο) πυργίσκος

turtle /'tɜ:tl/ *n* (η) νεροχελώνα. **~-neck** *n* (ο) κλειστός λαιμός (*σε πουλόβερ*)

tusk /tʌsk/ *n* (ο) χαυλιόδοντας

tussle /'tʌsl/ *vi* συμπλέκομαι (**with**, με). • *n* (η) συμπλοκή

tutor /'tju:tə(r)/ *n* (ο) καθηγητής (*ιδιαίτερου μαθήματος*). (*univ*) μέλος του πανεπιστημιακού προσωπικού με ευθύνη την επίβλεψη σπουδών φοιτητών

tutorial /tju:'tɔ:rɪəl/ *n* (το) φροντιστήριο

tuxedo /tʌk'si:dəʊ/ *n* (*pl* **-os**) (*Amer*) (το) σμόκιν *invar*

TV /ti:'vi:/ *n* (η) TV

twaddle /'twɒdl/ *n* (οι) κουταμάρες

twang /twæŋ/ *n* (ο) ήχος παλλόμενης χορδής. (*voice*) (η) έρρινη ομιλία. • *vi* μιλώ με τη μύτη

tweed /twi:d/ *n* (το) τουίντ *invar*

tweet /twi:t/ *n* (το) τιτίβισμα. • *vi* τιτιβίζω

tweezers /'twi:zəz/ *npl* (το) τσιμπιδάκι

twelve /twelv/ *a* δώδεκα. • *n* (το) δώδεκα *invar*. **~fth** *a* δωδέκατος. • *n* (το) δωδέκατο

twenty /'twentı/ *a* είκοσι. • *n* (το) είκοσι *invar*. **~ieth** *a* εικοστός. • *n* (το) εικοστό

twerp /tw3:p/ *n* (*sl*) (το) ρεμάλι

twice /twaıs/ *adv* δυο φορές

twiddle /'twıdl/ *vt* παίζω. **~ one's thumbs** παίζω τα δάκτυλά μου

twig[1] /twig/ *n* (το) κλαδάκι

twig[2] /twig/ *vt/i* (*pt* **twigged**) (*fam*) μπαίνω (στο νόημα)

twilight /'twaılaıt/ *n* (το) λυκόφως

twin /twın/ *a* δίδυμος. • *n* (ο) δίδυμος. **~ beds** *npl* (τα) μονά κρεβάτια δίπλα δίπλα. **~ning of towns** *n* (η) αδελφοποίηση των πόλεων

twine /twaın/ *n* (το) στριμμένο νήμα. • *vt/i* στρίβω (*νήμα*)

twinge /twındʒ/ *n* (η) σουβλιά (*πόνου*)

twinkle /'twıŋkl/ *vi* τρεμοσβήνω. • *n* (το) τρεμόσβησμα. **in the ~ing of an eye** στο άψε σβήσε

twirl /tw3:l/ *vt/i* στροβιλίζω/ομαι. • *n* (το) στροβίλισμα

twist /twıst/ *vt/i* πλέκω. (*wring*) στρίβω. (*wind*) τυλίγω. (*interweave*) κλώθω. (*distort*) διαστρεβλώνω. (*ankle*) στραμπουλίζω. • *n* εξαπατώ. (*curve*) (η) καμπή. (*of events*) (η) στροφή. (*of character*) (η) διαστροφή. **~ed** *a* (*person*) στριμμένος. **~er /-ɔ(r)/** *n* (*swindler: fam*) απατεώνας

twit /twıt/ *n* (*sl*) (ο) χαζός

twitch /twıtʃ/ *vt/i* τινάζω/ομαι. • *n* (*tic*) (η) σύσπαση (νευρική). (*jerk*) (το) τίναγμα

twitter /'twıtə(r)/ *vi* τερετίζω. • *n* (το) τερέτισμα

two /tu:/ *a* δύο, δυο *invar*. • *n* (το) δύο. **in ~ minds** αναποφάσιστος. **~-faced** *a* διπρόσωπος. **~fold** *a* διπλάσιος. • *adv* διπλάσια. **~-piece (suit)** *n* (το) κοστούμι (*από παντελόνι και σακκάκι*). **~-way** *a* (*traffic*) διπλής κατευθύνσεως. (*switch*) διπλής ενέργειας. (*mirror*) διπλής κατεύθυνσης

twosome /'tu:səm/ *n* (το) ζευγάρι

tycoon /taı'ku:n/ *n* (ο) μεγιστάνας

tying /'taıŋ/ *see* TIE

type /taıp/ *n* (το) υποκείμενο (*sort*) (ο) τύπος. (*typ*) (το) τυπογραφικό στοιχείο. • *vt/i* δακτυλογραφώ

typescript /'taıpskrıpt/ *n* (το) δακτυλογραφημένο κείμενο

typewriter /'taıpraıtə(r)/ *n* (η) γραφομηχανή. **~ten /-ıtn/** *a* δακτυλογραφημένος

typhoid /'taıfɔıd/ *n* **~ (fever)** (ο) τυφοειδής πυρετός

typhoon /taı'fu:n/ *n* (ο) τυφώνας

typical /'tıpıkl/ *a* χαρακτηριστικός. **~ly** *adv* χαρακτηριστικά

typify /'tıpıfaı/ *vt* είμαι χαρακτηριστικός (*with gen*)

typing /'taıpıŋ/ *n* (η) δακτυλογραφία. **~st** *n* (η) δακτυλογράφος

tyranny /'tırənı/ *n* (η) τυραννία. **~ical /-'rænıkl/** *a* τυραννικός. **~ize** *vi* τυραννώ

tyrant /'taıərənt/ *n* (ο) τύραννος

tyre /'taıə(r)/ *n* (το) λάστιχο, (το) ελαστικό

tzatziki /tsæt'si:kı/ *n* (το) τζατζίκι

Uu

ubiquitous /ju:'bıkwıtəs/ *a* πανταχού παρών

udder /'ʌdə(r)/ *n* (το) μαστάρι

ugly /'ʌglı/ *a* (**-ier, -iest**) άσχημος. **~iness** *n* (η) ασκήμια, (η) ασχημία

UK *abbr* (*United Kingdom*) ΗΒ

ulcer /'ʌlsə(r)/ *n* (το) έλκος. **~ous** *a* ελκώδης

ulterior /ʌl'tıərıə(r)/ *a* απώτερος. **~ motive** *n* (ο) απώτερος σκοπός

ultimate /'ʌltımət/ *a* ύστατος. (*definitive*) οριστικός. (*fundamental*) έσχατος. **~ly** *adv* σε τελευταία ανάλυση

ultimatum /ʌltı'meıtəm/ *n* (*pl* **-tums** or **-ta**) (το) τελεσίγραφο

ultra- /'ʌltrə/ *pref* υπερ-

ultraviolet /ʌltrə'vaıəlıt/ *a* υπεριώδης

umbilical /ʌm'bılıkl/ *a* **~ cord** (ο) ομφάλιος λώρος

umbrage /'ʌmbrıdʒ/ *n* **take ~** θίγομαι

umbrella /ʌm'brelə/ *n* (η) ομπρέλα

umpire /'ʌmpaıə(r)/ *n* (ο) διαιτητής (*σε παιχνίδι τένις, κρίκετ*). • *vt* διαιτητεύω

umpteen /'ʌmpti:n/ *a* (*sl*) άπειρος. **~th** *a* (*sl*) πολλοστός

un- /ʌn/ *pref* α-

unable /ʌn'eıbl/ *a* **be ~ to** δεν μπορώ να

unabridged /ʌnə'brıdʒd/ *a* πλήρης (*χωρίς περικοπές*)

unacceptable /ʌnək'septəbl/ *a* απαράδεκτος

unaccountable /ʌnə'kaʊntəbl/ a
ανεξήγητος. ~y adv ανεξήγητα
unaccustomed /ʌnə'kʌstəmd/ a
ασυνήθιστος. be ~ to δεν είμαι
συνηθισμένος να
unadulterated /ʌnə'dʌltəreitid/ a
ανόθευτος
unaided /ʌn'eidid/ a αβοήθητος
unanimous /ju:'nænɪməs/ a ομόφωνος.
~ity /-'nɪmɪti/ n (η) ομοφωνία. ~ously
adv ομόφωνα
unannounced /ʌnə'naʊnst/ a
απροειδοποίητος
unarmed /ʌn'ɑ:md/ a άοπλος
unashamed /ʌnə'ʃeimd/ a αναίσχυντος.
~ly /-idlɪ/ adv αναίσχυντα
unassuming /ʌnə'sju:mɪŋ/ a
ανεπιτήδευτος
unattached /ʌnə'tætʃt/ a αδέσμευτος
unattainable /ʌnə'teinəbl/ a ανέφικτος
unattended /ʌnə'tendid/ a (car etc.)
αφύλακτος
unattractive /ʌnə'træktɪv/ a μη
ελκυστικός
unauthorized /ʌn'ɔ:θraizd/ a μη
εξουσιοδοτημένος
unavoidable /ʌnə'vɔidəbl/ a
αναπόφευκτος. ~y adv αναπόφευκτα
unaware /ʌnə'weə(r)/ a be ~ of δε
γνωρίζω. ~s /-eəz/ adv απροσδόκητα
unbalanced /ʌn'bælənst/ a ανισόρροπος
unbearable /ʌn'beərəbl/ a ανυπόφορος.
~y adv ανυπόφορα
unbeatable /ʌn'bi:təbl/ a ακατανίκητος.
~en a ανίκητος
unbeknown /ʌnbi'nəʊn/ a (fam) ~ to me
εν αγνοία μου
unbelievable /ʌnbi'li:vəbl/ a απίστευτος
unbend /ʌn'bend/ vt (pt unbent)
ευθυγραμμίζω. • vi (relax) χαλαρώνω.
~ing a αλύγιστος
unbiased /ʌn'baiəst/ a απροκατάληπτος
unblock /ʌn'blɒk/ vt ξεβουλώνω
unbolt /ʌn'bəʊlt/ vt ξεμανταλώνω
unborn /ʌn'bɔ:n/ a αγέννητος
unbounded /ʌn'baʊndid/ a απεριόριστος
unbreakable /ʌn'breikəbl/ a άθραυστος
unbridled /ʌn'braidld/ a αχαλίνωτος
unburden /ʌn'bɜ:dn/ vt ~ o.s.
ξαλαφρώνω
unbutton /ʌn'bʌtn/ vt ξεκουμπώνω
uncalled-for /ʌn'kɔ:ldfɔ:(r)/ a
αδικαιολόγητος
uncanny /ʌn'kæni/ a (-ier, -iest) αφύσικος
unceasing /ʌn'si:sɪŋ/ a ακατάπαυστος
unceremonious /ʌnseri'məʊnjəs/ a χωρίς
τύπους. ~ly adv χωρίς διατυπώσεις
uncertain /ʌn'sɜ:tn/ a αβέβαιος. (weather
etc.) ευμετάβλητος. in no ~ terms
χωρίς περιστροφές. ~ty n (η)
αβεβαιότητα
unchanged /ʌn'tʃeindʒd/ a
αμετάβλητος. ~ing a αμετάβλητος

uncharitable /ʌn'tʃæritəbl/ a ανηλεής
uncivilized /ʌn'sivilaizd/ a απολίτιστος
uncle /'ʌŋkl/ n (ο) θείος
unclean /ʌn'kli:n/ a ακάθαρτος
unclear /ʌn'kliə(r)/ a ασαφής
uncomfortable /ʌn'kʌmfətəbl/ a άβολος.
(unpleasant) δυσάρεστος. feel ~ δεν
αισθάνομαι άνετα
uncommon /ʌn'kɒmən/ a ασυνήθιστος
uncompromising /ʌn'kɒmprəmaizɪŋ/ a
αδιάλλακτος
unconditional /ʌnkən'diʃənl/ a χωρίς
όρους. ~ly adv ανεπιφύλακτα
unconscious /ʌn'kɒnʃəs/ a αναίσθητος.
(unaware) χωρίς συνείδηση. ~ly adv
ασυνείδητα
unconventional /ʌnkən'venʃənl/ a μη
συμβατικός
uncooperative /ʌnkəʊ'ɒpərətɪv/ a που δε
συνεργάζεται
uncork /ʌn'kɔ:k/ vt ξεβουλώνω
(μπουκάλι)
uncouth /ʌn'ku:θ/ a άξεστος
uncover /ʌn'kʌvə(r)/ vt ξεσκεπάζω.
(expose) αποκαλύπτω
unctuous /'ʌŋktʃʊəs/ a γλοιώδης
undecided /ʌndi'saidid/ a
αναποφάσιστος
undeniable /ʌndi'naiəbl/ a αναμφισ-
βήτητος. ~y adv αναμφισβήτητα
under /'ʌndə(r)/ prep κάτω από. (less than)
κάτω από, λιγότερο. (subject to) υπό.
• adv κάτω. ~ age a ανήλικος. ~ way
adv σε εξέλιξη
under- /'ʌndə(r)/ pref υπο-
undercarriage /'ʌndəkærɪdʒ/ n (aviat)
(το) σύστημα προσγειώσεως
underclothes /'ʌndəkləʊðz/ npl (τα)
εσώρουχα
undercoat /'ʌndəkəʊt/ n (of paint) (το)
υπόστρωμα
undercover /ʌndə'kʌvə(r)/ a μυστικός
undercurrent /'ʌndəkʌrənt/ n (το)
υποβρύχιο ρεύμα. (fig) (το)
συγκαλυμμένο ρεύμα
undercut /'ʌndəkʌt/ vt (pt -cut, pres p -
cutting) (comm) πουλώ σε χαμηλότερη
τιμή
underdog /'ʌndədɒg/ n (ο) ηττημένος (σε
αγώνα)
underdone /ʌndə'dʌn/ a (meat)
μισοψημένος
underestimate /ʌndər'estimeit/ vt
υποτιμώ
underfed /ʌndə'fed/ a υποσιτισμένος
underfoot /ʌndə'fʊt/ adv κάτω από τα
πόδια
undergo /'ʌndəgəʊ/ vt (pt -went,
pp -gone) υφίσταμαι
undergraduate /ʌndə'grædʒʊət/ n (ο)
φοιτητής, (η) φοιτήτρια (πανεπιστημίου)
underground[1] /ʌndə'graʊnd/ adv κάτω
από τη γη. (in secret) παράνομα

underground² /'ʌndəgraʊnd/ a υπόγειος. (*secret*) παράνομος. • n (*rail*) (ο) υπόγειος (σιδηρόδρομος)

undergrowth /'ʌndəgrəʊθ/ n (τα) χαμόκλαδα

underhand /'ʌndəhænd/ a ύπουλος

underlay /'ʌndəleɪ/ n (το) υπόστρωμα (*κάτω από μοκέτα*)

underl|ie /ʌndə'laɪ/ vt (*pt* -**lay**, *pp* -**lain**, *pres p* -**lying**) βρίσκομαι κάτω από. (*fig*) αποτελώ τη βάση (*with gen*). ~**ying** a υποκείμενος

underline /ʌndə'laɪn/ vt υπογραμμίζω

underling /'ʌndəlɪŋ/ n (ο) υποταχτικός

undermine /ʌndə'maɪn/ vt υπονομεύω

underneath /ʌndə'ni:θ/ prep & adv κάτω από

underpaid /ʌndə'peɪd/ a κακοπληρωμένος

underpants /'ʌndəpænts/ npl (το) σώβρακο

underpass /'ʌndəpa:s/ n (η) υπόγεια διάβαση

underprivileged /ʌndə'prɪvəlɪdʒd/ a μη προνομιούχος

underrate /ʌndə'reɪt/ vt υποτιμώ

undersell /ʌndə'sel/ vt (*pt* -**sold**) πουλώ σε κατώτερη από τη συνηθισμένη τιμή

underside /'ʌndəsaɪd/ n (η) κάτω πλευρά

undersized /ʌndə'saɪzd/ a με μέγεθος κάτω του κανονικού

understand /ʌndə'stænd/ vt/i (*pt* -**stood**) καταλαβαίνω. (*realize*) αντιλαμβάνομαι. ~**able** a ευνόητος. ~**ably** adv για ευνόητους λόγους

understanding /ʌndə'stændɪŋ/ a που δείχνει κατανόηση. • n (η) κατανόηση. (*agreement*) (η) συνεννόηση

understatement /ʌndə'steɪtmənt/ n (η) μείωση της σημασίας (*ενός γεγονότος*)

understudy /'ʌndəstʌdɪ/ n (ο) αντικαταστάτης, (η) αντικαταστάτρια (*ηθοποιού*)

undertake /ʌndə'teɪk/ vt (*pt* -**took**, *pp* -**taken**) αναλαμβάνω. (*engage in*) επιχειρώ

undertaker /'ʌndəteɪkə(r)/ n (ο) εργολάβος κηδειών

undertaking /ʌndə'teɪkɪŋ/ n (η) επιχείρηση. (*promise*) (η) υπόσχεση

undertone /'ʌndətəʊn/ n (ο) χαμηλός τόνος (*φωνής*). (*fig*) (ο) τόνος. **in an ~** χαμηλόφωνα

undervalue /ʌndə'vælju:/ vt υποτιμώ (*τιμή ή επίπεδο*)

underwater /ʌndə'wɔ:tə(r)/ a υποβρύχιος. • adv υποβρύχια

underwear /'ʌndəweə(r)/ n (τα) εσώρουχα

underweight /'ʌndəweɪt/ a που έχει βάρος κάτω από το κανονικό

underwent /ʌndə'went/ see UNDERGO

underworld /'ʌndəwɜ:ld/ n (ο) κάτω κόσμος. (*criminals*) (ο) υπόκοσμος

undeserved /ʌndɪ'zɜ:vd/ a άδικος

undesirable /ʌndɪ'zaɪərəbl/ a ανεπιθύμητος. • n (*person*) (ο) ανεπιθύμητος

undeveloped /ʌndɪ'veləpt/ a που δεν έχει αναπτυχθεί. (*land*) αναξιοποίητος

undies /'ʌndɪz/ npl (*fam*) (τα) γυναικεία εσώρουχα

undignified /ʌn'dɪgnɪfaɪd/ a αναξιοπρεπής

undo /ʌn'du:/ vt (*pt* -**did**, *pp* -**done**) λύνω. (*ruin*) καταστρέφω. **leave ~ne** αφήνω απραγματοποίητο

undoubted /ʌn'daʊtɪd/ a αναμφίβολος. ~**ly** adv αναμφίβολα

undress /ʌn'dres/ vt/i γδύνω/ομαι. **get ~ed** ξεντύνομαι

undu|e /ʌn'dju:/ a υπέρμετρος. ~**ly** adv υπέρμετρα

undulat|e /'ʌndjʊleɪt/ vi κυματίζω. ~**ing** a κυματιστός. ~**ion** /-'leɪʃn/ n (ο) κυματισμός

undying /ʌn'daɪɪŋ/ a αθάνατος

unearth /ʌn'ɜ:θ/ vt ξεθάβω. (*fig*) ξετρυπώνω

unearthly /ʌn'ɜ:θlɪ/ a απόκοσμος. ~ **hour** (*fam*) (η) παράλογη ώρα

uneas|y /ʌn'i:zɪ/ a ανήσυχος. (*worrying*) στενοχωρημένος. ~**ily** adv ανήσυχα

uneconomic /ʌni:kə'nɒmɪk/ a ασύμφορος. ~**al** a σπάταλος

unemploy|ed /ʌnɪm'plɔɪd/ a άνεργος. (*not in use*) αχρησιμοποίητος. ~**ment** n (η) ανεργία. ~**ment benefit** n (το) επίδομα ανεργίας

unending /ʌn'endɪŋ/ a ατέλειωτος

unequal /ʌn'i:kwəl/ a άνισος

unequivocal /ʌnɪ'kwɪvəkl/ a κατηγορηματικός

unerring /ʌn'ɜ:rɪŋ/ a αλάθητος

unethical /ʌn'eθɪkl/ a αήθης

uneven /ʌn'i:vn/ a ανώμαλος. ~**ly** adv ανώμαλα

unexpected /ʌnɪk'spektɪd/ a απροσδόκητος. ~**ly** adv απροσδόκητα

unfailing /ʌn'feɪlɪŋ/ a ανεξάντλητος

unfair /ʌn'feə(r)/ a άδικος. ~**ly** adv άδικα. ~**ness** n (η) αδικία

unfaithful /ʌn'feɪθfl/ a άπιστος

unfamiliar /ʌnfə'mɪlɪə(r)/ a άγνωστος. **be ~ with** δεν είμαι εξοικειωμένος με

unfasten /ʌn'fɑ:sn/ vt λύνω

unfavourable /ʌn'feɪvərəbl/ a δυσμενής

unfeeling /ʌn'fi:lɪŋ/ a αναίσθητος

unfinished /ʌn'fɪnɪʃt/ a ατέλειωτος

unfit /ʌn'fɪt/ a ακατάλληλος. (*med*) αδιάθετος

unflinching /ʌn'flɪntʃɪŋ/ a ακλόνητος

unfold /ʌn'fəʊld/ vt ξεδιπλώνω. (*reveal*) ξετυλίγω. • vi (*develop*) ξετυλίγομαι. (*view etc.*) απλώνομαι

unforeseen /ʌnfɔ:'si:n/ a απρόβλεπτος

unforgettable /ʌnfə'getəbl/ a αξέχαστος

unforgivable /ʌnfəˈgɪvəbl/ a
ασυγχώρητος
unfortunate /ʌnˈfɔːtʃʊnət/ a άτυχος.
(regrettable) ατυχής. ~ly adv δυστυχώς
unfounded /ʌnˈfaʊndɪd/ a αβάσιμος
unfriendly /ʌnˈfrendlɪ/ a εχθρικός
unfurl /ʌnˈfɜːl/ vt/i ανοίγω/ομαι
unfurnished /ʌnˈfɜːnɪʃt/ a χωρίς έπιπλα
ungainly /ʌnˈgeɪnlɪ/ a άχαρος
ungodly /ʌnˈgɒdlɪ/ a αθεόφοβος. ~ hour
(fam) άγρια ώρα
ungrateful /ʌnˈgreɪtfl/ a αχάριστος
unhappy /ʌnˈhæpɪ/ a (-ier, -iest)
δυστυχισμένος. (unfortunate) άτυχος.
~y with (plans etc.) μη ικανοποιημένος
με. ~ily adv ατυχώς. (unfortunately)
δυστυχώς. ~iness n (η) δυστυχία
unharmed /ʌnˈhɑːmd/ a άθικτος
unhealthy /ʌnˈhelθɪ/ a (-ier, -iest)
(person) φιλάσθενος. (insanitary)
ανθυγιεινός. (imagination) νοσηρός.
~ily adv ανθυγιεινά
unheard-of /ʌnˈhɜːdɒv/ a ανήκουστος
unhinge /ʌnˈhɪndʒ/ vt (fig) σαλεύω. ~d a
βγαλμένος. (mind) κλονισμένος
unholy /ʌnˈhəʊlɪ/ a (-ier, -iest) ανόσιος.
(terrible: fam) φοβερός
unhook /ʌnˈhʊk/ vt απαγκιστρώνω
unhurt /ʌnˈhɜːt/ a αβλαβής
unicorn /ˈjuːnɪkɔːn/ n (ο) μονόκερως
unidentified /ʌnaɪˈdentɪfaɪd/ a αγνώστου
ταυτότητος ~ flying object n το ούφο
invar (άγνωστης ταυτότητας ιπτάμενο
αντικείμενο)
uniform /ˈjuːnɪfɔːm/ n (η) στολή a
ομοιόμορφος. ~ity /-ˈfɔːmətɪ/ n (η)
ομοιομορφία. ~ly adv ομοιόμορφα
unify /ˈjuːnɪfaɪ/ vt ενοποιώ. ~ication
/-ɪˈkeɪʃn/ n (η) ενοποίηση
unilateral /juːnɪˈlætrəl/ a μονομερής
unimaginable /ʌnɪˈmædʒɪnəbl/ a
αφάνταστος
unimportant /ʌnɪmˈpɔːtnt/ a ασήμαντος
uninhabited /ʌnɪnˈhæbɪtɪd/ a
ακατοίκητος
unintentional /ʌnɪnˈtenʃənl/ a ακούσιος
uninterested /ʌnˈɪntrəstɪd/ a αδιάφορος.
~ing a χωρίς ενδιαφέρον
union /ˈjuːnjən/ n (η) ένωση. (trade union)
(το) συνδικάτο, (η) συνδικαλιστική
οργάνωση. U~ Jack n (η) βρετανική
σημαία. ~ist n (ο) συνδικαλιστής
unique /juːˈniːk/ a μοναδικός. ~ly adv
μοναδικά
unisex /ˈjuːnɪseks/ a για ρούχα ή κόμμωση
κατάλληλα για άντρες και γυναίκες
unison /ˈjuːnɪsn/ n in ~ ομόφωνα
unit /ˈjuːnɪt/ n (η) μονάδα. (of
measurement) (η) μονάδα. (of furniture)
(το) έπιπλο
unite /juːˈnaɪt/ vt/i ενώνω/ομαι. U~d
Kingdom (UK) n (το) Ηνωμένο Βασίλειο
(HB). U~d Nations (Organization) (UN,

UNO) n (τα) Ηνωμένα Έθνη, (ο) ΟΗΕ.
U~d States (of America) (US, USA) n
(οι) Ηνωμένες Πολιτείες (Αμερικής),
(οι) ΗΠΑ
unity /ˈjuːnɪtɪ/ n (η) ενότητα. (harmony)
(η) αρμονία
universal /juːnɪˈvɜːsl/ a παγκόσμιος. ~ly
adv παγκοσμίως
universe /ˈjuːnɪvɜːs/ n (το) σύμπαν
university /juːnɪˈvɜːsətɪ/ n (το)
πανεπιστήμιο. • a πανεπιστημιακός
unjust /ʌnˈdʒʌst/ a άδικος
unkempt /ʌnˈkempt/ a ατημέλητος
unkind /ʌnˈkaɪnd/ a σκληρός. ~ly adv
χωρίς καλοσύνη. ~ness n (η)
σκληρότητα
unknown /ʌnˈnəʊn/ a άγνωστος
unlawful /ʌnˈlɔːfl/ a παράνομος
unleaded /ʌnˈledɪd/ a (petrol) αμόλυβδος
unleash /ʌnˈliːʃ/ vt (fig) αποδεσμεύω
unless /ʌnˈles/ conj εκτός αν
unlike /ʌnˈlaɪk/ a ανόμοιος. (not
characteristic) διαφορετικός. • prep
αντίθετα από
unlikely /ʌnˈlaɪklɪ/ a απίθανος. ~ihood n
(η) απιθανότητα
unlimited /ʌnˈlɪmɪtɪd/ a απεριόριστος
unload /ʌnˈləʊd/ vt εκφορτώνω,
ξεφορτώνω
unlock /ʌnˈlɒk/ vt ξεκλειδώνω
unlucky /ʌnˈlʌkɪ/ a (-ier, -iest) άτυχος.
(number) γουρσούζικος. ~ily adv
δυστυχώς
unmanned /ʌnˈmænd/ a μη
επανδρωμένος
unmarried /ʌnˈmærɪd/ a ανύπαντρος. ~
mother n (η) ανύπαντρη μητέρα
unmask /ʌnˈmɑːsk/ vt/i ξεσκεπάζω/ομαι
unmentionable /ʌnˈmenʃənəbl/ a
ακατανόμαστος
unmistakable /ʌnmɪˈsteɪkəbl/ a
αλάνθαστος. ~y adv αλάνθαστα
unmitigated /ʌnˈmɪtɪgeɪtɪd/ a απόλυτος
unmoved /ʌnˈmuːvd/ a (fig) ασυγκίνητος
(by, με)
unnatural /ʌnˈnætʃrəl/ a αφύσικος. (not
normal) ανώμαλος
unnecessary /ʌnˈnesəsrɪ/ a άσκοπος.
~ily adv άσκοπα
unnerve /ʌnˈnɜːv/ vt κάνω (κάποιον) να
χάσει την ψυχραιμία του
unnoticed /ʌnˈnəʊtɪst/ a απαρατήρητος
unobtrusive /ʌnəbˈtruːsɪv/ a διακριτικός
unofficial /ʌnəˈfɪʃl/ a ανεπίσημος. ~ly
adv ανεπίσημα
unorthodox /ʌnˈɔːθədɒks/ a ανορθόδοξος
unpack /ʌnˈpæk/ vt (suitcase) αδειάζω.
(contents) βγάζω
unpaid /ʌnˈpeɪd/ a απλήρωτος
unpalatable /ʌnˈpælətəbl/ a δυσάρεστος
(στη γεύση)
unparalleled /ʌnˈpærəleld/ a απαράμιλλος
unpick /ʌnˈpɪk/ vt ξηλώνω

unpleasant /ʌn'pleznt/ a δυσάρεστος.
~ly adv δυσάρεστα. ~ness n (η)
δυσαρέσκεια

unplug /ʌn'plʌg/ vt (pt unplugged)
(electr) βγάζω την πρίζα από. (unblock)
ξεβουλώνω

unpopular /ʌn'pɒpjʊlə(r)/ a μη
δημοφιλής

unprecedented /ʌn'presidentid/ a χωρίς
προηγούμενο

unpredictable /ʌnprɪ'dɪktəbl/ a
απρόβλεπτος

unprepared /ʌnprɪ'peəd/ a
απροετοίμαστος. be ~ for (not expect)
δεν περιμένω

unprepossessing /ʌnpri:pə'zesɪŋ/ a
ταπεινός

unpretentious /ʌnprɪ'tenʃəs/ a
ανεπιτήδευτος

unprincipled /ʌn'prɪnsəpld/ a χωρίς
αρχές

unprofessional /ʌnprə'feʃnəl/ a
αντιεπαγγελματικός

unprofitable /ʌn'prɒfɪtəbl/ a ασύμφορος

unqualified /ʌn'kwɒlɪfaɪd/ a χωρίς
προσόντα. (fig) απόλυτος

unquestionable /ʌn'kwestʃənəbl/ a
αναμφισβήτητος. ~y adv
αναμφισβήτητα

unravel /ʌn'rævl/ vt (pt unravelled)
ξεδιαλύνω. (knitting etc.) ξηλώνω. (fig)
λύνω

unreal /ʌn'rɪəl/ a μη πραγματικός

unreasonable /ʌn'ri:znəbl/ a παράλογος

unrecognizable /ʌnrekəg'naɪzəbl/ a
αγνώριστος

unrelated /ʌnrɪ'leɪtɪd/ a (facts) άσχετος.
(person) μη συγγενικός

unreliable /ʌnrɪ'laɪəbl/ a αναξιόπιστος

unrelieved /ʌnrɪ'li:vd/ a απόλυτος

unremitting /ʌnrɪ'mɪtɪŋ/ a αδιάλειπτος

unrepentant /ʌnrɪ'pentənt/ a
αμετανόητος

unrequited /ʌnrɪ'kwaɪtɪd/ a
αναντατπόδοτος

unreservedly /ʌnrɪ'zɜ:vɪdlɪ/ adv
ανεπιφύλακτα

unrest /ʌn'rest/ n (η) αναταραχή

unripe /ʌn'raɪp/ a ανώριμος, άγουρος

unrivalled /ʌn'raɪvld/ a απαράμιλλος

unroll /ʌn'rəʊl/ vt/i ξετυλίγω

unruly /ʌn'ru:lɪ/ a απείθαρχος

unsafe /ʌn'seɪf/ a ανασφαλής

unsaid /ʌn'sed/ a ανείπωτος. leave ~ δε
λέω

unsatisfactory /ʌnsætɪs'fæktərɪ/ a μη
ικανοποιητικός

unsavoury /ʌn'seɪvərɪ/ a άνοστος (στη
γεύση). (fig) δυσάρεστος

unscathed /ʌn'skeɪðd/ a ανέπαφος

unscrew /ʌn'skru:/ vt ξεβιδώνω

unscrupulous /ʌn'skru:pjʊləs/ a
ασυνείδητος

unseemly /ʌn'si:mlɪ/ a απρεπής

unseen /ʌn'si:n/ a αθέατος. • n (το)
άγνωστο κείμενο

unselfish /ʌn'selfɪʃ/ a ανιδιοτελής

unsettle /ʌn'setl/ vt ταράζω. ~d a
(weather) ευμετάβλητος. (bill)
ανεξόφλητος

unshakeable /ʌn'ʃeɪkəbl/ a ακλόνητος

unshaven /ʌn'ʃeɪvn/ a αξύριστος

unsightly /ʌn'saɪtlɪ/ a αντιαισθητικός

unskilled /ʌn'skɪld/ a ανειδίκευτος. ~
worker n (ο) ανειδίκευτος εργάτης

unsociable /ʌn'səʊʃəbl/ a ακοινώνητος

unsolicited /ʌnsə'lɪsɪtɪd/ a αυθόρμητος

unsophisticated /ʌnsə'fɪstɪkeɪtɪd/ a
απλοϊκός

unsound /ʌn'saʊnd/ a εσφαλμένος. of ~
mind ανισόρροπος

unspeakable /ʌn'spi:kəbl/ a ανείπωτος

unspecified /ʌn'spesɪfaɪd/ a
απροσδιόριστος

unstable /ʌn'steɪbl/ a ασταθής

unsteady /ʌn'stedɪ/ a ασταθής. (hand)
τρεμάμενος

unstuck /ʌn'stʌk/ a come ~ (fail: fam)
την πατώ

unsuccessful /ʌnsək'sesfl/ a ανεπιτυχής.
be ~ είμαι αποτυχημένος. ~ly adv
ανεπιτυχώς

unsuitable /ʌn'sju:təbl/ a ακατάλληλος

unsure /ʌn'ʃʊə(r)/ a αβέβαιος

unsuspecting /ʌnsə'spektɪŋ/ a
ανυποψίαστος

untangle /ʌn'tæŋgl/ vt ξεμπλέκω

unthinkable /ʌn'θɪŋkəbl/ a αδιανόητος

untidy /ʌn'taɪdɪ/ a (-ier, -iest)
ακατάστατος. ~ily adv ακατάστατα.
~iness n (η) ακαταστασία

untie /ʌn'taɪ/ vt λύνω

until /ʌn'tɪl/ prep & conj μέχρι, έως. not ~
όχι πριν

untimely /ʌn'taɪmlɪ/ a άκαιρος.
(premature) πρόωρος

untiring /ʌn'taɪərɪŋ/ a ακούραστος

untold /ʌn'təʊld/ a απερίγραπτος

untoward /ʌntə'wɔ:d/ a δυσάρεστος

untrue /ʌn'tru:/ a αναληθής

unused¹ /ʌn'ju:zd/ a (new) καινούριος.
(not used) αχρησιμοποίητος

unused² /ʌn'ju:st/ a ~ to ασυνήθιστος σε

unusual /ʌn'ju:ʒʊəl/ a ασυνήθιστος. ~ly
adv ασυνήθιστα

unveil /ʌn'veɪl/ vt αποκαλύπτω

unwanted /ʌn'wɒntɪd/ a ανεπιθύμητος

unwarranted /ʌn'wɒrəntɪd/ a
αδικαιολόγητος

unwelcome /ʌn'welkəm/ a δυσάρεστος.
(guest) ανεπιθύμητος

unwell /ʌn'wel/ a αδιάθετος

unwieldy /ʌn'wi:ldɪ/ a άβολος

unwilling /ʌn'wɪlɪŋ/ a απρόθυμος. be ~
to είμαι απρόθυμος να. ~ly adv
απρόθυμα

unwind /ʌnˈwaɪnd/ vt (pt **unwound** /ʌnˈwaʊnd/) ξετυλίγω. • vi (relax: fam) χαλαρώνω

unwise /ʌnˈwaɪz/ a ασύνετος

unwitting /ʌnˈwɪtɪŋ/ a ασυναίσθητος. (involuntary) αθέλητος. **~ly** adv ασυναίσθητα, αθέλητα

unworthy /ʌnˈwɜːðɪ/ a ανάξιος

unwrap /ʌnˈræp/ vt (pt **unwrapped**) ξετυλίγω

unwritten /ʌnˈrɪtn/ a άγραφος

up /ʌp/ adv to get **~** (out of bed) σηκώνομαι. (finished) to be **~** έχω τελειώσει. • prep πάνω. • vt (pt **upped**) αυξάνω. **be one ~ on** προηγούμαι. **be ~ to** (do) σκαρώνω. (plot) μαγειρεύω. (one's turn) είναι η σειρά. (task) εξαρτώμαι. (reach) φτάνω. **feel ~ to sth** αισθάνομαι ικανός για κάτι. **go ~** ανεβαίνω. (price) υψώνομαι. (level) αυξάνομαι. **be ~ against** έχω να κάνω, αντιμετωπίζω. **~ here** εδώ πάνω. **~ in** (fam) πληροφορημένος για. **~-market** a ακριβός. **~s and downs** npl (τα) ανεβοκατεβάσματα. **~ there** εκεί πάνω. **~ to** μέχρι, ως. **~-to-date** a σύγχρονος. (news) τελευταίος. **what's ~?** τι συμβαίνει;

upbraid /ʌpˈbreɪd/ vt επιπλήττω

upbringing /ˈʌpbrɪŋɪŋ/ n (η) ανατροφή

update /ʌpˈdeɪt/ vt εκσυγχρονίζω

upgrade /ʌpˈgreɪd/ vt αναβαθμίζω

upheaval /ʌpˈhiːvl/ n (η) αναστάτωση

uphill /ʌpˈhɪl/ a ανηφορικός. (fig) δύσκολος. • adv go **~** ανηφορίζω

uphold /ʌpˈhəʊld/ vt (pt **upheld**) τηρώ

upholster /ʌpˈhəʊlstə(r)/ vt ταπετσάρω. **~er** /-rə(r)/ n (ο) ταπετσιέρης. **~y** n (η) ταπετσαρία

upkeep /ˈʌpkiːp/ n (η) συντήρηση

upon /əˈpɒn/ prep πάνω. **once ~ a time** μια φορά κι έναν καιρό

upper /ˈʌprə(r)/ a ανώτερος. • n (of shoe) (το) ψίδι. **~ class** n (η) ανώτερη τάξη. **have the ~ hand** n έχω το πάνω χέρι. **~most** a ανώτερος

upright /ˈʌpraɪt/ a όρθιος. • n (το) όρθιο πιάνο

uprising /ˈʌpraɪzɪŋ/ n (η) εξέγερση

uproar /ˈʌprɔː(r)/ n (η) οχλαγωγία. **~ious** /-ˈrɔːrɪəs/ a θορυβώδης

uproot /ʌpˈruːt/ vt εξριζώνω

upset¹ /ʌpˈset/ vt (pt **upset**, pres p **upsetting**) ανατρέπω. (plan etc.) χαλώ. (distress) ταράζω. (make ill) χαλώ a ταραγμένος

upset² /ˈʌpset/ n (distress) (η) ταραχή. (of stomach) (η) διαταραχή. (disruption) (η) αναστάτωση

upshot /ˈʌpʃɒt/ n (το) έκβαση

upside-down /ʌpsaɪdˈdaʊn/ adv ανάποδα. • a αναποδογυρισμένος. **turn ~** αναποδογυρίζω

upstairs¹ /ʌpˈsteəz/ adv πάνω, στον πάνω όροφο

upstairs² /ˈʌpsteəz/ a πάνω

upstart /ˈʌpstɑːt/ n (ο) υπερόπτης

upstream /ʌpˈstriːm/ adv ενάντια στο ρεύμα (ποταμού)

upsurge /ˈʌpsɜːdʒ/ n (το) κύμα (θυμού, ενθουσιασμού)

uptake /ˈʌpteɪk/ n (η) αντίληψη. **be quick on the ~** (fam) αρπάζω με το πρώτο

uptight /ˈʌptaɪt/ a (fam) σφιγμένος

upturn /ˈʌptɜːn/ n (η) στροφή προς τα πάνω

upward /ˈʌpwəd/ a ανοδικός. • adv προς τα πάνω. **~s** adv προς τα πάνω. **~s of** πάνω από

uranium /juˈreɪnɪəm/ n (το) ουράνιο

urban /ˈɜːbən/ a αστικός

urbane /ɜːˈbeɪn/ a ραφινάτος

urchin /ˈɜːtʃɪn/ n (το) χαμίνι

urge /ɜːdʒ/ vt παροτρύνω (to, να). • n (η) παρόρμηση. **~ on** παρακινώ

urgen|t /ˈɜːdʒənt/ a επείγων. **~cy** n (η) επείγουσα ανάγκη. **~tly** adv επειγόντως

urin|e /ˈjʊərɪn/ n (τα) ούρα. **~al** /jʊəˈraɪnl/ n (fitting) (το) ουροδοχείο. (room) (το) δημόσιο ουρητήριο. **~ate** vi ουρώ

urn /ɜːn/ n (η) υδρία

us /ʌs/ pron εμάς, μας. (after prep) μας

US abbr (United States) (οι) ΗΠΑ

USA abbr (United States of America) ΗΠΑ

usage /ˈjuːzɪdʒ/ n (η) χρήση

use¹ /juːz/ vt χρησιμοποιώ. **~ up** εξαντλώ. **~r** /-ə(r)/ (ο) χρήστης. **~r-friendly** a φιλικός προς το χρήστη

use² /juːs/ n (η) χρήση. **be of ~** χρησιμεύω. **in ~** εν χρήσει, σε χρήση. **it is no ~** είναι ανώφελο. **make ~ of** χρησιμοποιώ. **~less** άχρηστο

used¹ /juːzd/ a (second-hand) μεταχειρισμένος. **~ car** (το) μεταχειρισμένο αυτοκίνητο

used² /juːst/ pt he **~ to say** συνήθιζε να λέει. • a **~ to sth/doing** συνηθισμένος σε κτ/να κάνω. **get ~ to** συνηθίζω

useful /ˈjuːsfl/ a χρήσιμος. **~ly** adv χρήσιμα. **~ness** n (η) χρησιμότητα

useless /ˈjuːslɪs/ a ανώφελος. (person) άχρηστος

usher /ˈʌʃə(r)/ n (ο) κλητήρας. • vt **~ in** εισάγω. **~ette** n (η) ταξιθέτρια

usual /ˈjuːʒʊəl/ a συνηθισμένος. **as ~** ως συνήθως. **~ly** adv συνήθως

usurp /juːˈzɜːp/ vt σφετερίζομαι. **~er** /-ə(r)/ n (ο) σφετεριστής, (η) σφετερίστρια

utensil /juːˈtensl/ n (το) σκεύος

uterus /ˈjuːtərəs/ n (η) μήτρα

utilitarian /juːtɪlɪˈteərɪən/ a ωφελιμιστικός

utility /juːˈtɪlətɪ/ n (η) ωφέλεια. (**public**) **~** (η) επιχείρηση κοινής ωφελείας. • a

γενικής χρήσης. ~ room n (το)
πλυσταριό
utilize /'juːtɪlaɪz/ vt κάνω χρήση (with gen.)
utmost /'ʌtməʊst/ a έσχατος. • n (το)
έπακρο. **do one's ~** κάνω τ' αδύνατα
δυνατά

utter¹ /'ʌtə(r)/ a τέλειος. ~**ly** adv
τελείως
utter² /'ʌtə(r)/ vt (sound) εκστομίζω. (say)
λέγω. ~**ance** n (η) έκφραση
U-turn /'juːtɜːn/ n (η) αναστροφή
(στροφή 180°). (fig) (η) αναστροφή

vacan|cy /'veɪkənsɪ/ n (η) κενή θέση.
(room) (το) ελεύθερο δωμάτιο. ~**t** a
κενός. (person) αφηρημένος. (stare)
απλανής
vacate /və'keɪt/ vt εκκενώνω
vacation /və'keɪʃn/ n (οι) διακοπές (για
δικηγόρους και πανεπιστημιακούς).
(Amer) (οι) διακοπές (γενικά)
vaccinat|e /'væksəneɪt/ vt εμβολιάζω.
~**ion** /-'neɪʃn/ n (ο) εμβολιασμός
vaccine /'væksiːn/ n (το) εμβόλιο
vacuum /'vækjʊəm/ n (pl **-cua** or **-cuums**)
(το) κενό. • vt/i (fam) καθαρίζω με
ηλεκτρική σκούπα. ~ **cleaner** n (η)
ηλεκτρική σκούπα. ~ **flask** n (το)
θερμός invar. ~**-packed** a συσκευα-
σμένος σε κενό
vagabond /'væɡəbɒnd/ n (ο)
μπαγαπόντης
vagary /'veɪɡərɪ/ n (η) ιδιοτροπία
vagina /və'dʒaɪnə/ n (ο) κόλπος (της
γυναίκας)
vagrant /'veɪɡrənt/ n (ο) αλήτης
vague /veɪɡ/ a (-**er**, -**est**) αόριστος.
(outline) ακαθόριστος. ~**ly** adv αόριστα
vain /veɪn/ a (-**er**, -**est**) ματαιόδοξος.
(useless) μάταιος. **in** ~ εις μάτην, του
κάκου. ~**ly** adv μάταια
valentine /'væləntaɪn/ n (card) (η) κάρτα
του Αγίου Βαλεντίνου
valet /'vælɪt or 'væleɪ/ n (ο) προσωπικός
υπηρέτης (κυρίου)
valiant /'vælɪənt/ a ανδρείος. ~**ly** adv
γενναία
valid /'vælɪd/ a έγκυρος. ~**ate** vt
επικυρώνω. ~**ity** /və'lɪdɪtɪ/ n (η) ισχύς,
(η) εγκυρότητα
valley /'vælɪ/ n (pl -**eys**) (η) κοιλάδα
valour /'vælə(r)/ n (η) ανδρεία
valuable /'væljʊəbl/ a πολύτιμος. ~**s** npl
(τα) τιμαλφή
valuation /væljʊ'eɪʃn/ n (η) εκτίμηση
(αξίας)
value /'væljuː/ n (η) αξία. (usefulness) (η)
χρησιμότητα. • vt υπολογίζω την αξία
(with gen). (cherish) εκτιμώ. **face ~** n (η)
επιφανειακή αξία. ~ **added tax** (VAT) n

(ο) φόρος προστιθέμενης αξίας (ΦΠΑ).
~**d** a (appreciated) εκτιμώμενος. ~**r** /-
ə(r)/ n (ο) εκτιμητής, (η) εκτιμήτρια
valve /vælv/ n (η) βαλβίδα
vampire /'væmpaɪə(r)/ n (ο) βρικόλακας
van /væn/ n (το) φορτηγάκι. (rail) (το)
βαγόνι του οδηγού
vandal /'vændl/ n (ο, η) βάνδαλος. ~**ism**
/-ɪzəm/ n (ο) βανδαλισμός. ~**ize** vt
κάνω βανδαλισμούς
vanguard /'vænɡɑːd/ n (η) εμπροσθο-
φυλακή
vanilla /və'nɪlə/ n (η) βανίλια
vanish /'vænɪʃ/ vi εξαφανίζομαι
vanity /'vænətɪ/ n (η) ματαιοδοξία. ~
case n (το) νεσεσέρ invar
vantage-point /'vɑːntɪdʒpɔɪnt/ n (η)
πλεονεκτική θέση
vapour /'veɪpə(r)/ n (ο) ατμός
vari|able /'veərɪəbl/ a μεταβλητός.
~**ation** /-'eɪʃn/ n (η) παραλλαγή. ~**ed** a
ποικίλος
variance /'veərɪəns/ n **at ~** σε αντίθεση
(with, με)
variant /'veərɪənt/ a διαφορετικός. • n (η)
παραλλαγή
varicose /'værɪkəʊs/ a ~ **veins** npl (οι)
κιρσοί
variety /və'raɪətɪ/ n (η) ποικιλία.
(assortment) πολύς και διάφορος. ~
show n (theatr) (το) βαριετέ invar
various /'veərɪəs/ a διάφορος. ~**ly** adv
ποικιλοτρόπως
varnish /'vɑːnɪʃ/ n (το) βερνίκι. (fig) (το)
λούστρο. • vt βερνικώνω
vary /'veərɪ/ vt/i ποικίλλω. ~**ing** a
ποικίλος
vase /vɑːz/ n (το) βάζο
vasectomy /və'sektəmɪ/ n (η) εκτομή των
σπερματικών πόρων
vast /vɑːst/ a απέραντος. ~**ly** adv
απέραντα. ~**ness** n (η) απεραντοσύνη
vat /væt/ n (ο) μεγάλος κάδος
VAT /viːeɪˈtiː, væt/ abbr (value added tax)
ΦΠΑ
vault¹ /vɔːlt/ n (roof) (ο) θόλος. (in bank)
(το) θησαυροφυλάκιο. (tomb) (ο) τάφος

vault² /vɔ:lt/ *vt/i* πηδώ *n* (το) άλμα

vaunt /vɔ:nt/ *vt* καυχιέμαι

VDU *abbr* (*visual display unit*) (η) οθόνη (μονάδο οπτικής εμφάνισης)

veal /vi:l/ *n* (το) μοσχαρίσιο κρέας

veer /vɪə(r)/ *vi* γυρίζω

vegetable /'vedʒɪtəbl/ *n* (το) χορταρικό. **~s** (τα) χορταρικά, (τα) λαχανικά *a* φυτικός

vegetarian /vedʒɪ'teərɪən/ *n* (ο, η) χορτοφάγος. • *a* χορτοφάγος

vegetate /'vedʒɪteɪt/ *vi* φυτοζοώ

vegetation /vedʒɪ'teɪʃn/ *n* (η) βλάστηση

vehemen|t /'vi:əmənt/ *a* έντονος. **~ce** *n* (η) σφοδρότητα. **~tly** *adv* έντονα

vehicle /'vi:ɪkl/ *n* (το) όχημα

veil /veɪl/ *n* (το) πέπλο. (*for face*) το βέλο. • *vt* καλύπτω

vein /veɪn/ *n* (η) φλέβα. (*mood*) (η) τάση. **~ed** *a* φλεβώδης

Velcro /'velkrəʊ/ *n* (*P*) (το) βέλκρο *invar*

velocity /vɪ'lɒsətɪ/ *n* (η) ταχύτητα

velvet /'velvɪt/ *n* (το) βελούδο. **~y** *a* βελούδινος

vendetta /ven'detə/ *n* (η) βεντέτα

vending-machine /'vendɪŋməʃi:n/ *n* (ο) αυτόματος πωλητής

vendor /'vendə(r)/ *n* (ο) πωλητής

veneer /və'nɪə(r)/ *n* (ο) καπλαμάς. (*fig*) (το) λούστρο

venerable /'venərəbl/ *a* σεβάσμιος

venereal /və'nɪərɪəl/ *a* αφροδίσιος. **~ disease** *n* (το) αφροδίσιο νόσημα

venetian /və'ni:ʃn/ *a* **~ blind** *n* (το) στορ *invar*, (το) στόρι

vengeance /'vendʒəns/ *n* (η) εκδίκηση. **with a ~** (*fig*) και με το παραπάνω

venison /'venɪzn/ *n* (το) κρέας του ελαφιού

venom /'venəm/ *n* (το) φαρμάκι. **~ous** *a* φαρμακερός

vent /vent/ *n* (το) στόμιο. (*in jacket etc.*) (η) σχισμή (στο πίσω μέρος σακακιού). (*techn*) (ο) αεραγωγός. • *vt* αερίζω. (*fig*) ξεσπώ. **give ~ to one's anger** ξεθυμαίνω

ventilat|e /'ventɪleɪt/ *vt* εξαερίζω. **~ion** /-'leɪʃn/ *n* (ο) εξαερισμός. **~or** /-ə(r)/ *n* (ο) εξαεριστήρας, (το) βεντιλατέρ *invar*

ventriloquist /ven'trɪləkwɪst/ *n* (ο) εγγαστρίμυθος

venture /'ventʃə(r)/ *n* (το) εγχείρημα. • *vt* διακινδυνεύω. • *vi* τολμώ. **at a ~** στην τύχη

venue /'venju:/ *n* (ο) χώρος συναντήσεως

veranda /və'rændə/ *n* (η) βεράντα

verb /vɜ:b/ *n* (το) ρήμα

verbal /'vɜ:bl/ *a* προφορικός. **~ly** *adv* προφορικά

verbatim /vɜ:'beɪtɪm/ *adv* κατά λέξη

verbose /vɜ:'bəʊs/ *a* περιττολόγος

verdict /'vɜ:dɪkt/ *n* (η) ετυμηγορία. (*opinion*) (η) απόφαση

verge /vɜ:dʒ/ *n* (η) άκρη. (*fig*) (το) χείλος. • *vi* **~ on** εγγίζω τα όρια (*with gen*). **on the ~ of** στο χείλος (*with gen*). • **be on the ~ of doing** είμαι έτοιμος να κάνω

verger /'vɜ:dʒə(r)/ *n* (ο) νεωκόρος

verif|y /'verɪfaɪ/ *vt* επαληθεύω. **~ication** /-ɪ'keɪʃn/ *n* (η) επαλήθευση

veritable /'verɪtəbl/ *a* πραγματικός

vermin /'vɜ:mɪn/ *n* (τα) έντομα και ζωύφια ενοχλητικά για τον άνθρωπο

vermouth /'vɜ:məθ/ *n* (το) βερμούτ *invar*

vernacular /və'nækjʊlə(r)/ *n* (η) καθομιλουμένη (γλώσσα)

versatil|e /'vɜ:sətaɪl/ *a* πολυμερής. **~ity** /-'tɪlətɪ/ *n* (η) πολυμέρεια

verse /vɜ:s/ *n* (*stanza*) (η) στροφή. (*poetry*) (η) ποίηση. (*of Bible*) (το) εδάφιο. **to write in ~** γράφω ποίηση

versed /vɜ:st/ *a* **~ in** μπασμένος σε

version /'vɜ:ʃn/ *n* (η) εκδοχή. (*translation*) (η) μετάφραση

versus /'vɜ:səs/ *prep* κατά

vertebra /'vɜ:tɪbrə/ *n* (*pl* **-brae** /-bri:/) (ο) σπόνδυλος

vertical /'vɜ:tɪkl/ *a* κάθετος. • *n* (η) κάθετος. **~ly** *adv* καθέτως

vertigo /'vɜ:tɪgəʊ/ *n* (ο) ίλιγγος

verve /vɜ:v/ *n* (το) σφρίγος

very /'verɪ/ *adv* πολύ. • *a* ίδιος. **at the ~ end** στο τέλος. **the ~ first** ο πρώτος. **the ~ thing** ακριβώς το πράγμα. **~ much** πολύ. **~ well** πολύ καλά

vessel /'vesl/ *n* (*ship*) (το) σκάφος. (*receptacle*) (το) δοχείο. (*anat*) (το) αγγείο

vest /vest/ *n* (η) φανέλα (εσωτερική). (*Amer*) (το) γιλέκο. • *vt* περιβάλλω. **~ed interest** *n* (το) κεκτημένο δικαίωμα

vestige /'vestɪdʒ/ *n* (το) ίχνος

vestment /'vestmənt/ *n* (*relig*) (το) άμφιο

vestry /'vestrɪ/ *n* (το) ιεροφυλάκιο

vet /vet/ *n* (*fam*) (ο, η) κτηνίατρος. • *vt* (*pt* **vetted**) εξετάζω λεπτομερειακά

veteran /'vetərən/ *n* (ο) παλαίμαχος. **~ car** *n* (το) αυτοκίνητο κατασκευής πριν το 1919

veterinar|y /'vetrɪnrɪ/ *a* κτηνιατρικός. **~y surgeon**, (*Amer*) **~ian** *ns* (ο, η) κτηνίατρος

veto /'vi:təʊ/ *n* (*pl* **-oes**) (το) βέτο. • *vt* προβάλλω το βέτο

vex /veks/ *vt* εκνευρίζω. **~ation** /-'seɪʃn/ *n* (ο) εκνευρισμός. **~ed question** *n* (το) επίμαχο θέμα. **~ing** *a* εκνευριστικός

via /'vaɪə/ *prep* μέσω

viab|le /'vaɪəbl/ *a* βιώσιμος. (*practicable*) εφικτός. **~ility** /-'bɪlətɪ/ *n* (η) βιωσιμότητα

viaduct /'vaɪədʌkt/ *n* (η) οδογέφυρα

vibrant /'vaɪbrənt/ *a* γεμάτος σφρίγος

vibrat|e /vaɪ'breɪt/ *vt/i* δονώ/ούμαι. **~ion** /-ʃn/ *n* (η) δόνηση

vicar /'vɪkə(r)/ n (o) εφημέριος (της αγγλικανικής εκκλησίας). **~age** /-rɪdʒ/ n (το) πρεσβυτέριο

vicarious /vɪ'keərɪəs/ a υποκατάστατος

vice¹ /vaɪs/ n (η) ανηθικότητα. (of character) (το) ελάττωμα

vice² /vaɪs/ n (techn) (η) μέγκενη

vice- /'vaɪs/ pref υπο-, αντι-. **~-president** n (o) αντιπρόεδρος

vice versa /vaɪsɪ'vɜːsə/ adv αντιστρόφως

vicinity /vɪ'sɪnətɪ/ n (η) γύρω περιοχή. **in the ~ of** στην περιοχή

vicious /'vɪʃəs/ a βίαιος και κακός. **~ circle** n (o) φαύλος κύκλος. **~ly** adv με βία

victim /'vɪktɪm/ n (το) θύμα. **~ization** /-aɪ'zeɪʃn/ n (o) κατατρεγμός. **~ize** vt κατατρέχω

victor /'vɪktə(r)/ n (o) νικητής

Victorian /vɪk'tɔːrɪən/ a βικτοριανός

victor|y /'vɪktərɪ/ n (η) νίκη. **~ious** /-'tɔːrɪəs/ a νικητήριος

video /'vɪdɪəʊ/ n βίντεο-. • n (pl -os) (film) (η) βιντεοταινία. (fam) **~ camera** n (η) βιντεοκάμερα. **~ cassette** n (η) βιντεοκασέτα. **~ game** n (το) βιντεοπαιχνίδι. **~ recorder** n (το) βίντεο

videotape /'vɪdɪəʊteɪp/ n (η) βιντεοκασέτα. • vt μαγνητοσκοπώ

vie /vaɪ/ vi (pres p **vying**) συναγωνίζομαι (**with**, με)

view /vjuː/ n (η) θέα. (mental survey) (η) αντίληψη. (opinion) (η) άποψη. • vt βλέπω. (consider) εξετάζω. **in my ~** κατά τη γνώμη μου. **in ~ of** λαμβάνοντας υπόψη (with gen). **on ~** σε κοινή θέα. **with a ~ to** με σκοπό να. **~er** /-ə(r)/ n (o) θεατής. (TV) (ο) τηλεθεατής

viewfinder /'vjuːfaɪndə(r)/ n (το) στόχαστρο

viewpoint /'vjuːpɔɪnt/ n (η) άποψη

vigil /'vɪdʒɪl/ n (η) αγρυπνία. **be ~t** γρηγορώ. **~ce** n (η) επαγρύπνηση

vigilan|t /'vɪdʒɪlənt/ a **be ~** γρηγορώ. **~ce** n (η) επαγρύπνηση

vig|our /'vɪgə(r)/ n (το) σθένος. **~orous** a σθεναρός. **~orously** adv ζωηρά

vile /vaɪl/ a αχρείος. (bad) απαίσιος

vilif|y /'vɪlɪfaɪ/ vt διασύρω. **~ication** /-ɪ'keɪʃn/ n (o) διασυρμός

villa /'vɪlə/ n (η) βίλα

village /'vɪlɪdʒ/ n (το) χωριό. **~r** /-ə(r)/ n (o) χωριάτης, (η) χωριάτισσα

villain /'vɪlən/ n (o) παλιάνθρωπος. (in story etc.) (o) κακός. **~ous** a αχρείος. **~y** n (η) παλιανθρωπιά

vinaigrette /vɪnɪ'gret/ n **~ (sauce)** n (το) λαδόξιδο

vindicat|e /'vɪndɪkeɪt/ vt δικαιώνω. **~ion** /-'keɪʃn/ n (η) δικαίωση

vindictive /vɪn'dɪktɪv/ a εκδικητικός. **~ness** n (η) εκδικητικότητα

vine /vaɪn/ n (το) κλήμα

vinegar /'vɪnɪgə(r)/ n (το) ξίδι. **~y** a ξινός

vineyard /'vɪnjəd/ n (o) αμπελώνας

vintage /'vɪntɪdʒ/ n (year) (η) χρονιά. • a (wine) καλής χρονιάς. (car) σπάνιος

vinyl /'vaɪnɪl/ n (το) βινύλιο

viola /vɪ'əʊlə/ n (mus) (η) βιόλα

violat|e /'vaɪəleɪt/ vt παραβιάζω. **~ion** /-'leɪʃn/ n (η) παραβίαση

violen|t /'vaɪələnt/ a βίαιος. **~ce** n (η) βία. **~tly** adv βίαια

violet /'vaɪələt/ n (colour) (το) βιολετί. (flower) (η) βιολέτα a βιολετής

violin /vaɪə'lɪn/ n (το) βιολί. **~ist** n (o) βιολιστής, (η) βιολίστρια

VIP /viːaɪ'piː/ abbr (very important person) (o) επίσημος

viper /'vaɪpə(r)/ n (η) έχιδνα. (fam) (η) οχιά

virgin /'vɜːdʒɪn/ n (η) παρθένα. • a παρθένος. **~al** a παρθενικός. **~ity** /və'dʒɪnətɪ/ n (η) παρθενία

Virgo /'vɜːgəʊ/ n (η) παρθένος

viril|e /'vɪraɪl/ a αρρενωπός. **~ity** /-'rɪlətɪ/ n (η) αρρενωπότητα

virtual /'vɜːtʃʊəl/ a ουσιαστικός. **~ly** adv ουσιαστικά

virtu|e /'vɜːtʃuː/ n (η) αρετή. **by** or **in ~e of** λόγω (with gen). **~ous** a ενάρετος

virtuoso /vɜːtʃʊ'əʊzəʊ/ n (pl -si /-ziː/ or -os) (o) βιρτουόζος

virulent /'vɪrʊlənt/ a λοιμογόνος

virus /'vaɪərəs/ n (pl -uses) (o) ιός

visa /'viːzə/ n (η) βίζα, (η) θεώρηση (διαβατηρίου)

vis-à-vis /viːzɑː'viː/ adv απέναντι. • prep όσον αφορά

viscount /'vaɪkaʊnt/ n (o) υποκόμης. **~ess** n (η) υποκόμισσα

viscous /'vɪskəs/ a ιξώδης

visib|le /'vɪzəbl/ a ορατός. **~ility** /-'bɪlətɪ/ n (η) ορατότητα. (range of vision) (το) οπτικό πεδίο. **~ly** adv φανερά

vision /'vɪʒn/ n (sight) (η) όραση. (dream) (το) όραμα

visionary /'vɪʒənrɪ/ a διορατικός. • n (o) οραματιστής, (η) οραματίστρια

visit /'vɪzɪt/ vt (pt visited) επισκέπτομαι. (inspect) επιθεωρώ. (disease) πλήττω. • vi κάνω επίσκεψη. • n (η) επίσκεψη. **~or** n (guest) (o) επισκέπτης, (η) επισκέπτρια. (in hotel) (o) πελάτης, (η) πελάτισσα

visor /'vaɪzə(r)/ n (το) προσωπείο. (in vehicle) (το) αλεξήλιο

vista /'vɪstə/ n (η) θέα (μέσω στενής δενδροστοιχίας)

visual /'vɪʒʊəl/ a οπτικός. **~ly** adv οπτικά

visualize /'vɪʒʊəlaɪz/ vt φαντάζομαι

vital /'vaɪtl/ a (essential, of life) ζωτικός. **~ statistics** npl (fam) (οι) σωματικές αναλογίες (γυναίκας)

vitality /vaɪ'tælətɪ/ n (η) ζωτικότητα

vitally /'vaɪtəlɪ/ adv ζωτικά

vitamin /'vɪtəmɪn/ n (η) βιταμίνη

vivaci|ous /vɪˈveɪʃəs/ *a* ζωηρός. **~ously** *adv* με ζωντάνια. **~ty** /-ˈvæsəti/ *n* (η) ζωηρότητα, (η) ζωντάνια

vivid /ˈvɪvɪd/ *a* ζωηρός. **~ly** *adv* ζωηρά. **~ness** *n* (η) ζωηρότητα

vivisection /vɪvɪˈsekʃn/ *n* (η) ζωοτομία

vixen /ˈvɪksn/ *n* (η) θηλυκή αλεπού

vocabulary /vəˈkæbjʊləri/ *n* (το) λεξιλόγιο

vocal /ˈvəʊkl/ *a* φωνητικός. (*fig*) που εκφράζεται έντονα. **~ cords** *npl* (οι) φωνητικές χορδές. **~ist** *n* (ο) τραγουδιστής, (η) τραγουδίστρια (*σε μουσική τζαζ ή ποπ*)

vocation /vəʊˈkeɪʃn/ *n* (η) κλίση. **~al** *a* επαγγελματικός

vocifer|ate /vəʊˈsɪfəreɪt/ *vt/i* φωνασκώ. **~ous** *a* θορυβώδης

vodka /ˈvɒdkə/ *n* (η) βότκα *invar.*

vogue /vəʊg/ *n* (η) μόδα. **in ~** της μόδας

voice /vɔɪs/ *n* (η) φωνή. • *vt* εκφράζω

void /vɔɪd/ *a* κενός. (*not valid*) άκυρος. • *n* (το) κενό. **~ of** χωρίς

volatile /ˈvɒlətaɪl/ *a* πτητικός. (*person*) άστατος

volcan|o /vɒlˈkeɪnəʊ/ *n* (*pl* **-oes**) (το) ηφαίστειο. **~ic** /-ˈkænɪk/ *a* ηφαιστειογενής

volition /vəˈlɪʃn/ *n* (η) βούληση. **of one's own ~** με τη θέλησή μου

volley /ˈvɒlɪ/ *n* (*of blows*) (η) βροχή. (*of gunfire*) (η) ομοβροντία

volt /vəʊlt/ *n* (το) βολτ *invar.* **~age** *n* (η) τάση

voluble /ˈvɒljʊbl/ *a* ευφραδής

volume /ˈvɒljuːm/ *n* (ο) όγκος. (*book*) (ο) τόμος. (*of radio, TV*) (η) ένταση

voluminous /vəˈljuːmɪnəs/ *a* ογκώδης

voluntar|y /ˈvɒləntrɪ/ *a* εκούσιος. (*unpaid*) εθελοντικός. **~ily** *adv* εθελοντικά

volunteer /vɒlənˈtɪə(r)/ *n* (ο) εθελοντής, (η) εθελόντρια. • *vt/i* προσφέρω/μαι (εθελοντικά). (*mil*) παρουσιάζομαι σαν εθελοντής. **~ to do** προσφέρομαι (εθελοντικά) να κάνω

voluptuous /vəˈlʌptjʊəs/ *a* φιλήδονος

vomit /ˈvɒmɪt/ *vi* κάνω εμετό. • *n* (ο) εμετός

voracious /vəˈreɪʃəs/ *a* αδηφάγος

vot|e /vəʊt/ *n* (η) ψηφοφορία. (*right*) (η) ψήφος. • *vt/i* ψηφίζω. **~er** /-ə(r)/ *n* (ο, η) ψηφοφόρος. **~ing** *n* (*process*) (η) ψηφοφορία

vouch /vaʊtʃ/ *vi* **~ for** εγγυώμαι για

voucher /ˈvaʊtʃə(r)/ *n* (το) δελτίο

vow /vaʊ/ *n* (ο) όρκος. • *vi* ορκίζομαι. **~ to do** ορκίζομαι να κάνω

vowel /ˈvaʊəl/ *n* (το) φωνήεν

voyage /ˈvɔɪɪdʒ/ *n* (το) θαλασσινό ταξίδι

vulgar /ˈvʌlgə(r)/ *a* χυδαίος. **~ity** /-ˈgærəti/ *n* (η) χυδαιότητα

vulnerab|le /ˈvʌlnərəbl/ *a* τρωτός. **~ity** /-ˈbɪləti/ *n* (η) τρωτότητα

vulture /ˈvʌltʃə(r)/ *n* (ο) γύπας

vying /ˈvaɪɪŋ/ *see* VIE

wad /wɒd/ *n* (το) παραγέμισμα. (*bundle*) (το) μάτσο

wadding /ˈwɒdɪŋ/ *n* (η) βάτα

waddle /ˈwɒdl/ *vi* περπατώ κουνιστά

wade /weɪd/ *vt/i* διασχίζω (*νερό ή ποτάμι*). • *vi* **~ through** προχωρώ με δυσκολία

wafer /ˈweɪfə(r)/ *n* (η) γκοφρέτα (*παγωτού*). (*relig*) (η) όστια. **~-thin** *a* πολύ λεπτός

waffle[1] /ˈwɒfl/ *n* (*fam*) (η) πολυλογία. • *vi* (*fam*) πολυλογώ

waffle[2] /ˈwɒfl/ *n* (*culin*) είδος τηγανίτας

waft /wɒft/ *vt/i* σκορπίζω/ομαι στον αέρα

wag /wæg/ *vt/i* (*pt* **wagged**) κουνώ/κουνιέμαι

wage[1] /weɪdʒ/ *vt* (*campaign*) κάνω. **~ war** κάνω πόλεμο

wage[2] /weɪdʒ/ *n* **~s** (το) μεροκάματο, (το) βδομαδιάτικο. **~-earner** *n* (ο) μεροκαματιάρης. (*of a household*) (το) στήριγμα της οικογένειας

wager /ˈweɪdʒə(r)/ *n* (το) στοίχημα. • *vt* στοιχηματίζω

waggle /ˈwægl/ *vt/i* (*fam*) σείω/σειέμαι

wagon /ˈwægən/ *n* (το) κάρο. (*rail*) (το) βαγόνι. **be on the ~** (*sl*) έχω κόψει το ποτό

waif /weɪf/ *n* (το) εγκαταλειμμένο παιδί

wail /weɪl/ *vi* θρηνώ. • *n* (ο) θρήνος

waist /weɪst/ *n* (η) μέση

waistband /ˈweɪstbænd/ *n* (η) ζώνη (*φούστας ή πανταλονιού*)

waistcoat /ˈweɪstkəʊt/ *n* (το) γιλέκο

waistline /ˈweɪstlaɪn/ *n* (η) μέση

wait /weɪt/ *vt/i* περιμένω. (*at table*) σερβίρω. • *n* (η) αναμονή. **keep s.o. ~ing** αφήνω κπ να περιμένει. **lie in ~** παραφυλάω. **~ for** περιμένω. **~ on** περιποιούμαι. **~ing-list** *n* (ο) κατάλογος αναμονής. **~ing-room** *n* (η) αίθουσα αναμονής

wait|er /'weɪtə(r)/ n (το) γκαρσόνι. **~ress** n (η) σερβιτόρα

waive /weɪv/ vt παραιτούμαι από

wake¹ /weɪk/ vt/i (pt **woke** pp **woken**) **~ (up)** ξυπνώ. • n (το) ξενύχτισμα νεκρού. **~ful** a άγρυπνος

wake² /weɪk/ n (of ship etc.) (τα) απόνερα. **in the ~ of** αμέσως μετά

waken /'weɪkən/ vt/i ξυπνώ

Wales /weɪlz/ n (η) Ουαλία

walk /wɔːk/ vi περπατώ. (not ride) πηγαίνω με τα πόδια. (for pleasure) κάνω περίπατο. • vt (streets) γυρίζω (στους δρόμους). (distance) περπατώ. (dog) βγάζω περίπατο (το σκύλο). • n (ο) περίπατος. (gait) (η) περπατησιά. (distance) (το) περπάτημα. (path) (ο) περίπατος. **~ of life** (το) επάγγελμα, (η) κοινωνική θέση. **~ out** βγαίνω. (workers) κάνω στάση εργασίας. **~-out** n (η) στάση εργασίας. **~ out on** εγκαταλείπω. **~-over** n (η) εύκολη νίκη. **~er** /-ə(r)/ n (ο, η) πεζοπόρος

walkie-talkie /wɔːkɪ'tɔːkɪ/ n (ο) φορητός πομποδέκτης

walking /'wɔːkɪŋ/ n (το) περπάτημα. **~-stick** n (το) μπαστούνι

Walkman /'wɔːkmæn/ n (P) (το) γουόκμαν invar

walkway /'wɔːkweɪ/ n (η) εύκολη νίκη

wall /wɔːl/ n (ο) τοίχος. (of house) (ο) τοίχος. (of tunnel) (η) πλευρά. (of stomach) (το) τοίχωμα. **~s** (of city) (τα) τείχη. • vt περιτοιχίζω. **go to the ~** (comm) παθαίνω πτώχευση. **~-to-~** a από τοίχο σε τοίχο. **~ up** κλείνω

wallet /'wɒlɪt/ n (το) πορτοφόλι

wallflower /'wɔːlflaʊə(r)/ n (ο) χείρανθος

wallop /'wɒləp/ vt (pt **walloped**) (sl) χτυπώ δυνατά. • n (sl) (το) δυνατό χτύπημα

wallow /'wɒləʊ/ vi κυλιέμαι

wallpaper /'wɔːlpeɪpə(r)/ n (η) ταπετσαρία (τοίχου). • vt βάζω ταπετσαρία στους τοίχους

walnut /'wɔːlnʌt/ n (το) καρύδι. (tree) (η) καρυδιά

walrus /'wɔːlrəs/ n (ο) θαλάσσιος ίππος

waltz /wɔːls/ n (το) βαλς invar. • vi χορεύω βαλς. **~ through** (fam) επιτυγχάνω χωρίς δυσκολία

wan /wɒn/ a χλομός. **~ly** adv χλομά

wand /wɒnd/ n (το) ραβδί

wander /'wɒndə(r)/ vi περιφέρομαι. (fig) περιπλανιέμαι. • n (η) περιπλάνηση. **~er** /-ə(r)/ n (ο) περιπλανώμενος

wanderlust /'wɒndəlʌst/ n (η) μανία της περιπλάνησης

wane /weɪn/ vi λιγοστεύω. • n (of moon) (η) χάση. **on the ~** σε παρακμή

wangle /'wæŋgl/ vt (fam) καταφέρνω με κόλπο. • n (fam) (το) κόλπο

want /wɒnt/ vt θέλω. (need) χρειάζομαι. • vi **~ for** στερούμαι. • n (need) (η)

ανάγκη. (lack) (η) έλλειψη. (desire) (η)επιθυμία. **for ~ of** ελλείψει (with gen). **~ to do** θέλω να κάνω. **~ed** a (criminal) καταζητούμενος. **~ing** a (lacking) ελλειπής. **be found ~ing** αποδεικνύομαι ανεπαρκής

wanton /'wɒntən/ a λάγνος

war /wɔː(r)/ n (ο) πόλεμος. **at ~** σε εμπόλεμη κατάσταση. **be on the ~-path** (fam) πάω για καβγά. **~-plane** n (το) πολεμικό αεροσκάφος

warble /'wɔːbl/ vt/i κελαηδώ. • n (το) κελάηδημα. **~r** /-ə(r)/ n (η) συλβία (πουλί)

ward /wɔːd/ n (in hospital) (ο) θάλαμος. (of town) (η) περιφέρεια. (child) (η) κηδεμονία. • vt **~ off** αποκρούω

warden /'wɔːdn/ n (ο) επιστάτης, (η) επιστάτρια. (of park) (ο) φύλακας

warder /'wɔːdə(r)/ n (ο) δεσμοφύλακας

wardrobe /'wɔːdrəʊb/ n (furniture) (η) ντουλάπα. (clothes) (η) γκαρνταρόμπα, (η) ιματιοθήκη

warehouse /'weəhaʊs/ n (η) αποθήκη

wares /weəz/ npl (τα) εμπορεύματα

warfare /'wɔːfeə(r)/ n (οι) πολεμικές επιχειρήσεις

warhead /'wɔːhed/ n (η) κεφαλή (βλήματος)

warlike /'wɔːlaɪk/ a πολεμικός

warm /wɔːm/ a (-er, -est) ζεστός. (hearty) θερμός. • vt/i **~ (up)** ζεσταίνω/ομαι. (fig) προετοιμάζομαι. **be ~** ζεσταίνομαι. **it is ~** κάνει ζέστη. **~-blooded** a θερμόαιμος. **~-hearted** a καλόκαρδος. **~ to** (person) συμπαθώ. (task etc.) αρχίζει να μου αρέσει. **~ly** adv θερμά. **~th** n (η) ζεστασιά

warmonger /'wɔːmʌŋgə(r)/ n (ο) πολεμοκάπηλος

warn /wɔːn/ vt προειδοποιώ. **~ off** διατάσσω να φύγει. **~ing** n (η) προειδοποίηση. (notice) (η) αναγγελία. **without ~ing** χωρίς προειδοποίηση

warp /wɔːp/ vt/i σκεβρώνω. (fig) διαστρέφω

warrant /'wɒrənt/ n (η) εξουσιοδότηση. (for arrest) (το) ένταλμα. • vt εγγυώμαι

warranty /'wɒrənti/ n (η) εγγύηση

warring /'wɔːrɪŋ/ a αντίπαλος

warrior /'wɒrɪə(r)/ n (ο) πολεμιστής

warship /'wɔːʃɪp/ n (το) πολεμικό πλοίο

wart /wɔːt/ n (η) κρεατοελιά

wartime /'wɔːtaɪm/ n (η) περίοδος πολέμου. **in ~** εν καιρώ πολέμου

war|y /'weərɪ/ a (-ier, -iest) επιφυλακτικός. (cautious) προσεκτικός. **~ily** adv επιφυλακτικά, προσεκτικά

was /wɒz, wəz/ see BE

wash /wɒʃ/ vt/i πλένω. (flow over) βρέχω. • n (of clothes) (η) πλύση. (of ship) (τα) απόνερα. **have a ~** φρεσκάρομαι. **~-basin** n (ο) νιπτήρας. **~-cloth** n

(*Amer*) (το) σφουγγάρι (*για μπάνιο*). ~ **down** πλένω. (*meal*) συνοδεύω (*φαγητό με ποτό*) ~ **out** ξεπλένω. (*stain*) καθαρίζω. ~**-out** n (*fam*) (η) παταγώδης αποτυχία. ~**-room** n (*Amer*) (η) τουαλέτα. ~ **up** vt (*dishes*) πλένω. (*sea*) εκβράζω. • vi πλένω τα πιάτα. ~**able** a που πλένεται. ~**ed-out** a (*person*) εξαντλημένος

washer /'wɒʃə(r)/ n (η) ροδέλα

washing /'wɒʃɪŋ/ n (το) πλύσιμο. (*clothes*) (η) μπουγάδα. ~**-machine** n (το) πλυντήριο. ~**-powder** n (η) σκόνη πλυσίματος. ~**-up** n (το) πλύσιμο των πιάτων. ~**-up liquid** n (το) απορρυπαντικό (*για τα πιάτα*)

wasp /wɒsp/ n (η) σφήκα

wastage /'weistidʒ/ n (η) σπατάλη

waste /weist/ vt σπαταλώ. • vi ~ **away** αδυνατίζω. • a άχρηστος. (*land*) έρημος. • n (η) σπατάλη. (*rubbish*) (τα) απορρίμματα. (*of time*) (το) χάσιμο. ~**s** (η) ερημιά. ~**disposal unit** n (η) μονάδα διαχείρισης απορριμμάτων. ~**ful** a πολυδάπανος. (*person*) σπάταλος. ~ **paper** n (τα) άχρηστα χαρτιά. ~**-paper basket** n (ο) κάλαθος των αχρήστων

wasteland /'weistlænd/ n (η) έρημη χώρα

watch /wɒtʃ/ vt/i φυλάω. (*keep an eye on*) παρακολουθώ. (*TV*) βλέπω. (*be careful, take heed*) προσέχω. • n (η) παρακολούθηση. (*period of duty*) (η) βάρδια. (*timepiece*) (το) ρολόι (*του χεριού*). **be on the** ~ προσέχω. ~**-dog** n (το) μαντρόσκυλο. (*fig*) (ο) φύλακας. ~ **out** προσέχω. ~ **over** φυλάω. ~**-strap** n (το) λουρί του ρολογιού. ~**-tower** n (ο) παρατηρητήριο. ~**ful** a άγρυπνος

watchmaker /'wɒtʃmeikə(r)/ n (ο) ρολογάς

watchman /'wɒtʃmən/ n (*pl* -**men**) (ο) φύλακας

watchword /'wɒtʃwɜːd/ n (το) σύνθημα

water /'wɔːtə(r)/ n (το) νερό. • vt (*plants etc.*) ποτίζω. (*dilute*) νερώνω. • vi (*eyes*) τρέχω. **by** ~ (*travel*) δια θαλάσσης. **in hot** ~ (*fam*) σε δύσκολη θέση. **make s.o.'s mouth** ~ κάνει να τρέχουν τα σάλια μου. ~**-colour** n (*paint*) (η) νερομπογιά. (*painting*) (η) υδατογραφία. ~ **down** νερώνω. (*fig*) μετριάζω. ~**-ice** n (η) γρανίτα. ~ **lily** n (το) νούφαρο. ~**-line** n (η) ίσαλος γραμμή. ~ **main** n (ο) κύριος υδραγωγός. ~ **melon** n (το) καρπούζι. ~**-mill** n (ο) νερόμυλος. ~ **polo** n (η) υδατοσφαίριση, (το) γουάτερ πόλο invar. ~**-power** n (η) υδραυλική ενέργεια. ~**-skiing** n (το) θαλάσσιο σκι invar. ~**-softener** n (το) αποσκληρυντικό. ~**-wheel** n (ο) υδροτροχός. ~**-wings** npl (τα) μπρατσάκια

watercourse /'wɔːtəkɔːs/ n (το) ποτάμι, (το) ρυάκι. (*bed*) (η) κοίτη

watercress /'wɔːtəkres/ n (το) νεροκάρδαμο

waterfall /'wɔːtəfɔːl/ n (ο) καταρράκτης

waterfront /'wɔːtəfrʌnt/ n (*of sea*) (η) παραλία

watering-can /'wɔːtərɪŋkæn/ n (το) ποτιστήρι

waterlogged /'wɔːtəlɒgd/ a πλημμυρισμένος

watermark /'wɔːtəmɑːk/ n (το) υδατογράφημα

waterproof /'wɔːtəpruːf/ a αδιάβροχος

watershed /'wɔːtəʃed/ n (η) διαχωριστική γραμμή (*μεταξύ ποταμών*). (*fig*) (το) σημαντικό ορόσημο

watertight /'wɔːtətait/ a υδατοστεγής. (*fig*) αδιάσειστος

waterway /'wɔːtəwei/ n (η) πλωτή δίοδος

waterworks /'wɔːtəwɜːks/ n (οι) υδρευτικές εγκαταστάσεις

watery /'wɔːtəri/ a νερουλός. (*colour*) ξεπλυμένος. (*eyes*) που τρέχουν

watt /wɒt/ n (το) βατ invar

wav|e /weiv/ n (το) κύμα. (*of hand*) (το) κούνημα. (*in hair*) (ο) κυματισμός. (*radio*) (το) κύμα. (*fig*) (το) κύμα. • vt κουνώ. (*hair*) κατσαρώνω. • vi (*greeting*) χαιρετώ κουνώντας το χέρι. (*signal*) γνέφω. (*flag*) κυματίζω. ~ **goodbye** αποχαιρετώ (*κουνώντας το χέρι*). ~**y** a κυματιστός. (*hair*) κατσαρός

waveband /'weivbænd/ n (η) ζώνη συχνοτήτων

wavelength /'weivleŋθ/ n (το) μήκος κύματος

waver /'weivə(r)/ vi ταλαντεύομαι. (*hesitate*) αμφιταλαντεύομαι. (*courage etc.*) κλονίζομαι

wax¹ /wæks/ n (το) κερί. • vt κερώνω. ~**en**, ~**y** adjs κέρινος

wax² /wæks/ vi (*moon*) γεμίζω

waxwork /'wækswɜːk/ n (το) κέρινο ομοίωμα

way /wei/ n (*road, path*) (ο) δρόμος. (*distance*) (η) απόσταση. (*direction*) (η) κατεύθυνση. (*manner*) (ο) τρόπος. (*means*) (το) μέσο. ~**s** (οι) τρόποι. **all the** ~ μέχρι το τέλος. **be in the** ~ εμποδίζω. **be under** ~ έχω ξεκινήσει. **by the** ~ εδώ που τα λέμε. **by** ~ **of** μέσω (*with gen*). **either** ~ έτσι κι αλλιώς. **go out of one's** ~ **to** κάνω ό,τι μπορώ να. **in a** ~ κατά κάποιον τρόπο. **in some** ~**s** από ορισμένες απόψεις. **lead the** ~ προηγούμαι. **make** ~ ανοίγω δρόμο. **on the** ~ (*coming*) στο δρόμο. **out of the** ~ απόμερος. **that** ~ απ' εκεί. **this** ~ απ' εδώ. ~ **in** n (η) είσοδος. ~ **out** n (η) έξοδος. ~**-out** a (*fam*) εξωφρενικός

waylay /wei'lei/ vt (*pt* -**laid**) παραφυλάω

wayside /'weisaid/ n (το) κράσπεδο (*του δρόμου*). **fall by the** ~ παρατώ καθ' οδόν

wayward /'weiwəd/ a ιδιότροπος. **~ness**
n (η) ιδιοτροπία

WC abbr (water-closet) WC,
ΑΠΟΧΩΡΗΤΗΡΙΑ

we /wi:/ pron εμείς

weak /wi:k/ a (-er, -est) αδύνατος. (drink)
ελαφρός. **~en** vi αδυνατίζω. • vi
εξασθενώ. **~ly** adv αδύνατα. • a
φιλάσθενος. **~ness** n (η) αδυναμία.
(fault, liking) (η) αδυναμία

weakling /'wi:klɪŋ/ n (ο) αδύνατος
χαρακτήρας

wealth /welθ/ n (ο) πλούτος. (plenty) (η)
αφθονία. **~y** a πλούσιος

wean /wi:n/ vt αποκόβω (βρέφος από
θηλασμό)

weapon /'wepən/ n (το) όπλο

wear /weə(r)/ vt (pt wore pp worn) φορώ.
(damage) φθείρω. • vi (last) αντέχω. • n
(damage) (η) φθορά. (endurance) (η)
αντοχή. (clothing) (το) φόρεμα. **~ and
tear** (η) φθορά χρήσεως. **~ down**
λιώνω. (opposition etc.) λυγίζω. **~ off**
περνώ. **~ on** (time) κυλώ. **~ out** λιώνω.
(tire) εξαντλώ. **~able** a που φοριέται

wearisome /'wɪərɪsəm/ a ανιαρός

weary /'wɪərɪ/ a (-ier, -iest) κουρασμένος.
• vt κουράζω. • vi κουράζομαι. **~y of** vt
βαριέμαι. • a βαρυεστημένος από. **~ily**
adv κουρασμένα. **~iness** n (η) κούραση

weasel /'wi:zl/ n (η) νυφίτσα

weather /'weðə(r)/ n (ο) καιρός. • a του
καιρού. • vt (wood) ξεραίνω στον αέρα.
(survive) ξεπερνώ. **under the ~** (fam)
αδιάθετος. **~-beaten** a ανεμοδαρμένος.
~ conditions n (οι) καιρικές συνθήκες.
~ forecast n (το) δελτίο καιρού.
~-vane n (ο) ανεμοδείκτης

weathercock /'weðəkɒk/ n (ο)
ανεμοδείκτης

weave /wi:v/ vt (pt wove pp woven)
υφαίνω. (basket etc.) πλέκω. (story etc.)
πλέκω. • vi (move) προχωρώ με
ελιγμούς. • n (η) ύφανση. **~r** /-ə(r)/ n (ο)
υφαντής, (η) υφάντρια

web /web/ n (το) πλέγμα. (of spider) (ο)
ιστός. (on foot) (το) πλέγμα. **~bed** a
(foot) μεμβρανώδης. **~bing** n (η)
ενισχυτική ταινία

wed /wed/ vt/i (pt wedded) παντρεύω/
ομαι. **~ded to** (fig) παντρεμένος με

wedding /'wedɪŋ/ n (ο) γάμος. **~ cake** n
(η) γαμήλια τούρτα. **~ day** n (η) μέρα
του γάμου. **~ dress** n (το) νυφικό. **~
ring** n (η) βέρα

wedge /wedʒ/ n (η) φέτα τριγωνικού
σχήματος. (space filler) (η) σφήνα. • vt
σφηνώνω. (fix) στερεώνω με σφήνα. **~-
shaped** a σφηνοειδής

wedlock /'wedlɒk/ n (ο) γάμος. **born
in/out of ~** που έχει γεννηθεί
εντός/εκτός του γάμου

Wednesday /'wenzdi/ n (η) Τετάρτη

wee /wi:/ a (fam) μικρούλης

weed /wi:d/ n (το) ζιζάνιο. (fam) (το)
αγριόχορτο. (person) (ο) ψιλόλιγνος.
• vt ξεχορταριάζω. **~-killer** n (το)
ζιζανιοκτόνο. **~ out** ξεχωρίζω. **~y** a
(person) ψιλόλιγνος

week /wi:k/ n (η) εβδομάδα. **a ~
today/tomorrow** σήμερα οκτώ/αύριο
οκτώ. **a ~ on Tuesday, Tuesday ~** την
τρίτη οκτώ

weekday /'wi:kdei/ n (η) καθημερινή

weekend /'wi:kend/ n (το)
σαββατοκύριακο

weekly /'wi:klɪ/ a εβδομαδιαίος. • n (η)
εβδομαδιαία έκδοση. • adv τη βδομάδα

weep /wi:p/ vi (pt wept) κλαίω. (sore)
τρέχω. • n (το) κλάμα. **~ for** κλαίω για.
~ing willow n (η) κλαίουσα ιτιά

weigh /wei/ vt/i ζυγίζω. **~ anchor**
σηκώνω την άγκυρα. **~ down** λυγίζω.
(fig) τσακίζω. **~ up** (fam) ζυγίζω

weight /weit/ n (το) βάρος. **lose ~** χάνω
βάρος. **put on ~** παίρνω βάρος. • vt
βάζω ναρδό σε. **~-lifting** n (η) άρση
βαρών. **~ing** n (η) βαρύτητα. **~less** a
αβαρής. **~lessness** n (η) έλλειψη
βάρους. **~y** a (heavy) βαρύς. (important)
βαρυσήμαντος. (influential) βαρύς

weir /wɪə(r)/ n (το) φράγμα (σε ποταμό)

weird /wɪəd/ a (-er, -est) παράξενος.
(bizarre) αλλόκοτος

welcome /'welkəm/ a ευπρόσδεκτος. • n
(το) καλωσόρισμα. • vt καλωσορίζω.
(appreciate) χαίρομαι. • int
καλωσορίσατε. **be ~e** είμαι
ευπρόσδεκτος. **you're ~e!** (after thank
you) παρακαλώ. **~e to do** ευχαρίστως
να κάνετε. **~ing** a που καλωσορίζει

weld /weld/ vt συγκολλώ. • n (η)
συγκόλληση. **~er** n (ο) συγκολλητής

welfare /'welfeə(r)/ n (η) ευημερία. (aid)
(η) πρόνοια. **W~ State** n (το) κράτος
προνοίας. **~ work** n (η) κοινωνική
πρόνοια

well¹ /wel/ n (το) πηγάδι. (of staircase)
(το) κλιμακοστάσιο

well² /wel/ adv (better, best) καλά. • a
καλός. • int λοιπόν. **as ~** και, επίσης.
as ~ as όπως και. **be ~** είμαι καλά. **do
~** πάω καλά. **very ~** πολύ καλά.
~-behaved a φρόνιμος. **~-being** n (η)
ευημερία. **~-bred** a καλοαναθρεμμένος.
~-disposed (to) a με καλή διάθεση
(προς). **~-done** a (culin) καλοψημένος.
~ done! μπράβο! **~-groomed** a
περιποιημένος. **~-heeled** a (fam)
παράλής. **~ I never!** τι μου λες!
~-known a γνωστός. **~-meaning** a
καλοπροαίρετος. **~ off** a εύπορος.
~-read a διαβασμένος. **~-spoken** a
ευγενικός (στην ομιλία). **~-to-do** a
ευκατάστατος. **~-wisher** n (ο)
καλοθελητής, (η) καλοθελήτρα

wellington /'welɪŋtən/ n ~ **(boot)** (η) αδιάβροχη λαστιχένια μπότα που φτάνει έως το γόνατο

Welsh /welʃ/ a ουαλικός. • n (lang) (τα) ουαλικά. **~man** n (ο) Ουαλός. **~woman** n (η) Ουαλή

wend /wend/ vt ~ **one's way** τραβώ προς

went /went/ see GO

wept /wept/ see WEEP

were /wɜ:(r), wə(r)/ see BE

west /west/ n (η) δύση. **the W~** οι δυτικές χώρες. • a δυτικός. • adv δυτικά. **W~ Indian** a από τις Δυτικές Ινδίες. • n πρόσωπο που κατάγεται από τις Δυτικές Ινδίες. **the W~ Indies** (οι) Δυτικές Ινδίες. **~erly** a (wind) δυτικός. **~ern** a δυτικός n (film) (το) γουέστερν invar. **~erner** /-ənə(r)/ n (ο, η) κάτοικος δυτικών χωρών. **~ward** a προς τη δύση. **~ward(s)** adv δυτικά

wet /wet/ a **(wetter, wettest)** βρεγμένος. (rainy) βροχερός. • vt (pt **wetted**) βρέχω. **get ~** βρέχομαι. **~ blanket** n (ο) άνθρωπος που χαλάει το κέφι των άλλων. **~ paint** (η) φρέσκια μπογιά. **~ suit** n (η) στολή καταδύσεως. **~ness** n (η) υγρότητα

whack /wæk/ vt (fam) χτυπώ (δυνατά). • n (fam) (το) (δυνατό) χτύπημα. **have a ~ at** (sl) δοκιμάζω να κάνω. **do one's ~** (sl) κάνω το μερίδιό μου. **~ed** a (exhausted: fam) ξεθεωμένος. **~ing** a (huge: fam) πελώριος

whale /weɪl/ n (η) φάλαινα. **have a ~ of a time** (fam) περνάω θαυμάσια

wham /wæm/ int φαπ

wharf /wɔ:f/ n (pl **wharfs** or **wharves**) (η) αποβάθρα

what /wɒt/ a τι. (any that) ό,τι όσος. • pron τι. • int τι. **do ~ you like** κάνε ό,τι θέλεις. **~ about him?** τι γίνεται αυτός; **~ a fool!** τι ανόητος! **~ for?** για ποιο λόγο; **~ if** τι κι αν. **~ is it?** τι είναι;

whatever /wɒt'evə(r)/ a ο,τιδήποτε. • pron ό, τι. **nothing ~** απολύτως τίποτα. **~ happens** ό,τι κι αν γίνει

whatsoever /wɒtsəʊ'evə(r)/ a & pron = whatever

wheat /wi:t/ n (το) σιτάρι. **~en** a σιταρένιος

wheedle /'wi:dl/ vt καταφέρνω με κολοπιάσματα

wheel /wi:l/ n (ο) τροχός. **(steering-)~** (το) τιμόνι. • vt κυλώ. • vi ~ **(round)** (στριφο)γυρίζω. **at the ~** στο τιμόνι. **~ and deal** είμαι ελεύθερος να προωθήσω τα δικά μου συμφέροντα

wheelbarrow /'wi:lbærəʊ/ n (το) καροτσάκι (για μεταφορές)

wheelchair /'wi:ltʃeə(r)/ n (το) αναπηρικό καροτσάκι

wheeze /wi:z/ vi ασθμαίνω. • n (το) σφύριγμα (της) αναπνοής

when /wen/ adv πότε. • conj όταν. (although) ενώ. • pron που. **the day ~** την ημέρα που

whenever /wen'evə(r)/ adv οποτεδήποτε. (every time that) κάθε φορά. • conj οποτέ, κάθε φορά που

where /weə(r)/ adv πού. • conj (in which place) εκεί που, όπου. • pron που. **~by** adv με το οποίο. **~upon** adv οπότε

whereabouts /'weərəbaʊts/ adv πού κοντά. • n (το) μέρος που βρίσκεται

whereas /weər'æz/ conj επειδή. (in contrast) ενώ

wherever /weər'evə(r)/ adv (in whatever place) οπουδήποτε. • conj όπου

whet /wet/ vt (pt **whetted**) ακονίζω. (fig) ανοίγω

whether /'weðə(r)/ conj αν. **I don't know ~ she will like it** δεν ξέρω αν θα της αρέσει. **~ you like it or not** σ' αρέσει δε σ' αρέσει

which /wɪtʃ/ a & pron ποιος. • rel pron ο οποίος. (object) (το) οποίο, που. **after ~** μετά το οποίο. **of ~** του οποίου. **to ~** στο οποίο. **~ one** ποιο; **~ one of you** ποιος από τους δυο σας; **~ way** από πού; (how) πώς

whichever /wɪtʃ'evə(r)/ a & pron οποιοδήποτε. (person) οποιοσδήποτε

whiff /wɪf/ n (η) μυρωδιά (ελαφριά)

while /waɪl/ n (το) χρονικό διάστημα. • conj (when) ενώ. (although) αν και (as long as) όσο. • vt ~ **away one's time** περνάω τον καιρό μου. **be worth one's ~** αξίζει τον κόπο

whilst /waɪlst/ conj = while

whim /wɪm/ n (το) καπρίτσιο

whimper /'wɪmpə(r)/ vi κλαψουρίζω παραπονεμένα. • n (το) κλαψούρισμα

whimsical /'wɪmzɪkl/ a ιδιότροπος

whine /waɪn/ vi κλαψουρίζω. • n (το) κλαψούρισμα. **~r** /-ə(r)/ n (η) κλαψιάρης

whip /wɪp/ n (το) μαστίγιο. (pol) (ο) υπεύθυνος για την κομματική πειθαρχία των βουλευτών. • vt (pt **whipped**) μαστιγώνω. (culin) χτυπώ. (seize) αρπάζω. (move rapidly) κινούμαι αστραπαία. **~ out** βγάζω απότομα. **~ped cream** n (η) κρέμα σαντιγί. **~-round** n (fam) (ο) έρανος. **~ up** (incite) διεγείρω

whippersnapper /'wɪpə snæpə(r)/ n (ο) φαντασμένος

whirl /wɜ:l/ vt/i στροβιλίζω/ομαι. • n (ο) στρόβιλος. (confused state) (η) παραζάλη

whirlpool /'wɜ:lpu:l/ n (η) ρουφήχτρα

whirlwind /'wɜ:lwɪnd/ n (ο) ανεμοστρόβιλος

whirr /wɜ:(r)/ n (ο) βόμβος. • vi βομβώ

whisk /wɪsk/ vt (culin) χτυπώ. **~ away** παίρνω γρήγορα. • n (culin) (το) χτυπητήρι

whisker /'wɪskə(r)/ n (η) φαβορίτα. **~s** (of animal) (τα) μουστάκι

whisky /'wɪskɪ/ n (το) ουίσκι invar

whisper /'wɪspə(r)/ vt/i ψιθυρίζω. (of leaves etc.) θροΐζω. • n (το) ψιθύρισμα. (rumour) (η) διάδοση

whistle /'wɪsl/ n (το) σφύριγμα. (instrument) (η) σφυρίχτρα. • vi σφυρίζω

white /waɪt/ a (-er, -est) άσπρος, λευκός. • n (το) άσπρο. (person) (ο) λευκός. (of egg) (το) ασπράδι. **go ~** χλομιάζω. **~ bread** n το άσπρο ψωμί. **~ coffee** n (ο) καφές με γάλα. **~-collar worker** n (ο, η) υπάλληλος γραφείου. **~ elephant** n πράγμα που αποδεικνύεται άχρηστο. **~ horses** npl (τα) προβατάκια (κύματα). **~-hot** a (metal) λευκοπυρωμένος. **the W~ House** ο Λευκός Οίκος. **~ lie** n (το) αθώο ψέμα. **~ wine** n (το) άσπρο κρασί. **~ness** n (η) ασπράδα, (η) λευκότητα

whitebait /'waɪtbeɪt/ n invar (το) μαριδάκι

whitewash /'waɪtwɒʃ/ n (το) ασβέστωμα, (το) άσπρισμα. (fig) (η) απόκρυψη. • vt ασβεστώνω, ασπρίζω. (fig) αποκρύβω (την πραγματικότητα)

whiting /'waɪtɪŋ/ n invar (η) ασβεστος. (fish) (το) ταούκι

whitlow /'wɪtləʊ/ n (η) παρωνυχίδα

Whitsun /'wɪtsn/ n (η) Πεντηκοστή

whittle /'wɪtl/ vt **~ (away)** φθείρω σταδιακά. **~ (down)** περιορίζω

whiz /wɪz/ vi (pt whizzed) περνώ σαν αστραπή. **~-kid** n (fam) (το) τρομερό παιδί

who /huː/ pron ποιος. (particular person) (ο) οποίος, που

whodunit /huːˈdʌnɪt/ n (fam) (το) αστυνομικό (δήγημα ή θεατρικό έργο)

whoever /huːˈevə(r)/ pron οποιοσδήποτε

whole /həʊl/ a ολόκληρος. (not broken) ακέραιος. • n (το) σύνολο. **as a ~** σαν σύνολο. **on the ~** γενικά. **~-hearted** a ολόψυχος. (person) ειλικρινής. **~ number** n (ο) ακέραιος αριθμός

wholemeal /'həʊlmiːl/ a σιταρένιος

wholesale /'həʊlseɪl/ n (το) χονδρεμπόριο. • a χονδρικός. (fig) γενικός. • adv χονδρικώς. (fig) γενικά **~r /-ə(r)/** n (ο) χονδρέμπορος

wholesome /'həʊlsəm/ a ωφέλιμος

wholly /'həʊlɪ/ adv τελείως

whom /huːm/ pron τον οποίον. (interrogative) ποιον. **of ~** για τον οποίον. **to ~** προς τον οποίον

whooping cough /'huːpɪŋkɒf/ n (ο) κοκίτης

whoops /'wuːps/ int (fam) οχ

whore /hɔː(r)/ n (η) πόρνη

whose /huːz/ pron ποιου, τίνος. (rel) του οποίου. • a ποιου. **~ hat is this?** ποιου καπέλο είναι; **~ is this hat?** ποιου είναι το καπέλο;

why /waɪ/ adv γιατί. (interrogative) γιατί. (on account of) γιατί, που. • int μπα

wick /wɪk/ n (το) φιτίλι

wicked /'wɪkɪd/ a κακός. (evil) μοχθηρός. (mischievous) πονηρός. **~ly** adv πονηρά. **~ness** n (η) κακία, (η) μοχθηρία

wicker /'wɪkə(r)/ n (το) κλαδί ιτιάς ή λυγαριάς. • a ψάθινος. **~work** n (η) καλαθοποιία

wicket /'wɪkɪt/ n (cricket) (η) εστία

wide /waɪd/ a (-er, -est) πλατύς. (fully opened) ευρύς. (far from target) μακρινός. • adv πλατιά, μακριά. **far and ~** παντού. **open ~** ανοίγω καλά. **~ awake** a τελείως ξύπνιος. **~ open** a ορθάνοιχτος. **~ly** adv (extensively) ευρύτατα. (generally) ευρέως. (considerably) πολύ. **~n** vt πλαταίνω, διευρύνω. • vi ανοίγω, φαρδαίνω

widespread /'waɪdspred/ a διαδεδομένος

widow /'wɪdəʊ/ n (η) χήρα. **~ed** a χηρευάμενος. **~er** n (ο) χήρος. **~hood** n (η) χηρεία

width /wɪdθ/ n (το) πλάτος. (of material) (το) φάρδος

wield /wiːld/ vt χειρίζομαι. (power) ασκώ

wife /waɪf/ n (pl wives) (η) σύζυγος, (η) γυναίκα

wig /wɪg/ n (η) περούκα

wiggle /'wɪgl/ vt/i κουνώ/κουνιέμαι

wild /waɪld/ a (-er, -est) άγριος. (enraged) έξαλλος. (tempestuous) θυελλώδης. (with joy) τρελός. (idea) εξωφρενικός. (random) στην τύχη. • adv άγρια, έξαλλα. **~s** npl (η) ερημιά. **run ~** (children) συμπεριφέρομαι χωρίς πειθαρχία. **~-goose chase** n (η) άσκοπη προσπάθεια. **~ly** adv άγρια. (fig) έξαλλα, τρελά

wildcat /'waɪldkæt/ a **~ strike** (η) ανεπίσημη απεργία

wilderness /'wɪldənɪs/ n (η) ερημιά

wildfire /'waɪldfaɪə(r)/ n **spread like ~** διαδίδομαι με αστραπιαία ταχύτητα

wildlife /'waɪldlaɪf/ n (τα) άγρια ζώα και φυτά

wilful /'wɪlfʊl/ a θεληματικός. (self-willed) πεισματάρης. **~ly** adv θεληματικά

will[1] /wɪl/ v aux θα. **he ~ be** θα είναι. **~ you be quiet!** σιωπή! **~ you close the door, please?** κλείσε την πόρτα, παρακαλώ. **~ you have some wine?** θα πιεις λίγο κρασί; **you ~ be back soon, won't you;** θα επιστρέψεις σύντομα, έτσι δεν είναι;

will[2] /wɪl/ n (η) θέληση. (document) (η) διαθήκη. • vt εύχομαι. **against one's/s.o.'s ~** με το ζόρι. **at ~** κατά βούληση. **~-power** n (η) θέληση

willies /'wɪlɪz/ npl **it gives me the ~** (fam) με κάνει να ανατριχιάζω

willing /'wɪlɪŋ/ a πρόθυμος. **to be ~ to** είμαι πρόθυμος να. **~ly** adv πρόθυμα. **~ness** n (η) προθυμία

willow /'wɪləʊ/ n (η) ιτιά

willy-nilly /wɪlɪ'nɪlɪ/ adv θέλοντας και μη

wilt /wɪlt/ vi μαραίνομαι

wily /'waɪlɪ/ a (-ier, -iest) πανούργος

win /wɪn/ vt/i (pt **won** pres p **winning**) νικώ. (fame etc.) κερδίζω. • n (η) νίκη. **~ back** ανακτώ. **~ over** παίρνω με το μέρος μου. **~ner** /-ə(r)/ n (η) νικητής, (η) νικήτρια. **~ning** a νικητήριος. (smile etc.) γοητευτικός. **~ning-post** n (το) τέρμα. **~nings** npl (τα) κέρδη

wince /wɪns/ vi τραβιέμαι (από πόνο). • n (ο) μορφασμός πόνου

winch /wɪntʃ/ n (το) βαρούλκο. • vt σηκώνω με βαρούλκο

wind¹ /wɪnd/ n (ο) αέρας, (ο) άνεμος. (in stomach) (τα) αέρια. (fig) (η) μυρωδιά. • vt λαχανιάζω. (smell) μυρίζομαι. **there's something in the ~** κάτι μαγειρεύεται. **get** or **have the ~ up** (fam) η ψυχή μου πάει στην κούλουρη. **get ~ of** παίρνω μυρωδιά. **~-break** n (ο) ανεμοφράκτης. **~ instrument** n (το) πνευστό όργανο. **~-swept** a ανεμοδαρμένος. **~y** a ανεμοδαρμένος. **it's ~** φυσάει

wind² /waɪnd/ vt (pt **wound**) (wrap around) τυλίγω. (move by turning) γυρίζω. (clock etc.) κουρδίζω. • vi (road) ελίσσομαι. **~ up** (close) κλείνω. (end up) καταλήγω. **~er** /-ə(r)/ n (το) κουρδιστήρι. **~ing** a ελικοειδής

windbag /'wɪndbæg/ n (fam) (ο) φαφλατάς

windfall /'wɪndfɔ:l/ n (το) πεσμένο φρούτο. (fig) (το) κελεπούρι

windmill /'wɪndmɪl/ n (ο) ανεμόμυλος

window /'wɪndəʊ/ n (το) παράθυρο. (in shop) (η) βιτρίνα. (in bank etc.) (η) θυρίδα. **~-box** n (η) ζαρντινιέρα. **~-cleaner** n (ο) καθαριστής, (η) καθαρίστρια παραθύρων. **~-dresser** n (ο) διακοσμητής, (η) διακοσμήτρια βιτρίνας. **~-dressing** n (η) διακόσμηση βιτρίνας. (fig) (η) βιτρίνα. **~-shopping** n (το) χάζεμα στις βιτρίνες. **~-sill** n (το) περβάζι

windpipe /'wɪndpaɪp/ n (η) τραχεία

windscreen /'wɪndskri:n/ (Amer **windshield** /'wɪndfi:ld/) n (το) παρμπρίζ invar. **~ wiper** n (ο) καθαριστήρας (του παρμπρίζ)

windsurf|er /'wɪndsɜ:fə(r)/ n (ο) σερφίστας. **~ing** n (το) γουιντσέρφινγκ invar

wine /waɪn/ n (το) κρασί. **~ bar** n (το) γουάιν μπαρ invar. **~-grower** n (ο) αμπελουργός. **~ list** n (ο) κατάλογος (των κρασιών). **~-tasting** n (η) γευσιγνωσία

wineglass /'waɪngla:s/ n (το) ποτήρι του κρασιού

wing /wɪŋ/ n (η) φτερούγα. (auto) (το) φτερό. **~s** (theatr) (τα) παρασκήνια. **under one's ~** υπό την προστασία μου. **~ed** a φτερωτός. **~er** /-ə(r)/ n (sport) (ο) έξω (παίχτης)

wink /wɪŋk/ vi κλείνω το μάτι. (light etc.) τρεμοσβήνω. • n (το) κλείσιμο του ματιού. **not sleep a ~** δεν κλείνω μάτι

wint|er /'wɪntə(r)/ n (ο) χειμώνας. • vi ξεχειμωνιάζω. **~ry** a χειμωνιάτικος

wipe /waɪp/ vt σκουπίζω (με πετσέτα). (dry) σφουγγίζω. • n (το) σκούπισμα, (το) σφούγγισμα. **~ out** (cancel) εξαλείφω. (destroy) εξολοθρεύω. **~ up** καθαρίζω

wir|e /'waɪə(r)/ n (το) σύρμα. (telegram: fam) (το) τηλεγράφημα. **~e netting** (το) δικτυωτό. **~ing** n (η) συρματολογία

wireless /'waɪəlɪs/ n (ο) ασύρματος

wiry /'waɪərɪ/ a (-ier, -iest) (hair) σαν σύρμα. (person) λεπτός αλλά δυνατός

wisdom /'wɪzdəm/ n (η) σοφία. **~ tooth** n (ο) φρονιμίτης

wise /waɪz/ a (-er, -est) φρόνιμος. (scholarly) σοφός. **~ly** adv σοφά

wisecrack /'waɪzkræk/ n (fam) (το) ευφυολόγημα. • vi (fam) ευφυολογώ

wish /wɪʃ/ n (η) επιθυμία. (greeting) (η) ευχή. • vt εύχομαι. **~ for** επιθυμώ. **~ on s.o.** (fam) θέλω να συμβεί σε κάποιον. **~ s.o. well** θέλω το καλό κάποιου. **~ (that)** εύχομαι να. **I ~ you were here** μακάρι να ήσουν εδώ. **~ to do** θέλω να κάνω. **with best ~es** με τις καλύτερες μου ευχές

wishbone /'wɪʃbəʊn/ n (το) γιάντες

wishful /'wɪʃfl/ a **~ thinking** (ο) ευσεβής πόθος

wishy-washy /'wɪʃɪwɒʃɪ/ a άτονος, ανούσιος

wisp /wɪsp/ n (of hair) (το) τσουλούφι. (of smoke) (η) τολύπη

wisteria /wɪs'tɪərɪə/ n (η) γλυσίνα

wistful /'wɪstfl/ a μελαγχολικός. **~ly** adv μελαγχολικά

wit /wɪt/ n (humour) (το) πνεύμα. (intelligence) (η) νοημοσύνη. (person) (ο) πνευματώδης (άνθρωπος). **be at one's ~s' end** δεν ξέρω τι να κάνω. **be frightened** or **scared out of one's ~s** πεθαίνω απ' το φόβο μου. **have/keep one's ~s about one** διατηρώ την ψυχραιμία μου. **live by one's ~s** ζω με την καπατσοσύνη μου

witch /wɪtʃ/ n (η) μάγισσα. **~craft** n (τα) μάγια. **~-doctor** n (ο) μάγος. **~-hunt** n (fig) (η) καταδίωξη (πολιτικών) αντιπάλων

with /wɪð/ prep μαζί με. (having) με. (cause) από. **be ~ s.o.** (understand: fam) παρακολουθώ. **be ~ it** (fam) είμαι της μόδας

withdraw /wɪð'drɔ:/ vt (pt **withdrew**, pp **withdrawn**) ανακαλώ. (money) αποσύρω. • vi αποσύρομαι. **~al** n (η) αποχώρηση. (med) (η) στέρηση. **~al symptoms** (τα) συμπτώματα αντιδράσεως στη στέρηση (ναρκωτικών). **~n** (person) αποτραβηγμένος

wither /'wɪðə(r)/ vi μαραίνομαι. • vt (fig)
κεραυνοβολώ. **~ed** a μαραμένος. **~ing**
a (scornful) καυστικός, συντριπτικός

withhold /wɪð'həʊld/ vt (pt **withheld**)
κατακρατώ. **~ from** (hide) αποκρύπτω

within /wɪð'ɪn/ prep μέσα σε. • adv μέσα.
~ a week εντός της εβδομάδος. **~ sight**
σε απόσταση ορατότητας

without /wɪð'aʊt/ prep χωρίς

withstand /wɪð'stænd/ vt (pt **withstood**)
αντέχω

witness /'wɪtnɪs/ n (o, η) μάρτυρας.
(proof) (η) μαρτυρία. • vt (be present at)
παρίσταμαι. (signature) βεβαιώ. **~-box**,
(Amer) **~-stand** ns (το) αναλόγιο
μαρτύρων

witticism /'wɪtɪsɪzəm/ n (το) ευφυολόγημα

witty /'wɪtɪ/ a (-ier, -iest) πνευματώδης

wives /waɪvz/ see WIFE

wizard /'wɪzəd/ n (o) μάγος. **~ry** n (η)
μαγική δύναμη

wizened /'wɪznd/ a ζαρωμένος

wobbl|e /'wɒbl/ vi ταλαντεύομαι. **~y** a
που ταλαντεύεται

woe /wəʊ/ n (η) συμφορά. **~ful** a
θλιβερός

woebegone /'wəʊbɪgɒn/ a αξιολύπητος

woke, woken /wəʊk, ˈwəʊkən/ see WAKE

wolf /wʊlf/ n (pl **wolves**) (o) λύκος.
(womanizer: sl) (ο) γυναικοκατακτητής. •
vt (food) καταβροχθίζω (λαίμαργα). **cry
~** επισημαίνω κίνδυνο αδικαιολόγητα.
~-whistle n (το) σφύριγμα θαυμασμού
(προς γυναίκα)

woman /'wʊmən/ n (pl **women**) (η)
γυναίκα. **single ~** (η) ανύπαντρη
γυναίκα. • a **~ doctor/driver** etc (η)
γιατρός, (η) οδηγός. **~ly** a γυναικείος.
women's lib n (fam) (το) κίνημα για την
απελευθέρωση της γυναίκας

womanize /'wʊmənaɪz/ vi κυνηγώ τις
γυναίκες. **~r** n (ο) γυναικάς

womb /wuːm/ n (η) μήτρα

women /'wɪmɪn/ npl see WOMAN

won /wʌn/ see WIN

wonder /'wʌndə(r)/ n (ο) θαυμασμός.
(bewilderment) (η) απορία. • vi διερω-
τώμαι. (reflect) απορώ. **~ at** θαυμάζω.
it's no ~ δεν είναι εκπληκτικό

wonderful /'wʌndəfl/ a θαυμάσιος. **~ly**
adv θαυμάσια

won't /wəʊnt/ = will not

woo /wuː/ vt επιδιώκω το γάμο με μια
γυναίκα

wood /wʊd/ n (το) ξύλο. (for burning) (τα)
ξύλα. **~(s)** (area) (το) δάσος (δασύλλιο).
be out of the ~(s) (fig) έχει περάσει ο
κίνδυνος. **touch ~!** χτύπα ξύλο. **~ed** a
δασωμένος. **~en** a ξύλινος. **~y** a
δασωμένος

woodcut /'wʊdkʌt/ n (η) ξυλογραφία

woodcutter /'wʊdkʌtə(r)/ n (ο)
ξυλοκόπος

woodland /'wʊdlənd/ n (η) δασωμένη
περιοχή. • a του δάσους

woodpecker /'wʊdpekə(r)/ n (o)
δρυοκολάπτης (πουλί)

woodwind /'wʊdwɪnd/ n (το) πνευστό
όργανο (μουσικό)

woodwork /'wʊdwɜːk/ n (η) ξυλουργική.
(in room etc.) (τα) κουφώματα

woodworm /'wʊdwɜːm/ n (το) σαράκι

wool /wʊl/ n (το) μαλλί. **pull the ~ over
s.o.'s eyes** εξαπατώ κπ. **~len** a
μάλλινος. **~lens** npl (τα) μάλλινα. **~ly**
a μάλλινος. (fig) συγκεχυμένος. • n
(fam) (το) πουλόβερ invar, Cy. (το)
τρικό

word /wɜːd/ n (η) λέξη. (news) (το)
μήνυμα. (promise) (ο) λόγος. • vt
διατυπώνω. **by ~ of mouth** προφορικά.
have a ~ with μιλώ με. **have ~s with**
λογομαχώ με. **in a** or **one ~** με μια
λέξη. **in other ~s** μ' άλλα λόγια. **the
last ~** η τελευταία λέξη. **~-perfect** a
κατά λέξη. **~ processing** n (η)
επεξεργασία κειμένου. **~ processor** n
(ο) επεξεργαστής κειμένου. **~ing** n (η)
διατύπωση. **~y** a περιττολόγος

wore /wɔː(r)/ see WEAR

work /wɜːk/ n (η) δουλειά. (art, mus,
book) (η) απασχόληση. **~s** (building)
(τα) έργα. (mech) (ο) μηχανισμός. • vt/i
δουλεύω, εργάζομαι. (machine)
λειτουργώ. (have effect) ενεργώ.
(student) μελετώ. **at ~** στη δουλειά. **~
in** χώνομαι. **~ off** απαλλάσσομαι από.
~ out (solve) λύνω. (plan) εξελίσσομαι.
(succeed) πάω καλά. **~-out** n (η)
εξάσκηση. **~-to-rule** n (η) εργασία
υπερβάλλοντος ζήλου. **~ up** εξάπτω.
~ed up οργισμένος

workable /'wɜːkəbl/ a (project)
εφαρμόσιμος

workaholic /wɜːkə'hɒlɪk/ n (fam) (ο)
εργασιομανής

worker /'wɜːkə(r)/ n (ο) εργάτης

workforce /'wɜːkfɔːs/ n (το) εργατικό
δυναμικό

working /'wɜːkɪŋ/ a (day) εργάσιμος.
(clothes etc.) της δουλειάς. (model)
λειτουργικός. • n (mech) (η) λειτουργία.
in ~ order που λειτουργεί
ικανοποιητικά. **~ class** n (η) εργατική
τάξη. **~-class** a της εργατικής τάξης

workman /'wɜːkmən/ n (pl -men) (ο)
τεχνίτης. **~ship** n (η) τέχνη (εργάτη)

workshop /'wɜːkʃɒp/ n (mech) (το)
συνεργείο. (room) (το) εργαστήριο.
(study) (η) ομάδα εργασίας. (meeting)
(η) συνάντηση ομάδας εργασίας

world /wɜːld/ n (ο) κόσμος. • a
παγκόσμιος. **a ~ of** πάρα πολύ. **out of
this ~** εξαίσιος. **~-wide** a παγκόσμιος
adv παγκοσμίως **~ly** a εγκόσμιος. (fig)
υλικός

worm /wɜ:m/ n (το) σκουλήκι. • vi ~
one's way χώνομαι κρυφά. **~-eaten** a
σκουληκοφαγωμένος

worn /wɔ:n/ see WEAR. a φθαρμένος.
~-out. • a (thing) φθαρμένος. (person)
εξαντλημένος

worr|y /'wʌrɪ/ vt ενοχλώ. • vt/i
στενοχωρώ/ιέμαι. • n (η) στενοχώρια.
~ied a στενοχωρημένος. **~ying** a
ενοχλητικός

worse /wɜ:s/ a χειρότερος. • adv
χειρότερα. • n (το) χειρότερο. **~n** vt/i
χειροτερεύω

worship /'wɜ:ʃɪp/ n (η) λατρεία. (title) (η)
εντιμότητα. • vt (pt worshipped)
λατρεύω. • vi προσκυνώ. **~per** n (ο)
πιστός

worst /wɜ:st/ a χειρότερος. • adv
χειρότερα. • n (το) χειρότερο. get the
~ of it αντλώ το μικρότερο όφελος

worth /wɜ:θ/ n (η) αξία. • a be ~ αξίζω. it
is ~ trying αξίζει να προσπαθήσω. it
was ~ my while άξιζε τον κόπο. ten
pounds ~ of δέκα λιρών. **~less** a
ανάξιος

worthwhile /'wɜ:θwaɪl/ a αξιόλογος.
(cause) που αξίζει τον κόπο

worthy /'wɜ:ðɪ/ a (-ier, -iest) αντάξιος
(motive) άξιος

would /wʊd/ v aux θα. he ~ come if he
could θα ερχόταν αν μπορούσε. he ~
come every day (used to) ερχόταν κάθε
μέρα. I ~ do it θα το έκανα. ~ you go?
θα πήγαινες; ~ you like a cup of tea?
θέλεις ένα φλιτζάνι τσάι; ~ you open
the door, please? ανοίξτε την πόρτα,
παρακαλώ. **~-be** a δήθεν

wound¹ /wu:nd/ n (η) πληγή. • vt
πληγώνω

wound² /waʊnd/ see WIND

wove, woven /wəʊv, ˈwəʊvn/ see WEAVE

wow /waʊ/ int πω πω! • n (sl) (το) θαύμα

wrangle /'ræŋgl/ vi λογομαχώ. • n (η)
λογομαχία

wrap /ræp/ vt (pt wrapped) τυλίγω.
(parcel) τυλίγω. • n (shawl) (η) σάρπα. be
~ped up in (fig) είμαι απορροφημένος.
~per /-ə(r)/ n (το) περιτύλιγμα. **~ping** n
(το) περιτύλιγμα. **~ping paper** n (το)
χαρτί περιτυλίγματος

wrath /rɒθ/ n (η) οργή. **~ful** a οργισμένος

wreak /ri:k/ vt επιβάλλω (εκδίκηση,
καταστροφή). ~ havoc προκαλώ μεγάλη
καταστροφή

wreath /ri:θ/ n (pl -s /-ðz/) (το) στεφάνι

wreck /rek/ n (of ship) (το) ναυάγιο.
(remains) (το) συντρίμμι. (person) (το)

ερείπιο. • vt καταστρέφω εντελώς. be a
nervous ~ έχουν σπάσει τα νεύρα μου.
~age n (τα) ερείπια

wren /ren/ n (το) τρυποκάρυδο

wrench /rentʃ/ vt τραβώ βίαια. (wrist etc.)
στραμπουλίζω. • n (το) απότομο
τράβηγμα. (tool) (η) καστάνια

wrest /rest/ vt αποσπώ βίαια. (from, από)

wrestl|e /'resl/ vi παλεύω (with, με). **~er**
/-ə(r)/ n (ο) παλαιστής, (η) παλαίστρια.
~ing n (η) πάλη

wretch /retʃ/ n (ο) φουκαράς. (rascal) (ο)
αχρείος. **~ed** /-ɪd/ a άθλιος. (very bad)
κακός. (annoying) αξιολύπητος

wriggle /'rɪgl/ vi στριφογυρίζω. • n (το)
στριφογύρισμα

wring /rɪŋ/ vt (pt wrung) στρίβω. ~ out of
στύβω. (obtain from) αποσπώ (με
δυσκολία). ~ the neck of στρίβω το
λαιμό. **~ing wet** μούσκεμα

wrinkle /'rɪŋkl/ n (η) ζάρα. (on skin) (η)
ρυτίδα. • vt/i ζαρώνω, ρυτιδώνω

wrist /rɪst/ n (ο) καρπός (του χεριού).
~-watch n (το) ρολόι του χεριού

writ /rɪt/ n (το) δικόγραφο

write /raɪt/ vt/i (pt wrote, pp written)
γράφω. ~ back απαντώ (γραπτώς). ~
down γράφω, σημειώνω. ~ off
ξεγράφω. **~-off** n (το) άχρηστο
(πράγμα). ~ to γράφω σε. ~ up γράφω
(λεπτομερειακά). **~-up** n (review) (η)
κριτική (στον τύπο). **~r** /-ə(r)/ n (author)
(ο, η) συγγραφέας

writhe /raɪð/ vi σφαδάζω

writing /'raɪtɪŋ/ n (η) γραφή. (handwriting)
(το) γράψιμο. **~s** (τα) έργα. in ~
γραπτώς. **~-paper** n (το) χαρτί
γραψίματος

written /'rɪtn/ see WRITE

wrong /rɒŋ/ a (mistaken) λανθασμένος.
(unjust) άδικος. (bad) κακός. (clock)
λάθος. there's something ~ κάτι δεν
πάει καλά. • adv λάθος. (badly) κακά. • n
(injustice) (η) αδικία. (evil) (η) αδικία.
• vt αδικώ. be in the ~ έχω άδικο. be ~
(person) έχω άδικο. (be mistaken) κάνω
λάθος. go ~ (err) κάνω λάθος. (plan)
πηγαίνω στραβά. (car etc.) χαλώ. what's
~? τι συμβαίνει; what's ~ (with you)?
τι έχεις; what's ~ with it? τι φταίει;
~ful a άδικος. **~ly** adv άδικα

wrote /rəʊt/ see WRITE

wrought /rɔ:t/ a ~ iron (ο) σφυρήλατος
σίδηρος

wrung /rʌŋ/ see WRING

wry /raɪ/ a (wryer, wryest) στραβός.
(smile) βεβιασμένος

Xx

Xerox /'zɪərɒks/ n (P) (το)
φωτοαντιγραφικό, (το) φωτοαντίγραφο.
xerox vt βγάζω φωτοαντίγραφο
Xmas /'krɪsməs/ n (τα) Χριστούγεννα

X-ray /'eksreɪ/ n (photograph) (η)
ακτινογραφία. **~s** npl (οι) ακτίνες Χ.
• vt ακτινογραφώ
xylophone /'zaɪləfəʊn/ n (το) ξυλόφωνο

Yy

yacht /jɒt/ n (το) γιοτ invar, (η)
θαλαμηγός. **~ing** n (η) ιστιοπλοΐα με
θαλαμηγό
yank /jæŋk/ vt (fam) τραβώ απότομα
Yank(ee) /'jæŋk(ɪ)/ n (fam) (ο) γιάνκης
yap /jæp/ vi (pt **yapped**) (dog) γαυγίζω
yard¹ /jɑːd/ n (measure) (η) υάρδα (=
0.9144 μ)
yard² /jɑːd/ n (η) αυλή
yardstick /'jɑːdstɪk/ n (fig) (το) μέτρο (για
σύγκριση)
yarn /jɑːn/ n (το) νήμα. (tale: fam) (το)
παραμύθι
yawn /jɔːn/ vi χασμουριέμαι. • n (το)
χασμουρητό. **~ing** a ορθάνοιχτος.
(wound) χαίνον
year /jɪə(r)/ n (ο) χρόνος. (of wine) (η)
χρονιά. (financial) (το) έτος. **be ten ~s
old** είμαι δέκα χρονών. **~-book** n (η)
επετηρίδα. **~ly** a ετήσιος. • adv ετησίως
yearn /'jɜːn/ vi λαχταρώ (**for**, για **to**, να).
~ing n (η) λαχτάρα
yeast /jiːst/ n (η) μαγιά
yell /jel/ vi ξεφωνίζω. • n (το) ξεφωνητό
yellow /'jeləʊ/ a κίτρινος. • n (το) κίτρινο.
~ish a κιτρινωπός
yelp /jelp/ n (το) ουρλιαχτό. • vi ουρλιάζω
yen¹ /jen/ n (longing: fam) (η) λαχτάρα
yen² /jen/ n το γεν (νόμισμα) invar
yes /jes/ adv ναι. • n (το) ναι. **~-man** n
(fam) (ο) γιέσμαν invar
yesterday /'jestədeɪ/ adv χτες, χθες. • n
(το) χτες. **the day before ~** προχτές. **~
morning/afternoon** χτες το πρωί/το
απόγευμα
yet /jet/ adv ακόμη. • conj αλλά.
(nevertheless) κι όμως. **as ~** ως τώρα.
not ~ όχι ακόμη. **~ again** και πάλι
yew /juː/ n (η) τάξος

Yiddish /'jɪdɪʃ/ n (τα) γίντις (διάλεκτος
των Εβραίων της Ευρώπης)
yield /jiːld/ vt αποδίδω. • vi ενδίδω. • n (η)
σοδειά. (comm) (το) κέρδος
yoga /'jəʊgə/ n (το) γιόγκα invar
yoghurt /'jɒgət/ n (το) γιαούρτι
yoke /jəʊk/ n (ο) ζυγός. (of garment) (ο)
γιακάς. (fig) (ο) ζυγός
yokel /'jəʊkl/ n (ο) ζυγός
yolk /jəʊk/ n (ο) κρόκος (του αυγού)
yonder /'jɒndə(r)/ adv εκεί πέρα. • a
εκείνος
you /juː/ pron εσύ. (pl) εσείς. (formal)
εσείς. (object) σε. (pl) σας. (after prep)
σένα. (pl) σας
young /jʌŋ/ a (**-er**, **-est**) νέος. • npl (of
animals) (τα) μικρά. **the ~** (people) οι
νέοι. **~ man** n (ο) νέος. **~ woman** n (η)
κοπέλα
youngster /'jʌŋstə(r)/ n (ο) νεαρός
your /jɔː(r)/ a δικός σου. (formal) δικός
σας
yours /jɔːz/ poss pron σου. (formal) σας. **a
book of ~** ένα βιβλίο σου
yourself /jɔːˈself/ pron ο ίδιος. (emphatic)
εσύ ο ίδιος. (formal) εσείς ο ίδιος. **by ~**
μόνος σου. (formal) μόνος σας
yourselves /jɔːˈselvz/ pron οι ίδιοι. (em-
phatic) εσείς οι ίδιοι. **by ~** μόνοι σας
youth /juːθ/ n (pl **youths** /juːðz/) (η)
νεότητα, (η) νιότη. (boy) (ο) νεαρός.
(young people) (η) νεολαία. **~ club** n (η)
λέσχη νεότητας. **~ hostel** n (ο)
ξενώνας νεότητας. **~ful** a νεανικός
yo-yo /'jəʊjəʊ/ n (pl **-os**) (το) γιο-γιο invar
Yugoslav /'juːgəʊslɑːv/ a
γιουγκοσλαβικός. • n (ο) Γιουγκοσλάβος,
(η) Γιουγκοσλάβα. **~ia** /-'slɑːvɪə/ n (η)
Γιουγκοσλαβία. **~ian** a & n = **Yugoslav**

Zz

zany /'zeɪnɪ/ a (-ier, -iest) αστείος

zeal /ziːl/ n (o) ζήλος. **~ous** /'zeləs/ a γεμάτος ζήλο. **~ously** /'zeləslɪ/ adv με ζήλο

zealot /'zelət/ n (o) ζηλωτής, (η) ζηλώτρια

zebra /'ziːbrə/ n (η) ζέβρα. **~ crossing** n (η) διάβαση πεζών (με μαυρόασπρες γραμμές)

zenith /'zenɪθ/ n (το) ζενίθ invar

zero /'zɪərəʊ/ n (pl -os) (το) μηδέν

zest /zest/ n (το) κέφι. (peel) (η) φλούδα (πορτοκαλιού ή λεμονιού)

zigzag /'zɪgzæg/ n (το) ζιγκ-ζαγκ invar. • a ζιγκ-ζαγκ. • vi (pt zigzagged) προχωρώ με κίνηση ζιγκ-ζαγκ

zinc /zɪŋk/ n (o) ψευδάργυρος

zip /zɪp/ n (το) σφύριγμα. **~-fastener** (το) φερμουάρ invar. • vt (pt zipped) **~ (up)**

κλείνω με φερμουάρ. **Z~ code** n (Amer) (o) ταχυδρομικός κώδικας. **~per** n = zip(-fastener)

zircon /'zɜːkn/ n (το) ζιρκόνιο

zither /'zɪðə(r)/ n (το) τσίτερ invar

zodiac /'zəʊdɪæk/ n (o) ζωδιακός κύκλος

zombie /'zɒmbɪ/ n (fam) (το) ζόμπι invar

zone /zəʊn/ n (η) ζώνη

zoo /zuː/ n (o) ζωολογικός κήπος

zoolog|y /zəʊ'ɒlədʒɪ/ n (η) ζωολογία. **~ical** /-ə'lɒdʒɪkl/ a ζωολογικός. **~ist** n (o, η) ζωολόγος

zoom /zuːm/ vi κινούμαι με ταχύτητα. (photo) ζουμάρω. **~ lens** n (o) φακός ζουμ invar

zucchini /zuː'kiːnɪ/ n invar (Amer) (plant) (η) κολοκυθιά. (fruit) (τα) κολοκυθάκια

Greek verb tables

Examples of the plain categories of regular Greek verbs are given below. The following forms of verbs will be omitted since they are formed on the basis of other tenses given. Purpose (simple and continuous) is expressed by using the same form of the verb used to form the future tenses (simple and continuous) and substituting **θα** (future tense) with **να** (purpose).

The future continuous in both the active and passive voice is formed with **θα** + the same form of the verb used in the present tense (active and passive voice, respectively). The past perfect is formed using the past tense of the auxiliary verb **έχω**, ie **είχα, είχες, είχε** etc, + the same form of the main verb used to form the present perfect.

The appearance of certain forms within brackets indicates that they are not widely used.

Regular verbs

1. Ending in -ω like δένω

Active voice

Present	δένω, ~εις, ~ει, ~ουμε, ~ετε, ~ουν
Imperfect	έδενα, ~ες, ~ε, δέναμε, δένατε, ~αν
Past simple	έδεσα, ~σες, ~σε, δέσαμε, δέσατε, ~σαν
Future simple	θα δέσω, ~σεις, ~σει, ~σουμε, ~σετε, ~σουν
Imperative simple	δέσε, δέσετε
Imperative contin.	δένε, δένετε
Present perfect	έχω δέσει, έχεις δέσει, etc.
Participle	δένοντας

Passive voice

Present	δένομαι, ~εσαι, ~εται, δενόμαστε, ~στε, ~ονται
Imperfect	δενόμουν, ~όσουν, ~όταν, ~όμαστε, ~όσαστε, δένονταν
Past simple	δέθηκα, ~θηκες, ~θηκε, δεθήκαμε, δεθήκατε, ~θηκαν
Future simple	θα δεθώ, ~θείς, ~θεί, ~θούμε, ~θείτε, ~θούν
Imperative simple	δέσου, δεθείτε

Imperative contin.   (δένου), (δένεστε)
Present perfect   έχω δεθεί, έχεις δεθεί, etc.
Participle   δεμένος

2a. Ending in -ώ like αγαπώ

Active voice

Present   αγαπώ, ~άς, ~ά, ~ούμε, ~άτε, ~ούν
Imperfect   αγαπούσα, ~ούσες, ~ούσε, ~ούσαμε,
                     ~ούσατε, ~ούσαν
Past simple   αγάπησα, ~ησες, ~ησε, ~ήσαμε,
                     ~ήσατε, ~ησαν
Future simple   θα αγαπήσω, ~ήσεις, ~ήσει, ~ήσουμε,
                     ~ήσετε, ~ήσουν
Imperative simple   αγάπησε, αγαπήστε
Imperative contin.   αγάπα, αγαπάτε
Present perfect   έχω αγαπήσει, έχεις αγαπήσει, etc
Participle   αγαπώντας

Passive voice

Present   αγαπιέμαι, ~ιέσαι, ~ιέται, ~ιόμαστε,
                     ~ιέστε, ~ιούνται
Imperfect   αγαπιόμουν, ~ιόσουν, ~ιόταν, ~ιόμαστε,
                     ~ιόσαστε, ~ιόνταν
Past simple   αγαπήθηκα, ~ήθηκες, ~ήθηκε,
                     ~ηθήκαμε, ~ηθήκατε, ~ήθηκαν
Future simple   θα αγαπηθώ, ~ηθείς, ~ηθεί, ~ηθούμε,
                     ~ηθείτε, ~ηθούν
Imperative simple   αγαπήσου, αγαπηθείτε
Imperative contin.   –
Present perfect   έχω αγαπηθεί, έχεις αγαπηθεί, etc
Participle   αγαπημένος

2b. Ending in -ώ like ωφελώ

Active voice

Present   ωφελώ, ~είς, ~εί, ~ούμε, ~είτε,
                     ~ούν
Imperfect   ωφελούσα, ~ούσες, ~ούσε, ~ούσαμε,
                     ~ούσατε, ~ούσαν
Past simple   ωφέλησα, ~ησες, ~ησε, ~ήσαμε,
                     ~ήσατε, ~ησαν
Future simple   θα ωφελήσω, ~ήσεις, ~ήσει, ~ήσουμε,
                     ~ήσετε, ~ήσουν

Imperative simple   ωφέλησε, ωφελήστε
Imperative contin.   – ωφελείτε
Present perfect   έχω ωφελήσει, έχεις ωφελήσει, etc
Participle   ωφελώντας

Passive voice

Present   ωφελούμαι, ∼είσαι, ∼είται, ∼ούμαστε,
   ∼είστε, ∼ούνται

Imperfect   ωφελούμουν, ∼ούσουν, ∼ούταν,
   ∼ούμαστε, ∼ούσαστε, ∼ούνταν

Past simple   ωφελήθηκα, ∼ήθηκες, ∼ήθηκε,
   ∼ηθήκαμε, ∼ηθήκατε, ∼ήθηκαν

Future simple   θα ωφεληθώ, ∼ηθείς, ∼ηθεί, ∼ηθούμε,
   ∼ηθείτε, ∼ηθούν

Imperative simple   ωφελήσου, ωφεληθείτε
Imperative contin.   –
Present perfect   έχω ωφεληθεί, έχεις ωφεληθεί, etc
Participle   ωφελημένος

3. Ending in -ίζω like δροσίζω

Active voice

Present   δροσίζω, ∼ίζεις, ∼ίζει, ∼ίζουμε, ∼ίζετε,
   ∼ίζουν

Imperfect   δρόσιζα, ∼ιζες, ∼ιζε, ∼ίζαμε, ∼ίζατε,
   ∼ζαν

Past simple   δρόσισα, ∼ισες, ∼ισε, ∼ίσαμε, ∼σίσατε,
   ∼ισαν

Future simple   θα δροσίσω, ∼ίσεις, ∼ίσει, ∼ίσουμε,
   ∼ίσετε, ∼ίσουν

Imperative simple   δρόσισε, δροσίστε
Imperative contin.   δρόσιζε, δροσίζετε
Present perfect   έχω δροσίσει, έχεις δροσίσει, etc
Participle   δροσίζοντας

Passive voice

Present   δροσίζομαι, ∼ίζεσαι, ∼ίζεται,
   ∼ιζόμαστε, ∼ίζεστε, ∼ίζονται

Imperfect   δροσιζόμουν, ∼ιζόσουν, ∼ιζόταν,
   ∼ιζόμαστε, ∼ιζόσαστε,
   ∼ίζονταν

Past simple   δροσίστηκα, ∼ίστηκες, ∼ίστηκε,
   ∼ιστήκαμε, ∼ιστήκατε,
   ∼ίστηκαν

Future simple	θα δροσιστώ, ∼ιστείς, ∼ιστεί, ∼ιστούμε, ∼ιστείτε, ∼ιστούν
Imperative simple	δροσίσου, δροσιστείτε
Imperative contin.	δροσίζου, δροσίζεστε
Present perfect	έχω δροσιστεί, έχεις δροσιστεί, etc
Participle	δροσισμένος

Auxiliary verbs

είμαι

Present	είμαι, ∼σαι, ∼ναι, ∼μαστε, ∼στε, ∼ναι
Imperfect	ήμουν, ∼σουν, ∼ταν, ∼μαστε, ∼σαστε, ∼ταν
Past simple	–
Future simple	–
Imperative simple	–
Imperative contin.	–
Participle	όντας

έχω

Present	έχω, ∼εις, ∼ει, ∼ουμε, ∼ετε, ∼ουν
Imperfect	είχα, ∼ες, ∼ε, ∼αμε, ∼ατε, ∼αν
Past simple	–
Future simple	–
Imperative simple	–
Imperative contin.	έχε, έχετε
Participle	έχοντας

Irregular verbs

The irregular verbs included in the list below are those judged to be the most commonly encountered. They are listed in alphabetical order.

With the exception of the imperative, only the first person singular of the various tenses is given. The endings of other persons both in the singular and plural are formed in a similar way as those of the regular verbs. The expression of purpose, the future continuous and the past perfect are formed on the same basis as the equivalent tenses for the regular verbs given above and are not included in the tenses given below. The principal tenses are given for the active and passive voices.

αφήνω

Active voice

Present	αφήνω
Imperfect	άφηνα
Past simple	άφησα
Future simple	θα αφήσω
Imperative simple	άφησε, αφήστε
Imperative contin.	άφηνε, αφήνετε
Present perfect	έχω αφήσει
Participle	αφήνοντας

Passive voice

Present	αφήνομαι
Imperfect	αφηνόμουν
Past simple	αφέθηκα
Future simple	θα αφεθώ
Imperative simple	αφήνου, αφήνεστε
Imperative contin.	αφέσου, αφεθείτε
Present perfect	έχω αφεθεί
Participle	αφημένος

βάζω

Active voice

Present	βάζω
Imperfect	έβαζα
Past simple	έβαλα
Future simple	θα βάλω
Imperative simple	βάλε, βάλτε
Imperative contin.	βάζε, βάζετε
Present perfect	έχω βάλει
Participle	βάζοντας

Passive voice

Present	–
Imperfect	–
Past simple	βάλθηκα
Future simple	θα βαλθώ
Imperative simple	βάλσου, βαλθείτε
Imperative contin.	–
Present perfect	έχω βαλθεί
Participle	βαλμένος

βγαίνω

Active voice

Present	βγαίνω
Imperfect	έβγαινα
Past simple	βγήκα
Future simple	θα βγω
Imperative simple	βγες, βγέστε
Imperative contin.	βγαίνε, βγαίνετε
Present perfect	έχω βγει
Participle	βγαίνοντας

Passive voice

None apart from

Participle	βγαλμένος

βλέπω

Active voice

Present	βλέπω
Imperfect	έβλεπα
Past simple	είδα
Future simple	θα δω
Imperative simple	δες, δέστε
Imperative contin.	βλέπε, βλέπετε
Present perfect	έχω δει
Participle	βλέποντας

Passive voice

Present	βλέπομαι
Imperfect	βλεπόμουν
Past simple	ειδώθηκα
Future simple	θα ιδωθώ
Imperative simple	–
Imperative contin.	–
Present perfect	έχω ιδωθεί
Participle	ιδωμένος

βρίσκω

Active voice

Present	βρίσκω
Imperfect	έβρισκα
Past simple	βρήκα
Future simple	θα βρω
Imperative simple	βρες, βρέστε

Imperative contin.	βρίσκε, βρίσκετε
Present perfect	έχω βρει
Participle	βρίσκοντας

Passive voice

Present	βρίσκομαι
Imperfect	βρισκόμουν
Past simple	βρέθηκα
Future simple	θα βρεθώ
Imperative simple	–
Imperative contin.	–
Present perfect	έχω βρεθεί
Participle	–

γίνομαι

Active voice
None

Passive voice

Present	γίνομαι
Imperfect	γινόμουν
Past simple	έγινα
Future simple	θα γίνω
Imperative simple	γίνε, γίνετε
Imperative contin.	γίνου, γίνεστε
Present perfect	έχω γίνει
Participle	γινώμενος

δίνω

Active voice

Present	δίνω
Imperfect	έδινα
Past simple	έδωσα
Future simple	θα δώσω
Imperative simple	δώσε, δώστε
Imperative contin.	δίνε, δίνετε
Present perfect	έχω δώσει
Participle	δίνοντας

Passive voice

Present	δίνομαι
Imperfect	δινόμουν
Past simple	δόθηκα
Future simple	θα δοθώ

Imperative simple	δόσου, δοθείτε
Imperative contin.	δίνου, δίνεστε
Present perfect	έχω δοθεί
Participle	δοσμένος

διψώ

Active voice

Present	διψώ
Imperfect	διψούσα
Past simple	δίψασα
Future simple	θα διψώ
Imperative simple	δίψα, διψάστε
Imperative contin.	–
Present perfect	έχω διψάσει
Participle	διψώντας

Passive voice
None

έρχομαι

Active voice
None

Passive voice

Present	έρχομαι
Imperfect	ερχόμουν
Past simple	ήρθα
Future simple	θα έρθω
Imperative simple	έλα, ελάτε
Imperative contin.	–
Present perfect	έχω έρθει
Participle	ερχόμενος

κάθομαι

Active voice
None

Passive voice

Present	κάθομαι
Imperfect	καθόμουν
Past simple	κάθισα
Future simple	θα καθίσω

Imperative simple	κάθισε, καθίστε
Imperative contin.	κάθου, κάθεστε
Present perfect	έχω καθίσει
Participle	καθισμένος

κοιμούμαι/κοιμάμαι

Active voice
None

Passive voice

Present	κοιμούμαι/κοιμάμαι
Imperfect	κοιμόμουν
Past simple	κοιμήθηκα
Future simple	θα κοιμηθώ
Imperative simple	κοιμήσου, κοιμηθείτε
Imperative contin.	–
Present perfect	έχω κοιμηθεί
Participle	κοιμισμένος

λέ(γ)ω

Active voice

Present	λέ(γ)ω
Imperfect	έλεγα
Past simple	είπα
Future simple	θα λέω
Imperative simple	πες, πέστε
Imperative contin.	λέγε, λέγετε
Present perfect	έχω πει
Participle	λέγοντας

Passive voice

Present	λέγομαι
Imperfect	λεγόμουν
Past simple	ειπώθηκα
Future simple	θα ειπωθώ
Imperative simple	–
Imperative contin.	–
Present perfect	έχω ειπωθεί
Participle	ειπωμένος

μπαίνω

Active voice
Similar to those of
the verb   βγαίνω

Passive voice
Only participle   μπασμένος

πηγαίνω

Active voice
Present   πηγαίνω
Imperfect   πήγαινα
Past simple   πήγα
Future simple   θα πάω
Imperative simple   –
Imperative contin.   πήγαινε, πηγαίνετε
Present perfect   έχω πάει
Participle   πηγαίνοντας

Passive voice
None

πίνω

Active voice
Present   πίνω
Imperfect   έπινα
Past simple   ήπια
Future simple   θα πιω
Imperative simple   πιες, πιέστε
Imperative contin.   πίνε, πίνετε
Present perfect   έχω πιει
Participle   πίνοντας

Passive voice
Present   πίνομαι
Imperfect   πινόμουν
Past simple   πιώθηκα
Future simple   θα πιωθώ
Imperative simple   –
Imperative contin.   –
Present perfect   έχω πιωθεί
Participle   πιωμένος

στέλνω

Active voice
Present   στέλνω
Imperfect   έστελνα

Past simple	έστειλα
Future simple	θα στείλω
Imperative simple	στείλε, στείλτε
Imperative contin.	στέλνε, στέλνετε
Present perfect	έχω στείλει
Participle	στέλνοντας

Passive voice

Present	στέλνομαι
Imperfect	στελνόμουν
Past simple	στάλθηκα
Future simple	θα σταλώ
Imperative simple	–
Imperative contin.	–
Present perfect	έχω σταλθεί
Participle	σταλμένος

τρώγω

Active voice

Present	τρώγω
Imperfect	έτρωγα
Past simple	έφαγα
Future simple	θα φάω
Imperative simple	φάε, φάγετε
Imperative contin.	τρώε, τρώγετε
Present perfect	έχω φάει
Participle	τρώγοντας

Passive voice

Present	τρώγομαι
Imperfect	τρωγόμουν
Past simple	φαγώθηκα
Future simple	θα φαγωθώ
Imperative simple	φαγώσου, φαγωθείτε
Imperative contin.	–
Present perfect	έχω φαγωθεί
Participle	φαγωμένος

φεύγω

Active voice

Present	φεύγω
Imperfect	έφευγα
Past simple	έφυγα
Future simple	θα φύγω

Imperative simple	φύγε, φύγετε
Imperative contin.	φεύγε, φεύγετε
Present perfect	έχω φύγει
Participle	φεύγοντας

Passive voice
None

φοβάμαι

Passive voice
Like **κοιμάμαι**